in copertina
Antonello da Messina
*San Girolamo nello studio*
Londra, The National Gallery
cat. 16

quarta di copertina
Albrecht Dürer
*Ritratto di giovane donna*
Vienna, Kunsthistorisches Museum
cat. 68

pagine 8-9
Giovanni Bellini
*San Girolamo leggente*
particolare
Washington, National Gallery of Art
Samuel H. Kress Collection
cat. 121

© 1999 R.C.S. Libri S.p.A.
I edizione Bompiani settembre 1999

# Il Rinascimento a Venezia
## e la pittura del Nord
### ai tempi di Bellini, Dürer, Tiziano

*a cura di*
Bernard Aikema
Beverly Louise Brown

*per il Ministero per i Beni e le Attività culturali*
Giovanna Nepi Scirè

Bompiani

La mostra è stata realizzata
in collaborazione con
Ministero per i Beni e le Attività Culturali
Soprintendenza ai Beni Artistici e Storici di Venezia
e con
Assessorato alla Cultura del Comune di Venezia
Direzione dei Musei Civici
Ministero della Cultura dei Paesi Bassi
Ministero della Comunità Fiamminga – Dipartimento Cultura

Dopo la grande mostra sull'architettura del Rinascimento fiorentino non poteva mancare nel calendario dei grandi appuntamenti del 1999 una mostra sulla pittura di quel periodo, e in particolare sulla pittura veneziana.

Aver ideato una mostra che rappresenti i reciproci influssi che uniscono Venezia alle Fiandre e alla Germania in questo straordinario momento della storia d'Europa è un'altra sfida, in apparenza impossibile, che Paolo Viti e i curatori della mostra sono riusciti ad affrontare. A loro va il ringraziamento più sincero e più sentito.

È praticamente la prima volta che capolavori fiamminghi, tedeschi, veneziani, vengono riuniti in un'unica esposizione mettendo in luce, nello stesso tempo, l'importanza di quello stupefacente veicolo culturale che furono i testi figurativi a stampa. Si tratta di una visione artistica di ampiezza europea, di straordinaria attualità in un momento in cui il nostro continente tende a riscoprire le comuni matrici culturali e a costruire il senso di un'identità europea condivisa.

Questa esposizione che Palazzo Grassi ha realizzato col Ministero per i Beni e le Attività Culturali e che unisce sotto lo stesso patrocinio il Ministero della cultura dei Paesi Bassi e il Ministero della Comunità Fiamminga - Dipartimento Cultura, è stata resa possibile dalla generosità di prestatori italiani e stranieri, che ne hanno capito l'eccezionalità, dalle garanzie offerte dalla prestigiosa istituzione e dalla Soprintendenza per i Beni Artistici e Storici di Venezia.

Questo è senza dubbio un esempio di come un intelligente e appassionato o, come in questo caso, collaudato rapporto tra pubblico e privato possa condurre alla realizzazione di manifestazioni di altissimo contenuto culturale, ma accessibili anche a un vasto pubblico.

*Giovanna Melandri*

# PALAZZOGRASSI

Palazzo Grassi S.p.A.
San Samuele 3231 - Venezia

Fra tutte le mostre di Palazzo Grassi, questa che abbiamo voluto dedicare
a "Il Rinascimento a Venezia e la pittura del Nord ai tempi di Bellini, Dürer, Tiziano"
meglio di ogni altra rappresenta due delle caratteristiche essenziali che emergono
dall'attività più che decennale della nostra istituzione.
Mi riferisco innanzitutto alla "venezianità" dell'esposizione, posta nel più opportuno
risalto – oltre che dal luogo in cui essa si svolge, elemento comune alle altre mostre – dalla
specificità del tema, dalle numerose opere esposte e, soprattutto, dal vasto contributo di
prestiti che Venezia e le sue istituzioni hanno voluto e saputo dare al massimo livello.
La presenza di tanti capolavori veneziani avviene in un ampio quadro di partecipazione di
elevatissima qualità, tale da rendere questo evento culturale unico e, probabilmente,
irripetibile.
I contenuti stessi della mostra permettono, naturalmente, di sottolinearne un altro
importante aspetto, quello della "internazionalità", testimoniata anche da una larghissima
presenza di istituzioni e musei che ci ricordano quanto sia stato e rimanga tuttora
universale il linguaggio dell'arte.
La mostra, proprio per tale natura e grazie ai presupposti sui quali è fondata, costituisce
anche una sintesi di queste caratteristiche, sviluppandosi attorno al ruolo che Venezia,
la sua società, la sua economia e la sua cultura seppero svolgere in Europa ai tempi,
appunto, di Bellini, Dürer e Tiziano. Un argomento che l'occasione della mostra rende
ancora più attuale, permettendo alla città di esservi coinvolta non soltanto in maniera
formale.

*Feliciano Benvenuti* *

* Padova, 26 gennaio 1916 – 16 luglio 1999
Presidente di Palazzo Grassi dal 26 ottobre 1984

Comitato scientifico

Bernard Aikema
Beverly Louise Brown
Bert W. Meijer
Giovanna Nepi Scirè
Giandomenico Romanelli

*con la collaborazione di*
Andrew John Martin

"Il Rinascimento a Venezia e la pittura del Nord ai tempi di Bellini, Dürer, Tiziano" propone per la prima volta un'esposizione che analizza le relazioni tra l'arte del nord Europa, soprattutto le Fiandre e la Germania, e Venezia a partire dalla seconda metà del Quattrocento sino alla fine del Cinquecento.

Su questo tema la ricerca ha sviluppato nel tempo, sia in Italia sia all'estero, studi approfonditi e di grande qualità, testimoniati da una vastissima letteratura. Fino ad oggi, tuttavia, non si era mai trovata la possibilità di visualizzare in un percorso espositivo i concetti, le riflessioni e le tesi affrontati di volta in volta anche ad alto livello, ma solo teoricamente.

In tale contesto ha assunto una valenza ancor più determinante il ruolo del Comitato scientifico, che, grazie alla riconosciuta competenza e alla ben nota esperienza, ha dato il giusto spessore al progetto, rendendolo completo e valorizzandone le specificità

La rassegna rientra, inoltre, nel disegno di una più vasta programmazione culturale, che progetta un successivo appuntamento a Palazzo Grassi. È questo il motivo per il quale si è scelto di non presentare in mostra alcuna opera di Giorgione ad eccezione di un disegno. Per approfondire la conoscenza di questo grande artista veneto si sta, infatti, lavorando a uno specifico progetto che dovrebbe culminare nella realizzazione di una mostra nel vicino futuro a Venezia.

E proprio la città di Venezia merita un particolare ringraziamento per la straordinaria disponibilità al prestito delle opere testimoniate da tutte le istituzioni culturali e religiose. La significativa partecipazione è sottolineata anche dalla presenza nel progetto dei Musei Civici veneziani, con le importanti iniziative che precedono e si affiancano alla mostra.

Un grande valore, inoltre, va assegnato alla collaborazione alla mostra da parte del Ministero della Cultura dei Paesi Bassi e del Ministero della Comunità Fiamminga, la cui partecipazione, oltre a sottolineare il ruolo ormai riconosciuto svolto da Palazzo Grassi nell'ambito della cultura internazionale, ha garantito completezza ed equilibrio al progetto scientifico ed espositivo.

Va, infine, sottolineato che anche questo evento espositivo si inserisce nel filone originato dalle mostre "Leonardo e Venezia", "Rinascimento. Da Brunelleschi a Michelangelo", "I Greci in Occidente", contrassegnato dalla collaborazione tra il Ministero per i Beni e le Attività Culturali e Palazzo Grassi, che tanto consenso hanno avuto da parte di specialisti e di un vasto pubblico.

*Palazzo Grassi*
*Soprintendenza per i Beni Artistici e Storici di Venezia*

Ringraziamenti

L'idea del progetto che oggi si realizza è nata nel 1996, quando ci scoprimmo entrambi convinti che gli antichi rapporti di Venezia con il Nord meritassero un ulteriore approfondimento e promettessero al tempo stesso di diventare il soggetto ideale di una mostra.

All'inizio del 1998, su suggerimento di Sylvia Ferino Pagden, ne parlammo con Paolo Viti che accettò di ospitare l'esposizione nella prestigiosa sede di Palazzo Grassi, chiedendo immediatamente a Giovanna Nepi Scirè di assumere un ruolo di prestigio all'interno del comitato scientifico. Il nostro debito nei loro confronti è immenso. Paolo Viti ha guidato l'impresa con tutto il suo entusiasmo e il suo carisma, finché non si è trovato a dover combattere contro un'improvvisa malattia: ci auguriamo tutti di vederlo riprendere al più presto il suo importantissimo ruolo di Direttore delle Attività Culturali di Palazzo Grassi. In quel momento critico, a prendere in mano con la sua autorità le redini della situazione è stata Giovanna Nepi Scirè, che ha seguito ogni aspetto della mostra con infinita sollecitudine e illuminata lungimiranza, che meritano la nostra più profonda riconoscenza.

Quando il progetto era ancora nella fase iniziale, tiranniche esigenze di programmazione ci hanno imposto di anticipare la data di apertura della mostra all'autunno 1999, comprimendo drammaticamente i tempi della preparazione e obbligandoci ad abusare della pazienza, della generosità e dello spirito di collaborazione dei colleghi e dei prestatori europei e nordamericani. Li ringraziamo di tutto cuore, certi di interpretare anche i sentimenti del visitatore che avrà modo di ammirare i tanti capolavori riuniti in queste sale.

E il nostro grazie, per i preziosi suggerimenti e l'impegno generoso, va a tutti i componenti del comitato scientifico, coadiuvati a Monaco da un membro soprannumerario, Andrew John Martin, che ha coordinato i prestiti provenienti dalla Germania e le delicate operazioni di restauro, e a Venezia dall'indispensabile presenza di Roberto Fontanari, che ha assistito Giovanna Nepi Scirè con grande efficienza ed energia.

Abbiamo avuto la fortuna di poter contare sul sostegno della Direzione e sull'efficiente organizzazione dell'équipe di Palazzo Grassi, vorremmo ricordare in modo speciale l'essenziale contributo di Clarenza Catullo. E abbiamo molto apprezzato la grande professionalità della casa editrice Bompiani, nelle persone di Mario Andreose e di Simonetta Rasponi, che con i loro collaboratori sono riusciti a trasformare in un catalogo una massa incredibile di materiale, e in tempi ristretti oltre ogni limite.

Un cordialissimo ringraziamento va a Gae Aulenti, coadiuvata da Francesca Fenaroli, per l'elegante ed efficace allestimento della mostra, oltre che allo Studio Cerri, nella persona di Dario Zannier, che ha curato con grande attenzione tutta la parte pratica. E siamo davvero grati alle amiche Marina Magrini e Chiara Ceschi, che hanno curato gli indispensabili testi esplicativi e la guida per i visitatori.

Poco prima di morire, Sydney J. Freedberg scrisse una lettera di sostegno al progetto della mostra per la Gladys Krieble Delmas Foundation, che ha fornito un contributo finanziario alle ricerche di Beverly Louise Brown, nominata inoltre Visiting Professor presso la Villa I Tatti, sede fiorentina dell'Harvard University's Center for Italian Renaissance Studies. Bernard Aikema ha potuto fruire dell'appoggio della Katholieke Universiteit Nijmegen, nella forma di un congedo sabbatico.

Una parte importante delle ricerche e della stesura dei testi confluiti in questo catalogo è stata compiuta presso il Kunsthistorisches Institut di Firenze: siamo certi che senza la comprensione e il sostegno di tutto lo staff dell'Istituto questo progetto non sarebbe mai arrivato in porto. Siamo particolarmente grati a Max Seidel e a Jan Simane, che hanno ospitato con tanto calore un'americana e un olandese, facendoli sempre sentire a casa, e all'aiuto offertoci nelle più varie occasioni da Anchise Tempestini.

Sempre a Firenze, Walter Kaiser e l'intera équipe della Biblioteca Berenson di Villa I Tatti hanno collaborato con infinita gentilezza ordinando i testi mancanti od ottenendoli tramite il prestito inter-bibliotecario, contribuendo anche alla raccolta del materiale fotografico. Vorremmo ringraziare in modo speciale Nelda Ferace, Amanda George, Michael Roche e Fiorella Superbi Gioffredi. Anche Bert W. Meijer e Gert Jan Van der Sman dell'Istituto Universitario Olandese di Storia dell'Arte hanno messo con grande liberalità a nostra disposizione le loro risorse scientifiche e il loro tempo prezioso.

Un'altra parte importante degli studi che stanno alla base del presente lavoro è stata svolta a Venezia, alla Biblioteca Nazionale Marciana, alla Biblioteca del Museo Civico Correr e alla Fondazione Giorgio Cini. In tutte e tre queste Istituzioni abbiamo trovato come sempre un appoggio insostituibile e amici vivamente interessati all'iniziativa, e pronti a soddisfare ogni richiesta persino negli orari più impensati.

In Olanda la biblioteca e l'annessa fototeca del Dipartimento di Storia dell'Arte della Katholieke Universiteit di Nijmegen sono state di grandissimo aiuto e abbiamo potuto contare anche sul Rijksbureau voor Kunsthistorische Documentatie dell'Aja e sulla presenza di Ingrid Brons, le cui informazioni bibliografiche si sono invariabilmente rivelate di estrema utilità.

In Germania è stato di vitale importanza poter frequentare lo Zentralinstitut für Kunstgeschichte di Monaco, dove il Direttore Wolf Tegethoff e l'intero staff ci hanno sempre consentito di lavorare nelle condizioni ideali. A tutte queste persone e centri di studio va il nostro grazie più sincero.

Ancora a Venezia, è toccato a Tessie Vecchi il compito non facile di curare l'edizione italiana del catalogo e di tradurre molti dei testi inglesi. La sua lettura scrupolosa degli originali, il gusto sicuro e la prosa elegante hanno contribuito a dare miglior veste non solo alla versione italiana, ma anche a quella inglese. Paolo Vecchi, poi, si è rivelato il nostro faro nella babele dei programmi informatici, consentendoci di leggere e di scambiarci i materiali della più varia provenienza. È quasi impossibile esprimere la nostra gratitudine a Tessie e a Paolo per quanto hanno fatto e specialmente per il loro amicizia.

Nell'organizzare la mostra abbiamo contratto un'infinità di debiti, professionali e personali. Prima di tutto con gli autori dei saggi e delle schede, i cui nomi sono elencati altrove nel catalogo, che desideriamo ringraziare non solo per il fondamentale contributo di cultura, ma anche per i tanti indispensabili consigli e l'impegno nell'assicurare la presenza di opere essenziali. E siamo grati ai molti colleghi che ci hanno consentito di studiare le opere nei laboratori di restauro, che ci hanno aperto i loro archivi, mettendo spesso a nostra disposizione dati e notizie ancora inediti. Hanno contribuito in vari modi alla realizzazione della mostra e alla preparazione del catalogo:

Anne Adams, Rita Albertson, Filippa Aliberti Gaudioso, Pierre Angremy, Sibylle Appuhn-Rathke, Luisa Arrigoni, Paola Astrua, Andrea Bayer, Christopher Baher, Davide Banzato, Boudewijn Bakker, Claire Barry, Volkmar Becher, Herbert Beck, Daniel Belin, Maria van Berge-Gerbaud, Kornelia von Berswoldt-Walirabe, Alessandro Bettagno, Holm Bevers, Gotffried Biedermann, David Bomford, Giorgio Bonsanti, Grazia Bravar, Peter van den Brink, David Alan Brown, Christopher Brown, Ina Busch, Giorgio Busetto, Dawson Carr, Sara Campbell, Giovanni Caniato, Don Gianmatteo Caputo, Marzia Casini, Nunziata Ceffoni, Hugo Chapman, Fernando Checa Cremades, Marco Chiarini, Keith Christiansen, Bruno Coutardi, Alba Costamagna, Charles Cuttler, Jean-Pierre Cuzin, Frank Dabell, Thomas Da Costa Kaufmann, Margaret Daly Davis, Alan Darr, P. Day, Diane De Grazia, Adriano Dugulin, Frits Duparc, Caroline Elam, Tilman Falk, Miguel Falomir Faus, Gabrielle Fanning, Sylvia Ferino Pagden, Maria Teresa Fiorio, Martina Fleischer, Massimiliano Floridi, Lucia Fornari Schianchi, Joseph Fronek, Fürstin Angela Fugger, Graf Markus Fugger, Jiri Fujt, Giovanna Gaeta Bertelà, Mario Gallina, Julian Gardner, Hans-Joachim Giersberg, George Goldner, Mina Gregori, Anthony Griffiths, William Griswold, Mario Guderzo, Herwig Guratzsch, Jean Habert, Margaret Haines, Sandy Hamingson, Jefferson C. Harrison, Scott Heffley, Daniel Hess, Hanna Hohl, Wolfgang Holler, Corinna Hoper, Peter Humfrey, Paul Huvenne, David Jaffé, Daniele Lupo Jallà, Guido Jansen, William B. Jordan, Laurence Kanter, Raymond Keaveney, Jan Kelch, Hans Otto Keunecke, George Keyes, Friedrich Kisters, Christian Klemm, Wouter Kloek, Roeland Kollewijn, Fritz Koreny, Ivo Kouhol, Gode Krämer, Erik Krauss, Robert La France, Mark Leonard, Emilio Lippi, Tomás Llorens, Katherine Luber, Jochen Luckhardt, Ger Luyten, Neil MacGregor, Michael Maek-Gérard, Ekkehard Mai, Eugenio Manzato, J. Patrice Marandel, Pietro Marani, Susi Marcon, Harald Marx, Manuela Mena Marqués, Luigi Michetti, Lorenza Mochi Onori, Miklos Mojzer, Lawrence Nichols, Kai-Uwe Nielsen, Konrad Oberhuber, Heiko Oberman, Franca Pellegrini, Nicholas Penny, Annamaria Petrioli Tofani, Charles E. Pierce Jr., Paolo Pierini, Mikhail Borisovic Piotrovsky, Ulrich Pfisterer, Terisio Pignatti, Salvatore Pisani, Marla Price, Brenda Preyer, Wolfgang Prohaska, Elizabeth B. Pryor, Elena Ragni, Gianfranco Ravasi, Helmut Rikke, Joseph Rishel, Andrew Robison, Michael Rohlmann, Fulvio Roiter, Cristiana Romalli, David Rosand, Pierre Rosenberg, Francesco Rossi, Andrea Rothe, Anna Röver-Kann, Ferdynand Ruszczyc, Angela Ruta Serafini, Laurent Salomé, Claudio Salsi, Jochen Sander, David Scrase, Scott Schaefer, Jef Schaeps, Peter Schatborn, Erich Schleier, Eike Schmidt, Hein-Th. Schulze-Altcappenberg, Karl Schütz, Manfred Sellink, Nicola Spinosa, Renata Stradiotti, Carl Brandon Strehlke, Claudio Strinati, Margret Stuffmann, Alain Tapié, Serafino Tenderini, Marie Elisabeth Gräfin Thun Fugger, Paolo Torresan, Simona Tosini Pizzetti, Renate Truele, Andrés Ubeda de los Cobos, Françoise Viatte, Roger Ward, Gregor Weber, Kathleen Weil-Garris Brandt, Freiherr Georg von Welser, James Welu, Malcolm H. Wiener, Gloria Williams, Gabriele Wimböck, Martha Wolff, Marino Zorzi.

Come assistenti alla ricerca, Pieter Roelofs e Novella Benzoni hanno fornito un aiuto impagabile, lavorando nelle ore più strane e sempre con insufficiente preavviso.

Un pensiero tutto particolare va ad alcune persone che si sono impegnate – senza limiti di tempo – non solo sotto il profilo scientifico e organizzativo, ma ci sono anche state particolarmente vicine con il loro aiuto morale. Semplicemente non ci sono parole sufficienti a ringraziare Ivo e Rossella Mattozzi, Janet Smith, Giovanni Tonarelli, Roger Rearick e Fulvio Zuliani di averci sempre accolto con il calore della loro amicizia e ospitalità. Fin dall'inizio Dulcia Meijers è stata la colonna portante dell'impresa, e le siamo infinitamente grati anche di averci tante volte ricordato di restare calmi, freddi e controllati. La ringraziamo con tutto il cuore di essere stata sempre con noi.

*Bernard Aikema*
Katholieke Universiteit Nijmegen
Sotheby's Professor di Storia dell'Arte
Katholieke Universiteit Leuven

*Beverly Louise Brown*
Visiting Professor
Villa I Tatti

Prestatori

Rotterdam, Museum Boijmans van Beuningen
L'Aja, Mauritshuis, Koninklijk Kabinet van Schilderijen


POLONIA
Varsavia, Nationalgalerie


RUSSIA
San Pietroburgo, Museo di Stato dell'Hermitage


SPAGNA
Madrid, Museo del Prado
Madrid, Museo Thyssen-Bornemisza


SVIZZERA
Zurigo, Kunsthaus Ruzicka Stiftung
Collezione Heinz Kisters


UNGHERIA
Budapest, Szépmüvészeti Múzeum


USA
Detroit, The Detroit Institute of Arts,
    Acquisizione della Città di Detroit
Fort Worth, Kimbell Art Museum
Kansas City, The Nelson-Atkins Museum of Art,
    Acquisizione del Nelson Trust
Los Angeles, Los Angeles County Museum of Art
Los Angeles, The J. Paul Getty Museum
New York, Metropolitan Museum of Art, Gwynne Andrews Fund
New York, Metropolitan Museum of Art,
    Collezione Elisha Whitteslsey, The Elisha Whittelesey Fund
New York, Metropolitan Museum of Art,
    Dono di Lila Acheson Wallace
New York, The Metropolitan Museum of Art,
    Harris Brisbane Dick Fund
New York, The Metropolitan Museum of Art, Rogers Fund
New York, The Pierpoint Morgan Library
Norfolk, The Chrysler Museum of Art,
    Dono di Walter P. Chrysler, Jr.
Cleveland, The Cleveland Museum of Art, Dono dell'Hanna Fund
Sarasota, John and Mable Ringling Museum of Art
Washington, National Gallery of Art, Samuel H. Kress Collection
Washington, National Gallery of Art, Ailsa Mellon Bruce Fund
Filadelphia, Philadelphia Museum of Art,
    Collezione John G. Johnson
San Diego, The Putnam Foundation, Timken Museum of Art
Toledo, The Toledo Museum of Art, Acquisizione con i fondi
    del Libbey Endowment, dono di Edward Drummond Libbey
Worcester, Worcester Museum of Art


*e tutti coloro che hanno voluto mantenere l'anonimato*

*Un particolare ringraziamento*
*al* Kunsthistorisches Museum di Vienna
*che ha anche ospitato la conferenza stampa della mostra*
*alla* Fondazione Querini-Stampalia
*ai* Musei Civici di Venezia
*e alla* Curia Patriarcale di Venezia - Ufficio Beni Culturali
*per il loro generoso contributo*

Organizzazione espositiva

*Ideazione e progetto
dell'allestimento*
Gae Aulenti
con Francesca Fenaroli

*Progetto grafico*
Pier Luigi Cerri
con Dario Zannier
e Annalisa Gatto

*Consulenza per le luci*
Piero Castiglioni

*Rapporti con la stampa*
Vladimiro Dan

*Con la struttura organizzativa di
Palazzo Grassi ha collaborato*
Roberto Fontanari
della Soprintendenza ai Beni
Artistici e Storici di Venezia

Catalogo

*Direttore editoriale*
Mario Andreose

*Coordinamento editoriale*
Simonetta Rasponi

*Redazione*
Luisa Baronchelli
Stefania Conrieri
Elena Ferretti
Gianna Lonza
Giuliana Sassone
Sonia Tarantola
Rossella Vignoletti
Valérie Viscardi

*Redazione per l'edizione italiana*
Tessie Vecchi

*Assistenza
per la ricerca scientifica*
Novella Benzoni
Pieter Roelofs

*Ricerca iconografica*
Valentina Del Pizzol
Maria Grazia Pellizzone
Evelina Rossetti

*Progetto grafico*
Flavio Guberti

*Impaginazione*
Break Point

*Coordinamento delle traduzioni*
Dulcia Meijers

*Traduzioni*

*dall'inglese*
Paola Pavanini
Tessie Vecchi

*dal tedesco*
Cristina Ruggero
Guido Tigler

*Programmazione*
Milena Bongi

*Realizzazione tecnica*
Eriberto Aricò
Sergio Daniotti
Carmen Garini
Valerio Gatti
Daniele Marchesi
Lorenzo Peni
Stefano Premoli
Enrico Vida

*Segreteria*
Marcella Cipolla
Luisa Gandolfi

Sommario

*Bernard Aikema
Beverly Louise Brown*

Venezia: crocevia fra Nord e Sud

In termini generali si può affermare che l'Europa, nel Rinascimento, era frammentata non solo in piccole unità politiche locali, ma anche in grandi bacini culturalmente più o meno omogenei malgrado le barriere geografiche naturali, come i mari e le catene montuose. Ma, come ben si sa, ciò che divide finisce, grazie all'intraprendenza umana, anche per unire. Ed è quindi strano verificare come negli studi si siano conservate invece molto a lungo divisioni che in qualche modo la realtà tendeva a poco a poco ad annullare. Nelle ricerche di storia dell'arte e nelle mostre la tradizione impone troppo spesso di eleggere a tema una singola personalità, una scuola ben precisa o un unico centro di produzione artistica. È evidente che nessuno studia mai un artista come un fenomeno totalmente isolato, ma di solito lo schema dei vari influssi che contribuiscono all'evoluzione stilistica o iconografica di un determinato pittore, scultore o scuola ha una funzione soltanto secondaria nel complesso della ricerca. Sono invece assai più rari gli studi che si concentrano proprio sul confronto tra due culture figurative, con lo scopo preciso di scoprire i modi del loro interagire e di capire quali siano i frutti – diretti o indiretti – di queste reciproche influenze in campo artistico. È questo il metodo che abbiamo scelto di adottare per la presente mostra, che tratta appunto dei rapporti fra due grandi *Kulturlandschaften*, e più precisamente fra l'arte veneziana del Rinascimento e la pittura del settentrione d'Europa nel periodo fra il 1450 e il 1600. Due mondi antitetici, quello italiano e quello nordico, divisi dalla barriera delle Alpi, ma non certo isolati l'uno dall'altro. Da tempi immemorabili, infatti, gli eserciti, i mercanti, i viaggiatori e senza dubbio anche gli artisti valicavano le Alpi nei due sensi in cerca di gloria, di lavoro o di fortuna. Nel Rinascimento gli scambi si intensificarono per motivi legati alla politica, all'economia, alla religione e alla cultura, che avremo modo di analizzare dettagliatamente in questo catalogo. Una rete di rapporti particolarmente fitta fu quella che si andò intessendo fra la Repubblica di Venezia e le regioni nordiche, con ripercussioni di primaria importanza sul mondo dell'arte, sulle opere di artisti del calibro di Antonello da Messina, Albrecht Dürer, Tiziano, Elsheimer e tanti altri.

A prima vista la delimitazione del tema sembra facile, quasi assiomatica, ma in realtà le cose non sono così semplici e ci hanno obbligato a prendere decisioni arbitrarie. È discutibile, in primo luogo, la stessa definizione che diamo qui del concetto di Nord: ci siamo comportati un poco come Vasari, che nello spazio di due o tre pagine si riferisce ad Albrecht Dürer indifferentemente come a un tedesco o a un fiammingo di Anversa. Come la maggior parte degli italiani dell'epoca, Vasari non faceva alcuna distinzione fra i vari paesi d'Oltralpe, considerandoli come un'unica sterminata regione, a dispetto delle diverse identità culturali o politiche. Non siamo stati così onnicomprensivi, ma il nostro Settentrione coincide comunque con l'odierna Germania meridionale (allora nota come *Oberdeutschland*) e con i Paesi Bassi, che racchiudono i moderni stati del Belgio e dell'Olanda. Come si vedrà, sono appunto queste le regioni cruciali nello scambio artistico con Venezia, ma durante i centocinquant'anni coperti dal percorso della mostra le frontiere politiche di questi territori cambiarono più volte ed è praticamente impossibile parlare di un'unica tradizione artistica nordica come possiamo fare invece con la tradizione classica del Rinascimento italiano. Abbiamo quindi suddiviso la mostra – e il catalogo – in sette sezioni, che trattano in modo antologico dei vari aspetti dei rapporti di Venezia e del Veneto rispettivamente con la Germania o con i Paesi Bassi. Francia, Svizzera e Germania settentrionale vengono nominate solo di sfuggita, in quanto i contatti artistici fra questi paesi e Venezia furono più sporadici ed ebbero minori ripercussioni sulle rispettive tradizioni culturali.

Va precisato che in Italia l'interesse per l'arte nordica non era un fenomeno esclusivamente veneziano e quindi l'esserci limitati alla Serenissima può sembrare un'altra scelta arbitraria. In effetti in molte delle grandi città della penisola – come Ferrara, Firenze, Milano, Genova e Napoli – la pittura nordica ve-

Giulio Campagnola
*Giove e Ganimede*
incisione

Albrecht Dürer
*Madonna della scimmia*
incisione

Giovanni Girolamo Savoldo
*Monte Calvario*
New York, Piero Corsini

Albrecht Dürer
*Crocifissione*, xilografia

niva apprezzata e ricercata tanto quanto a Venezia: l'ammirazione per l'arte "ponentina" e lo scambio di idee artistiche erano fenomeni internazionali, ravvisabili su entrambi i versanti delle Alpi. Le città italiane che abbiamo appena nominato avevano tutte importanti legami economici con i maggiori centri commerciali dell'Europa settentrionale, come Bruges e Augusta. Lo scambio non solo di beni materiali ma anche di idee era in larga misura il risultato dei viaggi dei mercanti e dei loro agenti, che attraversavano mezza Europa per i loro affari. I dipinti commissionati da italiani durante i loro soggiorni al Nord contribuirono in maniera determinante a diffondere nella penisola influssi transalpini. Due fra gli esempi più famosi non sono veneziani: la *Pala Portinari* di Hugo van der Goes (Galleria degli Uffizi, Firenze) e il doppio ritratto di *Giovanni Arnolfini e la moglie* (National Gallery, Londra). Ma esistono valide ragioni per focalizzare l'attenzione su Venezia. La città lagunare era una delle più grandi d'Europa: un formidabile centro economico, culturale e artistico. La sua posizione strategica fra Nord e Sud, ma anche fra Est e Ovest la rendeva cosmopolita e aperta a influenze delle più varie specie. La rinnovata scuola pittorica veneziana e veneta, con artisti come i Bellini, Andrea Mantegna e altri ancora, si

Giovanni Bellini
*San Girolamo nel deserto*
Firenze
Collezione Contini Bonacossi
Galleria degli Uffizi

mostrava particolarmente recettiva a suggestioni d'Oltralpe, e molti pittori tedeschi e fiamminghi, a loro volta, tradivano una spiccata predilezione per i vari aspetti della ricca tradizione artistica veneta. La storia dei rapporti fra Venezia e l'Europa settentrionale è anche quella di alcuni dei maggiori artisti europei del XV e XVI secolo e costituisce un episodio fondamentale di quell'affascinante capitolo dell'evoluzione europea che è rappresentato dall'espansione internazionale delle forme e dei valori rinascimentali.

Un altro dei limiti che ci siamo posti è stato quello di affrontare esclusivamente il tema della pittura, tralasciando gli argomenti, pur fondamentali, della scultura e dell'architettura. La scelta è stata dettata da due motivi, il primo di ordine essenzialmente pratico, in quanto legato a problemi di spazio e di trasporto; il secondo connesso con lo stato attuale degli studi sulle altre due arti "maggiori", ancora troppo embrionale per consentirci di tracciarne un panorama sufficientemente rappresentativo.

Ma come si verificarono, in realtà, questi scambi artistici – e in cosa consistevano esattamente? Giustamente la critica ha rilevato l'immensa importanza della grafica come veicolo di trasmissione di idee e di motivi artistici. È chiaro, però, che i modi in cui le stampe vennero recepite variavano a seconda delle circostanze, delle ambizioni, e del livello artistico di chi le guardava o utilizzava. Albrecht Dürer, per esempio, copiava le incisioni di Andrea Mantegna *in toto* (catt. 35 e 36) senza dubbio a scopo didattico. Ma era assai più frequente il caso di singoli motivi ripresi e inseriti in un nuovo contesto; così gli edifici e il paesaggio della stampa con *Giove e Ganimede* di Giulio Campagnola risultano basati sullo sfondo dell'incisione düreriana con la *Madonna della scimmia*. Sarebbe però un gioco piuttosto sterile, se gli scambi si limitassero a queste citazioni esatte e quasi meccaniche. È molto più interessante scoprire le istanze nelle quali un artista si ispira a una composizione, un motivo o un particolare dell'opera di un collega per incorporarli nelle proprie invenzioni. Questo processo di assimilazione può assumere le forme più diverse. In una spettacolare *Crocifissione* giovanile Girolamo Savoldo (New York, Piero Corsini) crea una combinazione di elementi tedeschi e fiamminghi. L'impianto compositivo è una variante di una xilografia di Albrecht Dürer, ma l'artista mostra di avere avuto in mente anche la *Crocifissione* di Dieric Bouts (Musées des Beaux-Arts, Bruxelles); l'ampio paesaggio sullo sfondo si ispira liberamente ai "paesi" fiamminghi di artisti come Joachim Patinir e Herri met de Bles, allora molto in voga nell'Italia settentrionale. Anche in questo esempio il prototipo, pur trasformato, risulta chiaramente riconoscibile. In alcuni casi affascinanti un grande maestro coglie uno spunto dall'opera di un altro genio della pittura. Improvvisando su un "capriccio" di Giovanni Bellini, che aveva dato fattezze antropomorfiche alle rupi del *San Girolamo nel deserto* nella Collezione Contini Bonacossi (Galleria degli Uffizi, Firenze), Albrecht Dürer ha inciso strani "volti di pietra" nel paesaggio roccioso che circon-

Giovanni Bellini
*Trittico dei Frari*
particolari
di *San Nicola da Bari* e *San Pietro*
e di *San Marco* e *San Benedetto*
Venezia, Chiesa di Santa Maria Gloriosa
dei Frari, sacrestia

da il suo *San Girolamo* del 1496 (cat. 40). Anche i suoi monumentali *Quattro apostoli* (Alte Pinakothek, Monaco) derivano ad evidenza dai quattro santi laterali della *Pala dei Frari* di Giovanni Bellini, che sappiamo essere stato l'artista italiano più ammirato da Dürer. Ma in questo caso non si può parlare di una semplice ripresa, più o meno abilmente adattata a un contesto nuovo. Dialogando con Bellini, il pittore di Norimberga ha compiuto una vera e propria trasformazione di un modello della più alta qualità. Dalla copia al dialogo: questo metodo per raggiungere l'eccellenza nell'arte può sembrare piuttosto lontano dai criteri odierni, molto più centrati sulla presunta originalità dell'opera. I parametri rinascimentali erano orientati invece sui concetti della retorica classica, che prescriveva di imparare copiando determinati modelli opportunamente selezionati (*imitatio*), per poi cercare di superarli (*aemulatio*). Nasce così un paradosso che lo storico dell'arte olandese Eddy de Jongh verbalizza in questi termini: "Un'*aemulatio* ben riuscita... nasconde le proprie fonti, pur rivelando nel contempo analogie con l'opera che l'artista ha cercato di perfezionare: una questione di estrema sottigliezza" (De Jongh 1969: 49-67). È con questa mentalità che gli artisti tedeschi e fiamminghi si misuravano con le opere italiane e viceversa; si veda, per esempio, la *Natura morta* di Jacopo de'Barbari dell'Alte Pinakothek di Monaco e la *Madonna col bambino* (*Madonna Haller*) di Albrecht Dürer della National Gallery of Art di Washington.
È evidente che il complesso sistema di rapporti e contatti fra nord e sud non si esaurisce nello scambio di incisioni, per quanto importante potesse essere. La presenza di motivi pittorici "stranieri" in molte opere d'arte dell'epoca ha indotto spesso la critica a ipotizzare eventuali viaggi all'estero di questo o quell'artista. Così un elemento delle *Tribolazioni di Sant'Antonio* di Savoldo (cat. 116), chiaramente desunto da Hieronymus Bosch, diventa la testimonianza inoppugnabile di un viaggio del pittore bergamasco a Bruges o di Bosch in Italia. Entrambe queste spedizioni sono altamente improbabili, ma la letteratura artistica è tradizionalmente piena di accenni a fantasiosi spostamenti di questo tipo. Nel 1456 Bartolomeo Fazio affermava che Rogier van der Weyden aveva fatto tappa a Ferrara durante un pellegrinaggio a Roma in occasione dell'anno santo del 1450. La presenza dell'artista in queste città italiane non è suffragata da alcuna prova, ma molti studiosi sono tuttora convinti che quel viaggio abbia effettivamente avuto luogo. E un viaggio attraverso le Alpi è stato suggerito anche per Jan van Eyck, Petrus Christus, Antonello da Messina, Hans Burgkmair, Daniel Hopfer, Joachim Patinir, Herri met de Bles e molti altri. Prescindendo dai viaggi ben documentati di Albrecht Dürer, Jan van Scorel e qualche altro, sembra che almeno fino alla metà del Cinquecento gli artisti nordici che attraversavano le Alpi fossero davvero molto pochi, mentre il milanese Zanetto Bugatti è forse l'unico pittore italiano di una certa statura a essersi recato al nord. Di regola non erano i pittori che viaggiavano ma le opere: le stampe, i disegni, i dipinti, i bronzi, le sculture, i vetri e le maioliche. È evidente che una città come Augusta, legatissima a Venezia per via del commercio, era piena di opere d'arte di provenienza veneta, mentre le ric-

Albrecht Dürer
*Gli apostoli Giovanni e Pietro*
Monaco, Alte Pinakothek

Albrecht Dürer
*L'apostolo Paolo e l'evangelista Marco*
Monaco, Alte Pinakothek

Albrecht Dürer
*Madonna col Bambino alla finestra*
*(Madonna Haller)*
Washington, National Gallery of Art
Samuel H. Kress Collection

chissime collezioni della Serenissima erano colme di dipinti e stampe fiamminghe e tedesche. Per limi-tarci a un solo esempio, l'*Ester e Assuero* di Hans Burgkmair (Alte Pinakothek, Monaco), pur rivelan-do un impianto compositivo e un linguaggio artistico che potremmo definire genericamente veneziani, nel colorito non tradisce alcun legame con la pittura lagunare, così come i singoli motivi non risultano riconducibili ad alcun prototipo veneziano ben preciso. La composizione deriva infatti dalla combina-zione di due stampe di Daniel Hopfer – un altro artista che probabilmente non visitò mai Venezia – che sono a loro volta nient'altro che *pastiches* alla maniera di Carpaccio e Bellini. Contrariamente a quanto viene spesso affermato, il "venezianismo" dell'*Ester e Assuero* non costituisce affatto un argomento a favore di un viaggio di Burgkmair a Venezia, ma piuttosto del contrario.
Ma il quadro idilliaco di grandi aperture, che ci sembra di poter tracciare in base alle tante possibili ci-tazioni, è in realtà spesso venato di resistenze più o meno forti, dovute a vari motivi che potremmo rias-sumere un po' grossolanamente usando il termine "campanilismo". Un esempio può esserci offerto da un capolavoro tardo di Mathis Grünewald, la *Crocifissione* di Tauberbischofsheim, ora nella Staatliche Kunsthalle di Karlsruhe, che pur risalendo a un'epoca in cui il pittore poteva avere facilmente accesso al linguaggio rinascimentale, tradisce invece il deliberato ricorso a un idioma ancora sostanzialmente gotico.
Verso la metà del Cinquecento la situazione cambia radicalmente. Tiziano si reca ad Augusta per lavo-

Jacopo de' Barbari
*Natura morta con pernice e corazza*
Monaco, Alte Pinakothek

rare per la corte asburgica, accogliendo contemporaneamente nella propria bottega aiuti fiamminghi e tedeschi. Da questo momento gli artisti valicano le Alpi in entrambe le direzioni con frequenza sempre maggiore. Pittori come Paolo Fiammingo e il suo conterraneo Lodewijck Toeput – ribattezzato a Treviso con il nome di Ludovico Pozzoserrato – si stabiliscono nelle città del Veneto, inizialmente lavorando nelle botteghe dei grandi maestri locali come Tintoretto e Veronese, per poi affermarsi come artisti indipendenti, con un proprio *atelier*. E una volta completata la metamorfosi, finiscono per cogliere i massimi successi proprio in quanto "veneziani", suscitando l'interesse di grandi mecenati centroeuropei come i Fugger.

e uentre matris mee uocauit me dñs
nomine meo. et posuit os meū sicut
gladium acutum sub tegumento
manus sue protexit me posuit me

Rinascimento: un fenomeno europeo

Che cosa deve l'Europa a Venezia? e che cosa Venezia all'Europa? La risposta a questa domanda non potrà che variare da tempo a tempo, da epoca a epoca: se consideriamo il Rinascimento come tempo e il campo artistico come oggetto di osservazione, la risposta può sembrare scontata a tutto vantaggio di Venezia. Lo afferma in tutte le lettere Albrecht Dürer quando durante il secondo soggiorno italiano, scrivendo da Venezia all'amico Pirckheimer, se ne esce con la celebre frase: "Hier bin ich ein Herr…", qui sono un signore mentre a Norimberga, al più, un parassita… Una frase che illumina sulla condizione e sulla considerazione di cui a Venezia all'inizio del Cinquecento godeva l'artista e quindi sulla considerazione in cui venivano tenuti il suo operare e le sue opere rispetto a quanto avveniva nel Nord. La particolare situazione evocata da Dürer era frutto dell'intrecciarsi di numerosi fattori: una precisa coscienza dell'importanza della pittura e del valore degli artefici cittadini che Marin Sanudo considerava "nel numero de' più degni pittori che hozi sia nel mondo", capaci di coniugare e intrecciare culture e saperi artistici diversi, il crescere di un pubblico di collezionisti e amatori interessati all'arte e particolarmente curiosi dei modi della pittura, specie quella nordica; la volontà di lusso e di distinzione sociale che si manifestava nelle "infinite case con camere indorate… scale di pietra viva, balconi o vero finestre tutte de veri"; infine, ma dovremmo dire da principio, un ambiente più di ogni altro incline e dedito ai traffici, ai commerci e ai "mercadi" di ogni tipo ("venitiani cussì come sono stati nel principio mercadanti"), dai gioielli alle antichità agli arazzi, dai manoscritti alle pitture.

Venezia era una città assai particolare. Non poteva vantare origini romane (anche se Marin Sanudo annota con fierezza che questo difetto poteva mutarsi in un merito in quanto era stata fondata "non da pastori come Roma, ma da notabili et potenti") e forse proprio questo fatto incoraggiava una diffusa aspirazione a compensare l'assenza con un più forte interesse per il mondo classico, con una più ferma volontà di raccoglierne ed esibirne opere e testimonianze. Già nel 1335 era a Venezia che il notaio trevisano Oliviero Forzetta veniva a cercare testi, sculture, medaglie, rilievi classici, e i suoi appunti indicano che a questa data esisteva qui un mercato per tali opere ed esistevano collezionisti. Questi fatti, come d'altronde il lungo e stringatissimo rapporto con Bisanzio, vivente erede dell'Impero, indicano come il riferirsi a modelli classici abbia costituito per la cultura veneziana in genere e per quella figurativa in particolare un dato di fondo che facilitò e suscitò interesse e attese per le novità che giungeranno dalla Toscana.

Ma si guardava anche in altre direzioni. Un documento del 1451 è significativo in questo senso: testimonia infatti dell'importazione di una pala destinata alla chiesa della Carità, che viene pagata, insieme alle notevoli spese per i dazi e il trasporto in barca, a un maestro Piero de Fiandra (ipoteticamente identificato in Petrus Christus). Quest'opera non era stata dipinta a Venezia; arrivava da lontano, forse a bordo di una delle "galee di Fiandra" che affollavano il porto. Dal canto suo, la colonia stanziale fiamminga doveva essere numerosa e variopinta che si trattasse di tessitori di tappezzerie, di "merchadanti de ratzi", di "rechamadori", di "cartularii sive librarii". Non sappiamo dove sia stata dipinta, ma certo dovette avere collocazione pubblica, come la *Pala per la Carità*, la *Crocifissione* eyckiana oggi alla Ca' d'Oro. Probabilmente era visibile *ab antiquo* a Venezia o a Padova e molto effetto fece, in modo diretto o indiretto, sui pittori non soltanto nel Veneto ma anche nell'Italia centrale, dagli squarcioneschi allo stesso Mantegna, a Nicola di Maestro Antonio d'Ancona, a Giovanni Boccati. Sempre a Venezia Francesco Sansovino segnalerà più tardi (1580) la presenza di un dipinto eyckiano in Cannaregio nella chiesa, ora distrutta, di Santa Maria dei Servi: "Giovanni di Bruggia vi fece la palla col Presepio e co i tre Magi." Anche se la citazione è tarda e potrebbe riferirsi ad altra e più recente opera fiamminga, il dato è interessante. Le raccolte private poi erano ricchissime di pitture nordiche, come veniamo a sapere dalle note di Marco Antonio Michiel che ci attestano come nei primi decenni del Cinquecento qui e a Padova la pittura fiamminga fosse largamente apprezzata. Di Gianes de Burgia (Giovanni da Bruges, ovvero Jan van Eyck) era nella casa padovana del filosofo aristotelico Leonico Tomeo una caccia alla lontra descritta come un "quadretto in tela duo piede ove è dipinto un paese cun alcuni piscatori che hanno presso una lodra cun due figurette che stanno a vedere", mentre dal carteggio di Isabella d'Este veniamo a sapere che una "summersione di Faraone e un autoritratto di Janes de Bruggia" erano nella collezione veneziana di Michele Vianello e di lì passarono a Mantova. Sempre da Marco Antonio Michiel si hanno notizie relative alla presenza in raccolte veneziane di molte opere fiamminghe, da quelle di "Rugerio da Burselles pittor antico celebre" (Van der Weyden) ai numerosi ritratti di Zuan Memellino (Memling), alle molte tavolette di paesi di Alberto de Holanda (Ouwater) fino alla presenza clamorosa accanto a queste nella casa del cardinale Grimani, autentico tempio della pittura "ponentina", di dipinti di Bosch: "La tela del inferno cun la gran diversità de monstri… la tela delli sogni… la tela della Fortuna cun el ceto che inghiotte Giona…". Lo stesso Domenico Grimani fu a Roma raccoglitore entusiasta di "figure de marmoro, et molte altre cosse antiche" (che alla sua morte lasciò alla Repubblica e che, dopo essere state esposte in una saletta del Palazzo Ducale, saranno più tardi all'origine dello "Statuario Pubblico" di Venezia), riunendo così nella sua persona un duplice atteggiamento di appassionato interesse sia verso le statue classiche sia verso le pitture di Fiandra.

La presenza *ab antiquo* di opere fiamminghe a Venezia ebbe importanti ripercussioni sia nella forma-

pagina a lato
Jan van Eyck
*Nascita di San Giovanni Battista*
Torino, Museo Civico

Spittal (Carinzia)
Castello di Porcia, cortile

Tobias Stimmer, facciata della casa
*Zum Ritter* a Sciaffusa
(acquerello di J. M. Neithardt)

Michael Pacher, *Natività*
Sankt Wolfgang, Collegiata

zione di Domenico Veneziano (un fatto presente al Vasari laddove afferma che il segreto della pittura a olio era stato importato in Toscana da Domenico), con conseguenze notevoli sullo sviluppo della pittura nell'Italia centrale, sia in un altro grande caso di incontro tra Venezia e il Nord che fu quello di Giovanni Bellini. L'arrivo tempestivo di opere di Roger a Venezia non fu senza effetti nella sua pittura che mostra la conoscenza di opere fiamminghe ben prima della venuta di Antonello.

L'attenzione e lo studio dei modi della pittura fiamminga non portarono certo i pittori veneziani alla sudditanza verso gli artisti del Nord. Gli elementi costitutivi della cultura pittorica veneta rimasero vivissimi e con essi il continuo riferimento all'ideale eredità classica. Giovanni Bellini e Antonello riuscirono a stabilire una sintesi tra Settentrione e Mezzogiorno che sfuggì alla cultura fimminga. "Sfruttando le qualità plastiche piuttosto che quelle pittoriche della prospettiva" scrive Panofsky "gli italiani poterono accettare graziosamente alcuni dei risultati dei fiamminghi e continuare tuttavia quella ricerca della 'bellezza' che trovavano incarnata nell'arte dei Greci e dei loro antenati romani... I Fiamminghi concependo la prospettiva come un mezzo di arricchimento ottico più che di chiarificazione stereografica e non subendo la sfida di resti visibili dell'antichità classica furono per lungo tempo incapaci di intendere un idioma così fortemente impregnato di ellenismo e di latinismi."

Venezia era stata nel Quattrocento, e continuerà a essere nel secolo successivo, un'autentica cerniera tra il Nord e il Mediterraneo e proprio per questo la sua arte, i suoi modelli ebbero una grande capacità di irradiazione. Molte porte si aprivano davanti a lei, e se dall'una partivano le rotte marittime (quelle che per secoli l'avevano tanto strettamente legata a Bisanzio e le avevano permesso di colonizzare culturalmente le coste dell'Adriatico), dall'altra avevano inizio le strade che salivano verso le montagne del Friuli, del Cadore, del Tirolo. L'area alpina si era rivelata nel Quattrocento un terreno particolarmente interessante e rivelatore posto al confine di due mondi. I concili di Costanza e di Basilea che avevano tentato di mettere fine al grande scisma di Occidente si erano svolti nella regione dell'alto Reno, non lontano dalla grande catena alpina ed erano stati occasioni di incontro di principi della Chiesa, provenienti da orizzonti diversi, spesso appassionati committenti di artisti giunti al loro seguito o ai quali, per l'occasione, erano state commissionate opere. Mentre nelle piccole corti e nei castelli delle Alpi si celebravano gli ultimi fasti del gotico internazionale, arrivavano lungo le strade di valico le prime notizie dei nuovi modi della pittura fiamminga e qui si incrociavano con gli echi e i modelli di quella rinascita dell'antichità che da Firenze andavano propagandosi per varie vie e che, giunti ben presto a Padova e in laguna, di qui attraverso la loro mediazione prendevano a penetrare nelle valli alpine. Diversi episodi mostrano questi incontri e queste commissioni, particolarmente evidenti in Austria, nel Salisburghese che con Venezia ebbe un lungo e privilegiato rapporto. Forti le citazioni di opere trecentesche venete nell'altare di Pfarrwerfen (v. 1425), oggi a Salisburgo; quanto all'altare (1440) della cappella dei lebbrosi di Hallein (anch'esso nel museo di Salisburgo) sarebbe nato addirittura dalla collaborazione tra un Goffredo proveniente dalla Lungau e un Pietro Veneto. Anche l'opera di un Konrad Laib e quella dei sorprendenti pittori che lavorarono per un alto prelato, Burkhard di Weissbriach, accorto e appassionato committente, più tardi arcivescovo di Salisburgo, sono ricche di richiami e di motivi di origine veneta. Più tardi il grande Michael Pacher seppe realizzare nelle sue opere un eccezionale connubio tra Nord e Sud: il punto più alto di questa particolarissima cultura alpina che è uno dei volti significativi del Quattrocento europeo.

Il nuovo secolo comporterà trasformazioni profonde. Le scoperte geografiche avevano sconvolto gli antichi sistemi; la navigazione sulle rotte oceaniche era in mano ai portoghesi e Anversa era diventata un porto sussidiario di Lisbona, il capolinea della via marittima delle Indie. Nel 1503 vi attraccano le prime navi portoghesi con prodotti orientali che un tempo erano importati solo da Venezia. Nel frattempo , con Massimilia-

Michael Pacher
*Martirio di San Lorenzo*
particolare
Monaco, Alte Pinakothek

no l'Impero, dopo una lunga eclissi, si presenta ai suoi confini come una potente realtà con cui occorrerà convivere. La potenza politica ed economica della Serenissima viene fortemente diminuita, ma questo non sembra avere conseguenze sul suo primato artistico, mai esclusivo, sempre aperto agli stimoli e alle suggestioni che possono giungere dall'esterno. In questo senso l'interesse per i tedeschi rimpiazza quello che era stato precedentemente portato sui fiamminghi e non sono pochi a Venezia gli artisti sensibili alle inquietudini di un mondo in cui sta per esplodere la Riforma. Crescono intanto splendide costruzioni: "Una bellissima chiesa, torniata di marmi, lavorata a l'antica con porfidi e serpentini", dice Sanudo di Santa Maria dei Miracoli; la pietra sostituisce via via il legno, mentre gli artifici prospettici della pittura stupiscono gli spettatori e trasformano l'aspetto degli edifici. Ne scrive Vasari nella "Vita" del Pordenone: "Fece anco in sul detto Canal grande, nella facciata della casa di Martin d'Anna, molte storie a fresco, ed in particolare un Curzio a cavallo, in iscorto che pare tutto tondo e di rilievo: sì come è anco un Mercurio che vola in aria per ogni lato; oltre a molte altre cose tutte ingegnose: la quale opera piacque sopra modo a tutta la città di Venezia."
A nord delle Alpi questo nuovo genere fu seguito con particolare attenzione proprio perché permetteva di sperimentare a grande scala e con monumentale evidenza le capacità trasformanti e illusionistiche della nuova pittura. In breve il volto delle ricche città della Svizzera, dell'Austria e della Germania meridionale cambiò aspetto grazie all'introduzione delle sorprendenti capacità illusionistiche della pittura prospettica italiana, grazie alla trionfale fioritura europea delle formule e degli strumenti rappresentativi rinascimentali che dovette mutare le abitudini percettive e il modo stesso di concepire il mondo di coloro che le osservavano.
Il Rinascimento a Venezia ebbe molti volti. Accanto al culto appassionato per una ideale classicità che cercava i suoi esempi non soltanto a Roma ma in una mitica Grecia, esistette una precoce e continuata attenzione alle novità e ai fermenti che giungevano dal Nord. La capacità della cultura artistica veneta di proporre e di vedere accettati con successo in Europa soluzioni e modelli ebbe forse il suo fondamento proprio nelle magistrali sintesi che qui furono operate tra Mezzogiorno e Settentrione.

pagina a lato
Petrus Christus
*Sacra Famiglia in un interno*
particolare
Kansas City
The Nelson-Atkins Museum of Art
Purchase: Nelson Trust

Dal tardo Medioevo fino alla fine del XVI secolo l'Italia centrosettentrionale e i Paesi Bassi furono le regioni più urbanizzate d'Europa. Più di un terzo della popolazione delle Fiandre, del Brabante e dell'Olanda viveva in città e questa percentuale è sostanzialmente valida anche per l'Italia dell'epoca. Bruges, Gand, Lille, Bruxelles, Anversa e Amsterdam figuravano tra le maggiori città europee nordoccidentali ed erano riuscite a trasformarsi anche in centri di commercio internazionale. I nuclei urbani del Norditalia, per parte loro, svolgevano un ruolo predominante nell'economia mediterranea e i loro interessi commerciali si espandevano nei paesi del Nord e dell'Est dell'Europa. Venezia, Genova e Firenze erano assurte, nel tardo Medioevo, a veri e propri simboli dell'urbanesimo. Non sorprende quindi che queste due regioni avessero in comune più di un elemento: a dare il tono a entrambe non era il mondo rurale, ma il tipo di vita che si conduceva in città e la loro organizzazione sociale, economica e politica era profondamente legata allo sviluppo commerciale e industriale. Entrambe potevano contare su una tradizione di governo locale, che vedeva le élite cittadine contrapporsi con più o meno successo alla formazione di un'autorità statale centralizzata.

*Venezia, Bruges e l'economia europea*

Il *Livre des Mestiers*, un manuale mercantile del XIV secolo, descrive la città di Bruges come uno dei massimi centri commerciali del mondo cristiano. Secondo un testo dello stesso genere – la *Pratica della Mercatura* di Francesco Pegolotti – molto in voga a Firenze nel Trecento, Bruges era il luogo dove si radunava il maggior numero di mercanti e di banchieri stranieri; ma anche i manuali veneziani sottolineavano l'importanza del commercio fiammingo.[1] Bruges viene definita ancora oggi la "Venezia del Nord", sicuramente per via dei suoi canali, ma anche per il suo grande passato mercantile. Nel XIV secolo era diventata il punto focale del commercio internazionale del Nordovest, dove convenivano mercanti di tutta Europa per scambiarsi valuta, merci e idee, trasformandola nella copia nordica di città come Genova e Venezia.

Ma non era sempre stato così. Nei secoli XII e XIII i contatti commerciali tra l'economia europea nordoccidentale e il mondo degli affari italiano avvenivano tramite il sistema internazionale delle fiere della Francia centrale (Champagne), dove i drappi di lana dei Paesi Bassi venivano scambiati con le merci di provenienza mediterranea o levantina (spezie e stoffe di lusso). Queste fiere periodiche, che concentravano per brevi periodi di tempo uomini, merci e denaro, avevano ridotto al minimo i costi delle transazioni e fornito le infrastrutture che avevano consentito ai mercanti italiani e veneziani di sviluppare varie tecniche commerciali e bancarie.[2] Malgrado il loro successo, si ha la chiara impressione che gli addetti ai lavori si fossero messi alla ricerca di sbocchi alternativi alle fiere fin dalla fine del XIII secolo. In parte a causa dell'instabilità politica, i traffici tra le due regioni più ricche dell'Europa medievale cominciarono a prendere vie più dirette: i mercanti italiani andavano a trattare i loro affari nei Paesi Bassi e quelli fiamminghi erano presenti sempre più spesso nelle città italiane in qualità di *mercatores ultramontani*. I veneziani utilizzavano di preferenza il percorso transcontinentale attraverso la valle del Reno, ma agli inizi del XIV secolo, in genere, il trasporto via terra era ancora gravato da un alto tasso di insicurezza, tanto che le merci di lusso venivano trasportate via mare fin dalla fine del Duecento. Le prime galere genovesi e fiorentine arrivarono a Bruges nell'ottavo e nono decennio del XIII secolo e agli inizi del Trecento il traffico marittimo si andava ormai generalizzando.

L'aumento di volume degli scambi marittimi finì per concentrare il commercio internazionale in città portuali capaci di dare accesso a un vasto retroterra e i Paesi Bassi ebbero la fortuna di poter offrire non soltanto una posizione strategica ai confini delle nazioni europee maggiormente in espansione, ma anche un importante mercato interno urbanizzato, con infrastrutture industriali altamente specializzate. Bruges massimo centro commerciale neerlandese, riuscì perciò a diventare il principale scalo portuale d'ingresso delle merci internazionali dirette nei paesi dell'Europa nordoccidentale; le varie comunità straniere, a cominciare ovviamente dagli Italiani, vi svilupparono raffinati sistemi di scambio, di facilitazioni bancarie e di iniziative imprenditoriali. Grazie alla presenza di mercanti provenienti dai territori anseatici dell'Europa centrale e orientale, ma anche dall'Inghilterra, dalla Francia, dai reami spagnoli, dal Portogallo e dalle repubbliche italiane, l'enorme incremento dei traffici finì per dare vita a quella che si potrebbe definire una rete di movimento. L'andamento del commercio era regolato dal ritmo del trasporto marittimo.[3] I paesi italiani erano i più attivi sul mercato di Bruges e quindi spesso in grado di dettarne le condizioni, in quanto disponevano di tecniche commerciali e finanziarie di gran lunga più avanzate di quelle delle altre nazioni. I mercanti italiani, inoltre, erano finanziariamente avvantaggiati dal fatto di importare al Nord beni notevolmente più costosi di quelli che esportavano (soprattutto materie prime, quali i metalli e la lana).

Pur essendosi trasformata principalmente in un punto d'incontro per gli operatori stranieri, che avevano così finito per limitare l'importanza dei mercanti fiamminghi in campo internazionale, Bruges esercitava comunque una funzione essenziale, perché era il luogo dove si riscuotevano i dazi d'ingresso nei Paesi Bassi. La città poté così rafforzare la propria posizione strategica imponendo un regime monopolistico. Tutte le merci importate e destinate ai Paesi Bassi dovevano passare per i suoi spazi di vendi-

[1] Evans 1936, 236-237; Dotson 1994, XV.
[2] De Roover 1948.
[3] La letteratura più recente su Bruges come scalo internazionale è esaminata da Stabel, Blondé & Grave 1999.

ta e nemmeno ai mercanti forestieri privilegiati, come quelli veneziani, era consentito di aggirare questo sistema. Agli stranieri, inoltre, era vietato fare affari tra di loro o con i mercanti e gli imprenditori neerlandesi senza l'intervento di un mediatore locale; questi sensali avevano dato vita alla corporazione di mestiere più ricca e più potente di Bruges. I più danarosi gestivano anche gli ostelli che ospitavano i forestieri e le loro merci: non esisteva una regolamentazione ufficiale degli spazi a disposizione degli operatori stranieri, come avveniva invece in numerosi centri commerciali europei (il fondaco di Venezia). Così le locande con annessi magazzini costituivano il centro del sistema commerciale della città e i loro gestori divennero presto, oltre che intermediari, anche agenti dei mercanti forestieri. Gli albergatori combinavano il loro "know-how" commerciale con varie funzioni di tipo bancario, creando un'alternativa al monopolio su scala internazionale che gli italiani si erano saputi conquistare in questo settore. Malgrado l'ovvia osmosi tra la borghesia mercantile e l'élite che deteneva il potere politico, l'intervento statale si limitava a stabilire le regole del commercio e a garantirne il buon andamento.

Il sistema era assai diverso a Venezia, dove poiché l'aristocrazia mercantile aveva un accesso illimitato al potere politico, la prima cura del governo era quella di difendere gli interessi commerciali della città. E il commercio, a Venezia, era diventato in questo modo un vero affare di stato. La costruzione delle galere da trasporto spettava esclusivamente alla Serenissima, così come l'organizzazione dei convogli marittimi e la difesa degli operatori veneziani dalle autorità giudiziarie straniere. Lo Stato dettava regole molto precise, che non soltanto consentivano ai mercanti veneziani in generale di operare in condizioni di monopolio, ma limitavano anche i rischi rappresentati dai monopoli privati, rafforzando la solidarietà tra i membri dell'élite mercantile. Ne emergeva uno strano connubio di iniziative pubbliche e private, perfettamente esemplificato dalle flotte di galere che, pur essendo organizzate dal governo, miravano a realizzare gli interessi dei singoli mercanti. Il commercio su commissione era una pratica generalizzata, diffusasi proprio grazie all'intervento statale, che garantiva la sicurezza dei trasporti. I mercanti veneziani erano molto più sedentari dei loro colleghi toscani o genovesi, in quanto preferivano affidare le loro commissioni ai trasportatori, ai capitani delle navi e ai rappresentanti locali della Serenissima, che diventavano così figure fondamentali del commercio vero e proprio. Costoro agivano per conto di più mercanti alla volta e, nella loro qualità di specialisti del settore, ne decidevano i flussi e agivano come ridistributori delle quote di merci e dei profitti tra le varie compagnie mercantili. Questo sistema si rivelò molto flessibile ed efficace, ma spiega anche perché i veneziani fossero meno bene integrati all'estero degli altri mercanti italiani. Di conseguenza essi rimanevano fedeli agli articoli – spezie e tessuti – che trattavano da sempre, ed erano poco inclini a speculare su prodotti nuovi. Così si chiarisce anche il motivo per il quale, agli inizi del XVI secolo, quando cessò il traffico regolare dei convogli di galere, i veneziani consentirono ai trasportatori tedeschi e fiamminghi di sostituirli sulle rotte transcontinentali.[4]

*Commercio veneziano nei secoli XIV e XV: le "galere di Fiandra"*
A partire dal 1314 Venezia inviò quasi su base annuale un'importante flotta di galere a Bruges (a Sluis, il porto della città, nel 1322 vi erano sei galere). Il convoglio ufficiale, seguito da un certo numero di navi di proprietà privata – soprattutto cocche – salpava da Venezia dirigendosi a nord attraverso lo stretto di Gibilterra. Il solo viaggio di andata durava quasi cinquanta giorni e, durante il percorso, le galere si fermavano per commerciare in vari porti siciliani, catalani, galiziani, francesi e portoghesi. Il coinvolgimento del governo era di somma importanza: spettava al Senato stabilire chiaramente quali erano gli scopi della spedizione e quali merci era consentito trattare. Nel 1485 il doge Giovanni Mocenigo specificò le condizioni alle quali la flotta era autorizzata a partire: Bartolomeo Minio, il capitano della squadra, doveva ricevere un compenso di seicento ducati d'oro e su ogni nave dovevano essere imbarcati circa trenta balestrieri e un numero imprecisato di rematori; quattro giovani nobiluomini e un consigliere di provata esperienza assicuravano le linee di comando su ciascuna galera ed erano pagati, come il "capitanio", dai singoli patroni delle navi. Il comandante della flotta aveva l'obbligo di inviare un messaggio a Venezia appena arrivato a Sluis e di tenersi regolarmente in contatto con la città durante la stagione delle contrattazioni. Nel commercio internazionale l'istituzione di una rete di comunicazioni costituiva un fattore essenziale ed era quindi uno dei compiti primari dei funzionari governativi all'estero.[5]

Il blocco delle spedizioni marittime nei primi decenni della guerra dei cento anni tra Francia e Inghilterra, oltre alle difficoltà legate agli interminabili conflitti tra Venezia e Genova nel Mediterraneo, riportarono in auge il trasporto su strada attraverso il passo del Brennero e la valle del Reno. La flotta ufficiale delle galere di Fiandra ricominciò a salpare solo nel 1374, e a quel punto si era molto ridotta di numero rispetto agli anni trenta. L'interruzione del traffico regolare, nel frattempo, aveva messo in moto l'iniziativa privata, e verso la metà del XIV secolo avevano già ripreso a viaggiare navi di proprietà di singoli armatori.[6] Così il redditizio commercio veneziano con il Nord non si interruppe mai e nel 1358 il conte fiammingo Louis de Male concesse ai veneziani il permesso di commerciare senza alcuna limitazione per un periodo di quarantacinque giorni dall'arrivo delle galere; inoltre, non dovevano essere

[4] Renouard 1968, 289-305.
[5] Sull'importanza per il commercio veneziano di un sistema di comunicazione di una certa flessibilità cfr. Lane 1945, 199-202.
[6] Lane 1973, 186-197.

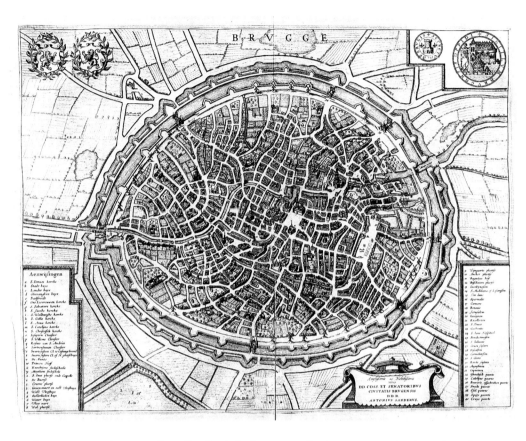

Bruges
pianta rinascimentale della città

loro imposte tasse oltre a quelle solite. I privilegi vennero ulteriormente estesi nel 1406 e nel 1468, e i conti di Fiandra (poi duchi di Borgogna) fornirono regolarmente lettere di salvacondotto ai mercanti veneziani.

La flotta nordica poteva fare rotta per Bruges o per i porti inglesi, a seconda dell'andamento del commercio con le Fiandre o la Gran Bretagna, che poteva variare di anno in anno. Su tre galere partite nel 1393, due erano destinate a Bruges, mentre la terza salpò alla volta di Londra. Delle quattro del 1395 due andarono a Londra, mentre le due del 1392 si recarono entrambe nelle Fiandre (solo il 10 per cento del carico era destinato a Londra e venne trasferito su navi inglesi o fiamminghe). Sembra che verso la metà del XV secolo l'importanza delle navi di Londra fosse in continua crescita, tanto che nel 1460 il Senato veneziano decretò che i costi di invio delle lettere dei mercanti da e per il Nord andassero divisi equamente tra Londra e Bruges, mentre in precedenza due terzi dei costi erano addebitati ai mercanti di Bruges. Vi era comunque una ben chiara osmosi tra le due destinazioni: le galere potevano essere inviate in un porto o nell'altro a seconda del carico. Si dedicava un'attenzione particolare alla spedizione delle merci di lusso, come le importantissime spezie. I costi del trasporto, le modalità di pagamento e la destinazione erano chiaramente specificati per ogni tipo di prodotto. Malgrado lo stretto controllo statale, capitava spesso che si confondessero tra loro le merci dirette ai due porti, obbligando il capitano e i funzionari locali a rimediare in tutta fretta agli eventuali errori. Nel 1408 il Senato veneziano dovette intervenire perché una delle galere destinate a Londra si era ormeggiata a Sluis, scaricandovi la merce e causando così un notevole ritardo.[7]

Inizialmente le galere erano navi di proprietà di privati, i quali potevano in questo modo assumere il controllo dei trasporti, creando cartelli monopolistici su prodotti di provenienza nordica, come la lana inglese. Per evitare questo rischio, la flotta venne posta alle dipendenze dirette della Serenissima, che dava in appalto la costruzione delle galere grosse e metteva all'incanto la gestione del proprio naviglio mercantile. Il traffico con le Fiandre indipendente da quello ufficiale subiva limitazioni severissime. Nel 1415 nessuna nave disarmata era autorizzata a salpare a più di un mese di distanza dalla partenza della flotta di galere. I mercanti dovevano negoziare con il Senato la loro partecipazione alle iniziative commerciali nelle Fiandre e il carico veniva suddiviso tra un numero ancora maggiore di operatori.

Nella sua qualità di funzionario governativo, il capitanio della flotta divenne una figura di primissimo piano, che doveva garantire a tutti i mercanti la possibilità di spedire merci sulle principali rotte commerciali, soggiornando nei porti stranieri per periodi non superiori a quelli previsti. Le galere, di solito, erano di ritorno nel Mediterraneo prima della fine della stagione estiva, e quindi la loro sosta nei porti nordici doveva per forza essere breve. Il capitanio si consultava sull'andamento dei mercati con i

[7] Gilliodts-Van Severen 1906 fornisce una rassegna delle fonti relative all'attività commerciale veneziana a Bruges.

Bruges, la piazza della Borsa

rappresentanti delle comunità mercantili veneziane di Bruges e di Londra. Nel 1385 il Senato decretò che egli dovesse riunire all'arrivo tutti i mercanti, che avrebbero deciso insieme dove fare la prima tappa. Ma il capitanio era anche autorizzato ad abbreviare o a prolungare, se necessario, il periodo delle contrattazioni: nel 1414, per esempio, il Senato gli consentì di consultarsi con i funzionari di Bruges per decidere se accorciare la sosta, visto l'approssimarsi dell'inverno, ed egli trasmise l'ordine anche alle navi di Londra. Il capitanio, per concludere, era un vero esperto commerciale, in grado di dare consigli sulla destinazione della flotta ed eventualmente anche di modificarla. Nel 1499, quando il ruolo commerciale di Bruges stava ormai declinando, il comandante della flotta di Londra, Giacomo Capello, suggerì di inviare navi anche in Fiandra, dove si sarebbero potute ottenere condizioni di mercato più vantaggiose, perché i mercanti inglesi stavano cominciando ad abusare del loro monopolio e tenevano alti i prezzi.

Le galere grosse necessitavano di un equipaggio molto più numeroso – probabilmente circa duecento uomini – di quello delle cocche e degli altri scafi a vela in uso nelle regioni prospicienti il Mare del Nord: una flotta di cinque navi poteva impiegare non meno di mille uomini: una spedizione davvero formidabile. Il viaggio non era privo di pericoli, rappresentati non soltanto dalle condizioni metereologiche avverse, ma anche dai conflitti bellici e dalla rivalità con gli altri stati italiani, in particolare con Genova. Nell'ottobre del 1427 il capitanio Federico Contarini venne avvisato che il suo viaggio di ritorno poteva risultare difficile per via di una flotta genovese che aveva preso il largo. Un analogo avvertimento venne inviato dai genovesi nel 1431, quando tutte le grosse navi ricevettero l'ordine di rientrare e i consoli genovesi a Bruges obbligarono i capitani dei vascelli presenti nelle Fiandre a tornare immediatamente in patria, interrompendo l'attività commerciale. Ma i funzionari cercavano anche di dirimere i conflitti, tanto che nel 1426, per allentare la tensione tra le due republiche marinare, i rappresentanti di Genova scrissero una lettera di scuse al duca di Borgogna, auspicando anche un'esemplare punizione per il genovese Tommaso Grimaldi, che aveva catturato una nave veneziana.

In tempo di guerra il Senato veneziano e le altre autorità prendevano speciali misure per garantire la sicurezza della flotta. Nel 1374 Marco Morosini venne nominato dal Senato ambasciatore straordinario alla corte d'Inghilterra, con l'autorizzazione a prendere, d'accordo con i consoli di Bruges, i provvedimenti necessari a proteggere gli interessi commerciali di Venezia. I relativi costi furono pagati dai mercanti che partecipavano alle spedizioni e ai consoli venne consentito di imporre una tassa speciale su tutte le merci importate ed esportate. La flotta veniva quindi usata anche come uno strumento di politica economica. Nel 1497, quando le galere erano ferme da tempo per via delle tensioni politiche ed economiche, l'industria tessile veneziana finì per trovarsi a corto di lana e il Senato armò subito una flotta di due unità. Ma la lana poteva arrivare anche con altri mezzi, perché in realtà la flotta ufficiale, pur chiaramente avvantaggiata dalla politica fiscale veneziana, non aveva mai monopolizzato il commercio. Navi a vela di vario tipo di proprietà privata si affiancavano spesso ai convogli o si mettevano in viaggio da sole, certamente aumentando i rischi, ma permettendo una più flessibile organizzazione delle spedizioni.

I veneziani trasportavano nei Paesi Bassi stoffe costose (seta, damasco, tessuti misti e pizzi, in gran parte prodotti a Venezia), cotone, gioielli, zucchero, frutta mediterranea, vino, olio, carta, vetro e, beninteso, le indispensabili spezie e le essenze provenienti dal Levante, dalla Persia e dall'India (pepe, zenzero, cannella, chiodi di garofano, noce moscata e zafferano). Avevano in pugno anche il mercato delle pietre preziose, tanto che la "loggia" veneziana era il principale punto di vendita dei diamanti di tutta Bruges. Il carico di ritorno consisteva di lana inglese, tessuti di lana inglesi e fiamminghi, oggetti di lusso fabbricati nei Paesi Bassi, articoli di stagno e di altri metalli o prodotti come l'ambra e le pellicce, che venivano portati a Bruges dai mercanti anseatici dell'Europa orientale.

L'arrivo a Bruges delle galere veneziane era un'occasione per fare festa. Nel 1520, quando si trattava ormai di un avvenimento piuttosto raro, una scrittura contabile ci informa sulle spese sostenute dalla città. Il capitano aveva ricevuto in dono una coppa d'argento e si era offerto da bere all'equipaggio, che era stato anche autorizzato a vendere il *portage* (un piccolo quantitativo di merce, come vino, stoffe o spezie, sul quale non si pagavano tasse). Il capitano e i patroni delle navi erano stati alloggiati gratuitamente e avevano avuto a disposizione un interprete e un messo; si era anche provveduto a pagare i piloti per l'ingresso e l'uscita delle navi dal porto. Il personale di bordo era una continua fonte d'imbarazzo per i capitani, responsabili del loro comportamento nei porti stranieri e dei debiti che lasciavano nelle taverne. Capitava spesso che i marinai e gli ufficiali si rifugiassero sulle navi per sfuggire ai funzionari della polizia fiamminga. Lo stesso *portage* costituiva un motivo di attrito con le autorità locali: la massiccia presenza di marinai forestieri e i tanti abusi intralciavano la riscossione dei tributi e minacciavano il monopolio della vendita del vino nelle città portuali. Così i membri delle ciurme venivano spesso multati e, se non pagavano l'ammenda, finivano nella prigione del balivo di Sluis.

### La "nazione" veneziana a Bruges

Nel 1440, in occasione della visita del sovrano, il duca di Borgogna Filippo il Buono, la città di Bruges organizzò una cavalcata che risultò composta prevalentemente dalle comunità del commercio estero. Vi presero parte centotrentasei mercanti anseatici, quarantotto castigliani, centocinquanta italiani (quaranta veneziani, quaranta milanesi, trentasei genovesi, ventidue fiorentini e dodici lucchesi) e un numero imprecisato di baschi, catalani, portoghesi, francesi e inglesi. Nel 1389 le varie comunità italiane fecero un prestito alla città: i mercanti di Venezia, Firenze, Piacenza e Catalogna vi contribuirono con 100 lire fiamminghe, quelli di Milano con 80, quelli di Lucca con 70 e quelli di Genova soltanto con 50. Nel 1411 i genovesi e i veneziani pagarono 100 lire, i fiorentini e i lucchesi 50, quelli provenienti da Milano, Como e Piacenza 33.[8]

Queste stime sulla presenza di mercanti stranieri nei Paesi Bassi e la loro rispettiva importanza in un dato momento possono trarre in inganno sulla rilevanza complessiva di ogni singolo gruppo nazionale. I veneziani svolgevano sicuramente un ruolo notevole negli scambi commerciali tra il Mediterraneo e il Nordeuropa, però non erano la "nazione" italiana più autorevole e prestigiosa dei Paesi Bassi. Si ha l'impressione che le iniziative di genovesi, fiorentini e lucchesi vi riscuotessero un maggiore successo grazie alla grande diversificazione delle merci (da quelle molto costose, come le spezie, i coloranti e la seta, fino ai prodotti all'ingrosso, come l'olio, il vino e l'allume, mentre i veneziani continuavano a puntare sulle spezie), riuscendo spesso a integrarsi felicemente con le élite locali e regionali. Tra i rappresentanti di Venezia nei Paesi Bassi non vi furono mai figure di primissimo piano o grandi dinastie di mercanti come gli Spinola e gli Adorno di Genova, i Rapondi e gli Arnolfini di Lucca (finanziatori della corte di Borgogna), o i Portinari e i Frescobaldi di Firenze (anch'essi strettamente legati alla casa regnante). I documenti d'archivio citano numerosi casi di spagnoli e italiani divenuti cittadini di Bruges (come – a partire dal 1442 – il famoso Giovanni Arnolfini), ma solo rarissimi casi di veneziani, per la maggior parte modesti artigiani. I registri della giustizia civile sono pieni fino a scoppiare di dissidi e di patteggiamenti tra mercanti spagnoli e italiani, ma i veneziani non vi figurano quasi mai, come se si fossero tenuti bene al di fuori delle normali procedure giurisdizionali della città. Questa scarsa integrazione, tuttavia, non significa che l'importanza economica complessiva del commercio veneziano fosse marginale ed è imputabile a un tipo di organizzazione mercantile molto diverso.

I veneziani furono tra i primi a organizzarsi ufficialmente – fin dagli esordi del XIV secolo – in una "nazione", come erano chiamate allora le corporazioni dei mercanti stranieri (a Bruges ve ne erano dodici). Questo implicava la nomina di una giunta di consoli che si tenevano costantemente in contatto con il Senato veneziano e agivano come intermediari nei negoziati con le autorità civiche e con i duchi di Borgogna. I consoli non erano soltanto i funzionari locali del governo veneziano, ma anche veri e propri esperti di questioni commerciali, il cui parere sull'andamento degli affari e sui problemi della sicurezza era tenuto in gran conto. Esercitavano spesso la funzione di arbitri nelle vertenze commerciali, rappresentando in prima persona i mercanti veneziani nelle cause civili.

La magistratura di Bruges o i conti di Fiandra intervenivano soltanto nelle contese tra le singole nazioni o tra gli stranieri e i fiamminghi, non importa se commercianti o imprenditori. Nel maggio 1457 scoppiò una lite tra il mercante italiano Guglielmo De Cassiolio e il veneziano Lorenzo Barbarigo a proposito di un contratto per una partita di lana. Un altro veneziano residente a Bruges, Marco Morosini, che era il garante di Barbarigo, rifiutò di consegnare la lana, perciò i consiglieri municipali della città intervennero per dirimere la questione, recandosi nell'ostello del Morosini a ispezionare la merce e a imporgli di consegnarla a De Cassiolio. Potevano nascere questioni anche tra il capitano di una nave e i mercanti residenti a Bruges, locali o forestieri. Nel febbraio 1467 il capitano di una cocca veneziana, Natal Salomono, si rifiutò di scaricare un certo quantitativo di vino, se prima non gli veniva pagato il trasporto; i consiglieri intervennero di nuovo, su istanza di un mercante, per obbligarlo a scaricare immediatamente. In quello stesso anno, quando tre capitani veneziani pretesero di essere pagati in duca-

[8] Vandewalle & Geirnaert 1992, 183-185.

ti da alcuni mercanti siciliani, che erano disposti a sborsare solo valuta fiamminga, fu il consiglio municipale di Bruges a fissare le condizioni del cambio.

Nelle questioni più complesse, tuttavia, le autorità di Bruges consultavano spesso una commissione autonoma di esperti nominata dai mercanti delle diverse nazionalità. In genere, i veneziani, così come gli altri, preferivano ricorrere a un arbitrato piuttosto che ai tribunali. Nel 1452, quando la vedova di Antonio de Michelis, un mercante toscano, chiese che venisse sequestrato al veneziano Marco Corner un certo quantitativo di spezie, a saldo di un credito spettante al marito defunto, fu il magistrato di Bruges a intervenire, non i funzionari veneziani. L'azione legale, tuttavia, si protrasse per un anno, finché il consiglio cittadino nominò una commissione di arbitraggio formata da un veneziano e da un pisano, che presero insieme la decisione definitiva. Nel 1457 nacque un litigio tra i patroni della flotta veneziana e i mercanti di Bruges con i relativi mediatori, che avevano chiesto l'annullamento del contratto di acquisto di una grande partita di fiele, sostenendo che la qualità non era quella stabilita. Anche in questo caso si ricorse a una commissione *super partes* (composta da un lucchese, un genovese e un catalano) che, dopo avere chiesto il parere dei tintori di Bruges, riferì al consiglio municipale che il contratto andava onorato. Nel 1470 il console veneziano Alberto Contarini accettò l'arbitraggio di due esperti di Bruges in una contesa riguardante una partita di vino.

È evidente che la magistratura di Bruges evitava il più possibile di interferire negli affari dei mercanti e dei loro agenti e nessuno mise mai in dubbio il principio che i conflitti tra veneziani andassero risolti dal console e dai suoi funzionari. Nel 1446 il Senato veneziano decise addirittura di applicare una multa di cinquecento ducati a chi avesse osato rivolgersi ai magistrati locali. I funzionari di polizia e i membri del consiglio di Bruges intervenivano solo per salvaguardare l'ordine pubblico (come nei casi delle risse da taverna nel porto di Sluis), o quando i mercanti cercavano di violare i diritti monopolistici della città. Tuttavia, poiché la sicurezza degli ospiti era troppo importante per l'economia delle Fiandre per consentire che venissero direttamente puniti con pene severe, i magistrati locali agivano spesso in collaborazione con i mercanti stranieri, scegliendo di ricorrere a un arbitrato per risolvere i conflitti, oppure facendo osservare le decisioni prese precedentemente dai consoli. Nel maggio 1470 il console risolse una contesa tra due veneziani, stabilendo che venisse versata una cauzione nelle mani del magistrato locale in attesa della sentenza di appello, che doveva essere emessa a Venezia. Ma il verdetto non venne rispettato e le autorità di Bruges organizzarono un arbitrato e si fecero consegnare il denaro, che venne restituito due anni dopo, al termine del procedimento davanti al giudice veneziano. Poteva anche capitare che la legge veneziana contraddicesse quella fiamminga, come nel caso avvenuto nel luglio 1467, quando vari mercanti veneziani sequestrarono la cocca di proprietà di un certo Piero Morosini, che aveva imbarcato 19.500 libbre di cotone, ma si era presentato a Bruges con un carico diminuito e in cattive condizioni. Il trasportatore era responsabile del danno secondo il diritto veneto, ma non secondo quello fiammingo. Morosini sostenne di avere fatto tutto il possibile per limitare le perdite e le autorità di Bruges decisero che in quel caso dovessero prevalere le consuetudini locali.

La residenza ufficiale della nazione veneziana, la cosiddetta "loggia", era situata, a partire dalla fine del XIV secolo, nella *Beursplein* (era chiamata *Ter Ouder Buerse* ed era di proprietà dei Vander Buerse, una famiglia di albergatori di Bruges). Non era lontana dalle logge di altre importanti nazioni italiane (Genova, Firenze e Lucca) e il suo piccolo perimetro – dove si respirava un'aria mediterranea – finì per diventare il centro dell'attività economica del Nordeuropa, così come il termine "borsa" passò a indicare un po' dovunque un mercato finanziario. I mercanti e i funzionari veneziani partecipavano alla vita della città e celebravano le loro funzioni religiose nel convento degli Agostiniani, che era vicinissimo alla loggia e aveva un altare dedicato a San Marco. Si mescolavano volentieri con gli abitanti di Bruges e con gli altri mercanti, spesso facendo loro da agenti e viceversa.

*Venezia e la trasformazione di Anversa nel nuovo porto d'ingresso dell'Europa occidentale*
Verso la fine del XV secolo il mercato di Bruges cominciò a incontrare difficoltà sempre crescenti. La struttura complessiva delle rotte dei traffici subì un cambiamento radicale e la città non fu più in grado di attirare nuovi mercati. I mercanti tedeschi e portoghesi furono i primi ad andarsene e quando nelle Fiandre scoppiò la guerra civile (la rivolta contro il futuro imperatore Massimiliano d'Asburgo, reggente per conto del figlio Filippo il Bello) il destino di Bruges fu definitivamente segnato. In un primo tempo Massimiliano ordinò alle nazioni dei mercanti stranieri di spostarsi ad Anversa, togliendo rapidamente a Bruges il ruolo di punto focale del commercio estero, anche se molti operatori vi fecero ritorno dopo la firma del trattato di pace del 1492. Nel corso del XV secolo le frequentatissime fiere brabantine di Anversa e di Bergen-op-Zoom avevano già calamitato buona parte degli scambi commerciali, pur operando da lungo tempo in perfetta armonia con il mercato di Bruges, i cui operatori vi prendevano frequentemente parte attiva.[9] Alla fine del secolo, tuttavia, Anversa assunse una posizione più indipendente.

Nei primi decenni del XVI secolo tutte le nazioni straniere avevano ormai lasciato Bruges, con la sola eccezione dei mercanti spagnoli, che le restavano fedeli per il commercio della lana. L'ultimo console ve-

[9] Brulez 1976; Van der Wee 1963.

Anonimo
*Il porto di Anversa*, 1518-1540
Anversa, Nationaal Scheepvaartmuseum

neziano di Bruges è ricordato nel 1505; dieci anni dopo la nazione aveva definitivamente abbandonato la città, seguita a breve distanza di tempo dagli altri italiani.[10] La flotta veneziana era già stata dirottata verso l'Inghilterra e Anversa, voltando le spalle a Sluis, anche se nel 1505 i magistrati brugghesi avevano sostenuto che le galere vi sarebbero state trattate molto meglio che ad Anversa. La partenza degli stranieri coincise con una svolta fondamentale del commercio internazionale, dovuta al fatto che le navi portoghesi trasportavano le spezie direttamente dall'Africa e dall'India, facendo sempre più languire il traffico con il Levante. Nel 1501 Anversa divenne il principale mercato delle spezie importate dai portoghesi nell'Europa occidentale. Il Senato veneziano era tenuto perfettamente al corrente dell'andamento dei prezzi ad Anversa; nel 1505, per esempio, l'ambasciatore della Serenissima alla corte di Filippo il Bello, Vincenzo Querini, tracciò un quadro completo delle condizioni di mercato per le spezie delle varie provenienze. Il declino del mercato europeo di queste merci fu un colpo terribile per i veneziani, tanto più che il loro tentativo, nel 1521, di rifornirsi a Lisbona invece che in Medio Oriente si rivelò impraticabile. Così la Serenissima dovette rimanere fedele all'approvvigionamento tradizionale nel Levante.

Ma i nuovi sviluppi, in qualche caso, potevano anche favorire il commercio veneziano. Il declino del traffico marittimo tra l'Italia e i Paesi Bassi e l'aumento di volume dei trasporti transcontinentali si rivelarono a lungo andare vantaggiosi.[11] I dati disponibili sembrano indicare che l'abolizione della flotta statale avesse creato qualche problema di approvvigionamento all'industria tessile lagunare, ma vennero presto creati meccanismi di rifornimento alternativi, anche se l'importanza degli spedizionieri veneziani finì comunque per diminuire considerevolmente. Nel marzo 1500 il Senato veneziano dovette persino consentire a chiunque di importare lana via terra o via mare: si trattava di un provvedimento temporaneo, ma ormai l'indirizzo era segnato. Nel 1501 venne deciso che la flotta del Nord non si spingesse oltre i porti inglesi di Hampton e di Sandwich. Le rotte marittime dal Mediterraneo al Mare del Nord, infine, vennero sostituite da quelle stradali lungo la valle del Reno, certamente un poco più costose, ma più sicure e – perlomeno per il commercio veneziano – spesso più veloci. Una flotta di galere era diventata un mezzo di trasporto troppo costoso, che finiva per non rendere più.

I veneziani non furono i soli a soffrire durante la trasformazione di Anversa in una metropoli commerciale: anche il mercato anseatico cominciò a declinare. L'espansione marittima olandese e inglese e la pur lenta affermazione di un'economia atlantica, scatenata dalle scoperte spagnole e portoghesi, contribuirono ad accrescere l'importanza di Anversa, che divenne rapidamente la piazza di transito di tutte le nuove iniziative commerciali che coinvolgevano l'Europa nordoccidentale. I mercanti-avventurieri inglesi vi portavano i tessuti di lana, gli olandesi il grano, il pesce e la birra del Baltico, i portoghesi le spezie, gli italiani i prodotti di lusso e altre spezie, i mercanti della Germania meridionale e della valle del Reno metallo, stoffe e vino. La città sulle rive della Schelda, inoltre, si sostituì a Bruges nel ruolo di emporio principale di molti dei prodotti tradizionali delle industrie dei Paesi Bassi, attirando altre merci di lusso e trasformandosi nel punto focale di tutto il sistema finanziario europeo. In queste attività i mercanti veneziani non potevano più svolgere un ruolo significativo e la Serenissima si disimpegnò sempre di più dal commercio attivo nei Paesi Bassi.

A partire dal terzo decennio del XVI secolo le strutture generali del sistema commerciale anversese subirono un mutamento radicale. Le guerre degli anni venti intralciarono le principali rotte mercantili, rendendo problematico l'arrivo di merci fondamentali come le spezie portoghesi e i metalli tedeschi. Queste difficoltà, paradossalmente, favorirono Venezia, che nel secondo trentennio del XVI secolo ridiventò il principale porto d'ingresso delle spezie in Europa. Ma i problemi di Anversa furono di breve

[10] Marechal 1951, 26-74.
[11] Brulez 1959, 479-481.

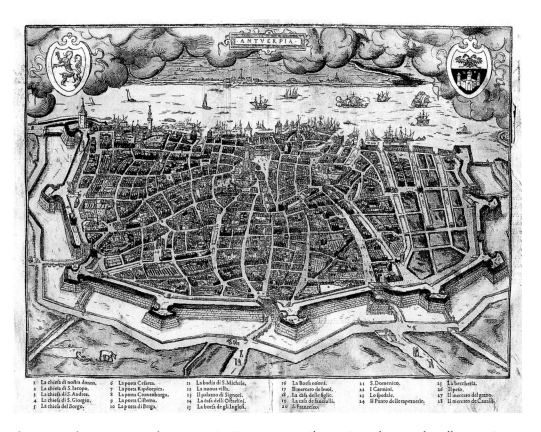

Pianta di Anversa
stampa del 1540 circa

durata e negli anni quaranta la città cominciò a recuperare il proprio ruolo centrale nello smercio, tra l'altro, dei tessuti inglesi e soprattutto della produzione industriale dei Paesi Bassi, che soppiantò gradualmente quella italiana di merci di lusso. Il traffico diretto nel Nordeuropa passò nelle mani degli spedizionieri olandesi, fornendo così la prima spinta alla crescita commerciale di Amsterdam, mentre i collegamenti con il Mediterraneo si incanalarono verso la Penisola Iberica (e il Nuovo Mondo) lungo la rotta marittima e verso l'Italia settentrionale (e il Levante) lungo il percorso transcontinentale attraverso la Germania.

*Presenze veneziane ad Anversa*
Trasformandosi da marittimo in terrestre, il traffico con l'Italia ebbe il grande vantaggio di integrare le zone meridionali della Germania nel principale sistema commerciale europeo. Verso la metà del XVI secolo la composizione delle comunità mercantili presenti nei Paesi Bassi era radicalmente mutata rispetto a quella di cento anni prima. I mercanti italiani, e soprattutto i veneziani, si concentravano sempre di più sulle transazioni finanziarie, lasciando il commercio vero e proprio nelle mani di tedeschi e fiamminghi. I veneziani si stavano trasformando gradualmente in soggetti passivi: non si muovevano dalla città lagunare, erano personalmente meno coinvolti nelle attività di trasporto e ricorrevano in maniera più articolata agli agenti locali. Nel periodo compreso tra il 1488 e il 1514 Anversa era già un centro cosmopolita, dove risulta fossero presenti 1227 tedeschi (provenienti soprattutto dalle regioni meridionali e dalla valle del Reno); 261 italiani; 247 francesi; 216 inglesi; 171 spagnoli; 72 portoghesi. Tra questi mercanti, 1463 erano attivi sulle rotte transcontinentali e solo 723 su quelle marittime. Secondo un osservatore fiorentino, Lodovico Guicciardini, durante la stagione degli affari Anversa ospitava una media di 1000 operatori stranieri.

Anche se queste cifre tendono a sminuire l'importanza delle compagnie italiane – in genere molto più grandi delle altre – e non tengono conto della crescente rilevanza del commercio fiammingo, mettono comunque in luce un quadro diverso da quello di un secolo prima a Bruges. Da un'analisi dei registri giudiziari di Anversa della seconda metà del XVI secolo risulta che fosse presente una comunità italiana di circa 416 individui, che certamente appartenevano solo in parte alle grandi famiglie mercantili. Alcuni erano modesti commercianti, altri semplicemente marinai, mediatori, soldati, artigiani. Solo il 5 per cento di questo gruppo era veneziano (la maggioranza, ossia il 47 per cento, era genovese, il 17 per cento di Lucca).[12] I veneziani, in prevalenza, svolgevano attività di minor conto (come Gaspare Carli, che esportava arazzi, lanerie e libri a Venezia), ma molte delle nuove produzioni, che costituivano il nucleo portante dello sviluppo industriale dei Paesi Bassi, erano state impiantate proprio da artigiani provenienti dalla Serenissima. Nel quinto e sesto decennio del Cinquecento, per esempio, si erano trasfe-

[12] Subacchi 1995, 77-78.

riti ad Anversa e nelle città satelliti vari vetrai veneziani,[13] che avevano contribuito al successo sul mercato locale degli oggetti *à la façon de Venise*, molto richiesti dalla ricca borghesia urbana fiamminga e olandese. E sembra che sia stato un artigiano veneziano a dare inizio anche alla produzione della ceramica maiolicata.

Le ditte italiane dominavano ancora il mercato finanziario e quello dei tessuti pregiati. Malgrado la crisi strutturale provocata dalla concorrenza portoghese nel traffico delle spezie e dello zucchero, e nonostante il declino delle esportazioni di beni di lusso, sostituiti sui mercati nordici da quelli di produzione neerlandese, Venezia era ancora in grado di mantenere una posizione di tutto riguardo negli scambi commerciali con i Paesi Bassi. Ma i contatti commerciali, a questo punto, si avvalevano di strutture molto diverse, tanto che a lungo andare la presenza ad Anversa dei mercanti veneziani diventò decisamente marginale. Con il declino del traffico delle galere essi non costituivano più un gruppo strettamente organizzato e ormai non potevano nemmeno contare su un'istituzione ufficiale che li rappresentasse (tra gli italiani, soltanto Genova, Lucca, Firenze e la Lombardia avevano ancora una loro "nazione"). Questo contribuisce a spiegare perché i mercanti fiamminghi fossero riusciti a imporsi così prepotentemente nel commercio tra i Paesi Bassi e la Serenissima, che i veneziani tendevano ormai a considerare un affare sedentario. Tutta la parte attiva del traffico delle merci era ormai nelle mani dei mercanti e dei trasportatori tedeschi fiamminghi, e quindi il commercio a lunga distanza non era più un'attività unilaterale come era stato nel tardo Medioevo, ma coinvolgeva direttamente anche numerosi operatori provenienti dai Paesi Bassi.

*Mercanti dei Paesi Bassi a Venezia*

Nel XVI secolo, in genere, il commercio con i Paesi Bassi si era ridimensionato. Molti mercanti fiamminghi e brabantini erano attivi nelle città italiane e in particolare a Venezia; i prodotti tessili dei Paesi Bassi (lanerie, lini e arazzi) raggiungevano i mercati italiani insieme con altri prodotti di lusso (oggetti d'arte e di artigianato, oreficerie, strumenti di precisione e – chiaro sintomo del mutamento delle rotte commerciali – anche zucchero e pepe). Venezia e Ancona, scali del traffico diretto nel Mediterraneo orientale, erano le principali piazze d'arrivo in Italia dei prodotti dei Paesi Bassi.

Siamo in grado di fornire i dati del traffico commerciale tra i Paesi Bassi e l'Italia nel periodo compreso tra il 1543 e il 1545. Il percorso su strada verso la penisola, utilizzato prevalentemente per il trasporto dei tessuti, rappresentava un valore complessivo di 594.600 lire fiamminghe, che equivaleva al 18 per cento circa del totale delle esportazioni dai Paesi Bassi. Vi erano coinvolte 300 ditte commerciali, 185 delle quali erano italiane (e gestivano il 63 per cento del valore totale, quasi il 30 per cento del quale era destinato a Venezia) e 56 fiamminghe (il 23 per cento); il resto era gestito da mercanti tedeschi, spagnoli, francesi e inglesi.[14] In media, ad attirare i più importanti volumi di traffico erano le ditte fiamminghe e tedesche, che esportavano la maggior parte delle merci industriali dei Paesi Bassi, come per esempio telerie e arazzi, mentre le compagnie italiane trattavano altri prodotti di esportazione, come i tessuti e la lana inglese, ma anche il pepe. Il ruolo dei mercanti di stanza a Venezia era limitato rispetto a quello delle compagnie fiamminghe (De Hane, Mannaert, Della Faille, Van der Molen, De Cordes), fiorentine e lucchesi (Affaitadi, Fagnani, Rondinelli, Arnolfini) o tedesche (Lederer, Cleinhaus). L'impatto dei fiamminghi e dei tedeschi sulle rotte commerciali verso Venezia e le città del Nordest era molto più forte che verso le altre città italiane (Genova, Milano, Ancona), dove le ditte nazionali erano ancora quasi in grado di monopolizzare il commercio. I mercanti italiani erano invece meno inclini a fare affari con Venezia, dove erano trattati come tutti gli altri operatori stranieri ed era loro vietato organizzare esportazioni verso il Levante, perché queste costituivano ancora un monopolio strenuamente difeso dalla Serenissima.

A Venezia tutti i mercanti dei Paesi Bassi erano chiamati "fiamminghi". Nel XVI secolo la maggior parte di loro era di origine anversese o aveva stretti rapporti con le ditte di Anversa; i legami di tipo personale erano considerati di grande importanza per le transazioni d'affari. Le più grandi compagnie fiamminghe avevano i propri agenti a Venezia (Van der Molen, De Cordes, Van Bombergen), mentre le ditte più piccole ricorrevano ad agenti veneziani. Molti fiamminghi finirono inevitabilmente per trasferirsi definitivamente sulle lagune, integrandosi nella società veneziana. A lungo andare adottavano nomi italiani o italianizzanti e compravano case e palazzi a Venezia (negli anni venti un grande mercante come Maarten de Hane possedeva un palazzo sul Canal Grande e la sua famiglia, in seguito italianizzò il cognome in "d'Anna").

Nel 1585 Anversa venne conquistata dalle truppe spagnole e perse il proprio ruolo di centro d'affari internazionale. Molti mercanti cercarono rifugio in Olanda e una parte di quelli attivi nel commercio con Venezia emigrò nella Serenissima, continuando in qualche caso per tutto il XVII secolo a curarne i contatti con i Paesi Bassi del Nord e con Amsterdam.[15] Nel 1596 ventuno mercanti della "natione fiammenga" firmarono il documento di fondazione di alcuni "banchi di scritta". Costituivano il gruppo più numeroso dopo quello degli stessi veneziani e vi erano inclusi membri delle dinastie mercantili dei Van Lemen, Vrin, Cordes e Van Castre. Presero in mano il traffico transcontinentale tra Venezia e i Paesi Bassi, partecipando dopo il 1590 anche alla ripresa dei trasporti marittimi. Lavoravano spesso in stret-

[13] Van der Wee 1988, 307-381; Goris 1925, 435.
[14] Brulez 1959, 456-478.
[15] Brulez 1965, XI-XXVII; Fedalto 1980, 514-521.

ta collaborazione con i compatrioti attivi nel commercio con Venezia e facevano affari con la Spagna, l'Inghilterra e la Germania. La loro attività era limitata al commercio attivo e si ha l'impressione che fossero restii ad assumere iniziative in campo finanziario e bancario.

*Scambi culturali*

I contatti tra i Paesi Bassi e Venezia non avvenivano soltanto nel settore commerciale: entrambe le regioni erano caratterizzate da una cultura di tipo urbano, con una popolazione votata al commercio e alle attività industriali, e quindi propensa per natura agli scambi internazionali. Le rispettive élites urbane e regionali, inoltre, erano profondamente coinvolte negli investimenti culturali, a cominciare dagli stessi duchi di Borgogna, che nutrivano grandi ambizioni in questo particolare campo. L'analogo atteggiamento della Venezia rinascimentale si riflette nel forte interesse per le attività mecenatistiche e intellettuali e non sorprende affatto che i legami di tipo commerciale tra i due paesi abbiano finito per stimolare anche lo scambio di esperienze culturali. Anche se è stato dimostrato che i veneziani, a differenza di numerose altre comunità di mercanti italiani, erano meno attivamente coinvolti nella vita sociale dei Paesi Bassi, risulta comunque chiaro che vi avevano stabilito a loro volta una rete di contatti nel settore intellettuale e artistico.[16]

Fin dal XV secolo le principali città dei Paesi Bassi si erano trasformate in protagoniste attive del mercato internazionale dell'arte. La stessa corte, le élite cittadine e i mercanti stranieri avevano stimolato la produzione di dipinti, manoscritti illustrati, libri, musica e letteratura, mentre Bruges e Anversa si erano concentrate sullo sviluppo di varie industrie di lusso. Su tutto questo avevano influito notevolmente anche i contatti con l'Italia e con Venezia, soprattutto nel Cinquecento, quando gli artigiani specializzati della penisola avevano introdotto nei Paesi Bassi una serie di nuove tecnologie, mettendo quelle regioni in grado non soltanto di rifornire il mercato interno, ma ben presto anche di produrre per l'esportazione. Così Venezia finì per importare a sua volta vetri, maioliche e, alla fine del XVI secolo, anche pizzi. Già nel Quattrocento erano attivi a Bruges copisti italiani, che spesso collaboravano con i miniatori locali. Sollecitate dalle continue richieste della corte, Bruges e Gand divennero nel XV secolo i principali centri europei di produzione e di illustrazione dei manoscritti: i libri d'Ore fiamminghi si diffondevano praticamente in tutte le nazioni.[17] La presenza a Bruges di tante comunità di mercanti stranieri contribuì sostanzialmente al successo commerciale di questi prodotti di lusso, estremamente apprezzati, in particolare, dalla clientela italiana.

Durante la seconda metà del XV secolo, quando l'arte della stampa si diffuse in Europa, gli imprenditori dei Paesi Bassi stentarono inizialmente ad accettare questa novità destinata ineluttabilmente a rivoluzionare il mercato librario, che ebbe quindi per decenni come protagonisti incontrastati gli stampatori italiani e veneziani. Ovviamente, dalla seconda metà del Quattrocento in poi, i mercanti veneziani esportarono in tutto il Nordeuropa grandi quantitativi di libri e di prodotti connessi, come le rilegature.[18] Fu solo nel Cinquecento che gli stampatori dei Paesi Bassi riuscirono a diventare concorrenziali in quel mercato in così rapida espansione. Si concentrarono nella città di Anversa e conobbero notevoli successi soprattutto verso la metà del secolo, quando emerse tra tutti l'imprenditore-stampatore Christoph Plantin (1520-1589), che dal 1555 fino alla morte pubblicò la bellezza di 1500 titoli. All'inizio dell'attività, Plantin gestiva le vendite direttamente da Anversa attraverso i mercati librari di Francoforte e di Parigi. I rapporti commerciali con il mercato italiano sembravano rivestire un'importanza solo marginale, ma non vi è dubbio che singoli mercanti di stanza ad Anversa trattassero anche libri e che alcuni titoli fossero destinati specificamente alla clientela italiana. Poi Filippo II concesse all'*Officina Plantiniana* una specie di monopolio sui libri religiosi e la situazione cambiò radicalmente: negli anni settanta la struttura commerciale della casa editrice si indirizzò principalmente verso i mercati spagnoli. La distribuzione in Italia rimase nelle mani di alcuni grandi librai.[19]

I complessi rapporti, spesso indiretti, tra la pittura fiamminga e quella veneziana costituiscono ovviamente il tema centrale di questo catalogo, ma i contatti culturali non erano affatto limitati alla pittura e all'illustrazione libraria. I musicisti fiamminghi furono particolarmente legati a Venezia ed ebbero così modo di esercitarvi un influsso determinante per i futuri sviluppi dell'arte musicale. La stampa degli spartiti era un'invenzione veneziana (di Ottaviano dei Petruci, 1501), che attirava sulle lagune i principali talenti dell'epoca, compresi i grandi rappresentanti della polifonia fiamminga. Tra i primi a far pubblicare le loro opere a Venezia vi furono compositori come Jacob Obrecht (1503), Josquin Desprez, Pierre de la Rue e Heinrich Isaac, spesso attivi per periodi più o meno lunghi presso le corti rinascimentali italiane. Ma l'influsso della scuola musicale dei Paesi Bassi giungeva anche per vie più dirette, come nel caso di Adriaen Willaert (1490-1562) che, dopo un soggiorno alla corte di Ferrara, fu maestro di cappella a San Marco dal 1527 fino alla morte. Le sue composizioni, insieme a quelle della sua "scuola veneziana" (che contava altri illustri compositori, come Cypriano de Rore), ebbero un ruolo decisivo nella Serenissima, influenzando in particolare musicisti come Giovanni Gabrieli. Willaert fu uno dei pionieri del genere madrigalistico e la sua presenza fece di Venezia il più importante centro musicale europeo del XVI secolo.[20]

[16] Martens 1994, 142-180; De Vos 1992, 318-357.
[17] Smeyers 1998.
[18] Bossuyt 1994, 117-127.
[19] Voet 1972, II, 398-402, 410-413.
[20] Bossuyt 1994, 117-127.

Maiolica con scena di battaglia
Anversa, Museum Vleeshuis

I legami culturali tra Venezia e i Paesi Bassi si intensificarono ulteriormente nella seconda metà del Cinquecento grazie alla presenza sulle lagune di una vivace colonia di mercanti fiamminghi, che divennero spesso i mecenati degli artisti loro compatrioti che soggiornavano nella Serenissima. Nel XVII secolo i discendenti di quegli emigrati avrebbero accordato la loro protezione al giovane Antonie Van Dyck, mentre il mercante fiammingo Carlo Helman si sarebbe legato di amicizia con il compositore Giovanni Gabrieli.

*L'Università di Padova e i contatti intellettuali tra Venezia e i Paesi Bassi*
La vicinanza con Padova, sede di una delle più prestigiose università europee, attirò a Venezia molti studiosi e studenti dei Paesi Bassi. Oltre a essere uno dei massimi centri per lo studio della medicina e delle materie scientifiche, l'ateneo patavino faceva parte, come quello di Leida al Nord, di una repubblica con una concezione tutta particolare della libertà degli studenti e dell'influenza della Chiesa.[21] Anche gli studenti, come i mercanti all'estero, si raggruppavano in "nazioni" (rette da *procuratores o consiliarii*) e nelle università italiane i giovani provenienti dai Paesi Bassi erano affiliati alla nazione tedesca. A Padova lo studio della medicina e del diritto dava grande spazio alla pratica, alla tecnologia e alla sperimentazione, attirando l'interesse di molti studiosi dei Paesi Bassi, il più famoso dei quali – in campo medico – fu Andrea Vesalio. Per poter continuare il suo lavoro, quest'ultimo accettò di insegnare a Padova dal 1537 al 1542, quando scrisse il suo *De Humani Corporis Fabrica*.[22] Furono proprio docenti italiani, e in particolare padovani e bolognesi, a introdurre analoghi sistemi educativi nelle università dei Paesi Bassi, come Lovanio e – soprattutto dopo la rivolta – Leida. E fu proprio quest'ultima a sottrarre il primato a Padova nel corso del XVII secolo, quando le università italiane cominciarono lentamente a perdere d'importanza rispetto alle accademie.
Fino al XVII secolo, quando gli atenei divennero in gran parte istituzioni nazionali, gli studenti erano liberi di spostarsi da un'università all'altra (la cosiddetta *Peregrinatio Academica*). La stessa divisione in nazioni è già di per sé un preciso indizio del carattere decisamente internazionale di questi centri di educazione e di studio, ma l'analisi delle immatricolazioni degli studenti rende ancora più chiaro il quadro. Quella di Padova era certamente una delle università preferite dagli stranieri e continuò per buona parte del XVII secolo a ospitare una numerosa comunità internazionale. Soltanto Bologna nel tardo Medioevo aveva avuto un numero maggiore di studenti dei Paesi Bassi, ma il suo ateneo era fortemente controllato dal potere papale, mentre l'Università di Padova, durante il XVI secolo, accoglieva più facilmente i giovani protestanti.[23] Questo la distingueva dalla maggior parte delle altre università italiane, dove il numero degli studenti "ultramontani" andò calando progressivamente a partire dal XVI secolo. A garantire il successo di Padova contribuì la politica della Serenissima, che nel Cinquecento e agli inizi del Seicento fu molto attenta a mantenersi neutrale nelle questioni religiose, in modo da facilitare i rapporti commerciali con i partner dell'Europa centrale.

[21] De Ridder-Symoens 1989, 31-32, 54-55. Si vedano anche, più in generale, le osservazioni di Giard 1983-1985.
[22] O'Malley 1954; Elkhadem 1993.
[23] Van Kessel 1963.

Qualche studente arrivava a Padova soltanto per ragioni di prestigio, altri invece per studiare davvero e per addottorarsi. Tra il 1450 e il 1600 risultano iscritti 50 studenti di medicina provenienti dai Paesi Bassi (22 delle province settentrionali e 28 di quelle del Sud), mentre gli studenti nordici di materie giuridiche si laureavano a Padova di rado (25 studenti di legge provenivano tutti dai Paesi Bassi meridionali). Nel XVII secolo, invece, gli iscritti provenienti dalla Repubblica olandese erano ormai molto più numerosi di quelli dei Paesi Bassi meridionali. La mobilità studentesca era sotto vari aspetti a senso unico: gli italiani che si addottoravano nelle università del Nord erano pochissimi, prevalentemente di origini napoletane. Ma nel XVI secolo, in pieno rigoglio umanistico, i docenti italiani erano molto richiesti al Nord e in qualche caso erano in cattedra anche a Lovanio, l'unica università dei Paesi Bassi prima della fondazione di Leida nel 1575. Sulla loro scia si era mosso anche un certo numero di studenti. Tra il 1425 e il 1569 i "citramontani" presenti a Lovanio furono 114: la percentuale di veneziani era davvero esigua. Le città italiane erano molto restie a mandare i propri giovani all'estero, tanto che già nel 1407, tre anni dopo l'assorbimento di Padova nella Serenissima, agli studenti veneziani venne proibito di frequentare altri atenei oltre a quello patavino; il divieto venne ribadito nel 1468. Il crescente protezionismo delle università nazionali contagiò altre città italiane. Questo tipo di limitazioni era accolto con molta riluttanza nell'Europa nordoccidentale: misure del genere vennero prese nei Paesi Bassi solo a partire dal 1570 e la loro applicazione fu rigorosa esclusivamente nelle provincie spagnole.[24]

La modesta presenza di studenti veneziani nei Paesi Bassi non impedì che si sviluppassero stretti rapporti tra gli umanisti e gli intellettuali, che erano sempre in grado, all'epoca, di stabilire una rete di contatti davvero internazionale. Così Jan van Kempen, presidente del *Collegium Trilingue* di Lovanio e grande studioso della lingua ebraica, durante i suoi viaggi in Italia del 1534-1536, entrò a far parte della *familia* del cardinale veneziano Aleandri, del vescovo di Verona Matteo Giberti e del suo vecchio amico, il cardinale Gasparo Contarini, uno dei principali riformatori della Chiesa di Roma.[25]

### La rivolta dei Paesi Bassi, la crescita di Amsterdam e la decadenza commerciale veneziana nei secoli XVI e XVII

Lo scoppio della rivolta dei Paesi Bassi contro il dominio spagnolo, avvenuto nell'ultimo quarto del XVI secolo, non ebbe ripercussioni immediate sul traffico commerciale con l'Europa mediterranea. La prima fase del conflitto, tuttavia, venne combattuta nelle regioni centrali del paese e le grandi città commerciali e industriali del Sud (Anversa, Gand, Lille, Bruxelles) ne soffrirono molto. Nel 1585 i Paesi Bassi meridionali vennero riconquistati dalle truppe spagnole e Anversa perse gran parte della sua dimensione internazionale, pur conservando lo status di centro industriale e artistico. Molti mercanti emigrarono nelle provincie del Nord, investendo i loro capitali nell'espansione marittima olandese. La struttura commerciale di Amsterdam nel XVII secolo era completamente differente da quella che aveva avuto Anversa nel passato, in quanto si fondava sulla tradizione navale olandese – nel settimo decennio del Cinquecento vi erano in Olanda circa 1800 navi, 500 delle quali erano di stanza ad Amsterdam – e quindi il suo sviluppo fu tutto marittimo. La sua prosperità si basò sul commercio attivo con i partner tradizionali (principalmente le regioni baltiche produttrici di grano) e con il nuovo "hinterland" coloniale (l'Asia sudorientale, l'Africa e le Americhe). I traffici mediterranei divennero gradualmente marginali, ma non cessarono del tutto. Venezia fu uno dei primi stati con cui le Province Unite instaurarono relazioni diplomatiche agli inizi del XVII secolo: dal 1614 venne affidato a un console il compito di tutelare gli interessi della giovane Repubblica. Già nell'ultimo decennio del Cinquecento, ma su una base molto più stabile a partire dagli anni quaranta del XVII secolo, il commercio dei Paesi Bassi con l'Italia cominciò a riguadagnare gran parte dell'importanza perduta, anche se le condizioni erano ormai molto diverse da quelle precedenti. Dopo la normalizzazione dei traffici con la Spagna, la marineria olandese entrò in forze nel Mediterraneo, sostituendosi sempre di più a Venezia nel commercio tradizionale con il Levante.[26] Così i mercanti olandesi riuscirono facilmente ad assumere il controllo del pingue traffico delle spezie, della seta, dello zucchero e di altre merci levantine tra l'Europa settentrionale e meridionale. Le strutture commerciali veneziane erano invece ormai in piena decadenza e non più in grado di gareggiare per il predominio sui mari del mondo.[27]

[24] Palmer 1983, 14; Rashdall 1988, II, 21; Vandermeersch & De Ridder-Symoens 1996, 172-178.
[25] De Vocht 1954, III, 200-205; Gleason 1999, 198.
[26] Bicci 1991.
[27] Israel 1995, 312-314; Burke 1974, 48-61.

OPT · MAX · IN · NVMERVM · VIVENCIVM · REFERRE · VEL

pagina a lato
Albrecht Dürer
*L'imperatore Massimiliano I*
particolare
Vienna, Kunsthistorisches Museum

Per i nordici la Venezia del Cinquecento era nel contempo mito e luogo concreto, a cui si associavano i concetti di bellezza, saggezza politica, ricchezza e potenza; si sapeva di un'incantevole città fatta di marmo e oro adagiata sull'acqua, crocevia tra Oriente e Occidente. Venezia era la porta del Levante ed era considerata il centro di un impero dai contorni poco chiari, in un certo senso un regno senza confini, le cui propaggini sfumavano nell'azzurro dell'Egeo. Questi erano gli elementi della leggenda. Più in concreto, comunque, si ha l'impressione che già alla fine del Medioevo Venezia fosse la città italiana più conosciuta dai tedeschi e forse, accanto a Roma, da tutti i viaggiatori provenienti dal Nord.

Nel Fondaco dei Tedeschi, a Rialto, si concentravano le attività veneziane dei mercanti appunto tedeschi, che dovevano attenersi alle regole dell'istituzione. In linea di principio la loro attività sottostava al controllo del governo veneziano.[1] Sembra che la possibilità di utilizzare l'infrastruttura del fondaco fosse considerata più un privilegio che una costrizione. Ciò nonostante molti facevano eccezione: acquistavano terreni sulla terraferma e, a quanto pare, i matrimoni tra mercanti tedeschi e veneziane non erano rari. Soltanto nel XVI secolo la mancanza di spazio costrinse ovviamente parecchi di loro a trovare una sistemazione in lo cande quali il Leon Bianco, l'Aquila Nigra e il San Giorgio.[2] In questo periodo si moltiplicano le testimonianze autobiografiche di giovani commercianti in merito alla loro formazione a Rialto, tra cui spicca quella di Lucas Rem, originario di Augusta (1481-1544), che imparò l'arte del commercio dai Welser al Fondaco. Rem non rappresentava tuttavia un caso isolato, poiché le prime notizie di giovani tedeschi che avevano appreso l'"italiano" e il mestiere del commerciante a Rialto risalgono al 1308.[3]

Anche in questo caso emerge l'enorme rilevanza economica di Venezia per gli abitanti del Nord. La città lagunare era centro finanziario, borsa dei metalli, piazza di trasbordo del cotone, delle spezie e, non da ultimo, mercato di prodotti di lusso, dal vetro di Murano ai preziosi coloranti[4], alle opere d'arte: uno dei luoghi più importanti dell'economia mediterranea. Venezia era inoltre tra i principali punti di partenza dei pellegrinaggi a Gerusalemme, che nel Quattrocento venivano organizzati e commercializzati come viaggi "tutto compreso", dove – come risulta dalle relative cronache – accanto al fine religioso si cercava di soddisfare l'interesse turistico.[5] Di conseguenza sono numerosi i diari che parlano delle bellezze di Venezia, del suo ordinamento giuridico e degli usi e costumi dei suoi abitanti. È significativo che un personaggio perspicace quale il nobile francese Michel de Montaigne, autore di una delle cronache di viaggio più brillanti del Rinascimento, di fronte alle meraviglie di Venezia si fosse limitato alla semplice osservazione: "Del resto le bellezze di questa città sono sufficientemente note."[6]

La frase lapidaria di Montaigne ci ricorda che, alla fine del Cinquecento, l'Europa costituiva un campo di forze culturali, alla cui formazione avevano partecipato tutti i media possibili, in primo luogo l'aumentata mobilità degli uomini. Pellegrini, viaggiatori per motivi d'istruzione, diplomatici, commercianti, artisti erranti e intellettuali, o anche mercenari in cerca di guerra per poter campare, tutti attraversavano il continente diventando così artefici di scambi culturali. Non erano soltanto l'esperienza e gli incontri a determinare il *transfer* culturale, ma anche, da un lato gli oggetti in genere, le opere d'arte e i preziosi di ogni tipo che "vagavano" per l'Europa producendo i loro effetti; dall'altro i testi, le lettere, le "relazioni", le stampe, i libri, i volantini e i giornali.

Sul grande *troc* culturale, sul "mercato di scambio" delle idee e delle forme si creano così standard generalmente accettati, complessi sistemi di simboli che sono nel contempo strumenti di comunicazione tra le élite e fonte di messaggi anche per altre cerchie di persone. Continuamente sottoposti, tuttavia, a graduali modifiche. Tra i motori del cambiamento vi sono anche i processi di scambio culturale: *transfer* culturale significa infatti anche cambiamento culturale. Il campo di forze intellettuali dell'Europa ha punti cardine dove questi complicati processi assumono un profilo particolarmente chiaro: in un certo senso "stazioni ripetitrici" dove s'infrangono le correnti, confluiscono gli influssi, per poi ridiffondersi, producendo ulteriori effetti. Si tratta di centri dinamici che contemporaneamente danno e prendono.

Spesso, non sempre, le metamorfosi che avvengono nei centri di scambio culturale rispecchiano cambiamenti economici e sociali. Ciò accade, per esempio, quando una nuova élite in ascesa sceglie, tra quanto offrono gli artisti e gli intellettuali, le caratteristiche che sembrano idonee a legittimare lo *status* acquisito, o che sono anche in grado di celare i difetti. Appaiono quindi come elementi di un *habitus*, come espressione della mentalità di un ambiente sociale specifico, di opzioni strategiche più o meno ponderate.

Anche la Venezia del Rinascimento è una delle "stazioni ripetitrici" dinamiche della cultura europea. Le sue relazioni con la Germania, con l'Impero e con i territori asburgici devono essere considerate nel contesto dell'intero campo di forze culturali dell'Europa e delle aree vicine, specialmente di quella greca e turca. È pressoché impossibile occuparsi della fisionomia del Rinascimento veneziano senza tenere conto delle influenze della pittura fiamminga e fiorentina, così come, d'altro canto, l'arte del Nord deve tratti essenziali all'esperienza veneziana. E lo stesso si può dire dello sviluppo dell'umanesimo.

Un esempio molto concreto della funzione mediatrice di Venezia tra i diversi ambienti culturali – il mondo orientale, l'umanesimo italiano e tedesco-meridionale – è rappresentato dall'acquisto, da parte del Consiglio di Augusta, di una raccolta di 126 importanti manoscritti greci nella città lagunare, da sempre miniera della tradizione bizantina. Grazie a questa iniziativa del 1545, la biblioteca di Augusta divenne un importante laboratorio per gli studi greci degli umanisti della Germania meridionale; Hieronymus

Hans Schwartz
*Medaglia bronzea*
di Conrad Peutinger

[1] Si veda lo studio, indispensabile ancora oggi, di Simonsfeld 1887.
[2] Cfr. Wirtz 1999. Si ringrazia Carolin Wirtz per avere reso accessibili, in vista di questo testo, gli importanti risultati del suo lavoro.
[3] Cfr. Simonsfeld 1887, 40.
[4] Filippo II, per esempio, fece arrivare da Venezia, tramite Tiziano, l'azzurro necessario al pittore Michiel Cocxie per dipingere una copia dell'altare di Gand: cfr. Van Mander 1994-1998, 61.
[5] Cfr. Esch 1984; 1994, 189-216.
[6] Cfr. Michel de Montaigne, *Tagebuch einer Badereise*, a cura e trad. di Otto Flake, 135.

Albrecht Dürer
*L'imperatore Massimiliano I*
Vienna, Kunsthistorisches Museum

pagina a lato
Albrecht Dürer
*Jakob Fugger il Ricco*
Augusta, Staatsgalerie

Wolff (1516-1518), denominato il "padre della bizantinistica tedesca", vi trovò materiale per le sue ricerche storiche.[7]

Si giunge così al settore nel quale la simbiosi tra Venezia e la Germania ha prodotto frutti di straordinario rilievo: la storia del libro, e nel contempo la storia della stampa e dell'editoria. Gli esordi della carriera trionfale della città lagunare come sede di un'editoria di livello mondiale sono segnati anche da incontri con tedeschi. L'invenzione pionieristica di Johannes Gutenberg fu resa nota a Rialto nel 1469 dal tedesco Giovanni da Spira e dal francese Nicolas Jenson e incontrò un pubblico già straordinariamente sensibile alla lettura.[8] L'officina di Giovanni da Spira passò, dopo la sua morte, nelle mani di un non meglio identificato Giovanni da Colonia e di Johannes Manthen, quest'ultimo probabilmente originario di Gerresheimn nei pressi di Düsseldorf. Nacque così una delle più importanti società di stampatori veneziani della fine del XV secolo, che pubblicò incunaboli di mirabile fattura, contribuendo in modo determinante anche alla diffusione della nuova tecnica di stampa.[9] I tedeschi svolsero un ruolo eccezionale nella storia dell'arte della stampa veneziana. Una fonte, infatti, cita in proposito non meno di quaranta nomi per il periodo tra il 1469 e il 1530;[10] recenti indagini hanno fatto luce su altri stampatori, quali per esempio un Gaspare da Colonia, probabilmente identificabile con Kaspar von Dinslaken, collaboratore di Giovanni da Colonia, oppure come Hermann Liechtenstein.[11] In tale contesto occorre tenere presente che la produzione libraria veneziana era spesso supportata da capitale tedesco, oltre che da manodopera tedesca. Le ricerche condotte da Carolin Wirtz inducono a chiedersi se individui come Giovanni da Colonia e Johannes Manthen non fossero attivi più come finanziatori e librai che come tecnici della stamperia. Il testamento – rinvenuto dalla Wirtz – del commerciante di Francoforte Johannes Rauchfass, anch'egli in stretto rapporto con commercianti di Colonia, dimostra che il testatore partecipava finanziariamente all'officina di Jenson.[12]

Oltre che dalla situazione degli scambi, dai brevetti e dai privilegi di tutela prontamente concessi dalla Serenissima, gli stranieri erano attratti soprattutto dall'eccellente livello grafico della produzione libraria veneziana. Solo così il nuovo procedimento poteva far fronte alla concorrenza dei manoscritti calligrafici, spesso decorati con splendide miniature. Molti, quindi, venivano a imparare: per esempio Erhart Ratdolt di Augusta, che dal 1476 gestiva una stamperia a Venezia, se si vuole citare il caso più famoso dell'epoca degli incunaboli.[13] Lo svevo familiarizzò con i più recenti sviluppi tecnici e iniziò a sperimentare la stampa in policromia e su lamine d'oro.[14] Dieci anni più tardi fece ritorno in patria, portando con sé splendide serie di iniziali, lettere greche, caratteri tondi e antichi. Come ulteriore conseguenza del suo soggiorno a Venezia e avendo ben presente l'estetica dei capolavori dell'arte della stampa italiana, cercò con successo di ingaggiare artisti di ottimo livello per la decorazione dei suoi libri, quali Hans Burgkmair e Jörg Breu il Vecchio. Il suo esempio fece scuola. Seguendo le orme del concorrente, officine locali come quella di Anton Sorg, Johann Schönsperger il Vecchio e Johann Froschauer aggiunsero infatti ai loro assortimenti caratteri tondi veneziani.[15] Particolari come questi dimostrano quanto il gusto veneziano abbia contribuito alla definizione estetica della vita nel Nord, in modo sottile, graduale ma decisamente duraturo. Risultano invece meno chiari, perlomeno all'inizio, i rapporti di Venezia, quale sede della stampa e dell'editoria, con un'altra città imperiale della Germania meridionale, Norimberga, che dal canto suo rappresentava uno dei più importanti centri di comunicazione del Nord. Nel 1477, presso la casa editrice Friedrich Creußner, apparve la cronaca di viaggio di Marco Polo; nel 1500 il norimberghese Anton Kolb pubblicò la veduta di Venezia di Jacopo de' Barbari, prototipo delle vedute di città a volo d'uccello della prima età moderna. Con la figura dominante di Antonius Koberger, massimo imprenditore librario tedesco dell'età degli incunaboli, alla fine del Quattrocento anche questi contatti divennero nettamente più evidenti. Koberger acquisì il monopolio del commercio dei testi classici e umanistici. Nella Germania meridionale, per esempio, i libri stampati da Aldo Manuzio erano reperibili quasi esclusivamente tramite Koberger.[16] Già nel XV secolo, oltre agli umanisti e agli stampatori di libri, anche pittori, orafi e altri artisti e artigiani seguivano le rotte dei pellegrini e dei mercanti: il commercio e la religione aprivano loro la strada. È dimostrata la presenza a Venezia già nel 1409 di un certo "Magister Paulus, pictor theotonicus"; un "Federico tedesco" lavorò a Padova tra il 1395 e il 1424; pare che Treviso ospitasse una vera e propria colonia di frescanti tedeschi. Antonio Vivarini era cognato di un tedesco, Giovanni d'Alemagna, che prima della metà del secolo lavorava nella sua bottega.[17] Ignoriamo da quale regione della Germania provenissero queste persone e abbiamo soltanto una vaga idea di come fosse la loro arte. Il fatto che Venezia, anche in questo primo periodo, non svolgesse soltanto il ruolo di "chi dà", è dimostrato dall'esempio di commercianti e artigiani di Colonia. Questa città imperiale della Germania occidentale, perno del commercio mediterraneo della Lega anseatica e porta dei Paesi Bassi, acquistava da Venezia cotone, seta, zucchero, spezie – soprattutto pepe e zenzero – e brasile; mentre i suoi mercanti trasportavano sulle lagune pellicce e oggetti d'artigianato, come per esempio paternostri d'ambra.[18] A Venezia si recavano anche molti orafi della città renana; come altri artigiani e commercianti, sembra non avessero difficoltà a integrarsi nella società veneziana. Fornivano ai veneziani lavori eseguiti nello stile del Reno e della Mosa; nel 1474 un certo Zuhane Lion da Colonia ricevette l'incarico di costruire un reliquiario per il monastero di Santa Marta.[19] E quindi le importazioni di opere d'arte non erano affatto a senso unico. Come si potrà constatare con un certo stupore, vi erano mercanti che importavano a Venezia persino pale d'altare; comunque si era ancora nel Quattrocento. Un caso del genere è

[7] Cfr. Schmidbauer 1963, 55-75.
[8] Cfr. Fremmer 1999.
[9] Cfr. Lowry 1981; sul ruolo degli abitanti di Colonia a Venezia si veda Wirtz 1999.
[10] Cfr. Simonsfeld 1887, 287 ss.
[11] Si veda la relativa documentazione in Wirtz 1999.
[12] Wirtz 1999.
[13] Gier & Janota 1997 (con una ricca documentazione su Ratdolt).
[14] Cfr. Gerhardt 1984; Carter, Hellinga & Parker 1983.
[15] Cfr. Bornschlegel 1997, 164.
[16] Su Koberger si veda Hase 1885.
[17] Così in Ludwig 1902, 56 ss.; e Martin 1991, 22 (con ulteriore bibliografia).
[18] Cfr. Wirtz 1999.
[19] Cfr. Gallo 1934.

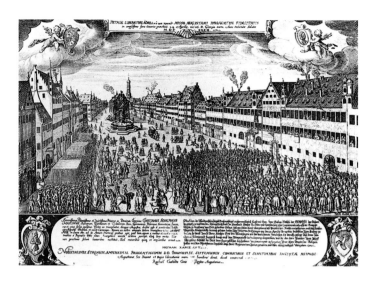

Raphael Custos
*Celebrazioni in onore di re Gustavo Adolfo davanti alle case dei Fugger*
incisione

pagina a lato
Tiziano
*Carlo V a Mühlberg*
Madrid, Museo del Prado

documentato nel 1457: un "mercator Teotonicus" era venuto a conflitto con il Collegio per avere introdotto a Venezia una "anconam seu palam ab altari laboratam et auratam", non rispettando i relativi divieti d'importazione. Si trattava probabilmente di un'antica pala d'altare tedesca a fondo oro.[20]

Per quanto riguarda le relazioni tra Venezia e l'impero tedesco, non è un caso che ritornino sempre al centro dell'attenzione Norimberga e Augusta, le due città della Germania meridionale dalle quali proveniva la maggior parte dei mercanti del fondaco. Né Colonia né Francoforte, né Vienna o Ulma, e tanto meno Lubecca, riuscivano a stare al passo con loro. Non stupisce che, come risulta chiaramente dalle fonti, anche i rapporti culturali fossero particolarmente stretti. Venezia, Norimberga e Augusta diventano così casi emblematici del legame esistente tra commercio, arte e cultura e non dovrebbe essere una semplice coincidenza il fatto che il più antico dizionario italo-tedesco faccia riferimento, nel 1424, a fonti di Norimberga.[21] Forse le due città avevano contatti con Venezia già nel XII secolo.[22] Nel XIV secolo avevano sostituito Ratisbona, fino ad allora centro tedesco meridionale del commercio veneziano a lunga distanza. Dopo le sporadiche presenze registrate nel XIII secolo, dal 1331 la serie dei norimberghesi al Fondaco non si interrompe più: in ambito governativo qualcuno aveva detto che era bastato il commercio con Venezia a farli assurgere dal nulla alle più grandi ricchezze.[23] Una fonte di Augusta del 1282 menziona già cittadini che trasportano merci a Venezia "gen Venedic". La presenza al Fondaco dei Tedeschi di mercanti augustani è documentata con sicurezza fin dal 1328.[24] In seguito le notizie si susseguono senza soluzione di continuità: cotone, salnitro, vino, gioielli, spezie, ceramica,[25] e altri prodotti ancora arrivavano in Germania attraverso il Brennero o il Fernpaß. Con l'andare del tempo si andò sviluppando un vero e proprio traffico regolare di corrieri tra Venezia e le città della Germania meridionale. In casi estremi sembra fosse possibile raggiungere Rialto da Norimberga in soli cinque giorni. Da Augusta si impiegavano in genere otto, dieci giorni passando dal Brennero e seguendo la rotta Trento-Verona o Brunico-Dobbiaco, oppure ancora percorrendo la Valsugana.[26] Ma il viaggio poteva durare anche di più, a seconda dell'itinerario, dei programmi turistici o degli impegni d'affari: Johannes Schedel, fratello dell'autore della *Weltchronik* (*Liber cronicarum*), impiegò 13 giorni per giungere a Venezia da Norimberga.

L'"importazione della cultura" in terra tedesca ebbe forse inizio nel settore del diritto: il sistema giuridico e amministrativo della città lagunare doveva essere servito da modello per la costituzione di Norimberga. Per la riforma del diritto cittadino degli ultimi decenni del XV secolo il Consiglio aveva preso informazioni sulla legislazione veneziana.[27] L'incontro di gran lunga più importante tra il mondo culturale della città imperiale franca e quello veneziano si concretizzò invece nei due viaggi a Venezia di Albrecht Dürer, rispettivamente del 1494-1495 e 1505-1507.[28] Le dieci lettere scritte dall'artista, durante quei soggiorni, all'amico Willibald Pirckheimer forniscono una straordinaria panoramica della struttura del troc veneziano. Vi si lodano i *Czentillomen* (gentiluomini), si legge della visita del doge e del patriarca a San Bartolomeo per ammirare la "*Festa del Rosario*" – la pala commissionata dalla "nazione alemanna" – dell'invidia dei pittori locali che in quel concorrente venuto da Norimberga vedevano per la prima (e ultima) volta un artista alla loro stessa altezza, dal quale addirittura si copiava tutto il possibile. Apprendiamo inoltre talune opinioni di Dürer in merito all'ambiente artistico veneziano, per esempio che stimava moltissimo Giovanni Bellini, a suo avviso il miglior pittore di Venezia nonostante l'età, oppure che non condivideva affatto la grande considerazione nutrita da Anton Kolb per Jacopo de' Barbari.

Accanto ai mercanti provenienti da Norimberga, Colonia e forse Salisburgo,[29] gli augustani formavano, come si è già detto, il gruppo più importante del Fondaco.[30] Se si considera il volume d'affari, si ha l'impressione che alla fine del Quattrocento avessero messo in ombra tutte le altre "nazioni", soprattutto grazie a due società mercantili per le quali il commercio con Venezia rivestiva un'importanza fondamentale. L'atti-

[20] Cfr. Simonsfeld 1887, I, nota 483.
[21] Cfr. Pausch 1972.
[22] Simonsfeld 1887, II, 8.
[23] Simonsfeld 1887, I, 73.
[24] Simonsfeld 1887, I, 26, II, 57 ss.
[25] Il Germanisches Nationalmuseum di Norimberga custodisce prodotti d'importazione con gli stemmi delle famiglie patrizie Scheurl e Imhof.
[26] Cfr. Roeck 1987.
[27] Cfr. Pfeiffer 1971, 44, 175 (Werner Schultheiss, Wolfgang Leiser).
[28] Cfr. Dürer 1956-1969, I, 41-60.
[29] Cfr. Wirtz 1999.
[30] Roeck 1995.

Paolo Veronese
*Cupido e due cani*
Monaco, Alte Pinakothek

vità veneziana delle case commerciali dei Welser e dei Fugger divenne tangibile nella prima metà del XV secolo ed ebbe presto importanti ripercussioni sul mondo culturale.

Giovanni Bellini, per esempio, dipinse nel 1474 il celebre ritratto di Jörg Fugger, uno dei fratelli di Jakob Fugger il Ricco; Vasari scrive del ritratto a mezzo busto di Raimund Fugger eseguito da Vincenzo Catena attorno al 1500 – "un tedesco de' Fucheri ... che allora stava in Venezia nel Fondaco de' Tedeschi" – e cita anche il misterioso ritratto di un altro membro della famiglia Fugger, eseguito da Giorgione.[31]

Sulla scia dei mercanti augustani dovettero muoversi ben presto anche gli artisti. Dalle fonti relative ai pittori emerge infatti, verso la metà del XIV secolo, il nome di "Johannes de Augspurgo", nel 1482 s'incontra invece un certo "Bernardus de Augusta".[32] Nel 1507 è la volta di Hans Burgkmair, uno dei maggiori esponenti della pittura tedesca Rinascimentale, che abbiamo già incontrato in qualità di illustratore presso lo stampatore Ratdolt: nelle sue opere si avverte l'influsso di Crivelli e di Carpaccio. Un suo discepolo ancora anonimo, il cosiddetto Maestro del Petrarca, perpetuerà queste influenze nelle illustrazioni librarie xilografiche. Anche il secondo maestro in ordine di importanza del Rinascimento di Augusta, Jörg Breu il Vecchio, visitò l'Italia e con ogni probabilità fece tappa anche a Venezia.[33] Breu e Burgkmair diedero entrambi uno splendido contributo all'assimilazione delle forme artistiche italiane, mentre una terza grande personalità dell'epoca, quella di Hans Holbein il Vecchio, recepì principalmente influenze olandesi, aprendosi soltanto nel secondo decennio del XVI secolo alle forme rinascimentali, forse sotto l'influsso dell'arte di Burgkmair.

A determinare lo scenario artistico della città imperiale sul Lech furono tre grandi personaggi: l'imperatore Massimiliano I, che vi trascorse più tempo che in qualsiasi altra città tedesca, tanto da essere nominato scherzosamente "borgomastro" di Augusta; il segretario comunale e consigliere imperiale Conrad Peutinger, che era anche un dotto umanista; e infine (soprattutto) Jakob Fugger il Ricco. Essi influenzarono le forme e i contenuti delle opere pittoriche, determinandone l'orientamento artistico, e attirarono nella loro cerchia alcuni dei maggiori artisti tedeschi dell'epoca, non solo Breu, Burgkmair e Holbein, ma anche il norimberghese Peter Vischer e lo stesso Dürer. Quest'ultimo, nel 1520, dipinse il famoso ritratto di Jakob Fugger il Vecchio, che rispecchia la conoscenza dell'arte di Bellini.

[31] Vasari 1568, III, 643-645, IV, 99. Cfr. Garas 1991, 123 ss.

[32] Cfr. Ludwig 1502, 56 ss.; e Martin 1991, 22.

[33] Cfr. Falk 1968, 33, 55, 66, 105 ss.; Menz 1982.

È nel monarca, nell'intellettuale e nel grande banchiere che va dunque cercata la chiave di risposta a un quesito fondamentale: come mai la Germania accolse così favorevolmente il nuovo stile italiano? L'imperatore si serviva delle forme artistiche più all'avanguardia per celebrare la propria fama e quella del casato con costose pubblicazioni xilografiche, come per esempio il *Theuerdank*, il *Weißkunig* e il *Triumphzug*, affidando all'umanista Peutinger l'incarico di idearne gli elementi iconografici. E le fondazioni dei Fugger – in particolare la costruzione di un quartiere per persone indigenti ma di onesti costumi, la Fuggerei – rappresentavano investimenti nella salute dell'anima e quindi seguivano le motivazioni tradizionali della committenza. Ma si concretizzavano spesso in forme nuove all'interno e all'esterno del palazzo comunale di Augusta, nelle stesse case dei Fugger e soprattutto nella loro cappella funeraria nel monastero carmelitano di Sant'Anna (1508-1518), il primo edificio rinascimentale tedesco. La *Fuggerkapelle*, del resto, è rimasta una "enclave" cattolica all'interno della chiesa di Sant'Anna, trasformatasi durante la Riforma in sede principale del protestantesimo. Ad Augusta, agli inizi del XVI secolo, si concretò così il più suggestivo degli incontri tra l'arte tedesca e quella italiana.[34]

Indipendentemente dal "designer" cui si vuole attribuire il progetto di questi primi edifici rinascimentali in terra tedesca, molti dei loro elementi rimandano a modelli veneziani e ciò vale in particolar modo per la cappella dei Fugger.

Un conoscitore dell'arte rinascimentale italiana, Antonio de Beatis, che nel 1517 soggiornava ad Augusta al seguito del cardinale Luigi d'Aragona, fu profondamente colpito dagli edifici fatti costruire dai Fugger, anche se i suoi moduli percettivi erano caratterizzati da una grande sensibilità per la qualità e il prezzo dei materiali utilizzati, secondo i parametri tipici dei viaggiatori della prima età moderna. Sapeva che la cappella era costata ben 23.000 fiorini, e del palazzo della famiglia lo aveva impressionato soprattutto il tetto in rame scintillante e la grande abbondanza di marmi. La facciata, scrive il de Beatis, era decorata con affreschi "de historie con molto oro e perfectissimi colori", mentre gli arredi interni erano alla tedesca oppure "a la italiana bellissimi et assai bene intese".

Tutto ciò era costoso e tale doveva apparire. Quel che di veneziano permeava le realizzazioni artistiche volute dai Fugger assurse subito a simbolo di gusto e di modernità, diventando attributo sostanziale dell'*habitus* di questa nuova élite del denaro, ancora alla ricerca di una sua collocazione all'interno della società urbana. Alla sua posizione particolare e alla sua ricchezza dirompente corrispondeva l'eccezionalità dello stile architettonico e pittorico adottato per i nuovi progetti.

I Fugger non aspirarono mai a diventare i signori di Augusta: per un progetto del genere i tempi non erano ancora maturi e tanto meno le condizioni dettate dalla costituzione del Sacro Romano Impero. Ma l'orizzonte della generazione di Jakob il Ricco – il vero fondatore della "multinazionale" – si allargava già ben oltre i confini della città sveva e nel XVI secolo, una volta ottenuto il titolo di principi, i membri della famiglia intensificarono gli acquisti di terreni nella regione, trasformandosi in grandi latifondisti come i patrizi veneziani della terraferma. Gran parte delle opere d'arte acquistate dai Fugger a Venezia e in altri luoghi presero così la via dei castelli nelle loro nuove proprietà.[35] Le loro residenze diventarono miniere della pittura veneziana: Pietro Aretino ricorda, per esempio, i bei dipinti di Paris Bordon esposti nella casa veneziana di Christoph Fugger, mentre Vasari afferma che il pittore aveva eseguito "molte opere" nel palazzo dei Fugger ad Augusta, lavorando anche per altri committenti locali. Se ne possono identificare alcuni esemplari di carattere mitologico-allegorico, oltre a una *Lotta di gladiatori* conservata nel Kunsthistorisches Museum di Vienna. Anche questo dipinto proviene dal patrimonio della famiglia Fugger.[36]

Il materiale d'archivio documenta un vivo e costante interesse per gli acquisti di opere d'arte veneziane, protrattosi per tutto il XVI secolo: tramite agenti come Strada, Stoppio o la ditta Ott di Augusta,[37] i Fugger acquistarono nella città lagunare oggetti di lusso, antichità,[38] e opere d'arte di vario genere, tra cui sculture di Gerolamo Campagna e Alessandro Vittoria, o dipinti di Tintoretto, probabilmente di Veronese e forse anche di Tiziano.[39] Se ne conserva ancora oggi qualche esemplare, per esempio un ciclo pittorico di Vincenzo Campi, oltre a opere di Paolo Fiammingo e di Pordenone.

L'impegno mecenatistico dei Fugger non fu privo di conseguenze. Essi avevano dato l'esempio, formulato il modello di come ricchezza e potere potessero diventare sinonimo di gusto. Fu soprattutto grazie a loro che le nuove forme riuscirono a permeare l'ambiente intellettuale di Augusta. Tuttavia questa rinascenza "veneziana e fuggeriana", sviluppatasi nella città imperiale, rimase innanzitutto appannaggio di una classe sociale estremamente elitaria. Nei primi decenni del XVI secolo, oltre ai Fugger, emersero ben pochi mecenati altrettanto ambiziosi: per esempio i mercanti Philipp Adler, Bartholomäus Welser e Ambrosius Höchstetter, tutti appartenenti all'alta finanza della Germania meridionale, tutti in stretti rapporti con la cerchia dei Fugger e dell'imperatore Massimiliano, tutti ottimi conoscitori di Venezia. Il fatto che siano solo fonti scritte a informarci sulla loro committenza non ci consente di valutare quale tipo di "venezianità" caratterizzasse le opere d'arte delle quali amavano circondarsi.[40]

Sarebbero dovuti passare decenni prima che le forme del Rinascimento italiano contagiassero anche la media borghesia e penetrassero nei palazzi comunali. Neppure il soggiorno di Tiziano nella città imperiale poté mutare la situazione. Nel 1548 e poi di nuovo nel 1550-1551 il maestro si trattenne vari mesi nella città sveva, al seguito di Carlo V. A quell'epoca risale una serie di dipinti, tra i quali il celeberrimo ritratto eque-

Joachim Sandrart
*Ritratto di Albrecht Dürer*
incisione

[34] Si veda il contributo di Bruno Bushart in questo catalogo. Sui rapporti artistici tra l'Europa centrale e Venezia in generale si veda anche Pilo 1992.
[35] Cfr. Lutz 1991.
[36] Cfr. Vasari 1568, VII, 464; Garas 1985. Ci si può chiedere se i "Prineri" citati dal Vasari siano identificabili con l'importante famiglia di imprenditori Pimmel.
[37] Cfr. Backmann 1997.
[38] Cfr. in merito Favaretto 1990.
[39] Cfr. Garas 1991, 126 ss.
[40] Cfr. Hascher 1997, 99-103. Su Adler e Venezia cfr. Simonsfeld 1887, I, nota 598, II, 60. Su Höchstetter: Simonsfeld 1887, I, nota 699; II, 181.

Wilhelm Vernukken
Palazzo Comunale di Colonia

Jacopo Sansovino
La Libreria Marciana
a Venezia

stre dell'imperatore alla battaglia di Mühlberg.[41] Tramite l'impero asburgico, con i suoi interessi italiani, e grazie all'alta finanza della Germania, i collegamenti tra Venezia e l'area culturale tedesca rimasero stretti per tutta la durata del XVI secolo. Per quanto concerne la pittura e la letteratura, il *transfer* culturale avveniva soprattutto da sud a nord, mentre nella direzione opposta si muovevano orafi, armaioli e meccanici di precisione tedeschi. Così nel dipinto di Tiziano Carlo V indossa un'armatura di gala dell'augustano Desiderius Helmschmied, suo armaiolo "personale", mentre in un altro ritratto tizianesco, quello del Gran Cancelliere Granvelle eseguito ad Augusta in stretta collaborazione con Lambert Sustris, è stato scelto come tratto caratteristico un orologio a pendolo dorato: un prodotto straordinario degli orologiai della città, assurto a simbolo non soltanto della fugacità dell'esistenza umana, ma anche delle fondamentali relazioni culturali tra le due città.

Sono principalmente due i fattori che, nel corso del XVI secolo, mutano sostanzialmente la fisionomia di questi rapporti rispetto al periodo precedente. Il primo è costituito dal progressivo trasferimento dei centri di gravità culturali dalle città imperiali del sud della Germania verso le città residenziali e commerciali del centro e del nord, come conseguenza dell'avanzamento dello stato – soprattutto nei territori tedeschi – nell'età moderna e dello spostamento dell'asse commerciale mondiale. Il Mediterraneo e quindi Venezia perdono d'importanza economica: il futuro appartiene all'area atlantica. Nonostante il generale peggioramento delle condizioni sociali ed economiche, manifestatosi principalmente al sud, fino alla fine del Rinascimento le élite urbane, o per lo meno parte di esse, restano quelle dei mecenati danarosi. Per quanto concerne gli acquisti di lusso e la committenza artistica, accanto a questa ricca classe mercantile emergono sempre più prepotentemente i principi.

La corte di Monaco offre un modello che è stato oggetto di studi approfonditi: durante il regno dei duchi Alberto V (1550-1579) e Guglielmo V (1579-1597) si andò sviluppando un'intensa attività collezionistica e di committenza, particolarmente concentrata su Venezia.[42] La tradizione proseguì anche con Massimiliano I (1597-1651). Nel 1567 Alberto V riuscì ad acquistare la biblioteca dei Loredan. Lunga è la lista delle merci di lusso ordinate dai duchi bavaresi nella città lagunare: si spazia dalle sementi e dalle giovani piante esotiche fino agli strumenti musicali, ai mobili di valore, ai vetri, agli arazzi e ai dipinti, tra i quali spiccano la *Vanitas* di Tiziano, il ritratto di un gioielliere di Paris Bordon e forse *Amore con due cani* di Veronese.[43]

Andrea Vicentino, un artista veneziano che aveva collaborato alla decorazione di Palazzo Ducale, riceve il prestigioso incarico, completato negli anni tra il 1611 e il 1618, di dipingere nella Sala imperiale della Residenz di Monaco un ciclo di figure classiche e bibliche contrapposte.

Il secondo fattore rimanda alle conseguenze culturali della Riforma che, assieme ai movimenti controriformistici da essa provocati, ha impedito in Germania il formarsi di una cultura rinascimentale orientata verso la norma e la forma, anche solo lontanamente paragonabile a quella italiana. Significativa è la critica mossa da Hans Jakob Fugger a una pala d'altare rappresentante il Cristo risorto, ordinata a Venezia per la chiesa di San Marco nella Fuggerei: "nit tauglich, dann er zu fast à la italiana frech" (buona a nulla e poi quasi troppo sfrontata all'italiana). In sostituzione egli pretese una raffigurazione della Trinità che non mostrasse solo "la grande arte", cioè virtuosismo, bensì "la preghiera". "*Es sei eure welsche Maler vil zu vagi*"[44] (i vostri pittori italiani sono troppo vaghi). Rispetto alla concorrenza confessionale nell'Impero, le forme antiche si dovevano sempre confrontare con una diffidenza ispirata dalla religione.

Il dibattito sulle questioni teologiche si sovrappose a tutto, assorbì le energie intellettuali e determinò persino il modo di affrontare le riflessioni teoriche di tipo estetico. Neppure l'opera di una figura eccezionale come quella di Dürer deve trarre in inganno circa l'enorme vantaggio di cui l'Italia godeva in quest'ambito. La sua frase famosa "hy pin jch ein her, doheim ein schmarotzer" (qui sono un signore, a casa un pa-

[41] Cfr. Schweikhart 1997.
[42] Cfr. l'elenco di Schmid 1991.
[43] Cfr. Kultzen & Eikemeier 1971, 9 ss., 75-78, 171-173, 244-159.
[44] Cfr. Lill 1908, 131-148.

Elias Holl
Palazzo Comunale di Augusta

rassita) riflette l'esperienza di due realtà sociali antitetiche già prima della Riforma: evidentemente lo stile dei norimberghesi apparve al pittore completamente diverso dall'*habitus* veneziano, caratterizzato dalla sensibilità per l'*antigisch art*, per il discorso estetico, per le arti liberali. Emblematico della frattura tra sud e nord è il fatto che Vasari trovi soltanto un secolo più tardi – nel testo stampato a Norimberga della *Teutsche Academie* di Joachim von Sandrart – il proprio equivalente tedesco. In breve: al *troc* tedesco mancava soprattutto l'elemento critico e teorico. Tuttavia ciò ebbe anche una dimensione storico-sociologica: dalla cronachistica tedesca del 1500, in genere, emerge un interesse soltanto marginale per il passato classico e l'antico patrimonio delle forme.[45]

È chiaro che Venezia, con i suoi ricchissimi mercati, non offriva più soltanto cose, ma anche idee. Gli studi più recenti hanno dimostrato quanto fossero importanti, proprio per il trasferimento degli oggetti d'arte attraverso le Alpi, le strutture mercantili create nel Fondaco dei Tedeschi. Grazie al legame con l'organizzazione commerciale transalpina, una ditta come quella degli Ott di Augusta era avvantaggiata rispetto ai concorrenti veneziani, che in compenso vantavano una maggiore esperienza.[46]

Si dovette attendere la fine del XVI secolo prima che un numero crescente di pittori e architetti, spesso con borse di studio offerte dai loro principi o da altri committenti, cominciasse a seguire le orme di Dürer recandosi a imparare dalla stessa Venezia. Partirono da Monaco, per esempio, gli artisti di corte Friedrich Sustris, Ulrich Loth, Johann König e Hans Krumper;[47] accanto a questi vanno annoverati anche l'architetto di corte Heinrich Schickhardt, originario del Württemberg, che nel 1598 si recò in Lombardia e poi nel Veneto, e il "proto" norimberghese Jakob Wolff il Giovane.[48] Nel 1600 l'architetto augustano Elias Holl si recò a Rialto insieme con un gruppo di mercanti: un caso emblematico del trasferimento culturale attraverso le vie dell'economia. Pare che l'opportunità gli fosse stata offerta da Anton Grab, un grande commerciante che da quel giovane e ambizioso capomastro si era appena fatto costruire una casa "di rappresentanza". Era di certo nell'interesse di Grab che il suo architetto apprendesse di persona il famoso stile veneziano, derivandone spunti in vista della costruzione del palazzo cittadino.

Le tensioni legate alla Riforma e alla Controriforma rafforzarono innanzitutto la posizione di Venezia quale luogo di stampa e di editoria. La città lagunare era la capitale di una repubblica indipendente, per la quale, nel XVI secolo, la neutralità e in particolar modo la distanza da Roma costituivano fattori fondamentali. È risaputo che il Senato concedeva al vescovo della città, insediato a San Pietro di Castello, un ruolo marginale. In confronto con altre realtà, all'interno delle "mura d'acqua" di Venezia regnarono per lunghi periodi, già nel XVI secolo, condizioni di relativa libertà. Un esempio ci è offerto dal predicatore Bernardino Ochino: sospettato di eresia, fuggì dall'Italia nel 1542, vagò per mezza Europa e trovò accoglienza per qualche anno a Venezia.[49] Persino gli ebrei conducevano nel ghetto un'esistenza controllata ma tutto sommato sicura, se paragonata alla situazione vigente in altri stati europei. Minoranze di tutti i generi vedevano in Venezia un rifugio. Nel 1613 un osservatore tedesco definì "mezzo lutheranj" due patrizi veneti, quando uno di questi – Agostino Nani – affermò di "essere stato ambasciatore a Roma, à Costantinopoli, et a Madrit, mà non sapere in sua conscienzia, quali siano megliori, ò preti, ò turchi, ò Spagnuoli".[50] A Venezia si potevano pubblicare opere che altrove sarebbero state censurate (per esempio la difesa di Serveto di Guillame Postel, che pensò di ritirarsi temporaneamente a Venezia).

Queste circostanze fecero guadagnare a Venezia, nel corso del secolo, una posizione di predominio nel settore della stampa e dell'editoria – si stima che nel XVI secolo circa due terzi del totale dei libri stampati in Italia fossero stati prodotti a Venezia[51] – che si consolidò anche in ambito europeo. Le innovazioni tecniche della stampa, partite da Magonza, tornarono in Europa passando da Venezia: è significativo il fatto che nel 1540 sia stata pubblicata nella città lagunare la prima edizione del *De arte pirotecnia* di Vannoccio Bi-

[45] Cfr. per esempio Schmid 1991.
[46] Backmann 1997, 177-179.
[47] Schmid 1997, 170.
[48] Cfr. Jonkanski 1991.
[49] Cfr. Cantimori 1992, 128-134 e *passim*.
[50] Gobiet 1984, 33, nota 19.
[51] Cfr. Grendler 1977, 6.

Pietro Candido e Matthias Kager
Sala d'oro nel Palazzo Comunale
di Augusta

ringuccio, che contiene la prima descrizione della tecnica di fusione dei caratteri. Intellettuali umanisti come Erasmo da Rotterdam si recarono a Venezia perché, tra le altre cose, lì era disponibile, grazie all'officina di Aldo Manuzio, l'unica stamperia di livello veramente internazionale. Altrettanto significativo è il fatto che Albrecht Dürer, già nella prima lettera indirizzata – il 6 gennaio 1506 – all'umanista norimberghese Willibald Pirckheimer, parli di libri da procurare all'amico; pare si trattasse in modo particolare di testi greci appena pubblicati.[52] Il duca Augusto il Giovane di Braunschweig-Lüneburg si servì dell'agente artistico Philipp Hainhofer per farsi inviare libri da Venezia: questi figuravano al primo posto tra gli acquisti che il duca commissionava a Rialto.[53] In questo contesto va ricordata anche la stampa degli spartiti musicali, che da Venezia diffuse in Germania le opere di importanti compositori del Rinascimento, da Verdelot e Willaert fino a Cipriano de Rore e Monteverdi, influenzando la scena musicale d'Oltralpe.

Alla fine del 1500 l'altissimo livello dell'arte tipografica della città lagunare produsse a sua volta "scambi culturali" significativi: l'umanista augustano Marcus Welser, uno dei fondatori dell'archeologia scientifica, fece stampare i libri della propria casa editrice "ad insigne pinus" presso l'officina di Aldo Manuzio, la sola in grado di soddisfare le sue esigenze qualitative.

I trattati di architettura nati a Rialto svolsero un ruolo notevole nella diffusione della cultura veneziana e dell'Italia settentrionale. Le opere principali, vale a dire i testi di Palladio, Serlio e Scamozzi, furono tutte pubblicate a Venezia.[54] Seguì una traduzione tedesca della teoria delle colonne di Serlio, mentre con la sua edizione su Vitruvio del 1543 il norimberghese Walter Ryff contribuì a far conoscere nei territori dell'Impero anche altre parti dell'opera di Serlio. Nel 1548 fece seguire al testo latino una traduzione in tedesco. Anche il *Säulenbuch* di Hans Blum (Zurigo 1550, in tedesco 1555) si ispirò a Serlio; in questo modo la teoria dell'architettura fu innalzata a *Säulenlehre* ("dottrina delle colonne").

I *Quattro libri dell'architettura* di Palladio vennero recepiti in terra tedesca nel corso del XVII secolo; l'architetto Georg Andreas Böckler ne tradusse i primi due, che vennero pubblicati postumi solo nel 1698.[55]

Non è così facile, tuttavia, reperire nell'impero tedesco architetture realizzate con chiari rimandi a Palladio o ad altri architetti veneti. Alcuni edifici sono irrimediabilmente ritardatari – per esempio il *welscher Giebel* (frontone italiano) del duomo di Halle o dell'emporio di Zwickau. Quando in Germania si iniziarono a copiare i modelli veneziani, questi erano già superati da decenni.[56] Altri appaiono così lontani dal prototipo da risultare irriconoscibili, come per esempio la "serliana" del portico del municipio di Lubecca (1570-1571). Questi particolari architettonici si trasmisero alla Germania passando dai Paesi Bassi, tramite i costruttori edili Fleminck e Herkules Midow. Anche nell'atrio del municipio di Colonia (1567-1571) si riconoscono passaggi altrettanto complessi. I progetti di un artista che si firmava con il monogramma "C.F." – sicuramente Cornelis Floris – e la loro realizzazione, riconducibile al capomastro Wilhelm Vernukken, fanno riferimento a idee sansoviniane, ricordando la Libreria di San Marco o la Loggetta piuttosto che gli edi-

[52] Cfr. Dürer 1978, 68, 78.
[53] In base agli scambi epistolari, cfr. Gobiet 1984.
[54] Cfr. Kruft 1986, 80-87, 92-102, 109-113.
[55] Cfr. Vollmar 1968; Vollmar 1983.
[56] Hitchcock 1981, 53 ss.

Sala del Senato
nel Palazzo Ducale di Venezia

fici di Palladio (Palazzo Chiericati a Vicenza), Peruzzi o Sangallo.[57] Anche queste forme architettoniche erano giunte a Colonia tramite i Paesi Bassi. Nei primi anni quaranta del XVI secolo Floris, uno dei principali rappresentanti del manierismo olandese d'influenza italiana, era stato con ogni probabilità in Italia assieme al fratello Frans. Nel campo dell'architettura dei castelli ricordiamo, per concludere, un esempio famoso: l'"edificio inglese" del castello di Heidelberg, al cui progetto avevano preso parte Salomon de Caus e forse Inigo Jones, l'ideatore di quello stile architettonico che viene definito "anglo-palladiano".[58]

Ad Augusta, al termine del periodo trattato in questa sede, gli influssi dei grandi protagonisti dell'architettura veneziana – in particolare Palladio e Sansovino – ridiventarono tangibili nelle forme di due modelli architettonici che risultano tra i più belli in assoluto nel loro genere. Finora non è stata chiarita la paternità di queste due logge, per le quali si fanno soprattutto i nomi dei pittori Joseph Heinz il Vecchio e Matthias Kager. La loro realizzazione si colloca all'interno del più ampio contesto del rinnovamento urbanistico di Augusta: uno dei progetti più imponenti mai affrontati.[59]

Marcus Welser (1558-1614) fu una delle figure centrali nell'intreccio delle relazioni culturali intercorse tra Augusta e Venezia nel periodo che dal XVI secolo volgeva al XVII.[60] Nel 1581-1582 ricoprì la carica di console dei mercanti tedeschi del fondaco. Sincero fautore della *via media* nei conflitti religiosi, apparteneva ad Augusta al gruppo politico al potere e dal 1600 fino alla morte, in qualità di *Stadtpfleger*, fu uno dei due massimi rappresentanti della città imperiale. Nella ragguardevole biblioteca di Welser figuravano, oltre ad alcune descrizioni dei cicli pittorici di Palazzo Ducale, numerose opere di argomento iconografico e di teoria dell'architettura. È molto probabile che lo si possa identificare con il regista intellettuale del grandioso progetto urbanistico destinato – dal 1590 in poi – a trasformare in modo duraturo l'aspetto della città. Dal punto di vista architettonico Augusta divenne così una vera "città rinascimentale", dove il *transfer* culturale avviato un secolo prima dai Fugger trovò la sua gloriosa conclusione, grazie a un complesso sfarzoso di fontane e a una serie di edifici assolutamente unici nell'Europa centrale. Ancora una volta l'influenza veneziana fu determinante: la disposizione interna del municipio edificato tra il 1615 e il 1620 segue vistosamente lo schema del palazzo veneziano, in particolare nella disposizione simmetrica delle due scalinate che conducono all'imponente "sala d'Oro", che si sviluppa a sua volta su tre piani. Gli atri spaziosi del pianterreno e del primo piano, denominati in svevo *Fletze*, trovano parallelismi veneziani nell'androne e nel portego. Più che nei particolari specifici, le reminiscenze veneziane si avvertono nell'impostazione generale del sistema decorativo del salone principale, andato distrutto durante la Seconda guerra mondiale.

Anche dietro la scelta di un busto di Vitellio nella serie dei ritratti di imperatori sulla scalinata può esserci stato Welser, in quanto di quel soggetto esiste a Venezia un esempio concretamente rintracciabile. Infine, nella fase preparatoria della progettazione del municipio svolse un ruolo importante un progetto alternativo che, documentato da disegni e da un modello, tradisce chiaramente radici veneziane.

[57] Hitchcock 1981, 187-189.
[58] Hitchcock 1981, 318. Sull'influenza di Jones nell'impero cfr. Harris 1985.
[59] Cfr. Roeck 1984; anche in Roeck 1999, 90-119.
[60] Su Welser si veda Roeck 1990.

Giovanni Bellini
*Madonna col Bambino, il doge Agostino
Barbarigo e i Santi Marco e Agostino*
(Pala Barbarigo), particolare
Murano, Chiesa di San Pietro Martire
cat. 56

Il successo e la diffusione della cultura delle Fiandre, iniziato nel corso del Quattrocento, sono dovuti allo sviluppo economico di una solida società borghese e mercantile, che si concentra nelle grandi città commerciali e soprattutto intorno alla nuova capitale del ducato di Borgogna, trasportata a Bruges sotto il regno di Filippo il Buono. Questo fenomeno molto deve al perfezionamento di una tecnica straordinariamente duttile: la pittura a olio.

Non si tratta, come ormai è ben noto, di una scoperta: l'uso di tale medium era già descritto nel testo di Teofilo, la cui stesura più antica risale al XII secolo. "Deinde tere colores imponendos diligentissime oleo lini, ac valde tenues trahe eos cum pincello, sicque permitte siccari".[1] Ed è ben noto a Cennino Cennini, che, nel suo *Libro dell'arte*, scritto alla fine del XIV secolo, rispecchia le conoscenze e i modi delle botteghe fiorentine del tardo Trecento.[2]

Con la scelta accuratissima di supporti perfettamente stagionati,[3] una preparazione meno assorbente di quella italiana a base di gesso, il perfetto rapporto tra legante e pigmento, la compensazione delle superfici dipinte sul recto e sul verso, i pittori fiamminghi raggiunsero esiti di tale stupefacente perfezione da accreditare la leggenda, riportata anche dal Vasari,[4] che a loro e in particolare a Jan van Eyck debba risalire la sua invenzione. In realtà il Filarete che scrive circa vent'anni dopo la morte dell'artista ed è quindi una delle testimonianze più antiche, parla solo degli eccellenti risultati ottenuti utilizzando tale metodo: "Nella Magna si lavora bene in questa forma, massime da quello maestro Giovanni da Bruggia e maestro Ruggieri, i quali hanno adoperato ottimamente questi colori ad olio".[5]

L'invenzione della stampa, dell'incisione e della xilografia in Germania nel corso del Quattrocento fu inoltre uno straordinario veicolo della cultura artistica transalpina, che trovò in Venezia una committenza sensibile e attenta, e mediante la quale anche la Germania divenne una delle grandi potenze europee in campo artistico. Le incisioni nordiche, già prima di Dürer e poi soprattutto grazie alla sua attività, circolavano a Venezia,[6] costituendo un repertorio inesauribile di motivi iconografici, che venivano copiati, mutuati, traslati, talvolta tentandone un mascheramento, talaltra con sfacciata imitazione.[7] O ancora con sottile e intelligente trasformazione, come nella zona superiore della pala dei Pesaro di Tiziano. I due putti in atteggiamento ludico, che compaiono nella xilografia di Dürer con la "Strega", vengono trasformati da Tiziano in due angioletti che sostengono la croce.[8]

Nessun artista veneziano, grande o piccolo, sfugge a questa moda: da Carpaccio a Cima da Conegliano, da Giovanni Bellini a Giorgione, da Pier Maria Pennacchi a Marco Basaiti, e ancora Lorenzo Lotto, Tiziano, Paolo Veronese, Tintoretto. Tuttavia nell'avanzato Cinquecento si assiste anche a un fenomeno più complesso: grandi pittori veneziani curano la pubblicizzazione dei loro dipinti attraverso le incisioni di artisti nordici e la committenza d'oltralpe, a sua volta, ambisce a possedere le immagini di opere che destavano enorme ammirazione.[9] Così nel 1565 Tiziano affida all'incisore olandese Cornelis Cort la riproduzione a stampa dei suoi dipinti, convinto che una loro buona resa avrebbe significato un'ottima pubblicità. Ed era così consapevole di quale strumento potente di risonanza fosse la circolazione dei testi figurativi che il 1° agosto 1571 scrivendo a Filippo II gli inviava "due stampe del disegno della pittura del beato Lorenzo".[10] Cioè due esemplari dell'incisione eseguita nello stesso anno dal Cort, che condensa elementi del *Martirio di San Lorenzo* della chiesa veneziana dei gesuiti e della tarda redazione dell'Escorial. Una di queste stampe, su seta, esiste ancora nell'appartamento di Filippo II, nello stesso monastero.

Tuttavia se la deduzione di motivi dalla grafica nordica, il collezionismo di pitture "ponentine", la rivelazione delle possibilità illusionistiche della tecnica a olio hanno contribuito all'evoluzione della cultura figurativa veneziana, la sua rinascita deriva soprattutto dalle rivoluzionarie novità toscane. Nel corso del Quattrocento la Serenissima avverte la necessità improrogabile di aggiornare la sua cultura artistica, promuovendo l'importazione di artisti "rinnovati".[11] Ed ecco a ondate successive la straordinaria invasione dei toscani: agli inizi del secolo erano giunti gli scultori. È poi la volta degli architetti: nel 1424 il Ghiberti, nel 1437 l'Alberti e tra il 1433 e il 1434 Michelozzo. Nel 1425 era arrivato Paolo Uccello, chiamato dalla Signoria per restaurare i mosaici marciani. Nel 1442 Andrea del Castagno introduce, con il *Padre Eterno benedicente fra gli Evangelisti* nella cappella di San Tarasio a San Zaccaria e successivamente coi cartoni per i mosaici della cappella dei Mascoli, a San Marco, una prospettiva centrale rigorosa e un nuovo plasticismo. Dal 1446 al 1447 vi soggiorna infine Agostino di Duccio.

L'innesto e la progressiva traduzione dei nuovi valori disegnativi, architettonici e scientifici nel tessuto culturale della città sono lenti. In questo delicato processo di rinnovamento due figure chiave sono costituite da Jacopo Bellini e Antonio Vivarini. Da Venezia intanto la risonanza delle opere e degli artisti toscani si irradiava verso la terraferma e prima di tutto nella vicinissima Padova, che con la sua cultura multiforme e la viva tradizione antiquaria offriva un *humus* particolarmente disposto all'assimilazione.

Nel 1434 la città ospita Filippo Lippi; la sua venuta è contemporanea all'esilio di Palla Strozzi, che certamente portò con sé i suoi artisti prediletti. Nello stesso anno giunge infatti Niccolò Baroncelli, allievo del Brunelleschi, che si trattiene qui fino al 1443. Il suo allontanamento coincide con l'arrivo di Donatello,[12] di cui peraltro già esisteva a Venezia il *San Giovanni Battista* della cappella dei Fiorentini ai Frari, firmato e datato 1438.

[1] Theophilus 1874, cap. XXIX, 48. Teofilo, vissuto probabilmente tra la fine dell'XI e gli inizi del XII secolo riprende il libro di Eraclio, *De coloribus et artibus romanorum*, che si suppone composto nei secoli IX-X.
[2] Cennini 1971, cap. XXXV, 34; LXXXIX, 97; XC, 98; XCI, 99; XCII, 101; XCIII, 101; XCIV, 102. Si veda a questo proposito Nepi Scirè 1983, 86-87. Si veda anche in questo volume il saggio di Jill Dunkerton.
[3] Verougstraete-Marcq & Schoute 1989.
[4] Vasari 1568, I, 184-185.
[5] Filarete 1972, II, 668-669. Ruggieri è Roger van der Weyden. Per l'uso precoce dell'olio in Antonio Vivarini si veda il *Preludio*. Per l'uso dell'olio nella pittura italiana si veda anche Bowron 1974, 380-387; Johnson & Packard 1971, 145-146; Stout 1938, 59-72; Mills & White 1979, 66-67; 1980, 65-67.
[6] Si veda a tale proposito la seconda sezione delle opere.
[7] Come in opere tarde di Carpaccio.
[8] Come nota Heimbürger 1999, 123.
[9] Si veda ancora a questo proposito la seconda sezione delle opere.
[10] Mancini 1998, 367.
[11] Restano fondamentali su questo argomento: Fiocco 1959; Chastel 1965.
[12] Anche la chiesa della Carità possedeva una Madonna di Donatello che era stata pagata "ducati venti e lire quattro" il 30 maggio 1453. Si veda Fogolari 1924, 77.

Cima da Conegliano
*Battesimo di Cristo*
Venezia, Chiesa di San Giovanni
in Bragora

Comunque non l'essenzialità del monumento equestre al Gattamelata, né il naturalismo del Battista, ma il complesso bronzeo dell'altare della basilica del Santo a Padova imprime una svolta vertiginosa all'arte padovana e veneta. Le intuizioni luministiche, la carica drammatica, l'evoluzione prospettica che vi sono espresse suscitano un'eco immediata e sconvolgente in tutti gli ambienti e soprattutto nell'ambito delle botteghe pittoriche, cui dovette imporsi con la violenza e l'effetto scenico di una vera e propria "sacra conversazione in atto" al centro della basilica.

A Donatello si accompagnò Paolo Uccello, i cui *Giganti* a chiaroscuro, affrescati sulla facciata di palazzo Vitaliani, oggi scomparsi, furono molto ammirati, come ci tramanda una lettera dell'Aretino, da Andrea Mantegna. È quest'ultimo il protagonista della scena pittorica padovana, il cui punto di riferimento è rappresentato dalla cappella Ovetari agli Eremitani. La sua decorazione nel 1448 viene affidata ad Antonio Vivarini e a Giovanni d'Alemagna, a Nicolò Pizolo e allo stesso Mantegna. La scelta degli artisti dimostra la precisa volontà dei committenti di creare un monumento d'avanguardia: da un lato i pittori veneziani più aggiornati, dall'altro, accanto al giovane Andrea, il più promettente allievo dello Squarcione (nella cui bottega passarono non poche straordinarie personalità di artisti), il Pizolo, collaboratore di Donatello e del Lippi. La cappella venne distrutta durante l'ultimo conflitto; unici frammenti superstiti, grazie allo stacco avvenuto alla fine dell'Ottocento, il *Martirio e trasporto del corpo di San Cristoforo* e l'*Assunta* di Mantegna. Vi ritroviamo le stesse fonti toscane cui aveva attinto il Pizolo, esaltate e filtrate attraverso una viva conoscenza umanistica, un appassionato recupero archeologico, un amore per l'antico che non si possono certo far risalire all'artigianale tirocinio squarcionesco, ma piuttosto alla frequentazione dei colti circoli padovani. Sono anche presenti i primi echi del naturalismo fiammingo e della spazialità di Piero della Francesca.

Col trasferimento di Mantegna a Mantova nel 1468, il centro di supremazia artistica nel Veneto si sposta da Padova a Venezia che, consolidata la conquista della terraferma, è ormai matura e disponibile per elaborare un'autonoma rappresentazione dell'arte rinnovata. Lo stesso Dürer senza l'amicizia di Willibald Pirckheimer, l'umanista educato nello studio di Padova, stimato da Erasmo e da Lutero, venerato da Hutten, amico di Melantone, forse non si sarebbe orientato verso Venezia. Non fu probabilmente una coincidenza se il primo viaggio tra le lagune del pittore, nel 1494-1495, avvenne durante lo stesso soggiorno di Pirckheimer nell'Italia settentrionale. Non sappiamo quasi nulla di questa venuta: certo in tale occasione egli dovette accostarsi alle opere e alla grafica di Mantegna, del quale peraltro conosceva già alcune incisioni e il cui apporto fu fondamentale per la sua crescita.[13] Forse visitò la bottega dei Vivarini, certo venne a contatto con il circolo dei Bellini e con le straordinarie imprese pittoriche della Sala del Maggior consiglio in Palazzo Ducale,[14] della Sala dell'Albergo della Scuola di San Giovanni Evangelista, della Scuola di Sant'Orsola.[15]

Il mito della città fondata sulle acque, senza mura attorno per difesa, ricca di ogni prodotto pur non avendo terra da coltivare, piena di opere mirabili, depositaria di reliquie preziose e rare, è ben consolidato. "Quelli che non l'hanno veduta bramano di vederla e intender come si governi, quelli che l'hanno veduta non finiscono di lodarla", scrive Marin Sanudo il Giovane dedicando al doge Agostino Barbarigo nel 1493 il *De Origine situ... Urbis Venetae*.[16]

Lo stesso Sanudo ricordando come la città avesse allora "150.000 anime in circa" (era infatti la città più popolata d'Italia dopo Napoli) decanta la magnificenza delle case e dei palazzi. Le sue notizie vengono confermate da numerose fonti, da cui risulta che a sostenere il mercato veneziano concorre largamente in questo periodo l'alto tenore di vita di gran parte della popolazione, superiore forse a quello di ogni altra città d'Europa. Come afferma proprio nel 1494 Philippe de Commynes, ambasciatore di Francia, Venezia è insomma "la plus triomphante cité... Jamais vue".[17]

In questo contesto senz'altro dovettero colpire Dürer alcuni fondamentali capolavori: la pala di Antonello da Messina a San Cassiano, il *Battesimo di Cristo* di Cima da Conegliano per San Giovanni in Bragora e opere di Giovanni Bellini quali la pala perduta per i Santi Giovanni e Paolo, la *Pala di San Giobbe*, il paliotto votivo per il doge Agostino Barbarigo (cat. 56), il trittico dei Frari (gli ultimi due datati 1488), infine la distrutta *Cena in Emmaus* commissionata da Giorgio Cornaro per la chiesa di San Salvador.

La cultura veneziana a cavallo tra i due secoli è, potremmo quasi dire, poliglotta: greca e latina, oltre che italiana e veneziana, con spiccate preferenze per il Petrarca e i classici greci che si vanno riscoprendo, interessi precisi per la medicina, la geografia e la storia. Nell'ultimo decennio del Quattrocento si stabilisce a Venezia l'editore Aldo Manuzio, che pubblica testi latini e insieme attende alla stampa di inediti testi greci. Nei trent'anni successivi la città non è solo il centro della produzione libraria, ma anche degli studi di greci in Italia, anzi in Europa. Grazie all'attività del Manuzio, diventa in pochi anni "l'emporio librario e intellettuale più vasto ed attivo nell'Europa del Rinascimento".[18]

Il secondo soggiorno di Dürer a Venezia, durato dal 1505 al 1507, è documentato dalle numerose lettere dello stesso Dürer indirizzate a Pirckheimer. È questo viaggio che gli consente di elevarsi al di sopra della condizione artigianale delle botteghe tedesche e di riconoscere il ruolo e la dignità dell'artista. Egli stesso nel *Trattato delle proporzioni umane* del 1525, dedicato all'amico, ammetterà che molti errori di giovani pittori, pur dotati, dei paesi tedeschi consistono "nel fatto che non hanno studiato l'arte delle pro-

[13] Panofsky 1967, 44-45, 49, 74-75.
[14] Distrutte dall'incendio del 20 dicembre 1577.
[15] Le date sugli otto teleri e la pala, dipinti da Carpaccio, sono comprese tra il 1490 e il 1495. Si veda Nepi Scirè 1992, 69-70. Forse in questa stessa occasione Dürer incontrò un artista che gli trasmise la passione per la prospettiva e le proporzioni umane, Jacopo de' Barbari, quello stesso che disegnò, poco dopo, sicuramente col supporto di squadre di rilevatori e di cartografi, la straordinaria veduta prospettica di Venezia edita nel 1500 dal mercante di Norimberga, Antonio Kolb. Nello stesso 1494 viene stampata a Venezia la *Summa de Arithmetica, Geometria, Proportione e Proportionalità* di Luca Pacioli, amico di Piero della Francesca e di Leonardo.
[16] Marin Sanudo il Giovane (1493-1530) 1980, 6.
[17] Philippe de Commynes, *Mémoires* (1494).
[18] Branca 1963.

Vittore Carpaccio
*Il sogno di Sant'Orsola*
Venezia, Gallerie dell'Accademia

porzioni, senza la quale nessuno può diventare o essere un vero artista... Poiché essa è il vero fondamento di ogni pittura, mi sono proposto di impartire a tutti i giovani desiderosi di avviarsi all'arte i principi e le basi per affrontare la misurazione proporzionale..., in modo che possano penetrare la realtà e sappiano poi riprodurla, e non concentrino sull'arte la loro attenzione, ma acquisiscano una maturità umana più vera e completa... In quale onore e considerazione era tenuta l'arte presso i greci e i romani è rivelato a sufficienza dai testi antichi; essa poi si perse e per più di mille anni rimase nascosta, finché duecento anni addietro è stata riportata alla luce dagli italiani". E ancora: "I pittori tedeschi... nell'uso dei colori non sono inferiori a nessuno, ma hanno mostrato lacune nell'arte delle proporzioni, nella prospettiva e cose simili. Senza giuste proporzioni nessun quadro può essere perfetto, anche se la stesura rivela ogni accuratezza...".[19] E "per amore dell'arte della segreta prospettiva che qualcuno è disposto a insegnarmi", Dürer affronta nel 1505 un viaggio da Venezia a Bologna.[20]

Il contatto con l'ambiente veneziano genera l'equilibrata grandiosità di opere come la *Festa del Rosario* (cat. 57)[21] per San Bartolomeo, chiesa della nazione tedesca, poco lontana dal fondaco, che rivela una conoscenza profonda della pittura votiva cittadina da Paolo Veneziano a Giovanni Bellini e che forse, anche per questo motivo, incontrò un incondizionato consenso.

Nella lettera dell'8 settembre 1506 a Pirckheimer, Dürer ammette che con quel dipinto finalmente poteva "far tacere quelli che dicevano che io ero un buon incisore ma che non sapevo maneggiare i colori in pittura", aggiungendo con orgoglio: "Il Doge e il Patriarca di Venezia hanno visto il mio quadro...".[22]

Il 7 febbraio 1506 aveva confidato: "Giovanni Bellini in persona mi ha lodato davanti a molti gentiluomini ed avrebbe voluto avere qualcosa di mio, è venuto lui stesso a trovarmi e mi ha pregato di fargli qualcosa e voleva pagarla. E tutti mi dicono che uomo retto egli sia, sicché io gli sono realmente amico. È molto vecchio, ma è tuttora il migliore di tutti." Nella stessa lettera Dürer lamentava: "Tra gli italiani ho molti buoni amici, che mi hanno messo in guardia dal mangiare e bere coi loro pittori. Molti di essi sono miei nemici e copiano il mio lavoro nelle chiese e dovunque possono trovarlo e poi lo insultano e dicono che lo stile non è 'antikish art'..." Non si tratta, come qualcuno ha pensato, di mania di persecuzione o xenofobia: l'artista percepiva sicuramente l'invidia per la sua inesauribile fantasia insieme alla sostanziale incomprensione per la sua arte. Sostanziale incomprensione che, pur mutati i tempi e il gusto, ma ancora ben vivo il saccheggio di motivi dal suo repertorio grafico, farà dire da Ludovico Dolce a Pietro Aretino nel *Dialogo della pittura* del 1557: "Errò nella convenevolezza non solo degli abiti, ma anco de' volti, Alberto Duro: il quale, perché era Tedesco, disegnò in più luoghi la madre del Signore con habito da Tedesca, e similmente tutte quelle sante donne, che l'accompagnano. Né restò ancora di dare a Giudei effigie pur da Tedeschi, con que' mostacchi e capigliature bizarre, ch'essi portano, e con i panni che usano". E ancora: "Ma stimate voi che fosse peraventura sciocco Alberto Duro? Egli fu valente pittore, e in questa parte della inventione stupendo. E, se l'istesso fosse nato così in Italia, come nacque in Germania (nella quale avenga, che in diversi tempi vi habbiano fiorito ingegni nobilissimi così nelle lettere, come in varie arti, la perfettion della Pittura, non vi fu giamai) mi giova a credere, ch'ei non sarebbe stato inferiore ad alcuno. E per testimonio di cio vi affermo, che l'istesso Raffaello non si recava a vergogna di tener le carte di Alberto attaccate nel suo studio e le lodava grandemente. E quando egli non havesse havuto altra eccellenza, basterebbe a farlo immortale l'intaglio delle sue stampe di rame: il quale intaglio con una minutezza incomparabile rappresenta il vero e il vivo della natura, di modo, che le cose sue paiono non disegnate, ma dipinte; e non dipinte, ma vive."[23]

[19] Conway 1958, 211-212; Panofsky 1967, 329.
[20] Panofsky 1967, 322.
[21] A proposito dell'esatto titolo dell'opera si veda Panofsky 1967, 144-146.
[22] Leonardo Loredan e Antonio Soriano.
[23] Dolce 1957, 23v. e 24.

pagina a lato
Albrecht Dürer, *Autoritratto*, 1500
particolare
Monaco, Alte Pinakothek

[1] Un piccolo aiuto ci può venire dai testamenti, che citeremo ogni tanto a sostegno dei punti in discussione, ma si tratta di documenti notoriamente succinti.

[2] Conway 1889, 47-59.

[3] Secondo Humfrey 1991, 21-33, Dürer sarebbe venuto a Venezia perché la confraternita tedesca del Rosario, che aveva sede nella chiesa di San Bartolomeo, a Rialto, gli aveva commissionato la famosa pala ora a Praga: un'opera alla quale aveva messo mano appena arrivato e che, secondo le sue lettere, lo aveva posto al centro dell'attenzione procurandogli molti consensi. Secondo altri studiosi, la sua vera intenzione sarebbe stata quella di ottenere dalla Serenissima un privilegio volto a evitare che gli artisti italiani continuassero a falsificare le sue stampe: un punto sul quale ci soffermeremo più avanti.

[4] Fondamentale sul Fondaco dei Tedeschi è lo studio di Simonsfeld 1887.

[5] Citato da Braunstein 1986, 49. Malgrado le restrizioni, si ha l'impressione che i mercanti tedeschi a Venezia riuscissero a investire in altri affari commerciali e a facilitare quelli dei loro compatrioti nordici. Uno dei soci dell'editore Nicholas Jenson era il mercante Giovanni Rauchfas. Cecchetti 1887, 457-458.

[6] Cfr. Fedalto 1980, III, parte I, specialmente 505.

[7] Braunstein 1977, 233-234.

[8] Citato da Braunstein 1986. Felix Faber (o Fabri) era un prete tedesco che aveva soggiornato a Venezia verso la fine del XV secolo.

[9] Simonsfeld 1887, I, doc. 698, 404-405. 10 e 18 dicembre 1528: "... che tutti li thodeschi et cadauno altro forestier d'oltramontani debbiano andar a star e habitar in el fóntego suo di Thodeschi... li altri veramente oltramontani forestieri debbino andar a star et habitar nelle sue case de San Zorzi, Leon Biancho, Pender et altre deputade per l'allogiamento d'oltramontani a San Bartholomio..." Due documenti del 1544 ci danno un'idea di come funzionasse uno di questi alberghi, il Leon Bianco, il cui titolare era Michael Brestsan di Bruges. In quell'anno costui aveva sottoscritto davanti a un notaio un contratto di subaffitto di due piani al tedesco Tomaso Amma, che avrebbe pagato ducati 200 all'anno. Gli altri due piani erano gestiti direttamente da Brestsan, che poteva ospitare quattro "forastieri oltramontani" con i loro domestici. La pigione piuttosto alta pagata dall'Amma e l'accenno ai servitori indica che Brestsan aveva probabilmente a che fare con mercanti. Archivio di Stato, Venezia, Archivio Notarile, Not. Francesco Bianco, Atti, b. 382, c. 6 e 41v, citato da Brulez 1965, XXI.

[10] Braunstein 1977, 242-43, ha dimostrato che la distinzione esisteva già nel 1301.

La Venezia del Rinascimento era un emporio rutilante di oggetti di lusso, di fabbricazione locale o di importazione, che richiamava allo stesso modo compratori, venditori e produttori. Un fiume ininterrotto di artigiani intraprendenti – del nord della penisola o dei paesi d'oltralpe – si trasferiva nella città lagunare per approfittare del suo florido clima commerciale, favorito e sostenuto da un apparato statale onnipresente e sollecito. La fama di Venezia si diffondeva in tutta Europa e in Medio Oriente grazie a una fitta rete commerciale, le cui rotte marittime e di terra erano fissate fin dal Medioevo. Quando gli stranieri approdavano in città, il modo in cui venivano ricevuti, ma anche la durata o il successo dei loro soggiorni, erano dovuti in larga parte alle istituzioni alle quali si appoggiavano, per scelta o per necessità: la famiglia e la confraternita, la bottega e la corporazione, gli organismi governativi che formulavano e attuavano la politica dell'immigrazione e dello sviluppo economico. Molti "foresti" venivano a Venezia perché attirati dalla presenza di soci d'affari o di parenti che vi risiedevano da tempo, ma il dramma degli storici è quello di non disporre quasi mai di testimonianze personali e di prima mano sui progetti e le ambizioni che li avevano indotti a partire o sulle loro effettive esperienze.[1]

Un'eccezione affascinante è rappresentata dalle lettere scritte da Albrecht Dürer, durante il suo soggiorno veneziano del 1506-1507, all'amico Willibald Pirckheimer, a Norimberga.[2] Benché il maestro non spieghi mai il vero motivo della sua venuta, da quanto racconta emergono chiaramente almeno due scopi pratici: acquistare per conto di Pirckheimer quei beni di lusso che avevano reso celebre Venezia (in questo caso, tra l'altro, libri, gioielli, piume di uccelli rari e tappeti) e fare progressi nella professione dipingendo quadri e incontrando altri artisti.[3]

Di Dürer torneremo a parlare più avanti, perché – indipendentemente dalla grande ambizione, dalla statura artistica e dai contatti sociali talora importanti – era anche lui nient'altro che un artefice, che veniva a impiantare lo stesso tipo di iniziativa artigianale cui si era dedicato a Norimberga, anche se è chiaro che non aveva in mente di fermarsi nella Serenissima per più di qualche mese. Fin dal Trecento, a Venezia, la comunità straniera più attiva e numerosa era quella di lingua germanica, che comprendeva spesso rappresentanti del settore artigianale, ma il cui nucleo più importante e rispettato era costituito dai mercanti, concentrati dal governo veneziano, fin dalla fine del XIII secolo – e con pompa sempre maggiore via via che passavano gli anni – nel Fondaco dei Tedeschi accanto al ponte di Rialto: una struttura che svolgeva contemporaneamente la funzione di magazzino, deposito doganale, centro amministrativo e ostello.[4] Per fare affari in città era indispensabile associarsi al Fondaco, in quanto la Serenissima era ben conscia di rappresentare il porto principale di un vasto retroterra transalpino, ma anche dell'importanza dei mercati d'oltralpe in quanto capaci di assorbire le merci importate dalla flotta mercantile veneziana o prodotte direttamente nel comprensorio lagunare. Come affermava Gerolamo Priuli agli inizi del XVI secolo, "Tedeschi e Veneziani, noi siamo una cosa sola perché antico è il nostro rapporto commerciale".[5]

L'attenzione dedicata ai mercanti tedeschi testimonia dell'essenzialità del ruolo che assumevano le valutazioni di tipo economico nell'atteggiamento adottato da Venezia nei riguardi di tutti i forestieri, che venivano classificati, a seconda del paese o della regione di origine, come "nazioni".[6] Poteva trattarsi semplicemente di un'espressione del gergo burocratico, ma la scelta del termine è senza dubbio indicativa di una precisa volontà di identificare ogni individuo come facente parte di un gruppo, in modo da assegnargli uno *status* corporativo facile da riconoscere e da valutare. Così un iscritto al Fondaco era di necessità un mercante tedesco o il confratello di una scuola nazionale germanica, come era quella del Rosario a San Bartolomeo. In questo modo la presenza a Venezia di uno straniero era giustificata, individuata e controllata dalle autorità. Nella realtà dei fatti, tuttavia, la situazione era leggermente diversa, in quanto Venezia – come ha osservato Braunstein – ospitava molti più tedeschi di quanto non risulti, in modo specifico, dalla storia del Fondaco,[7] soprattutto per quanto riguarda la categoria degli artigiani, certamente più numerosi dei mercanti e meglio inseriti nel tessuto economico e sociale cittadino, pur con notevoli differenze da caso a caso. E lo stesso si può dire anche di altri gruppi, meno ben rappresentati, di artigiani provenienti dal Nordeuropa o da località ancora più remote.

La zona di Rialto, con il Fondaco, la Confraternita del Rosario di San Bartolomeo – dove si predicava in tedesco – e i numerosi alberghi frequentati dagli "oltramontani", era una specie di centro comunitario. L'ospite di una di quelle locande, nel 1494, ha lasciato scritto che non vi si parlava che in tedesco e che perfino il cane di casa festeggiava soprattutto i clienti di origine teutonica.[8] Alcuni di questi esercizi davano alloggio a chi non trovava posto al Fondaco, mentre tutti gli stranieri di passaggio dovevano essere ospitati negli alberghi autorizzati dal governo. I termini di una delibera dei Sette Savi del 1528 (che riconferma prima di tutto che i "Thodeschi" dovevano abitare al Fondaco) rivelano almeno uno dei modi in cui i funzionari governativi distinguevano tra i vari tipi di forestieri: apprendiamo infatti che "li altri veramente oltramontani" erano obbligati a risiedere negli ostelli espressamente indicati di campo San Bartolomeo.[9] Vi erano quindi da un lato i visitatori che soggiornavano in città solo temporaneamente – non importa se per giorni, mesi o anni – allo scopo di rifornirsi di merci, e dall'altro i non veneziani che avevano acquisito un ruolo economico di carattere più permanente, diventando fornitori e/o venditori di prodotti vari: questi ultimi, di solito, dovevano affittare una bottega o assoldare lavoranti.[10] L'attività di questi stranieri semi-assimilati non è ancora stata studiata a fondo, ma le testimonianze d'archivio indi-

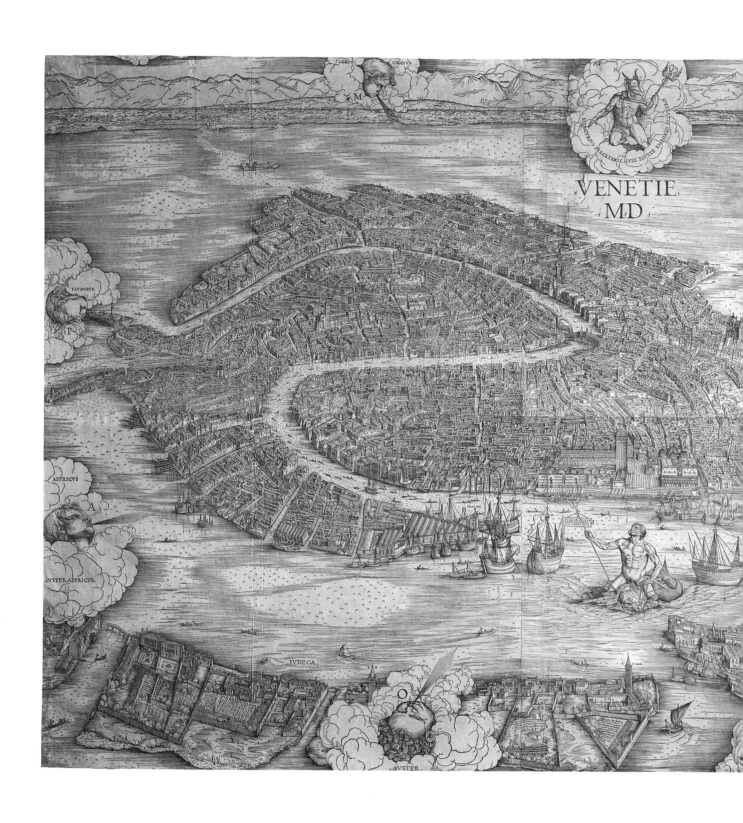

Jacopo de' Barbari
*Veduta di Venezia*
Venezia, Musei Civici Veneziani
Museo Correr

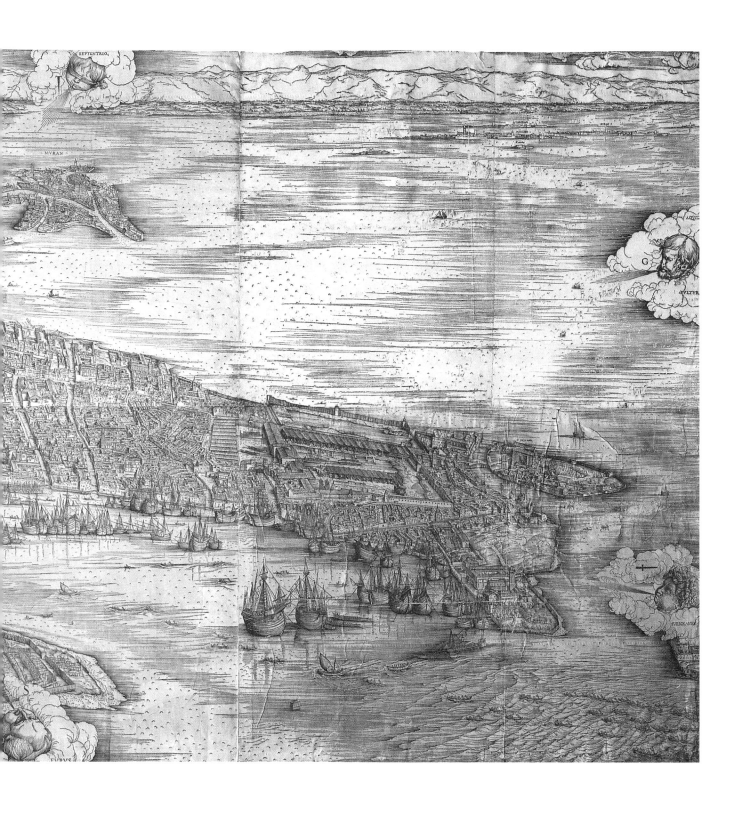

cano chiaramente che vi erano artigiani dediti, per esempio, alla pittura, alla stamperia, alla tessitura, alla produzione alimentare, all'oreficeria, alla lavorazione dei metalli e del legno, compresa l'arte dell'intaglio e la fabbricazione di strumenti musicali.[11]

Questa gente, di solito, affittava (o più raramente acquistava) abitazioni e negozi, che spesso erano tutt'uno. Dai registri delle dichiarazioni dei redditi dei proprietari di immobili, relative al 1537-1538, è possibile ricavare qualche dato sull'entità delle pigioni; benché i mestieri degli inquilini non siano sempre indicati, è probabile che una certa parte di questi forestieri appartenesse alle classi lavoratrici meno specializzate, come i soldati, i facchini, le cameriere. L'editore "ser Zuan da Cologna" pagava 24 ducati all'anno per il piano inferiore di un palazzo a Santa Maria Formosa, il che dimostra che la fascia più alta del settore artigianale poteva anche godere di una certa prosperità.[12] Un non meglio identificato "michiel princ todesco", di professione ignota, pagava 20 ducati annui per una casa in affitto a Santo Stefano, mentre "Martin de are fiamengo" ne pagava 5 per un alloggio a San Paternian ed "esibetta todesca" (forse una vedova) ne doveva sborsare solo 3 per la sua "chaxetta" a San Marcuola.[13]

Si poteva venire assimilati anche tramite il matrimonio che, a quanto risulta dalle carte d'archivio e in particolare dai testamenti, era un fatto lecito, anche se non comune, e avveniva logicamente nella maggior parte dei casi tra cittadini stranieri di sesso maschile, giunti a Venezia in cerca di fortuna, e donne veneziane, oppure tra membri di famiglie già da tempo insediate in città e spesso originarie della medesima regione. Il ceto sociale di questi sposi era di solito più o meno equivalente, come per esempio nel caso di un tipografo fiammingo attivo a Treviso, che nel 1462 aveva preso in moglie la figlia di un pittore di Torcello.[14] I testamenti forniscono indicazioni su altri modi di inserirsi, oltre al matrimonio, ma dimostrano anche che si poteva risiedere a Venezia pur mantenendo legami di vario tipo con il paese natale. Un esempio calzante ci è offerto dalle ultime volontà, datate 1522, di "magister Sigismundus Maller de Songa territorij Allemanie", di professione liutaio.[15] Malato e confinato a letto nella sua casa di San Salvador (vicinissimo a Rialto), costui nominava esecutori testamentari il fratello Luca (liutaio a sua volta, ma abitante a Bologna) e un battiloro tedesco che lavorava a Venezia, alla presenza di un notaio veneziano che scriveva in italiano. Lasciava varie somme in ducati, come legati per l'anima, a chiese veneziane e all'Ospedale dei poveri ai Santi Giovanni e Paolo, stabilendo che le messe di suffragio venissero celebrate nella chiesa di San Salvador, che era presumibilmente la sua parrocchia; 6 ducati dovevano andare anche a "pre Zuan", che predicava a San Bartolomeo, una chiesa esplicitamente legata alla "nazione" tedesca.[16] Qualche altro lascito veniva istituito a favore dei suoi servitori, dei quali non è indicata la nazionalità (se ne cita soltanto il nome di battesimo in italiano), mentre "Isepo", il lavorante, doveva ricevere 20 ducati e "tanti legnami da lauti, che faza lauti n.o trenta per el suo bon servir et per l'anima mia...".[17] Alla sorella, infine, era destinata l'unica somma espressa in valuta tedesca, il che lascia pensare che la donna abitasse in Germania. Il testimone presente all'atto era un mercante tedesco.

Farsi accettare a Venezia implicava una procedura assai fluida, che dipendeva da una miriade di rapporti personali e dalle più varie circostanze. La Serenissima evidentemente tollerava l'ingresso degli stranieri nella maggior parte delle istituzioni, escluse naturalmente quelle governative. I forestieri appartenevano non soltanto alle varie scuole delle "nazioni" – e quella germanica da sola ne aveva più d'una – ma qualche volta anche a quelle veneziane.[18] Un certo "magistro Zuane fiamengo depentor" viene elencato tra i confratelli della Scuola Grande di Santa Maria della Misericordia negli anni 1516, 1517 e 1524, mentre tra i membri della Scuola di San Gerolamo risulta sempre presente qualche cittadino tedesco o fiammingo.[19] Anche lo studio di Lowry sulle mariegole pervenuteci di questa piccola scuola mette in luce un miscuglio di categorie economiche e sociali: ricchi banchieri e mercanti, medici, notai, maestri di scuola e scrivani, ma anche pittori, venditori di spezie, gioiellieri, coltellinai, addetti al commercio dei tessuti e dei libri o fabbricanti di chiodi

Ciò che stupisce di quella confraternita, osserva Lowry, è proprio la varietà dei ceti sociali che vi erano rappresentati, soprattutto all'interno del gruppo degli artigiani specializzati (che comprendeva anche i pittori), che costituiva uno degli strati più larghi e variegati delle gerarchia economica cittadina in termini di reddito, livello tecnologico, volume d'affari e associatività professionale.

Per poter produrre e vendere merci in città, e per lavorare o entrare come apprendisti in qualunque tipo di bottega, gli "oltramontani" e gli altri forestieri erano autorizzati – o meglio ufficialmente invitati – a iscriversi anche alle corporazioni di mestiere.[20] L'arte dei pittori, per esempio, fin dagli inizi del XIV secolo obbligava gli stranieri all'iscrizione e al pagamento di una tassa che era il doppio di quella versata dai veneziani, imponendo severe restrizioni sulla vendita di dipinti da parte di chiunque non appartenesse alla fraglia.[21] Sfortunatamente gli elenchi dei soci relativi ai secoli XIV e XV sono perduti, ma una lista datata 1530, con aggiunte successive, comprende alcuni nomi di pittori transalpini;[22] nel gruppo registrato nel 1530 ne figurano tre di assolutamente sconosciuti: "Alberto Fiamengo", "Regina de jacomo tedesca" e "Zuanbatista Purcumer todesco". Il termine "tedesco" va preso con cautela, perché potrebbe anche essere un soprannome di famiglia dovuto a lontane origini germaniche, ma gli accenni a pittori attivi a Venezia nel XV e XVI secolo sembrano sufficienti a farci ipotizzare l'esistenza di una vivace – anche se non grande – comunità artistica di espatriati.[23] Vi erano non pochi forestieri e apprendisti che lavoravano sen-

[11] Braunstein 1977, 236-237, ha elencato alcune di queste professioni. Il settore più studiato è stato quello dell'editoria; cfr., per esempio, Fulin 1882; Cecchetti 1887; Pastorello 1924; Zorzi 1986. Quanto alla situazione di Treviso, si veda lo studio Simonsfeld 1890 su una confraternita tedesca e quello di Federici 1805 sull'industria tipografica.

[12] Archivio di Stato, Venezia, Dieci Savi sopra le decime a Rialto, parte seconda, Decime, b. 94 (San Polo), n. 272. Per la terminologia relativa ai vari tipi di alloggio cfr. Concina 1988. Affronteremo più avanti il problema dei cognomi in quanto chiaro riflesso dei luoghi di origine.

[13] Decime, b. 94 (San Polo), n. 334, e b. 96 (Cannaregio), nn. 93 e 96. Tutte le pigioni si intendono per un anno.

[14] La moglie di Gerardus de Lisa era l'"honesta domina Tusca filia quondam ser Antonii pictoris de Torcello". In questo caso il documento è un vero e proprio contratto di matrimonio; uno dei testimoni era "Johannes scriptor q. Cornelii de Alemania", cfr. Scholderer 1966, 114. Per informazioni su pittori nordici a Treviso, e su un altro matrimonio "internazionale", si veda Demattè 1982. La figlia di Antonello da Messina, Paola, aveva avuto tre mariti, tutti "stampadori" tedeschi attivi a Venezia nel tardo XV secolo. Zorzi 1986, 122; Ludwig 1902, 45-52.

[15] Archivio di Stato, Venezia, archivio Notarile, Not. Francesco Bianco, Testamenti, Prot. II, cc. 5-6v. 10 aprile 1522. Per uno studio sulla liuteria a Venezia cfr. Toffolo 1993. Per i testamenti dei pittori e degli scultori si veda Paoletti & Ludwig 1899, 10-12, 13-14, che comprende anche le ultime volontà di "antonius filius baldassaris de gaisligna alemanie", che il 13 gennaio 1518 (1517 m.v.) lasciava le sue proprietà alla sorella. Vi sono errori di trascrizione: il nome di battesimo del notaio comincia con "C" e non con "A". Originale nell'Archivio di Stato, Venezia, Archivio Notarile, Not. C. Colonino, Testamenti, b. 255, n. 6.

[16] Thomas 1881, 56, cita un legato per l'anima a un prete di San Bartolomeo, originario di Lenten, che predicava in tedesco.

[17] Isepo, del quale non è specificata la nazionalità, è ricordato nel testamento come "mio de casa".

[18] Sulle confraternite straniere con sede in varie chiese si veda Ludwig 1902, 52; Fedalto 1980; e Le Scuole di Venezia 1981, dove sono ricordate, citando Simonsfeld 1887, quelle dei "calzolai tedeschi" e dei "lavoranti panettieri tedeschi".

[19] Bruges 1951, sotto Giovanni Calcar; Ludwig 1902, 58, nota 3; Lowry 1981.

[20] Mackenny 1987, 112-124, sottolinea la grande libertà di accesso alle arti della quale godevano gli immigrati stranieri. Zecchin osserva che già alla fine del Medioevo più di una corporazione di mestiere accoglieva i forestieri, purché pagassero una tassa speciale. Lo studio di Zecchin sull'industria veneziana del vetro indica che la relativa scuola – e il governo che ne ispirava la politica – aveva oscillatro, nel corso dei secoli, tra l'assoluto divieto di ingresso agli stranieri (per-

lomeno nella fascia dei dirigenti o dei proprietari d'impresa), la tolleranza e l'esplicito invito ad aderirvi. Si veda in particolare Zecchin 1989.

[21] La fonte essenziale per la storia delle origini delle corporazioni di mestiere veneziane è ancora Monticolo 1905; per la fraglia dei pittori, si veda Favaro 1975. Sull'ammissione degli stranieri all'arte dei "depentori" cfr. Favaro 1975, 26-28.

[22] La lista, che è la copia, redatta nel 1815, di un originale oggi perduto, esordisce con le parole: "Nella fraglia de' pittori ec. di Venezia. Cominciano all 1530 e seguono", Biblioteca Correr, Venezia, Ms. Moschini XIHA. È stata pubblicata più volte, più di recente da Favaro 1975, doc. II, 137-144. La voce relativa a "Ettore Ruberti forestier, pittore di carta" non fornisce alcuna indicazione sul luogo di origine.

[23] Anche la definizione dei mestieri presenta talora qualche problema di interpretazione. Cfr. Simonsfeld 1890, 36-37, e Braunstein 1977, 235.

[24] Favaro 1975, 59. Capitolare XLIIII; cc. 16-16v della mariegola che è oggetto dello studio di Favaro: Mariegola n. 163 della Biblioteca Correr, Venezia. Non potendo disporre degli elenchi relativi al XV secolo, è impossibile stabilire quale percentuale di pittori residenti figurasse iscritta alla fraglia. Di solito si dà per scontato che nel XVI secolo i pittori fossero un po' dovunque meno inclini a entrare nelle corporazioni professionali, ma l'alto numero (240) degli iscritti che figurano sull'elenco del 1530 e il fatto che vi siano compresi i nomi di Tiziano, Catena, Paris Bordon, Bonifazio, Cariani, Lorenzo Lotto, Pordenone e Savoldo ci inducono invece ad accogliere con maggiore cautela queste generalizzazioni su un eventuale calo d'importanza delle gilde.

[25] Favaro 1975, 26, 59: nel 1494 un maestro veneziano pagava una tassa d'ingresso di 9 lire; uno straniero ne pagava 18.

[26] Si veda, per esempio, Hope 1997; Martin 1993b, 21-30; Bruges 1951.

[27] Per una chiara definizione di questi privilegi cfr. Cecchetti 1885, 29-32.

[28] Come hanno osservato anche Borgherini & Scarabellin 1926, 13.

[29] Nel 1314, in seguito al saccheggio della loro città, molti lucchesi si trasferirono a Venezia, dove ottennero la cittadinanza grazie alla loro grande esperienza in campo tessile. Brunello 1980, 123. Il 30 dicembre 1510, a tutti i mercanti della "nazione tedesca" – ossia a quelli iscritti al Fondaco – venne esteso il privilegio di svolgere attività commerciali nell'intero territorio della Dominante, come se fossero stati cittadini veneziani. Thomas 1881, 62-63.

[30] Zecchin 1987, 29.

[31] Sui decreti governativi del 1348, 1366, 1407, relativi al commercio del vetro con la Germania, si veda Zecchin 1987, 22, 25, 37. Un caso di coinvolgimento dell'arte dei vetrai nelle esportazioni in terra tedesca, relativo al 1483, è esaminato da Zecchin 1987, 59.

za essere iscritti, e quindi illegalmente, tanto che agli statuti dell'arte venne ad aggiungersi nel 1479 una disposizione che proibiva ai capibottega di dare lavoro per più di tre giorni a stranieri e a tirocinanti non in regola, a meno che non venissero registrati presso la fraglia.[24] Probabilmente molti di quei forestieri erano semplici aiuti di bottega (talora forse entrati come apprendisti) che rimanevano tali o finivano per andarsene, perché iscriversi come maestro era molto costoso per i non venezini.[25] Questo potrebbe spiegare almeno in parte perché si è rivelato tanto difficile individuare le testimonianze pittoriche della presenza di artisti nordici nelle grandi botteghe di pittori del XVI secolo come Tiziano e Tintoretto, dove gli aiuti si uniformavano necessariamente allo stile del maestro.[26]

Il titolo più prestigioso che uno straniero poteva ottenere dal governo era quello di cittadino. La cittadinanza "per grazia de intus" conferiva diritti civili come quello di ricoprire alcune cariche, spesso all'interno delle corporazioni di mestiere.[27] Uno dei requisiti era quello di risiedere in città da almeno venticinque anni, che venivano però ridotti fino a due o del tutto abbonati, a discrezione delle autorità, soprattutto dopo le pestilenze, quando era necessario incrementare la popolazione. Ma gli stranieri potevano venire ammessi anche al ceto cittadinesco più elevato, quello "de intus et extra", il che dimostra fino a che punto le considerazioni di carattere economico fossero in grado di motivare la politica dell'immigrazione.[28] I vantaggi erano chiaramente di tipo finanziario, e principalmente quello di fare affari anche al di fuori dei confini urbani: una volta diventato cittadino de extra, il forestiero non era più tale, ma godeva degli stessi diritti e privilegi di un veneziano. Si trattava di un onore molto ambito, che poteva venire concesso (anche su esplicita richiesta alle autorità) sia ad artigiani, sia a mercanti.[29] Ma la Serenissima usava anche altre strategie per attirare immigranti considerati utili sotto il profilo economico: nel 1382, per esempio, il Senato concesse un'esenzione dal pagamento di qualunque tassa, per cinque anni, agli artigiani stranieri disposti a trasferirsi a Venezia; il provvedimento rientrava senza dubbio nei tentativi di rivitalizzare la città dopo la peste del 1348.[30]

Pur riconoscendo l'essenzialità per l'economia veneziana del ruolo delle importazioni, le autorità non sottovalutavano l'importanza delle industrie locali, i cui prodotti potevano essere esportati oppure venduti direttamente *in situ*. La vasta documentazione sull'industria vetraria raccolta da Zecchin negli archivi di Murano dimostra che intorno alla metà del XIV secolo l'esportazione in Germania di certi tipi di vetri aveva raggiunto dimensioni tali da indurre il governo a esigere per la prima volta diritti doganali su quel particolare commercio, rimasti in essere per più di due secoli e riscossi logicamente tramite il Fondaco.[31] Nel 1441 la fraglia dei pittori decise di vietare l'importazione di carte da gioco e di stampe colorate a mano di provenienza estera, che stavano invadendo il mercato veneziano ed erano ritenute di infima qualità, fissando nello stesso tempo altre norme per incoraggiare i propri soci a produrre quelle stesse merci per l'esportazione.[32] Molti dei decreti governativi venivano promulgati tramite gli statuti delle arti – come si vedrà più avanti – ma potevano anche essere emanati con procedure dirette.

Oltre a disciplinare la produzione e il commercio, le autorità veneziane vigilavano sull'introduzione delle materie prime usate dalle industrie. L'importazione dell'indaco (o guado), per esempio, era vietata nelle regioni italiane che ne erano produttrici, ma Venezia ne faceva venire dall'Oriente grandi quantitativi per la tintura dei tessuti e, in misura minore, anche per altre industrie che utilizzavano coloranti, perciò non era interessata a proteggere la manifattura locale.[33] D'altra parte, il controllo delle risorse all'interno della Repubblica spettava al Senato, che nel 1452, per esempio, concesse a un vicentino di sfruttare per un decennio una cava di manganese che serviva per colorare il vetro.[34] Anche se le fonti documentarie sono tutt'altro che complete, sembra di capire che nei secoli XIV e XV l'arte dei "depentori" fosse oggetto di minore attenzione delle altre industrie locali, come quella tessile o vetraria, presumibilmente perché meno influenzata dalle innovazioni tecnologiche, malgrado la graduale introduzione – nel corso del Cinquecento – dei pigmenti a base d'olio. E si trattava anche di un genere di produzione non certo assimilabile a quelle su larga scala.[35] Anche l'"industria" della pittura, d'altro canto, andò specializzandosi, tanto che nel XV secolo e agli inizi del XVI l'arte cominciò a suddividersi in un numero sempre crescente di categorie professionali più specifiche, denominate "colonnelli".[36]

Proteggere le industrie locali era una delle costanti preoccupazioni del governo, ma l'effetto che questo produceva sugli artigiani stranieri presenti a Venezia variava a seconda del tipo di manifattura e degli alti e bassi della situazione economica. Chi era nato a Venezia era notevolmente favorito rispetto ai forestieri, i quali però venivano caldamente invitati a trasferirsi sulle lagune e autorizzati a pieno titolo a entrare nelle arti, anche come maestri, tutte le volte che un'industria aveva bisogno di un rilancio o quando si intravedevano nuove possibilità di espansione, in particolare durante la seconda metà del XV secolo.[37]

I tedeschi, per esempio, erano in grado di produrre un vetro rosso molto ricercato per le vetrate, ma sconosciuto a Murano per la maggior parte del XV secolo. Così, quando un capofornace muranese, agli inizi dell'ultimo decennio del Quattrocento, fece regolare richiesta di assumere "Roberto lothoringiese detto il Franzoso", che era un esperto di quella particolare produzione, il governo concesse l'autorizzazione sottolineando quanto fosse importante per "i nostri vetrai" apprendere il maggior numero possibile di segreti dell'arte.[38] Ma questo entusiasmo era sempre temperato dalla preoccupazione che qualcuno – in particolare gli stranieri, se non se ne controllava la fedeltà alla Serenissima, che poteva risultare dalla pre-

Il Fondaco dei Tedeschi
a Venezia

[32] Favaro 1975, 75-76. Il divieto non si estendeva alle "ancone" cretesi. Nel XV secolo anche la vendita a Venezia di ceramiche d'importazione doveva sottostare a restrizioni, seppure con qualche eccezione. Urbani de Gheltof 1885, 185, nota 1.

[33] Brunello 1980, 141.

[34] Zecchin 1987, 50.

[35] L'invenzione della stampa cominciò effettivamente a trasformare il mercato delle immagini, ma le stampe, in genere, costavano poco. Malgrado i pochi dati disponibili, non è escluso che la produzione dei pittori di figura sia stata incrementata nella seconda metà del XV secolo dall'espansione del mercato delle piccole immagini devozionali, che non venivano più eseguite esclusivamente su commissione, ma vendute direttamente al pubblico.

[36] Favaro 1975, 40-41.

[37] Le autorità governative e le associazioni di mestiere assumevano nei riguardi degli stranieri atteggiamenti alternativamente restrittivi o liberali. Si ha l'impressione che il XV secolo sia stato, in generale, un periodo di espansione, in parte dovuta all'avanzamento tecnologico, non soltanto nell'industria vetraria, ma anche, per esempio, in campo editoriale. Ma potrebbe essere stato proprio il desiderio di salvaguardare questi progressi a provocare periodicamente provvedimenti restrittivi a carico degli stranieri, specialmente nell'industria del vetro. Si veda Zecchin 1989, 79-90.

[38] Zecchin 1990, 323. L'autorità competente era il Collegio dei Cinque Savi e il permesso era valido per sei mesi.

[39] La rassegna più completa delle vicende di un'intera industria è rappresentata dallo studio di Zecchin sul vetro veneziano. Si veda in particolare Zecchin 1989, 84-90.

[40] Brunello 1980, 15-16, 35, segnala che gli ambasciatori veneziani avevano l'incarico di approfittare delle missioni all'estero per informarsi sui nuovi sviluppi tecnologici, raccogliendo notizie da passare al governo al loro ritorno in patria. Rutenberg 1973, I, 626.

[41] Mandrich 1934. I primi privilegi, relativi allo sfruttamento minerario, vennero rilasciati nel 1400 circa. Il primo privilegio industriale di cui si ha notizia risale al 1443. Le petizioni e le relative concessioni evidenziavano sia i vantaggi che potevano derivare allo Stato, sia l'impegno finanziario dell'imprenditore. Come spiega Koerner 1993, 212, l'Italia fu la prima in Europa a concedere brevetti; il primo privilegio noto in area germanica è datato 1501.

[42] Gerulaitis 1976, 32-46; Mandrich 1934, 533 ss.

[43] Dopo la morte di Giovanni da Spira, i privilegi furono concessi per un titolo alla volta. Scholderer 1966, 202-215.

[44] Zecchin 1990, 378-382. Molti dei privilegi concessi nel corso del XV secolo a determinate industrie, come quelle del vetro e della carta stampata, furono emanati dal Collegio invece che dal Senato.

[45] Si vedano, per esempio, Hirsch 1974, 1-12; Koerner 1993, 203-215.

senza della famiglia, dall'essere titolare d'impresa e/o dal possesso di capacità tecniche molto apprezzate – lasciasse la città con una specializzazione in grado di favorire la concorrenza di altri centri.[39] E, visto che i segreti di tutte le arti erano considerati una proprietà statale, le autorità non esitavano ad agire direttamente con controlli e specifiche regolamentazioni, intervenendo anche su segnalazione degli artigiani gelosi delle proprie prerogative e ansiosi di difendere il loro benessere finanziario dalla minaccia della concorrenza estera.[40]

Verso la metà del XV secolo il Senato veneziano aveva cominciato a concedere brevetti industriali, in modo da incoraggiare e proteggere le nuove invenzioni che potevano tornare utili alla Repubblica. La regolamentazione dei "privilegi" venne fissata nel 1474 con un decreto dello Stato, già ben conscio delle potenzialità economiche di questo tipo di politica.[41] Il beneficiario non era necessariamente l'inventore della nuova tecnologia, bensì l'imprenditore – veneziano o forestiero – che l'aveva introdotta a Venezia, al quale veniva concesso un monopolio e di solito anche un'autorizzazione a svolgere l'attività, spesso per un arco di tempo non superiore a dieci anni.

Come ha osservato Mandrich, i privilegi relativi all'arte della stampa costituivano un caso a parte, in quanto lo Stato, rappresentato dal Collegio e non dal Senato, doveva verificare insieme con gli imprenditori le alterne fortune di quest'industria completamente nuova. Così le concessioni dovevano indirizzarne e controllarne lo sviluppo, anche se si arrivò a formulare una politica generale solo nel 1517, quando ci si rese conto che il numero dei privilegi era talmente aumentato che il commercio librario finiva per soffrirne e molti stampatori stavano abbandonando la città. Il primo e unico monopolio dell'industria editoriale fu quello quinquennale concesso nel 1469 a un tedesco, Giovanni da Spira, che morì un anno dopo insieme con il diritto accordatogli.[42] A quel momento lo Stato doveva avere già capito che l'esclusiva avrebbe finito per soffocare la crescita della produzione libraria, che a Venezia, nei primi decenni di rapido sviluppo, era posta in gran parte sotto l'egida di immigrati tedeschi.[43]

La seconda metà del XV secolo vide l'ingresso di nuove tecnologie e la rapida espansione di varie attività artigianali veneziane, in particolare nel settore vetrario. Intorno al 1450 il muranese Angelo Barovier inventò il vetro trasparente, o "cristallo", e chiese immediatamente un privilegio che lo esentasse dalla periodica chiusura della fornace nei periodi di riposo, in modo da poter continuare a lavorare alla nuova scoperta.[44] Ma verso la metà del sesto decennio vi erano già altri vetrai di Murano in grado di fabbricare il vetro-cristallo e il governo, invece di limitarsi a tutelare gli interessi dei singoli, passò a proteggere l'intero comparto industriale. Nel XV secolo si avverte infatti la tendenza verso una più precisa regolamentazione di certe produzioni, come quelle del vetro, della carta stampata e della pittura, che comportava anche un maggiore controllo nei riguardi degli stranieri. L'aumento della prosperità economica stava facendo di Venezia un bersaglio – vero o immaginario – dello "spionaggio industriale".

È importante ricordare che lo Stato veneziano, tramite i privilegi e i regolamenti, non intendeva affatto tutelare le invenzioni artistiche e intellettuali in se stesse,[45] bensì le iniziative commerciali che potevano arrecare un beneficio economico alla Serenissima. Ecco perché l'atteggiamento verso gli artigiani "foresti" era così flessibile, basato com'era non su un principio, ma su esigenze da determinare caso per caso. Nella corrispondenza con Pirckheimer, Dürer rileva più di una volta l'ostilità dei pittori veneziani (7 febbraio 1506: "molti di loro sono miei nemici") e in una lettera datata 2 aprile 1506 racconta di essere stato citato in giudizio tre volte dai colleghi locali, oltreché multato di 4 fiorini dall'"arte". Dürer stava facendo esattamente ciò che lo statuto della fraglia ispirato dal governo, intendeva esplicitamente evitare, vale a dire che un "ospite" straniero arrivasse in città senza iscriversi alla fraglia, e assumesse incarichi dei quali avrebbero potuto beneficiare in sua vece gli artigiani locali. L'avere ottenuto la commissione di eseguire una grande pala d'altare per una chiesa importante al centro della città – San Bartolomeo a Rialto – bastava di per sé a irritare i pittori veneziani, ma poi il tedesco si era anche messo a dipingere e a vendere opere di più modeste dimensioni, per esempio ritratti (cat. 68), specificando nelle lettere di essere sommerso dalle richieste.[46] Non disponendo dei registri degli uffici governativi preposti al controllo delle arti in quel periodo, non siamo in grado di stabilire con quale frequenza venissero presentate denunce di quel tipo, ma non è escluso che il caso di Dürer fosse talmente plateale da indurre l'"arte dei pittori" a prendere provvedimenti esemplari.

Gli studiosi hanno spesso avanzato l'ipotesi che Dürer fosse venuto a Venezia per intentare un'azione legale contro gli artisti italiani che plagiavano le sue stampe, anche se nella sua corrispondenza non vi è alcun accenno a una motivazione del genere.[47] Nella "Vita" di Marcantonio Raimondi Vasari scrive che l'artista tedesco aveva vinto la causa intentata all'incisore bolognese davanti alla Signoria, ma Koerner ha sottolineato giustamente (ammettendo la veridicità del racconto di Vasari) che Dürer aveva ottenuto soltanto che non venisse più contraffatto il suo nome – la firma e/o il monogramma – non che Raimondi o altri smettessero di copiare le sue incisioni.[48] Per queste invenzioni visive non esisteva alcuna norma protettiva, come non vi era alcuna tutela del diritto d'autore nel senso moderno del termine. Tuttavia, nella sua qualità di artista-imprenditore, in quanto era non soltanto l'inventore delle proprie opere grafiche, ma anche l'editore, Dürer poteva avere capito – e forse saputo – che le stampe stavano ottenendo privilegi come ogni altra iniziativa commerciale. Il primo caso risaliva al 1500, quando

[46] Conway 1889. In una lettera del 23 settembre 1506 Dürer accenna esplicitamente a ritratti, mentre il 28 febbraio dello stesso anno comunica di avere venduto due dipinti a 12 ducati l'uno e altri tre a 7-8 ducati ciascuno, il che lascia pensare che si trattasse di opere di piccole dimensioni. Per la pala d'altare ricevette 85 ducati.

[47] Secondo Humfrey, invece, l'artista sarebbe venuto a Venezia proprio per dipingere la pala d'altare commissionatagli dalla confraternita del Rosario di San Bartolomeo. Cfr. Humfrey 1991.

[48] Koerner 1993, in particolare 209-212, osserva che Dürer, in una delle sue lettere, accenna al fatto che gli artisti copiavano le sue opere "nelle chiese e dovunque ne trovavano". Koerner forse ha sopravvalutato il significato dell'appello promosso da Dürer davanti a una corte veneziana, invece che presso la fraglia, in quanto le arti erano a loro volta sottoposte a un rigido controllo da parte dello Stato.

[49] Sulla pianta di de' Barbari si veda Schulz 1978. Jacopo e Dürer si conoscevano, anche se non sappiamo quando si fossero incontrati per la prima volta. Nel 1504 il miniatore Benedetto Bordon ottenne un privilegio decennale per un'altra grande stampa; nella relativa supplica aveva specificato i costi di produzione dell'opera e della mano d'opera necessaria. Landau & Parshall 1994, 300. Il primo artista a vedersi conferire un privilegio per una stampa propria fu Ugo da Carpi nel 1516, ma l'incisore intendeva difendere un'invenzione tecnologica: la tecnica silografica a chiaroscuro. Howard 1973, 512.

[50] Hirsch 1974, 8. Si veda anche Koerner 1993, in particolare il capitolo intitolato "The Law of Authorship", 203-215.

[51] Matthew 1998, 624-629.

[52] Mackenny 1987.

[53] Favaro 1975, 94. Nel 1518 la fraglia aveva dovuto ridurre il volume delle elemosine ai soci indigenti.

[54] Sull'arte dei pittori cfr. le note 22 e 24.

[55] Campbell 1976 e 1979.

[56] Christensen 1973, 222; e Jacobs 1989, 208-209. Koerner 1993, 205, asserisce che era stato Dürer a modificare, più di chiunque altro, le condizioni di mercato nelle quali operavano gli artisti attivi in Germania. Tuttavia, come risulta dallo studio di Brady su Baldung Grien, l'evoluzione della società era decisamente lenta. Brady 1975. L'esempio di un solo pittore, inoltre, non poteva certo avere grande peso al di fuori della sua città.

[57] Brandt 1986, 51-52.

[58] Si veda, per esempio, Brady 1975, 296.

[59] Favaro 1975, 76.

[60] Anderson 1988 e Hochmann 1992 forniscono un'ottima introduzione a quest'argomento, con ulteriore bibliografia. Sono grata anche a Blake de Maria per avermi consentito di approfittare della sua conoscenza degli inventari veneziani. La passione per la pittura neerlandese era diffusa non soltanto tra i ceti più elevati, ma si trasmetteva anche a categorie sociali meno abbienti. Questi aspetti richiedono ulteriori indagini, ma si veda, in questa opera, il saggio di Aikema.

un altro cittadino di Norimberga, Anton Kolb, si era fatto assegnare a Venezia la privativa della pubblicazione della pianta xilografica della città di Jacopo de' Barbari.[49] Il privilegio gli dava il diritto esclusivo di vendere la grande xilografia in più blocchi in tutto il territorio della Dominante per quattro anni, ed è chiaro che sia il governo veneziano sia lo stesso editore consideravano quell'opera un'iniziativa commerciale.

Lo stampatore-venditore si faceva conoscere apponendo la propria insegna editoriale sulle stampe e sui libri, ma su questi ultimi cominciava a comparire anche il frontespizio: un mezzo pubblicitario che non esisteva nei manoscritti.[50] Quest'invenzione, sperimentata per la prima volta a Venezia durante l'ottavo decennio del Quattrocento e diventata una consuetudine fin dagli anni novanta, ricordava vagamente le firme standardizzate che si apponevano durante la seconda metà del XV secolo, come una specie di marchio di fabbrica, sui dipinti eseguiti nelle botteghe veneziane dei pittori di figura.[51] Non è escluso che, così facendo, quegli artisti cercassero di adeguarsi al clima imprenditoriale della città, probabilmente perché la rapida espansione (inizialmente pilotata dagli oltramontani) del commercio delle incisioni e dei libri a stampa appariva ai loro occhi come un modello da seguire per svincolarsi dalla tradizione della committenza, cominciando a loro volta a vendere direttamente al pubblico almeno una parte della loro produzione, come per esempio piccole Madonne con il Bambino.

Le norme emanate dalle arti erano dettate e regolate dalle autorità statali, ma non miravano necessariamente a limitare l'iniziativa commerciale, come è stato spesso sostenuto dagli storici degli esordi dell'Europa moderna.[52] Disponiamo di prove sufficienti a dimostrare che le associazioni di mestiere veneziane proteggevano e alimentavano l'industria artigianale, sia nel campo della produzione sia in quello della distribuzione. I capitolari dell'arte dei "depentori" contenevano i classici divieti di compiere o vendere lavori fuori dalla bottega (fuorché in determinate occasioni ben specificate), ma questo ovviamente non voleva dire che i pittori non potessero mettere in vendita direttamente, nei loro locali, prodotti non eseguiti su commissione. La fraglia non era né grande né ricca al tempo della venuta di Dürer, tanto che nel 1514 aveva dichiarato di versare in condizioni di estrema povertà.[53] E non aveva nemmeno regolamenti molto pesanti, il che lascia intendere che il suo contributo all'economia veneziana fosse relativamente modesto, in confronto a quello di altri settori artigianali, come l'industria vetraria. Si è già detto che gli stranieri avevano l'obbligo di iscriversi, anche se ciò costava loro più che ai veneziani, a qualsiasi livello. Il fatto che Dürer fosse stato multato nel 1506 per avere trasgredito alle disposizioni della fraglia lascia intendere che quelle norme venivano effettivamente applicate, almeno ogni tanto; l'elenco dei soci del 1530, d'altra parte, dimostra che la partecipazione era numerosa e comprendeva praticamente tutti i pittori di figura di una certa fama attivi a Venezia a quell'epoca.[54] Il che potrebbe voler dire che un quarto di secolo dopo le traversie subite da Dürer, gli statuti dell'arte non venivano più rispettati come prima.

I pittori transalpini dovevano avere una certa familiarità con gli statuti delle gilde che regolamentavano e proteggevano la loro produzione, poiché nelle regioni nordeuropee di lingua tedesca, come pure nelle Fiandre, queste associazioni professionali erano ancora molto potenti. Nei Paesi Bassi la situazione stava evolvendo, molto più rapidamente che in Italia, verso un sistema dominato dalla vendita diretta dei dipinti sul libero mercato, ma le norme emanate nelle città fiamminghe nel corso dei secoli XV e XVI non differivano granché da quelle veneziane nel controllo delle modalità e dei tempi di vendita al di fuori delle botteghe, nella divisione gerarchica tra apprendisti, aiuti e maestri, nella promozione delle esportazioni, nell'adozione di un doppio sistema di tassazione che favorisse i pittori locali e i figli dei maestri, nelle restrizioni imposte ai forestieri e al commercio di quadri di provenienza estera.[55] I dati che possediamo sulle regioni germaniche sono molto più frammentari, ma se ne deduce comunque che – come a Venezia – la maggior parte dei dipinti veniva ancora eseguita su commissione, perlomeno fino a una data intorno al 1530.[56] Benché nella Norimberga di Dürer i pittori non fossero raggruppati in una gilda, essi subivano un rigido controllo da parte del Consiglio della città e vi erano comunque fraglie di pittori in molti altri centri tedeschi,[57] anch'esse dotate di una struttura molto simile a quella delle associazioni veneziane corrispondenti.[58] La tendenza, finora, è stata quella di accentuare le diversità tra l'industria della pittura del Nordeuropa e quella italiana, classificando come "gotica" la prima e come "rinascimentale" la seconda, il che è ovviamente troppo semplicistico, ma anche inesatto per quanto riguarda una città tradizionalista come Venezia. Per i pittori e gli altri artigiani nordici, quindi, l'esperienza veneziana potrebbe essersi rivelata meno "esotica" di quanto si creda, e forse anche in grado di favorirne l'assimilazione.

Dopo quello di Dürer, l'unico caso noto di condanna di uno straniero per avere trasgredito alle disposizioni della fraglia risale al 1553-1554.[59] Un certo "Matteo Fiammingo" venne accusato di vendere tele e altri oggetti dipinti prodotti all'estero; se si considera che i registri delle associazioni di mestiere sono in gran parte scomparsi, è ragionevole presumere che incidenti del genere non fossero una rarità, ed è assai rischioso trarre conclusioni da un unico caso. Almeno a giudicare dagli inventari delle case veneziane, le pitture neerlandesi continuarono a essere apprezzate per tutta la durata del XVI secolo.[60] È presumibile che i dipinti importati direttamente dai collezionisti privati potessero sfuggire ai controlli esercitati dall'arte a scopo protezionistico, ma la massiccia presenza di opere del genere nelle case veneziane lascia pensare che vi fossero anche altri modi di entrarne in possesso. Ne era certamente vietata l'importazione a opera di pittori-mercanti, soprattutto se forestieri come Matteo Fiammingo, ma la fraglia, ovviamente, non aveva motivo di proibire che si eseguissero *in loco* dipinti alla maniera neerlandese o di qualunque altro stile. È presumibile che una produzione del genere avrebbe trovato una sua nicchia in un mercato così in espansione, ma è chiaro che si tratta di un'ipotesi ancora tutta da esplorare.

Sembra proprio che nella Venezia rinascimentale gli artigiani nordici facessero buoni affari. Le associazioni di categoria e le autorità statali li aiutavano, purché rispettassero gli statuti delle arti e le altre norme volte a garantire che le loro iniziative tornassero anche a beneficio dello Stato. L'elasticità della politica economica di una Repubblica estremamente attenta al proprio tornaconto finanziario consentiva agli stranieri di integrarsi in varie forme, a seconda delle caratteristiche di una popolazione di immigrati la cui eterogeneità era certamente favorita dalla Serenissima. La straordinaria varietà di merci di qualità, che venivano offerte in vendita nelle calli veneziane suscitando spesso lo stupore dei forestieri, era il risultato di quella politica. I pittori contribuivano senza dubbio ad accrescere la fama di quell'emporio di oggetti di lusso e i prodotti dei pittori di figura sono ben noti. Tuttavia, per comprendere davvero la storia dei pittori e della pittura a Venezia, bisogna indagare più a fondo sulle attività delle altre sezioni della fraglia, relative alla decorazione della mobilia, alla doratura, alla pittura su tela, cuoio e carta. Se esaminassimo con più attenzione questi altri mestieri, molto meno apprezzati dagli storici dell'arte e spesso del tutto ignorati, scopriremmo anche le vicende degli stranieri attivi in tutti questi campi.

*Caterina Limentani Virdis*

# L'Oltralpe e la laguna.
## Pittori nordici a Venezia nel Cinquecento

Lauro Padovano (?)
*David nello studio*
Venezia, già Fondazione Giorgio Cini

pagina a lato
Hans Rottenhammer
*Il ratto delle Sabine*
particolare
Svizzera, collezione privata

### *"Tristo e l'augello che nasse in cattiva valle"*

Nella vita di Pieter Vlerick(1539-1581), suo secondo maestro, Carel van Mander, forse con l'intento strumentale di giustificarne la scarsa rinomanza in patria, cita questo proverbio italiano, all'evidenza modificato almeno linguisticamente.[1]

Apparentemente la citazione tende a discolpare Pieter Vlerick del fatto che si era conquistata una fama ben limitata. Il testo, infatti, lo riconosce, malauguratamente, tra quegli individui che per attitudine avrebbero potuto brillare nell'arte, ma che per essersi relegati nel loro miserabile paese d'origine, non videro mai apprezzate né remunerate le loro opere. Di fatto, però, l'attacco appassionato dell'arringa che precede queste considerazioni è di ben altro tenore e condanna l'amore eccessivo del luogo natale, l'affetto esagerato per i genitori e i parenti, l'abitudine di sposarsi giovani, tutte cause, per gli artisti, di permanenza in luoghi chiusi e privi di cultura. E poiché nel caso di Pieter Vlerick il luogo della crescita culturale e delle acquisizioni risolutive, che avrebbero potuto consacrarlo come grande pittore di storie religiose e di figura, è dallo stesso Van Mander individuato nella penisola italiana, appare chiaro che in definitiva la "cattiva valle" del proverbio non deve intendersi soltanto come la poco brillante città di Ypres, ma, per estensione, come gli stessi paesi a nord delle Alpi.

Questa interpretazione del passo viene confermata non solo dall'intonazione generale dello *Schilderboeck* (1604), costruito notoriamente sulla scia delle *Vite* dell'italiano Giorgio Vasari, che Van Mander conobbe personalmente in Italia, ma anche da alcuni precisi passi dell'opera in cui l'olandese dimostra di aver assunto il punto di vista italiano sulla produzione artistica del suo paese.

Anzitutto è singolare come affermi che "i fiamminghi, applicandosi a cercare il progresso attraverso la routine tecnica, senza altri modelli che la semplice natura, sono rimasti in qualche modo immersi nelle tenebre",[2] accettando in questo modo la posizione espressa da Anton Francesco Doni, secondo la quale i fiamminghi, ai quali veniva riconosciuta una certa superiorità nella tecnica, finivano con avere "il cervello nelle mani".[3]

Ma per fortuna, secondo van Mander, vi furono artisti come Jean Gossaert (1478 circa -1532) che " visitò l'Italia e altre contrade e fu uno dei primi a portare d'Italia in Fiandra il bel modo di comporre e di fare figure nude e tutte le specie di poesie e favole che non erano fino a quel momento nell'uso del nostro paese".[4] E dopo di lui lo Scorel (1495-1562), a Roma "lavorò con ardore, riproducendo le antichità, le statue, le rovine, i bei dipinti di Raffaello e Michelangelo...per mettere sotto gli occhi degli artisti le forme più perfette".[5]

Anche il Floris (1515-1570) "passò il suo tempo a Roma a disegnare tutto ciò che poteva venire in aiuto alle sue capacità, riproducendo in sanguigna numerose accademie del Giudizio Universale e della volta della Cappella Sistina di Michelangelo e anche delle figure antiche, disegni fortemente segnati, di cui vidi numerosi calchi, perché alcuni dei suoi allievi se n'erano impadroniti e ne avevano fatto delle riproduzioni che passavano di mano in mano".[6] Infine, il *clou* dell'adeguamento alla trattatistica italiana van Mander lo raggiunge nella biografia di Hendrick Goltzius (1558-1617),[7] che ricalca quella di Michelangelo scritta da Vasari. Goltzius è eroe di van Mander, come Michelangelo lo è di Vasari,[8] Goltzius "al suo ritorno (dall'Italia) aveva stampata nella memoria l'immagine incancellabile delle gloriose pitture italiane e in qualunque luogo andasse, non cessava di rivederle. La grazia di Raffaello, la morbidezza di Correggio, i potenti contrapposti di Tiziano, le ricche stoffe e i begli accessori di Veronese e degli altri veneziani, tutto ciò lo perseguitava al tal punto che le cose del suo paese non potevano più soddisfarlo". Dunque, lasciare senza troppi rimpianti i ristretti confini del proprio paese, secondo van Mander produce effetti di crescita negli artisti locali. Queste constatazioni, espresse all'inizio del Seicento, consacravano dal punto di vista critico un procedimento, quello del confronto con i colleghi italiani che gli artisti del Nord cercarono incessantemente, si può ben dire, fin dal Quattrocento e che doveva durare anche nei secoli a venire.

### *"Oh, wi wird mich noch der Sunnen frieren!"*

Accanto alle ragioni strettamente strumentali e professionali alle quali abbiamo accennato sopra e sulle quali dovremo tornare più in dettaglio, esistono una quantità di altre spinte che inducono gli uomini del Nord, pittori e non, a varcare le Alpi. Si tratta di ragioni più largamente culturali, se nel termine cultura siamo capaci di intuire significati più ampi, che riguardano il modo di agire, vestire, mangiare, sentire di un popolo, e dunque di ragioni in qualche modo sentimentali.[9] La frase che dà il titolo a questo paragrafo fu scritta a Venezia nel 1506, da Albrecht Dürer (1471-1528) ed è significativa del mito arcadico dell'Italia[10] perché nel caso di Venezia dal punto di vista climatico si possono notare più assonanze che dissonanze con i paesi del nord. Di fatto, come ho fatto notare in un mio studio di parecchi anni fa,[11] il pittore identificava Venezia con il Sud in una sorta di *rêverie* letteraria, la stessa *rêverie* che in un disegno ora al Kupferstichkabinett di Berlino (certamente eseguito a Venezia come dimostra la presenza di un camino tipicamente veneziano) trasforma addirittura in un tempio classico un edificio locale del tipo della chiesa di San Sebastiano, il cui modello era terminato nel 1505.

Nello stesso periodo, la corrispondenza di Dürer con il suo amico Pirkheimer ci fa capire che l'artista,

[1] Van Mander 1604, fol. 250 r-v. Miedema 1994, II, 254-258.
[2] Vita di Jan van Scorel, fol. 234r, Miedema 1994, II, 194.
[3] Doni, 1549, 103. Sulla letteratura artistica italiana a proposito dei Fiamminghi cfr. Torresan 1981.
[4] Vita di Jan Gossaert, fol. 225 si veda Miedema 1994, II, 161.
[5] Cfr. nota 2.
[6] Vita di Frans Floris, fol. 239v. Miedema 1994, II, 217. Il passo ci fornisce un'interessante notizia sulle pratiche dell'atelier del Floris. È importante rendersi conto del fatto che Van Mander ricalca quasi letteralmente queste osservazioni dal testo di Vasari o da quello di Lodovico Guicciardini che nel 1567 aveva stampato ad Anversa un libro dal titolo *Descrittione di tutti i Paesi Bassi e della Germania Inferiore*.
[7] fol. 285v. Miedema, 1994, II, 401.
[8] Miedema 1991-1992, 13-166; Genaille 1965, 11-40.
[9] Delle Case 1998, 19-25; Behringer 1998, 27-45.
[10] Delle Cave 1998, 21.
[11] Limentani Virdis 1988, 191-196.

Imitatore di Hieronymus Bosch
*La visione di Tundalo*
intero e particolare
Collezione privata

come il Leporello del Don Giovanni di Mozart "vuole fare il gentiluomo" ("Hier bin ich ein Herr"), conosce persone di garbo e grandi artisti, conduce vita mondana e prende lezioni di danza.[12]

Si comprende bene a questo punto che, come dimostrano studi recenti raccolti nel catalogo di una mostra tenutasi a Castel Tirolo nel 1998, dal titolo "Der Weg in den Süden", il viaggio verso il sud era qualcosa di più che la realizzazione di un pretesto militare, diplomatico, commerciale e didattico, o il semplice percorso di un pellegrinaggio, ma piuttosto un modello di comportamento attraverso il quale, acquisendo la conoscenza empirica di luoghi e costumi diversi, per confronto con questi si fortificava e riconquistava la consapevolezza del proprio io e della propria Terra. Di qui l'esperienza del viaggio come *Wanderjahre*, per Dürer e per tanti artisti neerlandesi; di qui anche l'idea del *Kavalierstour*, in qualche modo prolungamento della *peregrinatio accademica* medievale, che tanta importanza assume nella crescita di un giovane gentiluomo dal 1600 in poi.[13]

Tuttavia le ragioni strumentali esistevano davvero. Molti viaggiarono per motivi commerciali, seguendo complicate politiche di export-import, tant'è che Verona, al fondo della valle dell'Adige, veniva chiamata nel Cinquecento "il porto e la scala d'Alemagna".[14]

Alcuni viaggiarono per interessi che potremmo definire turistici, producendo fin dall'inizio del Cinquecento tavole apodemiche, che illustravano l'arte del ben viaggiare, e che presto ospitarono tavole topografiche, eseguite da topografi che spesso sono né più né meno che artisti, come Joris Hoefnagel(1542-1601) e, su suo impulso, Lodewijk Toeput (1550 circa -1605) e Matthias Merian (1593-1650).[15] Altri viaggiavano per incarichi diplomatici o al seguito di cortei nuziali, o per partecipare a regali esequie, non solo dal Nord al Sud, ma anche dal Sud al Nord. Jan Gossaert arriva in Italia nel 1508 al seguito del Gran Bastardo Filippo di Borgogna, ma d'altro canto nel 1517-1518 il cardinale Luigi d'Aragona viaggia con un largo seguito per la Germania, i Paesi Bassi, la Francia e l'Italia settentrionale, come apprendiamo dalla cronaca di Antonio de Beatis, il quale ci fa sapere tra l'altro che nel tour del cardinale era compresa anche una visita al Polittico dell'Agnello Mistico di Van Eyck.[16]

Molti viaggiarono per devozione ed erano pellegrini che si recavano prevalentemente in Terrasanta attraversando la penisola italiana, come lo stesso Van Eyck, secondo le fonti. Questo è il caso, tra l'altro, di Anselmo Adornes, mercante d'origine genovese ma nato a Bruges nel 1424, il quale, accompagnato da alti ufficiali del ducato di Borgogna, nel 1470-1471, passato per Pavia, dove studiava suo figlio Jean (che vi risiedeva da cinque anni) si reca a Roma e poi in Terrasanta, per risalire a Brindisi, Napoli, Roma, Firenze, Venezia, Köln e Bruges.[17] Il caso di Adornes ci interessa molto perché il suo testamento, datato febbraio 1470, stabilisce di donare a ciascuna delle sue due figlie monache un "sinte Franciscus in portrature van meester Jaans handt van Heyck" da diversi studiosi identificati con i due dipinti di questo soggetto, ora rispettivamente a Torino e Filadelfia, attribuiti a Jan van Eyck. Qualcosa del genere dovette accadere di un piccolo dipinto raffigurante *San Girolamo nello studio*,[18] in tutto simile a quello di gusto eyckiano ora a Detroit, che girò certamente, a seguito di un devoto o di un pellegrino o di un uomo di cultura, nel Veneto e precisamente a Padova, dato che se ne scorgono le tracce non soltanto nei tondi di Bartolomeo Pizzolo, ma anche in una miniatura ora perduta attribuita a Lauro Padovano e comunque di mano padovana, che si presenta quasi come un pastiche di varie suggestioni eyckiane.[19]

Tutti i pellegrini per la Terrasanta, compreso Jan van Scorel, secondo l'accurato racconto di Van Mander, passavano per Venezia prima di imbarcarsi, perché in questa città esisteva una sorta di agenzia che organizzava il viaggio e in qualche modo lo assicurava. La stessa "agenzia" organizzava i viaggiatori che si recavano al Nord a cavallo.[20]

Un'altra ragione, diversa da quelle commerciali, che fa di Venezia una tappa importantissima per tutti i

[13] Fliri Piccioni 1998, 99-109.
[14] Rossi 1997, 169-170; Sandrelli 1998, 233-270.
[15] Sotriffer 1998, 81-97.
[16] Sandrelli 1998, 233-270.
[17] Questo *Itinerario*, descritto da Bartolomeo Fontana nel 1540, è edito da J. Heers e G. de Groer nel 1978 a Parigi, cfr. Spantigati e Rishel 1997, 38, 81. Sul viaggio cfr. anche Vandewalle 1983. Sul *San Girolamo*, Ainsworth 1994, 68-71; Befani Canfield 1995, 35-41; Gaeta Bertelà 1992, 58. Almeno uno di essi, date le minuscole dimensioni, avrebbe potuto trovare posto nel bagaglio del mercante per consentire le sue pratiche di devozione privata e in questo caso le persone devote e quelle di cultura con le quali dovette entrare in contatto avrebbero potuto prendere visione di quel prezioso documento visivo.
[18] Sul *San Girolamo*, Ainsworth 1994, 68-71. È importante notare che il dipinto di Detroit è tecnicamente affine alle *Stigmate* di Filadelfia, in quanto dipinto su pergamena (Spantigati nd Rishel 1997, 38).
[19] Per questo piccolo dipinto su pergamena cfr. Dillon Bussi, 1995.
[20] Behringer 1998, 27-28. Tali organizzazioni erano chiamate *Venediger Boten*.

traffici nord-sud è che questa città era una stazione di posta del servizio postale europeo, organizzato dal 1459, sotto Massimiliano d'Asburgo, dalla famiglia dei Tassis, sicché la linea postale passava da Bruxelles ad Augsburg, attraverso il Tirolo e il Brennero, Verona e Venezia.[21]

Infine, viaggiarono in molti: giovani e meno giovani, mercanti, uomini d'affari, militari, diplomatici, pellegrini, intellettuali, artisti. Secondo le fonti e le memorie, soltanto le donne (o meglio, soltanto le donne oneste) non viaggiavano se non sotto grande scorta.[22]

Forse non faceva parte di questa categoria la ragazza di Dordrecht che, secondo Van Mander, Jan Steven van Calcar frequentava a Venezia, quella ragazza che, come leggiamo nella vita di Heemskerck, era scappata a Venezia perché suo padre aveva in patria una locanda, "l'Ancoretta" (het Anckertgen), che era una specie di casa di Barbablù, dove i clienti rischiavano di divenire cadaveri dalla gola tagliata.[23]

### "L'Inferno con la gran diversità dé mostri, li sogni"

Per assenza di documentazione coeva, tutte le riflessioni sulle opere fiamminghe del Quattrocento esistenti a Venezia si articolano su basi congetturali.[24] Un precoce interesse per l'arte del Nord è se mai testimoniato dalla presenza in città di arazzi fiamminghi eseguiti nel Quattrocento su cartoni di artisti locali.[25] Tra gli importatori del tempo residenti a Venezia si conosce il nome di un fiammingo, "Vielmo Vairloes di Bulduch",[26] che ritengo possa essere identificato con un personaggio della famiglia Vairlair che ancora nel 1559-1560 produceva ricami a 's-Hertogenbosch.[27]

La storia certa e accertabile dei dipinti fiamminghi a Venezia incomincia con i quadri di Hieronymus Bosch tuttora presenti in città. Questa presenza, come la critica ha chiarito, non comporta affatto che l'autore sia stato nella città lagunare.[28] È invece testimoniato un afflusso notevole di dipinti di gusto boschiano nel Veneto: a Verona, dove, come è testimoniato da una lettera di Nicola Maffei a Isabella d'Este, nel 1535 Matteo del Nassari, mercante e intellettuale conosciuto anche dal Vasari, portava ben "trecento quadri di Fiandra" tra i quali spiccavano gli "incendi" tipici dei modi di Bosch;[29] a Venezia, dove sono segnalati a varie riprese diversi dipinti con scene infernali. Tra questi c'era anche la tavola, ora perduta e il cui soggetto non è stato accertato, un tempo collocata tra i pannelli della *Visione dell'aldilà*. Il ritrovamento di un piccolo dipinto su tavola di gusto boschiano consente ora di formulare con tutte le possibili cautele un'ipotesi su questo soggetto.

Nel 1484 l'editore di 's-Hertogenbosch Gerard van den Leempt stampò la prima edizione neerlandese della *Visio Tundali* con il titolo *Boeck van Tondalus vysioen*. Il libro compariva tra i primi di una produzione che comprendeva opere di carattere letterario ed umanistico, come le *Elegantiarum viginti praecepta* di Gillis van Suchtelens (1487) accanto ad altre di interesse dottrinale e devoto, come il *Doctrina seu vita religiosorum* (1487-1488) di Albertus van Brixen.[30] Con l'eccezione di Puyvelde,[31] che ha minimizzato l'importanza di questo testo nella crescita culturale di Hieronymus Bosch, quasi tutti gli studiosi dell'iconografia del maestro di 's-Hertogenbosch hanno enfatizzato il valore dei racconti di viaggio nell'oltretomba come fonti letterarie di grande interesse per la formazione dell'*imagerie* del pittore.

Diversi studiosi, a cominciare da Dollmayr[32] hanno notato importanti analogie tra opere sicure di Bosch e alcune descrizioni contenute nel testo; in particolare ne risentirebbe, tra gli Inferni del maestro, il così detto *Inferno musicale* del pannello sinistro del *Giardino delle delizie* del Prado.

Però un diretto riferimento alla *Visio Tundali* non ricorre esplicitamente in alcuna delle opere conosciute del maestro e soprattutto in nessuna opera autografa possiamo ritrovare né il tema del viaggio, tipico del racconto irlandese, né il tema del racconto, vale a dire la raffigurazione del narratore, che, come una voce "fuori campo", sia presente nella superficie dipinta accanto alla descrizione della sua propria narrazione. Queste tematiche sono invece presenti in opere di derivazione da Bosch, in generale costruite come *pastiches* da vari dipinti del maestro,[33] alcune delle quali contraddistinte da una scritta che fa diretto riferimento al racconto irlandese.

Tra le varie versioni, è interessante quella offerta da un quadro ora a Kassel, Gemäldegalerie, perché a questo dipinto, ma con elementi iconografici e soprattutto caratteristiche esecutive assai più vicine alle opere di Hieronymus Bosch, si accosta un piccolo quadro di Collezione privata nel quale mi sono imbattuta di recente. Si tratta di una *Visione di Tundalo*[34] la cui gamma cromatica appare ridotta, dominata dai bruni e dai neri, con sprazzi di giallo, rosso e un tipico blu chiaro quasi fosforescente. Nel quadretto si riconoscono taluni dettagli dell'*imagerie* di Bosch, in parte riconducibili al *Giudizio* di Vienna, come notò Combe, che nel 1966 vide una fotografia del quadro, in parte (come ho potuto concludere dopo un'accurata visione diretta) riferibili al momento creativo della cosiddetta *Visione dell'aldilà* di Venezia.[35] Nota che il fondo scuro continuo ha poche analogie con le opere di Bosch, il che è vero, con l'eccezione dei quattro pannelli dell'*Aldilà*, nei quali il fondo ha prevalentemente questa caratteristica. In questi pannelli, inoltre, è riscontrabile la composizione a maglie più larghe, priva del caratteristico *horror vacui* presente, per esempio nel *Giudizio* di Vienna. Tale composizione è parzialmente visibile nel dipinto di Kassel e più ancora in quello della Collezione privata, che nell'alternanza di pieni e vuoti cerca di imitare l'elegante composizione a spirale dei pannelli di Bosch. In quest'ultimo inoltre ritornano alcune caratteristiche esecutive, come le lumeggiature sottili e leggere, che sembrano veri e propri contor-

[21] Behrunger 1998, 30-31.

[22] Stannek 1998, 30 e 129.

[23] Fol. 245v-246r, Miedema 1994, II, 241-242.

[24] Cfr. Lucco 1990 a,I, bII. Per le attuali propensioni della critica cfr. Christiansen 1998, 45.

[25] Mariani Canova 1990, 213-14.

[26] Lucco 1990b, II, 396.

[27] De Bodt 1990, 484.

[28] Slatkes 1975, 335-345; Mulazzani 1980; Limentani Virdis 1989, 52-58; Osano 1991, 7-25; Mulazzani 1992, 26-28; Limentani Virdis 1997, 67, nota 3.

[29] Rossi 1997, 170.

[30] Owen 1980, 27-37, 119-125; Le Goff, 1982, 213-214. Ringrazio l'amico Lorenzo Renzi per la consulenza bibliografica.

[31] Puyvelde 1956.

[32] Dollmayr 1898, 284-343.

[33] Alcune delle quali contraddistinte da una scritta che fa diretto riferimento al racconto irlandese. Tra queste, la versione di Madrid pubblicata da Gossart nel 1907 e quella di Amsterdam identificata da Paecht nel 1940, entrambe da collocare verso il 1540, fanno esplicito riferimento al pannello di Bosch del Prado, avvalorando l'ipotesi che quel dipinto del maestro si accosti al racconto irlandese. In uno di questi quadri di derivazione, oltre alla scritta VISIO TONDALY, si vede nell'angolo inferiore destro Tundalo ignudo, accompagnato dall'angelo che gli mostra gli orrori dell'Inferno. Cfr. Unvefehrt 1980, 82, 84, 221, 223.

[34] Dipinta su una sottile tavola di quercia (46 x 60 cm) del tutto integra, se si eccettua una piccola fenditura in basso da sinistra verso il centro. Il manto pittorico, costituito di velature sottili e molto liquide, è purtroppo sporco e per di più ricoperto da una vernice offuscata. Con il quadro di Kassel condivide lo sfondo molto scuro che si staglia sugli incendi dell'orizzonte nonché le due figure di Tundalo e l'angelo che occupano press'a poco lo stesso spazio, se pure in atteggiamenti diversi. Ma le analogie terminano qui. Nel dipinto di Collezione privata le immagini rimbalzano in uno spazio indifferenziato secondo la regola del tipico *bric-à-brac* degli imitatori di Bosch di più stretta osservanza. Anche le piccole figure sono molto diverse. Quelle di Kassel sono sottili, allungate e nervose, senza riferimenti ad originali di Bosch, se si esclude la figura rovesciata che sta quasi sull'angolo destro su cui subito torneremo.

[35] Unvefehrt 1980, 223.

Pietro Mera (?)
*San Malcho*
Amsterdam, Sotheby's, 6 maggio 1998

Sebastian Vrancx, *Scena galante*
Mira, Banca di Credito
Cooperativo del Veneziano

[36] A tali dipinti, e più precisamente a uno dei due pannelli dell'Inferno, sembra fare riferimento anche la figura rovesciata del quadro di Kassel (che Unvefehrt, 1994, 223, assegna a Jacob van Swaenbourg I), in questo accostandosi al dipinto di altro autore, il monogrammista J. S., ma della stessa data (primissimi anni anni del Seicento) conservato a Venezia (Limentani Virdis in Venice 1992, n. 10, 122-127). È infatti evidente che in entrambi i casi viene replicata la figura nuda con le gambe semiaperte, nella stessa posa che ostenta il dannato di Bosch nell'angolo destro dell'*Inferno* di Venezia. Il dipinto, di Collezione privata, si trova in Italia ed è stato acquistato nel Veneto dal suo ultimo proprietario. Secondo la ricostruzione da me proposta, al pannello centrale della *Visione* di Bosch o a una sua copia si ispirò molto più tardi l'autore del dipinto di Kassel, il quale ebbe familiarità con i pannelli di Venezia di Bosch, come dimostra la citazione della figura del dannato con le gambe semiaperte.
[37] Pino 1549, 118.
[38] Guarini 1621, 225.
[39] Lanzi 1809, .203.
[40] Meijer 1992, 1-8
[41] Meijer 1994, 139-144, nota 3.
[42] Limentani Virdis 1997, 42-54.
[43] Vandevelde 1995, 189). Sarebbe strano che non avesse visitato Venezia (Dacos 1995, 25; Limentani Virdis, 1997, 42 e 68, nota 21).
[44] Fol. 259r e v.
[45] Mason Rinaldi 1978.

ni di luce, le figure danzanti nel vuoto e soprattutto la resa cromatica, con quel tipico blu chiaro fosforescente, così chiaramente percepibile nei pannelli dell'*Aldilà*, di cui anzi costituisce uno degli elementi di maggiore fascino.

Anche l'angelo che guida Tundalo mostra grande somiglianza con quelli che Bosch ha dipinto nei pannelli di Venezia, in particolare per le ali, lunghe e appuntite, appena suggerite da un colpo di luce colorata di blu pallido. Tutte queste considerazioni, e la riflessione sull'esecuzione accurata, che si vale di una tecnica di velature molto fini e trasparenti, fanno propendere per una datazione entro il primo trentennio del Cinquecento.

Ritengo perciò assai probabile che l'anonimo imitatore di Bosch, autore del dipinto di Collezione privata con la *Visio Tundali,* abbia potuto vedere un quadro del maestro di soggetto analogo eseguito nello stesso momento creativo e con le stesse modalità dei pannelli di Venezia. Se riflettiamo su alcune delle analogie delle due opere messe in luce da questa analisi e su alcune peculiarità dei pannelli di Bosch, come la continua presenza dell'accoppiata angelo-personaggio nudo, l'aspetto notturno e un po' inquietante del cosiddetto Empireo, l'incertezza della critica sul possibile soggetto della tavola centrale e infine il tradizionale titolo di *Visioni* dato ai quattro pannelli, è suggestivo pensare che il pannello centrale del politico con la *Visione dell'Aldilà* potesse rappresentare una *Visione di Tundalo*.[36]

### *"Fingono i paesi abitati da loro"*
Nel 1548 Paolo Pino, nel suo *Dialogo di pittura* esprime un certo apprezzamento della contemporanea pittura fiamminga di paesaggio, lodando in particolare la capacità che i pittori dimostrano nel rendere il fascino dei "lontani", che fingono, appunto "i paesi abitati da loro che per quella lor selvatichezza si rendono graditissimi".[37]

Le esperienze dirette del Pino in fatto di paesaggi del Nord potevano riferirsi a quel patrimonio di opere fiamminghe diligentemente annotato dal Michiel qualche tempo prima, in un testo nel quale più volte occhieggia il nome di Hieronymus Bosch e di Joachim Patinier. Di questi importanti artisti, come è noto, malgrado qualche tentativo critico, non è mai stata accertata la presenza tra le lagune. E simile è il caso di Herri met de Bles, chiamato in Italia Civetta, a dispetto di testimonianze che lo farebbero addirittura morire a Ferrara[38] o vivere lungamente nel Veneto.[39] È invece vero che le loro opere, come è dimostrato dalla ricezione artistica, oltre che da talune evidenze documentarie, furono largamente circolanti nel Veneto, forse a seguito dei viaggi e degli scambi ai quali si è accennato.

Alla suggestione dei paesaggisti "puri" va senz'altro aggiunta quella di pittori di scene e di figure, come Jan van Scorel (la cui presenza a Venezia è documentata) e Lambert Sustris, presente a Venezia a Padova.[40]

Lambert Sustris, come è noto, può essere considerato un residente della nostra penisola, dato che non ritornò più in patria: tant'è che suo figlio Frederick nacque in Italia e iniziò l'attività di pittore a Firenze, quale Accademico del disegno.[41] Il caso di un trasferimento definitivo, abbastanza raro nella prima metà del Cinquecento, diviene frequente più tardi, in particolare nel pieno Seicento.

Sebastian Vrancx, *Scena di caccia*
Mira, Banca di Credito
Cooperativo del Veneziano

Philippe de Momper
*Rebecca offre da bere a Eleazaro*
Conegliano, Banca Popolare di Verona

[46] Zweite 1980.
[47] Manzato 1997.
[48] Il *Pan con siringa* di Boston con repliche a Firenze, Uffizi e a Vercelli, Museo Borgogna è derivato da una stampa di Goltzius (Butelli in Padua 1944, 126-127). A questo presunto Pietro Mera assegno un inedito comparso sul mercato come dipinto di scuola fiamminga, derivato da una stampa di Marten de Vos, che fa il paio con un piccola incisione, conservato nell'abbazia di Praglia, presso Padova e già attribuita al Mera, Spiazzi 1985, 125-129.
[49] Limentani Virdis 1997, 69, nota 59.
[50] Mira, Banca di Credito Cooperativo del Veneziano, cfr. Limentani Virdis 1997, pp. 27 e 32, nota 84.
[51] Conegliano, Banca Popolare di Verona, cfr. Manzato 1997, 79 e 92, nota 23.
[52] Ertz 1986.
[53] De Maere e Wabbes 1994, II, n. 854, III, 288-289.

Se la prima motivazione di un artista del Nord che si recava in Italia, secondo quanto abbiamo ipotizzato, era quella di adeguarsi ai modi degli artisti italiani, va da sé che l'impiego più fruttuoso di tale soggiorno doveva essere l'apprendistato o, meglio ancora, un vero e proprio alunnato presso un artista di gran nome. Nel caso degli artisti nordici che giungono a Venezia nel Cinquecento, la più alta concentrazione di presenze si registra nelle botteghe di Tiziano e di Tintoretto.[42]

Non conosciamo con precisione come si svolgessero le manovre di avvicinamento di un pittore del Nordeuropa nei confronti di un affermato maestro veneziano. Forse occorreva la presentazione di un amico comune o le referenze stilate in patria da una firma illustre, che fosse conosciuta anche a Venezia. Il dato che rafforza l'ipotesi che Frans Floris si sia recato personalmente a Venezia è costituito dal fatto che diversi pittori del suo *entourage*, come Willem Key e Marten de Vos, scegliessero quella città come sede del loro soggiorno italiano.[43]

È comunque probabile che questi giovani artisti facessero i ragazzi di bottega. È ancora una volta Van Mander che nella Vita di Dirck Barendsz ci fa conoscere l'atteggiamento di Tiziano, il quale "gli dimostrò benevolenza e lo trattò come il ragazzo di casa... i compatrioti venivano a visitarlo come esigeva e tollerava il suo maestro...".[44] Sfumature del testo, queste ultime, che indicano chiaramente il rapporto di soggezione. Altra cosa certa è che la rigida etichetta di bottega impediva al lavorante di figurare per se stesso. È questa la ragione per la quale ci sfugge quasi totalmente la produzione veneziana di molti pittori del Nord che fecero nella città soltanto l'apprendistato. In particolare, nella bottega di Tintoretto, secondo le fonti veneziane, gli allievi fiamminghi furono addetti all'esecuzione degli sfondi. Apparentemente, quella particolare abilità nel comporre il paesaggio, riconosciuta dalla trattatistica del Cinquecento, trova una conferma nell'impiego che Tintoretto fa dei suoi lavoranti; lo riconosce lo stesso van Mander: "gli italiani dicono sempre di noi che eccelliamo in questo...". Ma se le cose non stessero così? se cioè, più verisimilmente, questi artisti fossero stati impiegati in "cose di leggier disegno", come diceva il Doni, perché ritenuti incapaci di fare di più?

Fu comunque questo ruolo obbligato che, nella maggior parte dei casi, consentì ad alcuni di questi pittori di affermarsi per loro conto. Citati con frequenza nei documenti inventariali, ebbero una cospicua attività autonoma nella città lagunare. I più importanti, come è noto, furono Pawel Franks (Paolo Fiammingo),[45] Marten de Vos[46] e Lodewijk Toeput (Ludovico Pozzoserrato).[47]

Di Pawel Franks Franks e Lodewijk Toeput, da considerare residenti nel Veneto a tutti gli effetti (e non a caso vantano nomi italiani), la carriera è stata accuratamente ricostruita. Niente è invece certo del soggiorno veneziano di Marten de Vos: né i dipinti che lasciò, né le persone che frequentò, né su chi lasciò il segno. A distanza di tempo, però, le stampe di sua invenzione edite dal Sadeler, influirono su numerosi artisti locali.

Vedremo ora come con l'aiuto di alcune proposte attributive si confermino o chiariscano alcuni problemi relativi ad artisti attivi a Venezia e nel Veneto nel tardo Cinquecento. Soffermiamoci su uno di questi, provvisoriamente identificato con "Pietro Mera", artista fiammingo residente a Venezia, dai contorni incerti e dalla fisionomia controversa, in ogni caso appassionato di stampe.[48] Per inciso, nei documenti le opere di Marten de Vos sono talora confuse con quelle di Hans Rottenhammer,[49] artista monacense attivo a Venezia tra il 1596 e il 1606, al quale si deve questa bella tela recentemente passata sul mercato, firmata e datata "1597, H. Rottenhammer Venezia", che considero un importante documento della prima attività veneziana del pittore.

Il nome di Lodewijk Toeput è divenuto un contenitore capace di opere che non hanno molto a che vedere con la sua opera. Gli sono state attribuite due tele di grandi dimensioni che credo di poter assegnare ora con una certa sicurezza a Sebastian Vrancx,[50] datandole poco prima del 1600 per confronto con i piccoli dipinti di questa data conservati alla Galleria Nazionale di Parma. L'intonazione molto veneta di queste due tele conferma l'ipotesi di un soggiorno del Vrancx nel Veneto e presso il Pozzoserrato. Sempre al Vrancx va attribuita anche la piccola veduta con *Ratto d'Europa* anch'essa recentemente passata sul mercato e immancabilmente attribuita al Toeput.[51] Infine, un altro quadro attribuito al Toeput, *Rebecca offre da bere ad Eleazaro*, conservato a Conegliano (qui confrontato con un quadro pubblicato da de Maere-Wabbes, *Pellegrinaggio in un paesaggio montagnoso*)[52] deve senz'altro essere dato a Philippe de Momper, figlio di quel Joos de Momper II, che dovette avere rapporti con Toeput. Questo inedito si combina con un certo numero di dipinti, che Ertz ha selezionato come gruppo di Treviso,[53] nel quale l'influsso del Pozzoserrato è particolarmente evidente e farebbe pensare a un soggiorno nel Veneto durante il viaggio che Philippe fece con Jan Bruegel II nel 1622.

pagina a lato
Albrecht Dürer
*Veduta della Val d'Arco*
particolare
Parigi, Musée du Louvre

Il Fondaco dei Tedeschi ha rappresentato sotto ogni punto di vista, architettonicamente, economicamente e culturalmente, il visibile e apprezzabile "segno" della presenza della "nazione" germanica in Venezia.

Tuttavia mentre esplicitamente sottolineava la profondità e l'articolazione (che qualcuno ha voluto vedere addirittura come imprescindibile fattore delle fortune mercantili veneziane) di tale fitta e ricchissima maglia di relazioni e rapporti, denunciava altresì i caratteri e le modalità di tale presenza: la proprietà dell'immobile era infatti demaniale e così i proventi che se ne ricavavano (anche nell'affitto pagato da commercianti veneziani per le botteghe ricavate sull'esterno dell'edificio). Così la vita nel Fondaco era governata da una ferrea disciplina con regole e controlli che prevedevano una gestione *totale* e integrata tra attività mercantile e vita quotidiana degli operatori. Alle magistrature preposte (innanzitutto i *visdomini*) spettava la nomina perfino del personale di servizio e di pulizia di questo che veniva ad avere più i caratteri della comunità separata, e almeno parzialmente quasi reclusa, che non quelli di un emporio aperto sulla città e sul suo variegato e multietnico universo.

Peraltro, il flusso di denaro e gli interessi in gioco prodotti e movimentati dalla nazione tedesca in Venezia erano tali da giustificare una politica tanto occhiuta e proceduralizzata in ogni passaggio affinché nulla si potesse sottrarre alle imposizioni fiscali previste e applicate (o, se non proprio nulla, il meno possibile: sappiamo benissimo dai provvedimenti restrittivi emanati, dalle pene comminate e dagli inutili inasprimenti regolamentari come poi si sfuggisse alle norme e ai controlli, soprattutto in forza di una diffusa maglia di operatori, veneziani e non solo, mediatori, intromettitori, mercanti, trasportatori abusivi, dediti proprio a escogitare sistemi e a metterli in pratica per evitare o superare ogni verifica).

Se non proprio un universo chiuso, quindi, il Fondaco doveva però avere i caratteri (lo si ripete: gestionali e organizzativi) di una quasi-comunità, di un quasi-convento laico con le sue regole, i suoi passaggi obbligati, i momenti di vita comunitaria (a iniziare dal refettorio, dalla consumazione dei pasti a un dato orario) e, magari, le sue pratiche religiose e devozionali.

Allorché si parla del Fondaco dei Tedeschi non si può prescindere da questi fattori, anche quando ci si pone il problema – mai definitivamente risolto – del suo misterioso architetto. E il ventaglio dei nomi da sempre agitato attorno ai pochi ma non inequivoci documenti pervenutici sta anche a denunciare la natura assai complessa della questione, proprio a partire dalla scelta di un architetto tedesco, tale Hieronymus, che sembra un'accorta concessione di rappresentanza alla comunità dei mercanti teutonici più che la convinta e convincente adozione di un partito architettonico: "la fabriga del fontego suprascripto far se debi juxta el modello composto per el prefato Hironymo Thodescho". La scelta, lo si ripete, di fronte a più progetti tra i quali si riscontrava "non esser gran differentia de spesa da l'uno et l'altro" è motivata da ragioni *altre* rispetto a quelle dell'architettura intesa come linguaggio e, nello specifico, come scelta di un linguaggio più o meno aderente ai dettami del rinnovamento artistico in atto a Venezia nel primissimo Cinquecento. Perciò non sembrerà inopportuno reclamare la necessità di ripartire dalle ragioni politiche e pratiche che hanno condizionato le forme del Fondaco prima che da quelle per così dire estetiche.

È noto che la questione della ricostruzione del Fondaco risale al grande incendio verificatosi nella notte tra il 27 e il 28 gennaio 1505, che distrusse la struttura ancora parzialmente visibile nella Venezia di Jacopo de' Barbari.

Tra questa data e la scelta definitiva di un modello per la nuova costruzione operata dal Senato il 19 giugno si sviluppa un'intensa attività preparatoria che si estende alla predisposizione del cantiere, agli allineamenti e alla realizzazione delle fondazioni: ne era responsabile, per volontà del Consiglio dei Dieci, Francesco Garzoni, cassiere dei Provveditori al sale. È in questa fase che le dimensioni planimetriche della fabbrica mutarono a ridosso (ma prima) della scelta stessa del modello (e, tuttavia, dobbiamo ben supporre che i concorrenti all'impresa conoscessero per tempo lo stato di fatto da cui partire con i loro disegni).

Nel balletto critico circa l'autore del progetto, risulta tendenzialmente ridimensionato il ruolo di Hieronym (più per pregiudizi sciovinisti che su concrete basi documentarie: e tuttavia si deve riconoscere che un architetto, soprattutto, per una fabbrica tanto evidente e complessa, non s'improvvisa); sono stati quindi avanzati più nomi: fra Giocondo, Pietro Lombardo, Giorgio Spavento, Antonio Scarpagnino. Lasciato da parte Pietro (evocato da Temanza e ripreso dal Paoletti, ma non supportato da alcuna documentazione), per gli altri esistono non trascurabili pezze d'appoggio in testimonianze coeve o, addirittura, in documenti ufficiali. L'ipotesi più ambigua e forse misteriosa è quella che riguarda fra Giocondo, che s'appoggia alle parole di Pietro Contarini, in due diverse circostanze: nel 1517 in un panegirico in lode del futuro doge Andrea Gritti e, successivamente, in alcuni versi latini del 1538, nei quali si accenna ai meriti di fra Giocondo in ordine al Fondaco, che gli viene abbastanza esplicitamente attribuito. Per Spavento e Scarpagnino si tratta di documenti ufficiali: Spavento, proto della Procuratoria di San Marco, aveva presentato un modello (al quale fu preferito quello di Hieronymo), in forza della sua posizione istituzionale, gli venne affidata la direzione dei lavori della fabbrica e nel-

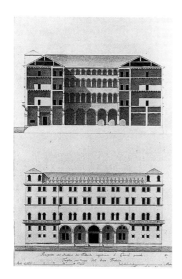

Vincenzo Fadiga
*Prospetto e sezione longitudinale
del Fondaco dei Tedeschi*
Venezia, Musei Civici Veneziani
Museo Correr

l'agosto del 1505 gli fu affiancato – date le gravosissime incombenze per lavori pubblici addensatesi sul suo capo – il più giovane architetto Antonio Abbondi, ovvero Scarpagnino.
Messi assieme i dati, pare allora più che legittimo (prima di tutto essendo non corretto né credibile ignorare o disprezzare la testimonianza dei contemporanei, compresi, appunto, Pietro Contarini e Marin Sanudo, il quale puntualmente e ripetutamente aggiorna nei suoi *Diarii* su tali vicende) intrecciare partecipazioni e competenze a vario titolo esercitate sull'imponente fabbrica, cioè sulla sua concezione e sulla sua realizzazione.

a) Le magistrature competenti e, in particolare, il Collegio, costretto a un vero *tour de force* nella prima metà di giugno 1505 per giungere a una precisa decisione sul progetto, ordinano la rifabbrica e, immediatamente e in forza dell'esperienza maturata e delle necessità espresse da parte dei fruitori dell'importante struttura commerciale, decidono di ampliarla acquistando alcune proprietà contermini; finanziano l'impresa; iniziano i lavori e realizzano in tutto o in buona parte le fondazioni; definiscono l'allineamento sul Canal Grande e, nelle linee generali, la complessiva strutturazione del servizio; bandiscono un concorso di idee per la progettazione architettonica.
b) Presentati i modelli il 19 giugno, viene fatta la scelta a favore del modello di Hieronymo Thodescho: il che risponde a un'accorta politica di attenzione alle esigenze dei fruitori del servizio e di omaggio alla categoria dei mercanti tedeschi in città.
c) Viene affidata la direzione dei lavori a Giorgio Spavento, proto alle fabbriche di San Marco.
d) Dal 16 agosto viene affiancato a Spavento lo Scarpagnino, che porta a compimento l'operazione.

Ingegnosa e accettabile è ancora l'ipotesi di Manlio Dazzi per cui anche fra Giocondo, con considerazioni, consigli e pareri – cosa non inusuale a Venezia – può aver contribuito alla definizione progettuale e/o realizzativa dell' impresa, se è vero che egli è attestato a Venezia all'inizio del 1506 ("se non prima" secondo Dazzi 1940) cioè nei mesi cruciali per la riedificazione del Fondaco: né si tratterebbe – come è noto – del suo unico coinvolgimento nell'area realtina, visto il suo celeberrimo progetto per la ricostruzione del mercato di là del ponte.
Non ci pare che presumere una progettazione partecipata sia da considerarsi ipotesi inopportuna, specie entro una tradizione che non portava all'eccessiva esasperazione e personalizzazione dei ruoli "creativi" assolti dalle personalità degli architetti (sarà ben diverso l'atteggiamento qualche decennio più tardi; ma un'anticipazione di tutto ciò è registrabile nel famoso ostinato rifiuto di Bartolomeo Bon di consegnare a Benedetto Ferrini e a Filarete i suoi disegni di Ca' del Duca nel 1460).
La vigilanza dei responsabili amministrativi e la diretta partecipazione al giudizio di merito da parte dei senatori in occasione di dibattiti a tutto campo sui progetti di architettura che vedevano coinvolti i poteri pubblici, gli organi e gli interessi dello Stato, rendono più che credibile che il progetto stesso fosse analizzato e modificato più volte nel suo iter; che ne fosse affidata la realizzazione al principale antagonista del vincitore è altro non peregrino indizio di possibili assestamenti. Inoltre l'apporto di Scarpagnino e, forse, di fra Giocondo lo qualificano come significativo e singolare punto di mediazione e d'incontro tra istanze e idee differenti ma non necessariamente in conflitto, bensì concomitanti e concorrenti a un fine condiviso.
L'impresa del Fondaco ha, insomma, tutti i caratteri per poter essere considerata un'operazione per così dire composita e mediata; quindi un'operazione per più ragioni a forte, o addirittura prevalente, valenza politica più che ideologica, frutto di un accorto e forse spregiudicato atto di realismo e di diplomatico cinismo. Si potrebbero addirittura leggere le prescrizioni imposte alla realizzazione del modello prescelto come vincoli volti piuttosto a limitare la portata di una scelta operata con nessun'altra convinzione se non quella di cedere – coscientemente e studiatamente – a pressioni e raccomandazioni della comunità tedesca a favore di Hieronymus: non soltanto quindi si prescrive che il progetto si possa "conçar over modificar in parte alcuna ad benifitio de la signoria nostra e per comodo de le mercadantie", ma anche "che la faça [facciata] e rive da la banda davanti non sia in parte alcuna alterada ne mossa". Alla fine del provvedimento compaiono anche le ragioni dell'architettura ma in termini tutto sommato negativi o limitativi, cioè con il divieto di utilizzare decorazioni in marmo e parti lavorate a traforo (anche se non possiamo dimenticare che di lì a poco saranno chiamati Tiziano e Giorgione a decorare a fresco le campiture libere delle pareti).
Da una parte, quindi, si imponevano delle restrizioni; dall'altra, si raccomandava di lavorare con pietra viva "batuda de grosso", cioè non lisciata e di realizzare gli spazi da destinare a botteghe , che garantivano un ulteriore utile al pubblico erario.
Il risultato di questo sovrapporsi di cervelli e di mani, di volontà politica e necessità pratiche, di diplomazia e progetti d'architettura è sicuramente un'opera singolare e pregevole, che denuncia peraltro una gestazione e una gestione composite, ma all'interno della quale è pur possibile leggere alcu-

Domenica Lovisa
*Veduta del Canal Grande verso Rialto
e il Fondaco dei Tedeschi*
incisione

ni almeno dei filoni compositivi d'origine. Innanzi tutto la tipologia architettonica della cosiddetta casa-fondaco della tradizione architettonica veneziana duecentesca, il cui modello era costituito e ammirato sulle sponde del Canal Grande: la casa dei Pesaro, oggi nota come Fontego dei Turchi. Essa era stata assunta a esempio anche per altre imprese edificatorie: antica e, "quindi", autorevole; legata a una tradizione arcaica ma funzionalmente efficiente, con il porticato terreno, i locali chiusi ai lati e il cortile centrale; soprattutto con un distributivo nella fronte che compartiva simmetricamente la superficie e ne rafforzava e consolidava le ali grazie ai pieni, rilevati ed evidenti negli alzati, delle torrette.

Certo, tutto questo assumeva la cadenza linguistica e i "segni" diffusi e fortunati del primo Rinascimento veneziano, quello, per intenderci, del "prima" della conversione romanista imposta da Sansovino; ma è anche vero che quei segni si presentano con una sobrietà d'ornati e una essenzialità di linee che non erano certo di Pietro Lombardo; che sarebbero stati eccessivamente schematici e "regolari" per Cordussi, troppo poco decorati per Antonio Rizzo (se fosse stato, per ipotesi, ancora presente e attivo a Venezia).

La linea Spavento-Scarpagnino appare allora, anche da questo punto di vista, quella che risponde alle nostre richieste di attribuzione del manufatto. Da un lato la monumentalità non priva di magniloquenza del portale d'ingresso, dall'altro una propensione alla serialità e all'applicazione di griglie compositive geometriche e ricorrenti che giungono, nel cortile, a conseguire effetti di grandiosità austera ma non monotona.

Ben si comprende, allora, l'entusiasmo con il quale il Fondaco è sempre stato considerato e l'apprezzamento che esso ha potuto riscuotere. L'opera rimane, tutto sommato, un *unicum*; né doveva o era giusto che esso si confondesse con le dimore private e che si mimetizzasse nella continuità dei palazzi posti sulle due sponde del Canal Grande: il peso e l'importanza dei mercanti tedeschi in Venezia ben poteva richiedere – per opportunità e per legittime aspettative – che la loro sede, il cuore cioè di un sistema economico a dimensione addirittura europea, godesse di una riconoscibilità eccezionale e irripetibile sul palcoscenico lagunare.

Spetta ai quattro ordini di portici e logge sovrapposte e degradanti che s'affacciano sul cortile im-

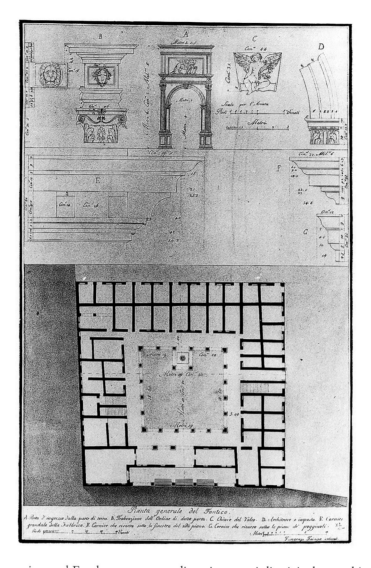

Vincenzo Fadiga
*Pianta del piano terra e dettagli
architettonici del Fondaco dei Tedeschi*
incisione

primere al Fondaco gran parte di quei caratteri di originale macchina di distribuzione e raccolta di persone, di uffici, di servizi: veri e propri assi di penetrazione pensili, le logge superiori trasportano la praticabilità della struttura al massimo di trasparenza e di efficienza. Senza la pesante copertura che ne chiude oggi l'invaso verso l'alto, e ne congela e irrigidisce l'immagine e il senso, questo cortile doveva presentarsi come una brulicante officina variopinta e risonante di voci, merci smosse e magazzinate, cucine e tavolate, facchini, sbirri, impiegati. Le soluzioni linguistiche (anche le più problematiche, quelle angolari) risultano di una singolare ed essenziale lucidità, evitano ogni complessità teorica o manualistica, scelgono di assestarsi sulla originalità di forme geometriche semplici, su volumi compatti e stereometrici, sulle cadenze di una geometria a ritmi unitari e immediatamente percepibili.

Sotto questo profilo, però, va anche detto che il Fondaco non ha pretese superiori alle finalità dichiarate, quelle che si son dette proprie di una sostanziale macchina commerciale, di un edificio scevro di intenzioni auliche, per la gran parte "rovesciato" più verso il richiamo del cortile interno che tentato dai miraggi della rappresentatività e dell'ideologia.

Tra l'altro, si deve sottolineare come esso si adeguasse pienamente alle regole di riserbo e di moderatezza linguistica che sono state messe più volte in luce a proposito dell'architettura veneziana presansoviniana (si ricordino le celebri pagine di Tafuri a proposito delle imprese edilizie di Andrea Gritti): e su questa linea l'assunto viene confermato dalle testimonianze dei viaggiatori e dei memorialisti circa la parallela ricchezza di suppellettili e dovizia decorativa degli interni, soprattutto delle sale riservate ai momenti collettivi della vita del Fondaco, con dipinti de i maggiori maestri della pittura veneziana (e non soltanto veneziana) del Rinascimento.

Resta, infine, un'unica ma non marginale trasgressione a tale regola: l'incarico decorativo – eclatante al limite dello scandalo – affidato a Giorgione e Tiziano; il reticolo di figure, ornati, paesaggi, figurazioni simboliche mitologiche e morali che lasciavano perplesso e confuso lo stesso Vasari contraddi-

Il Fondaco dei Tedeschi a Venezia con i resti della fondazione a fresco prima del distacco

ceva palesemente l'assenso generale di un'operazione peraltro tenuta rigorosamente sotto controllo, per molti aspetti, anzi, freddata, quanto all'architettura, volutamente lontana da ogni possibile eccesso semantico. Esisteva però il problema di una clamorosa dichiarazione di appartenenza (patrimoniale, amministrativa e politica, culturale) oltre che di *modernità*. E i due maestri ingaggiati per la decorazione delle facciate potevano certo esprimere al massimo livello possibile una tale esigenza, anzi potevano addirittura forzare i limiti di ogni più convenzionale assetto iconografico con una sorta di manifesto d'arte e di più complessivo orizzonte culturale e ideale (in un momento, tra l'altro, tutt'altro che facile per la Repubblica!).

Dentro una siffatta dialettica – che non era certo casuale ma che fu forse sollecitata dalle imprevedibili contingenze politiche – il rigore dell'architettura e la eloquente programmaticità della pittura crearono un campo di comunicazione di novità ed efficacia singolare.

Bernard Aikema

# Il gusto dei fiamminghi
## Opere "ponentine" nelle collezioni veneziane del Rinascimento

Jan Gossaert
*Madonna col Bambino Sant'Antonio
e donatore*
particolare del dittico
Roma, Galleria Doria Pamphilj

[1] Come risulta da un suo promemoria, si veda Muraro 1969, 30-31. Sulla collezione di Oliviero Forzetta cfr. Favaretto 1990, 33-37.
[2] Su questi concetti in generale si veda Baxandall 1971 e 1972.
[3] Per un riassunto cfr. Campbell 1981 e l'Introduzione alla prima sezione.
[4] Dupont 1955.
[5] Per un panorama del collezionismo veneziano e veneto del Cinquecento si vedano Franzoni 1981 e Hochmann 1992, 171-263. In questo saggio mi sono concentrato sul collezionismo di opere fiamminghe a Venezia, limitandomi a qualche accenno alle altre città venete. Per Verona si veda ora Rossi 1997. Il collezionismo delle altre città di terraferma è stato poco studiato sotto questo aspetto. Per quanto riguarda Venezia, non sono riuscito a consultare Monika Anne Schmitter, *The Display of Distinction: Art Collecting and Social Status in Early Sixteenth-Century Venice*, Ph. Diss., University of Michigan 1997.
[6] Durante la preparazione di questo saggio ho consultato gli inventari cinquecenteschi conservati nei fondi dei Giudici di Petizion e della Cancelleria Inferiore, Miscellanee Notai diversi, dell'Archivio di Stato di Venezia (ASV), nonché un certo numero di inventari cinquecenteschi conservati nella Biblioteca del Museo Correr (BCV), Manoscritti Provenienze Diverse, elencati nell'indice sotto la voce Inventari. Per una prima presentazione e analisi degli inventari come fonte della conoscenza della cultura materiale veneziana del tardo Rinascimento, si veda Palumbo Fossati 1984. Non è stato possibile consultare i vari archivi delle città di terraferma.

Venezia, nel Rinascimento, era una città ricca, culturalmente all'avanguardia ed estremamente aperta a influssi esterni di ogni tipo. I mercanti veneziani si recavano nelle località più remote, gli stranieri di mezzo mondo visitavano la Serenissima e gli oggetti più belli, curiosi e interessanti delle più varie provenienze approdavano nella città lagunare. Non desta meraviglia che i veneziani benestanti cominciassero a esporre, nelle loro case, i preziosi cimeli che erano riusciti ad acquistare, in particolare le antichità classiche. Questi reperti straordinari, spesso esotici, venivano a integrarsi con le raccolte di armi, i ritratti e gli altri ricordi di famiglia, tenuti in casa come segni tangibili e inequivoci del rango del casato all'interno della *civitas venetiana*.

Quando esattamente i veneziani avessero iniziato ad acquistare sculture, dipinti o disegni da esibire nelle loro residenze non ci è dato di sapere. Il dotto notaio trevigiano Oliviero Forzetta acquistò già nel 1355, a Venezia, antichità e pitture "moderne", ma forse si trattava di un caso isolato.[1] In genere gli oggetti "d'arte" esposti nelle case dovevano essere decisamente più modesti. Oltre ai ritratti, molti veneziani possedevano certamente *ab antiquo* immagini sacre della Vergine. Almeno una Madonna, spesso "di stile greco", figura elencata in quasi tutti gli inventari di case veneziane giunti fino a noi e il numero di queste opere va sempre crescendo a partire dai primi decenni del Cinquecento. Nella maggior parte dei casi non dovevano avere un grande valore artistico: non si trattava dei dipinti raffinati di Giovanni Bellini o di Tiziano, ma di semplici aiuti visivi per la devozione tradizionale. Per poter apprezzare le finezze di un'opera d'arte eseguita con i criteri di eccellenza artistica propri del Rinascimento, il cliente avrebbe dovuto adottare un atteggiamento critico basato sui modelli letterari dell'umanesimo. Nella prima metà del Quattrocento aveva cominciato a farsi strada una nuova considerazione del concetto di qualità nell'opera d'arte, non più basata unicamente sugli aspetti materiali, bensì su criteri concettuali, come la maestria dell'esecuzione o anche il rapporto forma-contenuto letterario.[2] Non è casuale che proprio in quel periodo siano giunte nel Veneto le prime opere di Jan van Eyck e dei suoi seguaci. Erano stati appunto i dipinti fiamminghi a suscitare, verso la metà del Quattrocento, l'entusiasmo di due umanisti italiani, Bartolomeo Fazio e Ciriaco d'Ancona, che ne apprezzarono il realismo quasi magico e la mirabile abbondanza di particolari; aspetti, questi, che trovavano un riscontro nelle rare descrizioni di opere d'arte pervenuteci dall'antichità classica (tramite Filostrato o Plinio). L'impatto della pittura fiamminga su quella veneziana del secondo Quattrocento è innegabile, ma le informazioni che possediamo sull'effettiva presenza nelle raccolte veneziane di singoli dipinti di Van Eyck e seguaci sono davvero scarne.[3] Le chiese veneziane contenevano alcune pale d'altare di artisti fiamminghi: un'opera di un non meglio identificato Piero de Fiandra venne acquistata per Santa Maria della Carità nel 1451 ed è probabile che un polittico di Dirck Bouts, ora smembrato e diviso tra vari musei, provenisse da un'altra chiesa veneziana. I dati sono pochi e poco ci è dato di sapere sulla presenza di dipinti fiamminghi nelle case private del Quattrocento. Alcuni veneziani ne commissionarono durante il loro soggiorno nell'Europa settentrionale, come il futuro doge Marco Barbarigo, che intorno al 1449 si fece ritrarre a Londra o a Bruges da un seguace di Jan van Eyck (cat. 1), o Zaccaria Contarini, ambasciatore alla corte di Carlo VIII di Francia, il cui ritratto, attribuito a un seguace di Jean Fouquet, si trova nel Museo di Châteauroux,[4] o forse anche Bernardo Bembo, ambasciatore veneziano alla corte di Borgogna e possibile committente di un dittico di Hans Memling, ora diviso tra l'Alte Pinakothek di Monaco e la National Gallery of Art di Washington. Altre opere raggiunsero il Veneto per vie a noi completamente ignote. Una *Crocifissione* di un seguace di Jan van Eyck, ora conservata a Venezia alla Ca' d'Oro, si trovava a Padova già intorno al 1460, probabilmente nella collezione dei Dondi dell'Orologio, una delle famiglie più insigni della città; chiari riflessi di quell'opera si avvertono in più di un dipinto padovano e veneto dell'epoca (catt. 10, 11). Ma vi erano certamente altre pitture fiamminghe nelle case di Venezia e delle principali città della terraferma. Lo dimostra, seppure indirettamente, tutta una serie di dipinti veneti di Mantegna, Giovanni Bellini, Alvise Vivarini, Cima da Conegliano, Carpaccio e altri artisti ancora, nei quali si scoprono, in un modo o nell'altro, elementi di inconfondibile origine fiamminga. Ma queste riprese, la cui entità è dettagliatamente analizzata nella prima sezione della mostra, non ci forniscono – nel contesto del presente saggio – che indicazioni di carattere secondario e di problematica interpretazione. Dobbiamo purtroppo constatare che dell'effettiva presenza di dipinti fiamminghi nelle collezioni venete del Quattrocento siamo per ora in grado di tracciare un quadro frammentario e incompleto. La situazione cambia radicalmente all'inizio del secolo successivo, quando si comincia a poter contare su un numero cospicuo di inventari di beni mobili e di altri documenti, come pure su una serie di notizie ricavate da fonti a stampa. Tutto questo ci consente perlomeno di abbozzare un profilo abbastanza attendibile della presenza di dipinti "ponentini" nelle case veneziane e – in misura molto minore – in quelle delle città di terraferma.[5] Sotto questo aspetto gli inventari veneziani costituiscono una fonte di enorme importanza.[6] Si tratta di alcune centinaia di elenchi relativi a beni di proprietà non soltanto di patrizi e di ricchi mercanti, ma anche di artigiani e di persone che potremmo addirittura definire povere. Quello che più colpisce, leggendo questi documenti, è la grande quantità di oggetti raccolti nelle case veneziane del tardo Rinascimento, anche in quelle delle famiglie meno abbienti. Si scopre inoltre che in quasi tutte le case esisteva almeno un dipinto, e spesso più di uno. Si è già detto che un'immagine della Madonna non mancava praticamente mai, ma fin dai primi inventari dei quali disponiamo,

Dieric Bouts, *Annunciazione*
Los Angeles, The J. Paul Getty Museum

che risalgono al terzo decennio del XVI secolo, ci si imbatte anche in opere diverse: pitture religiose di vario tipo, ritratti e qualche quadro di tema profano. Nella stesura degli inventari, di solito, i notai si limitavano a indicare genericamente i soggetti dei dipinti ("un quadro d'una pietà"; "uno San Sebastian", "un quadro cum do figure nude"), rinunciando a qualsiasi tentativo di identificarli in modo più preciso. I nomi degli artisti mancano sempre, né vengono indicate le scuole pittoriche di appartenenza, a meno che non si tratti della scuola greca (il che è comprensibile a Venezia) o di quella fiamminga.[7] Con grande frequenza ci imbattiamo in voci come: "uno Xpo de tela fiamengo", "un quadro di fiandra in tela, cum alcuni musici", "uno quadro de Santa Maria Magdalena ala fiamenga", "quadri ala fiamenga in tela con arma capella, et bernarda no. quatro de diverse figure" (un'allusione agli stemmi delle famiglie patrizie veneziane dei Capello e dei Bernardo).[8] Se ne desume che a Venezia i dipinti fiamminghi erano numerosi, che presentavano una grande varietà di soggetti e che erano custoditi nelle case di persone di condizioni sociali molto diverse. Risulta anche, ed è un fatto sorprendente, che persone di cultura "media", e comunque prive di conoscenze specifiche in campo artistico, come erano i notai, non avessero difficoltà a riconoscere in un dipinto un'opera "fiamminga". Sarebbe interessante scoprire quali elementi visivi consentissero a un osservatore cinquecentesco di pervenire a una simile distinzione critica. Nell'elencare le caratteristiche dei dipinti "fiamminghi", le fonti scritte dell'epoca concordano su alcuni punti essenziali. "In una bella pittura fiaminga" c'è "varietà d'huomini, di animali, di paesi, di fiumi, di fuochi & di cose simili, nelle quali sono maestri i fiaminghi maravigliosi, & maggiormente perche eglino piu che non fanno i dipintori italiani, si forzano a piu potere, coll'arte diligentissimamente imitar la natura".[9] Chi scrive così è Marco Mantova Benavides (1489-1582), noto erudito padovano e collezionista di opere d'arte. Il suo richiamo alla capacità dei fiamminghi di imitare la natura e di rendere in maniera avvincente un'infinità di particolari riflette un atteggiamento aristotelico diffuso negli ambienti padovani, che ricorda le valutazioni in materia degli umanisti del secolo precedente. Ciò che rende particolarmente interessanti le opinioni di Benavides è il fatto che egli non possedeva soltanto un numero cospicuo di pezzi archeologici, ma anche parecchie incisioni di Albrecht Dürer e di Lucas van Leyden, nonché alcuni disegni di paesaggio di Domenico Campagnola, tutti appesi alle pareti delle sue stanze insieme a pitture, bassorilievi e altri disegni.[10] Dei paesaggi arcadici di Campagnola, come delle stampe nordiche, Benavides doveva sicuramente apprezzare soprattutto il presunto carattere "classico".

Altri conoscitori ed eruditi del primo Cinquecento subivano nella stessa misura il fascino dei dipinti degli artisti oltramontani. Nel 1506 Michele Vianello – l'agente veneziano per gli acquisti di opere d'arte di Isabella d'Este – risultava in possesso di due opere di Jan van Eyck, un *Autoritratto* e un *Passaggio del Mar Rosso*.[11] A fornirci molti nomi di collezionisti è uno straordinario documento: la *Notizia d'opere del disegno* compilata negli anni tra il 1521 e 1543 dal patrizio veneziano Marcantonio Michiel, che descrive in modo piuttosto particolareggiato opere d'arte conservate in chiese, edifici pubblici e case private di varie città della Valpadana, comprese Padova e Venezia.[12] Vi erano opere fiamminghe in nove delle collezioni private dei due centri veneti, rispettivamente quelle padovane di Leonico Tomeo e di Pietro Bembo e quelle veneziane di Antonio Pasqualino, Andrea Odoni, Antonio Foscarini, Francesco Zio, del cardinale Domenico Grimani, di Zuan Ram e di Gabriele Vendramin. Questi personaggi di estrazione sociale estremamente varia avevano in comune un interesse per le opere d'arte che era sostanzialmente lo stesso per l'intero gruppo. Le loro raccolte erano costituite da un misto di sculture classiche, qualche statua moderna e dipinti antichi e contemporanei, sia religiosi sia profani, prevalentemente di scuola veneta, ma con una spiccata presenza fiamminga e qualche pezzo dell'Italia centrale. Erano scelte eclettiche, che a prima vista sembrano rivelare una certa carenza di preferenze personali da parte dei singoli collezionisti. Vi è indubbiamente qualche verità in questa osservazione, ma si deve sottolineare che questo presunto eclettismo risulta espressione di una cultura classicheggiante più o meno comune a un ristretto gruppo di patrizi, intellettuali e mercanti colti, al quale apparteneva lo stesso Michiel, e che alcuni dei collezionisti elencati nella *Notizia d'opere del disegno* erano comunque umanisti o letterati di notevole statura intellettuale. È questo il caso di Leonico Tomeo (1456-1531), professore di filosofia aristotelica e figura di primo piano nella vita culturale padovana del tempo.[13] Tomeo possedeva un ristretto numero di marmi e di bronzi antichi, una serie di medaglie e di vasi di ceramica, una pergamena miniata bizantina nonché tre dipinti: un ritratto dello stesso Tomeo di Giovanni Bellini, un altro ritratto, di Jacopo Bellini, del padre del filosofo e, infine, un "quadretto in tela dun piede, ove è dipinto un paese cun alcuni piscatori che hanno preso una lodra cun due figurette che stanno a vedere, fu di mano di Gianes da Brugia".[14] La presenza nella raccolta di quest'ultima opera, dall'iconografia inconsueta, (forse ne troviamo un riflesso nel dipinto con *Due dame e la caccia in laguna* di Carpaccio, cat. 29) sembra si possa spiegare ancora una volta con il presunto carattere "antico" dei dipinti fiamminghi, così naturalistici e ricchi di particolari.

Pietro Bembo (1470-1547) era amico di Tomeo e ne condivideva gli interessi filosofici e letterari, ma apparteneva a una classe sociale più elevata.[15] I suoi mezzi finanziari erano senz'altro superiori a quelli del professore filosofo e di conseguenza la sua raccolta era ancora più ricca di opere d'arte. Ciceroniano convinto, Bembo era uno dei maggiori latinisti del suo tempo e l'autore di numerosi testi, uno dei quali era intitolato *De Imitatione*. In quel trattato – una specie di *ars poetica* – lo scrittore spiegava il principio del-

[7] In alcuni inventari della prima metà del Cinquecento figurano opere "todesche": per esempio in quello di Caio, "orese da Spalato", del 12 gennaio 1519, viene descritto "un quadreto picolo di nostra dona vechio con figure Todesche" (BCV, Mss. PD 1103, fasc. 1), e in quello di Daniele Dulce, del 29 luglio 1528, sono elencati: "uno quadro todesco con la resuretion de ms Iesu Xpo" e "uno quadro thodesco con la cena de Xpo in teler grosso" (ASV, Cancelleria Inferiore, Miscellanea Notai Diversi, b. 34). Queste descrizioni non significano automaticamente che si trattasse davvero di opere provenienti dalla Germania. Molte volte, nel Cinquecento, i termini "fiammingo" e "tedesco" erano usati indifferentemente per indicare la provenienza oltramontana di un'opera.

[8] Le citazioni sono, rispettivamente, dagli inventari di Alvise Giusto, 10 novembre 1525 (ASV, Cancelleria Inferiore, Miscellanea Notai Diversi, b. 34); di pre Biasio di Catarini, canonico di San Marco, 2 settembre 1525 (*ibidem*); di Giovanni Radi (*ibidem*); e di Domenico Capello *quondam* Nicolò (*ibidem*, b. 35, fasc. 27).

[9] (Mantova Benavides) 1561, 3. Cfr. anche Fletcher 1981B, 606 e Mancini 1995, 118-119.

[10] Favaretto 1972. Cfr. anche Polacco 1966 e Santagiustina Poniz 1980.

[11] Brown 1973. Il ritratto di Vianello, un'opera di Antonello da Messina, fu visto da Michiel nella collezione di Antonio Pasqualino (Anonimo Morelliano 1888, 80).

[12] Per un'analisi della figura di Michiel, del suo orizzonte culturale e della *Notizia* si veda Fletcher 1981.

[13] Favaretto 1980.

[14] Anonimo Morelliano 1888, 16.

[15] Per un profilo di Pietro Bembo si veda Dionisotti 1966.

Seguace di Jean Fouquet
*Zaccaria Contarini*
Châteauroux, Musée Bertrand

Tiziano
*La famiglia Vendramin prega dinanzi al reliquiario della Santa Croce*
particolare
Londra, The National Gallery

[16] Anonimo Morelliano 1888, 20-24. Sulla collezione di Pietro Bembo si veda anche Favaretto 1990, 103-107.

[17] Francisco de Holanda 1984, 29-30.

[18] Citato da Augustijn 1986, 58-59. Cfr. Levi 1986, 149.

[19] Aikema 1996, 67-68.

[20] Anonimo Morelliano 1888, 100-104. Su Domenico Grimani e la sua collezione esiste una letteratura piuttosto estesa. Fondamentali gli studi di Paschini 1943; Gallo 1952; Perry 1972 e 1978; Favaretto 1990, 84-87.

[21] Anonimo Morelliano 1888, 102. Per il disegno di van Scorel cfr. Boon 1992, I, 324-326, cat. 182, III, fig. 44.

[22] Limentani Virdis 1997, 51, fig. 26.

[23] Sull'atteggiamento spirituale e intellettuale del cardinale Grimani si veda Foscari & Tafuri 1983, 37-39, 104, note 90-92 (con ampia bibliografia).

l'imitazione di modelli canonici, in grado di condurre, in seguito, a una vera e propria emulazione dei prototipi. Questo concetto, che deriva dalla retorica antica, aveva assunto un valore normativo nel campo della letteratura, ma veniva applicato anche alle arti visive e potrebbe offrire una chiave di lettura dell'eclettismo collezionistico di Bembo e di altri suoi contemporanei. Tra le opere d'arte della sua raccolta troviamo infatti ritratti di amici letterati eseguiti da Raffaello e Sebastiano del Piombo, le effigi di Dante, Petrarca e Boccaccio, due opere di Andrea Mantegna, due "nude" dipinte da Giulio Campagnola, antichità classiche e un dittico di Hans Memling[16]. È una collezione che raccoglie prototipi classici insieme con imitazioni ed emulazioni artistiche di modelli antichi, nonché i ritratti dei principali fautori della rinascita delle lettere antiche. C'è da chiedersi quale *status* venisse conferito, all'interno di una scala ciceroniana di valori, al dittico di Memling, peraltro forse acquistato – come si è già visto – non da Pietro ma da suo padre Bernardo Bembo. Probabilmente non sbagliamo nel presumere che gli intellettuali italiani considerassero i dipinti fiamminghi non soltanto imitazioni della natura, ma anche precise ricostruzioni di modelli classici perduti: opere quindi di grande merito, alle quali tuttavia mancava quell'intrinseca capacità di assimilazione – vista come una prerogativa degli artisti italiani – che poteva sfociare in un'autentica *emulatio*.

Pur senza fare riferimento alla terminologia retorica, in un famoso commento sui meriti della pittura fiamminga anche Michelangelo confermava questa posizione critica, aggiungendo che l'arte delle Fiandre era in grado di suscitare sentimenti di devozione più di ogni altra scuola pittorica: "Essa piacerà assai alle donne, principalmente a quelle molto vecchie, e a quelle molto giovani, e così pure ai frati, alle monache, e a qualche gentiluomo privo del senso musicale della vera armonia".[17] Ma non tutti condividevano questo giudizio sprezzante sui presunti estimatori della pittura fiamminga. Nell'*Elogio della pazzia* Erasmo sostiene che la fede cristiana sarebbe più folle che saggia: "Se ne vuoi la prova, considera per prima cosa il fatto che i molto giovani e i molto vecchi, le donne e i creduloni sono le persone che traggono maggiore diletto dalle cose sante e sacre, quelle che troviamo sempre più vicino agli altari, condotte colà senza dubbio soltanto dal loro istinto naturale".[18] In questo passo l'umanista olandese aderisce al concetto della "docta ignorantia", allora molto seguito negli ambienti spirituali italiani (per esempio nei popolarissimi scritti del Savonarola): i veri seguaci di Cristo erano i poveri di spirito, non i dotti e i letterati. Le opere dei pittori oltramontani – in massima parte di soggetto religioso – rispondevano alle esigenze di purezza e di intensità di fede dell'osservatore molto meglio dei più raffinati dipinti italiani.[19] Non è questa la sede per spiegare quali possano essere i termini formali, semantici e iconografici dei dipinti fiamminghi in grado di suscitare una devozione cristocentrica nei fedeli, o di assumere accenti fortemente moraleggianti. Si può solo constatare che il contenuto spirituale dell'arte fiamminga costituiva evidentemente un fattore di non secondaria importanza per gli acquirenti italiani (e veneziani in particolare) di questo tipo di opere.

Ci si può quindi legittimamente domandare se il cardinale Domenico Grimani (circa 1461-1523), il più brillante collezionista veneziano della prima metà del Cinquecento, che possedeva alcune delle più spettacolari opere pittoriche fiamminghe presenti in Italia, non fosse stato mosso da idee religiose simili a quelle che abbiamo appena ricordato. La collezione del cardinale, passata dopo la sua morte allo Stato veneziano, si conformava sostanzialmente al gusto classicheggiante allora in voga. Il nucleo principale era costituito da una splendida raccolta di pezzi archeologici, alla quale si aggiungevano disegni e pitture della più alta qualità, e molti di provenienza oltramontana. Accanto a un cartone di Raffaello e ad altre opere su carta, tra le quali alcune di Dürer e il celeberrimo *Breviarium Grimani* (cat. 129), Michiel elenca dipinti di Hans Memling, Hieronymus Bosch, Joachim Patinir (cat. 118) e altri pittori ancora.[20] Una parte di queste opere si trova tuttora a Venezia: alcuni dei tanti Bosch sono identificabili con le tavole di questo artista ora a Palazzo Ducale (cat. 111), mentre il *Breviarium Grimani* è custodito tra i cimeli della Biblioteca Marciana. Di altri dipinti possiamo formarci un'idea tramite le descrizioni dello stesso Michiel; il "S. Jeronimo nel deserto" di Patinir era probabilmente simile a una delle molte versioni del tema del pittore fiammingo giunte fino a noi (cat. 123), mentre "la tela grande della torre de Nembrot, cun tanta uarietà de cose et figure in un paese", del medesimo artista, fa pensare a certe raffigurazioni neerlandesi della torre di Babele, come un disegno di Jan van Scorel (eseguito peraltro a Venezia; Fondation Custodia, Parigi)[21] o il dipinto, recentemente attribuito a Herman Posthumus, della Galleria Franchetti alla Ca' d'Oro di Venezia.[22] Si sa che Domenico Grimani era un estimatore di Erasmo e del veneziano Gasparo Contarini, il grande riformatore della Chiesa, e che simpatizzava con gli ambienti vicini a Savonarola.[23] È quindi più che probabile che il cardinale aderisse in cuor proprio a una spiritualità "riformata", nella quale il principio della "docta ignorantia" era un concetto basilare. E un orientamento del genere potrebbe fornire una spiegazione della sua inusuale predilezione per la pittura religiosa fiamminga. Ma grazie all'ottima preparazione umanistica, Domenico Grimani nutriva anche un'autentica passione per le antichità classiche. Oltre che alla statuaria e ai testi di vari autori greci e romani, i suoi interessi si allargavano alla cultura ebraica, agli scritti cabalistici del tedesco Johannes Reuchlin e a quelli mistici e sincretistici di Pico della Mirandola. Considerata in questa prospettiva, la collezione potrebbe essere stata per il cardinale uno strumento mirato ad arricchirne la conoscenza del mondo nei suoi più vari aspetti, se non

Jan van Scorel, *La torre di Babele*
Parigi, Collection Frits Lugt
Institut Néerlandais

addirittura legato in qualche modo all'idea di Pico di una teologia universale, dove la filosofia classica, la tradizione ermetica e la religione ebraica sarebbero culminate nella figura di Cristo.[24]
È ovvio che queste ultime considerazioni devono rimanere nel campo delle ipotesi, ma non vi è dubbio che la raccolta di Domenico Grimani costituisse un *unicum* all'interno del pur ricchissimo panorama del collezionismo veneziano della prima metà del Cinquecento. Con la donazione dei marmi e delle pitture alla Repubblica il cardinale intendeva conferire una veste pubblica alla propria collezione. E la sua grande disponibilità verso i visitatori, in particolare se conoscitori o artisti, era condivisa anche da un altro importante collezionista di quei tempi, il ricco mercante di origine milanese Andrea Odoni (1492-1545). La sua casa, definita da Vasari "albergo dei virtuosi", conteneva una raccolta che si presentava, secondo i canoni dell'epoca, come una mescolanza di sculture classiche o moderne e di dipinti di maestri come Palma il Vecchio, Tiziano, Bonifazio de' Pitati e Savoldo, con un enigmatico "San Hieronimo nudo che siede in un deserto al lume della luna" copiato da Giorgione.[25] Odoni possedeva anche una "tela delli monstri et inferno alla Ponentina" di una mano non specificata: la descrizione fa inevitabilmente pensare alla maniera di Hieronymus Bosch.[26] Ma questa non era l'unica "mostruosità" che si teneva in casa: da Francesco Zio – un suo parente che era stato a sua volta un collezionista di notevole statura – Odoni aveva ereditato "cose naturali, zoe granchii, pesci, bisse, petrificadi, un camaleonte secho, caragoli picoli et rari, crocodilli, pesci bizarri".[27] Grazie a questo campionario di *naturalia*, l'"albergo dei virtuosi" si profila come un esempio precoce di quel tipo di collezioni che intendono presentarsi come un modello in scala ridotta dell'universo e che sarebbero divenute di moda a Venezia soltanto nella seconda metà del secolo. Nel ritratto dipinto da Lorenzo Lotto nel 1527 (Royal Collections, Hampton Court) Andrea Odoni posa comunque orgogliosamente tra i suoi marmi antichi.[28]
Tra tutte le raccolte descritte da Michiel merita qualche attenzione, nel presente contesto, anche quella del patrizio Gabriele Vendramin (circa 1484-1552).[29] Anche la sua collezione, come quelle appena ricordate, era composta di dipinti di varie scuole, di disegni e di sculture antiche, ma la sua fama è legata soprattutto al "paesetto in tela cun la tempesta, cun la cingana et soldato": la mitica *Tempesta* di Giorgione.[30] Indipendentemente dal significato – fin troppo dibattuto – del dipinto, emerge chiaramente l'intenzione dell'artista di far rivivere la pittura dell'antichità classica, ispirandosi per la resa del paesaggio a esempi dell'arte oltremontana e dipingendo il fulmine nel cielo come una chiara allusione al brano di Plinio ove è descritto un quadro di Apelle dello stesso soggetto.[31] Oltre alla *Tempesta* e ad altre opere italiane, tra le quali un libro di disegni di Jacopo Bellini e un altro con le "antiquità venete Roma" di "pre Vido Celere", Vendramin aveva raccolto anche pitture fiamminghe, come "la nostra donna cun S. Iseppo nel deserto" di Jan van Scorel; "el quadretto in tauola a oglio del S. Antonio cun el retrato de M. Antonio Siciliano intiero, fo de man de ... maestro Ponentino, opera ex[cellent]e et max[im]e le teste"; e "el quadretto in tavola della nostra dona sola cun el puttino in brazo, in piedi, in un tempio Ponentino, cun la corona in testa, fo de mano de Rugerio da Brugies, e è opera a oglio perfettissima".[32] Gli ultimi due di-

[24] Aikema 1996, 47.
[25] Vasari 1568, V, 136. Si veda Martin 1995c, 50-51. Per la collezione cfr. Anonimo Morelliano 1888, 86. Su Odoni si veda anche Favaretto 1990.
[26] Anonimo Morelliano 1888, 86.
[27] Anonimo Morelliano 1888, 84.
[28] Mariani Canova 1975, 109, cat. 175, tav. II. Cfr. anche cat. 92.
[29] Il particolare riprodotto è tratto dal telero votivo commissionato a Tiziano dalla famiglia Vendramin; Whetey 1971, 147, cat. 110, figg. 136-140.
[30] Anonimo Morelliano 1888, 106. Dopo la morte di Gabriele Vendramin venne redatto più di un inventario della sua raccolta; cfr. Ravà 1920; Anderson 1979.
[31] Secondo Plinio (*Naturalis Historia*, liber XXXV, 96), Apelle "*pinxit et quae pingi non possunt, tonitrua, fulgetra, fulgura*" (dipinse anche ciò che non si può dipingere: i tuoni, i lampi e i fulmini). Cfr. Shearman 1965, 50; Lucco 1995, 23. Sui rapporti fra la *Tempesta* e l'arte nordica si vedano anche le sezioni III e IV del volume.

[32] Anonimo Morelliano 1888, 106, 108. Sulla collezione di Andrea Vendramin in generale si veda Favaretto 1990, 79-82.

[33] Rotterdam 1965, 76-79, cat. 7; e, con una documentazione più completa, Campbell 1981, 472.

[34] La citazione è di Doni 1552, III, 40.

[35] Per il testamento di Gabriele Vendramin si vedano Settis 1978, 132-133; e De Benedictis 1995, 225-226 (con la trascrizione del documento).

[36] Su questo concetto si veda Franzoni 1984, 304-316. Sullo studiolo come luogo di ritiro e la sua decorazione si veda Liebenwein 1988. La citazione è dal trattato di Benedetto Cotrugli, *Della mercatura e del mercante perfetto*, pubblicato a Venezia nel 1573 ma scritto nel 1458 (Tucci 1981, 46, nota 8).

[37] ASV, Notarile, Testamenti, b. 1194, reg. "Protocollus quintus", c. 3r. Citato da Tafuri 1985, 198, che fornisce un profilo del collezionista con un notevole apparato bibliografico.

[38] Sulle collezioni-microcosmo nel Veneto, vedi Pomian 1989, 87 ss.

[39] Hochmann 1987, 487-488.

[40] Cozzi 1961; vedi anche Aikema & Meijers 1989, *passim*.

[41] Cipollato 1961, 231.

[42] Aikema 1996, 137-138.

[43] Scamozzi 1615, III, 305-306.

[44] Su questa vicenda si vedano Jacobs 1925; e Logan 1979, 67-75.

[45] Borenius 1923, 25, 30, 32, tavv. 5, 22, 38, aveva identificato "Lamberto" con Lambert Lombard, ma è più probabile che si trattasse di un'opera di Lambert Sustris, che – come il suo maestro Jan van Scorel – aveva dipinto a sua volta una *Torre di Babele*, vista da Michiel nel 1521 a Venezia, nella collezione di Domenico Grimani (vedi sopra).

pinti costituivano un dittico, che risulta identificabile con quello attribuito a Jan Gossaert nella Galleria Doria Pamphili a Roma.[33] Nulla sappiamo degli orientamenti culturali di Gabriele Vendramin – descritto come "veramente cortese, naturalmente reale, & ordinariamente mirabile d'intelligenza, di costumi, & di virtù" –, ma la sua collezione riflette una solida cultura umanistica.[34] Era comunque molto attaccato ai suoi tesori, tanto che nel testamento del 1547 proclamava di avere "tanto grate et chare" le pitture, che gli davano "uno pocho di riposso et quiete de hanimo" in mezzo alle fatiche de "li negotij familiari".[35] Vendramin sembra così rifarsi a un concetto caro agli umanisti fin dai tempi del Petrarca, quello del valore "terapeutico" dell'arte. Ritirandosi nell'*otium* della solitudine – "in più remoto luoco della casa" – a studiare i grandi testi classici e a contemplare le immagini a essi ispirate, era possibile trovare un nuovo equilibrio mentale.[36] L'atteggiamento umanistico di Gabriele Vendramin è profondamente diverso da quello professato da Jacopo Contarini (1536-1595), esponente di una generazione successiva di collezionisti veneziani. Nel testamento datato 1595, Contarini si vanta di "tutto quello che contengono le 4 stanze delli mezzadi dove io sto ordinariamente, dove vi sono cose esquisite et tali che chi ben non le considera non lo potrebbe creder, così de libri a stampa come de scriti a pena, instrumenti mathematici et mechanici, statue così di marmo come di bronzo, piture, minerali, pietre, secreti et altro. Le qual tutte cose sono state raccolte da me con grandissimo studio et fatica".[37] Si tratta di una raccolta di taglio enciclopedico: una specie di microcosmo creato per rendere visibili e classificabili tutte le cose e tutti gli esseri del mondo, specchio delle inclinazioni scientifiche di un collezionista che fu in rapporto con i massimi architetti (Palladio) e cultori di meccanica dell'epoca.[38] Dopo la morte di Contarini, i suoi dipinti rimasero a lungo di proprietà della famiglia: nel Settecento finirono a Palazzo Ducale due importanti capolavori rispettivamente di Paolo Veronese e di Jacopo Bassano, ma delle tre "mezze figure" fiamminghe elencate negli inventari non vi è più traccia.[39]

Nel complesso di quest'ultima raccolta i dipinti fiamminghi costituivano un'entità francamente marginale e altrettanto trascurabile era la loro presenza nella vasta collezione enciclopedica di un altro Contarini (del ramo di San Luca o delle Due Torri), Federico (1538-1613). Costui non aveva, a quanto sembra, le stesse passioni scientifiche di Jacopo, essendo più interessato alla vita politica e alle questioni di carattere religioso; figura, infatti, tra i primi protettori dei Gesuiti e tra i grandi fautori del sistema dell'assistenza sociale nella città lagunare.[40] La collezione di Federico Contarini era famosa soprattutto per le "anticaglie", ma accanto ai marmi e alle monete vi erano anche *naturalia* e un nucleo importante di pitture, tra le quali "un quadro de paesi de Fiandra" e "le quattro stagion dell'anno".[41] I dipinti delle stagioni erano probabilmente di Jacopo Bassano o della sua scuola: opere fortemente influenzate dalla cultura pittorica e incisoria neerlandese, che è ipotizzabile rivestissero, per il Contarini, un interesse di natura devozionale.[42] Sfioriamo il confine cronologico di questa rassegna con la vasta collezione-microcosmo di Andrea Vendramin (1565-1629), famosa per la statuaria antica, le curiosità naturalistiche e la notevolissima quadreria. Ne sentiamo parlare per la prima volta dallo Scamozzi, che nel 1615 ne fornisce una breve descrizione.[43] Dopo la morte del collezionista la maggior parte delle antichità e delle pitture venne acquistata dal mercante olandese Gerrit Reynst.[44] Sul contenuto della raccolta siamo informati particolarmente bene grazie a una preziosa serie di cataloghi manoscritti e illustrati, redatti dallo stesso Vendramin poco prima di morire. Tra i 155 dipinti che possedeva solo tre erano di scuola neerlandese: una *Torre di Babele* di "Lamberto" (presumibilmente Lambert Sustris) e due opere di Luca di Leida, rispettivamente un *Ritratto d'uomo* e una *Lucrezia*. Oggi sono tutti e tre perduti.[45]

Da questo florilegio si potrebbe concludere dicendo che dopo la metà del Cinquecento l'interesse dei principali collezionisti veneziani per la pittura nordica si era andato affievolendo, ma l'osservazione corrisponde solo parzialmente alla verità. Per tracciare un quadro più completo della situazione bisogna tenere presente che a Venezia non tutti i proprietari di opere pittoriche erano necessariamente collezionisti veri e propri. La stragrande maggioranza di chi si teneva in casa qualche quadro non lo aveva affatto acquistato con la pretesa di crearsi una raccolta improntata, più o meno esplicitamente, a concetti teorici di carattere umanistico, enciclopedico o altro ancora. Abbiamo già avuto modo di constatare che fin dai primi decenni del Cinquecento le case veneziane, anche quelle del ceto medio, contenevano di norma uno o più dipinti, spesso di fattura "fiamminga", e questo è altrettanto vero nella seconda metà del secolo. Ciò che sorprende, nella lettura degli inventari, è la varietà dei soggetti: rispetto al resto, i paesaggi non sono numerosi come sembra di poter dedurre dalla lettura delle fonti a stampa o dall'esame del materiale pittorico giunto fino a noi, né è il caso di parlare di uno spostamento nelle scelte tematiche a mano a mano che avanziamo nel secolo. Molte opere fiamminghe – forse la maggior parte – raffiguravano Cristo, la Madonna o singoli santi, ed erano probabilmente immagini devozionali di modesta fattura, entrate più o meno clandestinamente, e a basso prezzo, nelle case veneziane. Più ambiziosi erano invece i dipinti con l'Ultima cena – un tema ricorrente nelle case veneziane – che venivano spesso collocati nel portego. Quattro Ultime cene fiamminghe sono elencate rispettivamente negli inventari di Michele Butari (24 novembre 1534); di Gerolamo Zon (20 giugno 1545); di Dominicus de Tauris, "capellanus" della chiesa dei Santi Cosma e Damiano alla Giudecca (20 marzo 1566); e di Gasparo de Zanchis (31 dicembre 1585).[46] Alcuni dipinti fiamminghi avevano temi che potremmo definire "di genere" e che sem-

Jan Gossaert, *Madonna*
*con il Bambino, Sant'Antonio*
*e donatore*
dittico
Roma, Galleria Doria Pamphili

"Lamberto", *La torre di Babele*
Londra, The British Museum
inventario Vendramin

brano tipici dell'arte neerlandese del Cinquecento: "un quadro di fiandra in tela, cum alcuni musici" figura nell'inventario di Pre Biasio di Catarini, canonico di San Marco (2 settembre 1525); e "un retratto de uno de cavadenti alla fiandrese" in quello di Elisabetta Condulmer (13 settembre 1538).[47] Ma vi erano anche soggetti allegorici o di storia, come i "sei quadri grandi di telle di fiandra parte con santi et parte con historie" del nobiluomo Nicolò Duodo (23 marzo 1530); il "quadro in tella de fiandra della fortuna picolo" di Nicolosa, vedova di Alessandro Sattina (27 aprile 1556); o il "quadro de Adone grande fiamengo" del nobiluomo Prospero Barbarigo (15 novembre 1579).[48] E naturalmente vi erano anche paesaggi fiamminghi – anche se non numerosissimi – come per esempio "un quadro in tella alla fiamenga, de diversi paesi et figure" di proprietà del segretario ducale Giovanni Soro (23 settembre 1543); "un quadro de paesi fiamengo" di Bortholo di Lisiena, "patrono navis" (10 ottobre 1549); "quatro quadri grandi de fiandra a paesi" del nobiluomo Giovanni Alvise Bragadin (30 gennaio 1566); "dui quadri de paesi de fiandra" in casa del nobiluomo Pollo Donado (4 gennaio 1581); e "quadri de paesi de Fiandra n. 7" in quella di Alessandro Ram (10 novembre 1592).[49]

Ci sembra affascinante la descrizione di "uno quadro de tella alla fiandresca de uno luogo [?] da ballo et laberinto fornido de nogara" elencato nell'inventario di Alvise Masippo (25 ottobre 1546): se non fosse per la data troppo precoce, si potrebbe pensare a un'opera di Ludovico Pozzoserrato.[50]

È molto difficile comprendere i motivi che inducevano tanti veneziani, così diversi sotto il profilo dell'estrazione sociale, degli interessi specifici e della preparazione culturale, ad apprezzare la pittura fiamminga. Si è già accennato alla questione del costo delle opere d'arte importate clandestinamente a Venezia, presumibilmente più basso dei prezzi praticati dai membri della fraglia dei pittori locali. Possiamo immaginare che una certa quantità di dipinti fiamminghi arrivasse da Anversa, l'unica piazza del Cinquecento europeo dove esisteva un grande mercato dell'arte specializzato e accessibile a tutti.[51] A Venezia sono documentati veri e propri procedimenti giudiziari a carico di chi vendeva dipinti stranieri senza autorizzazione, come un certo Matteo Fiammingo, che era stato denunciato dalla fraglia (1553-1554). Contro il mercante Guilelmus Zanfort, che aveva cercato di vendere un gruppo di quindici dipinti fiamminghi, si era mossa invece nientemeno che l'Inquisizione, che aveva giudicato i soggetti non ortodossi o forse semplicemente scabrosi (1561).[52]

È evidente che anche la tematica delle opere neerlandesi doveva costituire un motivo di attrazione per il pubblico lagunare. Anche se gli inventari delle collezioni veneziane registrano la presenza di quadri fiamminghi dei soggetti più vari, è innegabile che agli occhi dei critici italiani del Cinquecento la pittura neerlandese si contraddistingueva per il realismo e per il modo di rendere il paesaggio. Paolo Pino, per esempio, osservava che i fiamminghi erano bravi a dipingere i "lontani … & quest'auuiene perche fingono i paesi habitati da loro, i quali per quella lor seluatichezza si rendono gratissimi" (ma poi soggiungeva: "pur io hò veduto di mano di Titiano paesi miracolosi, & molto più gratiosi, che li fiandresi non sono"),[53] mentre Anton Francesco Doni era dell'opinione che i fiamminghi eccellessero nella resa dei tessuti "in modo che gli fanno parer naturalissimi", osservando: "perché in queste cose di leggier disegno gl'oltramontani ci aplicano più ingegno e la pratica che gl'Italiani non fanno; onde si dice in proverbio, che gl'hanno il cervello nelle mani".[54] A conferma della validità di questi giudizi critici notiamo che i pochi pittori d'Oltralpe inseritisi come maestri indipendenti nelle città venete nella seconda metà del Cinquecento erano appunto paesaggisti (Paolo Fiammingo; Ludovico Toeput), oppure autori di scene di vita quotidiana o "di genere" (Dirck de Vries).

Abbiamo ipotizzato che all'inizio del Cinquecento l'interesse per l'arte fiamminga fosse legato a due ordini di considerazioni, non necessariamente contraddittorie: da un lato l'idea che essa facesse rivivere la pittura dell'antichità classica e dall'altro che fosse singolarmente adatta a coadiuvare la devozione, canalizzandola in termini visivi. Senza voler approfondire l'argomento in questa sede, facciamo notare che anche molti "paesaggi" fiamminghi della seconda metà del secolo contengono scene religiose, spesso interpretate da minuscole figure che quasi si sperdono nelle vaste prospettive panoramiche. Ed è quindi probabile che queste opere adempissero prima di tutto a una funzione religioso-devozionale. Gli scrittori d'arte, per parte loro, interessati com'erano principalmente alle categorie estetiche e letterarie di stampo umanistico, consideravano la pittura di paesaggio – e nella fattispecie quella fiamminga – una rievocazione dei "parerga" tanto elogiati da Plinio: quelle aggiunte marginali alle quali ricorrevano i pittori antichi per rendere più piacevoli le loro opere.[55]

Da quanto ci è dato di capire dagli inventari, la sistemazione dei dipinti nelle case veneziane non seguiva regole precise. Di solito venivano distribuiti tra le varie stanze, concentrando la maggior parte nel portego: il salone passante al centro della casa, dove a volte risulta raccolta una quantità di oggetti davvero singolare. Il portego era l'ambiente di rappresentanza, dove per tradizione si allestivano i banchetti o le feste, quindi vi venivano esposti i trofei, le insegne e i ritratti di famiglia. Nel corso del Cinquecento – forse come un riflesso della popolarità dei gabinetti enciclopedici (come quelli di Jacopo e Federico Contarini) – si avverte una tendenza a collocarvi un numero sempre crescente di cose: pitture di ogni genere, carte geografiche e sculture. Le decorazioni tardocinquecentesche dei porteghi veneziani presentano spesso una mescolanza ibrida di elementi religiosi, moraleggianti, storici e cosmologici, che ai nostri oc-

[46] ASV, Cancelleria Inferiore, Miscellanea Notai Diversi, b. 36, fasc. 15; *ibidem*, b. 37, fasc. 49; *ibidem*, b. 40, fasc. 29; *ibidem*, b. 43. Gli ultimi tre dipinti erano collocati nel portego delle rispettive case.

[47] ASV, Cancelleria Inferiore, Miscellanea Notai Diversi, b. 34; *ibidem*, b. 37, fasc. 28.

[48] ASV, Miscellanea Notai Diversi, b. 35, fasc. 4; *ibidem*, b. 39, fasc. 26; *ibidem*, b. 42, fasc. 25.

[49] ASV, Cancelleria Inferiore, Miscellanea Notai Diversi b. 37, fasc. 12; *ibidem*, b. 38, fasc. 3; *ibidem*, b. 40, fasc. 45; Giudici del Petizion, b. 327/2, n. 28; Cancelleria Inferiore, Miscellanea Notai Diversi b. 44.

[50] Larcher Crosato 1988, 73, fig. 2.

[51] Ewing 1990, con apparato bibliografico. Campbell 1976 ha raccolto molto materiale sul mercato dell'arte nelle Fiandre. È comunque doveroso rimandare al classico Floerke 1905.

[52] Favaro 1975, 76 (vedi anche, in questo volume, il saggio di Louisa C. Matthew); Fehl & Perry 1984, 373-374 (Zanfort avrebbe ricevuto i dipinti, tramite un intermediario, dal mercante d'arte ed editore anversese Hieronymus Cock).

[53] Pino 1548, 29v.

[54] Doni 1970.

[55] A questo proposito si veda Gombrich 1966.

Paolo Fiammingo
*La Pietà tra i Santi Andrea e Nicolò*
Venezia, Gallerie dell'Accademia

[56] ASV, Cancelleria Inferiore, Miscellanea Notai Diversi, b. 41, fasc. 33 (2 ottobre 1570).
[57] ASV, Cancelleria Inferiore, Miscellanea Notai Diversi, b. 41, fasc. 46 (9 aprile 1571).
[58] Si veda nota 37. Findlen 1994, 293.
[59] Shelton 1994, 203. Sul valore simbolico delle collezioni-microcosmo cfr. Kaufmann 1993, 174-194 (cap. 7: "From Mastery of the World to Mastery of Nature. The *Kunstkammer*, Politics and Science"). Sulla cultura della "maraviglia" esiste ormai una vasta letteratura. Greenblatt 1991, 22-23, fa osservare che il termine descrive sia l'oggetto sia la reazione dello spettatore.
[60] Vasari 1568, I, 167.

chi risulta talora priva di qualsiasi coerenza. Nel portego di Laura Bressani, per esempio, accanto a due piccole immagini sacre di *Cristo* e di *San Girolamo*, erano esposti due grandi dipinti con un "paese alla fiamenga" e una *Leda*.[56] Andrea Maioli teneva nel portego una *Pietà* insieme con una serie di pitture dei Paesi Bassi di soggetto cartografico.[57] Non è escluso che queste raccolte, per lo più di dimensioni modeste, mirassero ad apparire come uno specchio del cosmo, forse presentato – vorremmo aggiungere – sotto l'egida della fede cristiana. È chiaro che il rispetto e l'ammirazione per il padrone di casa – l'artefice del "theatrum mundi" – crescevano proporzionalmente all'importanza della raccolta. E alla raccolta era legata non soltanto la fama, ma persino la stessa identità di un collezionista: "una delle più care cose che io habbi avuto, et che habbia è il mio studio, dal quale mi sono proceduti tutti gli honori e tutta la stima della mia persona" scriveva Jacopo Contarini nel suo testamento.[58]

Gli oggetti esotici o rari e i manufatti mirabili per invenzione e maestria erano l'espressione di una cultura della "maraviglia", tesa a esaltare – in maniera più o meno colta e raffinata – la capacità del collezionista di dominare tutti gli elementi del creato, persino nelle sue manifestazioni più stravaganti.[59] E tra queste "maraviglie" di ogni genere e provenienza potevano legittimamente figurare anche le opere d'arte fiamminghe. Come diceva Vasari: "e se bene è non hanno gli stranieri quel perfetto disegno che nelle cose dimostrano gl'italiani, hanno nientedimeno operato et operano continuamente in guisa che riducono le cose a tanta sottigliezza che elle fanno stupire il mondo".[60]

Giovanni Bellini
*Cristo morto sorretto da due angeli*
particolare
Londra, The National Gallery

Negli studi sulla storia delle tecniche pittoriche si sono spesso sopravvalutate le divergenze tra il modo di procedere dei pittori italiani e quello degli artisti del Nordeuropa. La maggior parte dei materiali, compresi i pigmenti, era in commercio dovunque e, se si escludono le scelte dettate da un preciso gusto locale, risulta presente in opere eseguite praticamente in tutto il continente. Quando vi erano effettivamente differenze, come nel tipo di legname usato per i dipinti su tavola o nelle sostanze inerti che servivano a preparare i supporti – il gesso in Italia e la creta bianca, o carbonato di calcio, in Germania e nelle Fiandre – esse erano dovute a semplici criteri di reperibilità. Le assi di legno e la polvere di gesso o di creta bianca erano le materie prime più voluminose e non avevano un pregio tale da giustificare le difficoltà e le spese legate al loro trasporto. Nei secoli XIV e XV le tecniche pittoriche erano più o meno le stesse dappertutto: le preparazioni dovevano essere lisce e uniformi, la foglia d'oro e di altri metalli veniva applicata e decorata in modo analogo e gli artisti eseguivano i loro dipinti in base a un progetto prestabilito, spesso riportato direttamente sul supporto in forma di disegno preparatorio sottostante la pittura. Tuttavia, negli anni immediatamente precedenti il periodo preso in esame, l'aspetto tipico di una tavola dipinta da un pittore veneto di fama, come Jacobello del Fiore o Michele Giambono, non avrebbe potuto essere più diverso da quello di un'opera neerlandese contemporanea di Robert Campin, Jan van Eyck o Rogier van der Weyden.

Si era capito già nel Cinquecento che questa disparità era dovuta in larga parte a un nuovo modo di vedere e di descrivere il mondo, al quale gli artisti nordici erano pervenuti soprattutto imparando a sfruttare le proprietà di un medium a base di olio, che consentiva una maggiore complessità e brillantezza ottica, estendeva la gamma tonale e accresceva la scioltezza della tecnica pittorica. Giorgio Vasari aveva attribuito a Jan van Eyck la paternità dell'invenzione della pittura a olio: una tesi sfatata ormai da lungo tempo, inizialmente tramite l'esame delle fonti documentarie e più di recente grazie all'introduzione di metodi scientifici moderni nelle indagini sulle sostanze presenti nei dipinti.[1] Possediamo ormai dati sufficienti a dimostrare che il legante oleoso era in uso da almeno due secoli prima di Van Eyck e che, nel periodo in cui gli artisti italiani preferivano lavorare soprattutto (ma non esclusivamente) con la tempera a uovo, costituiva probabilmente il metodo autoctono di dipingere su tavola nelle regioni settentrionali d'Europa.

La seconda parte del discorso di Vasari sull'evoluzione della pittura a olio chiama direttamente in causa Venezia. Nella "Vita" di Antonello da Messina si legge che il pittore siciliano, dopo avere visto a Napoli un olio su tavola di Van Eyck, era andato a Bruges per imparare la tecnica dal maestro in persona. Una volta tornato in Italia, si era spostato a Venezia, dove avrebbe introdotto "il nuovo segreto che egli aveva ... di Fiandra portato", insegnandolo a "Maestro Domenico" (Domenico Veneziano) che, a sua volta, l'avrebbe recato con sé a Firenze (dove, sempre secondo Vasari, sarebbe stato ucciso dall'ingrato Andrea del Castagno).[2] Si è chiarito da lungo tempo che i particolari e le date del racconto non stanno in piedi: Van Eyck morì molti anni prima che Antonello cominciasse a dipingere; Domenico era partito per Firenze – dove avrebbe concluso la propria esistenza sopravvivendo al suo presunto assassino – ben prima dell'arrivo di Antonello sulle lagune e così via. Soltanto in tempi più recenti, nondimeno, sono emerse prove a sostegno dell'ipotesi che il messinese sia stato effettivamente il primo artista italiano a lavorare a olio e che possa in qualche modo aver contribuito alla diffusione della tecnica in terra veneziana.

Gli olii siccativi, che vengono estratti da sostanze come i semi di lino o i gherigli di noce e hanno la proprietà di indurirsi e di asciugare (a differenza di quelli non siccativi, come l'olio d'oliva), erano ben noti anche nelle botteghe medievali. Entravano infatti in larga parte nella composizione delle vernici dell'epoca e vi è motivo di ritenere che l'abitudine di verniciare i dipinti a tempera fosse più comune di quanto si è detto talora; anche a Venezia, dove gli statuti della fraglia del 1278 vietavano la vendita di oggetti dipinti privi di pellicola protettiva.[3] Gli olii erano usati anche per preparare i mordenti per le dorature e come leganti per le velature di colore da applicare sul metallo in foglia.[4] Cennino Cennini aveva spiegato come dipingere a olio sulla pietra e il medium oleoso era quasi certamente impiegato in certe pitture murali. Il più antico esempio del suo largo utilizzo, messo in luce dai moderni metodi di indagine scientifica, viene offerto dal contributo di Masolino alla pala d'altare, a doppia faccia, di Santa Maria Maggiore a Roma, dipinta in collaborazione con Masaccio tra il 1427 e 1428.[5] Masolino ha utilizzato esclusivamente l'olio per determinati colori e la tempera grassa per gli altri. In seguito, quest'ultima emulsione (ottenuta aggiungendo alla tempera all'uovo un piccolo quantitativo di olio, che arricchisce il colore senza alterarne le proprietà e quindi rispettandone l'applicazione tradizionale a tratteggio) andò prendendo largo piede presso i pittori fiorentini, piuttosto restii ad abbandonare le vecchie abitudini. Non a caso venne adottata spesso anche da Carlo Crivelli, un vero e proprio maestro delle convenzioni della pittura a tempera. Sebbene l'adozione del medium oleoso da parte di Masolino sia di grande interesse (e possa in qualche modo essere messa in rapporto con il viaggio del pittore in Ungheria, negli anni 1425-1427), bisogna ammettere che l'aspetto della tavola con i *Santi Liberio e Matteo* del polittico di Santa Maria Maggiore (ora alla National Gallery di Londra) non è poi troppo diverso da quello dei *Santi Girolamo e Giovanni Battista* (National Gallery, Londra): un dipinto che generalmente si ritiene eseguito da Masaccio con una tecnica che le analisi hanno dimostrato essere la stessa semplice tempera all'uovo delle altre sue opere.

È dunque evidente che la sostituzione dell'uovo con gli olii siccativi è soltanto uno dei fattori che hanno con-

[1] Cfr. Roy & White 1999 per un riassunto delle fonti documentarie, ma anche per alcuni dei risultati analitici che smentiscono l'affermazione di Vasari. La tecnica più adatta a identificare il medium dei colori è la gas-cromatografia combinata con la spettrometria di massa. Questi metodi sono attualmente in uso in molti laboratori, ma sono stati applicati per la prima volta all'esame dei dipinti presso la National Gallery di Londra, più di trent'anni fa. Il problema del legante del colore è di grande importanza per lo studio della pittura veneta dell'epoca presa in esame, e ho quindi cercato di fondare il più possibile questo mio excursus sui risultati ottenuti con tali metodi di indagine. Poiché la National Gallery è l'istituzione che ha raccolto il maggior numero di dati, in questa sede dovrò fare riferimento soprattutto ai dipinti conservati in quella raccolta.

[2] Vasari 1964-1987, I, 1964, 132-133; III, 1971, 302-308.

[3] Dunkerton, Kirby & White 1990, 63-69.

[4] Bomford, Dunkerton, Gordon & Roy 1989, 43-47, 150-151.

[5] Sull'utilizzo dell'olio da parte di Masolino e sulla tempera grassa si veda Dunkerton 1997, 29-34.

Jacopo Bellini
*Madonna di Legnaro*
Venezia, Gallerie dell'Accademia

[6] Keith Christiansen, *The View from Italy*, in New York 1998, 467-473, fornisce una rassegna aggiornata degli effetti provocati in Italia dai dipinti neerlandesi.
[7] Milano 1991, I, 22, per i dipinti di Rogier a Ferrara; I, 380-425, per il ciclo delle Muse; II, 235-286, per la tecnica relativa; II, 326-331, per i testi di Ciriaco d'Ancona e di Carbone.
[8] Si è spesso detto che Van der Weyden avrebbe fatto sosta a Ferrara durante il viaggio di andata o di ritorno da Roma, in occasione del Giubileo del 1450. Ma le notizie sulla sua presenza nella città eterna, per non parlare di Ferrara, sono vaghe e probabilmente infondate, e vi è il sospetto che Fazio possa averlo confuso con un altro artista straniero che si trovava a Roma, forse persino con Jean Fouquet. Non si può escludere, comunque, che uno degli aiuti di bottega di Van der Weyden possa essere stato inviato a Ferrara ad accompagnare quelle commissioni tanto importanti e a riparare gli eventuali danni subiti dalle opere durante il trasporto.
[9] Verona 1996, 412-414. L'esame ravvicinato dei contorni del manto della Vergine dimostra, secondo chi scrive, che il deterioratissimo sfondo blu che ora vediamo potrebbe non essere originale. Sembra coprire i resti di un tessuto d'oro appeso alle spalle della Madonna, il che rafforzerebbe le analogie con le opere neerlandesi.
[10] New York 1993.
[11] Secondo quanto scritto da Sir Charles Eastlake nel 1858, le quattro tele che fiancheggiavano la *Crocifissione* erano state "originariamente in possesso della famiglia Foscari"; cfr. Campbell 1998, 38-45.
[12] Campbell 1998, 44-45, avanza l'ipotesi che Mantegna possa essersi ispirato al polittico di Bouts per alcune figure e alcuni elementi paesaggistici della predella della *Pala di San Zeno* del 1456-1459.

tribuito alla messa a punto dei procedimenti pittorici entrati in uso in Italia nel XV secolo. Ben più importante dell'adozione in sé del nuovo medium è invece il modo in cui gli artisti italiani cominciarono a servirsene. L'impulso venne loro dato, infatti, dalla presenza nella penisola di dipinti di provenienza nordica, importati in Italia in quantità sempre crescente via via che passavano i decenni.[6] Benché i mezzi atti a identificare con esattezza i leganti del colore siano disponibili soltanto da circa un ventennio, ed esclusivamente nei laboratori più attrezzati, si hanno già dati sufficienti a confermare che fu proprio nei centri dove ci risulta fossero presenti esemplari di pittura neerlandese di grande qualità che gli artisti italiani cominciarono per la prima volta a servirsi del medium oleoso, in maniera più meno analoga a quella che avevano avuto modo di ammirare in quelle opere. Questo fu soprattutto il caso di Ferrara, dove Leonello d'Este possedeva non solo il celebre trittico della *Deposizione dalla croce*, molto lodato da Ciriaco d'Ancona nel 1449, ma anche altre opere di Rogier van der Weyden, che ricevette i relativi pagamenti, via Bruges, nel 1450-1451. Ciriaco fu favorevolmente colpito anche dalle due tavole, già portate a termine dal pittore di corte Angelo da Siena o del Maccagnino (detto anche Parrasio), con le muse Clio e Melpomene (ora perdute), destinate a decorare il progettato studiolo di Leonello a Belfiore.[7] Dalla descrizione di Ciriaco risulta evidente che erano chiaramente influenzate dalle opere di Van der Weyden, e Ludovico Carbone, in uno scritto sullo studiolo del 1475-1476, ci informa che erano dipinte a olio. Se è giusto identificare la mano del Maccagnino in quelle parti delle tre *Muse*, ora a Milano e Ferrara, che non sono state alterate dal successivo intervento di Cosmè Tura (principalmente sulle due metà inferiori delle figure), allora la sua padronanza delle tecniche neerlandesi non può non apparirci in qualche modo superficiale (anche se le tavole di Ferrara sono molto danneggiate e ridipinte). Per capire meglio i fondamenti della tecnica di Rogier, e in particolare la profondità di tono ottenibile con le velature, è necessario osservare la *Musa* di Londra, probabilmente dipinta verso la fine del sesto decennio, quando sappiamo che Tura stava lavorando per lo studiolo. Si è potuto infatti determinare che questa tavola venne eseguita a olio su un diverso disegno preparatorio, abbandonato in fase ancora progettuale, probabilmente a causa della morte di Angelo del Maccagnino. Tura padroneggia la tecnica in modo talmente magistrale da farci addirittura ipotizzare che l'avesse in qualche modo appresa direttamente da Rogier van der Weyden.[8] Nel definire la trama vellutata della stoffa intessuta d'oro delle maniche si può ben dire che l'allievo ha superato il possibile maestro, al quale continuerà a guardare ancora per lungo tempo, pur non riuscendo più a dipingere con la stessa ricchezza di effetti.

Tura e Angelo del Maccagnino, tuttavia, non erano gli unici artisti attivi a Ferrara nel sesto decennio del Quattrocento a usare l'olio in maniera spiccatamente neerlandese. La recente pulitura del frammento di una *Madonna con il Bambino* (Museo di Castelvecchio, Verona), attribuita a un altro dei pittori dello studiolo, Michele Pannonio, ha messo in luce un modo di procedere meno raffinato di quello di Tura, ma di uguale interesse sotto il profilo tecnico.[9] La descrizione del fermaglio del manto rosso traslucido della Vergine, bordato di perle, le maniche di stoffa intessuta d'oro (sebbene qui sia stata utilizzata anche la foglia metallica) e la posa del Bambino Gesù, con le dita dei piedi rivolte all'insù, sembrano derivare da un modello fiammingo e suggeriscono la possibilità che uno dei dipinti pagati a Rogier van der Weyden nel 1450-1451 fosse appunto una Madonna col Bambino, che indossava un manto rosso invece di quello tradizionale azzurro delle pitture italiane.

Anche Jacopo Bellini, verso la fine della sua attività, dipinse una *Madonna col Bambino* dove la Vergine porta un manto rosso: l'ancora incantevole, malgrado i gravi danni subiti, *Madonna di Legnaro* (Gallerie dell'Accademia, Venezia). La morbidezza degli incarnati e il rosso intenso del mantello fanno pensare che l'opera possa essere stata dipinta, perlomeno in parte, a olio. Jacopo aveva certamente rapporti con Ferrara, dove è possibile che sia avvenuto il suo primo approccio con la tecnica, ma alcuni elementi della *Madonna di Legnaro* fanno sospettare che l'artista potesse avere visto anche uno o più dipinti con la Madonna e il Bambino di Dirck Bouts. Anche la Vergine della tavola del Museo Civico Correr di Venezia, attribuita a Bouts o alla bottega, ha il mantello rosso, ma quella del dipinto di Jacopo, dove assumono tanta importanza le mani della madre e i teneri gesti e gli sguardi scambiati con il figlio, sembra tradire il ricordo di altre *Madonne* di Bouts, per esempio quella nota in più versioni – compresa una con il manto rosso (Fine Arts Museum, San Francisco) – la migliore delle quali appartiene al Metropolitan Museum of Art di New York.[10]

Se si accoglie l'ipotesi di un influsso di Bouts, ne consegue che la *Madonna* di Jacopo deve essere collocata nell'ultima fase dell'attività del pittore veneziano, perché le opere del fiammingo non avrebbero potuto comunque arrivare a Venezia molto prima del 1455 circa.

Il polittico della *Crocifissione* (ora smembrato) di Dirck Bouts, dipinto probabilmente nel sesto decennio del Quattrocento, è eseguito su tela di lino con un legante a colla. La mobilità del supporto rende assai verosimile l'ipotesi che si trattasse di un'opera destinata a essere spedita all'estero, e più precisamente a Venezia.[11] La presenza di dipinti su tela d'importazione, eseguiti con colori temperati a colla, e forse addirittura di questa specifica pala d'altare, potrebbe avere indotto Andrea Mantegna ad adottare tale particolare tecnica in un numero considerevole di opere.[12] Si ha l'impressione che questo tipo di legante fosse molto meno usato nella stessa Venezia: un'importante eccezione è costituita dalla tela, assai deperita, di Gentile Bellini che raffigura il *Beato Lorenzo Giustiniani* (Gallerie dell'Accademia, Venezia) ed è datata 1465. Il tessuto impiegato è fitto e ad armatura semplice e l'aspetto magro di quanto rimane della pit-

Giovanni Bellini
*Cristo morto sorretto da due angeli*
particolare
Londra, The National Gallery

Particolare dal *Cristo morto
sorretto da due angeli*
in riflettografia a infrarossi

[13] Campbell 1998, 44, e Goffen 1989, 15.
[14] Venezia 1993, 218-219.

tura dimostra che l'opera non è mai stata verniciata ed è stata dipinta con un legante a colla o a gomma. Il vasto scenario paesistico, punteggiato dalle tracce di piccoli alberelli tondeggianti, riflette presumibilmente i paesaggi del polittico di Bouts, e in particolare quello della *Crocifissione* centrale. Si è anche ipotizzato che quei paesaggi possano avere esercitato un influsso notevole su certi dipinti giovanili di Giovanni Bellini.[13]

Se, come sembra probabile, Jacopo, Gentile e Giovanni Bellini erano tutti e tre al corrente delle novità introdotte a Venezia dai dipinti fiamminghi e ne subivano l'influsso, non ci si deve stupire più di tanto della recente scoperta di un legante a base di olio di semi di lino in alcuni prelievi effettuati su due opere apparentemente iniziali di Giovanni Bellini del Museo Civico Correr. Il medium è stato identificato nel cielo e nel verde dell'erba della *Trasfigurazione* (cat. 9), oltreché nel cielo del *Cristo morto sorretto da due angeli*.[14] La *Crocifissione* (cat. 12), il terzo dipinto giovanile del Museo Correr, non è stata analizzata, ma alcune particolarità – come la presenza di una sottile imprimitura a biacca di piombo (non necessaria per la pittura a tempera) e lo spessore quasi crestato del colore in certe zone, in particolare sulle pieghe più profonde del manto azzurro della Vergine o sull'intensa laccatura rossa del mantello di San Giovanni –

stanno a indicare che anche questa opera potrebbe essere stata dipinta, perlomeno in parte, a olio. D'altra parte, la resa della luce e del fiume serpeggiante, che riflette le immagini degli alberi, del ponte e della barca, appare impensabile in assenza di precedenti neerlandesi. L'utilizzo dell'olio fa pensare che queste prime opere risalgano al settimo decennio del Quattrocento, invece che agli anni cinquanta, come si è spesso creduto.[15] Questo non significa, comunque, che siano necessariamente più tarde di altri dipinti belliniani dei quali è stata dimostrata l'esecuzione a tempera all'uovo, come le due tavole giovanili della National Gallery di Londra – la grande *Preghiera nell'orto* e il *Sangue del Redentore* – o il *Polittico di San Vincenzo Ferrer* (Santi Giovanni e Paolo, Venezia).[16] È evidente che Giovanni Bellini aveva ricevuto una solida formazione nell'uso della tempera a uovo e che, come molti altri pittori italiani, perlomeno fino al XVI secolo, era in grado di utilizzare entrambe le tecniche, talora anche in un unico dipinto. Le indagini scientifiche hanno rivelato che sia il maestro sia gli aiuti di bottega hanno continuato anche nelle opere più tarde a servirsi di un legante a base d'uovo, che asciugava in fretta, per certi brani di pittura o per l'imprimitura e le colorazioni di base.[17]

Anche l'abitudine di Bellini di disegnare o meno sulla preparazione di un dipinto potrebbe avere soltanto un significato genericamente cronologico. Con la riflettoscopia in infrarosso non si è scoperto alcun disegno sotto la *Crocifissione* del Museo Correr,[18] mentre sotto la *Preghiera nell'orto* esiste un disegno preparatorio particolareggiato, ma del tutto privo di ombreggiature a tratteggio. L'accurata definizione dei contorni e delle pieghe del panneggio ricorda molto da vicino il tipo di disegno scoperto su certe tavole di Mantegna.[19] La riflettografia a infrarossi ha messo in luce una maggiore quantità di tratteggio nel *Sangue del Redentore*, in particolare sul panneggio dell'angelo. La *Trasfigurazione* e il *Cristo morto sorretto da due angeli*, invece, presentano proprio il tipo di disegno preparatorio, completo e accurato, che viene di norma associato con la produzione di Giovanni Bellini fino alla fine del secolo. Il tipico tratteggio diagonale, a linee parallele, con cui l'artista evidenziava le zone in ombra, è visibile con i metodi in infrarosso, ma anche a occhio nudo, soprattutto dove il passare del tempo o gli eventuali danni hanno reso più trasparente la pellicola pittorica. Questo genere di disegno è presente quasi di regola in opere riferite dalla critica alla fine del settimo decennio e agli inizi dell'ottavo, come per esempio il *Trittico di San Sebastiano* della chiesa di Santa Maria della Carità (Gallerie dell'Accademia, Venezia), la *Madonna Frizzoni* (Museo Civico Correr, Venezia), la cosiddetta *Madonna greca* (Pinacoteca di Brera, Milano), la *Presentazione al Tempio* (Galleria Querini Stampalia, Venezia) e il *Cristo morto e angeli* (National Gallery, Londra). Il legante di questi dipinti è stato analizzato soltanto in pochi casi, ma essi sembrano tutti eseguiti, almeno in parte, a olio, il che potrebbe indurre a ipotizzare che l'abitudine di Bellini di tracciare disegni preparatori così elaborati potesse essere in qualche modo in rapporto con l'adozione, da parte del pittore, del medium oleoso. È vero che gli artisti legati a Padova e a Ferrara (per esempio, Mantegna, Giorgio Schiavone, Carlo Crivelli e Francesco del Cossa) tradiscono in genere una tendenza a disegnare sull'imprimitura della tela in modo più particolareggiato di quello dei loro contemporanei fiorentini, ma è comunque sorprendente che i due pittori che eseguivano i disegni preparatori più complessi – Giovanni Bellini e Cosmè Tura – siano anche quelli che dimostravano una maggiore consapevolezza delle novità pittoriche importate dai Paesi Bassi. I disegni preparatori dettagliati, spesso con ampie zone a tratteggio per definire i volumi e il chiaroscuro, erano senza dubbio una delle caratteristiche tipiche di molta pittura neerlandese del XV secolo.

Anche senza porci il problema del legante della perduta *Santa Caterina da Siena* belliniana, o entrare nel dibattito sulla datazione della *Pala di Pesaro* (dipinta a olio, secondo quanto hanno accertato le analisi),[20] è quindi possibile dimostrare che nel 1475, quando Antonello arrivò a Venezia (non necessariamente per la prima volta) per dipingere la *Pala di San Cassiano* (Kunsthistorisches Museum, Vienna), la tecnica a olio era ormai ben nota nella bottega di Bellini. E se ne potrebbe anche dedurre che i metodi di lavoro del messinese siano stati influenzati in qualche modo dai dipinti visti a Venezia. Si ha l'impressione, tuttavia, che Antonello fosse già esperto nell'uso del medium oleoso, che aveva avuto modo di conoscere a Napoli, dove – se è vero quanto asserito da Summonte – aveva imparato il mestiere da Colantonio. Oltre ai dipinti, su tavola e su tela, di Van Eyck e di Rogier van der Weyden di proprietà di Alfonso d'Aragona, erano presenti nella città vesuviana anche opere dell'artista condotto a Napoli dal predecessore di Alfonso, Renato d'Angiò, noto in passato come il Maestro di René, ma ora plausibilmente identificato con Barthélemy d'Eyck. Costui potrebbe anche essere l'autore dell'*Annunciazione* di Aix-en-Provence, talora attribuita a un pittore diverso. Il maestro dell'*Annunciazione* di Aix, comunque, sebbene chiaramente influenzato da Van Eyck e da Robert Campin, non raggiungeva certo la loro raffinatezza tecnica quando utilizzava un legante oleoso. Lo stesso si può dire dei pittori valenzani e forse anche di quelli della Francia meridionale, le cui opere erano visibili a Napoli.[21] I dati tecnici di cui disponiamo sono troppo scarsi per consentirci di trarre conclusioni più precise, ma si ha la sensazione che quegli artisti prediligessero una tecnica a olio più veloce e opaca di quella utilizzata dai migliori maestri neerlandesi. Gli incarnati tendono a essere relativamente compatti e le parti più chiare delle pieghe del panneggio sono modellate con l'aggiunta di una cospicua percentuale di bianco di piombo. Soltanto le ombre più profonde sono ottenute con spessi veli di lacca: il risultato è l'estensione delle gamme tonali e l'esasperazione dei contrasti con le zone di massima luce. Que-

[15] Rona Goffen in Venezia 1993, data la *Crocifissione* al 1453-1455 circa e situa il *Cristo morto* e la *Trasfigurazione* un poco più in prossimità della fine del decennio. Sui dati che evidenzierebbero un avvio più tardo della carriera di Giovanni Bellini si veda Lucco 1990, II, 395-480.

[16] Cfr. Braham, Wyld & Plesters 1978, 24. Le analisi effettuate sul *Polittico di San Vincenzo Ferrer* sono citate da Volpin & Stevanato 1994, 39-42.

[17] Per esempio nella *Madonna del prato*, dove l'imprimitura e parte della colorazione di base sembrano eseguite a tempera o a tempera grassa (cfr. Mills & White 1977, 58); in un dipinto di bottega piuttosto tardo, ora a Baltimora (cfr. Packard 1970-1971, 82); e anche nella *Pala di San Giobbe* (Volpin & Stevanato 1994). Una colorazione di base a tempera all'uovo è presente anche nelle opere di alcuni pittori fiamminghi del XV secolo, in particolare Robert Campin, Rogier van der Weyden e Dirck Bouts. Si veda Campbell 1998, e Campbell, Foister & Roy 1997, 41.

[18] Sulle riflettografie a infrarossi dei dipinti del Museo Correr si veda Venezia 1993, 18-20, 128, 132, 216-217.

[19] Per qualche esempio di disegno preparatorio mantegnesco si veda Christiansen, 1992, 67-78.

[20] Valazzi 1988, 143. Gli esami hanno accertato che è stato dipinto a olio anche il *Ritratto di Jörg Fugger* (Norton Simon Museum, Pasadena), datato 1474.

[21] Per un esame dei vari tipi di dipinti presenti a Napoli verso la metà del XV secolo, e le relative riproduzioni, si vedano Messina 1981 e Sricchia Santoro 1986. Sull'identificazione di Barthélemy d'Eyck con il Maestro di René e con il Maestro dell'*Annunciazione* di Aix cfr. Reynaud 1989, 22-43.

Riflettografia a infrarossi
del *Salvator mundi*

Antonello da Messina
*Salvator mundi*
Londra, The National Gallery

[22] Cfr. Messina 1981, 33-34, per gli argomenti a sostegno della tesi che si tratti di un'opera giovanile; Sricchia Santoro 1986, 156, la colloca nel settimo decennio. Ma si veda anche Davies 1959, 41.

ste caratteristiche sono evidenti nei dipinti di Colantonio, ma anche nella produzione apparentemente giovanile di Antonello. La *Madonna col Bambino* (National Gallery, Londra) – se si accoglie l'ipotesi che si tratti di un dipinto del primo periodo del messinese, e non di un prodotto, probabilmente più tardo, di un seguace[22] – tradisce appunto un gusto per l'illuminazione molto accentuata, quasi violenta, che semplifica le forme del volto della Vergine e le pieghe del mantello, ma anche una vera passione per i particolari, e specialmente per lo sfavillio dei gioielli e delle perle. Un esame più ravvicinato, tuttavia, consente di scoprire che la stesura pittorica è in realtà piuttosto esitante e maldestra, con evidenti tracce di imperfetta essiccazione. La descrizione del tessuto dorato della veste della Vergine è ben lontana dalla resa raffinatissima di una stoffa analoga nella *Musa* di Londra di Cosmè Tura.

I pochi dipinti generalmente riferiti al periodo precedente il soggiorno veneziano di Antonello ci inducono a pensare che l'artista, pur subendo indiscutibilmente il fascino della pittura nordica, non avesse avuto accesso agli esemplari migliori e che, specialmente negli anni di Messina, si fosse dovuto limitare a sfruttare il ricordo di quanto aveva visto nel corso dei suoi viaggi. In seguito, però, si ha l'impressione che i suoi mezzi tecnici si siano andati perfezionando, apparentemente perché influenzati in modo più diret-

Riflettografia a infrarossi
di un particolare da *San Girolamo
nello studio* di Antonello da Messina
Londra, The National Gallery

to da quelli degli artisti neerlandesi. Recentemente si è fatto più di un tentativo di dimostrare che questo sarebbe stato il risultato di un contatto con un pittore fiammingo, avvenuto nei Paesi Bassi o in Italia, e più precisamente con Petrus Christus. Il dipinto di Antonello frequentemente addotto a suffragio della tesi è il *Ritratto d'uomo* (National Gallery, Londra), dove gli incarnati, se esaminati ai raggi X, rivelerebbero un'assenza di densità apparentemente simile a quella rilevabile con la tecnica radiografica nell'*Uomo con il turbante rosso* (National Gallery, Londra) di Jan van Eyck. Si è detto che questo avvalorerebbe l'ipotesi di un viaggio di studio di Antonello nei Paesi Bassi,[23] ma non bisogna dimenticare i vari fattori che possono influire sui risultati delle radiografie, modificandoli non poco: non soltanto lo spessore e la densità dei supporti pittorici, ma anche l'intensità dei raggi X e i tempi di esposizione stabiliti dal tecnico che esegue l'indagine. La stessa radiografia è stata utilizzata – insieme con un rapporto, basato esclusivamente sulle osservazioni del restauratore, sulla pulitura del ritratto antonelliano di Londra, avvenuta nel 1939 – per spiegarne le analogie con un *Ritratto di uomo* attribuito a Petrus Christus, ora a Los Angeles (cat. 2).[24] Le sezioni stratigrafiche eseguite sul ritratto di Los Angeles hanno messo in luce, sopra la preparazione, un'imprimitura sottile e traslucida color giallo-bruno – tutt'altro che rara nei dipinti neerlandesi[25] – che contiene carbone e terre rosse e gialle miscelate con olio di lino. In base al rapporto del 1939, si è affermato che l'Antonello della National Gallery possiede un'imprimitura dello stesso tipo e che questo potrebbe essere un dato significativo. Pur non essendo state eseguite campionature, un recente riesame, a forte ingrandimento, della superficie del dipinto fa sorgere il sospetto che si sia scambiato per un'imprimitura il vecchio gesso scurito e quasi dorato dal tempo. È quindi più probabile che il dipinto avesse una semplice preparazione a gesso ricca di colla, soprattutto in prossimità della superficie pittorica, proprio come quella descritta nei rapporti sul restauro del *Cristo morto sorretto da tre angeli* del Museo Correr e del *Cristo alla colonna* (Musée du Louvre, Parigi).[26]

Le innegabili analogie tra il ritratto della National Gallery e quello di Los Angeles sono forse imputabili a una comune derivazione da prototipi eickiani e al semplice fatto che i due effigiati sono vestiti in modo molto simile: è probabile, infatti, che entrambi fossero italiani. I dati tecnici attuali, d'altra parte, non sono sufficienti a dimostrare un rapporto diretto tra i due artisti. Il ritratto della National Gallery, inoltre, deve essere stato dipinto verso il 1475 ed è appunto nelle opere generalmente riferite agli anni del soggiorno veneziano che Antonello più si avvicina alla raffinatezza della pittura neerlandese. In terra veneta l'artista avrebbe potuto venire a contatto con un numero considerevole di opere nordiche, spesso di grande qualità.

Il *Salvator mundi* di Antonello (National Gallery, Londra), che dovrebbe essere un dipinto eseguito a Venezia se si accetta di leggere la scritta, apparentemente contraddittoria, sul cartellino come indicante la data 1475,[27] è chiaramente derivato da un modello nordico, presumibilmente una versione del *Salvator mundi* di Hans Memling, oggi al Norton Simon Museum di Pasadena (un prototipo di Memling renderebbe il 1475 la data più accettabile per il dipinto di Antonello). La primitiva posizione della mano benedicente del Cristo – il disegno preparatorio di Antonello, ora visibile a occhio nudo, è ulteriormente chiarito dalla riflettografia a infrarossi – è più vicina a quella del presunto originale di Memling di quanto non appaia nella versione finale. Il messinese ha eseguito la correzione per rendere la mano più simile a quelle piccole e con le dita corte delle sue altre opere, ma forse anche allo scopo di accentuarne lo scorcio prospettico. Si è precisato che la nitidezza della linea di contorno del disegno sottostante potrebbe indicare che quest'ultimo è stato riportato direttamente dal modello, probabilmente con la tecnica del ricalco.[28] I brevi tratti regolari e paralleli sul lato in ombra del naso del Cristo costituiscono l'unica zona di tratteggio del disegno preparatorio. Piccole ombreggiature molto simili sono state rilevate sulle pieghe della veste della Vergine nella *Crocifissione* della National Gallery, ma in tutte le altre parti del dipinto non si è vista che un'eventuale linea di contorno del tutto schematica. Si sono scoperte lievi tracce di disegno preparatorio sotto il *Cristo morto* del Museo Correr, forse con qualche accenno di tratteggio sul perizoma,[29] ma nulla si è potuto individuare con i metodi a infrarossi sotto il *Ritratto di uomo* o il *San Girolamo nello studio* (cat. 16) della National Gallery, né nel *Cristo alla colonna* e nemmeno nei ritratti del Louvre e di Berlino.[30] Se davvero Antonello avesse appreso la lezione direttamente da Petrus Christus – o da un altro artista neerlandese – ci si dovrebbe aspettare di vederne qualche riflesso nel suo modo di affrontare il disegno preparatorio.

In un certo senso, i piccoli dipinti di Antonello non sono altro che abilissime imitazioni dei migliori maestri neerlandesi, chiaramente molto apprezzate, in quanto tali, dai collezionisti veneziani. Per Marcantonio Michiel poteva essere difficile distinguere il *San Girolamo nello studio* dai dipinti di Jan van Eyck e Memling, ma i particolari apparentemente minuziosi della tavoletta di Londra, se esaminati da vicino, non reggono il grado di ingrandimento che le opere di Van Eyck, Van der Weyden e Memling possono invece sopportare senza alcun scadimento di nitidezza e di qualità. L'ambizioso scorcio del pavimento rende incoerente e illeggibile il disegno delle piastrelle, soprattutto se le confrontiamo, per esempio, con quelle dipinte da Van Eyck. Certe scorciatoie, come quella di suggerire lo schema costruttivo della muratura in pietra con una rete di incisioni sulla pittura ancora fresca, danno un'impressione di grande accuratezza esecutiva, ma evitano al pittore la fatica di tracciare materialmente tutte quelle linee sottili[31]. Il modellato del panneggio del *San Girolamo* non è costruito gradualmente attraverso molteplici velature: le ombre sono inve-

[23] Wright 1980b, 46, ritiene che Antonello si sia recato nei Paesi Bassi agli inizi della carriera. La tesi è ripresa in un successivo articolo sulla *Crocifissione* di Sibiu (ora a Bucarest), ancora fondato su un confronto radiografico di dubbia validità, dove al dipinto rumeno viene assegnata una datazione molto precoce: 1450-1452; cfr. Wright 1993, 20-31.
[24] Fronek 1995, 175-180; New York 1994, 61-65.
[25] Campbell, Foister & Roy 1997, 23-24.
[26] Venezia 1993, 218-219; Martin 1993, 55-59.
[27] Previtali 1980, 27-34.
[28] New York 1994, 62.
[29] Venezia 1993, 168.
[30] Martin 1993, 56.
[31] L'analisi dei campioni prelevati da questo dipinto e dal *Salvator mundi* ha rivelato la presenza di olio di noce, mentre il legante individuato nel *Cristo morto* del Musco Correr e nel *Cristo alla colonna* del Louvre risulta essere l'olio di lino.

Cima da Conegliano
*Cristo coronato di spine*
Londra, The National Gallery

ce intensificate mescolando del nero alla lacca rossa e i punti di maggiore luminosità risaltano grazie all'aggiunta di bianco di piombo. Nel *San Girolamo* e in altre opere analoghe i paesaggi tendono a essere il risultato di un piacevole assemblaggio di particolari, come si nota soprattutto nel *Cristo morto* del Museo Correr, dove l'altezza dell'orizzonte sulla sinistra del dipinto nemmeno coincide con quella della linea di separazione tra cielo e terra sul lato destro. In questo dipinto ciò che più colpisce è proprio l'elemento meno nordico, vale a dire il disegno possente e il modellato scultoreo di quanto resta delle figure. La leggenda diffusa da Vasari ha finito per esasperare l'interesse per una presunta introduzione a Venezia, da parte di Antonello, delle nuove tecniche pittoriche. Sull'evoluzione della pittura veneziana hanno invece influito in modo ben più determinante la drammatica resa luministica e la semplificazione dei volumi e dei contorni, avvertibili in opere come il *San Sebastiano* del messinese (Gemäldegalerie, Dresda), dove gli influssi padovani e forse ferraresi sono altrettanto importanti di quelli nordici. Le sezioni stratigrafiche dei campioni di colore prelevati dal *Cristo morto* di Antonello hanno rivelato una struttura molto semplice;[32] una tecnica altrettanto diretta caratterizza anche la *Pala di San Giobbe* di Giovanni Bellini (Gallerie dell'Accademia, Venezia).[33] Si è scoperto che alcune zone di quest'ultimo dipinto sono a tempera all'uovo, ma quando è stato usato l'olio – come sullo spesso strato di bianco del velo della Vergine, che reca ancora l'impronta della pen-

[32] Venezia 1993, 218-219.
[33] Volpin & Lazzarini 1994, 29-37.

nellata – lo si è fatto con una sicurezza straordinaria.[34] A causa delle maestose dimensioni della pala, certi particolari, come i capelli dei santi o il ricamo sul piviale di san Ludovico da Tolosa, sono dipinti in modo rapido e quasi impressionistico. Pur continuando fino alla fine dell'attività a produrre piccole tavole squisitamente particolareggiate (per esempio il *San Girolamo* di Washington), Giovanni Bellini è stato anche uno dei primi pittori italiani ad apprezzare le possibilità offertegli dal medium oleoso, quando doveva dipingere velocemente opere più grandi, comprese quelle su tela. Come in Toscana, l'utilizzo del legante oleoso potrebbe essere stato associato abbastanza presto alla pittura su tela.[35] Il telero con la *Pietà* del Palazzo Ducale di Venezia, oggi generalmente attribuito a Giovanni Bellini, viene di solito descritto come un dipinto a tempera, ma potrebbe essere stato eseguito con la tecnica a olio magro; le analisi hanno rilevato la presenza di un olio siccativo anche nella *Pala Barbarigo* (cat. 56) del 1488, dipinta con una magistrale economia di mezzi a vari colori applicati in un unico strato.[36]

Durante l'ultimo decennio del Quattrocento, quando Giovanni Bellini era impegnato a dipingere teleri (presumibilmente a olio) per la sala del Gran Consiglio, Cima da Conegliano iniziò la sua lunga serie di pale d'altare per le chiese veneziane e della terraferma. Qui, e in altre opere di più modeste dimensioni, l'artista si rivelò l'esponente più fedele della tradizione neerlandese, specialmente nella mirabile esecuzione dei particolari botanici, amorosamente osservati, del *Battesimo* della chiesa veneziana di San Giovanni in Bragora e della *Madonna dell'arancio* (Gallerie dell'Accademia, Venezia), o nella meticolosa descrizione dei piviali ricamati del San Luigi di Francia nel secondo dipinto e del San Magno dell'*Incredulità di San Tommaso* (Gallerie dell'Accademia, Venezia). La versione più grande nell'*Incredulità di San Tommaso* (National Gallery, Londra), condotta a termine nel 1504, denota un uso accurato e sapiente delle velature di colore, che allarga la gamma cromatica e accentua il senso di profondità della disposizione degli apostoli raggruppati attorno alla figura di Cristo.[37]

Fu proprio il colore, così ricco e vario, dei dipinti di Cima e di Bellini a influenzare maggiormente Albrecht Dürer nel 1505, quando l'artista tedesco giunse a Venezia per dipingere la *Pala del Rosario*. Il presunto primo viaggio a Venezia, del 1494-1495, non aveva comunque lasciato tracce apprezzabili sulla sua tecnica pittorica o lo stile.[38] La *Pala del Rosario*, come pure la *Madonna del lucherino* (Gemäldegalerie, Berlino), si distinguono dalla precedente produzione norimberghese del maestro per la presenza quasi sproporzionata di azzurro oltremarino (lapislazzuli polverizzato). È chiaro che l'oltremare era facilmente reperibile a Venezia, principale porto d'entrata del lapislazzuli, che veniva trasportato lungo la Via della seta dalle miniere di Badakshan (nell'odierno Afghanistan). Non vi è motivo di credere che i pittori tedeschi del XV secolo non fossero in grado di procurarsi l'oltremare, ma preferivano servirsi di un minerale estratto principalmente in Germania, l'azzurrite (che le fonti antiche italiane definiscono in genere "azzurro dell'allemagna").[39] La sfumatura verdastra di questo pigmento, che si fa più marcata con il passare del tempo, dà risultati diversi da quelli dell'azzurro più purpureo dell'oltremare, se messa in rapporto con altri colori, in particolare con il rosso, l'arancione e il giallo. Sebbene Dürer avesse già usato largamente quest'ultimo colore in alcune delle opere eseguite a Norimberga, l'intenso giallo dorato (pur molto restaurato) della veste dell'angelo dinnanzi al trono nella *Pala del Rosario* fa pensare che fosse rimasto colpito dalle vibranti tonalità arancione che Giovanni Bellini e soprattutto Cima, stavano cominciando a ottenere con una miscela, quintessenzialmente veneziana, di orpimento e realgar: i solfuri di arsenico di colore giallo e arancio.[40] Anche il lilla del panneggio della figura all'estrema sinistra della pala di Dürer potrebbe essergli stato ispirato dall'analogo colore del manto del San Pietro nella pala di Giovanni Bellini della chiesa di San Zaccaria a Venezia. L'oltremare, con la sua tonalità purpurea, è un componente particolarmente adatto a ottenere quella specifica inflessione di colore.

Per il supporto e la preparazione della pala d'altare, ma anche per la *Madonna del lucherino*, Dürer fece ricorso a materiali disponibili in loco: legno di pioppo e gesso. È risultata essere a base di gesso anche la preparazione del *Ritratto di Burkard von Speyer* (Collezioni Reali, Windsor Castle), il cui biancore è leggermente attenuato da un'imprimitura traslucida bruno-rosata, contenente bianco di piombo, vermiglione e nero miscelati con una notevole percentuale di legante.[41] È stato identificato un piccolo quantitativo di pigmento rosso nel bianco della preparazione del *Ritratto di Oswolt Krel* (Alte Pinakothek, Monaco) del 1499, e le analisi hanno messo in luce preparazioni leggermente colorate, di solito tendenti al rosa, in opere di altri pittori tedeschi degli inizi del XVI secolo.[42] Anche in Italia stavano cominciando ad apparire colorazioni di base più intense: un fenomeno che non era affatto specificamente veneziano, come si è detto di frequente.[43]

Il ritratto di Dürer della Royal Collection si ispirava con tutta evidenza allo stile ritrattistico tardo di Giovanni Bellini, che ricambiò il complimento del collega tedesco cercando di acquistare uno dei suoi quadri. Joachim Camerarius, l'amico di Dürer, narra nella sua prefazione all'edizione latina dei *Vier Bucher von Menschlicher Proportion*, del 1532, come Bellini avesse chiesto al collega d'oltralpe uno speciale pennello, con il quale il vecchio pittore veneziano era convinto si potessero dipingere simultaneamente più capelli: gli venne mostrato un pennello assolutamente normale. L'aneddoto è probabilmente un'invenzione usata come pretesto per lodare la bravura di Dürer;[44] quanto a Giovanni Bellini, è chiaro che a quell'epoca non doveva essere più molto interessato a dipingere i capelli uno per uno.

[34] Volpin & Stevanato 1994, 41.

[35] Dunkerton & Roy 1998, 26-30. Si attendono con grande interesse i risultati della pulitura e degli esami effettuati sul *Trittico dei quattro Padri della Chiesa*, dipinto su tela da Antonio Vivarini e Giovanni d'Alemagna nel 1444.

[36] Lazzarini 1983, 23-25.

[37] Dunkerton 1994, 145-151; e, più particolareggiatamente e con più illustrazioni, Dunkerton & Roy 1986, 4-27.

[38] Sui dubbi avanzati a proposito del primo soggiorno veneziano di Dürer si vedano Smith 1979, 273-290; Sponza 1994, 127-144.

[39] Burmester & Krekel 1998, 101-105.

[40] Sull'uso di questi pigmenti da parte di Bellini e Cima si vedano Lazzarini 1983, 135-144 (ma più in particolare 139); Dunkerton & Roy 1986, 17. L'orpimento, ma non in combinazione con il realgar, è presente in uno degli angeli del *Cristo morto* di Antonello (Venezia 1993, 231) e in uno degli angeli musicanti della *Pala di San Giobbe* (Volpin & Lazzarini 1994, 33).

[41] Miller 1988.

[42] München 1998, 237. Sulle imprimiture rosate di alcuni dipinti di Cranach, per esempio, cfr. Heydenreich 1998, 106-111.

[43] Dunkerton & Spring 1998, 120-130.

[44] Smith 1972, 326-329.

Riflettografia a infrarossi
sul particolare di *Davide e Jonathan*
di Cima da Conegliano
e sul particolare dell'*Autoritratto*
di Albrecht Dürer

Cima da Conegliano
*Cristo coronato di spine*
particolare
Londra, The National Gallery

a destra
Albrecht Dürer
*Autoritratto*
Monaco, Alte Pinakothek

45 München 1998, 315-323, fornisce altri particolari sul disegno sottostante l'*Autoritratto*, e cita molti altri esempi di disegni preparatori di Dürer. Si ingrazia Andreas Burmester del Doerner-Institut di Monaco per aver fornito una copia del riflettogramma in infrarosso dell'*Autoritratto* di Dürer e di averne discusso con me.
46 Sono grata a George Bisacca, del Metropolitan Museum di New York, per l'informazione sul supporto del *Salvator mundi*. Sull'identificazione dell'oltremare cfr. Burmester & Krekel 1998, 103. Se si tratta davvero di un dipinto veneziano, la citazione, da parte di Dürer, della *Pala di San Giobbe* di Bellini per la figura del Sant'Onofrio dello scomparto laterale (ora a Brema) non può più essere addotta a prova di una precedente sosta dell'artista tedesco a Venezia nel 1494-1495. Si veda, per esempio, Anzelewsky 1991, 189-190.

Agli inizi del XVI secolo, le tecniche pittoriche italiane e nordiche erano diventate ormai molto più simili tra loro di quanto non fossero state cinquant'anni prima, quindi risulta difficile individuare casi precisi di scambi di informazioni tecniche tra Dürer e i pittori da lui incontrati a Venezia. Vi è comunque il sospetto che Cima fosse uno dei frequentatori del suo studio. Il disegno sottostante l'*Incoronazione di spine* (National Gallery, Londra), opera di Cima, generalmente datata 1510 circa, è straordinariamente particolareggiato nel suo tenero modellato a tratteggio, eseguito con un medium liquido, applicato con brevi tratti a punta di pennello. Questo stile somiglia assai poco a quello normalmente adottato da Cima per i disegni preparatori, che si avvale di linee di contorno fluide e di spessore uniforme, con rare zone di ombreggiatura a tratteggio piuttosto distanziato. Il modo di ombreggiare che si osserva nell'*Incoronazione di spine* sembra essere più elaborato di quello di tutti i disegni finora scoperti sotto le pitture di Bellini (e le prove raccolte paiono dimostrare che, a questa data, i disegni preparatori del vecchio maestro si fossero ormai ridotti al puro contorno). Tra i disegni preparatori pubblicati, l'unico confrontabile con quello di Cima è stato scoperto con la riflettografia in infrarosso nel famoso *Autoritratto* di Dürer (Alte Pinakothek, Monaco) del 1500: il disegno rivela un grado di elaborazione eccezionale anche per il pittore tedesco, ed è chiaro che Cima non aveva avuto modo di conoscerlo.[45] Questo suggerisce comunque la possibilità che avesse visto un disegno analogo in un dipinto di Dürer ora perduto, forse addirittura del medesimo soggetto della tavola della National Gallery. Sotto il deperitissimo *Salvator mundi* (Metropolitan Museum of Art, New York) esiste un disegno preparatorio particolareggiato (e oggi tristemente visibile a occhio nudo), anche se meno minuzioso di quello dell'*Autoritratto*. Il *Salvator mundi* viene di solito datato intorno al 1504-1505, ma deve essere stato eseguito a Venezia, perché il supporto è di legno di pioppo e la veste del Cristo è dipinta con grande abbondanza di oltremare.[46] Nella tavola di Cima gli incarnati sottili e quasi traslucidi, ma soprattutto la descrizione della capigliatura del Cristo, potrebbero tradire la conoscenza di un'opera molto simile al *Salvator mundi*.

Anche Giorgione fu forse stimolato dalla presenza di Dürer quando dipinse con tanta cura la frangia dello scialle della *Vecchia*, ma i pittori veneziani della nuova generazione furono altrettanto colpiti dalla capacità del collega d'oltralpe di dipingere in modo veloce ed essenziale, specialmente nel famoso caso del *Cristo fra i dottori* (cat. 53), che risulta avere un'imprimitura analoga a quella del *Ritratto di Burkard von Speyer*. È possibile che sia stato davvero eseguito in soli cinque giorni, ma è evidente che la progettazio-

Paolo Fiammingo
*Combattimento dei figli di Borea contro le Arpie*
intero e particolare
Londra, National Gallery

[47] Dunkerton, Foister & Penny 1999, in particolare cap. 8.
[48] Faires & Wolff 1996, 730.
[49] Gifford 1986, 2 ss.

ne dell'opera deve essere stata assai più lunga. Dürer si era già dimostrato in grado di dipingere in maniera rapida e spontanea, per esempio la scena con *Lot e le figlie* sul retro della *Madonna col Bambino* della National Gallery of Art di Washington, di solito datata verso la fine dell'ultimo decennio del Quattrocento, o il paesaggio del *Ritratto di Elsbeth Tucher* (Gemäldegalerie, Kassel) del 1499. Gli alberi e l'erba sono ridotti qui ad appunti stenografici, il che fa venire in mente la drastica eliminazione dei particolari necessaria a chi pratica la tecnica xilografica. Astrazioni dello stesso genere si osservano nelle opere di Altdorfer; anche Lucas Cranach il Vecchio, definito sulla pietra tombale "pictor celerrimus", aveva esordito dipingendo con una sicurezza sbalorditiva. E a Venezia dovevano essere ben noti il tocco vibrante di un pittore come Bosch e le sue lumeggiature filiformi pressoché in rilievo. L'adozione di un tipo di stesura pittorica più libera e impulsiva, che lasciava bene in vista le pennellate, non costituiva affatto una novità esclusivamente veneziana, come si è spesso sostenuto.[47] Sotto il profilo tecnico, infatti, si può concludere che – per Giorgione, Tiziano, Lotto e, fuori dai confini di Venezia, Dosso Dossi – la pittura di paesaggio tedesca ha rivestito esattamente la stessa importanza che avevano avuto in precedenza i "paesi" fiamminghi per Antonello e per Giovanni Bellini.

Nel XVI secolo gli artisti nordici vennero in Italia in numero sempre crescente. Proprio come Dürer, anche Jan van Scorel adoperò per i supporti e le preparazioni i materiali disponibili sul posto: i cambiamenti ci consentono addirittura di ricostruire il percorso seguito dall'artista per raggiungere la penisola attraverso l'Austria. Il suo *Tobiolo e l'angelo* (cat. 126), dipinto a Venezia nel 1521, ha una preparazione a gesso ed è quasi certamente su tavola di pioppo, come il *Passaggio del Mar Rosso* (cat. 125). Si è accertato che è di legno di pioppo anche il supporto del *Paesaggio con torneo e cacciatori* (Art Institute, Chicago), sebbene questa tavola manchi di una preparazione vera e propria e abbia invece due semplici strati di imprimitura a base di bianco di piombo.[48] L'allievo di Van Scorel, Martin van Heemskerck, durante il suo viaggio di studio in Italia, si accontentò di una tela preparata a gesso per dipingere il grande *Ratto di Elena* (Walters Art Gallery, Baltimora), eseguito a Roma nel 1536.[49]

Questa graduale standardizzazione delle tecniche pittoriche facilitò l'adozione, da parte degli artisti nordici, dei metodi in uso nelle botteghe italiane. Lambert Sustris, che era nato ad Amsterdam e forse aveva imparato anche lui il mestiere da Van Scorel, lavorò molti anni a Venezia, dove è possibile che faces-

Esame radiografico
di un particolare
dell'*Origine della Via Lattea*
di Jacopo Tintoretto
Londra, National Gallery

se parte del gruppo di pittori nordici attivi nella grande bottega di Tiziano. L'indagine scientifica sul suo *Diana e Atteone* (Christ Church Picture Gallery, Oxford) ha messo in luce una tecnica molto vicina a quella di Tiziano.[50] Come in molte delle opere tarde di quest'ultimo, la tela di Oxford ha una semplice preparazione a base di gesso (ora molto scurito e macchiato di colla), senza tracce evidenti di imprimitura. L'idea sembra avere preso forma in gran parte durante la stesura pittorica e si notano numerosi pentimenti. I molteplici strati osservabili nelle sezioni del colore danno l'impressione di trovarci davanti a una tecnica complessa, ma – di nuovo come avviene con i dipinti di Tiziano – essi sono piuttosto il risultato di tante sovrapposizioni e modifiche. L'esame ai raggi X rivela che la composizione è stata impostata con tocchi rapidi e impulsivi (forse in parte influenzati dalla pennellata dello Schiavone, con il quale Sustris risulta aver collaborato), ma l'esito finale è decisamente più controllato, con gli incarnati, in particolare, dipinti a velature diafane e delicate (compromesse dalle passate puliture). Questo elemento, combinato con la preziosità del colore, va forse visto come un indizio delle origini nordiche dell'artista. Il *Salomone e la regina di Saba* (National Gallery, Londra), un dipinto che ha molto sofferto, esibisce un colorito più pallido e smorzato. La tela è preparata non con il gesso, ma con il carbonato di calcio, il che non indica necessariamente che il dipinto sia stato eseguito a nord delle Alpi, poiché è stata accertata la presenza di questo materiale, invece del ben più prevedibile gesso, anche in altre opere veneziane della seconda metà del XVI secolo.[51] Soltanto il gruppo principale, formato da Salomone e dalla regina inginocchiata, è stato dipinto direttamente sulla preparazione; tutte le altre figure si sovrappongono alle architetture già condotte a termine. Le linee verticali delle colonne sono state tracciate in un primo tempo con il regolo in un color bruno rossiccio, usando il pennello o un gessetto da disegno. Per la maggior parte seriamente abrasa, le figure erano dipinte con una tecnica fluida e trasparente, senza un vero e proprio impasto.

Se la tecnica di Sustris ricorda quella di Tiziano, il modo di dipingere di Paolo Fiammingo risulta più strettamente imparentato con quello di Tintoretto. Il *Paesaggio con figure mitologiche* e il suo *pendant* con il *Combattimento dei figli di Borea contro le arpie* (National Gallery, Londra; già attribuiti da alcuni autori a Pozzoserrato) sono dipinti su ruvide tele dall'armatura a spina di pesce, preparate con il gesso e un'imprimitura grigio-bruna piuttosto chiara. In parte a causa del deterioramento dello smaltino, usato abbondantemente nel paesaggio e nel cielo, è ora possibile vedere come l'artista avesse abbozzato gli elementi paesaggistici con incoerenti fioriture in nero e bianco. Troviamo idee o figure abbozzate nello stesso modo anche nella produzione di Tintoretto, per esempio nel bozzetto non finito, del Metropolitan Museum of Art di New York, per il *Doge Mocenigo presentato al Redentore*; le radiografie dell'*Origine della Via Lattea* (cat. 195), d'altra parte, mostrano come Tintoretto individuasse le figure con rapide pennellate di bianco di piombo.[52] Questa maniera di abbozzare una composizione divenne possibile soltanto quando gli artisti cominciarono ad adottare preparazioni sufficientemente colorate da far risaltare il segno bianco. Gli strati preparatori di Tintoretto (e anche di Jacopo Bassano) erano spesso molto più scuri di quelli del bozzetto di New York e delle tele di Paolo Fiammingo. Qualche volta erano di un intenso color cioccolata e di tanto in tanto persino neri.[53]

Verso la fine del XVI secolo l'abitudine di dipingere su superfici colorate era ormai molto diffusa, anche tra gli artisti nordici attivi per alcuni periodi in Italia.[54] Spranger dipinse la sua *Adorazione dei Magi* (National Gallery, Londra), del 1595 circa, su una preparazione rosso-bruna; gli artisti nordici che preferivano usare come supporti le lastre di rame le preparavano di solito con qualche mano di olio, di un colore che andava dal biancastro al quasi nero (è il caso del notturno di Elsheimer con *San Paolo a Malta* della National Gallery di Londra), ma più spesso di un grigio intermedio. Sembrerebbe logico che fossero stati i dipinti su rame di Elsheimer, Hans von Aachen e Rottenhammer a incoraggiare i pittori veneziani che lavoravano di tanto in tanto su supporti metallici, compreso Paolo Veronese e i suoi aiuti di bottega, autori (dopo la morte di Paolo) di una pala d'altare su lastre di rame per la chiesa di San Giobbe. Tuttavia, in base ai pochi dati disponibili, parrebbe invece che il rame fosse stato usato per la prima volta come supporto per i dipinti proprio in Italia e che ciò fosse avvenuto più o meno in concomitanza con l'introduzione delle tecniche acquafortistiche nella produzione delle stampe. Forse non è solo una coincidenza che Parmigianino, che incideva all'acquaforte, risulti avere dipinto un ritratto su rame; né si deve dimenticare che Vasari era probabilmente nel giusto quando attribuiva a Sebastiano del Piombo l'innovazione di dipingere su pietra o su lavagna (a suo dire, Sebastiano aveva dipinto anche su supporti metallici).[55]

I più antichi dipinti su rame sono probabilmente perduti per sempre (benché vi sia qualche speranza di ritrovare la famosa *Maddalena leggente* di Correggio, spesso ritenuta non autografa, forse ingiustamente, proprio perché eseguita su rame; il dipinto è scomparso da Dresda alla fine dell'ultima guerra). Qualunque studio sulla storia delle tecniche pittoriche in uso a Venezia nei secoli XV e XVI è inevitabilmente compromesso dalla perdita o dalla mutilazione di buona parte dei dipinti che si trovavano un tempo nella città lagunare. Questo tipo di esame è ulteriormente limitato dall'ancora scarso quantitativo di dati scientifici emerso dalle indagini sulle opere sopravvissute. Tuttavia, le analisi tecniche sui dipinti continueranno a fornire molte valide informazioni atte a fare luce su quello scambio di idee e di immagini, di materiali e metodi che costituisce il vero tema di questo volume.

[50] Massing 1994, 38-46. A quanto mi risulta, questo è l'unico studio pubblicato finora sulla tecnica di Sustris. La stesura pittorica della *Venere giacente* del Rijksmuseum è descritta in Amsterdam 1998, 40-43, ma purtroppo non sono stati esaminati campioni di colore. Sulla tecnica di Tiziano esiste oggi una vasta letteratura: se ne veda una bibliografia in Dunkerton, Foister & Penny 1999.

[51] Penny, Roy & Spring 1996, 32-55, ma soprattutto 46-48.

[52] Plesters 1980, 32-48.

[53] Dunkerton & Spring 1998, 123.

[54] Miedema & Meijer 1979, 79-98. L'articolo è stato scritto prima che si rendessero disponibili gli studi basati sulle sezioni stratigrafiche, ma contiene comunque molte osservazioni assai utili.

[55] Dunkerton, Foister & Penny 1999, cap. 9; e Komanecky, Horovitz & Easthaugh 1998, 136-139.

Vittore Carpaccio, *Caccia in valle*
particolare
Venezia, Musei Civici Veneziani
Museo Correr
cat. 27

Il *Timone d'Atene* di Shakespeare inizia con una discussione filosofica tra un pittore e un poeta. Il primo si chiede se la sua pittura non sia "funzione, imitazione della vita. Che dite di questo tocco?" e il poeta risponde: "Di esso dirò che insegna alla natura. L'arte che in questi tratti gareggia con la vita è più viva della vita stessa."[1] Il concetto che il pittore dovrebbe riuscire a ottenere un'imitazione realistica della vita su una superficie bidimensionale ha una illustre ascendenza che risale all'antichità classica. Alle scene di genere, con la loro rappresentazione realistica del quotidiano, è intrinsecamente connessa l'idea che un quadro sia in grado di cogliere lo spirito o l'essenza stessa della vita. Nel corso del tardo Quattrocento e nel primo Cinquecento le rappresentazioni della vita quotidiana – cioè le scene di genere – cominciarono ad avere una loro autonomia, tanto a nord quanto a sud delle Alpi.

Si può definire la scena di genere come una rappresentazione di imprese umane non tanto azioni di determinati individui (come fa, per esempio, il quadro storico), quanto azioni tipiche compiute da personaggi anonimi. Il termine "genere", nel senso in cui è usato correntemente nella storia dell'arte, ha subito una curiosa metamorfosi rispetto al suo significato originario di derivazione francese: ai tempi di Diderot era usato essenzialmente per indicare un'opera che non aveva palesi riferimenti mitologici o religiosi.[2] Attorno alla metà dell'Ottocento la categoria "quadro di genere" si era ormai divisa ulteriormente in due tipi distinti. Da un lato il "genere basso", che ritraeva la vita di campagna, con una certa propensione per una comicità un po' rozza; dall'altro il "genere alto", riferito alla vita quotidiana delle classi superiori, nel quale predominava l'ordine morale. Oggi, data la sempre crescente consapevolezza dell'importanza di un linguaggio "politicamente corretto", si tende a preferire le espressioni "vita umile" e "vita elevata". Nei secoli XV e XVI, in ogni modo, la categorizzazione dei tipi in pittura era piuttosto diversa e il modo in cui le scene di genere erano interpretate, di qua e di là dalle Alpi, riflette generalmente le fondamentali divisioni geografiche, politiche, sociali e religiose che esistevano tra le varie regioni europee. Come e quando le scene di genere abbiano attraversato le Alpi e come esse venissero accolte rispettivamente dall'altro versante, costituisce tuttora una zona grigia nello studio dell'arte rinascimentale. Già nell'antichità classica la pittura di genere era considerata una forma inferiore d'arte, rispetto alla pittura storica. I teorici del Rinascimento italiano ereditarono e rielaborarono questo atteggiamento. Nello sviluppo del loro pensiero ebbero particolare importanza le opere di Plinio il Vecchio, che usava la parola *parergia* per indicare i particolari secondari che un pittore può aggiungere al suo quadro per renderlo più gradevole.[3] Nel 1527 Paolo Giovio applicava il termine pliniano all'opera dell'artista ferrarese Dosso Dossi, lodandone l'abilità a dipingere "parerga", ossia paesaggi fitti di deliziose piccole digressioni, come "prospere faccende campagnole, agricoltori allegramente occupati nei loro affari, la caccia, l'uccellagione e tutte quelle attività così piacevoli per l'occhio".[4] Plinio aveva anche parlato dell'opera di un tal Piraikos, che aveva raggiunto una notevole fama dipingendo piccoli quadri rappresentanti temi umili: "Dipingeva botteghe di barbiere e bancarelle di ciabattino, asini, cibi e cose simili, e pertanto ebbe un nome greco che significa 'pittore di soggetti sordidi' (*rhyparographos*)".[5] Benché Plinio non abbia mai direttamente condannato queste umili opere, è percepibile da parte sua una reazione non del tutto positiva. Il suo atteggiamento piuttosto scettico nei confronti della rappresentazione della quotidianità sarebbe stato ripreso secoli dopo da Giorgio Vasari, il quale commentava sbrigativamente che Jacopo Bassano, benché fosse un buon pittore, era soprattutto noto per i suoi piccoli quadri e le sue pitture rappresentanti animali.[6]

Nei Paesi Bassi, d'altronde, Hadrianus Junius paragonava Pieter Aertsen a Piraikos, indubbiamente allo scopo di giustificare le scene di mercato di quest'ultimo, conferendo loro l'imprimatur di una ascendenza classica.[7] Parafrasando da vicino Plinio, Junius narrava come Aertsen si fosse guadagnato l'epiteto di *rhyparographos* impegnandosi deliberatamente a ritrarre oggetti umili, come contadinelle, cibi, verdure, polli sgozzati, anatre, merluzzi e altri pesci e ogni genere di utensili da cucina. I quadri di Aertsen divennero in tal modo strettamente connessi alla cultura umanistica, che prediligeva un ritorno agli antichi generi, piuttosto che alla tradizione artistica medievale, nella quale i bozzetti di vita quotidiana erano abitualmente considerati in una luce negativa.[8]

A partire dal XII secolo, si potevano trovare rappresentazioni di vita contadina nelle sculture raffiguranti i lavori dei mesi che ornavano i portali delle chiese e più tardi nelle pagine o nei margini miniati dei salteri e libri d'ore.[9] Queste scene trasmettono spesso la falsa impressione che preoccupazione prima dell'artista fosse di riuscire a ritrarre in maniera realistica la vita quotidiana del contadino. Così, si cita spesso la scena rappresentata nel bordo inferiore di una pagina del trecentesco *Salterio Luttrell*, dove si interpreta l'arrancare del contadino che ara, e di quello che guida la coppia di buoi, come null'altro che una vivace rappresentazione della vita campagnola, mentre in realtà si tratta di un sottile commento al testo del salmo scritto nella pagina, come pure di un evidente riferimento alla condizione sociale di inferiorità dei lavoratori.[10] Allo stesso modo, le famose scene del "Calendario" dipinte dai fratelli Limbourg all'inizio del XV secolo nel libro d'ore *Très riches heures* per il duca di Berry, non sono semplici brani di realismo nordico, ma rappresentazioni ideologiche dei contadini come creature incolte, zotiche e volgari.[11] L'immodestia della coppia che mostra gli organi sessuali mentre solleva gli abiti per riscaldarsi, nel mese di febbraio, risalta in netto contrasto con i più decorosi nobili raffigurati per il gennaio, che mangiano e bevono davanti a un confortevole fuoco. Le azioni dei contadini, lungi dall'evocare, come vorrebbe in-

[1] William Shakespeare, *Timone d'Atene*, I, 1, trad. di R. Oliva, in *Shakespeare. Teatro completo*, V, Milano 1964.

[2] Stechow & Comer 1975-1976.

[3] Plinio 1958-1962, IX, 334-337 (L. XXXV, 101). Cfr. Gombrich 1966, 112-114.

[4] Gilbert 1952, 204; Gombrich 1966, 114 e 151, nota 33. Il testo completo dei *Fragmentum Trium Dialogorum* di Giovio si trova in Girolamo Tiraboschi, *Storia della letteratura italiana*, Milano 1824, XIII, 2444-2498.

[5] Plinio 1958-1962, IX, 342-354 (Libro XXXV, 112).

[6] Vasari 1568, VII, 455.

[7] Junius 1588, 239-240; Falkenburg 1996, 24-25.

[8] Recentemente gli studiosi hanno esplorato a fondo questo aspetto. Per il Nord, Alpers 1975-1976; Miedema 1977; Alpers 1978-1979; Baldin 1986; Carroll 1987; Moxey 1989, soprattutto 35-66; Gibson 1991, 11-52. Per l'Italia Aikema 1996, in particolare 19-23; Emison 1997.

[9] Sulla scultura monumentale si veda Webster 1938; Bresciani 1968; Perez Higuera 1998. Analoghe decorazioni scul-

toree si trovano a Venezia alla base delle colonne nella Piazzetta di San Marco e sulla facciata dell'omonima basilica: si veda Schlink 1985; Demus, Lazzarini, Piana & Tigler 1995. Sulla tradizione manoscritta, Hansen 1984.

[10] British Library, Londra, Add. MS 42130, c. 170r, vedi Camille 1987. Un esempio di come queste scene siano state considerate illustrazioni realistiche delle pratiche agricole contemporanee si trova in Epperlein 1975 e in un numero della diffusa italiana *Medioevo* 7 (1999), dove le immagini sono estrapolate dal contesto originale, per mostrare come fosse la vita in campagna mille anni fa.

[11] Musée Condé, Chantilly; Alexander 1990.

[12] Panofsky 1952, I, 70-71. Un'interpretazione meno idilliaca delle attività contadine si trova in Alexander 1990.

[13] Anonimo Morelliano 1888, 104: "Lodansi in esso soprattutto li 12 mesi, et tra li altri il febbraro, ove uno fanciullo orinando nella neve, la fa gialla et il paese ivi è tuto nevoso e giacciato."

[14] Castelnuovo 1986. Il rapporto preciso tra gli affreschi di Trento e le scene del "Calendario" delle *Très riches heures* rimane tuttora un problema irrisolto. Come sottolinea Castelnuovo, tuttavia, le somiglianze sono troppo grandi perché possa trattarsi di una semplice coincidenza.

[15] Murutes (1973) ha collegato le immagini dei bambini che orinano con lo spirito del comico citato da Filostrato e in particolare con il putto orinante in *Gli Andrii* di Tiziano (Museo del Prado, Madrid). Meijer 1980, 180-181, avanza l'interessante ipotesi che Tiziano abbia basato la sua figura sull'immagine del *Breviarium Grimani*. Nonostante quello che si potrebbe definire come il carattere umoristico di entrambe le scene, la cosa non sembra convincente. È assai più probabile che il putto di Tiziano possa essere collegato ai concetti classici di fortuna e fecondità, spesso associati con rapporti sessuali e matrimoni; si veda Cavalli-Björkman 1987, 98-99.

[16] Pächt 1950. Si veda anche Malacarne 1998, in cui si traccia l'evoluzione della scena di caccia dall'alto Medioevo sino agli affreschi cinquecenteschi di Giulio Romano al Palazzo Te di Mantova.

durci a credere Panofsky, "i piaceri della vita semplice" o "gli atteggiamenti pittoreschi delle classi inferiori", vengono viste con un certo fastidio, per non dire con aperto disprezzo.[12]

Le pagine del "Calendario" nel volume delle *Très riches heures* servirono da modello per miniature simili nel *Breviarium*, acquistato nel 1520 dal cardinale veneziano Domenico Grimani (cat. 129). Nel mese di febbraio ancora una volta un contadino mostra il suo sesso, nell'atto di sollevare la tunica per riscaldarsi. Ancora più esplicitamente volgare, poi, è il ragazzino che si sporge dalla porta del granaio per orinare sulla neve. Descrivendo la raccolta del cardinale Grimani, Marcantonio Michiel sceglie in particolare questa scena, soffermandosi alquanto su come l'orina del ragazzino abbia ingiallito la neve.[13] Questa è l'unica immagine, su circa 1280 miniature, che Michiel descrive; può darsi che si trovasse all'inizio del *Breviarium* e che egli non avesse studiato con altrettanta cura il resto del libro, o forse il naturalismo dei campi coperti di neve gli apparve come una novità. È possibile che Michiel non fosse a conoscenza dell'affresco dell'inizio del XV secolo, nella Torre Aquila a Trento, rappresentante gennaio, dove un gruppo di signori e signore sono impegnati in una battaglia a palle di neve.[14] Ciò che appare chiaro è che Michiel sentiva che il carattere esplicitamente indecente della scena era qualcosa che meritava il suo commento, se non il suo scherno. In Italia, come al nord, i contadini venivano tradizionalmente considerati ridicoli e il comportamento rozzo del ragazzo avrebbe provocato risa e scherno nel pubblico dall'una come dall'altra parte delle Alpi.[15]

Nelle pagine del "Calendario" il contrasto tra le classi sociali è pungente e mordace. Si alternano scene raffiguranti gli *otia* degli aristocratici (caccia, caccia col falcone, pesca) con quelle che rappresentano il lavoro stagionale dei contadini (aratura, semina, raccolto). I contadini appaiono invariabilmente intenti alle loro fatiche, all'ombra del sontuoso castello del padrone, quando non direttamente sotto il suo occhio vigile. Mentre una tale divisione gerarchica può oggi suggerire il potere repressivo delle classi superiori, all'epoca si dava alle scene di "vita elevata" la dubbia giustificazione morale che la caccia non lasciava tempo per peccare. Filippo IV, tuttavia, che amava molto cacciare, si sentiva obbligato a giustificare questa sua passione come una debolezza. L'eleganza stilizzata delle più antiche scene venatorie venne in seguito sacrificata all'interesse crescente per i particolari naturalisticamente verosimili.[16] I pittori olandesi su tavola del primo Quattrocento condividevano quest'interesse per la verosimiglianza. Scene religiose e secolari si riempivano sempre di più di oggetti d'uso quotidiano, testimoni della penetrante capacità d'osservazione dell'artista. Da questo punto di vista nessuno poteva rivaleggiare con Jan van Eyck, il cui straordinario dipinto *I coniugi Arnolfini* (National Gallery, Londra) attesta l'ineguagliabile abilità nel rendere l'apparenza tangibile, palpabile dell'orditura degli oggetti e dei riflessi della luce. Sembra che Van Eyck abbia dipinto anche una scena che potrebbe definirsi di genere "alto", del tipo che normalmente si collega alle pagine del "Calendario".

Secondo Michiel, l'umanista padovano Leonico Tomeo possedeva una tela eseguita da "Gianes da Brugia" in cui si vedeva la cattura di una lontra con una trappola, sotto lo sguardo di due passanti.[17] "Gianes da Brugia" viene di solito identificato con Jan van Eyck, ma bisogna ricordare che nel XVI secolo, all'epoca in cui Michiel scriveva la sua "notizia", vi era la tendenza ad attribuire a questo pittore ogni opera di sapore vagamente neerlandese. Michiel, inoltre, è notoriamente inattendibile per quanto riguarda le notizie tecniche e spesso confonde dipinti fiamminghi su tavola con quadri su tela.[18] Nemmeno dal punto di vista del soggetto gli si può sempre prestare fiducia, e in questo caso è difficile stabilire esattamente come fosse questo preteso Van Eyck, dato che abbiamo pochi materiali con cui paragonarlo. Gli studi di animali di Giovannino de Grassi nel suo cosiddetto "Taccuino di disegni" (Biblioteca Civica, Bergamo) non sono composizioni finalizzate al racconto.[19] La caccia era un tema assai diffuso negli arazzi ed è stato suggerito che il quadro di Padova possa avere qualche cosa in comune con gli arazzi di caccia Devonshire (Victoria and Albert Museum, Londra), che furono probabilmente realizzati a Tournai nel quarto decennio del Quattrocento e in parte dei quali è raffigurata una caccia alquanto macabra alla lontra e al cigno.[20] L'influenza degli arazzi si può riscontrare anche nelle scene venatorie illusionistiche, affrescate al volgere del XV secolo nella Sala Baronale del castello di Issogne, in Val d'Aosta.[21] Attraverso una serie alternata di fittizi pannelli di broccato e colonne di cristallo e di marmo, si scorgono vedute paesaggistiche fitte di vivaci episodi di commercio e caccia. È molto probabile che affreschi simili, arazzi di provenienza nordica, o opere singole, come quella segnalata a Padova, abbiano costituito la fonte d'ispirazione per la *Caccia in valle* di Vittore Carpaccio (J. Paul Getty Museum, Los Angeles), che era un tempo unita alle *Due dame* (Museo Correr, Venezia; cat. 27).[22] I due elementi dell'opera potrebbero aver costituito la metà di una doppia imposta o le due ante di una porta, come quelle rappresentate nello sfondo della *Visione di Sant'Agostino* dello stesso Carpaccio (cat. 18).[23] Se l'ipotesi fosse corretta, la resa realistica degli oggetti e la veduta della laguna avrebbero prodotto un effetto *trompe-l'œil*, simile a quello degli affreschi d'Issogne.

Per molti anni la metà del quadro conservata al Museo Correr fu erroneamente interpretata come la rappresentazione di cortigiane veneziane che "sedute sulla loro altana ben arredata, circondate da cani, pavoni e uccelli esotici, passano il tempo tra un cliente e l'altro."[24] In altre parole, una scena essenzialmente di genere situata a mezza via tra la professione "bassa" delle donne e la loro clientela "alta". Per quan-

[17] Anonimo Morelliano 1888, 16: "Lo quadretto in tela dun piede, ove è dipinto un
paese cum alcuni piscatori che hanno preso una lodra cum due figurette che stanno
a vedere, fu di mano di Gianes da Brugia."
[18] Wolfthal 1989, 19 sostiene, sulla base
delle notizie fornite da Michiel, che vi
erano nove tele di pittori neerlandesi nelle collezioni veneziane più antiche. Ma
proprio in questo studio vengono esaminati appunto alcuni di quei quadri e,
checché ne dica Michiel, sono su tavola,
si vedano la *Visione dell'aldilà* di Bosch
(cat. 111); il *Paesaggio con il martirio di
Santa Caterina* di Joachim Patinir (cat.
118); il *Passaggio del Mar Rosso* di Jan
van Scorel (cat. 125). Per questo aspetto
bisogna prendere con un certo scetticismo le conclusioni di Wolfthal.
[19] Bergamo 1989, 77-90; per i rapporti in
generale tra Giovannino de Grassi e la
pittura miniata a nord e a sud delle Alpi,
si veda Pächt 1950.
[20] Digby & Hefford 1971.
[21] Griseri 1971. Anche le volte del portico del castello sono affrescate, con scene
di mercato dove si vendono frutta e verdura. È difficile collegare direttamente
queste scene con opere più tarde di soggetto analogo prodotte a Venezia e nel
Veneto. È tuttavia legittimo assumere
che esse non costituissero un caso isolato,
ma che altri affreschi simili non siano sopravvissuti.
[22] Si veda Goldner 1980, che allora non
riteneva che le due tavole costuissero un
*unicum*; anche Venezia 1993, 74-81.
[23] Una ricostruzione dei due pannelli in
Szafran 1995.
[24] Lawner 1987, 25.
[25] Polignano 1992; Augusto Gentili e Flavia Polignano, alla voce, in Venezia 1993,
74-81.
[26] Tra il 1528 e il 1533 Cranach dipinse
numerose variazioni sul tema della Melancolia: Basel 1974, I, 292-293; Fischer
& Monrad 1997, 50-51.
[27] Panofsky 1934.
[28] Si veda, per esempio, Badaux 1990, 9-
67; Seidel 1993; Hall 1994, in particolare
95-129.
[29] Si vedano le schede sulla *Nascita della
Vergine* (Accademia Carrara, Bergamo;
cat. 19) e sull'*Annunciazione* (Ca' d'Oro,
Venezia; cat. 69) di Carpaccio

Gerard Horenbout
Breviarium Grimani
*Il mese di Febbraio*
Venezia, Biblioteca Nazionale Marciana

to dubbio possa essere questo tipo di lettura, era basato su un'analisi degli oggetti realisticamente resi che empiono il quadro di Carpaccio: le colombe, il giglio nel vaso, la mela d'oro "di Venere", i cani, il mirto e persino gli abiti delle dame. Più di recente la posizione sociale delle due signore veneziane è stata riabilitata da una interpretazione nuova dei medesimi oggetti.[25] Ora ci si dice che il quadro di Carpaccio è il doppio ritratto di due donne ricche e nobili che – benché colte in un momento privato di riposo – vengono rappresentate come esemplari morali di virtù femminile. Sono circondate da simboli (le colombe e la mela) che la mitologia classica associa a Venere, considerata la naturale primogenitrice dell'amore, e dai simboli di Maria Vergine (il giglio e il mirto), che rappresenta la maternità e le virtù familiari abbracciate dal cristianesimo. Esse siedono pensose, forse anche un poco tristi, sulla loro terrazza, pensando all'amore e ai loro amati assenti. In base a questa interpretazione si sostiene che la scena di caccia non sia una veduta della laguna veneziana e tanto meno una graziosa piccola variazione per compiacere l'occhio, ma una proiezione allegorica dei pensieri più riposti delle due dame. L'immagine carpaccesca di penso-so abbattimento è, di fatto, straordinariamente simile alla *Melancolia* di Lucas Cranach il Vecchio del 1532 (Statens Museum for Kunst, Copenhagen), ove la figura alata della Melanconia siede su una terraz-za circondata da animali simbolici e altri attributi.[26] Oltre il bordo di un basso parapetto, si scorge una veduta panoramica con una spaventevole cavalcata di streghe che attraversa il cielo su una nuvola scura, al di sopra di un'aspra battaglia di cavalleria. L'intero schema strutturale del quadro di Cranach è vicino alla tavola ricostruita di Carpaccio e il paesaggio demoniaco del maestro tedesco sembra essere, come la scena di caccia veneziana, un riflesso delle meditazioni della protagonista.

Il dibattito sul simbolismo delle *Due dame* e della *Caccia in valle* carpaccesche rammenta la controversia che imperversa attorno al significato dei *Coniugi Arnolfini* di Van Eyck. In un articolo oggi famoso sul di-pinto, Panofsky avanzava l'ipotesi che il pittore avesse accuratamente scelto oggetti domestici che rico-prissero un duplice ruolo: da un lato erano elementi realistici, dall'altro portatori di un significato che tra-scendeva la loro realtà immanente.[27] Questo concetto di "simbolismo camuffato", che dominò per molti

pagina a lato
Jan van Eyck
*Coniugi Arnolfini*
Londra, The National Gallery

Sebald Beham
*Grande festa ecclesiastica*
xilografia

[30] Allo stesso modo, oggetti quotidiani usati per chiarire il significato di un quadro si trovano in *Vulcano che sorprende Venere e Marte* (Alte Pinakothek, Monaco). Questo è un soggetto mitologico, piuttosto che una scena di genere; tuttavia i particolari realistici sono utilizzati per far entrare lo spettatore nella beffa dell'inganno di Venere ai danni del marito; si veda Brown 1996.

[31] Riguardo al Maestro del Libro di Casa, si veda Amsterdam 1985, 162. Una ricapitolazione recente della letteratura su Bruegel e i contadini, Gibson 1991, 11-52.

[32] Van Mander 1994-1998, I, 190-191.

[33] Radbruch & Radbruch 1961, 85, citato da Moxey 1989, 36.

[34] Miedema 1977; Vandenbroek 1984; Raupp 1986; Moxey 1989, 35-66.

[35] Alpers 1972-1973; 1975-1976; Alpers 1978-1979; Carroll 1987; Gibson 1991, 11-52.

[36] Vandenbroeck 1988, 70.

[37] Un'analisi della letteratura contemporanea pro e contro i contadini, nell'Italia del primo Cinquecento, si trova in Emison 1997, 91-125. Si vedano anche Frugoni 1980; Aikema 1996, specie 20-22, dove si sottolinea l'immagine negativa datane nella letteratura; Merlini 1894 contiene un'utile selezione di testi dell'epoca.

[38] Epperlein 1975, 117-119; Camille 1987, 423-433.

[39] Frugoni 1980.

[40] Erasmus 1989, 184, n. Iix 12.

[41] Berlin 1989, 119.

[42] Koslow 1975.

[43] Un esame completo della questione del contadino virtuoso e del contadino pigro in Alexander 1980, 444-447.

[44] Sui disegni, Wethey 1987, 160-161. Sin nel XVIII secolo questi disegni erano ancora insieme nella collezione di Everhard Jabach. W.R. Rearick, in Paris 1993, 623-625, ha suggerito che il disegno del Louvre dovrebbe avere il titolo di *Estate* e che sarebbe stato concepito come *pendant* di

anni gli studi sul Rinascimento nordico, è stato sottoposto a pesanti attacchi.[28] Senza entrare qui nella discussione, basterà dire che il significato di queste opere – che veniva indubbiamente in certa misura espresso per il tramite dei cosiddetti oggetti quotidiani – non era certamente nascosto agli spettatori contemporanei dell'uno come dell'altro versante delle Alpi. Nel caso dei *Coniugi Arnolfini*, i clienti erano italiani che vivevano a Bruges e, indipendentemente da quali fossero la funzione specifica e il significato del quadro, esso doveva necessariamente essere comprensibile a entrambe le culture. Non si dovrebbe dimenticare neppure che gli oggetti rappresentati da Van Eyck erano anche elementi chiave nella sua costruzione illusionistica dello spazio. Anche Carpaccio sembra esser stato particolarmente affascinato dalla maniera olandese di rappresentare gli interni, inserendo spesso in sequenze complesse stanze simili a quelle che si vedono nei quadri neerlandesi, come pure una profusione di oggetti descritti con minuzioso naturalismo.[29] Mentre dunque il dipinto ricostituito di Carpaccio può rappresentare una combinazione particolarmente italiana di mitologia classica e simbolismo religioso, rivela una sensibilità autenticamente nordica nel modo in cui oggetti quotidiani vengono usati per trasmetterne il significato. Sia il doppio ritratto di Van Eyck sia quello di Carpaccio sono pervasi da motivi moralizzanti ed emblematici, celati sotto spoglie realistiche. In questo senso sono tutt'e due strettamente connessi alla tradizione della pittura di genere, senza essere essi stessi di per sé quadri di genere.[30]

Più decisamente entro i confini della pittura di genere "pura" si situano le rappresentazioni di contadini. Benché, come s'è accennato prima, i contadini fossero sempre comparsi – tanto a nord come a sud delle Alpi – in innumerevoli scene religiose, quali la Natività o la Crocifissione, e avessero ricoperto un ruolo importante nelle raffigurazioni dei lavori dei mesi, con la metà del Quattrocento essi divennero soggetti in prima persona. Introdotta dapprima nelle stampe, quali la *Coppia contadina* del Housebook, la rappresentazione di contadini avrebbe raggiunto la sua forma forse più famosa un centinaio d'anni dopo nelle allegre pitture di baldorie paesane di Pieter Bruegel il Vecchio.[31] Come nel caso delle precedenti scene medievali, le immagini rinascimentali dei contadini sono state spesso considerate "specchio della vita", espressioni dell'epoca basate su un'attenta osservazione di usi e costumi contemporanei. Già nel 1604 Karel van Mander spiegava l'opera di Bruegel come conseguenza delle umili origini dello stesso artista e del fatto che egli amava vestirsi da contadino e recarsi alle fiere e ai matrimoni, fingendosi un amico o un membro della famiglia di uno degli sposi: "Qui Bruegel si divertiva a osservare il carattere dei contadini – mentre mangiavano, bevevano, danzavano, saltavano, amoreggiavano e si divertivano – e tutto ciò egli poi imitava nella pittura nel modo il più animato e sottile".[32] L'idea che le scene di genere siano innanzitutto naturalistiche è persistentemente durata sino ai giorni nostri. Non moltissimi anni addietro, il grande quadro di Sebald Beham del 1535 *Grande festa della chiesa* veniva descritto come "realtà brutale, robusta e oscena, senza alcuna satira o senso critico o morale."[33] La concezione che l'opera di Bruegel o Beham sia priva di ogni significato più alto, al di là della trascrizione letterale del particolare, è stata recentemente sostituita da un'accanita controversia sulla lezione morale inerente alle scene raffigurate.

Da una parte le scene di baldoria paesana, con tutta la loro scostumatezza e ubriachezza, sono state interpretate come sermoni visivi sul peccato e la follia; esempi morali in negativo, che mostrano all'osservatore raffinato quale sia il tipo di comportamento da evitare.[34] Si dice che le rappresentazioni sono comiche soltanto nella misura in cui fanno ridere lo spettatore sul comportamento brutto, stupido e deviante delle classi inferiori, in tal modo rafforzando in lui la convinzione della propria superiorità. D'altra parte, si sono visti i contadini in una luce più positiva, come celebrazione della cultura campestre e di una identità originaria della Germania e dei Paesi Bassi.[35] Almeno per quanto concerne la storia della letteratura, non vi fu mai un'immagine costante del contadino e le concezioni apparentemente contraddittorie o anomale della classe lavoratrice trovano le loro radici in tradizioni differenti ma coesistenti.[36] Mentre l'odio sprezzante con cui sono visti i contadini è ben documentato tanto al Nord quanto al Sud, bisogna ricordare che la Chiesa glorificava il lavoro come mezzo di redenzione.[37] Vero è che Cristo ha riscattato l'uomo, ma ciascun individuo deve meritare la grazia e fare la sua parte per la salvezza della propria anima. Come castigo della sua disobbedienza, Adamo è stato cacciato dal paradiso, costretto a coltivare i campi, ma la sua dura fatica ha un valore morale positivo e costituisce il modello per tutte le generazio-

Tiziano
*Pastore dormiente*
Parigi, Musée du Louvre

Tiziano
*Pastore che suona il flauto*
Vienna, Graphiche Sammlung Albertina

*Donna nuda dormiente e gregge* (J. Paul Getty Museum, Los Angeles), che egli intitola *Autunno*. In questo caso, il contadino addormentato è visto non come pigro, ma come personificazione della stagione di caldo soffocante, quando è forse difficile rimanere svegli nell'ora del meriggio; il nudo dormiente con la testa coperta del disegno del Getty è interpretato come simbolo del passare della fertilità estiva e dell'avvicinarsi della sterilità invernale. Recentemente Mellinkoff (1998), ha interpretato, in maniera ancora meno convincente, il disegno del Getty come *Lot e le figlie*, dove il nudo femminile dormiente sarebbe la personificazione della pigrizia.
[45] David Rosand in Washington 1988b, 67-73, ha collegato queste immagini con le *Georgiche* di Virgilio e con le lettere di Plinio il Vecchio sulla sua villa toscana.
[46] Su Bellini si veda Eisler 1989, 105-128, che collega i disegni con allestimenti scenici per feste di corte, e Joost-Gaugier (1975), che li situa nel contesto della nuova letteratura realistica della novella. Per i contadini di scuola del Mantegna, Hind 1938-1948, I, 259-260 (E. III. 26-29) e V, 40 ( Giovanni Antonio da Brescia. 12); Emison 1997, 160-168. Sulla *Coppia di contadini che litigano*, Hind 1938-1948, V, 178-179 (Benedetto Montagna. 12); Emison 1997, 118.
[47] Strauss 1980, 74-78.
[48] Su questo gruppo in generale si vedano Zschelletzschky 1975; Goddard 1988; Moxey 1989, 11-34; Thea 1998, 49-57.
[49] I tre giovani artisti vennero convocati davanti al consiglio comunale di Norimberga, nel 1525, per rispondere dell'accusa di radicalismo. In quell'occasione Barthel Beham dichiarò che tutte le pro-

ni future.[38] In una cultura prevalentemente agricola e regolata dal ciclo della crescita, tutte le classi sociali dipendevano dalla terra, la cui coltivazione era considerata uno dei generi di lavoro più importanti.[39] I principali artefici della Riforma contavano l'agricoltura tra le più alte occupazioni del cristiano, perché essa è utile alla società nel suo insieme, a differenza del commercio e dell'usura, che sono attività parassitarie. Nel 1515 Erasmo rilevava che, benché i contadini fossero disprezzati dalle classi superiori, erano in realtà i membri innocenti ed essenziali della società.[40]

Non era peccato essere un contadino, era bensì peccato essere un contadino pigro. La pigrizia veniva spesso personificata da un lavoratore dormiente, che aveva abbandonato aratro e cavalli o, come nel disegno eseguito attorno al 1480 da Ludwig Schongauer, raffigurante *La favola della pecora e il lupo* (Kupferstichkabinett, Basilea), da un pastore cui veniva rubato il gregge mentre aveva gli occhi chiusi.[41] Sul finire del XV secolo, il dormire con le mani pigramente incrociate o nascoste era diventato il modo comune di rappresentare mendicanti, sciocchi e contadini.[42] I contadini virtuosi, la cui funzione naturale secondo la volontà di Dio era di lavorare, venivano mostrati intenti all'aratura o mentre sorvegliavano le greggi.[43] In questa luce si possono interpretare due dei disegni pastorali di Tiziano, *Pastore dormiente con il suo gregge* (Musée du Louvre, Parigi) e *Pastore che suona il flauto e conduce il suo gregge* (Graphisches Sammlung Albertina, Vienna), come coppia in antitesi.[44] Nel primo, un pastore negligente s'è addormentato, lasciando il gregge incustodito, mentre il suo opposto nel disegno dell'Albertina conduce virtuosamente le pecore verso un ruscello perché si dissetino. Visti insieme, questi disegni di Tiziano, lungi dall'essere semplicemente immagini bucoliche, trasmettono un chiaro messaggio religioso filtrato dalla maniera pastorale: il valore positivo del lavoro viene opposto al peccato biasimevole dell'indolenza. Non si tratta di allusioni legate esclusivamente a testi letterari, ma di concetti che riflettevano, rafforzandole, norme sociali comuni sui versanti delle Alpi.[45]

Mentre in Italia nel tardo Quattrocento e nel primo Cinquecento si possono trovare raffigurazioni di contadini anche al di fuori di contesti religiosi – disegni di Jacopo Bellini a soggetto rustico, incisioni attribuite alla scuola di Mantegna o la *Coppia contadina che litiga* di Benedetto Montagna[46] – tuttavia immagini di questo tipo sono assai più limitate di quanto non avvenisse al Nord, in parte perché al Sud la tendenza dominante era verso l'idealizzazione dell'arte e in parte perché molto di quanto in effetti esisteva consisteva di opere secolari a fresco, che sono andate perdute. A Norimberga, comunque, alla fine del XV secolo, fioriva il commercio di xilografie, manifesti e incisioni che illustravano quelli che, in senso lato, si potrebbero definire "temi popolari". Sul finire del secolo Albrecht Dürer aveva creato una serie di fogli raffiguranti scene di vita "bassa", come *Il cuoco e sua moglie*, *Tre contadini in conversazione* e *Coppia contadina che balla*.[47] Con l'inizio del secolo seguente, temi di questo genere sarebbero divenuti parte del repertorio di un gruppo dei suoi più immediati seguaci, come Sebald Beham, Barthel Beham e Georg Pencz, riuniti sotto la definizione di "Piccoli Maestri" perché spesso lavoravano su scala ridotta.[48] Le loro immagini di vita umile sono state spesso riferite alla guerra dei contadini del 1525, nella quale si ritiene che circa 100.000 ribelli siano stati massacrati. Non v'è dubbio che i tre giovani artisti fossero solidali con la causa dei contadini – a differenza di Dürer che, a giudicare dal suo *Monumento per commemorare una vittoria sui contadini ribelli*, pare avesse preso una posizione più conservatrice.[49] A ogni modo, ben prima della rivolta Sebald Beham aveva realizzato incisioni con contadini in cammino verso il mercato, chiaramente basate sull'iconografia, comica ma non nuova, derivata dal Maestro del Libro di Casa e da Dürer, nella quale il campagnolo zotico veniva giocosamente ridicolizzato.[50] Benché i fogli di Beham siano stati interpretati come prova della sua simpatia per la triste condizione dei contadini, è forse più sottile vederli come propaganda satirica in favore della Riforma e in opposizione agli abusi dell'imperatore cattolico Carlo V.[51]

A partire dal terzo decennio del Cinquecento, xilografie provenienti dalla cerchia più ristretta che attor-

Benedetto Montagna
*Coppia che litiga*
xilografia

Albrech Dürer
*Coppia che balla*
incisione

prietà dovrebbero essere divise egualita-
riamente, cosa che era una delle principali richieste dei contadini. Riguardo al
momumento di Dürer, si vedano Greenblatt 1983, 1 14; Thea 1998, 65-68.

[50] Koch 1978, 103-108; Hollstein 1954-
1998, III, 100-110. A proposito di stampe
più antiche su un tema satirico simile,
Raupp 1986, 40-81.

[51] Zschelletzschky 1975, 298-303, ritiene
che siano stati realizzati a sostegno della
causa dei contadini. Un'interpretazione
opposta si trova in Moxey 1989, 35-66.

[52] A proposito delle poesie su manifesto
di Hans Sachs, si veda Norimberga 1976,
ove sono illustrati circa quattrocento
esempi.

[53] Carroll 1987, 294.

[54] Mi sono basata soprattutto sul lavoro di
Goddard 1988, ma si veda anche French
1925.

[55] In Gibson 1991, 18-19, sono riprodotti sia il testo che l'immagine. I testi di
questi manifesti sono spesso stati tagliati
via, come è accaduto per questa xilografia: si veda Norimberga 1976, 101 e 140.

[56] Landau & Parshall 1994, 219.

[57] Goddard 1988, 17-18.

[58] Vasari 1568, V, 400: "Fece molti abiti

niava i Beham venivano spesso utilizzate come illustrazioni per manifesti con testo accompagnatorio del poeta di Norimberga Hans Sachs (1494-1576).[52] Queste stampe contenevano una satira delle debolezze umane e si dilungavano in banalità moraleggianti espresse in mediocri versi dialettali, che evidentemente toccavano una corda sensibile della tronfia e compiaciuta borghesia urbana. Nel senso più letterale, si trattava di brani di propaganda per la Riforma trasformati in immagini, in cui i contadini o i paesani apparivano come simboli della causa comune contro la Chiesa di Roma e l'espansionismo imperiale. Il quadro *Grande festa della chiesa* di Sebald, citato in precedenza, è ricco non solo di festeggiamenti e danze, e degli aspetti meno gradevoli del lasciarsi andare, ma anche di persone che fanno gare di corsa, che giocano a bocce e salgono sull'albero della cuccagna. Paesani e campagnoli sciolgono le tensioni della vita quotidiana tramite questi giochi competitivi, ciò che li pone in una luce favorevole perché, a differenza dei ribelli del 1525, essi non cercano di cambiare la loro condizione sociale. Tuttavia, come ha indicato Carroll "queste opere trasmettono un senso di simpatia per il contadino che, dal punto di vista della sostanza politica, è praticamente indistinguibile dal disprezzo."[53] Un atteggiamento che è simile a quello che si ritrova nei *Fastnachtspiele* (commedie carnascialesche) di Hans Sachs, ove i contadini appaiono generalmente come figure comiche, capri espiatori degli scherzi.[54] Talvolta Sach ritrae il contadino anche come immagine della dignità umana, un saggio "uomo naturale", pio e onesto insieme.

Un lato umoristico ma positivo delle classi umili appare evidente nella xilografia di Niklas Stoer, *La saggezza del gufo*, accompagnata da versi di Sachs che spiegano che la donna scaltra cattura tutti gli uomini fuorché il contadino.[55] Nella xilografia si vede un rozzo zotico che mette in guardia i borghesi ben vestiti dalle malizie della donna, sfuggendo alle sue grinfie. Si tratta però ancora di un'immagine a due facce, dove la semplice bontà del contadino è messa a contrasto con i suoi istinti elementari nei riguardi della donna.

Il pubblico cui erano indirizzate queste stampe, in Germania, era un'élite costituita da una classe superiore colta, e probabilmente da artigiani istruiti, ma non comprendeva gli stessi contadini. Benché si possano definire i loro contenuti come "popolari", non erano rivolte precipuamente alla "gente comune."[56] L'idea che i contadini potessero comprare per pochi centesimi questi fogli è stata risolutamente confutata.[57] Le stampe eseguite in Germania e nei Paesi Bassi venivano raccolte anche in Italia, ma è difficile stabilire in che misura fossero ricercati questi manifesti contenenti poesie propagandistiche e rappresentazioni della vita umile. Vasari cita qualche stampa nordica, che appartiene chiaramente alla categoria generale del genere della vita umile. Descrive piccole incisioni di Dürer, con contadini in vari costumi "fiaminghi", che suonano la cornamusa e ballano, vendono polli e via dicendo.[58] L'unica scena di genere che egli citi di Lucas di Leida è *Il dentista*, riguardo al quale osserva giustamente: "un villano che, facendosi cavare un dente, sente sì gran dolore, che non s'accorge che in tanto una donna gli vota la borsa."[59] Vasari inoltre attribuisce al Maestro I.B. (Sebald Beham) un gruppo di immagini di "Tedeschi che vanno con le loro donne ai piaceri", che può essere identificato con la serie di Beham dei *Dodici mesi* o *Festa per l'anniversario della chiesa di Mögelsdorf*, dove coppie di contadini danzanti si dirigono verso una festa chiassosamene oscena.[60] Purtroppo i riferimenti a stampe nordiche nelle collezioni veneziane sono meno specifici delle informazioni vasariane. Michiel annota che il cardinale Grimani possedeva opere di Dürer, e quasi certamente si trattava di stampe, senza specificarne il soggetto.[61] Allo stesso modo l'inventario del 1567 di Gabriele Vendramin raramente indica il soggetto delle sue stampe, benché siano registrati più di un migliaio di esemplari.[62] Le stampe di Vendramin erano per lo più raccolte in album di varie dimensioni, rilegati in cuoio di colori diversi. Almeno tre album contenevano opere di Dürer, tra cui le serie della *Passione* e dell'*Apocalisse*, e un altro racchiudeva piccole incisioni su rame di un anonimo artista tedesco.[63] Sarebbe allettante collegare queste "cartine picole" con i "Piccoli Maestri" di Norimberga, ma è più probabile che esse rappresentassero temi religiosi, mitologici o erotici, di mano di uno di questi artisti, anziché pittoresche vignette di vita quotidiana. Di fatto, il mezzo più comune per rappresentare scene di genere di vita umile era la xilografia e le xilografie nordiche, a parte la famosa serie di Dürer citata, non figurano in misura rilevante in alcuna collezione cinquecentesca italiana.[64]

Come è ben comprensibile, i manifesti nordici di fattura più rozza avevano un interesse minore per i collezionisti italiani, il cui principale interesse per la grafica era di carattere estetico. Essi cercavano le opere di coloro che ancor oggi sono considerati *la crème de la crème*: Martin Schongauer, Albrecht Dürer e Lucas van Leiden.[65] Le qualità formali di queste stampe – il loro valore tonale e la finezza della linea – erano stimate assai più del loro contenuto. D'altro canto, gli artisti collezionavano stampe specificamente per ciò che raffiguravano; come una riserva di idee da cui attingere per i propri lavori. Lorenzo Lotto, per esempio, annotava l'acquisto di tre stampe come spese "per l'arte", accanto a vari pigmenti, olii e tele che aveva intenzione di portare a Treviso.[66] I documenti sono scarsi, ma sembra fondato asserire che ogni bottega importante disponesse di alcune stampe, anche se non in gran numero. In generale queste raccolte dovevano includere una campionatura più vasta di prodotti grafici nordici di quanto non accada per le collezioni dei conoscitori e, almeno in un caso, si può indicare con certezza un artista nel Veneto che possedeva xilografie satiriche fatte a Norimberga.

Si tratta di Jacopo Bassano. Da molto tempo si è riconosciuto quanto Jacopo si affidasse a fonti grafiche italiane e nordiche. Per esempio, il muro cadente sulla sinistra dell'*Adorazione dei Magi* del 1542 circa

Jacopo Bassano
*Fuga in Egitto*
particolare
Toledo, The Toledo Museum of Art
Acquisizione con i fondi
del Libbey Endowment
Dono del Edward Drummond Libbey
cat. 134

diversi alla fiaminga in diverse carte stampate piccole, di villani e villane che suonano la cornamusa e ballano, alcuni che vendono polli e altre cose, e d'altre maniere assai." Vasari tendeva a usare indifferentemente i termini "fiamingo" e "tedesco". Sulle incisioni di Dürer, Strauss 1980, 77-78.
[59] Vasari 1568, V, 411. Per l'incisione, Marrow, Strauss, Jacobowitz & Stepanek 1981, 291.
[60] Vasari 1568, V, 440. Sulle incisioni, Lawrence 1988, 208-212; Moxey 1989, 42-46.
[61] Anonimo Morelliano 1988, 104.
[62] Ravà 1920, 174-175; Landau & Parshall 1994, 289-292.
[63] Ravà 1920, 175: "Un libro longo coverto di cuoro negro con alcune cartine picole in stampa de rame de man de un Thodesco."
[64] Bury 1985, 24.
[65] Landau & Parshall 1994, 293.
[66] Lotto 1969, 244. Purtroppo il soggetto e l'autore di queste stampe non sono registrati.
[67] Su Bassano, Fort Worth 1993, 63-64 e 272-274. Sulle xilografie di Dürer, Strauss 1980, 185.
[68] Strauss 1984, 79. La *Bibbia di Lione* fu pubblicata per la prima volta nel 1518 e le matrici vennero riutilizzate tra il 1519 e il 1564. Il ragazzo con una fascina, comune nella rappresentazione del sacrificio di Isacco, si ritrova anche nelle xilografie di Luca di Leida (Marrow, Strauss, Jacobowitz & Stepanek 1981, 315), di Hans Schäufelein (Falk 1980, 180) e di Tiziano (Washington 1976, 55-69): in tutti questi la figura del ragazzo è rovesciata; nello Schön cammina nella stessa direzione.

(National Gallery of Scotland, Edimburgo) è tratto direttamente dalla *Sacra Famiglia in Egitto* di Dürer.[67] Ben pochi dubbi possono esservi che, in questi casi, la fonte sia Dürer, poiché Jacopo ha ripetuto con gran cura l'arco spezzato, il muro bugnato, la finestra sorretta da mensole e persino le erbacce che spuntano tra le pietre sgretolate. Sembra probabile che il ragazzino nel mezzo, che porta sulla schiena una fascina, derivi a sua volta da una stampa raffigurante il *Sacrificio di Isacco*, del tipo delle illustrazioni di Erhard Schön del 1518 per la *Bibbia di Lione*.[68] Qui però o il prestito è meno diretto o semplicemente la fonte di Jacopo non è stata ancora identificata esattamente. Questa seconda ipotesi è probabilmente la più corretta, dato che per la contemporanea *Fuga in Egitto* di Jacopo (Toledo Museum of Art, cat. 134) possiamo indicare con una certa sicurezza l'origine dei contadini sullo sfondo del quadro nelle illustrazioni di Hans Schäufelein per il poema di Hans Sachs, *Der Waldbruder mit dem Esel. Der agren Welt tut niemand recht*.[69] La donna che porta le oche e altre mercanzie al mercato con il suo compagno sono tratti direttamente da una delle xilografie che illustrano la poesia; una seconda coppia, situata ancora più indietro nel quadro di Jacopo, si basa su un'altra delle illustrazioni del poema.

Chiedersi per quale ragione Jacopo abbia scelto questa particolare serie di illustrazioni come modello per i contadini della *Fuga in Egitto* di Toledo, significa sollevare una domanda fondamentale del trasferimento di significati da un lato all'altro delle Alpi. Si trattava semplicemente di prendere a prestito un prototipo visivo facilmente disponibile, o la scelta del pittore era in certa misura basata sul contenuto delle stampe nordiche? La favola di Hans Sachs dell'eremita e del suo asino offre un esempio tipico della concezione mordace che il poeta aveva delle classi inferiori, dove ci si prende gioco della saggezza semplice e grossolano del contadino in maniera alquanto sprezzante.[70] Nel racconto un eremita e suo figlio si mettono in viaggio per vedere il mondo, conducendo il loro asino. Ben presto si imbattono in un soldato, che li prende in giro perché non montano l'animale, ma quando il figlio sale in groppa all'asino, una vecchia lo rimprovera perché fa andare a piedi suo padre; allora si scambiano di posto. Ben presto però un altro passante biasima il padre perché lascia camminare il figlio nel fango. Allora il figlio suggerisce che tutte e due cavalchino l'asino, ragion per cui un mendicante li rimprovera perché affaticano l'animale. Decidono allora di portare loro la bestia, per vedere se questo sistema otterrà approvazione. Poiché vengono nuovamente criticati, il figlio afferma che faranno meglio a uccidere l'asino; dunque legano una macina attorno al collo dell'animale e lo annegano. Alla fine il figlio ammette che il padre aveva avuto ragione sin da principio: è impossibile compiacere il mondo. Le illustrazioni di Schäufelein seguono sostanzialmente il tracciato del poema, ma i viaggiatori che l'eremita e suo figlio incontrano non sono esattamente quelli descritti da Sachs. Bisogna inoltre rilevare che non si conosce alcun esempio in cui il poema di Sachs e le illustrazioni di Schäufelein siano stampate insieme e anche se originariamente lo fossero state, è improbabile che Jacopo Bassano sapesse leggere il tedesco. La storia era tuttavia ben nota ed è possibile che Jacopo l'avesse riconosciuta anche senza il testo. Ma il contesto in cui egli decise di riutilizzare l'iconografia del genere "basso" era del tutto diverso e intendeva esprimere un messaggio religioso molto particolare.

Jacopo rappresenta la fuga della Sacra Famiglia in Egitto come un *exemplum* per guidare il pellegrinaggio degli spettatori attraverso la vita.[71] Egli traccia un netto contrasto tra l'arduo percorso della Sacra Famiglia lungo uno stretto sentiero cosparso di piccole pietre aguzze e l'ampia strada piana, sullo sfondo, percorsa dai contadini. Questi sono così assorti nelle loro conversazioni da non accorgersi nemmeno che la Sacra Famiglia sta passando loro davanti. In luogo di essere veri pellegrini che procedono a fianco della Sacra Famiglia nel difficile cammino verso la promessa divina di salvezza eterna, questi villici distratti percorrono il sentiero in discesa della vita, facile ma fallace. Può darsi che Jacopo si sia volto inizialmen-

Hans Schäufelein
*L'eremita con l'asino*
xilografia

Hans Schäufelein
*L'eremita con l'asino*
xilografia

[69] Dodgson 1903-1911, II, 54-55; Falk 1980, 288-293; Hollstein 1954-1988, XLII, 157-160. Le xilografie sono state datate al 1538-1540 circa: Padova 1993, 134-135. Aikema 1996, 19, suggerisce che la donna sia basata sulla *Contadina* di Beham che porta un'oca. La tipologia di questo motivo può essere fatta risalire al Maestro del Housebook e a Schongauer, la cui coppia contadina forse fu il prototipo per Schäufelein: si vedano Amsterdam 1985, 162-163; Raupp 1986, 41-45.

[70] Il poema è datato 6 maggio 1531. Si conoscono numerose altre versioni, illustrate da altri artisti: Norimberga 1976, 75, 92, 226-227 e 258.

[71] Aikema 1996, 14-26; e qui, cat. 134.

[72] Aikema 1996, 31-34.

[73] Raupp (1986) sostiene in effetti che esisteva, almeno al Nord, una teoria dei generi. Di opinione contraria Vandenbroeck 1988.

te alle xilografie di Schäufelein, come fonte per i contadini della sua *Fuga in Egitto* semplicemente perché anche quelle illustravano una storia con un asino. Benché i temi non siano per nulla gli stessi, a un livello elementare i tipi dei personaggi sono analoghi e, dal punto di vista di Jacopo, i paesani tedeschi di Schäufelein costituivano facili controfigure dei suoi falsi pellegrini. Pochi anni più tardi, attorno al 1546, Jacopo avrebbe riutilizzato la stessa coppia di contadini sullo sfondo della *Trinità*, per la chiesa della Santissima Trinità di Angarano.[72] Ancora una volta rappresentava i contadini come villani ignoranti, incapaci di riconoscere il sentiero autentico della salvezza cristiana. È chiaro che Jacopo usava sistematicamente un vocabolario visivo ben preciso, non soltanto per costruire un'ambientazione religiosa naturalistica, ma per comunicare un tipo specifico di messaggio morale. Per creare un suo proprio vocabolario personale, tuttavia, dovette trasformare la natura scherzosa e satirica delle stampe tedesche in una figurazione maggiormente orientata in senso cristiano: in tal modo venivano conservate le caratteristiche visive delle scene di vita quotidiana di Schäufelein, ma ne andava perduto il preciso significato.

A prescindere dall'opera di Jacopo Bassano, sembra che le scene di vita umile realizzate al Nord non abbiano avuto che una tenue connessione con l'arte veneziana nella prima metà del XV secolo. La connessione più evidente sarebbe arrivata in seguito, nell'opera dei Carracci o nelle scene di mercato e nelle serie dedicate alle stagioni dello stesso Jacopo Bassano. Nella prima parte del secolo non si sviluppò mai esplicitamente una teoria dei generi.[73] Tuttavia al di qua e al di là delle Alpi la raffigurazione della vita umile si definiva con una inversione al negativo di quella delle classi superiori. Le immagini si creavano all'interno di una società gerarchizzata, nella quale era assiomatico che le classi inferiori venissero schernite da quelle superiori, per cui le rappresentazioni di contadini non potevano che essere illuminate da una luce generalmente negativa. Sembra che questo fosse vero sia al Nord, dove, come s'è visto, i contadini erano talvolta collocati in un contesto politico più positivo, sia al Sud, dove essi erano frequentemente portati come esempi di virtuosi lavoratori cristiani. A metà del secolo, al Nord, le scene di genere divennero meno esageratamente rozze, mentre in Italia diveniva popolare un nuovo tipo di genere osceno inserito in situazioni comiche. Tanto al Nord quanto al Sud, comunque, la tradizione delle scene di genere basso rimase legata all'iniziale intento moralistico di mettere in guardia lo spettatore dalla frode e dall'inganno, offrendo allo sguardo un esempio valido per contrasto. Nello stesso tempo persisteva il concetto che le scene di genere rappresentassero il mondo così com'è: per dirla con Shakespeare, una fetta di realtà "più viva della vita".

*Rona Goffen*

# Valicando le Alpi:
## arte del ritratto nella Venezia del Rinascimento

Jacob Seisenegger
*Carlo V con il cane*
particolare
Vienna, Kunsthistorisches Museum

[1] Cfr. Gabler 1998. Ringrazio i professori Marilyn Aronberg Lavin, Craig Hugh Smyth e Mariët Westermann per i tanti preziosi suggerimenti sulla ritrattistica di entrambi i versanti delle Alpi.
[2] Vasari 1568, III, 166. Sul soggiorno di Gentile Bellini a Costantinopoli e sui suoi ritratti si veda Meyer zur Capellen 1985, 17-21, 33, 55-69, 109, 128-130.
[3] Vasari 1568, III, 166. Sul disegno (Kupferstichkabinett, Berlino) ritenuto un autoritratto di Gentile Bellini si veda Meyer zur Capellen 1985, 162-163, fig. 64. Paolo Giovio sosteneva di avere visto a palazzo Rucellai, a Firenze, un autoritratto di Leon Battista Alberti, anch'esso eseguito con l'aiuto di uno specchio; cfr. Horster 1980, 181. Sull'uso degli specchi nell'autoritrattistica si veda Woods-Marsden 1998, 133-137.
[4] Per l'autoritratto di Giorgione si veda Anderson 1997, 306-307; e Woods-Marsden 1998, 117-119 (dove la tav. 82 riproduce l'incisione tratta da Hollar dal dipinto prima che venisse tagliato).
[5] Sul monumento equestre a Colleoni, condotto a termine nel 1496, otto anni dopo la morte di Verrocchio (1488), si veda Butterfield 1997, 159-183, 232-236. Sui ritratti leonini di uomini d'arme cfr. Meller 1963. Nemmeno il *Gattamelata* di Donatello, probabilmente, intendeva essere un'immagine somigliante, ma un'idealizzazione considerata particolarmente adatta al carattere del soggetto; cfr. Poeschke 1993, 35, 36, 43, 398-400; e Rosenhauer 1993, 194-201. Per un altro ritratto di Colleoni si veda, in questo saggio, la nota 9.
[6] Si veda Goffen 1997, 86-96.
[7] Alberti 1972, Liber II, 25. Alberti richeggia le antiche credenze sulla ritrattistica.
[8] Gauricus 1504, 44-45. Il testo è stato studiato da Luchs 1995, 11.
[9] Vasari ha identificato tre ritratti di Bellini: *Colleoni*, l'"innamorata" di Bembo, e il *Doge Leonardo Loredan*; quest'ultimo è l'unico dei tre a essere giunto fino a noi. Cfr. Vasari 1568, III, 170. È probabile che il *Colleoni* perduto ricordasse il ritratto belliniano di un altro generale veneziano: *Giovanni Emo* (National Gallery of Art, Washington); v. Goffen 1989, 192-193, fig. 147.

Tra tutti i generi pittorici, la ritrattistica è probabilmente quello più immune da influenze esterne, in quanto il suo carattere è inevitabilmente "sociologico". Questo era vero soprattutto nella Venezia rinascimentale, dove a determinare la *facies* ufficiale dei possibili committenti di ritratti era il regime politico, che aveva resistito per secoli praticamente immutato. I committenti, in massima parte, appartenevano a due classi sociali: il patriziato, che deteneva il potere, e i cittadini originari, che svolgevano un ruolo subalterno nella Cancelleria. È chiaro che i pittori e i loro clienti veneziani non si sottraevano del tutto agli influssi estranei, ma quanto respingevano è altrettanto indicativo di quanto decidevano di adottare. Avere il controllo dell'immagine ufficiale può voler dire avere in pugno la realtà, specialmente nella mente di un pubblico che recepisce il reale principalmente o interamente tramite le immagini "create", così come l'autopercezione del singolo può essere plasmata dall'immagine impostagli dalle aspettative sociali. Per capire il potere esercitato sugli osservatori rinascimentali dall'immagine dipinta o scolpita basta considerare come la percezione odierna della realtà sia stata influenzata da un'altra forma d'arte, quella cinematografica.[1]

I mecenati veneziani avevano un grande interesse per la ritrattistica, almeno secondo l'opinione di Vasari, che collegava la splendida evoluzione di quest'arte in terra veneziana con i nomi di Gentile e Giovanni Bellini (la prima edizione delle *Vite de' più eccellenti architetti, scultori e pittori* risale al 1550, la seconda al 1568). Nel ripercorrere i trionfi del maggiore dei due fratelli alla corte del sultano di Costantinopoli, Maometto II, Vasari identifica il merito principale della ritrattistica con la fedeltà al naturale: Gentile aveva effigiato il Gran Turco "tanto bene che era tenuto un miracolo".[2] Quel "prodigio" doveva assomigliare al deperito *Ritratto di Maometto II* (The National Gallery, Londra) firmato e datato 25 novembre 1480, dove Gentile ci mostra il sultano a mezza figura di tre quarti, mentre si volge a destra come se si rendesse conto dell'avvicinarsi di qualcuno, che peraltro non gli interessa affatto. Al centro, in primo piano, un bancale ricoperto con un tessuto ricamato di pietre preziose sottolinea la distanza che ci separa dal personaggio, che si trova chiaramente "dietro" – non sotto o dentro – l'arco con il relativo davanzale. Questo meccanismo spaziale illusionistico ha la funzione di separare lo spazio dell'effigiato dal nostro, non di congiungerli: l'osservatore comprende di essere alla presenza del sultano, ma anche di non poterglisi rivolgere direttamente.

Su richiesta di Maometto II, Gentile Bellini dipinse anche un autoritratto con l'aiuto di uno specchio.[3] Dal racconto di Vasari si apprende che i ritratti rivestivano un interesse davvero notevole agli occhi di un grande capo di stato: il sultano ci viene presentato come un esempio di virtù "mecenatistica", capace di indurre altri patroni delle arti a commissionare opere dello stesso genere. Ma Vasari ci informa anche che almeno un pittore veneziano aveva fissato la propria immagine riflessa in uno specchio prima del 1480 (l'anno del ritorno a Venezia di Gentile Bellini). Il caso successivo fu ovviamente quello di Giorgione, che circa venticinque anni dopo dipinse a sua volta la propria effigie, presentandosi, a differenza di Bellini, nelle vesti dell'eroe biblico Davide, come si può vedere nell'*Autoritratto con la testa di Golia* (Herzog Anton-Ulrich Museum, Braunschweig).[4] Ed è ancora il Vasari a sottolineare come ciò che più colpiva i suoi contemporanei in un ritratto fosse la fedeltà al vero, la somiglianza al modello.

Ma non tutti i ritratti dovevano essere fondati sulla rassomiglianza: quelli degli uomini d'arme, per esempio, potevano essere invenzioni volte a fissare la fisionomia leonina considerata tipica di un guerriero, come nel caso del *Bartolomeo Colleoni* di Verrocchio, il monumento inaugurato in campo Santi Giovanni e Paolo, a Venezia, nel 1496.[5] I ritratti di donna potevano avere lo scopo di lusingare l'effigiata, o addirittura di reinventarla completamente, come l'*Isabella d'Este* di Tiziano (Kunsthistorisches Museum, Vienna).[6] Anche così, comunque, queste sembianze non somiglianti tramandano la memoria di individui la cui identità è – o era – contenuta nell'immagine come la intendevano i contemporanei.

Questi ritratti "romanzati" sono soltanto rare eccezioni alla regola rinascimentale che prevedeva la fedeltà al vero, perché – come spiegava Leon Battista Alberti – i defunti (non solo i loro volti) potevano continuare a vivere grazie alla pittura.[7] Nel trattato *De Sculptura*, pubblicato a Firenze nel 1504, Pomponio Gaurico ha chiarito lo straordinario potere della ritrattistica: un'arte in grado di rappresentare al tempo stesso l'"animo" e il "corpore", in modo che gli uomini possano conservare reciproca memoria.[8] Benché banali, questi concetti mantengono tutta la loro validità.

Continuando il discorso sulla ritrattistica, Vasari attribuisce soprattutto a Giovanni Bellini il merito di averla introdotta a Venezia, sottolineando non tanto la genialità dell'artista in questo particolare campo, quanto piuttosto la sua capacità di fare proseliti, incrementando il numero di chi era in grado di "leggere" un ritratto, e quindi dei potenziali committenti.[9] La sua apologia si rifà agli scrittori classici, come Plinio il Vecchio, ma anche ad autori più recenti, compreso Gaurico: "... e perché [Bellini] si era dato a far ritratti di naturale, introdusse usanza in quella città, che chi era in qualche grado si faceva o da lui o da altri ritrarre; onde in tutte le case di Vinezia sono molti ritratti, e in molte de' gentiluomini si veggiono gli avi e i padri loro insino in quarta generazione, ed in alcune più nobili molto più oltre: usanza, certo, che è stata sempre lodevolissima, eziandio appresso gli antichi. E chi non sente infinito piacere e contento... in vedere l'imagini de' suoi maggiori; e massimamente se... per... notabile e segnalata virtù, sono stati chiari ed illustri? Ed a che altro fine... ponevano gli antichi le imagini degli uomini grandi ne' luoghi pubbli-

115

Gentile Bellini
*Maometto II*
Londra, The National Gallery

pagina a lato
Palma il Vecchio
*Giovane donna in blu*
Vienna, Kunsthistorisches Museum

[10] Vasari 1568, III, 168-169. Si veda anche Plinio 1958-1962, IX (Liber XXXV, 4-8); e Gauricus 1504, 52-53. Questi testi, insieme con il dialogo *De nobilitate* di Poggio Bracciolini, del 1440 circa, che anticipa Vasari, sono stati esaminati da Lavin 1975, 357; e Luchs 1995, 11, 18.
[11] Si veda King 1976. Luchs 1995, 19, menziona il trattato *De nobilitate* scritto dal patrizio Lauro Quirini nel 1449 per confutare il dialogo di Bracciolini (citato qui sopra, nota 10). Quirini riprende il concetto tipicamente veneziano che la virtù deriva esclusivamente dalla nascita.
[12] Luchs 1995, 20.
[13] Sui busti-ritratto del Rinascimento si vedano gli studi fondamentali di Lavin 1970 e 1975. Per i busti-ritratto scolpiti da Vittoria cfr. Martin 1998.
[14] Si veda Luchs 1995, 23.

ci con onorate iscrizioni, che per accendere gli animi di coloro che venivano, alla virtù e alla gloria?".[10]

Oggi alla domanda retorica di Vasari si potrebbe rispondere che i "fini" erano certamente anche altri, ma lo scrittore intendeva dire che il motivo fondamentale che induceva i veneziani di una certa importanza a riempirsi la casa di ritratti di "avi e padri" era quello di fare sfoggio della propria genealogia. Il potere politico, nella Serenissima, spettava solo ai nobiluomini la cui discendenza da genitori patrizi era stata ufficialmente registrata nel "libro d'oro", analogamente a quanto avveniva per i cittadini originari, che potevano adire alla Cancelleria soltanto se di nascita legittima. Venezia era il luogo dove l'individuo era in assoluto più sottomesso al clan familiare, e il clan allo Stato[11]. In nessun altro paese d'Europa il governo era così inestricabilmente collegato con la classe sociale, o l'eleggibilità alle più alte cariche era così esclusivamente determinata dalle origini nobiliari. Come conseguenza di un monopolio politico dovuto solo alla genealogia, i nobiluomini veneziani (e in minor misura anche i cittadini originari) erano ossessionati dall'idea del loro alto lignaggio, che veniva celebrato nelle notizie storiche sulla famiglia, registrato nei documenti ufficiali e visualizzato tramite i ritratti. La ritrattistica veneziana, in altre parole, era indissolubilmente legata alla politica. Il fatto che i ritrattisti trovassero sempre più clienti, via via che il patriziato aumentava di numero, era certamente dovuto al moltiplicarsi dei soggetti aristocratici da dipingere, ma era anche il segno di una più esasperata competizione tra gli aspiranti alle cariche di maggiore prestigio[12]. Le divergenze tra la ritrattistica veneziana e quella di altri paesi o regioni sono altrettanto vistose delle differenze sociali che intercorrevano tra la Venezia rinascimentale e altre località nordeuropee o italiane. A Firenze, per esempio, nel XV secolo si assiste a una vera fioritura di immagini dipinte o scolpite (soprattutto busti) di uomini, donne e bambini,[13] ma anche nelle città del nord gli effigiati appartenevano di solito a entrambi i sessi e a tutte le età. A Venezia, invece, la ritrattistica sembrava quasi evitare i soggetti femminili o infantili e il ritratto statuario o la figura intera erano riservati – prima del XVI secolo – alle immagini dei defunti da collocare sui monumenti funerari. Una scelta così obbligata delle tecniche e dei formati – pittura e non scultura; mezza figura e non figura intera – era evidentemente intesa come una dichiarazione di presenza meno assertiva.[14]

Si sa che i gusti sono inspiegabili; ma il gusto per la ritrattistica che pervadeva la Venezia rinascimentale diventa in larga parte comprensibile, se lo si considera alla luce della morale dell'epoca, soprattutto sotto il profilo del ruolo della donna e del comportamento esemplare che si attendeva dalla classe dominante. È chiaro che si sta parlando degli ideali e non della realtà (spesso così diversa) della vita e della so-

15 Per il contrasto tra l'ideale e la realtà cfr. Queller 1986; sulle famiglie patrizie Romano 1987, 27-64; su un singolo tentativo di infrangere il modello aristocratico King 1975.
16 Goffen 1997, 59.
17 Sui soggetti femminili attribuiti a Bellini da Michiel e dal redattore dell'inventario di Andrea Vendramin si veda sopra.
18 Per il *Ritratto di giovane donna* cfr. cat. 67.
19 Vasari 1568, III, 169, cita il sonetto di Petrarca a proposito del ritratto dell'"innamorata" di Bembo. Forse Vasari conosceva quel dipinto solo tramite i sonetti scritti da Bembo. Su Bellini e Bembo si veda Goffen 1989, 196 e 318, catt. 15 e 16. Per i sonetti cfr. Bembo 1960, 521-523, nn. XIX e XX. Dionisotti, in Bembo 1960, 521-522, ha avanzato l'ipotesi che l'amante di Bembo fosse Maria Savorgnan, spiegando anche che il ritratto doveva essere su tavola, perché nel sonetto XIX della prima edizione delle *Rime* Bembo usa le parole "in legno una leve pittura". Cfr. Dionisotti in Bembo 1960, 48-49 e 57, per l'edizione di Petrarca a cura di Bembo, pubblicata a Venezia da Aldo Manuzio nel 1501; la prima edizione delle *Rime*, Venezia, da Sabbio, 1530; e la seconda, riveduta e ampliata, pubblicata dallo stesso stampatore nel 1535. Per il ritratto di *Laura* di Simone Martini cfr. Quondam 1989.
20 Cfr. Goffen 1997, 95, 131-132, 137, 213, 286, e *passim*.

cietà veneziana, ma dopotutto ciò che gli artisti intendevano celebrare era appunto il mito di Venezia.[15] E il mito privilegia la nobile stirpe, non l'individuo, inibendo le inclinazioni del singolo a vantaggio delle necessità dello Stato, ma anche tenendo d'occhio l'eccessivo innalzamento di una famiglia le cui ambizioni dinastiche possono costituire una minaccia. Fino a una fase abbastanza avanzata del XVI secolo le espressioni di individualità (compresi i gesti e le emozioni) venivano soppresse a favore di una maschera facciale solenne ancorché passiva. E visto che le mogli, le madri e i figli erano ovviamente indispensabili alla costituzione di una dinastia, fissarne le fattezze in un ritratto significava inevitabilmente invadere la sfera privata dei loro mariti, figli e padri, il che non era evidentemente considerato "politicamente corretto".[16] Così venivano effigiati i nobil*uomini*, non le nobil*donne* o i bambini.

Malgrado queste forti limitazioni, di qualche donna veneziana veniva comunque realizzato il ritratto, come nel caso dell'amante di Pietro Bembo, che ci risulta essere stata l'unico personaggio femminile effigiato da Giovanni Bellini.[17] Il dipinto è perduto, ma non è escluso che ne tramandi in qualche modo la memoria il *Ritratto di giovane donna* (Worcester, Museum of Art) talora attribuito a un seguace di Bellini, Marco Basaiti.[18] Al ritratto belliniano Bembo aveva dedicato due sonetti, ispirandosi a quelli scritti da Petrarca per lodare un'immagine di Laura dipinta da Simone Martini (un'altra opera perduta).[19] Evidentemente Bembo aveva commissionato il ritratto e scritto i versi non tanto per celebrare la sua "innamorata" – della quale non ci viene nemmeno fornito il nome – quanto per emulare il grande poeta: il vero soggetto del dipinto doveva essere quindi l'*imitatio Petrarcae*. È davvero un peccato non sapere come fosse il ritratto di Bellini (per non parlare di quello di Simone) e sembra strano che un'opera tanto ammirata non abbia lasciato alcuna traccia "visiva" e sopravviva soltanto grazie alle parole del suo principale fruitore: anche i lettori di Bembo avrebbero potuto conoscere il ritratto (da lui gelosamente custodito) solo tramite i sonetti, pubblicati per la prima volta nel 1530 e invocanti il venerato "paragone" o rivalità tra pittura e scultura nella rappresentazione della bellezza.[20] Con tutto ciò il ritratto esisteva e qualche pittore o collezionista aveva certamente avuto modo di vederlo. Che aspetto aveva la donna? Com'era l'effigiata?

Più preoccupato di evocare Petrarca che di descrivere il dipinto, Bembo fornisce ben poche indicazioni limitandosi a vantare, nel sonetto XX, il fascino di "quelle chiome". Ma questa potrebbe essere una chiave di lettura e non una semplice eco dei pregi fisici condivisi da tutte le bellezze petrarchesche. L'accenno di Bembo lascia infatti pensare che Giovanni Bellini avesse dipinto la donna con i capelli sciolti, il che comporta un certo grado di informalità dell'immagine. È anche possibile, quindi, che il ritratto perduto avesse inaugurato la lunga serie delle seducenti ignote della pittura veneziana degli esordi del XVI secolo, compresa la *Giovane donna in blu* di Palma il Vecchio (Kunsthistorisches Museum, Vienna), che hanno le chiome ricadenti sulle spalle – e spesso le vesti discinte – quasi a suggerire una relazione amorosa con lo spettatore.[21]

A parte Vasari almeno un altro osservatore cinquecentesco aveva preso nota di un ritratto femminile belliniano. Il veneziano Marcantonio Michiel, che scriveva nel 1530 (quattordici anni dopo la morte di Bellini), cita cinque "ritratti" d'uomo dell'artista e completa l'elenco con una sesta opera: "El quadretto della donna retratta al naturale insino alle spalle".[22] Che sia possibile identificarlo con uno dei ritratti femminili presenti nel 1627 nella raccolta di Andrea Vendramin? Le minuscole copie all'acquerello di quei dipinti, inserite nell'inventario della collezione, rendono stuzzicante l'ipotesi, anche se non verificabile; le loro analogie con due ritratti di donne italiane, dipinti da Albrecht Dürer durante il suo secondo soggiorno veneziano (1505-1506), la rendono plausibile (cat. 68).[23] I rapporti personali dell'artista tedesco con il maestro veneziano la rendono probabile: a differenza di certi suoi compatrioti decisamente xenofobi, Giovanni Bellini si era dimostrato particolarmente cordiale nei riguardi di Dürer, forse perché ricordava come il padre Jacopo avesse accolto Jean Fouquet durante il quinto decennio del Quattrocento, quando il pittore francese aveva trascorso qualche tempo a Venezia.[24]

Tra i coetanei di Bellini, anche il miniaturista Jacometto Veneziano aveva dipinto soggetti femminili, compresi il *Ritratto di dama* (Philadelphia Museum of Art) e la *Monaca di San Secondo* (Metropolitan Museum of Art, New York), ma il piccolo formato di quest'ultima opera la rende un caso a parte.[25] Una miniatura è fatta per essere tenuta in mano e può indurre a contemplare molto da vicino le fattezze della persona effigiata, trasmettendone un ricordo più intimo, ma non è in grado di asserirne la presenza allo stesso modo di un ritratto di dimensioni uguali, o perlomeno simili, al vero. Una miniatura-ritratto può quindi evocare la presenza del soggetto soltanto grazie alla collaborazione dell'osservatore, mentre un'immagine a grandezza naturale si svincola da qualunque dipendenza dallo spettatore e si impone come un suo equivalente.

Altri ritratti femminili del XV secolo e degli inizi del XVI – peraltro pochissimi – raffigurano soggetti che non è quasi mai possibile identificare. Non si riesce ad accertarne nemmeno la nazionalità o la condizione sociale: l'effigiata potrebbe essere padovana o vicentina, invece che veneziana; semplicemente una "donna" e non una "signora" (in termini di rango o di costumatezza). L'abbigliamento modesto indica chiaramente che il soggetto raffigurato nel ritratto belliniano di Holyrood Palace (Edimburgo) non appartiene al patriziato,[26] e forse non è una gentildonna nemmeno la *Laura* di Giorgione (Kunsthistorisches Museum, Vienna), che l'osservatore odierno non riesce a classificare esattamente sotto il profilo della moralità: è stata definita alternativamente una cortigiana, una poetessa o una sposa. La *Vecchia* di Giorgione (Gallerie dell'Accademia, Venezia), che qualcuno pretende possa essere la madre dell'artista, non è evidentemente una dama e nemmeno un ritratto, bensì piuttosto una personificazione degli effetti che si producono "Col tempo", come recita la scritta.[27]

Non è certo una coincidenza, né semplicemente una conseguenza delle particolarità della lingua italiana, il fatto che Vasari usi sempre il genere maschile per indicare i soggetti della ritrattistica veneziana. In un'epoca nella quale i committenti del resto d'Italia e dei paesi nordici avevano l'abitudine di far dipingere i ritratti delle fidanzate, delle mogli e persino delle amanti (come Cecilia Gallerani, *La dama con l'ermellino* di Leonardo, che era la favorita di Lodovico il Moro), i veneziani continuavano a escludere le donne dall'arte.

Il primo ritratto femminile indipendente di tutta la pittura veneziana a fornirci il nome dell'effigiata – che è scritto sul dipinto – è quello a grandezza pressoché naturale di *Caterina Cornaro, regina di Cipro* (Szépmüvészeti Múzeum, Budapest), eseguito intorno al 1500. E il testo della scritta lascia intendere che era stata la stessa sovrana a commissionare l'opera. Come molte altre famiglie patrizie veneziane, anche i Cornaro attribuivano radici addirittura mitiche all'albero genealogico del loro casato, vantandosi di discendere dagli antichi Cornelii, la *gens* romana alla quale apparteneva il grande Cornelio Scipione.[28] Ma la genealogia di Caterina si era ulteriormente arricchita grazie a un'invenzione legale, o meglio politica: dopo il matrimonio con il re di Cipro era stata adottata come figlia dalla Repubblica di Venezia, che veniva così ad asserire autorità paterna sulla sua persona e soprattutto sui suoi beni, compresa la corona di Cipro, pervenutale in eredità dopo la morte del regale consorte. La scritta vanta appunto questa doppia discendenza, parlando come per bocca della regina in persona, che si autodefinisce casta figlia del *Corneliae Genus* e del proprio paese: "VENETUS FILIAM ME VOCAT SE / NATUS".[29]

Quello di *Caterina Cornaro* è l'unico ritratto femminile ascrivibile con certezza a Gentile Bellini. Abbiamo visto che le fonti cinquecentesche attribuivano a suo fratello Giovanni soltanto due effigi femminili: quella dell'innamorata di Bembo e il "quadretto" della collezione Contarini. Di Tiziano ci sono pervenuti 103 ritratti maschili e circa 14 (poco più di un decimo) di donne, che – guarda caso – indossano quasi tutte vesti diverse da quelle tipiche della moda lagunare dell'epoca.[30] L'unica eccezione è rappresentata dalla cosiddetta *Schiavona* (National Gallery, Londra), che è abbigliata alla veneziana o alla veneta malgra-

[21] Su questo genere pittorico e sulle acconciature che nascondono la capigliatura delle donne maritate si veda Goffen 1997, 17, 22, 35, 39, 60-61, 65-79; e Rylands 1992, 89-102.

[22] Anonimo Morelliano 1888, 88, in riferimento alla collezione di Taddeo Contarini. Si veda anche Goffen 1989, 195-196.

[23] Per i ritratti Vendramin si veda Levey 1961, 512; su Dürer e Venezia cfr. Heimbürger 1999; e qui cat. 68.

[24] Si ringrazia il professor Colin Eisler per aver ricordato la presenza di Fouquet nella bottega di Jacopo Bellini, cfr. Eisler 1989, 43, 102; e Pächt 1941, 90. Sui rapporti Dürer-Bellini si veda Goffen 1989, 1, 268, cat. 52 (Bellini è ricordato nella lettera di Dürer datata 7 febbraio 1506). La famiglia Bellini sembra avere rappresentato l'unica eccezione amichevole alla regola veneziana di tenere i forestieri a debita distanza: sugli sforzi della fraglia dei pittori volti a limitare l'attività degli stranieri sul mercato dell'arte si veda Campbell 1981.

[25] Dülberg 1990, 124-126, 236-237; Luchs 1995, 22; Pope-Hennessy & Kanter 1987, 240-243.

[26] Sul *Ritratto di donna* già a Hampton Court e ora conservato nel palazzo di Holyrood, a Edimburgo, si veda Anderson 1997, 310; e Shearman 1983, 46-47. Shearman è propenso a condividere l'opinione di Mary Logan, che attribuisce il dipinto a Benedetto Diana e lo situa agli inizi del XVI secolo.

[27] Per la *Laura*, che è datata sul retro 1506, si veda Anderson 1997, 208-217, 299-300; e Gentili 1995, 99. Sulla *Vecchia* cfr. Anderson 1997, 55, 78, 172, 302-303, 369, 371.

[28] La famiglia Cornaro aveva celebrato le proprie origini anche facendosi dipingere un fregio con il *Trionfo di Scipione*, iniziato da Andrea Mantegna e condotto a termine dopo la sua morte, avvenuta nel 1506, dal cognato Giovanni Bellini. A commissionarlo era stato il nipote di Caterina, Francesco di Giorgio Corner, che aveva collocato l'opera nel palazzo di famiglia. Cfr. Goffen 1989, 237, 239-242.

Gentile Bellini
*Caterina Cornaro regina di Cipro*
Budapest, Szépművészeti Múzeum

[29] Il testo completo della scritta è il seguente: CORNELLIAE GENUS NOMEN FERO / VIRGINIS QUAM SYNA SEPELIT / VENETUS FILIAM ME VOCAT SE / NATUS CYPRUS Q[UE] SERVIT NOVEM / REGNOR SEDES QUANTA SIM / VIDES SED BELLINI MANUS / GENTILIS MAIOR QUAE ME TAM / BREVI EXPRESSIT TABELLA (dove necessario la "V" è stata trascritta come "U", n.d.a.). Caterina ci informa di avere regnato su Cipro e di essere stata effigiata su tavola da Gentile Bellini: all'epoca doveva avere al massimo una quarantina d'anni. Tornata in Italia, dopo avere ceduto la corona alla Repubblica, invece di vivere ritirata come le altre vedove patrizie, si era insediata con la sua corte ad Asolo, trasformando la cittadina in un celebre centro culturale e mondano. Fu lì che Pietro Bembo scrisse gli *Asolani*. Sul ritratto di Gentile Bellini si veda Meyer zur Capellen 1985, 68-69, 77-79, 126127; e Minneapolis 1995, 172-173.

[30] Il numero dei ritratti femminili è approssimativo, perché alcuni dipinti che raffigurano donne non sono facilmente classificabili. Cfr. Goffen 1997, 57, 59-61, 82, 84, 102, 151, e cap. 2, *passim*.

[31] Il titolo, decisamente ambiguo, figura nella prima citazione del dipinto, contenuta in una lettera datata 17 novembre 1640, dove si dice che il nuovo proprietario aveva acquistato l'opera da un mercante slavo. Cfr. Gould 1987, 279. Sul ritratto si veda Goffen 1997, 45, 51-52.

[32] Che sono stati contati sulla base del catalogo di Pignatti & Pedrocco 1991.

[33] Il conto si basa qui sulle opere accettate come autografe da Rossi 1990. Tintoretto ha anche dipinto quattro immagini di gruppi di donatori maschi, due di donatori maschi e femmine insieme, tre ritratti di gruppi familiari che comprendono anche donne.

[34] Cfr. Goffen 1986, 107-137.

[35] Il ciclo, dipinto per l'abbazia cistercense di Ter Duinen, si trova al Groot Seminarie di Bruges; cfr. Campbell 1990, 41-43.

do il titolo del quadro (che significa "slava", ma potrebbe essere anche un'allusione alle forme prosperose della modella).[31] I ritratti indipendenti di Veronese comprendono 22 immagini maschili e 6 femminili,[32] mentre le cifre relative a Tintoretto rivelano una sproporzione ancora maggiore: 139 uomini contro 11 donne.[33]

Anche i ritratti veneziani di gruppo o di donatori omettono di solito i personaggi femminili, come si vede nella pala commissionata dalla famiglia Pesaro (tutta rigorosamente maschile) a Tiziano per la chiesa veneziana di Santa Maria Gloriosa dei Frari, condotta a termine nel 1526.[34] Un ciclo dipinto nel 1480 da un anonimo pittore neerlandese mostra invece i conti di Fiandra ognuno con la relativa consorte;[35] e l'arte nordica presenta molti altri esempi di ritratti di donne e di bambini. Il fatto è che l'esclusione della donna dalla pittura non costituisce un parametro di distinzione tra il Nordeuropa e l'Italia, ma piuttosto tra Venezia e tutti gli altri luoghi. Sul versante meridionale delle Alpi Stefano Porro aveva commissionato per l'oratorio di Mocchirolo affreschi che lo ritraevano in adorazione della Vergine insieme con la moglie, i

Tiziano
*La Schiavona*
Londra, The National Gallery

[36] Sulla committenza di Porro si veda Marle 1923-1938, 248-251. Per gli affreschi di Altichiero cfr. Edwards 1982, 41. Su Masaccio si veda Goffen 1998b, 1-32, e 43-64. Sulla *Pala Portinari* si vedano Strens 1968 e Hughes 1986, 15. La pala, giunta a Firenze nel 1483, era stata commissionata da Tommaso Portinari per la chiesa di Sant'Egidio, annessa all'Arcispedale di Santa Maria Nuova, dove Vasari ebbe modo di ammirarla (ed. 1550). L'Arcispedale era stato fondato nel 1287 da un antenato di Tommaso, Folco Portinari (il padre della Beatrice di Dante).

[37] Gould 1987, 284-287; e Wethey 1971, 147.

[38] Sul dipinto della National Gallery of Art di Washington si veda Venezia 1994, 148-150. I dipinti votivi come quello dei Mocenigo erano uno sfoggio di devozione pubblica e privata, ma i gruppi familiari appaiono più spesso in immagini meno ufficiali, come il ritratto di gruppo della famiglia Soranzo, eseguito da Tintoretto nel 1554 circa (Castello Sforzesco, Pinacoteca, Milano; cfr. Venezia 1994, 90-95).

[39] Sui ritratti di *Iseppo da Porto* (Palazzo Pitti, Firenze) e di *Lucia da Porto* (Walters Art Gallery, Baltimora), del 1551 circa, si veda Pignatti 1976, I, 106-107; Pignatti & Pedrocco 1991, 45-46; e Washington 1988, 38-39. Rearick 1990, 353, ha messo questi ritratti in relazione con l'incarico, affidato dal Da Porto a Veronese, di decorare il palazzo di famiglia a Vicenza, progettato da Palladio nel 1552.

[40] Per il telero con la *Madonna* si veda Pignatti 1976, I, 133-134; e Pignatti & Pedrocco 1991, 188. Sulla base dell'età dei bambini Cuccina i due studiosi hanno stabilito che l'opera fu dipinta tra il 1570 e il 1572.

figli e le figlie (circa 1365), i quali comparivano al suo fianco (questa volta inginocchiati davanti a Santo Stefano) anche nelle pitture murali nell'oratorio di Lentate (circa 1370). Il ciclo degli affreschi di Altichiero nell'oratorio padovano di San Giorgio (circa 1380) mostra il donatore – il marchese Rolandino Lupi di Soragna – con la moglie, i figli e i nipoti; la *Trinità* di Masaccio, che si trova nella chiesa di Santa Maria Novella a Firenze e che fu completata all'incirca nel 1425, comprende anche i ritratti dei donatori, presumibilmente Domenico Lenzi e la sua consorte; nell'*Altare Portinari* del 1473-1479 (Galleria degli Uffizi, Firenze) Hugo van der Goes ha inserito tutti i membri della famiglia fiorentina: marito, moglie, figli e figlie.[36]

Il fatto che le donne dei Pesaro non fossero state incluse da Tiziano nella pala della cappella di famiglia, dove avrebbero poi trovato sepoltura, era certamente dovuto a un preciso desiderio dei donatori, in quanto l'artista non si sarebbe mai intromesso in decisioni del genere. E le cose, a Venezia, non erano affatto cambiate nemmeno due decenni dopo, perché nel 1543-1547 circa Tiziano ritrasse la *Famiglia Vendramin* (National Gallery, Londra) limitandosi un'altra volta a presentarne la parte maschile.[37] Quasi trent'anni dopo, intorno al 1573, quando Jacopo Tintoretto dipinse *Il doge Alvise Mocenigo con la famiglia presentato alla Madonna con il Bambino* (National Gallery of Art, Washington), oltre a tre congiunti probabilmente da identificare con il fratello e i nipoti del doge, venne inserita nel dipinto anche la figura della dogaressa. Questa eccezione era forse dovuta al fatto che la coppia dogale non aveva figli, perché se la dogaressa fosse stata una *mater familias*, sarebbe stata esclusa dal gruppo come quasi tutte le mogli e le madri delle casate patrizie.[38] Questi "peccati di omissione" si chiariscono studiando la sociologia veneziana, non le tendenze stilistiche; facendo ricorso alla psicologia e non alla storia dell'arte. Agli inizi del sesto decennio, per esempio, Veronese aveva dipinto i ritratti di due coniugi vicentini con i loro figli maggiori, un maschio e una femmina: *Iseppo da Porto con il figlio Adriano* e *Lucia da Porto Thiene con la figlia Porzia*.[39] Ma si sarebbero dovuti aspettare circa vent'anni prima che Veronese ricevesse l'incarico di dipingere un gruppo familiare di veri veneziani nella *Presentazione della famiglia Cuccina alla Madonna con il Bambino*, un tempo esposta in palazzo Cuccina (ora Papadopoli) a Venezia.[40]

Dal punto di vista di Venezia, dove le donne erano praticamente invisibili, le vicentine, le fiorentine e le nordiche erano personaggi fuori dall'ordinario per il fatto stesso di essere raffigurate in pittura. Ed era inusuale anche l'accuratezza dei loro ritratti, che ne rendevano le fattezze con una specificità paragonabile a quella che l'arte fiorentina o nordeuropea sapeva conferire agli uomini. Il verismo di quelle immagini era forse in parte dovuto al fatto che le effigiate figuravano spesso in veste di donatrici, mentre nei ritratti di persone singole il realismo poteva essere sacrificato a vantaggio dell'adulazione. E questo "sacrificio", nella seconda metà del XVI secolo, era diventato uno dei requisiti della ritrattistica. Nel *Trattato dell'arte della pittura*, pubblicato nel 1584, Giovan Paolo Lomazzo, pur considerando la rassomiglianza un fattore essenziale, sosteneva che, soprattutto quando l'effigiata era una donna, era indispensabile dedicare la massima cura alla bellezza, emendando il più possibile gli errori della natura, come facevano i poeti quando lodavano in versi le grazie femminili.[41] Questa situazione storica e storico-artistica fa della *Schiavona* di Tiziano, dipinta intorno al 1510, un caso ancora più straordinario per l'onestà tutt'altro che idealizzata con la quale è stato ritratto il soggetto: una qualità che potrebbe trovare un precedente nella *Caterina Cornaro* di Gentile Bellini.

A chi si chiede perché i ritratti femminili veneziani siano così rari si può rispondere che – come gli artisti e i committenti avevano capito da tempo – visualizzare equivale a conferire maggiore forza e potere. Non è affatto escluso che in questo modo le donne veneziane del Rinascimento volessero far vedere che vivevano nell'ombra, proprio come i ritratti maschili, così rigorosamente controllati, miravano a suggerire o a ispirare riservatezza e dedizione alle necessità dello Stato. Si ha l'impressione che le donne veneziane possano avere contribuito alla propria soppressione "artistica", così come i loro uomini si facevano complici di un processo che tendeva a reprimerli sotto il profilo psicologico.

Anche quando i pittori veneziani cominciarono a dipingere un maggior numero di ritratti femminili, i loro soggetti erano spesso non-veneziani. Il *Ritratto di donna* di Lorenzo Lotto (Musée des Beaux-Arts, Digione), per esempio, eseguito intorno al 1505-1506, durante il soggiorno dell'artista a Treviso, raffigura presumibilmente una abitante di quella città. L'apparente meticolosità con la quale ne sono state descritte le fattezze, peraltro poco seducenti, ha indotto più di uno storico dell'arte ad attribuire l'opera a un maestro nordico.[42] E il *Ritratto di donna nelle vesti di Lucrezia* di Lotto (The National Gallery, Londra), del 1533 circa, dove talora si è proposto di riconoscere la nobildonna veneziana Lucrezia Valier, con molta probabilità non raffigura né una nobildonna, né una veneziana, visto il tipo di presentazione così informale ed energico. Quel suo atteggiamento quasi "atletico" – un *unicum* nella ritrattistica femminile dell'epoca – deve essere inteso come esplicitamente maschile, come suggerisce anche l'analoga posa di un'altra opera lottesca, il *Ritratto d'uomo su una terrazza* (Cleveland Museum of Art; cat. 91).[43]

Nella pittura veneziana del XV secolo e degli inizi del XVI le immagini femminili idealizzate sono molto più frequenti dei ritratti nel vero senso della parola, tanto che questi ultimi si possono contare – per ciascun artista – solo in maniera approssimativa. La produzione di Palma il Vecchio ci confronta spesso con il problema di distinguere tra semplici "quadri di donne" e ritratti veri e propri: a quest'ultima categoria appartengono senza dubbio tutte e dodici le effigi maschili dipinte dall'artista, mentre le sue venti immagini femminili "simili a ritratti" comprendono opere come la *Giovane donna in blu*.[44] E *La bella Nani* di Paolo Veronese (Musée du Louvre, Parigi) è davvero un ritratto?[45] Resta da stabilire anche se il pittore, compiacendosi di dipingere semplicemente una "bellezza", e non una persona specifica, abbia finito per sminuire o per esaltare l'effigiata. Quando si tratta di immagini rinascimentali di "belle donne" ignote, distinguere tra i due generi – quadri o ritratti – è spesso molto difficile, soprattutto per l'osservatore odierno. Se la bellezza manca, il problema si risolve da solo: tendiamo tutti a dare per scontato che l'immagine di una donna un po' bruttina sia di per sé un ritratto: basti pensare al già citato dipinto di Lotto di Digione o alla *Schiavona* di Tiziano. Così come si pensa automaticamente che l'immagine individualizzata di un uomo sia il suo ritratto, anche quando ignoriamo il nome dell'effigiato. La tela di Lotto che raffigura un personaggio che gesticola su una terrazza viene invariabilmente definita un ritratto, anche se l'identità dell'uomo non è mai stata chiarita. Lo stesso avviene anche con i sensuali ritratti virili di Tiziano, come quello di Palazzo Pitti, alternativamente identificato con Tommaso o Vincenzo Mosti.[46] Quando il soggetto è invece una bella donna apparentemente riconoscibile, ma non identificata, non si è certi se l'immagine sia un ritratto – ossia una celebrazione della sua identità – o semplicemente un quadro che raffigura un attraente soggetto femminile, proprio come altri dipinti possono rappresentare santi, paesaggi o animali. Quest'ultimo esempio è tutt'altro che stravagante: in Italia, in epoca rinascimentale, si commissionavano effettivamente ritratti di animali.[47]

La *Caterina Cornaro* di Gentile Bellini aveva pensato da sé a identificarsi, ma si trattava di una donna fuori dal comune: una sovrana (anche se solo di nome) e la figlia della Serenissima. Invece il formato del suo ritratto, frontale e a mezza figura, non era affatto eccezionale, bensì quello prediletto dalla maggior parte dei pittori veneziani, dal tardo Quattrocento ai primi decenni del XVI secolo, per i loro clienti maschi, come l'*Jörg Fugger* di Giovanni Bellini (Norton Simon Museum of Art, Pasadena), datato 1474 sul retro della tavola – il che lo rende la prima opera datata del maestro – o il *Ritratto di giovane in abito da senatore* (cat. 7), la cui collocazione cronologica è ancora in discussione.[48] In altre parole, non vi è nulla di specificamente maschile o femminile nei formati dei ritratti veneziani: uomini e donne venivano trattati allo stesso modo e cambiava solo la frequenza (o la rarità) delle rispettive raffigurazioni.

I ritrattisti fiorentini, che quasi altrettanto spesso dipingevano uomini e donne, continuavano a utilizzare la posizione di profilo per i soggetti femminili anche dopo averla abbandonata da tempo per quelli del-

[41] Lomazzo 1584, 377-378. Si veda anche Rogers 1986, 297.

[42] Cfr. Washington 1997, 81-83.

[43] Per le obiezioni all'identificazione dell'effigiata con Lucrezia Valier, e sul significato della sua posa aggressiva – definita "gagliarda" – si veda Goffen 1999. Cfr. anche Washington 1997, 81-83; Humfrey 1997, 11, 110, 118; e Sheard 1997, 47. Per il *Ritratto d'uomo su una terrazza* si veda qui cat. 91.

[44] Sulla distinzione tra "quadri di donne" e ritratti si veda Goffen 1997, 45-106; Habert 1996; Rylands 1992, cap. 5; e Simons 1995, 292-296.

[45] Il dipinto ricorda l'immagine di Giustiniana Giustiniani Barbaro dipinta da Veronese nella sala dell'Olimpo a Maser. Per *La bella Nani* si veda Pignatti & Pedrocco 1991, 153; Pignatti 1976, I, 121; e Washington 1988, 59.

[46] Per il ritratto Mosti si veda cat. 88.

[47] A proposito della gazzella dei Cornaro, ritratta da Bellini, cfr. Shapley 1945. L'animale morì nel 1520, vanificando così il progetto di farlo ritrarre di nuovo, questa volta per mano di Tiziano.

[48] Bellini continuò a usare questo formato anche per il tardo *Domenicano nelle vesti di San Pietro Martire*, firmato e datato 1515. Su questi ritratti si veda Goffen 1989, 197, 200-202, 204, 210, e 217; e Tempestini 1992, 80, 228.

[49] Per un'interpretazione in chiave femminista dei ritratti di donna di profilo dei pittori fiorentini cfr. Simons 1988 e 1995.
[50] I titoli come "ritratto di donna" sono una convenzione arbitraria e vengono di solito assegnati ai dipinti molto tempo dopo la creazione dell'opera. Pur essendo anacronistici, possono comunque descrivere un'immagine in modo accurato, come nel presente caso. Sulle espressioni facciali si veda Cattaneo 1998.
[51] I ritratti di dogi dipinti fuori da Venezia avevano adottato la posa frontale ancora prima di quelli eseguiti nella città lagunare per essere esposti in pubblico. Sul *Doge Leonardo Loredan* si veda Goffen 1989, 191, e 205-212; e Tempestini 1992, 230-232. È possibile che Vasari lo avesse visto o ne avesse sentito parlare; Vasari 1568, III, 154-155.
[52] Si veda Goffen 1989, cap. 3; Luchs 1995, 21; Woods-Marsden 1998, 117. Sul modo in cui i ritratti trattano o ignorano la realtà del "posare" cfr. Berger 1994.
[53] Campbell 1990, 232; London 1992, 333-335; e Lightbown 1986, 408-410.
[54] Sul ritratto della Gemäldegalerie di Berlino si veda Arbace 1993, 72; per il ritratto di Torino cfr. qui cat. 3.
[55] Sull'ambiguità spaziale dovuta alla presenza del parapetto si veda Sandström 1963, in particolare 62-63; e Schapiro 1969. Meiss 1957, 28, ha attribuito a fra Filippo Lippi il primo cartellino della pittura italiana: quello della *Madonna di Tarquinia* (Palazzo Barberini, Roma) del 1437, un'opera fortemente indebitata con l'arte dei Paesi Bassi. Nel riconoscere l'influsso nordico nella *Madonna* di Lippi, dipinta dopo la visita dell'artista a Padova, Meiss ipotizza che il cartellino (o meglio, nel caso specifico, il cartiglio) possa derivare da "un illusionismo di gusto padovano ispirato a modelli dell'arte di Jan van Eyck". Non cita esempi eyckiani, ma comunque – dopo una ricerca peraltro non approfondita – non è stato possibile localizzare nemmeno un cartellino neerlandese a una data così precoce. Suggerisce che possa trattarsi invece un'invenzione dei pittori veneti riferibile al quarto o quinto decennio del XV secolo e che il vero iniziatore della tradizione sia stato Jacopo Bellini. Artifici del genere compaiono nella Bibbia di Borso d'Este (Biblioteca Estense, Modena), miniata da Taddeo Crivelli, Franco dei Russi e altri artisti tra il 1455 e il 1461; cfr. Mariani Canova 1995, 22, 24.

l'altro sesso.[49] Quella posa statica e tradizionale era rimasta in uso anche a Venezia per la maggior parte del XV secolo, continuando a essere adottata per i ritratti dogali ben dopo essere passata di moda per le persone di rango meno elevato. Quindi a Venezia, quando erano ormai entrate in voga tipologie diverse a seconda del soggetto da rappresentare, la distinzione era determinata non dal sesso degli effigiati, ma dalla loro posizione sociale o politica. Sotto il profilo "psicologico" le cose andavano allo stesso modo: nella ritrattistica veneziana i patrizi assumevano invariabilmente un atteggiamento imperturbabile e compassato, indicativo della loro capacità di autocontrollo e della sottomissione del singolo alle esigenze dello Stato. Il ritratto di profilo è uno strumento ideale per ottenere risultati psicologici e sociologici tutto sommato repressivi e non stupisce che i veneziani gli siano rimasti a lungo fedeli più per le immagini ufficiali dei dogi che per gli altri soggetti (era certamente possibile inserire un accenno di sorriso o un aggrottare di sopracciglia, ma ciò avveniva di rado: i tentativi di variare l'espressione di un volto di profilo finiscono per risultare goffi e contraddittori). Lo stoicismo aristocratico spiega anche l'implacabile uniformità dei ritratti veneziani della stessa epoca. Tutti i nobiluomini sono vestiti allo stesso modo (le toghe delle alte cariche rimasero pressoché invariate per secoli), compiono gli stessi gesti, almeno in pubblico, esibiscono la stessa mancanza di espressione. Rivelare le proprie emozioni era evidentemente consentito soltanto ai ceti meno emergenti. Il *Ritratto di donna* (non di *dama*) belliniano di Holyrood Palace è etichettato in questo modo non solo perché l'abbigliamento è troppo modesto per una gentildonna, ma anche perché l'atteggiamento pensoso non sembra adatto a una patrizia veneta, né agli occhi dell'odierno osservatore, né a quelli dei primi fruitori del dipinto.[50]

Giovanni Bellini era stato uno dei primi maestri ad abbandonare la tradizione del profilo, preferendo ritrarre il soggetto a mezza figura e leggermente di traverso rispetto al piano del dipinto, con lo sguardo rivolto verso un punto alla sua destra. Quello di *Jörg Fugger* è uno dei primi volti di tre quarti di tutta la pittura veneziana e *Il doge Leonardo Loredan* (The National Gallery, Londra), del 1501-1502 circa, praticamente inaugura la serie dei ritratti frontali di dogi.[51] Come negli altri casi in cui Bellini ritrae persone singole di faccia, anche il doge Loredan volge appena lo sguardo, quasi a evitarci. Bellini era restio a sottoporre i suoi modelli a quel tipo di intimità psicologica che altri maestri sfruttavano nei ritratti di tre quarti o frontali. Il pittore consente ai suoi soggetti di mantenere le distanze, di ignorare l'osservatore e di fatto anche l'artista, come se (allo stesso modo del *Maometto* di Gentile) fosse ignaro del fatto stesso di posare e indifferente alla possibilità di coinvolgerci.[52] E anche Andrea Mantegna (cognato di Bellini) fa distogliere lo sguardo dall'osservatore al *Cardinale Lodovico Trevisan* (Gemäldegalerie, Berlino) del 1459-1460 circa, uno dei primi ritratti frontali della pittura italiana.[53]

Profondamente influenzato dai maestri neerlandesi, Antonello da Messina fa esattamente il contrario nei suoi ritratti, compresi quelli eseguiti negli anni del suo soggiorno veneziano (1475-1476), come il *Ritratto di uomo* (Museo Civico, Torino; cat. 3) firmato e datato 1476. I modelli di Antonello non soltanto ci guardano, ma "reagiscono" alla nostra presenza, spesso con un sorriso o l'accenno di un sorriso e qualche volta con le labbra schiuse come per parlare (nel *Ritratto di uomo* di Berlino, firmato e datato 1474), o aggrottando le sopracciglia con un'espressione ironica (nel *Ritratto di Torino*), o ancora con un piglio decisamente battagliero (nel *Condottiero* del 1475, Musée du Louvre).[54] Da prototipi neerlandesi Antonello ha derivato anche l'interesse per i particolari della "topografia" facciale, paragonabile alla minuziosa osservazione che caratterizza i ritratti nordici. A distinguere la ritrattistica del messinese da quella di Bellini sono appunto queste particolarità di gusto fiammingo: l'accurata resa fisionomica e la capacità di indagine psicologica, che gli consente di individualizzare e di "far parlare" gli effigiati. I pittori veneziani definiscono i lineamenti in modo più vago e l'osservatore ha l'impressione di percepirli attraverso un velo di foschia. Questo effetto, nei primi ritratti di Bellini, è falsato (o esaltato) dal cattivo stato di conservazione, mentre in quello del *Doge Leonardo Loredan*, pervenutoci in condizioni pressoché perfette, siamo ancora in grado di apprezzare come l'atmosfera palpabile nella quale è immerso il soggetto ne addolcisca i lineamenti, proprio come lo sguardo sfuggente ne attenua la caratterizzazione psicologica. L'ammorbidimento delle forme ci impone uno sforzo per meglio metterle a fuoco, in modo da distinguerle più chiaramente: così il ritratto ci impegna psicologicamente e intellettualmente con una serie di meccanismi visivi ed espressivi, che finiscono per impedire qualsiasi contatto tra l'osservatore e l'effigiato.

Malgrado le profonde differenze tra Bellini e Antonello, entrambi i maestri compongono i ritratti in modo analogo, utilizzando i medesimi artifici: il parapetto, ossia una spalletta in pietra situata nella parte inferiore della composizione, e il cartello o cartellino, un finto pezzetto di carta che reca la firma del pittore.[55] Il parapetto è un motivo di origine classica e nell'adottarlo i pittori italiani intendevano quasi certamente citare i loro antichi predecessori. Bellini, per parte sua, si rifaceva più precisamente al padre Jacopo, che aveva già utilizzato il cartellino e il parapetto in dipinti di soggetto sacro eseguiti negli anni quaranta e cinquanta del Cinquecento, come la *Madonna con il Bambino* (Gallerie dell'Accademia di Belle Arti Tadini, Lovere), firmata IACHOBVS BELINVS su un pezzo di carta affisso su un davanzale marmoreo, e la *Madonna dei cherubini* (Gallerie dell'Accademia, Venezia).[56] In quest'ultimo dipinto, databile 1450 circa, dove il parapetto aggetta in direzione dello spettatore, il piede del Bambino, il suo cuscino e un libro sono appoggiati proprio sulla mensola e, sporgendo un poco in avanti, paiono invadere il nostro spazio.

Lorenzo Lotto
*Ritratto di donna*
Digione, Musée des Beaux-Arts

[56] Su Jacopo Bellini si veda Eisler 1989, 51, 52-54, 56, 298, 299, 514, 515, 519-520. Sulle firme e sui cartellini nella pittura veneta cfr. Matthew 1998. Per il cartellino e il simbolismo del parapetto nell'iconografia religiosa di Bellini si veda Goffen 1975, 499-505; e Goffen 1989, 28, 32, 34, 67. (L'edizione inglese di Goffen 1989 è preferibile a quella in traduzione italiana, che rende confuso il mio discorso sul parapetto). Il fatto che nelle sue immagini sacre Bellini colleghi il parapetto con l'altare e con il sepolcro di Cristo trova conferma, per esempio, nella presenza di un candelabro d'altare sul parapetto della *Pietà* del Palazzo Ducale di Venezia; cfr. Goffen 1989, 73-75, e 96-97. Il più antico parapetto della pittura italiana potrebbe essere quello della *Madonna con il Bambino*, attribuita a Duccio, già nella collezione Stoclet a Bruxelles (attuale ubicazione ignota). Si veda Meiss 1957, 88, nota 42. Meiss 1957, 27, osserva l'uso del parapetto "come una piccola striscia" nel *Ritratto d'uomo*, Mellon (National Gallery of Art, Washington), talora attribuito a Masaccio, e nel *Ritratto d'uomo*, (Musée des Beaux-Arts, Chambéry) attribuito a Paolo Uccello. Sul parapetto di quest'ultimo dipinto è incisa l'iscrizione: EL.FIN.FATVTTO.

[57] London 1992, 119-121, con una datazione al 1448-1449 circa; e Lightbown 1986, 475-476, con qualche dubbio sull'attribuzione. La *Sant'Eufemia* di Mantegna (Museo e Gallerie di Capodimonte, Napoli) è firmata e datata 1454 su un cartellino; London 1992, 141-143; e Lightbown 1986, 402-403. Parapetto e cartellino sono stati utilizzati anche da Giorgio Schiavone in una *Madonna con il Bambino* (Walters Art Gallery, Baltimora), dipinta tra il 1456 e il 1459, quando l'artista lavorava nella bottega di Francesco Squarcione, già maestro di Mantegna (il rapporto di Mantegna con Squarcione era finito in una vertenza legale nel 1455-1456). La firma di Schiavone recita: HOC.PINXITI.GEORGIVS.DALMATICVS.DIS/CIPVLVS.SQVARCIONI.S.

[58] Nel *De Viris Illustribus* Fazio descrive gli interessi scientifici di van Eyck e riferisce che leggeva Plinio; si veda Baxandall 1964, 90-92, 102-103; e Preimesberger 1991. Si vedano anche le argomentazioni contrarie di Christiansen 1998, 48 e 61, nota 40, che non crede all'interesse di van Eyck per i testi classici.

Anche il *San Marco* di Mantegna (Städelsches Kunstinstitut, Francoforte), dipinto verso il 1450, è firmato su un cartellino attaccato a un parapetto, che in questo caso è quello del davanzale della finestra alla quale il santo è affacciato. Come nella *Madonna* di Jacopo Bellini, anche qui una parte del braccio destro della figura e il libro sporgono in fuori, penetrando nel nostro mondo.[57]

Nella ritrattistica, così come nei dipinti di soggetto sacro, il parapetto determina il rapporto dell'osservatore con l'immagine, avvicinando l'effigiato allo spettatore ma tenendoli separati: costituisce al tempo stesso il punto (o piano) di maggiore vicinanza al soggetto e una barriera. Ma è anche l'unica (o la principale) forma prospettica di queste composizioni, e quindi fissa il punto di vista, la posizione dalla quale è previsto che l'osservatore veda il soggetto. Jan van Eyck era stato uno dei primi a sfruttare in questi modi l'illusionismo del parapetto: potrebbe anche essere stato il primo in assoluto, servendosene forse per emulare quanto sapeva sui mezzi illusionistici usati dagli antichi. Bartolommeo Fazio (Facius), che scriveva nel 1456, riferisce che Van Eyck aveva studiato ottica, geometria e gli autori classici, compreso Plinio.[58] Che avesse tratto il gusto per quel tipo di finzioni dagli aneddoti di Plinio sulla rivalità tra due antichi maestri del *trompe-l'oeil*, Zeusi e Parrasio?[59] Il *Tymotheos* di Van Eyck (The National Gallery, Londra), per esempio, presenta l'effigiato dietro un lastrone di pietra che reca incisa la firma del pittore, la data 10 ottobre 1432, il nome del soggetto in lettere greche e le parole LEAL SOVVENIR.[60] Incrinato dagli anni, il parapetto ci fa capire che la memoria dell'effigiato è ancora viva malgrado il passare del tempo: Tymotheos vi appoggia la mano destra, che vi proietta un'ombra e fuoriesce illusionisticamente dal piano del dipinto.

Petrus Christus ha trasformato il margine inferiore della finta cornice del suo *Ritratto di certosino* (Metropolitan Museum of Art, New York) in un parapetto di esiguo spessore, dove sono incise la firma e la data 1446.[61] Christus accentua la verosimiglianza del parapetto – e il concetto della transitorietà dell'esistenza umana – dipingendovi una mosca, probabile simbolo di mortalità, proprio al di sopra del segno di interpunzione tra nome e soprannome (abbreviato). Il pittore neerlandese ha ulteriormente elaborato questo meccanismo spaziale nell'*Orefice al lavoro, forse Sant'Eligio* (Metropolitan Museum of Art, New York), dove la firma e la data 1449 sono scritte sotto il banco-davanzale della bottega.[62] Su quel largo ripiano l'orefice appoggia la bilancia con la quale sta pesando un anello per la giovane coppia alle sue spalle. Una striscia di stoffa a righe, abbandonata sul banco, vi proietta un'ombra per confermare la propria

[59] La professoressa Mariët Westermann ha generosamente messo a disposizione la sua profonda conoscenza di questi argomenti. Ipotizza che la descrizione di Plinio delle pitture greche (Plinio 1958-1962, IX, Liber XXXV, 65-66) possa avere suggerito a Van Eyck l'uso del parapetto e possa anche spiegare la funzione delle finestre in certi dipinti nordici più tardi, come per esempio l'*Autoritratto alla finestra* di Gerard Dou del 1660 circa (Metropolitan Museum of Art, New York). Cfr. Westermann 1997, 193-253, fig. 136; e Westermann 1999, in particolare 33-35, fig. 1, per la *Ragazza con cesto di fiori* di Dou (National Trust, Waddesdon Manor) del 1657, in rapporto con l'aneddoto di Plinio.

[60] Dhaenens 1980, 182, 184, 187, 382. Sull'influsso esercitato da van Eyck sull'arte italiana si veda Campbell 1981; Castelnuovo 1987; e Christiansen 1998. Christiansen 1998, 45, ritiene che la collezione veneziana più ricca di pitture neerlandesi possa essere stata quella del cardinale Domenico Grimani, che possedeva almeno sedici ritratti di maestri dei Paesi Bassi.

[61] New York 1998, 148-149. Nel 1451 la Scuola Grande della Carità, a Venezia, aveva acquistato per la propria chiesa (adiacente alla Scuola, che è ora la sede delle Gallerie dell'Accademia) una pala d'altare di "Pietro de Fiandra", presumibilmente da identificare con Petrus Christus. La pala potrebbe avere influenzato il giovane Giovanni Bellini; cfr. Conti 1994, 260; e Christiansen 1998, 44.

[62] New York 1998, 150-153.

[63] La miniatura è la c. 38v. di un manoscritto con la vita di San Maurizio (Arsenal MS 940), donato nel 1453 dallo stesso Marcello a Renato d'Angiò, per commemorare l'ammissione del nobiluomo veneziano all'ordine della Mezzaluna, fondato dal sovrano e dedicato a quel santo. Le miniature che lo illustrano sono dovute a più mani; Eisler 1989, 534, ritiene che sei delle pagine miniate siano da attribuire a un maestro lombardo e quattro (compreso il *Ritratto*) a un altro artista di solito identificato con Mantegna oppure con Jacopo Bellini e aiuti (compreso presumibilmente il figlio Giovanni). Meiss 1957 si è detto favorevole all'attribuzione dei quattro fogli a Mantegna, un'opinione condivisa in seguito anche da Ek-

realtà e sporge nella nostra direzione, come per usurpare il nostro spazio. Verso la metà del sesto decennio del Quattrocento anche i pittori dell'Italia settentrionale utilizzavano il parapetto nella ritrattistica e nei soggetti sacri. Uno dei primi esempi è quello fornitoci dal *Ritratto di Jacopo Antonio Marcello* (Bibliothèque de l'Arsenal, Parigi), un'opera anonima del 1452-1453, variamente attribuita a Mantegna, Jacopo Bellini e la sua cerchia, o alla giovinezza di suo figlio Giovanni.[63] Il soggetto è ritratto a mezza figura e di profilo, dietro un parapetto di pietra con una scritta in codice, il cui significato resta oscuro benché si sia riusciti a decifrarla: SE.MIA.SPERANZA.NON.DIXE.BUGIA/NON.FARAI.INGRATA.PATRIA.COSSA.MIA.[64] Molti dei ritratti singoli ascritti con certezza a Giovanni Bellini presentano il motivo dal parapetto, a cominciare dal *Ritratto di giovinetto* (Barber Institute of Fine Arts, Birmingham) dipinto verso la metà dell'ottavo decennio del Quattrocento.[65] Nei ritratti di Bellini, come nelle sue Madonne, lo scorcio del parapetto indica che l'immagine va vista leggermente dal basso. Lo stesso avviene con l'*Autoritratto a ventisei anni* (o *Autoritratto con i guanti*) di Dürer (Museo del Prado, Madrid), firmato e datato 1498 – e quindi eseguito poco dopo il primo viaggio in Italia (1494-1495) – nella scritta tracciata sulla parete alla sinistra dell'artista.[66] Appoggiandosi al parapetto con il braccio destro, Dürer fissa lo sguardo direttamente sullo spettatore, come fanno anche la *Vecchia* e l'*Autoritratto con la testa di Golia* di Giorgione, altri due dipinti dove i soggetti sono visti dal basso. Nel proprio *Autoritratto*, tuttavia, Giorgione adopera il parapetto come un ripiano dove posare la testa del gigante, presentandola all'osservatore come un'offerta terrificante.

In tutti questi modi il parapetto garantisce al pittore il controllo sul rapporto tra l'effigiato e l'osservatore; apponendovi la firma l'artista ostenta il proprio potere. Anche Jan van Eyck si firmava in questo modo, come si è visto nel *Tymotheos*, ma qualche volta scriveva il proprio nome sul bordo della cornice – come nel *Ritratto di Jan de Leeuw* (Kunsthistorisches Museum, Vienna) datato 1436 – che veniva ad assumere la funzione del parapetto o del davanzale di finestra. Nei ritratti della maturità, forse a cominciare proprio dal *Doge Loredan*, Bellini preferiva invece firmarsi su un cartellino apparentemente fissato sulla facciata anteriore del parapetto. Fin dagli anni giovanili aveva firmato i soggetti religiosi con (o su) un finto pezzetto di carta e quindi stupisce che avesse cominciato così tardi ad adottare il medesimo artificio anche nella ritrattistica, dove peraltro lo utilizzava assai di rado. Altri pittori avevano effettivamente iniziato ben prima di lui a introdurre i cartellini nei soggetti profani, compreso Giorgio Schiavone, le cui opere erano probabilmente note a Bellini. Il *Ritratto d'uomo* del pittore dalmata (Musée Jacquemart-André, Parigi) è uno dei primissimi ritratti italiani firmati su un cartellino, in questo caso con la formula: OPUS SCHIAVONI DALMATICI SQARZONI, che sottolinea il legame con Francesco Squarcione (il primo maestro di Mantegna), indicando che l'opera è stata dipinta tra il 1456 e il 1459, quando Schiavone lavorava alle dipendenze del capobottega padovano.[67]

I foglietti, di carta o di pergamena, sono di solito sgualciti e talora con gli angoli accartocciati, come se li si fosse tenuti fino a quel momento da qualche altra parte (com'è che sono così spiegazzati?), per poi attaccarli "sul" quadro o "nel" quadro a uso e informazione dell'osservatore. Chi legge il testo, forse, può anche portarseli via, come Zeusi che cercava di sollevare la finta tenda dipinta dal suo collega e rivale Parrasio. Essa ricopriva una pittura dello stesso Zeusi, che imitava talmente bene i grappoli d'uva da indurre gli uccelli a tentare di beccarne gli acini; ma Parrasio, alla fine, era riuscito a ingannare l'occhio di un altro artista.[68] Un *tour de force* illusionistico, quindi, ne soppianta un altro, così come la finzione del cartellino si sovrappone a quella dell'immagine che deve contrassegnare.

Sia che funzioni come una finta etichetta sia che venga collocato all'interno della composizione, il cartellino è sempre tutt'altra cosa rispetto ai cartigli, alle cartelle e ai cartocci che possono comunque apparire nel dipinto. A differenza di questi motivi, il cartellino si impone inevitabilmente come un qualcosa di inaspettato, se non di estraneo: una presenza contingente, un oggetto che l'artista potrebbe avere deciso di porre "all'ultimo momento" sopra o dentro l'immagine. Nel *Nuda con lo specchio* di Bellini (Kunsthistorisches Museum, Vienna), firmato e datato 1515, il foglietto sembra quasi dimenticato sul tavolo accanto alla donna.[69] Analogamente, la *Madonna del lucherino* di Dürer (Gemäldegalerie, Berlino) è firmata e datata 1506 su un cartellino che sembra lasciato per caso sull'angolo di un ripiano in parte troncato dal margine sinistro del dipinto. Dipinta durante il secondo soggiorno italiano dell'artista, o poco dopo il suo rientro in Germania, questa *Madonna* è una delle sue opere più "veneziane" e il cartellino proclama questo legame artistico non meno di quanto faccia con la paternità dell'opera.

Restando apparentemente estrinseco alla composizione, come se si potesse toglierlo di mezzo facilmente, il cartellino fornisce al pittore uno strumento per firmarsi con "sprezzatura", per usare il termine coniato da Baldassar Castiglione nel *Cortegiano*, che sta ad indicare un'apparente (non effettiva) disinvoltura nell'esecuzione di qualcosa di difficile.[70] Come la sprezzatura, anche il cartellino è un artificio intrinsecamente illusorio, che invita lo spettatore a credere nella realtà della finzione di dichiarare il nome dell'autore, ricordandoci che ciò che appare reale è una pura invenzione dell'artista. Quando il foglietto firmato viene attaccato al parapetto, diventa proprio l'antitesi delle firme incise illusionisticamente "nel" parapetto stesso o nella cornice dipinta. Queste finte incisioni (come quelle delle pitture di Van Eyck, per esempio) sanzionano l'apparente realtà dell'immagine: tutti gli elementi, compresa la firma, appartengo-

Lorenzo Lotto
*Ritratto di gentildonna*
*nelle vesti di Lucrezia*
Londra, The National Gallery

serdjian in London 1992, 131-133, 134 (dove è riprodotta a colori, a grandezza naturale, la c. 38v.). L'attribuzione delle quattro miniature alla cerchia di Bellini (compreso Giovanni) mi sembra più convincente; cfr. Eisler 1989, 46, 207, 217, 534-535, con ulteriore bibliografia. Anche un altro manoscritto commissionato da Jacopo Antonio Marcello, la traduzione di Guarino da Verona della *Geografia* di Strabone (Bibliothèque Municipale, Albi), del 1458-1459, è stato convincentemente attribuito alla cerchia di Jacopo Bellini, anche in questo caso con la collaborazione di Giovanni; cfr. London 1995, 87-90.

[64] Meiss 1957, 12-14, ricorda il lavoro da "detective" di Henri Martin e propone una possibile traduzione del distico; malgrado la decrittazione, il significato dei due versi resta oscuro o perlomeno ambiguo.

[65] Goffen 1989, 202-204.

[66] Koerner 1993, 37, 64.

[67] Il cartellino è affisso su un parapetto; il ritratto è su pergamena. Si veda Meiss 1957, 28 e fig. 26. Su Schiavone e Squarcione – che fu maestro di Mantegna fino al 1455 – si veda nota 57.

[68] Plinio 1958-1962, IX, libro XXXV, 65-66.

[69] Ctr. Goffen 1991.

[70] Sulla "sprezzatura" come artificio si veda Saccone 1983.

[71] Goffen 1989, 202-204. Bellini ha usato manifestamente il cartellino per la prima volta nella *Madonna con il Bambino* Malaspina (Castello, Pavia) del 1460 circa; cfr. Goffen 1989, 32.

[72] Per Botticelli cfr. Lightbown 1978, I, 33-35; per il Memling si veda cat. 6. Il *Giovane* di Memling (Musée Royal, Anversa) che tiene in mano una moneta dell'imperatore Nerone lascia pensare che il pittore neerlandese, ma tedesco di nascita, potesse avere visto il Botticelli o un dipinto analogo. L'effigiato del ritratto di Memling, che va situato verso il 1480, è quasi certamente un italiano, a giudicare dall'abbigliamento. Sulla numerosa clientela italiana di Memling – quasi il venti per cento della sua produzione accertata può essere collegata con committenti italiani – si veda Christiansen 1998, 45. Tra queste opere va annoverato un dittico che apparteneva alla raccolta di Bernardo Bembo (padre di Pietro); cfr. Campbell 1981, 471.

no alla medesima illusione e ogni singolo motivo conferma la (pretesa) realtà degli altri. Un cartellino firmato e l'immagine appartengono invece a realtà conflittuali, che si smentiscono reciprocamente. Affisso sulla superficie del dipinto, il cartellino dichiara – o denuncia – l'artificio dell'immagine; l'illusionismo che gli è proprio annulla quello delle figure rappresentate nel momento stesso in cui ne nomina l'artefice. Leggendone il nome sul foglietto, non possiamo più tenere in sospeso la nostra incredulità nell'accettare l'effettiva presenza del soggetto dinnanzi a noi. (I ritratti della seconda metà del XVI secolo, invece, rinunciano all'artificio del cartellino e ci obbligano a credere che quelle figure siano reali presentandocele a grandezza naturale, o con dimensioni anche maggiori del vero.) Firmandosi in questo modo, l'artista dichiara di essere al tempo stesso Zeusi e Parrasio e assegna all'osservatore un doppio ruolo: questo diventa simile agli uccelli, che accettano la realtà di quanto è rappresentato (i grappoli d'uva di Zeusi), ma si identifica anche con l'esperto beffato dalla finzione del rivale (Zeusi, che crede vera la tenda dipinta da Parrasio).

Non è affatto obbligatorio che il cartellino rechi una firma: il finto foglietto può anche fornire il nome dell'effigiato o qualunque altra informazione. Così il primo ritratto di Bellini in cui è inserito un cartellino – il *Ritratto di giovinetto* (Barber Institute of Fine Arts, Birmingham) dipinto nei primi anni settanta – è firmato proprio sul parapetto.[71] Ciò che era scritto sul foglietto è sparito, ma non poteva trattarsi del nome dell'artista, a meno che non si pretenda che Bellini avesse firmato l'opera due volte. Non si può quindi dare per scontato che il pittore veneziano, come suo padre e altri maestri (compreso Antonello da Messina), si firmasse di regola in questo modo. Il cartellino firmato equivale a imporre la presenza – scritta e non visiva – dell'artista, dichiarando che l'effigiato è una sua creazione e ricordandoci, come fa il parapetto, che è solo il pittore a definire il nostro rapporto con il soggetto, sacro o profano che sia.

Il carattere illusionistico del cartellino può aiutarci a capire perché Bellini lo utilizzasse prevalentemente per i soggetti sacri, adottandolo nella ritrattistica solo nel XVI secolo ed esclusivamente per *Il doge Leonardo Loredan*, il cosiddetto *Pietro Bembo*, e il *Ritratto di fra Teodoro da Urbino nelle vesti di San Domenico* (National Gallery, Londra), datato 1515. Il foglietto firmato, in questi ritratti, indica che quei personaggi sono presenti dinnanzi a noi in virtù del genio del maestro. Così il rapporto tra lo spettatore e l'effigiato diventa un triangolo che comprende anche l'artefice. Invece i ritratti privi di firma, o firmati in modo meno vistoso, ci permettono di dimenticare il pittore, o perlomeno di ignorarlo, mentre stiamo contemplando l'effigiato e immaginiamo che possa accorgersi di noi.

Rogier van der Weyden
*Francesco d'Este*
New York, Metropolitan Museum
of Art

pagina a lato
Giovanni Bellini
*Il doge Leonardo Loredan*
Londra, The National Gallery

[73] Sulla *Pietà* di Antonello cfr. Venezia 1993, 66-69, 162-172. Ma si vedano anche i paesaggi di due Crocifissioni pressoché contemporanee di Antonello (Musée Royal, Anversa; e National Gallery, Londra), riprodotte in Arbace 1993, 17 e 94. L'impianto spaziale di questi paesaggi ricorda le composizioni "a *plateau*" della pittura neerlandese, come le ha definite Meiss 1961; cfr. anche Meiss 1976, 36 59. I paesaggi di Bellini, ma soprattutto quelli di Mantegna, sono anch'essi legati a questo schema di provenienza nordica, cfr. Goffen 1989, 12-13, 295, nota 28.

[74] Si veda Goffen 1989, 106-118, 122; e Tempestini 1992, 36, 121-124, 243-244, per l'*Orazione nell'orto* e per il *San Francesco*; e qui cat. 23 per la *Pietà*.

[75] Per le Pietà di Bellini e per l'uso del termine nel XV secolo cfr. Goffen 1989, 28-32.

[76] A cominciare dalla giovanile *Madonna Davis* (Metropolitan Museum of Art, New York); si veda Goffen 1989, 28-32.

[77] Si veda Goffen 1989, 161; e Tempestini 1992, 234. In altri tre ritratti di Bellini - *Ritratto di giovane in abito da senatore* (cat. 7); *Ritratto di nobiluomo*, dipinto con la collaborazione degli aiuti (Pinacoteca Capitolina, Roma); *Ritratto di nobiluomo* (Galleria degli Uffizi, Firenze) - la figura dell'effigiato si staglia invece contro uno sfondo di cielo; cfr. Goffen 1989, 204.

Con o senza il cartellino, il parapetto consente al ritratto di entrare nello spazio dell'osservatore, che così crede alla vicinanza del soggetto. L'effetto può essere accentuato ricorrendo a un'ambientazione del tutto priva di connotazioni spaziali, che lasci indefinito il mondo dell'effigiato: costui esiste dovunque o in nessun luogo. Giovanni Bellini e Antonello amavano collocare i ritrattati su uno sfondo neutro, mentre i loro contemporanei di entrambi i versanti delle Alpi utilizzavano spesso un paesaggio: come il fiorentino Sandro Botticelli nel *Giovane con medaglia-Ritratto di Cosimo de' Medici*; Galleria degli Uffizi, Firenze), dipinto verso la metà dell'ottavo decennio del Quattrocento; come Hans Memling nel *Ritratto di giovane* (Gallerie dell'Accademia, Venezia; cat. 6); come Jacometto Veneziano nelle miniature-ritratto di una *Monaca di San Secondo* e di *Alvise Contarini* (Metropolitan Museum of Art, New York).[72] Questo non significa che Antonello e Bellini non inserissero paesaggi in dipinti di altro genere: gli sfondi naturalistici dei loro soggetti narrativi li hanno anzi resi due dei massimi pittori di paesaggio dell'arte italiana. Basti ricordare lo splendido scorcio di paese ancora leggibile nella *Pietà* di Antonello (Museo Correr, Venezia), un'opera – assai deteriorata – della metà degli anni settanta, l'epoca del soggiorno veneziano del pittore messinese.[73] Ma si possono citare anche dipinti di Bellini, come la giovanile *Orazione nell'orto* (National Gallery, Londra) del 1460 circa, il *San Francesco* (Frick Collection, New York) della metà degli anni settanta e la *Pietà* (Gallerie dell'Accademia, Venezia; cat. 23) del 1500 circa, con la sua veduta di Vicenza.[74] Questa tipologia della Pietà, con il Cristo adulto in grembo alla madre, rappresenta un'altra derivazione dall'arte nordica; precedentemente i maestri italiani, Bellini incluso, utilizzavano di preferenza l'immagine del Cristo morto in posizione verticale, a figura intera o a mezza figura, fiancheggiato da angeli, oppure dalla Vergine e da San Giovanni (o un altro santo).[75] Il fatto che Bellini eviti i paesaggi nella ritrattistica risulta strano soprattutto se si pensa che le sue Madonne a mezza figura, simili ai ritratti nell'impianto compositivo, sono spesso dipinte in un contesto paesaggistico.[76] Come Antonello, la maggior parte dei ritrattisti veneziani, da Bellini fino a Giorgione, Lorenzo Lotto e Tiziano, preferiva in genere fare ricorso a campi neutri: la principale eccezione, nel caso di Bellini, è rappresentata dal paesaggio che fa da sfondo al presunto *Ritratto di Pietro Bembo* (The National Gallery, Londra), un'opera tarda, databile verso il 1505.[77]

I ritratti di Bellini e di Antonello da Messina hanno in comune un'altra particolarità: non mostrano mai le mani dell'effigiato, a differenza di quanto avviene nei ritratti a mezza figura realizzati da altri maestri, come Jan van Eyck nel *Giovanni Arnolfini* (Gemäldegalerie, Berlino) del 1434 circa, o Rogier van der Weyden nel *Francesco d'Este* (Metropolitan Museum of Art, New York) databile intorno al 1460 – per citare due esempi nordici che raffigurano soggetti italiani – oppure ancora, tra i pittori centro-italiani, Sandro Botticelli.[78]

Come dimostrano i loro splendidi dipinti sacri, Bellini e Antonello sapevano ovviamente dipingere le mani altrettanto bene dei paesaggi, sfruttandone i gesti per trasmettere particolari significati ed emozioni; tuttavia escludevano le mani dai ritratti per lo stesso motivo che li induceva a evitare i paesaggi: per sopprimere ogni indicazione di tempo e di spazio, per immortalare davvero i loro soggetti, astraendoli da qualsiasi contesto specifico. Il gesto della mano, o il modo in cui viene posata, sono per definizione effimeri, promettono (o minacciano) un cambiamento. Ritrarre anche le mani dell'effigiato significa renderlo più accessibile – fisicamente, se non psicologicamente – allo spettatore; le mani del *Francesco d'Este* di Rogier van der Weyden, per esempio, si appoggiano sul margine del dipinto, quasi invadendo il nostro spazio e invitandoci a toccarle. Le mani sembrano così smentire la distanza psicologica espressa dal contegno dell'effigiato: il pittore non intende affatto associare alla vicinanza fisica la sensazione che esista uno scambio di emozioni (o semplicemente di sguardi) tra il soggetto e il riguardante. E il *Ritratto di giovane* di Memling ci presenta un'analoga mescolanza di immediatezza psicologica e di distacco emotivo. Anche Bellini, in realtà, ha dipinto le mani degli effigiati in due dei suoi ultimi ritratti: il *Fra Teodoro da Urbino nelle vesti di San Domenico* e il *Frate domenicano nelle vesti di San Pietro Martire* (The National Gallery, Londra), anch'esso databile 1515, ma in entrambi i casi, proprio come Memling, ha migliorato l'imminenza delle mani dei soggetti distogliendone gli sguardi.[79] Anche questa è una scelta deliberata: Bellini rifiuta in questo modo le più recenti innovazioni della ritrattistica veneziana, avvertibili in certe opere di Giorgione, che era morto nel 1510, e di Tiziano, dove questi elementi – le mani e lo sguardo diretto – si combinano appunto allo scopo di stabilire un intimo legame tra l'effigiato e l'osservatore. Nel *Ritratto di giovane* di Giorgione (Gemäldegalerie, Berlino), per esempio, che reca scritte sul parapetto le lettere "VV", le dita della mano destra del soggetto si sovrappongono al bordo del parapetto.[80] Proiettandosi nel nostro mondo, la mano acquista un'immediatezza fisica paragonabile all'intimità psicologica suggerita dallo sguardo diretto del giovane. Nei suoi primi ritratti – la *Schiavona* e il cosiddetto *Ariosto* o *Gentiluomo in blu* (The National Gallery, Londra) – entrambi dipinti verso il 1510 e firmati con il monogramma T.V. inciso sul parapetto, Tiziano rompe allo stesso modo le barriere spaziali e psicologiche tra l'effigiato e chi lo guarda.[81] Anche le dita della mano sinistra della *Schiavona* sormontano il bordo del finto bassorilievo che ritrae l'effigiata di profilo: anch'esso viene così a proiettarsi nel nostro spazio. La manica di seta azzurra del gentiluomo interseca a sua volta il piano del dipinto, proiettando un'ombra sul parapetto. Nella ritrattistica di Bellini, tuttavia, a parte gli ultimi due ritratti datati 1515, il distacco fisico e

Jan van Eyck
*Uomo con il turbante rosso.*
Londra, The National Gallery

[78] Per il ritratto di van Eyck cfr. Dhanens 1980, 333-336 (che lo intitola *Ritratto di un Arnolfini*: l'effigiato potrebbe non essere Giovanni). Si veda anche il *Tymotheos*, di cui si è già discusso. Per il *Francesco d'Este* di van der Weyden v. Ainsworth 1998, 140; Christiansen 1998, 40; e New York 1998, 154-155.

[79] Goffen 1989, 210, 214, 216-217.

[80] Sulla tela di Berlino, nota anche come "ritratto Giustiniani", e sulle possibili interpretazioni delle lettere "V.V." cfr. Anderson 1997, 285, e 296-298; e De Grummond 1975. Anche in dipinti di tema sacro, come il *San Marco* di Mantegna, le forme si sovrappongono talora alle cornici illusionistiche per entrare nello spazio del riguardante.

[81] Goffen 1997, 52, 57.

[82] Sul soggiorno ferrarese di van der Weyden, che era stato al servizio di Leonello d'Este dal 1449 al 1451, si veda Baxandall 1964. Sui committenti italiani di van Eyck cfr. Dhanens 1980, 282-291. Dhanens ipotizza che Van Eyck possa essersi recato a Ferrara o a Venezia nel 1438.

[83] La maggior parte degli studiosi (compresa la Dhanens) considera il dipinto un autoritratto di van Eyck, ma vi sono anche pareri discordi. Cfr. Dhanens 1980, 188-192, 302-306, 382, e 389 per l'autoritratto e per la *Margaretha van Eyck* (Schone Kunsten Museum, Bruges), datata 1439, che era evidentemente esposta a Bruges insieme con l'*Uomo con il turbante rosso*.

[84] Sull'iconografia del dipinto si è molto discusso; si veda Dhanens 1980, 193-204; Hall 1994; e Seidel 1993. Sui doppi ritratti a figura intera si veda Campbell 1990, 53-54.

[85] Si veda Koerner 1993. Va ricordato anche l'autoritratto regalato da Dürer a Raffaello, secondo quanto riferisce Vasari 1568, IV, 354.

[86] Sul *Vescovo* di Lotto e sul suo sguardo "al tempo stesso sulla difensiva e vagamente aggressivo" si veda Humfrey 1997, 10; e qui cat. 4.

[87] Hansen 1991, 277.

[88] Sul ritratto di Baldassarre d'Este, eseguito a breve distanza dalla morte del duca Borso, si veda Campbell 1990, 56. Campbell cita anche il *Dante* di Domenico di Michelino del 1465 come un precoce esempio di ritratto a figura intera. Questo dipinto, tuttavia, non è un ritratto autonomo, bensì un'"istoria", che raffigura il poeta mentre presenta scene della *Divina Commedia*. Campbell, infine, menziona anche un ritratto a figura intera di Alessandro Sforza, morto nel 1473, che si trovava nel 1500 nel palazzo di Pesaro; la fonte non specifica quando sia stato eseguito. Che fosse anche quella un'immagine postuma? Sul dipinto di Carpaccio si veda Goffen 1983; e Humfrey 1991, 108.

psicologico protegge il soggetto dal passare del tempo, perché il gesto e l'espressione di un'emozione sono inevitabilmente transitori: nessun volto umano rimane immutabile, nessuna mano resta immobile, se non nella morte.

La rappresentazione frontale del soggetto, ma con lo sguardo sfuggente, è paragonabile a quella di numerosi ritratti neerlandesi del XV secolo, compresi quelli di Jan van Eyck e Rogier van der Weyden, che avevano lavorato entrambi – come si è visto – per clienti italiani.[82] Un'importante eccezione alla regola del distacco psicologico nella ritrattistica dei Paesi Bassi del XV secolo è rappresentata dall'*Uomo con il turbante rosso* di Van Eyck (National Gallery, Londra), firmato e datato 1433, che viene di solito considerato, proprio per questo motivo, un autoritratto dell'artista.[83] Come l'autoritratto che Gentile Bellini avrebbe in seguito dipinto per il sultano (a meno che non si tratti di un'invenzione di Vasari), è presumibile che l'*Uomo con il turbante rosso* di Van Eyck fosse stato eseguito con l'aiuto di uno specchio. Lo sguardo diretto dell'autoritratto fa appunto pensare a un'immagine riflessa ed è al tempo stesso psicologicamente pertinente all'identità dell'effigiato: l'artista che ci presenta se stesso. Quando il soggetto è consapevole della presenza dello spettatore, come ne è conscio Van Eyck nell'*Uomo con il turbante rosso*, egli si fa complice della nostra attenzione e instaura così un dialogo psicologico con noi.

L'incrocio degli sguardi può coinvolgere l'osservatore nell'azione delle persone rappresentate: il fatto che gli sposi ci guardino ci fa diventare testimoni del matrimonio di Giovanni Arnolfini e Giovanna Cenami, che sta avvenendo nel dipinto di Van Eyck (The National Gallery, Londra) firmato e datato 1434.[84] E nell'*Autoritratto come Cristo* firmato e datato 1500 da Dürer (Alte Pinakothek, Monaco) – un'immagine non di superbia, ma di *imitatio Christi* – il fatto che l'artista ci guardi ne trasforma il gesto in un atto individuale di benedizione.[85]

Quando la mano e l'occhio sommano le loro potenzialità per asserire la vicinanza del soggetto all'osservatore, l'impressione di averlo dinnanzi può risultare particolarmente forte, come abbiamo già visto nei dipinti di Giorgione e Tiziano. Lotto sfrutta allo stesso modo la prossimità psicologica e fisica con l'effigiato, ma lo fa principalmente quando ritrae soggetti non veneziani, come nel *Ritratto del vescovo Bernardo de' Rossi* (Museo di Capodimonte, Napoli; cat. 4), dipinto tra il 1503 e il 1506, pochi anni dopo il *Il doge Leonardo Loredan* di Bellini. Tuttavia questi due personaggi vivono in mondi completamente diversi. A differenza di Loredan, il vescovo di Lotto ci guarda dritto negli occhi:[86] poiché egli "vede" lo spettatore, il rapporto oculare è ora reciproco, gli sguardi si incrociano perché l'oggetto che fissiamo diventa il soggetto che ci scruta. In questo modo Lotto (come Antonello prima di lui) sembra voler distinguere tra due diversi modi di guardare, definibili in termini freudiani scopofilia e voyeurismo. Come ha spiegato Miriam Hansen, la scopofilia implica un piacere reciproco e si "distingue... dal voyeurismo, [che è] impostato sulla visione unilaterale dal buco della serratura".[87] Poiché il vescovo di Lotto vede l'osservatore, quest'ultimo non può (o non ha bisogno di) essere un voyeur e può abbandonarsi al mutuo piacere di spiarsi, di instaurare un reciproco rapporto visivo con l'effigiato.

Oltre allo sguardo, Lotto ci mostra, a differenza di Antonello e di Bellini, anche una porzione delle braccia del vescovo e la sua mano destra, che stringe un foglio arrotolato. Quando il dipinto era ancora dentro la cornice originale, la mano doveva dare l'impressione di penetrare nello spazio dell'osservatore, come nel *Francesco d'Este* di van der Weyden o nel *Ritratto di giovane* di Memling. La cornice è una forma concreta e tridimensionale che esiste nel nostro spazio, e dunque afferma la vicinanza della persona che esiste immediatamente dietro la sua struttura, nel reame fittizio del ritratto. Il vescovo diventa perciò fisicamente accessibile in virtù del rapporto della mano con la cornice, così come il suo sguardo ci consente di stabilire un contatto di tipo psicologico. Sfruttando il potenziale della cornice, Lotto si rifà – sovvertendone la funzione – al suo antecedente illusionistico: il parapetto, già adottato da Antonello e Bellini come un mezzo per separare l'effigiato dallo spettatore.

Il vescovo de' Rossi è una mezza figura che ci appare come affacciata a una finestra, che ne cela alla vista il resto del corpo. Il primo ritratto italiano a figura intera di cui si ha notizia è quello di *Borso d'Este, duca di Ferrara*, dipinto nel 1471 e noto soltanto tramite fonti scritte. Il primo tra quelli pervenutici è il *Giovane cavaliere* (Museo Thyssen-Bornemisza, Madrid): è firmato e datato da Carpaccio nel 1510, ma si tratta sicuramente di un'immagine allegorica e presumibilmente postuma.[88] I ritratti eseguiti *post mortem* appartengono evidentemente a una categoria diversa, quella delle immagini funerarie "senza tombe", vale a dire degli *exempla virtutis*, come le figure di Dante, Boccaccio e Petrarca del ciclo degli *Uomini* (e delle donne) *famosi* dipinti da Andrea del Castagno.[89] In Italia erano certamente stati eseguiti altri ritratti frontali e a figura intera oltre a quelli citati, ma *I coniugi Arnolfini* di Jan van Eyck ci ricorda che i pittori nordici ne dipingevano già nel quarto decennio del XV secolo. In qualche caso, inoltre, compreso quello degli stessi Arnolfini, che erano mercanti residenti a Bruges, queste opere erano state commissionate da clienti italiani. In Italia, quindi, i committenti e i pittori avevano ovviamente visto esempi di ritratti di quel formato ed erano in grado di ordinarli (o di dipingerli), se lo desideravano. Tuttavia, pur tenendo conto della bassa percentuale di sopravvivenza delle opere di soggetto profano di quel periodo, le immagini frontali a figura intera dovevano essere estremamente rare e continuano tuttora a confrontarci con problemi di non facile soluzione.

[89] Per questo ciclo di affreschi staccati, già nella villa Carducci e ora alla Galleria degli Uffizi di Firenze, si vedano Horster 1980, 178-180; e Spencer 1991, 32-42. Questi cicli, di solito, erano maschili, ma Andrea del Castagno, oltre ai tre grandi poeti e a tre eroi guerrieri (Filippo Scolari, Farinata degli Uberti, Niccolò Acciaiuoli), ha dipinto anche la Sibilla Cumana, Ester e la regina Tomiride.

[90] La critica considera questo dipinto di Andrea del Castagno il primo ritratto italiano frontale o di tre quarti (si veda per esempio Campbell 1990, 232), ma si può condividere l'opinione di Gilbert 1968, 281, che lo ritiene il probabile frammento di una composizione di maggiori dimensioni, quindi non un'opera indipendente. Come ha osservato Gilbert, se si trattasse di un ritratto, il *Giovane* risulterebbe anomalo sotto più di un profilo, compreso il fatto di non indossare un copricapo: un'imperdonabile infrazione alla moda del 1450. Se era davvero un ritratto, allora questo *Giovane* era destinato a rimanere un *unicum* nell'arte italiana per almeno un altro decennio.

[91] Goffen 1986, 64-69.

[92] Come ha spiegato Lavin, questo revival ha finito per trasformare la forma perfettamente compiuta del busto classico in quella arbitrariamente mozza del suo erede rinascimentale. Cfr. Lavin 1970 e 1975.

[93] Il ritratto è ricordato da Vasari 1568, VII, 440. Si accenna al suo prezzo in una lettera, datata 18 marzo 1530, di Gian Giacomo Leonardi, agente del duca Francesco Maria della Rovere a Venezia, che scrive al suo padrone a Urbino: i maligni avevano messo in giro la voce che l'imperatore avesse pagato l'opera solo un ducato. Cfr. Gronau 1904, 13; e Wethey 1969-1975, II, 19, 192.

[94] La lettera di Calandra, datata Mantova, 11 ottobre 1529, e indirizzata a Malatesta, agente di Federico Gonzaga a Venezia, chiede appunto che Tiziano si rechi a Mantova a dipingere il ritratto dell'imperatore, che invece – come riferisce Vasari – venne eseguito a Bologna. Sulla lettera di Calandra, scoperta da Charles Hope nell'Archivio di Stato di Mantova, si veda Wethey 1971, 19.

[95] L'abbigliamento dell'imperatore, compreso il soprabito di broccato verde foderato di zibellino, e il grande seguito erano già stati notati in occasione delle sue visite a Verona e a Bassano nell'inverno del 1532. Cfr. Sanuto 1879-1902, LVII, coll. 194 e 217. Carlo V proseguì poi per Bologna, dove rimase dal 13 novembre 1532 al 28 febbraio 1533.

Uno dei primi ritratti frontali della pittura italiana è quello, già ricordato, del *Cardinale Ludovico Trevisan*, dipinto da Mantegna verso il 1459-1460. Il *Giovane* di Andrea del Castagno (National Gallery of Art, Washington) è ancora più antico – del 1450 circa – ma non abbiamo la certezza che si tratti di un ritratto autonomo.[90]

Il primo ritratto di tre quarti dipinto da Bellini è quello di *Jörg Fugger*, datato 1474 ed eseguito per un committente tedesco. Che fosse stato il Fugger a proporre al pittore questo specifico formato? Ma la domanda fondamentale non è questa: resta infatti da chiedersi il perché di un intervallo di trenta-quarant'anni tra Nord e Sud nell'adozione del modulo frontale o di tre quarti. E per quale motivo si è dovuto aspettare ancora di più prima di incontrare nella ritrattistica italiana la prima figura intera stante? In Italia, prima del quarto decennio del Cinquecento, erano di solito i monumenti funerari a presentarci immagini del genere, come per esempio la tomba di Benedetto Pesaro nella chiesa veneziana di Santa Maria Gloriosa dei Frari.[91] E queste non sono mai effigi di donne, perché anche dopo la morte la tipologia era riservata, a quanto pare, esclusivamente ai personaggi di sesso maschile, perlomeno fino alla seconda metà del XVI secolo. Abbiamo già detto che il primo ritratto italiano a figura intera giunto fino a noi è il *Giovane cavaliere* di Carpaccio del 1510. Ma gli altri ritrattisti italiani e i relativi committenti hanno esitato ad adottare quella tipologia per i loro soggetti – vivi o morti – fino a quasi un secolo dopo la sua introduzione a opera di Van Eyck e di altri maestri neerlandesi. Perché tanto ritardo?

A queste domande retoriche sul carattere deliberatamente ritardatario della ritrattistica italiana sembra fornire una risposta parziale lo stesso Vasari, quando parla di come venivano esposti i ritratti nelle case veneziane, alludendo alla loro funzione nell'antichità classica. Gli antichi esibivano le immagini degli antenati – sostiene Vasari – e anche noi dovremmo farlo; i ritratti dei grandi uomini servivano di esempio agli antichi e dovrebbero ispirare anche noi. Gli esemplari classici più noti in Italia sono i busti scolpiti e i profili dei regnanti sulle monete. A riportare in auge (modificandolo) il busto-ritratto di gusto classico furono per primi gli scultori fiorentini,[92] mentre i primissimi ritratti pittorici rinascimentali preferivano ispirarsi ai profili delle monete antiche: modelli classici più facilmente reperibili e forse più apprezzati in Italia che nei paesi nordici. Contemporaneamente, tuttavia, dovevano essere intervenute anche inibizioni di carattere psicologico e sociale, che dissuadevano gli italiani dal commissionare ritratti dipinti frontali o a figura intera proprio per il potere, insito in quel tipo di immagine, di trasmettere il senso della presenza dell'effigiato.

Anche se non conosciamo tutti i motivi che possono avere impedito agli italiani di adottare il modulo frontale e a figura intera, un fatto è certo: per buona parte del XVI secolo i pittori veneziani e i patroni delle arti hanno continuato ad attenersi a una tipologia certamente più limitata sotto il profilo compositivo e dell'espressione del sentimento: quella della mezza figura con lo sguardo sfuggente. Ma è chiaro che la ritrosia dei maestri italiani nell'impadronirsi di positure, formati e psicologie differenti non va imputata a una loro incapacità di rappresentare altri tipi di atteggiamenti o di emozioni, né all'ignoranza di quanto si andava facendo Oltralpe.

La riluttanza a fare nuovi esperimenti, comunque, scomparve del tutto con l'avvento di Tiziano. Il maestro praticamente reinventò la ritrattistica, esercitando con le proprie innovazioni un influsso senza precedenti su Venezia e sul resto d'Europa, perché la sua clientela era internazionale e la sua fama di ritrattista impareggiabile. Tra i suoi mecenati vi erano anche gli Asburgo, a cominciare da Carlo V, e il prestigio degli effigiati contribuiva a trasformare le sue immagini in prototipi insostituibili. Non è una coincidenza che il suo primo lavoro per il sovrano fosse stato proprio un ritratto (ora perduto) in armatura, dipinto nel 1530, quando Tiziano si era recato per la prima volta a Bologna ad assistere all'incoronazione dell'imperatore.[93] Il suo incontro con Carlo V, mirato appunto a eseguirne il ritratto, era stato organizzato da un altro "cliente soddisfatto": Federico II Gonzaga, da poco promosso dallo stesso imperatore da marchese a duca di Mantova.[94] Verso il 1525 Tiziano aveva effigiato Federico in piedi (Museo del Prado, Madrid), tre quarti di figura, con l'adorato e adorante cagnolino maltese. La presenza di un animale in un ritratto nobiliare non costituiva quindi una novità all'epoca in cui Carlo d'Asburgo venne raffigurato con il suo cane da caccia in due dipinti praticamente identici, uno di Tiziano (Museo del Prado, Madrid) e l'altro del pittore austriaco Jacob Seisenegger (Kunsthistorisches Museum, Vienna). Qual era stato il primo? Il *Carlo V con il cane* di Seisenegger è firmato e datato 1532, mentre il ritratto tizianesco, privo di data, è quasi certamente una copia di quello dell'austriaco, forse eseguita nell'inverno del 1533, quando il maestro veneziano incontrò di nuovo l'imperatore a Bologna, arrivandovi in gennaio, appena un mese prima della partenza del sovrano.[95]

Le differenze tra i due ritratti sono davvero significative: per dirla in breve, rispetto a Seisenegger, Tiziano ha dipinto Carlo V molto meglio del cane. Il suo imperatore domina lo spazio del dipinto, occupandone completamente il campo; i particolari superflui dello scenario sono stati soppressi e il seguio – "coprotagonista" nella tela di Seisenegger – diventa un elemento accessorio, con il corpo troncato già all'altezza delle zampe anteriori e una fisiologia più sommaria, persino nella forma dell'orecchio. Indipendentemente dalle circostanze che lo avevano indotto a replicare il dipinto austriaco, Tiziano non doveva certo considerare il proprio ritratto una copia, ma piuttosto una rettifica della versione precedente. Ed è

da sinistra
Tiziano
*Federico II Gonzaga*
*duca di Mantova*
Madrid, Museo del Prado

Tiziano
*Carlo V con il cane*
Madrid, Museo del Prado

Jacob Seisenegger
*Carlo V con il cane*
Vienna, Kunsthistorisches Museum

[96] Il documento, conservato a Pieve di Cadore nella casa di Tiziano, era stato pubblicato da Ridolfi 1648, I, 180-182, ma con un errore nella trascrizione della data, indicata come 1553. Si veda anche Wethey 1969, 22, nota 124.
[97] Fra Angelico, per esempio, è ricordato come un nuovo Apelle nell'iscrizione sul suo monumento funebre nella chiesa di Santa Maria sopra Minerva a Roma. Analogamente, Filippo il Buono venne apostrofato come il nuovo Alessandro il Grande, il che implicava identificarne il ritrattista, Jan van Eyck, con Apelle; cfr. Christiensen 1998, 48.
[98] Wethey 1971, 127.
[99] Tiziano dipinse almeno tre ritratti postumi dell'imperatrice Isabella (1503-1539), ma l'unico sopravvissuto è quello del Museo del Prado. Si veda Wethey 1971, 110-111, 194-195, 200-201.
[100] Kemp 1976.

probabile che l'imperatore fosse della stessa opinione, tanto che il 10 maggio 1533, dopo il ritorno a Barcellona, gli aveva concesso il diploma di cavaliere dello Sperone d'Oro e di conte del Sacro Palazzo Lateranense,[96] spiegando che l'alto onore – Tiziano fu l'unico pittore a essere fatto cavaliere durante il regno di Carlo V – era dovuto in particolare alle sue grandi doti di "ritrattista". Solo ad Apelle era stato concesso di ritrarre Alessandro Magno; solo Tiziano, l'Apelle del suo tempo, venne ritenuto degno degno di ritrarre Carlo V da quel momento in poi. L'allusione al pittore preferito da Alessandro era un *tropos* molto in uso fin dal XV secolo per elogiare un artista contemporaneo, ma l'imperatore se ne era servito espressamente per elogiare la *ritrattistica* di Tiziano.[97] Si sa che Carlo V, in seguito, non rispettò sempre l'editto che aveva promulgato di persona e si fece ritrarre anche da altri, ma la sua ammirazione per Tiziano non fu per questo meno straordinaria, ed evidentemente condivisa, visto che il pittore veneziano avrebbe poi finito per effigiare praticamente tutti i membri della casa d'Austria.

Il più grande mecenate di Tiziano fu il figlio di Carlo, Filippo II, che divenne re di Spagna nel 1556. Seguendo l'esempio del padre, cominciò proprio col commissionargli un ritratto, per il quale posò nel 1548, durante un soggiorno a Milano.[98] I due si incontrarono di nuovo ad Augusta, tra il 4 novembre 1550 e il maggio 1551: ne uscì l'immagine di *Filippo II* (Museo del Prado, Madrid; cat. 166).

Tiziano dipinse anche i ritratti delle donne di casa d'Asburgo, compresa più di un'effigie postuma della consorte di Carlo V, Isabella del Portogallo (Museo del Prado, Madrid).[99] Questi ritratti ci ricordano lo scopo primario della ritrattistica, che è quello di commemorare e preservare l'identità del soggetto. L'*Isabella* di Tiziano venne dipinta nel 1548, quando l'imperatrice era morta già da nove anni, ma ancora viva nella memoria dell'affezionato consorte. È presumibile che anche i mariti veneziani amassero le proprie mogli, ma evidentemente erano restii a proclamare questo amore tramite la pittura. La sperequazione tra i due sessi nella ritrattistica è una delle caratteristiche specifiche della scuola veneziana, anche se si tratta di un elemento negativo: dell'assenza invece che della presenza di una determinata qualità. Ma anche così ci aiuta a capire la psicologia dei ritratti veneziani rinascimentali.

Durante il corso del XVI secolo questa psicologia andò facendosi meno specifica e, contemporaneamente, le differenze nell'abbigliamento e alcuni particolari della persona, come l'acconciatura dei capelli, cominciarono a diventare i principali – se non gli unici – tratti distintivi della ritrattistica. Quando succede questo, ci accorgiamo di avere a che fare con una corrente internazionale: l'euro ha sostituito il ducato o, per usare una metafora linguistica, il testo non è più scritto in fiammingo, tedesco o italiano, ma in una "lingua franca". Nell'Europa del XVI secolo quest'internazionalizzazione era in parte il risultato degli ormai frequentissimi rapporti tra i due versanti delle Alpi. L'abbigliamento poteva cambiare, ma le pose, il contegno, lo scenario e gli attributi – guanti, libri, lettere – erano gli stessi dovunque e diventavano in larga parte convenzionali e sopranazionali. Per converso, quando è lo stile individuale di un artista a dominarne la raffigurazione del soggetto, il ritratto diventa davvero un "doppio" ritratto: l'immagine dell'effigiato e dell'artefice. Leonardo da Vinci aveva riconosciuto (o anticipato) questa verità ben prima di noi: "ogni artista dipinge se stesso".[100]

Bert W. Meijer

# Fiamminghi e olandesi nella bottega veneziana:
## il caso di Jacopo Tintoretto

Jacopo Tintoretto
*Fuga in Egitto*, particolare
Venezia, Scuola Grande di San Rocco

[1] Ridolfi [1648, I, 225] scrisse parole di simile significato sul Tiziano.
[2] Per Paolo Fiammingo si veda *infra*.
[3] Ridolfi 1648, II, 65.
[4] Secondo il Vasari [1568] 1878-85, VI, 587, il Tintoretto lavorò "a caso e senza disegno, quasi mostrando che questa arte è una baia."
[5] Van Mander 1604, 74v, str. 75; [1973], I 95-96; II, 414-415.
[6] Van Mander [1604] 1983, 132, 133, 209, 210, 244, 245, 470, 550, 581.
[7] Lomazzo 1587, 101.
[8] Van Mander 1604, 239v; [1994-98], IV, 28, per questi disegni oggi a Basilea e la bibliografia relativa; inoltre, Van de Velde 1975, cat. nn. T 1-25.
[9] Ridolfi [1648] 1914-24, I, 225-226.
[10] Von Hadeln 1911b, 126.
[11] Si veda Pallucchini & Rossi 1982, 125, e il catalogo delle opere incluso in questo libro, dove almeno un centinaio di dipinti sono considerati anteriori al 1545.
[12] Il Puppi suggerì che il "Giacomo pittore… quel grande maestro" menzionato in un documento del 2 aprile 1541 come collaboratore di Campagnola fosse Jacopo Tintoretto (Olivato 1976, 80; Saccomani 1992, 170-72).
[13] Uno dei suoi primi ritratti, *Wilhelm I il Vecchio von Waldburg-Trachburg* (1469-1557; Bayerische Kunstgemäldesammlungen in deposito presso l'Alte Pinakothek), eseguito in Augusta o dintorni, è datato 1548 (Krämer 1980, II, 133-134, n. 480, ripr.; Ost 1985, 18, 25, fig. 7).
[14] Inv. P. 9.'63; tela; 116 x 161, 2 cm. Woodward 1983, n. 132, ripr., come A. Schiavone. L'attribuzione al Sustris è stata proposta dal Rearick 1984, 301, e dal Lucco in *Brera* 1990, 218, alla nota 124.
[15] Cfr. Meijer in *Bruxelles* 1995, 363-64, al n. 211. Per dipinti del Tintoretto con architetture simili si vedano *Salomone e la regina di Saba* (Collezione privata, Bologna) e *Cristo e l'adultera* (Rijksmuseum, Amsterdam), Pallucchini & Rossi 1982, nn. 104, 108, figg. 131, 135-36; Boschloo, Van der Sman e altri 1993, 85. Gli edifici derivati dal Serlio inclusi nelle composizioni di pittori veneziani si trovano in genere sullo stesso livello della scena principale. In un disegno a chiaroscuro con *Cristo tra i dottori*, attribuibile al Sustris (British Museum, Londra; si veda Meijer, in corso di stampa), gli edifici anticheggianti derivano forse da modelli romani del Tintoretto.
[16] Bartsch 125.
[17] Pallucchini & Rossi 1982, nn. 182-87, figg. 240-248, qui datati 1555 circa.
[18] Pallucchini & Rossi 1982, n. 109. figg. 135, 136; Boschloo, Van der Sman e altri 1993, 85.
[19] Per una discussione del disegno Meijer 1993, 12-13, fig. 12; *idem*, in corso di stampa. Le compagne dell'eroina e i soldati sono affini alle figure del Tintoretto di quel periodo.

"Non capitasse Italiano e oltramontano a Venetia che non ritraesse le pitture sue, e non procurasse erudirsi sotto di lui", scrisse Carlo Ridolfi a proposito di Jacopo Tintoretto, mezzo secolo dopo la sua morte.[1] È difficile stabilire fino a che punto questo rispondesse a verità o fosse un'esagerazione del Ridolfi, tesa a sottolineare l'importanza del pittore veneziano da lui più ammirato. Altre fonti e argomenti, tuttavia, confermano che vari furono gli artisti nordici che si formarono nella bottega del Tintoretto assistendolo nell'esecuzione delle opere. I dipinti di alcuni di loro – tra questi Paolo Fiammingo (ca. 1540-1594), giunto a Venezia probabilmente intorno al 1570 o poco prima – dimostrano la forte impronta della tecnica e dello stile del veneziano.[2]

Nell'esaminare alcuni artisti e alcune opere che esemplificano i legami tra maestro e discepoli e nel passare al vaglio la bottega del Tintoretto, non supereremo il settimo decennio del Cinquecento, dato che le figure chiave del periodo posteriore sono discusse altrove nel presente catalogo.

Cominciamo da un passo del Ridolfi tratto dalla "Vita" del Tintoretto in cui si sottolineano la "prontezza" e "rissolutezza" del suo modo di lavorare: "Visitato da alcuni giovani Fiaminghi venuti da Roma, gli recaro alcune loro granite teste di lapis rosso condotte con estrema diligenza; e ricercati da lui quanto tempo vi si fossero occupati intorno, risposero chi dieci e chi quindici giorni. Veramente, disse il Tintoretto, non vi potevate star meno; ed intinto il pennello nel nero, fece in brevi colpi una figura, toccandola con lumi di biacca con molto fierezza, poi rivoltosi a quelli disse: Noi poveri Venetiani non sappiamo disegnare che in questa guisa. Stupirono quelli della prontezza de di lui ingegno e si accorsero del tempo perduto."[3] Non è possibile provare l'attendibilità delle parole del Ridolfi, e neppure è possibile escludere che fossero intese soprattutto a confutare la critica vasariana che rimproverava al Tintoretto la sua mancanza di "disegno". Allo stesso tempo, tuttavia, l'aneddoto del Ridolfi si allinea, in un certo modo, con l'avvertenza data ai giovani artisti da Karel van Mander quarant'anni prima in Olanda: a Venezia si migliorava la maniera di dipingere; a Roma si apprendeva il "disegno", con tutto ciò che è implicito in questo fondamentale concetto.[5] Il Van Mander, che le informazioni sul Tintoretto le ebbe di seconda mano, apprezzava il veneziano per le sue invenzioni, per le composizioni ordinate dei gruppi di figure, per i drappeggi e i paesaggi.[6] Nella *Vita* di Pieter Vlerick lo stesso Van Mander richiamava l'attenzione sul modo con cui il Tintoretto rappresentava la luce e l'ombra, tema, questo, già discusso in precedenza dal Lomazzo.[7]

Chi erano i giovani fiamminghi che, venuti da Roma, assistettero alla dimostrazione di bravura del Tintoretto? Forse tra loro c'era Frans Floris, che presumibilmente, come vedremo, conosceva da vicino le opere del maestro veneziano. Forse il Floris gli mostrò i suoi disegni a sanguigna – cui accenna il Van Mander e oggi perduti –, che erano copie di affreschi michelangioleschi della Sistina e di opere dell'antichità classica, o i disegni a penna che traevano spunto dalla scultura monumentale, dai rilievi antichi e dai dipinti dei grandi maestri italiani del Cinquecento, uniche opere certe degli anni trascorsi dal Floris in Italia.[8]

### Lambert Sustris

Il primo artista olandese di cui si sa che mostrò interesse per le opere del Tintoretto e probabilmente per quella degli artisti della sua cerchia, è Lambert Sustris (Amsterdam, ca. 1515 - Venezia?, dopo 1591?). Secondo le informazioni fornite dal Ridolfi, il Sustris "si trattenne per qualche tempo in Venetia, servendo medesimamente alcuna volta à Titiano & al Tintoretto nel far paesi".[9] Il Tintoretto divenne maestro indipendente qualche tempo prima del 1539,[10] e benché le sue prime opere sicuramente datate o databili risalgano al 1545 o a epoca di poco anteriore, esiste un cospicuo numero di dipinti assegnabili agli anni precedenti.[11]

Arrivato con ogni probabilità a Venezia intorno al 1535, il Sustris incontrò forse il Tintoretto nel 1541 a Padova, nel cantiere di Palazzo Mantova Benavides, dove ebbe modo di lavorare.[12] Ma a Padova, prima di partire per la Germania nel 1548,[13] il pittore olandese eseguì numerose altre committenze. Un dipinto del Sustris, risalente agli anni intorno al 1540, *Decollazione di San Giovanni Battista* (Birmingham Museum and Art Gallery), mostra il tentativo dell'olandese di tracciarsi una propria strada tra i due giganti veneziani, Tiziano e il giovane Tintoretto, non senza qualche aggancio anche a Giuseppe Salviati. In questa, e in altre opere, il Sustris attinge dal Tiziano il paesaggio,[14] mentre con il Tintoretto e altri artisti veneziani condivide l'interesse per gli edifici antichi, derivati dalle illustrazioni dei libri sull'architettura di Sebastiano Serlio, come *Il Terzo libro nel qual si figurano e descrivono le antiquità di Roma* (1540), pubblicati in quegli anni.[15] Se la forma, e la posizione accentuatamente obliqua del piatto sul quale il carnefice sta per posare la testa del Battista, derivano probabilmente dalla xilografia sullo stesso tema eseguita dal Dürer nel 1510,[16] la testa e i riccioli dell'acconciatura di Salomè richiamano le figure femminili del Tintoretto (per esempio, la serie di soggetti tratti dall'Antico Testamento al Museo del Prado).[17] Le figure secondarie, più piccole, rammentano i gruppi che compaiono sullo sfondo di altri dipinti del maestro, quali il *Cristo e l'adultera* di Amsterdam.[18] Alcuni disegni del Sustris, per esempio *Clelia che fugge dal re etrusco Porsenna* (Edimburgo, National Gallery) declinano nell'atteggiamento delle figure certe tipiche *formulae* del pittore veneziano.[19]

Un dato significativo che attesta i rapporti tra Lambert Sustris e il Tintoretto sono i pagamenti effettuati nel 1591 a un certo "Alberto de Ollanda" per l'esecuzione dei ritratti dei quattro "procuratori

[20] Von Hadeln 1911a, 41, 58, per i pagamenti (16 e 31 marzo e 20 settembre 1591).

[21] Contrariamente a quello ipotizzato da alcuni autori (Peltzer 1950, 119, Sgarbi 1981, 60, e altri), Ballarin (1962, 77, 78, e 1962-1963, 360 nota 18) osservò giustamente che le date apposte sui ritratti – 1572, 1580 e 1584 – indicano gli anni di elezione a procuratore dei personaggi raffigurati.

[22] Peltzer (1950, 119-20, figg. 130-32) non soltanto identificò Alberto con Lambert Sustris ma pubblicò, oltre al ritratto di *Marcantonio Barbaro* illustrato dal Von Hadeln (1911a), quelli di *Giacomo Foscarini* e *Giacomo Emo*. In prima istanza Ballarin (1962, 78 e 1962-1963, 359-360) accettò l'identificazione, per negarla in un momento posteriore (Ballarin 1968, 125, nota 16), seguito in questo senso dalla Mason Rinaldi 1983, 211, Fantelli 1981, 138, e Mason Rinaldi 1986, 19, n. 1, ripr., per quanto riguarda il ritratto Barbaro; nello stesso catalogo (111, n. 158, ripr.), il ritratto di *Giacomo Foscarini* è ipoteticamente attribuito a Domenico Tintoretto (la stessa attribuzione è recepita dal Museo Storico Navale di Venezia, dove l'opera è attualmente conservata). Moschini Marconi (1962, 213-214, n. 377, ripr.), Pallucchini & Rossi (1982, 128) ed Echols (1996, 119-120) accettano l'identificazione di Alberto de Ollanda con Sustris. Per il ritratto di *Marcantonio Barbaro* (Venezia, Gallerie dell'Accademia, depositato presso la Fondazione Cini) si veda *London* 1975, 157.

[23] Vasari [1568] 1878-1885, VII, 96, "Lamberto d'Amsterdam che abitò in Venezia molti anni, ed aveva benissimo la maniera italiana".

[24] Ballarin 1968, 117 per il documento dell'aprile del 1543. Il dipinto *Sacra famiglia con Santa Dorotea?*, firmato "Alberto", si trova in una collezione privata bergamasca (Ballarin 1962, 72, fig. 84). Secondo il Ballarin, il dipinto è stato ispirato dallo Scorel e dal Tintoretto e, se capisco bene, è databile intorno al 1550. A mio avviso, si possono ritrovare modelli per la Vergine in Tiziano, mentre vi sono affinità più evidenti con Paris Bordon e col Moretto che con Tintoretto o Scorel.

[25] Favaro 1975, 137; Meijer 1993a, 3.

[26] Si vedano note 110, 111 per alcuni suggerimenti, a mio avviso non convincenti.

[27] Ballarin (1962, 77) chiamò Sustris "stanco e piatto imitatore" del Tintoretto per quanto riguarda questi ritratti.

[28] Von Hadeln 1911a, 1-17, 29-30 per i documenti riguardanti la serie dei *Filosofi*. Inoltre, Paolucci in *Venezia* 1981, 296-298; Pallucchini & Rossi 1982, 197-198, nn. 318-323, figg.413-418.

[29] Peltzer 1950, 121.

[30] Rearick 1995, 58, per l'attribuzione al Sustris. Gli argomenti per la datazione sono stati raccolti da Rossi 1994, 113-14, n. 18. Più difficile accettare come opera del Sustris il ritratto di *Marcantonio Barbaro* del Kunsthistorisches Museum di Vienna. Cfr. Rossi in *Venezia* 1980, n. 394, ripr.

[31] Inv. 7128.

[32] Cfr. Echols 1996, *passim* e *infra*.

[33] Guiccardini 1567, 99; Van Mander [1604] 1994-1999, I, 216, 239 e IV, 28.

de supra", Giacomo Emo, Francesco Corner, Giacomo Foscarini e Marcantonio Barbaro (sono sopravvissuti solo i primi tre dipinti della serie che decorava le stanze occupate dai procuratori nella Libreria sansoviniana). Il *Marcantonio Barbaro* era stato commissionato a Jacopo Tintoretto, autore della gran parte dei ritratti di quella serie, ma l'artista, pagato in anticipo, trasmise il compenso ad Alberto, che fu pagato anche per gli altri tre ritratti menzionati,[20] raffiguranti – ad eccezione di Marcantonio Barbaro, eletto nel 1572 – gli ultimi "procuratori de supra" eletti prima della morte del Tintoretto nel 1594.[21]

Che "Alberto de Ollanda" e Lambert Sustris siano la stessa persona è stato ipotizzato dal Peltzer, ma negato da altri autori con l'argomento che, se l'identificazione fosse corretta, il Sustris avrebbe dovuto lasciare traccia di sé a Venezia anche nei tre decenni precedenti.[22] Salvo l'accenno che ne fanno le *Vite* vasariane del 1568,[23] mancano documentazioni certe sul pittore olandese riferibili a quei trent'anni. Vari decenni prima, durante il suo soggiorno a Padova, il Sustris figura in un documento come "Alberthus Olandis" e firmò almeno un suo dipinto come "Alberto".[24] Un certo "Alberto Fia-

mengo", iscritto alla corporazione dei pittori a Venezia qualche tempo dopo il 1530, potrebbe essere il Sustris.[25] I documenti sui ritratti in qualche modo confermano la collaborazione del Sustris con il Tintoretto, ricordata dal Ridolfi, che tuttavia la limita al campo della paesaggistica. Va notato però che nei paesaggi nordici, così frequenti nel repertorio del Tintoretto, finora non sono state individuate tracce certe e inconfondibili della mano del Sustris.[26]

I ritratti dei procuratori del 1590-1591 recepiscono la concezione ritrattistica e pittorica del Tintoretto anche perché dovevano armonizzarsi con le altre opere della serie. Il Tintoretto e il Sustris ricevettero 20 ducati per ritratto. Se il Sustris nacque verso il 1515 o poco dopo, come è probabile, aveva circa settantacinque anni quando eseguì il lavoro, la stessa età più o meno del Tintoretto. Nei tre ritratti di Alberto si notano una maggiore attenzione al particolare, una luminosità meno forte e convincente che nei ritratti del Tintoretto e, nello stesso tempo, una tattilità più intensa nella rappresentazione della pelle. Se fosse stato il Sustris a dipingerli, il che mi sembra tutt'altro che da escludersi, i ritratti dimostrerebbero da una parte che l'artista non possedeva più le eccellenti capacità pittoriche di un tempo,[27] ma nello stesso tempo attesterebbero una versatilità camaleontica nell'adottare registri stilistici assai diversi.

Se tutto questo fosse vero, sarebbe ragionevole cercare ulteriori tracce di una collaborazione Sustris-Tintoretto nel cinquantennio che va dai possibili primi contatti dei due artisti a Padova o Venezia fino alla decorazione delle sale dei procuratori. Ci si può anche chiedere quando il Sustris abbia eseguito per la prima volta un'opera alla maniera del Tintoretto, e se nel periodo tardo abbia lavorato esclusivamente nell'idioma di questo maestro.

Il rapporto con il Tintoretto è cruciale per risolvere il problema delle eventuali attività del Sustris ne-

pagina a lato
Lambert Sustris
*Decollazione di San Giovanni Battista*
Birmingham, Museum and Art Gallery

"Alberto da Olanda"
*Ritratto di Marcantonio Barbaro*
Venezia, Fondazione Giorgio Cini

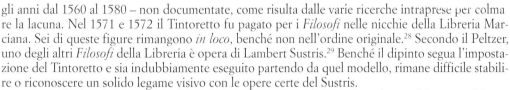

Frans Floris
*Martirio di San Giovanni*
Dresda, Staatliche Kunstsammlungen
Kupferstich-Kabinett

gli anni dal 1560 al 1580 – non documentate, come risulta dalle varie ricerche intraprese per colma re la lacuna. Nel 1571 e 1572 il Tintoretto fu pagato per i *Filosofi* nelle nicchie della Libreria Marciana. Sei di queste figure rimangono *in loco*, benché non nell'ordine originale.[28] Secondo il Peltzer, uno degli altri *Filosofi* della Libreria è opera di Lambert Sustris.[29] Benché il dipinto segua l'impostazione del Tintoretto e sia indubbiamente eseguito partendo da quel modello, rimane difficile stabilire o riconoscere un solido legame visivo con le opere certe del Sustris.

Un ritratto di chiara derivazione dal Tintoretto e comprensibilmente attribuito al Sustris è il *Benedetto Soranzo* (Harewood House), per cui è stata proposta una data successiva al 1556.[30] A questo si potrebbe aggiungere forse un *Ritratto di uomo in armatura* (Bayerische Staatsgemäldesammlungen, Monaco di Baviera).[31] La luce intensa che colpisce l'armatura e si riflette dietro alla figura non è dissimile da quella osservabile nel ritratto *Foscarini*. Sebbene l'opera possieda un'immediatezza caratteristica di altri lavori del Sustris, si impone tuttavia, almeno per ora, una certa cautela nell'attribuire a lui non soltanto questo ritratto, che mostra la derivazione dal Tintoretto, ma anche alcuni altri. Ciò non toglie che gli elementi qui elencati, per quanto scarni, possano servire alla ricostruzione dell'operato del Sustris nella secondà meta del secolo.[32] In seguito avremo occasione di esporre qualche considerazione sui contatti Sustris-Tintoretto nel campo del paesaggio.

*Frans Floris*

Tra il 18 ottobre 1540 e il 18 ottobre 1541 Frans Floris (1519/20-1570) diventò maestro indipendente ad Anversa. Il viaggio in Italia, citato dal Guicciardini e dal Van Mander, va collocato tra quest'ultima data e

Marten de Vos
*Mosè con le tavole della legge*
L'Aja, Mauritshuis

[34] Guicciardini 1567, 99.

[35] Zuntz 1929, *passim.*; Hoogewerff 1935, 184; Van de Velde 1975, I, 13, 14, 48, 81.

[36] Van de Velde 1975, 314-315, n. 178, fig. 91.

[37] Van de Velde 1975, I, 30.

[38] Van de Velde 1975, *passim*; 1992, 54, n. 4; Meijer in *Lugano* 1998, 223, n. 60.

[39] Meijer in *Bruxelles* 1995, 365, n. 212; Meijer, in corso di stampa.

[40] Meijer, in corso di stampa. Nel disegno del Sustris, raffigurante un *Sacrificio*, all'Albertina di Vienna (Meijer 1993, 6, fig. 3), il tratto della penna è comparabile a quello di Lambert Lombard e del giovane Floris, allievo del Lombard; alcune fisionomie (per esempio del soldato e delle erme) assomigliano a quelle del Lombard e del Floris. Ciò vale inoltre per le figure della *Nascita del Battista*, disegno del Sustris a matita nera (Victoria and Albert Museum, Londra; Meijer 1993, 8, fig. 10) dove alcune figure sono simili a quelle conosciute del Floris.

[41] Meijer 1987, 226-27, figg. 4, 5; 1990, 82.

[42] Si vedano le note 15, 18, *supra*; Fantelli 1988, 12, ripr.; Marinelli 1995, n. 5, ripr.

[43] Pallucchini & Rossi 1982, n. 204, fig. 268; Weddigen 1984, 90-96, fig. 12. *Terminus post quem* è la data di pubblicazio-

il 29 ottobre 1548, giorno del matrimonio celebrato l'anno stesso in cui, come risulta dai documenti, era tornato ad Anversa.[33] Dei disegni del suo soggiorno romano si è già parlato. Secondo la *Descrittione dei Paesi Bassi* del Guicciardini (1567), dopo il suo ritorno in patria il Floris divenne il pittore più illustre delle Fiandre, e "a costui s'attribuisce la palma d'haver' portato d'Italia la maestria del far' muscoli & scorci naturali & maravigliosi".[34] La Zuntz, il Hoogewerff e altri studiosi hanno ipotizzato una sosta a Venezia e contatti con il Tintoretto, dal quale, stando allo Hoogewerff, il Floris avrebbe derivato alcuni elementi michelangioleschi. Forse lo studioso si riferiva a certe figure di scorcio in opere come il *Giudizio universale* del 1566 (Musées Royaux des Beaux-Arts, Bruxelles).[36] Nel 1975 il Van de Velde giustamente osservò che, tra quelli addotti, mancavano argomenti decisivi per asserire una sosta del Floris a Venezia.[37] La confermerebbero, tuttavia, altri piccoli indizi.

Il tema del *Banchetto degli dei*, ripreso più volte dal Floris tra il 1550 e il 1560, è quasi assente nella pittura olandese e fiamminga precedente.[38] Per quanto mi è noto, fu Lambert Sustris il primo pittore olandese a rappresentarlo in disegno e pittura, e non nei Paesi Bassi ma a Padova o a Venezia nel quinto decennio del Cinquecento. Una fonte iconografica comune per le composizioni eseguite su questo tema dal Floris e dal Sustris è il *Consiglio degli dei* di Raffaello nella loggia della Farnesina a Roma (il Sustris utilizzò anche elementi dell'altro affresco raffaellesco della volta, *Il matrimonio di Amore e Psiche*).[39] Durante la sua permanenza in Italia il Floris forse conobbe una versione del tema del *Banchetto degli dei* di mano di Lambert Sustris. Alcune corrispondenze tra le opere dei due pittori[40] indicano con qualche probabilità che il Floris vide le opere del Sustris, e lasciano supporre un loro incontro negli anni successivi al 1540.

Due disegni eseguiti dal Floris poco dopo il ritorno in patria, il *Martirio di San Giovanni Battista* a Dresda e il *Martirio di San Giovanni Evangelista* a Bruxelles, probabilmente destinati a un unico progetto, non sono per certi versi molto lontani dalle opere del Tintoretto degli anni intorno al 1540 e 1550 e tradiscono un certo interesse per il maestro veneziano.[41] Con l'ordine colossale dei pilastri alla maniera di Michelangelo, con il bugnato alla maniera di Giulio Romano, con l'atteggiamento alquanto statico ed eretto delle varie figure, con le teste piccole, gli abiti e i copricapi esotici, il foglio di Dresda dimostra una certa affinità con i dipinti giovanili del Tintoretto, quali il *Cristo e l'adultera* di Amsterdam, *Salomone e la regina di Saba* delle Gallerie dell'Accademia di Venezia, e *L'entrata di Cristo in Gerusalemme* della Galleria Palatina Pitti di Firenze. In tutte queste opere riveste un ruolo importante l'architettura classicheggiante.[42]

Il colore pastoso e la tipologia stessa delle figure femminili – la musa che suona l'organo e l'altra che soffia l'aria nello strumento nel *Concerto delle ninfe* (*Grazie* o *Ore?*) del Tintoretto (Dresda),[43] che in seguito

Artista nordico tintorettesco
*Mosè salvato dalle acque*
Pommersfelden, Collezione Schönborn

ne (indicata in basso) della canzone di Giovan Ferretti, la cui prima edizione a stampa porta la data del 1570 (Weddigen 1984, 94, 95).

[44] Van de Velde 1975, 261-262, 282-283, 303-304, nn. S119, S140, S164, figg. 57, 74, 88, opere databili a circa il 1559, 1560 e 1565.

[45] Cfr. la nota precedente.

[46] Esistono affinità tra le opere di Tintoretto e Lombard, in Italia nel 1537-38 (Hühn 1970, 88-89).

[47] Secondo Mariette [1720] 1851-1860, I, 153, un altro allievo di Floris, Joris Boba (attivo 1560-93), lavorò con Tiziano e con il Tintoretto (Van de Velde 1975, I, 112; Béguin & Fries 1995, 667-668).

[48] Per influenze romane in De Vos, Zweite 1980, *passim*; Meijer 1995, 399.

[49] Come hanno suggerito Faggin e Zweite 1993, 13-37.

[50] Per De Vos a Roma, Meijer 1995, 397-99.

[51] Ridolfi [1648] 1914-24, II, 83, "Insinuatosi nella casa di quello [Tintoretto] vi studiò lungamente e si fece pratico nel compor le inventioni e alcune volte gli servì, come nel fare de paesi..." Cfr. nota 101, *infra*. Per ragioni non precisate, secondo Zweite 1980, 22, l'osservazione del Ridolfi va letta con cautela.

[52] Faggin (1993, 15-16) indica alcuni di-

servì da modello a un altro artista nordico, Hans Rottenhammer – sembrano abbastanza vicini a certe opere del Floris, quali il *Giudizio di Paride* di San Pietroburgo, l'*Adamo ed Eva che piangono la morte di Abele* di Kassel e la *Diana con Atteone* di ubicazione ignota.[44] Poiché il dipinto di Dresda sembra essere stato eseguito poco prima del 1570 e i dipinti sopraccitati del Floris risalgono agli anni tra il 1559 e il 1565 circa,[45] è probabile che questi abbia preso a proprio modello altre opere, precedenti, del Tintoretto. Per quanto lievi, queste affinità ripropongono, seppur non in via definitiva, la possibilità di una sosta dell'anversese a Venezia nell'orbita di Jacopo Robusti.[46]

## Marten de Vos

Tra gli allievi di Frans Floris che lavorarono con il Tintoretto vi fu Marten de Vos (1532-1603).[47] Egli forse partì dalle Fiandre per Roma insieme con Pieter Bruegel il Vecchio, nel 1552;[48] sei anni dopo divenne membro della gilda dei pittori di Anversa, ma forse era già di ritorno in patria nel 1556.[49] Stando al Van Mander, il De Vos visitò Roma e Venezia.[50] Secondo il Ridolfi, nella Serenissima fu allievo e assistente del Tintoretto, per il quale dipinse i paesaggi di alcune opere.[51] Del suo periodo italiano nessun lavoro è però stato identificato con certezza.[52]

Il Sulzberger e la Limentani Virdis hanno ipotizzato la possibilità che, nelle opere eseguite dopo il ritorno ad Anversa, dal Tintoretto derivi un certo numero di motivi, di pose e altri elementi.[53] Un esempio significativo è l'uomo chino, intento a raccogliere da terra dei libri, visibile sulla destra nel *San Paolo a Efeso* di Bruxelles, datato 1568: il prototipo è la figura china nell'*Adorazione del vitello d'oro* eseguito verso il 1560 dal Tintoretto nel coro della chiesa della Madonna dell'Orto. Una figura simile compare in altri dipinti del De Vos quali *Il Sacrificio degli Ebrei* del 1575 (Mauritshuis, L'Aja).[54] Le fontane di alcuni suoi quadri giovanili richiamano forse la fontana di Pegaso che appare nelle versioni della *Contesa tra le Muse e le Pieridi di Neuilly* e di Monaco di Baviera;[55] forse a questi o ad altri "concerti" del Tintoretto l'artista pensava mentre eseguiva l'*Apollo e le Muse*, oggi a Bruxelles.[56] Il tardo *Sposalizio di Cana* (Anversa, Cattedrale), soprattutto nello scorcio diagonale della tavola, rammenta vagamente le versioni che del tema diede il Tintoretto, e la *Resurrezione di Lazzaro* a Vaduz, dipinto nel 1593 dimostra affinità compositive con il dipinto del Tintoretto, ispirato allo stesso tema, già a Londra.[57] Ma le citazioni alquanto isolate dal maestro e la genericità delle corrispondenze tutt'altro che conclusive tra singole opere del veneziano e dell'anversese pongono il problema, non facilmente risolvibile, di quanto tempo abbia trascorso il De Vos pres-

Maestro di Farfa
*Giudizio universale*
Farfa, Abbazia

pinti che secondo l'autore risalgono al periodo veneziano: *Il passaggio del Mar Rosso* (Londra, Sotheby's 10 dicembre 1975); *Giacobbe e Rachele* (Londra, Sotehby's, 24 marzo 1976), *La parabola degli operai nella vigna* di Stoccolma (Zweite 1980, cat. nn. z 6, z 5, z 2, figg. 149, 147 e 146, rispettivamente) e la *Battaglia navale*, datata 1556, della Alte Pinakothek di Monaco di Baviera (cfr. Zweite 1980, 22, nota 18).

[53] Sulzberger 1936, 121 ss.; Limentani Virdis 1975, 183 e 1977, 3 anche per opere a Venezia, attribuite al De Vos; Limentani Virdis 1996, 139-141.

[54] Zweite 1980, 288-289, n. 59. Meno evidente è nel *San Paolo a Efeso* la derivazione dal Tintoretto della costruzione spaziale diagonale, dell'isocefalia dei contrasti chiaroscurali, come è stato suggerito da Zweite 1980, 75-76, 268-269, fig. 14.

[55] Weddigen 1984, 113, nota 128, fig. 10, e 1980, figg. 3, 4, 148.

[56] Limentani Virdis 1975, 183 ss.; Zweite 1980, 301-302, n. 81, fig. 101.

[57] Per *Lo sposalizio di Cana*: cfr. Faggin 1964, 52; Limentani Virdis 1977, 8; Zweite 1980, n. 86, fig. 105. Il dipinto del De Vos risale agli anni 1595-1596. Per *La resurrezione di Lazzaro* del De Vos: Zweite 1980, n. 9, fig. 99; per la versione del Tintoretto si veda Pallucchini & Rossi 1982, n. 222, figg. 288-291, tav. XVIII.

[58] Weddigen 1984, 86-89, 113, 128, 129.

[59] Tela; 164 x 283 cm; Pallucchini & Rossi 1982, n. A 82, fig. 704, come opera di pittore nordico influenzato dal Tintoretto.

[60] Poiché non ho visto personalmente il dipinto, mi riservo un giudizio definitivo.

[61] Ridolfi [1648] 1914-24, II, 85, "Dalle molte cose sue date alla stampa si può venire in cognitione del suo valore". Baglione (1642, 388-389) menziona varie serie incise dai Sadeler: "Imago bonitatis, Boni & mali scientia, Bonorum & malorum consensio Nella prima vi sono le prime giornate della Creazione del mondo, nella seconda la Creazione dell'Huomo e molte cose della genesi, nella terza diverse cose... i disegni però sono di Maarten de Vos".

[62] Cfr. l'atto notarile del 22 maggio 1600 riguardante i rami posseduti in comune dai fratelli (Gallo 1930, 39-40, 49-52; Sénéchal 1987, II, 62-72, 215-228).

[63] Vi è comunque un ovvio parallelismo tra la serie di eremiti entro un paesaggio, intitolata *Solitudo sive vitae patrum Eremicolarum*, e i paesaggi con donne sante dei teleri del Tintoretto nella sala al pianterreno della Scuola di San Rocco, eseguiti negli anni 1582-87 forse contemporaneamente alla serie di De Vos, o poco prima. Cfr. Aikema 1996, 188. e, *supra*, nota 62. Anche Pieter de Jode il Vecchio incise a Venezia stampe basate sui disegni del De Vos.

[64] Per il cardinale e Farfa, Schuster 1921 [1987], 371. Tra gli artisti fiamminghi e

so maestro Jacopo e quanto abbiano inciso le esperienze e le impressioni veneziane sulla sua produzione in patria.

Per quanto riguarda gli sfondi paesaggistici che il De Vos avrebbe eseguito nelle opere del Tintoretto, sono stati proposti all'attenzione quelli di carattere nordico nella *Crocifissione* del Museo Civico di Padova e nella *Contesa tra le Muse e le Pieridi* di Monaco di Baviera.[58]

I due paesaggi tuttavia differiscono profondamente non soltanto da quelli conosciuti del De Vos ma anche tra di loro. Una vera prossimità con il De Vos va forse ricercata nello sfondo del *Mosè salvato dalle acque* (Pommersfelden, Conti Schönborn). In questa tela di grandi dimensioni non soltanto gli alberi e il fogliame, ma anche le figure secondarie e altri elementi sono affini ai dipinti del De Vos degli anni intorno al 1560.[59] C'è da chiedersi se l'opera non sia interamente, o quasi, un'esercitazione al modo del Tintoretto.[60]

Il Ridolfi elogia un importante aspetto dell'opera post-veneziana del De Vos, cioè la copiosissima produzione di disegni per incisioni, tutti eseguiti lontano da Venezia.[61] Dal nord giunse a Venezia almeno una parte dei ducento rami posseduti nel 1600 dagli incisori Johannes e Raphael Sadeler, fratelli e soci, che si trasferirono entrambi nella città lagunare (il primo nel 1595; il secondo poco tempo dopo); altri furono da loro incisi durante la permanenza nella Serenissima.[62] Diversi di questi rami – per esempio i volumi con paesaggi popolati da eremiti e ancoreti e quelli con episodi della vita di Cristo, che servirono da modello a numerosi artisti, tra i quali, durante i suoi ultimi anni, forse lo stesso Tintoretto[63] – propongono alcune importanti invenzioni del De Vos.

## Il Maestro del Giudizio universale di Farfa

La controfacciata dell'abbazia, originalmente benedettina, di Farfa, a 40 chilometri a nord-est di Roma, è decorata da un *Giudizio universale*, datato 1561. Nelle nicchie sottostanti, ai lati del portale d'entrata, appaiono due *Profeti* a olio. Un'antica iscrizione sotto il *Giudizio universale* informa che il priore e il convento commissionarono l'esecuzione a "Flandrorum manibus frugis" durante il papato di Pio IV (1559-1564), quando i Farnese, cioè il cardinal Alessandro Farnese, governavano l'abbazia come commenda. Tra gli artisti nella cerchia del cardinale c'erano anche parecchi olandesi.[64] Un'iscrizione parzialmente in olandese, sul coperchio di una tomba che si scoperchia nel giorno del Giudizio, dice "Vrouw Becker": la battuta, che indica che si tratta della tomba della signora Becker, è un ulteriore elemento a conferma della paternità olandese della decorazione pittorica. L'origine dell'artista è riconoscibile anche nella rappresentazione dell'anatomia, delle proporzioni e dei gesti, alquanto difettosa in alcune zone del dipinto, non in linea con il concetto italiano della forma classica e armoniosa. Lo stesso è leggibile nell'organizzazione dello spazio, carente di quel dinamismo ed equilibrio nella disposizione delle masse che sono tra gli ideali tipici di molta arte italiana.

In passato queste pitture murali furono attribuite, senza buona ragione, a Hendrick van den Broeck, un altro dei numerosi allievi di Frans Floris, attivo a Firenze, Perugia, Orvieto e Roma. Più recentemente è stato proposto come autore Dirck Barendsz, allievo e assistente olandese di Tiziano, in Italia dal 1555 circa e nel 1562 di ritorno ad Amsterdam.[65] Per quanto ne sappiamo, le opere certe del

Maestro di Farfa
*Giudizio universale*
particolare
Farfa, Abbazia

olandesi al servizio del cardinale c'erano Pieter Bruegel il Vecchio, Bartholomus Spranger, Cornelis Loots, Cornelis Cort.
[65] Dacos in *Bruxelles* 1995, 26, 27, 420, note 12; Sapori 1995 (gli atti dal convegno *Fiamminghi a Roma*, tenuto a Utrecht 1995, sono di prossima pubblicazione).
[66] Anni fa Giorgio Faggin mostrò la fotografia di un piccolo tondo (diam. 31 cm) con un *Paesaggio e San Giuseppe falegname*, che secondo lo studioso potrebbe essere un'opera veneziana del Barendsz; il che sembra probabile, se il dipinto non è una copia.
[67] Per Dirck Barendsz e Venezia, Meijer 1988a, 141-53 e l'introduzione alla sezione tizianesca del presente catalogo.
[68] Cfr., per esempio, Rossi 1994, 105.
[69] Manno (1994, no. 16.4): "l'essenza del giudizio addolcito dalla misericordia verso i giusti (*Matt.* 6, 289) e mosso da rigorosa imparzialità contro i reprobi)".
[70] Forse questi angeli erano affini a quelli del Tintoretto nella cupola del coro, oggi perduti, per i quali si veda Borghini 1984, 555: "Nella cupola dell'altar maggiore vi ha finta [Tintoretto] una architettura bellissima a fresco con angeli che suonano le trombe".
[71] Si può confrontare, per esempio, la donna seduta sulle scale nella *Presentazione di Maria nel tempio* (Chiesa della Madonna dell'Orto) e la principessa in *La principessa, San Giorgio e San Luigi* (Venezia, Gallerie dell'Accademia). Pallucchini & Rossi 1982, nn. 159, 162, figg. 208, 213.
[72] Pallucchini & Rossi 1982, n. 210, 276.
[73] Pallucchini & Rossi 1982, n. 155, 204.
[74] Knöpfel 1984, 153 per questo motivo.
[75] Pallucchini & Rossi 1982, n. 144, 191.
[76] Rossi & Pallucchini 1982, n. 200, figg. 262, 264 (1555-1556 ca.). Cfr. anche Dacos in *Bruxelles* 1995, 433 alla nota 12. La stessa posa ritorna in altri dipinti del Tintoretto (Pallucchini & Rossi 1982, figg. 252, 268). La posa della figura con le braccia tese, sopra la donna con il serpente, è stata derivata dall'Haman michelangiolesco della Cappella Sistina.
[77] Pallucchini & Rossi 1982, n. 159, 208
[78] Pallucchini & Rossi 1982, 197-198, nn. 318-323, figg. 413-418.
[79] Dacos 1995, 420; Meijer 1995, 418-420, 421.
[80] Tavola; 119 x 111, 3 cm; cfr. Meijer 1995, 419. Ringrazio Catherine Whistler per l'informazione sul supporto del dipinto.
[81] L'iscrizione a matita di mano di Hermann Voss sulla fotografia di sua proprietà e ora nella collezione dell'Istituto Olandese di Firenze ci informa che la tavola (173, 4 x 213 cm) era nel 1932 con Ascher attribuita a Jacopo Tintoretto. (Foto AC Cooper Fine Art Photographer, 8 & 4 Rose & Crown Yard, St James S.W.1, Gerrard 2891, neg. n. 30471.)

Barendsz, tutte risalenti al periodo successivo al suo ritorno in Olanda,[66] e il capolavoro, il *Trittico di Maria di Gouda*, sono molto diverse: prendono a prestito da Tiziano non solo numerosi motivi ma anche una decisiva impronta stilistica e tecnica, senza peraltro trascurare di guardare al Bassano.[67] Nel *Giudizio universale* di Farfa non vi sono tracce di Tiziano. Gli elementi di scorcio, i contrasti di luce e ombra, il tipo delle figure, le pose, i drappeggi e le pieghe derivano dalle opere di Jacopo Tintoretto, eseguite negli anni tra il 1550 e il 1560, o vi si ispirano. Ciò contraddice l'attribuzione al Barendsz. Nonostante il formato orizzontale del murale di Farfa, parecchi elementi si richiamano alle enormi tele verticali poste ai lati del coro della chiesa della Madonna dell'Orto di Venezia, la *Costruzione e adorazione del vitello d'oro*, a sinistra, e in particolare il *Giudizio universale* a destra. Ne consegue che la data 1561 indicata nel *Giudizio universale* di Farfa è un *terminus ante quem* per le due tele del Tintoretto, di poco anteriore a quella normalmente indicata sulla base di argomenti stilistici.[68] Nel dipinto murale di Farfa, a fianco del Cristo, assiso su una nuvola come nel *Giudizio* del Tintoretto, appaiono il giglio e la spada, temi ricorrenti in molti *Giudizi* fiamminghi, oltre che nella versione del Tintoretto.[69] In alto gli angeli in volo, fortemente scorciati verso il basso, che annunciano con le trombe la fine dei tempi, riprendono quelli dipinti dal Tintoretto nella parte superiore del suo *Giudizio* e altre figure simili collocate sullo stesso livello nella *Costruzione e adorazione del vitello d'oro*.[70] Sono reminiscenze degli stilemi del Tintoretto anche la forma e la posa della donna adagiata a sinistra su una nuvola.[71] La pietra tombale collocata di traverso su una fossa e affiancata da un teschio, visibile a Farfa nella parte inferiore destra, è presente nella parte inferiore del *Giudizio* del Tintoretto, che ha offerto anche, con alcune figure demoniache visibili più in alto, il modello per i diavoli nella parte centrale inferiore del dipinto di Farfa. L'uomo giacente contro la lastra tombale, appena a destra del centro, è affine nella posa non solo al santo che nel *Giudizio* veneziano siede in alto a destra, con la schiena girata verso la croce, ma ancor più al diavolo nella seconda fila dal basso sul lato destro. Dietro la pietra tombale il pittore di Farfa rappresenta una donna con un braccio piegato all'indietro, come la figura che personifica l'*Estate* nella tela di Washington;[72] la stessa posa è ripresa specularmente nella Venere del quadro *Venere, Vulcano e Marte* di Monaco di Baviera.[73] Nella parte inferiore destra del *Giudizio* di Farfa figura "il mare che restituisce i morti", motivo raro tanto nell'arte nordica quanto in quella italiana, ma presente nel telero del Tintoretto, benché in una versione più tempestosa.[74] Sono prossime al veneziano anche le figure di primo piano in basso, come la donna a sinistra con una mano dietro la testa che ricorda la *Susanna e i vecchioni* di Parigi.[75] L'uomo giacente in basso, a destra della pietra con la data, che tende la mano in scorcio verso lo spettatore, è simile alla figura del redento salvato da un angelo, resa specularmente nell'angolo destro inferiore del *Giudizio* del Tintoretto. Al Tintoretto si rifanno anche l'arcangelo con la spada, sovrastante la predetta figura a Farfa e posto davanti alla probabile effigie del pittore, e il nudo femminile seduto in primo piano a sinistra, con il serpente avvolto intorno al braccio, quasi identico alla splendida *Susanna* di Vienna, con cui condivide anche il trattamento delle luci e delle ombre sulle gambe.[76] In basso a destra, in primo piano, la madre con il braccio destro proteso a destra e il sinistro intento a proteggere il suo bambino ricorda la figura della madre nella *Presentazione della Vergine* della Madonna dell'Orto.[77] Le pieghe delle stoffe, il trattamento della luce, i verdi e rossi dei vestiti sono anch'essi direttamente ispira-

Maestro di Farfa
*Giuseppe che riceve i fratelli*
Collezione privata

[82] Van Mander 1604, 250r e v; 1994-1998, IV, 113-114. Come osserva Miedema, non è credibile la storia del Van Mander circa il matrimonio tra il Vlerick e la figlia del Tintoretto, perché dovrebbe riguardare Marietta nata negli anni 1555-60. Potrebbe invece essere l'eco del rammarico del Vlerick: se fosse rimasto a Venezia, avrebbe potuto sposare la figlia del patrono. Per alcuni disegni eseguiti a Roma e attribuiti in maniera del tutto ipotetica al Vlerick, Meijer 1995, n. 132.

[83] Pallucchini & Rossi 1982, n. 100, fig. 127; Weddigen 1984, 75, 77, fig. 2. Entrambi gli studiosi sono favorevoli a un'attribuzione al Tintoretto.

[84] Pallucchini & Rossi 1982, n. 98, fig. 125; Echols 1996, 132ss, figg. 32-34, attribuisce il dipinto e alcuni altri al Sustris. È un'ipotesi poco condivisibile.

[85] Tela; 155 x 199 cm. Benesch 1956, 97, fig. 103 (figure del Tintoretto e paesaggio di mano fiamminga, Paolo Fiammingo e Gillis van Valckenborch); Berenson 1957, I, 177 (in gran parte del Tintoretto); Brejon de Lavargnée, Foucart, Reynaud 1979, 134, n. 1759 (Sustris, su suggerimento di A. Ballarin, al quale spetta anche l'attribuzione posteriore [1977] allo Schwarz [registrato nella documentazione sul dipinto nel Louvre], seguita da Romani 1991, 183-87, nn. 109-10, ripr. Come osservano l'autrice e Weddigen 1983, 38 nota 30, la composizione del Louvre è stata presa a modello per *Giove e Semele* e *Compianto su Adone morto*, parte di una serie di otto dipinti a tema mitologico, interamente, o quasi, opera di un imitatore nordico del Tintoretto. Pallucchini & Rossi 1982, 250 n. A 80, fig. 703, che attribuiscono il *Compianto* a un anonimo nordico della seconda metà del Cinquecento, segnalano un'altra versione, collegandola a un dipinto attribuito al Tintoretto negli inventari del 1621 e del 1648 della collezione di Rodolfo II (Zimmerman 1905, XLII, n. 1046). Una terza versione viene citata dalla Romani (Asta Finarte, Ca' Sagredo, Venezia, 28-29 novembre 1987, n. 481; tela; 150 x 163, 5 cm, attribuita a Paolo Fiammingo), che ipotizza l'esistenza di un prototipo perduto di mano di Jacopo Tintoretto, e, su indicazione del Ballarin, sottolinea l'affinità tra il gruppo della Venere sostenuta dall'ancella e il fanciullo malato sostenuto da una donna al centro della *Pala di San Zaccaria*, di Giuseppe Porta Salviati (ca. 1550-60; McTavish 1981, 172-176, 206).

[86] Pallucchini & Rossi 1982, 172, n. 189, fig. 250 (come Tintoretto).

[87] Rossi & Pallucchini 1982, n. 176, figg. 231, 232 (come Tintoretto e altra mano per il paesaggio). Lo sfondo montagnoso, con edifici antichi a destra e a sinistra, rimanda a certe soluzioni di Scorel e Sustris;

ti al Tintoretto, ai suoi colori e al suo intendimento tonale e chiaroscurale. I profeti nelle nicchie a Farfa, atteggiati in pose ampie e solenni, risentono delle *Virtù cardinali* della Madonna dell'Orto e dei *Profeti* della Libreria Marciana.[78]

L'artista che, dipingendo il *Giudizio univesale* di Farfa, mostrò di avere una conoscenza precisa di varie opere del Tintoretto fu anche l'autore di alcuni dipinti su tela e su tavola. Un *Banchetto degli dei* a Dublino e un *Giudizio di Paride* nella National Gallery di Washington hanno entrambi avuto svariate attribuzioni.[79] I due dipinti – in entrambi appaiono ampi paesaggi con rovine e alcune figure in pose che ricordano il Tintoretto in modi più diluiti tuttavia rispetto a quelli del murale di Farfa – potrebbero perciò risalire a un momento successivo, quando ormai si erano attenuate le influenze del maestro. A questi è da aggiungere un'*Adorazione dei pastori* (Ashmolean Museum, Oxford), che con il suo carattere ancora più romano probabilmente è successivo agli altri due, e che forse fu eseguito dopo il ritorno dall'Italia, come attesterebbe la tavola di quercia che fa da supporto.[80] Il dipinto riferibile al Maestro di Farfa, che più marcatamente richiama il Tintoretto, è una tavola, di dimensioni notevoli, raffigurante probabilmente *Giuseppe che incontra i fratelli*. Nel 1932 si trovava a Londra con un'attribuzione allo stesso Jacopo Tintoretto.[81] In questo dipinto, come in quelli di Dublino e Washington, è caratteristico il paesaggio montagnoso con rovine classiche e obelischi; inoltre, come nell'*Adorazione* di Oxford, le stoffe cadono in pieghe lunghe, diritte e lievi; il chiaroscuro sulle architetture in primo piano e sulle figure è fortemente contrastato, e le estremità delle figure appaiono quasi gonfiate. L'appiattimento nella rappresentazione degli elementi architettonici, in particolare delle due colonne a sinistra, richiama le architetture a destra del *Giudizio* di Farfa. Il dipinto probabilmente eseguito prima dell'impresa di Farfa, ipotizza che l'autore sia stato discepolo o forse perfino collaboratore del Tintoretto.

Non ci sono molti elementi per identificare con certezza questo allievo fiammingo, che probabilmente sostò nella bottega veneziana, prima di essere chiamato a dipingere la controfacciata dell'abbazia di Farfa nel 1561. Il Van Mander ci informa che uno dei suoi maestri, Pieter Vlerick (Kortijck 1537/39-1581), fu per un certo periodo assistente del Tintoretto, che lo apprezzava come uomo e come artista. Sempre secondo il biografo degli artisti nordici, in seguito il Vlerick partì per Roma, dove soggiornò durante il papato di Pio IV. Nella Villa d'Este di Tivoli lavorò come assistente di Girolamo Muziano iscrivendo entro i suoi paesaggi figure e "storie", e dipinse anche molto a fresco.[82] Poiché non conosciamo opere documentate o certe del Vlerick, non vi sono elementi sufficienti per identificarlo con l'allievo del Tintoretto attivo a Farfa, ma nemmeno sussistono elementi che lo escludano completamente. Potrebbe comunque trattarsi di un altro artista.

Artista neerlandese
*Morte di Adone*
Parigi, Musée du Louvre

dal canto loro, le figure non sono all'altezza del Tintoretto.

[88] Pallucchini & Rossi 1982, 43, 174, n. 201, fig 265; Weddigen 1984, 104. Nell'insieme e nei particolari il paesaggio è diverso da quello della *Susanna* viennese con il quale Palluchini confronta il dipinto. Anche per la figura e per la resa delle stoffe vi sono pochi riscontri con opere certe del Tintoretto.

[89] Pallucchini & Rossi 1982, n. 202, 266.

[90] Pallucchini & Rossi 1982, n. A 28, fig 655 attribuzione a Christoph Schwarz, giudizio che non posso sottoscrivere.

[91] Pallucchini & Rossi 1982, nn. 49, 50, figg. 59-67.

[92] Pallucchini & Rossi 1982, nn. 149-152, figg. 197-201, databili agli anni 1550-1553. Nella composizione delle figure della *Tentazione di Adamo ed Eva* e di *Caino e Abele* vi è un elemento nordico che non riesco a spiegare.

[93] Pallucchini & Rossi 1982, nn. 144, figg. 191, 200, 262-264, X.

[94] Pallucchini & Rossi 1982, n. 206, 270.

[95] Pallucchini & Rossi 1982, n. 210, 276.

[96] Pallucchini & Rossi 1982, nn. 207, 208, figg. 271-273, XIII.

[97] Non si può affermare con certezza che Tintoretto non si sia valso di aiuti anche nei paesaggi meglio riusciti di questa sala, come nella *Fuga in Egitto* e nei due notturni con donne sante, per i quali si veda Pallucchini & Rossi 1982, n. 437, figg. 557, 558, XIII; Romanelli 1994, ripr. 342-361, 386, 387.

[98] Pallucchini & Rossi 1982, n. 466, figg. 594-596; databile agli anni 1592-1594.

[99] Tietze (1948, 138) attribuisce il paesaggio del *Convito di Baldassare* e del *Trasporto dell'Arca* al Sustris; De Vecchi (1970, 88, n. 25 A-F) ipotizza la collaborazione del Sustris anche in altre tavole della serie.

[100] Limentani Virdis 1996, 141.

[101] Ridolfi [1648] 1914-24, II, 82: "Non tolerava quegli [Tintoretto] però, il veder la Casa ripiena di scolari ma solo tratteneva quelli, che potea ricevere alcuna servitù. Tra quali furono Paolo Fiammingo e Martin de Vos, che gli servirono tal'hora del far de'paesi nelle opere sue".

[102] Meijer 1988c, 113. Forse il Toeput, prima di trasferirsi a Treviso, collaborò ai dipinti al pianterreno della Scuola di San Rocco.

[103] Le opere eseguite in proprio da Dirck de Vries sono talvolta vicine a Paolo Fiammingo, ma sono contraddistinte anche dai modi del Tintoretto, che potrebbero dipendere da un suo apprendistato presso Jacopo, o presso Paolo, o presso ambedue. Il Van Mander lo disse anche paesaggista. Per il De Vries, che fu anche pittore di cucine, mercati e ritratti, si veda Meijer 1988c, 118-119; 1989, 590; 1991, 74, 109; 1991, 90-93, nn. 40, 41, ripr.

## Il paesaggio

A questo punto occorre mettere a fuoco le tracce dell'attività di questi e altri pittori nordici nella bottega e nell'opera del Tintoretto, in particolare per quanto riguarda il paesaggio. La complessa questione coinvolge un tal numero di dipinti che quanto segue non può essere altro che una breve disanima dell'intero problema.

Una rapida rassegna, pur effettuata prevalentemente su materiale fotografico, porta a credere che in un cospicuo numero di dipinti, oggi compresi nel catalogo più o meno ufficiale delle opere del Tintoretto, il maestro sia stato assistito da pittori nordici sconosciuti o non riconosciuti; ciò vale in particolare per i paesaggi. Alcuni dipinti assegnati al veneziano – con e senza paesaggi – furono eseguiti forse per intero da una mano nord-europea. Esiste tuttavia una produzione pittorica che esula dal *corpus* del Tintoretto, pur gravitandovi intorno, e annovera opera da lui ispirate o a lui vicine, eseguite da pittori del nord la cui identità non è stata accertata. Appartengono a queste categorie la *Contesa di Apollo e Marsia* della collezione Labadini,[83] la *Tuscia porta l'acqua del Tevere* (Glasgow Art Gallery and Museum),[84] la *Morte di Adone* (Musée du Louvre, Parigi),[85] il *Marte, Venere e Cupido sulle nuvole* (Collezione privata)[86] – attribuito da alcuni, come il precedente, e in verità senza molto fondamento, a Lambert Sustris -, la *Moltiplicazione dei pani e dei pesci* (Collezione privata, Milano),[87] il *Narciso alla fonte* (Galleria Colonna, Roma),[88] il *Ritrovamento di Mosè*, di proprietà della Fondazione Cini[89] e la *Diana ed Endimione* (National Gallery, Dublino).[90] È ardua impresa dare un nome agli autori nordici di questi dipinti.

Non meno intricata è la questione degli assistenti nordici che dipinsero gli inserti paesaggistici in svariati dipinti di Jacopo Robusti. In primo luogo, infatti, si dovrebbero puntualizzare le caratteristiche del paesaggio di mano del Tintoretto stesso. Il riferimento è costituito dai migliori inserti paesaggistici, cioè quelli che probabilmente sono almeno in gran parte di sua mano, quali le scene tratte dall'Antico Testamento conservate al Kunsthistorisches Museum di Vienna, in genere databili agli anni di poco successivi al 1540;[91] le scene dal *Genesi* già nella Scuola della Trinità, ora nelle Gallerie dell'Accademia;[92] le versioni della *Susanna e i vecchioni* di Parigi e Vienna;[93] il *San Giorgio e il drago* della National Gallery,[94] l'*Estate* di Washington,[95] l'*Incontro di Tamar e Giuda* e l'*Annunciazione alla moglie di Manoa* (Collezione Thyssen, Madrid),[96] tutti assegnati agli anni successivi al 1550; la più tarda *Fuga in Egitto* e altri paesaggi al pianterreno della Scuola di San Rocco degli anni successivi al 1580,[97] e *La caduta della manna* di San Giorgio Maggiore dell'ultimo periodo.[98]

Da questo primo elenco appare evidente che la varietà paesaggistica è vasta e in essa non è facile cogliere uno sviluppo organico, anche a prescindere dal fatto che i paesaggi di due delle scene di casso-

[104] L'interesse di Frederick per la maniera del Tintoretto è per la prima volta ravvisabile nel disegno *Mosè fa scaturire l'acqua dalla roccia* (1588) nell'Herzog Anton-Ulrich Museum di Braunschweig (Gerszi 1990, 173-74, fig. 2). Un disegno veneziano a penna con *Il Bucintoro davanti alla Piazzetta e alla Riva degli Schiavoni* si trova a Budapest (Gerszi 1971, n. 265, ripr). Dai rapporti di Gillis con la tarda pittura del Tintoretto rendono testimonianza, tra vari quadri; la *Volumnia davanti a Coriolano*, (Wallraff-Richartz Museum di Colonia, inv. 3615; 61 x 102 cm).

[105] Pallucchini & Rossi 1982, n. 407, fig. 519. Non credo più che il paesaggio di questo dipinto, pur di artista nordico, sia necessariamente di mano di Paolo Fiammingo. Per altri suggerimenti di identificazione della mano dei brani paesaggistici inseriti nei dipinti del Tintoretto, si vedano Meijer 1975, 18; Echols 1996, 114, 124; Limentani Virdis 1996, 141.

[106] Le tele murali della sala vennero eseguite dal Tintoretto tra il 1578 e 1581 (Romanelli 1994, ripr. a pp. 318, 319).

[107] Per la proposta di attribuire il paesaggio di questo dipinto e del *Concerto* di Monaco di Baviera a Marten de Vos, si veda Weddigen 1984, 113, nota 129, e nel testo presente *supra* e la nota 58. Per il dipinto di Padova l'autore propone una data posteriore al 1545 ca., quella in genere accettata. Cfr. per la *Crocefissione* anche Romani 1991, 181, n. 101, ripr. Sullo sfondo vi sono montagne alla Patinir, mentre nella parte sinistra è inclusa un'immagine del tempio di Minerva Medica, spesso disegnato dagli artisti nordici a Roma.

[108] Pallucchini & Rossi 1982, n. 103, fig 130; Weddigen 1984, 74, 75, 83, 85, fig. 7.

[109] Weddigen 1984, 86-89, 113, note 128, 129, fig. 10.

[110] Pallucchini & Rossi 1982, n. 177, figg. 233, 234; Echols (1996, 120, fig. 18) lo considera opera di Lambert Sustris, attribuzione che non condivido, come d'altronde quelle delle note seguenti.

[111] Pallucchini & Rossi 1982, no. 178, figg. 235, XII; Echols 1996, 120, fig. 19 (come Lambert Sustris).

[112] Pallucchini & Rossi 198, n. 180, fig. 236 (come Tintoretto con collaboratore).

[113] Pallucchini & Rossi 1982, n. 179, figg. 238, 239.

[114] Pare che siano il risultato dell'intervento di una sola mano, probabilmente quella del Tintoretto, i paesaggi e la vegetazione in dipinti quali *Salomone e la regina di Saba* (Museum of Fine Arts, Boston), *Cristo e l'adultera* (Rijksmuseum, Amsterdam) e versioni della *Lavanda dei piedi* (Toronto, Newcastle-on-Tyne, Madrid, Museo del Prado), *Ester davanti ad Assuero* (Escorial, Museos Nuevos), *Il miracolo di San Marco* (Galleria dell'Accademia, Venezia), tutti riferibili agli anni successivi al 1540 (Pallucchini & Rossi 1982, figg. 132, 135, 154, 159, 167, 168, 172, 173, 175).

[115] Tuttavia non è da escludere che uno o più di questi dipinti si dimostreranno in futuro opere (prevalentemente) di assistenti di bottega, o di altro periodo.

ne di Vienna, sono stati attribuiti, almeno da alcuni autori, a Lambert Sustris,[99] e che per il paesaggio dell'*Incontro di Tamar e Giuda* è stato proposto recentemente – a mio avviso senza molto fondamento, benché non sia da escludere una mano nordica – il nome di Paolo Fiammingo,[100] un pittore che, contrariamente ad altri nordici, si mantenne largamente fedele alla formazione nella bottega del Tintoretto anche nelle opere autonome. Nel Tintoretto le corone degli alberi si distinguono spesso per un fogliame folto, denso e robusto; anche quando sono distinte e individuate – sia nei dipinti grandi sia in quelli piccoli – le foglie sono polpose e realizzate con un tocco largo e sicuro. Sulle ondulazioni del terreno le ombre e le luci giocano con vivacità ma anche con sottigliezza, senza mai scadere nell'appiattimento banale. Nelle opere più tarde, tuttavia, i paesaggi prendono spesso forma sotto il colpo di una pennellata sciolta, rapida e a macchia, in contrasto con la sottigliezza riservata nello stesso dipinto ad altri particolari – tronchi relativamente piccoli, distese d'acqua e altro. Il Ridolfi indica nel Sustris, nel De Vos e in Paolo Fiammingo gli artisti che, arrivati a Venezia rispettivamente negli anni intorno al 1530, 1550 e 1560-70, dipinsero numerosi paesaggi per il Tintoretto.[101] Forse altri lo assistettero in maniera analoga: il Floris, il Maestro del *Giudizio universale* di Farfa e/o Pieter Vlerick, Lodewijck Toeput (quest'ultimo per la prima volta documentato a Venezia nel 1576),[102] ma forse anche Dirck de Vries prima di diventare maestro indipendente nel 1587,[103] e, poco prima e/o dopo il 1590, Frederick van Valckenborch (Anversa, 1566-1623, Norimberga) e suo fratello Gillis (Anversa, ca. 1570 - Francoforte al Meno, 1622).[104] Gli interventi di artisti nordici nei paesaggi del Tintoretto, segnalati nelle pagine precedenti, sono quasi gli unici al riguardo. Solo l'inserto del paesaggio nel *Riposo di San Rocco nel deserto* nella chiesa omonima, forse databile intorno al 1570, è attribuito più o meno pacificamente a uno specifico artista nordico, ossia Paolo Fiammingo.[105] Di lui sono forse anche alcuni alberi della *Tentazione di Cristo* nella sala superiore della Scuola di San Rocco.[106] Per altri brani paesaggistici di opere attribuite al Tintoretto i pittori nordici candidati come probabili esecutori sono numerosi: per fare qualche esempio, la *Crocefissione* (Museo Civico, Padova),[107] il *Concerto con Muse e altre divinità* (Collezione privata, Neuilly),[108] il *Concerto di Muse e Apollo* (ovvero la *Contesa tra le Muse e le Pieridi*) (Bayerische Kunstgemäldesammlungen, Monaco di Baviera),[109] il *Mosè che fa scaturire l'acqua dalla roccia* (Städelsches Kunstinstitut, Francoforte),[110] la *Moltiplicazione dei pani e pesci* (Collezione Sterling Moss, New York),[111] l'*Adorazione del vitello d'oro* (National Gallery, Washington)[112] e *La moltiplicazione dei pani e dei pesci* (The Metropolitan Museum of Art, New York).[113] In tutti questi lavori i paesaggi appaiono dipinti da una mano nordica sì, ma sempre diversa.[114] Se, come è stato proposto, queste opere sono quasi tutte databili al decennio 1550-60, il Tintoretto dovette utilizzare un numero sorprendente di aiuti per dipingere i paesaggi.[115] Per l'*Adorazione del vitello d'oro* di Washington la questione si formula in termini alquanto diversi. A mio avviso il paesaggio qui è di mano di Paolo Fiammingo. Se ciò fosse corretto, ne conseguirebbero due possibili soluzioni: conside-

Jacopo Tintoretto e Paolo Fiammingo
*Adorazione del vitello d'oro*
intero e particolare
Washington, National Gallery of Art

pagina a lato
Dirck de Vries, *Scena di ballo*
ubicazione ignota

rato il fatto che Paolo Fiammingo non è documentato a Venezia prima 1570, se le figure sono effettivamente del sesto decennio come si asserisce di solito, il paesaggio sarebbe un'aggiunta di epoca posteriore; ma si deve anche ipotizzare la possibilità che l'opera intera risalga a un momento più tardo. I dipinti che abbiamo ricordato sono soltanto alcuni tra i molti che sarebbero da esaminare con maggior precisione per individuare nei paesaggi eventuali contributi di artisti nordici. Tutto sommato, manca ancora uno studio sistematico e complessivo dei paesaggi nei dipinti del Tintoretto, che servirebbe a mettere a fuoco non soltanto le caratteristiche e l'evoluzione, ma anche il problema degli autori. Soltanto con l'acquisizione di tali conoscenze si potrà valutare con maggiore precisione questa importante componente della pittura del Tintoretto e intendere meglio la pratica e la divisione del lavoro in una delle principali botteghe artistiche del tardo Rinascimento veneziano.

Konrad Oberhuber

# Mantegna e il ruolo delle stampe:
## un prototipo di innovazione artistica in Italia e al Nord

pagina a lato
Andrea Mantegna
*Adorazione dei Magi*
particolare
Los Angeles, The J. Paul Getty Museum
cat. 51

La produzione incisoria di Mantegna, come era stata ricostruita dalle voci più autorevoli della prima metà del secolo, è stata seriamente messa in discussione dagli studi di David Landau e Suzanne Boorsch, presentati in occasione della mostra della Royal Academy of Arts di Londra nel 1992.[1] Landau ha infatti aggiunto al nucleo primitivo la grandiosa serie delle stampe della *Passione*[2] che, se effettivamente incise da Mantegna, andrebbero datate intorno al 1460 e sarebbero quindi le prime incisioni eseguite in Italia, precedenti anche a quelle ideate da Maso Finiguerra.[3] Questo capovolgerebbe la tradizionale teoria su come l'arte della stampa sia giunta in Italia e persino nel resto d'Europa, poiché queste grandissime lastre dalla tecnica possente (finora datate dopo il 1470) costituirebbero un *unicum* nella produzione grafica del 1460 circa. Suzanne Boorsch, per parte sua, ha negato che Mantegna abbia mai inciso una lastra e ha introdotto nella letteratura il nome di un anonimo "Primo incisore": sarebbe lui l'autore di tutte le prime versioni delle composizioni grafiche di Mantegna, spesso copiate da altri artisti, compreso Giovanni Antonio da Brescia. Landau e Boorsch sono entrambi convinti che quest'ultimo vada identificato con il secondo incisore, noto finora come Zoan Andrea per via delle iniziali Z.A. Secondo i due studiosi le iniziali starebbero invece per "Zuane Antonio" e costituirebbero il primo modo di firmarsi di Giovanni Antonio da Brescia.
La Boorsch sostiene che Mantegna fosse l'ideatore delle composizioni e che affidasse i disegni ad artigiani incisori al suo servizio, i quali facevano del loro meglio, così come Marcantonio Raimondi,

Andrea Mantegna
*Muse del Parnaso*
Vienna, Graphische Sammlung Albertina

[1] London 1992. Il catalogo di questa mostra di Mantegna contiene un'esauriente bibliografia. Qui l'iniziale H si riferisce ai numeri del catalogo di Hind 1938–1948; la L a quelli del catalogo londinese. Cfr. Landau & Parshall 1994, 65–80; Matile 1998, 68–95; Levenson 1997.
[2] H 5, 21, n. IIb; L 29; H, 19, n. 10; L 32; H, 17, n. 8; L 36; H, 18, n. 9; L 67.
[3] Washington 1973, 1–9.
[4] Oberhuber in Washington 1973, 1-60; Landau & Parshall 1994, 103-131.
[5] Oberhuber 1984.
[6] H 5, 17, n. 21; L 138
[7] H 5, 22, n. 13; L 21.
[8] London 1992, 350-392; Oberhuber, "Mantegna before and after Rome", *Contributions to the Symposium on Andrea Mantegna*, London 1992 (inedito). Cfr. Wien 1994b, 210-242.

Agostino Veneziano, Marco da Ravenna facevano per Raffaello, oppure Baccio Baldini e Francesco Rosselli per Maso Finiguerra e Sandro Botticelli.[4] Si deve infatti osservare come le stampe di Mantegna, indipendentemente dal fatto che siano state incise da lui direttamente o dai suoi collaboratori, siano legate alla sua produzione pittorica e grafica dallo stesso rapporto che esiste tra le stampe eseguite dalla bottega di Raffaello e i dipinti e i disegni del maestro.[5]
È noto che Raffaello forniva ai suoi incisori non soltanto nuovi modelli da riprodurre, ma anche fogli finiti o disegni eseguiti per preparare le pitture e poi scartati. Poteva perciò trattarsi di composizioni intere o studi di figura. Lo stesso si può dire di Mantegna, che affidò agli aiuti disegni come le *Muse* del Parnaso[6] o lasciò che incidessero un particolare della sua celebre *Adorazione dei Magi*, ora agli Uffizi di Firenze.[7] Particolarmente importanti sono i disegni giovanili – ma già perfettamente elaborati – per il *Trionfo di Cesare*, che in qualche caso ci permettono di ricostruire le idee per la serie dei cartoni, concepita dall'artista prima del viaggio a Roma e realizzata (in forma diversa) soltanto al ritorno.[8]
Mantegna, così come Raffaello, era orgoglioso delle proprie invenzioni, anche di quelle che non aveva tradotto in forma pittorica, e vedeva nella tecnica incisoria un modo per farle conoscere al mon-

Andrea Mantegna
*La sepoltura di Cristo*
Vienna, Graphische Sammlung Albertina

Andrea Mantegna
*Baccanale*
Vienna, Graphische Sammlung Albertina

do. Come sembra facesse Raffaello, decise di far incidere anche idee già superate: è il caso della *Vergine* dell'*Adorazione dei Magi* e, soprattutto (se è corretta l'opinione tradizionale) delle stampe della *Passione*. Raffaello aveva progettato la *Strage degli innocenti*, il *Giudizio di Paride* e il *Quos Ego*[9] a dimostrazione che conosceva sia l'anatomia umana sia l'antichità classica (sulla scia, tra l'altro, della *Battaglia dei nudi* di Pollaiolo); Mantegna fece la stessa cosa con la *Deposizione nel sepolcro*, i due *Baccanali* e la *Zuffa degli dei marini*.[10]

Tuttavia Mantegna ideò anche stampe programmatiche per diffondere la propria filosofia dell'arte, come la *Virtus combusta*[11] e la *Calunnia di Apelle*[12] che è la ricostruzione di un dipinto dell'antichità. Altre incisioni come il *Cristo risorto tra Sant'Andrea e Longino*[13] erano probabilmente pezzi destinati alla vendita in occasione dell'inizio dello scavo del terreno dove sarebbe sorta la chiesa di Sant'Andrea dell'Alberti a Mantova, mentre i molti soggetti ispirati alle storie di Ercole e di Giuditta furono forse concepiti come doni che le classi colte, con interessi umanistici, si scambiavano in determinate circostanze: sembrano dimostrarlo le numerose tavolette o i disegni su carta e su pergamena prodotti nel tardo XV secolo.[14] Tutti gli incisori creavano immagini didattiche di questo genere, comprese quelle dedicate a San Girolamo,[15] che servivano da sostituti meno costosi delle opere d'arte prodotte individualmente con le tecniche più diverse, inclusa la scultura.[16] E anche la bottega di Raffaello eseguiva stampe di questo tipo.[17]

La tecnica dell'incisione venne introdotta in Italia con un duplice scopo: da un lato fornire idee utili agli artisti e agli artigiani meno dotati di inventiva; dall'altro mettere a disposizione del grande pubblico materiale didattico e decorativo di tema religioso e profano.[18] Si ha l'impressione che Mantegna sia stato il primo artista della penisola a capire fino in fondo il valore delle stampe in quanto veicolo delle proprie invenzioni, anche se l'assenza della firma e persino delle iniziali sulle sue lastre (così come su quelle di Raffaello) sembra negare l'esistenza di una precisa volontà di autoglorificazione. Questa forma di orgoglio legata alla paternità di un'invenzione sembra emergere chiaramente soltanto nel secondo decennio del XVI secolo con Michelangelo, Baccio Bandinelli, Tiziano e Raffaello:[19] ai tempi di Mantegna erano una rarità persino le firme e i monogrammi degli incisori, il che ha contribuito non poco a generare i dubbi che – come si è visto – ancora circondano la produzione dell'artista.

Accenneremo brevemente a questo problema, attenendoci alle argomentazioni di Oskar Kristeller, che aveva identificato in tutto sette stampe incise personalmente da Mantegna:[20] soltanto di alcune di queste esistono oggi esemplari davvero belli e di prima tiratura, soprattutto da quando Shelley Fletcher ha scoperto che due impressioni dell'Albertina considerate da sempre capolavori realizzati sulla soglia della piena maturità – la *Deposizione nel sepolcro* e la *Madonna con il Bambino* – sono in realtà pesantemente rielaborate a penna.[21] Per capire quale aspetto avessero le prime impressioni delle stampe di Mantegna bisognerà quindi riesaminarne altri esempi, forse arrivando a nuovi risultati. Certe considerazioni di metodo sono comunque tuttora valide. Per prima cosa, come si è già detto, su un terreno puramente contestuale sembra difficile accettare l'ipotesi di David Landau, secondo il quale le grandi stampe della *Passione* sono di Mantegna. Incisioni di quelle dimensioni e realizzate con quella tecnica risulterebbero assolutamente uniche intorno al 1460, mentre sono tipiche degli ultimi anni sessanta e dell'ottavo decennio, quando a Mantova e a Firenze si incidevano lastre di rame, che, perlomeno a grandi linee, avevano caratteristiche analoghe a quelle del gruppo della *Passione*.[22] Si deve inoltre precisare che il criterio fondamentale per stabilire se una stampa è stata inci-

[9] La *Strage degli innocenti* (B XIV, 19, n. 18); il *Giudizio di Paride* (B XIV, 187, n. 245); il *Quos Ego* (B XIV, 264, n. 245).
[10] La *Deposizione nel sepolcro* (H 5, 10, n. 2; L 38, 39); i due *Baccanali* (H 5, 13, n. 4; H 5, 12, n. 3; L 74 e 75); la *Lotta degli dei marini* (H 5, 15, nn. 5 e 6; L 79).
[11] *Virtus combusta* (H 5, 27, n. 22; L. 148).
[12] *Calunnia di Apelle* (H 5, 165, n. 12).
[13] *Cristo risorto tra Sant'Andrea e Longino* (H 5, 16, n. 7; L. 45).
[14] Landau & Parshall 1994, 81-90.
[15] Cfr. H 1, 217, n. 6.
[16] Oberhuber, *"Amor Sacro e Profano" di Tiziano e la grafica*, in Roma 1995, 133-140. Si veda anche Bologna 1988, *passim*.
[17] Chi scrive ha presentato queste opere poco studiate in una conferenza tenuta alla Kunsthalle di Amburgo nel 1997. Sono di solito molto piccole e basate su invenzioni personali di Marcantonio Raimondi. Cfr. B XIV, 323-330, nn. 427-438.
[18] Landau & Parshall 1994, 91-102.
[19] Landau & Parshall 1984, 142-144; un ruolo determinante, in questo fenomeno, sembra essere stato svolto anche da Ugo da Carpi e da Venezia. La firma di Baccio Bandinelli compare anche sulla *Cleopatra* di Agostino Veneziano (B XIV, 158, n. 193). Si veda Mantova 1999, n. 31.
[20] Kristeller 1901.
[21] Fletcher 1997.
[22] Come, per esempio, la celeberrima stampa del Pollaiolo già ricordata o la *Conversione di San Paolo* di Baccio Bandinelli, o ancora il *Tribunale di Pilato* di Francesco Rosselli, cfr. Washington 1973, figg. 2.6 e 2.9.

Andrea Mantegna
*Battaglia tra divinità marine*
Vienna, Graphische Sammlung Albertina

Andrea Mantegna
*Virtus combusta*
Vienna, Graphische Sammlung Albertina

sa da chi l'ha ideata dovrebbe essere quello dell'unitarietà tra disegno ed esecuzione. Le composizioni della *Deposizione nel sepolcro*[23] e della *Crocifissione*[24] – le più belle delle quattro incisioni – come pure quelle della *Discesa al limbo*[25] e della *Flagellazione*,[26] con le loro linee grossolane, sono estremamente vicine alle opere padovane di Mantegna (per esempio, gli affreschi della cappella Ovetari) e alla *Pala di San Zeno* a Verona (in particolare alle tavole della predella, oggi in Francia): opere realizzate prima del 1459.

La straordinaria profondità dell'impianto prospettico, le figure allungate, isolate o in gruppi, e inserite in architetture classiche o in astratti paesaggi rocciosi, ben si accordano con i dipinti sicuri di Mantegna e con i pochi disegni a essi relativi,[27] e nelle stampe si può avvertire, come nelle opere autografe di Mantegna, un senso di unità atmosferica e di dinamismo nella costruzione sia delle figure sia dell'ambiente che le circonda. Questo può essere sentito come il principio informatore che stava, in origine, alla base della creazione delle rocce, delle nuvole o degli alberi nella *Deposizione*, come pure della mobilità delle pieghe nelle vesti del Cristo che libera le anime dal limbo. Tuttavia nelle incisioni questo elemento dinamico è assente: figure e forme appaiono isolate e stranamente distaccate l'una dall'altra. Ciò non può essere dovuto esclusivamente alla traduzione nel linguaggio grafico (che naturalmente elimina la vitalità del segno a penna e attenua i valori pittorici), in quanto in tutte le stampe che Kristeller attribuisce a Mantegna l'atmosfericità e la vitalità sono esattamente le qualità che le distinguono dalle copie e dai prodotti della scuola. In realtà l'incisore o gli incisori delle quattro scene della *Passione* avevano una visione diversa da quella di Mantegna e non sapevano captarne fino in fondo le intenzioni, facendo così apparire le opere più statiche e meno spaziose. Qualcosa di simile si avverte nella *Madonna nella grotta*[28] – già ricordata in relazione con l'*Adorazione dei Magi* degli Uffizi – che potrebbe essere stata incisa nello stesso periodo, da un disegno precedente, se non dal dipinto stesso. La tesi di Landau, quindi, non sembra sostenibile.

Con il medesimo criterio si possono "difendere" le sette stampe di Mantegna dalle conclusioni di Suzanne Boorsch. È possibile dimostrare che queste opere trovano una collocazione nel percorso artistico di Mantegna e rappresentano invariabilmente punti salienti della sua evoluzione. La *Deposizione* appartiene a un periodo – la seconda metà degli anni sessanta – in cui le figure hanno ormai acquisito proporzioni classiche e interagiscono con grande energia e gesti possenti desunti da Donatello e dall'antichità greco-romana. Tutte le linee che definiscono i drappeggi, le rocce o gli altri particolari del paesaggio e delle espressioni sono piene di animazione; una luce argentea serpeggia sottilmente sulle superfici, riconducendo ogni singolo elemento della composizione a un unico insieme atmosferico. La copia in controparte della stampa[29] trasforma tutto questo in un'immagine assolutamente statica. La tecnica delicatissima e minuziosa e i riflessi argentei della stampa originale sono perfettamente in accordo con il resto della produzione degli anni sessanta e ricordano in modo particolare i cosiddetti *Tarocchi*,[30] ritenuti in passato un'opera di Mantegna. La ricchezza e la varietà dell'articolazione, la resa puntigliosa, ottenuta con i mezzi più diversi, delle superfici e delle espressioni rendono la *Deposizione* l'opera tipica di un grande maestro che inizia ad affrontare una nuova tecnica.

La stampa sucessiva – il *Cristo risorto tra Sant'Andrea e Longino* – presenta una struttura molto più semplice e chiara. Le linee verticali e orizzontali della composizione sembrano estendersi oltre i confini dell'immagine e le figure si impongono in tutta la loro forza. Il calzare di Andrea invade addi-

[23] H 5, 10, n. 11 b.; L 29.
[24] H 5, 19, n. 10.I; L 32
[25] H 5, 18, n. 9; L 67a, b.
[26] H 5, 17, n. 8, L 36.
[27] Si veda London 1992, nn. 11, 14, 20, 23-28.
[28] H 5, 22, n. 13; L 21.
[29] H 5, 10, n. 2a; L 40.
[30] H 1, 234-240.

rittura lo spazio dell'osservatore. Il chiaroscuro agisce con grande efficacia nel sottolineare la fisicità delle figure, con le loro superfici animate e luccicanti. Forma ed esecuzione sembrano di nuovo operare all'unisono in conformità con le intenzioni dell'artista, il cui stile era cambiato nei primi anni settanta, come si vede chiaramente negli ultimi lavori della *Camera degli sposi*. Il 12 giugno 1472 iniziò la costruzione della chiesa di Sant'Andrea, dedicata ai tre protagonisti della stampa, forse ideata – come si è già visto – proprio in quell'occasione.[31] Nel 1473 Mantegna aveva quarantadue anni e il suo stile si stava avvicinando a quello tipico di un artista avviato alla maturità.[32]

Gli impulsi stilistici sperimentati per la prima volta da Mantegna nel *Cristo risorto* vengono ulteriormente sviluppati nel *Baccanale con il tino*,[33] il primo dei due *Baccanali* con cui l'artista intendeva dimostrare di avere perfettamente assimilato il mondo classico. Qui lo vediamo per la prima volta reagire ai nuovi sviluppi della grafica fiorentina, in particolare alla *Battaglia dei nudi* del Pollaiolo.[34] Il volume scultoreo delle figure, unite come in un gruppo di bronzetti ben levigati, costituisce una novità assoluta nella produzione di Mantegna, proprio come l'animazione che muove i satiri intenti alle libagioni. Queste nuove tendenze emergono più chiaramente nel *Baccanale con Sileno*,[35] dove l'artista dimostra di saper conferire alle figure proporzioni massicce, oltre a quelle più nobili dei personaggi, giovani o anziani, della scena con il *Tino*: gli antagonisti di questi satiri corpulenti. Questa è la stampa dove Mantegna sviluppa al massimo grado la tecnica fiorentina del "tratto di ritorno" e questo è esattamente il momento che dovrebbe segnare l'esecuzione della *Flagellazione* e della *Discesa al limbo* della serie della *Passione*. L'allievo ha ormai imparato a costruire figure statuarie con un numero molto limitato di segni ben decisi e applica questo ideale stilistico e tecnico ai disegni giovanili probabilmente fornitigli direttamente da Mantegna, fraintendendone la composizione, che dipendeva da un più dinamico fluire della luce tra le sottili figure, in modo da dare un senso di unità. L'allievo non ha ben capito nemmeno come il chiaroscuro del maestro riesca a costruire il volume e la profondità: così crea profili taglienti, appiattisce il rilievo e non riproduce la sottile animazione delle linee e dei volti.

È difficile dire se le altre due stampe della *Passione* – la *Deposizione* e la *Crocifissione* – siano tentativi meno maturi di tradurre Mantegna compiuti dal medesimo artista, oppure siano opera di tutt'altra mano: soltanto un riesame dell'intero problema, con un tentativo di individuare l'autore di ogni singola copia pervenutaci, potrebbe condurre a risultati definitivi. Poiché la *Madonna nella grotta* è chiaramente eseguita nello stile incisorio del *Baccanale con sileno*, risulta evidente che Mantegna, per fare incidere le proprie composizioni giovanili, ricorreva a quell'epoca ad almeno un artista. Questa tecnica è utilizzata anche in alcune incisioni dei *Trionfi di Cesare*[36] e in varie altre stampe con le storie di Ercole e altri soggetti, persino nell'ultimo decennio del secolo; dal che si evince come il maestro, che aveva inciso così superbamente i *Baccanali* mettendo a punto una tecnica e uno stile del tutto nuovi, dovesse avere addestrato nello stesso tempo un abile incisore, al quale in seguito avrebbe affidato la riproduzione di alcune opere. Ma su questo punto torneremo più avanti.

I *Baccanali* esercitarono un influsso grandissimo sull'arte italiana e su quella nordica: il primo dei due venne copiato da Dürer e il secondo fu riprodotto all'acquaforte da Daniel Hopfer.[37] Essi rappresentano l'esempio più sublime della rievocazione statuaria dell'antichità classica, in uno spirito che apriva la strada ai bronzi dell'Alari Bonacolsi, detto l'Antico. Ma era tipico della mentalità di Mantegna non fermarsi a quel punto, bensì cercare di dare alle proprie opere maggiore vitalità ed espressione, superando i confini del mondo classico, per consentire alle figure di muoversi nello spazio con maggiore libertà. Vi riuscì nella famosa *Zuffa degli dei marini*,[38] ricorrendo non soltanto a una nuova struttura compositiva, dove le figure si confrontano diagonalmente invece di essere rappresentate prevalentemente di fronte o di profilo, ma anche a una più sottile gradazione dei toni di un insieme vibrante e atmosferico. A questo punto rinunciò all'orizzonte basso delle opere precedenti e ambientò la battaglia delle divinità in un vivace contesto di acque e di canneti.

Questo tipo di animazione poteva essere ottenuto soltanto da un artista maturo, che avesse ormai superato la cinquantina, e lo stile di quest'opera concorda con quello dei *Trionfi di Cesare*, suggerendo una datazione al nono decennio.

Nel 1494 una delle due stampe fu minuziosamente copiata da Dürer insieme con il *Baccanale con sileno*. La celebre *Madonna con il Bambino*,[39] spesso datata dopo la *Lotta*, ha ancora la linea dell'orizzonte ribassata dei *Baccanali*, pur mostrando già la delicata tecnica di tratteggio che costituisce un passo in avanti rispetto a quella del Pollaiolo. Fu quindi certamente creata anch'essa durante gli anni ottanta. È interessante osservare come questo nuovo modellato più continuo e la più efficace resa spaziale caratterizzino anche certe opere della scuola di Mantegna, in particolare quelle firmate

[31] Washington 1973, 178.
[32] Sull'atteggiamento degli artisti a seconda dell'età si veda Oberhuber 1999, 14-15 e *passim*.
[33] H 5, 13, n. 4; L. 74.
[34] H 1, 191, n. D.I.I.
[35] H V, 12, n. 8; L 75.
[36] H 5, 25, n. 15b; L 120.
[37] B 49. Cfr. Washington 1973, 184-185.
[38] H 5, 15, nn. 5 e 6; L 79.
[39] H 5, 10, n. 1; L 48
[40] H 5, 38, n. 4; L 52.

Andrea Mantegna
*La deposizione dalla croce*
Vienna, Graphische Sammlung Albertina

Andrea Mantegna
*La discesa nel Limbo*
Vienna, Graphische Sammlung Albertina

da Giovanni Antonio da Brescia o a lui attribuite, come la *Sacra Famiglia con Santa Elisabetta e San Giovannino*[40] e forse persino la famosa *Virtus combusta*. Pur introducendo nella bottega la nuova continuità del modellato, questo artista non fu però mai in grado di capire la libertà spaziale e il dinamismo espressivo così tipici del grande maestro, capace di mettere la vita in ogni segno, mentre quelli degli imitatori rimanevano aridi e inerti.

Queste osservazioni potrebbero fornire una possibile spiegazione al fatto che Mantegna creò sette stampe a vari anni di distanza l'una dall'altra. La prima fu forse prodotta per sperimentare la nuova tecnica, proprio come avrebbe fatto Pollaiolo qualche tempo dopo; la seconda in un'occasione specifica, che prometteva buoni guadagni. Le altre quattro, invece, erano evidentemente pezzi di bravura, mirati a esibire la sua padronanza del linguaggio classico, ma anche eseguiti in un momento in cui Mantegna aveva in mente di addestrare qualche artista per l'incisione delle sue invenzioni. Dalla bottega emergono almeno due personalità principali: il primo allievo, che tradisce un approccio energico ma piatto alla definizione dei contorni e al modellato, compare intorno al 1475 e viene spesso chiamato con il nome di Zoan Andrea; il secondo, caratterizzato da una resa delle figure più morbida e più efficace sotto il profilo spaziale, va probabilmente identificato con Giovanni Antonio da Brescia, artista ben documentato che emerge soltanto nella seconda metà degli anni ottanta. Attorno a Mantegna vi erano però altri giovani – per esempio Girolamo Mocetto e Giulio Campagnola – ai quali l'artista fornì disegni quasi fino alla morte: nessuno di questi, tuttavia, aveva appreso l'arte dell'incisione sotto la sua guida.

Se la nostra tesi è corretta, Mantegna è stato il primo grande artista italiano a rendersi conto di come la grafica potesse contribuire alla diffusione di uno stile nuovo e di nuove idee. Si impegnò quindi personalmente nell'apprendimento della tecnica incisoria, sviluppandola sotto l'influsso dei modelli fiorentini e secondo le esigenze del proprio stile, ma provvide anche alla formazione di collaboratori in grado di tradurre correttamente le sue invenzioni, per poterle vendere non soltanto ai conoscitori ma anche agli artisti. Grazie a questa attività riuscì a superare lo svantaggio di lavorare in una piccola corte e a diffondere le sue creazioni praticamente nell'intero mondo dell'arte.

L'esempio di Albrecht Dürer, che non soltanto copiò le stampe di Mantegna ma ne utilizzò le idee nelle sue opere, è sufficiente a dimostrare quanto si fosse rivelata essenziale questa innovazione tecnica per la trasmissione delle invenzioni artistiche. Le stampe di Mantegna furono copiate nel nuovo medium all'acquaforte da Daniel Hopfer, che insieme con altri membri della famiglia replicò sistematicamente invenzioni italiane del Quattrocento e del primo Cinquecento, principalmente di Mantegna, Marcantonio Raimondi, ma anche di artisti come Jacopo de' Barbari e dell'enigmatico Maestro IB con l'uccello. Dürer fu il solo a esercitare un influsso ancora maggiore e a venire plagiato. L'arte della stampa legò insieme l'arte europea in maniera nuova e avrebbe presto conquistato anche l'Oriente. In questo contesto il ruolo di Mantegna fu dei più decisivi.

Battista Franco
*Il Compianto di Cristo*
Düsseldorf, già mercato antiquario

pagina a lato
Paolo Veronese
*Paesaggio con architetture*
Sala dell'Olimpo
Maser, Villa Barbaro

[1] Fiora Bellini in Roma 1987-1988, 32.
[2] Hind 1938-1948, I, 250.
[3] Richardson 1980, 82-83, n. 12; Zerner 1979, n. 12 (46).
[4] Strauss 1980, nn. 77 (131) e 88 (132).
[5] Van der Sman 1995, 108, 110. Come puntualizza Dominique Cordellier (in Paris 1997, cat. n. 231), nella circostanza il Franco si servì pure di un disegno di Giulio Romano.
[6] Van der Sman 1995, 113, nota 57.
[7] Una datazione verso il 1561 si desume dalla stretta dipendenza del disegno per la *Resurrezione* dall'affresco di analogo soggetto nella Cappella Grimani in San Francesco della Vigna (Foscari & Tafuri 1983, fig. 81).
[8] Alle otto incisioni elencate da Bartsch (Bartsch 1803-1821, vol. 16-I, 156-159, nn. 6-14) aggiungiamo la *Flagellazione* conservata alla Biblioteca Nazionale di Parigi, Eb 16, 73 (H 013920), bulino, 127 × 79 mm.
[9] Jaffé 1994, 85, nn. 792 e 793.
[10] Boerner 1988, n. 11.
[11] Dillon 1980 in particolare le schede 17, 30, 31, 56, 60. Sui riflessi della grafica di Dürer nei disegni di Battista Fontana, cfr. Sueur in Verona 1994, 174-177.
[12] Landau in London 1983, 343 (n. P45); Acton in Boston 1989, 38 (n. 23).
[13] Koch 1980b, n. 17 (47).
[14] Ridolfi 1648, I, 345.

Il dialogo artistico tra Venezia e il Nord dell'Europa trovò nella stampa uno dei suoi veicoli privilegiati. Fin dall'introduzione delle nuove tecniche incisorie – la xilografia, l'incisione su rame – gli artisti veneti si dimostrano sensibili alle conquiste d'Otralpe. La dipendenza dai modelli nordici è ravvisabile in alcune delle più antiche xilografie italiane in assoluto, databili tra la fine del Trecento e l'inizio del Quattrocento.[1] Analogamente, il graziosissimo bulino con la *Fontana d'Amore* del 1470 circa (Hind E.III.2), conservato presso il Museo Civico di Bassano del Grappa, è esemplato da un anonimo incisore veneziano su una piccola incisione del Maestro E.S.[2] Questo rapporto si fa più complesso nei decenni successivi, quando la circolazione delle stampe si intensifica notevolmente e in più si apre per gli artisti nordici, e tra loro Albrecht Dürer, la stagione dei viaggi di studio in Italia.

Nella seconda metà del Cinquecento l'intenso scambio di esperienze non subì flessioni. Anzi, mentre nel campo della pittura sfumò progressivamente in un predominio dell'esperienza italiana, nel campo della grafica avvenne piuttosto il contrario. Basti ricordare che proprio a Venezia approdarono incisori nordici di rinomanza internazionale quali Cornelis Cort, Hendrik Goltzius e i Sadeler. Inoltre, a Venezia e tramite Venezia continuarono a circolare stampe nordiche di ogni tipo, lasciando tracce talvolta anche profonde nel mondo dell'arte e della cultura. Due gli indirizzi da percorrere in questo saggio: delineare i contorni dell'amplissima risonanza goduta dal materiale grafico nordico in terra veneziana e descrivere, in termini concreti, l'apporto degli incisori nordici presenti sulla scena artistica locale, con particolare riguardo alla grafica di riproduzione.

*Sulla fortuna delle stampe nordiche d'autore*

L'ammirazione per i più grandi *peintre-graveurs* d'Oltralpe non si esaurisce con gli artisti veneziani del pieno Rinascimento quali Vittore Carpaccio, Giorgione, Giulio Campagnola, il giovane Tiziano e Lorenzo Lotto. Nella seconda metà del Cinquecento, essa riecheggia in primo luogo nell'opera dei maestri che praticarono essi stessi l'incisione. Nelle acqueforti di Andrea Schiavone, portabandiera del manierismo a Venezia, le aperture alle tradizioni artistiche nordiche sono, in verità, sporadiche. Il suo interesse è rivolto principalmente alle novità romane ed emiliane, ma nella *Circoncisione*,[3] stampa di dimensioni relativamente grandi, è possibile cogliere il riflesso di due xilografie düreriane appartenenti alla serie dedicata alla vita della Vergine (*Il rifiuto dell'offerta di Gioacchino, La Presentazione nel Tempio*),[4] simili tra loro per quanto riguarda la composizione e il raggruppamento delle figure. Più frequente e differenziato è l'uso delle stampe düreriane da parte di Battista Franco, artista dall'*iter* complesso e talora eclettico. Nella sua adesione al maestro di Norimberga, il Franco, più che privilegiare specifiche problematiche, opera le sue scelte in funzione dei temi che egli stesso sta affrontando. Mentre nel *Cristo portacroce* i "prestiti" da Dürer riguardano la figura di Cristo e una delle donne addolorate del seguito, per la stampa *Ercole che uccide l'Idra* – raffigurante il momento culminante della lotta tra il semidio e il mostro con molte teste – Battista Franco si serve dalle famose xilografie concepite come illustrazioni all'Apocalisse.[5] Il modello düreriano è colto con più profonda convinzione in alcune scene a carattere devozionale. Nella piccola stampa con la *Deposizione*, eseguita interamente all'acquaforte, elementi parmigianineschi si fondono con quelli düreriani: non soltanto gli atteggiamenti e le espressioni di dolore di alcuni personaggi, ma anche l'ambientazione paesaggistica, con i rami contorti dell'albero che si staglia contro il cielo.[6] Inoltre meritano particolare menzione i finissimi disegni realizzati dal Franco sul finire della sua carriera, tradotti in stampa da un anonimo seguace.[7] L'idea stessa di concepire una serie di immagini, piccole e compatte, dedicate alla Passione di Cristo presuppone un'affinità di fondo con la grafica tedesca. Tutte e nove le incisioni a noi note sono inoltre contraddistinte da un'accentuata espressività.[8] Tale qualità meglio si coglie, peraltro, nei disegni preparatori, di fattura delicatissima, due dei quali conservati a Chatsworth (*L'Incoronazione di spine, La Resurrezione*)[9] e uno, raffigurante *Il compianto di Cristo*, già sul mercato antiquario.[10]

È ancora tra gli incisori dell'entroterra che i maestri d'Oltralpe dei primi decenni del Cinquecento sembrano godere particolare fortuna. Un ruolo importante viene svolto da Verona, aperta alla cultura d'Oltralpe attraverso la valle dell'Adige e il Brennero. Pittori-incisori veronesi quali Angelo Falconetto, Battista del Moro e Battista Fontana hanno costantemente presenti i modelli dei colleghi nordici, da Luca di Leida a Hieronymus Cock.[11] Appartiene invece all'ambiente udinese il poco noto Sebastiano de Valentinis, attivo tra il 1549 e il 1558 nella duplice veste di pittore e incisore. In una originalissima acquaforte di sua invenzione, *Il riposo durante la fuga in Egitto*, egli dimostra di conoscere bene gli incisori della Scuola del Danubio.[12] Caratteristici sono il taglio delle rocce e quel fragile alberello nel mezzo, con i rametti che sembrano agitarsi. Nella composizione a sviluppo diagonale è possibile riconoscere, inoltre, un'eco della *Sacra Famiglia* di Albrecht Altdorfer.[13]

Le stampe nordiche costituirono tuttavia materiale di studio e fonte d'ispirazione anche per artisti veneti che non ebbero esperienza diretta dell'incisione. Carlo Ridolfi ricorda che Paolo Veronese "nel principio della sua istitutione ritrasse le opere del Badile suo maestro e le carte del Durero, à segno, che conservò nel far de' panni alcuni termini di quelle piegature, praticandole però con più facile & espedito modo".[14] Sebbene risulti difficile trovare nell'opera pittorica del Caliari puntuali e precisi riscontri a questa osservazione, il legame con Dürer si giustifica con il fatto che tutti e due gli artisti sottolineano l'ampio panneggiare degli abiti.[15] Differenti dovevano essere gli spunti che un artista come Jacopo Tintoretto poteva trarre dall'opera grafica

Sebastiano de Valentinis
*Riposo durante la fuga in Egitto*
incisione
Rotterdam, Museum Boijmans
van Beuningen

di Dürer. Per Robusti uno dei motivi principali d'interesse risiedeva nella grande varietà degli impianti compositivi. Così l'*Adorazione dei pastori* della Sala Superiore della Scuola Grande di San Rocco, caratterizzata da un inconsueto taglio prospettico dal basso verso l'alto, si rifà alla xilografia di analogo soggetto del maestro di Norimberga.[16] Per Hetzer, appartengono all'orizzonte di interessi del Tintoretto anche gli artisti della Scuola del Danubio con la loro propensione verso il "fantastico".[17]

Naturalmente anche Tiziano si dimostra capace di assorbire nel suo linguaggio figurativo elementi del mondo d'Oltralpe, con quella intelligenza e sensibilità che contraddistinguono tutto il suo fare artistico. Come ha puntualizzato Eugenio Battisti nel suo brillante saggio *Di alcuni aspetti non veneti di Tiziano*, gli spunti provengono non solo dal solito Dürer,[18] ma anche da Aldegrever, Altdorfer, Baldung Grien, Brosamer, Cranach e Luca di Leida.[19] Tra le opere tarde lo studioso cita il *Crocefisso* di Ancona (1558), dove l'accentuazione del pathos e la tendenza a una stilizzazione quasi arcaica ricordano certe incisioni tedesche degli anni quaranta e cinquanta. Anche il ricorrere di scene mitologiche e bibliche di suicidio e di stupro può essere spiegata con l'ampia disponibilità di stampe nordiche, non soltanto tedesche e fiamminghe, ma anche della scuola di Fontainebleau, che prediligevano questi soggetti. I due dipinti raffiguranti *Lucrezia assalita da Tarquinio* conservati presso il Musée des Beaux-Arts di Lille e il Fitzwilliam Museum di Cambridge presuppongono la conoscenza di una stampa di analogo soggetto di Leon Davent,[20] la cui garbata composizione manieristica diviene in Tiziano una scena colma di dramma e di sensualità.

Altri esempi, non meno significativi, dell'uso critico di materiale grafico tedesco, fiammingo e francese possono essere rinvenuti nell'ambito della decorazione a stucco e ad affresco degli edifici. Essi riguardano principalmente gli elementi decorativi (per di più scolpiti) e il paesaggio, due generi che proprio nel Nordeuropa conobbero una fioritura particolare.

È merito di Anthony Blunt aver richiamato l'attenzione sui rapporti tra la decorazione degli edifici in Veneto e nella Scuola di Fontainebleau.[21] La diffusione del nuovo stile decorativo sviluppato alle corti di Francesco I e Enrico II diventa possibile grazie alle stampe di Antonio Fantuzzi, René Boyvin e altri incisori che nei primi anni quaranta furono chiamati nel centro artistico francese. Le prime assimilazioni in terra veneta risalgono al 1545 circa. Dal 1558-1559 lo stile *strap-work* invade anche gli ambienti di alcuni dei più prestigiosi edifici pubblici veneziani, come la Scala d'Oro nel Palazzo Ducale, e la Scala della Libreria di San Marco. Le stampe francesi vennero in seguito utilizzate dai decoratori in tutte le stanze del Palazzo Ducale che subirono una radicale ristrutturazione in seguito agli incendi del 1574 e del 1577. Elementi decorativi di gusto francese si possono inoltre riscontrare in alcuni cantieri dove nello stesso periodo lavorarono Alessandro Vittoria e Andrea Palladio, quali il Palazzo Thiene di Vicenza e il Ninfeo di Maser.

Mentre in Francia venivano sviluppati nuovi stilemi decorativi, le principali novità nel campo del paesaggio arrivavano dalle Fiandre e dai paesi di lingua tedesca. Da queste parti il paesaggio poteva contare su molti cultori, il che portò questo genere verso una sempre maggiore varietà.

È ben noto che Paolo Veronese, nel realizzare i suoi splendidi paesaggi classicheggianti nella Villa Barbaro di Maser (1561-1562), si servì della serie di vedute romane di Hieronymus Cock, databili al 1551.[22] Tra gli affreschi della stanza dell'Amor coniugale e la stanza di Bacco sono numerose le citazioni dalle stampe fiamminghe. In altre stanze si fanno evidenti i prestiti dalle stampe di Battista Pittoni, noto imitatore di Cock, che aveva realizzato "disegni di ruine de i più famosi edificij di Roma trionfante". Come osserva il Pallucchini, negli affreschi del Caliari, elementi paesaggistici archeologici e reali vengono frammischiati ed elaborati "con una tecnica di montaggio tipicamente manieristica, per la quale il dato di natura si incorpora e si piega in una struttura fantastica, fortemente stilizzata, di carattere quindi decorativo."[23] Per la ricchezza di motivi iconografici i "paesi" avevano un significato semantico molto ampio. Resta tuttavia sempre predominante il ricordo dell'antico, non soltanto per un richiamo filologico agli edifici della Roma antica, ma anche nello stampo elegiaco e virgiliano dei paesaggi ideali in cui quei ruderi classici vengono inseriti.[24]

In questa sede va ricordato pure l'avvicinamento di Pierfrancesco Giallo ai paesaggi incisi di Augustin Hirschvogel, disseminati non di rovine, ma di case tipicamente nordiche, castelli, ponti dallo sviluppo curvilineo, navi.[25] È ancora una volta una villa palladiana lo scenario di questo esperimento culturale: la Villa Badoer di Fratta Polesine, la cui realizzazione si colloca intorno al 1555-1556. In quattro riquadri differenti il Giallo Fiorentino, specialista nell'ornato a grottesche, si rifà ad altrettante incisioni dello Hirschvogel, tutte appartenenti a un'unica serie pubblicata nel 1546. Non può sfuggire che in questa circostanza gli ampi paesaggi dell'artista viennese, affine per temperamento agli esponenti della Scuola del Danubio (Altdorfer, Huber), vengono adattati al formato verticale delle finte aperture della parete, perdendo così la loro straordinaria ariosità. La rielaborazione dei motivi paesaggistici nordici non ha dunque lo stesso spessore critico di quella riproposta cinque anni dopo da Paolo Veronese in Villa Barbaro. Eppure l'impiego dei modelli dello Hirschvogel non è in contrasto con l'ambizione di Pierfrancesco Giallo di confrontarsi con la pittura parietale antica. Nel loro insieme i riquadri dispiegano infatti proprio quella varietà di motivi di cui ci parla Vitruvio nel settimo libro del suo trattato sull'Architettura: "[...] si diedero ad ornarli di varietà di giardini esprimendo le imagini di certe proprietà di paesi, perché dipingono i porti, le Promontore, i Liti, i fiumi, le fonti, gli tratti delle acque, i tempij, i boschi sacri, i monti, le pecore, i pastori [...] che sono con somiglianti ragioni a quelli fatte dalla natura."[26]

[15] Nel caso del Dürer ciò appare particolarmente evidente nelle xilografie di grande formato nelle quali le figure sono disposte solennemente, in particolare le stampe appartenenti alla serie dedicata alla Vita della Vergine. Per completezza facciamo notare che il Caliari si valse della famosa incisione di Martin Schongauer raffigurante *Cristo portacroce* come punto d'appoggio iniziale per il suo dipinto, *Andata al Calvario*, conservato nella Gemäldegalerie di Dresda (Marini 1962).

[16] Mészáros 1983, 267.

[17] Hetzer 1987, 270 sgg.

[18] Hetzer 1987, 139-154; Mészáros 1983, 84-96, 273-276.

[19] Battisti 1980, 221.

[20] Jaffé in London 1983, 229-230 (n. 130).

[21] Blunt 1968.

[22] Turner 1966, 208-209; Oberhuber 1968, 196-199; Oberhuber 1968b.

[23] Pallucchini 1984, 61.

[24] Van der Sman 1993, 199-200.

[25] Jung 1997.

[26] Jung 1997, 41.

Paolo Veronese
*Paesaggio con rovine*
Stanza di Bacco
Maser, Villa Barbaro

Hieronymus Cock
*Paesaggio con rovina*
xilografia

*Scambi e adattamenti nel campo dell'editoria delle stampe*

Dal contesto aulico della decorazione delle ville si passa ora a quello – se vogliamo più contingente – dell'editoria e del commercio delle stampe, che si svolgeva nelle calli di Venezia, tra il ponte di Rialto e Piazza San Marco. Finora sono state esaminate le stampe nordiche che, per la loro intrinseca qualità artistica, venivano incontro agli interessi formali dei maggiori artisti veneziani, ma non si devono dimenticare le molte altre di valore prevalentemente documentario e/o didattico, che potevano anche suscitare l'interesse della gente comune. Solo per convenzione verranno definite qui "popolari"; in realtà furono importanti veicoli di idee e permettono di entrare nel vivo della vita di quel tempo.

Nel campo delle stampe "popolari" profane, si assegna di solito agli incisori-editori veneziani – Nicolò Nelli, Ferrando Bertelli e altri ancora – un posto di primo piano nella produzione delle incisioni satiriche e moraleggianti, ma non si deve dimenticare che proprio dai *Winkeldrucker* tedeschi e dagli *imagiers* fiamminghi partirono segnali importanti per la produzione di queste immagini. Per esempio, con l'*Albero della pazzia* del 1568 Ferrando Bertelli si riallaccia a modelli nordici: come osserva Anna Omodeo, nella grafica e nella letteratura nordica il motivo della follia umana poteva contare su una lunga tradizione.[27] Analogamente, una stampa fiamminga della prima metà del Cinquecento raffigurante *I lupi in pace con gli agnelli*[28] anticipa le allegorie veneziane del mondo alla rovescia, in cui i paradossi appaiono moltiplicati.[29] Nemmeno il tema del Paese di Cuccagna è di invenzione veneziana. Una stampa di Erhard Schön dal titolo *Das Schlaueraffenlandt*, realizzata in collaborazione con Hans Sachs,[30] precede di più di trent'anni la famosa *Descrittione del gran paese di Cuccagna...* incisa a Venezia da Nicolò Nelli nel 1564.[31] Non si tratta della semplice migrazione di un tema iconografico: in tutte e due le stampe emerge un intento moraleggiante. L'immagine realizzata da Nicolò Nelli ha infatti un doppio senso: se da una parte si riferisce al desiderio di un mondo pieno di meraviglie dove l'uomo può rifugiarsi in dolce abbandono – un mondo in cui le galline piovono dal cielo, il vino scorre nei fiumi e zampilla nelle fontane, chi più dorme più guadagna – dall'altra propone una conferma dei valori morali tradizionali. Tramite le didascalie, infatti, l'incisione avverte: "Come vedete questa geografia fatto da un ser cotal detto bugia." Esempi come questi inducono a credere che gli editori di stampe attivi nelle città mercantili europee – Anversa, Norimberga, la stessa Venezia – si trovavano in sintonia con gli artisti nel rivolgersi al loro pubblico. Nel proporre immagini profane, quasi sempre miravano a un sottilissimo equilibrio tra elementi satirici ed elementi edificanti. Ciò permetteva una fruizione molto ampia di questo tipo di materiale, non soltanto tra gli esponenti del ceto medio, sottilmente stratificato tra la borghesia e il popolo – al quale gli stessi editori in gran parte appartenevano – ma anche tra le persone più abbienti, dotate di una certa cultura.[32]

Anche l'intenso scambio di "disegni stampati" di altro tipo dimostra la dimensione ormai europea assunta dal commercio di stampe nella seconda metà del Cinquecento.[33] Nel campo della cartografia gli editori seguivano attentamente gli sviluppi internazionali e nessuno osava copiare le carte geografiche altrui. Molteplici e appassionanti furono i contatti tra gli incisori fiamminghi e quelli di Venezia in questo settore.[34] Anche i ritratti incisi suscitavano interesse reciproco. Intorno al 1550 l'editore anversese Jehan Liefrinck produsse copie di xilografie edite quasi contemporaneamente da Matteo Pagano.[35] Rispetto alle stampe veneziane – di carattere tutt'altro che artigianale – i ritratti pubblicati dal Liefrinck appaiono di fattura meno fine; sono per di più colorati a mano, come era consuetudine in Anversa in quegli anni. Un esempio di scambio in direzione opposta è costituito invece dalle incisioni anonime tratte da Pieter van der Heyden, inserite nella collana *Imagines quorundam principum et illustrium virorum*; pubblicata a Venezia nel 1569 da Bolognino Zaltieri.

Gli esempi citati confermano che a Venezia le possibilità di acquisire e attingere informazioni su quanto avveniva al di là delle Alpi erano enormi.[36] Poteva capitare anche che gli editori locali proponessero immagini assolutamente estranee alla produzione artistica veneziana, come per esempio l'immagine tipicamente nor-

[27] Firenze 1965, 15.
[28] De Meyer s.a., fig. 88; Van der Stock 1998, fig. 31.
[29] Firenze 1965, 13.
[30] Geisberg 1974, III, n. 1138.
[31] Acton in Boston 1989, 47-50. Si veda anche Van der Sman 1999, 4.
[32] Van der Sman in corso di stampa.
[33] Tali scambi riguardano ovviamente anche il settore dell'illustrazione del libro. Ci limitiamo a citare due esempi significativi. Nel 1565 fanno la loro apparizione sul mercato veneziano le matrici per le xilografie dell'opera di Pietro Andrea Matteoli *Commentarii in sex libros Pedacii Dioscuridis Anazarbei de medica materia* (Venetiis, ex offic. Valgrisiana), originariamente realizzate alla corte di Praga da Giorgio Liberale e Wolfgang Meyerpeck (Mortimer 1974, II, 431). Sappiamo anche che le tavole del volume di Nicolas Nicolay, *Le navigazioni et viaggi fatti nella Turchia*, Venetia, Ziletti 1580, dipendono per la maggior parte dell'edizione di Anversa del 1576 (Omodeo in Firenze 1965, 49).
[34] Borroni Salvadori 1980.
[35] De Hoop Scheffer 1967.
[36] Del resto, è facile immaginare che la stessa via commerciale che permise all'editore Hieronymus Cock di inviare quindici dipinti a Venezia potesse assicurare un traffico ben più intenso del materiale a stampa. Cfr. Fehl & Perry 1984, 373-374, 377-378.

Erhard Schön
*"Das Schlaueraffenlandt"*
xilografia

[37] Lebeer 1991, n. 51.
[38] Rigoli & Amitrano Savarese 1995, 444, n. 619.
[39] Kristeller 1911, 24; Bierens de Haan 1948, 9.
[40] Ridolfi 1648, I, 202. In realtà potrebbero essere state due le soste di Cort a Venezia, nel 1565-1566 e nel 1570-1571 circa.
[41] Bierens de Haan riferisce al biennio 1565-1566 altre tre incisioni eseguite su disegno di Tiziano: l'*Annunciazione*, *San Girolamo nel deserto* e *Santa Margherita da Cortona e il drago* (Bierens de Haan 1948, nn. 23, 133, 145). Nessuna di queste incisioni reca una data, ma per l'autore potrebbero essere tra le prime opere realizzate in collaborazione con il Cadorino. Facciamo presente che l'attribuzione di *Santa Margherita da Cortona e il drago* è problematica, perché la qualità di questo bulino non è quella che solitamente si riscontra nell'opera grafica del Cort. Anche il *San Girolamo nel deserto* pone problemi, sebbene di ordine differente: la scritta "Titiano inv./In Venetia Cor. Cort. f." quasi sicuramente è da considerare un'aggiunta posteriore, in quanto non corrisponde alla calligrafia del Cort. Il dipinto di Tiziano più vicino a questa incisione è il *San Girolamo* del Museo del Prado, che fu spedito a Filippo II nel 1575 (Wethey 1969, 136, n. 108, tav. 195; London 1983, 230-231, n. 131).
[42] Chiari 1995, 163.
[43] Colgo l'occasione per sottolineare che proprio con questa stampa il Cort riuscì ad anticipare certi esiti grafici di Hendrik Goltzius e dei suoi seguaci, che hanno come soggetto il corpo maschile.
[44] Gaye 1839-1840, III, 242, n. CCXVIII. Per un'analisi più approfondita del rapporto tra il Cort e il Lampsonio, suo principale sostenitore, si veda Melion 1993, 55 sgg.
[45] Chiari 1982, 48.
[46] Kristeller 1911, 24.
[47] A.S.V., *Senato Terra*, filza 131, alla data 14 marzo 1594. Van der Sman in corso di stampa.
[48] Di tutti i disegni preparatori forniti da Tiziano solo uno ci è pervenuto: il foglio di Bayonne con *Ruggero libera Angelica* (Chiari Moretto Wiel 1989, 95, n. 35). Per questa composizione non esiste un equivalente in pittura e il carattere di disegno finito conferma l'intimo rapporto con la stampa di Cort.

dica dei *Pattinatori sul ghiaccio*, che Ferrando Bertelli riprese, in controparte, da un'incisione d'invenzione bruegeliana di Pieter Huys.[37] Più comprensibile invece l'adattamento, in un'*Allegoria della cucina grassa*, di un'altra stampa su disegno di Pieter Bruegel il Vecchio.[38]
Inutile nascondere che quando le stampe altrui vengono copiate spesso si registra uno scarto di qualità. Per avere una continuità di entrate gli editori di stampe dipendevano in gran parte dalle copie vendute e nel riproporre certi disegni stampati non sempre c'era modo di badare alla qualità. Tra gli incisori copiati con maggiore frequenza possiamo annoverare Giorgio Ghisi e Cornelis Cort, noti soprattutto per le stampe tratte dai disegni dei grandi maestri del Rinascimento e del Manierismo italiano.

*La presenza degli incisori nordici a Venezia: da Cornelis Cort ai Kilian*

Il desiderio di contrastare la prassi di contraffare stampe di elevata qualità, con tutte le implicazioni economiche che ne derivavano, fu la ragione della supplica inoltrata da Tiziano al Senato Veneziano nel febbraio del 1567: "Serenissimo Principe et illustrissima Signoria ... che havendo alli giorni passati novamente fatto metter in stampe di rame à comune comodo de' studiosi della pittura, un disegno del paradiso, et diversi altri pezzi di diverse altre inventioni, con mia gran fatica e spesa, ni uno altro, se non chi haverà ragione da me, possa ritagliar li detti disegni, nella città di questo illustrissimo Dominio, ne altro re intagliati vender sotto qual si voglia forma et modo per XV anni continui."[39] Tiziano era ben consapevole della possibilità che la tecnica a bulino offriva quale mezzo per riprodurre i disegni, di quanto cioè le incisioni stilisticamente e tecnicamente curate potessero fare buona pubblicità; tant'è vero che aveva sempre affidato la riproduzione delle proprie opere a incisori abilissimi, quali Jacopo Caraglio, Giulio Bonasone e Giulio Sanuto. A metà degli anni sessanta la scelta cadde sull'olandese Cort, che si dimostrò capace di innovazioni tecniche che permettevano maggiore finezza nella resa degli effetti chiaroscurali e quindi una più soddisfacente restituzione dei valori luministici dei modelli usati. La collaborazione tra i due ebbe inizio nel 1565. Secondo Ridolfi, il vecchio Tiziano avrebbe addirittura ospitato il Cort durante la sua permanenza a Venezia.[40]
In un primo tempo il Cort firmò almeno sei incisioni a bulino d'invenzione tizianesca.[41] Come osserva Maria Agnese Chiari, "nella selezione dei dipinti da far tradurre a stampa ... appare implicita una valutazione critica della propria opera da parte del pittore. Vi compaiono temi mitologici e profani accanto a soggetti sacri, ma non viene riprodotta a stampa alcuna opera giovanile."[42] Ma la diversità è definibile anche in altri termini: alle composizioni con un gran numero di figure in diversi atteggiamenti (*Trionfo della Trinità*, *Diana e Callisto*) si alternano ampi paesaggi con figure (*Ruggero libera Angelica* [?], *San Girolamo leggente nel deserto*), nudi in scorcio (*Prometeo*) e mezze figure (*Maddalena*). A seconda del soggetto, Cort approfondisce le molteplici possibilità che la tecnica dell'incisione a bulino offre. Nell'incisione *Ruggero libera Angelica*, per esempio, è da apprezzare l'abilità con la quale traduce le qualità tattili dei singoli elementi che fanno parte della composizione. La donna nuda giacente, il drago, ma anche il teschio in primo piano a destra sono delineati con tratto preciso, che contrasta con quello più nervoso adottato per il fogliame, dove la luce solare si rifrange come nei disegni di Tiziano. Principale motivo d'interesse del *Prometeo* è il corpo maschile in scorcio: nel mettere in evidenza la muscolatura del gigante, Cort si avvia verso la tecnica del *schwellende Taille*, imponendo al bulino variazioni di posizione che determinano un tratto di intensità modulata.[43] Quanto al *San Girolamo leggente nel deserto*, vengono in mente le parole di lode che il Lampsonio riservò a tale incisione nella sua lettera a Tiziano del 13 marzo 1567: "è una unica cosetta al mondo quel paesetto deserto e romitoso di San Ieronimo, il quale grandissimo piacere m'imagino quale possa esser stato colorito dalla felicissima mano di v.s., in sorte che la figura di San Gieronimo sia stata grande quanto il vivo, come io mi persuado che v.s. habbia fatto."[44] Nella stampa, l'incisore dà particolare rilievo alla selvatichezza del paesaggio, proponendo un efficace contrasto tra il primo piano roccioso e la distesa ampia e luminosa del fondo.
Ma torniamo brevemente alla richiesta di privilegio da parte di Tiziano per sciogliere due quesiti che riguardano la realizzazione materiale di queste opere. Il primo riguarda la sfasatura cronologica tra l'esecuzione delle incisioni (1565-1566) e la concessione del privilegio editoriale (1567). Si deve presupporre, in accordo con la Chiari, che di tutte queste incisioni esistesse una prima tiratura anteriore alla concessione del privilegio e che le lastre siano state modificate in seguito con l'indicazione di esso.[45] Ciò si deduce non soltanto dalla terminologia di cui si avvale il pittore ("*havendo ... novamente fatto mettere* in stampe di rame"), ma anche dalla circostanza che l'inquisitore Valesio Faenzi desse il suo benestare al *Trionfo della Trinità* con le seguenti parole: "Ho veduto la carta della Santissima trinità dell'eccellente maestro Ticiano, nella quale vi sono molte figure del testamento vecchio, è cosa dignissima, et rapresenta degnamente la Santa Trinità. Merita d'essere veduta ad honor di Dio, et è degna d'ogni privilegio."[46] Una situazione analoga si presenta nel 1594, quando Nicolò Vicentino chiede il privilegio per una sua grande stampa a soggetto religioso. La documentazione archivistica evidenzia che il Vicentino, nell'occasione, accluse un esemplare di primo stato dell'incisione: dopo aver consegnato il "dissegno in carta stampato in rame, che è il miracolo che fece N.S. in cana galilea", egli ricevette precise indicazioni da parte dell'inquisitore su quali parole dovessero figurare nello spazio riservato alle didascalie.[47]
Il secondo quesito riguarda il rapporto tra stampa e modello. Molteplici sono gli indizi che Cornelis Cort lavorasse sulla base di disegni rifiniti, piuttosto che di dipinti (dove noti):[48] la circostanza che quadri come il

Nicolò Nelli, *Il Paese di Cuccagna*
incisione

*Trionfo della Trinità* e il *Prometeo* avessero già lasciato Venezia ancora prima che Cort cominciasse a frequentare la bottega di Tiziano; alcune discordanze tra incisione e dipinto; e ancora una volta la terminologia di cui si servì Tiziano, riferendosi al modello per la stampa della *Trinità* ("un disegno del paradiso").[49] Né si deve dimenticare che per gli incisori professionisti del pieno Cinquecento era ormai una consuetudine lavorare su modelli grafici.

Dall'autunno del 1566 al 1578, anno della sua morte, Cornelis Cort è presente sulla scena editoriale romana, ma intorno al 1571 torna a lavorare temporaneamente per Tiziano,[50] realizzando alcune delle sue incisioni migliori: *Il Martirio di San Lorenzo*, *Tarquinio minaccia Lucrezia* (cat. 162) e, forse, *La fucina di Vulcano* (l'attribuzione di quest'ultima stampa resta alquanto problematica).[51] Sia del *Martirio di San Lorenzo* sia del *Tarquinio e Lucrezia* si conoscono due versioni, entrambe incise dal maestro stesso. Qualcuno ha cercato di fare rientrare nel gruppo di incisioni realizzate nei primi anni settanta anche una *Maddalena nel deserto*, ma l'attribuzione a Cornelis Cort è incerta, e ancora più incerta è la paternità tizianesca. Esiste infatti un rapporto intricatissimo e ancora irrisolto tra questa stampa, un'incisione di identico soggetto di Martino Rota datata 1570 e un disegno conservato all'Albertina di Vienna stilisticamente vicino ai modi di Federico Zuccaro.[52]

Ci siamo soffermati a lungo sulla figura di Cornelis Cort, perché egli svolse un ruolo importante nella storia dell'incisione in Italia nel Cinquecento, anticipando gli esiti di altri incisori famosi, come Agostino Carracci. Accanto al Cort operavano altri incisori nordici che mantenevano rapporti con Venezia, tra cui il tedesco Melchior Meier, fortemente influenzato dall'incisore di Hoorn.[53] Tra le incisioni che Meier seppe realizzare in Italia, almeno due riprendono composizioni di Tiziano.[54] La prima, raffigurante la *Maddalena penitente*, è la personale rielaborazione di una stampa di Martino Rota, a sua volta ispirato al già menzionato bulino di Cornelis Cort, come si deduce dalla resa quasi identica del paesaggio;[55] la seconda stampa riproduce, seppure in senso speculare, la composizione dichiaratamente sensuale della *Danae* del Kunsthistorisches Museum di Vienna. La principale differenza riguarda la figura di Giove: appena abbozzato nel dipinto di Tiziano, più chiaramente riconoscibile nell'incisione del Meier, con la mano che, emergendo dalla nuvola, sparge oro (particolare, del resto, assai curioso perché Giove non si deve far vedere).

Tuttavia negli anni sessanta e settanta del Cinquecento il contributo più originale degli incisori tedeschi si registra nel campo della xilografia. Questa tecnica in Italia stava gradualmente cedendo terreno all'incisione su rame, benché continuasse a essere significativamente applicata nel settore dell'illustrazione del libro. Ed è qui che spuntano i nomi di abili professionisti di origine e di educazione teutonica, degni eredi dei numerosi intagliatori in legno del primo Cinquecento (molti dei quali al servizio di tipografie locali) e di Giovanni Britto (Johannes Breit).[56] Un certo "Maestro Christoforo", ricordato dal Vasari per aver fornito i ritratti di artisti per la sua seconda edizione delle *Vite* (1568), viene identificato ora con Cristofano Coriolano, ora con Cristoforo Chrieger. Più verosimile sembra l'ultima ipotesi, nonostante lo scarto cronologico di cir-

[49] Chiari 1982, 10.
[50] Stando alla lettera di Lampsonio a Clovio, il secondo soggiorno di Tiziano si collocò intorno al 1570 (da Como 1930, 180). Del resto già nel 1567 il Lampsonio aveva invitato il pittore veneziano a rinnovare la sua collaborazione con l'incisore olandese, facendogli trovare a Venezia il materiale già riordinato per il suo ritorno.
[51] L'attribuzione a Cornelis Cort è oggi accolta dalla maggior parte degli studiosi, in virtù dell'alta qualità dell'opera (Chiari 1982, 58; Sellink in Rotterdam 1994, 183) e della circostanza che il rame fosse comprato dall'editore Stefano Scolari assieme ad altri del fiammingo (Chiari 1982, 58). Tuttavia, resta enigmatica la presenza della sigla "MF" a sinistra della coda del leone. Rapp 1985, 67-68 la interpreta come "Meier Fecit" e attribuisce l'incisione a Melchior Meier. In favore di un'attribuzione al Meier si era già espresso il Kristeller (Kristeller 1911, 25), accogliendo un suggerimento di Mariette (Mariette 1851-1860, V, 322-323).
[52] Geissler in Stuttgart 1979-1980, I, 86, n. C 2 (con attribuzione a Martino Rota).
[53] Hollstein 1954-1998, XXV, 19-32.
[54] Cfr. nota 51.
[55] Rapp 1985, 67-68.
[56] La massiccia presenza degli intagliatori tedeschi a Venezia nel primo Cinquecento è testimoniata dallo spoglio "Duca di Rivoli" conservato presso l'Archivio di Stato di Venezia, consultabile in microfilm. Su Giovanni Britto si veda Venezia 1976b, 116-122.

Cornelis Cort
*Ruggero libera Angelica (?)*
incisione

[57] La data di morte di Cristoforo Chrieger si colloca probabilmente nel 1590, come si deduce dal brano seguente di Cesare Vecellio: "Et queste cose si sono brevemente raccontate ... per la interposizione della morte di Christofor Guerra mio amico, et Eccellente intagliatore de' nostri tempi" (Venezia 1976b, 143, nota 13).
[58] Mortimer 1974, II, nn. 476, 529, 549.
[59] Mortimer 1974, II, n. 352.
[60] Hollstein 1949-1998, XXXII, 8-9.
[61] Abramo Ortelio manteneva stretti contatti con vari artisti di rilievo ed ebbe un interesse particolare per l'incisione (Mangani 1998, 147-183; Büttner 1998). Tra i suoi amici più intimi c'era anche il disegnatore-incisore Melchior Lorck, che sembra aver fatto sosta a Venezia, durante un viaggio per il vicino Oriente (1555 circa). Cfr. Copenhagen 1962, 20 sgg. Per una biografia dello Hoefnagel si veda Wilberg Vignau-Schuurman 1969, I, 3-10.
[62] Venezia 1988, 51 sgg.
[63] Tra i personaggi che figurano nell'*Album Amicorum* di Ortelius c'è Paolo Giustiniani, probabilmente un rampollo della celebre famiglia patrizia veneziana (Depuydt 1998, 128).
[64] Meijer 1988c, 114, nota 33. Per il metodo di lavoro di Hoefnagel cfr. Schilling 1956; Nuti 1988.
[65] Venezia 1980, 98, n. 65; Frankfurt am Main 1994, 120, n. Z 26.
[66] Meijer 1988, 115.
[67] London 1983, 119, n. 79.
[68] Meijer 1988, 114.
[69] Androssov 1994.

ca vent'anni tra l'edizione del libro di Vasari e la realizzazione della xilografia con la *Battaglia di Lepanto* (1589) e delle illustrazioni per gli *Habiti antichi e moderni di Diverse Parti del Mondo* di Cesare Vecellio (1590).[57] Più compatto è il gruppo delle opere che si possono attribuire a Giovanni Chrieger, verosimilmente parente di Cristoforo, attivo non soltanto come intagliatore ma anche come editore di libri. Egli curò le illustrazioni di (ri)edizioni di testi importanti come il trattato sull'architettura di Sebastiano Serlio (1566), *I dieci libri dell'architettura* di Vitruvio (1567) e il *Del humani corporis fabrica* di Andrea Vesalio (1568),[58] sempre in collaborazione con l'editore Francesco de' Franceschi. Si usa talora associare il nome di Giovanni Chrieger alle xilografie per l'*editio princeps* de *I quattro libri dell'architettura* di Andrea Palladio (Venezia, Domenico de' Franceschi, 1570).[59]

Proseguendo la rassegna degli incisori oltramontani presenti a Venezia, ci si deve spostare nel 1575, anno in cui soggiornava a Venezia l'incisore Petrus Valck. Per gli editori locali Nicolò Nelli e Luca Bertelli Valck eseguì copie di stampe pubblicate in precedenza da Philips Galle.[60] Storicamente ancora più significativa risulta la sosta veneziana del disegnatore-incisore Joris Hoefnagel e del celebre cartografo anversese Abramo Ortelio.[61] Karel van Mander ci racconta come i due intrapresero il viaggio insieme, passando per Augusta e Monaco di Baviera: Hoefnagel, figlio di un mercante di diamanti, nutriva la speranza di far fortuna a Venezia come agente commerciale; mentre di carattere diverso furono le motivazioni di Abramo Ortelio, comunque sicuro di trovare a Venezia spunti importanti per le sue attività in campo geografico. Molto spiccato era inoltre il suo interesse per le antichità, in particolare per le medaglie e le monete e viene spontaneo chiedersi in quali tra le molte case patrizie che racchiudevano quel tipo di collezioni[62] l'Ortelio sia riuscito a entrare.[63]

Oltre al van Mander, testimoniano la permanenza di Hoefnagel e di Ortelio a Venezia due incisioni raffiguranti *Piazza San Marco* e *La Piazzetta con il Palazzo Ducale in fiamme*. Questi esempi precoci di veduta veneziana sono inseriti nelle *Civitates orbis terrarum* di Georg Braun e Frans Hogenberg con la scritta "Depinxit Georgius Hoefnaglius Autoptes Anno 1578". Si suppone che Hoefnagel eseguisse in loco soltanto gli schizzi e che i disegni preparatori definitivi e le stampe fossero eseguiti successivamente al ritorno in Germania.[64] Uno di questi disegni si è conservato presso lo Städelsches Kunstinstitut di Francoforte: di fattura delicatissima, mostra Piazza San Marco con l'antica pavimentazione in cotto, popolata di personaggi in costumi veneziani e orientali.[65] Ricordiamo anche che l'incisione di Hoefnagel con il Palazzo Ducale in fiamme servì poi a Ludovico Pozzoserato per il suo dipinto di analogo soggetto custodito nel Museo Civico di Treviso:[66] benché Eugenio Manzato abbia voluto rovesciare il rapporto tra le due opere (qualificando il dipinto di Treviso come la prima opera realizzata dal Pozzoserrato in Italia),[67] la più credibile ricostruzione dei fatti è che in questo caso fu proprio Joris Hoefnagel a destare nel Toeput l'interesse per la topografia.[68] Solo in un secondo tempo gli scambi fluirono in direzione opposta: mi riferisco alle vedute di *Acquapendente* e di *Treviso* elaborate da Hoefnagel "Ex archetypo Lodovici Toeput" negli anni novanta del Cinquecento.[69] Del resto, proprio intorno alla figura di Lodewijk Toeput, fiammingo di nascita ma veneto di adozione (visse a Venezia e a Treviso), si configurano alcuni episodi di grande interesse. Nel 1588 giunse a Venezia Gijsbert van Veen, fratello minore del più conosciuto Otto. Delle cinque incisioni riferibili al suo soggiorno veneziano,[70] due vengono realizzate in stretta collaborazione con il Toeput;[71] la più nota è il ritratto realizzato nel 1589 per celebrare i settant'anni di Jacopo Tintoretto, che del Toeput viene ritenuto il maestro.[72] L'invenzione prende spunto dall'intrigante autoritratto del Tintoretto conservato al Louvre, in cui il pittore si ritrae realisticamente, non nascondendo i segni dell'età, e senza alcuno strumento che alluda alla sua professione. Ci pensa Toeput ad aggiungere elementi iconografici che esaltano le qualità artistiche e intellettuali del maestro veneziano, ispirandosi, almeno parzialmente, a prototipi nordici come il ritratto celebrativo di Giovanni Stradano inciso da Hendrik Goltzius.[73] Nella complessa composizione ideata da Toeput le figure

Joris Hoefnagel
*Piazza San Marco e la Piazzetta con il Palazzo Ducale in fiamme*
incisione

Gijsbert van Veen
da Ludovico Pozzoserrato
*Ritratto celebrativo di Jacopo Tintoretto*
incisione

allegoriche di Minerva *Pictrix* e di Atlante fanno da cornice all'effigie di Robusti, con probabile riferimento alla fama internazionale da lui conseguita tramite l'arte e l'ingegno. Ma contemporaneamente l'allegoria, in un secondo livello interpretativo, poteva alludere alla capacità di Tintoretto di assumere gli incarichi più complessi con straordinario talento, aiutato costantemente da Minerva *Pictrix*.[74]

Il secondo ritratto celebrativo – stilisticamente meno complesso, ma di notevole intimità – fu realizzato per ricordare la morte di Cornelis Cort, che era deceduto dieci anni prima a Roma, dove è probabile che Toeput e Cort si fossero conosciuti. Se dietro alla realizzazione di questa immagine ci furono probabilmente motivi personali, si deve anche considerare che il Cort godeva di una consolidata e diffusissima reputazione tra i conoscitori d'arte di fine Cinquecento-inizio Seicento.[75] Tra gli ammiratori dell'incisore olandese si può annoverare, con ogni probabilità, anche il tedesco Jacob König, al quale Toeput dedicò la stampa in esame: gioielliere e mecenate,[76] il König pubblicò a Venezia il *Carro di Trionfo* di Dürer, testimonianza di un suo particolare interesse per l'arte dell'incisione.

Negli anni novanta del Cinquecento la presenza di incisori nordici conosce la stagione più intensa, prima per l'arrivo di Hendrik Goltzius e di alcuni suoi allievi, poi per la presenza della bottega dei Sadeler. Non c'è dubbio che Hendrik Goltzius sia stato il più importante incisore della sua generazione. Come ha osservato il Kristeller, il Goltzius "è un virtuoso al più alto grado, il primo vero e proprio virtuoso nella storia dell'incisione su rame."[77] Goltzius visitò Venezia due volte, durante il viaggio verso Roma (prima del 10 gennaio 1591) e sulla via del ritorno (dopo il 3 agosto dello stesso anno); il suo punto di riferimento a Venezia fu Dirck de Vries, artista olandese regolarmente iscritto nell'arte dei pittori, ricordato soprattutto per i suoi ritratti e le sue "cucine".[78] Ma l'incisore ebbe modo di conoscere personalmente anche artisti veneziani come Alessandro Vittoria (dedicatario di una sua stampa) e Palma il Giovane. Sia di Dirck de Vries sia di Jacopo Palma eseguì i ritratti dal vivo nella maniera *à deux crayons*.[79] Per quel che sappiamo, sfruttò il suo soggiorno in Italia principalmente per realizzare disegni di studio, rinunciando almeno temporaneamente all'uso del bulino; riprese l'attività di incisore con rinnovato entusiasmo al ritorno dal viaggio e sono molteplici nella sua opera grafica successiva al 1591 i riflessi del soggiorno veneziano: alcuni paesaggi risentono fortemente di Tiziano, sul quale egli poteva esercitarsi tramite le xilografie raccomandate dal Van Mander come oggetto di studio.[80] Testimonianza concretissima del suo rapporto con il mondo artistico veneziano è inoltre l'incisione di *San Girolamo*, realizzata nel 1596 ad Haarlem sulla base di un disegno fornitogli da Jacopo Palma il Giovane, che stilisticamente e tecnicamente è tra le sue opere più compiute.[81] Va menzionato infine il celebre ritratto di Frederick de Vries, figlio di Dirck e allievo di Goltzius ad Haarlem.[82]

Dopo il Goltzius anche il figliastro e allievo Jacob Matham intraprese il viaggio di studio in Italia (1593-1596/97). Riguardo alle incisioni di quest'ultimo si deve distinguere tra quelle eseguite negli anni del soggiorno veneziano (1593-1594/1595) e quelle – meno brillanti – realizzate a viaggio concluso nella sua bottega di Haarlem, recanti l'*excudit* dell'artista.[83] Al gruppo di opere eseguite a Venezia appartengono in ogni caso la traduzione a stampa della *Deposizione* tintorettiana di San Francesco della Vigna, oggi a Edimburgo, e la *Madonna col Bambino, Santa Caterina e San Giovanni Battista*, che presenta affinità con un dipinto di

[70] Oltre alle due incisioni trattate in seguito, occorre menzionare il ritratto celebrativo di Giambologna del 1589 firmato VENETIS G.V.F. (Edinburgh 1978, n. 214) e due stampe a soggetto religioso tratte da disegni di Paolo Fiammingo (Hollstein 1949-1998, XXXII, 136, nn. 4, 5).

[71] Sia il Toeput sia Van Veen avevano una buona preparazione culturale. Van Veen era di ottima famiglia (Van Mander 1604, fol. 295r), mentre il Toeput è ricordato da Van Mander per le sue attività letterarie (Van Mander 1604, fol. 296r-v; Meijer 1988, 117). Ciò spiega il carattere dotto delle opere che realizzarono insieme.

[72] Meijer 1988c, 117; Venezia 1994, 29-30, n. 6.

[73] Cfr. Strauss 1977, I, 308-309.

[74] Sull'iconografia di Atlante in generale cfr. Snoep 1967-1968, 6-22.

[75] Bury 1985, 16, 26, nota 97.

[76] Meijer 1983, 29, note 23 e 24.

[77] Kristeller 1921, 327.

[78] Per una biografia aggiornata cfr. Meijer in Amsterdam 1991, 90.

[79] Amsterdam 1991, 78-79 (nn. 33, 34).

[80] Amsterdam 1991, 82-85.

[81] Davis in Los Angeles 1988, 274-275 (n. 122); Meijer in Amsterdam 1991, 80-81 (n. 35); Filedt Kok 1991-1992, 190-191.

[82] Amsterdam 1991, 86-87 (n. 38).

[83] Per un'analisi approfondita delle stampe "veneziane" si veda Widerkehr 1997, I, 51-60. Secondo la Widerkehr (1997, I, 52) la prima stampa realizzata da Matham a Venezia potrebbe essere il ritratto di Francesco Calzolari del 1593 (Hollstein 376). Una distinzione particolarmente complessa vale per le incisioni che recano testimonianza della sua conoscenza dell'arte romana. Cfr. Widerkehr in corso di pubblicazione.

Hendrick Goltzius
da Jacopo Palma il Giovane
*San Girolamo*
incisione

[84] Strauss 1980b, nn. 187 (177) e 207 (185). Per il dipinto si veda Wethey 1969, 176-177, fig. 207.

[85] Filedt Kok 1991-1992, 186-187, 214; Widerkehr 1997, I, 51-60. Per la stampa tratta da Jacopo Tintoretto si veda Roma 1982, 28, n. 12; Venezia 1994, 37-38, n. 11.

[86] Van Mander 1604, fol. 180r: "... ter plaetse voornoemt uytgeteykent door I. Matham".

[87] Si veda ad esempio Fossaluzza 1988, 45, nota 24.

[88] Già nel 1585, in data 4 luglio, viene concesso a Toeput il privilegio per un disegno della "Piazza nostra di S. Marco". Sénéchal 1987, I, 119. È probabile che Toeput intorno a quella data eseguisse anche dipinti con lo stesso soggetto.

[89] Cfr. Howard 1975, 26.

[90] Luijten in Amsterdam 1997, 77.

[91] Du Crocq 1991, 19. Su Gerard de Jode e sua moglie Paschijnken van Gelre cfr. Amsterdam 1997, 77, 79 nota 12; Van der Stock 1998, 273. Si veda anche cat. 186.

[92] Hollstein 1949-1998, XLIV, 291-292, nn. 1478-1481. La prima stampa della serie porta la scritta: "Martin de Voss jnventor Peter de Jode sculptor in Venetia Crispian de Passe divulgator". Secondo Ilja Veldman, la carriera di Crispijn de Passe come editore di stampe ebbe inizio solo in seguito al suo trasferimento a Colonia. I vecchi repertori ricordano anche una serie dedicata ai *Quattro elementi*, ma Christiaan Schuckman in Hollstein 1949-1998, XLIV, 313 osserva: "prints not traces, probably equal to nos. 1478-81".

[93] Gli esempi meglio documentati di simili scambi internazionali riguardano sempre Giovanni Stradano e Philips Galle. Cfr. Baroni Vannucci 1997, 61-68 (cap. 4: "Giovanni Stradano 'inventor': un caso esemplare nella grafica anversese del tardo '500"). Per quanto riguarda i Sadeler, con la serie *Oraculum Anachoreticum*,

ambito tizianesco conservato nella Alte Pinakothek di Monaco di Baviera.[84] A queste due stampe, che portano la data 1594, la critica tende ad avvicinare cronologicamente *San Marco libera lo schiavo*, stampa tratta dal celebre telero del Robusti per la Scuola Grande di San Marco, e altre stampe ispirate a composizioni di Pauwels Franck, Palma il Giovane, Tiziano e Veronese.[85] Si tratta di un gruppo di opere piuttosto omogeneo, la cui appartenenza a uno stesso momento creativo è avvalorata dall'uniformità calligrafica delle didascalie fornite dal poeta Cornelis Schoneus. Un esame ravvicinato di queste stampe rivela che il Matham resta piuttosto fedele ai suoi modelli, ma che nel contempo tende ad alterare le fisionomie dei personaggi e ad ammorbidire parecchi passaggi chiaroscurali. Ciò fa supporre che egli lavorasse frequentemente sulla base di disegni rifiniti di sua mano e del resto non è un caso che il Matham fornisce al collega Jan Saenredam un suo disegno da Paolo Veronese per la monumentale incisione a bulino della *Cena in casa di Levi*.[86]

Un altro allievo di Goltzius che per breve tempo lasciò traccia nella scena artistica veneziana fu Pieter de Jode. Come Gijsbert van Veen, De Jode strinse stretti rapporti con Lodewijk Toeput, incidendo tre stampe su disegno del collega italianizzato: una *Veduta di Piazza San Marco*, una *Veduta della Piazzetta* e la deliziosa *Festa in maschera* che fornisce un'interpretazione in chiave allegorica della vita lussuosa dell'aristocrazia veneziana (cat. 186). Se può essere sorto qualche equivoco sulla data di permanenza di De Jode a Venezia ciò è dovuto alla data "MDLXXXV" apposta alle prime due stampe, che sono quelle più conosciute.[87] Tale data si riferisce alle prime idee di Toeput per questi scorci cittadini,[88] piuttosto che all'esecuzione materiale delle incisioni a opera di De Jode. È significativo il fatto che nella *Veduta della Piazzetta* tutte le arcate della Libreria del Sansovino appaiano già ultimate.[89] Ma altri indizi inducono a collocare il soggiorno veneziano di Pieter negli anni novanta del Cinquecento, a cominciare dalla sua data di nascita, recentemente fissata tra il 1572 e il 1573 in base a nuovi indizi archivistici.[90] Inoltre, la *Festa in maschera* nell'unico stato a noi noto porta l'indirizzo "Viduà Gerard de Jode excudebat": significa che non può essere stata realizzata prima del 1591, anno di morte di Gerard, padre di Pieter.[91] Simili osservazioni valgono anche per le quattro *Allegorie dei temperamenti* tratte da disegni di Marten de Vos, che offrono un interessante esempio di collaborazione "a distanza", tra il De Jode, l'anziano pittore di Anversa e Crispijn de Passe che dal 1589 risiedette a Colonia e ricoprì, nell'occasione, il compito di "divulgator".[92] Simili scambi tramite "corriere" si ripeterono con i Sadeler e i Kilian.[93]

Per Pieter de Jode la permanenza a Venezia rappresentò anche un'occasione per conoscere meglio le opere dei pittori veneziani. In un momento imprecisato l'incisore riprodusse in stampa due composizioni di Tiziano e una di Jacopo Bassano. Non necessariamente queste incisioni vennero realizzate a Venezia. La *Deposizione dalla croce* per Jacopo Bassano, per esempio, reca l'indicazione "Petrus de Iode excudit", che induce a datare questa stampa dopo il 1600, quando ebbero inizio le sue attività editoriali.[94]

Per una ricostruzione sistematica dell'apporto dei Sadeler alla scena artistica veneziana rimandiamo alla tesi di dottorato di Philippe Sénéchal, che ha attentamente seguito le tracce dei numerosi membri di questa dinastia di incisori che tra la fine del Cinquecento e la prima metà del Seicento furono in relazione con la città lagunare. Ci limitiamo qui a qualche osservazione sull'operato di Jan I e Raphael I Sadeler. I fratelli, prima di approdare a Venezia, si erano già affermati ad Anversa, Colonia e Monaco di Baviera. Ma l'incerta situazione alla corte bavarese li spinse a recarsi in Italia. Su questa decisione può aver influito anche l'entusiasmo per l'arte italiana trasmesso loro da Hendrik Goltzius, che di ritorno dalla penisola si era fermato presso di loro a Monaco.[95] I Sadeler arrivarono a Venezia nel 1595, dopo una breve sosta a Verona; all'inizio lavorarono esclusivamente come intagliatori in rame, ma ben presto aprirono una loro calcografia, cosa che a nessuno degli oltramontani fino allora era riuscita. Il successo che i Sadeler, nella duplice veste di incisori ed editori, riuscirono a ottenere fu dovuto a vari fattori: la loro abilità tecnica (sulla quale non a caso insistono le fonti antiche), la gestione razionale dell'impresa, e infine la loro capacità di intessere una rete internazionale di contatti. I Sadeler, inoltre, si servirono in modo intelligente delle dediche (sistema solo parzialmente sfruttato dagli editori locali della generazione precedente), rendono un'idea della vastità dei rapporti e degli interessi economici della loro impresa. Sono ricordati esponenti di spicco della cultura veneziana (tra questi, Jacopo Belloni, Paolo Caggioli, Leonardo Mocenigo, Lorenzo Pacifico, Francesco Tebaldo), ecclesiastici insigni (il cardinale Caetani) e anche "forestieri" come il già menzionato Jacob König e Carel Helmann.[96] Con dediche a Carlo Emanuele di Savoia e al papa Clemente VIII, i Sadeler miravano a livelli anche più elevati. Sono noti anche i legami professionali e di parentela con l'editore bolognese Giacomo Dall'Oglio.

I Sadeler riuscirono a distinguersi per il particolare carattere della loro produzione: Jan e Raphael trascuravano deliberatamente le carte geografiche e le stampe d'attualità – sulle quali puntavano quasi tutti gli editori locali – proponendo invece un'amplissima e diversificata offerta di stampe figurate. A loro va il merito di aver diffuso contemporaneamente il linguaggio della pittura italiana e della pittura fiamminga: da una parte interpretavano le opere di Jacopo Bassano (sulle cui incisioni i Sadeler si assicurarono quasi un monopolio), Tintoretto, Palma il Giovane o anche di artisti attivi altrove in Italia come Lelio Orsi e Francesco Vanni; parallelamente traducevano in stampa invenzioni di artisti d'Oltralpe quali Maarten de Vos, Hans Bol, Gillis Mostaert, Pieter II Stevens e Hendrick III Van Cleeve. Numerose inoltre sono le incisioni tratte da disegni di maestri del Nord che avevano svolto una parte consistente della loro carriera in Italia: tra questi

M. Preyss, da Andrea Vicentino
*Nozze di Cana*, incisione

Jacob Matham
da Jacopo Tintoretto
*San Marco libera lo schiavo*
incisione

pubblicata a Venezia nel 1600, abbiamo la certezza che i disegni originali furono appositamente forniti da Maarten de Vos, allora residente ad Anversa. Da rilevare anche che Wolfgang Kilian durante la sua permanenza a Venezia continuò a mantenere stretti rapporti professionali con Domenico Custos, editore di Augsburg, facendogli pervenire i suoi rami.

[94] Du Crocq 1991, 20. Per la stampa vedasi Bassano 1992, n. 47. Le didascalie mettono in evidenza il carattere devozionale della composizione.
[95] Cfr. Nichols 1991-1992, 89.
[96] Si vedano le schede dettagliate di Sénéchal 1987, II, 53-93, 207-240.
[97] Meijer 1989, 595.
[70] Nagler 1860-1920, IV, 658; Thieme Becker 1907-1950, XXVII, 395; Hollstein 1954-1998, XXXIII, 17-23. Nagler dichiara di aver visto "eine schöne Federzeichnung mit Bister, welche die Predigt des Johannes in der Wüste vorstellt, mit dem Namen *MPreys Fecit*".
[99] Hollstein 1954-1998, XXXIII, 22, n. 3, ill. p. 23; Venezia 1980, n. 157.
[100] Hollstein 1954-1998, XXXIII, 19, n. 1, ill. p. 18.
[101] Schlichtenmaier 1988, 50, 437-440 (St 20-St 25). La collaborazione tra il Rottenhammer e il Kilian proseguì anche dopo il 1606, Schlichtenmaier 1988, 440 sgg.
[102] Sénéchal 1987, II, 25-31. Per il Custos si veda Sénéchal 1987, I, 76 nota 23.
[103] Noë 1954, in particolare 101, 103.
[104] Ridolfi 1648, II, 33.
[105] Si veda per esempio Amsterdam 1991, 97 (Rembrandt trasse ispirazione da una composizione di Paolo Fiammingo incisa da Egidio Sadeler); Savelsberg 1992, 233 (Rubens si ispirò a un'incisione di Raphael Sadeler II da una pala di Paolo Piazza a Praga).

Dirck Barendsz, Johann Rottenhammer, il solito Toeput, Paul Bril (Roma) e Giovanni Stradano (Firenze). Quanto ai temi trattati, a composizioni religiose e mitologiche si alternavano paesaggi, ritratti, allegorie dei mesi e delle stagioni, libri di santi e di fiori. Non vi è dubbio che le stampe pubblicate dai Sadeler abbiano contribuito al dilatarsi dell'interesse in Italia tra la fine del Cinquecento e il primo Seicento per i generi profani minori. I "vasi di fiori" tratti da incisioni di Jan Theodor de Bry, per esempio, potevano diventare strumento di sensibilizzazione per gli artisti italiani impegnati a svincolare la natura morta da un ruolo subalterno ad altri generi figurativi.[97]

Concludiamo con qualche accenno alle attività di alcuni incisori tedeschi presenti a Venezia intorno al 1600, in particolare M. (artin?) Preyss, Lucas Kilian e Wolfgang Kilian. Del primo sappiamo poco. I repertori circoscrivono la sua attività tra il 1574 e il principio del Seicento,[98] ma le testimonianze visive di cui disponiamo inducono a definire il suo operato entro limiti cronologici più ristretti. L'incisione raffigurante *Enrico III di Francia sbarca al Lido (1574)*, firmata per esteso "MPREYS.FE", è tratta infatti da un dipinto di Andrea Vicentino del 1593 che orna la Sala delle Quattro Porte in Palazzo Ducale.[99] A questa fa seguito l'incisione con le *Nozze di Cana*, opera di dimensioni monumentali, di cui conosciamo un solo esemplare completo, conservato presso la Biblioteca Correr di Venezia: l'invenzione per la stampa spetta ancora una volta ad Andrea Vicentino ed è proprio per questa stampa che il pittore si rivolge al Senato per ottenere un privilegio. Sempre al Preyss si attribuisce una *Annunciazione* da Palma il Giovane, di data incerta.[100] Più ampio il raggio d'azione di Lucas Kilian, attivo a Venezia nei primissimi anni del Seicento. Per il suo inserimento nella scena artistica veneziana poté contare sull'appoggio di Johan Rottenhammer, con il quale riuscì a stabilire duraturi contatti di collaborazione.[101] Negli anni veneziani l'interesse di Lucas Kilian fu rivolto prevalentemente alle composizioni religiose con più figure: pur essendo la ritrattistica una sua specialità, egli eseguì un solo ritratto inciso, quello di Giambattista Guarini per un'edizione del *Pastor Fido*. Lo stesso vale per Wolfgang Kilian, temporaneamente presente a Venezia e ugualmente affiliato a Domenico Custos, l'incisore-editore di origine fiamminga stabilitosi ad Augusta.[102]

Con i Kilian, dunque, prevale ancora una volta la logica di far parlare le grandi voci del Cinquecento veneziano e gli artisti di fine secolo da loro influenzati. Troppo spesso si dimentica che dietro a queste traduzioni in stampa vi era una profonda ammirazione per i raggiungimenti della scuola pittorica veneziana e che per le stampe di questo tipo vi era una richiesta concreta da parte degli appassionati di pittura nel Nord, come bene traspare dagli scritti di Karel van Mander.[103] Ma la validità dell'operato degli incisori del Nord non sfuggì nemmeno a Carlo Ridolfi, che a proposito delle pitture di Jacopo Tintoretto nella Scuola di San Rocco così scrive: "Aggiungiamo in commendatione di così famose Pitture, che molti valorosi intagliatori Fiamminghi (oltre al Carracio), hanno con molta lode trasportato nelle stampe loro quei pellegrini pensieri."[104] Sul piano della divulgazione di cultura pittorica le stampe – e non solo quelle tratte dai maestri più rinomati – svolgevano una precisa funzione didattica, la cui portata resta ancora in gran parte da approfondire.[105]

HAMAN

BIGTAN
THERE

M·D·XXVIII
IOAN·BVRGKMAIR
PICTOR·AVGVSTANVS
FACIEBAT

*Bruno Bushart*

Venezia e Augusta: architettura e scultura del Cinquecento

pagina a lato
Hans Burgkmair
*Ester e Assuero*
particolare
Monaco, Alte Pinakothek

La storia delle relazioni tra Augusta e Venezia, in ambito artistico, rappresenta una questione ancora aperta e difficile, non soltanto per quanto riguarda l'architettura e la scultura, ma anche per la pittura e la grafica. Sebbene il soggetto da sviluppare sia imperniato sull'architettura e sulla scultura del Cinquecento – logicamente con qualche digressione nel primo Seicento – esso risulta ancora troppo vasto e poco esplorato per poter essere discusso esaustivamente in questa sede, esaminando anche la relativa letteratura, spesso assai controversa. Il seguente saggio dev'essere considerato quindi come un tentativo provvisorio di approccio a questo tema[1].

Il primo e affascinante esempio di contatto con l'arte veneziana ci viene offerto dalla cappella Fugger, nella chiesa di Sant'Anna[2]. Progettata al più tardi nel 1506, come cappella funeraria dei fratelli Ulrich, Georg e Jakob Fugger, venne iniziata nel 1509, condotta a termine nel 1512 e consacrata il 17 gennaio 1518. A Venezia si ispirano non soltanto l'architettura interna, ma anche gran parte della decorazione, per quei tempi alquanto dispendiosa, comprendente epitaffi, organo, stallo, altare e le sculture della balaustrata, escluso il cancello in ottone, mai posto in opera, che denuncia invece una certa influenza fiorentina. Un disegno architettonico, probabilmente eseguito attorno agli anni 1530-1540 e contrassegnato dal monogramma LS o SL, riproduce – rispettando le successive modifiche – un progetto perduto del 1505-1507 circa, che messo a confronto con il repertorio formale di Mauro Codussi o con Santa Maria dei Miracoli di Pietro Lombardo sottolinea l'influsso dominante dell'architettura veneziana. Le concordanze vanno dalla tipologia delle arcate su pilastri e delle finestre ai motivi ornamentali, alla policromia, ai materiali e perfino alle proporzioni, anche se non si può parlare di un vero e proprio prototipo vincolante. Soltanto l'estrosa volta, costituita da costoloni che formano un rosone ornato di un intreccio stilizzato di gigli, simbolo dei Fugger, e di rose mariane, sembra derivare dalla tradizione locale augustana.

Ci sono pervenuti i disegni di Dürer, databili anch'essi attorno al 1506, per due dei quattro epitaffi: accanto a reminiscenze padovane e fiorentine lasciano trapelare a loro volta numerosi riferimenti a Venezia[3]. Nella zona soprastante i sarcofagi la tecnica dei rilievi, compresi in una cornice architettonica con un arco a tutto sesto, potrebbe rifarsi alla decorazione della facciata del Scuola Grande di San Marco, realizzata da Tullio Lombardo, tanto più che la serie delle arcate rappresentate di scorcio, con le due scene di Aniano, e il prospetto principale dell'edificio susciteranno poco tempo dopo un grande scalpore ad Augusta. Le prime si ritrovano infatti nelle pitture esterne delle ante del piccolo organo di Jörg Breu, all'interno della stessa cappella Fugger; il secondo, in una incisione di Daniel Hopfer con un'architettura a forma di arco trionfale[4]. Il campanile di San Marco, insieme con altre reminiscenze veneziane, compare come motivo di fondo già nei progetti di Dürer del 1510 per uno degli epitaffi dei Fugger e viene poi mantenuto nella realizzazione del bassorilievo. Anche i due epitaffi esterni, con le loro raffigurazioni araldiche, si rifanno a opere d'arte veneziane, come i cibori su colonne, aperti su tutti e quattro i lati, delle pale d'altare di Cima da Conegliano, o come le coppie di schiavi incatenati delle incisioni ornamentali di Nicoletto da Modena o ancora come i paggi reggiscudo dei monumenti funerari dei dogi[5].

Anche per la costruzione del suo nuovo palazzo cittadino, eretto intorno al 1515, Jakob Fugger, che da giovane era stato a Venezia, sembra essersi ispirato agli edifici della città lagunare. L'elegante architettura delle arcate del "cortile delle Dame" (*Damenhof*), con i suoi tondi ornamentali, può essere messo a confronto con il cortile interno di palazzo Zorzi; le balaustrate a colonne del terrazzo pensile richiamano direttamente prototipi veneziani o le stesse balaustre dei matronei della cappella Fugger, anch'esse di impronta veneziana[6]. Antonio de' Beatis aveva descritto nel 1517 l'aspetto della casa, che aveva alcuni vani "a la italiana bellissimi et assai bene intesi", ma del cui arredo stabile non rimane nulla[7]. Anche il Consiglio della città sembra essersi interessato dell'arte veneziana, tanto da assegnare nel 1519 a Hans Hieber – già architetto e costruttore della cappella Fugger e del cortile delle Dame – l'ideazione del modello per la ricostruzione della torre Perlach, il "campanile" della città imperiale[8]. La realizzazione dell'edificio a tre piani con colonne angolari, rivestito di marmi policromi con intarsi di forma circolare e con la copertura a forma di cupola, avrebbe conferito un moderno accento meridionale all'angusta struttura urbanistica della città. Lo stesso Municipio gotico, caratterizzato da tre timpani, era già stato modernizzato sia all'interno sia all'esterno nel 1515, anche se di questo progetto abbiamo solo informazioni di carattere generale. E lo stesso ricordo dei "*welsche Kindlein*" sul soffitto della sala del Consiglio fa pensare a influenze italiane, se non addirittura veneziane[9]. La veduta prospettica di Venezia di Jacopo de' Barbari deve avere ispirato quella della città imperiale in dodici blocchi, realizzata dal non meglio identificato "Maestro Petrarca" (*Petrarcameister*) sulla base di misurazioni dell'orefice augustano Jörg Seld[10].

Un capitolo a sé potrebbe essere dedicato alla storia della ricezione del monumento Vendramin della chiesa dei Santi Giovanni e Paolo, divenuto popolare ad Augusta forse grazie a una copia di un disegno eseguita da Dürer, Burgkmair o il giovane Hans Daucher. Dürer ne era già stato influenzato durante il secondo viaggio a Venezia, avvenuto nel primo decennio del Cinquecento, come si vede da uno dei progetti per gli epitaffi dei Fugger. Il suo disegno a penna acquarellato della *Sacra Famiglia in una*

[1] Per motivi di spazio i riferimenti bibliografici si limitano alle pubblicazioni più recenti ove queste riportino anche la letteratura precedente.

[2] Bushart 1994, 15-99.

[3] Bushart 1994, 115-142.

[4] Bushart 1994, figg. 141, 142, tavv. XII, XIII; *The illustrated Bartsch*, 17, 1981, cat. 105; *Hollsteins German Engravings* ... XV, 1986, cat. 27.

[5] Bushart 1994, 142-155.

[6] Büchner-Suchland 1962.

[7] Bushart 1994, 421; per le case dei Fugger sul Weinmarkt cfr. Lieb 1952, 92-120.

[8] Büchner-Suchland 1962, 65; Augsburg 1980, I, cat. 16.

[9] Hilbich 1968, 24-26.

[10] Augsburg 1980, I, 115, cat. 1; 1985, 285, cat. 86.

Pietro Lombardo
Interno di Santa Maria dei Miracoli
Venezia

a destra
Disegno della cappella Fugger
a Sankt Anna, Augusta
(monogrammato LS o SL)
Augusta, Städtische Kunstsammlungen

[11] Bushart 1994, 102-107, 223-228, figg.
52-54; Basel & Berlin 1997, 146-148,
catt. 10-23; Bätschmann & Griener 1997,
126-131, figg. 174-184.

[12] Bushart 1977, 45-56, figg. 1, 19, 20.

[13] Bätschmann & Griener 1997, 36-38,
figg. 40-41.

[14] Bätschmann & Griener 1997, 87, figg.
108, 110.

[15] Bushart 1994, 223-228, figg. 126, 127;
Eser 1996, 80-105, figg. 1, 8.

[16] Bushart 1994, 338-342, fig. 210.

[17] Büchner-Suchland 1962.

[18] Bushart 1994, 333-338, figg. 208-209.

[19] Huse & Wolters 1986, 180, fig. 128.

[20] Chevalley 1995, 446-447, catt. 85-86,
fig. 667.

[21] Liebermann 1982, tav. 48.

[22] Löcher 1980, 23-30; Krämer 1982, 31-35.

*loggia rinascimentale* del 1509 (Kupferstichkabinett, Basilea) adotta il motivo dell'arco trionfale del monumento, ripreso da Jörg Breu nella tavola della *Madonna sotto il portico* eseguita nel 1515 circa, all'epoca ad Augusta e oggi ad Aufhausen, nei pressi di Ratisbona[11]. Hans Holbein il Vecchio lo utilizzò come motivo di fondo nel 1515 per il suo dipinto (tagliato) della *Madonna sotto il portico* (collezione privata tedesca)[12], mentre nel 1519 assegnò all'architettura con arco trionfale un ruolo di primaria importanza nel suo famoso quadro mariano di Lisbona intitolato *Fonte della vita*. Il figlio di Holbein, Hans il Giovane, modificò per la prima volta il motivo già nel 1516, trasformandolo in un elemento spaziale avente la funzione di cornice per il doppio ritratto del borgomastro Meyer von Hasen e della moglie, ora a Basilea[13]. Verso il 1519 Holbein il Giovane lo impiegò ancora nel magnifico disegno a chiaroscuro della *Sacra Famiglia* di Basilea e nel 1537 lo riprese per l'architettura sullo sfondo del perduto dipinto murale della reggia londinese di Whitehall[14]. La più suggestiva metamorfosi subita dal monumento funerario veneziano è visibile nei bassorilievi di soggetto mariano eseguiti nel 1518 e nel 1520 da Hans Daucher[15], dove la posizione del doge composto nella bara con il suo seguito d'onore è occupata dalla Vergine in trono, circondata da angeli grandi e piccoli, che offrono, ognuno a suo modo, i loro servigi alla Madre e al Bambino.

Sebbene ad Augusta, per la maggioranza dei costruttori di edifici religiosi e profani, la tradizione tardo-gotica continuasse a svolgere un ruolo determinante fino al secondo decennio inoltrato, conoscendo addirittura un'ultima età dell'oro grazie a raffinati imprenditori come Burkhart Engelberg, gli influssi dell'arte italiana ("welsch") e in particolare veneziana costituivano un fenomeno ormai inarrestabile. Nella chiesa domenicana di Santa Maddalena, una Hallenkirche a due navate della stessa altezza e a pianta rettangolare con basse cappelle laterali, eretta nel 1513-1515 per la sepoltura di facoltosi cittadini augustani, sulla parete d'ingresso e su quella di fondo si aprono tre alti gruppi di finestre di fattura veneziana. La decorazione, costituita da retabli in pietra – pale d'altare con grandi figure, epitaffi, tabernacolo e l'unico esempio rimasto delle *Fier Gulden Stein*, le quattro tavole commemorative dell'imperatore Massimiliano e dei suoi discendenti – riccamente decorati con motivi veneziani,

Pietro e Tullio Lombardo
Scuola Grande di San Marco, Venezia

Palazzo Zorzi, cortile, Venezia

Hans Hieber
Corte delle donne nella casa Fugger
Augusta

sembra rispecchiare i gusti artistici più aggiornati[16]. Anche la Hallenkirche delle domenicane di Santa Caterina, costruita nel 1516-1517 probabilmente su progetto di Hans Hieber, ricordava nel suo stato originario prototipi veneziani, soprattutto grazie agli elementi decorativi sui capitelli delle colonne o nella decorazione a rosette degli arconi trasversali[17]. Grazie al loro equilibrio, alla luminosità e all'ampiezza spaziale, queste due chiese "a sala" dovevano entrambe ricordare – prima della trasformazione barocca – esempi veneziani come San Giovanni Crisostomo, San Fantin o Santa Maria Formosa. Più difficile è provare l'influenza di Venezia su altri edifici religiosi commissionati all'epoca. Dell'altare marmoreo della cappella Herwart della chiesa di San Giorgio – noto nel suo aspetto generale tramite un'acquaforte di Hieronymus Hopfer del 1521 – rimane oggi soltanto la figura del Redentore a grandezza naturale[18]. Il tipo di retablo con arcata mediana a forma di portale e piccole nicchie laterali a tutto sesto su un basamento comune, il motivo dei putti reggistemma stanti, il frontone centrale piatto e la ricca decorazione a rilievo ricordano i monumenti commemorativi dei dogi veneziani. La figura del Cristo, in genere attribuita a Loy Hering e datata al 1511-1512, trova le corrispondenze più precise, nella scultura veneziana, in opere come il *Cristo risorto benedicente* di Giambattista Bregno nel duomo di Treviso[19], anche se una fonte di ispirazione più diretta sarebbe da cercare piuttosto nella cerchia degli scultori operanti nella cappella Fugger. In questo contesto va anche ricordato l'epitaffio eseguito per Vitus Meler, morto nel 1517, nel chiostro del duomo di Augusta, un'opera ancora oggetto di discussione per quanto riguarda la paternità e la data di esecuzione[20]. La tipologia, l'incorniciatura, la composizione e il numero delle figure corrispondono in maniera così precisa a quelle dell'altare, attribuito a Pietro Lombardo, della cappella Gussoni nella chiesa di San Lio, che non può essere assolutamente accettata la spiegazione che si tratti soltanto di una coincidenza[21].

Non è questo il contesto adatto per discutere i numerosi rapporti nel campo della pittura: basti pensare ai due soggiorni di Tiziano, alle pale d'altare del Tintoretto o di Palma il Giovane o ancora all'attività di Giulio Licinio ad Augusta[22]. Anche il tema dell'intenso commercio artistico con Venezia, soprattutto tramite i Fugger e i loro agenti (verso il 1581-1583 Alessandro Vittoria eseguì il bassorilievo

163

Hieronymus Hopfer
*Altare Herwart*
incisione

Daniel Hopfer
*Arco trionfale*
incisione

pagina a lato
Hans Daucher
*La Vergine con il Bambino, angeli
e putti*
Augusta, Städtische Kunstsammlungen

in bronzo con l'*Annunciazione* commissionatogli da Hans Fugger), e più tardi tramite Philipp Hainhofer, non può essere approfondito in questa sede[23]. A partire dal 1580 Venezia ebbe un ruolo determinante nello spettacolare rinnovamento della città di Augusta – che pure non seguiva un piano di sviluppo urbanistico ben preciso – benché contemporaneamente si cominciasse a guardare con attenzione sempre crescente anche a città come Firenze o Roma[24]. Motivi architettonici veneziani – come le finestre abbinate e inscritte in un arco con apertura a oculo, con o senza frontone triangolare, gli intarsi in marmi policromi del tipo di quelli della Scuola Grande di San Rocco, le cimase dei camini, le balaustre delle terrazze, le scalinate a un'unica rampa coperte da volte a botte, ma soprattutto le delicate cornici ornamentali e le fasce decorative – rimasero a lungo in uso, anche se oggi ne resta davvero poco. Ma quando la città, nel 1607, decise di affidare all'architetto-pittore Joseph Heinz il progetto del "nuovo edificio" (*Neuer Bau*) a forma di loggia sulla piazza del Municipio, costui presentò due anni dopo un secondo modello in legno, molto impegnativo e lavorato a regola d'arte, per il quale aveva preso senza alcun dubbio a modello la Libreria veneziana di Jacopo Sansovino[25]. Il *Neuer Bau*, comunque, venne costruito da Elias Holl soltanto nel 1613-1614, secondo altri progetti, ma non deve stupire il fatto che nell'opera di Holl si ritrovino elementi dell'architettura veneziana, se si considera che l'artista si era recato di persona sulle lagune nel 1600-1601. Nell'autobiografia il costruttore sottolinea fiero di avere realizzato alla maniera italiana e con molta fatica ("viel Mühe") il difficile cornicione della sede della corporazione dei fornai: il suo primo lavoro dopo il ritorno dal viaggio a Venezia[26]. Ma l'aspetto della facciata, con le sue piccole partizioni e lo zoccolo bugnato, risultò tutt'altro che veneziano. Anche per il ponte degli Scalzi (*Barfüsserbrücke*), eseguito nel 1610-1611 con i negozi e la loggia al centro, lodò la maniera italiana, riferendosi sicuramente al ponte di Rialto[27]. Con il rialzamento della torre Perlach, il pezzo di bravura di Holl, vennero apportati ampliamenti e rafforzamenti ai bassi edifici laterali, che ora grazie alle arcatelle cieche, alle altane e alle balaustrate al posto dei vecchi tetti spioventi, facevano chiaramente riferimento alla situazione di Venezia con il campanile di San Marco e la Loggetta del Sansovino.

Infine viene troppo poco considerato che il tipo del timpano mediano e la disposizione della pianta del Municipio augustano progettato da Holl, compreso anche il salone delle feste al piano superiore, seguivano lo schema dei palazzi veneziani, anche se con caratteristiche particolari[28]. Così la pendenza del terreno non permette la presenza sul retro di uscite corrispondenti ai portoni della facciata e il salone delle feste viene illuminato anche ai lati grazie a un mezzanino. Il soffitto del salone, con i suoi preziosi intagli e gli undici dipinti su tela in cornici d'oro, si rifà – non esclusivamente ma inconfondibilmente – alla nuova decorazione degli ambienti di rappresentanza del Palazzo Ducale, eseguita dopo il 1574.

[23] Martin 1995b, 535-539; Kellenbenz 1980, 76-88.
[24] Bushart 1980, II, 7-23; Zimmer 1980, III, 25-65.
[25] Augsburg 1985, 328-330, cat. 219, tav. XLVII, 1.
[26] Meyer 1873, 25.
[27] Meyer 1873, 34.
[28] Bushart 1993, 222-230.

QVISQVIS · ES ÆERNI · MATREM · VENERARE · TONANTIS
CVI · FAVET · IPSA · PARENS · NATVS ET IPSE FAVET

Si è a lungo discusso su come e grazie a chi si sia trasmessa ad Augusta la conoscenza delle opere veneziane. Le due città commerciali erano da secoli in stretto contatto, non solo attraverso l'antica Via Claudia Augusta, che dall'epoca di Druso congiungeva Altino, la cittadina romana nei pressi della futura Venezia, con Augusta Vindelicum. Almeno fin dagli inizi del Quattrocento i commercianti augustani erano diventati uno dei gruppi più influenti del Fondaco dei Tedeschi. Il mercante Burkard Zink racconta di essersi recato una o due volte l'anno durante il quarto decennio del XV secolo, a Venezia per conto dei suoi signori[29]. I Fugger avevano al fondaco una sede fissa, messa a loro disposizione permanentemente e gratuitamente fin dal 1489, poiché avevano già speso per il mantenimento e l'abbellimento dell'edificio "ingentem pecuniarum quantitatem"[30]. Tra il 1476 e il 1485 il tipografo augustano Erhard Radolt aveva aperto a Venezia la sua prima tipografia[31]. Attorno al 1500 è testimoniata ad Augusta la presenza di pittori e apprendisti provenienti da Venezia. A questo punto si vuole solo ricordare che i Fugger assegnarono commissioni ad artisti veneziani come Giovanni Bellini, Vincenzo Catena, Paris Bordon o Paolo Veronese, anche se questa constatazione non aiuta più di tanto[32]. Ignoriamo se Jacopo de' Barbari, durante il soggiorno ad Augusta del 1500 circa, sia stato attivo anche come artista[33]. Sembra comunque che la sua incisione in rame con una *Madre che allatta in un paesaggio* sia servita da prototipo ad Hans Daucher attorno al 1515 per un bassorilievo in pietra[34]. Tanto meno conosciamo il nome del pittore italiano che nel 1501 venne ucciso da un cervo nel fossato attorno alla città di Augusta[35]. È certo che il 14 marzo 1501 – quindi molto prima del suo ipotetico viaggio in Italia – Hans Burgkmair presentò alla corporazione dei pittori un giovane apprendista di nome Caspar Straffo, nato a Venezia ("geborn von venedig"), ma è l'unico dato che possediamo[36]. Anche i ritratti di giovani apprendisti augustani, disegnati probabilmente da Leonhard Beck, come quelli di "Partolomio Cango ... de Vestia" del 1505 e "di Kasper.bernhart von.venedig" del 1511 non trovano conferme nei registri della fraglia[37]. E non conosciamo nemmeno i nomi dei costruttori della cappella Fugger. Michael Baxandall (1984) – come Wilhelm Pinder prima di lui – pensa a un veneziano che dovrebbe avere eseguito, insieme con Hans Daucher, il gruppo del *Corpus Domini* sull'altare: secondo lo studioso, la probabilità della reale partecipazione di un architetto e scultore italiano è maggiore di quanto non venga accettato in genere[38]. Thomas Eser ha sostenuto nel 1996 che le figure, pur concepite in ossequio all'auspicata modernità, furono realizzate seguendo la tradizione locale: si tratterebbe semplicemente di sculture vestite all'ultima moda rinascimentale italiana. Sarebbero inoltre state eseguite, su commissione di Adolf Daucher, da uno scultore augustano (Hans Daucher?) secondo il modello di un anonimo artista[39]. Per Andreas Tönnesmann resta da stabilire se per la costruzione della cappella sepolcrale i Fugger avessero fatto ricorso a un architetto italiano. La complicata volta a costoloni, che conferisce all'architettura dell'ambiente un accento dichiaratamente nordico, viene interpretata come una variante di quanto si stava costruendo in quel periodo a Norimberga e quindi come un preciso indizio della rivalità tra le due città[40]. Chi scrive ha proposto di identificare la forza trainante del *Gesamtkunstwerk* della cappella Fugger con Albrecht Dürer, che nella progettazione fu forse consigliato dal conterraneo che aveva costruito il Fondaco dei Tedeschi. Per l'esecuzione si dovrebbe invece considerare Hans Hieber, l'ideatore del modello della torre Perlach. Della direzione dei lavori di decorazione ritengo invece responsabile Adolf Daucher, che fu aiutato dal figlio appena ritornato dal suo viaggio in Italia[41].

Le fonti contemporanee non ci tramandano alcun nome di artista. Basti fare l'esempio di Johann von Dobrau, costruttore di organi di nomina imperiale, al quale fu concesso su sua espressa richiesta ("auf seine Bitte") di apporre nome e stemma sulle opere[42]. La partecipazione di Dürer può essere solo dedotta dai sei disegni per due degli epitaffi Fugger[43]. Sulla commissione, prima del 1506, a Peter Vischer il Vecchio di un cancello per la cappella, che non fu mai consegnato, siamo informati soltanto tramite un confronto giudiziario avvenuto a Norimberga il 2 agosto 1529[44]. Ma anche per gli scultori dell'altare Herwart, dell'epitaffio Meler, dei *Fier Gulden Stain*, o per gli architetti delle chiese dei domenicani e delle domenicane non sono attestati nomi. La domanda che si pone è se questo silenzio sia da accreditare allo stato lacunoso degli archivi o se in questo atteggiamento non si manifesti piuttosto una differenza tra Italia e Germania nel riconoscimento del ruolo dell'artista.

Certamente all'epoca potevano essere presenti ad Augusta opere d'arte italiane, in particolare veneziane, di proprietà di umanisti come Konrad Peutinger o di mercanti come i Fugger o i Welser. Tra i collezionisti e gli artisti è probabile che circolassero monete, medaglie, placchette, incisioni ornamentali di Nicoletto da Modena o di Zoan Andrea, e forse anche riproduzioni delle più sensazionali architetture veneziane o dei monumenti commemorativi. Nonostante ciò ci chiediamo invano per quali vie Daniel Hopfer, per esempio, avesse recepito i modelli delle sue incisioni che riproducono il soffitto di Santa Maria dei Miracoli o la facciata della Scuola Grande di San Marco, e per quali ragioni egli cercasse di renderli popolari ad Augusta[45].

La spiegazione più semplice di questa trasmigrazione di motivi potrebbe essere fornita dai viaggi in Italia degli artisti augustani. Per tutta la prima metà del secolo XVI non esiste a questo riguardo alcuna testimonianza d'archivio. Se gli studiosi del passato avevano eccessivamente largheggiato nell'ipo-

[29] *Die Chroniken der deutschen Städte vom 14. bis ins 16. Jahrhundert*, 5 (Burkhard Zink) 133.
[30] Jansen 1907, 181, 184.
[31] Wehner 1955, 151-155.
[32] Garas 1993, 123-129.
[33] Martin 1994, 88.
[34] Eser 1996, 192-193, cat. 23, fig. 42.
[35] Weis, Liebersdorf, 1901, 112.
[36] Vischer 1886, 543.
[37] Winkler 1948, 28, 29, figg. 10-15. Il 25 luglio 1520 Jörg Breu presentò alla corporazione un giovane apprendista pittore: Bernhard Koch da Venezia.
[38] Baxandall 1983, 143, 360-361.
[39] Eser 1996, 260, 251.
[40] Tönnesmann 1997, 75.
[41] Bushart 1994, 99-112, 319-322, 366.
[42] Bushart 1994, 237-240.
[43] Bushart 1994, 115-136.
[44] Bushart 1994, appendice IX.
[45] cfr. nota 5.

tizzare viaggi del genere – documentati con sicurezza, per esempio, per i norimberghesi Albrecht Dürer e Peter Vischer il Giovane – tra gli storici dell'arte odierni sembra invece dominare la tendenza contraria. Senza inoltrarci nella discussione, è difficile scartare l'eventualità di un viaggio in Italia, anche se non documentato, per artisti come Burgkmair, Jörg Breu, Hans Daucher e Hans Hieber. È provato invece che verso la fine del secolo Joseph Heintz il Vecchio si recò a Venezia almeno due volte e che Elias Holl[46], giuntovi nel tardo autunno del 1600 al seguito del mercante Anton Garb, vi soggiornò per circa due mesi, avendo così modo di vedere "... tutto e cose meravigliose che in futuro mi avrebbero giovato per la mia costruzione" (*alles wohl angesehen und wunderlich Sachen, die mir zu meinem Bauwerk ferner wohl erspriesslich waren*)[47]. Elias Holl ci fa sapere che già all'età di dodici anni gli era stata fatta l'offerta di un viaggio in Italia e che il Consiglio di Augusta l'avrebbe mandato a Venezia a spese della città se solo ne avesse presentato richiesta[48]. Anche i membri del Consiglio, come l'erudito soprintendente edilizio della città, Marx Welser, che conoscevano Venezia alla perfezione, erano affascinati dall'arte della Serenissima. Basarsi unicamente sulle scarse testimonianze relative ai viaggi degli artisti sembra quindi un modo troppo frettoloso di spiegare per quali vie potessero giungere ad Augusta echi dell'arte veneziana. Se alla fine ci si vuole interrogare sul perché proprio Augusta, più di ogni altra città tedesca, compresa Norimberga, avesse scelto di ispirarsi a Venezia, non sarà facile dare una risposta soddisfacente. Verso la fine del Medioevo la maestosa città imperiale sul fiume Lech doveva dare di sé un'impressione confusa, da lungo tempo non più in grado di corrispondere alla sua importanza politica, economica e artistica. La città lagunare con la quale aveva contatti d'affari si trovava in una fase di rinnovamento e di fioritura che non poteva non apparire all'ambiziosa Augusta un

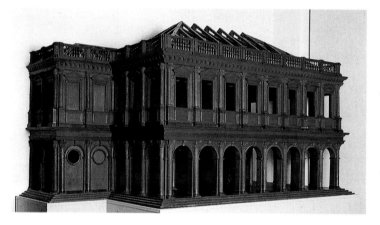

Joseph Heintz il Vecchio
Modello di una loggia
Augusta, Städtische Kunstsammlungen

Jacopo Sansovino
Libreria e loggetta
Venezia

esempio da seguire. Quando Günther Zainer stampò con bei caratteri tipografici antichizzanti il suo "calendario dei salassi" per il 1472-1473, vi scrisse in calce con fierezza: "*ne italo cedere videamur*"[49]. Poiché il 30 ottobre 1500 Anton Kolb aveva richiesto il privilegio di stampare la pianta di Jacopo de' Barbari "principalmente ad fama di questa excelsa cita de venetia"[50], gli editori Sigismund e Marcus Grimm dedicarono nel 1521 la loro veduta prospettica "*omnibus bonis qui aliquo Augustae urbis desiderio tenentur aut fama eius inclita ducunt*"[51]. La cappella Fugger, "ideata in maniera nuova, seguendo l'attuale moda italiana" (auf welsche Art der Zeit gar neu erfunden), venne criticata nel 1521 da Ulrich von Hutten perché costruita "Regum in morem"[52]. Il fondatore stesso l'aveva destinata a cappella sepolcrale per sé e per i propri eredi "*sui sanguinis et nominis et armorum masculini sexus*", adeguandosi così alla prassi, a lui ben nota, seguita dai nobili veneziani per le cappelle commemorative e i monumenti funerari[53]. Andreas Tönnesmann sostiene che committenti di questa portata dovevano essere ben consapevoli delle radici patrizio-borghesi dell'arte rinascimentale. Con le loro forme adottavano in fondo anche le componenti sociali e ideologiche che avevano accompagnato il successo di quello stile in Italia.[54] Questa affermazione vale tanto per le abitazioni dei Fugger, eseguite sul tipo dei palazzi, quanto per la loro cappella nella chiesa di Sant'Anna. Anche la moderna architettura delle chiese degli ordini domenicani va vista in relazione con il crescente bisogno di cappelle sepolcrali patrizie davvero rappresentative o con la struttura esclusivamente patrizia del convento di suore.
Anche se non espressi esplicitamente, sembra possibile definire i motivi e i retroscena dell'orientamento verso moduli veneziani, durato più generazioni, da parte dei costruttori augustani. La torre Perlach, secondo il modello di Hieber, avrebbe messo in evidenza la nuova posizione di potere del Consiglio all'interno di una città dominata da chiese e conventi. Con l'erezione dell'edificio a loggia, già progettato da Joseph Heintz, e con la ristrutturazione del complesso municipale da parte di Elias Holl, sia i committenti sia i costruttori si rifacevano consapevolmente, in ultima analisi, alla città-stato sull'Adriatico. La decisione di attenersi alla pianta e al timpano centrale del palazzo veneziano (invece che alla tipologia di quelli romani, come si è già visto), il riferimento del soffitto della sala d'Oro a

[46] Zimmer 1988, 28, 58.
[47] Meyer 1873, 22.
[48] Meyer 1873, 10, 24.
[49] Wehner 1955, 148-149.
[50] Martin 1994, 86.
[51] cfr. nota 12.
[52] Bushart 1994, 37.
[53] Bushart 1994, appendice I, 413.
[54] Tönnesmann 1997, 75.

Elias Holl
Palazzo pubblico e torre Perlach
Augusta

quello della sala delle Quattro Porte di Palazzo Ducale, l'adattamento della Loggia e della torre Perlach all'aspetto urbanistico del centro di Venezia, fanno tutti presumere un obiettivo determinato dalla struttura allo stesso tempo borghese e aristocratica del governo cittadino e vanno intesi come espressione deliberata del concetto di sovranità. Ma questi rapporti non sfociarono affatto nell'imitazione pedissequa degli esempi veneziani, così come la città imperiale non assunse artisti veneziani al proprio servizio. I prototipi prescelti vennero trasformati – talora anche in modo radicale – sotto l'influsso della tradizione augustana e quindi adattati alle esigenze locali. Il risultato così ottenuto potrebbe essere inteso come una libera scelta dettata da un senso di affinità, piuttosto che come la conseguenza di un ardente desiderio di rinnovamento esteriore.

AUTORI DELLE SCHEDE

BA      Bernard Aikema
BLB     Beverly Louise Brown
EMDP    Enrico Maria Dal Pozzolo
IL      Isolde Lübbeke
AJM     Andrew John Martin
SCM     Susanne Christine Martin
SM      Stefania Mason
BWM     Bert W. Meijer
MS      Manfred Sellink
GJVDS   Gert Jan van der Sman

Eventuali discordanze nelle didascalie rispetto alle indicazioni del prestatore sono dovute a valutazioni degli autori delle schede critiche.

Opere in mostra

Antonio Vivarini (1418/20 circa–1476/84)
e Giovanni d'Alemagna (notizie dal 1441-1450)
*La Madonna in trono col Bambino e angeli fra i dottori della Chiesa*
*Girolamo, Gregorio, Ambrogio e Agostino,* 1446

Tecnica mista e pastiglia su tela
344x203 (centrale) cm
344x137 (laterali) cm
scritta sul gradino del trono:
M.4.46.JOHANNES.ALAMUS/ANTINIUS.
DA.MURANIO.
Venezia, Gallerie dell'Accademia
cat. n. 625

PROVENIENZA: Venezia, Sala dell'Albergo della Scuola di Santa Maria della Carità.
BIBLIOGRAFIA: Moschini Marconi 1955, 37-38, Pallucchini 1962, 20-21, 104; Robertson 1968, 6; Delaney 1978, 87-88; Nepi Scirè-Valcanover 1985, 183; Nepi Scirè 1991, 54-55.

Il trittico raffigura al centro la Madonna in trono sotto un baldacchino sorretto da quattro angeli, negli scomparti laterali a sinistra i Santi Girolamo e Gregorio, a destra Ambrogio e Agostino. Sul gradino del trono si legge la scritta M.4.46.JOHANES.ALAMANUS/ANTONIUS.DA.MURIANO. Il libro tenuto in mano da San Girolamo, un'esaltazione della vita monastica, è il *De contemptu mundi*, sulla cui pagina si legge: Generalis… disputatio est qui michi irasti n (oppure v)oluerit. Ipse de se que talis sic confiter…[Incipit Hieronimus ad Eliodorum monachum de contemptu mundi] Quanto studio et amore co(n)tenderim ut pariter i(n) heremo moraremur consciu(m) tue mutue caritatis pec(tus) agnoscit quibus lamentis quo gemito quo dolore te ab(s)entem prosecutus sum. Iste q(uae) que litere testis sunt quas lacrimis cernis inter…". Nella costa del volume tenuto da Sant'Agostino è scritto "LIBER TRINITATIS" mentre sui tre sigilli con le frange "VIRE TRES SUNT UNU", allusivo al mistero della Trinità. Nei trafori del sedile presso San Gregorio si legge: CARI/TAS, così presso Sant'Ambrogio CA/RI, con evidente riferimento alla Scuola della Carità, committente del dipinto, il cui simbolo, una croce iscritta in due cerchi, è ripetuto quasi come un ossessivo motivo decorativo nel contesto. Fu eseguito infatti per la Sala dell'Albergo della Scuola di Santa Maria della Carità, oggi Sala XXIV delle Gallerie dell'Accademia, dove ancora si trova. Tuttavia originariamente era posto sulla parete di fronte a quella in cui è collocata la *Presentazione al Tempio* di Tiziano, inserito in una cornice lignea intagliata, andata distrutta insieme all'altare, quando nel 1811 fu aperto il collegamento fra i vari edifici del complesso della Carità con la breve scalinata su progetto dell'architetto Giannantonio Selva. È il più antico dipinto veneziano documentato su tela, di lino, tessuta con un'armatura quadrata, la cui preparazione è costituita dal tradizionale impasto di gesso e colla animale e finita con un leggero film di sola colla animale. Si ha notizia di un antico intervento di restauro del 1832 a cura del pittore Lattanzio Querena, mentre un radicale lavoro di foderatura, pulitura e protezione finale con vernici pigmentate per mimetizzare i danni veniva eseguito nel 1950 da Mauro Pellicioli. In occasione dell'ultimo intervento, eseguito tra il 1998 e il 1999 (da Rosa Bagarotto, Chiara Maida, Alfeo Michieletto e Gloria Tranquilli) non è stata rimossa la vecchia fodera, limitandosi a pulire la superficie pittorica. Le analisi riflettografiche propedeutiche (a cura di Paolo Spezzani) hanno evidenziato il disegno preparatorio, mentre la rimozione delle vernici alterate ha messo in luce la straordinaria raffinatezza della materia pittorica. La tavolozza è estremamente ricca e ricercata, come hanno dimostrato le analisi stratigrafiche (eseguite da Stefano Volpin). Sono presenti almeno tre tipi di rosso: cinabro, lacche rosse e minio. I blu originali comprendono sia lapislazzuli che il raro indaco. Non vi è malachite, ma spessi strati di verderame ben conservato nei verdi. I leganti usati sono uovo e olio di lino, realizzando quindi nella tecnica mista un precoce uso del medium oleoso. Interessantissimo inoltre il metodo di lavorazione dei tessuti di broccato: si tratta infatti di una tecnica assai complessa identificata con lievi varianti, in diverse opere del Nord Europa tra il 1402 e il 1530 circa e nota come *Press Brokat* o broccato impresso. La lavorazione in rilievo è ottenuta plasmando una lamina di stagno su una base di biacca e minio. Tale lamina, modellata in modo da imitare il tessuto, è stata ricoperta in molte zone da un sottile strato giallo chiaro che fa da base per la successiva doratura a foglia. L'effetto è molto decorativo, ma estremamente fragile e ciò spiega le cadute di colore e le travisanti ridipinture rimosse in questa occasione.

Il dipinto è emblematico dei complessi rapporti tra Venezia e il Nord: infatti fu eseguito, in collaborazione, da Antonio Vivarini, protagonista insieme a Iacopo Bellini del primo Rinascimento veneziano, e il cognato Giovanni d'Alemagna. Di quest'ultimo sappiamo ben poco. Nei documenti appare col nome di "Giovanni Teutonico", "M°. Zuanne Todesco" e "Zoanne Alamanus"; nelle opere prima del 1445 si firma "Joannes" o "Zuane de Muran", quindi Johannes de Alemania".
Come osserva Rodolfo Pallucchini (1962), una certa rinomanza dovette averla se, nel 1443, il nome di Giovanni precede quello di Antonio nelle tre ancone di San Tarasio a San Zaccaria, inoltre nel contratto tra Giambono e Giovanni Dotto del 1447 per la copia dell'*Incoronazione* di San Pantalon, si parla solo di "ser Johanis Theotonicj pictoris", senza menzionare Antonio, benché l'opera sia firmata da entrambi. Così nel contratto per gli affreschi della Cappella Ovetari nella chiesa degli Eremitani a Padova, Giovanni firma per primo "forse perché era il più anziano, e si occupava in particolare dell'amministrazione dell'azienda" (Pallucchini 1962).
Alla luce delle recenti analisi riflettografiche il trittico della Carità rivela, come si è accennato, un bellissimo disegno preparatorio unitario, che spetta senz'altro ad Antonio. Non solo infatti gli appartengono la Madonna col Bambino e gli angeli, così simili alla tenera grazia di Masolino, ma anche i quattro Dottori della Chiesa sono vicinissimi a opere firmate da lui, come i Santi del polittico di Baltimora, o quelli del polittico di Parenzo, o ancora i Santi Pietro e Paolo della chiesa di Sant'Angelo a Brescia, o quelli del polittico di Praglia, oggi nella Pinacoteca di Brera a Milano. Io credo che spettino a Giovanni di Alemagna il precoce uso della tecnica a olio, la cornice perduta, i fondali architettonici, l'apparato decorativo, gli ornati in pastiglia, il broccato dei piviali di San Gregono e Sant'Agostino. Non quello della veste della Madonna, che, pur arricchito da uno strato rosso di lacche e cinabro, è poco nitido, probabilmente perché eseguito, come il resto della figura, da Antonio, meno padrone della tecnica di origine nordica. L'iconografia del telero è estremamente complessa: i sacri personaggi sono raffigurati entro un *hortus conclusus* aperto verso l'osservatore, che simboleggia la verginità di Maria. Infatti come recita il *Cantico dei Cantici* "Un chiuso giardino tu sei, sorella mia sposa; un chiuso giardino, una fonte sigillata". Al di là, separato dal muro, si apre un frutteto; il prato è coperto da minuscoli fiori e frutti di bosco, motivi di fiori e frutta ricorrono ancora sul trono e sui dossali monocromi dietro i quattro dottori. Il tempo di questo *locus amoenus* è quello di una tarda primavera.
Il Bambino, ritto sul grembo della madre e parzialmente coperto dal suo velo, tiene in mano una melagrana, simbolo di sangue e ossa e quindi della futura passione, ma anche di carità come è giusto per un'opera finalizzata alla Scuola dedicata appunto a Santa Maria della Carità. A sinistra San Girolamo sorregge un modellino, simbolo della chiesa universale e San Gregorio Magno è rappresentato con la leggendaria colomba; a destra Sant'Ambrogio, punitore degli eretici con lo staffile e Sant'Agostino con il pastorale di vescovo. Il motivo del baldacchino sorretto da angeli è sicuramente di origine toscana e lo si ritrovava ad esempio in un dipinto di seguace del Beato Angelico della National Gallery di Londra (Delaney 1978, fig. 11).
Le nuove intuizioni prospettiche che si realizzano nell'ancona potrebbero riflettere la conoscenza dei primi studi grafici di Donatello per l'altare della Basilica del Santo a Padova, ma non si può escludere a priori neppure una vicenda di influenze reciproche. Infatti le idee espresse nel trittico della Carità si trovano già in nuce in quello su tavola un tempo nella chiesa di San Moisé e oggi diviso fra la chiesa di San Tomaso Catauriense, a Padova (la Madonna), e la National Gallery di Londra (i Santi laterali), così ricordato dal Boschini (1664): "... nel mezzo la beata Vergine sedente col Bambino; alla destra i Santi Girolamo e Pietro; alla sinistra San Francesco e San Marco; opera di Antonio da Murano". Giustamente secondo il Pudelko (1937) esso sarebbe di poco anteriore al paliotto della Carità di cui anticipa il ricchissimo trono intagliato con sontuosità ancora gotica sopra il prato fiorito contro una spalliera di rose, cioè il fondale ad *hortus conclusus*. È evidente che queste suggestioni possono aver agito su Donatello stesso, certo la pala di San Zeno a Verona di Andrea Mantegna è egualmente debitrice dell'altare dello scultore fiorentino e del nostro trittico. Di esso, parecchi anni dopo, si ricorderà Antonio da Negroponte nella sua *Madonna col Bambino in trono* della chiesa di San Francesco della Vigna a Venezia.

GIOVANNA NEPI SCIRÈ

Antonio Vivarini
e Giovanni d'Alemagna
*La Madonna in trono col Bambino
e angeli fra i dottori della Chiesa
Girolamo, Gregorio, Ambrogio e Agostino*
particolare
Venezia, Gallerie dell'Accademia

*Bernard Aikema*
*Beverly Louise Brown**

# Pittura veneziana del XV secolo e *ars nova* dei Paesi Bassi

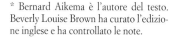
da sinistra

Jean Fouquet, *Pentecoste*
Chantilly, Musée Condé

Jacopo Bellini
*La morte della Vergine*
Parigi, Musée du Louvre

* Bernard Aikema è l'autore del testo.
Beverly Louise Brown ha curato l'edizione inglese e ha controllato le note.

[1] L'espressione *ars nova* venne coniata per indicare i compositori Guillaume Dufay e Gilles Binchois, che rivoluzionarono la musica alla corte borgognona di Filippo il Buono. Gli storici dell'arte, in seguito, si appropriarono del termine per applicarlo alle opere di Jan van Eyck e della sua scuola. Cfr. Panofsky 1971, 150.
[2] Tra gli studi più recenti, i due più importanti lavori sugli album di Jacopo Bellini sono Eisler 1989 e Degenhart & Schmitt 1990. Secondo gli ultimi due studiosi, i disegni del Louvre furono eseguiti tra il 1430 e il 1450 circa, mentre quelli del British Museum vanno situati tra la metà del sesto decennio e quella del decennio successivo.
[3] Meyer zur Capellen 1993.
[4] Come hanno sostenuto Pächt 1940-1941 e, più di recente, Schaefer 1994.
[5] Cfr. Rasmo 1969, 18-22; Bonsanti 1970, 276, Evans 1990, e, in particolare, il saggio di A. Rosenhauer intitolato "Zur Frage der Europäischen Bedeutung Michael Pachers", in Brixen 1998, 37-47. Va osservato che i vari dipinti stilisticamente affini a quelli di Pacher, che vengono raggruppati sotto il nome del Maestro di Uttenheim, paiono essere di mani diverse. Alcune di queste opere tradiscono forti connotazioni padovane (Mantegna, Bono da Ferrara, Ansuino da Forlì), il che potrebbe avvalorare l'ipotesi che Pacher non sia stato l'unico artista tirolese a trarre profitto da un viaggio nel Veneto in quel particolare periodo, cfr. Brixen 1998, 127-172.

È opinione generale che il primo pittore del Rinascimento veneziano sia stato Giovanni Bellini e che la strada che doveva condurlo a risultati così sorprendenti gli fosse stata aperta dal padre Jacopo e dal cognato Andrea Mantegna. Ed è altrettanto diffuso il concetto che l'arte veneziana deve molto a quella fiorentina. Con il loro esempio, Donatello, Filippo Lippi, Andrea del Castagno e altri artisti ancora insegnarono ai veneziani come riprodurre razionalmente, su un piano bidimensionale, una costruzione spaziale, ma anche a trasformare i modelli classici in nuove composizioni di tipo monumentale. Tutto questo è indiscutibile, ma spiega solo una parte della verità e lo fa con un frasario improprio. È invalsa l'abitudine di giudicare la pittura veneziana secondo i parametri fissati, nel XVI secolo, dallo scrittore toscano Giorgio Vasari per l'arte della sua regione. Gli studi più recenti, invece, hanno chiarito che la rinascenza veneziana non costituì semplicemente una reazione alle novità fiorentine, bensì l'esito, estremamente originale, di una serie di mutamenti localmente in corso nell'ambiente artistico e sociale. L'arte veneziana, dunque, va esaminata, come quella fiorentina, secondo i criteri che le competono.

È ovvio altresì che il modo di dipingere di Giovanni Bellini non si può spiegare soltanto utilizzando i canoni fiorentini. Le origini del suo stile sono molto più complesse e, tra gli elementi che vi confluiscono, occupa un posto di primo piano l'arte neerlandese più o meno contemporanea. E non va dimenticato che a subire il fascino dell'*ars nova* dei Paesi Bassi (meridionali) furono non solo i veneziani, ma anche i fiorentini[1]. Entrambe le scuole furono attratte dalle opere di Jan van Eyck e dei suoi seguaci, ma ognuna reagì a modo proprio.

La fama di Jacopo Bellini si fonda principalmente sui suoi due straordinari album di disegni, conservati rispettivamente al British Museum di Londra e al Musée du Louvre di Parigi. La collocazione cronologica e la funzione di quelle due raccolte sono ancora oggetto di discussione, ma non vi è dubbio che quei disegni sono le prime opere veneziane a denunciare un tentativo sistematico di adottare un sistema di prospettiva lineare, non senza attribuire un ruolo di spicco ai prototipi classici[2]. Benché lo stile di Jacopo fosse derivato dai contatti dell'artista con l'arte centro-italiana, nel contesto del nostro tema va anche detto che alcuni dei suoi meccanismi compositivi potrebbero essere un riflesso delle miniature nordiche disponibili a Venezia a quel tempo[3]. Evidentemente quei disegni ebbero un forte influsso sul genero dell'artista, il padovano Andrea Mantegna, il cui rigoroso classicismo trovò matura espressione per la prima volta nei magnifici affreschi, ora in gran parte distrutti, della cappella Ovetari nella chiesa degli Eremitani a Padova.

Intorno al 1450, a Venezia e nel Veneto, imperava il raffinato stile tardo-gotico di Pisanello, Michele Giambono e Antonio Vivarini. Per gli artisti nordici che visitarono la regione in quel periodo, i dipinti e i disegni di ispirazione classica di Jacopo Bellini e di Andrea Mantegna dovettero costituire un'autentica rivelazione. La scoperta di queste opere si riflette soprattutto nella produzione del pittore francese Jean Fouquet e in quella del pittore-scultore tirolese Michael Pacher. Sebbene Fouquet si fosse formato nello stile fiammingo, le sue miniature del *Libro d'Ore di Etienne Chevalier* denotano la profonda impressione che doveva avergli fatto l'arte italiana, in occasione del suo viaggio nella penisola del 1440-1445 circa. La prospettiva a imbuto, le infinite figurine allungate, la raffigurazione di sculture classiche e di elementi architettonici, che caratterizzano una parte delle miniature di Fouquet, tradiscono inequivocabilmente una conoscenza di prima mano dei disegni di Jacopo Bellini, che potrebbero benissimo aver costituito, per l'artista francese, il più importante contatto con l'arte italiana[4].

L'influsso di Jacopo Bellini e di Mantegna – e, con tutta probabilità, anche dell'altare di Donatello al Santo di Padova – si avverte ancora più chiaramente nella produzione pittorica di Michael Pacher, che aveva soggiornato a Padova, forse intorno al 1460[5]. L'artista era originario di Brunico, nel Tirolo meridionale: una regione confinante con il territorio veneziano, permeata di influssi italiani almeno fin dal XIV secolo. Pacher è famoso soprattutto per i suoi *Schnitzaltäre*: grandi altari scolpiti e dipinti. Stranamente, le sue sculture lignee restano saldamente ancorate al linguaggio figurativo dell'arte tirolese tardo-gotica, mentre i dipinti attingono già largamente alle drammatiche proiezioni prospettiche tipiche dell'arte padovana e veneziana del primo Rinascimento. Pacher, tuttavia, non si limitò semplicemente a copiare quei prototipi. A differenza di Mantegna e di Jacopo Bellini, con le loro figure di proporzioni piuttosto ridotte e libere di muoversi fino in profondità nello spazio prospettico, Pacher collocava sempre in primo piano i suoi giganteschi personaggi, senza curarsi del loro rapporto con lo sfondo ar-

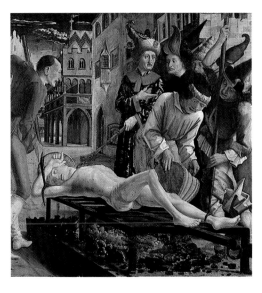 

da sinistra

Michael Pacher
*Martirio di San Lorenzo*
Monaco, Alte Pinakothek

Andrea Mantegna
*Martirio di San Cristoforo*
già Padova, Chiesa degli Eremitani

[6] Secondo Vasari 1568, I, 184; II, 565-566, l'inventore della pittura a olio sarebbe stato proprio Jan van Eyck. Questa notizia infondata ha dato origine a molti fraintendimenti sulla vera natura delle scoperte di van Eyck. Nel suo approfondito studio del problema, Brinkman 1993 sostiene che sarebbe più giusto affermare che van Eyck non inventò la pittura a olio, bensì piuttosto l'arte di dipingere a olio, sfruttando le potenzialità del *medium* in modo completamente nuovo. Si veda, in questo catalogo, il saggio di Jill Dunkerton.

[7] A questo proposito si veda Baxandall 1971, *passim* e, più in particolare, 97-120, con una trascrizione completa delle descrizioni dei pittori fatte da Fazio. Su Ciriaco d'Ancona e la sua descrizione di un quadro di Rogier van der Weyden cfr. Torresan 1981, 23-24.

[8] A questo proposito cfr. Castelfranchi Vegas 1984.

[9] Campbell 1981. Per quanto riguarda Padova, cfr. Ames-Lewis 1993. Si veda anche, in questo volume, il saggio di Bernard Aikema.

[10] Fogolari 1924, 103. Si è anche detto che Piero de Fiandra sarebbe da identificare con Petrus Christus. Cfr. Campbell 1981, 468; Lucco 1997, 203, n. 3.

[11] Verso il 1810 cinque delle sei tele che componevano il polittico si trovavano nella collezione Foscari a Venezia. Un Cristo a mezza figura di Giovanni Bellini (Kimbell Art Museum, Fort Worth) potrebbe forse riecheggiare quello della *Resurrezione* di Bouts (Norton Simon Museum, Pasadena): cfr. Lucco 1997. L'impianto compositivo dell'*Annunciazione* (J. Paul Getty Museum, Los Angeles) potrebbe avere ispirato quello del dipinto di Savoldo del medesimo soggetto (Museo Civico, Pordenone), cfr. Humfrey 1993, 330, cat. 95.

chitettonico delle composizioni. Nei paesi di lingua tedesca le opere di Pacher furono le prime a denunciare una chiara influenza mantegnesca: un fenomeno che avrebbe coinvolto in seguito anche la produzione di artisti come Dürer e Altdorfer.

Durante gli anni in cui Pacher, a Padova, stava studiando le opere di Mantegna e dei suoi contemporanei, all'orizzonte artistico della vicina Venezia sorgeva un nuovo astro: il figlio di Jacopo, Giovanni Bellini. È nella produzione di quest'ultimo che avvertiamo, per la prima volta nel Veneto, chiari segni di un interesse sistematico per le innovazioni tecniche e stilistiche della pittura neerlandese del XV secolo, la cosiddetta *ars nova* di Jan van Eyck e dei suoi seguaci di Bruges e di Gent. Agli occhi dei suoi contemporanei, il modo di dipingere di van Eyck costituiva una novità altrettanto grande di quello di Masaccio e dei suoi colleghi del primo Rinascimento fiorentino. Eppure le due maniere sono agli antipodi. L'arte fiorentina è analitica. Servendosi della prospettiva lineare, essa cerca di trasmettere un'immagine logica e "misurabile" del mondo esterno, come se questo venisse proiettato sul vetro di una finestra. La luce definisce la forma plastica degli oggetti e delle figure, mentre le ombre riflesse ne fissano le reciproche posizioni.

I maestri neerlandesi, invece, si sforzavano principalmente di rappresentare il più realisticamente possibile, sulla superficie bidimensionale, gli infiniti particolari del mondo visibile. Non usavano la luce al fine di accentuare i valori spaziali, come facevano gli italiani, ma ne registravano, in un modo che ha del miracoloso, i riflessi su ogni singolo oggetto, dal più grande al più minuto. Sfruttando una tecnica estremamente raffinata, che si avvaleva di velature successive di pigmenti di colore, diluiti in un medium traslucido a base di olio, Jan van Eyck riusciva a ottenere risultati davvero prodigiosi[6]. Questi straordinari effetti visivi furono debitamente lodati dai suoi primi critici, che, stranamente, non erano affatto nordici, bensì italiani. Ma gli umanisti, come Bartolomeo Fazio e Ciriaco d'Ancona, esprimevano il loro entusiasmo per le opere di van Eyck e di Rogier van der Weyden facendo spesso ricorso a una quantità sovrabbondante di particolari descrittivi, secondo una figura retorica (ipotiposi) che quei letterati utilizzavano anche per esaltare i pregi delle opere d'arte italiane. Così non è forse il caso di annettere eccessiva importanza, sotto il profilo critico, a una descrizione (*èkphrasis*) come quella, per esempio, che ci viene fornita da Fazio degli artifici pittorici di un dipinto (perduto) di van Eyck, che raffigurava alcune donne al bagno[7]. Nondimeno, il fatto che gli scrittori italiani della seconda metà del XV secolo e di tutto il XVI abbiano continuato a sottolineare con tanta insistenza le qualità tecniche e il minuzioso realismo della pittura neerlandese più antica ci autorizza a concludere che queste caratteristiche dovevano avere riscosso grande ammirazione, sul versante meridionale delle Alpi, anche agli inizi del Quattrocento.

L'interesse critico degli italiani per l'arte fiamminga presuppone logicamente che quelle opere fossero largamente accessibili anche a loro. Almeno a partire dal quinto decennio del Quattrocento, ma forse già da prima, risulta che esistevano dipinti neerlandesi in alcune raccolte napoletane e fiorentine. Non molto tempo dopo, le fonti d'archivio documentano la presenza di opere di van Eyck e della sua scuola anche a Milano e a Genova. Tutte queste città avevano legami commerciali con i Paesi Bassi borgognoni o con altre regioni economicamente importanti a nord delle Alpi[8]. Poiché Venezia era uno dei grandi centri commerciali d'Europa, è ovvio che i collezionisti veneziani e veneti dovevano avere cominciato molto presto ad acquistare dipinti fiamminghi.

Sfortunatamente sappiamo molto poco delle opere "ponentine" che si trovavano a Venezia e nel Veneto già nel Quattrocento[9]. Nel 1451, per esempio, la chiesa veneziana della Carità acquistò una pala d'altare di un non meglio identificato Piero de Fiandra. A quanto ci risulta, il dipinto è perduto e nulla ci aiuta a ricostruirne l'aspetto[10]. Vi è motivo di supporre che un polittico smembrato di Dieric Bouts (i cui elementi sono ora distribuiti in vari musei) fosse stato eseguito per una chiesa veneziana, ma non ne abbiamo la certezza[11]. Nella prima metà del XVI secolo il nobiluomo veneziano Marcantonio Michiel compilò gli elenchi di quanto aveva visto in varie collezioni veneziane e di altri centri italiani; il manoscritto, che riveste un'importanza eccezionale, descrive un numero cospicuo di pitture dei Paesi Bassi. Ma i dati fornitici da Michiel, per quanto interessanti, vanno usati con cautela estrema, perché ignoriamo quando le singole opere fossero entrate a far parte delle varie raccolte da lui visitate. È stato suggerito che un dittico di Hans Memling, ricordato da Michiel nella casa padovana di Pietro Bembo, potreb-

da sinistra

Andrea Mantegna
*La morte della Vergine*
Madrid, Museo del Prado

Jan van Eyck
*Madonna del cancelliere Rolin*
Parigi, Musée du Louvre

be essere identificato con due tavole di questo artista, ora divise tra la Alte Pinakothek di Monaco e la National Gallery of Art di Washington. Il dittico poteva essere stato acquistato da Bernardo Bembo nel 1471-1474, quando quest'ultimo era stato inviato come ambasciatore della Serenissima alla corte di Borgogna[12]. Il caso ha voluto che l'unico dipinto attribuito a un pittore fiammingo nel manoscritto di Michiel, che ci risulta con assoluta certezza si trovasse a Venezia fin dalla metà dell'ottavo decennio del Quattrocento, non è affatto di una mano nordica, ma addirittura di un pittore originario dell'estremo sud della penisola italiana. "El quadretto de San Jeronimo che nello studio legge in abito cardinalesco", visto da Michiel nel 1529 in casa di Antonio Pasqualino, a Venezia, e da lui attribuito erroneamente – anche se con qualche esitazione – a Hans Memling, va identificato con il *San Girolamo nello studio* di Antonello da Messina (cat. 16)[13].

Prima di parlare di Antonello e della sua importanza per la pittura veneziana, sarà bene considerare più da vicino le opere veneziane o venete dove si avverte più chiaramente, in un modo o nell'altro, il richiamo a fonti figurative di origine nordica. Le opere giovanili di Giovanni Bellini e Andrea Mantegna denotano un interesse per il paesaggio che non si giustifica del tutto, se ci si limita a chiamare in causa le tradizioni italiane del settentrione. Un esempio probante ci viene offerto dalla *Morte della Vergine* di Mantegna (Museo del Prado, Madrid), dove l'episodio principale, in primo piano, si svolge in un interno, che però si spalanca sullo sfondo su una veduta di paese. Questi scenari che si articolano sulla contrapposizione interno-esterno sembrano essere stati un'invenzione di Jan van Eyck. Scopriamo un'alternanza di questo tipo, per esempio, nella sua *Madonna del cancelliere Rolin* (Musée du Louvre, Parigi) e in una lunga serie di altri dipinti dei paesi Bassi del XV secolo, che si ispirano ai capolavori del maestro.

Di questo schema compositivo bipartito esistono numerose varianti, compresa la celebre *Crocifissione* dello stesso van Eyck, dove una scena all'aperto si divide a sua volta in due parti[14]. La versione originale è perduta, ma si pensa che ne conservi abbastanza fedelmente il riflesso una miniatura del cosiddetto *Libro d'ore di Torino-Milano*. Il Golgota è collocato su un altipiano, dietro al quale si distende una vasta veduta panoramica di Gerusalemme, con una catena di montagne grigio-azzurre all'orizzonte. Soldati a cavallo seguono il ripido pendio quasi a creare un legame visivo tra il Calvario e il paesaggio più in basso. La composizione è ripetuta, con varianti, in un dipinto su tavola della Ca' d'Oro di Venezia (cat. 10), e ne esiste un'altra versione ancora ai Musei Civici di Padova (cat. 11). Quest'ultima si trovava a Padova fin dal 1460, visto che se ne avverte l'eco in una *Crocifissione* delle Gallerie dell'Accademia di Venezia, che può essere attribuita a un seguace del pittore padovano Francesco Squarcione[15]. La scuola squarcionesca ebbe un certo influsso sulla pittura del Quattrocento ferrarese, il che potrebbe spiegare la presenza di questa tipologia nordica della Crocifissione anche nelle opere di artisti come Cosmè Tura e Vicino da Ferrara[16]. Ed è importante ricordare che Andrea Mantegna – di gran lunga il più illustre degli "squarcioneschi" – utilizzò a sua volta una versione molto più complessa di questo schema nella *Crocifissione* (Musée du Louvre, Parigi), che costituiva in origine lo scomparto centrale della predella dalla pala di San Zeno a Verona.

Nei suoi primi brani paesistici anche Giovanni Bellini sembra essersi ispirato a prototipi eyckiani. Nella sua *Trasfigurazione* (cat. 9), che risale alla fine del sesto decennio del Quattrocento, la minuziosa descrizione delle rocce e della vegetazione rivela qualche affinità con lo scenario naturalistico dell'*Orazione nell'orto*, una delle miniature di van Eyck del *Libro d'ore di Torino-Milano*. Ma non va dimenticato che Bellini e Mantegna non guardavano soltanto ai modelli nordici. Le loro rispettive interpretazioni del tema della *Preghiera nell'orto* (entrambe alla National Gallery di Londra), pressoché contemporanee, non si basano su opere di van Eyck o della sua scuola, ma prendono piuttosto lo spunto dai disegni di Jacopo Bellini[17].

Agli inizi del settimo decennio, a Venezia come a Padova, esisteva già un certo numero di dipinti neerlandesi importanti, ed è evidente che alcuni dei maggiori talenti pittorici locali ne apprezzavano molto gli schemi compositivi e il minuzioso realismo. Andrea Mantegna e Giovanni Bellini inserirono nelle loro opere qualche motivo di origine fiamminga, ma senza accostarsi a quello che più li affascinava di quell'arte, vale a dire il metodo di dipingere a olio. Fu solo verso la metà degli anni settanta che Giovanni Bellini cominciò a capire quali possibilità gli offriva quella nuova tecnica. A quel tempo era già arrivato a Venezia il pittore forestiero, al quale viene tradizional-

[12] Anonimo Morelliano 1888, 20, ma si veda Kruse 1996.
[13] Anonimo Morelliano 1988, 98-101.
[14] Cfr. Millard Meiss, "Jan van Eyck and the Italian Renaissance", in Meiss 1976, 19-35; e Millard Meiss, "'Highlands' in the Lowlands: Jan van Eyck, the Master of Flémalle and the Franco-Italian Tradition", Meiss 1976, 36-59.
[15] Moschini Marconi 1955, 150.
[16] Campbell 1997, 67, fig. 46; Longhi 1956, fig. 161.
[17] È opinione diffusa che *L'orazione nell'orto* di Giovanni Bellini si ispiri al disegno di Jacopo, del medesimo soggetto, contenuto nell'album del British Museum di Londra (fol. 43v-44r), cfr. Eisler 1989, 328-329, tavv. 192-193; Goffen 1989, 106. A noi sembra che la composizione di Giovanni abbia molti punti in comune anche con il foglio di Jacopo che raffigura *San Girolamo leggente nel deserto* (Musée du Louvre, Parigi, fol. 19v), cfr. Eisler 1989, 423, tav. 277.

Antonello da Messina
*Annunciazione*
Siracusa, Museo Nazionale
Palazzo Bellomo

Petrus Christus, *Annunciazione*
Berlino, Gemäldegalerie

mente attribuito il merito di avere introdotto nella città lagunare lo stile e le tecniche pittoriche tipiche dei Paesi Bassi. Il suo nome era Antonello da Messina[18].

L'arte di Antonello è una specie di miracolo. Era nato intorno al 1430 a Messina: una località piuttosto improbabile per un pittore di fama internazionale, poiché la Sicilia, nel XIV secolo e agli inizi del XV, era tagliata fuori dalle maggiori correnti artistiche e culturali. Ma già nelle sue prime opere Antonello si rivela un artista raffinato e consapevole non solo delle più recenti novità della pittura italiana, ma soprattutto di quanto si andava facendo al di fuori della penisola. Non si è ancora chiarito del tutto dove avesse recepito questi impulsi, e restano ancora almeno in parte da definire le vere fonti che ne avevano permeato lo stile degli esordi. E sicuramente non ci aiuta a chiarire le cose il fatto che solo due delle sue opere sono riferibili con assoluta certezza al periodo precedente al soggiorno veneziano del 1475-1476[19]. Secondo Vasari, in gioventù Antonello si sarebbe recato nelle Fiandre, dove avrebbe imparato il segreto del "colorire a olio" proprio da Jan van Eyck[20]. La notizia è certamente falsa, se non altro perché van Eyck era morto già dal 1471, quando il messinese aveva soltanto undici anni. Molto più attendibili risultano invece i ragguagli forniti dal cronista napoletano Pietro Summonte (1524), secondo il quale Antonello si era formato proprio a Napoli, nella bottega di Colantonio, un pittore di talento nelle cui rare opere si avverte una padronanza stupefacente dello stile e della tecnica pittorica dei Paesi Bassi[21]. Poiché la stragrande maggioranza dei dipinti di Antonello giunti fino a noi mostra una forte impronta fiamminga, non vi è motivo di dubitare della veridicità dell'asserzione di Summonte.

Nel periodo del presunto soggiorno di Antonello, che va situato attorno al 1450, Napoli era un centro artistico molto vitale. I due sovrani che si erano succeduti sul trono, Renato d'Angiò (1438-1442) e Alfonso d'Aragona (1442-1458), erano grandi patroni delle arti, con una particolare predilezione per la pittura fiamminga. Nel 1438, quando Renato il Buono partì per Napoli, portò con sé il pittore neerlandese Pierre du Billant e forse Barthélemy d'Eyck. Anche quest'ultimo era originario dei Paesi Bassi e aveva esordito come pittore, ma poi ci risulta che il re se ne servisse essenzialmente in qualità di cortigiano. Oggi si crede che le tante opere attribuite a Barthélemy in passato non siano affatto sue, ma di altre mani. È questo il caso, per esempio, delle miniature della serie degli "uomini famosi" della cosiddetta *Cronaca Cockerell*, che sono copiate da un manoscritto di Leonardo da Besozzo, derivato a sua volta da un perduto ciclo di affreschi eseguiti da Masolino a Roma. Quelle pagine miniate, forse, sono da attribuire a Pierre du Billant[22]. Ma, chiunque ne fosse l'autore, è fuor di dubbio che certe figure dipinte da Colantonio derivano proprio da quegli "uomini famosi".

Pierre du Billant (e forse anche Barthélemy) è un esponente di quella che si potrebbe definire l'"internazionalizzazione" della pittura neerlandese: un fenomeno verificatosi, grosso modo, nell'arco di due decenni, dal 1430 al 1450 circa. Jean Fouquet in Francia e Konrad Witz in Svizzera sono solo due dei protagonisti di questa tendenza generalizzata. Altri artisti, più o meno direttamente influenzati dall'*ars nova* di van Eyck e della sua scuola, furono attivi in vari centri prospicienti il Mediterraneo occidentale. In Provenza, la patria di Renato d'Angiò, Enguerrand Quarton produsse alcune opere notevoli, tra le quali l'*Incoronazione della Vergine* (Musée de l'Hospice, Villeneuve-les Avignon) del 1453-1454[23]. Anche certi pittori spagnoli, come Luis Damau, che aveva passato qualche tempo a Bruges, erano profondamente influenzati dall'arte dei Paesi Bassi. Dalmau lavorò per il re di Napoli, Alfonso d'Aragona, che aveva gusti artistici non dissimili da quelli del suo predecessore, Renato d'Angiò.

Benché queste diverse personalità contribuissero a determinare il clima artistico e culturale della città di Napoli, durante gli anni del tirocinio di Antonello nella bottega di Colantonio, si ha l'impressione che la loro presenza non avesse inciso più di tanto sulle prime realizzazioni del giovane esordiente. Molto più stimolanti dovevano essergli sembrate, invece, le opere dei più importanti artisti dei Paesi Bassi presenti nelle raccolte napoletane. Nel 1444 Alfonso d'Aragona aveva acquistato un piccolo *San Giorgio* su tavola di Jan van Eyck, del quale il maestro di Antonello, Colantonio, avrebbe eseguito una copia (entrambi i dipinti sono perduti). Probabilmente a quella stessa data il re era entrato in possesso anche di un trittico eseguito da van Eyck su commissione del mercante genovese Battista Lomellini. Anche quest'opera è perduta, ma ce ne resta la descrizione fattane dall'umanista Bartolomeo Fazio. Sappiamo quindi che vi era raffigurata l'Annunciazione, con ai lati San Giovanni Battista e San Girolamo

[18] La bibliografia di Antonello è molto vasta. Messina 1980 contiene molto materiale utile. Tra le monografie recenti, Sricchia Santoro 1986 è quella che presenta l'analisi più completa, in particolare del contesto culturale e artistico nel quale il pittore si era trovato a operare. Thiébaut 1993 fornisce un intelligente panorama generale; Barbera 1998 una sintesi aggiornata con ottime illustrazioni. Per un recente catalogo delle opere si veda Arbace 1993. Si vedano anche le recentissime pagine di Savettieri 1998.

[19] Sono il *Polittico di San Gregorio* (Museo Regionale, Messina) del 1473 e l'*Annunciazione* (Museo Regionale di Palazzo Bellomo, Siracusa) del 1474.

[20] Vasari 1568, II, 569.

[21] Nicolini 1925, 160.

[22] Châtelet 1998. Sulla precedente attribuzione a Barthélemy d'Eyck si veda Reynaud 1989.

[23] Sulla cosiddetta scuola di Avignone, della quale faceva parte anche Quarton, cfr. Laclotte & Thiébaut 1983. Si veda anche Sterling 1983, con eccellenti illustrazioni.

da sinistra

Antonello da Messina
*Madonna col Bambino e Santi*
*(Pala di San Cassiano)* (frammento)
Vienna, Kunsthistorisches Museum

Giovanni Bellini
*Madonna col Bambino e Santi*
*(Pala di San Giobbe)*
Venezia, Gallerie dell'Accademia

[24] Longhi 1962.
[25] Si vedano le *Annunciazioni*, rispettiva-mente, di Piero della Francesca (San Francesco, Arezzo), Paolucci 1990, 86-87; Melozzo da Forlì (Galleria degli Uffizi, Firenze), Clark 1990, tavv. IV-V; e di Francesco del Cossa (Gemäldegalerie, Dresda), Bacchi 1991, 46-47, cat. 4.
[26] Nicolini 1925, 163.
[27] Quest'ipotesi potrebbe essere avvalo-rata dal fatto che la composizione della *Morte di Santa Zita*, un bassorilievo mar-moreo scolpito da Antonello Gagini ver-so il 1503-1504 (Santa Zita, Palermo), è chiaramente derivata da quella del dipin-to di Christus ora a San Diego, cfr. Panhans-Bühler 1978, 124; New York 1994, 146-153, cat. 15.
[28] L'idea sembra risalire a Bazin 1952. Più di recente è stata sostenuta, tra gli altri, anche da Castelfranchi Vegas 1987.
[29] Martens 1995.Nel più recente esame della questione Ainsworth, in New York 1994, 60-62, nega che Christus possa es-sere venuto in Italia. Ma la studiosa lascia aperta l'eventualità che sia stato Antonel-lo a recarsi nelle Fiandre. Un'importante obiezione a quest'idea (sostenuta di re-cente anche da Paolini 1980 e, in via più ipotetica, da Wright 1980b) viene dal fat-to che lo stile allora imperante in quelle regioni era quello più emotivo di Rogier van der Weyden, del quale non vi è trac-cia alcuna nella produzione di Antonello; cfr. Lauts 1940, 9; Bruyn 1982.
[30] Bologna 1977, 94.

nello studio, e che sul lato esterno dei due scomparti laterali vi erano i ritratti di Lomellini e della moglie. Non si esclude che il *San Girolamo* di Colantonio (Museo di Capodimonte, Napoli), del 1445 circa, possa rispecchiare l'immagine del santo dipinta da van Eyck e ora perduta, e che perfino il ben più tardo – e così diverso – *San Gi-rolamo* di Antonello (cat. 16) del 1475 ne conservi qualche reminiscenza.

Si è ipotizzato che anche l'*Annunciazione*, seriamente compromessa, di Antonello (Museo Regionale di Palazzo Bellomo, Siracusa) possa tramandare il ricordo della tavola centrale del trittico Lomellini. Il dipinto di Siracusa ci interessa da vicino, in quanto la sua esecuzione è documentata al 1474, e quindi precede immediatamente la par-tenza di Antonello per Venezia. Si è cercato di dimostrare che si ispira a modelli esclusivamente italiani e, più pre-cisamente, a Piero della Francesca, ma a noi sembra che la tavola abbia un carattere fondamentalmente eyckia-no[24]. È vero che il motivo della colonna che divide lo spazio pittorico, come quello delle braccia conserte della Ver-gine, sembra desunto da fonti italiane, ma si tratta di elementi iconografici isolati in un contesto di altro genere[25]. Un peso ben maggiore va invece attribuito all'aspetto generale del meticoloso interno domestico, ai minuziosi bra-ni di paesaggio visibili dalle finestre sullo sfondo e al modo in cui lo spazio è, per così dire, costruito attorno ai due protagonisti. Tutte queste caratteristiche denotano, da parte di Antonello, una conoscenza generale dei principi basilari della pittura fiamminga, anche se l'artista, in definitiva, vi si adegua solo in parte.

Al fine di giustificare le caratteristiche neerlandesi dell'*Annunciazione* di Siracusa, la critica ha fatto ripetutamen-te il nome del pittore di Bruges Petrus Christus, il che è comprensibile per più di un motivo. Nel 1524 Summon-te citava un *Cristo in maestà* di Petrus Christus, che si trovava a Napoli e apparteneva a un membro della ben no-ta famiglia Sannazzaro[26]. Resta da stabilire se il dipinto fosse presente nella città vesuviana già alla metà del XV se-colo, ma quel che è certo è che la tavola di Antonello presenta numerose analogie con l'*Annunciazione* di Christus della Gemäldegalerie di Berlino, il che potrebbe costituire, secondo alcuni studiosi, un'ulteriore prova del debito di Antonello nei confronti del maestro di Bruges. Inoltre, la *Morte della Vergine* di quest'ultimo (Timken Art Gal-lery, San Diego) si trovava fino a poco fa in una collezione palermitana e poteva essere arrivata in Sicilia in tempi notevolmente più remoti[27]. Da qui si è arrivati a suggerire che Christus potrebbe essere venuto in Italia di perso-na, in una fase imprecisata del suo percorso artistico, trasmettendo così direttamente ad Antonello la conoscenza della propria arte[28]. E Christus, a sua volta, che sembra avere adottato in alcuni dipinti la prospettiva lineare, po-trebbe averne assimilato i principi scientifici durante quel viaggio. Oggi si tende, con qualche rara eccezione, a considerare queste ipotesi con un certo scetticismo. Nella produzione di Christus non vi è quasi nessun riflesso dell'arte italiana, e la conoscenza delle leggi prospettiche gli poteva venire dagli Adornes, una famiglia di origine italiana abitante a Bruges, suoi committenti.[29]

Il possibile influsso esercitato su Antonello dai dipinti di Petrus Christus costituisce in realtà un problema un po-co più complicato, che ruota attorno a un punto basilare: quello di stabilire quali dipinti del pittore di Bruges po-tevano essere noti in Italia in antico. Visto che esiste un'innegabile affinità tra le due *Annunciazioni* di Siracusa e di Berlino, non possiamo evitare di domandarci se queste analogie non vadano interpretate come una prova del debito di Antonello nei riguardi di Christus. Ma, forse, è più ragionevole concludere che entrambi gli artisti ave-vano attinto, indipendentemente l'uno dall'altro, alla medesima fonte, vale a dire alla pittura di Jan van Eyck. In fin dei conti sappiamo per certo che Antonello conosceva di prima mano due originali di van Eyck, mentre non possediamo prove conclusive nemmeno del fatto che l'unico dipinto di Christus documentato a Napoli in epoca rinascimentale – il *Cristo in maestà* ricordato dal Summonte – vi si trovasse già nel 1450. A quest'unica testimo-nianza si potrebbe aggiungere un dipinto, del 1480 circa, dell'anonimo maestro napoletano detto della *Pietà di Pie-digrotta*, che ha copiato la figura del Cristo da quella del *Compianto* di Christus (Musée des Beaux-Arts, Bruxel-les)[30]. E vi è un ritratto di nobildonna francese, sempre di Christus, anche nella raccolta di Lorenzo il Magnifico a Firenze. Per quanto vaghi, questi indizi non vanno accantonati del tutto, poiché anche altre opere italiane, come la *Nascita della Vergine* di Carpaccio (cat. 19), paiono serbare il ricordo delle complesse articolazioni spaziali che scopriamo nella *Sacra Famiglia in un interno domestico* di Petrus Christus (Nelson Atkins Museum, Kansas City). Quando Antonello arrivò a Venezia, presumibilmente verso la fine di novembre del 1474, era un pittore ormai ma-

da sinistra

Antonello da Messina, *San Sebastiano*
Dresda, Gemäldegalerie

Giovanni Bellini, *Pietà*
Milano, Pinacoteca di Brera

Antonella da Messina, *Pietà*
Madrid, Museo del Prado

[31] Sui committenti veneziani di Antonello si veda il ben documentato saggio di Puppi 1987.
[32] Il primo autorevole tentativo di ricostruzione dell'aspetto originale della pala di San Cassiano è quello di Wilde 1929. Si veda anche Humfrey 1993, 199.
[33] Bertelli 1991, 212-213.
[34] Per le varie proposte di datazione della pala di Pesaro, che vanno dagli inizi dell'ottavo decennio al 1480 circa, cfr. Tempestini 1992, 82-86.
[35] Sansovino & Martinioni 1663, 155-156.
[36] Come è stato osservato di recente, con argomenti molto validi, da Humfrey 1993, 198-199.
[37] Per la mezza figura come strumento pittorico per suscitare emozione nel riguardante si veda Ringbom 1984.
[38] Per un'analisi più articolata delle raffigurazioni della *Pietà* di Antonello e di Giovanni Bellini cfr. Belting 1985, 57-74.

turo, che aveva già assimilato la lezione eyckiana. Nondimeno, nella città lagunare e nella vicina Padova, venne a contatto con opere d'arte nuove e stimolanti, destinate a influire non poco sulla sua futura produzione. L'arte di Antonello, per parte sua, lasciò un'impronta durevole sulla pittura veneziana, tramite Giovanni Bellini, Alvise Vivarini e altri artisti ancora. Il suo breve soggiorno veneziano – durato meno di due anni – sembra essere stato una specie di estate di San Martino: un periodo estremamente produttivo e fertile, di cruciale importanza per i successivi sviluppi artistici nella Serenissima. La critica non ha ancora stabilito chi lo avesse indotto a partire, eventualmente offrendogli la propria protezione; il suo principale cliente, a Venezia, sembra essere stato il nobiluomo Pietro Bon, che gli commissionò la grande pala di San Cassiano, dipinta da Antonello tra l'estate del 1475 e la primavera del 1476[31]. Ne rimane solamente un frammento, con la Madonna con il Bambino in trono e la metà superiore delle due coppie di santi che la fiancheggiavano (Kunsthistorisches Museum, Vienna). Non sappiamo esattamente che aspetto avesse il dipinto, ma non vi è dubbio che si trattava di una "sacra conversazione" basata su uno schema spaziale unificato, di una grandiosità di forme e una sottigliezza di effetti tonali che non avevano l'uguale a Venezia[32]. Si stenta a credere che il pittore potesse avere messo a punto una concezione così rivoluzionaria, senza conoscere le pale d'altare di Piero della Francesca, come quella con la *Madonna col Bambino e il duca Federico da Montefeltro* (Pinacoteca di Brera, Milano)[33].
Più o meno nello stesso periodo Giovanni Bellini dipinse una maestosa sacra conversazione per la chiesa veneziana dei Santi Giovanni e Paolo. Il dipinto andò completamente distrutto in un incendio nel 1867, ma ne rimane memoria tramite un'incisione, che ci mostra una composizione con più figure di santi ai lati di una Madonna con il Bambino in trono; il tutto era ambientato in uno spazio architettonico a volta. A quanto si può giudicare da quest'unico documento visivo, il dipinto di Bellini era più affollato di figure di quello di Antonello, e il senso di illusione spaziale vi era meno accentuato. Si ha l'impressione, quindi, che la pala di San Cassiano sia lievemente più tarda dell'altra e costituisca, per così dire, un commento alla solenne invenzione del pittore veneziano. E Giovanni Bellini, a sua volta, reagì con la monumentale *Incoronazione della Vergine* di Pesaro che, a nostro avviso, è indiscutibilmente successiva alla pala di Antonello[34]. La novità della sua concezione spaziale e la finezza delle trame pittoriche sarebbero impensabili senza l'esempio del messinese. Bellini, poi, sviluppò ulteriormente la tipologia della sacra conversazione nella pala di San Giobbe (Gallerie dell'Accademia, Venezia), eseguita verso il 1478-1480. Si può capire perché lo scrittore cinquecentesco Francesco Sansovino fosse giunto (a torto) alla conclusione che questa era "la prima tavola fatta a olio, ch'egli mettesse fuori"[35]. La verità è che la presenza di Antonello da Messina aveva stimolato Giovanni Bellini a esplorare le possibilità offertegli dalle tecniche pittoriche fiamminghe, facendole così diventare uno degli strumenti fondamentali delle sue imprese artistiche.
È ovvio che anche Antonello derivò impulsi notevoli dall'arte veneziana. Basti pensare al *San Sebastiano* (Gemäldegalerie, Dresda) che faceva parte di una pala d'altare dipinta per la chiesa veneziana di San Zulian. Antonello potrebbe averlo iniziato a ridosso del 1478, che è la data del suo ritorno in Sicilia. Il punto di vista ribassato e lo scorcio drammatico della prospettiva architettonica implicano necessariamente la conoscenza degli affreschi di Mantegna agli Eremitani[36]. Ma l'intensità della luce e la sottigliezza degli effetti pittorici di questo magico dipinto sono solo di Antonello.
Il pittore siciliano estese questo suo affascinante dialogo con Giovanni Bellini anche ad altri soggetti, come quello della Pietà a mezze figure: una tipologia impostata su una visione drammaticamente ravvicinata e quindi intesa a coinvolgere emotivamente l'osservatore[37]. Ne è un esempio perfetto il dipinto estremamente suggestivo eseguito da Giovanni Bellini intorno al 1470 (Pinacoteca di Brera, Milano), dove le tre *dramatis personae* sono collocate in posizione parallela al piano pittorico[38]. La mano sinistra del Cristo morto ricade sul parapetto marmoreo, venendo così a costituire un efficace tramite tra lo spazio del dipinto e lo spettatore. La *Pietà* di Antonello (Museo del Prado, Madrid) del 1475 può essere vista invece come una critica all'opera di Bellini, poiché nel dipinto del Prado il corpo esanime del Salvatore non è più presentato frontalmente, come nel modello veneziano, bensì di tre quarti, in modo da provocare lo sconcerto dell'osservatore, che ha l'impressione di avere dinnanzi una presenza reale. Nella *Pietà* di Antonello non vi è alcuno spazio intermedio e il fedele è brutalmente investito dalla visione

da sinistra

Antonello da Messina
*Vergine Annunciata*
Monaco, Alte Pinakothek

Antonello da Messina
*Vergine Annunciata*
Palermo, Galleria regionale della Sicilia

Seguace di Jan van Eyck
*Ritratto d'uomo*
Berlino, Gemäldgalerie

[39] Battisti 1993, 67-71.
[40] Dhaenens 1980, 371, fig. 237.
[41] Tempestini 1992, 116-117, cat. 37.
[42] Fleming 1982. Si vedano anche Janson 1994 e Hirdt 1997. Queste analisi hanno molti meriti, ma si concentrano troppo sul contenuto iconografico dei singoli elementi, senza prestare sufficiente attenzione alle tipologie e alle tradizioni pittoriche, il che conduce a interpretazioni complessive del dipinto che non convincono. Cfr. Aikema 1994, 106. A questo proposito si vedano le interessanti osservazioni di Grave 1998. In generale sul significato religioso del paesaggio nella pittura veneziana del Quattrocento, si vedano anche le osservazioni di Battisti 1990.

atrocemente realistica del cadavere. Anche Giovanni Bellini collocò lungo la diagonale il corpo di Cristo in un'altra *Pietà* (Musei Vaticani), ma preferì attenuare l'impatto psicologico del dipinto del collega idealizzando il torso ignudo e aggiungendo tre figure di dolenti, in modo da evocare un episodio narrativo, invece di un'immagine iconica e atemporale di sofferenza e di morte.

Una delle maggiori preoccupazioni di Antonello, verso la fine della carriera, era appunto quella di annullare la distanza tra l'immagine e lo spettatore[39]. In precedenza Jan van Eyck si era cimentato in un tentativo del genere nella sua *Annunciazione* a chiaroscuro (Museo Thyssen-Bornemisza, Madrid), dove la Vergine viene a trovarsi faccia a faccia con chi la osserva. Questa tipologia venne in seguito sviluppata da tutta una serie di pittori fiamminghi. E anche il *Cristo morto* di Mantegna (Pinacoteca di Brera, Milano), visto di scorcio, cerca di stabilire un nuovo tipo di rapporto, più diretto, con gli astanti. Nella piccola *Vergine Annunziata* (Bayerische Staatsgemäldesammlungen, Monaco), che viene di solito datata 1474-1475, Antonello è tornato alla tipologia fiamminga dell'Annunciazione, dove la Vergine è vista di fronte. Un parapetto con due libri la separa dal nostro spazio, ma la cosa davvero straordinaria è l'assenza dell'angelo. In un primo tempo si è tentati di pensare che qui il ruolo di Gabriele sia stato affidato allo spettatore. Ma la soluzione non è questa. La forte luce che illumina la figura da sinistra segnala il momento preciso della visione angelica. Con la bocca semiaperta per il timore o la sorpresa, l'Annunziata si volge d'improvviso verso il messaggero celeste, incrociando le braccia in un gesto di modestia. In questo dipinto la Vergine ignora completamente l'osservatore, ma proprio per questo chi la guarda quasi si identifica con lei, partecipando direttamente e intimamente all'evento. In un'altra *Annunciazione* (Galleria Nazionale della Sicilia, Palermo), che viene generalmente ritenuta di qualche anno più tarda, Antonello coinvolge lo spettatore in maniera un po' diversa. Ora la Vergine siede davanti a un leggio, che è posto leggermente di traverso rispetto al piano pittorico, in modo da collegarci efficacemente con lo spazio dipinto. La sua reazione all'arrivo dell'angelo, che appare alla sua destra pur restando invisibile ai nostri occhi, è più attenuata e dignitosa che nel dipinto di Monaco. Assorta nella meditazione, sembra tradire la consapevolezza della visione solo con il movimento delle mani.

Si potrebbe anche aggiungere, per inciso, che le mani dell'Annunziata ricordano stranamente da vicino quelle di un uomo di mezza età, con un garofano, ritratto da uno stretto seguace di Jan van Eyck (Gemäldegalerie, Berlino)[40]. Questo non dovrebbe costituire una sorpresa, perché i ritratti veneziani di Antonello denotano una profonda conoscenza di quelli del maestro di Bruges. L'impronta lasciata dal messinese sulla ritrattistica veneziana è ravvisabile nella produzione di numerosi artisti locali, da Jacometto Veneziano ad Alvise Vivarini e persino a Lorenzo Lotto (cat. 4). I ritratti di Giovanni Bellini, per contro, non devono molto ad Antonello, in quanto si rifanno direttamente a prototipi fiamminghi, soprattutto di Memling (cfr. catt. 5-8).

Non è facile stabilire se e come i paesaggi di Antonello abbiano influenzato Giovanni Bellini. Con il suo pianoro roccioso e il vasto panorama sullo sfondo, la piccola *Crocifissione* del messinese (cat. 13) del 1475 si rifà allo schema bipartito già utilizzato da Jan van Eyck (cat. 10). E si è già visto che Bellini conosceva questo tipo di impianto e se ne era servito ben prima del 1475. Nondimeno, i valori tonali della *Crocifissione* di Bellini (Galleria Corsini, Firenze) del 1480 circa riecheggiano indiscutibilmente la straordinaria tavoletta di Antonello[41]. In termini più generali, comunque, esistono differenze abissali tra gli sfondi paesistici giovanili di Bellini, ancora in buona parte legati all'esempio del padre, e le sue interpretazioni del mondo della natura successive al 1475, come il superbo *San Francesco* (Frick Collection, New York) del 1475-1480 o l'altra *Crocifissione* (cat. 14) di circa vent'anni dopo. Il *San Francesco* Frick fonde insieme un'osservazione prodigiosa del microcosmo di piantine, fiori, animali e rocce, in primo piano, e una poetica visione di colline digradanti in lontananza. Non sorprende che qualche dotto studioso di iconografia abbia cercato di decifrare il significato simbolico degli infiniti particolari naturalistici del dipinto, proprio come si è fatto per gli analoghi motivi della pittura neerlandese del XV secolo[42]. Dal nostro punto di vista è altrettanto importante osservare come qui, forse per la prima volta, Bellini sembri consapevolmente emulare l'arte fiamminga. Di solito, nelle sue opere precedenti, si riescono a isolare le componenti nordiche – singoli motivi o meccanismi compositivi – rintracciandone la fonte in modo più o meno preciso. Ma questo non accade con il *San Francesco* Frick o con la *Crocifissione* (cat. 14), perché qui gli elementi neerlandesi sono ormai perfetta-

Giovanni Bellini, *San Francesco*
New York, Frick Collection

mente assimilati e i due dipinti, nell'insieme, non sono altro che il frutto squisitamente veneziano della volontà di cimentarsi con la "maniera ponentina".

E così si arriva a un punto davvero fondamentale, che è quello di capire cosa, nella pittura dei Paesi Bassi, piacesse tanto ai veneziani del XV secolo. Al di qua delle Alpi, in genere, si è risposto alla domanda in due modi. Ricollegandosi alle entusiastiche descrizioni di Bartolomeo Fazio, gli storici dell'arte hanno concluso che ciò che più seduceva gli italiani colti era la miracolosa osservazione dei particolari. Ma poi, troppo spesso, non ci sono stati spiegati i motivi di questa predilezione per le immagini veristiche. Di segno diametralmente opposto era invece il commento che Francisco de Holanda attribuisce a Michelangelo. Secondo il Buonarroti, infatti, la dovizia dei particolari dei dipinti fiamminghi sarebbe piaciuta ai vecchi e ai giovanissimi, non ai veri conoscitori: il suo unico pregio era quello di risvegliare il sentimento religioso[43].

Rimanendo nell'ambito di Venezia e del Veneto, ci sembra necessario sottolineare alcuni punti. Si ha l'impressione che in quest'area vi fosse una più spiccata predilezione per le opere di van Eyck e della sua scuola, ma anche – un poco più avanti nel secolo – per Hans Memling. Gusti del genere potrebbero spiegare almeno in parte il successo decretato nella Serenissima ad Antonello, il cui stile era profondamente imbevuto di reminiscenze eyckiane. L'arte, ben più carica di tensione emotiva, di Rogier van der Weyden era molto apprezzata a Napoli, Ferrara e Firenze ma, a quanto pare, meno gradita ai veneziani, anche se pare che certi suoi dipinti servissero da fonte di ispirazione a Giovanni Bellini (cfr. catt. 22, 23)[44]. I soggetti dei dipinti neerlandesi custoditi nelle collezioni del Veneto erano piuttosto vari, e lo stesso si può dire di quelli di Antonello. Queste opere erano in massima parte di tema sacro, ma non mancavano i ritratti e Michiel aveva visto persino qualche soggetto profano, pervenuto però in quelle raccolte in un momento che non siamo in grado di stabilire[45]. È possibile che i dipinti di tema sacro, con la loro dovizia di particolari realistici e suggestivi, favorissero la concentrazione durante le pratiche religiose legate alla corrente riformatrice della *devotio moderna*[46]. Questo movimento era nato nei Paesi Bassi e aveva avuto un certo seguito nel Veneto, in particolare grazie all'apostolato di (San) Lorenzo Giustiniani e della sua congregazione di Canonici Regolari di San Giorgio in Alga, un'isola della laguna di Venezia[47]. È stato infatti suggerito che vi possa essere un'importante connessione tra la *devotio moderna* e il naturalismo della pittura neerlandese del XV secolo. Si tratta, comunque, soltanto di un'ipotesi e sarebbe altrettanto azzardato, se non di più, desumerne che questi atteggiamenti devozionali avrebbero dato origine, nel Veneto, a una predilezione per la pittura religiosa di stile fiammingo. Questo non significa che non vi sia alcun legame tra il gusto per l'arte "ponentina" e un tipo di spiritualità che privilegia un'intensa *imitatio Christi* ed enfatizza la necessità di seguire passo a passo l'esempio della vita terrena del Salvatore. Invece di generalizzare, tuttavia, bisognerebbe analizzare tutta una serie di dipinti nordici, o anche solo di ispirazione nordica, esistenti a quei tempi nel Veneto. Sappiamo, per esempio, che il *San Francesco* di Bellini della Frick Collection era stato eseguito per il nobile veneziano Zuan Michiel, che aveva stretti rapporti con i francescani dell'isoletta lagunare di San Francesco del Deserto[48]. Questo legame spiega la scelta del soggetto del dipinto, ma resta ancora da vedere se possa giustificarne anche l'iconografia e la sottigliezza formale.

Apprendiamo dalle fonti che Zuan Michiel aveva interessi filosofici, il che significa che era versato negli studi classici. Ci risulta che i primi collezionisti di pittura neerlandese avessero abbastanza spesso anche la passione delle antichità greco-romane, in quanto nelle loro raccolte figuravano marmi, gemme e monete di scavo. L'umanista Fazio riteneva che Jan van Eyck fosse un *pictor doctus*, la cui valentia di artista derivava dall'essersi formato nello studio degli autori antichi, compreso Plinio. Agli occhi degli eruditi italiani, quindi, i dipinti neerlandesi potevano apparire come una rifioritura dell'arte classica[49]. A noi questo può sembrare un paradosso, ma per i collezionisti di cultura umanistica, come Leonico Tomeo e il cardinale Domenico Grimani, la scultura ellenistica e la pittura dei Paesi Bassi evocavano entrambe le corrispondenti forme artistiche dell'antichità.

[43] Francisco de Holanda 1984, 29.
[44] Marcantonio Michiel cita due opere di van der Weyden in collezioni veneziane: la prima - un autoritratto dell'artista datato 1462 - apparteneva a Giovanni Ram, mentre la seconda, custodita nella raccolta di Gabriele Vendramin, raffigurava una Madonna col Bambino. Si veda Anonimo Morelliano 1888, 104 e 108.
[45] Michiel aveva visto a Padova, nella raccolta di Leonico Tomeo, un "quadretto in tela" di Jan van Eyck, che raffigurava "un paese con alcuni pescatori che hanno preso una londra...". Cfr. Anonimo Morelliano 1888, 16. Potrebbe forse conservarne in qualche modo la memoria il dipinto di Carpaccio con due figure femminili e una caccia in laguna (cat. 27).
[46] A questo proposito si veda Nuttall 1992.
[47] Jedin 1958, 107-108.
[48] Fletcher 1972.
[49] Rohlmann 1994, 119-124.

1
Seguace di Jan van Eyck
*Marco Barbarigo*, ca. 1449

olio su tavola, 24,1 x 15,9 cm
scritte: sulla lettera "Spetabilj et Egregio Dno / Marcho barbaricho qda Spe / tabilis dnj franzisy pro /churatoris Sti marzj / dd"; più in basso "Londonis"; negli angoli in basso "f" [?]; "n" [?]
Londra, The National Gallery
inv. 696

PROVENIENZA: collezione sconosciuta, Venezia, 1791; collezione Manfrin, Venezia; acquistato dal museo nel 1862.
LETTERATURA: Hulin de Loo 1941; Bruyn 1957, 129-130; Duverger 1955, 104-105, fig.6; Davies 1968, 55-56, cat. 696; Dunkerton, Foister, Gordon & Penny 1991, 96-97, fig. 120.

Come primo numero del catalogo, questa tavoletta può essere considerata emblematica del tema trattato nell'esposizione. L'opera mostra infatti un patrizio veneziano ed è stata eseguita, verso la metà del Quattrocento, da un artista fiammingo. Sullo sfondo scuro si staglia il busto di un uomo ancora giovane, ripreso in tre quarti, che con la mano destra fa vedere una lettera con un testo in italiano. La scritta ci consente di identificare l'effigiato con Marco Barbarigo *quondam* Francesco (1413-1486), rampollo di una delle più importanti famiglie veneziane, che nel 1485, quasi al termine di una vita dedicata alla politica, venne eletto doge (Gaeta 1964; si veda anche Da Mosto 1960, 207-209). Il dipinto della National Gallery lo ritrae ovviamente in

un momento meno avanzato della sua esistenza. La parola *Londonis*, nella scritta, non può che riferirsi al suo soggiorno a Londra, dove intorno all'anno 1449 Barbarigo ricoprì la carica di console della Serenissima (Brown 1864, CXXX). Suo padre, Francesco Barbarigo, fu eletto procuratore di San Marco nel 1443 e morì nel 1448: poiché figura già morto nella scritta, se ne deve dedurre che il ritratto fu eseguito comunque dopo il 1448 (Davies 1968). Sicuramente Marco lo portò con sé al rientro a Venezia, ma sfortunatamente non ci è dato di sapere se lo avesse menzionato nel testamento del 3 agosto 1486, perché la copia pervenutaci del documento (ASV, Notarile Testamenti, b. 1060, notaio De Martinis) risulta illeggibile.
La tavola di Londra è un ottimo esempio di ritratto alla maniera di Jan van Eyck, evidentemente eseguito da uno stretto seguace del caposcuola. In termini formali e tipologici, l'immagine è riconducibile a esempi di Jan van Eyck come il cosidetto *Tymotheos* della National Gallery di Londra, che raffigura anch'esso un uomo a mezzo busto e di tre quarti, con lo sguardo fisso dinnanzi a sé e una lettera nella mano destra. Rispetto al possibile prototipo, il ritratto londinese rivela una fattura meno raffinata, basti osservare il disegno un po' pesante dei lineamenti e le pieghe alquanto legnose dell'abito. La caratterizzazione del volto, invece, è riuscita piuttosto bene allo sconosciuto pittore. Si potrebbe pensare che il ritratto fosse stato eseguito a Londra, ma la lettera indica soltanto che Barbarigo risiedeva nella capitale inglese. È anche possibile che il patrizio veneziano si fosse fatto immortalare a Bruges, dove la tradizione eyckiana era rimasta viva, a differenza di altre località delle Fiandre, dove lo stile di Rogier van der Weyden aveva ormai preso il sopravvento.
Il ritratto che presentiamo qui è una preziosa testimonianza dell'interesse dell'*upper class* veneziana per la ritrattistica fiamminga, con il suo minuzioso realismo e la penetrante osservazione dei caratteri individuali. Furono opere di questo tipo a ispirare ad Antonello da Messina la messa a punto di una nuova formula ritrattistica, destinata a riscuotere grandi successi nella Venezia degli ultimi decenni del Quattrocento.

BA

Jan van Eyck, *Tymotheos*
Londra, The National Gallery

185

2

Attribuito a Petrus Christus (ca. 1410-1475/76)
*Ritratto di uomo*, ca. 1465

olio su tavola, 47,6 x 32,5 cm
Los Angeles, Los Angeles County
Museum of Art, Mr. and Mrs. Allan
Collezione Balch, inv. M.44.2.3

PROVENIENZA: Sir George Lindsay
Holford, Londra e Westonbirt, Glou-
cestershire (prima del 1902-1928);
Allan C. Balch, Los Angeles (1929-
1944).
LETTERATURA: Schabacker 1974, 134-
135, cat. 3; New York 1994, 154-157,
cat. 16; Fronek 1995.

Il bel ritratto del Los Angeles Coun-
try Museum of Art, che presenta solo il volto e le spalle di un uomo ancora giovane dallo sguardo fisso, su
uno sfondo nero, ci confronta con
un problema attributivo per ora irrisolvibile. Fin dalla sua riscoperta al-
l'inizio di questo secolo, il dipinto è
stato spesso attribuito all'allievo
principale di Jan van Eyck, il pittore
di Bruges Petrus Christus. Nel 1903
James Weale ne aveva notato la grande somiglianza con un altro ritratto,
della National Gallery di Londra,
che è opera certa di Christus ed è databile verso il 1450 (Weale 1903, 51).
Weale suggeriva addirittura che il
modello fosse lo stesso, ma a nostro
avviso le analogie, tutto sommato generiche, sono soltanto di carattere tipologico e formale. Pur tenendo
conto del fatto che lo stato di conservazione del ritratto di Londra
non è buono, nell'opera di Los Angeles ci sembra di avvertire un più
marcato plasticismo e un tipo di illuminazione più sottile ed efficace.
Queste osservazioni vengono confermate dall'esame comparativo dei
rispettivi disegni preparatori evidenziati dalla riflettoscopia in infrarosso, che rivela qui – rispetto alla tavola londinese – una tecnica più pittorica, con un tratteggio più vivace e
meno meccanico (si vedano le riflettografie pubblicate in New York
1994, 55, figg. 76, 68).
Per spiegare queste differenze, la
critica ha proposto di situare il ritratto di Los Angeles in un periodo
più avanzato della carriera di Petrus
Christus, attorno al 1465. Resta però
difficile inserire l'opera nel *corpus*
pittorico di Christus come lo conosciamo al giorno di oggi. Nei ritratti
a noi noti del pittore di Bruges manca infatti il brillante modellato che
caratterizza la testa di Los Angeles,
la cui stesura appare più sciolta di
quella tipica di Christus. La tridimensionalità dell'immagine, la concentrazione sul volto e l'immediatezza con la quale il ritrattato si confronta con lo spettatore sono aspetti
che, a detta di vari esperti (cfr. New
York 1994, 63, figg. 86, 87), ricorde-
rebbero le opere di Antonello da
Messina, in particolare il ritratto di
giovane della National Gallery di
Londra. Altri studiosi, invece, hanno rammentato che fin dagli anni
venti e trenta del Quattrocento Jan
van Eyck, Rogier van der Weyden e
altri artisti fiamminghi facevano risaltare su sfondi uniformemente
scuri le teste degli effigiati, senza
mostrarne le mani e concentrandosi
esclusivamente sui lineamenti del
volto. Secondo questi critici, le analogie con le opere del messinese sarebbero piuttosto superficiali, e comunque non indicative di un rapporto vicendevole. Sostanzialmente
d'accordo con quest'ultimo filone di
pensiero, riteniamo che il ritratto di
Los Angeles sia opera di un pittore
fiammingo che si rifà ai grandi prototipi eyckiani più o meno nello stesso periodo, e nello stesso modo, in
cui anche Antonello, in Italia, prendeva spunti dalla ritrattistica neerlandesi per sviluppare la propria.
Resta comunque ancora da stabilire
se questo fiammingo possa essere
identificato con Petrus Christus.
Per quanto riguarda l'identità del ritrattato, è stata notata una certa somiglianza con l'effigie di Peter Adornes, committente di Petrus Christus a Bruges, i cui lineamenti ci sono tramandati da una stampa di epoca posteriore (New York 1994). L'i-
potesi non convince, in quanto le
analogie fisionomiche risultano soltanto generiche.

BA

3
Antonello da Messina (ca. 1430-1479)
*Ritratto d'uomo*, 1476

olio su tavola, 36 x 27,5 cm
scritta sul cartellino in basso: "1476 / Antonellus Messaneus / me pinxit"
Torino, Museo Civico d'Arte Antica, inv. 353

PROVENIENZA: Galleria Rinuccini, Firenze; collezione Trivulzio, Milano; entrato nel museo nel 1935.
LETTERATURA: Sricchia Santoro 1986, 168, cat. 38; Wright 1987, 194-195; Arbace 1993, 114-115, cat. 38; Thiébaut 1993, 106-107; Savettieri 1998, 127-128, cat. 12.

A giudicare dalle opere giunte fino a noi, Antonello da Messina fu un artista estremamente versatile, che eccelleva in vari generi di pittura, compresa la ritrattistica, che doveva essergli molto congeniale. Un'impressionante serie di ritratti testimonia delle doti fenomenali del pittore messinese in questo particolare campo, rivelandone il ruolo di assoluto protagonista e grande innovatore. Insieme con Giovanni Bellini, fu uno dei primi artisti operanti nel Veneto ad abbandonare la tradizionale posizione di profilo per passare alla tipologia – di indiscutibile origine fiamminga – di tre quarti e a mezzo busto, che gli consentiva di suggerire una maggiore intimità fra l'effigiato e il riguardante.
Il dipinto che presentiamo è uno dei capolavori assoluti della ritrattistica antonelliana. Dietro un basso parapetto, che serve al tempo stesso a separarci dal soggetto e a dare un senso di continuità spaziale, vediamo un uomo di mezza età raffigurato a mezzo busto. Con la spalla sinistra appena inclinata verso di noi, il ritrattato ci guarda con gli occhi semichiusi e un sorriso quasi impercettibile sulle labbra. Ogni particolare

Donatello, *Niccolò da Uzzano*
Firenze, Museo del Bargello

del viso è registrato e descritto minuziosamente, con un attento studio non solo della fisionomia ma anche psicologico, che ha dato inevitabilmente origine a tutta una serie di descrizioni liriche da parte dei critici moderni, da Roberto Longhi in poi (Longhi 1914). Colpisce l'effetto dell'illuminazione da sinistra, che crea una fortissima illusione di tridimensionalità, tanto da darci quasi l'impressione di trovarci dinnanzi all'immagine di una scultura, anziché all'effige di una persona vera. Non ci sarebbe da meravigliarsi se questa sensazione fosse il risultato di una precisa strategia del pittore. Non solo l'effigiato, ma l'immagine stessa emana infatti un'estrema confidenza nei propri mezzi, nella propria qualità: l'orgogliosa firma "Antonellus Messaneus me pinxit", usata anche nel *Ritratto di giovane* di Berlino (Arbace 1993, 116-117, cat. 39), ne fornisce una chiara indicazione. Forse l'artista intendeva, con questo ritratto, gareggiare con gli scultori, soprattutto quelli fiorentini, che dai primi decenni del Quattrocento avevano cominciato a produrre ritratti veristici a mezzo busto. Intorno al 1500 il paragone fra la pittura e la scultura era un *topos* molto usato sia in letteratura che nella pratica artistica e aveva coinvolto, fra gli altri, anche Leonardo da Vinci e Giorgione (cfr. Luchs 1995, 71-76). Non è impensabile che simili idee circolassero già qualche decennio prima in certe botteghe "d'avanguardia", come quella di Antonello.
Purtroppo i dati esterni che possediamo sul ritratto sono estremamente scarsi, per non dire inesistenti. È di particolare importanza la data 1476, che colloca l'opera nel periodo veneziano, o subito dopo. Da una lettera (trascritta in Consoli 1967, 112) di Pietro Bon, il committente veneziano di Antonello, al duca Galeazzo Maria Sforza si desume che quest'ultimo aveva chiamato il pittore alla corte di Milano. Qualcuno ha quindi ipotizzato che, dopo avere lasciato Venezia, l'artista si fosse recato nella capitale lombarda, dipingendovi il ritratto in discussione. Non sappiamo nulla di sicuro sulla sosta milanese di Antonello, né sulla sua eventuale durata, ma a detta di alcuni studiosi si avvertirebbe una qualche consonanza fra questo ritratto di Torino e le opere pittoriche del giovane Bramante (Sricchia Santoro 1993).
Ad ogni modo, è evidente che non solo tipologicamente, ma anche in

termini formali e psicologici il ritratto torinese dipende da prototipi fiamminghi e in particolare eyckiani. È stringente, sotto questo punto di vista, il confronto con l'*Uomo col turbante* di Jan van Eyck della National Gallery di Londra. A Napoli o a Venezia Antonello aveva sicuramente avuto modo di vedere ritratti del caposcuola fiammingo.
A Venezia i ritratti del messinese furono apprezzati e ammirati da collezionisti e artisti. Nella *Notizia d'opere del disegno* Marcantonio Michiel ricorda di aver visto di lui le effigi di Antonio Pasqualino e di Michele Vianello (Anonimo Morelliano 1888, 80). Chiare tracce del verismo a volte quasi aggressivo di Antonello si avvertono nei ritratti di Jacometto Veneziano, di Alvise Vivarini e del giovane Lorenzo Lotto (cat. 4).

BA

4
Lorenzo Lotto (ca. 1480-1556)
*Ritratto del vescovo Bernardo de' Rossi*, 1505

olio su tavola, 54,7 x 41,3 cm
Napoli, Museo di Capodimonte

PROVENIENZA: Vescovo Bernardo de' Rossi; famiglia Farnese, Parma (prima del 1680); collezione Farnese, Napoli, 1734.
LETTERATURA: Pignatti 1973, 262-263; Mariani Canova 1975, 87, cat. 8; Dal Pozzolo 1993, 37; Bergamo 1997, 73-75, cat. 2; Heimbürger 1999, 201-203.

All'inizio della sua lunga carriera, Lorenzo Lotto passò alcuni anni al servizio di Bernardo de' Rossi, vescovo di Treviso dal 1499 al 1527 e grande patrono delle lettere e delle arti. Nella cerchia umanistica dell'alto prelato Lotto produsse alcuni dei suoi massimi capolavori, fra i quali il quadretto allegorico con una fanciulla in un paesaggio (National Gallery of Art, Washington), il *San Girolamo* del Louvre di Parigi (cat. 41) e il presente ritratto. Il dipinto raffigura un uomo ancora giovane, un poco corpulento, che indossa una mozzetta rosa e un copricapo nero, e fissa sullo spettatore i suoi occhi chiari. Sull'identità del personaggio non vi possono essere dubbi. Si tratta del vescovo de' Rossi, riconoscibile dallo stemma – un leone rampante volto a sinistra – che figura, in controparte, sull'anello all'indice destro. In origine la tavola era protetta da una sopracoperta con un'*Allegoria* (National Gallery of Art, Washington), che reca la data 1505. Due inventari, rispettivamente del 25 aprile e del 4 luglio 1511, registrano la presenza, tra i beni di proprietà del vescovo, di un ritratto dell'alto prelato (Liberali 1981, 83, 90). Il dipinto fa parte di un piccolo grup-

po di ritratti giovanili, dove Lotto, pur partendo da tipologie belliniane, si dimostra suscettibile a influenze nordiche e antonelliane. L'effigie del vescovo de' Rossi è esemplata su quella del doge Loredan, di Giovanni Bellini, del 1501 (The National Gallery, Londra), il che serve a sottolineare il carattere ufficiale del ritratto. D'altro canto, la finissima resa dei lineamenti del volto, così sottilmente illuminato, fa pensare ai ritratti di Albrecht Dürer, che sono spesso, come quello in esame, a mezza figura (si veda, tra le opere di Dürer precedenti al viaggio in Italia del 1505-1507, l'*Autoritratto* del 1498, al Museo del Prado di Madrid, il ritratto di *Oswolt Krel* del 1499, o anche l'*Autoritratto* del 1500, entrambi alla Alte Pinakothek di Monaco). Altrettanto determinante, nella genesi del ritratto lottesco, si rivela l'esempio di Antonello da Messina, che aveva avuto un ruolo cruciale nella divulgazione in terra veneziana della tipologia del ritratto di tre quarti, con il modello che fissa lo sguardo sull'osservatore. I ritratti di Antonello, che si caratterizzano per la grande attenzione al tipo di illuminazione e ai particolari fisionomici, sono stati fondamentali per tutta una serie di pittori lagunari, da Jacometto ad Alvise Vivarini, a Lorenzo Lotto. Tra gli artisti veneziani, Giovanni Bellini sembra essere stato il solo a orientarsi quasi esclusivamente verso la ritrattistica dei fiamminghi (e in particolare verso le opere di Memling). Lotto era tra gli artisti che subivano il fascino del verismo di Antonello ma, a differenza di quest'ultimo, di solito non si concentrava esclusivamente sulla testa degli effigiati. Il ritratto di Bernardo de' Rossi è più grande delle tavole di Antonello, e consente quindi all'artista di includere nell'immagine tutto il busto e anche la mano destra. Un antecedente a questo tipo di concezione va forse individuato in un ritratto di ignoto, dipinto nel 1497 dal muranese Alvise Vivarini (National Gallery, Londra; Steer 1982, 141, cat. 16, fig. 36), che si rifà non solo all'esempio di Antonello, ma anche e soprattutto a prototipi neerlandesi, da Jan van Eyck (cfr. tav. del 1432 con la scritta "Leal souvenir", ora alla National Gallery di Londra; Campbell 1990, 71, fig. 78) a Memling (cfr. catt. 5 e 6). Tutta lottesca è l'introspezione psicologica che caratterizza il ritratto de' Rossi, e che il pittore andrà approfondendo, in una serie di opere, fino al sesto decennio.

Giovanni Bellini, *Ritratto del doge Loredan*, Londra, National Gallery

BA

191

5
Hans Memling (ca. 1430/40-1494)
*Ritratto d'uomo con lettera*, ca. 1480

olio su tavola di quercia, 35 x 26 cm
Firenze, Galleria degli Uffizi

PROVENIENZA: Tommaso Corsini, Firenze; acquistato dallo Stato italiano nel 1910.
LETTERATURA: Friedländer 1971, 56, cat. 86; Campbell 1990, 120-121; De Vos 1994, 194-195, cat. 44.

Questo piccolo ritratto ricorda per molti versi quello di Hans Memling delle Gallerie dell'Accademia di Venezia (cat. 6). Non vi è dubbio che si tratti di un'opera del medesimo artista, eseguita, a quanto sembra, nello stesso arco di tempo, vale a dire intorno al 1480. In quel periodo Memling dipinse un certo numero di ritratti, tutti con le stesse caratteristiche formali. Particolarmente probante risulta il confronto tra questa tavoletta degli Uffizi e l'*Uomo con moneta* del Museo di Belle Arti di Anversa (De Vos 1994, 190-191, cat. 42). Entrambi i personaggi indossano abiti neri molto simili e si stagliano su un analogo sfondo paesistico. In cielo, in ambedue le opere, si scorgono piccole nubi dai contorni irregolari. Le due figure, inoltre, sono riprese in una posizione intermedia tra la veduta frontale e quella di tre quarti e, invece di fissare lo spettatore (come si è ripetuto troppo spesso nella letteratura artistica), lo sfiorano soltanto con lo sguardo. Questo particolare atteggiamento non si riscontra in nessun altro ritratto di Memling, ed è quindi un'ulteriore conferma della quasi contemporaneità dei due dipinti.
I due giovani dei ritratti di Firenze e di Anversa hanno fisionomie più italiane che fiamminghe, tanto che la critica, inizialmente, li aveva assegnati entrambi a un artista italiano – scambiando la presunta nazionalità dei ritrattati con quella del pittore – finendo inevitabilmente per proporre, soprattutto per la tavola di Anversa, il nome di Antonello da Messina. La corretta attribuzione a Memling è stata accolta ormai da lungo tempo, ma la vecchia idea che gli effigiati possano essere italiani viene tuttora presa in seria considerazione. Si pensa, probabilmente con ragione, a due membri della fiorente comunità italiana di Bruges. L'uomo del ritratto di Anversa tiene in mano una moneta dell'imperatore Nerone, il che potrebbe essere un indizio dell'identità del personaggio. Nessun attributo, invece, può aiutarci a identificare il giovane del ritratto fiorentino: la lettera che ha in mano contiene qualche rigo di scrittura ma, a guardare da vicino, i caratteri risultano illeggibili, perché intesi soltanto a simulare la presenza di un testo.
Insieme con la tavoletta delle Gallerie dell'Accademia di Venezia, questo dipinto è importante sotto il profilo dello sviluppo della ritrattistica italiana, da Perugino (Campbell 1990) a Giovanni Bellini. In alcuni ritratti del maestro veneziano, come, ad esempio, quelli del Barber Institute of Fine Arts di Birmingham e dei Musei Capitolini di Roma (Tempestini 1992, 100-101, cat. 31, 202-203, cat. 71), ritroviamo infatti non solo il motivo della mano sul parapetto, ma anche lo stesso sguardo perduto nel vuoto, che sfiora appena l'osservatore.

BA

Hans Memling
*Ritratto d'uomo con moneta*
Anversa, Musée Royal des Beaux-Arts

6
Hans Memling (ca. 1430/40-1494)
*Ritratto di giovane uomo*, ca. 1480

olio su tavola di quercia, 26 x 20 cm
Venezia, Gallerie dell'Accademia,
cat. 586

PROVENIENZA: Manfrin, Venezia; acquistato per la Galleria di Vienna, 1856, poi destinato a Venezia.
LETTERATURA: Moschini Marconi 1955, 183-184, cat. 206; Friedländer 1971, 55, cat. 77; De Vos 1994, 202-203, cat. 49; Bruges 1994, 96-97, cat. 20.

Questo piccolo ritratto, eseguito con grande finezza, viene unanimemente attribuito, nella letteratura artistica, a Hans Memling. L'ignoto giovane è visto di tre quarti, con il volto investito da una fonte di luce che proviene leggermente da sinistra. Il suo sguardo trasognato, che sembra ignorare del tutto lo spettatore, è piuttosto insolito. Il prato sullo sfondo e gli alberi piantati a macchie regolari fanno pensare a un parco.
Tutti questi elementi sono abbastanza tipici della ritrattistica di Memling e, di conseguenza, hanno un valore limitato ai fini della datazione del dipinto. Negli ultimi tempi gli studiosi sembrano essersi accordati su una collocazione cronologica intorno al 1480; esistono qui, infatti, palesi convergenze formali e tipologiche con altri ritratti di Memling comunemente datati attorno a quell'anno o poco dopo, come, ad esempio, il *Ritratto di giovane con moneta* di Anversa, o quello di un uomo con in mano una lettera, ora agli Uffizi di Firenze (cat. 5). Nulla sappiamo dell'identità dell'effigiato. La foggia dei capelli potrebbe far pensare a un italiano, ed è italiana anche la provenienza, nota però solo a partire dall'Ottocento, quando la tavoletta faceva parte della collezione veneziana Manfrin. Si ignora, tuttavia, quando e come il di-

pinto fosse entrato in quella raccolta, anche se non si può escludere che si trovasse in una collezione veneziana o veneta già alla fine del XV secolo o agli inizi del XVI. Nella *Notizia d'opere del disegno* Marcantonio Michiel elenca varie opere di Memling, ma tra di esse vi sono solo tre ritratti, tutti nella raccolta Grimani (Anonimo Morelliano 1888, 102). È stato fatto notare che il motivo della mano posata sul parapetto, sostanzialmente estraneo alla tradizione veneta (si vedano anche le osservazioni contenute nella scheda cat. 5), viene ripreso in forma molto simile nel cosiddetto ritratto Giustiniani, ora a Berlino, che è attribuito a Giorgione (Salvini 1978, 97). Non è detto, comunque, che la fonte del maestro di Castelfranco sia stata proprio il dipinto in esame: la mano sul parapetto fa la sua comparsa, in posizioni analoghe, anche in altri ritratti di Memling.
A differenza dei suoi predecessori neerlandesi, Memling introduce quasi sempre, sullo sfondo dei suoi ritratti, uno scorcio paesistico. Quest'importante novità, ripresa da Giovanni Bellini nel ritratto virile di Hampton Court (ca. 1505), era destinata ad avere un grande seguito nella pittura veneta del Cinquecento, dagli anni della giovinezza di Tiziano in poi (Tempestini 1992, 234-235, cat. 84). Per completare il quadro, va osservato che anche Antonello da Messina ha inserito – in un unico ritratto (Gemäldegalerie, Berlino; Arbace 1993, 116-117, cat. 39) – un minuscolo scorcio di paese. L'autografia del dipinto di Berlino, tuttavia, non è del tutto sicura. Non sembra, comunque, che Bellini abbia tratto ispirazione da quest'opera (peraltro modesta), bensì piuttosto da un prototipo di Memling.
A parte la novità dei brani di paesaggio, risulta chiaro che, sul versante meridionale delle Alpi, l'influsso di Memling era notevole anche sotto altri aspetti, come il tipo di composizione e la tecnica pittorica. E non solo a Venezia, ma anche in località centro-italiane, come risulta, per esempio, da più di un dipinto del Perugino (Campbell 1990, 233, figg. 251, 252). Per quanto riguarda i ritratti di Giovanni Bellini, l'influenza di Memling si avverte nel finissimo modellato del viso e nella raffinatissima messa a punto degli effetti di luce sulle sopracciglia, le labbra, il naso. Avremo modo di approfondire questi aspetti nella scheda cat. 7.

BA

Giorgione, *Ritratto di giovane*
Berlino, Gemäldegalerie

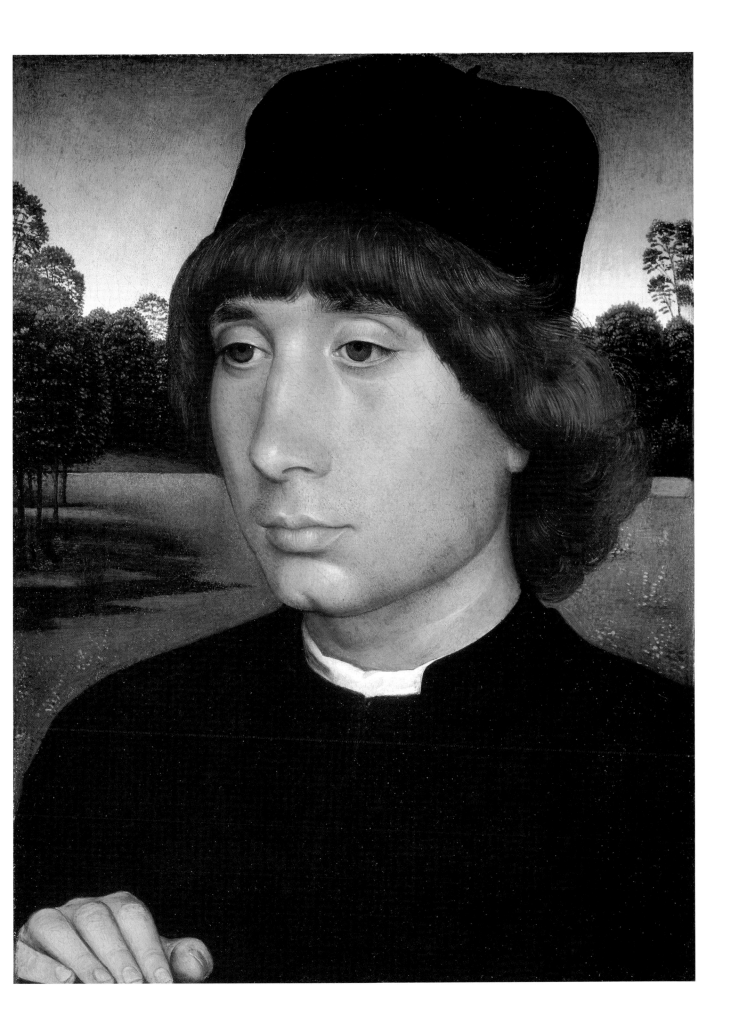

7

Giovanni Bellini (ca. 1431/36-1516)
*Ritratto di giovane in abito da senatore*, ca. 1490-1500

olio su tavola, 30,8 x 24,8 cm
Padova, Musei Civici, Museo d'Arte, inv. 43

PROVENIENZA: Emo Capodilista.
LETTERATURA: Venezia 1949, 170-171, cat. 106; Padova 1988, 49-51, cat. 11; Goffen 1989, 204, 206, fig. 154; Tempestini 1992, 228-229, cat. 81.

Questo raffinatissimo ritratto di modeste dimensioni è da considerarsi come una delle opere migliori di Giovanni Bellini in questo particolare genere. L'effigiato, apparentemente poco più che ventenne, è visto di tre quarti su uno sfondo ceruleo. Un basso parapetto separa il nostro spazio da quello del dipinto. Nonostante la giovane età, il personaggio occupa una posizione di tutto riguardo nella gerarchia ufficiale veneziana, in quanto indossa già la toga dei senatori della Serenissima (cfr. Grevembroch 1981, I, cat. 33). Sfortunatamente l'assenza di attributi più precisi rende impossibile determinare con sicurezza l'identità di questo nobiluomo dai lineamenti delicati e quasi fanciulleschi. Si potrebbe ipotizzare che il ritratto sia stato commissionato per celebrare l'ingresso in Pregadi dell'effigiato. Poiché il dipinto proviene dall'antica collezione Emo Capodilista, è legittimo supporre che raffiguri un rampollo della nobile casata veneziana degli Emo, assurto al rango di senatore in età eccezionalmente giovanile (nel XV secolo, di solito, entravano in Senato solo i patrizi veneti di una certa età ed esperienza, cfr. Maranini 1931, II, 145). Purtroppo non siamo riusciti a dare consistenza a quest'ipotesi.
Se l'autografia belliniana del dipinto non è più oggetto di discussione, non è stato ancora raggiunto un accordo sulla sua datazione: le opinioni degli esperti oscillano tra il 1480 e i primi anni del XVI secolo. È notoriamente difficile situare esattamente nel tempo i ritratti di Giovanni Bellini, che sono tutti senza data, con la sola eccezione di quello di *Jörg Fugger* del 1474, ora al Norton Simon Museum di Pasadena. Tempestini, di recente, ha proposto per il dipinto ora in esame una collocazione *post* 1500, che è forse un poco troppo avanzata, viste le differenze formali con il cosiddetto *Pietro Bembo* di Hampton Court, unanimemente riferito al 1505 circa (Tempestini 1992, 234-235, cat. 84).
Comunque sia, quello che più interessa nel presente contesto è il carattere spiccatamente fiammingo del ritrattino. Come aveva rilevato giustamente Pallucchini, esso rivela strettissime analogie con le opere di Hans Memling. Il modellato estremamente morbido, l'incidenza della luce sui particolari del volto – il naso, le labbra, gli occhi – ci riportano direttamente alle opere del maestro di Gand (catt. 5-6). Altri ritratti di Bellini, tutti situabili tra la fine del XV secolo e gli inizi del XVI, denotano più o meno le medesime caratteristiche, tanto da far pensare che le raccolte veneziane dell'epoca fossero ricche di ritratti di Memling, ben più di quanto si possa desumere dagli elenchi di Marcantonio Michiel, che dice di avere visto soltanto un autoritratto e due ritratti di "Zuan Memellino" in casa del cardinale Grimani nel 1521 (Anonimo Morelliano 1888, 102). A giudicare da quelli superstiti di Bellini, saremmo tentati di dire che il maestro veneziano, più che ad Antonello da Messina, guardava alle opere degli artisti fiamminghi. I ritratti del messinese, invece, costituirono la principale fonte di ispirazione per tutta una serie di altri pittori veneti, da Jacometto ad Alvise Vivarini, fino ad arrivare a Lorenzo Lotto (cat. 4).

BA

8

Giovanni Bellini (ca. 1431/36-1516)
*Ritratto di giovane*, 1490-1500

olio su tavola, 30,8 x 24,8 cm
firmato: Joannes . Bellinus
Washington, National Gallery of
Art, Samuel H. Kress Collection,
inv. 1939. 1. 254

PROVENIENZA: Barthold Georg Niebuhr, Berlino; Marcus Niebuhr,
Londra; Mrs. J.M. Tod, Londra;
Frank Oldham, Londra (vendita
Sotheby's Londra, 21 maggio 1935,
lotto 103); Contini Bonacossi, Firenze; Samuel H. Kress, New York,
1935; donato al museo nel 1939.
LETTERATURA: Robertson 1968; Shapley 1979, I, 38; Goffen 1989, 290;
Tempestini 1992, 160-161, cat. 55.

Questo finissimo ritratto viene giustamente considerato da tutta la critica moderna un'opera autografa di
Giovanni Bellini di notevole qualità.
L'unica voce discordante è quella di
Rona Goffen (1989), che lo elenca
fra i dipinti di collaborazione o di attribuzione incerta. Il giovane dai
lunghi capelli molto curati è raffigurato di tre quarti contro un cielo lim-
pidissimo, mentre fissa un punto
sulla sinistra, ignorando del tutto lo
spettatore. Sul basso parapetto che
lo separa dal riguardante il pittore
ha apposto la sua firma in eleganti
caratteri corsivi. Questa posizione di
spicco, assegnata alla firma sia qui
che in altri ritratti di Bellini e di Antonello da Messina (cat. 3), tradisce
una nuova consapevolezza, tipicamente umanistica e rinascimentale,
del ruolo dell'artista: è grazie a Giovanni Bellini che le fattezze dell'i-
gnoto giovane verranno tramandate
alla posterità. Era appunto questo il
concetto espresso in versi dall'umanista Giano Pannonio, che si era fatto effigiare insieme con l'amico Ga-
leotto Marzio in un doppio ritratto
(ora perduto) del giovane pittore padovano – e cognato di Giovanni Bellini – Andrea Mantegna: "Tu facis ut
nostri vivant in secula vultus, /
Quamvis amborum corpora terra te-
gat" (Tu fai sì che i nostri volti viva-
no per secoli, dopo che la terra avrà
ricoperto i nostri corpi; citato da
Lightbown 1986, 475).
La tipologia del dipinto e l'espressione concentrata del personaggio
rimandano alla ritrattistica di Hans
Memling, che su Bellini esercitava
un fascino notevole. Tempestini
(1992) riporta l'opinione di Roberto
Longhi, che datava il ritratto al
1480-1485 circa. A noi sembra che
appartenga a un ristretto gruppo di
opere dalle caratteristiche formali
assai simili, che la critica situa tra gli
anni novanta del Quattrocento e il
primo decennio del secolo successivo; fra questi ritratti vanno annoverati quello della Galleria Capitolina
di Roma (Tempestini 1992, 202-203,
cat. 71) e la tavoletta del Musei Civici di Padova (cat. 7), che presentano
entrambi puntuali analogie con l'o-
pera in esame e vanno datati tra il
1490 e il 1500: lo stesso arco di tempo al quale appartiene, a nostro avviso, il ritratto di Washington.

BA

Giovanni Bellini, *Ritratto di giovane*
Roma, Musei Capitolini

9

Giovanni Bellini (ca. 1431/36-1516)
*Trasfigurazione*, ca. 1460

olio su tavola di pioppo
133 x 90,3 cm
scritta: MISEREMINI.MEI.SALTEM/VOS.
AMICI.MEI
Venezia, Musei Civici Veneziani
Museo Correr, inv. cl. I, 27

PROVENIENZA: Teodoro Correr; lascito al museo, 1830.
LETTERATURA: Mariacher 1957, 47-48; Robertson 1968, 30-31; Huse 1972, 5-6; Goffen 1989, 14-16; Tempestini 1992, 34-35, cat. 7; Venezia 1993, 46-47, cat. 7; Dahlhoff 1997, 82-84.

Quest'immagine monumentale della *Trasfigurazione* è costruita su uno schema compositivo di forma piramidale. Sull'alta vetta del monte Tabor si stagliano contro il cielo le tre figure isolate di Cristo tra Mosè ed Elia. Più in basso gli apostoli Pietro, Giacomo e Giovanni giacciono a terra intimoriti dalla luce divina apparsa sopra di loro (*Mt* 17,1-13; *Mc* 8, 2-11; *Lc* 9, 28-37). La scritta lungo il margine inferiore non si riferisce, come ci si aspetterebbe, alla Trasfigurazione, ma è tratta da un versetto del libro di Giobbe (19, 21) "Pietà, pietà di me, almeno voi miei amici (perché la mano di Dio mi ha percosso)", che va inteso in rapporto con il tronco, sulla destra, dal quale spunta un nuovo ramo (Dahlhoff 1997, 85-88). In un altro passo Giobbe (14, 7-12) contrappone il tronco, che l'acqua fa rigermogliare, all'uomo che non risorge dopo la morte. Ma per il cristiano la risurrezionne è una certezza, quindi la scritta ci invita a commemorare i defunti, mentre il ramo rinverdito ci garantisce la redenzione. La tavola ci è pervenuta mutila nella parte superiore. La riduzione deve essere avvenuta prima del 1780, quando il dipinto venne riprodotto in un'incisione, dove figura già nelle condizioni attuali. In alto si scorge ancora una traccia dell'ala rossa di un cherubino, che in origine, forse, fiancheggiava la figura dell'Eterno. Il dipinto occupa un posto particolare nella produzione giovanile di Giovanni Bellini. Il formato verticale lascia intendere che si trattava di una pala d'altare, forse la prima che ci è pervenuta dell'artista, ma non è chiaro a quale chiesa fosse destinata. Secondo le fonti antiche, vi era una *Trasfigurazione* di Giovanni Bellini, che aveva la funzione di paliotto, nella chiesa veneziana di San Salvador: intorno al 1560 venne sostituita con un dipinto di Tiziano del medesimo soggetto, tuttora *in situ* (Zanetti 1733, 186). Poteva trattarsi della tavola che stiamo esaminando, anche se non è escluso che i resti della pala belliniana di San Salvador vadano invece identificati con due frammenti di alta qualità pittorica (Gallerie dell'Accademia, Venezia) che raffigurano, rispettivamente, la *Testa di Cristo* e un cartellino con la firma di Bellini (Tempestini 1992, 206-208, cat. 73). La datazione del dipinto è controversa. Alcuni studiosi lo collocano subito prima del 1460, altri qualche anno dopo. Le figure hanno un carattere spiccatamente mantegnesco, ma questo non ci aiuta a risolvere il problema, visto che è proprio negli anni attorno al 1460 che l'influsso del cognato su Giovanni Bellini è all'apice. La festa della Trasfigurazione venne istituita nel 1457 da papa Callisto III, ed è quindi evidente che la tavola – che è forse la prima pala d'altare di questo tema – fu commissionata successivamente a quella data. Tutto sommato, ci sembra ragionevole situare il dipinto verso la fine del sesto decennio del Quattrocento.

Quanto al paesaggio, le forme astratte delle rocce conservano certamente qualche reminiscenza dei disegni di Jacopo Bellini, che costituivano, in quegli anni, una fonte di ispirazione anche per Mantegna. Ma è altrettanto fuor di dubbio che il motivo degli speroni rocciosi disseminati su un prato deriva da modelli nordici, e più precisamente eyckiani. Un termine di confronto ci è offerto da una delle miniature delle *Ore di Torino-Milano, l'Orazione nell'orto*, che è attribuita a Jan van Eyck. È presumibile che Bellini conoscesse, se non proprio quell'immagine, perlomeno un'altra con le medesime caratteristiche. Contrariamente a quanto ci si aspetterebbe da un'opera nata a Venezia, l'iconografia non deriva da prototipi bizantini (per un riassunto vedi Mystevic 1972). Sono invece molto strette le analogie tipologiche con certe Trasfigurazioni miniate neerlandesi. La composizione e alcuni particolari della tavola belliniana ricordano da vicino quelli di una *Trasfigurazione* di Gérard David, dipinta nel 1495-1498 circa per la chiesa di Nostra Signora (Onze-Lieve-Vrouwenkerk) di Bruges. Per tradizione si ritiene che il pittore neerlandese si sia ispirato all'opera veneziana (Bruges 1951, 16; Miegroet 1989, 68, 70, 73, 288-289, cat. 18) ma, alla luce di quanto detto, è più logico pensare che David e Bellini si siano entrambi riallacciati a una tipologia caratteristica dei Paesi Bassi. Ai dipinti nordici, elencati da Miegroet, che si rifanno all'impianto compositivo della *Trasfigurazione* di David, si può aggiungere una tavola del cosiddetto Monogrammista LS, attivo nella Germania meridionale agli inizi del Cinquecento (Feuchtmayr 1928, 123, fig. 94).

BA

Jan van Eyck
*L'orazione nell'orto*
Torino, Museo Civico

MISEREMINI·MEI·SALTEM
VOS·AMICI·MEI·

201

10

## Collaboratore o seguace di Jan van Eyck
*Crocifissione, post* 1430

olio su tavola, 46 x 31 cm
Venezia, Galleria G. Franchetti alla
Ca' d'Oro

PROVENIENZA: Dondi dell'Orologio,
Padova; Guggenheim, Venezia.
LETTERATURA: Bodenhausen 1905;
Panofsky 1971, I, 235, II, fig. 291;
Châtelet 1980; Belting & Eichberger
1983, 128-134, fig. 43; Châtelet
1993, 75; Limentani Virdis 1997, 60-
61; Torino 1997, 91-92.

Domina la composizione, in primo
piano, il crocifisso tra la Vergine Maria e Giovanni. Più indietro, sulla sinistra, si scorgono le pie donne piangenti, mentre, a destra, il folto gruppo dei personaggi che hanno assistito alla morte di Cristo riprende la
strada per Gerusalemme, che si distende in basso sullo sfondo.
È stato da lungo tempo riconosciuto
che la composizione riflette quella di
un originale perduto di Jan van
Eyck. Nonostante le molte differenze, la messinscena ricorda da vicino
quella di una *Crocifissione* delle co-
siddette *Ore di Torino-Milano*, che si
rifà al medesimo prototipo. Le differenze più notevoli si riscontrano nella resa del sepolcro di Cristo, che si
erge in distanza, all'estrema sinistra,
dentro il tessuto urbano di Gerusa-

Jan van Eyck, *Crocifissione*
New York
Metropolitan Museum of Art

lemme e, soprattutto, nel paesaggio
in primo piano, che denota qualche
somiglianza con quello di un'altra
*Crocifissione* ancora, conservata a
Berlino, che è opera di uno stretto
collaboratore di Van Eyck (Dhaenens 1980, 358-359, fig. 223).
Non è chiaro a chi si debba attribuire il dipinto della Ca' d'Oro. Scartata l'ipotesi che possa trattarsi di
un'opera autografa di Jan van Eyck,
Albert Châtelet ha assegnato il dipinto alla cosiddetta "mano H" delle *Ore di Torino-Milano*, proponendo di identificarla con quella di Jean
Coene. Secondo lo studioso francese, questo artista sarebbe l'autore
anche di un'altra *Crocifissione*: una
tavola eyckiana, di alta qualità pittorica, che mostra sullo sfondo un vasto profilo a volo d'uccello di Gerusalemme, non dissimile da quello del
dipinto della Ca' d'Oro (Châtelet
1980, fig. 10). Anne H. van Buren, a
sua volta, pensa per quest'ultima
opera a un artista italiano, che avrebbe avuto modo di conoscere la miniatura delle *Ore di Torino-Milano*
durante un soggiorno a Bruges (l'o-
pinione di Anne H. van Buren è citata da Katherine C. Luber in Torino
1997). Da parte nostra, riteniamo
preferibile classificare l'opera come
un prodotto per ora anonimo, ma
quasi sicuramente fiammingo, della
bottega di Jan van Eyck. La composizione del dipinto deriva da quella
della meravigliosa *Crocifissione* giovanile di van Eyck ora a New York
(ca. 1430; The Metropolitan Museum of Art), dove la scena è suddivisa in due parti distinte: il Golgota
in primo piano e una veduta panoramica di Gerusalemme sullo sfondo,
con una catena di montagne all'orizzonte. Il pittore vi ha volutamente
accentuato il contrasto tra la disperazione delle pie donne e di San Giovanni, sul proscenio, e l'indifferente
curiosità dei personaggi che si assiepano sotto le tre croci. Anche la *Crocifissione* della Ca' d'Oro si articola
su due diversi piani e si avvale della
netta contrapposizione tra la *pietas*
dei seguaci del Salvatore e l'*indiffe-
rentia* di chi se ne torna a casa, una
volta finito lo spettacolo della morte
di Cristo. Ma vi sono anche notevoli
discordanze. Il momento rappresentato sulle due tavole non è lo stesso:
quella di New York fissa l'evento
culminante del dramma sacro, mentre la *Crocifissione* veneziana ne mostra l'epilogo. Ed è diverso anche il
modo di raccontare la storia. Nella
tavola del Metropolitan Museum il
gruppo degli afflitti, in primo piano,

fa parte integrante del tessuto narrativo, mentre, nel dipinto della Ca'
d'Oro, Maria e Giovanni stanno da
soli ai lati della croce, isolati dalle altre figure piangenti per via delle loro
proporzioni e della disposizione
frontale, che paiono quasi enuclearli
da quanto si sta svolgendo sullo
sfondo. La rappresentazione, quindi, combina insieme un'immagine
statica e un dinamico episodio narrativo. Queste caratteristiche hanno
determinato la grande fortuna della
composizione nel corso del XV secolo, specialmente nell'Italia settentrionale. E non c'è da stupirsene, visto che è possibile dimostrare che il
dipinto attualmente alla Ca' d'Oro è
una delle pochissime opere eyckiane
pervenuteci che si trovavano nel Veneto già attorno alla metà del Quattrocento. Nel lontano 1902 Frieda
Schottmüller (1902, 34) riportò la
notizia che la *Crocifissione* del Museo Civico di Padova (cat. 11) sarebbe stata una copia fedele di un dipinto del medesimo soggetto già nella collezione Dondi dell'Orologio di
Padova. La studiosa tedesca non ebbe modo di verificare il dato, perché
quel quadro era già stato venduto,
ma non vi è dubbio che si trattasse
proprio della *Crocifissione* ora alla
Ca' d'Oro, che forse era di proprietà
della nobile famiglia padovana già
nel Quattrocento.
Che il dipinto si trovasse a Padova
*ab origine*, o quasi, è confermato dagli evidenti riflessi che la composizione eyckiana ha lasciato su una
*Crocifissione* di un anonimo seguace
del pittore padovano Francesco
Squarcione, che appartiene alle Gallerie dell'Accademia di Venezia (già
attribuita, con motivazioni poco
convincenti, a Nicola di Maestro
Andrea di Ancona; v. Moschini Marconi 1955, 150, cat. 165) e viene ragionevolmente datata intorno al
1460. Anche questa tavola è caratterizzata da un impianto su due piani
distinti e dall'ormai ben nota contrapposizione tra il disinteresse dei
soldati già sul piede di partenza e il
dolore dei più stretti seguaci di Cristo. Dal dipinto squarcionesco è
però assente la grandiosa veduta di
Gerusalemme, che assume un ruolo
tanto cospicuo nella tavola della Ca'
d'Oro. Il motivo non è ripreso nemmeno in altre Crocifissioni venete
più o meno direttamente legate, per
altri versi, al prototipo eyckiano che
stiamo esaminando, come le due rispettivamente di Giovanni Bellini
del Museo Civico Correr di Venezia
(cat. 12) e di Bartolomeo Montagna

a Praglia (Puppi 1962, 122-123, figg.
76-78), o quella di Andrea Mantegna al Louvre (le prime due sono immagini statiche, la terza una scena
narrativa). Un'altra eco della *Crocifissione* eyckiana è forse ravvisabile
nella struttura architettonica che si
scorge sullo sfondo, in alto, del *Martirio di San Giacomo* di Andrea Mantegna, già nella chiesa degli Eremitani a Padova (Limentani Virdis 1997,
61).

BA

11
Anonimo artista padovano
*Crocifissione*, metà XV secolo

olio su tavola, 45 x 30 cm
Padova, Musei Civici, Museo d'Arte, inv. 541

PROVENIENZA: avvocato Rossi, Padova; Antonio Guglielmi, Padova (legato al museo, 1894).
LETTERATURA: Schottmüller 1902; Châtelet 1980, 57, fig. 15; Belting & Eichberger 1983, 133, fig. 44, 134; Limentani Virdis 1997, 60-61.

Questa piccola *Crocifissione*, rimasta incompiuta sullo sfondo, ripete fin nei particolari la tavoletta di un collaboratore o seguace di Jan van Eyck, ora alla Ca' d'Oro di Venezia (cat. 10). C'è da chiedersi se il copista, che si rivela decisamente meno esperto dell'autore del quadretto veneziano, sia un fiammingo oppure un italiano. La questione è ancora aperta, ma vi è qualche indizio in più a favore della seconda delle due ipotesi. Il supporto è di legno di pioppo, il che sembra indicare una provenienza al di qua delle Alpi. Abbiamo già detto nella scheda precedente che nel Quattrocento la *Crocifissione* della Ca' d'Oro si trovava, con tutta probabilità, a Padova, forse nella collezione Dondi dell'Orologio. La sua popolarità nell'area padovana si riflette, a quanto sembra, soprattutto nell'ambito squarcionesco. A riprova di ciò si possono citare altre due Crocifissioni, rispettivamente di un anonimo seguace di Francesco Squarcione (Gallerie dell'Accademia, Venezia) e di Mantegna (Musée du Louvre, Parigi). D'accordo con gli studiosi che si sono pronunciati in precedenza sull'attribuzione della tavoletta in esame, crediamo di potervi riconoscere la mano di un pittore padovano che cerca di imitare il tanto ammirato prototipo eyckiano. È interessante rilevare come, in questo caso, un pittore veneto del Quattrocento abbia replicato in toto un'opera 'ponentina', invece di limitarsi – come era normale a quei tempi – a riprenderne solo un particolare, un motivo o il tipo di composizione. È un'ulteriore prova dell'impatto straordinario che la pittura eyckiana ha avuto sull'arte padana e veneta sotto il profilo tecnico, formale e iconografico.

BA

Seguace di Francesco Squarcione
*Crocifissione*
Venezia, Gallerie dell'Accademia

## 12
### Giovanni Bellini (ca. 1431/36-1516)
### *Crocifissione*, ca. 1460

tempera su tavola di pioppo
55 x 30 cm
Venezia, Musei Civici Veneziani
Museo Correr, inv. cl. I, 28

PROVENIENZA: Teodoro Correr; lascito al museo, 1830.
LETTERATURA: Mariacher 1957, 45-46; Heinemann 1962, I, 47, cat. 152, II, fig. 15; Robertson 1968, 31-32; Goffen 1989, 9-13; Venezia 1993, 38-41, cat. 5; Tempestini 1992, 54-55, cat. 12.

Il dipinto raffigura il Cristo in croce tra la Madonna e San Giovanni Evangelista. Gli angeli volteggiano numerosi sopra il crocifisso, mentre sul fondo si dispiega un vasto paesaggio collinare, con un fiume che scorre verso il margine sinistro e si va perdendo in lontananza.
La composizione del gruppo principale deriva da uno dei disegni di Jacopo Bellini dell'album del Louvre (c. 55; Degenhart-Schmitt 1984, 69). Nel dipinto le pieghe calligrafiche del panneggio delle figure di Jacopo si fanno più scultoree, e anche il corpo del Cristo, ancora sinuosamente gotico nel disegno, si trasforma in un nudo classico. Per ottenere questi effetti Giovanni Bellini si è ispirato agli esempi del cognato Andrea Mantegna, e più in particolare alla *Crocifissione* della predella dalla pala di San Zeno (Musée du Louvre, Parigi), dipinta nel 1457-1459. Crediamo quindi che la tavola veneziana vada situata intorno al 1460, e non nel 1453-1455, come è stato proposto di recente (Goffen 1989, 9; Tempestini 1992, 54, colloca invece il dipinto verso il 1465). Ci troviamo davanti a un *Andachtsbild*, vale a dire a un testo figu-

rativo che mira ad aiutare il credente nelle pratiche devozionali (per il concetto si veda ora Schade 1996). In quest'immagine il tema della Crocifissione è ridotto alle figure essenziali, senza alcun elemento narrativo. La semplificazione consente all'artista di articolare l'ampio paesaggio sullo sfondo, senza dover fare riferimenti specifici ai luoghi della Passione, come il monte Calvario o la città di Gerusalemme. Ma questo fondale paesistico presenta spunti innovativi ricchi di significato e inspiegabili senza la conoscenza, da parte del più giovane dei Bellini, di prototipi neerlandesi.
Seguendo uno schema compositivo di origine nordica, il paesaggio si articola su due piani ben distinti, separati tra loro da una teoria di bassi speroni rocciosi e da una siepe. Le dolci curve dei sentieri e del fiume lontano riecheggiano senza dubbio i panorami fantastici di Jacopo (come quello del *San Cristoforo* dell'album del Louvre, c. 21; Degenhart-Schmitt 1984, 21), ma ricordano ancora più da vicino certi paesaggi fluviali degli artisti d'oltralpe. In particolare, ci sembra di avvertire qualche consonanza con le miniature francesi, del 1450 circa, di Jean Fouquet o del cosiddetto Pittore del Boccaccio di Ginevra (Schaefer 1994, 213, fig. 136, 233, fig. 147; König 1982, tav. 12, fig. 17). La netta separazione dei due piani del paesaggio si ripercuote non solo sulla loro articolazione spaziale, ma anche sulle numerose figurine dello sfondo. Tutte queste macchiette, immerse nelle loro attività quotidiane, non prestano la minima attenzione all'evento che si sta svolgendo in primo piano. Risulta così particolarmente efficace il contrasto tra la figura dolente dell'apostolo e i due uomini immediatamente alle sue spalle, quasi a voler contrapporre l'indifferenza del mondo alla devota compassione dei veri seguaci di Cristo. Si tratta senza alcun dubbio di un motivo che ha avuto origine nei Paesi Bassi. Anche Jan van Eyck, nella *Crocifissione* della quale vengono presentate alla mostra due versioni non autografe (catt. 10 e 11), utilizza i due diversi livelli del paesaggio per sottolineare un conflitto di tipo morale. Si tratta, comunque, di un'analogia del tutto generica, in quanto la *Crocifissione* eyckiana non ha di certo costituito un precedente diretto dell'opera di Giovanni Bellini. Su entrambi i versanti delle Alpi questo schema dialettico era destinato ad avere un grande futuro con numerosissime varianti.

BA

Jacopo Bellini, *Crocifissione*
Parigi, Musée du Louvre

13

Antonello da Messina (ca. 1430-1479)
*Crocifissione*, 1475

olio su tavola, 52,5 x 42,5 cm
scritta: 1475 / ANTONELLUS / MESSA-
NEUS / ME PINXIT
Anversa, Koninklijk Museum voor
Schone Kunsten

PROVENIENZA: Jan van Veerle, prima
del 1648 (?); douairière de Mael-
camp de Balsberge, Gand (acquistato in Italia); Jan van Rotterdam,
Gand; Florent van Ertborn (acquistato nel 1824 o poco prima); lasciato al museo nel 1841.
LETTERATURA: Lauts 1933, 45-48,
fig. 45; Rostworowski 1964, 54-67;
Messina 1980, 171-177, cat. 38; Vandenbroeck 1985, 44-48; Sricchia
Santoro 1986, 166-167, cat. 36; Arbace 1993, 94-99, cat. 34; Savettieri
1998, 89-90, cat. 17.

Questa *Crocifissione*, formalmente
complessa e di notevole raffinatezza
iconografica, è uno dei capolavori
della breve ma ricca stagione veneziana di Antonello da Messina. Firmato e datato 1475, il dipinto fu forse eseguito poco dopo l'arrivo del-
l'artista nella città lagunare. Vari studiosi hanno notato, infatti, un certo
contrasto fra la parte bassa del dipinto, con le figure di San Giovanni
e della Vergine sedute in un paesaggio "alla ponentina", e i tre corpi più
in alto, ma specialmente quelli dei
due ladroni, magnificamente contorti quasi a dimostrare la padronanza dell'anatomia raggiunta dal pittore grazie allo studio dei grandi esempi della pittura proto-rinascimentale
centro-italiana. Senza pretendere
che si tratti del vero prototipo utilizzato da Antonello, vorremmo segna-

Antonello da Messina, *Crocifissione*
Londra, The National Gallery

lare la notevole somiglianza fra i corpi inarcati dei ladroni e quello del gigante soffocato dall'eroe greco nel
celeberrimo bronzo di Antonio Pollaiuolo con Ercole e Anteo (Museo
del Bargello, Firenze; Ettlinger
1978, 147, cat. 78, figg. 78-82). È logico supporre che le figure di Antonello riflettano l'impatto degli ignu-
di dipinti o scolpiti che l'artista aveva appena visto a Firenze, forse proprio durante il viaggio per Venezia.
Ad ogni modo, il vasto panorama
collinare, con la veduta di un golfo in
lontananza, rivela una matrice più
nordica che italiana. La tecnica minuziosa e l'attenzione prestata alla
resa naturalistica dei particolari sono
sicuramente di origine neerlandese.
Lo stesso si può dire dell'impianto
compositivo, con quel proscenio leggermente rialzato rispetto all'ampio
paesaggio che si distende più indietro (Meiss 1976, 36-59). Uno sguardo più ravvicinato rivela, dietro la
croce, un gruppetto di cavalieri che
scendono dal Golgota per fare ritorno a Gerusalemme – la città situata
all'estrema sinistra – dopo avere assistito al supplizio di Cristo. Questo
particolare sembra ripreso da una famosa *Crocifissione* perduta di Jan
van Eyck, che era nota nel Veneto
tramite almeno due versioni (catt. 10
e 11). Come abbiamo avuto modo di
osservare, in questa composizione
van Eyck aveva combinato insieme
una concezione dinamica e un'immagine statica, isolando le due figure
di Maria e Giovanni, in primo piano,
dal contesto narrativo dello sfondo.
Nella sua versione del tema Antonello accoglie a grandi linee l'impostazione del maestro fiammingo, ma la
sviluppa ulteriormente, spostando ai
margini del dipinto l'immagine di
Gerusalemme, il che gli consente di
arricchire il paesaggio di elementi
nuovi, come l'edificio in rovina sul
lato destro, che fa da contraltare alla
città di Dio.
Fra i tanti particolari dal valore quasi certamente simbolico, disseminati
in primo piano e nella zona intermedia, si può citare la civetta, che rappresenta la legge antica e allude a
quanti si rifiutano di riconoscere la
vera luce (Vandenbroeck 1985b, 70,
71). Il rapace, significativamente, è
collocato alla sinistra del Cristo, dalla stessa parte del cattivo ladrone e
dei ruderi appena ricordati. Sull'altro lato, sotto il cartellino, scorgiamo
un coniglio, simbolo di concupiscenza, accanto al giglio rosso che attira
lo sguardo della Vergine ed è indizio
di sofferenza e di morte (Rostwo-

rowski 1964). Ai piedi della croce
giacciono alcuni teschi: una curiosa
"moltiplicazione" di quello di Adamo, tradizionalmente associato con
il *lignum Dei* (cfr. anche cat. 14). Il
concetto della transitorietà dell'esistenza umana è sottolineato dalla
presenza del serpente: un motivo
forse derivato dall'iconografia tombale dell'epoca (Vandenbroeck
1985). Possiamo concludere che, come spesso avviene nelle immagini
devozionali della fine del Quattrocento, questa *Crocifissione* antonelliana confronta lo spettatore con un
sistema dialettico concepito per esaltare i valori della fede in Cristo. Presentando una dotta variazione della
celebre composizione eyckiana, Antonello entrava così quasi in gara con
il mitico fondatore della scuola fiamminga; poco tempo dopo, il messinese istituirà un analogo rapporto di
emulazione con il caposcuola veneziano, Giovanni Bellini (si veda l'Introduzione a questa sezione).
Un'altra *Crocifissione* di Antonello da
Messina, abbastanza simile, ma di dimensioni più ridotte e dall'iconografia più schematica, appartiene alla
National Gallery di Londra (Arbace
1993, 50-51, cat. 17). Alla luce di
quanto si è detto, ci sembra poco probabile che la tavola londinese, decisamente meno raffinata di quella di Anversa, possa precedere cronologicamente quest'ultima, come vorrebbe-
ro Rostworowski e Previtali (1980); a
nostro avviso si tratta, invece, di una
derivazione, eseguita poco tempo dopo il dipinto in esame.

BA

## 14
## Giovanni Bellini (ca. 1431/36-1516)
*Crocifissione*, ca. 1500-1502

olio su tavola, 81 x 49 cm
Prato, CariPrato, Cassa di
Risparmio di Prato S.p.A.

PROVENIENZA: collezione Nicco-
lini di Camugliano, Firenze.
LETTERATURA: Heinemann 1962,
I, 47, cat. 154; II, fig. 43; Pallucchini 1962, 98, 100, fig. 182; Robertson 1968, 114, tav. XCVA;
Marchini 1982, 14-19; Tempestini 1992, 144-145, cat. 48; Zampetti 1997.

Di Giovanni Bellini ci sono pervenute soltanto due immagini del
Cristo sulla croce completamente
solo, con un grande paesaggio
sullo sfondo. Il primo di questi
dipinti (Galleria Corsini, Firenze)
denuncia una chiara adesione ai
modi di Antonello da Messina,
specie nella resa del paesaggio:
largo, aperto e dall'orizzonte relativamente basso (si vedano le
Crocifissioni antonellesche della
National Gallery di Londra; Arbace 1993, 50-51, cat. 17; e, in
questa mostra, cat. 13). Perciò il
dipinto fiorentino va datato subito dopo il soggiorno veneziano di
Antonello, vale a dire verso il
1475-1480. L'altra *Crocifissione*,
quella che esaminiamo in questa
scheda, ci presenta un paesaggio
molto diverso: più particolareggiato, soprattutto in primo piano,
con una cospicua veduta di città
sullo sfondo e un orizzonte molto
alto. Lo stato di conservazione
del dipinto è davvero eccellente.
Le singole piantine, i teschi sotto
la croce, le pietre tombali ebraiche e le case in distanza sono descritte con una precisione impen-

Giovanni Bellini, *Crocifissione*
Firenze, Galleria Corsini

sabile senza una diretta conoscenza, da parte dell'artista, dei
dipinti su tavola dei pittori dei
Paesi Bassi. Questo realismo quasi magico fa pensare, di primo ac-
chito, al *San Francesco* (Frick Collection, New York) dipinto da
Giovanni Bellini intorno al 1475
(Tempestini 1992, 121-125). Ma
un'osservazione più attenta mette
in luce un diverso atteggiamento.
Le forme, nel *San Francesco*, sono
più incisive, più grafiche, mentre
nella *Crocifissione* paiono addol-
cirsi, grazie agli effetti di colore
teneramente atmosferici e alla luce calda e mutevole. Non si tratta
di differenze notevoli, ma sufficienti a far slittare in avanti la cronologia di questa tavola, rispetto
al dipinto della Frick Collection,
di almeno venticinque anni. Le
caratteristiche formali di questa
*Crocifissione*, infatti, ricordano
molto da vicino quelle della *Pietà*
(cat. 23) e del *Battesimo di Cristo*
(Santa Corona, Vicenza; Tempestini 1992, 236-239, cat. 85), due
dipinti situabili nel 1500-1502. La
stessa collocazione cronologica
vale anche per l'opera in esame.
Come l'altra *Crocifissione* di Bellini esposta alla mostra (cat. 12),
anche questa tavola si presenta
come un *Andachtsbild*, che aiuta
la devozione dei fedeli concentrando tutta la Passione di Cristo
in un'unica immagine statica, ridotta qui alla sola croce. Ma la
raffigurazione si rivela comunque
estremamente ricca di significati
iconografici. Dentro la città che
appare sullo sfondo possiamo riconoscere, sulla sinistra, San Ciriaco di Ancona, mentre la facciata di un'altra chiesa, più a destra,
ricorda quella del vecchio duomo
di Vicenza: un motivo che figura
anche in altri dipinti di Bellini
(cat. 23). Il particolare della cattedrale anconetana è insolito, e lo
ritroviamo soltanto in un'altra
opera (il *Martirio di San Marco*
dell'Ospedale Civile di Venezia,
in gran parte eseguita dopo la
morte del maestro, avvenuta nel
1516; Tempestini 1992, 302-303,
cat. 107). Invece di pensare a una
committenza marchigiana, si potrebbe supporre che il motivo
fosse stato derivato dal telero di
Carpaccio, ora distrutto, con la
*Storia di Ancona*, che si trovava in
Palazzo Ducale.
Ad ogni modo, l'immagine della
città è situata proprio al centro,
immediatamente dietro al corpo

del Salvatore: il sacrificio del figlio di Dio apre al credente l'unica strada che può condurlo alla
Gerusalemme celeste. Il messaggio è ulteriormente rafforzato
dalla presenza del grande alloro,
noto simbolo del *lignum Dei* (Levi d'Ancona 1977, 202; cfr. anche
Fleming 1982, 56), che si erge accanto alla croce. La parte superiore del dipinto è quella che corrisponde alla *salvatio*, e non a caso è immersa in una luce calda.
La fascia inferiore, invece, disseminata di resti umani, pietre
tombali e rami secchi, è il regno
della morte. In questa zona, che
sottolinea la transitorietà dell'e-
sistenza terrena, scopriamo sulla
destra, posati accanto a una roccia, ben cinque teschi, invece di
quello isolato di Adamo che, secondo la tradizione, viene normalmente collocato ai piedi della
croce: un raro caso iconografico,
che trova però un parallelo nella
*Crocifissione* di Antonello da
Messina presente alla mostra
(cat. 13). Il teschio simboleggia il
vizio, punito con la morte: entrambi sono sconfitti dalla croce
(Bergh 1974). Così le lapidi con
le iscrizioni ebraiche assumono
un significato preciso, alludendo
alla legge mosaica superata dal-
l'avvento dell'era della Grazia,
che ha avuto inizio con il sacrificio di Cristo.
Non è chiaro se vi si debba avvertire anche una sfumatura di
antisemitismo. Le iscrizioni, comunque, non ci aiutano a datare
il dipinto, anche se Pallucchini
(1962) aveva riportato la notizia
che vi si potevano leggere le date
1501, 1502 o 1503. Un più corretto esame rivela invece che le
sole date decifrabili sono 1441-
1442 e 1462-1463 (secondo l'e-
sperta opinione di Ida Zatelli,
cfr. Marchini 1982).
Al di là delle sottigliezze iconografiche, questa *Crocifissione* è
anche – o forse soprattutto – un
dipinto di straordinaria bellezza,
eseguito con rara maestria. Non
era di certo solamente uno strumento visivo per agevolare la devozione, ma anche un'opera d'arte, dove l'artista, come già nel
*San Francesco* Frick, ha cercato
consapevolmente di emulare i
grandi esempi della pittura neerlandese, per soddisfare i gusti
raffinati di un cliente di notevole
cultura religiosa e pittorica.

BA

15
Attribuito a Jan van Eyck (ca. 1395-1441)
*San Girolamo nello studio*, 1442

olio su carta montata su tavola
20,6 x 13,3 cm
scritte: 1442; Reuerendissimo in Christo patri et domino, domino Ieronimo, titoli Sanctae Crucis in Iherusalem presbytero cardinali (sulla lettera piegata)
Detroit, The Detroit Institute of Arts, Acquisizione della Città di Detroit, inv. 25.4

PROVENIENZA: Paul Bottenweiser, Berlino; acquistato dal museo nel 1925.
LETTERATURA: Panofsky 1954; Hall 1968; Hall 1971; Liebenwein 1988, 105-106; New York 1994, 68-71, cat. 1; Hall 1998; Heller & Stodulski 1998.

Insieme con la tavoletta di Antonello da Messina della National Gallery di Londra (cat. 16), questo minuscolo dipinto è una delle più famose rappresentazioni di San Girolamo nello studio di tutto il Quattrocento. La critica ha discusso a lungo sul preciso significato del quadretto e sulla sua collocazione cronologica, mettendone talora in dubbio l'attribuzione e persino l'autenticità. Benché i problemi non siano ancora del tutto risolti, gli studi più recenti hanno gettato nuova luce sulle complesse vicende dell'opera.
Nel 1925 l'acquisto dell'allora sconosciuto *San Girolamo* da parte dell'Institute of Arts di Detroit causò grande sensazione fra gli studiosi e i conoscitori, che ne ammisero tutti il carattere eyckiano. Alcuni lo ritennero un originale del maestro, mentre altri credettero di riconoscervi la

Anonimo maestro di Bruges
*San Girolamo nello studio*
Baltimora, Walters Art Gallery

mano del suo principale seguace, Petrus Christus. La vicenda attributiva era complicata dalla presenza della data 1442, l'anno successivo a quello della morte di Van Eyck. Per raggirare l'ostacolo, venne formulata la teoria che il *San Girolamo*, iniziato da Jan, sarebbe stato condotto a termine da Petrus Christus dopo la morte del caposcuola: un'idea che pareva trovare conferma nella qualità pittorica piuttosto ineguale. Ma nel 1956 si scoprì che tale giudizio era basato sull'effetto di vecchie ridipinture: dopo la pulitura risultò chiaro che il dipinto è da attribuire a un unico artista.
Benché non si possieda alcun dato sulla provenienza del dipinto, Wilhelm Valentiner – il direttore del museo di Detroit al quale va il merito dell'acquisto – lo aveva messo in rapporto con una voce dell'inventario del 1492 della collezione di Lorenzo il Magnifico: "Una tavoletta di Fiandra suvi uno San Girolamo a studio, chon uno armarietto di più libri di prospettiva e uno lione a' piedi, opera di maestro Giovanni di Brugia, cholorita a olio in una guaina, f. 30". A sostegno di quest'identificazione fu osservato che due affreschi, rispettivamente di Domenico Ghirlandaio e Sandro Botticelli, raffiguranti *San Girolamo* e *Sant'Agostino* (Ognissanti, Firenze; ca. 1480), sono chiaramente basati sulla composizione del dipinto fiammingo.
Ma il legame italiano finì per risultare ancora più saldo. Studiando la scritta sulla lettera piegata sulla scrivania, Erwin Panofsky (1954) scoprì che il testo alludeva a Niccolò Albergati, cardinale titolare della chiesa romana di Santa Croce in Gerusalemme. Di conseguenza, Panofsky suggerì che fosse stato lo stesso Albergati a commissionare il dipinto a Van Eyck, e l'idea venne ulteriormente sviluppata da Edwin Hall (1968, 1971, 1998). Secondo lo studioso, il dipinto sarebbe stato ordinato da Filippo il Buono, duca di Borgogna, in occasione della Dieta di Arras del 1435, per farne un dono al cardinale Albergati, che era presente in qualità di legato pontificio. Inoltre, secondo la consuetudine quattrocentesca di effigiare gli alti prelati e gli umanisti nelle vesti di San Girolamo (cfr. cat. 18), il dotto padre della Chiesa assumerebbe qui le fattezze del cardinale. Albergati morì a Firenze nel 1443 ed è quindi legittimo ipotizzare che, dopo la sua morte, il dipinto fosse finito nelle collezioni medicee, confermandone

così anche la vecchia identificazione con l'opera elencata nell'inventario del 1492. L'ipotesi, per quanto interessante, non risolve il problema attributivo. Nel 1994, quando il dipinto venne esposto a New York, alla mostra monografica di Petrus Christus, apparve evidente che esso è di un'altra mano. Nuove ricerche hanno accertato che la data 1442 è antica, ma non necessariamente coeva all'esecuzione dell'opera, che potrebbe quindi altrettanto bene risalire agli anni in cui Van Eyck era ancora in vita. Alcuni studiosi hanno rilevato strette analogie fra il quadretto di Detroit e certe miniature quattrocentesche, ma soprattutto con il *San Girolamo nello studio* di un *Libro d'ore* della Walters Art Gallery di Baltimora. Con tutta probabilità, il manoscritto di Baltimora venne realizzato a Bruges intorno al 1450, ed è certamente in rapporto con le celebri *Ore di Torino-Milano*, che contengono miniature di Jan van Eyck. L'immagine venne copiata in altre miniature, tutte databili attorno al 1440-1450 e tutte provenienti da Bruges (Smeyers 1988). Possiamo presumere che l'intero gruppo si basasse su un unico prototipo, probabilmente eyckiano, che va forse identificato con il *San Girolamo* di Detroit. Se la questione attributiva rimane, in ultima analisi, irrisolvibile, la popolarità dell'immagine risulta comunque grande, nelle Fiandre come in Italia. Se ne avverte forse un riflesso anche nel Veneto, in una miniatura di incerta attribuzione, ma di altissima qualità, con *Re Davide nello studio* – databile verso il 1475-1480 –, già alla Fondazione Giorgio Cini di Venezia (Mariani Canova 1969, 150, cat. 50, tav. 17, fig. 1).

BA

213

16
Antonello da Messina (ca. 1430-1479)
*San Girolamo nello studio*, ca. 1475

olio su tavola, 46 x 36,5 cm
Londra, The National Gallery, inv.
ING 148

PROVENIENZA: Antonio Pasqualino, Venezia, 1529; Sir Thomas Baring, Stratton, 1835; Vendita 3 giugno 1848, lotto 66; William Coningham; vendita 9 giugno 1849, lotto 29; Thomas Baring; Lord Northbrook; acquistato dal museo nel 1894.
LETTERATURA: Anonimo Morelliano 1888, 98-100; Davies 1986, 40-41; Jolly 1976, 152-159; Friedmann 1980, 157-163; Jolly 1983; Ridderbos 1984, 41-62; Puppi 1987; Arbace 1993, 50-57, cat. 17.

Questa stupefacente tavoletta, preziosa e particolareggiata come una miniatura, rappresenta probabilmente l'apice della produzione artistica di Antonello da Messina. Raffigura San Girolamo seduto nel suo studio: una struttura lignea di un tipo piuttosto comune nel Quattrocento, ma che qui è stata privata del tetto e di una delle pareti (Thornton 1997, 54). Lo studiolo è collocato all'interno di una grande chiesa gotica dal soffitto a volta, e lo spettatore può contemplare l'intera scena attraverso un finto portale. La fuga del pavimento a riquadri di maiolica e del colonnato sulla destra è costruita secondo i principi scientifici della prospettiva: sulla superficie pittorica, infatti, è ancora ben visibile una fitta rete di incisioni, che è servita a preparare l'impianto prospettico. In fondo alle due navate laterali, le finestre si aprono su un bel paesaggio collinare.
Il dipinto è ricordato per la prima volta da Marcantonio Michiel, che vide nel 1529, nella casa veneziana di Antonio Pasqualino, "el quadretto del S. Ieronimo che nel suo studio legge, in abito cardinalesco, alcuni credono che el sii stato di mano de Antonello da Messina; ma il più, e più verisimilmente, l'attribuiscono a Gianes, ovvero al Memelin, pittor antico ponentino: e cussì mostra quella maniera, benché el volto è finito alla italiana; sicché pare de mano de Jacometto". La critica moderna è unanime nel riconoscervi un capolavoro di Antonello da Messina, ma i pareri sulla sua datazione sono meno concordi. Alcuni studiosi collocano la tavoletta nel periodo giovanile (ca. 1455-1460), altri, più correttamente, la situano nel contesto del breve soggiorno veneziano dell'artista. Vi sono infatti notevoli punti di contatto con l'*Annunciazione* di Siracusa del 1474, anche se la costruzione spaziale del dipinto di Londra risulta più complessa. La resa dei particolari e del panneggio, d'altra parte, ricorda molto da vicino quella della *Crocifissione* di Anversa, un dipinto del 1475 che si contraddistingue per la marcatissima impronta fiamminga (cat. 13). Ci sembra del tutto ragionevole situare a questa stessa data anche il *San Girolamo*.
Quello che più colpisce, nel dipinto, è la complicata composizione spaziale e la minuziosa osservazione dei particolari. Questi ultimi, però, se guardati molto da vicino, non sempre appaiono eseguiti con la precisione assoluta tipica dei prototipi ai quali Antonello guardava, vale a dire le opere dei più grandi pittori "po-nentini" dell'epoca. La strepitosa organizzazione dello spazio, con lo studio visto come un ambiente separato all'interno della grande chiesa, è una brillante invenzione di Antonello, che si ispira, in ultima analisi, a certe pitture fiamminghe di artisti come Rogier van der Weyden (si veda, per esempio, la tavola centrale del trittico dei *Sette sacramenti*, ora al Musée des Beaux-Arts di Anversa, del 1450-1455 circa; Davies 1972, 195-196, fig. 54).
Sotto il profilo iconografico, l'idea di rappresentare San Girolamo nello studio si rifà all'immagine dello scrittore al lavoro, molto diffusa già nella tarda antichità. Verso la metà del Trecento il tema venne ripreso a Treviso da Tommaso da Modena, ma anche a Padova in una raffigurazione del poeta Petrarca. Nello stesso periodo il teologo bolognese Johannes Andreae diede nuovo impulso al culto del santo con uno scritto intitolato *Hieronymianus*, dove lo presentava *in cathedra sedens*, come maestro universale. Le indicazioni del teologo furono all'origine di questa nuova iconografia di Girolamo, basata sui ritratti degli autori classici intenti a lavorare nello *scriptorium* (cfr. Locher 1999, 44-51). Nel Quattrocento quest'immagine dilagò non solo in Italia, ma anche nei paesi dell'Europa settentrionale. Tra i precedenti della metà del XV secolo che si potrebbero citare, restringeremmo la scelta a quattro dipinti ben precisi, ai quali Antonello avrebbe potuto effettivamente avere accesso. Si tratta del *San Girolamo* di Colantonio, dipinto a Napoli intorno al 1445; di quello, ora perduto, di Jan van Eyck che faceva parte del trittico Lomellini, un'opera che si trovava a Napoli dal 1441; della versione, anch'essa perduta, di Giovanni Bellini del 1464; e infine del dipinto, attribuito a Jan van Eyck, ora a Detroit (cat. 15). Basta un'occhiata all'opera di Colantonio per capire che la sola cosa che la accomuna al *San Girolamo* di Antonello è la descrizione particolareggiata dei tanti oggetti presenti nello studio. Il dipinto perduto di Giovanni Bellini mostrava il santo all'interno del convento, seduto con i suoi confratelli: ne esiste forse un riflesso in una miniatura ora a Berlino (cat. 17). L'altro quadro perduto, quello di Jan van Eyck già a Napoli, potrebbe invece benissimo aver costituito una fonte di ispirazione per Antonello da Messina: nel 1456, infatti, Bartolomeo Fazio lo aveva descritto come

Colantonio, *San Girolamo nello studio*
Napoli, Museo di Capodimonte

215

un'immagine di San Girolamo nello studio, con qualche libro aperto, elogiandone il meraviglioso naturalismo. Nulla sappiamo della concezione spaziale del dipinto Lomellini, ma Antonello potrebbe averne desunto il motivo del finto portale, in primo piano, certamente un'invenzione nordica, riconducibile all'arte dei fratelli di Limburg. Ma il motivo architettonico assume qui forme napoletane, angioine o aragonesi (cfr. Castelfranchi Vegas 1983, 124; si vedano i portali delle chiese napoletane di San Pietro a Maiella e San Giovanni a Carbonara, ripr. in Venditti 1969, 755, 779).

Non è escluso che Antonello avesse portato con sé a Venezia qualche ricordo visivo della città dove aveva lavorato anni prima. Il *San Girolamo* di Detroit, attribuito a Jan van Eyck, ha una composizione molto diversa, ma presenta qualche interessante analogia con il nostro dipinto. Va soprattutto osservato che queste due immagini sono le sole di tutto il Quattrocento a presentare il santo intento a leggere un libro, invece che nell'atto di scrivere. Panofsky ha dimostrato che il San Girolamo di Detroit è in realtà un ritratto del cardinale Nicolò Albergati. Il santo di Antonello è visto di profilo ed è senza barba: un attributo sempre presente nella tradizione italiana, ma non in quella dell'Europa settentrionale, come si può osservare, per esempio, nell'opera eyckiana di Detroit e nelle miniature ad essa connesse, oppure nella grande tavola di Michael Pacher (Alte Pinakothek, Monaco; Locher 1999, 51-53). È più che probabile, quindi, che anche il *San Girolamo nello studio* che stiamo esaminando sia in realtà un ritratto "nascosto".

Le due proposte che sono state avanzate finora non ci paiono soddisfacenti. Accettare l'idea che il personaggio qui raffigurato sia Alfonso d'Aragona (Jolly 1983) o Nicolò Cusano (Ridderbos 1984) significa datare il dipinto al periodo napoletano o, comunque, prima del 1464 – l'anno della morte del Cusano – il che non ci sembra possibile. L'identità del ritrattato va ricercata invece, come ha giustamente suggerito Puppi (1987), nell'ambiente veneziano. Antonio Pasqualino, che possedeva il dipinto nel 1529, aveva un'altra opera di Antonello: il ritratto di suo padre Alvise. Questo non implica necessariamente che fosse stato Alvise Pasqualino a commissionare il *San Girolamo*, perché nella raccolta

descritta da Marcantonio Michiel esisteva un altro Antonello ancora: il ritratto del collezionista Michele Vianello, il quale doveva averlo venduto direttamente a Pasqualino figlio, agli inizi del XVI secolo (cfr. Puppi 1983, 269-273).

Anche se non sappiamo chi sia il personaggio ritratto nelle vesti del santo, è chiaro che si trattava di un ecclesiastico di profonda cultura, in grado di apprezzare una raffinata

simbologia che si esprime non solo nelle diverse tipologie architettoniche raffigurate nel dipinto, ma anche nella sottile contrapposizione fra sacro e profano.

Senza inoltrarci nei particolari di una lettura iconografica davvero esaustiva, vorremmo far notare che il santo ha lasciato le calzature sul pavimento: al sacro recinto si accede scalzi. In ombra, sul lato sinistro – quello negativo – della pedana lignea, si vedo-

no un gatto e un asciugamano sporco: due simboli di impurità. Oltre alla figura del santo, sono invece raffigurati in piena luce la coturnice, il pavone e il bacile (simboli di purezza; cfr. Friedmann 1980; Jolly 1983; Reuterswärd 1992); tutti e tre situati in primo piano, al di fuori dello spazio ecclesiastico. Più in generale, è stato anche suggerito che la posizione dello studiolo all'interno di una chiesa starebbe a significare che il

santo viene a trovarsi nella sua "casa" spirituale, l'*Ecclesia* (Locher
1999, 38). Molti interrogativi rimang-
gono tuttora senza risposta, ma quel
che è certo è che il *San Girolamo* di
Antonello riesce a operare una sintesi davvero strepitosa tra le innovazioni italiane quattrocentesche (la prospettiva) e gli elementi di origine
nordica, con il loro naturalismo carico di valori simbolici.

BA

17
Attribuito al Maestro del Plinio di Londra (attivo ca., 1470-1490)
*San Girolamo in un interno e allegorie delle virtù*, ca. 1478

miniatura su pergamena
295 x 187 mm
Berlino, Staatliche Museen Preussischer Kulturbesitz, Kupferstichkabinett, MS 78 D 13

LETTERATURA: Mariani Canova 1969, 59, tav. 24, 64, 154-155, figg. 97-99; Armstrong 1981, 43-46, 131, figg. 117, 122; London 1994, 84, 86-87, cat. 28.

Questa miniatura fa da frontespizio a un manoscritto delle *Epistolae* di San Girolamo, opera, secondo J.J.G. Alexander (1969, 20, cat. 31), dello *scriptor* Johannes Nydenna . Dentro una splendida cornice a fasce blu, rosso e verde, decorata con gemme e cammei (le quattro figure negli angoli rappresentano allegorie delle virtù), è raffigurato San Girolamo, seduto in un vasto ambiente. Il vecchio padre della Chiesa si sta rivolgendo a cinque uomini più giovani, in piedi di fronte a lui. Le vesti del personaggio più di spicco lo identificano con tutta probabilità con un "cancellier grande" (cfr. Newton 1988, 19). Quattro putti, in primo piano, introducono nella scena una nota vivace e persino scherzosa; è davvero delizioso il particolare del puttino, in basso a destra, che sta giocando a rimpiattino con il leone. Il significato dell'immagine non è chiaro. Forse i cinque uomini rappresentano i membri della scuola di San Girolamo, che aveva sede nel sestiere veneziano di Cannaregio. Come sappiamo da Ridolfi, Giovanni Bellini aveva eseguito due dipinti per quella scuola di devozione, ora purtroppo perduti (Ridolfi 1648, I, 64; cfr. anche Humfrey 1985). Il primo raffigurava San Girolamo seduto fuori dal convento, mentre istruiva i frati raccolti attorno a lui; uno di loro stava stendendo i panni sopra un loggiato. Il secondo dipinto, datato 1464, mostrava il santo intento a leggere nello studio con attorno i frati, occupati a loro volta a studiare o a conversare tra loro. È forse possibile cogliere un riflesso di queste opere in alcune delle immagini veneziane di San Girolamo che sono giunte fino a noi, come ad esempio la tavola di Vincenzo Catena, dove il santo è visto mentre legge nello studio (Robertson 1954, 50, cat. 20, tav. 18A; ne esiste una seconda versione allo Städelsches Kunstinstitut di Francoforte), o in una miniatura con *Davide nello studio* (già Fondazione Giorgio Cini, Venezia; Mariani Canova 1969, 150, cat. 50, tav. 17). Anche la miniatura che stiamo esaminando presenta vari elementi che coincidono con la descrizione

delle opere perdute di Bellini, e in particolare con quella del primo dipinto, quello con il santo seduto in mezzo ai frati. È interessante osservare come la miniatura riveli un'articolazione spaziale piuttosto complicata. Sullo sfondo, oltre una porta aperta, si scopre un paesaggio con uno scorcio della facciata di una chiesa, un fiume con un ponte e qualche collina. Questa sfilata di ambienti di tipo diverso è scandita da un raffinatissimo sistema di illuminazione, che ci consente di percepire l'effetto illusionistico dell'insieme. Più che a Giovanni Bellini, questa concezione dello spazio fa pensare a certe opere fiamminghe e, in modo più particolare, a dipinti di Antonello da Messina come il *San Girolamo nello studio* di Londra, eseguito con tutta probabilità a Venezia nel 1475 (cat. 16). Un esame ravvicinato di certi particolari sembra confermare quest'impressione: le mani affilate del santo, per esempio, e il ridente paesaggio della miniatura si ritrovano pressoché

identici nell'opera del messinese. Il sistema spaziale, per certi versi, sembra anticipare quelli utilizzati qualche tempo dopo da Carpaccio (cfr. catt. 18 e 19). Gli specialisti non sono concordi nell'indicare il nome dell'autore di quest'importante miniatura. Giordana Mariani Canova è incline ad attribuirla a Girolamo da Cremona, mentre Lilian Armstrong la ritiene opera dell'anonimo Maestro del Plinio di Londra, un artista del quale la studiosa americana ha ricostruito la produzione in base a indizi stilistici e che sarebbe stato attivo a Venezia nell'ottavo decennio, per poi passare a lavorare, nel decennio successivo, per gli Aragonesi di Napoli. Poiché la miniatura reca, sulla cornice dipinta, due stemmi Mocenigo, è stato ipotizzato che l'opera possa essere stata eseguita in occasione dell'elevazione al dogado di un membro della grande famiglia veneziana, probabilmente il doge Giovanni, rimasto in carica dal 1478 al 1485.                    BA

# 18
## Vittore Carpaccio (ca. 1460/66-1526)
### *Visione di Sant'Agostino*, ca. 1503

penna e inchiostro bruno con lumeggiature a biacca
278 x 426 mm
Londra, The British Museum, inv. 1934-12-8-1

LETTERATURA: Tietze & Tietze-Conrat 1944, 153, cat. 617, tav. 21, 1; Popham & Pouncey 1950, I, 22, cat. 35, II, tav. XXVIII; Roberts 1959, 293, fig. 20; Lauts 1962, 32, 271, cat. 27, tav. 103; Muraro 1977, 53-54, FIG. 17; London 1983, 253, cat. D11; Gentili 1996, 87, fig. 58.

Nei primi anni del XVI secolo la Scuola di San Giorgio degli Schiavoni commissionò a Vittore Carpaccio un ciclo di grandi tele . Dopo avere finito di dipingere, tra il 1501 e il 1502, le due storie di San Giorgio con il drago e, nel 1502, i due episodi della vita monastica di San Girolamo, l'artista mise mano, nel 1503 o subito dopo, al telero che raffigura un santo nel suo studio. Il tema di questo dipinto, come ha chiarito Helen Roberts nel 1959, è tratto da un brano apocrifo della vita di Sant'Agostino, che narra come il padre della Chiesa, volendo scrivere un trattato sulla gioia dei beati, pensò di chiedere consiglio a San Girolamo, che però morì proprio nell'istante in cui Agostino stava vergando la lettera che intendeva inviargli. Il santo era ovviamente all'oscuro di quanto era avvenuto, ma ecco che all'improvviso irruppe nello studio una luce soprannaturale e si udì la voce di Girolamo che lo rimproverava di avere preteso di conoscere la gloria delle anime beate prima che la sua vita terrena giungesse al termine. Il presente disegno è stato eseguito da Carpaccio in rapporto con il dipinto. Sull'esatta funzione del foglio esistono pareri discordi. Popham e Pouncey 1950 lo ritene-

Vittore Carpaccio, *Visione di Sant'Agostino*, Venezia, Scuola di San Giorgio degli Schiavoni

Jan van Eyck
*Nascita di San Giovanni Battista*
Torino, Museo Civico

vano uno studio preparatorio per la composizione del telero, mentre Muraro 1997 era dell'opinione che si trattasse invece di un disegno "documentario", eseguito dal pittore nell'attesa di ricevere le istruzioni necessarie a dipingere il volto del protagonista, rimasto stranamente incompiuto sul foglio che stiamo esaminando. Seguendo quest'indirizzo, Gentili 1996 ha proposto di riconoscere nel volto di Sant'Agostino le sembianze di Angelo Leonino, legato apostolico a Venezia, che, proprio nel 1502, aveva concesso alla Scuola un'importante indulgenza. Altri studiosi hanno pensato che il ritrattato fosse da identificare con il famoso cardinale Bessarione, che nel 1468 aveva donato la propria biblioteca alla Serenissima (Brown 1994). È proprio il disegno a indurci ad aderire all'opinione di Gentili. Non avrebbe

avuto alcun senso, se l'intenzione fosse stata quella di ritrarre Bessarione, lasciare in bianco il volto del protagonista del foglio, quando a Venezia era disponibile un notissimo ritratto del cardinale greco, vale a dire quello di Gentile Bellini ora al Kunsthistorisches Museum di Vienna (Gentili 1996, fig. 57). E i lineamenti di Bessarione in quel ritratto sono completamente diversi da quelli del Sant'Agostino di Carpaccio. L'immagine è interessante perché rientra nella tradizione dello studiolo umanistico, sviluppatosi nel Quattrocento, nell'ambito dell'iconografia di San Girolamo, sia in territorio veneziano, sia nei Paesi Bassi (si veda catt. 15 e 16). La variante dipinta da Carpaccio si distingue non solo per la limpidissima resa spaziale, ma anche per il grande numero di oggetti che vi vengono descritti. Le due statuette sulla mensola hanno indotto Zygmunt Wazbinski a interpretare l'immagine come un "museo ideale veneziano" (Wazbinski 1968). Ma Wolfgang Liebenwein ha giustamente osservato che Carpaccio non ha inteso mostrare un vero ambiente veneziano del suo tempo, ma piuttosto una ricostruzione di fantasia della cella del dotto Padre della Chiesa (Liebenwein 1988, 107-108). Va detto, inoltre, che lo studiolo vero e proprio sembra essere quello con il leggio colmo di libri, che si intravvede in

un'altra stanza più piccola, oltre la porta aperta sulla parete di fondo, a sinistra. Vi potrebbe forse essere una deliberata contrapposizione tra lo spazio 'laico' dello studiolo, sul lato sinistro, e il più vasto ambiente ove si sta verificando, all'estrema destra, l'evento soprannaturale (Claudia Cieri Via, in Liebenwein 1988, XV-XVI). Ad ogni modo, in termini spaziali, l'immagine si collega strettamente con l'interno raffigurato nel *Sogno di Sant'Orsola*, un dipinto di Carpaccio firmato e datato 1495 (Gallerie dell'Accademia, Venezia; Muraro 1966, XLVI-XLVII), dove una porta, sullo sfondo a sinistra, dà accesso a un'altra camera. Questa successione di ambienti, ognuno illuminato in modo diverso – forse riconducibile a Jan van Eyck (si veda anche la miniatura del *Libro d'ore Torino-Milano*; Torino 1997, fol. IV) – è un motivo utilizzato, prima che da Carpaccio, anche da vari pittori dell'Italia centrale, compresi Piero della Francesca (si veda la *Flagellazione* della Galleria Nazionale delle Marche; Bertelli 1991, 182-185) o il Beato Angelico. Nel presente disegno Carpaccio si rivela particolarmente attento ai problemi dell'illuminazione, anticipando, sotto certi aspetti, la più complessa costruzione spaziale della *Nascita della Vergine* dell'Accademia Carrara di Bergamo (cat. 19).

BA

19
Vittore Carpaccio (ca. 1460/66-1526)
*Nascita della Vergine*, ca. 1502-1507

olio su tela, 126 x 129 cm
scritta (non autografa): VICTOR CAR-
PATIUS V. FACIEBAT
Bergamo, Accademia "Carrara"
inv. 731

PROVENIENZA: Scuola degli Albanesi, Venezia.
LETTERATURA: Ludwig & Molmenti
1906, 223-226; Lauts 1962, 234, cat.
20; Venezia 1963, 202-203, cat. 40;
Muraro 1966, XCII-CXIII; Borean
1994, 49-51; Heimbürger 1999, 36-
38, fig. 19.

Durante il primo decennio del Cinquecento Vittore Carpaccio dipinse
per la Scuola degli Albanesi, a Venezia, sei teleri con scene della vita della Vergine. La scelta del tema sarebbe legata al culto della Madonna di
Scutari, protettrice dell'Albania. La
scuola venne chiusa nel Settecento e,
dopo lunghe vicende, il ciclo venne
disperso in varie raccolte. Due dei
teleri sono oggi a Milano, alla Pinacoteca di Brera, tre a Venezia (due
alla Ca' d'Oro, cfr. cat. 69 e uno al
Museo Correr), mentre quello che
presentiamo in questa scheda appartiene all'Accademia "Carrara" di
Bergamo. La critica ha più volte rilevato che la qualità di queste opere
non è altissima e che il pittore doveva averne delegato l'esecuzione, perlomeno in parte, agli aiuti di bottega.
Non c'è da meravigliarsene, perché
nei primi anni del XVI secolo Carpaccio sembrava essere un artista ri-
chiestissimo, almeno a giudicare dalle tante commissioni affidategli nello
stesso arco di tempo, compresa
quella dei teleri della Scuola di San
Giorgio degli Schiavoni. È comprensibile, quindi, che nella tela in

esame si ritrovino figure utilizzate
anche in altri dipinti. Il motivo della
donna seduta sul parapetto, a destra,
ricorre sia nel frammento di una *Madonna leggente* (National Gallery of
Art, Washington; Lauts 1962, 253,
cat. 88, tav. 143) del 1505 circa, sia
nel disegno di una *Sacra conversazione* (già collezione Gathorne-Hardy,
Donnington Priory; Lauts 1962,
267, cat. 9, tav. 89), che viene datato
intorno al 1500 o verso il 1505 (Muraro 1977, 36, fig. 43). Più di uno
studioso si è soffermato sull'interno
domestico descritto in questa tela,
che rispecchierebbe quello di una
casa veneziana dell'epoca. Senza voler togliere nulla al valore di queste
osservazioni sull'importanza documentaria dell'immagine, vorremmo
ricordare che, di solito, Carpaccio
non riproduceva realisticamente un
interno, ma costruiva le sue ambien-
tazioni in modo più o meno fanta-
sioso, facendo ovviamente ricorso
'anche' a elementi tipici delle abitazioni veneziane del tempo (cfr. Borean 1984). Piuttosto insolito risulta
il particolare della targa con versetti
biblici in ebraico (*Is*, 6, 3; *Sal*, 118,
26b): "Santo, santo, santo, in alto
benedetto colui che viene nel nome
del Signore".
Muraro 1996 ha osservato che qui è
stato raffigurato il momento in cui,
secondo il costume veneziano, viene
offerta la "pappa" alla puerpera,
mentre le ancelle stanno lavando la
neonata. Anche Albrecht Dürer aveva inserito quest'ultimo motivo nella xilografia con la *Nascita della Vergine* del 1503-1504 (Strauss 1980,
175, cat. 80 [131]), che Carpaccio
certamente conosceva (e che ci fornisce, sia detto per inciso, un *post*

*quem* per la datazione del dipinto,
che non è documentato).
Se alcuni aspetti della composizione
e i tanti particolari della vita quotidiana possono derivare dalla stampa
di Dürer, per altri versi la composizione carpaccesca sarebbe impensabile senza uno studio diretto, da parte dell'artista veneziano, di qualche
opera pittorica fiamminga. Ci sembra
molto probante il confronto, che
proponiamo in questa mostra, tra il
telero di Carpaccio e l'incantevole
tavola con la *Madonna con il Bambino in un interno* di Petrus Christus,
ora al Nelson Atkens Museum of Art
di Kansas City. Esiste più di un'analogia tra i due dipinti, basti pensare
al soffitto con le travi a vista, al pavimento a riquadri, al letto con le cortine e al ben più interessante particolare dell'infilata di ambienti che ci
viene presentata da Carpaccio. Dietro la porta aperta è possibile vedere
un'altra stanza quasi in penombra e,
ancora più in là, un cortile pieno di
sole, dove scopriamo una donna che
sta spennando un pollo. Una sequenza di spazi molto simile, scandita da una raffinata alternanza di luci
e ombre, esiste anche nella tavola di
Petrus Christus Madonna col Bambino in un interno di Kansas City.
Come si è già detto, l'impianto compositivo di quest'ultimo dipinto parrebbe risalire a quello della *Nascita
di San Giovanni Battista* nele *Libro
d'ore di Torino-Milano* (Museo Civico d'Arte Antica, Torino). Si osservi
come, sullo sfondo della miniatura
torinese, compaia una minuscola figura di una donna al lavoro, proprio
come nel dipinto di Carpaccio. Sarebbe indubbiamente una forzatura
concludere che il pittore veneziano
dovesse conoscere la miniatura
eyckiana, ma è chiaro che era al corrente della tradizione alla quale l'o-
pera apparteneva.

BA

Albrecht Dürer, *Nascita della Vergine*

P. Christus, *Madonna col Bambino
in un interno*, Kansas City, Nelson-Atkins
Museum of Art

221

20
Maestro della Leggenda di Santa Caterina
(attivo 1460-ca. 1500)
anta sinistra: *Annunciazione* (recto) e *Madonna col Bambino* (verso); anta destra: *Presentazione al Tempio* (recto) e *San Giovanni Evangelista* (verso)
ca.1460-1500

tempera su tavola
ciascuna 78 x 51 cm
Firenze, Museo Nazionale del Bargello, Legato Carrand, inv. 2050 C
2051 C

Scuola di Rogier van der Weyden (Hans Memling?), *Annunciazione*, New York Metropolitan Museum of Art

LETTERATURA: Friedländer 1949, 160; 1969, 77, cat. 52, tav. 54; Sonkes 1969, 44; Firenze 1989, 379-383; Collobi Ragghianti 1990, 38-39, cat. 72.

Le due tavole sono quanto rimane di un trittico attribuito da Max J. Friedländer all'anonimo pittore denominato Maestro della Leggenda di Santa Caterina dal soggetto di un dipinto della collezione viennese del barone J. van der Elst (Brugge 1969, 87-89). L'artista è uno stretto seguace e imitatore di Rogier van der Weyden, probabilmente operante a Bruxelles verso la fine del Quattrocento. Friedländer aveva avanzato l'ipotesi che si trattasse di Pieter van der Weyden, il figlio di Rogier, che avrebbe ereditato la conduzione della bottega paterna. L'opera rivela palesemente i modi di Rogier sia nello sportello con la *Presentazione nel tempio*, sia in quello con l'*Annunciazione*: l'immagine che più interessa nel presente contesto e che rivela

una finezza pittorica maggiore rispetto al *pendant*. Le grisaille sul retro delle due tavole sono di fattura decisamente più schematica. Per la *Presentazione* l'artista ha copiato abbastanza liberamente la tavola dello stesso soggetto del trittico di Santa Colomba di Rogier van der Weyden (Alte Pinakothek, Monaco), mentre per il *pendant* ha preferito rifarsi all'esempio dell'*Annunciazione* Clugny del Metropolitan Museum di New York: un'opera dalla bottega di Rogier basata a sua volta sull'*Annunciazione* del trittico di Santa Colomba (New York 1998, 112-115, cat. 10). La figura della Vergine, letteralmente identica nelle due tavole di New York e del Bargello, compare anche in un disegno a punta d'argento, di buona qualità artistica, conservato a Weimar (Staatliche Kunstsammlungen, Schlossmuseum), che potrebbe essere una copia preparata dal Maestro della Leggenda di Santa Caterina per utilizzarla nel presente

dipinto (Sonkes 1969, 43-45, B 4, fig. VI b). I rapporti sopraindicati sono una testimonianza del modo di operare della bottega di Rogier e degli allievi a lui più prossimi, cui dobbiamo una vasta produzione composta prevalentemente di varianti di un numero relativamente limitato di prototipi (si veda anche cat. 22).

Tornando all'*Annunciazione*, va osservato che Maria riceve il messaggio angelico nella propria stanza, secondo una tradizione iconografica ben radicata nella pittura fiamminga del XV secolo. L'ambiente, sottilmente illuminato dall'alta finestra sulla sinistra e minuziosamente descritto in tutti i suoi particolari, è dominato dal grande letto che lo trasforma in una camera nuziale, dove la Vergine, anche se in termini spirituali, si congiunge con Dio per ricevere il Cristo (Blum 1992, 43-44, citata da Mary Sprinson de Jesus in New York 1998). E il fatto che il letto appaia assolutamente intatto po-

trebbe simboleggiare lo stato verginale dell'Annunciata (si veda anche la scheda cat. 21). È stato rilevato dalla Blum (1992) che la dalmatica indossata dall'angelo è quella dei diaconi e quindi un riferimento all'Eucaristia e al sacrificio di Cristo perpetuato nella Messa, mentre il giglio è un notissimo simbolo di purezza.

Nel complesso della mostra l'immagine va confrontata con l'*Annunciazione* di Recanati di Lorenzo Lotto (cat. 21), la cui ambientazione in una camera da letto si rifà alla tradizione fiamminga della quale la tavola del Bargello è un ottimo esempio. Osserviamo inoltre che l'angelo, in entrambi i dipinti, appare alle spalle della Vergine, facendole interrompere la lettura del testo sacro. Questa formula compositiva consente all'anonimo pittore fiammingo, come a Lotto, di presentare la Madonna in primissimo piano, avvicinandola il più possibile allo spettatore. Come

abbiamo suggerito nella scheda cat. 21, la posizione e l'atteggiamento della Madonna si potrebbero spiegare ricordando i numerosi testi devozionali dell'epoca che esaltano le virtù mariane proponendole al fedele come un modello da imitare.

BA

21
Lorenzo Lotto (ca. 1480-1556)
*Annunciazione*, ca. 1533-1535

olio su tela, 166 x 114 cm
firmato sull'inginocchiatoio:
L. Lotus
Recanati, Pinacoteca Civica

PROVENIENZA: Oratorio della Confraternita di Santa Maria sopra Mercanti, Recanati, fino al 1953.
LETTERATURA: Zampetti 1953, 49; Mariani Canova 1975, 110-111; Denny 1977, 127-128; Ancona 1981, 310-312, cat. 73; Matthew 1988, 291-292, 410-411, cat. 27; Berenson 1990, 98-99; Mozzoni & Paoletti 1996, 92-99; Humfrey 1997, 1-2, fig. 2, 126-127; Bergamo 1998, 191-193, cat. 40.

L'*Annunciazione* dipinta da Lorenzo Lotto per la Confraternita di Santa Maria sopra Mercanti di Recanati, la cittadina marchigiana per la quale l'artista veneziano eseguì una serie di opere in vari momenti della sua vita, è una delle più commoventi interpretazioni del tema di tutto il Cinquecento italiano. La scena si svolge nell'intimità della stanza da letto della Vergine, che, per usare le parole di Berenson (1990), "si ritrae sbigottita e riverente dall'inginocchiatoio, per l'improvvisa apparizione dell'Arcangelo, penetrato nella sua camera attraverso l'attiguo loggiato. Pesanti cortine verdi avvolgono il candido letto e alla mensola ove s'allineano i libri, il calamaio e il candelabro sono appesi una cuffia da notte e un asciugamano. Il gatto fugge spaventato, arcuando il dorso e la coda. L'Angelo genuflesso, biondo e vestito di azzurro, regge un giglio nella sinistra e alza solennemente la destra a indicare il cielo. [...] Dietro a lui, la balaustra della loggia lascia intravedere un giardino; oltre la spalliera di rose, un pergolato e pini e cipressi si

Jan Provost, *Annunciazione*
Genova, Galleria di Palazzo Bianco

stagliano nitidamente contro il pallore del cielo". Potremmo solo aggiungere che l'irruzione della figura di Dio Padre sembra un vero e proprio tuffo dall'alto. I magnifici contrasti tra i colori chiari o persino gelidi (la veste dell'angelo) e le tonalità più calde contribuiscono non poco alla suggestiva bellezza dell'immagine.
Il dipinto, non documentato, è ricordato per la prima volta nel 1601 da uno storico recanatense. Fino a tempi recentissimi, la critica era concorde nel datare la tavola intorno al 1527-1528 per via delle analogie formali con la *Madonna con il Bambino e i Santi Caterina e Tommaso* (Kunsthistorisches Museum, Vienna), generalmente considerata un'opera lottesca del 1527-1529. Ma gli studiosi si basavano anche sulla presunzione che il dipinto andasse identificato con una delle "due palle finite con li soi hornamenti seu anchone" che l'artista dichiara in una lettera di avere spedito nelle Marche da Venezia nel 1527 (Lotto 1969, 276). Nel catalogo della recente mostra di Lorenzo Lotto (Bergamo 1998), Peter Humfrey ha espresso un diverso parere, facendo presente che le due pale citate nella lettera potevano anche essere quelle eseguite per altrettante chiese di Jesi: la *Madonna in trono con i santi Giuseppe e Girolamo* (datata 1526) e un'altra *Annunciazione* (entrambe conservate ora nella Pinacoteca Civica di Jesi). Humfrey segnala inoltre convergenze stilistiche con opere eseguite dopo il ritorno dell'artista nelle Marche (probabilmente nel 1533), come la *Madonna con il Bambino e angeli* (già nel Palazzo Comunale di Osimo) e *La Visitazione* (Pinacoteca Civica, Jesi). Louisa Matthew (1988) ha riportato la notizia che nel 1533 la Confraternita di Santa Maria sopra Mercanti si era trasferita in una nuova sede, il che potrebbe giustificare la commissione a Lorenzo Lotto del dipinto in esame.
In termini iconografici e tipologici la tela tradisce evidentissime ascendenze fiamminghe. La nitidissima descrizione dei particolari, nonché il motivo del grande letto a baldacchino rimandano alla tradizione delle Annunciazioni neerlandesi, dove ogni singolo oggetto "naturalistico" assume spesso un valore simbolico. La candela spenta, per esempio, allude alla luce divina che estingue quella terrena (per un esempio analogo si veda l'*Annunciazione* del Maestro di Flémalle, ora ai Cloisters di New York; cfr. Tolnay 1939, 15;

Heckscher 1968, I, 61; New York 1998, 90), mentre la clessidra segnala il contrasto fra il tempo del mondo e la promessa di vita eterna rappresentata dall'incarnazione di Cristo. Non a caso il gatto, simbolo diabolico, viene cacciato dalle forze divine mentre si trova appunto sotto la clessidra. (Il motivo del gatto, per inciso, è probabilmente desunto da un bassorilievo con l'*Annunciazione* eseguito nel 1521 da Andrea Sansovino per il santuario della Santa Casa nella vicina Loreto; cfr. Matthew 1988, 291-292). Di grande interesse è il fatto – insolito nella tradizione iconografica italiana – che l'angelo venga mostrato alla destra della Vergine, come invece avviene con una certa frequenza nella pittura del Quattrocento neerlandese. Insieme con Tiziano (nella cappella Broccardi del duomo di Treviso; Wethey 1969, 69-70, cat. 8, figg. 56, 57) e con Savoldo (Museo Civico, Pordenone; Frangi 1992, 86-89), Lotto è uno dei pochi artisti veneti del primo Cinquecento che hanno adottato questa particolare tipologia ispirandosi a prototipi neerlandesi (come ad esempio l'*Annunciazione* di Jan Provost della Galleria di Palazzo Bianco di Genova, un'opera che in quel periodo si trovava in Italia; cfr. Fontana Amoretti & Plomp 1998, 195, cat. 281). I motivi di questa scelta non sono affatto chiari. Nel dipinto di Lotto, comunque, la Vergine si rivolge allo spettatore con un'immediatezza quasi sconcertante. Si è detto che il pittore potrebbe essersi ispirato all'*Annunciazione* di Dieric Bouts inclusa in un polittico che, con ogni probabilità, si trovava a Venezia già nel Quattrocento: anche in quell'opera, come nel dipinto di Recanati, l'angelo sopraggiunge alle spalle della Vergine.
Qui l'Annunziata si presenta al riguardante come un esempio supremo di modestia e umiltà. In questo senso la tela potrebbe essere intesa come un esplicito invito al credente a identificarsi con Maria e ad imitarne le virtù, esattamente come facevano con le loro appassionate esortazioni tanti scrittori religiosi del tardo Medioevo, da San Bernardo di Chiaravalle a Johannes Tauler (Denny 1977, 138-141).

BA

22
Rogier van der Weyden
(ca. 1399-1464)
*Compianto sul Cristo morto*,
ca. 1460-1464

olio su tavola, 81 x 130 cm
L'Aja, Royal Cabinet of Paintings
Mauritshuis, cat. 264

PROVENIENZA: Collège d'Arras (?),
Lovanio; collezione J.P. Geedts, Lovanio, 1805; collezione C.L.G.J. Baron Keverberg van Kessel, Bruxelles, 1817-1827; acquistato nel 1827
da Guglielmo II, re dei Paesi Bassi,
per il Koninklijk Kabinet Van Schilderijen.
LETTERATURA: Friedländer 1924,
106, cat. 46; Musper 1948, 51-52;
Panofsky 1951; Sonkes 1969, 63-64,
B.14; Panofsky 1971, 284; Davies
1972, 216, fig. 119; Kerber 1975,
18-21, fig. 8; Broos 1987, 400-410,
cat. 68; Châtelet 1989; Van Asperen
de Boer, Dijkstra & Van Schoute
1992, 171-180; Sander 1992, 84-87.

I due grandi protagonisti della pittura fiamminga del Quattrocento – Jan
van Eyck e Rogier van der Weyden –
sono esattamente agli antipodi. Il
primo è stato il grande osservatore
della realtà in tutti i suoi aspetti e ha
sempre cercato di attirare lo spettatore nel mondo da lui rappresentato,
mentre il secondo preferiva concen-
trarsi sull'espressività delle figure,
rendendole con un esasperato linearismo e impaginandole in composizioni movimentate con un raffinatissimo senso del ritmo. Di Rogier sappiamo ben poco. Nato a Tournai, nel
nord della Francia, aveva frequentato la bottega del Maestro di Flémalle, generalmente identificato con il
pittore Robert Campin, grande pio-
niere del nascente realismo fiammin-

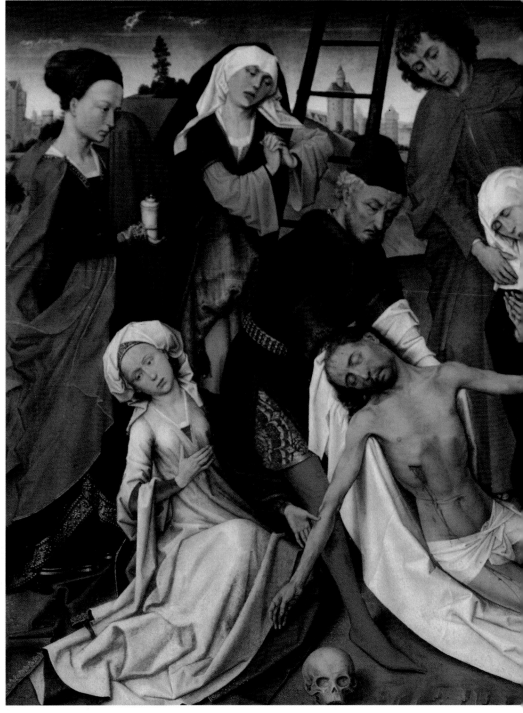

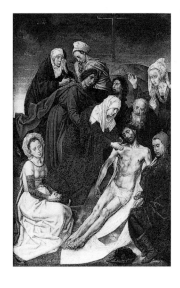

Hugo van der Goes, *Pietà*
Vienna, Kunsthistorisches Museum

go agli inizi del XV secolo. Dalla
metà del quarto decennio fino alla
morte ricoprì la carica di pittore ufficiale della città di Bruxelles, co-
gliendo notevoli successi in campo
artistico ed economico.
Benché l'influsso della sua pittura
sia stato immenso, anche fuori dalle
Fiandre, di Rogier van der Weyden
conosciamo solo due opere assolutamente sicure: la *Deposizione* del Prado e la *Crocifissione* dell'Escorial.
Partendo da questi due capolavori,
gli specialisti sono riusciti a mettere
insieme un ristretto corpus di dipinti giudicati autografi. Molte altre tavole tradiscono lo stile del maestro,
senza però eguagliarne l'eccellenza
artistica. Altre opere ancora, spesso
di buona fattura, ripetono motivi o

segmenti di composizioni del suo repertorio. Van der Weyden era senza
dubbio a capo di un grande *atelier*
particolarmente attivo, diretto dopo
la sua morte dal figlio Pieter. La bottega di Rogier è stata finora poco
studiata, ma sappiamo che fra i suoi
diretti seguaci uno dei più dotati era
Hans Memling (si vedano le osservazioni in merito a Campbell 1996,
126-127).
La tavola del Mauritshuis è un'opera
del "gruppo Rogier" di altissimo livello artistico, che si ispira – come
tante altre pitture del maestro e della sua cerchia – alla Passione di Cristo. Il Salvatore, appena deposto
dalla croce, è compianto dalla Vergine, da San Giovanni, dalla Maddalena e dalle persone a lui più vicine,

mentre sul lato destro assistono alla
scene i Santi Pietro e Paolo e un donatore. Sull'attribuzione e la datazione dell'opera la critica ha espresso pareri divergenti. Per Friedländer
(1924) si tratta di un capolavoro di
Rogier, ma Sander (1992) lo declassa
a *pastiche*; la maggioranza degli
esperti si esprime a favore di una datazione tarda, mentre Kerber (1975)
situa il dipinto nella fase giovanile.
Prescindendo dalle osservazioni di
carattere stilistico ed estetico, un fattore di fondamentale importanza
nella discussione è l'identità del
committente che, secondo Panofsky
(1951; 1971), dovrebbe essere Pierre
de Ranchicourt, vescovo di Arras dal
1463 al 1499. Costui, a quanto risulta, fu l'unico vescovo con questo no-

me di battesimo vissuto nei Paesi Bassi durante la seconda metà del Quattrocento e l'atteggiamento assunto nel dipinto da San Pietro nei riguardi del donatore sarebbe, secondo lo studioso, quello tipico dei santi patroni. De Ranchicourt assurse alla dignità episcopale il 17 aprile 1463, il che potrebbe fornire un *post quem* per il dipinto, ma Rogier morì il 18 giugno 1464 e quindi avrebbe avuto poco tempo a disposizione per dipingerlo. Bisogna osservare, tuttavia, che alle spalle è presente anche San Paolo, e che sullo splendido piviale del personaggio è ricamata l'intera serie degli apostoli (Broos 1987). Non è affatto sicuro, in altre parole, che fosse proprio Pietro il santo patrono dell'anonimo vesco-

vo. Châtelet (1979) aveva proposto di identificare il committente con Philippe Courault, titolare dell'abbazia di San Pietro, a Gent, dal 1445 al 1471, ma il suo ragionamento non sembra del tutto convincente. Anche per lo studioso francese la tavola sarebbe un'opera della tarda maturità del pittore e l'opinione è condivisa da Davies (1972), che peraltro aveva avanzato qualche dubbio sull'autografia del dipinto.
Le indagini riflettoscopiche in infrarosso alle quali è stato recentemente sottoposto il dipinto hanno permesso di studiare il disegno preparatorio sottostante, che conferma sostanzialmente l'opinione già espressa dalla maggioranza degli studiosi, vale a dire che si tratta di un'opera tar-

da (Van Asperen de Boer, Dijkstra & Van Schoute 1992). Il disegno è infatti stilisticamente assai prossimo a quello della *Crocifissione* dell'Escorial: un dipinto sicuramente autografo e situabile verso la fine della carriera del pittore. In vari particolari, soprattutto delle mani e nei piedi delle figure principali, il tracciato del disegno è stato alterato nella fase pittorica, il che dimostra che quelle parti del dipinto sono di mano del maestro, che si è invece fatto assistere dagli aiuti nell'esecuzione delle figure di Nicodemo e dei Santi Pietro e Paolo, dove si avverte un chiaro scarto di qualità rispetto alla bellissima parte centrale. La popolarità dell'invenzione è confermata da una serie di copie e varianti, fra le quali un

disegno dell'Albertina di Vienna (Sonkes 1969) e un dipinto, già al Metropolitan Museum di New York, messo recentemente all'asta da Sotheby's (New York, 18 giugno 1982, lotto 43). Un riflesso della composizione si avverte anche nella *Pietà* di Hugo van der Goes del Kunsthistorisches Museum di Vienna (Sander 1992, 84-88, che giudica però il dipinto del Mauritshuis una variante tarda della bottega di Rogier) e in una *Pietà* di Jan Joest van Kalkar ora a Bruges (Wolff-Thomsen 1997, 94).
Chiunque fosse il vescovo raffigurato nella tavola, è certo che non si trattava di un italiano. Nel contesto della mostra il *Compianto* del Mauritshuis rappresenta un esempio altissimo di quelle immagini sacre di Rogier van der Weyden, intrise di profonda emotività, che conobbero un successo davvero strepitoso nell'Italia della seconda metà del Quattrocento. Anche se la notizia che il pittore si sarebbe recato a Roma nel 1450 è probabilmente falsa, i committenti italiani lo tennero in altissima stima, tanto che nel 1463 Bianca Maria Sforza, duchessa di Milano, mandò a Bruxelles il proprio pittore di corte, Zanetto Bugatto, a perfezionarsi alla sua scuola.
Nel celebre manoscritto di Marcantonio Michiel, *Notizia d'opere del disegno*, dove è descritto il contenuto delle collezioni veneziane nel primo Cinquecento, non figura nessun dipinto di soggetto religioso di Rogier, ma possiamo comunque immaginare che Giovanni Bellini conoscesse qualche invenzione del famoso pittore fiammingo. L'umanista Bartolomeo Fazio ricorda di averne visto un trittico "negli appartamenti privati del principe di Ferrara", che raffigurava nella tavola centrale "Cristo tolto dalla croce, Maria madre, Maria Maddalena e Giuseppe con dolore e lagrime così evidenti, che non sono per nulla dissimili dal vero" (citato da Torresan 1981, 28). Non è da escludere che, nel concepire la straordinaria *Pietà* Donà delle Rose (cat. 23), Bellini avesse potuto trarre ispirazione da questa o da altre immagini della Passione di Cristo create da Rogier van der Weyden.

BA

23
Giovanni Bellini (ca. 1431/36-1516)
*Pietà*, ca. 1500-1505

olio su tavola, 65 x 87 cm
firmato in basso a sinistra JOANNES /
BELLINUS
Venezia, Gallerie dell'Accademia
cat. n. 883

PROVENIENZA: collezione Martinengo; collezione Donà dalle Rose (fino al 1934).
LETTERATURA: Moschini Marconi 1955, 75-76, cat. 76; Arslan 1956, 67; Heinemann 1962, I, 52-53, cat. 173; II, fig. 96; Robertson 1968, 115, tav. XCVI; Huse 1972, 96-97; Fletcher 1973; Gibbons 1977, 182-183; Tempestini 1992, 243-245, cat. 87; Goffen 1989, 41, fig. 25; Heimbürger 1999, 11-13, fig. 3.

Le figure della Vergine Maria e del Cristo, che giace esanime sulle ginocchia della madre, sono collocate in primo piano davanti a un ampio paesaggio, che è chiuso in lontananza dal profilo di una città cinta di mura e, ancora più in là, da un'alta catena di montagne dolcemente illuminata.
I dubbi espressi in passato sull'autografia del dipinto sono stati tutti rimossi negli ultimi tempi. La critica recente è unanime nel considerare la tavola un'opera di altissima qualità di Giovanni Bellini. Quasi tutti gli studiosi concordano nell'assegnarle una datazione tarda, intorno ai primissimi anni del XVI secolo (l'unico di parere diverso è Gibbons 1977). Questa *Pietà* rivela infatti legami formali molto stretti con il *Battesimo di Cristo* della chiesa di Santa Corona a Vicenza, databile al 1500-1502 (Tempestini 1992, 236-239, cat. 85). È possibile che Giovanni Bellini avesse dipinto quest'opera per un cliente vicentino (Arslan 1956), perché all'interno della città sullo sfondo si riconoscono alcune delle architetture più insigni della città berica, che ritroviamo in gran parte anche nella *Crocifissione* di Prato (cat. 14),

Scultore tedesco del Quattrocento
*Pietà*
Venezia, San Giovanni in Bragora

che risulta databile più o meno nello stesso arco di tempo (Gibbons 1977). Jennifer Fletcher (1973, 384, nota 24), d'altra parte, ha fatto notare che il nostro dipinto potrebbe essere identificato con "un quadro di pietà", che nel primo Cinquecento si trovava nella raccolta di Marcantonio Michiel a Venezia. Tra i monumenti di Vicenza che figurano nel dipinto possiamo individuare la Basilica – ancora nella sua forma gotica, prima dell'intervento di Palladio – la torre di piazza dei Signori e la vecchia facciata del Duomo, mentre la costruzione in cima alla collina, più sulla destra, potrebbe essere il santuario di Monte Berico. Se questi richiami topografici paiono indicare che il dipinto poteva essere destinato a un committente vicentino, è più difficile spiegare la presenza anche di due monumenti ravennati: la chiesa di San Vitale e il campanile cilindrico di Sant'Apollinare Nuovo. Nel dipinto si avvertono numerosi richiami all'arte neerlandese. Il tema stesso – la Madonna con in grembo il corpo morto di Cristo – è di origine oltramontana. Il cosiddetto *Vesperbild* – la Pietà – era uno dei motivi prediletti dagli scultori tedeschi fin dal primo Trecento (Minkenberg 1986; Forsyth 1995, 17-19) e non pochi *Vesperbilder* lignei vennero esportati anche in Italia (si vedano lo studio fondamentale di Körte 1937 e le recenti osservazioni di Steingräber 1998). Le chiese veneziane ne conservano tuttora qualche esemplare di ottima qualità (Wolters 1976, catt. 211-213). Vari pittori italiani, compresi Cosmè Tura (Campbell 1997, 76-77, fig.57), Bartolomeo Montagna (Puppi 1962, 135, figg. 100-102; 136, fig. 52) e lo stesso Giovanni Bellini, trassero ispirazione da queste sculture lignee nordiche.
È chiaramente di matrice neerlandese anche la dettagliata descrizione del paesaggio e in particolare del primo piano, concepito quasi come un *hortus conclusus*, che una fitta siepe separa dalle ondulazioni del terreno del campo intermedio. Alcuni particolari 'naturalistici' hanno senza dubbio un valore emblematico; il ramo con le foglie, che spunta dalla ceppaia sul lato sinistro, allude alla nuova vita, resa possibile dal sacrificio del figlio di Dio, mentre il fiore di convolvolo, accanto alla testa del Cristo, simboleggia la perfezione dell'amore sacro (Levi d'Ancona 1977, 109-110, fig. 34). Forse quest'immagine dedicata alla devozione privata va letta come un manuale vi-

sivo per la meditazione. L'esempio della Vergine Maria, massima espressione della compassio per il figlio morto, deve guidarci nel nostro viaggio terreno – si notino i due sentieri, così in evidenza, sul lato destro dell'immagine – verso la meta agognata: la Gerusalemme celeste, che qui assume le sembianze di Vicenza, la 'città ideale'. È superfluo dire che quest'interpretazione andrebbe approfondita e confermata da un'analisi comparativa con altre opere dello stesso periodo, non solo venete, ma anche nordiche. Tuttavia, nell'arte devozionale di entrambi i versanti delle Alpi, tra la fine del XV secolo e gli inizi del XVI, non è raro imbatterci in analoghe visualizzazioni di un *itinerarium mentis*. Basti citare, per quanto riguarda il Veneto, certe opere di Cima da Conegliano (cfr. Gentili 1994 e Aikema 1994).

BA

24
Anonimo pittore della bassa Renania
*Magia dell'amore*, ca.1470-1480

olio su tavola, 24 x 18 cm
Lipsia, Museum der Bildenden
Künste, inv. 509

PROVENIENZA: Amalia von Ritzenberg, Nischwits bei Würzen, lascito del 1878.
LETTERATURA: Schmidt 1978, 102-103, 246, cat. 45, fig. 135; Wien 1989, 506-507, cat. V/2/3; Paris 1993, 48-49, cat. 1; Lymant 1994.

Squisita come una miniatura e di una tematica rara se non unica, questa raffinata tavoletta è una delle opere pittoriche più suggestive ed enigmatiche tra quelle del Quattrocento tedesco giunte fino a noi. In un ambiente minuziosamente descritto vediamo un'ignuda in piedi, con accanto un cagnolino e un cofanetto aperto contenente un grande cuore, sul quale la donna fa convergere contemporaneamente le scintille sprigionate da una pietra focaia e le gocce d'acqua spremute da una spugna. Sullo sfondo, appoggiato allo stipite di una porta semiaperta, un giovane osserva la complicata operazione.
L'attribuzione della tavoletta è stata a lungo dibattuta: all'inizio del secolo la si assegnava alla scuola di Jan van Eyck, mentre gli studi più recenti la ascrivono alla scuola renana della seconda metà del XV secolo. Hans Martin Schmidt la ha attribuita a un seguace del Maestro della Vita di Maria (Meister des Marienlebens), indicato nella letteratura artistica

Anonimo fiammingo, ca. 1500
*Donna alla toletta*
Harvard University Art Museums
Francis H. Burr, Louise Haskell Daly
Alpheus Hyatt and
William M. Prichard Funds

– dal suo capolavoro – come il Maestro del Dittico di Bonn (Meister des Bonner Diptychons), datandola intorno al 1470-1480. Il dipinto sarebbe dunque il raffinato prodotto di un artista proveniente da Colonia e fortemente influenzato dall'arte neerlandese. Quest'opinione è generalmente accolta da tutta la critica più aggiornata.
Ma la questione principale riguarda il tema del dipinto, ritenuto fino a pochi anni fa in rapporto con un rito di magia erotica legato alla vigilia di Sant'Andrea, che cadeva il 30 novembre. Secondo quest'interpretazione, la ragazza starebbe stregando, con la copia in cera di un cuore umano, l'uomo dei suoi sogni, che è appunto quello raffigurato in secondo piano accanto alla porta. A riprova di questa lettura sono stati citati studi sul folclore tardomedievale, che trattano effettivamente di sortilegi praticati imponendo il nome della persona amata a una figura in cera, che veniva poi fatta fondere nella convinzione di piegare così l'amante ai propri desideri amorosi.
In un recente articolo Brigitte Lymant (1994) ha invece sostenuto che il dipinto non poteva illustrare una pratica di magia effettivamente in uso alla fine del Quattrocento nella regione di Colonia. Un'interpretazione del genere sarebbe del tutto anacronistica, in quanto nel Medioevo i temi dell'arte e della letteratura profana non si riferivano, di solito, alla vita quotidiana, ma a una ristretta rosa di concetti prefissati (*topoi*), che avevano un significato allegorico. Il punto focale dell'azione è costituito dal cuore nella cassettina, che nel Medioevo (come oggi) era uno dei più ovvi simboli d'amore. Sui cofanetti renani (*Minnekästchen*), usati all'epoca come pegno d'amore, è spesso raffigurata la donna amata che sta maltrattando un cuore. Secondo questo concetto, la donna ruberebbe il cuore dell'innamorato per sottoporlo alle peggiori torture. Così nella tavoletta di Lipsia la ragazza "infiamma" con la pietra focaia il cuore dell'uomo procurandogli terribili sofferenze, per lenire le quali deve contemporaneamente spegnere il fuoco con la spugna. Seconda questa lettura, la ragazza non starebbe affatto stregando il giovane con una fattura, ma sarebbe proprio costui ad esprimere, tramite il dipinto, la speranza di veder tramutare il proprio dolore in amorosa felicità. Due particolari della scena sembrano confermare l'i-

dea della studiosa tedesca. Il cagnolino ai piedi della bella alluderebbe alla fedeltà dell'uomo, mentre il pappagallo, sulla destra, sarebbe un simbolo di libidine. La combinazione di fedeltà e passione erotica era vista in positivo dalla teologia medievale, purché l'amore carnale venisse vissuto con la dovuta responsabilità cristiana. Con questi simboli il giovane esprimerebbe la serietà del proprio amore.
Sotto il profilo tipologico, la tavoletta di Lipsia si riallaccia a un piccolo gruppo di immagini quattrocentesche di ignude in un interno, che fa capo a un dipinto perduto di Jan van Eyck che raffigurava alcune donne nude al bagno, ma anche a una variante con un'unica ignuda in compagnia dell'ancella, intenta a guardare nello specchio alla sua destra (su questa serie di opere cfr. anche Ridderbos 1993, che a pag. 57 fornisce un'erronea lettura del dipinto in esame). Anche nella tavoletta di Lipsia troviamo uno specchio, appeso fra le finestre sulla destra, sopra la coda di un pavone. Sarebbe logico pensare che si tratti di un simbolo di vanità (cfr. catt. 25-26), come è certamente il caso di un'altra tavola renana dello stesso periodo (ubicazione attuale ignota), dove una donna discinta nello stesso atteggiamento di quella di Lipsia tiene uno specchio in mano e viene avvicinata dalla scheletrica figura della Morte (Wuyts 1995). Ma nel nostro caso la simbologia dello specchio serve forse anche ad accentuare la crudeltà della giovane, che sta facendo soffrire così a lungo l'innamorato. Il motivo della donna nuda con lo specchio ricorre comunque anche nella pittura italiana: Giovanni Bellini, ad esempio, lo aveva ripreso con ogni probabilità da un dipinto di Hans Memling (cat. 25).

BA

25
Giovanni Bellini (ca. 1431/36-1516)
*Allegoria della Vanità*, ca. 1490

olio su tavola, 34 x 22 cm
Venezia, Gallerie dell'Accademia,
cat. n. 595c

PROVENIENZA: Gerolamo Contarini
(donato alle Gallerie nel 1838).
LETTERATURA: Crowe & Cavalcaselle
1871, I, 167; Ludwig 1906, 212-220,
226-229; Venezia 1949, 162-165, cat.
99; Moschini Marconi 1955, 71-73,
cat. 73; Robertson 1968, 103-106;
Venezia 1978, 34-37; Cieri Via 1981;
Goffen 1989, 226-237; Tempestini
1992, 194-197, cat. 68.

Quest'incantevole piccolo dipinto,
di un'ignuda su un alto piedistallo
marmoreo, fa parte di un gruppo di
quattro tavolette di identica misura,
tutte conservate alle Gallerie del-
l'Accademia di Venezia. Una quinta
tavola, di stile e formato diversi, oltreché di altra provenienza, è stata
unita al gruppo nel museo, ma ad
evidenza non appartiene a questo
breve ciclo (Moschini Marconi
1955, fig. 72e). La critica è unanime
nell'attribuire le quattro opere a
Giovanni Bellini, ma sulla loro datazione non vi è consenso. Le date
suggerite dagli studiosi oscillano fra
il nono decennio del XV secolo e i
primi anni del Cinquecento. Una
collocazione cronologica intorno al
1490, sostenuta, fra gli altri, da Rona
Goffen e da Anchise Tempestini, ci
sembra ragionevole non solo per il
carattere abbastanza lineare delle
raffigurazioni, ma anche per gli ovvi
parallelismi tipologici fra il nudo del
dipinto in questione e la statua di
*Eva*, scolpita da Antonio Rizzo per il
Palazzo Ducale nei primi anni set-

Hans Memling
*Allegoria della Vanità*
Strasburgo, Musée des Beaux-Arts

tanta del Quattrocento (Markham
Schulz 1983, 32, figg. 48 e 49).
Sulla collocazione originaria dei
quattro dipinti e sul loro significato il
dibattito è aperto ormai da quasi un
secolo, e non si è ancora giunti a una
soluzione davvero soddisfacente. Secondo Crowe & Cavalcaselle (1871)
e Ludwig (1906), le tavole sarebbero
state parte del "restelo – ossia di un
piccolo mobile con lo specchio usato
per appendere gli oggetti da toeletta
– con zerte figurete de miser Zuan
Belino" citato nel testamento, datato
25 novembre 1525, del pittore Vincenzo Catena (Goffen 1989). L'ipotesi è inverificabile, ma la qualità del-
l'esecuzione dei quattro dipinti, in
alcuni passaggi abbastanza sommaria e approssimativa, potrebbe effettivamente spiegarsi con la loro funzione legata alla decorazione della
mobilia di lusso: un genere di pittura
considerato 'minore' nella gerarchia
dei valori artistici.
Le raffigurazioni allegoriche dipinte
sulle tavolette sono di così difficile
interpretazione che non ve n'è
nemmeno una sul cui significato gli
studiosi concordino. Nel nostro caso, accanto al piedistallo si scorgono
tre putti con strumenti a fiato e a
percussione, mentre l'ignuda tiene
in mano uno specchio, dove è riflessa l'immagine distorta di un volto.
Ludwig vi vedeva un'allegoria della
Prudenza, altri hanno optato per
una rappresentazione della Verità.
Secondo un altro filone di lettura,
dovrebbe trattarsi invece della personificazione di un vizio. Claudia
Cieri Via e Rona Goffen pensano entrambe a un ciclo impostato sulla
contrapposizione dialettica tra due
immagini della *Virtus* e due della *Voluptas*. Il confronto tra l'ignuda con
lo specchio e due opere dall'iconografia molto simile, rispettivamente
di Jacopo de' Barbari e di Hans Baldung Grien, ha indotto Cieri Via a
identificare la figura belliniana con
la Vanità (si vedano anche gli esempi
proposti da Tervarent 1958, 273). La
nuda indica con la mano sinistra il
volto maschile riflesso sulla superficie convessa dello specchio, che è
probabilmente quello del riguardante, e quindi il messaggio moralistico
potrebbe essere il classico "conosci
te stesso": un invito a non lasciarsi
ingannare dalla vanità delle cose terrene. A sostegno di quest'interpretazione osserviamo, con la Cieri Via,
che le trombe e il tamburello nelle
mani dei putti sono strumenti musicali cui la morale dell'epoca assegnava una valenza negativa.

All'interno della produzione pittorica di Giovanni Bellini le quattro allegorie costituiscono un caso eccezionale. Per la figura principale della tavoletta in esame l'artista ha certamente tenuto conto, oltre che del-
l'Eva di Antonio Rizzo, di esempi
fiamminghi. L'ignuda potrebbe forse tramandare in qualche modo il ricordo del celebre dipinto (perduto)
con alcune donne al bagno di Jan
van Eyck, che era stato descritto dal-
l'umanista Bartolomeo Fazio: grazie
alla presenza di uno specchio una
delle figure poteva essere vista contemporaneamente di fronte e da tergo (Torresan 1981, 27). Di un'analoga composizione del maestro fiammingo, che raffigurava un'unica
donna nuda con la sua ancella, esiste
una copia nel Fogg Art Museum del-
l'Università di Harvard (Cambridge,
Massachusetts), ma l'originale è probabilmente riprodotto in un particolare del dipinto di Willem van Hae-
cht che mostra la galleria di un collezionista di Anversa del XVII secolo,
Cornelis van der Geest (Ridderbos
1993, 53-57, figg. 5, 6, 9, con bibliografia precedente). Ancora più pertinente ci sembra il confronto con
uno degli scomparti del *Trittico della
Vanità e della Salvezza* di Hans
Memling (Musée des Beaux-Arts,
Strasburgo), che raffigura un'ignuda
stante, con uno specchio in mano,
molto simile a quella di Bellini. Non
è da escludere che l'altarolo di Memling si trovasse in Italia verso la fine
del Quattrocento e che il pittore veneziano avesse avuto modo di vederlo: sappiamo infatti che nel 1890 il
museo di Strasburgo aveva acquistato l'opera a Firenze, dal mercante-
collezionista Bardini (Bruges 1994,
114).

BA

26
Anonimo tedesco
*Ritratto di uomo* (recto)
Anonimo fiammingo o tedesco
*Coppia nuda in un interno*
(verso), ca.1500

olio su tavola, 55 x 45 cm
Berlino, Staatliche Museen Preussischer Kulturbesitz, Gemäldegalerie
inv. 1664

PROVENIENZA: collezione conte de
Pourtalès-Gorgier (asta 1865), Parigi; coll. Mame, Tours (asta Parigi
1904); coll. Rodolphe Kann, Parigi
(asta Londra 1907); acquistato dal
museo nel 1908.
LETTERATURA: Baldass 1938, 324,
325 (ripr.); Servolini 1944, 127, tavv.
XXIX, XLVIII; Levenson 1978, 283-
286, cat. 47; Dülberg 1990, 161-163;
Gemäldegalerie Berlin 1996, 15,
411, figg. 1756-1757; Pagnotta 1997,
280-281, cat. A.7.

Questa tavola berlinese dipinta su
*recto* e *verso*, che ci presenta rispettivamente un ritratto d'uomo e una
scena allegorica con due nudi in una
stanza, pone molti interrogativi in
gran parte destinati a rimanere senza
una risposta definitiva. Il primo problema riguarda l'attribuzione dei
due dipinti. L'effigiato sul *recto*, con
i lunghi capelli biondi, sembra un tedesco, e anche la tipologia del ritratto, con la finestra aperta sulla veduta di una città alpina, è di gusto germanico e fa pensare alla ritrattistica
di Albrecht Dürer. Ma alcuni studiosi hanno osservato che la morfologia
dell'opera, con la sua semplice volumetria, ricorda quella di certe opere
venete del primo Cinquecento. Come conseguenza logica di queste osservazioni, il ritratto fu attribuito a
Jacopo de' Barbari, pittore veneziano lungamente attivo in Germania.
Altri studiosi hanno invece insistito
sul presunto carattere italiano del ri-

Hans Baldung Grien, *Adamo ed Eva*
incisione a bulino

tratto, cercando di assegnarlo a Bartolomeo Veneto. Le due proposte
sono state accolte con scetticismo
dagli autori delle più recenti monografie sui due artisti. L'ipotesi Bartolomeo Veneto è sicuramente fuorviante, come risulta fra l'altro dal
confronto con la *Flora* (cat. 83),
mentre l'attribuzione a Jacopo de'
Barbari merita maggiore attenzione.
Jay Levenson è dell'opinione che il
carattere "italianizzante" del ritratto
non costituisca un argomento decisivo a favore di quest'ultima ascrizione: l'influsso italiano, all'epoca, era
genericamente avvertibile in tutta la
Germania meridionale, e non si limitava certamente all'opera di de' Bar-

bari. I pochi ritratti sicuramente attribuibili a quest'ultimo rivelano un
tocco più nitido e una linearità più
accentuata di quella dell'effigie berlinese, che Levenson attribuisce giustamente a un pittore tedesco meridionale. Sotto questo punto di vista
è interessante il confronto, proposto
dallo studioso americano, con il ritratto di *Hieronymus II Haller zu
Kalchreuth* di Bernhard Strigel (Alte
Pinakothek, Monaco; Alte Pinakothek München 1983, 512-513).
Più problematica ancora risulta l'attribuzione della scena sul *verso*, peraltro in uno stato di conservazione
disastroso: il restauro, effettuato in
occasione della mostra, è servito a

rendere l'opera perlomeno presentabile. La mano è indubbiamente diversa da quella che ha eseguito il ritratto e lo stile si rivela del tutto
estraneo a quelli di Bartolomeo Veneto e di Jacopo de' Barbari. Le due
figure ignude presentano qualche
analogia con quelle di *Adamo ed Eva*
in una xilografia di Hans Baldung
Grien (Washington 1981, 120-123,
cat. 19) del 1511, nonchè con quelle
di *Ermafrodito e Salmacide* in una tavola di Jan Gossaert, detto Mabuse,
del Museum Boijmans van Beuningen di Rotterdam (Van Eyck to
Bruegel 1994, 174-177, cat. 36; si veda anche il materiale raccolto da Silver 1986). Nell'insieme, la raffigura-

zione sembra riallacciarsi alla tradizione fiamminga dei nudi femminili in un interno probabilmente inaugurata da Jan van Eyck (si veda catt. 24 e 25). Studiando l'iconografia della scena, Angelica Dülberg (1990) ha notato che la giovane donna tiene in mano uno specchio e va quindi interpretata come un'allegoria della Vanità. Il carattere profano ed erotico del gruppo centrale assume un tono moraleggiante in combinazione con altri elementi del dipinto. Come sui sarcofagi antichi, anche qui la porta semiaperta sullo sfondo alluderebbe al passaggio dalla vita alla morte, mentre l'insolito motivo del bicchiere di vetro in primo piano sa-

rebbe una metafora della fragilità della vita umana: un concetto peraltro controbilanciato dal ramo d'alloro, emblema di immortalità e di eternità. La scena andrebbe quindi letta come uno di quei *memento mori* che venivano dipinti abbastanza spesso, su entrambi i versanti delle Alpi, sulle sovracoperte dei ritratti.
Questa lettura iconografica, pur sostanzialmente convincente, non offre elementi determinanti per la soluzione del problema dell'attribuzione, né ci aiuta a individuare il paese d'origine del pittore. Il classicismo piuttosto raffinato dello sfondo architettonico è certamente degno di nota: troviamo finte architet-

ture abbastanza simili, ad esempio, nei dipinti del già ricordato Jan Gossaert. Tutto sommato tendiamo ad attribuire il *verso* di questo dipinto berlinese a un artista nordico, probabilmente fiammingo, ma non siamo in grado di fornire indicazioni più precise.

BA

## 27
### Vittore Carpaccio (ca. 1460/66-1525/26)
*Due dame*, ca. 1493-1495
*Caccia in valle* (recto)
*Lettere appese a un muro* (verso)
ca. 1493-1495

tempera e olio su tavola
94,5 x 63,5 cm
Venezia, Musei Civici Veneziani Museo Correr, inv. cl. I, 46.
PROVENIENZA: Teodoro Correr, Venezia
dal 1830

tempera e olio su tavola, 75,2 x 63,6 cm
Los Angeles, J. Paul Getty Museum, inv. 79. PB. 72
PROVENIENZA: cardinale Fesch, Roma; Gian Paolo Campana, Roma; Camillo Benucci, Roma; Andrea Busiri Vici, Roma; collezione privata svizzera.

LETTERATURA: Selvatico & Lazari 1852, 199; Lazari 1859, 10-11; Crowe & Cavalcaselle 1912, 211; Ruskin 1884, 38-41; Ludwig & Molmenti 1906, 281-282; Fiocco 1955, 61-70; Fiocco 1958, 229; Lauts 1962, 248, 251-252; Busiri Vici 1963, 345-356; Ragghianti 1963, 39; Robertson 1963, 158; Robertson 1963b, 389; Muraro 1966, VIII-XI; Perocco 1967, 88; Goldner 1980, 23-32; Pignatti 1988, 40; Santore 1988, 34-39; Lawner 1988, 25, 134; Newton 1988, 50, 52; Zorzi 1988, 86-87, 188; Humfrey 1991, 48, 60; Polignano 1992, 5-23; Gentili & Polignano 1993, 74-81; Polignano 1993, 229-251; Vedovello 1993, 177-184; Dal Pozzolo 1994, 30; Rigon, Pignatti & Valcanover 1994, 195; Sgarbi 1994, 38, 100-102; Szafran 1995, 148-158.

Con la verifica dell'ipotizzata connessione delle *Due dame* del Correr con la *Caccia in valle* del Getty – che avrà luogo per la prima volta in occasione di questa mostra – ci si trova a mezza via nella soluzione di uno dei più intricati enigmi della pittura veneta del Rinascimento: quello dell'origine, della funzione e del significato di un'opera che, pur avendo perso la sua unità, presenta soluzioni inedite sul piano della costruzione formale e concettuale dell'immagine; un'opera sui cui frammenti si è concentrata

Domenico Ghirlandaio
*La nascita della Vergine*, particolare
Firenze, Santa Maria Novella

un'intensa attenzione critica, con tappe emblematiche per i differenti approcci sia interpretativi che metodologici.
Per chiarire questo punto va ripercorsa la vicenda dei due pezzi, partendo da quello del Correr, che ritrae due donne sedute – come in attesa e con lo sguardo un po' assente – in una terrazza, attorniate da un fanciullo, animali, frutti, piante e oggetti vari. Esso venne lasciato alla città di Venezia assieme al resto della sua collezione dal nobile Teodoro Correr (1750-1830), e destò subito interrogativi sullo status sociale delle donne. Ad esempio Lazari accenna prima a due "maliarde" (1852) e poi, nel catalogo della quadreria (1859), a "due giovani dame [...] nel più ricco costume veneziano del secolo XV". Forse anche per tale alone di mistero, il dipinto fu tra i più amati da John Ruskin, che vi vedeva una madre e una figlia sarcasticamente ritratte assieme ai loro favoriti ("pets"): lo definiva "the best picture in the world. I know no other which unites every nameable quality of painter's art in so intense a degree-breadth with minuteness, brilliancy with quietness, decision with tenderness, colour with light and shade: all that is faithfullest in Holland, fancifullest in Venice, severest in Florence, naturallest in England. Whatever De Hooghe could do in shade, Van Eyck in detail, Giorgione in mass, Titian in colour, Bewick and Landseer in animal life, is here at once" (Ruskin 1884). Sempre a riguardo del soggetto, come di una piccola pittura di genere ne accenna Cavalcaselle (1871), mentre Ludwig e Molmenti (1906), nella prima esauriente monografia dedicata al maestro, sostennero due posizioni a lungo prevalenti: il riconoscimento di due cortigiane (per la "mollezza della persona" e la "sensualità spenta dello sguardo"!) e una datazione entro la fase ultima del maestro. Nuovi riscontri vennero portati tra il 1955 e il 1963. Nel 1958 Fiocco pubblicava una scadente fotografia (ora conservata presso la Fondazione Cini di Venezia, Fondo Fiocco) di una copia antica del dipinto che ne attesterebbe un'ampia decurtazione a sinistra. Ma soprattutto lo studioso nel 1955 aveva presentato la tavola del Getty (allora di ubicazione ignota) come di Carpaccio verso il 1490, rilevandone il vivace realismo. Nel 1963 Busiri Vici raccontò come nel 1944 l'avesse scoperta a Roma presso un rigattiere, ricostruendone la provenienza (nel 1815 era del cardinale Fesch – zio di

Napoleone – e alla sua morte nel 1845 del marchese Campana) e tentando un'identificazione del committente in Andrea Mocenigo, sulla base della decifrazione di tale nome in una delle lettere dipinte a *trompe-l'œil* sul retro. Contemporaneamente Ragghianti (1963) e Robertson (1963) ne postularono la connessione con il quadro veneziano, sul riscontro che lo stelo mozzato in alto a sinistra in quest'ultimo pareva ricongiungersi perfettamente al fiore di giglio in basso a sinistra nella tavola del Getty. Tale proposta fu registrata con qualche favore da Perocco (1967) – che indicò una datazione sul 1490 per entrambe le opere – ma non dal resto della critica, che scorgeva uno iato stilistico tra i due pezzi, con quello del Correr per alcuni (come Pignatti: però ante 1994) già accordato sul tonalismo di Giorgione e Tiziano. Tale fraintendimento dipendeva molto dalle pesanti ridipinture apposte sul frammento veneziano, che furono rimosse nel corso di un restauro nel 1991-1992. Nel 1993 il quadro venne presentato in una mostra al Museo Correr, con una scheda di Gentili e Polignano e una relazione di restauro di Vedovello: quest'ultima rilevava come la tavola risulti ridotta di spessore, tagliata in alto, con vari pentimenti e con caratteristiche analoghe a quella americana (nei supporti, nei legni, nella tecnica e nelle tracce di cardini a tergo). Si ribadiva così la connessione dei due pezzi, in virtù anche della concordanza con le indagini condotte in un parallelo restauro del pezzo statunitense ad opera di Szafran, che ne ha dato conto nel 1995 motivando ulteriormente tale compatibilità e sostenendo che il pannello ricomposto fosse in origine una delle due ante di una struttura a dittico di cui mancherebbe il comparto sinistro. Tale ipotesi – già affacciata da Fiocco (1955) e Lauts (1962), che pensavano allo sportello di un armadio, e da Goldner (1980), più favorevole agli scuri di una finestra – era precisata pensando alla porta di un piccolo studio umanistico, con le dame visibili dall'esterno e la natura morta dall'interno. Ma come interpretare l'immagine così ricomposta? L'idea che le due donne siano cortigiane è stata sostenuta anche di recente, ad esempio da Santore (1988), Lawner (1988) e Humfrey (1991). In particolare Santore rilevava come molti elementi presenti nella tavola veneziana abbiano valori simbolici strettamente connessi all'amore profano, in questo caso mercena-

rio. In effetti però una connotazione positiva sembra molto più probabile, come sostenuto da Zorzi (1988) e, in più occasioni, da Gentili e Polignano. Questi ultimi hanno dimostrato con ampie argomentazioni come tali elementi collocati presso le donne sono sì riferibili a Venere, ma nel contempo anche alla Vergine Maria, in una correlazione evidentemente improponibile nel caso di due prostitute: così il giglio indica senza ombra di dubbio la purezza virginale, concetto rimarcato dalle bianche colombe sotto di esso ("exemplum fidei iugalis unum" le definisce Gioviano Pontano). E se la grossa arancia (da Santore 1989 reputata una mela) s'applica nel contempo a Venere e a Maria (si pensi alla pala di Cima da Conegliano alle Gallerie dell'Accademia di Venezia), il mirto nel vaso sull'angolo a sinistra è pianta che nella letteratura classica era definita *coniugalis* e non mancava nei coevi cortei nuziali. Quanto agli animali, i due cani segnalerebbero, "attraverso i due diversissimi esemplari, le due principali emergenze simboliche del cane, fedeltà e vigilanza"; la femmina di pavone (in un primo momento forse una pernice: cfr. Vedovello 1993) sarebbe segno "di concordia coniugale e di naturale fecondità sorvegliata dal pudore; e il pappagallo, capace di salutare Maria col suo Ave gentile ma anche di accompagnare vicende amorose, perfettamente funzionale a segnalare i poli opposti del destino femminile e la loro convergenza nell'istituto matrimoniale". Secondo i due studiosi gli sposi (o forse promessi tali, per la più giovane) di queste gentildonne sono lontani, probabilmente intenti nella caccia in laguna sopra descritta, e di cui danno notizie tramite il ragazzo cui spetta il ruolo di messaggero; coglievano inoltre un raccordo con il proemio del *Decameron* di Boccaccio, laddove si descrivono le dame in attesa dei compagni che si dedicano ad attività ludiche come caccia e pesca. Ma il volto storico dei committenti resta oscuro, poiché il nome del "Mozenigo" risulta illeggibile, mentre l'emblema sul vaso del giglio – che Ludwig & Molmenti (1906) credevano dei Torella e Gentili & Polignano invece dei Preli – sarebbe comunque relativo a famiglie estinte a Venezia da secoli.
Questo lo stato della questione, da cui s'intende bene quanti passi in avanti siano stati fatti, specie di recente, emendando interpretazioni fuorvianti sotto ogni punto di vista, ma pure come nel contempo sfugga il

contesto ambientale e culturale in cui fu predisposta una simile operazione, mancando troppi elementi correlativi che potrebbero modificare anche di molto i termini della lettura. Si è – comunque – innanzi a un frammento, sia per l'assenza del probabile pannello gemello (che dovrebbe concludere "storia" e scritte sul verso, e che non pare lecito integrare con il pastiche pubblicato da Fiocco), sia per la non escludibile eventualità di una più ampia correlazione ad altri pezzi analoghi (si ricordi, ad esempio, la possibilità che anche le *Muse di Belfiore* costituissero un insieme di armadi: cfr. Natale 1991, 38), sia perché va ammesso che non abbiamo alcuna testimonianza visiva di simili coeve decorazioni parietali che consentano di immaginarne materialmente la collocazione (cfr. Thornton 1992), e pure l'ultima ipotesi che si trattasse di una porta non convince. Va sottolineato, peraltro, che se il dipinto ci appare un *hapax* dal punto di vista tipologico, inedita è anche l'elaborazione formale messa in atto. Che ci si trovi innanzi a una primizia di Carpaccio (forse sul 1493-1495) non pare più dubitabile; ma va rilevato che prima di allora nessuno nel Veneto aveva saputo amalgamare in una formula così innovativa spunti di origine culturale tanto diversificata. È un'opera di fragrante "venezianità", nei modi e nello spirito: una sorta di "riposo lagunare" dell'algida Giovanna degli Albizi cerebralmente ritratta da Domenico Ghirlandaio nella tavola Thyssen a Madrid, del 1488, e negli affreschi in Santa Maria Novella a Firenze, del 1486-1490 (qui pure con fazzoletto bianco e accompagnatrici). Ma è da credere che tale formula interpretativa – segnata da un sommo punto di equilibrio tra immanenza e proiezione mentale, tra quotidianità anche spicciola e coltissimo riferimento allegorico – sia stata maturata dal giovane maestro anche tenendo presenti alcuni modelli nordici, ed è motivo della presenza dell'opera nell'ambito di questa esposizione. Se infatti in Carpaccio si è già scorta una matrice fiamminga sotto a un esito precedente come il *Salvator Mundi* Stanley Moss a Riverdale, è chiaro che una simile concezione ritrattistica originariamente rinvii a esempi fiamminghi, *in primis* agli *Arnolfini* di Van Eyck, laddove ogni elemento dell'ambientazione domestica è scelto in chiara funzione simbolica; e pure le alte scarpette rosse – sia detto a integrazione della puntuale analisi di Polignano e Gentili – possono connettersi a una consuetudine nuziale diffusa in tutta Europa e attestata per quest'epoca pure negli statuti di Chioggia (Dal Pozzolo 1994). Così non si potrà che sottolineare l'acuto, aderentissimo intento veristico, pure di ascendenza fiamminga, del fondale paesistico soprastante, che richiama alla memoria la segnalazione da parte di Michiel (Anonimo Morelliano 1888, 16) nella raccolta padovana dell'umanista Leonico Tomeo di una perduta tela con "un paese cun alcuni piscatori che hanno preso una lo-

Ricostruzione fotografica
delle due parti
dell'opera di Carpaccio

dra [lontra] cun due figurette che stanno a vedere, di mano di Gianes de Brugia", ossia Jan van Eyck, di cui a Venezia entro il 1506 Michele Vianello possedeva un autoritratto e un faraone travolto dalle onde nel Mar Rosso (cfr. Brown 1973). Viene da credere che Carpaccio conoscesse qualcosa del genere. Certo è che le premesse a tale interesse "ponentino" non potranno che cogliersi anzitutto nella produzione veneziana di Antonello da Messina (1475-1476), uno dei due pilastri su cui fondò il suo stile (l'altro è Gentile Bellini, da cui trasse ispirazione per i teleri); e non si può neppure escludere che la stessa idea delle lettere a *trompe-l'oeil* sul verso della *Caccia in valle* – in certo modo la prima natura morta veneta pervenutaci (cfr. Safarik 1989, 318) – dipenda appunto da qualche modello perduto del messinese, se non altro considerando che esse sembrano una focalizzazione di quelle nel San Gerolamo di Colantonio (come noto maestro di Antonello) a Ca-

podimonte. Prezioso è il valore documentario della descrizione offerta dal maestro, specie nella scena superiore, dove ogni elemento è definito con accuratezza a punta di pennello proprio perché sia esattamente riconoscibile: dalle barche affusolate che solcano l'acqua (denominate fisolere o fisoli) agli uccelli cacciati (non folaghe, come s'è spesso detto, ma svassi piccoli), dai casoni sulle isole barenose con sbarramenti per la pesca (le palàde) al cielo invernale su cui si stagliano in volo a sinistra una gru solitaria e a destra una formazione di anatre selvatiche (forse codoni). È da credere che di fronte a questa ambientazione un veneziano di fine Quattrocento, più che pensare al proemio del *Decameron* (ipotesi intricata anche dalla difficoltà di distinguere tra i cacciatori i due compagni attesi dalle dame), sarebbe stato colpito, oltre che dalle magie illusionistiche del pittore – anzi: grazie ad esse – da un aspetto qualificante del "mito di Venezia" fino ad allora non con-

cretizzato iconograficamente: quello connesso alle peculiarità, alle ricchezze e alle bellezze della laguna, nei cui silenzi la nobiltà soleva svagarsi in cacce simili a questa o immergersi in filosofiche meditazioni (per lo più muranesi). Si ricordi, tra l'altro, che proprio a una caccia in laguna fin dal Duecento si legava un rito che esplicava una forma di autocoscienza patrizia: ossia quella alle "osele salvadeghe" che a dicembre il doge faceva pervenire ai membri del Maggior Consiglio e ai suoi più stretti consiglieri quale simbolica ripartizione dei beni di cui aveva usufrutto; e fu per la crescente difficoltà nel reperire un numero sufficiente di tali uccelli palustri (attestata anche da Sanudo nei *Diarii*: cfr. alle date 17/12/1514 e 24/12/1519) che dal 1521 si decise di sostituirli con monete di pari valore, per l'appunto poi definite "oselle" (Bettiolo 1911; inoltre Gallicciolli 1795, 50-52, e Zanetti 1994, 312-316).

EMDP

da sinistra
Albrecht Dürer
*Innsbruck*
Vienna, Graphische Sammlung Albertina

Albrecht Dürer
*Welsch pirg*
Oxford, Ashmolean Museum

## Germania e Italia

Per più di un millennio il papato e la dignità imperiale hanno attirato lo sguardo della Germania verso l'Italia, che come nessun altro paese ha ispirato così fortemente il pensiero e la sensibilità tedeschi. Frammentata in innumerevoli piccoli principati e città-stato, l'Italia era dilaniata da lotte di potere e da faide dinastiche. In balìa delle discordie tra l'imperatore e il papa, ma anche talvolta beneficiaria di esse, sembrava tuttavia essere stata privilegiata dal cielo, come dimostravano la sua fertilità, ricchezza e cultura, i grandi poeti e gli artisti nonché il glorioso, venerando passato. Come la letteratura latina medioevale europea aveva guardato all'antichità romana, così ora Dante, Boccaccio o Petrarca si impongono come esemplari ai poeti d'oltralpe dell'inizio dell'età moderna. Nei rapporti tra la Germania e l'Italia i viaggi ebbero sempre un'importanza cruciale: accanto ad avvenimenti storici della portata del viaggio espiatorio di Enrico IV a Canossa o letterari come il Viaggio in Italia di J.W. Goethe, furono solo i soggiorni veneziani di Dürer a rivestire una comparabile rilevanza storica e culturale.

## Venezia e il Nord

Come potenza marittima e commerciale, la cui egemonia ed area di influenza si estendeva dalla terraferma, all'Istria e Dalmazia alle isole della parte orientale del Mare Mediterraneo, Venezia era riuscita a mantenere la sua indipendenza politica ed economica. Essa era luogo di scambio di beni di lusso provenienti dall'Oriente, il suo nome aveva un suono magico ed era sinonimo di ricchezza, gioielli e sfarzo. Già Petrarca aveva decantato la repubblica lagunare come "una città ricca d'oro, ma più di nominanza, potente di forze, ma più di virtù, sopra solidi marmi fondata, ma sopra più solide basi di civile concordia ferma ed immobile, e meglio che dal mare ond'è cinta, dalla prudente sapienza de' figli suoi munita e fatta sicura".[1] Nel 1423 la popolazione di Venezia, considerata la città più ricca dell'Occidente, contava quasi duecentomila abitanti. Armeni, turchi e greci convivevano qui pacificamente; mercanti dai Paesi Bassi, dall'Inghilterra, dalla Spagna e dalla Boemia vi si dedicavano agli affari. I tedeschi costituivano una potente colonia ed erano organizzati nel Fondaco dei Tedeschi, dominato soprattutto dagli augustani e norimberghesi. Un efficiente servizio di corrieri e di spedizioni garantiva il contatto con la madrepatria. Per il mercante di Norimberga, Venezia era quindi indubbiamente lontana ma certo non estranea.

Le università italiane godevano di ottima fama. Chi poteva permetterselo mandava i propri figli a studiare a Padova, Pavia o Bologna. Willibald Pirckheimer, all'epoca del primo viaggio di Dürer, era alla fine dei suoi studi, condotti per otto anni nelle università di Padova e Pavia. Dürer stesso, durante il suo secondo viaggio, fece visita a Christoph Scheurl, un rampollo dei Tücher, famiglia emergente, che studiava all'università di Bologna e che sarebbe diventato il consigliere giuridico della città di Norimberga.[2]

Gli spostamenti dei pellegrini, i viaggi degli artisti e il crescente commercio estero contribuirono alla formazione di più stretti legami favorendo così scambi economici, politici e artistici. Mentre chi viveva a nord delle Alpi si sentiva magicamente attratto dalla luce del sud, dal sole e dalle testimonianze antiche, al sud si ammirava il complesso vigore delle linee del tardo gotico tedesco e lo spirito grottesco di Hieroymus Bosch. Tali relazioni nord-sud avevano ormai una lunga tradizione. Molto prima che gli olandesi e i tedeschi cominciassero a cercare in Italia le radici dell'arte, gli italiani avevano già scoperto la pittura fiamminga e l'incisione tedesca. Se inizialmente la spontanea ammirazione delle opere dei fiamminghi del Quattrocento portò a commissioni e importazioni di dipinti, più tardi si aggiunsero anche ragioni di prestigio – visto che l'arte fiamminga godeva ormai di un'alta reputazione nelle corti – evidenti per esempio nel caso della convocazione di Giusto di Gent ad Urbino nel 1473 da parte di Federico da Montefeltro.[3] Non minore era in Italia l'apprezzamento per la nuova tecnica dell'incisione in rame sviluppata al nord. Le incisioni del Maestro E.S., di Martin Schongauer e di Israhel van Meckenem furono importate in grande numero nonché contraffatte e trovarono in Italia già decenni prima della rapida ascesa al successo di Dürer un pubblico di intenditori.

Solo con il passaggio dal Gotico al Rinascimento si assiste ad un'inversione di tendenza. Dürer era un irre-

[1] *Epist. Seniles*, IV, 3.
[2] Lüddecke & Heiland 1955, 246-249 e 256-263.
[3] Friedländer 1968, 43.

da sinistra
Albrecht Dürer
*Nudo femminile visto da tergo*
Parigi, Musée du Louvre

Sandro Botticelli
*Nudo*
Firenze, Galleria degli Uffizi

Albrecht Dürer
*Nudo femminile visto da tergo*
Berlino, Kupferstichkabinett

Albrecht Dürer
*Autoritratto nudo*
Weimar, Graphische Sammlung

quieto viaggiatore, frequentatore a proprio agio, anche se straniero, di diversi ambienti culturali. Appena ritornato da un viaggio di studio di vari anni nella regione del Reno superiore e probabilmente anche nei Paesi Bassi, Dürer riconobbe nell'arte del Mantegna i segni del tempo. Nell'anno 1500, a Norimberga, Massimiliano I, non meno avido di fama del Duca di Urbino, lega contrattualmente a sé l'italiano Jacopo de' Barbari col titolo di pittore di corte.[4] In tal modo la nuova arte italiana si affermava al nord – definitivamente e ufficialmente – quale erede legittima dell'antichità.

*Dürer e Mantegna*
Quando Albrecht Dürer quasi ventitreenne ritornava a Norimberga nella Pasqua del 1494, dopo un viaggio durato quattro anni, egli poteva contare su un'approfondita e solida formazione artistica. Aveva infatti ottenuto i primi rudimenti del mestiere a Norimberga nella bottega di Michael Wolgemüt, il principale pittore della Franconia di allora; durante gli anni delle sue peregrinazioni aveva soggiornato con profitto nei grandi centri artistici del Reno superiore, Basilea e Strasburgo, era stato a Colonia e probabilmente aveva visitato anche le Fiandre. I genitori, che ritenevano fosse arrivato per lui il momento di sistemarsi e di iniziare un'esistenza borghese, gli avevano scelto una moglie e fissata per il 7 luglio la data del matrimonio.
Presso il suo vecchio maestro, Dürer era venuto a contatto con incisioni ferraresi, i cosiddetti "Tarocchi", e li aveva copiati. In quest'occasione avrebbe anche potuto aver visto le incisioni di Andrea Mantegna. Il mondo di immagini dell'antichità classica, come gli si presentò qui per la prima volta, deve averlo intimamente colpito, facendogli riconoscere con sconcertante chiarezza che aveva compiuto un errore capitale quando aveva deciso di completare la sua formazione nella Renania superiore e nei Paesi Bassi. Le scelte decisive e le innovazioni nel campo dell'arte non stavano più avvenendo ad occidente, bensì a sud delle Alpi, in Italia, dove era da tempo iniziato un nuovo capitolo della storia della pittura. Il dominio della scuola fiamminga, durato quasi un secolo, era finito e la guida era passata all'Italia.
L'arte del Mantegna aprì gli occhi a Dürer. Il fatto che quest'ultimo abbia disegnato la *Lotta delle divinità marine* e il *Baccanale con Sileno* (cat. 36) seguendo esattamente le linee, cioè ricalcando i contorni, delle incisioni del maestro italiano (anche se non rimane alcuna traccia di tale procedimento) non era certo dovuto alla impossibilità di acquistarne degli esemplari, considerando che regolari servizi di corrieri operavano due volte la settimana fra Venezia e Norimberga. Più semplicemente egli desiderava familiarizzare con queste forme ancora estranee per mezzo della copia, per poterle "comprendere" in termini visuali.[5]
Dürer vuole recuperare il tempo perduto. Dopo quattro anni trascorsi lontano da casa e appena sposato, solo poche settimane dopo lasciava Norimberga, partendo alla volta di Venezia, coll'intenzione di correggere radicalmente la formazione ricevuta!
Un buon motivo gli era stato offerto dalla peste scoppiata in agosto a Norimberga e che fino al Natale dello stesso anno (1494) aveva causato ben ottomila vittime. Chi poteva abbandonava la città, anche se spesso era solo per recarsi fuori porta. Hartman Schedel, per esempio, si ritirò nel suo podere a venti miglia di distanza, mentre Koberger andò nella vicina Amberg. Il giovane Dürer invece attraversò le Alpi e si diresse a Venezia. Per lui, cresciuto nella libera città imperiale di Norimberga, dove dominava ancora un clima artistico tardogotico, l'ambiente lagunare rappresentava un mondo nuovo, giovane e moderno.

*Studi di paesaggio*
Durante il viaggio di andata Dürer fissò la città di Innsbruck in diverse vedute che vengono considerate le prime moderne rappresentazioni paesaggistiche originali, dalle precise connotazioni topografiche. L'importanza rappresentata da questo soggiorno a Venezia per la maturazione artistica di Dürer e per le esperienze ad essa collegate si chiarisce mettendo a confronto la veduta di Innsbruck (Graphische Sammlung Albertina, Vienna) con quella di una montagna italiana. Nella prima si tratta di una veduta osservata minuziosamente e resa in maniera descrittiva dove la città si riflette nello scorrere delle acque dell'Inn, e forse l'impostazione risulta ancora un po' forzata, con

[4] Levenson 1978.
[5] Landau & Parshall 1994, 69.

il piccolo foglio coperto fino ai margini dai colori che definiscono le forme. Nel paesaggio montuoso realizzato in Italia invece si percepisce lo sguardo fuggevole del viaggiatore che vuole catturarne rapidamente la bellezza. L'ampia imponente vista attraverso la vallata viene così colta velocemente e fissata con pochi tratti precisi.

Qui Dürer ha ottenuto con i colori quello che Petrarca aveva espresso a parole nella celebre descrizione della scalata del Monte Ventoso (Ventoux). In un momento di geniale ispirazione, con una pennellata fluida, tracciata con una ricca gradazione di colore, l'artista mette a fuoco – come attraverso un binocolo – solo il pendìo sullo sfondo. La punta del pennello immortala case, colline, prati, campagna e bosco con irripetibile finezza e sicurezza, creando un capolavoro senza tempo in un ricco gioco di luce. Con la sua sicura percezione della realtà Dürer anticipa la pittura dei grandi maestri della luce, soprattutto quelli dell'Ottocento. La messa a confronto dei due acquarelli serve a chiarire la rapida evoluzione di Dürer. Nell'arco di pochi mesi (o settimane?) era passato dalla stesura di un inventario topografico a una veduta istantanea dall'efficace sintesi formale, prima di giungere all'incisività ricca di atmosfera del *Laghetto in un bosco al tramonto* (cat. 98). Non dovrebbero quindi esservi più dubbi che la veduta di Innsbruck sia stata eseguita da Dürer nel viaggio di andata piuttosto che in quello di ritorno, o che la neve sulle montagne sia la prima caduta e non quella di fine stagione. Volerla considerare un'opera eseguita durante il viaggio di ritorno significherebbe equivocare e misconoscere l'evoluzione raggiunta da Dürer.[6] Questi paesaggi ad acquarello fecero un grande effetto a Venezia: uno studio di *Paesaggio con una costa rocciosa*, oggi assegnato a Marco Basaiti (Gabinetto dei Disegni e delle Stampe, Firenze, cat. 43), è così vicino ai lavori düreriani del primo viaggio, da farlo annoverare fino a poco tempo fa tra le opere giovanili dello stesso Dürer.

*Studi dal vero e copie*

L'impatto con l'ambiente veneziano visibilmente influenzato dall'Oriente, nell'incessante attività della città portuale con le sue navi e la vita sul mare, significava per Dürer, cresciuto nell'Europa centrale, un'immersione totale in sensazioni ottiche emozionanti. Con occhio attento a registrare nuove impressioni prendeva nota, disegnando, di creature marine o di una giovane dama vestita in maniera sontuosa che aveva visto per le calli. Nella bottega di Gentile Bellini, che nel 1479-80 aveva trascorso più di un anno a Costantinopoli su invito del Sultano Maometto II (1431-1481), ammira gli studi eseguiti dal maestro in occasione di quel soggiorno, sedotto dal fascino dell'esotico, ne copia alcuni (W. 78-81; cat. 38). Oltre a ciò si sente attratto dal *ductus* grafico di Antonio Pollaiolo, che gli si confaceva particolarmente; e parimenti lo colpisce il nitido linguaggio formale, sintesi di pittura e plasticismo, di Lorenzo di Credi. Per potersi meglio avvicinare alla raffinatezza esecutiva dei suoi modelli toscani (probabilmente disegni eseguiti col gessetto o con la punta d'argento sfumata con lumeggiature), Dürer cambia la sua tecnica. Mai finora aveva descritto le forme con tratto parallelo o incrociato, così sottile e regolare, in certi punti rialzando a biacca il disegno, che si sforzava di eseguire con la più posata conduzione lineare possibile (cfr. W. 84). Il gruppo di figure dell'incisione in rame della *Madonna con scimmia* testimonia che Dürer aveva potuto vedere non solo studi di dettagli ma anche disegni per intere composizioni o forse vere e proprie tavole del pittore fiorentino, che era venuto a Venezia assieme al suo maestro Andrea del Verrocchio per eseguirvi il monumento equestre al Colleoni.

*Il nudo femminile*

Se si considera l'intenso studio che Dürer fece delle rappresentazioni dell'antico del Mantegna, stupisce il suo interesse apparentemente scarso di fronte ai reperti originali. Evidentemente appagato dalla mediazione di seconda mano dall'antico (o forse perché la sua traduzione in forme contemporanee gli sembrava addirittura più soddisfacente dal punto di vista artistico) Dürer concentrò la sua rafforzata capacità d'osservazione sullo studio empirico delle bellezze della natura visibile. Sia nel paesaggio che nelle vedute di città o in studi di costume da modelli o d'altro, non cessa di stupire la pragmatica spigliatezza e la freschezza nel suo originale modo di vedere ogni soggetto. Inoltre – e questo è sensazionale e straordinariamente nuovo – il primo nudo femminile, in epoca moderna, di una donna prestatasi 'professionalmente' a posare da modella (Musée Bonnat, Bayonne), venne eseguito proprio da Dürer. Pennellate morbide ma decise (e pochi tratti aggiunti in seguito con penna a inchiostro bruno) esprimono perfettamente il fluido sensuale delle forme femminili. Sottili fasce d'ombra sulla parte superiore di un braccio e sulla coscia dimostrano che nello studio dell'artista la luce irrompe sulla modella dall'alto a sinistra – un effetto che accentua vieppiù l'effetto di un appunto preso lì per lì.

L'eccezionalità dell'innovazione introdotta qui da Dürer diventa evidente ad un confronto con il Mantegna, del quale esistono solo nudi maschili, o con Leonardo, che nella vicina Milano si dedicava con passione piuttosto a studi anatomici di carattere scientifico. A Bologna gli studi dell'antico e la loro trasposizione artistica facevano parte dei propositi della cultura umanistica. Per Raffaello posavano abitualmente dei giovani maschi (forse i suoi stessi apprendisti) e solo nella scuola fiorentina lo studio dal modello nudo (ma maschile) aveva una tradizione: a partire dal Verrocchio e, più tardi, col Botticelli, con Filippino Lippi e Lorenzo di Credi, rimangono numerosi esempi che testimoniano la formazione di bottega avvenuta disegnando direttamente da un nudo virile.[7] Dürer ruppe con le convenzioni col suo disegno di un nudo femminile, colto nella sua vera fisica bellezza.

Un nudo femminile di schiena datato 1495 (Musée du Louvre) suggerisce che al giovane artista non siano mancate a Venezia opportunità di lavorare con modelle. L'atteggiamento del corpo e la resa degli accessori, il contrapposto della figura in piedi con un braccio appoggiato ad un bastone e un velo che copre la nudità depongono a favore di uno studio da un modello reale, paragonabile al disegno a punta d'argento di un giovane in posa del Botticelli a Firenze. L'interesse per l'antichità classica aveva sensibilizzato l'occhio di Dürer ad apprezzare il nudo, mentre le incisioni del Mantegna gli avevano mostrato il cammino da seguire. Coglieva nei *naketen bilder der walchen...* ("i quadri con nudi [degli italiani]...") il "rinascimento", il risorgere, la rinascita

[6] Anzelewsky 1988, 57.
[7] Meder 1923, 305 ss. e 379 ss., Bologna 1988, 211 ss.

da sinistra
Copia del Seicento da Dürer
*Pala del Rosario*
Lione, Musée des Beaux-Arts

Hans Memling
*Madonna col Bambino, santi
e la famiglia Floreins*
Parigi, Musée du Louvre

dell'arte classica. Nel suo profondamente radicato interesse per la misurazione sistematica delle forme umane egli divenne un convinto propugnatore del nudo come paramentro ideale ed elemento guida del vero e del bello nell'arte. D'ora in poi lo studio dal modello diverrà parte integrante nell'attività di Dürer.

Nel 1506, nuovamente a Venezia, si mette subito a lavorare ad un nudo visto di schiena (Kupferstichkabinett, Berlino), questa volta avendo a disposizione nuovi mezzi e con maturate pretese artistiche: magistralmente sa adesso sfruttare le possibilità offerte dalla carta cerulea veneziana (detta anche carta turchina), che impiegata di concerto con disegni scuri e lumeggiature rialzate a biacca, permette di far risaltare la plasticità e l'effetto luminoso dell'insieme. Come era già accaduto undici anni prima, Dürer trova nell'atmosfera del sud e nell'ambiente veneziano lo stimolo per sperimentare spazio e forma in maniera nuova. Nei numerosi studi di figure e di proporzioni, nati prima del secondo viaggio in Italia dall'interesse per i rapporti ideali delle proporzioni di uomo e donna, le forme del corpo erano ancora modellate esclusivamente dai contorni. In un'incisione in rame del 1504 Dürer ha saputo riutilizzare questi studi, traendone un foglio che esibisce – coerentemente con i problemi di carattere generale che lo affascinavano – i prototipi canonici dell'umanità, Adamo ed Eva. Sotto la rinnovata azione vitale di Venezia questo approccio cambia: Dürer aggiunge ora al contorno esterno una fascia d'ombra interna, che sembra avere vita propria, mentre crea una forte plasticità del corpo. Il risultato di questa dualità di approccio, che plasma i contorni interni sia tramite la linea sia attraverso la luce, consiste in una descrizione diversificata e ricca di dettagli non solo della superficie modellata da luce e ombre, ma anche dell'ossatura e delle fasce muscolari, e rappresenta chiaramente una evoluzione rispetto ai primi disegni di nudi.

Il profondo interesse di Dürer per lo studio del nudo, specie dal modello, lo porta ad esplorare anche la propria persona (Schlossmuseum, Weimar). Usando uno specchio, egli ora fissa senza remore il proprio corpo profilato su uno scuro sfondo notturno, in una nudità d'effetto brutale, forse alla luce di una candela. Questo disegno, ora a Weimar, di difficile datazione, è datato da molti studiosi al 1503, ma a mio avviso dev'essere stato eseguito poco dopo il ritorno del pittore da Venezia. In ogni caso rimane uno straordinario documento della ricerca di una vera conoscenza di se stesso. Stimolato dall'Italia, l'artista si considera ora come un individuo creativo, di fatto un genio inimitabile. Con la sua nudità, intesa come una verità priva di ogni segno di abbellimento, Dürer inaugura un tipo di autoritratto che avrà un seguito di ampia portata attraverso i secoli passando da Victor Emile Janssen a Edvard Munch e ad Egon Schiele fino agli artisti contemporanei.[8] Esso impersona l'autocoscienza artistica, un fattore al di fuori del tempo che sembra ricorrere in periodi di svolta. L'autoritratto nudo di Schiele rispecchia il capovolgimento spirituale, politico ed economico agli inizi del secolo XX così come quello di Dürer aveva espresso con la stessa evidenza all'inizio dell'era moderna la presa di coscienza dell'individuo nella lotta per l'affermazione personale.[9]

Contemporaneamente il disegno emana anche quella fiducia in se stesso e quel rispetto che in Italia già all'inizio del Cinquecento godevano Leonardo, Raffaello o Michelangelo, ma già prima Mantegna o Giovanni Bellini, ai quali Dürer certamente pensava quando scriveva al suo amico Pirckheimer "... wie wird mich nach der Sonne frieren hier bin ich ein Herr, ... ("quanto freddo sentirò dopo questo sole, qui sono un signore, ...").[10]

*Jacopo de' Barbari, "sulla proporzione umana"*
Nel suo anelito di approfondire la conoscenza della natura umana Dürer si imbatte in un "jacobus in Venedig geporn, ein liblicher moler ..." ("Jacopo, nato a Venezia, un pittore amabile ..."). Solo venticinque anni dopo Dürer scriverà del suo incontro con Jacopo de' Barbari, raccontando che questi gli aveva mostrato "man und weib, dy er aws der mas gemacht het ..." ("uomo e donna, come lui li aveva fatti secondo le regole della proporzione ..."), e che il De' Barbari gli aveva accennato a un procedimento di costruzione compositiva, di cui però non era stato disposto a svelare il segreto.[11] Questo fu l'incontro decisivo, che stimolò Dürer a un'estenuante quanto sterile ricerca sul segreto della bellezza maschile e femminile, che credeva risiedere nei numeri e nelle canoniche proporzioni fra le misure del corpo umano. All'inizio Dürer aveva pensato alla possibilità di costruire in astratto le proporzioni ideali del corpo umano per mezzo della geometria usando il compasso

[8] Queste idee risalgono a studi precedenti dell'autore, che Schöder ha pubblicato sotto il suo nome, in: München 1988, 21-23.
[9] Graphische Sammlung Albertina, Vienna inv. 30.766.
[10] Rupprich 1956, i, 50, righe 90-91.
[11] Rupprich 1956, i, 102, righe 19 ss.

da sinistra
Albrecht Dürer
*Madonna col Bambino e santi*
Vienna, Graphische Sammlung Albertina

Albrecht Dürer
*Disegno preparatorio per l'epitaffio Tücher*
Berlino, Kupferstichkabinett

[12] A. Dürer, *Vier Bücher von menschlicher Proportion* (Quattro libri sulla proporzione umana) pubblicato tra il 1532/1534 in una versione latina da Camerario, in francese nel 1557 e in italiano nel 1591.
[13] Questa e le seguenti citazioni da Wiesflecker, 1977, III, 141, 218, 219, 343, 339 e 487, n. 33.

e la riga. Tuttavia dal 1507 circa, dopo il suo ritorno da Venezia, tenta di determinare e classificare aritmeticamente le diverse tipologie fisiche grazie a misurazioni comparative. Ispirato dalle ispirazioni ricevute a Venezia, Dürer sviluppò la sua teoria sulle proporzioni umane basata sugli scritti di Vitruvio e Leon Battista Alberti. Il suo trattato venne stampato postumo in quattro volumi poco dopo la sua morte avvenuta nel 1528. Aveva impiegato quasi tre decenni per migliorare sistematicamente il suo metodo, con il quale supererà tutti i trattati fino ad allora conosciuti, creando un manuale letto persino in Italia.[12]

*La Festa del Rosario. Politica culturale e arte*
Neanche il secondo viaggio di Dürer a Venezia era stato pianificato accuratamente, ma – com'era avvenuto già undici anni prima – fu piuttosto voluto dal destino. Di nuovo Dürer lasciava precipitosamente Norimberga diretto al sud a causa della pestilenza, questa volta però in circostanze del tutto diverse. Era un uomo famoso e la sua arte era richiesta. Con le xilografie dell'Apocalisse aveva avuto un successo sensazionale. Le sue incisioni in rame superavano tutto ciò che era stato raggiunto fino ad allora in questa nuova tecnica, erano ampiamente diffuse e venivano copiate. Dürer godeva del riconoscimento e dell'amicizia dell'*intelligentia* umanistica della sua città natale ed era appoggiato da potenti mecenati come l'elettore Federico il Savio di Sassonia.
Ad Augusta interruppe per un certo tempo il suo viaggio. Molto alta è la probabilità che ci sia stato un contatto con Jakob Fugger il Ricco. La ricchezza di questa famiglia era strettamente legata alla casa imperiale degli Asburgo. Idee imperiali – riguardanti sia uno stato tedesco ("Reich") che l'imperatore stesso – si rafforzavano grazie alla crescente coscienza nazionale germanica. Nelle cerchie umanistiche delle città imperiali cresceva l'interesse per la propria storia. Una nuova emancipazione culturale della borghesia si andava sviluppando nella presa di coscienza dei propri meriti storici, nell'orgogliosa esaltazione dello splendore e della ricchezza della propria città natale e dei suoi cittadini. Con la loro accorta politica matrimoniale gli Asburgo erano entrati in possesso prima della Borgogna e poi di Milano, finché il negoziato con il Re di Francia, i cui termini sono contenuti nel trattato di Hagenau della primavera del 1505, portò ad un legame dinastico tra la casa degli Asburgo e quella dei Valois. Inoltre il potere di Massimiliano era stato consolidato dal successo militare conseguito con la guerra del Palatinato e con l'improvviso intervento personale del sovrano nell'estate del 1505 per sottomettere Geldern mentre ancora si svolgeva la dieta di Colonia. Nel suo resoconto dell'11 aprile 1505 ai Pregadi, Quirini, l'inviato di Venezia, aveva definito Massimiliano "... tamquam verus imperator Imperii ... in Germania".[13] "Massimiliano finalmente un vero imperatore, degno di questo nome – era ora così potente che nessun principe del Reich avrebbe più osato sfidare la sua autorità. Si atteggiava a "... signore del mondo in maniera così convinta e come se fosse stato ovvio, tanto che si era portati a credergli. Non solo associazioni mercantili cittadine ma anche principi erano propensi a concedergli dei crediti, ... il re sapeva diffondere intorno a sé un clima di fiducia, e di grandeur". Nella primavera del 1505 una flotta armata dai Fugger e dai Welser era salpata da Lisbona verso Calicut portando delle missive di salvacondotto di Massimiliano: "L'imperatore cristiano" mandava i suoi saluti ai grandi principi (Maragià) d'India!
Tutta questa politica di consolidamento del suo potere fece credere a molti nell'estate del 1505 che l'incoronazione ad imperatore di Massimiliano a Roma fosse imminente. Anche l'intenzione espressa da Dürer di aggregarsi – da Venezia – al "futuro imperatore" durante il viaggio verso Roma, lascia riconoscere quanto fosse diffusa questa opinione, nonostante le molto meno facili condizioni della "Realpolitik".
In questo clima politico Dürer scrive una lettera al suo amico a Norimberga datata 6 gennaio 1506 (un anno dopo che un incendio aveva ridotto in cenere il Fondaco dei Tedeschi), in cui racconta laconicamente che gli era stata affidata l'esecuzione di una pala d'altare per i tedeschi residenti a Venezia (per San Bartolomeo, la chiesa della comunità tedesca nei pressi del Fondaco). Era stata questa forse la ragione del suo prolungato soggiorno ad Augusta, per discutere la commissione del dipinto della *Festa del Rosario* (o *Pala del Rosario*) (cat. 57)? Non erano forse i Fugger interessati alla nuova pala d'altare, in quanto, guardando al futuro, pensavano di trarre profitto a loro modo dal finanziamento dell'imminente incoronazione a Roma? Inoltre la filiale del-

da sinistra
Hans von Kulmbach
*Epitaffio Tücher*, parte centrale
Berlino, Kupferstichkabinett

Bottega di Giovanni Bellini
*Madonna col Bambino, santi e il doge
Mocenigo*, particolare
Londra, National Gallery

la loro ditta stava assumendo una dimensione determinante nell'ambito della vita economica veneziana. Perciò doveva rientrare nei loro interessi pubblicizzarsi con la chiamata del più noto pittore tedesco, la cui fama aveva ormai oltrepassato i confini, commissionandogli l'altare nazionale a Venezia. Nel ruolo di committenti i Fugger avrebbero potuto consolidare la loro particolare posizione, dimostrando di saper praticare una politica culturale intelligente.

*La Festa del Rosario* si è da sempre trovata al centro dell'attenzione degli studiosi non solo perché si tratta del capolavoro pittorico di Dürer ma anche a causa delle particolari condizioni in cui fu eseguita e delle sue successive movimentate vicissitudini.[14] Tuttavia è solo in tempi recenti che ne è stata riconosciuta la dimensione politico-culturale del programma iconografico e che si è avvertito quanto l'opera sia strettamente collegata all'attività dei Fugger.[15]

Già Wölfflin aveva richiamato l'attenzione sulla xilografia nello scritto di Jacob Sprenger (1476) sulla Confraternita del Rosario quale possibile fonte iconografica. Forse Dürer deve essersi anche ricordato – per l'impatto monumentale e l'ordine simmetrico della composizione – dell'altare di Stephan Lochner nel duomo di Colonia con l'*Adorazione dei Magi*.[16] È da credere che – sulla base di modelli di questo tipo – Dürer abbia collocato qui l'imperatore e il Papa l'uno di fronte all'altro, dando ad entrambi una posizione equivalente seppur differenziata. Un dipinto avente come soggetto il rosario, ma che include una concreta raffigurazione delle somme autorità della Chiesa e dell'Impero – cioè Massimiliano d'Asburgo non con l'armatura ma in un sontuoso abito da cerimonia, e il Papa – inginocchiati alla pari ai lati della Madonna, la quale però non a caso si rivolge all'imperatore – non poteva non trasmettere il significato della perfetta equivalenza delle due cariche, questione su cui si dibatteva dal tempo dei Guelfi e Ghibellini. La Madonna nelle vesti di regina celeste si rivolge al sovrano germanico inginocchiato davanti a lei, posandogli la corona di rose sul capo. Dal momento che agli occhi dei contemporanei, in Italia e Germania, pareva che Massimiliano avesse consolidato definitivamente il suo potere, questo tipo di rappresentazione non poteva non essere intesa che come l'anticipazione della sua incoronazione a imperatore del Sacro Romano Impero.

Per quanto riguarda la composizione, gli studiosi hanno soprattutto sottolineato influssi veneziani e fatto particolare riferimento alla tavola di Giovanni Bellini per il Doge Agostino Barbarigo (1488, Murano, cat. 56). Le somiglianze riguardano sia il formato orizzontale che la cortina dietro alla Madonna, i cherubini e le aperture laterali su vedute paesaggistiche. Solo Erwin Panofsky ha creduto di avvertire nella *Festa del Rosario* "uno spirito che si era già affermato nell'arte del Nord", facendo il nome di Jan van Eyck.[17] Il carattere ritrattistico delle fisionomie degli effigiati ha fornito lo spunto a numerosi tentativi di identificazione rimasti però infruttuosi, anche se allo spettatore resta l'impressione spontanea che si tratti di un ritratto di gruppo. Questi caratteri, sconosciuti sia alla pittura veneziana che a quella tedesca, fanno venire in mente dipinti con madonne fiamminghe di formato parimenti orizzontale, di una tipologia sviluppata da Hans Memling e, a questi collegato, anche dal Maestro della leggenda di Santa Lucia. Anche in quei dipinti la cerimonia ha luogo all'aperto, con gli angeli che tengono il drappo che sottolinea il prestigio della posizione della Vergine in trono; mentre il fatto che attorno alla Madonna sia riunito un intero gruppo di personaggi precisi, identificabili dai ritratti, è determinato dalla commissione affidata al pittore di immortalare un gruppo familiare in un dipinto votivo, come è avvenuto per esempio nel caso di Memling per la famiglia di Jakob Floreinz.

L'arte fiamminga aveva anche sviluppato dei modelli adatti per i protagonisti della pala düreriana, il papa e l'imperatore, un po' isolati nell'economia della composizione. Il re inginocchiato davanti alla Madonna nell'Altare Monforte di Hugo van der Goes (Gemäldegalerie, Berlino) è senza dubbio più vicino alla concezione e alla realizzazione (con il suo abito ricco di pieghe) del Massimiliano düreriano di quanto non lo sia il doge Barbarigo del Bellini. Alla stessa maniera le file di figure isocefale di Dürer, poste su più piani, sono molto affini nella concezione artistica all'Altare Monforte: in ambedue i casi esse contribuiscono a creare la profondità dello spazio pittorico. Se un copista della *Festa del Rosario* nel Seicento poteva sostituire senza imbarazzo il Papa con Santa Caterina, è lecito ammettere che agli spettatori di epoche precedenti erano invece ancora fa-

[14] Anzelewsky 1971, 187-199, nr. 93.
[15] Kutschbach, 1995, 105 ss., inoltre Martin 1998, 175-188.
[16] Wölfflin 1905, 127.
[17] Panofsky 1977, 150.

miliari il senso originario e le radici legate alla pittura fiamminga della composizione inventata da Dürer. La ponderata monumentalità della composizione, la raffinata definizione pittorica dei dettagli e di particolari studiati dal vero, realizzati con scrupolosa precisione, ebbero una forte ripercussione sul pubblico italiano; e Dürer seppe rendere le sue innovazioni ancora più attraenti aggiungendo spunti suadenti presi dalla pittura veneziana, come l'angelo che suona il liuto, i dolci cherubini e la preziosa resa delle vesti nonché l'armonia dei colori. Tuttavia soltanto l'introduzione di ulteriori personaggi ai lati del gruppo centrale rappresentava una sostanziale novità compositiva rispetto alle pale d'altare veneziane, carica di un effetto non trascurabile, come nel caso della *Pala Pesaro* di Tiziano.[18]

"Albertus Durer Germanus" aveva fatto colpo come artista e come individuo. Ai veneziani le fattezze di Dürer erano familiari sia per l'orgogliosa introduzione del suo autoritratto nella *Festa del Rosario* sia perché era ormai un personaggio conosciuto. Così l'ignoto autore dell'affresco con lo *Sposalizio di Maria* (Giulio Campagnola?), eseguito poco dopo il 1506 nella Scuola del Carmine di Padova, poté aggiungere tra gli spettatori, in una posizione ben visibile, una figura con la precisa fisionomia di Dürer[19].

L'incarico di dipingere la *Festa del Rosario* era stato una sfida che prometteva imperituro prestigio. Dürer l'aveva accettata e si era misurato – lui che era il più famoso pittore tedesco – con l'arte dei veneziani. Il successo fu splendido: uomini di stato e rinomati artisti vennero a vedere la pala – vennero il doge, il patriarca e perfino Giovanni Bellini. Dürer poteva affermare di aver ammutolito tutti quelli che sostenevano che egli fosse un bravo incisore in rame ma che non sapesse usare i colori.

Tuttavia, al di là di questo sensazionale successo momentaneo, la ripercussione artistica nella pittura veneziana non è stata di lunga durata. Molto più forte e duraturo fu l'influsso esercitato sulla successiva attività di Dürer da parte delle opere veneziane che ebbe allora occasione di ammirare.

In disegni preparatori per le Madonne del 1518-1519 (W. 536 e 540) così come in numerosi studi per un grande dipinto di soggetto mariano (W. 837-856), al quale lavorò nel 1521-1522 dopo il suo ritorno dai Paesi Bassi, Dürer volle riprendere il discorso avviato nell'opera che lo aveva reso famoso.

Vestito elegantemente e mostrando fieramente il cartellino con l'iscrizione, Dürer attesta di aver eseguito la tavola nell'arco di cinque mesi ("quinque mestri"). Nel *Cristo tra i dottori*, terminato a quanto pare poco dopo, Dürer sembra voler dimostrare – nel testo dell'incisione – di essere capace di operare in tempi sempre più rapidi, come volendo sfidare se stesso (cat. 53). Chiaramente a conoscenza degli studi fisiognomici di Leonardo, come palesano le fattezze grottesche di alcuni personaggi, ed esibendo due complicati studi di mani al centro di una composizione determinata da una cerchia di teste, Dürer supera il suo record personale e sotto il sole italiano completa il *Cristo tra i dottori* in soli cinque giorni ("opus quinque dierum").

### La "carta azzurra". Il tono medio

Poiché Dürer teneva particolarmente al successo delle due tavole, le ha preparate in maniera più accurata di qualsiasi altro lavoro precedente (catt. 58, 59, 61). Attenendosi ad una tecnica veneziana, egli applicava con il pennello colori grigiastri e lumeggiature opache bianche su carta cerulea, in studi che avevano quasi le stesse dimensioni dei dipinti e formavano perciò degli ideali lavori preliminari per le tavole: la pittura a pennello con colori scuri fissa i contorni e l'effetto a rilievo delle forme, il colore della carta stessa costituisce in un certo senso il tono medio dei corpi (come la preparazione nella tavola) e le rifiniture date dalle lumeggiature a biacca modellano l'oggetto attraverso gli effetti della luce. La tecnica non era nuova e non limitata soltanto a Venezia. Essa era stata già usata in ambiente fiorentino, fra l'altro da Gozzoli, Leonardo, Lippi e Lorenzo di Credi. Ma nessuno di loro l'aveva applicata in maniera così sistematica come avrebbe fatto Dürer, il quale la usava per ottenere una precisa configurazione lineare degli oggetti.

Per l'arte di Dürer questa tecnica dei suoi colleghi veneziani fu determinante. Di ritorno a Norimberga, riprese a preparare grandi commissioni come l'*Altare Heller* con studi su carta colorata. Le sue celebri *Mani in preghiera*[20] – eseguite nella stessa tecnica – sarebbero state per secoli nella coscienza di un vasto pubblico una testimonianza di quel procedimento esecutivo radicato nell'esperienza lagunare del maestro.

Il disegno su carta colorata era diffuso dal 1480 circa anche in alcune aree artistiche tedesche, soprattutto nella Svevia, e raggiunse il massimo sviluppo all'inizio del nuovo secolo con i maestri della Scuola del Danubio (Donauschule). Anche Dürer conosceva questa tecnica già da lungo tempo, ma evidentemente furono solo le esperienze veneziane che lo indussero ad un cambiamento decisivo dei suoi mezzi espressivi grafici: in analogia alla tecnica del disegno a chiaro-scuro, trovò un modo nuovo per introdurre il tono medio del fondo anche nella grafica incisoria (per sua natura legata al bianco e nero), cioè nelle xilografie e le incisioni in rame. Ottiene questo tono medio per gli sfondi neutri con un tratteggio parallelo, steso orizzontalmente, che visto ad una certa distanza appare come un grigio coprente. Per produrre rispettivamente effetti di ombra e luce aggiungeva delle linee o ne toglieva per schiarire, fino a diradarle tanto in alcune zone da tornare al bianco. Questo gli permetteva di raggiungere una scala differenziata di gradazioni tonali, dove la luce e le ombre assumevano anche nelle stampe connotati propriamente pittorici. Come nessun altro, Dürer ha saputo conferire l'effetto dei passaggi tonali alla pura tecnica lineare della xilografia e dell'incisione in rame.

### Quadri votivi veneziani. L'epitaffio Tücher

Le vivide impressioni del suo soggiorno veneziano, durato quasi un anno e mezzo, lasciarono in Dürer ricordi così duraturi che ancora nel 1511 era in grado di schizzare a memoria la *Pala di San Zaccaria*, terminata da Giovanni Bellini nel 1505, e di collegarla alla sua teoria artistica e prospettica. In alto il dipinto riprodotto nel disegno termina a forma di semicerchio e nel suo asse verticale – in corrispondenza della testa della Madonna – si trova il centro (usato per il compasso) dove si intersecano le diagonali del quadrato che forma l'ossatura dell'intera struttura della pala. Una lampada pende dalla chiave dell'arco accentuando la simmetria della com-

[18] Humfrey 1993, 83.
[19] Da ultimo Fara 1997, 91-96.
[20] Graphische Sammlung Albertina, Vienna, Albrecht Dürer, *Mani in preghiera, Studio per l'altare Heller*, 1508, inv. 3113.

Marcantonio Raimondi
*Ninfa e Satiro*
Vienna, Graphische Sammlung Albertina

a destra
Albrecht Dürer
*Ercole al bivio*
Vienna, Graphische Sammlung Albertina

posizione. Ai lati si trovano rispettivamente due santi, inizialmente concepiti come figure nude e poi vestiti in una seconda fase della gestazione dell'opera, e disposti l'uno davanti all'altro nello spazio in maniera così ravvicinata che della figura seminascosta dietro, restavano da disegnare quasi solo la testa e gli elementi caratteristici dell'attribuzione iconografica. Ai piedi della Madonna un angelo suona una musica celestiale, mentre lo spazio al centro rimane libero. Tutte le linee di fuga convergono sulla Madonna in trono, sul fondo.

Come mostra un'analisi più approfondita di tale disegno dell'Albertina datato 1511, Dürer pensava a quanto pare di adattare lo schema compositivo della Sacra Conversazione del Bellini ad un quadro commemorativo per il prevosto Lorenz Tücher, ma abbandonò poi l'idea e si decise per la tipologia veneziana del quadro votivo.[21] Era un dovere dei dogi appena eletti donare a proprie spese uno stemma, un antipendio per la basilica di San Marco e un quadro per le sale di rappresentanza del Palazzo Ducale. Questi dipinti destinati al Palazzo Ducale, il cui soggetto contempla sempre il Doge inginocchiato di fronte alla Madonna, vengono generalmente definiti devozionali o votivi.[22] Dürer aveva probabilmente già studiato in precedenza questo tipo di rappresentazione nella *Pala del Doge Barbarigo* davanti alla Madonna (ora a Murano cat. 56), quando progettava la sua *Festa del Rosario*. Un esempio ancor più sviluppato di questa tipologia compositiva è il dipinto votivo per il Doge Mocenigo, eseguito dalla bottega del Bellini attorno al 1480, un'opera che pure Dürer ha preso in seria considerazione.[23] Esso mostra la Madonna in trono in una nicchia di marmo, racchiusa entro un arco a tutto sesto, in un paesaggio aperto, circondata da santi e dal committente presentato dal suo patrono. Il definitivo disegno preparatorio di Dürer per l'epitaffio Tücher, datato 1511, assomiglia in maniera sorprendente alla *Pala Mocenigo*.[24] L'opera è poi stata realizzata dal suo collaboratore Hans von Kulmbach come tavola di formato orizzontale, firmata con monogramma e datata 1513, in forma di trittico ma senza ante mobili. L'effetto di nobiltà e felicità che il dipinto emana, specie per l'uso del colore, dipende dalla ripresa della scala cromatica veneziana di Dürer. Sorprendente per gli effetti cromatici e l'impostazione compositiva, l'opera testimonia anche come gli artisti dei secoli passati riuscissero a memorizzare quello che avevano visto e come all'occorrenza queste impressioni fugaci, attraverso il disegno, potessero tradursi in ricordi assai precisi.

*Albrecht Dürer e Marcantonio Raimondi*

Ma anche se Dürer scriveva a Pirckheimer di grandi elogi ricevuti per la sua pittura, dicendo di aver soddisfatto tutti quelli "...dy do sagten, jm stechen wer ich gut, aber im molen werst ich nit mit farben vm zw gen. Jtz spricht jder man, sy haven schoner farben nie gesehen ("... che dicevano, che io sarei bravo nell'incisione ma nel dipingere non saprei trattare con i colori. Adesso dicono tutti di non aver mai visto dei colori più belli"),[25] tuttavia i fatti parlano diversamente.

Acclamato come pittore della *Festa del Rosario*, ammirato come disegnatore per la finezza e la sicurezza delle sue linee, il suo successo in Italia si basava però soprattutto sulle sue stampe. Incisioni in rame di Martin Schongauer, Israhel van Meckenem e Dürer erano in commercio già a quest'epoca in Italia e in Spagna, e uno dei suoi contraffattori le vendeva anche a Roma dove, secondo Dürer, morì.[26]

La commissione di opere d'arte era una pratica molto diffusa. L'imprenditore norimberghese Anton Kohler – stabilitosi a Venezia – gestiva la distribuzione della *Weltchronik* di Koberger e aveva ordinato da parte sua a Jacopo de' Barbari la veduta prospettica a volo d'uccello di Venezia. Il commercio di stampe era un'attività lucrativa, ed è quindi comprensibile come Dürer si sentisse danneggiato dalle numerose copie-pirata di sue incisioni eseguite da italiani.[27]

Per questo motivo, secondo il Vasari, Dürer si sarebbe rivolto al tribunale e avrebbe condotto un processo contro Marcantonio Raimondi. La sentenza stabilì che Marcantonio poteva copiare le incisioni e le xilografie di Dürer ma non era autorizzato ad imitare il suo monogramma.[28] Se anche questa vicenda dovesse essere vera solo in minima parte, il racconto del Vasari addita il problema e come la Serenissima seppe decidere con sovrana saggezza, con una interpretazione della legge oggi ancora vigente. Già durante il secondo viaggio di Dürer, Marcantonio aveva iniziato a copiare e a riprodurre tra l'altro xilografie del maestro tedesco sotto forma

[21] Graphische Sammlung Albertina, Vienna, inv. 3127.
[22] Wolters 1983, 92-136.
[23] National Gallery, Londra, inv. NG 750.
[24] Kupferstichkabinett, Berlino, KdZ 64 (W. 508).
[25] Rupprich 1956, I, 55, righe 58-61.
[26] Rupprich 1956, I, 55, righe 50-53, n. 13; 38 e 244.
[27] Landau & Parshall, 1994, 30 ss., 91 ss.
[28] Vasari 1568, v, 401-402.

Albrecht Dürer
*Grande carro trionfale*, incisione

di incisioni in rame. Curioso che l'italiano per il soggetto antico di ninfa e satiro scegliesse come prototipo l'incisione düreriana di Ercole che a sua volta non era neppure un'invenzione di Dürer stesso, ma derivava strettamente da rappresentazioni di soggetti antichi del Mantegna.

Quando nel 1528 Dürer morì, l'azione esercitata dalla sua pittura era da lungo svanita a Venezia ma la stima e la richiesta delle sue opere grafiche perdurava. La serie di xilografie di Dürer con *La vita di Maria* venne pubblicata per tutto il Cinquecento in ben dieci edizioni e le xilografie della *Piccola Passione* erano ancora così richieste cento anni dopo la loro esecuzione che nel 1612 ne venne stampata a Venezia un'edizione italiana usando le matrici in legno originali.[29]

*La celebrazione del trionfo imperiale. I "Trionfi"*
Nel Rinascimento l'idea di dignità e di potenza di un sovrano si rifaceva ai monumenti dell'antichità romana. Archi e colonne trionfali a Roma e nelle province italiane e dell'impero romano ci trasmettono un'immagine imponente del passato, dello sfarzo e della potenza dei Cesari. L'umanesimo promuoveva la collezione di reperti archeologici come statue, preziosi oggetti d'uso, monete e gemme, nonché l'interpretazione del loro significato. Trionfi allegorici e mitologici trovavano un'ampia diffusione soprattutto nel Quattrocento fiorentino quale decorazione di cassoni e in serie di incisioni.[30]

Rappresentazioni di cortei trionfali e trofei militari decoravano importanti pubblicazioni tra le quali la *Hypnerotomachia Poliphili* di Francesco Colonna edita a Venezia nel 1499 da Aldo Manuzio. Nel 1503 Jacob von Strassburg (Giacomo di Strasburgo) pubblicava a Venezia una serie di xilografie con i trionfi di Cesare (cat. 30), che deve aver esercitato un certo influsso su Hans Burgkmair nella serie di illustrazioni per il "König von Gutzin".[31] Andrea Mantegna eseguì per il palazzo di Francesco Gonzaga a Mantova il *Trionfo di Cesare* (catt. 28 e 29), una serie di nove grandi tele già famose all'epoca, dove il maestro, accostandosi ai rilievi antichi ed avendo come modello i cortei imperiali romani, ha formulato una sua interpretazione di questo classico tema che non avrebbe mancato di suscitare una vasta eco.[32]

Il secondo viaggio veneziano mise Dürer a contatto con l'opera tarda di Andrea Mantegna. Quest'ultimo aveva dipinto nel *Parnaso* per Isabella d'Este l'allegoria classica della festa delle muse. Il gruppo dominante delle leggiadre danzatrici, che presiedono alle arti e alle scienze, ricorda le classiche menadi greche che muovendosi con slancio agitano ritmicamente, con eleganza e grazia, i drappi che le avvolgono lievi. Anche se coperte, le forme del corpo si individuano chiaramente sotto le vesti, l'antico chitone. Dinamici movimenti rotatori fanno aderire gli ampi abiti al corpo, mentre altrove il soffiare del vento gonfia i bordi delle gonne. Dürer deve aver afferrato intuitivamente ed essersi annotato nel suo taccuino di schizzi quanto efficaci potessero essere queste figure e quanto piene di forza. Queste menadi, personificazioni di un'antichizzante gioia di vivere, vennero da lui riprese nei progetti più tardi, intesi a glorificare la maestà imperiale di Massimiliano. Esse accompagnano il *Grande carro trionfale* (cat. 33) come degli araldi antichi, formando una sorte di corteo allegorico; la loro presenza conferisce all'insieme un'aura di esuberanza e di eterna forza giovanile. Anche nella cerchia dei piccoli maestri di Norimberga, che lavoravano alla maniera di Dürer, questo tipo di figura e la sua associazione con l'antichità classica rimase viva: nella rappresentazione dei pianeti e delle muse o nelle personificazioni delle arti liberali, la reinvenzione mantegnesca dell'antico, recepita attraverso la sensibilità di Dürer, continuò ad avere un suo seguito in Hans Beham e Augustin Hirschvogel fino alla metà del Cinquecento. Le impressioni colte da Dürer a Venezia vennero tradotte nell'idioma pittorico del Nord per quanto riguarda numerosi ulteriori dettagli. Il Bambino dormiente nella *Pala di Dresda*, per esempio, riflette le Madonne belliniane. La rappresentazione della *Vecchiaccia* avida sul retro del *Ritratto viennese di un giovane uomo* è piuttosto un riflesso – che un'imitazione – della *Vecchia* di Giorgione. Infine le teste alate degli angioletti del Mantegna, un motivo comune anche alla pittura veneziana, conquistano tramite Dürer la sfera sacra del Rinascimento tedesco.[33]

I *Quattro Apostoli* (1526), lasciati in eredità da Dürer alla città di Norimberga nei duri anni della Riforma e

[29] Meder 1932, 130.
[30] Weisbach 1919.
[31] Cfr. le illustrazioni di Burgkmair al rapporto di Springer sulla sua spedizione nell'India orientale del 1505. I legami di Hans Burgkmair con l'Italia e Venezia erano forse più profondi di quanto si può riconoscere nella sua celebre xilografia a chiaro scuro *La morte e gli amanti* (cat. 72). Qui la veduta della città sullo sfondo con i rii, una gondola, case con terrazze e le caratteristiche forme dei comignoli sembrano indicarcelo. Augsburg, 1973, nr. 26.
[32] London 1992, 350 ss.
[33] In tempi recenti il soggetto è stato più volte trattato; cfr. tra l'altro Lucco 1996-1998, i, 45 ss.; per l'opera grafica particolarmente Heimbürger, 1999; Crawford-Luber, *Albrecht Dürer and the Venetian Renaissance*, Cambridge, England 1999 (in corso di stampa).

Andrea Mantegna
*Parnaso*
Parigi, Musée du Louvre

della guerra contadina evocano – vent'anni dopo il suo ritorno – ancora ricordi veneziani. La loro concezione originale come figure monumentali isolate e in piedi, come Dürer usava fare nelle incisioni su rame o nei disegni, viene mutata in coppie di figure, che rispecchiano palesemente il *Trittico dei Frari* del Bellini. La chiara e solenne composizione delle pieghe dei vestiti sembra compensare il grottesco dei volti dei caratteristici personaggi, che afferrano nervosamente lembi delle loro vesti e ci stregano con i loro inquietanti sguardi profetici. La chiarezza e la grandezza del loro prototipo affascinavano Dürer. E la sua ammirazione sconfinata per l'arte del Bellini è ancora una volta evidente in una lettera scritta a Philip Melanchton (Melantone). In essa afferma come da giovane avesse apprezzato la varietà dei colori e la meticolosa attenzione ai dettagli e riconosciuto poi solo in età avanzata che la massima qualità dimora nella semplicità.

Venezia aveva aiutato Dürer nella sua formazione artistica e personale: Giovanni Bellini, il decano della pittura veneziana, gli fece visita nel suo studio. Le visite del Doge e del Patriarca rappresentavano un chiaro segno dell'alto riconoscimento ufficiale. La volontà di imparare e conoscere lo aveva condotto a Venezia; con il suo modo di interpretare le novità italiane e l'antico spianò la strada al Rinascimento del Nord.

Fra gli uomini d'affari Dürer aveva acquisito facoltosi committenti. La sua arte e il suo nome sono intimamente collegati a Jakob Fugger il Ricco. Ispirato da Jacopo de' Barbari, cominciò ad occuparsi sistematicamente di metodi 'scientifici' per misurare le proporzioni del corpo umano. Studiò l'insegnamento vitruviano e gli scritti di Leon Battista Alberti. Sembra aver avuto accesso agli studi di Leonardo da Vinci sulla proporzione e sulla fisiognostica e forse anche sull'anatomia. Trascendendo anche le sue capacità di osservazione analitica, egli procedette verso una riflessione teorica sull'arte.

Straordinarie conoscenze acquisite autodidatticamente e i suoi contatti con le persone colte e i grandi del tempo gli permisero di conferire una forma adeguata a contenuti umanistici e mitologici. Sfuggito alla ristrettezza artigianale di Norimberga, aveva ritrovato se stesso in Italia e nell'ambiente veneziano. Sperimentando nell'arte a tutti i livelli l'artista era diventato l'uomo universale.

E quando Dürer in un tono mezzo scherzoso e non senza ironia, fa sapere all'amico in patria "Jch pynn ein zentilam zw Fenedig worden" (Sono diventato un gentiluomo a Venezia), conferisce all'affermazione una validità anche in un contesto più generale. Questo attesta come anche in Germania l'arte si era emancipata dai condizionamenti del mero artigianato.

28
Primo incisore
*I trofei*, da Andrea Mantegna, ca. 1495

28
incisione a bulino, 267 x 314 mm
(margini tagliati, impronta del rame
303 x 351 mm)
Chatsworth, Bakewell, Derbyshire,
Duke of Devonshire and the Chatsworth Settlement Trustees

LETTERATURA: Hind 1938-1948, V,
23, cat. 15b; Martindale 1979, 167-168, cat. 4; Zucker 1980, 47, cat. 14;
Zucker 1984, 116, cat. 018c; Lightbown 1986, 432-433; London 1992,
cat. 120; Coburg 1994, cat. 32; Matile 1998, 86, cat. 41.

29
incisione a bulino, 286 x 260 mm
(margini tagliati, impronta del rame
318 x 318 mm)
Chatsworth, Bakewell, Derbyshire,
Duke of Devonshire and the Chatsworth Settlement Trustees

LETTERATURA: Hind 1938-1948, V,
cat. 14; Martindale 1979, 167, cat. 1;
Zucker 1980, 44, cat. 12; Zucker
1984, 112-114; cat. 017a; Lightbown
1986, 432-433; London 1992, cat.
118; Matile 1998, 86, cat. 43.

Fu in gran parte tramite le incisioni
che le opere dell'illustre pittore padovano Andrea Mantegna influenzarono intere generazioni di artisti a
partire dalla fine del XV secolo. Le
più ammirate, nella sua produzione,
furono forse le nove grandi tele dei
*Trionfi di Cesare*: un ciclo molto ambizioso commissionato dalla corte
mantovana dei Gonzaga e ora nelle
collezioni reali inglesi a Hampton
Court. Incisori della cerchia più
prossima a Mantegna riprodussero
tre delle composizioni, consentendo
così ad altri artisti, anche fuori d'Italia, di conoscere quei capolavori.
Stranamente, anche se la fama dei
*Trionfi* è di antichissima data, le origini della serie sono ancora avvolte
nel mistero (cfr. Martindale 1979, e
London 1992, 350-372). Mantegna
doveva avere posto mano al progetto
prima dell'autunno del 1486, ma forse il ciclo fu condotto a termine solo
poco tempo prima della morte dell'artista, avvenuta a Mantova nel
1506. Non si conoscono con certezza
né l'identità precisa del membro della famiglia Gonzaga che aveva commissionato l'opera, né le motivazioni
a monte dell'iniziativa. Prendendo lo
spunto da varie fonti classiche, ma
più probabilmente da compilazioni
contemporanee in latino e in italiano,
Mantegna concepì una serie, iconograficamente innovativa, che illustrava il corteo trionfale di Cesare nell'antica Roma dopo la famosa vittoria
sui Galli del 46 a.C. Anche se non
possediamo testimonianze scritte,
sembra ragionevole presumere che la
scelta di quest'insolito soggetto fosse
motivata dal desiderio di abbellire la
reggia dei Gonzaga con uno scenario
di carattere storico atto a esaltare il
ruolo della dinastia e a proporlo ad
esempio.
Ma non è certo il tema in sé a rendere i *Trionfi di Cesare* una grande opera d'arte. Se il ciclo ebbe un impatto
così prepotente sull'arte del XVI secolo, fu chiaramente grazie alla stupefacente maestria della costruzione
prospettica, all'impianto ardito ed
estremamente originale delle composizioni, e forse soprattutto alla rievocazione pressoché filologica del
mondo sempiterno dell'antichità

Primo incisore, *I senatori*, incisione
da Andrea Mantegna

Anonimo incisore
*Gli elefanti*, da Andrea Mantegna, ca. 1495

classica. Le opere di Mantegna, in genere, esercitarono il loro influsso attraverso le stampe e le copie su carta o su tela e, nel caso dei *Trionfi*, due delle nove composizioni – *I trofei* e *Gli elefanti* – divennero rapidamente accessibili sotto forma di incisioni, la prima in tre diverse versioni e la seconda in due. Una terza stampa, strettamente legata alle prime due, con il corteo dei *Senatori* – un soggetto che non risulta far parte della serie delle tele, ma che potrebbe riflettere un dipinto di Mantegna mai eseguito – venne anch'essa prodotta in due diverse varianti.

La storia di queste sette incisioni è estremamente problematica. Prescindendo da quelle con i *Senatori*, non esposte alla mostra, tutte le versioni dei *Trofei* e degli *Elefanti* più che sulle tele vere e proprie paiono basate su disegni eseguiti da Mantegna per preparare le pitture. E le stampe, a loro volta, divergono talmente l'una dall'altra, che sembrano derivare da più studi preliminari, oggi quasi tutti perduti o noti solo tramite copie tarde. L'attività incisoria di Mantegna è tuttora oggetto di un

ampio dibattito – si vedano gli interventi di David Landau e di Suzanne Boorsch in London 1992, Christiansen 1993, Landau 1993, Boorsch 1993, Matile 1998, 68-73 – e non siamo nemmeno in grado di stabilire fino a che punto l'artista fosse coinvolto di persona nella produzione e commercializzazione delle stampe.

A complicare ulteriormente il quadro contribuisce il fatto che ignoriamo l'esatta identità degli incisori delle due stampe in esame in questa scheda. I *Trofei* appartengono a un gruppo di incisioni da Mantegna molto coerenti sotto il profilo dello stile e della perizia tecnica, che è generalmente ritenuto opera di uno stretto collaboratore di Mantegna che la letteratura indica oggi come il "Primo incisore". E di recente si è anche riportato alla ribalta il nome di Giovanni Antonio da Brescia: un giovane incisore professionista attivo nella bottega del maestro nell'ultimo decennio del secolo (Landau 1992, 52-53). Gli *Elefanti* tradiscono una mano diversa, che ritroviamo solo in un'altra stampa da Mantegna e che non ha ancora trovato un'iden-

tità convincente. La recente attribuzione di queste due incisioni al giovane artista padovano Giulio Campagnola (London 1992, cat. 118) va considerata una mera congettura, specialmente per via della mancanza di opere firmate con cui confrontarle.

Ciò che colpisce nelle due stampe che presentiamo è la scioltezza nell'uso del bulino e la capacità di adottare con successo una grande varietà di segni (paralleli e incrociati). Con questi mezzi gli incisori riescono effettivamente a creare quei valori tonali che costituiscono la caratteristica più saliente dell'arte della stampa italiana della fine del XV secolo. Mantegna e gli incisori della sua scuola si ispirarono certamente alle soluzioni tecniche leggermente precedenti dei maestri tedeschi, come il Maestro E.S. e il Maestro delle Carte da gioco (cfr. Landau & Parshall 1994, 65-77). E tutte le stampe di e da Mantegna, ma in particolare i *Trionfi di Cesare*, affascinarono a loro volta vari artisti nordici, probabilmente più impressionati dalla scelta dei soggetti e (dei particolari) delle

composizioni che dalle qualità tecniche di queste opere. Stupisce di scoprire – per esempio – che nel 1517-1518 Hans Holbein il Giovane utilizzò le tre composizioni incise dei *Trionfi* per le pitture esterne di un edificio di Lucerna (Martindale 1979, 99-101): come spesso avviene, fu proprio l'umile arte dell'incisione a rivelarsi più efficace nella diffusione delle visioni mantegnesche dell'antichità classica. E anche le xilografie del Trionfo di Cesare, la serie frutto della collaborazione fra l'intagliatore Jacopo da Strasburgo e il disegnatore veneziano Benedetto Bordon (cat. 30), contribuirono indirettamente a far conoscere a un vasto pubblico europeo alcune parti delle grandiose composizioni su tela della reggia dei Gonzaga (cfr. Massing 1990).

MS

30
Jacobus Argentoratensis, detto Jacopo da Strasburgo
(attivo 1494-1530)
*Gli elefanti*, da Benedetto Bordon

foglio F del *Trionfo di Cesare*, 1504 (prima edizione)
xilografia, 352 x 404 mm, 3ª ed.
New York, Metropolitan Museum of Art, Harris Brisbane Dick Fund

LETTERATURA: Appuhn & Heusinger 1976, 26-28; Massing 1977; Martindale 1979, 99-101; Hollstein 1954-1998, XVa, 205, catt. 18-29; Massing 1990.

Il 30 marzo 1504 il disegnatore e miniaturista Benedetto Bordon ottenne dalle autorità veneziane il privilegio esclusivo di stampa di una xilografia in dodici fogli raffigurante il *Trionfo di Cesare*, che aveva disegnato personalmente e pubblicato due settimane prima. Il documento legale – valido soltanto entro i limiti della giurisdizione della Serenissima – doveva difendere l'opera, costata a Bordon "gravissima fatica... e non mediocre spese", dall'effettivo pericolo rappresentato dai copisti e dagli editori non autorizzati.

Il progetto concepito dall'improvvisato editore veneziano era decisamente ambizioso. Il fregio continuo in dodici blocchi, per una lunghezza complessiva di quattro metri e mezzo, rappresentava il primo esempio italiano davvero spettacolare di stampa artistica a più fogli: una novità, suggerita dalla già nota tecnica di pubblicazione delle grandi carte geografiche, che si sarebbe rivelata di cruciale importanza per Venezia (cfr. Washington 1976, 10-23; Appuhn & Heusinger 1976, 19-34; Landau & Parshall 1994, 83-90). Queste stampe, note nella letteratura come *Riesenholzschnitte* (xilografie giganti), venivano spesso unite insieme e incollate al muro, oppure appese dopo essere state montate su tela, diventando così – soprattutto nel secondo caso – un equivalente dei dipinti. Questa maniera di utilizzarle, rimasta in uso fino al XVIII secolo inoltrato, spiega perché sono sopravvissuti solo pochi esemplari di queste grandi opere. Ed è significativo che uno degli esemplari meglio conservati dell'intero *Trionfo di Cesare*, ora nel Kupferstichkabinett di Basilea, fosse rilegato "a fisarmonica", e quindi con tutta probabilità destinato a un collezionista che voleva poter guardare il fregio nella sua continuità, ma in un formato maneggevole.

Bordon ha seguito il testo dello storico romano Appiano che descrive l'ingresso trionfale di Scipione a Roma, dopo la vittoria sull'esercito di Annibale del 202 a.C. Combinando insieme questo brano con altre fonti letterarie e visive, Bordon ha trasformato il corteo di Scipione nell'ingresso trionfale di Giulio Cesare, del 46 a.C., dopo le vittoriose campagne in Gallia. Resta da stabilire se l'artista avesse avuto modo di vedere il ciclo dell'identico soggetto dipinto da Mantegna per la reggia gonzaghesca di Mantova, ma non vi è dubbio che fosse a conoscenza delle incisioni relative alle celebri tele (catt. 28-29), poiché ne ha desunto numerosi particolari significativi. Sotto il profilo delle soluzioni pittoriche e compositive, la xilografia ha poco in comune con la monumentalità classica dei *Trionfi di Cesare* di Mantegna. Bordon ha accentuato l'orizzontalità del fregio cercando di far combaciare il più possibile i singoli blocchi. A questo scopo, per esempio, ha diviso certe figure tra due matrici diverse, come si può vedere nel foglio in esame, dove manca il treno posteriore dell'ultimo elefante. Le stampe di Bordon, inoltre, hanno poco rilievo e profondità, il che è in parte dovuto al carattere marcatamente lineare della xilografia in generale, molto meno adatta delle tecniche in cavo a creare ombreggiature ed effetti tonali. La ripetitività e la rigidezza del fregio, d'altra parte, possono essere imputate anche a Jacobus Argentoratensis (noto anche come Jacopo da Strasburgo), un intagliatore alsaziano piuttosto mediocre, attivo a Venezia agli inizi del XVI secolo.

Più che ai suoi meriti artistici o tecnici, l'importanza del *Trionfo di Cesare* è dovuta al largo influsso esercitato dalla composizione nei primi decenni del XVI secolo. È già stato osservato che il fregio costituiva all'epoca l'unico modello facilmente reperibile di un trionfo classico: un soggetto che stava diventando sempre più popolare in Italia come in altre regioni europee (cfr. Massing 1990). Oltre che nelle stampe, nei disegni e nei dipinti, sono state scoperte copie di particolari o di interi brani della composizione in oggetti d'arte delle tecniche più svariate: affreschi, portali in pietra, arazzi, maioliche e pezzi di mobilia. Ma forse più importante ancora, perlomeno dal punto di vista dello storico dell'arte, è l'influenza di questa serie sul primo fregio xilografico che era davvero un'opera d'arte di prima grandezza sotto il profilo della tecnica, dello stile e dell'impianto compositivo: il *Trionfo di Cristo* creato da Tiziano intorno al 1511-1512 (cat. 31).

MS

Candidi subinde boues cornibus auratis ducebant: uittis ornati & sertis: ducebāt eos adolescētes succincti ad imolandū. de hisce bobus albis dicere uoluit Virgilius de tauris tractans: qui i meuanie campis ad clitumnū amnem albi nascunt sic: Hīc albi clitumne greges: & maxima tauri: Victima sepe tuo perfusi flumine sacro Romanos ad templa deum duxere triūphos. Et elephanti illos seque: bant: de quo Tranquillus. Gallici triumphi die ascendit Capitolium ad lumina Elephantis quadraginta: dextra leuaqз lychnos gestantibus. Inter fercula etiam ductus est Rhenus: Rhodanus: & ex auro captiuus Oceanus. Pontico triūpho inter pompe fercula trium uerborum pretulit titulum: Veni: Vidi: Vici; non acta belli significantem sicut ceteris: sed celeriter confecti notam,

31
Andrea Andreani (1558/59 - 1629)
*Il trionfo di Cristo*, da Tiziano, ideato ca. 1516, pubblicato ca. 1580

xilografia in otto blocchi, lunghezza complessiva 390 x 2600 mm
Venezia, Collezione privata

LETTERATURA: Mauroner 1943, 29-37, cat. 1-V; Dreyer 1971, 32-41, cat. 1-V; Washington 1976, 37-54, cat. 1-VI; Appuhn & Heusinger 1979, 26-31; Karpinski 1983, 142-143, cat. 9; London 1984, 319, cat. P19; Bury 1989.

Il disegno creato da Tiziano per un lungo fregio xilografico illustrante il *Trionfo di Cristo* rappresenta in assoluto una delle vette più alte di tutta la storia dell'incisione rinascimentale. Esposta qui in una versione a otto fogli di Andrea Andreani, probabilmente pubblicata a Roma intorno al 1580, la monumentale invenzione

esplora per la prima volta a fondo la possibilità di mettere in scena un grandioso corteo trionfale in un'unica composizione. Senza dubbio stimolato dalla xilografia in dodici blocchi di Benedetto Bordon e Jacobus Argentoratensis con il *Trionfo di Cesare* (cat. 30), pubblicato per la prima volta nel 1504, Tiziano riuscì a trasformare quella lunga immagine priva di scioltezza e di vita in una processione in onore di Cristo arditamente concepita e disegnata con grande vigore espressivo. Senza indulgere alle tante peculiarità iconografiche, la xilografia presenta un lungo corteo di figure bibliche (del Vecchio e Nuovo Testamento), santi, martiri, padri della Chiesa, prelati, monaci e semplici fedeli, che accompagna il carro trionfale del Salvatore

esattamente al centro della composizione.

Accade spesso nella storia dell'arte grafica del XV e XVI secolo che si possiedano soltanto pochi dati in grado di fare luce sulla genesi anche dei capolavori più importanti. Nel nostro caso sappiamo per certo solo che nell'aprile 1516 lo stampatore veneziano Gregorio de Gregorijs chiese che gli venisse rilasciato un privilegio di stampa, molto probabilmente relativo al *Trionfo di Cristo*. Un anno dopo de Gregorijs ne pubblicò una prima versione in cinque blocchi, alla quale fecero seguito altre tre edizioni italiane, tutte leggermente diverse nei particolari, nel numero delle matrici e, soprattutto, sotto il profilo della qualità. La serie intagliata e pubblicata da Andrea Andreani è

l'ultima delle versioni eseguite in Italia, ma anche la migliore – insieme con quella di Gregorio del 1517 – dal punto di vista tecnico e artistico. Già nel 1543 ne usciva un'altra edizione a cura di un editore di Gent, ripubblicata poco dopo da Cornelis Bos e, dopo il 1545, dalla vedova di Cornelis Liefrinck. L'altissimo numero di esemplari della xilografia che figura nell'inventario della vendita dell'asse ereditario di Cornelis Bos testimonia del grande successo del *Trionfo* di Tiziano. Anche se i prezzi al pubblico di queste gigantesche stampe erano in realtà stranamente bassi, è interessante osservare che nella vendita del contenuto della bottega di Bos gli oggetti pagati più cari furono le matrici stesse della xilografia (Landau & Parshall 1994,

236-237). È chiaro che il *Trionfo di Cristo* aveva ancora un notevole valore economico e che il compratore si riprometteva di stamparne un buon numero di copie. La popolarità della composizione nei Paesi Bassi è dimostrata anche dall'esistenza di una copia xilografica di autore anonimo e di una replica a bulino incisa da Jan Theodoor de Bry nella seconda metà del XVI secolo.

Per tornare a Venezia e a Tiziano, non abbiamo alcuna idea di quando l'artista avesse cominciato a lavorare alla composizione, né siamo in grado di stabilire fino a che punto fosse coinvolto nella produzione della stampa. Si sa per certo che diversi anni dopo Tiziano controllava puntigliosamente la qualità delle stampe tratte dalle sue invenzioni e partecipava direttamente alla loro produzione e pubblicazione. Ma in questo caso tanto precoce non esiste alcuna indicazione in tal senso, né ci sono pervenuti disegni in stretto rapporto con la xilografia, il che potrebbe implicare che l'artista avesse tracciato la composizione direttamente sulle matrici, intagliate poi da uno o più artigiani specializzati. Questa era un'abitudine molto diffusa nel XVI secolo e spiega l'estrema rarità dei disegni preparatori per le xilografie, se confrontati con quelli preliminari per le incisioni. Da una notizia inequivocabile (ma forse erronea) fornita da Vasari, si è spesso dedotto che l'artista avrebbe condotto a termine il disegno nel 1508, ma l'analisi stilistica e il fatto che la prima edizione sia apparsa soltanto nel 1517 rendono molto più plausibile una datazione al 1516 circa, anche se questo non chiarisce tutti gli interrogativi che circondano l'oscura genesi di quest'opera d'arte (cfr. Bury 1989).

La composizione di Tiziano e la sua articolazione iconografica sono estremamente originali e innovativi. Come si è già detto, il concetto generale del fregio e certi suoi particolari si ispirano all'esempio leggermente precedente del *Trionfo di Cesare* di Benedetto Bordon. Alcuni aspetti delle figure, disegnate così vivacemente, potrebbero essere desunti anche da xilografie nordiche, in particolare di Albrecht Dürer. Benché non vi si scoprano citazioni dirette, una delle fonti di ispirazione potrebbe essere rappresentata dalla famosa serie dell'*Apocalisse* del maestro di Norimberga. Il *Trionfo di Cristo* di Tiziano si impose immediatamente come un modello destinato ad avere largo seguito tra gli artisti nordici che ideavano soggetti di questo tipo. Tra costoro vi furono anche Dürer e Hans Burgkmair, autori rispettivamente del *Grande carro trionfale* (cat. 33) e del *Trionfo di Massimiliano I* (cat. 32), due opere che tradiscono una chiara consapevolezza delle realizzazioni del collega veneziano.

MS

32
(da) Hans Burgkmair (1473-1531)
*Le genti di Calicut, Gli ambasciatori stranieri*
e *Le salmerie*, ca. 1516-1518

33
(da) Albrecht Dürer (1471-1528)
*Massimiliano sul carro trionfale*, ca. 1518-1522

tre fogli del *Trionfo di Massimiliano I*
(prima edizione 1526)
xilografie, ciascuna 280 x 370 mm
Amsterdam, Rijksmuseum, inv. OB
4367-70

otto fogli del *Grande carro trionfale*
(prima edizione 1522)
xilografie, ciascuna ca. 450 x 280 mm
Monaco, Staatliche Graphische
Sammlung, inv. 14145 A H

LETTERATURA: Bartsch 1803-1821,
VII/2, 229-240, cat. 81; Hollstein
1954-1998, V, 120-121, catt. 552-
618; Augsburg 1973, catt. 204-219;
Braunschweig 1973, 8-12, cat. 5;
Falk 1980, 166-167; London 1995,
141-144, catt. 143-145.

LETTERATURA: Bartsch 1803-1821,
VII/1, 154, cat. 139; Hollstein (1954-
1998), VII, 202-203, cat. 252; Boston
1971, 256-257, cat. 205; Strauss 1980,
234-235, cat. 139; Strauss 1981, 421-
423, cat. 339; Karlsruhe 1994, 80-81,
cat. H 36; London 1995, 57-58, cat.
43; Göttingen 1997, 384-388, cat.
112.

Forse l'imperatore Massimiliano I non verrà ricordato come uno dei massimi mecenati nel campo della pittura, scultura o architettura, ma il suo contributo alla storia dell'arte grafica è della massima importanza. Fu infatti il primo sovrano a capire le enormi possibilità offertegli dalla pubblicazione delle stampe – e soprattutto delle xilografie, più economiche e relativamente facili da produrre – in vista della divulgazione di messaggi propagandistici. Dopo l'ascesa al soglio del Sacro Romano Impero, avvenuta nel 1508, Massimiliano chiamò al proprio servizio incisori, tipografi e stampatori di Augusta e di Norimberga, due dei principali centri di produzione artistica del suo regno (cfr. Appuhn & Heusinger 1979, 55-61; Landau & Parshall 1994, 206-219).

Dal 1512 in poi, celebri artisti come Albrecht Altdorfer, Hans Burgkmair, Wolf Huber e Hans Schäufelein affrontarono l'impresa forse più ambiziosa di tutta la storia dell'incisione rinascimentale. Sotto la supervisione di Albrecht Dürer, questi ed altri artisti e artigiani collaborarono alla produzione di un gigantesco *Arco trionfale* (per complessive 192 matrici) e di un fregio altrettanto impressionante con un corteo trionfale (lungo, perlomeno nelle intenzioni, più di 50 metri). La tecnica prescelta per entrambe le opere era quella xilografica, che consentiva all'imperatore di far riprodurre e diffondere largamente i risultati di tanto lavoro. Mentre l'Arco trionfale ("*Ehrenpforte*", su 192 matrici) venne condotto a termine e pubblicato nel 1515; London 1995, 50-53), l'altro grande progetto – il fregio con *Il trionfo di Massimiliano I* – non fu mai completato. Nel 1519, alla morte dell'imperatore, il lavoro dovette arrestarsi per mancanza di sostegno e di fondi. Dürer ritirò otto blocchi intagliati da sue invenzioni e, dopo una completa revisione, pubblicò nel 1522 la composizione nota come *Il grande carro trionfale*. Passarono altri otto anni prima che le restanti 139 matrici, in gran parte su disegno di Hans Burgkmair, venissero pubblicate con il titolo di *Trionfo di Massimiliano I*. Le due serie ebbero destini diversi. Il *Carro trionfale* di Dürer conobbe un successo strepitoso e venne ripubblicato almeno altre sette volte nel corso del XVI secolo, per non parlare delle copie non autorizzate. Del *Trionfo* di Burgkmair – forse per la sua lunghezza e le qualità artistiche meno gradevoli – venne stampato un numero molto minore di esemplari, oggi quindi abbastanza rari. Ma le matrici sopravvissero e furono riscoperte nel castello di Ambras: così la serie venne ripubblicata nel

1777, 1796 e 1883-1884. I blocchi fanno parte ora delle raccolte dell'Albertina di Vienna.

Fino alla morte, sopravvenuta nel 1519, lo stesso Massimiliano fu strettamente coinvolto nell'impresa del corteo trionfale. Nel 1512 aveva dettato di persona al suo segretario un particolareggiato programma iconografico del *Trionfo* in suo onore, che fu inizialmente illustrato in una serie di miniature dipinte dall'Altdorfer e dai suoi collaboratori di bottega. A loro volta, Dürer, Burgkmair e gli altri si ispirarono a queste immagini per creare le xilografie. I loro disegni vennero poi intagliati da un gruppo di xilografi ora considerati nella let-

teratura artistica figure di secondo piano: Jost de Negker, Hans Lützelburger, Cornelis Liefrinck e molti altri. Nella gerarchia imperiale, tuttavia, questi artigiani occupavano un posto più alto – ed erano pagati molto di più – degli oggi celeberrimi Altdorfer e Burgkmair, o dei loro colleghi che fornivano a loro volta i disegni-modello (cfr. Landau & Parshall 1994, 206-210). Sono fortunatamente sopravvissute molte testimonianze scritte di quest'iniziativa imperiale, che ci tramandano anche i nomi degli intagliatori delle singole matrici: fino al 1519 siamo quindi molto bene informati sulla genesi del *Trionfo di Massimiliano I*.

Il *Carro trionfale* pubblicato separatamente da Dürer mostra l'imperatore seduto su uno splendido cocchio tirato da dodici cavalli, con una schiera di fanciulle che impersonificano le virtù esemplari dell'imperatore, tutte chiaramente indicate nelle scritte. Negli effetti dinamici e spettacolari, nell'enfasi sul carro trionfale che costituisce il punto focale della scena, nella vivacità dei particolari – come le vesti fluttuanti delle Virtù –, la composizione denota chiaramente il riflesso del *Trionfo di Cristo* di Tiziano. La notissima xilografia tizianesca (cat. 31) era stata pubblicata per la prima volta nel 1517, solo un anno prima che Dürer comincias-

se a lavorare al progetto. I disegni di Burgkmair, invece, sono molto più convenzionali e, pur rivelando in certi dettagli del lungo corteo una chiara conoscenza di prototipi italiani – di stampe di Jacopo de' Barbari, per esempio, o di incisioni da e di Mantegna –, non riescono a cogliere il vigore espressivo delle invenzioni di Dürer e di Tiziano. Questa potrebbe essere una spiegazione dell'enorme diversità del successo commerciale delle due serie di stampe.

MS

## 34
Albrecht Dürer (1471-1528)
*Ratto d'Europa e altri studi*, 1494-1495

penna e bistro chiaro e scuro
280 x 415 mm
scritte: sul recipiente sferico "LVTV. / .S.:"; monogramma AD apocrifi
Vienna, Graphische Sammlung Albertina, inv. 3062, D 41

LETTERATURA: Wickhoff 1880; Winkler 1936, 1937, I, 64-65, cat. 87; Tietze & Tietze-Conrat 1937, 17-18, cat. 74: Panofsky 1948 I, 34-35; Wien 1971, cat. 13; Nürnberg 1971, cat. 505; Salvini 1973, XV; Strauss 1974, 230, cat. 1494/16; Eisler 1991, 156, 204; Berlin 1998, 24, cat. 3.

Questo disegno, probabilmente eseguito durante il primo soggiorno di Dürer in Italia, presenta un inconsueto raggruppamento di motivi. Il foglio ha all'incirca le stesse dimensioni di quelli con i disegni riproducenti le incisioni di Mantegna. La raffigurazione del *Ratto d'Europa* ne occupa poco più della metà sinistra. Una linea divisoria separa questa scena dall'altra metà del foglio, dove sono accostati invece vari studi, come in un foglio di taccuino di schizzi. Sotto a tre grandi teste leonine si trovano le figure di Apollo e di un orientale.
Il ratto di Europa da parte di Giove trasformatosi in toro è narrato in due diversi brani di Ovidio (*Metamorfosi*, II c VI), che costituiscono le fonti del disegno e ne spiegano certi particolari, come i piedi "tirati su per paura degli spruzzi", la mano destra che "stringe un corno e la sinistra posata sulla groppa", o persino la veste che si "gonfia tremolando nella brezza". Poliziano aveva dato una nuova interpretazione umanistica delle *Metamorfosi* nelle *Stanze per la Giostra* (I, 105/106) pubblicate nel 1494 (Panofsky 1948, 34), dove si accenna ai capelli mossi dal vento, alla testa voltata dell'animale, alla disperazione delle compagne, che piangono sulla riva. La dipendenza del disegno di Dürer da queste fonti letterarie è stata diversamente interpretata dagli studiosi. Da un lato si è sostenuta l'esistenza di un modello italiano al quale il maestro tedesco si sarebbe rifatto (Tietze 1937; Nürnberg 1971), dall'altro si è ammessa – secondo noi a ragione – una libera interpretazione dei relativi passi letterari (Wien 1971; Berlin 1998). Un'ulteriore proposta è che il pittore abbia tratto lo spunto da un passo di Luciano (*Discorsi dei venti*), che descrive come le nereidi a cavallo di delfini accogliessero gioiosamente il divino toro (Berlin 1998). Dürer introduce, in accordo col soggetto classico, motivi e reminiscenze antiacheggianti nelle figure e nei loro gesti. La precaria posizione genuflessa di Europa sul toro è stata collegata alle rappresentazioni della Nike sacrificante un toro o di Afrodite accoccolata mentre si bagna (Wickhoff 1880; Nürnberg 1971). E' molto probabile che per un repertorio archeologizzante siffatto Dürer abbia attinto a piene mani a Mantegna, quale mediatore di iconografia mitologica. Nel foglio con gli elefanti, un'incisione che riproduce i *Trionfi* di Mantegna, si ritrovano alcuni motivi qui sviluppati, nella posizione genuflessa del fanciullo nudo o nella torsione del capo del toro (cat. 29; Wien 1971). Nel disegno düreriano, seppur ridotte nelle dimensioni, anche le compagne di Europa lasciate indietro sulla sponda con le loro tragiche pose di lamento mostrano un evidente carattere mantegnesco.
Nell'impianto compositivo, tuttavia, la scena del rapimento di Dürer diverge fondamentalmente dai prototipi di Mantegna. A differenza delle sue brillanti copie-variazioni dalle incisioni mantegnesche, strettamente dipendenti dai prototipi e dunque identiche nella composizione (cat. 36), nel foglio esposto si ha piuttosto l'impressione di trovarci dinnanzi a un'invenzione liberamente improvvisata.
Il gruppo centrale è armoniosamente inserito in un ampio paesaggio dall'alto orizzonte: una scelta compositiva che Dürer adotterà ancora nel 1503 nel disegno di Vienna della *Madonna circondata da animali* (Strauss 1974, II, 696, 1503/22), dove pure troviamo nello sfondo figurine che si agitano freneticamente. Anche l'infittirsi delle componenti della rappresentazione al centro della scena è caratteristico del modo di comporre di Dürer. Il movimento del toro, che incede pesantemente nell'acqua poco profonda, segue due opposti andamenti, visto che l'animale volge il capo all'indietro, mentre la fanciulla inginocchiata instabilmente sulla sua groppa, in una posa virtuosistica, guarda nell'opposta direzione. Questo complesso movimento richiama alla mente la stampa dell'artista con i *Cavalieri dell'Apocalisse*. Dürer deve aver utilizzato precisi studi dal vero, come il disegno di un toro (Strauss 1974, I, 410, 1496/9) che sottolinea come qui l'ossuta spigolosità del posteriore e delle costole del bovino. Le agili figurine accessorie, che circondano come in un gioco il gruppo centrale, devono essere interamente frutto della fertile fantasia di Dürer. La coppia di satiri aggiunta a sinistra come un'allusione non troppo velata alla *libido* sfrenata della divinità, l'unicorno appena accennato nel canneto – questa volta come simbolo di castità –, nonché i putti e le nereidi sui delfini costituiscono tutti 'capricci' all'antica. Le testoline dei putti, che qui spuntano dalle onde del mare e non dalle nuvole, simboleggiano forse le divinità eoliche di Luciano, che hanno il compito di riferire quanto sta accadendo. A fianco di questa 'storia' Dürer ha disegnato, definendole assai marcatamente nei dettagli, tre teste di leone, ai cui corpi non accenna però in alcun modo. Sono colte in posizioni diverse e sembrano dipendere da un modello scultoreo più che da uno studio dal vero. Anche l'estrosa figura di Febo-Apollo riproduce molto probabilmente una perduta scultura quattrocentesca, forse a sua volta ispirata a un *Eros* lisippeo (Wickhoff 1880).
Per quanto concerne l'orientale che medita su un teschio, è stata proposta come fonte una figurina-comparsa come quelle di Gentile Bellini (Tietze & Tietze-Conrat 1937). L'atteggiamento pensieroso e malinconico del personaggio contrasta con la posa disinvolta e teatralmente briosa dell'Apollo. Non è escluso che, viste le identiche proporzioni, esista un nesso compositivo – e quindi anche concettuale – fra le due figure. Assieme al libro e al recipiente sferiforme con la scritta, che viene letta come "*lutum sapientia*" (la sapienza è fango), il gruppo potrebbe avere un significato alchemico. Si spiegherebbero così anche i leoni, che con i loro diversi possibili significati potrebbero avere un qualche criptico legame simbolico con la scena del rapimento, considerato anche che la mano di Apollo con la freccia oltrepassa il limite ideale fra i due temi. L'impostazione composita dell'intero foglio potrebbe anche spiegarsi come liberissima estrapolazione di motivi da un sarcofago romano con protomi leonine. Pur senza poter nominare qui un preciso prototipo, si può constatare che proprio in questi sarcofagi si trovano spesso combinati insieme rilievi scenici e figure di divinità giustapposte anche se di diversa grandezza, con figure accessorie come satiri e amorini, e anche con enormi protomi leonine.

IL

259

35
Andrea Mantegna (1430/31-1506)
*Baccanale con Sileno*, ca. 1470-1475

incisione a bulino e puntasecca
299 x 438 mm (margini rifilati, impronta del rame 335 x 454 mm)
Vienna, Graphische Sammlung Albertina

LETTERATURA: Bartsch 1803-1821, XIII, 240-241, cat. 20; Hind 1938-1948, V, 12, cat. 3; Washington 1973, 186-187, cat. 74; Zucker 1980, 57, cat. 20; Zucker 1984, 96-98; Lightbown 1986, 490, cat. 208; London 1992, cat. 75; Coburg 1994, cat. 30; Matile 1998, 82, cat. 35.

Di recente, gli studiosi hanno ampiamente discusso per stabilire fino a che punto Andrea Mantegna fosse coinvolto di persona nella preparazione delle stampe. Benché si sia decisamente sostenuto che l'artista non avrebbe mai praticato l'arte dell'incisione (Boorsch 1992; Boorsch 1993), l'opinione tradizionale che maneggiasse effettivamente il bulino è ancora la più convincente (Landau 1992; Landau 1993; Christiansen 1993). Ma distinguere le stampe incise direttamente dal maestro da quelle eseguite dagli incisori della sua cerchia costituisce un altro problema ancora, sul quale esistono pareri completamente diversi. Il *Baccanale con Sileno*, tuttavia, appartiene al piccolo gruppo delle sei incisioni che vengono in genere attribuite proprio ad Andrea Mantegna.
La stampa ci mostra Sileno – uno spirito dei boschi vagamente falstaffiano, noto nella letteratura classica come un accanito bevitore – circondato da compagni di baldoria più o meno svestiti. Sullo sfondo di un vigneto un satiro sta incoronando di pampini il corpulento Sileno, così appesantito da dover essere sorretto da tre degli astanti. La composizione è strettamente in rapporto con un'altra incisione di Mantegna: il *Baccanale con il tino*. Le due scene sono incise su *recto* e *verso* della medesima lastra ed erano ovviamente concepite come *pendants*. Potevano anche essere montate in modo da formare un fregio continuo, con il *Tino*

Andrea Mantegna
*Baccanale con il tino*, incisione

a sinistra e il *Sileno* a destra, in modo da far risultare al centro la pozza formata dal vino versato al suolo.
Gli effetti dell'ebbrezza sono descritti senza reticenze, insistendo sulle fisionomie alterate dei personaggi. In contrasto con le pose idealizzate di alcuni dei nudi classici, altri – come il Sileno e la grassa megera sulla sinistra – hanno completamente perduto ogni controllo. Soggetti come questi erano molto diffusi nella letteratura come nell'arte classica e avevano chiaramente ispirato Mantegna, anche se non siamo in grado di indicare quali siano state di preciso le sue fonti. È molto probabile che avesse cercato lo spunto per le due composizioni soprattutto nei bassorilievi degli antichi sarcofagi.
La maggior parte degli studiosi è convinta che la coppia di stampe avesse lo scopo di mettere in guardia il riguardante dalle conseguenze dell'ubriachezza, ma questo sembra contrastare con l'assenza di qualunque indizio di messaggio morale. È invece possibile che i baccanali mantegneschi rientrassero semplicemente nella tradizione letteraria e iconografica dionisiaca, indulgendo nella descrizione del mitico mondo del dio del vino senz'alcuna presa di posizione di tipo etico.
Le due stampe devono essere state incise entrambe nel periodo tra il 1570 e il 1575. I tentativi fatti in passato di situarle molto più avanti nel tempo sono stati vanificati dalla recente scoperta di una copia del *Baccanale con il tino* in un manoscritto finito di miniare nel 1581 (London 1992, 281). Fu precisamente in quel periodo che Mantegna, indubbiamente stimolato da analoghe innovazioni introdotte nelle stampe tedesche che aveva avuto modo di vedere, cominciò a sperimentare l'uso combinato del bulino e della puntasecca: una tecnica – quest'ultima – che gli consentiva di aggiungere sottili effetti quasi tonali a quelli molto più lineari dell'altro metodo. L'uso più consapevole di questo procedimento misto sembra indicare che il *Sileno* potrebbe essere leggermente più tardo del *Baccanale con il tino*. Ma i bei risultati tonali, evidenti nel foglio di Vienna esposto alla mostra, si possono apprezzare solo nei rarissimi esemplari delle prime tirature delle stampe di Mantegna, mentre la maggior parte delle copie oggi conservate in raccolte pubbliche e private sono state tratte dalle lastre, quando esse avevano ormai perduto completamente la morbidezza della puntasecca.

Entrambi i soggetti sono stati spesso copiati sotto forma di stampe o di disegni, specialmente dagli artisti transalpini, che subivano in modo particolare il fascino di quest'iconografia bacchica e non potevano non essere stuzzicati dalle insolite composizioni antichizzanti, dai magistrali nudi classici e dalla frenesia orgiastica di Sileno e dei suoi seguaci. Già nel 1494 fu lo stesso Dürer a copiare il *Baccanale con Sileno*: una delle due stampe di Mantegna che il maestro di Norimberga decise di riprodurre (cfr. cat. 36). Più di un secolo dopo si ispirò alla stampa anche un altro grandissimo artista nordico: Pieter Paul Rubens, che copiò il motivo del Sileno sorretto dai compagni in un celebre disegno oggi al Louvre (cfr. Washington 1973, 186).

MS

## 36
### Albrecht Dürer (1471-1528)
*Baccanale con Sileno*, 1494

penna e inchiostro bruno chiaro e quasi nero, 298 x 435 mm
scritte: "1494 AD"
Vienna, Graphische Sammlung Albertina, inv. 3060 D 33

LETTERATURA: Meder 1911-1912; Winkler 1936-1937, 43-44, cat. 59; Wien 1971, cat. 9; Simon 1971-1972; Strauss 1974, I, 222, cat. 1494/12.

Il disegno di Dürer, che reca al margine superiore la data autografa 1494 e la sigla tipica della prima maniera, con le lettere giustapposte, dipende da un'incisione di Mantegna (Lightbown 1986, 490, cat. 208). Secondo Meder (1911-1912), Dürer avrebbe ricalcato le linee di contorno dell'incisione e completato poi il disegno interno applicandovi la sua caratteristica tratteggiatura. Tuttavia non sono riscontrabili tracce di ricalco.

L'incisione di Mantegna usata come modello fa coppia con un'altra, il Baccanale con il tino: le due stampe erano pensate come *pendants* o per essere poste una di seguito all'altra, in modo da comporre una specie di fregio. Certo è che le altre due incisioni con la *Zuffa degli dei marini* – simili sia nel formato che nel soggetto di carattere mitologico – erano state concepite fin dall'inizio come un foglio doppio: all'Albertina di Vienna si conserva un disegno di Dürer che copia la metà destra del secondo foglio (Strauss 1974, I, 224, cat. 1494/13). Il fascino esercitato su Dürer dalle incisioni di grande formato di Mantegna è dimostrato anche dal disegno di Amburgo con la *Morte di Orfeo* (Strauss 1974, I, 220, cat. 1494/11), che a quanto pare traduce anch'esso nel linguaggio formale dureriano una incisione andata perduta di Mantegna.

Mentre il tema della morte di Orfeo è tragico, le incisioni con i baccanali corrispondono invece al genere antico della satira. Secondo l'interpretazione della Simon, infatti, il *Baccanale con Sileno* costituirebbe una traduzione in immagini dell'antica descrizione di Diodoro, di come Cibele dopo la morte dell'amato vagasse per il paese – probabilmente in stato di ebbrezza – con i capelli sciolti. L'antica dea della fertilità sarebbe da identificare in tal caso con la donna nuda e corpulenta sulla sinistra, caricata sulle spalle da un uomo. L'obeso personaggio maschile al centro, sorretto da tre satiri, sarebbe invece Marsia, il suo accompagnatore, come sembrano indicare il flauto doppio e la siringa, suonati dai coribanti che aprono il corteo. Quindi Mantegna doveva avere interpretato l'antica fonte letteraria nello stile di un bassorilievo antico. Queste invenzioni classicheggianti venivano poi diffuse grazie alle nuove tecniche grafiche a stampa.

L'interesse di Dürer sarà stato attirato, oltre che dal soggetto 'all'antica', anche dai nudi atletici iperbolicamente muscolosi, per non dire delle strane creature composite, come i satiri al centro con i loro gambali vegetali o quelli arti inferiori caprini e la capigliatura formate da foglie. La copia di Dürer è un'interpretazione precisa e allo stesso tempo libera, intesa come una trasposizione in uno stile diverso. I contorni delle figure sono sovrapponibili a quelli dell'incisione, hanno però nella loro turgida sensibilità un carattere ben più vivace, il che non dipende solo dalla tecnica diversa. Lì dove Mantegna crea la plasticità dei corpi con un fitto tratteggio obliquo e parallelo, Dürer opera con corti tratti di penna che modellano, spesso incrociandosi, e seguono precisamente le curvature. Questo procedimento gli permette di elaborare più intensamente la diversa materialità della pelle, del pelo degli animali, dei capelli e della vegetazione. Dürer modifica rispetto al suo modello i corpi solo all'interno del contorno, mentre per il terreno e le piante vi si attiene solo in maniera vaga. Innalzando il livello del terreno, in salita verso destra, Dürer dà più respiro alle figure. La vegetazione, costituita tra l'altro da un canneto e da viti, è modellata al pari delle figure, mentre nel foglio di Mantegna si confondeva in una fitta tratteggiatura di fondo. Solo la pianta sulla sinistra si sviluppa rigogliosamente, mentre la flessione sinuosa del tralcio sopra Marsia sembra corrispondere all'ondeggiante incedere delle figure, anch'esse cariche di pesi. La terza vite fissata a un altro palo è un'aggiunta di Dürer, la cui fantasia si esplica al meglio in questo tipo di motivi. La linea si è fatta indipendente, passando dalla definizione di un oggetto a uno svolazzo calligrafico quasi astratto. Il ceppo d'albero dietro ai musicantii, che nel prototipo di Mantegna non viene definito in maniera precisa, dev'essere considerato nel nostro caso un autonomo studio dal vero, visto che la sua struttura sfibrata, e il ramo che vi è cresciuto in modo strano, trovano corrispondenza in un'incisione di Dürer di poco successiva, quella con il *San Girolamo nel deserto* (cat. 40).

I disegni del maestro tedesco tratti dalle stampe del celebre pittore di corte dei Gonzaga dimostrano che Dürer praticava quello che egli stesso, nei suoi scritti tardi, consigliava ai giovani pittori: "*Item er muss von guter Werkleut kunst ernstlich viel abmachen, bis er ein freie hand erlangt*" ([il giovane pittore] deve copiare molto seriamente l'arte dei grandi maestri, fino a quando non avrà una mano davvero libera; Rupprich 1956, I, 99). Ma questi fogli dovevano – agli occhi dei contemporanei – rappresentare anche un esempio di bravura, di come Dürer con *certitudine manu* – una sua qualità molto lodata – fosse in grado di riprodurre esattamente l'originale e allo stesso tempo, grazie alla sua altrettanto celebrata *facilitas*, riuscisse a incrementare il plasticismo di un prototipo linearistico, conferendogli l'ideale corposità, morbida e tondeggiante, delle sculture antiche. Affascinato dai nudi di Mantegna, concepiti sulla base di modelli classici, e riprendendone le linee di contorno, Dürer tenta di ridare vita – in senso propriamente rinascimentale – alle figure antichizzanti. Il giovane pittore avrebbe potuto interessarsi alle incisioni del famoso maestro italiano (che oltretutto era stato insignito anche di un titolo nobiliare) già a Norimberga, forse traendone lo stimolo a intraprendere il suo primo viaggio in Italia; oppure la recezione dei modelli mantegneschi potrebbe essere avvenuta più tardi, quando Albrecht già si trovava a Venezia, nella bottega di Gentile Bellini, dove con grande probabilità aveva tracciato il disegno a più colori del gruppo dei *Tre Orientali* (cat. 38). E qui avrebbe certamente potuto trovare tutte le premesse necessarie al suo omaggio-sfida al grande Mantegna.

IL

37
Albrecht Dürer (1471-1528)
*Norimberghese e veneziana*, 1495

penna e inchiostro bruno
245 x 160 mm
monogramma apocrifo: AD
Francoforte, Städelsches Kunstinstitut, inv. 696

LETTERATURA: Meder 1911-1912, 205; Winkler 1936-1937, I, 56, cat. 75; Panofsky 1943, I, 36, II, 126, cat. 1280; Schilling 1973, I, 26, cat. 82; Salvini 1973, IX; Strauss 1974, I, 272, cat. 1495/6; Strieder 1981, 164-165.

Le due donne, diversamente vestite, sono state disegnate contemporaneamente, come rivela l'identica tonalità dell'inchiostro. Vengono messe a confronto a sinistra una donna sposata, come suggerisce la cuffia, nel costume tradizionale a Norimberga e a destra una veneziana, con l'acconciatura e gli abiti là alla moda poco prima del 1500. Quest'ultimo, presumibilmente, era l'abito di una donna nubile, come aveva concluso già Meder (1911-1912, 204), sulla base di una descrizione di Cesare Vecellio (1590, 90), successiva però quasi di un secolo: "Quando le Donzelle erano per maritare, andavano col petto e con le spalle scoperte". Queste splendide vesti delle giovani veneziane, rappresentate anche nei dipinti di Carpaccio (cat. 27), sono state più volte disegnate dal pittore tedesco. La data autografa 1495, scritta su un disegno molto dettagliato dell'Albertina di Vienna, con una veneziana così vestita (Strauss 1974, I, 288, 1495/4) dimostra che entram-

be le opere risalgono al periodo del primo soggiorno dell'artista nella città lagunare. Il che è confermato anche dallo stile del disegno in esame, dove le ombreggiature sono ottenute con un fitto tratteggio incrociato. Poiché Dürer aveva utilizzato la figura del foglio datato di Vienna per la sua *Meretrice di Babilonia* – la penultima xilografia della serie dell'Apocalisse – la critica, prima delle puntualizzazioni di Meder, era giunta all'erronea conclusione che questa veneziana riccamente abbigliata fosse una cortigiana. Fuorviante si è rivelata anche la scritta apposta in un periodo successivo sul verso del foglio: "ADA GRAVE VON HOLLAND MED HARE MODER ADELHEIT DE VOSY" (Ada contessa d'Olanda con sua madre Adelaide di Vosy). Dürer intendeva evidentemente porre a confronto "il gusto italiano e il gusto tedesco" nel vestire (Salvini 1973, XI), riservando a entrambe le figure la stessa intensità di descrizione disegnativa. Il carattere tardo-gotico del costume tedesco, con la sua cuffia rigonfia, il corsetto attillato e le scarpe a punta, viene accentuato dalle pieghe spigolose della sottana arricciata in vita, evidentemente confezionata con un tessuto assai rigido. Già gli alti zoccoli conferiscono invece alla veneziana un aspetto più imponente. L'ampia gonna le scende direttamente da sotto il petto, formando morbide pieghe regolari a mo' di scanalature; tiene sui fianchi un soprabito a strascico (rocchetto) di stoffa sottile. Comune ai due costumi è l'ampia scollatura. La veste della veneziana è descritta con maggiore precisione nel già ricordato disegno di Vienna, dove compare anche un rapido schizzo della medesima figura vista da tergo. Alla posa statuaria dell'italiana si contrappone il disinvolto movimento della giovane tedesca, la cui tipologia aveva già fatto la sua comparsa in analoghi disegni eseguiti durante le peregrinazioni dell'artista nell'alta Renania (Strauss 1974, I, cat. 1492/2, 1492/3). Anche nelle incisioni prodotte subito dopo il viaggio in Italia, come la *Proposta d'amore*, il *Violento* e la *Passeggiata* (M. 77, 67, 83), Dürer ha introdotto ripetutamente giovani donne abbigliate allo stesso modo. Il contesto erotico o moralizzante di queste stampe potrebbe forse essere già stato anticipato nel disegno in esame. Il volgersi della dama norimberghese verso quella veneziana potrebbe forse alludere al contesto psicologico della concorrenza, delle competizioni fra

eleganti bellezze muliebri, mentre i costumi sono visti non solo come curiosità, ma anche come documenti di un diverso stile (cfr. Panofsky 1943, I, 36). E proprio questo significato riposto, cioè un ideale 'paragone' Italia-Germania, differenzia il nostro disegno da meri studi di costume, ripresi da Dürer direttamente dal modello. Qui la sua autografia è manifestata più pienamente. Ma non è escluso che nell'idea di raffigurare due dame in abbigliamento diverso una accanto all'altra egli possa essere risalito a Gentile Bellini. Nel teler con la *Processione della reliquia della Santa Croce in piazza San Marco*, condotto a termine nel 1496, tra gli spettatori figurano due personaggi femminili, seminascosti dalle parti superiori dal baldacchino. Se ne riconoscono soltanto le sottane, una arricciata e l'altra a pieghe diritte e tubolari. Come si è dimostrato a proposito di altri gruppi di figure secondarie del grande dipinto, anche per queste due donne doveva esistere un disegno-modello. Dürer aveva avuto modo di consultare gli schizzi di Gentile: lo prova il disegno a penna acquerellato con i *Tre orientali* (cat. 38). Ma l'esistenza del foglio di Gentile con i *Tre gentiluomini* (Biblioteca Reale, Torino) ci consente di ricostruire la genesi del motivo, mentre nel caso delle nostre due dame non resta praticamente traccia dell'*iter* creativo. Rimane una supposizione che Dürer anche in questo caso abbia arricchito uno dei disegni tratti dal fondo di Gentile con propri motivi, trasformandolo artisticamente e concettualmente.

IL

Albrecht Dürer
*Dama in costume veneziano*
Vienna
Graphische Sammlung Albertina

38
Albrecht Dürer (1471-1528)
*Tre orientali*, 1494-1495

penna e inchiostro nero e bruno
acquerelli, 306 x 197 mm
data e monogramma apocrifi: 1514;
AD
Londra, The British Museum, inv.
1895-9-15-974
LETTERATURA: Janitsch 1883; Winkler 1936-1937, I, 58, cat. 78; Degenhart 1940, 42; Salvini 1973, XIII; Strauss 1974, I, 284, cat. 1495/12; Meyer zur Capellen 1985, 168-169, E9; London 1988, 65, cat. 38; Washington 1991, 213, cat. 110.

Questo foglio con tre orientali in costume ottomano risale con tutta probabilità al primo soggiorno di Dürer a Venezia. Considerato il carattere oggettivo e documentario del disegno, e in più la lievità dei colori ad acquerello, pur abbastanza coprenti, le figurine potrebbero esser viste come studi di costumi tratti dal vero, paragonabili a quegli degli abitanti di Norimberga e dei Paesi Bassi eseguiti da Dürer più tardi. Ma come aveva chiarito Janitsch già nel 1883, l'opera va messa in rapporto con la *Processione della reliquia della Santa Croce in piazza San Marco*, terminata nel 1496 (Gallerie dell'Accademia, Venezia), uno dei teleri eseguiti da Gentile Bellini per la Scuola di San Giovanni Evangelista, dove tra le piccole figure che si assiepano davanti alla facciata della basilica, in corrispondenza dell'ultimo portale sulla destra, scopriamo lo stesso gruppetto di orientali, qui con lunghe barbe invece che con i baffi attorcigliati del disegno. La gamma cromatica del foglio corrisponde a quella di Bellini, anche se Dürer ha preferito trasformare il servitore sulla destra in un moro, lasciando bianche le calze che nel dipinto sono ros-

se. Nella stesura definitiva il moro non sta camminando, ma ha assunto una posa più statica, con i piedi ben piantati a terra; in un primo tempo, tuttavia, Dürer aveva disegnato il piede sinistro in una posizione più arretrata, quindi più simile a quella del teler. È evidente che il maestro tedesco, prima di fare ritorno a Norimberga nel 1495, aveva avuto modo di studiare la grande tela datata 1496 ancora non finita.
Ma è chiaro che Dürer, nella bottega del collega veneziano, doveva avere visto ben di più di quel dipinto, di cui il gruppo dei tre orientali costituisce solo un dettaglio dello sfondo. Altri suoi disegni pure di carattere esotico e tecnicamente confrontabili stanno infatti a dimostrare che Gentile doveva avergli concesso di consultare gli schizzi che aveva eseguito durante il suo viaggio a Costantinopoli del 1479-1480. Ed è da questo nucleo di disegni che Dürer deve avere copiato anche i cavalieri orientali dell'Albertina di Vienna e dell'Ambrosiana di Milano (Strauss 1974, I, 286, catt. 1495/13, 1495/15). Poiché questi disegni acquerellati sono soltanto copie, il loro andamento lineare non può possedere la scioltezza e l'autonomia che si ravvisano negli studi di costumi di dame veneziane tratti dal vero di questo stesso periodo (cat. 37). È per questo motivo che studiosi del passato avevano avanzato qualche dubbio sull'autenticità di questi fogli ma, una volta chiaritane la genesi, ogni incertezza va dissipata. Per formarci un'idea del possibile aspetto dei modelli belliniani visti da Dürer, si possono prendere in esame i *Tre gentiluomini* della Biblioteca Reale di Torino, anch'essi in rappporto con il telero del-

la *Processione*, dove il loro gruppetto è inserito quasi al centro della composizione, a destra dell'asta del baldacchino. Ma la tecnica, qui, è completamente diversa: il disegno attribuito a Gentile è eseguito a pennello su carta cerulea, una tecnica allora molto in voga a Venezia. I particolari del costume sono evidenziati minuziosamente e con una certa rigidità, descritti con intense ombreggiature tratteggiate e lumeggiature piuttosto piatte; i mantelli corti hanno indotto a pensare che si tratti di viaggiatori tedeschi o inglesi (Newton 1988, 139, cat. 3). Evidentemente vi erano schizzi eseguiti con tecniche varie, ed è ben possibile che i modelli desunti da Dürer dal taccuino riportato dalla Turchia fossero anch'essi realizzati a penna. Tra i fogli belliniani pervenutici non si riscontrano acquerelli policromi come quello in esame, ma le copie di Dürer potrebbero essere una testimonianza della loro esistenza in passato. Colpisce che, durante il suo primo viaggio in Italia, l'artista tedesco non si fosse interessato più di tanto alla tecnica a pennello su carta azzurra che invece lo affascinò in occasione del secondo soggiorno italiano, ispirandogli la creazione di studi davvero splendidi (catt. 58-59, 61). Schizzi con figure di tal genere, che potevano essere adoperati sia per trarne l'intero gruppo di personaggi, sia per singoli studi di costume, ci aiutano a comprendere meglio come funzionavano in concreto le botteghe, dove simili studi parziali potevano venire inseriti a piacimento nella composizione di un dipinto con molte figure, come l'affollato telero di Bellini, o servire da traccia sicura per le parti da affidare agli aiuti. Dürer stesso non ha avuto occasione per trasferire direttamente questo gruppo di comparse orientali in un suo dipinto. Solo nel 1518 la figura centrale gli avrebbe dato lo spunto per quella, ora isolata e di profilo, del comandante turco del *Paesaggio col cannone* (cat. 106). Nell'acquaforte, tuttavia, sotto il turbante del personaggio, che pure assume la medesima posa, benché più rigidamente, e indossa gli stessi abiti del disegno, sarà possibile riconoscere un autoritratto di Dürer.

IL

Gentile Bellini, *Processione della reliquia della croce in piazza San Marco*, particolare
Venezia, Galleria dell'Accademia

Gentile Bellini, *Tre gentiluomini*
Torino, Biblioteca Reale

267

39
Cima da Conegliano (ca. 1459/60 - 1517/18)
*San Girolamo nel deserto*, ca. 1493-1495

olio su tavola, 37 x 30 cm
scritta: LAMBERTI OPUS, certo coeva,
sul retro
Milano, Pinacoteca di Brera
inv. 206

PROVENIENZA: sagrestia di San Giorgio Maggiore, Venezia, almeno fin dal 1664; dal 1809 alla Pinacoteca di Brera.
LETTERATURA: Burckhardt 1905, 118; Coletti 1959, 84, cat. 74; Puppi 1961, 41-42; Menegazzi 1981, 94; Humfrey 1983, 29, 42, 123, cat. 85; Brera 1990, 113-114; Humfrey 1990, 55-58, 113 ss., cat. 55; Echols 1994.

Questo *San Girolamo nel deserto* va probabilmente identificato con il dipinto visto dal Boschini (1664, 567) nella sagrestia di San Giorgio Maggiore a Venezia: "E più è un altro quadretto, con San Girolamo nell'Eremo bellissimo, di mano del Lamberti". Botteon e Aliprandi (1893, 150) avevano suggerito che l'opera potesse provenire dalla chiesa di San Daniele: una proposta accolta di recente anche da Puppi (1961, 41), ma presumibilmente dovuta a un fraintendimento, come anche quella avanzata da Burckhardt (1905, 118), che pensava alla chiesa di Santa Maria Maggiore. L'attribuzione a Lamberti, identificato da Puppi con Pasqualino Lamberti detto Pasqualino Veneto, si fonda sulla scritta antica apposta sul retro della tavola, che potrebbe indicare la partecipazione di questo artista all'esecuzione del dipinto, che è però inequivocabilmente da ascrivere a Cima. Mancano fonti per stabilirne la datazione, ma la critica è concorde nel ritenerlo eseguito intorno alla metà degli anni novanta del Quattrocento. Burckhardt ne aveva giustamente fatto notare le analogie stilistiche con il *San Giovanni Battista e altri santi* della chiesa veneziana della Madonna dell'Orto, situabile verso il 1494-1495. Il *San Girolamo* penitente di Brera, seminginocchiato in un paesaggio roccioso davanti al libro aperto, stringe nella sinistra il sasso, che usa per battersi il petto, e volge lo sguardo in su, al crocifisso conficcato nel tronco inaridito di un albero, i cui rami rigermogliano. Quest'ultimo particolare costituisce – come ha spiegato Echols – il fulcro della simbologia del quadretto, alludendo alla salvezza del genere umano tramite il sacrificio di Cristo. La figura del santo è collocata su un pianoro, dietro al quale si innalzano due massicci rocciosi. La tavola appartiene a una serie di cinque dipinti dello stesso soggetto, indipendenti l'uno dall'altro e tutti attribuibili con certezza a Cima. Nella versione, un poco più tarda, di Harewood House (Humfrey 1983, 104) il santo si trova al centro di un vasto paesaggio visto dall'alto, con zone pianeggianti, rocce e gruppi di alberi. Nelle tre successive varianti di Washington, Londra e Firenze; Humfrey 1983, 166, 111, 103) l'eremita siede in primo piano a destra di fronte a una parete rocciosa, che digrada verso il centro, quasi a guidare lo sguardo dello spettatore verso il paesaggio in lontananza. Nell'opera in esame Girolamo occupa una sorta di piccolo pianoro in primo piano, mentre nello sfondo si ergono due formazioni rocciose: quella a destra, dietro alla figura semisdraiata del santo; quella a sinistra, su cui si inerpica un sentiero che conduce a un paesino, fa da fondale all'albero col crocifisso. Compositivamente alla coppia anteriore costituita dal santo e dall'albero corrisponde in secondo piano – con analogo reciproco inclinarsi – quella dei due massi. Sul viottolo di montagna, che si diparte dietro Girolamo, due figure si stanno avviando verso le case del villaggio, abbandonando la solitudine dell'eremo, mentre in primo piano il santo medita davanti al crocifisso, che non a caso nel dipinto copre assieme all'albero – come a volerglisi contrapporre – il sentiero verso il mondo abitato. Cima qui fa propria, arricchendola, una contrapposizione fra paesaggio disabitato in primo piano e abitato in lontananza, che già era consueta ai pittori, aggiungendo la trovata del contrasto fra i due massicci rocciosi che si fronteggiano sullo sfondo, dei quali uno è abitato e l'altro no.
Accanto ai motivi derivati da Giovanni Bellini, come il ripido sentiero serpeggiante, si avvertono in quest'opera anche influssi fiamminghi, riconoscibili nella minuziosa descrizione dei particolari e negli effetti di luce sul fitto fogliame degli alberi. Humfrey ha fatto giustamente notare che, oltre a conoscere probabilmente qualche dipinto fiammingo presente nelle collezioni veneziane, Cima potrebbe avere subito influenze nordiche anche di seconda mano, tramite Bellini o Antonello da Messina. A questo proposito va ricordato il *San Girolamo* di Antonello (Museo della Magna Grecia, Reggio Calabria; Sricchia Santoro 1986, 156, catt. 10-11) generalmente riferito al settimo decennio del Quattrocento, la cui iconografia innovativa trova corrispondenze nel dipinto ora in esame, sia per il modo in cui il crocifisso è collocato sul tronco morto di un albero, sia per il lieve ascendere da sinistra verso la destra, anch'essa insolita, dei due massicci rocciosi presenti sullo sfondo. Benché si ignori la destinazione originaria del dipinto antonelliano, è evidente che Dürer lo conoscesse poiché ne dipende nell'incisione col medesimo soggetto del 1494 (cat. 40). È possibile, a nostro avviso, che una variante autografa o una copia del dipinto di Reggio fosse presente a Venezia, e quindi accessibile sia a Dürer sia a Lorenzo Lotto (cat. 41). Poteva forse trattarsi di una versione lievemente modificata, con varianti come la cittadella fortificata dietro la montagna più bassa, visto che ritroviamo questo elemento in più sia lungo il margine sinistro della tavoletta di Cima, sia sul lato destro dell'incisione di Dürer (ovviamente in controparte rispetto al prototipo).

SCM

40
Albrecht Dürer (1471-1528)
*San Girolamo nel deserto*, 1496

incisione a bulino, 324 x 228 mm
firmata con il monogramma in basso
al centro
Vienna, Graphische Sammlung Albertina

LETTERATURA: Meden 1932, cat. 57;
Tietze & Tietze-Conrat 1937, 26,
cat. 101; Panofsky 1943, I, 77, II, 25,
cat. 168; Hollstein 1954-1998, 48,
cat. 57; Dresden 1971, 148, cat. 187;
Strauss 1977, 36-38, cat. 8; Möseneder 1986.

Quest'incisione, in cui Dürer ha dedicato la massima attenzione sia all'impianto compositivo e all'esecuzione tecnica, sia al contenuto religioso, deve essere stata eseguita a Norimberga nel 1496, vale a dire poco dopo il ritorno dell'artista da Venezia. Il monogramma, qui usato per la prima volta, diventerà a partire da questo momento il suo marchio distintivo. Il tema del santo penitente, più inconsueto al Nord, fu ripetutamente trattato nella pittura veneziana con molte variazioni, e Dürer potrebbe essere venuto a contatto con qualche variante a olio del soggetto, come la tavoletta di Cima da Conegliano a Brera (cat. 39). Per rendere più efficace quest'immagine di ascetismo, il santo, inginocchiato davanti al minuscolo crocifisso, è raffigurato senza i soliti libri o gli attributi cardinalizi. Gli spunta davanti un rigoglioso ciuffo d'erba, dietro è coricato il leone. Alla base della parete rocciosa, che simboleggia la solitudine, si dipartono due diversi percorsi: uno pianeggiante, che conduce a un lontano castello sulla riva di un lago, mentre l'altro, in asse con la figura del santo, sale per una gola rocciosa in direzione di una chiesetta. Le linee curve, che definiscono la struttura del terreno, collegano gli esseri viventi all'ambiente circostante, dove ogni cosa sembra assumere strane forme vagamente umane o animali, riecheggiando come per giuoco certi particolari della figura del santo. Il braccio proteso è assecondato dall'andamento del terreno; le minute pieghe della veste del santo corrispondono alle fenditure del pendio roccioso e il curioso ramo, o radice, cresciuto nella cavità del ceppo, assomiglia alla sagoma del braccio sinistro di Girolamo. Il rapporto tra natura animata e inanimata si carica di una tale tensione che certe pietre a forma di conchiglia assumono quasi lineamenti umani. Come ha dimostrato Möseneder (1986), Dürer ha dato di proposito caratteri fisiognomici a certi oggetti, come si osserva confrontando le versioni finali delle sue invenzioni con gli studi preparatori, in cui tale rielaborazione antropomorfica non compare ancora. Ci sono infatti pervenuti vari disegni di paesaggio ripresi nei dintorni di Norimberga (Strauss 1974, I, cat. 1495/51-53), che forniscono i tasselli del ben più fitto scenario dell'incisione. Per la folta criniera del leone i modelli erano probabilmente le teste leonine sul foglio n. 1494/16 (Strauss 1974, I, 280). Anche la posa della figura inginocchiata, con il complesso panneggio che le avvolge i fianchi a mo' di perizoma, è stata studiata in uno schizzo destinato a preparare contemporaneamente anche la figura del *Figliol prodigo* (Strauss 1974, 414, cat. 1496/11): un'altra incisione legata al tema della penitenza. Qui Dürer aveva sperimentato per la prima volta il formato grande (che è degno di nota anche nella nostra incisione), cui sarebbe tornato due o tre anni dopo con l'*Ercole al bivio* (Strauss 1977, 77, cat. 24). Quest'ultima stampa è chiaramente composta da elementi provenienti dalla cerchia del Mantegna, modificati liberamente e articolati in maniera più complessa, come avviene con i motivi belliniani rielaborati nel *San Girolamo*. Pur riferendosi a due mondi del tutto diversi – cristiano il primo e classico-mitologico il secondo –, le due composizioni ruotano entrambe attorno al tema dell'eroe obbligato a scegliere tra il vizio e la virtù. Dürer, d'altro canto, potrebbe avere prodotto l'incisione come equivalente di un quadretto devozionale, visto che in ambito belliniano proprio le raffigurazioni di San Girolamo penitente assumevano spesso un formato simile a quello della stampa (cat. 121). Le opere di questo tipo erano assai richieste, tanto che Zoan Andrea copiò subito questo *San Girolamo* per metterne in commercio la propria versione. Il santo era tra quelli più venerati in epoca rinascimentale, soprattutto nell'ambiente umanistico, dove era visto non solo come un severo asceta, ma anche come un letterato di vasta cultura, in quanto autore della prima versione in latino della Bibbia. L'incisione mette perfettamente in luce le straordinarie doti dell'artista in campo grafico, lodate anche da Erasmo di Rotterdam (Rupprich 1956, I, 296-297), perché con una semplice linea nera egli sapeva rendere percettibile all'occhio anche più dell'aspetto esteriore delle cose. Qui Erasmo sembra aver davvero inteso i principi strutturali dell'arte di Dürer, che si manifestano – come ha mostrato Möseneder – nei rapporti fra figura e paesaggio, conferendo dignità figurativa anche a quest'ultimo. Lo dimostrano le forme naturali, quasi animate, dello sfondo di questa incisione, che vanno ben oltre una descrizione imparziale del mondo circostante e qui paiono opprimere il santo identificandosi con le tentazioni terrene alle quali l'eremita cercava di sfuggire. Questi significati vennero probabilmente colti da artisti come Lorenzo Lotto, autore qualche anno dopo di una tavoletta (cat. 41) dove il leone e una testa di vegliardo che assomiglia a quella di Girolamo emergono misteriosamente dalle rocce in ombra, conferendo al dipinto un che di inquietante. Anche le rocce sullo sfondo del *Compianto sul Cristo morto* di Cima (Galleria Estense, Modena; Humfrey 1983, 127, cat. 95) adombrano volti che sembrano partecipare al lutto. L'animazione düreriana delle forme naturali verrà ulteriormente intensificata da Cranach e Altdorfer. Nel *San Girolamo nello studio* inciso nel 1514 Dürer creerà invece un'immagine completamente diversa e decisamente più pacata.

IL

Zoan Andrea, *San Girolamo*
incisione

41
Lorenzo Lotto (ca. 1480-1556)
*San Girolamo nella selva*, 1506

olio su tavola, 48 x 40 cm
firmato sulla roccia più scura, in primo piano a destra: LOTUS e datato 1506
Parigi, Musée du Louvre, Département des Peintures, inv. M.I. 164

PROVENIENZA: collezione del cardinale Fesch, Roma, 1814-1841; collezione Moret, Parigi; dal 1857 al Louvre.
LETTERATURA: Wilde 1950; Berenson 1956, 10; Béguin 1981, 99-105; Pignatti 1981, 93-97; Gentili 1985, 129-132; Dülberg 1990, 164 ss., 293; Dal Pozzolo 1993, 37-38; Humfrey 1997, 12-17; Washington 1997, 88-90, cat. 6.

Questo *San Girolamo nella selva* è la prima di una serie di cinque opere dedicate al santo da Lorenzo Lotto e va forse identificato con il dipinto menzionato negli inventari del 1510 e 1511 della collezione del vescovo Bernardo de' Rossi, mecenate del pittore nella sua prima fase (cfr., da ultimo, Liberali 1981). Secondo un suggerimento di Berenson (1956), accolto di recente anche da Dülberg (1990) e Béguin (in Paris 1993, 274), la tavola sarebbe stata la custodia del ritratto di un erudito, come l'*Allegoria* (cat. 99) che ricopriva in origine il *Ritratto del vescovo de' Rossi* (cat. 4) del 1505. Nel nostro caso, secondo Brown (in Washington 1997, 90), il ritratto poteva essere quello dell'umanista Girolamo Bologni, che l'avrebbe poi presto ceduto in dono al vescovo. Il santo ci viene presentato con gli attributi della penitenza e della meditazione. Con la pietra che gli serve per battersi il petto nella mano destra e la croce nella sinistra, siede tra vari libri aperti e semichiusi su una piccola altura. Da una spaccatura della roccia, a metà campo, avanza da sinistra il leone seguito da un vecchio barbato: un elemento iconografico insolito, interpretato dagli studiosi come la visita di un altro eremita (Béguin 1981, 100) o – più plausibilmente – come una seconda raffigurazione simultanea del santo (Gentili 1985, 129). A differenza delle precedenti immagini di San Girolamo, qui la grotta dell'eremita non viene presentata come uno spazio chiuso e ben delimitato all'interno della composizione, ma sono gli alberi e le rocce, che paiono svilupparsi all'infinito nella metà superiore del dipinto, a formare la "caverna", bagnata in basso da una luce quasi mistica, che ospita il santo. Nonostante i segni della presenza

dell'uomo – un elemento ricorrente nell'iconografia di San Girolamo –, rappresentati qui dal cavaliere solitario e dalle costruzioni in cima alla collina sullo sfondo, sembra esservi un'unica via d'uscita da quel rifugio: un'apertura a forma di oculo al centro della scena, delimitata dalle formazioni rocciose e dal denso fogliame, che consente di vedere fino al lontano orizzonte illuminato dal sole al tramonto.
Per questo particolare, Lotto potrebbe essersi ispirato al *San Girolamo* di Giovanni Bellini (National Gallery of Art, Washington, cat. 121; Tempestini 1992, 256 ss.), dove lo sfondo è caratterizzato da un analogo riparo naturale fortemente illuminato, delimitato in alto da un cupo arco naturale, che incornicia un vasto panorama. In entrambi i dipinti il santo palesa nell'atteggiamento e nello sguardo l'avversione alle tentazioni del mondo; ma la veduta verso il paesaggio nello sfondo della tavoletta del Lotto appare inoltre metaforicamente ostacolata dai due alberi, che assumono le sembianze delle sbarre di un'inferriata. Il paesaggio assolutamente selvaggio di Lotto, in cui predominano le diagonali, ha ben poco a che vedere con l'ordinato prototipo belliniano, la cui conformazione è tutta giocata su linee orizzontali e verticali (Humfrey 1997, 16). È assai più probabile, come ha suggerito Pignatti (1981), che l'artista avesse assimilato la lezione paesistica di Dürer, come sembrerebbero dimostrare gli intricati cespugli e gli alberi nodosi tra le rocce. Lotto incontrò sicuramente il maestro tedesco, quando questi giunse in Italia per la seconda volta nel 1506, oltre ad averne potuto studiare le opere grafiche in circolazione già da prima. Un ottimo termine di confronto a questo proposito ci è offerto dal San Girolamo inciso da Dürer verso il 1496 (cat. 40), dove scopriamo formazioni rocciose e un tipo di vegetazione altrettanto carichi di drammaticità. Elementi paesistici simili, anche se meno dominanti nella composizione, figurano anche nello *Sposalizio mistico di Santa Caterina* (Alte Pinakothek, Monaco di Baviera), dipinto da Lotto nel 1505-1506, o nell'*Assunzione della Vergine con i Santi Antonio abate e Ludovico da Tolosa*, datata 1506, del duomo di Asolo. Questi confronti rendono convincente la lettura della difficilmente decifrabile data di questo *San Girolamo nella selva*, come 1506 (secondo quanto proposto per

la prima volta da Wilde 1950 e confermato più di recente da Dal Pozzolo 1993, Humfrey 1997 e Brown in Washington 1997; per altre interpretazioni del cronogramma si veda Béguin in Paris 1993, 274 ss., cat. 8).

SCM

273

42
Albrecht Dürer (1471-1528)
*Casolare alpino diroccato*, 1494-1495

acquerello su leggera traccia a matita nera, 414 x 269 mm
data 1514 e monogramma apocrifi
Milano, Biblioteca Ambrosiana

Letteratura: Winkler 1936-1937, I, 75-76, cat. 102; Ladendorf 1960; München 1967, 15-16, cat. 15; Ottino Della Chiesa 1968, 92, cat. 28; Koschatzky 1971, cat. 13; Herrmann-Fiore 1972, 65, 73; Strauss 1974, I, 336, cat. 1495/38.

Il foglio appartiene a un gruppo di circa trentadue acquerelli di soggetto paesistico, undici dei quali vengono riferiti al primo viaggio di Dürer in Italia in base alle corrispondenze topografiche con le città di Innsbruck, Trento e Arco, oppure con luoghi meno facilmente identificabili, come ad esempio un tratto della strada del Brennero, nella valle dell'Isarco, o il castello di Segonzano nella val di Cembra. Tutte queste vedute di paesaggi e città attestano l'attenzione che l'artista riservava a tali luoghi, che riprendeva in vedute disegnate *en plein air*. Ci sono pervenute non soltanto ampie vedute di località riconoscibili, ma anche riprese di particolari spesso poco appariscenti, che avevano comunque suscitato l'interesse dell'artista. Vi scopriamo talora, accanto a cespugli e gruppi di alberi, modesti edifici abbandonati e in rovina, come un *Mulino di montagna* (Strauss 1974, I, 338 cat. 1495/39) o questo *Casolare diroccato*, definito velocemente con larghe pennellate. Ai lati, due muri in rovina reggono quanto resta di un tetto, composto ormai solo da travi; i muri, tagliati dai margini del foglio, assumono il ruolo di incorniciare la semplicissima composizione. Solo la pericolante muratura composta di sassi di diverso formato è descritta dettagliatamente. Come ha fatto notare Herrmann-Fiore (1972, 73), qui anche le pietre, pur compatte, acqui-

Albrecht Dürer
*Rocca e borgo di Arco*
Parigi, Musée du Louvre

stano una certa trasparenza, in quanto il bianco della carta rende ancora più diafano il digradare della ristretta gamma di toni chiarissimi. Poi Dürer ha ricominciato a lavorare su quel muro, questa volta usando il pennello come una penna, e ha ripassato i contorni dei blocchi di pietra con un tono più scuro, definendone meglio le forme e accentuandone le irregolarità e la tridimensionalità. Così il muretto fatiscente sul lato destro viene ad acquistare un profilo quasi umano, come se la materia venisse dotata di un'inquietante vita propria. Anche il tronco in primo piano ricorda vagamente la testa di un animale (secondo Koschatzky, un castoro), i cui occhi sono le attaccature dei rami. Fenomeni analoghi, riscontrabili anche nella veduta della *Rocca e borgo di Arco* (Strauss 1974, 322, cat. 1495/31), dove sembra di scoprire un altro volto nella roccia, testimoniano di un interesse per le forme naturali, che va ben oltre la pura rappresentazione "obiettiva" della realtà. Sulla base della successione temporale di quegli acquerelli, in cui è possibile riconoscere i luoghi rappresentati, si è cercato di ricostruire l'itinerario seguito dall'artista. Questione fondamentale, sotto questo profilo, si è rivelata la distinzione tra gli acquerelli riferibili al viaggio di andata e quelli eseguiti dopo che Dürer era venuto per la prima volta a contatto con la pittura veneziana, la cui peculiarità stava, come è noto, nel colore. Tuttavia gli studiosi non hanno raggiunto per ora alcun consenso su questo problema. È certo che anche prima di lasciare Norimberga l'artista doveva avere acquisito una certa dimestichezza con il disegno acquerellato di paesaggio, una tecnica che gli era forse servita a fissare qualche impressione del viaggio in alta Renania. L'avventura dell'attraversamento delle Alpi e l'aprirsi delle prime vallate lungo il percorso che lo conduceva per la prima volta in Italia gli fecero scoprire ampie vedute e incombenti formazioni rocciose, che dovettero colpire profondamente ed acuire la sua sensibilità. Con l'intensità che gli era propria, Dürer cercò così di fissare sulla carta non solo certi particolari del paesaggio, ma anche il variare delle condizioni atmosferiche. Benché gli studi preliminari giunti fino a noi siano francamente pochi, è possibile che anche i maestri veneziani, come ad esempio Giovanni Bellini o Cima da Conegliano, preparassero con estrema at-

tenzione, su numerosi fogli, gli sfondi paesistici dei loro dipinti, visto che questi abbondano di descrizioni precise di paesaggi reali, come nel caso di Cima, che è tornato più volte a inserire nelle sue composizioni la stessa veduta. Resta da chiedersi se i veneziani usassero pure l'acquerello, come sembra di poter arguire da un foglio degli Uffizi con un *Paesaggio con una costa rocciosa* (cat. 43), attribuito in passato a Dürer e oggi a Marco Basaiti, che ci consente comunque di ipotizzare che i due artisti si fossero influenzati vicendevolmente. I bellissimi paesaggi di questa serie non sono costruiti in maniera additiva, ma colti nella loro interezza con lo sguardo di chi "sente" la natura e sa renderla viva grazie alla spontaneità della tecnica ad acquerello. E ciò che più sorprende è il fatto che sia stato proprio Dürer – rinomato per il suo linearismo – ad aver eseguito questi disegni giocati tutti sul colore, segnando così l'inizio di un genere nuovo e autonomo, quello del paesaggio ad acquerello.

IL

43
Marco Basaiti (attivo 1496-1530)
*Paesaggio con una costa rocciosa*, ca. 1507

acquerello, 203 x 274 mm
sul retro scritta forse cinquecentesca
(?), a sinistra: 40; in basso al centro:
Marco Basaitti
Firenze, Gabinetto Disegni e Stampe degli Uffizi, inv. 1700 F

Provenienza: acquistato dal cardinale Leopoldo de' Medici nella seconda metà del Seicento.
Letteratura: Tietze & Tietze-Conrat 1936, II, 34; Degenhart 1940,
423-428; Tietze & Tietze-Conrat
1944, 43, cat. A 76; Panofsky 1948,
II, 136, cat. 1418; Nürnberg 1971,
110, cat. 190; München 1972, 31,
cat. 22; Firenze 1976b, 31-33, cat.
12; Paris 1993, 278, cat. 12; Momesso 1997, 39, nota 62; Lucco 1996-
1998, I, 36-37.

Il foglio mostra un lembo di terra
rocciosa, digradante da destra a sinistra, in parte ricoperto d'erba e di
cespugli, che presso il margine sinistro del disegno termina nell'acqua,
mentre a destra è troncato bruscamente da una larga fascia di carta
bianca. Le sagome delle rupi si rispecchiano nell'acqua. Il disegno costituisce un'eccezione, poiché è l'u-
nico esempio conosciuto di acquerello di soggetto paesaggistico nella
pittura veneziana di questo periodo.
Non stupisce quindi che questo foglio, assegnato tradizionalmente a
Marco Basaiti, sia stato attribuito da
Tietze & Tietze-Conrat (1936 e di
nuovo 1944) a Dürer – all'epoca fortemente influenzato dall'arte veneziana –, l'unico artista del quale è noto che dipinse acquerelli con paesaggi alla fine del Quattrocento. Degenhart (1940), seguito all'unanimità nella letteratura specialistica
(Panofsky 1948; Wilckens in Nürnberg: 1971; Koschatzky in München
1972; Rearick in Paris 1993; Lucco
1996-1998, I, 36), ha respinto convincentemente gli argomenti dei
Tietze ribadendo l'attribuzione precedente, anche se – come ha esposto
da ultimo Momesso – la scritta
"Marco Basaitti" sul retro, apocrifa
ma probabilmente ancora del XVI secolo, non dimostra inequivocabilmente la paternità di questo pittore,
del quale altrimenti non si conosce
con sicurezza alcun disegno. Così
Degenhart da un lato fa notare le
chiare differenze esecutive fra i corti
tratti ed il fitto tratteggio di questo foglio ed i disegni di Giovanni Bellini,
Cima e Carpaccio, dall'altro ne evidenzia la lontananza dallo stile di
Dürer, molto più grafico e accen-
tuante le singole linee. Inoltre indica

una fonte cui Basaiti, che si lasciava
fortemente influenzare dall'ambiente artistico in cui operava, sembra
aver guardato per questo disegno:
l'*Allegoria sacra* di Giovanni Bellini
(Galleria degli Uffizi, Firenze). Questo dipinto non ha una datazione
certa, e la critica oscilla fra una collocazione agli ultimi anni settanta
del Quattrocento e una ai primi anni
del XVI secolo (cfr. Tempestini 1992,
218-223, cat. 78). Il quadro del Bellini, nel quale la striscia di terra si
protende da destra nel mezzo piano
in un paesaggio fluviale, rivela strut-
turalmente evidenti paralleli con il
*Paesaggio* qui esposto. In ambedue
le opere la costa digrada da destra a
sinistra, e nella sua parte iniziale è
coperta da una bassa vegetazione; da
qui s'inoltra anche un sentiero corto
e tortuoso, delimitato da un fatiscente recinto di legno, che conduce verso lo spigolo anteriore di un blocco
roccioso visto in diagonale. La parte
mediana della striscia di terra, un
po' rientrante in Basaiti, è ricoperta
in entrambi i casi da fitti cespugli, e
termina nell'acqua con uno scoglio
frastagliato. Le caratteristiche di
questo paesaggio, come le foglie ro-
tondeggianti e morbide degli alberi e
la rappresentazione tettonica delle
rocce, si ritrovano anche in altre
opere di Basaiti (per esempio la *Vocazione dei figli di Zebedeo*, 1510,
Gallerie dell'Accademia, Venezia).
La costa rocciosa dell'acquerello
non sembra essere servita comunque
da modello per lo sfondo di un dipinto, ma è stata pensata come un lavoro autonomo. Sembra fuori discussione che Basaiti, nel disegnare
questo foglio del tutto insolito per
l'arte veneziana, fosse profondamente influenzato dai paesaggi acquerellati di Dürer, ma è altrettanto
evidente che nella tecnica del disegno e nella composizione dipendeva
da prototipi veneziani. Anche se le
rupi frastagliate e taglienti all'estremità della lingua di terra rivelano
senz'altro influenze nordiche (Rearick in Firenze 1976b), il masso visto
di spigolo – dalla curiosa conformazione geologica geometrica, evocan-
te costruzioni della mano dell'uomo
– si rifà a paesaggi di Bellini e Mantegna. All'acquerello manca pure la
netta caratterizzazione dei dettagli
tipica di Dürer (si vedano la resa della muratura e la chiara separazione
tra le dure rocce e le piante che vi
crescono spontanee nel paesaggio
con il *Casolare diroccato* (cat. 42), sostituita da Basaiti con un amalgama
più indistinto fra le parti, in cui la

materialità dei singoli elementi tende a perdersi.
La datazione del foglio è problematica. Poiché si conoscono solo acquerelli del primo soggiorno veneziano
di Dürer (1494-1495), Degenhart pone anche questo foglio in quel periodo. Lucco invece sospetta che Basaiti, il cui interesse per Dürer potrebbe
essere stato destato dal suo orientamento stilistico verso Cima, abbia attinto agli acquerelli tardoquattrocen-
teschi del maestro tedesco durante il
suo secondo viaggio a Venezia (1505-
1507). Anche Rearick (in Paris 1993,
278) pensa che Basaiti si sia accorto
di Dürer solo durante il suo secondo
spettacolare soggiorno a Venezia – a
favore di questa supposizione parle-
rebbe anche la *Deposizione* di Basaiti
(Alte Pinakothek, Monaco) del 1508
ca., chiaramente influenzata da Dürer. Lo studioso richiama inoltre l'attenzione sul contatto fra Jacopo de'
Barbari – a sua volta vicino a Dürer –
e Alvise Vivarini, probabile maestro
di Basaiti, e considera, a nostro avviso convincentemente, l'acquerello
una prova dell'esistenza di paesaggi
acquerellati eseguiti da Dürer in questo periodo, ma poi perduti.

SCM

44
Albrecht Dürer (1421-1528)
*Sacra Famiglia*, 1495-1496

tempera su pergamena montata su tavola, 165 x 112 mm
il monogramma (D inscritta nella A) in basso al centro è difficilmente leggibile
Rotterdam, Museum Boijmans Van Beuningen, inv. DI 19

PROVENIENZA: collezione Lucanus, Halberstadt; collezione Hübner, Dresda; collezione Koenigs, Haarlem.
LETTERATURA: Winkler 1960; Ottino della Chiesa 1968, 93, cat. 38; Anzelewsky 1971, 125, cat. 18; Strauss 1974, I, 258, cat. 1494/31; Berlin 1983, 120, cat. B 65; Elen 1989, 104, cat. 145; Anzelewsky 1991, 130-131, cat. 18.

Questa miniatura su pergamena, dall'esecuzione molto accurata, mostra la Madonna dalle ginocchia in su, seduta con in grembo il vivacissimo Bambino, e San Giuseppe adorante. La madre ha affidato a Gesù, come fosse un balocco, il lungo Rosario, i cui grani rossi alludono alla Passione, alla quale rimandano inoltre lo sguardo assorto della Vergine e il mesto atteggiamento di preghiera di San Giuseppe. Un'illusionistica cornice racchiude la serrata composizione; solo sopra le teste c'è spazio ancora per una tenda giallo-oro, mentre a sinistra è appena accennato uno scorcio di paese. La bordura ornamentale, tipica delle miniature dei libri di preghiere, è oltrepassata in basso per un breve tratto da un lembo del manto azzurro, il che conferisce maggiore fisicità alla figura della Madonna. La cortina dorata che le fa da fondale appare fissata direttamente alla cornice (che dovrebbe invece trovarsi davanti, attorno alla figura), rendendo, forse intenzionalmente, poco chiara la posizione nello spazio dei singoli elementi. Anche l'asimmetria degli spazi lasciati liberi ai quattro angoli dall'incrocio della duplice cornicetta è di gusto nordico, così come le pieghe rigidamente increspate delle vesti. Si è detto giustamente che la fonte di ispirazione andrebbe ricercata nella pittura fiamminga e anche nella *Madonna col pappagallo* incisa da Schongauer (Lehrs, 1925, V, cat. 37). La stampa con la *Sacra Famiglia* di Israhel van Meckenem (Hollstein 1954-1998, XXIV, cat. 216), dal taglio compositivo quasi uguale a quello della miniatura, che aveva certamente la funzione di piccola immagine devozionale, conferma la popolarità del motivo nel Nord. Secondo Winkler (1960), l'opera in esame sarebbe stata "poco o nulla influenzata dall'Italia", ma Anzelewsky (1991) ha saputo dimostrare che vi si rielaborano idee di evidente matrice italiana cioè soprattutto mantegnesca e belliniana. Questo modo di presentare la Vergine in primissimo piano, alla presenza di una figura secondaria strettamente ravvicinata, richiama alla memoria la formula utilizzata da Mantegna nella *Sacra famiglia con Sant'Elisabetta e San Giovannino* (cat. 48). È possibile che Dürer si fosse ispirato a invenzioni come quella della *Madonna col Bambino vispo* (Heinemann 1962, 19, cat. 58) di Giovanni Bellini, un dipinto che non ci è pervenuto, ma che conosciamo tramite numerose copie. Anche il motivo della testa del piccolo Gesù rivolta verso l'alto si incontra ripetutamente nelle opere del maestro veneziano, come ad esempio la *Madonna* del Museum of Fine Arts di Houston (Heinemann 1962, 4, cat. 15, fig. 74), dove il Bambino porge l'uccellino alla madre in maniera molto simile. La figura di Giuseppe a sua volta sembrerebbe dipendere da quella di San Pietro nel dipinto del Louvre con la *Madonna col Bambino fra i Santi Pietro e Sebastiano* del Giambellino (Tempestini 1992, 134, cat. 44). Quest'iconografia della Sacra Famiglia con San Giuseppe adorante compare più volte nella grafica di Dürer, tra l'altro anche in una xilografia pressoché contemporanea, la *Madonna delle tre lepri* (M. 212), dove – come ha dimostrato Winkler – la figura della Vergine ricorda da vicino quella della miniatura, mentre al San Giuseppe spetta un ruolo ancora più accessorio. Poiché l'orante della miniatura, con la barba corta e la veste azzurra, non coincide con la tipologia di solito adottata da Dürer per la figura di Giuseppe, è anche possibile che, invece di quest'ultimo, l'artista abbia voluto ritrarre il committente della miniatura, oppure che il committente compaia qui in guisa di San Giuseppe. La composizione rivela infatti una relativa affinità con quella della *Madonna con il Bambino e un donatore in preghiera* di Giovanni Bellini oggi a Harewood House (Tempestini 1992, 138, cat. 46). Inizialmente accolta con qualche dubbio, l'attribuzione della miniatura a Dürer è ormai accettata dalla critica, inserendosi perfettamente nella produzione del maestro, in cui ricompaiono gli stessi motivi, nonché per l'eccellente esecuzione, che riesce a trasferire in un formato così ridotto elementi consueti alla pittura su tavola. Confrontabile nella tecnica è il *Redentore fanciullo* (Graphische Sammlung Albertina, Vienna; Anzelewsky 1991, 126, cat. 11), siglato col monogramma e datato 1493, miniato su pergamena, che risale con tutta probabilità al periodo delle peregrinazioni in alta Renania. Quella immagine del Bambino con il globo, probabilmente destinata agli auguri di Capodanno, presenta reminiscenze delle illustrazioni librarie, cioè in particolare una delicata cornice ornata da una ghirlanda floreale. La figura del piccolo Redentore è più stilizzata di quella del Bambino di questa *Sacra Famiglia*, per la quale ci sembra quindi ragionevole suggerire una datazione verso il 1495-1496, subito dopo il ritorno in patria da Venezia. Resta da chiarire se questa miniatura, oggi incollata su un supporto ligneo (apparentemente ottocentesco), sia stata pensata come un'immaginetta devozionale indipendente o invece per abbellire un libro di preghiere, dal quale venne forse staccata in un momento successivo. Dürer si servì della costosa pergamena sia per eseguire dipinti di piccolo formato, come l'*Autoritratto* del 1493 (Musée du Louvre, Parigi; Anzelewsky 1991, 124-126, cat. 10), sia per alcuni studi dal vero a tempera. Tra questi ultimi merita ricordare il *Leone* (probabilmente di San Marco; Kunsthalle, Amburgo; Anzelewsky 1991, 126-127, cat. 13) datato 1494, che è stato quasi certamente eseguito a Venezia.

IL

Israhel van Meckenem
*Sacra Famiglia*, incisione

45
Cima da Conegliano (ca. 1459/60-1517/18)
*Madonna con il Bambino*, 1504

olio su tavola, 86 x 71,4 cm
firmato e datato sul cartellino: JOAN-
NIS BAPTISTAE CONEGLIAN/NENSIS
OPUS 1504
Este, Museo Nazionale Atestino

PROVENIENZA: Santa Maria della
Consolazione, Este; dal 1971 al Museo Nazionale Atestino.
LETTERATURA: Coletti 1959, 87, cat.
90; Menegazzi 1981, 113; Humfrey
1983, 49, 53, 101, 102, cat. 48; Ericani 1994.

Un manoscritto compilato nel 1771
dai frati Domenico Maria da Cam-
posanpiero e Agostino Maria da
Este ci informa che il dipinto fu
commissionato dal medico estense
Giovanni Pietro e dai due patrizi veneziani Girolamo e Daniele Renier,
documentati in un altro passaggio
del documento quali benefattori della chiesa francescana degli Osser-
vanti di Santa Maria della Consolazione. Probabilmente l'opera era
stata destinata sin dall'inizio alla
cappella laterale sinistra del presbi-
terio, allora ancora in costruzione.
Accanto alla *Madonna di Gemona*
del 1496, conservata al Museo Dio-
cesano di Arte Sacra di Udine
(Humfrey 1983, 147, cat. 137), la
monumentale tavola in questione –
della quale esistono diverse repliche
di bottega – costituisce l'unica Madonna firmata da Cima. Il cartellino
con la firma e la data è fissato alla balaustra, oltre la quale è rappresentata la Madre di Dio in trono, visibile
dalle ginocchia in su, in una posizione di tre quarti, davanti ad un tendaggio verde dietro al quale si apre
la vista su un paesaggio montuoso.
Maria inclina il capo verso Gesù
Bambino, vestito di una camiciola
bianca, che cinge con il braccio sinistro il collo della madre, mentre con
la destra tocca la scollatura del vestito. Come è stato da ultimo ribadito
da Humfrey (1983), Cima adotta qui
il tipo sviluppato da Giovanni Bellini della Madonna a mezza figura, significativamente senza però riprendere un esempio contemporaneo,
bensì le Madonne antonellesche del
Bellini degli anni ottanta (Longhi
1946, 14, vi vede l'influsso diretto di
Antonello), senza rinunciare tuttavia
ad introdurre alcune sue decisive varianti. Un confronto con la *Madonna
Morelli* del Bellini (Accademia Carrara, Bergamo) mette in luce accanto al plasticismo delle figure di Cima
la loro intensa cromaticità (Menegazzi 1981). I colori impiegati – rosso vivo per la veste, stretta da una
cintura verde pallido, sotto a un
manto blu scuro foderato di giallo
splendente davanti al verde carico
della tenda e al rado paesaggio – si
discostano da quelli belliniani, delicati e più caldi, basati su pallidi toni
di verde, blu e rosso-bruno. Anche
gli sfondi con i paesaggi si differenziano vistosamente. Quello di Giovanni Bellini, descritto minuziosamente e organizzato in piccole parti,
si stende come una lamina dietro alla Madonna, accentuando, per la
mancanza di un piano intermedio,
l'isolamento di Madre e Figlio. Diversamente, nell'opera di Cima un
massicio montuoso con rocce protu-
beranti, coperto di alberi e cespugli
presso corsi d'acqua o laghi, tradisce
una dipendenza da Dürer, che il pittore aveva probabilmente assimilato
tramite la grafica incisoria del norimberghese (cat. 40). Di massima
importanza è invece l'abbandono
della severità ieratica e iconica che
caratterizzava le Madonne del Bellini. Al posto del liscio drappo – inteso come segno di dignità – in posizione centrale dietro a Maria, la tenda si sposta nel Cima in maniera
asimmetrica, cadendo più morbidamente. Al dialogo profondamente
intimo tra Madre e Figlio in Bellini,
dove le Madonne rapite in contemplazione sembrano sottrarsi allo
spettatore, concentrando tutta la loro attenzione su Gesù, Cima contrappone una rappresentazione molto più naturale che ricorda un legame umano tra una mamma normale
e suo figlio.

SCM

46
Albrecht Dürer (1471-1528)
*Madonna con il Bambino*, ca. 1495

olio su tavola (lieve decurtazione ai lati; lo strato di colore, che copriva certe parti del corpo del Bambino, è stato rimosso durante il restauro del 1970), 48,5 x 36 cm
Mamiano di Traversetolo (Pr), Fondazione Magnani Rocca

PROVENIENZA: convento delle Cappuccine di Bagnacavallo.
LETTERATURA: Longhi 1961; Ottino della Chiesa 1968, 105, cat. 121; Anzelewsky 1971, 123-124, cat. 16; Nürnberg 1971, 316, cat. 588; Strieder 1981, 112; Reggio Emilia 1984, 71-75; Anzelewsky 1991, 129, cat. 16.

Solo nel 1961 questo dipinto, ottimamente conservato, è stato reso noto da Roberto Longhi, che vi ha riconosciuto la mano di Dürer. Si trovava allora nel convento delle Cappuccine di Bagnacavallo, vicino a Ravenna. Il titolo, *Madonna del patrocinio*, che figurava su un'incisione trattane nell'Ottocento, riflette una consolidata tradizione devozionale. La tavola rivela chiaramente come Dürer, già in occasione del suo primo viaggio in Italia del 1494-1495, avesse cominciato a reagire al fascino della pittura veneziana. L'equilibrato impianto compositivo rispecchia la tipologia mantegnesca e belliniana delle Madonne sedute a tre quarti di figura, mentre il bel volto pieno, dall'ovale regolare, assume la maestosa serenità che Giovanni Bellini sapeva conferire alle figure della Vergine. La ben marcata piega centrale della candida cuffia è un motivo di provenienza nordica, che compare, in combinazione con quello del manto scuro ripiegato sul capo, nella cerchia belliniana fin dagli ultimi due decenni del

Albrecht Dürer
*Studio di figure*
Firenze, Galleria degli Uffizi

Quattrocento, come attesta il confronto con la *Madonna dei cherubini rossi* del maestro veneziano (Gallerie dell'Accademia, Venezia; Tempestini 1992, 184, cat. 64), oppure con le varianti della *Madonna Johnson* di Cima da Conegliano (Philadelphia, Museum of Art; Humfrey 1983, 49, cat. 122). Tra queste, la *Madonna di Cima* dell'Institute of Arts di Detroit (Humfrey 1983, 96-97, cat. 40) è quella che presenta le affinità più significative per quanto riguarda sia i tipi dei volti sia l'atmosfera elegiaca che pervade entrambi i dipinti. Anche il risvolto cangiante del mantello che incornicia la testa della Vergine tradisce la conoscenza, da parte di Dürer, delle Madonne del pittore di Conegliano, che agli inizi dell'ultimo decennio del Quattrocento propone più volte questo motivo, adottando passaggi di tonalità tra il verde e il ruggine. Anche il tenero gesto della madre che tiene la manina del figlio aveva già fatto la sua comparsa in ambito belliniano; Cima lo utilizza nella pala di Conegliano e Giovanni Bellini nella *Madonna con il bambino e le Sante Caterina e Maddalena* (Gallerie dell'Accademia, Venezia; Tempestini 1992, 181, cat. 63), dove ritroviamo anche il bambino seduto con la testa rivolta in su. Fra i disegni di figura eseguiti da Dürer a Venezia ci è pervenuto un foglio, oggi al Louvre, in cui la posizione del Bambino corrisponde abbastanza alla nostra, (Strauss 1974, I, 266, cat. 1495/3), ed è una variante decisamente più vivace di una tipologia sviluppata da Lorenzo di Credi (Strauss 1974, I, 266, cat. 1495/17). Nel 1506, durante il secondo soggiorno veneziano, Dürer avrebbe disegnato modelli per le figure del piccolo Gesù della *Pala del Rosario* (cat. 57) e della *Madonna del lucherino* su fogli di grande formato. Tutti i motivi introdotti come citazioni, che abbiamo appena individuato, assumono tuttavia nel dipinto l'impronta stilistica brillante del pittore tedesco. Alcuni dei motivi finiscono per assumere una funzione decorativa autonoma, come ad esempio la lunga ciocca inanellata di capelli biondi, che pare voler accarezzare il braccio di Gesù, oppure le pieghe del panno bianco con ombre grigiastre, sul quale secondo l'usanza nordica siede il Bambino. Lo sfondo architettonico, di libera invenzione, è privo di qualunque riferimento alla concezione spaziale e prospettica dell'arte italiana. Un listello, dipinto illusionisticamente lungo il margine inferiore sinistro del dipinto, pare imitare e

continuare una cornice, mentre altri piedritti in pietra accompagnano lo sguardo verso il fondo, senza però riuscire a trasmettere una vera sensazione di spazialità. Dietro l'arcata sulla destra, infatti, dove ci aspetteremmo di scoprire – nella pittura del Nord come in quella italiana di quest'epoca – uno scorcio di "paese", la vista viene bruscamente sbarrata da un muro di mattoni fortemente illuminato. Questi elementi inusuali animano e addensano la composizione, senza tuttavia definirne l'articolazione spaziale. Risulta ambigua anche la posizione del trono della Vergine, del quale intravediamo, sul lato destro della tavola, solo un bracciolo riccamente lavorato, con un'impugnatura dalla strana forma vegetale, che si accende di riflessi dorati sullo sfondo della parete in cotto. Ma se si esclude la piantina di fragole in mano al Bambino, nel dipinto non vi è alcun accenno alla flora e nemmeno vi compare il più piccolo lembo di cielo. Il colore degli incarnati – soffuso di rosa quello della Vergine, più pallido quello di Gesù – diventa il vero protagonista del dipinto, ed è fatto risaltare dalle altre tonalità piuttosto spente.
La parete che chiude la vista assume nel dipinto di Dürer una funzione enigmatica, anche se nelle miniature veneziane venivano inseriti non di rado motivi analoghi a puro scopo ornamentale. Anche nella pittura ferrarese si incontrano spesso muri di questo stesso genere, il che potrebbe costituire una conferma della proposta avanzata da Sgarbi, che pensa si debba discernere nella produzione di Dürer di questi anni anche l'influsso di Antonio da Crevalcore (Sgarbi 1985, 23-25). Ma nel complesso la *Madonna del patrocinio* denota chiaramente l'influenza della pittura veneziana, lasciando trasparire un attento studio non solo dei prototipi di un maestro autorevole come Giovanni Bellini, ma anche di certe opere di Cima dei primi anni novanta, il che parrebbe addurre un ulteriore elemento a sfavore di una collocazione della tavola di Bagnacavallo nel periodo del secondo soggiorno di Dürer in Italia, suggerita da Longhi nel 1961, e a favore invece di un riferimento al primo viaggio del 1495, secondo quanto sostenuto negli studi più recenti. Non pare che l'opera abbia mai lasciato l'Italia.

IL

47

Hans Burgkmair il Vecchio (1473-1531)
*Madonna con il Bambino sotto ad un arco*, 1508

xilografia colorata a tempera con lumeggiature di biacca, 269 x 190 mm
datata e firmata: 1508/H B
Oxford, The Visitors of the Ashmolean Museum

LETTERATURA: Dodgson 1921, 70; Reichel 1926, 20-21; Hollstein 1954-1998, V, 55, cat. 67a; Augsburg 1973, cat. 20a; Landau & Parshall 1994, 177.

In questa xilografia, datata 1508, l'interesse di Burgkmair per la Madonna a mezza figura con il Bambino, una tipologia assai popolare in Italia, giunge al culmine. La semplice cornice architettonica dalle forme rinascimentali contribuisce ad accrescere e a sottolineare la monumentalità della figura della Vergine, collocata in posizione molto ravvicinata. La staticità da icona, tuttavia, viene mitigata dalla presentazione lievemente obliqua del gruppo e della cornice, che conferisce alla composizione anche una certa tridimensionalità. La si confronti con la *Madonna con il Bambino alla finestra* (Hollstein 1954-1998, V, 57, cat. 69), una xilografia eseguita circa cinque anni prima, quando Burgkmair, che era stato allievo di Martin Schongauer, si esprimeva ancora in uno stile tardo-gotico di impronta fiamminga. L'opera in esame, invece, denuncia un'intensa assimilazione dell'arte rinascimentale italiana, ravvisabile sia nei particolari architettonici, sia nelle figure. Ogni elemento accessorio è stato espunto per dare maggiore spazio alla voluminosa figura di Maria. Il rapporto affettuoso tra madre e figlio evoca motivi raffelleschi; il panneggio del velo e il monile sulla fronte sembrano ispirati a modelli fiorentini. Di gusto veneziano risultano invece i riccioli che scendono dalle tempie: un elemento destinato a caratterizzare in seguito quasi tutte le *Madonne* di Burgkmair; e proprio a Venezia, in questo periodo, Giovanni Bellini stava rielaborando sapientemente la tipologia della Madonna a mezza figura messa a punto dal padre Jacopo. Prescindendo in questa sede dalle controversie sull'attribuzione a Giovanni Bellini (Parigi 1956, 33, cat. 47) o a Pennacchi (Heinemann 1962, 127, cat. 253) della *Madonna col Bambino* del Musée Fesch di Ajaccio, qualche variante di quel dipinto potrebbe avere suggerito il motivo del tenero contatto tra madre e figlio o giustificare la collocazione del soggetto in primissimo piano. Da un prototipo del genere potrebbe derivare anche il motivo delle mani contrapposte, una delle quali, qui, regge elegantemente una ghirlanda di rose: la xilografia era forse un'immagine devozionale legata alla pia consuetudine del Rosario, allora assai diffusa. Un indizio del successo e della diffusione della composizione di Burgkmair ci è fornito dal terzo stato della stampa, eseguito verso il 1520, dove all'intradosso dell'arco è stata aggiunta una decorazione a cassettoni ornati alternativamente di fiori di rosa. L'esemplare di primo stato qui esposto si distingue per la preziosa coloritura antica, che lo fa quasi sembrare una miniatura. La raffinata opaca policromia, con le sue forti lumeggiature, è da ascrivere all'artista stesso. Nella stampa sono tracciate e incise nitidamente quasi soltanto le linee di contorno, il che fa pensare che la xilografia fosse destinata sin dall'inizio a essere colorata. Anche del terzo stato, che riporta le modifiche apportate alla matrice lignea, si sono conservati alcuni esemplari colorati, che mirano a evocare l'effetto di una stampa a *camaïeu*. Reichel (1926) ne ha quindi sottolineato il carattere sperimentale, considerandoli probabili stadi preparatori di una delle primissime matrici destinate a comporre una xilografia a *camaïeu*. Sembra che la nuova tecnica fosse nata proprio nel 1508, in seguito a una specie di gara tra i rispettivi committenti di Cranach e di Burgkmair, quindi tra la corte dell'elettore di Sassonia e l'umanista augustano Konrad Peutinger, consigliere dell'imperatore Massimiliano. Il contributo di Burgkmair (catt. 65 e 72) fu determinante per lo sviluppo di questo procedimento, probabilmente pensato per imitare l'effetto dei disegni italiani lumeggiati di bianco su carta preparata. Di fatto, la tendenza a usare un numero ristretto di colori, ma con molte *nuances*, corrispondeva al gusto dell'epoca, riscontrabile anche nelle pitture a grisaille e nelle sculture prive di policromia. Gli influssi italiani, così evidenti nella scioltezza del segno e nel carattere generale della composizione di questa stampa del 1508, inducono a ipotizzare perlomeno un breve viaggio di Burgkmair in Italia, forse intrapreso nel 1507 su suggerimento di Peutinger, che aveva conseguito la laurea in legge a Padova. Sono stati indicati buoni motivi per pensare che avesse fatto tappa a Lucca, Firenze e Venezia (Falk 1968, 61-62; Landau & Parshall 1994, 177-178; Dülberg 1999), dove gli sarebbe stato facile desumere motivi da bassorilievi, placchette o gemme incise. Un suo disegno di una *Madonna* a mezza figura, conservato a Erlangen (München 1974, 67, cat. 55), sembra infatti direttamente ispirato a un rilievo "all'antica" della cerchia di Donatello. Per quanto riguarda la stampa in esame, invece, le fonti di ispirazione devono essere state molteplici e vanno probabilmente cercate non soltanto in prototipi grafici o pittorici. Il modo in cui la figura della Vergine è stata inserita nella cornice creata dall'arco fa pensare piuttosto a modelli scultorei, come ad esempio i rilievi di Donatello, le terrecotte smaltate dei Della Robbia o anche i "capitelli" (tabernacoli) presenti nelle calli veneziane.

IL

Hans Burgkmair, *Madonna col Bambino alla finestra*
Monaco
Staatliche Graphische Sammlung

48
Andrea Mantegna (1430/31-1506)
*Sacra Famiglia con Santa Elisabetta e San Giovannino*, ca. 1485-1488

tempera a colla e oro su tela
62,9 x 51,3 cm
Fort Worth, Kimbell Art Museum,
inv. AP 1987.04

PROVENIENZA: collezione privata,
Marsiglia (forse acquistato nell'Ottocento in Italia), 1909; vendita
Sotheby's Montecarlo, 21.6.1986,
lotto 17; Kimbell Art Museum,
Forth Worth.
LETTERATURA: Pillsbury 1987, 162;
Pillsbury & Jordan 1987, 770; London 1992, 151, 154, 225-227.

Al centro del dipinto la Madonna in
trono si volge verso il Bambino nudo,
in piedi sulle sue ginocchia in posizione frontale, sorreggendolo con le mani all'altezza dei fianchi. Il piccolo
Gesù circonda con il braccio destro il
collo della madre, stringendole l'indice con l'altra mano. Alle spalle della
Vergine, a sinistra, San Giuseppe osserva la scena, mentre sul lato opposto Santa Elisabetta tiene davanti a sé
il figlioletto Giovanni, che alza gli occhi per fissare il Cristo bambino. Di
questo dipinto, rimasto sconosciuto
fino al 1986, esiste a Dresda una variante autografa molto simile (Lightbown 1986, 446, cat. 44), che la maggior parte degli studiosi situa nell'ultima fase del percorso artistico del
maestro, anche se le date proposte variano dal 1491 circa (Paccagnini in
Mantova 1961, 48, cat. 31) ai primi
anni del Cinquecento (Cipriani 1962,
68). Crowe e Cavalcaselle (1871) e
Thode (1897, 74) sono stati gli unici a
identificare la tela di Dresda con il
"quadro de la Madonna cum alcune
altre figure" più volte sollecitato a
Mantegna nel 1485 da Eleonora d'Aragona, tramite il futuro genero Francesco Gonzaga, il che implicherebbe

per quell'opera una datazione *post*
1485 (sui documenti cfr. Lightbown
1986, 462, cat. 76). Sotto il profilo
iconografico il quadro di Dresda corrisponde bene a quello esposto, ma se
ne differenzia per la composizione
più rigida. Benché vi si ritrovino la
Madonna, il Bambino, gli stessi santi
ai lati e il San Giovannino, l'insieme
possiede un plasticismo ben più marcato. L'accentuata articolazione delle
figure nello spazio, evidente nel dipinto di Fort Worth soprattutto nel
reciproco rapporto madre-figlio, è sostituito nella versione di Dresda da
una disposizione su un unico piano,
quasi da bassorilievo, delle teste di
Maria, del Bambino e dei santi, mentre il San Giuseppe assume una posizione severamente frontale e il modellato dei corpi si fa piattamente ornamentale (si osservi in particolare lo
scorcio delle gambe di Maria, che non
suggerisce alcuna profondità). Il quadro di Dresda permette un confronto
con altre opere eseguite da Mantegna
dopo il ritorno da Roma (1491), come
la *Sacra Famiglia con San Giovannino*
di Londra (Lightbown 1986, 448 s.,
cat. 49). Per questo motivo ci sembra
convincente la proposta di Christiansen (in London 1992) di identificare il
quadro esposto con quello ordinato
da Eleonora d'Aragona, situandolo di
conseguenza fra il 1485 e il 1488, data della partenza di Mantegna per Roma (nel catalogo Sotheby's si suggerisce un'esecuzione attorno al 1495,
mentre Pillsbury lo data verso il
1490). Si tratterebbe perciò del primo
esempio conosciuto di dipinto devozionale a mezze figure di Mantegna,
che intorno al 1455 aveva già introdotto nella pittura italiana, con la *Presentazione al Tempio* (cat. 50), il modulo a mezza figura della composizione scenica a più personaggi. L'idea di
questo tipo di impianto sembra sia
stato suggerito a Mantegna dai bassorilievi-ritratto dei monumenti funerari romani, dov'erano spesso rappresentate intere famiglie. L'adozione da
parte di Mantegna di questa tipologia
per le sue Sacre Famiglie aveva quindi un senso anche dal punto di vista
iconografico. In seguito la formula
venne usata sempre più spesso e arricchita con l'inserimento di uno o
più santi. Da qui alle sacre conversazioni a mezza figura di Giovanni Bellini il passo è breve (cfr. Schmidt
1990, 720-722): il primo esemplare
noto del pittore veneziano è forse
quello delle Gallerie dell'Accademia
di Venezia, eseguito nei primi anni
novanta del Quattrocento.

SCM

Andrea Mantegna
*Sacra Famiglia con Santa Elisabetta
e San Giovannino*, particolare
Dresda, Gemäldegalerie

49
Albrecht Altdorfer (ca. 1480-1538)
*Sacra famiglia con angelo (?)*, 1515

olio su tavola di conifera
22,5 x 20,5 cm
scritte: monogramma (AA / iniziali)
in alto a destra e anno (1515) in alto
a sinistra
Vienna, Kunsthistorisches Museum,
inv. 5687-1515

PROVENIENZA: collezione del castello di Ambras, Innsbruck.
LETTERATURA: Oettinger 1959, 71;
Ruhmer 1965, 51, cat. 11; Winzinger 1975, 87-88, cat. 29; Goldberg
1988, 98.

Il piccolo dipinto, opera certa e datata di Altdorfer, grazie alla data e al
monogramma, colpisce per la brillantezza dei colori. Per la composizione accalcata e presa da vicino e i
personaggi rappresentati a tre quarti
di figura l'artista ha guardato – come
già riconosciuto da tempo – a modelli mantegneschi. Dinnanzi a uno
sfondo nero è rappresentata Maria
con il Bambino in piedi sul ginocchio destro della madre, affiancata
da San Giuseppe e da una figura giovanile non meglio identificata, mentre festoni di melograni e tralci di vite riempiono lo spazio sopra le teste.
Di grande effetto è la scintillante corona di Maria sormontata da stelle,
leggermente spostata dall'asse centrale, che spicca sullo sfondo scuro
come uno spettacolo pirotecnico.
Sugli intensi colori degli abiti si profila l'intelaiatura delle candide lumeggiature, che definiscono calligraficamente le forme. Gli incarnati
del corpo del Bambino e dei volti
vengono invece modellati e resi
splendenti, cosicché il viso di Maria
assume un'espressione quasi estatica, lontana dalla realtà. Anche le sue
ciocche di capelli sono dipinte in

Albrecht Altdorfer
*Fanciulle con un piatto di frutti*
disegno

modo meno descrittivo di quelle
delle figure ai lati. Risulta enigmatico comunque il personaggio di destra, così come è insolita in un contesto di tal genere la corona di stelle
di Maria, che la collega all'*Apocalisse*. L'anziano personaggio a sinistra
non può che rappresentare Giuseppe, facente le veci di padre di Gesù,
mentre non è possibile dare una precisa identità alla figura giovanile di
destra. Oscuro è anche il significato
del piatto con i frutti rossi (forse mele?) che si intravedono vicino a lui
nell'angolo in basso a destra del quadro. Essendo stato l'abito classificato come quello di un diacono, si è recentemente messa in discussione la
sua identità con San Giovanni Evangelista, sostenuta in cataloghi ormai
datati. Ma in favore dell'evangelista
potrebbe intervenire la corona siderale di Maria – allusiva alle visioni
dell'*Apocalisse*, di cui Giovanni è (o
è creduto) autore – oltre al tipo giovanile del volto. Resta tuttavia la
possibilità che si sia inteso raffigurare un grande angelo senza ali che
porta in dono dei frutti al Bambino.
In questo prezioso quadretto – dipinto a punta di pennello – si manifesta l'inconfondibile sigla personale
dell'Altdorfer. In nessuno dei dipinti precedenti, però, l'artista si era
confrontato così tangibilmente con
un modello della cerchia del Mantegna, traducendolo comunque nel
proprio linguaggio formale. Soprattutto l'aggiunta di figure di santi ai
lati della Madonna col Bambino si
rifà a quadri del Mantegna, come
quello con la *Sacra Famiglia con Santa Elisabetta e San Giovannino* del
Kimbell Art Museum di Fort Worth
(cat. 48) o quello di uguale soggetto
della galleria di Dresda (Lightbown
1986, 446, cat. 44). Anche la posizione in piedi del Bambino nudo o il
posarsi del braccio attorno al collo
della madre si avvicina molto agli
esempi citati. Per singoli motivi, come la posizione in piedi del Bambino e il San Giuseppe appoggiato al
bastone, sembra che Altdorfer abbia
elaborato una incisione da un disegno del Mantegna (Lightbown 1986,
493, n. 227), come ha spiegato Winzinger (1975). Comunque questa incisione, con figure più distanziate,
non può essere servita da prototipo
per la composizione del nostro dipinto. Disegni o rilievi potrebbero
aver reso familiare Altdorfer con le
composizioni a mezza figura del
Mantegna. Sembra comunque allettante che abbia potuto vedere almeno uno di questi dipinti in originale,

poiché nei suoi quadretti il maestro
di Ratisbona trasmette intensamente
la suggestione delle dense composizioni a mezze figure del Mantegna,
soprattutto nella loro intensità cromatica. Anche se un viaggio di Altdorfer in Italia non è documentato,
lo si può plausibilmente ipotizzare
per spiegare la sua reazione a una serie di stimoli artistici che non può
non avere recepito dall'ambiente artistico italiano. Documentabile è un
coerente studio della grafica del
Mantegna dalle prime opere fino alla fase tarda. Già il primo disegno
dell'Altdorfer raffigurante *Fanciulle
con un piatto di frutti* del 1506 (Winzinger 1953, 65, cat. 1) ci mostra
questo tipo di trasformazione sostanziale e un po' bizzarra dei prototipi mantegneschi. Il dipinto oggi a
Vienna trasforma l'originale sia nella
composizione che nella tecnica. Le
figure del Mantegna, concepite plasticamente persino negli incarnati,
conoscono con Altdorfer una soluzione briosa della forma nel colore.
Le lumeggiature calligrafiche introdotte dal Mantegna vengono rese
più dinamiche nella scrittura dell'Altdorfer. La tavola di Vienna – nata nello stesso anno delle miniature
per il *Libro di preghiere dell'imperatore Massimiliano* – rappresenta
quasi un "capriccio" alla maniera
del Mantegna e certamente non sarà
stato apprezzato dal proprietario –
che possiamo immaginarci di spiccata sensibilità artistica – solo come
quadro devozionale.

IL

50
Giovanni Bellini (ca. 1431/36-1516)
*Presentazione di Gesù al Tempio*, ca. 1469

olio su tavola, 80 x 105 cm
scritte: sul retro (forse del XVIII secolo) ANDREA MANTEGNA e M R N S
Venezia, Fondazione Querini Stampalia, inv. 2/29

PROVENIENZA: dono alla Fondazione Querini-Stampalia nel 1810.
LETTERATURA: Berenson 1919, 77; Gronau 1930, 42; Venezia 1949, 80, cat. 46; Heinemann 1962, 41, cat. 143; Robertson 1968, 75; Dazzi & Merkel 1979, 34-35, cat. 3; Ringbom 1984, 77-79; Lightbown 1986, 405; Tempestini 1992, 70-71, cat. 19; Tempestini 1998, 199, cat. 21.

Il dipinto è stato da sempre collegato con la *Presentazione di Gesù al Tempio* di Andrea Mantegna a Berlino (Lightbown 1986, 404-405, cat. 7), di cui ripete la composizione. Entrambi i dipinti mostrano, davanti ad uno sfondo scuro, la rappresentazione a mezza figura della Madonna, che consegna Gesù Bambino a Simeone al sommo sacerdote del Tempio. Maria e Simeone sono visti di profilo, pur avendo Maria, che tiene stretto il Bambino avvolto in fasce, il torso girato in una posizione quasi di tre quarti, mentre Giuseppe tra il Bambino e Simeone, osserva quanto si sta svolgendo davanti a lui. La finta incorniciatura marmorea che delimita il dipinto di Mantegna viene ridotta qui a un largo parapetto. In tutte e due le Presentazioni (di Mantegna e di Giovanni Bellini) questa divisione tra lo spazio in cui si trova idealmente lo spettatore e quello della scena viene sottolineata dal cuscino del Bambino e dal gomito di Maria, diventando così anche il luogo dove i due mondi si incontrano fisicamente. Le due scene sono completate da ulteriori figure di astanti, viste di tre quarti e collocate alle spalle di Maria e di Simeone: un giovane a destra e una giovane a sinistra nel quadro di Mantegna, due giovani a

Andrea Mantegna
*Presentazione di Gesù al Tempio*
particolare
Berlino, Staatliche Museen Preussischer Kulturbesitz, Gemäldegalerie

destra e due donne a sinistra nel dipinto veneziano.
La tavola, attribuita per la prima volta nel 1919 da Berenson a Giovanni Bellini, fino ad allora era stata considerata un'opera di Mantegna, soprattutto sulla base dell'iscrizione apocrifa, apposta sul retro probabilmente nel Settecento. Inoltre, essendo il quadro eseguito su legno, Giovanni Morelli (1880, 433) e Adolfo Venturi (1901-1940, VII, 477) lo identificarono erroneamente con la "tavola" di tal soggetto ricordata da Marcantonio Michiel nella collezione del cardinale Pietro Bembo, citazione che con tutta probabilità si riferisce invece alla tela di Berlino con la *Presentazione di Gesù al Tempio* di Mantegna. A partire da Berenson il dipinto è riconosciuto dalla maggior parte degli esperti come un'opera autografa di Bellini (fanno eccezione Dussler 1935, Arslan 1962, Huse 1972 e Goffen 1989; anche Ringbom 1984, esprime dubbi in proposito). Anche la datazione dell'opera è discussa. La *Presentazione di Gesù al Tempio* di Mantegna costituisce il primo esempio di una rappresentazione scenica a mezze figure, di un tipo introdotto proprio da questo artista nella pittura italiana. Stimolato dal punto di vista formale da rilievi di Madonne di Donatello (Ringbom 1984, Kecks 1988, Tempestini), la sua creazione di questo nuovo tipo sembra nascere dalla conoscenza di ritratti di gruppo antichi a mezza figura posti su monumenti sepolcrali, nonché da perdute composizioni di Hugo van der Goes e forse anche di Rogier van der Weyden, probabilmente diffuse in Italia tramite gli arazzi (cat. 51). A nostro avviso sembra convincente l'idea, dettagliatamente espressa dapprima da Robertson, che Giovanni Bellini con la sua replica della *Presentazione di Gesù al Tempio* del cognato Mantegna abbia qui per la prima volta voluto esercitarsi su un tipo di composizione del tutto nuovo e straordinario, per poi farvi ricorso in altre occasioni (poco plausibili sono oggi le opinioni espresse da Morelli 1886, 402, e da Longhi 1946 che la tavola di Mantegna di Berlino sia stata eseguita in seguito alla *Presentazione* belliniana qui esposta; cfr. Tempestini 1992).
I due osservatori dietro a Maria e a Simeone nel dipinto di Mantegna sono stati identificati convincentemente da Prinz (1962) con l'autoritratto del pittore e il ritratto della giovane moglie Nicolosia Bellini, sorella di Giovanni, e collegati con il loro ma-

trimonio avvenuto nel 1454. A causa della presenza del bambino e del posto d'onore occupato da Nicolosia, alla destra di Maria invocata come patrona delle partorienti, Lightbown suppone si sia trattato di un dipinto votivo in occasione della felice nascita del figlio della coppia e propone così come *terminus post quem* per l'esecuzione gli anni 1454-1455. Un confronto con opere giovanili di Bellini, ad esempio con il *Cristo morto sorretto da Maria e Giovanni Evangelista* (Accademia Carrara, Bergamo; 1455-1460; Tempestini 1992, 20-21, cat. 2) e la *Trasfigurazione* (Museo Correr, Venezia; ca. 1457-1460; Tempestini 1992, 34 s., cat. 7) rende poco plausibile che il dipinto sia stato eseguito subito dopo quello di Mantegna. Si può supporre piuttosto che sia intercorso un certo arco di tempo fra le due versioni. Quella di Giovanni, pur meno significativa dal punto di vista qualitativo (Ringbom 1984) e non completamente finita (Robertson 1968), mostra un certo sviluppo, come il rivolgersi reciproco delle figure e la progredita spazialità dovuta all'accenno di un secondo piano, tramite le due coppie di osservatori scaglionate a destra e a sinistra. Come aveva già osservato Tempestini, ci sembrano improbabili, a causa delle età degli effigiati, le identificazioni di tutte e quattro le figure di osservatori proposte da Dazzi e Merkel (1979) e da ultimo da Lightbown (1986): Nicolosia e la madre di Giovanni Bellini a sinistra, nonché Giovanni e Gentile Bellini a destra.

SCM

51
Andrea Mantegna (1430/31-1506)
*Adorazione dei Magi*, ca. 1497-1500

tempera a colla e oro su lino
54,7 x 70,7 cm
Los Angeles, The J. Paul Getty Museum, inv. 85.PA.417

PROVENIENZA: 1871-1903 Louisa, Lady Ashburton; 1903-1985 Castle Ashby, Northants; 18.4.1985 venduto da Christie's Londra, lotto 16; The J. Paul Getty Museum, Los Angeles.
LETTERATURA: Kristeller 1901, 143-145, 438; Yriarte 1901, 211-212; Knapp 1910, 123, 177; Tietze-Conrat 1955, 192; Spriggs 1965, 74; Garavaglia 1967, cat. 106; Berenson 1968, 239; London 1981, 122, cat. 32; Ringbom 1984, 90-93; Lightbown 1986, 445-446; London 1992, 85, 237-238; Carr 1997.

Sulla paternità di questo dipinto è stato espresso qualche dubbio. Considerato autografo da Yriarte (1901, 211-212), Kristeller (1901, 143), Berenson (1901, 95-96) e Tietze-Conrat (1955, 197), fu attribuito alla bottega da Knapp (1910, 123), nonché assegnato a Francesco Mantegna da Venturini (1901-1940, VII, 476) e da Cipriani (1962, 82), finché a partire dalla mostra londinese *Splendours of the Gonzaga*, del 1981, è stato accettato all'unanimità come opera autografa di Mantegna. Essendo stato classificato senza eccezione come una produzione tarda, si può confrontarne il colorito caldo e alcuni dettagli, come il turbante dorato di Maria, con la *Madonna della Vittoria* del 1496 (Musée du Louvre, Parigi; Lightbown 1986, 438-439, cat. 36), dove lo stesso copricapo è indossato da Elisabetta. Elam (in London 1981, 122) colloca questa tela dopo la *Madonna Trivulzio*, ma prima degli ultimissimi dipinti del pittore. Si tratta di una delle due rappresentazioni dell'Adorazione dei Magi di

Seguace di Hugo van der Goes,
*Adorazione dei Magi*
New York
Metropolitan Museum of Art

Mantegna giunte fino a noi. A differenza del dipinto giovanile, realizzato attorno al 1460 per la cappella del castello gonzaghesco di San Giorgio a Mantova (Galleria degli Uffizi, Firenze; Lightbown 1986, 413, cat. 14), dove sono meticolosamente descritti sia il corteo dei Magi, in arrivo attraverso un paesaggio montuoso, sia il luogo della nascita di Cristo, nell'opera esposta, eseguita circa quattro decenni più tardi, il racconto è ridotto all'essenziale. Il dipinto di formato orizzontale mostra una Madonna a mezza figura, dall'espressione triste, che si china lievemente, insieme con il Bambino, verso i doni recati da uno dei Magi. Alle spalle della Vergine Giuseppe scruta attentamente la scena. Il Bambino è tutto avvolto in un panno bianco a forma di toga che gli copre anche la testa: un'allusione all'abbigliamento rituale dei sacerdoti dell'antichità (Carr 1997, 85-88 tratta esaustivamente questo aspetto, sostenendo che Mantegna potrebbe essersi ispirato, alla corte di Mantova, anche agli studi del medico umanista Battista Fiera, esperto di storia del costume). Il Bambino si rivolge con un gesto infantile di benedizione ai tre re, che rappresentano tradizionalmente sia le tre età della vita, sia i tre continenti allora conosciuti (Carr 1997, 51-65).
Melchiorre, il più anziano dei tre e quello che impersonifica l'Europa, è visibile in primo piano, solo dalle spalle in su, mentre porge una tazza di porcellana colma d'oro. Subito dietro a lui, con il volto vicinissimo al Bambino, si trova Baldassarre, il mago dai tratti semitici che rappresenta l'Asia e l'età di mezzo, che sta offrendo un vaso di incenso a forma di cipolla. Gaspare, il più giovane dei tre, si avvicina con la bocca spalancata dallo stupore: è un uomo di colore con un turbante di pelliccia di leopardo che allude all'Africa. Tiene in mano una coppa in agata con coperchio, che contiene la mirra. In una rappresentazione così ravvicinata dell'evento, su uno sfondo neutro e scuro, Mantegna ha rinunciato a qualunque descrizione del luogo o degli accessori ornamentali – così frequenti nelle Adorazioni dei Magi per indirizzare l'attenzione dello spettatore sull'essenziale, adottando una tipologia talmente concentrata da suggerire un senso di intima vicinanza alla scena sacra.
Carr (1997, 86) ha segnalato che i tre diversi atteggiamenti assunti dai Magi alla vista del Bambino sono da interpretare come modelli delle reazioni che si volevano ingenerare nel riguardante, come prescritto dall'Alberti per le *historie*. Anche la posizione di Melchiorre, troncata all'altezza delle spalle dal margine della tela e quindi con il resto del corpo fuori dal quadro, starebbe a indicare che il vecchio re funge più degli altri da intermediario tra lo spettatore e il dramma sacro. Nella storia della pittura italiana il formato a mezza figura viene usato per la prima volta da Mantegna per soggetti di carattere scenico.
Il primo esempio di questo genere è la *Presentazione nel tempio* di Berlino del 1455 circa (cat. 50; Lightbown 1986, 404 s., cat. 7). Il confronto con quest'*Adorazione dei Magi*, più tarda di quasi mezzo secolo, mostra l'evoluzione subita dall'arte di Mantegna: il rigido isolamento delle figure ha ceduto il posto a una vivace interazione tra i protagonisti. L'artista ha rinunciato alla cornice marmorea – punto di incontro e allo stesso tempo di separazione tra il nostro spazio e quello dell'episodio sacro – a favore di una ripresa ancora più ravvicinata dell'azione. Come ha spiegato da ultimo Carr (1997, 70), all'invenzione di questo nuovo tipo di composizione, adottato poi da altri artisti, deve avere contribuito la suggestione esercitata su Mantegna dai bassorilievi antichi. Soprattutto nei monumenti sepolcrali si trovavano spesso busti-ritratto di due o più persone di formato rettangolare, tutt'altro che comune nelle rappresentazioni di carattere scenico dell'antichità.
Importante è ricordare l'indicazione di Ringbom (1984, 90-93) a proposito di un'*Adorazione dei Magi* di Hugo van der Goes (The Metropolitan Museum, New York), della quale non possediamo più l'originale, ma solo una versione di un seguace. Gli inconfondibili parallelli con il Mantegna, costituiti dal tipo di rappresentazione a mezze figure dietro a una larga balaustrata, permettono di dare un certo credito alla teoria di Ringbom che Mantegna avrebbe desunto questo tipo di composizione da un arazzo fiammingo, che non era raro trovare a quell'epoca nell'Italia settentrionale. Anche se queste affinità tra i due dipinti fossero mere coincidenze, non va comunque dimenticato che perlomeno a partire da Hugo van der Goes, ma forse già dai tempi di Rogier van der Weyden, la rappresentazione di tipo scenico a mezze figure era nota nell'ambito della pittura fiamminga, da dove avrebbe poi conosciuto una rapida diffusione. A questo proposito si ricordino le due *Deposizioni*, grande e piccola (ca. 1475-1477 e 1480; cfr. Sander 1992, 254 s., figg. 58, 59, 65, 66) di Hugo van der Goes. Sarebbero quindi stati influssi fiamminghi a indurre Mantegna a combinare una tipologia da bassorilievo classico con la tematica delle rappresentazioni sceniche. Tralasciando lo sfondo ricco di particolari che distrae dall'avvenimento principale, ma anche ingrandendo i primi piani delle figure, Mantegna riesce a dare alle proprie immagini un senso di presenza e di immediatezza fino ad allora sconosciute.

SCM

## 52
Cima da Conegliano (ca. 1459/60-1517/18)
*Gesù fra i dottori*, 1504-1505

tempera su tavola, 54,6 x 84,4 cm
scritte: sul cartellino Joannes Baptiste
Conegliane[n]sis / opus; sul bordo
della veste di Cristo le lettere greche
alfa e omega
Varsavia, Nationalgalerie, inv. 131513

PROVENIENZA: collezione Potocki;
Cracow; dal 1946 al Muzeum Narodowe di Varsavia.
LETTERATURA: Coletti 1959, 42, 50,
85; Pallucchini 1962, 226; Anzelewsky 1971, 202-205; Białostocki &
Skubiszewska 1979, 59-61; Menegazzi 1981, 44 s., 119; Humfrey 1983,
164-165, cat. 161; Ringbom 1984,
183-188; Boesten-Stengel 1990, 54.

In questo dipinto è illustrato l'episodio della visita di Gesù dodicenne al
tempio, dove fu ritrovato dai genitori
dopo tre giorni di ricerche. Secondo
la testimonianza dell'evangelista Luca (2, 46-47), egli sedeva tra i dottori,
li ascoltava, li interrogava e li stupiva
con il suo sapere. Il quadro, la cui datazione non è accertata da documenti, è stato messo dalla critica in relazione con il dipinto di Dürer dello
stesso soggetto – eseguito nel 1506 e
oggi conservato nel Museo Thyssen-
Bornemisza di Madrid (cat. 53) – soprattutto per i sorprendenti parallelismi tra le due immagini del Cristo.
Tuttavia i problemi riguardanti il loro
rapporto di dipendenza vengono risolti in maniera diversa dagli studiosi. Mentre Ringbom, Pallucchini e
Anzelewsky suppongono che l'influsso di Dürer sia stato mediato da
una rappresentazione andata perduta e databile intorno al 1504 del Cristo dodicenne di Leonardo per Isabella d'Este (Clark 1958, 188) e considerano il dipinto di Cima, le cui fisionomie hanno un carattere poco
leonardesco, dipendente da Dürer,
un altro gruppo di esperti, rappresentato da Białostocki (1959), e successivamente da Coletti (1959), Menegazzi (1981), Skubiszewska (1979),
Boesten-Stengel (1990) e da ultimo
Humfrey (1983), sostiene – secondo
noi a ragione – che il dipinto di Cima
seguiva la tradizione del quadro devozionale con mezze figure e impianto scenico introdotta da Bellini e
Mantegna, e che quindi poteva avere
avuto origine indipendentemente da
Dürer. L'unico altro esempio di Cima
di questa tipologia è rappresentato
dalla *Pietà* delle Gallerie dell'Accademia di Venezia, databile fra il 1489
e il 1492. Anche gli stretti legami stilistici con l'*Incredulità di San Tommaso* (1502-1504; National Gallery,
Londra) e la *Madonna* di Este (1504;

cat. 45) intervengono in favore di una
datazione della tavola di Cima a prima del 1506. Sulla base di precise argomentazioni, Humfrey (1983) e
Lübbeke (1991, 30) hanno segnalato
che quest'ultimo molto probabilmente non fu eseguito a Venezia – come si era creduto per lungo tempo –
bensì a Roma, dove dall'inizio del
Seicento faceva parte della collezione
Barberini. Anche questa circostanza
depone quindi a sfavore di una dipendenza del quadro di Cima da
quello di Dürer. A un rinnovato esame dei due dipinti, si delinea una terza possibilità: un'influenza non esercitata reciprocamente, ma derivante
da un prototipo comune. Come già
detto sopra, è stato convincentemente dimostrato che la composizione
pacata ed equilibrata di Cima, con la
figura centrale di Cristo seduta in posizione sopraelevata fra i dottori disposti a semicerchio, è radicata nella
tradizione veneziana dei quadri devozionali a mezze figure e non aveva
perciò bisogno del modello dürería-
no. Ma mentre le coincidenze appena
descritte fra le due figure di Gesù sono palesi, non si può sostenere lo
stesso per i dottori. Ad una analisi attenta si possono individuare coppie
di figure, che pur non dipendendo
direttamente l'una dall'altra, mostrano grandi affinità per quanto riguarda la tipologia e la collocazione all'interno della composizione. Sulla base
di tali osservazioni non si può non
formulare l'ipotesi che sia esistito un
modello comune. Le tangenze si riscontrano più precisamente tra le seguenti figure: tra i due vecchi con le
lunghe barbe bianche in primo piano
a destra in entrambi i dipinti; tra gli
uomini dagli occhi scuri, la barba
corta e lo sguardo fisso, alla destra
del vecchio di Cima e dietro al vecchio di Dürer; tra il dottore di profilo di Dürer, in primo piano a sinistra
e i primi due anziani di Cima pure a
sinistra; tra il giovane dalla corta barba nera e l'uomo con il berretto scuro di Dürer, che segna con la mano
una pagina del libro. Resta comunque ancora da chiedersi se i due dipinti dipendano dal già citato originale perduto di Leonardo per Isabella d'Este – in favore di questa soluzione interverrebbero i morbidi lineamenti leonardeschi di Cristo – o
se derivino invece da un dipinto di
Giovanni Bellini del medesimo soggetto, anch'esso scomparso, ma elencato in un inventario del Settecento
(cfr. Levey 1961). A sostegno di questa seconda soluzione va rilevato come la tipologia del vecchio dalla lun-

ga barba si ritrovi nella *Sacra conversazione* del 1505 di Giovanni Bellini
della chiesa veneziana di San Zaccaria. Il dipinto di Cima, pacato e poco
teatrale, oltre che eseguito con una
tecnica accurata, era sicuramente in
linea con le esigenze del mercato del-
l'epoca.
La questione si pone in maniera diversa per il quadro di Dürer, che evidentemente non fu eseguito solo per
piacere personale, visto che vi fu apposta la scritta "opus q[u]inque dierum". Poiché gli esperti l'hanno già
messa in rapporto con la frase "Exegit quinquemestri spatio" che si legge sulla *Pala del Rosario* (cat. 57), finita
anch'essa di dipingere in quello stesso 1506, si deve presumere che il *Cristo fra i dottori* fosse destinato a un
pubblico che conosceva già il dipinto
della chiesa veneziana di San Bartolomeo. Come ha convincentemente
dimostrato Boesten Stengel, la scritta
sul quadro di Madrid, preparato da
diversi disegni, quattro dei quali
giunti fino a noi, faceva anche riferimento alla rapidità di esecuzione, come criterio che, secondo l'Alberti,
svela l'abilità di un pittore. L'opera
celava, dal punto di vista della composizione, una nuova ed eccitante invenzione, che fondeva i più moderni
elementi nordalpini con quelli italiani, e che attraverso la scritta dimo-
strava la conoscenza da parte del
maestro della letteratura artistica
contemporanea. Si è quindi tentati di
ipotizzare che Dürer cercasse a Roma
un nuovo potenziale mecenate in grado di apprezzare questo legame tra
elementi di diversa provenienza. Si è
anche supposto che dietro alla *Festa
del Rosario* ci fossero come committenti i Fugger (cfr. da ultimo Martin
1998, 179 che si basa sui suggerimenti di Bruno Bushart 1994, *passim*).
Perché allora non pensare che Dürer,
su raccomandazione di un membro
della famiglia Fugger, si fosse recato a
Roma, dove all'epoca la grande ditta
aveva interessi d'affari, e avesse presentato l'"*opus quinque dierum*" come prova del proprio talento di pittore? Secondo Martin (1993, 25), è
possibile che nel dipinto Dürer volesse anche alludere alla propria situazione di giovane ed eccellente pittore
circondato da colleghi ancora legati
alle vecchie tradizioni. Il celebre *Autoritratto* con le fattezze di Cristo della Alte Pinakothek di Monaco depor-
rebbe a favore dell'esistenza di riferimenti autobiografici di questo tipo.

SCM

Il quadro di Cima, *Cristo fra i Dottori*, rappresenta una scena rarissima
nella pittura veneziana del periodo.
Singolare è la sua iconografia. Nella
novità della composizione a mezza
figura, la scena ispirata al Vangelo di
San Luca, viene ridotta al solo motivo dell'insegnamento di Gesù, isolato dall'usuale contesto del ciclo narrativo della vita di Maria o di Cristo.
Questa interpretazione della scena è
conforme alle redazioni apocrife
stampate in quel tempo a Venezia
(p. e. *Vita de la preciosa Vergine Maria e del suo unico figliuolo Iesu Christo benedecto*, canto XXXIV, Venezia
1492). La storia evangelica si trasforma qui in una disputa teologica
sostenuta da Cristo che stupisce i
dottori con la sua scienza divina e
naturale. Marginalizzato il motivo
del ritrovamento di Gesù al Tempio,
il quadro di Cima mostra la scena
come una disputa con tutti i gesti caratteristici del metodo scolastico
d'insegnamento.
Il punto centrale della composizione
è costituito dalle mani di Cristo, at-
teggiate nel gesto del *computus digi-
talis*; intorno ad esse si dispone tutto
il gioco di gesti e di sguardi dei dottori. Accanto a Gesù i protagonisti
della scena sono i due savi che si trovano ai lati della composizione in
primo piano. Un elemento di grande
tensione è l'asimmetria nella loro
impostazione. Il dottore alla destra
di Cristo, con le vesti di sommo sacerdote ebreo, si presenta *en face*
con tutto il corpo voltato di tre
quarti rispetto al Redentore e con le
mani tiene aperto un libro appoggiato sulle sue gambe. Il savio sul lato
sinistro è mostrato di profilo. Il libro
posato sulle sue gambe è chiuso e le
mani vi si appoggiano stringendo un
rotolo. Dagli altri savi lo distingue
l'abbigliamento: non ha il capo coperto, contrariamente al rituale
ebreo, e porta una cappa sopra l'alba e la porpora che sono vesti litur-
giche della chiesa cristiana.
Alle spalle dei savi, agli estremi laterali della composizione, si intravedono due volti dipinti con uno strato sottile di colore. La loro iconografia è molto interessante e, nel
contesto del tema di Cristo fra i dottori, sorprendente. I due, infatti,
non sono dei savi ma dei poeti: le loro teste sono cinte di corone d'alloro. Il poeta che appare sul lato sinistro di Cristo si può facilmente identificare con Dante: il naso curvo, il
caratteristico copricapo, che originariamente era rosso (di tale colore
è il cappello nella replica) seguono

la popolare iconografia del poeta, che di solito era rappresentato di profilo. Le piccole foglioline della corona che spiccano da sotto il cappello sono in questo caso un'aggiunta. Dell'altro poeta vediamo ben poco: un piccolo pezzo del mantello rosso, il collo, l'orecchio, la guancia rossa e l'imponente corona d'alloro; il resto è coperto dalla testa del sacerdote ebreo. Siccome è accoppiato a Dante, lo si vorrebbe identificare con Virgilio, che a quel tempo veniva spesso rappresentato come un uomo togato, senza barba, cinto da una grande corona di alloro.

La scena acquista dei significati del tutto nuovi. La coppia dei savi in primo piano rimanda assai chiaramente all'Antico e al Nuovo Testamento: il primo è rappresentato dal sacerdote ebreo che tiene sotto mano proprio la Bibbia ebraica perché si deve voltare perché non può vedere il Cristo, mentre il sacerdote cristiano che non ha bisogno del libro e ascolta la parola rivelata rappresenta il Nuovo Testamento.

L'integrazione dei poeti con i savi fa pensare alle idee della concordanza tra poesia e teologia, ben diffuse nel Quattrocento e per le quali *La Divina Commedia* era un'opera d'impor-tanza centrale. Nei commenti all'opera di Dante, soprattutto nei più diffusi – la *Vita di Dante* del Boccaccio e nel commento di Cristoforo Landino – una parte importante occupava la descrizione della poesia come somma attività umana, delle sue origini divine e della sua prossimità alla teologia.

L'Antico Testamento aperto sulle ginocchia del sacerdote ebreo, insieme con la IV *Ecloga* di Virgilio predicono entrambi l'avvento di Cristo. Il poeta latino secondo Landino è "… fonte e principio onde in noi nasce ogni fiume di doctrina e di sapienza e la vera cognitione delle divine cose" (*Commento di Christoforo Landino fiorentino sopra la Comedia di Dante Alighieri poeta fiorentino*, Canto I). Il libro chiuso, simbolo del Nuovo Testamento e il sacro poema di Dante annunciano la gloria di Cristo e predicono la sua seconda venuta. Sia la teologia sia la poesia parlano con parole di Dio. Il quadro si può anche leggere come un'allegoria della storia sacra letta dall'alfa all'omega ricamate sulla veste di Cristo. Sul lato sinistro siedono il sacerdote ebreo e Virgilio: per loro Cristo non è ancora venuto. Nel centro della composizione è la venu-ta di Cristo. Infine, a destra, il sacerdote e il poeta cristiani aspettano la sua seconda discesa, che in un certo modo è annunciata dal Veltro di Dante, che chiude la composizione. L'idea della concordanza tra poesia e teologia è strettamente legata all'importante dibattito quattrocentesco, vivo a Venezia, sul rapporto tra gli *studia humanitatis* e il Cristianesimo. In modo molto simile viene interpretata la scena *Cristo fra i dottori*, nella pala d'altare datata 1515-1520 e conservata alle Gallerie dell'Accademia di Venezia. Anche in essa il tema della disputa è centrale: vi assistono i sacerdoti ebrei, i quattro padri della Chiesa e forse anche umanisti e dotti contemporanei. Il personaggio cruciale è l'uomo ai piedi del trono dal quale insegna Cristo. Il verso 12 del salmo 94 (*Vulgata* 93), scritto sul libro che tiene tra le mani è la chiave per l'interpretazione della scena, "Beatus vir quem tu, domine, erudieris": l'unica fonte del sapere è Dio, l'unica disciplina per l'umanista è la teologia.

In questi due quadri veneziani il tema del Cristo fra i dottori acquista, quindi, un significato e un'importanza particolare, legata alle diffuse idee umanistiche del periodo. La pa-la dell'Accademia parla, però, con un linguaggio più esplicito: i quattro padri della Chiesa, separati dalla disputa, sono vere e proprie allegorie. L'iconografia del quadro in mostra è più singolare e discreta: i motivi allegorici e simbolici sono in modo perfetto fusi nella narrazione della scena. Essa è pensata ed elaborata in ogni dettaglio: sorprende la ricchezza e il particolare delle vesti e, soprattutto, la trascrizione di un lungo testo in lingua ebraica. Tra le parole illeggibili si possono individuare i versi del II *Libro di Samuele* (II *Sm* 3, 27-28, 3, 39-4.2 e 5, 16, 3.35), il cui significato non è molto chiaro per l'interpretazione del quadro.

*Eva Manikowska*

53
Albrecht Dürer (1471-1528)
*Cristo fra i dottori*, 1506

olio su tavola di pioppo, 64,3 x 80,3 cm (sul margine superiore aggiunta di una striscia di legno di pioppo larga ca. 3 cm)
scritte: 1506 / AD (monogramma con le iniziali inscritte) / opus q[u]inque dierum
Madrid, Museo Thyssen-Bornemisza, inv. 1934.38

PROVENIENZA: Roma, collezione Caterina Nobile Sforza, contessa di Santafiore (morta nel 1605)?; collezione del cardinale Francesco Sforza di Santafiore (morto nel 1624): l'opera è citata nell'inventario di vendita redatto nel 1628; collezione Barberini fino al 1934; Lugano, collezione Thyssen-Bornemisza fino al 1992.
LETTERATURA: Thausing 1876, 264; Flechsig 1928, I, 406; Tietze & Tieze-Conrat 1937, II, I, 31, cat. 321; Panofsky 1943, I, 113-115; II, 7, 66, cat. 12; Białostocki 1959; Ottino della Chiesa 1968, 23-26, cat. 117; Anzelewsky 1971, 119-122, cat. 98; Garas 1972; Strieder 1981, 125-128; Boesten-Stengel 1990; Lübbeke 1991, 218-241; Anzelewsky 1991, 206-210, cat. 98; Bosshard 1993; Schawe 1997.

Il dipinto raffigura in maniera concisa la discussione sostenuta da Gesù con i dottori del tempio, quando aveva soltanto dodici anni. La forma "ridotta" della rappresentazione a mezze figure è evidenziata dal fatto che i sette personaggi, stretti l'uno all'altro, riempiono la superficie del quadro sino al margine superiore in una sorta di riavvicinamento. Gesù fanciullo, sull'asse centrale, determina l'altezza della rappresentazione. Le sue mani si uniscono con quelle del vecchio che gli si accosta conci-

Albrecht Dürer
*L'avarizia*
Vienna, Kunsthistorisches Museum

tato, formando al centro della scena una specie di motivo ornamentale pieno di dinamismo. Le mani degli altri dottori reggono tre libri, contribuendo così a infittire la cerchia delle teste e a evidenziare la presenza del Cristo.
Dal libro chiuso, in basso a sinistra, sporge un foglietto-segnalibro che, assumendo la funzione di cartellino, fornisce le informazioni più importanti sul dipinto: la data 1506, il monogramma di Dürer e persino il numero delle giornate di lavoro in caratteri minuscoli latini "opus q[u]inque dierum". L'insolita precisazione del tempo impiegato per la realizzazione dell'opera doveva essere importante per Dürer, che aveva già specificato di aver condotto a termine in cinque mesi la *Pala del Rosario* (cat. 57), dipinta sicuramente a Venezia quello stesso anno. Le due indicazioni sono state giustamente messe in relazione tra loro e con l'antico luogo comune del "pictor celerrimus". Sul cartellino, accanto al monogramma, sono tracciati altri caratteri, secondo Bosshard (1993) probabilmente autografi ma aggiunti in un momento successivo, che sono stati decifrati con l'aiuto di due copie su carta del dipinto, dove nella posizione corrispondente risulta leggibile la scritta "F. ROMÆ". Ci si è quindi chiesti se Dürer avesse eseguito il dipinto durante un soggiorno romano, non ben documentato, della fine del 1506, o se la scritta non sia invece un'aggiunta successiva relativa al luogo dov'era conservata l'opera. La questione non è stata ancora del tutto risolta, ma diventa in un certo senso di secondaria importanza, in quanto il *Cristo tra i dottori* di Dürer sembra elaborare principalmente influssi ricevuti a Venezia, dove l'artista passò la maggior parte del tempo durante il suo secondo soggiorno italiano.
La tecnica "veloce", che ha consentito a Dürer di eseguire il dipinto in così poco tempo, si differenzia da quella ben più impegnativa usata nella *Pala del Rosario*, che è dipinta a successive velature. I colori, nel dipinto Thyssen, sono in gran parte applicati direttamente ("alla prima") su un'imprimitura della stessa tonalità degli incarnati e sul disegno preparatorio sottostante (Bosshard 1993). Lo stesso metodo, con il pennello usato per dare accenti di tipo grafico, è stato adottato da Dürer nel piccolo formato per l'immagine dell'*Avarizia* sul retro del *Ritratto di uomo* di Vienna datato 1507, dove però

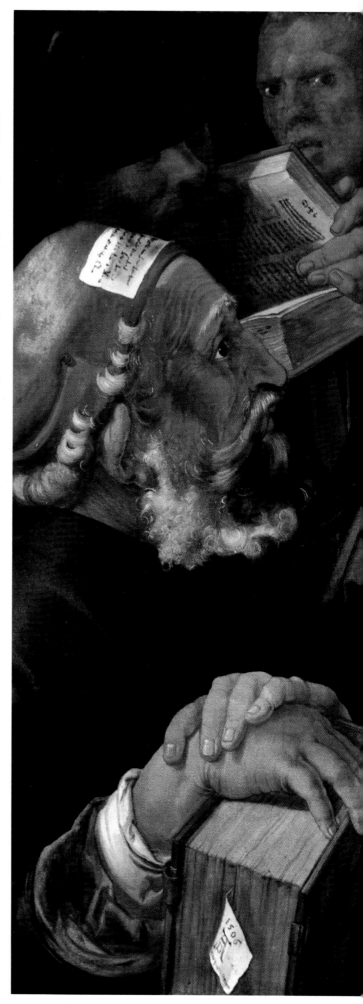

F.4.

Albrecht Dürer
*Studio per la testa di un angelo*
Vienna, Kunsthistorisches Museum

Albrecht Dürer, *Studio per la testa
di Gesù fanciullo*, Vienna, Graphische
Sammlung Albertina

la tecnica pittorica abbreviata è servita a ottenere effetti artistici d'altro genere. Nonostante l'esecuzione sbrigativa, per preparare il *Cristo fra i dottori* Dürer ha eseguito vari studi dal vero, di una qualità quasi superiore a quella dei disegni preliminari per la *Pala del Rosario*. Tra quelli pervenutici citiamo ad esempio lo *Studio per la testa del Gesù fanciullo* dell'Albertina di Vienna. Le mani del Cristo e quelle dei dottori con i libri sono state studiate quasi a grandezza naturale su grandi fogli di carta veneziana cerulea (cat. 61). Dürer doveva avere eseguito uno studio della testa calva del vecchio con la barba lunga, che sembra avere usato anche per la pala di San Bartolomeo, dove tra le figure inginocchiate sul lato sinistro scopriamo la stessa testa: un inserimento stranamente incongruo, in quanto è rivolta verso l'esterno della rappresentazione.

Il tipo di composizione a mezze figure deriva da Mantegna e da Giovanni Bellini, anche se Dürer qui sposta l'accento dalla funzione votiva di un semplice quadro di tema sacro alla destinazione privata di un dipinto dalle mere finalità estetiche. Un'opera del genere poteva infatti diventare un pezzo da collezione e un oggetto di riflessione sulla teoria dell'arte. La versione ben nota di un determinato soggetto viene interpretata dal pittore in maniera nuova per un pubblico di conoscitori. Si sa che il raro tema del Gesù dodicenne tra i dottori era stato trattato sia da Mantegna che da Giovanni Bellini, anche se non resta più alcuna traccia visiva delle loro composizioni. Potrebbe tuttavia contenerne qualche riflesso la versione di Varsavia eseguita da Cima da Conegliano (cat. 52). Non sap-

piamo invece se il *Cristo dodicenne* di Leonardo, che Isabella d'Este tra il 1504 e il 1506 aveva tentato – a quanto pare invano – di procurarsi, includesse anche le figure dei dottori.

Il soggetto non costituiva una novità per Dürer che, pur nel contesto completamente diverso delle scene che compongono la Vita di Maria, lo aveva già affrontato in un dipinto databile ca. 1496 (Anzelewsky 1991, cat. 23) e in una xilografia eseguita intorno al 1503 (M. 203). In queste opere di carattere narrativo, popolate da numerose piccole figure, viene descritto il momento in cui i genitori scoprono il figlio nel Tempio intento a discutere sui libri in mezzo ai dottori. Nella versione a mezze figure, invece, Dürer infittisce al massimo la composizione, forse reinterpretando prototipi belliniani o leonardeschi che aveva avuto modo di vedere in Italia. Nella forma e nell'inclinazione la testa di Gesù ricorda molto da vicino quella del dipinto di Cima, ma la disposizione a semicerchio dei dottori si fa quasi claustrofobica nell'opera in esame. Il punto di vista lievemente rialzato consente di scandire la successione delle teste disposte piattamente l'una sull'altra, anche se lo scorcio dei libri dimostra che Dürer non si è dimenticato della costruzione prospettica. La disposizione quasi decorativa delle teste, delle mani e dei libri, che coprono l'intera superficie del quadro, potrebbe essergli stata suggerita dalle dense composizioni a mezze figure di Mantegna, come l'*Adorazione dei Magi* (cat. 51), dove le figure risultano altrettanto compresse dal formato del dipinto. La tipologia del vecchio re dalla testa calva potrebbe avere ispirato a Dürer la figura del dottore che

si trova anch'essa sul lato destro della composizione.

Al di là delle premesse formali insite nella scelta del formato a mezze figure, qui gioca un ruolo determinante anche la presenza di raffinati contenuti intellettuali. Così Belting (1988), per la *Pietà* di Brera di Giovanni Bellini, ha dimostrato quanto il contenuto iconologico del dipinto tenga conto dell'iscrizione, con il suo riferimento all'antichità classica. Nell'opera di Bellini viene quindi stabilito un confronto ideale con l'antichità e la letteratura. Non sappiamo nulla di concreto degli eruditi e dei committenti che avrebbero potuto suggerire a Dürer la concezione iconografica dell'episodio del Gesù dodicenne tra i dottori. Nelle lettere inviate da Venezia all'umanista Pirckheimer, Dürer faceva sapere di frequentare vari italiani colti, dotti intenditori di musica oltre che di pittura, e consigliava al grande amico rimasto a Norimberga di venire a Venezia, dove avrebbe trovato un ambiente intellettuale alla sua altezza (lettere del 7 e del 28 febbraio 1506, cfr. Rupprich 1956, I, 43,46). L'interesse per la teoria artistica avrebbe condotto l'artista negli anni della maturità a redigere a sua volta scritti del genere. Certamente gli era

noto il trattato sulla pittura dell'Alberti, come è possibile che circolassero a Venezia excerpta del *Trattato di pittura* di Leonardo, di cui è documentato un breve soggiorno nella città lagunare nel 1499-1500. Il suo trattato è caratterizzato da un procedimento sincretico (Boehm 1985, 138 ss.), particolarmente nel famoso "paragone" – la gara tra le varie arti – del capitolo introduttivo. Ammettendo un riferimento alle tematiche svolte da Leonardo, si potrebbe sostenere che qui Dürer abbia voluto dimostrare dove può arrivare la pittura, in quanto usando mezzi esclusivamente pittorici è riuscito a raffigurare un dialogo: un fenomeno legato alla lingua parlata e al senso dell'udito. Alberti e Leonardo danno entrambi precise istruzioni su come si debba rappresentare una persona che parla a una cerchia di ascoltatori; ma non era certo nelle intenzioni di Dürer seguire in maniera precisa queste regole, bensì semmai di trasformarle e parafrasarle. E così la retorica, pur essendo il tema di questo quadro, rimane imprecisata. Il gesto retorico dell'enumerazione dei propri argomenti, che Cima ha saputo rendere in maniera più eloquente, raggiunge grazie all'interazione della seconda coppia di mani la dimensione del dibattito: non viene illustrato il monologo, bensì l'esposizione dell'argomento e la puntuale replica, ma con una veemenza ben diversa da quella consueta nelle sacre conversazioni. A prescindere dall'inclinazione del capo e dallo sguardo indefinito, Gesù sembra più intento ad ascoltare che a parlare e lo stesso si può dire della maggior parte dei dottori, uno solo dei quali fissa lo spettatore. Ma il personaggio nell'estremo angolo superiore sinistro si concentra invece nella lettura del suo libro: lo si è descritto come un fariseo ostinatamente legato a un'interpretazione letterale dei sacri testi, ma sembra piuttosto recitare ad alta voce il brano su cui gli altri stanno riflettendo e che sembra stampato in ebraico. Sono proprio le sue parole a stimolare la replica dell'orribile vecchio alla destra di Cristo, che sembra infatti fissare il collega e non Gesù. Per questa figura Dürer può aver seguito il consiglio di Leonardo, che affermava che il brutto sottolinea ancora di più la bellezza a lui vicina, accentuando il contrasto tra vecchiaia e gioventù. Il foglietto sul copricapo del dottore sul margine sinistro, che contiene cinque righe scritte in caratteri arabizzanti, potrebbe introdurre un'altra tematica ancora, quella del contrasto tra le tre grandi religioni monoteistiche (gentile suggerimento di Ursula Offermann). Dal punto di vista teologico, il dipinto di Dürer è stato anche visto come una "pura esegesi" del passo neotestamentario di chiara impronta antiebraica (Schawe 1997). Ma mentre i dottori di Cima sono immaginati in abiti prevalentemente ebraico-orientali, nella rappresentazione di Dürer manca qualsiasi indizio esterno della loro connotazione etnica. In fondo i dottori di Dürer non palesano caratteri fisionomici semitici, né il loro comportamento ha a che vedere con l'ebraismo: già il fatto che il personaggio con la barba bianca a destra – quasi un San Girolamo – sia a capo scoperto non sarebbe stato consentito all'interno del Tempio. Anche nel dipinto di Cima troviamo nella stessa posizione un dignitoso anziano con la testa calva. La fisionomia grottesca del vecchio senza barba con la cuffia bianca si può far risalire a una caricatura (di donna) di Leonardo (Reznicek 1981). Ributtanti figure complementari come questa apparterranno da questo momento al repertorio delle comparse della pittura veneziana, dal *Ritratto di guerriero* di Giorgione, ora a Vien-

na, fino al *Tributo della moneta* di Tiziano di Dresda. Senza apparente spiegazione rimangono le due teste che, non appartenendo alla cerchia, riempiono però lo sfondo. Per quella barbuta, sulla destra, si può pensare a un altro dottore, ma il ceffo minaccioso alla sinistra di Gesù sembra essere piuttosto quello di uno sbirro. Questa figura, probabilmente spostata più in alto durante l'esecuzione del dipinto, dovrà essere intesa nell'ambito della tradizione della rappresentazione a mezze figure, dove un personaggio secondario attira con lo sguardo l'attenzione dello spettatore su quanto sta accadendo, come nel caso della *Presentazione al Tempio* di Giovanni Bellini (cat. 53). La figura va quindi interpretata come una specie di raffinata premessa: un araldo che ha il compito di presentare la *historia*, forse riflettendo con l'espressione i presentimenti del riguardante sul futuro sacrificio di Cristo. A questa paura accenna l'evangelista Luca, quando narra di come Maria e Giuseppe – da una posizione quasi identica a quella dello spettatore – scoprono il figlio in mezzo ai dottori (*Luca* 2, 48).

Dürer ha così rappresentato l'autorivelazione del Cristo: il Messia annunciato dalla Sacre Scritture che ne

realizzerà le profezie. Il libro aperto scritto in ebraico – l'Antico Testamento – vi allude esplicitamente e la figura di Gesù è direttamente collegata con il volume che gli sta dinnanzi. Nel suo dipinto Cima ha espresso i medesimi concetti applicando sulla veste di Gesù fanciullo una specie di ricamo con le lettere alfa e omega. Nella stessa posizione, al centro del quadro, Dürer inserisce le quattro mani per illustrare come il rivelarsi di Gesù provochi la contraddizione dialettica. Nella sua qualità decorativa questa invenzione può essere associata agli ornamenti a nodi di Leonardo, che sono stati riprodotti da Dürer in sei xilografie. Quasi contemporaneamente il Pinturicchio pose sul petto del suo Gesù fanciullo ornamenti ricamati simili nella forma, come per esempio nel tondo della *Sacra Famiglia con San Giovannino* della Pinacoteca di Siena. Avrà saputo Dürer che in aramaico il termine "nodi" significa anche "articolazioni" e "compito difficile" (tradotto poi da Lutero con la parola "segreto")? Il contenuto della discussione nel Tempio non è stato tramandato, e non vi si poteva quindi alludere, come ad esempio nel *Tributo della moneta*. In senso del tutto astratto questo centro or-

namentale potrebbe essere visto come un commento simbolico, una metafora paragonabile a certe complesse allegorie nelle pitture di Lorenzo Lotto. Quest'ultimo, nei progetti per la decorazione degli stalli del coro di Santa Maria Maggiore di Bergamo, a partire dal 1522 disegnerà complessi commenti simbolici in forma di figure enigmatiche dal carattere ornamentale e privo di spazialità.

Come testimoniano gli scritti di Dürer, per lui era centrale il mistero della Redenzione, anche se si può ammettere, che in questo dipinto fossero presenti ulteriori livelli di significato, che in passato hanno subìto le più diverse interpretazioni secondo lo spirito dei tempi e i punti di vista individuali dei critici.

In quest'opera del 1506 la tipologia classica della composizione a mezze figure è stata trasfigurata in maniera provocatoria e quasi sgradevole, secondo una tendenza anticlassica che si svilupperà più tardi anche nella pittura veneziana, come mostra ad esempio lo *Sposalizio mistico di Santa Caterina* (cat. 55) di Lotto, datato 1524, nel quale viene messa in scena una sacra conversazione altrettanto densa e affollata.

IL

54
Lorenzo Lotto (ca. 1480-1556)
*Madonna col Bambino tra i santi Ignazio d'Antiochia e Onofrio*, 1508

olio su tavola, 53 x 67 cm
scritte: Laurent. Lotus M.D. VIII
Roma, Galleria Borghese

PROVENIENZA: segnalata nella collezione Borghese dal 1693.
LETTERATURA: Crowe & Cavalcaselle 1912, III, 394-395; Thausing 1884, I, 358, 360, 362; Morelli 1897, 238-239; Berenson 1895, 10; Biagi, 1942, 5-6; Venezia, 1953, 44; Banti & Boschetto 1953, 12, 68; Berenson 1955, 24-25; Della Pergola 1955, 117; Mariani Canova, 1975, 91; Caroli, 1980, 104; Mascherpa 1980, 19; Gentili 1985, 155-161; Dal Pozzolo 1995, 79; Humfrey 1997, 30-31; Heimbürger 1999, 221-222.

Il dipinto è firmato e datato 1508, anno di conclusione del politico per i domenicani di Recanati e forse del trasferimento a Roma, dove nel 1509 Lotto è documentato al lavoro nei palazzi vaticani. Sul fondo scuro (già usato nella cimasa della *Pala di Santa Cristina* al Tiveron, del 1505-1506) si stagliano la Madonna col Bambino e due santi: a destra l'anacoreta Onofrio e a sinistra un vescovo che regge la palma del martirio e un cuore col trigramma di Cristo, già identificato in Flaviano (Lattanzi in Gentili 1985, 155-161) ma più verosimilmente Ignazio d'Antiochia, sul cui cuore alla morte fu ritrovato il nome di Gesù (cfr. Humfrey 1997, 30-31).
Dal punto di vista compositivo l'opera, perfettamente bilanciata, esprime il senso di equilibrio umanistico che il giovane maestro aveva assorbito dai modelli di Giovanni Bellini (si pensi alla *Madonna col Bambino e due sante* alle Gallerie dell'Accademia di Venezia, pure su fondo nero) e di Cima da Conegliano (nelle pose divaricate di Maria e Gesù, già adottate nel quadro alla National Gallery

Lorenzo Lotto, *La Vergine in gloria tra i Santi Antonio abate e Ludovico da Tolosa* Asolo, Duomo

di Edimburgo). Tuttavia, come per tempo scorto dalla critica, stilisticamente la tavola si caratterizza per un marcato accento nordicizzante, rilevato *in primis* da Thausing (1884) e Morelli (1897), che portavano il confronto con il *Cristo tra i dottori* di Dürer ora a Madrid (cat. 53). Quest'opera – a prescindere dal luogo in cui venne realizzata (Roma o Venezia) – fu senza dubbio nota al Lotto, se non altro tramite i cartoni preparatori, come si intuisce anche da numerosi dettagli – specie le mani – nel politico di Recanati. In particolare la figura di Onofrio ricorda quella del vecchio all'estrema destra in tale dipinto, per quanto vada rilevato che un parallelo altrettanto calzante si recupera nella seconda testa da sinistra nella *Pala del Rosario* (cat. 57), senza dubbio da Lotto conosciuta nell'originale. E pure c'è da chiedersi se nello scorcio della testa e nel braccio artificiosamente alzato di Gesù non si riveli la conoscenza di un'incisione di Dürer del 1505 circa, ossia la *Strega sulla capra e quattro putti*, uno dei quali è, in controparte, davvero molto simile.
Di grande finezza è la costruzione allegorica dell'immagine. Il dato più evidente è la contrapposizione tra vita contemplativa e attiva affidate rispettivamente a Onofrio, eremita spoglio e selvatico, e a Ignazio, ritratto nello splendore delle sue vesti vescovili. Si tratta di un'antitesi già affrontata da Lotto nella *Pala di Asolo* (1506) e che rispecchiava un dibattito in quei tempi vivissimo a Venezia: quello su "dove" e "come" essere Chiesa, se nei deserti o nei luoghi del potere, se rinunciando a tutto o giovandosi dei beni terreni (cfr. Massa 1992). La risposta data dal Lotto si evince dalla presentazione paritetica dei santi, quasi a dire che misticismo e azione non sono disgiungibili (Dal Pozzolo 1995). Anche altri elementi sembrano avere significati in qualche modo connessi alla preghiera e alla sfera liturgica. Si noti lo sguardo che la Vergine rivolge verso il Rosario, uno strumento devozionale che si andava allora estendendo grazie in particolare alla predicazione dei domenicani (con cui Lotto fu sempre in contatto), mentre nel contempo Gesù benedice il cuore piagato di Ignazio, che è il suo attributo, ma che consente di visualizzare al meglio uno dei nuclei portanti del suo misticismo: ossia la necessità di credere che Egli abita in noi. Alla luce del pensiero di Ignazio (le cui lettere furono edite a stampa

alla fine del Quattrocento) troverebbe spiegazione anche la singolare *mise* ecclesiastica del piccolo Gesù, che – sostenuto con inflessibile abbraccio dalle mani, l'effettivo centro della tavola, di Maria (di Lui madre e simbolo della Chiesa stessa) – indossa una sontuosa tunica bianca, predisposta non per celare le sue nudità allo sguardo di monache pudiche (come pensava Morelli 1897, 238-239), ma per alludere appunto alla sua presenza sacerdotale: di essa si parla nella *Lettera agli Ebrei* (allora ritenuta di San Paolo), ma è motivo ricorrente anche nelle lettere di Ignazio, che paragonava Cristo a un vescovo che veglia su una Chiesa gerarchicamente costruita (cfr. Bosio & Colafranceschi 1966). In sintesi Lotto, per un committente assai colto e verosimilmente romano, svolge una sofisticata allegoria della vita della Chiesa, che tanto nella dimensione operativa quanto in quella ascetica ruota attorno al mistero del sacerdozio di Gesù e alla mediazione fondamentale di Maria, che con i loro sguardi raccomandano allo spettatore le pratiche del rosario e dell'imitazione di Cristo.

EMDP

## 55
### Lorenzo Lotto (ca. 1480-1556)
*Madonna col Bambino e sei Santi*, 1524

olio su tela, 98 x 115 cm
scritte: Lauritius Lotus/1524
Roma, Galleria Nazionale d'Arte
Antica, inv. 2610

PROVENIENZA: Palazzo del Quirinale, Roma; Palazzo Corsini, Roma, 1922-1953.
LETTERATURA: Crowe & Cavalcaselle 1912, II, 514; Berenson 1895, 197-198; Banti & Boschetto 1953, 31, 77-78; Pignatti 1953, 104; Berenson 1955, 85; Bianconi 1955, 49; Mariani Canova 1975, 98; Galis 1977, 146-147; Caroli 1980, 152; Cortesi Bosco 1980, 135; Mascherpa 1980, 55-56; London 1983, 177; Cortesi Bosco 1987, 340-347; Gentili 1989, 156; Cortesi Bosco 1993, 336; Bonnet 1996, 83-86; Humfrey 1997, 53, 155, 170; Bergamo 1998, 152-154.

Dopo il momento di sommo equilibrio umanistico manifestato nelle opere della prima fase (entro il 1508) e la profonda crisi che si determina a seguito del soggiorno romano del 1509-1510, Lorenzo Lotto ritrova a Bergamo il luogo ideale per esprimere pienamente la sua originalità, distinguendosi per complessità di sintesi culturali e scelte stilistiche da ogni altro artista attivo in quegli anni tra Veneto e Lombardia. Vi rimarrà dal 1512 al 1525, godendo di particolare favore presso la committenza e di notevole libertà ideativa. Il presente dipinto illustra perfettamente tale posizione. Impostato compositivamente secondo i consueti canoni della sacra conversazione veneziana (con sei santi disposti in sostanziale simmetria – due inginocchiati e quattro in piedi – ai lati del gruppo piramidale della Madonna col Bambino), esso si contraddistingue per la strana atmosfera che viene prodotta dal baluginante sistema luministico, da una gamma cromatica piuttosto torrida e, per così dire, da una "polifonia gestuale". Si ha come l'impressione di essere coinvolti in un girotondo apparente-

Lorenzo Lotto, *Doppio ritratto*
San Pietroburgo, Ermitage

mente scoordinato, con ogni personaggio che recita la propria parte (come nelle pause delle prove di una sacra rappresentazione domestica) e con la chiusura del cerchio contemplativo riservata all'osservatore, che viene come bloccato dal severo sguardo di Maria, singolarmente non bella nei tratti, ma la cui pelle nivea – al pari di quella del Figlio – irradia l'intera composizione.
Firmata e datata 1524, l'opera è stata connessa a una nota dello stesso Lotto relativa ai dipinti realizzati e restaurati per il suo committente bergamasco Giovanni Casotti, e precisamente con "el quadro per la camera del miser Marsilio" suo figlio, di cui elenca i vari personaggi rappresentati con la valutazione in ducati di ogni singola figura: "nel mezo la Madona con el figliolo in brazo, d 15; da la parte drita S. Hieronimo, d 8; S. Zorzo, d 6; S. Sebastiano computando el leon de S. Hieronimo, d 6; Nicolò de Barri, d 4": il tutto 53 poi scontati a 36 (*Lotto*, 1969, 260). Tale identificazione – determinata dalla perfetta corrispondenza delle figure dei santi e dalla data 1524 – non è mai stata posta in dubbio dalla critica, sebbene si specifichi che i primi tre santi stavano a destra e i secondi tre a sinistra: Lotto infatti si riferiva alla destra e alla sinistra della Madonna considerate dall'interno del dipinto (lo stesso criterio è adottato anche da Jacopo Bassano nel *Libro secondo*). In tale originaria collocazione – come sottolineato da Cortesi Bosco (1980) e Gentili (1989) – si veniva a costituire un *pendant* ideale con il ritratto di Marsilio Casotti e la sua sposa Faustina conservato al Prado, del 1523, laddove quello servirebbe a visualizzare la dimensione dell'amore terreno, mentre questo il desiderio di unione mistica dell'anima con la divinità.
Un aspetto piuttosto sorprendente – e finora trascurato – si lega alla fisionomia della Vergine, che assomiglia in maniera evidente alla sposa effigiata da Lotto nel *Doppio ritratto* dell'Ermitage (coevo e di dimensioni, tra l'altro, analoghe). La consuetudine di ritrarre i committenti delle opere sotto le sembianze di santi onomastici o protettori era, come noto, assai diffusa, e lo stesso artista ne dà sovente testimonianza nel suo *Libro di spese diverse*: con essa si sanciva visivamente, e al massimo grado, l'impegno devozionale del possessore dell'opera. In altri casi (come il presente) il ritratto non era di quest'ultimo ma di altra persona, sulla

base dell'invito – espresso in alcuni testi dell'epoca – a rappresentarsi mentalmente i protagonisti degli episodi narrati nei testi sacri coi volti di persone conosciute, e Gerusalemme nelle forme della propria città (cfr. Baxandall 1978, 56-58). Si deve credere, dunque, che un rapporto stretto legasse Marsilio (nella cui camera il dipinto era situato) e suo padre Giovanni Casotti (che lo pagò) alla gentildonna del dipinto russo, sulla cui identità peraltro non vi è concordia. Secondo Amaglio (1992) e Cortesi Bosco (1993) si tratterebbe di Apollonia Casotti (figlia di Giovanni Casotti) col marito Antonio Agliardi; contrari si sono dichiarati Humfrey (1997), che propende per lo stesso Giovanni o per l'altro figlio Gian Maria, e Lucco (in Bergamo 1998), che riconosce appunto quest'ultimo con la moglie appena defunta. Delle tre proposte la più convincente sembra la prima.

EMDP

56
Giovanni Bellini (ca. 1431/36-1516)
*Madonna con il Bambino, il doge Agostino Barbarigo
e i Santi Marco e Agostino* (Pala Barbarigo), 1488

olio su tela, 200 x 320 cm
scritte: sul basamento del trono stemma del doge con le iniziali A B; più sotto firmato e datato IOANNES BELLINVS 1488
Murano, Chiesa di San Pietro Martire

PROVENIENZA: Palazzo Ducale, Venezia; Santa Maria degli Angeli, Murano; San Pietro Martire.
LETTERATURA: Huse 1972, 87-89; Goffen 1989, 99-106; Roeck 1991; Tempestini 1992, 168-171; Roeck 1992; Humfrey 1993, 83, 121, 124, 265; Tempestini 1997, 130-135.

Su un proscenio separato dal paesaggio dello sfondo da una balaustrata marmorea e da una tenda rosso vivo, il doge Agostino Barbarigo (1486-1501), devotamente inginocchiato, viene presentato da San Marco alla Vergine in trono sotto un baldacchino, che tiene in braccio il Bambino benedicente; sul lato opposto è raffigurato Sant'Agostino con i paramenti episcopali, il pastorale e il libro. L'impianto compositivo, la luce e il colore creano un'armonia molto equilibrata. Benché ci venga presentato un evento che appartiene alla sfera soprannaturale, sottolineata dalla presenza degli angeli, alcuni particolari, come il bastone sul quale scorre la tenda, ci riportano a una dimensione terrena e a uno spazio misurabile. Le pieghe della cortina non svelano, ovviamente, un paesaggio del tutto casuale, come dimostra il cardellino sul lato sinistro, seminascosto in un fitto boschetto, che potrebbe annunciare l'inizio di un nuovo giorno e quindi anche di una nuova era, quella cristiana (Roeck 1992). La pernice, l'airone e il pavone, in primo piano a destra, simboleggiano invece rispettivamente il peccato, la longevità e la vita eterna (Tempestini 1992).
Il dipinto, citato per la prima volta nel 1501 nel testamento di Agostino Barbarigo (analizzato esaurientemente da Roeck 1991 e Roeck 1992), appartiene alla tradizione dei teleri votivi commissionati dai precedenti dogi e come doni pressoché obbligatori alla sede del governo della Serenissima (Goffen 1989, 99). Roeck ha dimostrato in maniera convincente che il teler, in origine, non si trovava nel palazzo di famiglia a San Trovaso, bensì proprio a Palazzo Ducale, da dove venne trasferito, secondo le ultime volontà del committente, sull'altare maggiore della chiesa muranese di Santa Maria degli Angeli. Da lì, nella seconda metà degli anni venti del Cinquecento, la pala doveva esse-

re già passata in un'altra chiesa di Murano, quella di San Pietro Martire (Humfrey 1993). La commissione della grande tela non era certo stata ispirata al doge soltanto da una profonda devozione o dal pensiero della salvezza eterna, come si legge nel testamento, bensì soprattutto da considerazioni d'ordine politico e in ispecie dalla volontà di tramandare una immagine di sé dai connotati simbolico-ideologici ben precisi. Il Barbarigo, infatti, non si è fatto ritrarre da Bellini raccomandato alla Vergine da Sant'Agostino, suo santo patrono, ma si è appropriato del santo patrono sia di Venezia che del fratello Marco, suo diretto predecessore, che forse aveva addirittura contribuito a fare uscire di scena definitivamente (Huse 1972). È presente comunque anche Sant'Agostino, che indossa, come il suo omonimo, vesti dai colori tenui, ma estremamente preziose e che contribuisce a fare della figura inginocchiata del committente la vera protagonista del dipinto. E lo stemma Barbarigo, reso ben visibile ai piedi della Vergine grazie alla posizione arretrata degli angeli musicanti, viene a costituire il vero punto focale della scena, in modo da sottolineare il non insolito legame concettuale tra la Madonna, Venezia e il suo doge. La città fortificata sul lato destro, identica a quella sullo sfondo della pala di Pesaro (Museo Civico) dipinta da Giovanni Bellini qualche anno prima – e identificata con la rocca di Gradara, il che ha senso solo nel contesto pesarese –, diventa qui una visione della agostiniana città di Dio (il primo a interpretarla in questa chiave è stato Wilson 1977, 161-209). Questo dovrebbe chiarire, a nostro avviso, che il libro che Sant'Agostino tiene in mano, o più precisamente presenta al doge, è appunto la sua opera principale, il *De civitate Dei*. E la presenza di un testo come quello, che esorta alla pietà e al buongoverno, non può che enfatizzare ulteriormente la duplice funzione del teler, che più di uno studioso ha considerato una testimonianza di devozione privata e al tempo stesso un'immagine ufficiale.
Wölfflin (1926, 180) era convinto che la pala Barbarigo fosse il modello per la *Pala del Rosario* di Dürer (cat. 57), pur ammettendo che la "festosa serenità" del colore e dell'impianto compositivo di Bellini non aveva trovato un vero seguito nella celebre tela del maestro tedesco. Ciò dipende in parte dalla circostanza che i due dipinti differiscono anche tematicamente. A

parte certe evidenti analogie, come la presenza di una folta vegetazione sulla sinistra e di una veduta panoramica sul lato opposto, ci sembra vada sottolineato che la città di Dio di Dürer si è trasformata in una tipica città tedesca, situata certo non a caso alle spalle dell'autoraffigurazione dell'artista, che un cartellino definisce "*germanus*". Traendo le debite conseguenze dalla scoperta di Roeck, il dipinto di Bellini avrebbe dovuto trovarsi a Palazzo Ducale già durante la prima visita di Dürer a Venezia (1494-1495), dove probabilmente sarebbe stato negato l'accesso a un giovane artista tedesco ancora del tutto sconosciuto. Pensiamo invece che Dürer abbia studiato il teler – nel frattempo trasferito a Murano – all'inizio del secondo soggiorno veneziano del 1505-

1507, al più tardi fra la fine di gennaio e i primi di febbraio del 1506. Non a caso, nella seconda delle lettere a Willibald Pirckheimer giunte fino a noi, il rapporto col Giambellino e la genesi della pala di San Bartolomeo sono narrati uno dopo l'altro: dopo un dettagliato resoconto del suo incontro con Giovanni Bellini e alcune osservazioni sulla pittura veneziana, Dürer scrive (il 7 febbraio 1507) quanto segue sui primi concreti passi in vista della realizzazione della *Madonna del Rosario*: "Vnd hewtt hab jch erst mein thafell an gefangen zw entwerffen" (Rupprich 1956, I, 44; "E solo oggi ho cominciato a progettare la mia tavola").

AJM

305

## 57
## Copia da Albrecht Dürer
*Pala del Rosario*, ca. 1600

olio su tela, 160 x 193 cm
Vienna, Kunsthistorisches Museum,
inv. 1900

PROVENIENZA: dal 1772 documentata
nelle collezioni imperiali di Vienna.
BIBLIOGRAFIA: Graz 1953, 34, nr. 50;
Vincent 1969/1971; Innsbruck 1969,
151, n. 564; Anzelewsky 1971, 198;
Anzelewsky 1991, 202; Wien 1994,
130-131, n. 39.

La *Pala del Rosario* (o *Festa del Rosario*) è il capolavoro pittorico del
Dürer non solo tra le opere eseguite
durante il secondo soggiorno veneziano. Nella mostra viene presentata
una copia del quadro di dimensioni
fedeli alla scala. Anche se solo nel-
l'originale di Praga può essere ammirato il tanto lodato colorismo, con
la copia si vuole evocare l'impressione di grandezza e la composizione
generale dell'originale. La prospettiva di ricevere una onorevole commissione consistente nell'esecuzione
di una pala d'altare per la Confraternita tedesca del Rosario, che era stata da poco fondata a Venezia, dev'essere stato uno dei motivi che hanno
promosso il secondo viaggio in Italia
del Dürer. Una pala d'altare accessibile al pubblico esposta nella centrale chiesa di San Bartolomeo gli
avrebbe offerto una eccezionale op
portunità per dimostrare la sua maestria nell'ambito della pittura. La sua
fama come grafico era oramai indi-
scussa e riconosciuta anche dagli artisti italiani. Dürer scrisse in una lettera, che dagli inizi del 1506 lavorava assiduamente all'"immagine della
Vergine". Con questa pala di soggetto mariano doveva non solo raggiungere ma addirittira superare l'alto livello offerto dalla pittura veneziana.

Anonimo, *Pala del Rosario*
(da Jacopo Sprenger, *Libro del Rosario*)
xilografia

Egli riuscì nella sua audace impresa stando alle lodi che la pala ricevette dagli artisti contemporanei, dal patriarca e dal doge. Nel 1550 il quadro resse al giudizio critico del Vasari mentre Sansovino descrive nel 1581 in San Bartolomeo "una pala di nostra donna, di mano di Alberto Duro, di bellezza singolare, per disegno, per diligenza e per colorito" (Sansovino 1581, fol. 48v). Rodolfo II acquistò il quadro perché era un'opera famosa e lo fece trasportare a Praga nel 1606 (Martin 1998). Danneggiato durante la guerra dei Trent'anni, è conservato oggi nella galleria nazionale di Praga più o meno nello stesso stato in cui si trovava dopo il restauro effettuato nel 1839-1841. Prima dei lavori il quadro si trovava in condizioni rovinose. Il pittore Jan Gruss rimosse la pittura barocca sovrapposta e ricostruì le parti andate perdute. Soprattutto la parte centrale con la Madonna e il Bambino, l'angelo e la testa del papa è stata in gran parte ridipinta (Hamsik 1992). Nonostante questi danni la *Festa del Rosario* rimane il più splendido tra i dipinti del Dürer e anche quello di maggiori dimensioni. In origine la sua posizione sull'altare della chiesa dev'essere stata ancora più spettacolare di quanto non lo sia l'odierna esposizione isolata nel museo. Sia il formato oblungo che il soggetto – dal contenuto teologico e con intenzioni patriotticopolitiche – erano stati stabiliti sin dall'inizio. Il programma iconografico, ossia la venerazione della Regina celeste da parte della comunità dei credenti, venne offerto dalla xilografia di Jakob Sprenger contenuta negli statuti della Confraternita del Rosario del 1476. Con maggiore realismo rispetto al prototipo Dürer ha tradotto nel quadro la complessità spirituale della preghiera del Rosario. Sottoforma di visione la pittura offre allo spettatore il tema della comunione simbolica tra Maria e coloro che la venerano. Per questo nuovo soggetto Dürer non aveva a disposizione un repertorio tradizionale, poiché non si trattava né di una sacra conversazione né di un'Adorazione dei Magi, sebbene alcuni motivi, come ad esempio la Madonna troneggiante o le persone inginocchiate, derivino da questi soggetti. Poiché la coronazione di Maria è l'ultimo mistero del Rosario, degli angeli tengono la corona celeste sopra la sua testa. Questa preziosa opera di oreficeria collega il tipo della corona imperiale con lavorazioni ad intreccio, un'allusione quindi al titolo della confraternità "De la Zoia Restata"; le stelle che la decorano evocano l'apocalisse.

Questo gruppo di figure divine nell'asse centrale sono fiancheggiate da membri della congregazione terrena. Il papa e l'imperatore in primo piano costituiscono i rappresentanti del potere spirituale e temporale. In atto di preghiera sono subordinati a Maria e allo stesso tempo messi di fronte l'uno all'altro. I loro abiti, che avvolgono completamente i corpi, sono dipinti con grande effetto e si accumulano quasi fino ai margini laterali del quadro dando vita ad una costruzione piramidale coronata dalla figura di Maria. Questa compagine compositiva alquanto densa, anche se vista da lontano, è mitigata dall'aggiunta di ulteriori gruppi. La densa composizione di figure, che quasi supera i margini imposti dal formato, viene arricchita dall'aggiunta di elementi naturali della creazione: un prato e gruppi di alberi tra i quali lo sguardo scorge in lontananza una città ai piedi di un massiccio montuoso.

La meticolosa esecuzione di tutti gli elementi della composizione conferisce all'insieme l'immediatezza della veduta ravvicinata. Dürer si era preparato con grande cura come dimostrano gli studi dal vero che si sono conservati: disegni a pennello su carta azzurrina (cat. 61). Per il piviale del papa ci è addirittura pervenuto uno studio ad acquarello (Strauss 1974, II, 944). Nell'esecuzione Dürer applicava vari strati semitrasparenti di colore. Nonostante la brillantezza dei toni avesse lo scopo di impressionare i veneziani evidenziando le qualità pittoriche del Dürer, essa è stata senza dubbio generata dal tema prefissato. Tramite la preghiera del Rosario viene evocata la comunicazione tra la Vergine e gli oranti, una "sacra azione" simboleggiata dallo scambio delle corone (Chastel 1981, 461). Questo avvenimento spirituale trascende le condizioni imposte dallo spazio reale. Per questa ragione il Dürer non ha posto le sue figure in maniera tridimensionale su uno sfondo architettonico tipico della sacra conversazione ma le ha proiettate aderenti alla superficie. Questa presenza visionaria viene sottolineata dal particolare colorismo, che con la sua soprannaturale forza luminosa ne determina l'impressione. Lucco ha ragione quando sostiene che i colori, che lui chiama freddi, danno l'impressione "quasi

di un ambiente da cui sia stata artificialmente tolta l'aria" (Lucco 1996, 1998, I, 41). Grazie a ciò viene resa possibile la rappresentazione di quella che lui aveva constatato essere la "chiarezza di visione".

La funzione mediatrice viene svolta dalle figure in piedi di San Domenico e del pittore stesso con un accompagnatore. Quest'ultimo potrebbe essere identificato come il fondatore e il primo gastaldo della Confraternita tedesca del Rosario di Venezia, ossia Leonhard Wild (Bushart 1993, 367; Strieder 1996, 124). Quale promotore della commissione del dipinto egli è posto allo stesso livello, a lato del pittore. Tutti gli altri credenti hanno caratteri talmente individuali da dover credere, a ragione, che si tratti di ritratti. L'imperatore ha i tipici tratti fisionomici di Massimiliano. Il suo progetto di farsi incoronare imperatore dal papa nello stesso anno a Roma è stato anticipato dal Dürer nel dipinto nel quale la Madonna gli pone la corona di rose sul capo. A causa del cattivo stato di conservazione non è più possibile affermare con certezza se il papa assomigli a Giulio II, il pontefice allora in carica. Nei due dignitari dietro al papa si suppongono i ritratti del patriarca Antonio Soriano e del cardinal Grimani. La figura posta nel loro mezzo con lo sguardo rivolto al di fuori del quadro, può essere identificata nella persona di Burkhard von Speyer, elemosiniere di San Bartolomeo (Saffrey 1990, 281). Il cavaliere tedesco dietro all'imperatore che indossa la catena all'Ordine del cigno potrebbe essere il duca Erich di Brunswick. L'uomo biondo con un costume di fattura veneziana e la sciarpa nera (becho) è stato oggetto di numerose identificazioni. Egli è stato collegato alla casa mercantile dei Fugger di Augusta, che appoggiavano finanziariamente la politica di Massimiliano, avevano una posizione privilegiata nel Fondaco dei Tedeschi, e che erano inoltre in stretto contatto con il Dürer. Fra tutti i membri della famiglia il più ovvio risulterebbe essere Georg Fugger, morto nel 1506, del quale esiste un ritratto giovanile eseguito da Giovanni Bellini (Tempestini 1992, 80, n. 24).

La descrizione del Sansovino che definisce la *Festa del Rosario* come una donazione di un "Christoforo Fuccari Tedesco", aiuta a rafforzare il presunto collegamento con i Fugger. Anche se questo Christoph non è riscontrabile negli archivi Fugger

egli è documentato a Venezia dove nella chiesa di San Bartolomeo troviano il suo monumento funerario decorato con dipinti nel 1554 (Garas 1972, 130). L'uomo all'estrema destra con la squadra di ferro dovrebbe rappresentare quel Hieronymus costruttore che fu coinvolto nella ricostruzione del Fondaco dei Tedeschi dopo l'incendio. La qualità del ritratto che distingue ogni figura deve aver notevolmente soddisfatto gli spettatori contemporanei. Dürer perseguiva il fine dell'autenticità sia nei volti che nei dettagli degli abiti, delle armature, della vegetazione e del paesaggio. Alla percepibile ricchezza visuale del dipinto si aggiunge la componente acustica impersonata dall'angelo musicante. Quest'ultimo è stato a ragione interpretato come l'omaggio del Dürer alla pittura veneziana e particolarmente alla *Pala di San Zaccaria* terminata nel 1505 da Giovanni Bellini.

Nella *Festa del Rosario* Dürer inserisce per la prima volta il proprio autoritratto in una composizione a soggetto sacro. Forse conosceva gli affreschi di Orvieto completati da Luca Signorelli nel 1504, nei quali era stata preparata in maniera esemplare la forma dell'autoritratto "in assistenza" (Chastel 1973, 42; Klauner 1979, 64). Il trattato sulla pittura dell'Alberti deve aver ulteriormente stimolato il Dürer ad inserire il suo ritratto personale. Il pittore riveste così una duplice funzione: da un lato è colui che richiama l'attenzione dello spettatore sull'accaduto mentre dall'altro serve a mantenere viva la sua personalità nella mente dei posteri. Dürer non attira quindi solo l'attenzione sulla composizione bensì anche su se stesso. Come se fosse un documento egli tiene il cartellino rivolto allo spettatore. L'iscrizione è sempre stata letta come segue: "Exegit quinque / mestri spatio Albertus / Durer Germanus / MDVI / AD". Così viene riprodotta anche dai pittori che nel Seicento hanno eseguito le due variazioni sul tema, conservate a Vienna (Wien 1994, n. 40) e a Lione (Vincent 1969). Nell'originale, alla parte mancante della riga superiore, è stata aggiunta provvisoriamente una "q" allungata. In questa sede si propone di voler completare la lacuna con la forma abbreviata di *opus* "ops" ripristinando così anche il contesto grammaticale che altrimenti verrebbe a mancare. Il numero doveva essere stato scritto come nel *Cristo fra i dottori* usando la parola "q[u]inque". L'iscrizione evoca in maniera competitiva precedenti classici e la prima parola la collega alla famosa ode di Orazio (*Odi*, III, 30). Tramite quest'opera viene tematizzato il paragone. Il poeta romano assegnava al suo lavoro una maggiore durevolezza di quanto non possedessero la scultura o l'architettura e addirittura le piramidi. L'intenzione del Dürer è quindi quella di creare un monumento personale immortalando se stesso nel dipinto basato su una composizione piramidale contenente anche il suo autoritratto. Per il Dürer il collegamento con l'antichità era estremamente importante sebbene si lamenti in una lettera del 7 febbraio del 1506, nella quale afferma che i suoi lavori non piacevano agli italiani per mancanza di "maniera all'antica". In questo contesto deve essere vista anche la concezione monumentale delle figure avvolte in voluminosi drappeggi. Anche l'illusione ottica era un *topos* dell'antichità come testimonia la mosca di grandezza naturale dipinta sul ginocchio di Maria e che viene ripetuta anche nella copia. E quando il Dürer in una lettera dell'8 settembre 1506 rappresenta la sua tavola usando una specie di personificazione (un geroglifico) egli lo abbrevia sottoforma di busto antico.

Pochi critici hanno accettato i cinque mesi come un arco di tempo adeguato per l'esecuzione e il completamento di questo dipinto ricco di dettagli. Diversi passaggi presi dalle lettere del Dürer sono stati interpretati con riguardo al dipinto e al suo completamento. Il 6 gennaio 1506 (giorno dell'Epifania) Dürer scrive al Pirckheimer che stava accuratamente preparando la mestica di fondo sulla tavola dei tedeschi (Rupprich 1956, I, 12). Poiché soffriva di un eczema sulle mani, poté cominciare con il disegno solo il 7 febbraio. Pur presumendo che la tavola non sia stata terminata esattamente alla scadenza prestabilita per Pentecoste, non ci sono motivi per dubitare di un completamento dei lavori da porre agli inizi di giugno o di luglio. Il 23 settembre Dürer risponde ad un complimento personale del Pirckheimer dicendo di aver completato non solo questa tavola ma anche un "ander quar". Poiché nella frase seguente si parla nuovamente di un complimento fatto alla rappresentazione mariana, cioè la *Festa del Rosario*, viene messo in dubbio che "quar" si riferisse al *Cristo fra i dottori* (Arnolds 1959; Anzelewsky 1971, 204). Sembra piuttosto che il

termine "quar" venga usato per definire la cornice per la *Festa del Rosario* (Lübbeke, 1999). È già stato giustamente proposto un disegno del Dürer per una cornice, simile a quella del quadro dell'*Adorazione della Santissima Trinità (Tutti i Santi)* del 1511 (Humfrey 1991, 29-31). Il Dürer potrebbe aver approfondito il contesto tematico del dipinto come viene testimoniato dalla cornice per il dipinto del Rosario di Colonia (1475) che era decorato con 55 rose. (Köln 1975, 130). Nell'arte del nord prese piede la tipologia del Rosario nella quale le corone di rose fungevano da cornice per la rappresentazione visionaria.

Le ponderate composizioni del Bellini devono aver stimolato l'inventiva immaginazione del Dürer a Venezia. La piccola pala d'altare con la *Sacra conversazione Vernon* (1505; Tempestini 1992, 258, n. 92) può avergli suggerito il confronto di profilo dell'imperatore e del papa. Composizioni triangolari facevano parte della tendenza allora attuale, delle quali la *Sacra Famiglia (Madonna Canigiani)* eseguita da Raffaello (Alte Pinakothek, Monaco) offre un primo esempio. Anche il Lotto variò nella prima metà del 1506 la composizione piramidale di grande formato nella sua *Pala di Asolo*.

La *Festa del Rosario* del Dürer, che fonde elementi di ispirazione veneziana con un repertorio di forme nordico, viene giustamente considerata come facente parte della pittura veneziana di pale d'altare (Humfrey 1991, 32; Humfrey 1993). La tranquilla e statica convivenza delle figure comincia ad animarsi. Già nella *Pala Montini*, eseguita nel 1506-1508 dal Cima, la Vergine e il Bambino si rivolgono con veemenza ai santi che si trovano ai lati (Humfrey 1983, 44, 137). Sarà Tiziano verso il 1520 a trasformare completamente il tema della sacra conversazione. Forse il motivo centrale del Dürer interpreta la *Pala di San Niccolò dei Frari* del Tiziano, che oggi si trova a Roma, nella quale la Madonna è rappresentata sospesa tra le nuvole con il Bambino in posizione obliqua e con la corona. E le figure dei committenti, disposte simmetricamente in ginocchio sulla pala d'altare per la famiglia Pesaro, citano probabilmente le voluminose figure inginocchiate del papa e dell'imperatore. Essendo però ritratti di committenti reali, le figure del Tiziano hanno bisogno dell'intercessione dei santi per entrare in contatto con Maria.

Nella vita del Tiziano il Vasari accenna all'azione esercitata dal Dürer. L'autore loda infatti il *Baccanale* del Bellini, dipinto nel 1514 per Alfonso d'Este, osservando che era ispirato alla tavola nella chiesa di San Bartolomeo (Vasari 1568, VII, 433). Quello che essi hanno in comune è effettivamente il colorito brillante degli abiti variopinti indossati dalle figure che costituiscono una densa composizione all'aperto, sebbene il tema belliniano delle divinità pagane coronate sia basato su una scena di Ovidio e contrasti nettamente con quello düreriano. Simile è anche il formato e il prezzo di 85 ducati (Vasari forse ne era al corrente).

La copia della *Festa del Rosario* qui esposta fu eseguita su tela mentre l'originale venne dipinto su legno di pioppo. Documentata a partire dal 1772 nelle collezioni imperiali di Vienna, la copia avrebbe potuto trovarsi nella Burgkappelle a Wiener Neustadt a partire dal tardo Seicento come suggerirebbe la descrizione di Franz Ferdinand Ertinger. Una copia molto simile ma più debole dicesi essere stata venduta nel 1839 in Inghilterra proveniente dalla collezione veneziana Grimaldi (Martin 1998, 182). Ambedue le copie presentano delle caratteristiche comuni che sono estranee all'attuale stato dopo il restauro. Gli iridiscenti toni di rosa del piviale del papa e dell'ecclesiastico dietro a lui sono stati ridotti nelle copie a pure tonalità di rosso. La forma della testa della Vergine in queste due copie, come si ritrova anche nelle copie più libere di Vienna (Wien 1994, n. 40) e Lione (Vincent 1969) nelle quali il papa e San Domenico sono stati sostituiti rispettivamente da Santa Caterina e dall'angelo dell'Annunciazione, è probabilmente più vicino all'originale del Dürer di quanto non lo siano le parti corrispondenti al restauro eseguito dal Gruss. Il drappeggio del mantello blu della Vergine, imprecisato nella copia viennese, non risulta essere in completa sintonia con i resti rimastici sull'originale (Hamsik 1992). Dal punto di vista iconografico risulta interessante la stella posta sul capo di San Domenico, riscontrabile anche nella copia inglese, ma che non si è conservata nell'originale. Solo nella copia viennese si trovano i ricciolini sulle tempie di Maria e l'aureola dietro le sue spalle. Rimane ancora da chiarire se il copista abbia apportato delle idee proprie o se queste siano andate perdute a causa dei danni subiti dall'o-

riginale. Per la ricostruzione della *Festa del Rosario* del Dürer la copia viennese può essere presa in considerazione solo in maniera parziale, (dovrebbe tra l'altro esserne chiarita la data). Per una datazione da porre direttamente dopo l'acquisto dell'originale da parte dell'imperatore Rodolfo II nel 1606 e prima del 1635 – anno in cui il dipinto venne danneggiato – non esistono indizi precisi.

IL

58
Albrecht Dürer (1471-1528)
*Il Bambino Gesù con la corona*, 1506

pennello e inchiostro nero lumeggiato a biacca su carta cerulea
274 x 384 mm
data 1506 e monogramma apocrifi
Parigi, Bibliothèque Nationale, inv.
Paris B 13 rés

LETTERATURA: Tietze & Tietze-Conrat 1937, II, 25, cat. 304; Lugt 1936,
6, cat. 9; Winkler 1936-1937, II, 94,
cat. 388; Heil 1969, 278; Nürnberg
1971, 112, cat. 195; Strauss 1974, II,
918, cat. 1506/11; Paris 1991, 61,
cat. 50.

Questo studio preliminare per il
Bambino Gesù della *Pala del Rosario* (cat. 57), dipinta a Venezia nel
1506, attesta l'impegno col quale
Dürer si era dedicato alla preparazione dell'opera dalla quale si aspettava giustamente i più ampi riconoscimenti. Dopo avere fissato il concetto generale della composizione su
fogli che non ci sono pervenuti, l'artista era passato a studiarne dal vero
i singoli motivi già con le dimensioni
che avrebbero assunto nel dipinto.
Qui la tecnica adottata era quella a
pennello su carta azzurra, con lumeggiature a biacca, prediletta a
quei tempi dai pittori veneziani. Di
tutto, l'un tempo assai vasto materiale preparatorio restano ora comunque ben ventuno studi originali e
una copia. Il disegno ora a Parigi di
un bambino nudo che alza un cerchio
su cui sono applicate delle rose è relativo al Gesù Bambino, che costituisce l'elemento centrale della pala
ed è stato studiato qui, secondo una
prassi ormai consolidata, indipendentemente dalla figura della Vergine. Tuttavia, poiché di solito ci si
concentrava esclusivamente sulle
parti che sarebbero risultate visibili
nella versione dipinta, stupisce che
Dürer abbia dedicato tanta cura a
descrivere il cuscino, su cui stava il
bambino che per lui ha posato da
modello, cuscino poi sostituito dalla
mano della madre, o che abbia disegnato qualche filo d'erba che sem-

Andrea del Verrocchio, *Putto*
San Francisco, M.H. de Young
Memorial Museum

brerebbe alludere a un prato. Rispetto all'esecuzione degli altri disegni a pennello per la *Pala del Rosario*
(cat. 57), quella dello studio del
Bambino doveva essersi rivelata assai complessa. Vi si scoprono infatti
numerosi pentimenti, soprattutto
per quanto riguarda la posizione
delle braccia, corretta più volte,
mentre le modifiche alle gambe sono
state eseguite in blu. Così il corpicino finisce per sembrare un *collage* di
particolari, il che non stupisce, se si
pensa alla difficoltà di far posare un
bimbo un po' irrequieto. Secondo
Tietze & Tietze Conrat (1937) e
Winkler (1936-1937), che avevano
giustamente fatto notare il modellato "eccessivo" della gamba sinistra,
Dürer poteva avere inserito nel suo
studio dal vero anche elementi desunti da prototipi italiani. Ed è anche stato segnalato che tutta la parte
inferiore del corpo del Bambino è
stata poi ripresa dall'artista nella *Madonna della pera* (Kunsthistorisches
Museum, Vienna; Anzelewsky 1991,
cat. 120), un dipinto datato 1512,
dove l'iperbolica torsione, quasi manieristica, del Bambino giacente è da
collegare a una scultura della cerchia
di Verrocchio, come avevano pure
già segnalato i Tietze (Tietze & Tietze-Conrat, 1937, II, 75, cat. 502). In
varie versioni, eseguite in tecniche
diverse, si è conservato il ricordo di
una figura di putto coricato in una
posa simile, copiata anche dai disegnatori, il che depone a favore di
una grande celebrità dell'originale.
La statuetta marmorea di putto del
San Francisco Museum of Art, sarebbe, secondo l'opinione di Heil
(1969), un originale di Verrocchio
giunto a Venezia grazie a Lorenzo di
Credi, incaricato di riordinare il lascito dello scultore suo maestro,
morto nel 1488 nella città lagunare
mentre stava lavorando al monumento a Bartolomeo Colleoni. E
quindi Dürer, durante il soggiorno
veneziano e più precisamente nel
1506, avrebbe avuto modo di studiare quel celebre capolavoro. Nel disegno a pennello che stiamo esaminando l'artista tedesco riproduce quasi
alla lettera le forme del putto marmoreo dall'addome alla punta dei
piedi (Heil 1969, 278), copiando
ogni piega degli arti inferiori inclusi
i rotolini di grasso. Tutta la parte superiore del corpo del Bambino, invece, con il motivo del serto tenuto
sollevato, è un'invenzione di Dürer.
Il Bambino del dipinto riprende
quello dello studio preliminare solo
nella metà superiore, mentre quella

inferiore appare completamente
modificata rispetto al disegno e non
ha nulla in comune con la scultura
del Verrocchio. Benché questa parte
della pala sia stata completamente
ridipinta da Jan Gruss, si può presumere che le integrazioni di quest'ultimo avessero rispettato l'originale,
documentato, d'altra parte, dalle copie eseguite nel XVII secolo, che ci
mostrano il Bambino coricato di traverso sulle ginocchia della Vergine,
con una linea di contorno piuttosto
fluida e le gambette molto ravvicinate. È evidente che Dürer aveva preferito estendere all'intera figura il
movimento adombrato nel disegno
solo per quanto riguardava il busto.
Lo stesso modo di procedere si riscontra anche nella *Madonna del lucherino*, dipinta nell'autunno del
1506 (Anzelewsky 1991, cat. 94), dove è stata di nuovo ripresa solo la
parte superiore del Bambino Gesù
del disegno preliminare a Brema
(Strauss 1974, II, 946, cat. 1506/31).
La scultura del Verrocchio, o una
sua copia, è stata utilizzata quindi
soltanto come punto di partenza in
vista dell'elaborazione del motivo,
ma la versione definitiva non ha più
molto in comune con il modello iniziale. Entrambi i disegni, malgrado
la loro funzione preparatoria, sono
stati evidentemente considerati da
Dürer come opere d'arte autonome
e finite.

IL

59
Albrecht Dürer (1471-1528)
*San Domenico*, 1506

pennello in grigio e bianco su carta veneziana cerulea, 416 x 288 mm
data (1506) e monogramma (AD) apocrifi
Vienna, Graphische Sammlung Albertina, inv. 3101, D70

LETTERATURA: Tietze and Tietze-Conrat 1937, II, 26, cat. 309; Winkler 1936-1937, II, 11, cat. 381; Panofsky 1943, II, 80, cat. 737; Wien 1971, cat. 52; Strauss 1974, 920, cat. 1506/12; Saffrey 1990.

Questo disegno a pennello su carta cerulea appartiene, come il foglio con il Gesù Bambino (cat. 58), alla serie di studi preparatori per la *Pala del Rosario*. La tonalità azzurra della carta qui si è conservata più intensamente che negli altri fogli. Il disegno prelude alla figura di San Domenico, che nel dipinto si trova sullo sfondo, a sinistra della Madonna e direttamente dietro al papa inginocchiato. Rispettando la sua posizione nel quadro, è stato studiato solo nelle parti visibili, mentre la metà inferiore non venne eseguita. L'interesse principale dell'artista è rivolto al drappeggio: alla maniera in cui il cappuccio si avviluppa attorno al collo o in cui il mantello dalla fine pieghettatura cade sulle spalle e sulle braccia del modello; inoltre il maestro si è posto il problema di come strutturare la superficie. Così la testa non è determinata dalla sua forma plastica, ma delineata dal contorno, per venire poi modellata graficamente tramite una rete di tratti a pennello a chiaro-scuro. Per la mano con la verga – trasformata poi nel dipinto in uno stelo di giglio – è rimasta visibile la linea arcuata che ne aveva predeterminato la posizione, entro la quale è stata poi inscritta la versione

Albrecht Dürer, *Studio di mani*
Vienna, Graphische Sammlung Albertina

definitiva, con un evidente pentimento nel pollice. Per la mano destra con la corona di rose non c'era invece abbastanza spazio nel foglio. Dürer ha disegnato di nuovo ambedue le mani, apparentemente prendendo a modello un'altra persona, in un foglio separato, nel quale il gesto dell'impugnare è rappresentato con effetto più energico e la mobilità delle dita viene messa in evidenza dai dorsi dinoccolati delle mani (Strauss 1974, II, 922, cat. 1506/13). Nel dipinto – per come si presenta oggi – comunque sembra non essere stato considerato quest'ultimo studio. Da ultimo Dürer mantenne le mani grossolane, perché si adattavano meglio al tipo fisico del San Domenico nel dipinto, il che corrisponderebbe al pensiero espresso più tardi dal pittore nella sua "Dottrina della comparazione" (*Komparationslehre*), dove afferma che "l'uomo è composto da molti elementi pur rimanendo un'unità; i particolari, cioè, devono andare d'accordo nella loro totalità" (Hammerschmied 1997, 216). Lo studio per la figura è stato riprodotto nel dipinto con dimensioni leggermente superiori ed è stato un po' modificato per l'inserimento nel contesto generale. Nella pala l'atto dell'incoronare con serti di rosa è sottolineato dal lieve piegamento in avanti della figura di San Domenico; i lembi del manto scuro sono ravvicinati sul petto e il volto spicca in maniera più accentuata dal cappuccio. Le fattezze realistiche del modello, dai tratti un po' contadineschi, vengono idealizzate nella rappresentazione del santo. La proposta del Saffreys (1990) di voler vedere nella figura di San Domenico il ritratto del domenicano Johannes Cuno, allora attivo a Venezia, non può essere dimostrata. Comunque è assai probabile che Dürer conoscesse questo ecclesiastico proveniente da Norimberga, che intratteneva inoltre uno scambio epistolare con il suo amico Willibald Pirckheimer. La sua personalità può essere stata in qualche maniera associata a quella di San Domenico nella definizione del programma iconografico del dipinto, ma il voler considerare il disegno a pennello un ritratto sarebbe in contraddizione con quanto si è prima osservato, cioè che questo disegno preparatorio è imperniato sullo studio del panneggio e non del volto. Messi a confronto con studi di pittori veneziani eseguiti con la stessa tecnica, saltano all'occhio le dimensioni di quelli düreriani. La rappresenta-

zione isolata delle mani inoltre non si trova, come di consueto, al margine di un foglio con un altro schizzo, come per esempio nello studio di un cavaliere in armatura (cat. 60) di Vittore Carpaccio, che replica i dettagli ingranditi direttamente vicino alle figure, bensì occupa un foglio a sé o per lo meno la metà di esso. Ognuno di questi disegni di Dürer ci appare un capolavoro. Poiché egli ha elevato a dignità artistica il disegno realizzato a pennello secondo la tecnica veneziana su carta cerulea, superando nella vivacità del tratto i suoi prototipi, si può immaginare che gli artisti veneziani abbiano reagito a queste sue innovazioni. Si è così ipotizzato che il tardo stile grafico, dal tratto sciolto, di Vittore Carpaccio dovesse qualcosa alla conoscenza dei fogli düreriani.

IL

1506

60
Vittore Carpaccio (ca. 1460/66-1526)
*Tre studi per un cavaliere in armatura*, ca. 1505

pennello e inchiostro grigio con lumeggiature bianche su tracce di gesso
nero, carta azzurrina; sul margine superiore aggiunta di una striscia di carta larga in media cm 3, 187 x 180 mm.
New York, Metropolitan Museum
of Art, Collezione Elisha Whittelsey,
The Elisha Whittelsey Fund, inv.
54.119

PROVENIENZA: acquistato nel 1954
presso Colnaghi, Londra.
LETTERATURA: Colnaghi 1954, cat.
12; Mongan 1956, 304; Lauts 1962,
273-274; Venezia 1963, 295, cat. 14;
Bean 1964, cat. 7; Pignatti 1972, 19-
20; Muraro 1977, 63-64; Bean 1982,
56-57, cat. 43.

Il foglio, pubblicato da Colnaghi a
Londra e da allora attribuito unanimemente al Carpaccio, mostra un
giovane modello in armatura, che
posa seduto su un panchetto nella
bottega del maestro, ma contiene
anche lo studio di un elmo nell'angolo superiore destro e quello di
un'articolazione dell'armatura nel-
l'angolo inferiore sinistro. Ambedue
i particolari sono leggermente ingranditi, il che permette una migliore resa dei dettagli. Il particolare del-
l'elmo corrisponde esattamente a un
ingrandimento della testa del ragazzo, mentre l'altro studio sembra
un'alternativa alla giuntura dell'armatura dello schizzo principale. I riflessi di luce, dati da lumeggiature
sull'armatura e sul viso, sono provocati da un'unica sorgente luminosa
proveniente da sinistra dietro alla figura, percepibile anche nelle ombre
dello sfondo altrimenti neutro. Questi studi sono stati eseguiti unicamente con la tecnica a pennello su
carta cerulea. Caratteristica del disegno veneziano dell'epoca sono la
maniera di rendere le superfici e il
passaggio tra zone in ombra e riflessi di luce, che conferiscono al foglio
un carattere vagamente giorgionesco
(Muraro). Pignatti lo data al 1510
per le analogie stilistiche con le due
*Teste muliebri* di Carpaccio di Donnington Priory (cfr. Muraro 1977,
35-36). La posa della figura con il
braccio destro sollevato, il dorso appena inarcato e lo sguardo abbassato fanno pensare a uno studio per un
San Giorgio e il drago. Benché il disegno non corrisponda in maniera
precisa ad alcuna delle figure del ciclo eseguito dal Carpaccio tra il 1502
e il 1508 per la Scuola dei Santi
Giorgio e Trifone, la giovane età del
modello e la forma dell'armatura
(divergenze si riscontrano soprattut-

to nel bracciale, nelle falde a scarsel-
le e nella mancanza dell'elmo nel dipinto) permettono di cogliere un
rapporto con questa celebre serie di
teleri. Si potrebbe quindi trattare di
uno studio non utilizzato dal maestro per il ciclo, il che comporterreb-
be una datazione alla metà del primo
decennio del Cinquecento (Lauts
1962; Zampetti in Venezia 1963;
Muraro 1977; Bean 1992).

SCM

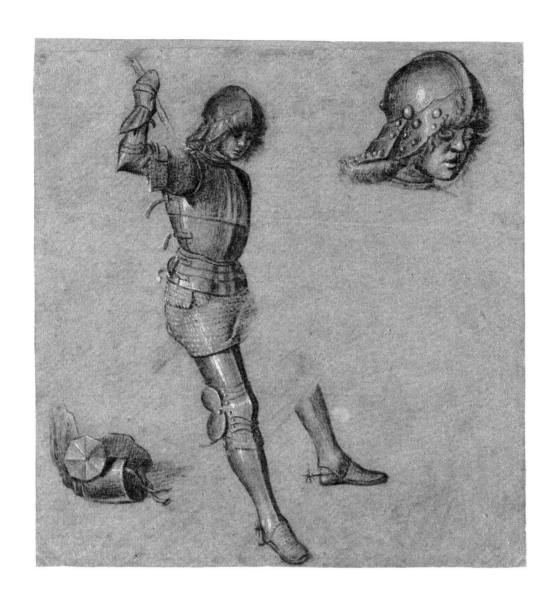

61
Albrecht Dürer (1471-1528)
*Mano con libro*, 1506

pennello e inchiostro grigio lumeggiato di bianco su carta veneziana cerulea, 190 x 251 mm
Vienna, Graphische Sammlung Albertina, inv. 3107 (D. 73)

LETTERATURA: Tietze & Tietze-Conrat 1937, II, 30, cat. 318; Winkler 1936-1937, II, 99, cat. 406; Panofsky 1943, II, 66, cat. 549; Wien 1971, cat. 59: Strauss 1974, 956, cat. 1506/36.

Fin dagli ultimi decenni del Quattrocento, a Venezia era invalsa l'abitudine di studiare i particolari di un dipinto disegnandoli a pennello, con lumeggiature bianche, su carta azzurra, in modo che quest'ultima venisse a costituire il mezzo tono indispensabile a lavorare contemporaneamente sul registro dei chiari e degli scuri. Questa tecnica, detta a chiaroscuro, consentiva di cogliere i motivi direttamente dal modello fissandone immediatamente gli effetti pittorici, il che permetteva di risparmiare tempo. Dürer la adottò a sua volta, durante il secondo soggiorno veneziano, per studiare dal vero alcuni particolari dei suoi quadri già nelle dimensioni che avrebbero assunto nella versione definitiva. Il disegno in esame costituisce lo studio di una mano che regge un libro dalla parte del dorso, tenendone aperte le pagine con le dita; queste ultime sono minuziosamente modellate con una fitta alternanza di tratti paralleli e di sottili lumeggiature. Il volume è descritto con precisione solo nella parte bassa, quella a contatto con la mano, mentre tutta la metà superiore, compresi i contorni, sfuma nel nulla. Se ne comprende la ragione osservando il dipinto che raffigura *Cristo tra i dottori* (cat. 53), dove in alto a sinistra, in mano al personaggio col cappello nero, assorto nella lettura, ritroviamo esattamente lo stesso libro, del quale risulta visibile soltanto la porzione studiata sul fo-

glio. Solo il rapporto tra l'indice e il medio è stato leggermente modificato nella versione dipinta. Il disegno, in origine, era stato eseguito sullo stesso foglio di grande formato – tagliato in due nell'Ottocento – che ospitava più sotto lo *Studio delle mani dell'imperatore* (Strauss 1974, II, 926, cat. 1506/15), un particolare della *Pala del Rosario* (cat. 57), per il quale potrebbe avere posato un modello diverso. Questa prova della contemporaneità della preparazione delle due opere ha indotto a ipotizzare che anche i due magnifici chiaroscuri relativi alle teste del *Gesù dodicenne* (Strauss 1974, II, 952, cat. 1506/34) e dell'*Angelo musicante* della *Pala del Rosario* si trovassero un tempo su un unico foglio. Ed è stata presa in considerazione anche la possibilità che la testa dell'angelo, con lo sguardo rivolto al cielo, adombrasse una soluzione alternativa per l'atteggiamento del *Gesù tra i dottori*. Oltre a quelli citati ci sono pervenuti altri due fogli relativi a quest'ultimo dipinto, entrambi conservati al Germanisches Nationalmuseum di Norimberga. Il primo prepara le mani del Cristo adolescente (Strauss 1974, II, 954, cat. 1506/35), mentre sul secondo – l'unico ancora integro – compaiono due coppie di mani, ciascuna con un libro (Strauss 1974, II, 958, cat. 1506/37). Il primo dei due motivi è stato assegnato, nel dipinto, al personaggio in primo piano a sinistra, mentre il secondo studio non trova corrispondenza nel quadro. Resta da chiedersi se Dürer avesse preparato con la stessa cura ogni singolo particolare del dipinto, ma è comunque importante sottolineare il fatto che – se si esclude un'opera lievemente più tarda come la pala *Heller* – i disegni preliminari più numerosi sono proprio quelli relativi ai dipinti da lui eseguiti a Venezia.

IL

Albrecht Dürer
*Studio delle mani dell'imperatore*
Vienna, Graphische Sammlung Albertina

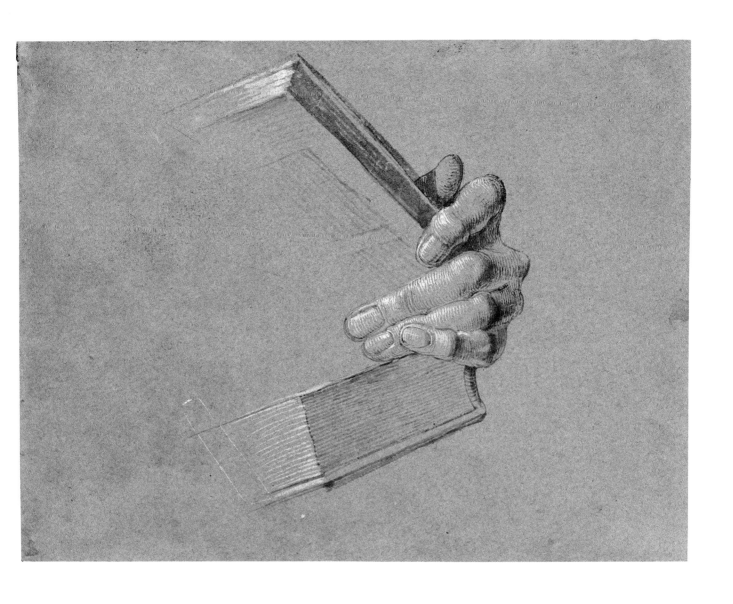

62
Albrecht Dürer (1471-1528)
*Apollo e Diana*, ca. 1503/1504

incisione a bulino, 245 x 160 mm
monogramma sul cartellino
Francoforte, Städelsches Kunstinstitut, inv. 31382

LETTERATURA: Panofsky 1920; Meder 1932, 91, cat. 64; Tietze & Tietze-Conrat 1937, I, 69, cat. 233; Panofsky 1948, I, 87; II, 25, cat. 175; Hollstein 1954-1998, VII, 57, cat. 64; Nürnberg 1971, 104, cat. 174; Strauss 1977, 116, cat. 38; Bach 1996, 68-77.

Dürer è riuscito a conferire alla sua coppia di Apollo e Diana un carattere monumentale, lasciando che i nudi all'antica occupino tutto lo spazio possibile entro il ridotto formato dell'incisione. Compositivamente l'azione del tendere l'arco si riflette nella posa arcuata della stessa figura stante di Apollo, che pare tirato fra i confini del foglio tanto verticalmente quanto orizzontalmente. L'arco e la freccia sono rappresentati parallelamente ai margini della stampa, che si sovrappongono ad essi. Diana, ai piedi di Apollo, riempie seduta lo spazio rimanente, mentre del cervo – attributo della dea – vediamo solo il capo in parte nascosto dalle gambe di Apollo. Con grande maestria Dürer è riuscito qui a ottenere, sfruttando tutti i segreti della tecnica incisoria, le più sottili sfumature rendendo efficacemente la diversa consistenza del corpo femminile inattivo e della muscolatura in tensione di quello maschile. Questa fine modellatura dell'epidermide si riscontra anche nell'incisione di *Adamo ed Eva* datata 1504 (M. 1), mentre il volto rotondeggiante di Diana è stato messo giustamente a confronto con quello del-

Albrecht Dürer, *Apollo e Diana*
Londra, The British Museum

la *Venere sul delfino*, disegno datato 1503 (Strauss 1974, II, 654, cat. 1503/1). Il capo del cervo invece si basa su uno studio dal vero, anche se esistono dubbi sulla sua datazione al 1504 (Strauss 1974, I, 350, cat. 1495/45). Thausing (1876, I, 317) ha per primo riconosciuto la dipendenza di quest'opera di Dürer dall'incisione di *Apollo e Diana* di Jacopo de' Barbari (cat. 63), modificata però nella struttura generale e nei dettagli. Se non addirittura già in precedenza, Dürer era entrato in contatto con l'artista veneziano durante il soggiorno di quest'ultimo a Norimberga avvenuto tra il 1500 e il 1503, quando era a servizio dell'imperatore Massimiliano. Nell'incisione del de' Barbari le figure sono rappresentate in una costellazione di sfere di cristallo, con una dimensione semantica chiaramente di carattere planetario, come ha dimostrato Bach (1966, 74-75). Dürer si interessò anche a questo aspetto, come dimostra il suo disegno di *Apollo e Diana* (Strauss 1974, II, 580, cat. 1501/7). Qui la figura in piedi del dio è più vicina al prototipo di Jacopo, ma costruita con l'aiuto di un metodo geometrico e cioè seguendo il cosiddetto secondo schema per figure maschili, sviluppato intorno al 1504 (Hammerschmied 1997, 67). Inoltre la posa di Apollo qui riprende motivi dell'*Apollo del Belvedere*. La composizione così compatta dell'incisione non lascia cogliere, almeno ad un'osservazione superficiale, le connotazioni astronomico-astrologiche. Anche se cripticamente, questo contesto rimane tuttavia presente e, come ha potuto dimostrare Bach, l'incisione rappresenta un ulteriore sviluppo del tema astronomico-astrologico già svolto dal maestro nel disegno oggi a Londra. Sotto questo aspetto, quindi, l'incisione può essere intesa come la rappresentazione del pianeta Mercurio. L'incisione di de' Barbari viene possibilmente parafrasata a tal punto che la sigla dell'artista italiano, il caduceo, è reinterpretata da Dürer come un'allusione a Mercurio. Secondo Bach, Dürer avrebbe eseguito sei delle sue incisioni giovanili di piccolo formato come una serie di rappresentazioni di pianeti dal simbolismo estremamente complicato. Di conseguenza la *Strega* (M. 68) rappresenterebbe Saturno; l'*Uomo col vessillo* (M. 92) Giove; il *San Giorgio* (M. 37) Marte; *Anna e Maria* (M. 43) Venere; *Apollo e Diana* (M. 64) Mercurio e i *Tre geni con l'elmo e lo scudo* (M. 99) il fron-

tespizio della serie. In un sofisticato riferimento a una tradizione erudita che assegnava una lettera a ogni pianeta, Dürer ha inscritto le figure nelle forme delle vocali minuscole corrispondenti, riproponendo così un gioco simile a quello dell'alfabeto figurato, già presente nel mondo gotico. A Mercurio è assegnata la lettera Y, la cui sagoma viene assunta dalla posizione dalle due divinità con i piedi sovrapposti. Il segno Y può essere inteso come allusivo del bivio fra la via della virtù e quella del vizio. La *Diana* seduta può essere inoltre interpretata come la costellazione della Vergine, la casa diurna di Mercurio. Come ha dimostrato esaustivamente Bach, Apollo è in stretta relazione con Mercurio. Dürer inoltre, rappresentando Apollo in profilo con un ampio gesto delle braccia, fa riferimento alla rappresentazione di Mercurio dei cosiddetti *Tarocchi* del Mantegna, incisioni ferraresi, delle quali il maestro tedesco aveva disegnato delle copie. A prescindere da questi collegamenti sul piano dei contenuti, all'incisione è stata a ragione avvicinata per motivi formali un'altra delle stesse dimensioni, la *Famiglia di satiri*, datata 1505 (M. 65). Significativamete Dürer parafrasa anche in questo foglio un'incisione di de' Barbari di poco anteriore. Le già molteplici stratificazioni di significati presenti in questo foglio si possono evidentemente estendere ancora di più tramite numerosi espliciti riferimenti ad altre incisioni. L'incisione di *Apollo e Diana* di Dürer mostra come l'artista avesse studiato il prototipo italiano, per giungere poi alla forma a lui consona, nella quale alla fin fine ogni elemento del modello veniva alterato radicalmente. Non più sfere trasparenti ma un terreno sassoso, non più un tirare, elegante e senza forza, dell'arco bensì un'azione robustamente atletica, non un nudo visto di schiena con i capelli svolazzanti ma un nudo femminile visto frontalmente con un fazzoletto in testa. L'attività del de' Barbari prese nuovo impulso dalla più matura tecnica incisoria di Dürer, il quale a sua volta venne a quanto pare stimolato a un alto rendimento teoretico e artistico dalla conoscenza di opere del veneziano, dove certe tematiche e questioni erano state appena formulate, ma non ancora razionalizzate o risolte.

IL

63
Jacopo de' Barbari (ca. 1460/70 *ante* 1516)
*Apollo e Diana*, 1502

incisione a bulino, 160 x 100 mm
siglata nell'angolo superiore sinistro
con il caduceo
New York, Metropolitan Museum
of Art, Rogers Fund, 1921

LETTERATURA: Panofsky 1920, 371-
373; Brauer 1931, 122, 187; Servolini 1944, 19; Hind 1938-1948, V, 153,
cat. 14; Pignatti 1973, 252; Levenson
1978, 233-236, cat. 27; Bach 1996,
74.

L'incisione mostra Apollo e Diana,
le due divinità fratello e sorella che le
tradizioni antiche e medievali carica-
vano di significati planetari. Mentre
il dio del sole, con i capelli al vento,
la faretra in spalla e circondato da
raggi di luce, tende l'arco incedendo
lungo la sua orbita celeste, la dea
della luna scompare dietro di lui con
il suo cervo e rimane in vista solo
metà del bel nudo, da tergo, troncato dalla grande sfera del cielo (cfr. da
ultimo Bach 1996).
Risulta problematica la datazione e
quindi anche la definizione del luogo d'origine di quest'incisione di Jacopo de' Barbari. Come già osservato da Thausing (1884, 317), si colgono chiari segni dell'influsso diretto
della stampa su un disegno di Dürer
(British Museum, Londra) e su una
sua incisione dello stesso soggetto
(cat. 62). Secondo la convincente ricostruzione di Panofsky, il disegno
di Dürer ora a Londra, concepito
per un'incisione mai realizzata e con
alcuni pentimenti, raffigurava in origine il sole (cioè il classico *Sol*), ma
venne poi trasformato in Apollo e
integrato con Diana, quando Dürer
venne a conoscenza della stampa di
Jacopo de' Barbari.
Dürer non fu comunque l'unico artista nordico a ispirarsi a quest'Apollo: se ne scoprono evidenti riflessi,
per esempio, nell'*Apollo e Diana* di
Lucas Cranach di Bruxelles del 1530
(Friedländer & Rosenberg 1978,
122, cat. 270), nella fontana con
Apollo di Hans Vischer a Norimberga del 1532 (Meller 1925, 208, fig.
135), e in una placchetta in bronzo
con *Orfeo ed Euridice* di Peter Vischer il Giovane del 1514 (Stafski
1962, 38, fig. 77) ora a Berlino. Non
sappiamo però dove e quando Jacopo de' Barbari avesse incontrato Dürer, destando in lui – come l'artista
tedesco avrebbe scritto nel 1523 –
l'interesse per la dottrina delle proporzioni. Fra il 1497 e il 1500 Jacopo
si trovava certamente a Venezia, occupato nella redazione artistica della
grandiosa veduta panoramica di Ve-

nezia a volo d'uccello commissionatagli da Anton Kolb, ma subito dopo
si spostò a Norimberga. Dunque, se
non è da escludere un precoce incontro a Venezia, durante il primo
soggiorno di Dürer in Italia, è certo
che la conoscenza fra i due si dovette approfondire durante la permanenza in Germania di Jacopo de'
Barbari, che fu al servizio dell'imperatore Massimiliano I fino al 1503.
Ad eccezione di Pignatti, che situa
tutte le incisioni di Jacopo de' Barbari nell'ultimo decennio del Quattrocento e data il foglio ora in esame
verso il 1498-1500 – cioè nella fase
veneziana dell'artista –, il resto degli
studiosi tende per motivi stilistici a
riferire l'incisione ai primi anni del
nuovo secolo. A nostro avviso, tuttavia, la datazione relativamente tarda
proposta da Brauer (1503-1504) e
Levenson (1503-1505) porrebbe il
prototipo troppo a ridosso dell'incisione derivatane da Dürer, che è databile agli stessi anni (cat. 62). Sug-
geriremmo quindi una collocazione
sul 1502.

SCM

64
Jacopo de' Barbari (ca. 1460/70 *ante* 1516)
*Vittoria e Fama*, 1490-1500

incisione a bulino, 182 x 123 mm
siglata nell'angolo inferiore destro
con il caduceo
Brema, Kunsthalle Kupferstichkabinett

LETTERATURA: Kristeller 1896, 26;
Haendcke 1898; Brauer 1931, 155;
Hind 1938-1948, V; Servolini 1944,
193, cat. 24; Pignatti 1973, 252 ss.;
Levenson 1978, 213-215, cat. 14; Bach 1996, 83-88.

Il foglio esibisce, davanti a un fondale architettonico che accompagna lo sguardo verso sinistra in lontananza, due figure femminili svestite che si fronteggiano. Quella di destra, vista di fronte e posizionata secondo le regole del contrapposto, reca una grande coppia di ali e ha un elmo sul capo; quella di sinistra, che si volge lievemente sul fianco, è pure resa secondo il contrapposto, ma di spalle. Reggendo dinnanzi a sé un drappo, tiene una foglia di palma ed ha intrecciato nei capelli un serto di alloro. Levenson fa notare a ragione che, malgrado il titolo tradizionale di *Vittoria e Fama*, mancano qui in realtà gli attributi inequivocabili della seconda. (Perciò lo studioso sospetta si tratti della raffigurazione di due Vittorie, di cui quella a destra personificherebbe la classica vittoria militare e l'altra il trionfo della fede cristiana. Meno convincente è invece, a nostro avviso, l'interpretazione di Bach delle due figure come trasposizioni tipologiche di Maria e Sant'Anna). A causa della tecnica ancora relativamente acerba, il foglio viene assegnato dalla quasi totalità degli studiosi alla prima attività di de' Barbari (cfr. Levenson 1978, 70-74), il che ci trova consenzienti.
Influssi nordici, avvertibili nel pregevole panneggio, spigolosamente spiegazzato, o nell'asse nodosa davanti al piccolo prato, vengono ricondotti alla conoscenza di incisioni di Schongauer e Dürer da parte di de' Barbari quando si trovava ancora a Venezia. Rifacendosi a quanto suggerito da Haendcke, Servolini e Hind avevano riconosciuto che Jacopo aveva rappresentato una delle fonti ispiratrici dell'incisione con le *Quattro streghe* di Dürer del 1497. Secondo Bach, la stampa qui esposta ha ispirato a Dürer sia la figura femminile del *Sogno del dottore* (ca. 1498), sia – in controparte – la *Madonna con il Bambino e Sant'Anna* (ca. 1500-1503). Pignatti (1973), che data tutte le incisioni di de' Barbari agli anni novanta del XV secolo, suppone un viaggio dell'artista a Norimberga all'inizio di quel decennio, dove il veneziano avrebbe preso contatto con l'arte di Schongauer.
La composizione della coppia di figure pressoché speculari ci sembra suggerire che la stampa possa essere stata incisa a Venezia. Rifacendosi a quanto pare alla descrizione data da Bartolomeo Fazio nel 1456 (cfr. Martin 1995c, 36; e cat. 198) di un perduto dipinto di Jan van Eyck con donne al bagno, dove uno specchio consentiva di ammirare i nudi anche da tergo, gli artisti veneziani cominciarono a produrre doppie immagini del medesimo corpo femminile, visto prima di fronte e poi di spalle. Si possono citare a esempio il cosiddetto *Il Sogno* di Marcantonio Raimondi (cat. 114), un'incisione dipendente da un perduto dipinto di Giorgione (ca. 1506-1508; cfr. Martin 1993, 62) e il *Bagno di ninfe* di Palma il Vecchio (1525-1528), dove la coppia di figure sulla destra sembra appunto una tarda eco di questa *Vittoria e Fama* di Jacopo de' Barbari.

SCM

Jacopo Palma il Vecchio, *Bagno di ninfe*. Vienna, Kunsthistorisches Museum

65
Lucas Cranach il Vecchio (1472-1553)
*Venere e Cupido*, 1506

xilografia a *camaïeu*; 284 x 193 mm
scritte: LC e isolo
Dresda, Kupferstich-Kabinett
Staatliche Kunstsammlungen
inv. A 1909-791

LETTERATURA: Flechsig 1900, 13;
Hollstein 1954-1996, VI, 81, cat. 105;
Dresden 1971, 114, cat. 129; Strauss
1973, 10, cat. 5; Schade 1974, 30, 34;
Basel 1974, II, 644-650, cat. 555;
Landau & Parshall 1994, 191-193.

In primo piano e riempiendo in altezza tutto lo spazio disponibile, Cranach presenta questa divinità pagana, raffigurata nella xilografia con il braccio teso, quasi a impedire a Cupido di scoccare la sua freccia. L'audacia di un tale nudo femminile è mitigata solo in parte dal prevalere della castità cui allude il soggetto. Le due figure non stanno sulla terra, ma come visioni posano i piedi su cumuli di nuvole che assumono l'aspetto di conchiglie e coralli, alludendo così alla nascita della dea dalle onde del mare. Ma qui lo sfondo di nubi che assumono strane forme, rinviando alla dimensione celeste del pianeta Venere, non sembra voler trasportare la divinità nella sfera soprannaturale, al di sopra del paesaggio, come avviene invece per la *Nemesi* incisa da Dürer. Questo intreccio di elementi terrestri e mitologici rispecchia piuttosto gli interessi culturali di un centro come Wittenberg, dove nel 1508 era stato allestito un apparato – descritto in versi dal poeta della corte elettorale, Georg Sibutus Darpinus – per celebrare il ritorno sulla terra, e a Wittenberg, della mi-

Conrad Meit, *Eva*
Gotha, Schlossmuseum

tica età dell'oro e degli dei dell'Olimpo. Così Cranach ha inserito la sua Venere in un contesto al tempo stesso mitico e reale, che comprende un paesaggio non troppo diverso da quelli delle sue celebri cacce. Dall'albero che si erge sul lato destro del foglio pendono i due stemmi dell'elettore e uno scudo con l'emblema dell'artista – il serpente alato (qui non ancora nella posizione orizzontale che Cranach adotterà più tardi) – le sue iniziali e la data 1506. Le ambizioni umanistiche avevano indotto Federico il Savio a convocare a Wittenberg – dove nel 1502 era stata fondata anche l'università – Jacopo de' Barbari, che aveva ricoperto la carica di pittore di corte dal 1503 al 1505. Di quanto aveva dipinto per abbellire le residenze del suo mecenate nordico non rimane più traccia alcuna, ma è presumibile che l'artista veneziano avesse perlomeno ideato numerose composizioni di soggetto mitologico, inserendovi i personaggi abbigliati all'antica e i nudi delicatamente modellati che conosciamo dalle sue incisioni. Le languide figure di Jacopo, dall'espressione assorta ed enigmatica, avrebbero lasciato un segno duraturo sulle preferenze artistiche della corte di Wittenberg. Al suo ideale di bellezza femminile, esemplificato dalle ignude *La Vittoria e la Fama* (cat. 64), con le loro testoline inclinate, le spalle spioventi e il contrapposto appena accennato, si è certamente ispirato Cranach per quest'immagine di Venere. Anche qui l'atteggiamento è flessuoso e il nudo viene presentato frontalmente nella sua interezza, senza alcuna sovrapposizione. Come nelle incisioni di de' Barbari, il panneggio non nasconde nulla, ma assume una mera funzione ornamentale. La linea di contorno della spalla sinistra, eccessivamente cadente, risulta modificata negli esemplari di secondo stato, dopo la correzione apportata alla matrice per ottenere una resa anatomica più convincente. L'ambizione di creare un'opera d'arte di alto livello, evidente in questa xilografia di Cranach, si manifesta anche nella tecnica adottata, che si avvale di due diverse matrici, inchiostrate rispettivamente in nero e in un altro colore (in questo caso una tonalità grigioverde), una per stampare il disegno vero e proprio e l'altra per ottenere le lumeggiature. Grazie al duplice procedimento, la xilografia riesce a imitare l'effetto dei disegni con rialzi di biacca su carta colorata, molto diffusi in area veneziana e forse conosciuti e apprezzati a Wittenberg tramite Jacopo de' Barbari.

La data 1506, chiaramente leggibile sullo scudo, ha suscitato non pochi interrogativi tra gli studiosi. Dalle lettere dell'umanista Konrad Peutinger sembra di capire che a inaugurare la tecnica a *camaïeu* fosse stato Hans Burgkmair con il *San Giorgio e il drago* databile al 1507. Per questo motivo, ma anche per la presenza del serpente alato, emblema dello stemma nobiliare del quale Cranach poté fregiarsi solo a partire dal gennaio 1508, Flechsig (1900) aveva ipotizzato che l'artista avesse intenzionalmente retrodatato la xilografia di Venere per ragioni di prestigio. Malgrado i tentativi di Helga Robels (1972) di smentire questa teoria, sta di fatto che la Venere della stampa con il *Giudizio di Paride*, datata 1508, corrisponde persino nella forma della spalla a quella della xilografia in esame. E il confronto con la *Venere* dell'Ermitage (Friedländert Rosenberg 1978, cat. 27), un dipinto eseguito nel 1509, fa effettivamente pensare a una contemporaneità di queste opere. Quella *Venere* dipinta da Cranach rientra nella tipologia del nudo a grandezza naturale in voga negli ambienti di corte, della quale l'artista poteva avere visto qualche esempio durante la sua missione diplomatica nei Paesi Bassi del 1508. La sua ignuda del 1509, con la scritta latina, in cui si avvertono molteplici allusioni alla cultura classica dell'umanesimo, ricorda infatti una scultura policroma, richiamata in vita come la statua di Pigmalione. Nella xilografia policroma in questione, invece, l'effetto è diverso. Il modellato tridimensionale delle figure di Venere e di Cupido pare piuttosto un tentativo di riprodurre un bronzetto o una piccola scultura lignea lavorata al tornio del genere di quelle prodotte da Conrad Meit, la cui presenza alla corte di Wittenberg è documentata dal 1505 al 1509 (si veda, per esempio, la statuetta di *Eva* dello Schlossmuseum di Gotha; Schuttwolf 1995, 90, cat. 27). Non si può quindi escludere che il pittore e lo scultore abbiano entrambi rielaborato con lo stesso spirito spunti figurativi derivati da Jacopo de' Barbari.

IL

66
Attribuito a Jacopo de' Barbari (ca. 1460/70-*ante* 1516)
*Ritratto di gentildonna*, ca. 1500

olio su tavola, 33,97 x 27,5 cm
scritta sul retro, parzialmente in oro:
VILLIF / DELITIIS ANIMUM / EXPLE /
POST MORTEM / NULLA / VOLUP / TAS
Filadelfia, The John G. Johnson
Collection of the Philadelphia Museum of Art, inv. jc 243

PROVENIENZA: John G. Johnson, acquistato nel 1909 presso Böhler, Monaco.
LETTERATURA: Salmi 1960, 42; Sweeny 1966, 39-40; Dülberg 1990, 58, 131, 153, 228; Manca 1992, 186-187.

Nel 1909, quando John G. Johnson acquistò questo ritratto, esso recava un'attribuzione a Ercole de' Roberti. Pur accettandola, Salmi (1960, 42) segnalò che i ritratti di tre quarti non erano affatto tipici della produzione di questo artista e suggerì di leggervi influssi di Antonello da Messina o di altri pittori attivi a Venezia. Nel corso degli anni alcuni studiosi si sono attenuti all'assegnazione a Roberti, mentre altri hanno pensato a un'opera di ambito veneto, avanzando nella maggior parte dei casi il nome di Jacometto Veneziano, con una datazione all'ottavo decennio del Quattrocento (Manca 1992, 186). Perocco (1964, comunicazione scritta negli archivi del museo) è stato l'unico a pensare a un artista tedesco o a Jacopo de' Barbari e, sulla scia di questa proposta, Manca (1992, 187) non si è sentito di escludere che l'autore del dipinto possa essere stato influenzato dal de' Barbari.
La superficie pittorica è abrasa, il che tende ad accentuare la debolezza del modellato. Nondimeno, la piattezza della resa e l'eccessiva semplificazione dei particolari, come la sciarpa drappeggiata attorno al collo e alle spalle dell'effigiata, mal si accordano con lo stile – decisamente più raffinato – di Ercole de' Roberti. I suoi modelli vengono di solito pre-

Albrecht Dürer
*Ritratto di Hieronymus Holzschuler*
Berlino, Gemäldegalerie

sentati con un certo grado di idealizzazione adulatoria, enfatizzandone deliberatamente la sontuosità delle vesti. Ma è altrettanto difficile scoprire un rapporto tra il dipinto e lo stile più minuto e delicato di Jacometto, un pittore che conosciamo quasi esclusivamente tramite gli elenchi, compilati da Marcantonio Michiel, delle pitture da lui viste nelle collezioni veneziane agli inizi del XVI secolo (Anonimo Morelliano 1888, 22, 94, 98, 100, 108, 112). E dalla notizia fornita da Michiel risulta chiaro che Jacometto dipingeva miniature e ritratti di piccole dimensioni. Tra tutte le opere menzionate, le sole collegabili con dipinti noti sono i ritratti di *Alvise Contarini* e della cosiddetta *Monaca di San Secondo* (The Metropolitan Museum of Art, New York; Pope-Hennessy 1987, 240-243). Questa coppia di miniature, preziose come gioielli, è resa con una raffinatezza squisita e una mirabile attenzione ai particolari: qualità del tutto assenti nel più prosaico dipinto di Filadelfia.
Viste le ovvie discrepanze con la produzione di de' Roberti e di Jacometto, è forse più prudente riesaminare l'ipotesi che questo *Ritratto di gentildonna* possa essere di Jacopo de' Barbari. La resa abbastanza lineare dei lineamenti del volto, e certi particolari, come la forma dell'orecchio, potrebbero in realtà far pensare a questo artista (si vedano, per esempio, Servolini 1944, figg. XXII e XXIII: due opere assegnate a Jacopo, con una datazione al 1503 circa, anche da Levenson 1978, 180-181, catt. 3 e 4). Un'attribuzione a Jacopo, pur con le dovute cautele, implica necessariamente una datazione più tarda, che risulterebbe coerente con la grafia del motto latino sul retro della tavola, che secondo Christine Sperling sarebbe successiva alla presunta data di esecuzione del dipinto (Manca 1992, 187).
La frase latina incisa sullo sfondo marmorizzato esprime il concetto che la vita è breve e che i suoi "fiori" vanno colti subito. Dülberg (1990, 58) ha collegato il ritratto con le *vanitas* nordiche, suggerendo che la scritta potesse essere il motto personale dell'ignota modella. Pur avendo la funzione di monito, la frase ha un significato più positivo di quello delle parole "COL. TEMPO", che si leggono sulla *Vecchia* di Giorgione (Gallerie dell'Accademia, Venezia) e alludono alla bellezza ormai sfiorita dell'effigiata. È possibile che le implicazioni allegoriche della scritta

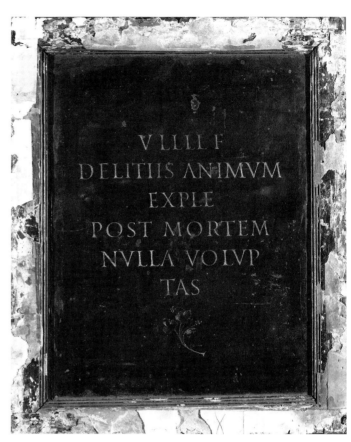

fossero ulteriormente chiarite sulla sovraccoperta del ritratto, in quanto le recenti indagini alle quali è stato sottoposto il dipinto di Filadelfia hanno rivelato che in origine esso era protetto da una custodia scorrevole simile a quella del *Ritratto del vescovo Bernardo de' Rossi* di Lorenzo Lotto (cat. 4), che si ritiene fosse ricoperto dall'*Allegoria della Virtù e del Vizio* (cat. 99). In Italia come nei paesi di lingua tedesca le sovraccoperte di questo tipo erano molto più comuni di quanto lasci pensare il numero degli esemplari pervenutici (Campbell 1990, 65-67). Uno dei pochi esempi giunti fino a noi ancora intatti è il *Ritratto di Hieronymus Holzschuher* di Albrecht Dürer (Gemäldegalerie, Berlino), che è però ricoperto da un'impresa araldica invece che da una scena allegorica (Dülberg 1990, 91, 190). È possibile che anche la protezione del ritratto di Filadelfia fosse decorata in questo modo più semplice.

BA & BLB

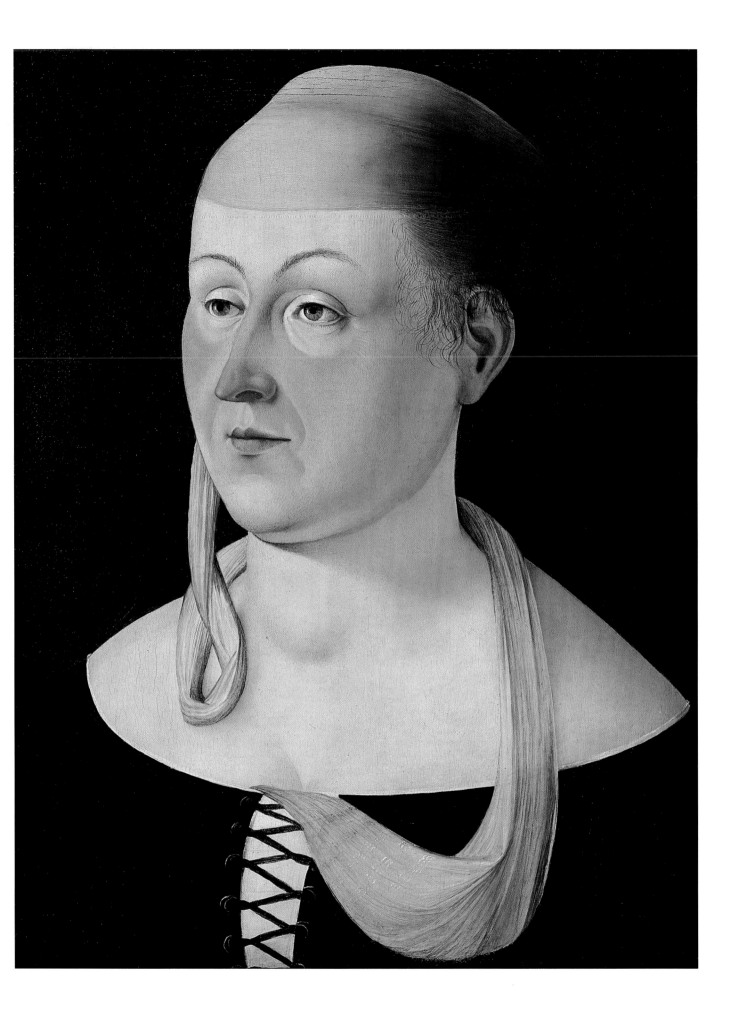

## 67

Anonimo pittore veneziano del primo Cinquecento
*Ritratto di donna*, 1505

olio su tavola di abete, 32 x 25 cm
Worcester, Worcester Museum of
Art, inv. 1922.I

PROVENIENZA: acquistato presso le
Bourgeois Galleries, New York,
1922.
LETTERATURA: Tietze 1933, 267, cat.
34; Heinemann 1962, I, 111; Pallucchini 1969, 79; Meyer zur Capellen
1972, 150; European Paintings Worcester 1974, 386-388; Lucco 1996-
1998, I, 47.

Questo busto di donna, che si staglia
su un fondo scuro, è ripreso con le
spalle parallele al piano del dipinto,
ma con la testa volta leggermente a
destra. Dalla capigliatura rosso Tiziano, con la discriminatura al centro e raccolta sulla nuca, sfugge
qualche ricciolo a incorniciare il viso; l'abito con la scollatura quadrata,
legato da nastri sulle spalle, lascia vedere le maniche bianche della camicia; il collo è ornato da due fili di
perline nere. Le vesti indossate dall'effigiata e l'acconciatura dei capelli
consentono di datare il dipinto al
1505 circa. Sappiamo infatti che nel
1504 il Senato veneziano aveva emanato nuovi decreti in materia suntuaria, che imponevano un tipo di
abbigliamento più decoroso, limitando la quantità di tessuto che si
poteva usare per le maniche e riducendo l'ampiezza delle scollature
(Newton 1988, 55-63). Anche lo stile delle pettinature venne improntato a una maggiore modestia, con una
crocchia di capelli, sul retro del capo, tenuta ferma da una retina trasparente o da una piccola cuffia. La
nuova moda si riflette in vari ritratti
femminili dipinti nel 1505-1507, ivi
compresi il *Ritratto di giovane donna*
di Dürer (Kunsthistorisches Museum, Vienna; cat. 68), la *Giovane
veneziana* di un pittore anonimo
(Nelson-Atkins Museum of Art,
Kansas City; Rowlands 1996, 134-

137) e due dipinti, ora perduti, che si
trovavano nel 1627 nella collezione
di Andrea Vendramin, dove erano
attribuiti a Giovanni Bellini. L'autografia belliniana di queste due ultime opere non è certa, ma gli schizzi
che ne erano stati tratti all'epoca recano la didascalia "di Gio. Bellini"
(Heinemann 1962, I, 80-81, catt.
305-306, II, 216). Sarebbero stati appunto questi "Bellini" perduti a fornire a Dürer la formula compositiva
del ritratto di Vienna (Washington
1991, 287-288). Le radiografie hanno rivelato che la foggia dell'abito
della *Donna* di Worcester era stata
modificata durante l'esecuzione della tavola, per renderla più simile a
quella dei costumi indossati dalla
modella di Dürer e dalle donne degli
schizzi dell'inventario Vendramin.
Una di queste è agghindata in modo
così simile al dipinto di Worcester,
che c'è da chiedersi se l'opera copiata nel 1627 non sia proprio la stessa
ora in esame, o perlomeno se non
siano basate entrambe su un unico
prototipo. È difficile capire il motivo
delle modifiche apportate in corso
d'opera, ma non si può escludere
che la decisione di cambiare la foggia dell'abito fosse legata alle nuove
leggi suntuarie o al desiderio dell'effigiata di apparire più "alla moda".
Il fatto che la ritrattata non sia poi
una grande bellezza ha indotto a credere che si potesse trattare di una tedesca e non di una veneziana (European Painting Worcester 1974, 387):
questo presunto aspetto "nordico"
ha fatto registrare negli archivi del
museo, tra i nomi dei possibili autori, anche quelli di Dürer e di Jacopo
de' Barbari. Ma Tietze (1933, 267,
cat. 34) aveva osservato che questo
non era che "un sintomo del pericoloso contagio delle attribuzioni troppo audaci". Anche se la massiccia
corporatura matronale dell'effigiata
è spesso ritenuta caratteristica delle
donne del nord, la tipologia del ritratto affonda le radici nella tradizione veneziana. Ma ciò non è di grande
aiuto nell'individuazione dell'autore
del dipinto, che è entrato al museo
con un'attribuzione a Lorenzo Lotto, suggerita dal modellato del naso e
della bocca, che ricorderebbe quello
dei ritratti lotteschi del *Vescovo Bernardo de' Rossi* (cat. 4) e della *Donna*
di Digione (Musée des Beaux-Arts;
Washington 1997, 81-83). Heinemann (1962, I, 111) aveva suggerito il
nome di Pietro degli Ingannati, respinto da Pallucchini (1983, 79), e
poi sono stati avanzati anche quelli di
Andrea Previtali (Meyer zur Capel-

len 1972, 180) e di Marco Basaiti
(Lucco 1996-1998, I, 47). Di questi
pittori ci sono pervenuti pochissimi
ritratti femminili da mettere a confronto con la tavola di Worcester, e ci
è sembrato quindi più prudente assegnarla a un anonimo veneziano del
primo Cinquecento. Altrettanto problematica è risultata l'identificazione
della modella. Il volto paffuto, con le
labbra sporgenti e il doppio mento,
ricorda da vicino i lineamenti di un
busto di profilo, del 1505, di *Caterina Cornaro*, assegnato – secondo l'attribuzione più recente – a Gian Cristoforo Romano (Detroit Institute of
Arts), ma ascritto in passato a Tullio
Lombardo. Vi si è potuto riconoscere un ritratto della regina di Cipro in
base alla somiglianza con l'effigie di
Caterina dipinta da Gentile Bellini,
in primo piano a sinistra, nel *Miracolo della croce* (Gallerie dell'Accademia, Venezia) e con quella del dipinto dello Szépművészeti Múzeum di
Budapest (cfr. il saggio di Rona Goffen in questo volume), che la ritrae di
tre quarti (Caroselli 1983; sono grata
ad Alan Darr per avermi consentito
di leggere la sua scheda sul busto, ancora inedita). Di nobile prosapia veneziana, Caterina andò sposa a quattordici anni, per motivi politici, al re
di Cipro Giacomo II di Lusignano, e
nel 1489, alla morte del marito, la Serenissima le assegnò come regno la
città e il castello di Asolo, nel Trevigiano, dove ella radunò intorno a sé
una corte di artisti e letterati. Nel
1505 la regina aveva cinquantuno anni, ma le donne che hanno posato
per il busto e per il dipinto di Worcester non dimostrano quest'età, il
che ha indotto Luchs (1995, 12) ad
avanzare dubbi sull'identificazione
del busto con Caterina Cornaro. Ma
è anche possibile che le sue fattezze
siano state idealizzate per farla apparire più giovane, così come Pietro
Bembo ne aveva idealizzato la famosa corte negli *Asolani*.
Ad ogni modo, i numerosi dipinti,
eseguiti intorno al 1505, che presentano personaggi femminili atteggiati
e abbigliati nello stesso modo suggeriscono l'esistenza di un prototipo
comune talmente alla moda da essere invidiato dalle donne del tempo.
E chi meglio della regina di Cipro
poteva suggerire alle veneziane il
modo migliore di essere ritratte?
Questa tipologia, comunque, non rimase in voga a lungo (Caterina morì
nel 1510), anche se durò abbastanza
da essere adottata da molti pittori,
compresi Dürer e l'autore del dipinto di Worcester.                    BLB

Gian Cristoforo Romano
*Busto femminile*
Detroit, Detroit Institute of Art

68
Albrecht Dürer (1471-1528)
*Ritratto di giovane donna veneziana*, 1505

olio su tavola di abete, 32 x 25 cm
firmato con il monogramma (a lettere inscritte) e datato 1505
Vienna, Kunsthistorisches Museum, inv. 6440

PROVENIENZA: collezione Schwartz, Danzica (alla fine del XVIII secolo); collezione Wankowicz, Lituania; entrato al museo per acquisto nel 1923.
LETTERATURA: Glück 1924; Levey 1961; Ottino della Chiesa 1968, 103, cat. 102; Anzelewsky 1971, 187, cat. 92; Strieder 1981, 116; Newton 1988, 59, Anzelewsky 1991, 190-191, cat. 92; Wien 1994, 64, cat. 2.

Questo attraente ritratto femminile, datato 1505, va riferito al secondo soggiorno veneziano dell'artista e ne rivela la reazione alla ritrattistica veneziana, anche per quanto riguarda l'abbigliamento e l'acconciatura dei capelli, con le tipiche ciocche di riccioli che incorniciano la fronte, e corrispondono alla moda di quel tempo nella città lagunare.

Il pittore riprende la giovane da vicino e ne descrive i tratti fisionomici con grande sensibilità e capacità di indagine psicologica. L'ovale disegnato dalla collana sulla pelle liscia dello scollo crea un elegante raccordo fra testa e busto. L'abito prezioso, di un rosso ora molto impallidito, è ornato sulle spalle da due fiocchi: uno di color bruno molto scuro e l'altro talmente scolorito da lasciar trasparire la preparazione di base. Questo nastro, in origine, per meglio risaltare sullo sfondo nero, era stato dipinto in rosso, un colore che l'azione della luce ha fatto sbiadire anche in altre parti del dipinto. Questo spiega quell'effetto di non-finito, ravvisato in precedenza da più di uno studioso, che aveva fatto nascere la leggenda di una relazione amorosa, bruscamente interrotta, del pittore con la modella.

*Ritratto muliebre*
da Giovanni Bellini
Londra, The British Museum

In confronto con altri ritratti eseguiti da Dürer a Norimberga, come ad esempio quelli dei *Coniugi Tücher* del 1499, qui l'inquadratura spaziale risulta molto più compressa e la gamma cromatica più ristretta. Il fondo è nero, senza stoffe o paesaggio, il che evidenzia maggiormente la plasticità del volto dell'effigiata. La gamma cromatica appare ridotta alle varianti di incarnato, rosso e giallo, che in origine erano certo più intense. I lineamenti del volto non sono individuati con minuziosa precisione e accentuati plasticamente, ma tendono a sfumare nella luce soffusa che proviene da sinistra. La resa pressoché grafica della capigliatura bionda, modellata con tre diverse tonalità, dal quasi bianco al quasi bruno, si può paragonare agli effetti ottenuti negli studi a pennello su carta azzurra. I due riccioli che scendono dalle tempie risaltano magicamente l'uno sullo sfondo scuro e l'altro sul rosa tenue dell'incarnato. Sebbene non ci siano pervenuti ritratti femminili di Giovanni Bellini da confrontare direttamente con il nostro, è evidente che Dürer aveva subito il fascino della produzione del collega più anziano, che mirava a creare effigi al tempo stesso obiettive e piene di dignità, riducendo gli elementi accessori e costringendo i volti entro uno spazio ridotto al minimo indispensabile. Di grande interesse, sotto questo profilo, sono i piccoli disegni a penna con figure femminili attribuiti a Bellini, inseriti tra le illustrazioni del catalogo della collezione di Gabriele Vendramin, redatto nel 1627. Dal momento che, come ha spiegato Levey (1961), queste piccole copie, accompagnate da scritte attributive, hanno consentito di identificare alcuni dipinti, è presumibile che esse ci forniscano un'immagine alquanto precisa delle opere riprodotte. Il disegno a c. 16, in particolare, che mostra il ritratto di una giovane donna con la scritta DI GIO.BELLINO, sembra quasi una riproduzione di quello di Dürer. Questa deliberata adozione, da parte dell'artista tedesco, di moduli della ritrattistica veneziana era certamente dovuta non solo a motivi di carattere estetico, ma anche alla necessità di soddisfare i clienti più esigenti, visto che dipingere ritratti costituiva una fonte di guadagno da non sottovalutare. Tuttavia, com'era nella sua indole, Dürer si è guardato bene dal riprodurre lo stile di Bellini, ma ha creato un'opera assolutamente originale caratterizzata dalla sua consueta intensità espressiva. Il ritratto è reso

palpitante dalla lieve inclinazione del capo, dalle labbra non perfettamente regolari e da quei riccioli un poco ribelli. Circolava un aneddoto secondo il quale Bellini, stupito dalla finezza con la quale il collega tedesco aveva dipinto i capelli, lo avrebbe implorato di cedergli uno dei suoi pennelli e se ne sarebbe visto presentare uno assolutamente normale.

Il maestro tedesco, per parte sua, grazie alla tecnica pittorica incisiva, da vero grafico, che i veneziani consideravano una prerogativa della pittura nordica, non mancò di arricchire di nuovi elementi la ritrattistica lagunare, che venne influenzata anche dalla spontaneità con la quale Dürer riusciva a cogliere le caratteristiche individuali degli effigiati. Qualcosa del genere si avverte già nei primi ritratti di Lorenzo Lotto, come quello del vescovo di Treviso *Bernardo de' Rossi* (cat. 4) del 1505 o quello femminile di Digione leggermente più tardo (Washington 1997, 81-83, catt. 2, 4). Sebbene Dürer avesse scritto a Pirckheimer che il vecchio Bellini era ancora il miglior pittore veneziano, non è affatto escluso che si fosse lasciato influenzare da quegli artisti più giovani che guardava con occhio critico. E a fornirgli nuovi impulsi doveva essere stato in particolare il contatto con Giorgione, autore della misteriosa *Laura* (Kunsthistorisches Museum, Vienna), che è datata sul retro 1 giugno 1506. I ritratti eseguiti dopo aver portato a termine la *Pala del Rosario*, e in particolare il *Gentiluomo* di Palazzo Rosso a Genova (Anzelewsky 1991, 204, cat. 96) e la *Donna* della Staatliche Kunstsammlung di Berlino (Anzelewsky 1991, 203-204, cat. 95) – entrambi riferibili al 1506 – sono caratterizzati da un più intenso gioco d'ombra, che ne altera l'atmosfera generale, rendendola vagamente giorgionesca.

IL

Hans Holbein il Vecchio
*Santa Tecla (Basilica di San Paolo fuori le Mura)*
Augusta, Staatsgalerie

Hans Holbein il Vecchio
*Fonte di vita*
Lisbona, Museu nacional de Arte Antiga

Nei primi decenni del XVI secolo Venezia e le città della Valpadana orientale intrattenevano stretti rapporti commerciali con i grandi centri della Germania meridionale, comunemente definita *Oberdeutschland*. Ma i contatti tra le due regioni non si limitavano agli scambi economici. Giovani intellettuali, come Willibald Pirckheimer, attraversavano le Alpi per recarsi a studiare nelle università di Padova e Bologna e lo stesso Albrecht Dürer, in occasione di due successivi soggiorni veneziani, aveva riportato impressioni essenziali per il futuro sviluppo della sua arte. Il maestro norimberghese, tuttavia, non fu l'unica personalità di quella regione a ispirarsi alle opere d'arte rinascimentali della città lagunare. Una folta schiera di altri artisti, spesso legati in un modo o nell'altro alla città di Augusta, si rivelò assai sensibile ai vari aspetti della pittura, della scultura e dell'architettura "all'antica", o di stile *Welsch*, come si diceva allora. E i grandi pittori veneti recepirono a loro volta alcune peculiarità dell'arte dei colleghi tedeschi. In questa sezione esamineremo i complessi rapporti intercorsi tra la pittura dell'*Oberdeutschland* – e in particolare di Augusta – e quella del Veneto nei primi movimentati cinquant'anni del XVI secolo.

In questa stessa sede Bruno Bushart fa osservare che i primi contatti artistici davvero inequivoci tra Augusta e Venezia ebbero luogo nel 1506, quando due grandi personaggi della città tedesca, i fratelli Fugger, decisero di far erigere la cappella di famiglia nella chiesa di Sant'Anna. Non sappiamo con certezza chi avesse progettato la Fuggerkapelle, ma è chiaro che sia la forma architettonica sia l'ornamentazione del nuovo complesso risultarono strettamente legate a prototipi veneziani situabili nell'ambito di Mauro Codussi e della famiglia dei Lombardo. Il classicismo aggraziato e decorativo, che distingue il linguaggio architettonico del Veneto e della Lombardia dall'idioma improntato a concetti più razionali della rinascita centroitaliana, suscitava evidentemente un grande interesse presso gli artisti augustani e i loro ricchi clienti della libera città imperiale, allora al culmine della prosperità e della fioritura culturale. Lo dimostrano non soltanto le grandi imprese architettoniche, ma anche una serie di sculture, placchette, dipinti, disegni e incisioni di artisti operanti sia ad Augusta sia in altri centri della Germania meridionale. Questo vasto *corpus* di opere d'arte, così eterogeneo sotto il profilo della tecnica, dello stile e della provenienza, fornisce un'interessante testimonianza del processo di internazionalizzazione del Rinascimento italiano: un fenomeno che andò prendendo piede a tappe, a seconda delle inclinazioni e delle disponibilità economiche e intellettuali degli artisti e dei loro committenti[1].

I primi artisti tedeschi a improntare a esempi veneto-lombardi i loro fondali architettonici furono i grafici. A parte Dürer, scopriamo articolazioni lombardesche, con pilastri e fregi dalla ricca ornamentazione a grottesche e a motivi floreali, in tre silografie a *camaïeu* eseguite da Hans Burgkmair nel 1508-1510, dove figurano anche edifici che ci rimandano a monumenti veneziani, come alcuni dei palazzi sul Canal Grande o la stessa basilica di San Marco. La stampa datata 1508 ci presenta l'imperatore Massimiliano I a cavallo e magnificamente armato come un perfetto cavaliere medievale, ma la splendida immagine è incorniciata sullo sfondo da un arco rinascimentale, il che può apparire vagamente paradossale all'osservatore odierno[2]. Si tratta evidentemente di un arco di trionfo: un motivo classico che veniva a inserirsi nel lessico cavalleresco tedesco per conferire maggiore autorità all'immagine del sovrano asburgico. Più difficile da spiegare risulta invece il carattere spiccatamente veneziano della silografia di Burgkmair del 1510 con *La Morte e gli amanti* (cat. 72). Ignoriamo il significato di questo violento "trionfo della morte", che si contrappone così stranamente alla quiete della città rinascimentale sullo sfondo. Ad ogni modo, in quest'opera ambiziosa e di grande virtuosismo tecnico e artistico Burgkmair si misura con i modelli classici della rinascenza norditaliana, dimostrando così che il *Welscher Stil* era divenuto per certi versi, nella città tedesca, uno dei criteri dell'eccellenza artistica.

È tutt'altro che facile determinare i motivi per i quali lo stile "all'antica" aveva finito per assumere questa statura normativa. Quel che è certo è che la maniera classica era vista come un mezzo idoneo a esprimere le ambizioni di vari ceti sociali desiderosi di acquisire maggiore prestigio e un rango più elevato: la ricca borghesia, gli aristocratici e la famiglia regnante. Sarebbe riduttivo identificare – come si è fatto in passato – lo stile rinascimentale con la "rivoluzione borghese" delle città tedesche; si è visto infatti che, a seconda delle circostanze, il classicismo poteva esprimere altrettanto bene le aspirazioni ideologiche della stessa corte imperiale[3]. Aspira-

[1] Su questo processo di assimilazione si vedano le osservazioni di carattere generale di Burke 1999.
[2] Augsburg 1973, cat. 22A, fig. 26.
[3] Si vedano le considerazioni di Kaufmann 1995, 95-115.

Tullio Lombardo
*Monumento*
*funebre di Andrea Vendramin*
Venezia, Chiesa dei Santi Giovanni
e Paolo

Andrea Riccio
*Tabernacolo della Croce*
Venezia, Ca' d'Oro

zioni, è il caso dirlo, che venivano formulate in primo luogo dagli umanisti. Uomini come Conrad Celtis, Johannes Cuspinian e Willibald Pirckheimer erano in stretto contatto con gli artisti del tempo, e le opere di Albrecht Dürer, Lucas Cranach, Hans Burgkmair e di altri ancora rivelano chiare tracce di questi rapporti. È ovvio che non tutti i motivi classicheggianti dell'arte tedesca del primo Cinquecento riflettono una piena comprensione dei valori intrinseci dei modelli italiani: non tutti gli artisti né i loro committenti ambivano a essere *docti* in senso umanistico. Ci si imbatte spesso in parafrasi abbastanza "ibride" del linguaggio classico rinascimentale, che tuttavia non vanno giudicate aprioristicamente in senso negativo; in molti casi queste interpretazioni eclettiche sfociavano in espressioni artistiche innovative e vitali.

Per tornare alla componente architettonico-decorativa di intonazione classicheggiante, va segnalato che nel secondo decennio del Cinquecento le forme rinascimentali diventarono un elemento fisso non soltanto della grafica, ma anche della pittura di Augusta e di altri centri della Germania meridionale. Nella produzione di alcuni pittori si verificò, in quegli anni, una svolta davvero spettacolare. Hans Holbein il Vecchio, per esempio, fino alla metà del secondo decennio del XVI secolo si era espresso in uno stile tardo-gotico privo di qualsiasi richiamo rinascimentale (si veda la *Basilica di San Paolo fuori le Mura* di Augusta, del 1504 circa). Ma a partire dal 1516 cominciò ad apparire nelle sue pitture qualche architettura classicheggiante, indizio di una nuova tendenza giunta al culmine nella grande tavola con la *Fontana della vita* del 1519 (Museu Nacional de Arte Antiga, Lisbona)[4]. Il grande arco trionfale che costituisce l'elemento dominante della composizione è desunto dal monumento funebre del doge Andrea Vendramin ai Santi Giovanni e Paolo di Venezia, un'opera eseguita da Tullio Lombardo intorno al 1493. Come spiega Bruno Bushart nel suo saggio, il monumento Vendramin godeva di grande popolarità; se ne ritrovano motivi, per esempio, in un disegno di Albrecht Dürer (1509), poi copiato da Jörg Breu il Vecchio, in un foglio di Hans Holbein il Giovane (circa 1519), in una placchetta di Hans Daucher nota in più versioni (1518) e in altre opere ancora[5]. Nessuna di queste derivazioni costituisce però una copia esatta del prototipo veneziano, in quanto gli artisti tedeschi preferivano abbellirne la struttura architettonica con varie decorazioni "all'antica", cimentandosi anche con la resa prospettica del modello. Per ottenere questi effetti ci sembra probabile che si ispirassero non soltanto a copie su carta del monumento Vendramin, ma anche a bassorilievi in bronzo di origine padovana, come gli sportelli di tabernacolo di Andrea Riccio, pervenuti alla Ca' d'Oro dalla chiesa veneziana dei Servi[6]. Un nutrito gruppo di disegni e dipinti di Holbein il Giovane sta a dimostrare che anche questo artista era particolarmente affascinato dalle potenzialità espressive del linguaggio architettonico classicheggiante padano[7].

Altri motivi architettonici e compositivi derivanti dal rinascimento norditaliano stanno alla base di una serie di dipinti tedeschi di figura, in molti casi vere e proprie pitture di storia in senso umanistico, che riflettono i criteri classicheggianti in voga sul versante meridionale delle Alpi. Nel *Riposo durante la fuga in Egitto* del 1510 (Gemäldegalerie, Berlino), Albrecht Altdorfer si era limitato ad assorbire un unico elemento padano, quello della spettacolare fontana, indubbiamente derivata da un bronzo di Andrea Riccio[8], ma la straordinaria *Superbia di Baldassarre* (cat. 75) su tavola, oggi a Schwerin, di un anonimo pittore tedesco è invece interamente basata su certe tipologie della pittura narrativa veneziana, alla maniera di Giovanni Mansueti (cat. 70). Un altro dipinto monumentale di autore anonimo, forse raffigurante un *Giudizio di Traiano* (Metropolitan Museum, New York), sembra piuttosto orientato verso modelli di scuola padovana, come gli affreschi della Scuola del Carmine, recentemente attribuiti a Gian Antonio Corona[9]. Un altro esempio strepitoso ci viene offerto dalla grande tavola con la *Madonna col Bambino* di Hans Burgkmair (Germanisches Nationalmuseum, Norimberga) del 1509, un capolavoro in cui la critica è unanime nel riconoscere fortissimi influssi italiani, sia nei particolari sia nell'impianto compositivo in generale, tanto da avanzare i nomi di Michelangelo (la *Madonna di Bruges*), di Cima da Conegliano e soprattutto di Carlo Crivelli[10]. È inoltre opportuno aggiungere che la composizione asimmetrica sembra riflettere quella di certi quadri votivi veneti, come per esempio la *Madonna con il doge Giovanni Mocenigo e due santi*, attribuita a Giovanni e Gentile Bellini (National Gallery, Londra)[11]. Fra gli artisti augustani, Burgkmair è quello che risulta più profondamente influenzato dal linguaggio figurativo rina-

[4] Bushart 1987, 100, 130-132.
[5] Si ispira al monumento Vendramin, per esempio, lo studio per un epitaffio del Nationalmuseum di Stoccolma, un disegno a penna particolarmente elaborato di Jörg Breu il Vecchio; cfr. Büchner 1928, 367, fig. 270; e Morrall 1998 e cat. 74. Per altre derivazioni dal motivo cfr. Smith 1994, 282, fig. 245, 341, fig. 302. Il saggio appena citato è prezioso anche per l'ampio materiale illustrativo, che documenta la diffusione dei motivi classicheggianti nella scultura tedesca del Cinquecento.
[6] Planiscig 1927, 231, fig. 262; Cessi 1965, 56-57, tavv. 4, 5.
[7] Bätschmann & Griener 1997, 126-134; si veda anche Müller 1988, 91-94, cat. 24, 104-108, cat. 28, 113-116, catt. 30-31.
[8] Krichbaum 1978, tavv. 4, 5. Cfr. anche Smith 1994, 226-227. Sulle frequenti derivazioni da bronzetti e da altri piccoli oggetti d'arte italiani nell'arte rinascimentale tedesca si vedano anche le osservazioni di Halm 1962, 89, 91-92.
[9] Wehler Salinger 1947, 225-227; per Corona v. Hope 1997, 89, fig. 7.
[10] Per una rassegna aggiornata si vedano Jakupski 1984, 67-70; Löcher 1997, 119.
[11] Humfrey 1993, 83, fig. 73.

333

Albrecht Altdorfer
*Riposo durante la fuga in Egitto*
Berlino, Gemäldegalerie

Anonimo tedesco
*Giudizio di Traiano (?)*
New York, Metropolitan Museum
of Art

[12] Goldberg 1983 fornisce un'ottima introduzione all'intero ciclo di Guglielmo IV. Altre opere dello stesso gruppo, eseguite da Barthel Beham, Jörg Breu il Vecchio, Ludwig Refinger e Hans Schöpfer, risultano altrettanto influenzate da prototipi veneziani, tanto da farci sospettare che si intendesse proprio articolare la serie sull'esempio dei grandi cicli storici e narrativi veneziani, da quelli delle Scuole ai teleri di Palazzo Ducale. Si veda anche cat. 75.
[13] Si vedano, a questo proposito, le osservazioni di Jakupski 1984 e di Eser 1996, 27-30.
[14] Sfortunatamente possediamo pochi dati concreti sulla presenza di opere d'arte italiana ad Augusta all'inizio del Cinquecento. Si veda la breve sintesi di Baer 1993, 46. Umanisti come Konrad Peutinger o grandi collezionisti come i Fugger possedevano certamente dipinti italiani, cfr. Kellenbenz 1980.
[15] Sugli affreschi esterni di queste città si vedano Valcanover, Chiari Moretto Wiel, Dalla Pozza & Nogara 1991; Fantelli 1989; Schweikhart, Cova & Sona 1993. Cfr. anche *Urbs picta* 1986.
[16] Dematté 1982, 45 ss.
[17] Valcanover, Chiari Moretto Wiel, Dalla Pozza & Nogara 1991, 42-44, catt. 48-49, 76-81, figg. 50A-68.
[18] Wilhelm 1983, 79-81; Hascher 1996, 3753-88; Hascher 1997, 100-103. La citazione è del viaggiatore italiano Antonio Beatis e risale al 1517 (Hascher 1996, 56).
[19] Bergstroem 1997.

scimentale veneto, oltre a essere l'unico pittore di storia dell'epoca in grado di competere sul piano qualitativo – perlomeno fino a un certo punto – con Albrecht Dürer. Tra le sue opere più ambiziose si annovera la grande tavola con *Ester e Assuero* del 1528, che appartiene al ciclo pittorico commissionato dal duca Guglielmo IV di Baviera, ora diviso tra l'Alte Pinakothek di Monaco e il Museo Nazionale di Stoccolma[12]. In assenza di prototipi veneziani cui guardare, un quadro di storia come questo sarebbe impensabile, ma resta da chiedersi quali esempi Burgkmair potesse avere recepito in concreto. Secondo la maggior parte degli studiosi, il carattere spiccatamente veneziano, e più precisamente carpaccesco, del dipinto costituirebbe la prova inconfutabile di un presunto soggiorno dell'artista nel Veneto. Saremmo tuttavia più propensi a relegare la proposta nel campo delle mere congetture. Il colorito e le proporzioni delle figure differiscono sostanzialmente dalla maniera veneziana e i particolari "all'antica", a ben guardare, ricordano solo genericamente analoghi motivi di area padana. Come abbiamo osservato nella scheda cat. 72, la messinscena del dipinto si avvale della fusione tra due diverse incisioni di Daniel Hopfer, che Burgkmair poteva benissimo avere visto e studiato a casa propria, nella libera città di Augusta. Si ha l'impressione, in genere, di avvertire nella letteratura artistica una tendenza a calcare troppo la mano sui presunti viaggi in Italia degli artisti tedeschi del primo Cinquecento[13]. A parte le eccezioni rappresentate da Dürer, Peter Vischer il Giovane e probabilmente anche Jörg Breu il Vecchio, sembra che le altre personalità artistiche della prima metà del XVI secolo non affrontassero volentieri il lungo e costoso viaggio nel *Welschland*, accontentandosi di recepire le novità italiane di seconda mano, tramite copie disegnate o incise, ma indubbiamente anche grazie alle opere originali importate dai mercanti e dagli altri viaggiatori che frequentavano la città lagunare per motivi professionali[14].
Tra le "meraviglie" dell'arte veneta note ai pittori di Augusta e di Norimberga vi erano senza dubbio gli affreschi che decoravano le facciate delle residenze di Venezia e delle località di terraferma. Oggi non ne rimangono che miseri resti, ma nel Rinascimento l'*imago urbis* della Serenissima e di città come Treviso, Padova e Verona doveva essere profondamente segnata dalla bellezza policroma di queste pitture esterne, che in un certo senso esemplificavano gli stretti rapporti esistenti tra architettura, pittura e scultura[15]. Anche nelle città tedesche esisteva una tradizione di questo tipo, che doveva godere di una certa fama, visto che nel Quattrocento risultano attivi a Treviso uno o forse più frescanti tedeschi[16]. Su entrambi i versanti delle Alpi, intorno all'anno 1500, si era verificato un profondo rinnovamento concettuale dell'affresco esterno. A Venezia, il vocabolario classico e l'illusionismo spaziale del Rinascimento avevano trovato l'espressione più spettacolare nel ciclo di pitture murali del Fondaco dei Tedeschi, a Rialto, eseguito da Giorgione e dal giovane Tiziano nel 1508-1509[17]. Ogni tedesco presente a Venezia, non importa se pellegrino, mercante o artista, doveva per forza confrontarsi con quelle mirabili pitture, ammirandone i tanti nudi dagli scorci spesso audaci o la finta architettura di impronta classicheggiante. Ad Augusta, nel 1514-1515, quando Jacob Fugger fece dipingere le facciate della sua residenza con "historie con molto oro et di perfectissimi colori", aveva senza dubbio in mente questa e altre decorazioni esterne della città lagunare, dove aveva vissuto per anni[18]. Gli affreschi di Augusta, purtroppo, sono perduti e non ne rimangono riproduzioni leggibili; non vi è quindi modo di sapere se vi erano illustrati concetti di carattere ideologico, politico o dinastico, come era spesso il caso delle decorazioni delle facciate veneziane.
Il complicato illusionismo delle finte architetture, che incorniciavano figure dalle pose artificiose, si andò ulteriormente sviluppando per tutta la prima metà del Cinquecento a opera di vari pittori e non soltanto in Italia. Un esempio davvero straordinario era costituito dalla decorazione di un edificio di Basilea, chiamato *Haus zum Tanz*, eseguita da Hans Holbein il Giovane intorno al 1523 (cat. 80). In quella dimostrazione di virtuosismo spaziale il pittore augustano doveva avere superato i prototipi italiani (Bramantino), forse rifacendosi direttamente a modelli antichi, che cominciavano a diffondersi più o meno in quegli anni[19]. È forse possibile ipotizzare che Pordenone, negli affreschi eseguiti a Venezia, sulla facciata di palazzo d'Anna, verso la metà del quarto decennio, potesse avere tratto ispirazione proprio dalla decorazione di Holbein (cat. 81).
Nulla rimane delle pitture esterne di palazzo d'Anna, che pure avrebbero dovuto esaltare *in aeternis* i fasti del

Hans Burgkmair
*Madonna col Bambino*
Norimberga, Germanisches
Nationalmuseum

Hans Burgkmair
*Ester e Assuero*
Monaco, Alte Pinakothek

[20] La scritta sul retro della tavola, che ora sembra sparita, recitava: JOERG FVG-GER A DI XX DI ZUGNO MCCC-CLXXIIII. Cfr. Goffen 1989, 197-202; Tempestini 1992, 80.

[21] A questo proposito si veda anche Humfrey 1995, 103-104.

[22] Vasari 1568, IV, 99; Ridolfi 1648, I, 88. Per l'attribuzione a Palma il Vecchio, con una datazione attorno al 1516-1518, cfr. Rylands 1992, 173-174, cat. 32. Alessandro Ballarin, in Paris 1993, 293, ha proposto il nome di Giorgione, ipotizzando che si tratti proprio del ritratto di un Fugger, con una datazione su base stilistica al 1506 circa. La provenienza del ritratto da casa Fugger è resa ancora più verosimile dalla presenza, sul retro, di una sigla. Quest'ultima risulta indecifrabile, ma la si ritrova sul retro del ritratto di *Jacob Fugger* di Albrecht Dürer, del 1518-1521 circa, e su altre opere ancora di pittori al servizio dei Fugger.

[23] Vasari 1568, VII, 644-645: "... un Tedesco de' Fucheri, persona onorata e di conto, che allora stava in Venezia nel fondaco de' Tedeschi, fu vivamente dipinto."

[24] Lieb 1958, 298-299, 466; Gode Krämer in Augsburg 1993, 118-119.

[25] Wethey 1971, 176-177, cat. X-82.

[26] A questo proposito si veda, in sintesi, Kusche 1991. Sugli sviluppi della tipologia nel Cinquecento cfr. anche Froning 1971.

[27] Kusche 1991, 14; Friedländer & Rosenberg 1978, 83-84, catt. 60, 61.

casato del committente. A conservare la memoria dei personaggi più ricchi e influenti di Venezia come di Augusta erano assai più idonei i ritratti, meno esposti alle insidie del clima e quindi più durevoli nel tempo. Proprio nella ritrattistica, e più precisamente nelle effigi di singoli personaggi maschili, si verificarono convergenze artistiche assai precoci e di primaria importanza tra la Valpadana e la Germania meridionale. I contatti si instaurarono inizialmente tra Norimberga (Dürer) e Venezia (Giovanni Bellini, Giorgione e la sua cerchia), ma, in seguito, nel territorio della Serenissima, accanto alla produzione "internazionale" di Tiziano si andò profilando quella di una folta schiera di ritrattisti al servizio di clienti veneziani e della terraferma, in particolare a Brescia e Bergamo (Lotto, Savoldo, Moretto, Romanino, Moroni). A quel punto, in Germania, l'epicentro si era ormai spostato ad Augusta (Amberger), che era diventata la piazza tedesca più aperta agli influssi veneti. Nella seconda metà del Quattrocento entrò in voga il ritratto a mezzo busto e di tre quarti, secondo una formula codificata da Jan van Eyck ("*Tymotheus*", 1432; National Gallery, Londra), poi ulteriormente elaborata in Italia, a Firenze e a Venezia. Un precoce esempio veneziano è costituito dalla preziosa tavoletta di Giovanni Bellini nella quale è effigiato, secondo una scritta sul retro, il ventunenne mercante augustano Jörg Fugger (Norton Simon Museum, Pasadena). Il piccolo ritratto risale al 1474 e fu quindi eseguito un anno prima dell'arrivo a Venezia di Antonello da Messina[20]. Non vi è nulla, infatti, che ci rimandi alle suggestive immagini dipinte da quest'ultimo, ai suoi personaggi che fissano lo spettatore con un'immediatezza quasi aggressiva. Lo sguardo trasognato del giovane Fugger ricorda piuttosto la ritrattistica fiamminga quattrocentesca e il passaggio non perfettamente riuscito dalla testa alla parte superiore del corpo sta a indicare che il pittore veneziano stava affrontando quasi per la prima volta questa particolare tipologia[21].

Un maggiore dinamismo e un nuovo tipo di indagine psicologica caratterizzano invece i ritratti del primo Cinquecento di Giorgione e della sua cerchia. Di particolare interesse è l'effigie di un giovane della Alte Pinakothek di Monaco, da alcuni attribuita a Palma il Vecchio, da altri, con maggior ragione a Giorgione. L'uomo ritratto, secondo Vasari e Ridolfi, sarebbe "un Todesco di casa Fucheri", a nostro avviso da identificare con Ulrich Fugger, che nel 1506, insieme con il cugino Anton, soggiornava al fondaco per imparare il mestiere di mercante[22]. L'ambigua presentazione del personaggio, che volta le spalle allo spettatore, ma sta girando la testa d'improvviso per ristabilire il contatto, ebbe un grandissimo successo, a Venezia come a Roma, dove venne adottata nell'ambito raffaellesco e finì per diventare un prototipo molto in voga nella ritrattistica barocca. Un altro vivace *turning portrait* giorgionesco (Jaynie Anderson) è quello di Raymund Fugger, dipinto verso il 1520-1525 da Vincenzo Catena (già Kaiser Friedrich Museum, Berlino)[23]. Quest'altro membro della potente famiglia di Augusta, più interessato ai piaceri della vita e all'arte che agli affari del "clan", era stato presentato da Catena come un gran signore dall'atteggiamento solenne, la cui imponenza fisica veniva ulteriormente accentuata dalla tipologia adottata dal pittore, che lo mostrava dalla vita in su. Per chiudere la serie dei ritratti di casa Fugger, merita ricordare un altro dipinto, che si trova ora nel castello di Babenhausen (tuttora di proprietà della famiglia) ed è quasi certamente una copia del ritratto di Anton Fugger eseguito nel 1548 da Tiziano o da Lambert Sustris[24]. Questa effigie, piuttosto convenzionale, dell'allora direttore della celebre ditta, che aveva avuto l'onore di ospitare Carlo V, si riallaccia alla serie dedicata ai partecipanti alla Dieta di Augusta, come il *Nicolas Perrenot de Granvelle* (Musée du Temps, Besançon)[25].

Gli ultimi due dipinti di provenienza Fugger mettono in luce la grande varietà delle tipologie entrate in uso nel corso della prima metà del Cinquecento. Il formato a figura intera, riservato ai principi e alle antiche rappresentazioni di "uomini famosi", aveva già una lunga tradizione[26], ma alla sua evoluzione cinquecentesca contribuirono anche in questo caso prototipi transalpini, come le opere commissionate in Germania in occasione dei matrimoni, dove (contrariamente a quanto si vede nel famoso doppio ritratto Arnolfini di Jan van Eyck della National Gallery di Londra) a ciascuno dei due coniugi spettava una tavola separata. Si vedano, per esempio, i *Coniugi Stallburg* di Jörg Ratgeb (1504; Städelsches Kunstinstitut, Francoforte) e i due ritratti di *Enrico il Pio di Sassonia e la moglie Caterina* di Lucas Cranach il Vecchio (1514; Gemäldegalerie Alte Meister, Dresda)[27]. Due celebri dipinti della Fondazione Thyssen di Madrid – il *Giovane cavaliere* di Carpaccio (*post* 1510) e il

A. M. Zanetti, da Tiziano
*Allegoria* (da affresco scomparso
del Fondaco dei Tedeschi)
incisione

"*Cavalier Cristoforo*", *nano di corte* di Hans Wertinger (*post* 1515) – vennero eseguiti, rispettivamente a Venezia e in Germania, quasi contemporaneamente[28]. A pochi anni di distanza dallo spontaneo *Gentiluomo* del Moretto (1526; National Gallery, Londra), Jacob Seisenegger fissava nel *Carlo V con il cane* (1532; Kunsthistorisches Museum, Vienna) la tipologia del ritratto principesco a figura intera, fornendo il modello del *Ritratto di Carlo V* (Museo del Prado, Madrid) eseguito quello stesso anno da Tiziano, che in seguito continuò a sviluppare quel tipo di iconografia, mettendola in più di un caso di nuovo al servizio della dinastia asburgica[29]. Perciò il *Georg Fugger* di Seisenegger del 1541 (cat. 167) non va visto come una semplice ripetizione dell'immagine imperiale di qualche anno prima, ma piuttosto come una risposta consapevole a Tiziano e ai pittori suoi contemporanei dell'Italia settentrionale. Anche nel ritratto a tre quarti di figura (*Kniestück*) si verificarono parallelismi formali tra i due versanti delle Alpi. La cosiddetta *Schiavona* di Tiziano, del 1510 circa (National Gallery, Londra), è un caso eccezionalmente precoce, ma nel corso del terzo decennio Tiziano e più in particolare Lorenzo Lotto sperimentarono più volte le potenzialità di questo specifico formato, creando una specie di dilatazione spaziale che consentiva agli attori di interagire con lo spettatore a distanza ravvicinata (cat. 91)[30]. Intorno al 1540 lo *Kniestück* godeva di una popolarità particolare, osservabile nella produzione del norimberghese Georg Pencz (senza dubbio influenzato da Lotto; cat. 92) e – in una forma più concentrata e con una spazialità alquanto ridotta – in quella di Moretto e di Seisenegger (cat. 90).
Prescindendo dalle analogie formali e tipologiche, molti dei ritratti italiani appena presentati si rifacevano, in un modo o altro, al cosiddetto ritratto allegorico di ambito giorgionesco, che spesso non si sa nemmeno se definire "ritratto" nel vero senso della parola[31]. Questa dimensione interpretativa, come pure la caratterizzazione psicologica (tipica soprattutto di Tiziano), risulta spesso assente nelle opere di molti pittori tedeschi, più attenti a dare spazio, nella rappresentazione, a quanto interessava ai loro committenti. Nelle libere città imperiali vi erano famiglie che avevano accumulato ricchezze favolose con le attività commerciali e finanziarie e stavano cercando di salire i gradini della scala sociale con l'ingresso nel patriziato cittadino, l'investitura di titoli nobiliari, matrimoni vantaggiosi e altri mezzi. Erano questi i fautori del *Welscher Stil* cui si è già accennato, che non poteva non esprimersi anche nella ritrattistica. In questo caso, logicamente, l'attenzione venne rivolta in primo luogo a Venezia, un centro commerciale ben noto a molti uomini d'affari e certamente un modello da seguire anche sotto il profilo culturale.
La commissione di un ritratto implicava, di norma, un contatto diretto con l'artista. La maggior parte dei tedeschi effigiati dai pittori veneziani aveva posato nella città dogale; ma abbiamo anche notizia di artisti messisi in viaggio per la Germania proprio per dipingervi ritratti. Jacopo de' Barbari, nel 1500, fece tappa ad Augusta sulla via di Norimberga, dove andava a prendere servizio in qualità di *contrafeter* presso Massimiliano I e altri grandi personaggi; Gian Paolo Pace risulta presente ad Augusta nel 1543 e doveva avere dipinto i ritratti di tre membri della famiglia Fugger; Tiziano soggiornò con i suoi assistenti ad Augusta nel 1548 e poi ancora nel 1550-1551. Scarseggiano invece le notizie sugli agenti o mediatori che piazzavano le commissioni dei tedeschi presso i pittori veneziani verso la fine del XV secolo e agli inizi del XVI. È molto improbabile che il giovane Jörg Fugger avesse contattato di persona Giovanni Bellini, e lo stesso vale anche per Ulrich e Giorgione, o per Raymund e Catena. Negli ultimi due casi il contatto potrebbe essere avvenuto tramite Anton Kolb (cat. 85), che svolgeva i suoi traffici nel Fondaco dei Tedeschi, intratteneva rapporti con i Fugger ed era ben introdotto sul mercato dell'arte della città, della quale aveva pubblicato la veduta canonica: la grande silografia datata 1500[32].
La veduta di Venezia a volo d'uccello, pubblicata da Kolb e generalmente attribuita a Jacopo de' Barbari, apre un altro affascinante capitolo della storia dei rapporti artistici fra la Germania meridionale e l'Italia del Nord: quello del paesaggio, sia topografico sia di fantasia. In questa sede tralasceremo il tema dell'immagine cartografica o topografica della città e dovremo limitarci a un brevissimo commento sugli studi naturalistici, un genere in continuo sviluppo sui due versanti delle Alpi almeno fin dalla seconda metà del Quattrocento. La riproduzione minuziosa del mondo vegetale e animale è un fenomeno dalle origini tuttora incerte, ma spesso ri-

[28] Humfrey 1991, 108, cat. 32.
[29] Begni Redona 1988, 185-187, cat. 25; Lücher 1962, 32-40.
[30] Martin 1995c, 21-22.
[31] Anderson 1979; Böhm 1985, 111-142, li definisce *Bildnisse ohne Individuen* (ritratti senza l'individuo).
[32] Schulz 1978; Martin 1994.

Giovanni Bellini
*Jörg Fugger*
Pasadena, Norton Simon Museum

Giorgione
*Ulrich Fugger (?)*
Monaco, Alte Pinakothek

Vincenzo Catena
*Raymund Fugger*
Berlino, già Kaiser Friedrich
Museum

condotte ai disegni di piante e di animali di Giovannino de' Grassi e Pisanello. Nei Paesi Bassi questo materiale grafico è del tutto assente, ma le pitture su tavola e le miniature dell'epoca dimostrano chiaramente che anche in quelle regioni si usava preparare le composizioni disegnando dal vero. Furono i superbi fogli a più colori di Albrecht Dürer, con i loro paesaggi e l'accurata descrizione delle più varie specie animali e vegetali, a condurre lo studio della natura a livelli artistici e scientifici mai raggiunti prima[33]. Gli studi di Dürer furono largamente imitati: sono presenti alla mostra due esempi della bottega di Lucas Cranach e di Jacopo de' Barbari (catt. 94 e 93). Non dissimili dai disegni di Leonardo da Vinci, queste opere sono un'espressione di quella tendenza a descrivere, investigare e, in ultima analisi, dominare la natura che costituisce uno degli aspetti fondamentali del Rinascimento[34].

Sarà necessario soffermarsi un poco più a lungo sul tema del paesaggio immaginario. A Venezia e nei vari centri che contornano la valle del Danubio, da Vienna ad Augusta, si fece contemporaneamente strada, nel primo Cinquecento, una concezione paesistica nuova e ricca di suggestioni atmosferiche, grazie alla quale la presenza umana, spesso segnalata da figure di dimensioni assai modeste, veniva a trovarsi in perfetta sintonia con l'ambiente naturale. La questione di un possibile rapporto tra i paesaggi della scuola danubiana e quelli veneziani più o meno contemporanei è stata affrontata nella letteratura artistica non senza una certa ambiguità. L'idea che potesse esistere un'unità stilistica tra le opere di certi artisti "danubiani", come Lucas Cranach, Albrecht Altdorfer, Wolf Huber e altri, venne avanzata dalla storiografia tedesca attorno al 1900[35]. Identificando i principali caratteri del gruppo con una rappresentazione altamente drammatica della natura e con una resa "espressionistica" delle figure, spesso descritte in termini poco corretti sotto il profilo anatomico, Hermann Voss aveva accennato già nel 1907 a un possibile legame con la pittura tonale di Giorgione e di Lorenzo Lotto[36]. Quest'apertura, nei decenni successivi, non incontrò molta fortuna. I maggiori studiosi di Altdorfer preferirono insistere sul carattere eminentemente teutonico che contraddistingueva, ai loro occhi, i pittori danubiani. Durante il periodo nazista, la *Donauschule* finì per essere considerata la scuola "nazionale" per eccellenza: l'immagine del paesaggio tedesco presentata da Altdorfer e da altri artisti dello stesso gruppo era vista come l'espressione di quella specie di "panteismo" che il terzo Reich intendeva contrapporre alla Chiesa cristiana[37]. È ovvio che in una concezione di questo genere non vi era spazio per eventuali rapporti con la pittura veneziana. In tempi a noi più vicini l'arte danubiana è stata messa in relazione con la pietà popolare della regione, mentre la nuova visione della natura è stata recentemente interpretata come una celebrazione del paesaggio germanico, proposto come un'alternativa a quello classico italiano, analogamente a quanto era stato fatto con la *Germania* di Tacito, rivalutata dagli umanisti tedeschi dell'epoca. Gli studiosi odierni che hanno affrontato il problema dei rapporti con l'arte rinascimentale italiana concludono in genere che erano i danubiani a subire influssi venuti d'Oltralpe[38].

Nella storiografia dell'arte rinascimentale veneziana si è sempre dedicata una notevole attenzione alla figura di Albrecht Dürer, riservando ad altri aspetti della cultura figurativa tedesca un interesse francamente marginale, che spesso non va oltre la segnalazione di casi isolati, in cui il motivo di una stampa tedesca risulta ripreso da un artista veneto. Non si può negare l'importanza di questo tipo di derivazioni, ma ci sembra che tra i paesaggi con figure dipinti dalle due scuole esistano corrispondenze concettuali più profonde, non sempre tenute in debito conto dagli studi critici e storici. I motivi per non affrontare l'argomento sono facili da individuare: oltre alle barriere di carattere storiografico, conta innegabilmente il fatto che il materiale artistico a disposizione, per quanto riguarda i primissimi anni del Cinquecento, non è affatto abbondante e si rivela spesso contraddittorio o comunque di difficile interpretazione. A Venezia i due testi pittorici cardinali, nei quali si manifesta per la prima volta una nuova interpretazione del paesaggio, sono l'*Allegoria della Virtù e del Vizio* di Lorenzo Lotto del 1505 (cat. 99) e la *Tempesta* di Giorgione, dipinta probabilmente in quello stesso anno o poco dopo. Queste intense visioni, animate da rare figurine impegnate in attività enigmatiche, sotto un cielo minaccioso, hanno ben pochi precedenti nella pittura veneta o comunque norditaliana. Vengono in mente gli studi paesistici di Leonardo da Vinci, ma i suoi tentativi di rendere in modo convincente i fenomeni atmo-

[33] Wien 1985.
[34] Su questo tema, in generale, si veda la raccolta di saggi di Kaufmann 1995.
[35] Talbot 1996.
[36] Voss 1907, 175-177.
[37] Janzen 1980, 57-70.
[38] Si vedano, per esempio, Stange 1964, 44-46; Rasmo 1967.

Giorgione
*Tempesta*
Venezia, Gallerie dell'Accademia

Albrecht Altdorfer
*Famiglia del satiro*
Berlino, Gemäldegalerie

sferici non spiegano la densità coloristica e, si potrebbe aggiungere, spaziale che caratterizza le pitture di Lotto e di Giorgione. I critici hanno chiamato in causa anche certe stampe di Dürer, ma i parallelismi più ovvi vanno cercati nelle prime opere degli artisti danubiani, e soprattutto nella splendida tavoletta con la *Famiglia del satiro*, dipinta da Albrecht Altdorfer nel 1507 (Gemäldegalerie, Berlino). Scuro e impenetrabile sul lato sinistro, ma con un'ampia veduta, squisitamente atmosferica, dall'altra parte, è il paesaggio il vero soggetto del dipinto. I due satiri con il figlioletto si sono messi a sedere sull'erba, seminascosti dalla folta boscaglia, ma da quel tranquillo rifugio la satiressa assiste con terrore all'episodio di violenza – un martirio? – che si sta svolgendo in lontananza. È impossibile determinare il significato di questa scena, che non sembra riallacciarsi ad alcuna tradizione iconografica. Più che sulle figure è sulla natura che si fonda la carica espressiva del dipinto: una natura che ha relegato la presenza umana in una posizione secondaria, pur senza trasformare i personaggi in semplici macchiette. Le analogie con la *Tempesta* di Giorgione sono sorprendenti; grazie al loro piccolo formato, entrambi i dipinti si presentano come preziosi e raffinatissimi oggetti da collezione. Anche l'impianto scenografico del dipinto veneziano si avvale della contrapposizione tra elementi in controluce – la fitta vegetazione e i ruderi – e la suggestiva veduta con un ampio squarcio di cielo. E il fascino della *Tempesta* è anch'esso dovuto in primo luogo alla resa così suggestiva del mondo della natura, e solo secondariamente alla presenza delle figure, misteriose come quelle di Altdorfer e anch'esse protette dalla boscaglia circostante.

In base a questo confronto è legittimo supporre che esistesse un preciso rapporto tra la pittura danubiana e quella tonale degli artisti veneziani. Per stabilire l'entità di tale rapporto, conviene indagare sulle radici della nuova concezione paesistica delle due scuole. Le novità proposte da Lotto e da Giorgione, come si è già detto, avevano ben pochi precedenti nord-italiani, mentre l'arte di Cranach e dei suoi contemporanei era il risultato di un'evoluzione abbastanza organica, ricollegabile alla pittura austriaca e tedesca meridionale della seconda metà del Quattrocento[39]. Prendendo lo spunto, in ultima analisi, da prototipi neerlandesi (un esempio particolarmente suggestivo ci è offerto dal *San Giovanni in un paesaggio* di Geertgen tot Sint Jans della Gemäldegalerie di Berlino), alcuni artisti attivi nella regione alpino-danubiana verso la fine del XV secolo, tra i quali Rueland Frueauf il Giovane, iniziarono a dipingere paesaggi con una nuova attenzione agli effetti atmosferici, la cui funzione espressiva era legata al significato degli episodi narrati in primo piano[40]. Un'analoga tendenza è ravvisabile nelle opere giovanili di Jörg Breu il Vecchio (in modo particolare nel polittico di Zwettl, del 1500) e in quelle eseguite da Lucas Cranach agli albori del nuovo secolo[41]. Di grande interesse, sotto questo profilo, sono anche alcuni esempi abbastanza precoci della grafica disegnativa di Cranach e di Albrecht Altdorfer. Un foglio a penna del 1504, con due amanti in un paesaggio, attribuito in passato a Cranach e ora assegnato ad Altdorfer (Kupferstichkabinett, Berlino)[42], è per certi versi paragonabile all'immagine creata qualche anno prima da Albrecht Dürer nella celebre stampa con il *Mostro marino* (1498; fig.16)[43]. I temi "romantici" e la messinscena di queste opere paiono anticipare la nuova pittura giorgionesca veneziana. E non si tratta di esempi isolati. In tutta una serie di disegni e incisioni tedesche dei primi vent'anni del Cinquecento si scoprono paesaggi frequentati da soldati, da coppie di innamorati e da altre figure pittoresche, che fanno la loro comparsa anche nella pittura veneta dello stesso periodo, per esempio nella *Tempesta*[44]. Un altro parallelismo tra le due scuole è dato dalla drammaticità degli effetti atmosferici. Qui non si deve dimenticare il ruolo pionieristico di Dürer, autore, nell'ultimo decennio del Quattrocento, di una strepitosa serie di acquarelli di paesaggio dai colori brillanti, che sembrano ripresi *en plein air* (cat. 98). Altrettanto spettacolari ci appaiono gli abbacinanti tramonti dipinti da Lucas Cranach a partire dai primissimi anni del XVI secolo[45]. Intorno al 1505 anche Lorenzo Lotto (cat. 99) e Giorgione cominciarono a inserire nei loro dipinti tramonti sensazionali e cieli drammaticamente espressivi, inaugurando così la grande stagione degli *Stimmungsbilder* veneziani, che avrebbe visto nascere tra l'altro, nei decenni successivi, tanti capolavori di Tiziano, Sebastiano del Piombo, Palma il Vecchio o Paris Bordon. Pietro Aretino giunse a considerare, negli anni quaranta del Cinquecento, la resa drammatica e spettacolare dei cieli una prerogativa di Tiziano[46]. Sopravvalutare il contributo danubiano alla nascita della pittura tonale veneziana sarebbe un errore, ma è altrettanto sbagliato negare che i

[39] Benesch 1972.
[40] Stange 1971, con eccellenti illustrazioni.
[41] Menz 1982; Friedländer & Rosenberg 1978.
[42] Berlin 1988, 26-27, cat. 1.
[43] Strauss 1977, 74-76, cat. 23.
[44] Hale 1986 e 1988. Di grande interesse, a questo riguardo, sono le osservazioni di Holberton 1995.
[45] A questo proposito si veda Koepplin 1967.
[46] Si veda la nota lettera con la descrizione della vista sul Canal Grande, nuovamente analizzata da Busch 1999.

Lucas Cranach il Vecchio
*Due amanti*
Berlino, Kupferstichkabinett

Albrecht Dürer
*Mostro marino*
incisione

[47] Nel recente catalogo della mostra di Dosso Dossi sono stati sottaciuti i rapporti con la pittura danubiana, così evidenti, tra l'altro, in Ferrara 1998, 93-95, cat. 4a, 113-114, cat. 11, 122-123, cat. 15, pur riconoscendo l'interesse di Dosso per la grafica di quella regione: Ferrara 1998, 118-120, cat. 13.
[48] Jung 1997.
[49] Reznicek 1961, I, 173, 179

pittori veneti fossero a conoscenza non soltanto della produzione grafica, ma anche di certi dipinti dei maestri tedeschi. Gli addensamenti boscosi e la gamma cromatica affocata dei vari Cranach, Altdorfer e Huber continuarono ad affascinare anche gli artisti padani della generazione successiva, come dimostrano le opere di Giovanni Cariani e di Dosso Dossi[47].

Il nuovo paesaggio del primo Cinquecento aveva due facce, la prima delle quali era quella densamente ombreggiata, misteriosa e iconograficamente complessa che abbiamo appena esaminato. L'altra, più dilatata e lirica, prediligeva invece i dolci panorami collinari in qualche modo legati alla voga letteraria dell'Arcadia, esemplificata dalle opere di Sanazzaro e Pietro Bembo. Furono Tiziano e i due Campagnola, Giulio e Domenico, i grandi maestri del paesaggio bucolico, giunto al suo massimo splendore, nelle arti grafiche, tra il secondo e il quarto decennio del XVI secolo. Il riflesso dei mirabili disegni di Domenico Campagnola si avverte chiaramente nei vasti panorami disegnati o incisi da Wolf Huber, Albrecht Altdorfer e Dürer, autore, tra l'altro, del grande *Paesaggio col cannone* all'acquaforte del 1518 (catt. 108, 107 e 106). Ma i "paesi" delle stampe tedesche esercitarono a loro volta un certo fascino sugli artisti italiani. Gli alberi bizzarri e le pittoresche colline di Augustin Hirschvogel furono copiate un poco meccanicamente dal Giallo Fiorentino negli affreschi della palladiana villa Badoer di Fratta Polesine (1556)[48], mentre Domenico Campagnola, in certi disegni più tardi, formulava la propria risposta artistica ai panorami spazialmente complessi ideati da Altdorfer, imitandone il segno grafico abbreviato e nervoso (catt. 105 e 109). Questo continuo dialogo si concluse nei Paesi Bassi, nella seconda metà del Cinquecento, con le opere grafiche di Pieter Brueghel il Vecchio (cat. 110) e di Hendrick Goltzius, entrambi ancora chiaramente in debito, almeno in certi casi, con le stampe e disegni di Campagnola[49]. E si potrebbe avanzare l'ipotesi che i paesaggi del veneziano abbiano avuto un certo peso anche sulla nascita di una nuova visione della natura nell'Olanda degli inizi del Seicento.

69

Vittore Carpaccio (ca. 1460/66-1525/26)
*Annunciazione*, 1504

olio su tela, 127 x 139 cm
scritta: In tempo de Zuan de nicolo
zimador e soi compagni
MCCCCCIIII. del mese dapril
Venezia, Galleria G. Franchetti alla
Ca' d'Oro

PROVENIENZA: Scuola degli Albanesi, Venezia.
LETTERATURA: Ludwig & Molmenti
1906, 232-235; Lauts 1962, 235, cat.
23, tav. 130; Venezia 1963, 208-209,
cat. 43; Muraro 1966, CXVIII; Borean
1994, 58-59.

La tela appartiene alla serie di sei dipinti, con scene della vita della Vergine, eseguiti da Carpaccio nei primi
anni del Cinquecento per la Scuola
degli Albanesi a Venezia (cat. 19).
L'*Annunciazione* è l'unica a recare
una data, oltre al nome del gastaldo
della Scuola, fornendo così gli elementi che hanno consentito di ricostruire il ciclo (Ludwig & Molmenti
1906).
La scena è divisa in due: la Vergine,
sulla destra, è collocata in uno spazio
architettonico, mentre l'angelo, sul-
l'altro lato, è raffigurato all'aperto.
Questo schema bipartito, secondo
un recente studio (Borean 1994), rie-
cheggerebbe un'invenzione di Jacopo Bellini, elaborata nei disegni del
Louvre, c. 31, e del British Museum,
c. 76 (Eisler 1989, 295, tav. 163, 297,
tav. 165). All'impianto di questi fogli
si era già ispirato Cima da Conegliano in un'*Annunciazione* eseguita nel
1495 per la chiesa veneziana dei Cro-
ciferi, ora all'Ermitage di San Pietroburgo (Humfrey 1983, 106-108, cat.
59, fig. 43), che costituisce la fonte diretta della composizione carpaccesca. Alcuni dei suoi elementi derivano, più o meno direttamente, dalla
tradizione fiamminga. L'idea di collocare l'angelo all'esterno, fuori dalla

stanza della Vergine, era nota in Italia
almeno fin dal Trecento, ma la variante adottata qui, con quell'elaborata struttura architettonica, potrebb-
be forse ricollegarsi a esempi transalpini (dei fratelli di Limburg o di Melchior Broederlam, cfr. Duwe 1994,
189, fig. 1). È certamente di origine
fiamminga il motivo del letto intatto
visibile nella stanza, che la trasforma
in un *thalamus Virginis*, per sottolineare la castità della Madonna. Lo ritroviamo, ad esempio, in vari dipinti
di Rogier van der Weyden, Dierie
Bouts e Gérard David, che potrebbero essere stati presi a esempio da Carpaccio (cfr. Duwe 1994, figg. 5, 6, 7,
13). Nella pittura veneziana, sia detto
per inciso, il motivo del *thalamus Virginis* fu forse introdotto da Jacopo
Bellini proprio con i due disegni appena citati, che sono serviti da fonte
di ispirazione non solo per Cima e,
sia pure indirettamente, per Carpaccio, ma anche per la straordinaria
*Annunciazione* di Carlo Crivelli della
National Gallery di Londra (Zampetti 1986, 284-286, tav. 74), un'opera tutta imbevuta di reminiscenze
nordiche. Un'ultima eco di questa
tradizione iconografica si potrebbe
forse ravvisare nell'*Annunciazione* di
Tintoretto della Scuola di San Rocco
a Venezia (se ne veda l'analisi iconografica in Aikema 1996b).
L'architettura assume spesso un ruolo di primo piano nelle pitture eseguite da Carpaccio per le Scuole veneziane. In certi casi le sue composizioni si presentano come vere e proprie vedute di Venezia *ante litteram*,
mentre altre volte l'artista preferisce
creare strutture più o meno di fantasia, ma sempre prendendo lo spunto
dalle tradizioni architettoniche lagunari. In quest'*Annunciazione* Carpaccio si è ispirato alle costruzioni
più recenti di Mauro Codussi, come
la facciata della Scuola Grande di
San Marco (ca. 1495) e lo scalone
della Scuola Grande di San Giovanni Evangelista (Liebermann 1982,
tavv. 66, 84 e 85; McAndrew 1983,
336-154). Il carattere eminentemente decorativo delle architetture co-
dussiane e lombardesche le faceva
apprezzare anche fuori di Venezia, e
in particolare, come si vedrà più
avanti (cat. 72), nei vari centri della
Germania meridionale.

BA

Cima da Conegliano *Annunciazione*
San Pietroburgo, Ermitage

nicolo rimador e soi compagni · Mccccciiii · del mese dapril

341

70

Giovanni (di Niccolò) Mansueti (attivo 1485-1526/27)
*Visione di Sant'Agostino*, ca. 1505-1510

olio su tela, 96,6 x 136,4 cm
Maastricht, Bonnenfantenmuseum
in prestito permanente dall'Instituut
Collectie Nederland, Amsterdam
inv. NK 2818

PROVENIENZA: Amsterdam, Van
Embden Bank; The Hague, Dienst
Verspreide Rijkscollecties.
LETTERATURA: Van as 1978, 106-109,
cat. 25; Humfrey 1985, 44-45, fig. 46.

Il dipinto ci presenta due scene distinte e separate da un'elaborata struttura architettonica; la prima è ambientata in un interno, mentre la seconda si svolge all'aperto, in un cortile. L'interno corrisponde allo studiolo di Sant'Agostino, dove si sta verificando un evento miracoloso. Secondo una leggenda, avendo in mente di descrivere la gioia dei beati in Cristo, Agostino si era accinto a chiedere consiglio a San Girolamo, scrivendogli una lettera nell'esatto istante in cui quest'ultimo moriva. Ad Agostino apparve così una luce celestiale, mentre si udiva la voce del santo eremita, che lo rimproverava di voler penetrare nelle sfere conoscibili soltanto dopo la morte. Questo tema, a Venezia, era già stato illustrato da Carpaccio nel telero del ciclo della Scuola di San Giorgio degli Schiavoni (per il disegno preliminare si veda cat. 18), dove il santo è sorpreso, come vuole la leggenda, da un improvviso bagliore di luce soprannaturale. Il nostro artista, invece, per rendere più comprensibile il soggetto, ha preferito fare apparire la figura stessa di Girolamo, attorniato da una corona di cherubini. L'articolazione dell'interno si rivela simile a quella dello studio di San Girolamo di una composizione di Vincenzo Catena, che ci è nota in due versioni (National Gallery, Londra; e Städelsches Kunstinstitut, Francoforte). Come abbiamo indicato nella scheda cat. 17, queste opere di Catena potrebbero riflettere l'impianto di un perduto *San Girolamo nello studio* di Giovanni Bellini, eseguito nel 1464 per la Scuola veneziana intitolata al santo. L'ipotesi è rafforzata dal presente dipinto, dove dinnanzi a Sant'Agostino scorgiamo un frate con in mano un libro. Questo particolare sembra trovare un riscontro nel brano in cui Ridolfi (1648, I, 64) descrive il Bellini perduto: accanto a San Girolamo si potevano osservare "frati, che stanno studiando & altri fauellano insieme". È quindi probabile che Catena e l'autore del nostro dipinto si siano entrambi ispirati al prototipo belliniano. Rispetto alla composizione di Catena, dove gli scaffali contengono solo pochi libri, qui lo studiolo del santo viene presentato ingombro di volumi e di carte di ogni tipo, in un disordine caotico non dissimile da quello che caratterizza il ben noto *San Girolamo nello studio* di Colantonio del 1445 circa (Museo di Capodimonte, Napoli). Ed è stata ripetutamente avanzata l'ipotesi che il pittore napoletano potesse essersi ispirato alla composizione di un dipinto perduto di Jan van Eyck del medesimo soggetto, che faceva parte del trittico Lomellini: un'opera che, intorno al 1445, si trovava a Napoli. Van Eyck, inoltre, aveva dipinto uno scaffale pieno di libri anche in un altro *San Girolamo nello studio*, eseguito per il cardinale Albergati (cat. 15); quest'ultima tavoletta, probabilmente, si trovava in Italia intorno al 1464, l'anno in cui Giovanni Bellini aveva dipinto il perduto *San Girolamo* descritto da Ridolfi. È quindi presumibile che l'artista veneziano si fosse ispirato a un prototipo eyckiano, per ora non meglio identificabile. Nella parte destra del nostro dipinto vediamo un cortile con alcuni monaci benedettini e tre laici, uno dei quali con un voluminoso sacco sulle spalle. Si è ipotizzato che la scena raffiguri un miracolo avvenuto nel monastero dove era vissuto San Benedetto: davanti alla sua cella, in tempi di carestia, era stata rinvenuta un'enorme quantità di farina. Se ne è dedotto che il dipinto avrebbe fatto parte dell'arredo del monastero benedettino di San Gregorio, a Venezia, che nutriva una particolare devozione per San Girolamo. Ma questa ricostruzione ci appare problematica, innanzitutto perché l'identificazione della scena sul lato destro è tutt'altro che sicura, e poi perché è difficile immaginare che due soggetti così diversi siano stati riuniti in un unico quadro. Nella scena del cortile, per inciso, lo stemma sopra la porta sullo sfondo è quello della famiglia patrizia veneziana dei Bernardo. Il dipinto viene attribuito a Giovanni Mansueti, un seguace di Vittore Carpaccio. È un esempio del genere narrativo spesso adottato a Venezia, attorno al 1500, per la decorazione delle Scuole devozionali e di altri edifici (semi) pubblici. I dipinti di questo tipo esercitarono un influsso sugli artisti della Germania meridionale che illustravano grandiosi soggetti storici nel cosiddetto "Welscher Stil", come il ciclo di Guglielmo IV di Baviera (Alte Pinakothek, Monaco) o la *Superbia di Baldassarre* di Schwerin (cat. 75).

BA

71
Ambrosius Holbein (ca. 1494-post 1519)
*Morte della Vergine*, ca. 1518-1519

tempera su tela montata su tavola
66 x 19 cm
Vienna, Gemäldegalerie Akademie
der bildenden Künste, inv. 573

PROVENIENZA: collezione J. G. Werd-müller, Zurigo, dal 1676 al 1701; conte Lamberg-Sprinzenberg, Vienna; donato al museo nel 1821.
LETTERATURA: Basel 1960, 123-125, cat. 87; Trnek 1997, 71.

Secondo l'iconografia tradizionale della *Dormitio Virginis*, la Madonna è raffigurata seduta accanto al letto e attorniata dagli apostoli: San Giovanni le sta ponendo in mano una candela. L'evento si svolge dinnanzi a un'elaborata struttura architettonica, che si articola in un ampio loggiato coronato da una terrazza con balaustra. Una gloria di angeli completa la scena.
L'attribuzione dell'opera è stata oggetto di un intenso dibattito. Inizialmente si era pensato genericamente a un artista della Germania meridionale o della regione elvetica, ma in un catalogo delle opere di Hans Holbein il Giovane, apparso nel 1676 insieme con un'edizione dell'*Elogio della pazzia* di Erasmo da Rotterdam, figura un dipinto – allora nella collezione del Ratsherr Johann Georg Werdmüller di Zurigo – la cui descrizione corrisponde alla perfezione a quest'opera viennese. Ma la scoperta non risolve del tutto la questione attributiva. È vero che il linguaggio pittorico sembra ef-

Hans Holbein il Vecchio
*Morte della Vergine*
Basilea, Öffentliche Kunstsammlung

fettivamente quello di Holbein il Giovane, ma l'esecuzione piuttosto meccanica delle figure e della parte architettonica fa pensare piuttosto alla mano di un aiuto di bottega. Fra gli artisti alle immediate dipendenze del maestro in quel periodo i candidati più probabili potrebbero essere due. Il primo è Conrad Appodeker, detto Schnitt, cui viene attribuito un *Giudizio di Salomone* (Öffentliche Kunstsammlung, Basilea) che tradisce una concezione dell'architettura molto simile a quella della *Morte della Vergine*. Tuttavia, la resa delle minuscole figure del dipinto di Basilea, così diversa da quella dei personaggi di quest'opera di Vienna, rende tutt'altro che certa l'ascrizione a Schnitt (Basel 1960, 186-187, cat. 158; Bätschmann & Griener 1997, 129, fig. 181 e 223 , cat. 31). L'altro nome è quello del fratello maggiore di Hans il Giovane, Ambrosius Holbein, autore di xilografie con elementi decorativi che sono stati messi in rapporto con alcuni di quelli della *Morte della Vergine* (Basel 1960, 124). Ma va anche detto che non esiste nessun dipinto di Ambrosius davvero paragonabile a questo di Vienna. In ultima analisi, il problema dell'attribuzione deve rimanere aperto.
Il motivo centrale della scena, costituito dalle figure di San Giovanni e della Vergine accanto al letto, risulta ripreso da un disegno di Hans Holbein il Vecchio – padre di Ambrosius e di Hans il Giovane –, che reca la data 1508 (Basilea, Oeffentliche Kunstsammlungen; Falk 1979, 79, cat. 165, tav. 165). Rispetto al foglio, le forme gotiche della lettiera si sono trasformate in un'elaboratissima costruzione rinascimentale, che è stilisticamente conforme al linguaggio architettonico usato per la loggia sullo sfondo. Il carattere elegante e squisitamente ornamentale di queste architetture ricorda il primo rinascimento veneziano, e nella fattispecie lo stile di Mauro Codussi; ci riferiamo soprattutto alla facciata della Scuola Grande di San Marco, del 1490-1495, e allo scalone della Scuola Grande di San Giovanni Evangelista, del 1498 (Olivato Puppi & Puppi 1977, 76-77, fig. 34, 88, fig.44). La tipologia della loggia con la balaustra, invece, rimanda agli sfondi architettonici dei teleri veneziani di soggetto storico dei contemporanei di Vittore Carpaccio, basti pensare a certe opere di Giovanni Mansueti, come ad esempio i due episodi della vita di San Marco delle

Gallerie dell'Accademia di Venezia (Moschini Marconi 1955, 137-138, catt. 145, 146; si veda anche, in questa mostra, cat. 70). Non è affatto certo che le forme rinascimentali venete del dipinto siano il risultato di un viaggio in Italia dell'artista. Il lessico ornamentale potrebbe derivare invece da stampe come quelle di Zoan Andrea o di Giovanni Pietro da Birago, mentre le varie tipologie architettoniche rinascimentali veneziane erano facilmente reperibili nella produzione grafica di artisti tedeschi come Daniel Hopfer (cat. 73). La *Morte della Vergine*, tutto sommato, è un eccellente esempio del gusto venezianeggiante tipico di molte opere d'arte eseguite nel sud della Germania durante il secondo e terzo decennio del Cinquecento.

BA

72
Hans Burgkmair (1473-1531)
*La Morte e gli amanti, post* 1510

xilografia a *camaïeu*, 231 x 151 mm
scritta sul pilastro: H.BVRGKMAIR /
MDX
Francoforte
Städelsches Kunstinstitut

LETTERATURA: Hollstein 1954-1998,
5, 124-125, cat. 724; Falk 1968, 67;
Augsburg 1973, cat. 41b, fig. 60:
Providence 1974, 110-111, cat. 42;
Falk 1980, 46, cat. 40; Detroit 1981,
212-213, cat. 114; Jakupski 1984,
78-79; Baer 1993, 29-30; Landau &
Parshall 1994, 198-201; London
1995b, 136-137, cat. 136.

Se si esclude Dürer, Hans Burgkmair è forse l'artista tedesco più
aperto alla cultura visiva nord-italia-
na del primo Cinquecento. Nato ad
Augusta nel 1473, il giovane Burgck-
mair esordì in uno stile tardo-gotico
influenzato da quello del suo maestro, Martin Schongauer (ca.
1435/1450-1491). Intorno al 1505-
1507 cominciano ad avvertirsi nella
sua produzione influssi veneti, lombardi e forse anche toscani. Fra le
sue opere più venezianeggianti figura certamente questa xilografia con
la Morte che aggredisce una coppia
di amanti.
Di questa stampa si conoscono tre
stati, il primo dei quali è datato
1510. Il secondo, non reca alcuna
data, ma vi è stato aggiunto il nome
dell'intagliatore, Jost de Negker di
Anversa. Costui era dotato di notevoli capacità tecniche e collaborava
spesso con Hans Burgkmair, contribuendo in modo sostanziale alla
produzione di opere grafiche di altissima qualità. Sembra, infatti, che
l'invenzione della xilografia a camaïeu sia da attribuire proprio a
questi due artisti di Augusta, autori,

Hans Burgkmair
*L'imperatore Massimiliano I a cavallo*
xilografia

tra l'altro, del *San Giorgio a cavallo* e
del *Ritratto equestre di Massimiliano
I*: due grandi stampe che risalgono
entrambe al 1508. In Germania questo metodo xilografico ebbe una fioritura soltanto momentanea, ma poco dopo Ugo da Carpi e altri cominciarono a loro volta a sperimentarne
una variante, il chiaroscuro, che in
Italia ebbe grande successo e venne
praticato a lungo (sulle origini del *camaïeu* e del chiaroscuro si veda Landau & Parshall 1994, 179-202; Amsterdam 1992, 12-15).
La xilografia esaminata in questa
scheda è straordinaria sotto vari
aspetti, sia per l'impianto complessivo e l'inserimento dei singoli motivi, sia sotto il profilo iconografico.
In una prospettiva architettonica di
impronta rinascimentale si sta svolgendo una scena di inaudita fero-
cia. La Morte si è avventata sulla figura giacente del giovane guerriero
e tenta di strappargli l'anima spa-
lancandogli la bocca con le mani.
La giovane fanciulla, presa dal terrore, sta cercando una via di scam-
po sulla sinistra, ma è ormai troppo
tardi: la Morte le blocca la fuga tenendo stretto tra i denti un lembo
della veste.
Il tema è quello del Trionfo della
Morte, che aveva una lunga tradizione in Germania come nei Paesi
Bassi, ma il linguaggio figurativo
dell'immagine sembra piuttosto di
origine classica e italiana. Il motivo
della giovane donna spaventata potrebbe derivare da un antico sarcofago (come quello di Medea, ora a
Basilea, Schmidt s.d., figg. 8-9; ringrazio del suggerimento l'amico
Hugo Meyer), mentre la figura del
guerriero supino ricorda vagamente
certe immagini di Andrea Mantegna (la figura verrà ripresa, qualche
anno dopo, da Luca di Leida in un
disegno raffigurante *Davide e Golia*; Held 1932 ritiene erroneamente
che il prototipo di Burgkmair fosse
proprio il disegno dell'artista neerlandese).
Lo scenario architettonico è decisamente veneziano: l'ornamentazione
del pilastro, sul lato destro, ma anche i grandi camini sullo sfondo, per
non parlare della prua della gondola
sul canale, fanno di quest'immagine
una specie di "morte a Venezia"
*avant-la-lettre*. Non c'è da stupirsi
che più di uno studioso abbia visto
in questa stampa la prova irrefutabi-
le di un viaggio di Burgkmair a Venezia, che andrebbe situato verso il
1507. A ben guardare, però, gli elementi venezianeggianti hanno tutti

un carattere assolutamente generico
(Jakupski 1984, 78-79). Nessun particolare sembra riconducibile a un
monumento o a un elemento caratteristico di Venezia ben preciso, perfino la prua della gondola è veneziana solo in apparenza. Nel complesso, l'immagine ci presenta una Venezia di seconda mano, desunta da
stampe e da disegni che Burgkmair
poteva avere visto restandosene
tranquillamente a casa, forse tramite
Erhard Radoldt, uno stampatore di
Augusta che era ritornato nella città
natale, dopo un viaggio a Venezia,
nel 1486, e che si era cimentato a sua
volta con la xilografia a colori. Si è
fatto osservare, per esempio, che lo
scenario architettonico della stampa
tradisce una certa somiglianza con
quello di un disegno di Gentile Bellini, dove è raffigurata una Processione (Chatsworth, collezione Devonshire; Landau & Parshall 1994,
393, nota 57), ma è evidente che
Burgkmair, per evocare un'atmosfera veneziana, si è ispirato non solo a
disegni come quello, ma sicuramente anche a stampe ornamentali.
Il significato della scena non è del
tutto chiaro. Nulla sembra suffraga-
re l'ipotesi che si tratti di un *memento mori* legato a un'epidemia di peste
(Augsburg 1973, cat. 41). Quello
che più colpisce è il contrasto tra la
violenza dell'azione che si sta svolgendo in primo piano e l'assoluta
quiete dello sfondo, ma questa considerazione, per il momento, non ci
fa fare nessun passo avanti sul piano
interpretativo.
Nel presente contesto, comunque,
va sottolineato che questa xilografia
rappresenta uno degli esempi più
spettacolari di quel gusto per l'architettura e l'ornamentazione veneto-
lombarde che caratterizza più di un
settore della cultura figurativa di
Augusta dei primi decenni del Cinquecento.

BA

73
Daniel Hopfer (1470-1536)
*Presentazione di Maria al Tempio*, 1522

acquaforte, 309 x 219 mm
scritta: DH; datato sullo scudo in alto a sinistra [MD]XXII
Vienna, Graphische Sammlung Albertina

LETTERATURA: Eyssen 1904, 55, cat. 35; Tietze-Conrat 1935, 105, fig. 67; Hollstein 1954-1998, XV, 43, cat. 8; Lauts 1962, 289, sotto cat. Z61; Koch 1981, 112, cat. 34; Baer 1993, 142.

L'importanza dell'estesa produzione grafica di Daniel Hopfer di Augusta sta nel fatto che le sue opere riproducono motivi o intere composizioni di altri artisti, e soprattutto stampe ornamentali italiane. In questo modo le sue opere grafiche svolsero un ruolo primario nella divulgazione del linguaggio figurativo rinascimentale nelle regioni meridionali della Germania. Hopfer, inoltre, fu uno dei primi incisori a praticare l'acquaforte su ferro (Landau & Parshall 1994, 323-327).
Questa stampa raffigura la *Presentazione di Maria al Tempio* in un grandioso contesto architettonico, che ha qualche vaga somiglianza con il cortile del Palazzo Ducale di Venezia. Erika Tietze-Conrat è stata la prima a osservare che la composizione del gruppo sulla destra e anche altri particolari dell'insieme corrispondono in modo sorprendente a quelli di un disegno dello stesso soggetto, attribuito a un seguace di Vittore Carpaccio, che appartiene alle Collezioni Reali di Windsor Castle (Muraro 1977, 81, fig. 87). Jan Lauts 1962, in seguito, ha suggerito che sia il disegno, sia la stampa di Hopfer potessero riprodurre, in qualche modo, uno dei dipinti eseguiti da

Carpaccio nel 1522-1523 per il palazzo del patriarca di Venezia a San Pietro di Castello. Ma quelle opere sono tutte perdute, e si tratta quindi di una semplice ipotesi.
La stampa, tuttavia, riflette indiscutibilmente l'arte di Carpaccio. Molti dei suoi elementi architettonici ci riportano effettivamente alle opere pittoriche dell'artista veneziano, compreso, per esempio, il doppio arco sullo sfondo, attraverso il quale si intravede uno scorcio di paesaggio. Più in generale, si potrebbe osservare che nelle pitture di Carpaccio non è raro imbattersi in un meccanismo compositivo che si avvale di una bassa pedana per ambientare, come su un palcoscenico, gli incontri tra i vari personaggi: una specie di basamento che è a sua volta parte di una complessa struttura architettonica. È difficile, se non impossibile, stabilire con certezza se la stampa riproduca fedelmente un dipinto ben preciso di Carpaccio, o se si tratti invece di un *pastiche* di motivi carpacceschi, abilmente combinati dall'incisore tedesco per dare vita a un'immagine nuova. In certi casi Hopfer ha copiato direttamente le composizioni monumentali degli artisti italiani del Rinascimento, come ad esempio nella stampa che riproduce l'impianto compositivo di uno degli affreschi di Mantegna della chiesa degli Eremitani a Padova (Hollstein 1954-1998, XV, 49, cat. 14). In questo caso si può verificare come l'artista si sia concesso non poche libertà rispetto all'originale del maestro padovano. In altre occasioni, invece, Hopfer ha inserito qualche elemento decorativo rinascimentale, spesso "padano", in composizioni apparen-

temente di sua esclusiva invenzione (si veda, per esempio, Hollstein 1954-1998, XV, 47, cat. 12, 60-61, cat. 28, 76, cat. 45, ecc.). Se ne potrebbe forse concludere che probabilmente nemmeno la stampa in esame era una copia fedelissima di un originale perduto di Carpaccio.
Ci sembra opportuno insistere sul fatto che il linguaggio figurativo rinascimentale, più o meno genericamente veneziano, veicolato dalle stampe di Hopfer, ha esercitato un influsso primario sull'evoluzione artistica della Germania meridionale. In questo specifico contesto, ad esempio, si può far notare come nel grande dipinto con *Ester e Assuero* della Alte Pinakothek di Monaco, del 1528, Hans Burgkmair abbia desunto gran parte dei motivi venezianeggianti, compreso l'impianto compositivo, proprio da due incisioni di Hopfer: la libera copia da Mantegna che abbiamo appena ricordato e questa *Presentazione al Tempio* carpaccesca (si veda anche, a questo proposito, l'Introduzione alla presente sezione).

BA

Seguace di Vittore Carpaccio, *Presentazione di Maria al Tempio*
Windsor Castle, Royal Library

## 74
### Jörg Breu il Vecchio (ca. 1475/80-1537)
*Storia di Lucrezia*, 1528

penna, inchiostro e tempera su carta grigio-azzurra, 213 x 312 mm
Budapest, Szépmüvészeti Múzeum inv. 62

LETTERATURA: Büchner 1928, 368, fig. 271, 370; Morrall 1998.

Nel 1528 il pittore augustano Jörg Breu il Vecchio eseguì la prima delle quattordici tavole di un ciclo dedicato agli eroi e alle eroine dell'antichità classica e del Vecchio Testamento, commissionato da Guglielmo IV, duca di Baviera, e da sua moglie Jacobäa. Breu dipinse la *Storia di Lucrezia* e, qualche anno dopo, la *Vittoria di Scipione su Annibale a Zama*; le altre opere vennero assegnate ad Albrecht Altdorfer (*Alessandro Magno a Isso*), Barthel Beham (*L'imperatrice Elena*), Hans Burgkmair (*Ester e Assuero; la Vittoria di Annibale a Canne*), Melchior Feselen (*Clelia e Giulio Cesare all'assedio di Alesia*), Ludwig Refinger (*Orazio Coclite; Vittoria di Tito Manlio Torquato; Sacrificio di Marco Curzio*), Abraham Schöpfer (*Muzio Scevola*) e Hans Schöpfer (*Virginia e Susanna*). Il ciclo, che comprende alcuni dei massimi capolavori della pittura tedesca rinascimentale ed è ora diviso tra Monaco (Alte Pinakothek) e Stoccolma (Nationalmuseum), era destinato ad abbellire la Residenz di Monaco, ma non sappiamo esattamente dove fosse stato collocato. L'ambiziosa impresa si ricollegava a una tradizione del tardo Medioevo, quando era invalso l'uso di decorare le residenze principesche o i palazzi pubblici con immagini degli "uomini illustri" o dei nove eroi ed eroine della storia antica. Il linguaggio figurativo adottato nella maggior parte dei dipinti del ciclo di Guglielmo IV è quello classicistico di origine italiana, più precisamente veneziana: una scelta senza dubbio deliberata e dettata da motivi di carattere ideologico, come risulta inequivocabilmente dalla *Storia di Lucrezia* del 1528. Jörg Breu, uno dei più insigni pittori di Augusta, si esprimeva di regola in uno stile tardogotico fortemente espressivo, ma la grande tavola differisce talmente dalla sua maniera consueta da far pensare che l'artista si fosse dovuto adeguare alle indicazioni fornitegli dal committente o dalla persona da lui incaricata di redigere il programma del ciclo.

Il presente disegno è uno studio di composizione preliminare per la *Storia di Lucrezia*. Sul foglio è tracciata una rete di linee ortogonali che convergono nel punto di fuga, oltre ad alcune linee orizzontali del tipo prescritto dall'Alberti per fissare il sistema prospettico. È stato osservato (Morrall) che il reticolo potrebbe essere stato aggiunto dall'artista *dopo* avere condotto a termine il disegno preliminare, nel chiaro tentativo di unificare razionalmente la composizione, forse – si potrebbe aggiungere – su preciso suggerimento del committente.

L'impianto compositivo del dipinto segue abbastanza fedelmente quello del disegno, ma ciò che sorprende è soprattutto il diverso abbigliamento dei personaggi. Nel disegno le figure indossano vesti liberamente ispirate alla moda aristocratica dell'epoca, ma nel dipinto sono invece agghindate "all'antica", anche se con risultati vagamente esotici. Anche qui il cambiamento può essere legato a un intervento del committente, desideroso di vedere ulteriormente accentuato il carattere classico della rappresentazione.

Breu si era preparato con grande cura ad affrontare questa sfida per lui del tutto nuova. La sua messinscena si basa sulla *Calunnia di Apelle*, un'incisione del veneziano Girolamo Mocetto, copiata dal pittore tedesco su un foglio a penna del British Museum di Londra (Dodgson 1916). Lo sfondo architettonico della stampa di Mocetto è una veduta un poco fantasiosa del campo dei Santi Giovanni e Paolo a Venezia, trasformata da Breu in un grandioso ambiente rinascimentale, che si affaccia su una piazza circondata da edifici classici. L'ornatissimo lessico architettonico non sembra però ispirato a un esempio italiano ben preciso. Più che a Roma – che l'artista, secondo i suoi biografi moderni, avrebbe visitato (Bushart 1994, 252-259; ma si vedano anche le osservazioni di Cuneo 1998, 62-63, piuttosto scettica al riguardo) – la composizione ci rimanda a Venezia e ai teleri di tema narrativo di Gentile Bellini, Carpaccio ed altri artisti ancora, eseguiti negli anni intorno al 1500. E altrettanto si può dire, perlomeno in termini generali, della maggior parte degli altri dipinti della serie. È chiaro che i grandi cicli delle Scuole e di Palazzo Ducale, che nella Venezia del terzo decennio del Ciquecento erano già obsoleti, costituivano un modello ancora valido per una decorazione pittorica "di rappresentanza" come quella commissionata dal duca di Baviera.

Sul preciso significato del ciclo e della *Lucrezia* in particolare resta ancora qualche incertezza. La composizione di Breu illustra tre momenti chiave della tragica vicenda della bella moglie di Lucio Tarquinio Collatino, imparentato con l'ultimo re di Roma, Tarquinio il Superbo. Violentata dal figlio di quest'ultimo, Sesto Tarquinio, Lucrezia mandò a chiamare il marito e il padre e denunciò l'aggressore. Poi, vistasi privata della virtù, prese un pugnale e si uccise. Davanti al suo corpo esanime, l'amico di Collatino, Lucio Giunio Bruto, incitò la folla a scacciare il sovrano e i suoi figli, segnando così l'inizio della repubblica romana. La storia era vista come il trionfo della Virtù sul Vizio, o quello del Buongoverno sulla Tirannia. Quest'ultima interpretazione potrebbe fornire una chiave di lettura del contenuto ideologico dell'opera (ma si vedano anche le recenti proposte di Cuneo 1998, e di Greiselmayr 1996).

BA

Jörg Breu il Vecchio, *Storia di Lucrezia*. Monaco, Alte Pinakothek

75
Anonimo tedesco meridionale
*La superbia di Baldassarre*, 1544

olio su tavola, 154,5 x 108 cm
scritta: DANIELIS V.CA.
Schwerin, Staatliches Museum
inv. G 722

PROVENIENZA: Duca Ludovico X, Residenz di Landshut (?); collezione privata, Amburgo, ca. 1850.
LETTERATURA: Gmelin 1966, 107, cat. 69; Hegner 1990, 23-24, cat. 18; Löcher 1995, 42; Erichsen 1998.

Questo sorprendente dipinto ci presenta, in un'elaborata scenografia architettonica, sei diversi episodi del racconto biblico del convito del re di Babilonia, Baldassarre (*Dn* 5, 1-30). Due servi, nel cortile a pianterreno, stanno recando al sovrano l'oro e l'argento sottratti al tempio di Gerusalemme. Sulla parete della loggia al primo piano, dove si sta svolgendo il banchetto, appare la misteriosa scritta "*mene mene tekel upharsin*". La storia continua sotto le quattro arcate del secondo piano, dove, partendo da sinistra, assistiamo al colloquio fra Baldassarre e la madre (che propone di consultare Daniele), al vano tentativo dei saggi di leggere la scrittura, alla spiegazione di Daniele e alla nomina di quest'ultimo a dignitario del regno. Le scene si svolgono nel cortile di un palazzo rinascimentale; un secondo atrio è visibile sullo sfondo. È già stato osservato che l'architettura del pianterreno rispecchia quella del cosiddetto "edificio italiano" (*walchenhauss*) della Residenz di Landshut, una delle cinque città ducali della Baviera. Questa straordinaria costruzione italianeggiante, eretta tra il 1536 e il 1543 e attribuita alla bottega mantovana di Giulio Romano, è uno dei primi casi di adozione del linguaggio architettonico

rinascimentale in terra tedesca. Prendendo a modello per la propria reggia il Palazzo Te di Mantova, la villa suburbana di Federico Gonzaga, anche il duca della Baviera Inferiore, Ludovico X, intendeva presentarsi come un moderno principe umanista. Ed è evidente, dopo quanto si è detto, che il dipinto in esame venne eseguito proprio per Ludovico X, probabilmente per essere collocato in una sala della Residenz, tuttora adorna di insigni opere d'arte (affreschi, dipinti, stucchi) di artisti italiani o italianeggianti. Purtroppo non sappiamo nulla delle vicende del dipinto anteriori alla metà dell'Ottocento, nessuno degli inventari della Residenz di Landshut ne reca traccia. La tavola, comunque, presenta chiare analogie con alcuni dei dipinti del ciclo eseguito fra il 1527 e il 1540 per la Residenz di Monaco, su commissione di Guglielmo IV, duca della Baviera Superiore e fratello maggiore di Ludovico X (Goldberg 1983). Le coincidenze riguardano soprattutto certi aspetti formali particolarmente evidenti nelle opere di Hans Schöpfer il Vecchio e di Ludwig Refinger: i due artisti che gli studiosi hanno chiamato in causa per risolvere la questione attributiva del dipinto in esame. L'impianto architettonico e figurativo di certe opere del ciclo di Monaco, compreso il *Sacrificio di Marco Curzio* di Refinger, tradiscono una qualche eco dei teleri di soggetto storico che venivano eseguiti a Venezia, intorno al 1500, per decorare gli edifici pubblici e in particolare le Scuole. Che i prototipi di Gentile Bellini, Vittore Carpaccio e altri artisti veneziani fossero guardati con attenzione nelle regioni meridionali della Germania è dimostrato

da più di un esempio (cat. 73), ma quello offertoci dal dipinto in esame è davvero clamoroso. Contrariamente a quanto si è detto di recente (Erichsen 1998), questa *Superbia di Baldassarre* non ha nulla in comune con i fondali architettonici dei dipinti di Paris Bordone (peraltro tutti successivi, a quanto ci risulta, al 1544) e prende piuttosto lo spunto dalla pittura narrativa veneziana dei tempi di Carpaccio. Pur adottando un linguaggio centro-italiano per definire la struttura architettonica, l'anonimo pittore della tavola di Schwerin segue senz'alcun dubbio modelli veneziani e più in particolare certi teleri di Giovanni Mansueti. Si vedano, ad esempio, nel ciclo della Scuola di San Marco, la *Guarigione di Aniano* (Ospedale Civile, Venezia), il *Battesimo di Aniano* (Pinacoteca di Brera, Milano) e gli *Episodi della vita di San Marco* (Ospedale Civile, Venezia; si veda Brown 1988, 124, fig. 76; 203, fig. 122; 204, fig. 123). Possiamo concludere suggerendo che il dipinto ora a Schwerin – forse parte, in origine, di una serie di opere più estesa – potesse costituire una specie di risposta del duca della Baviera Inferiore allo spettacolare ciclo di storie commissionato da Guglielmo IV. Si è spesso ipotizzato che il ciclo monacense intendesse trasmettere uno specifico messaggio politico o politico-culturale, ancora in parte da chiarire (si veda, da ultimo, Greiselmayer 1996). Forse la tavola di Schwerin potrebbe essere vista come un'allegoria del principe cristiano (Ludovico X – Daniele) che, sfidando le forze oscure dell'Anticristo (o piuttosto della tirannia – Baldassarre), riesce a instaurare il regno ideale.

BA

Giovanni Mansueti, *Episodi della vita di San Marco*
Venezia, Ospedale Civile

76

Attribuito a Benedetto Diana (ca. 1460-1525)
*Disegno per una pala d'altare*, ca. 1500

penna, pennello e inchiostro bruno
su matita, 350 x 282 mm
scritta: "NELLO CHIESA DI R:R:P:P:
EREMITANI IN PADOA; LA NATIVITA
DEL S.OR/IESU I SEPULCRO/EL NRO SI-
GOR I CROCE"
Londra, The British Museum
inv. 1943-7-10-1

LETTERATURA: Popham 1947, 226,
fig. 184; Frerichs 1966, 5-6, fig. 4;
Gilbert 1977, 19, 27, n. 65, fig.
17; Humfrey 1986, 74, 231, fig. 10; La
Basilica 1990, 97, 137, n. 19; Humfrey 1993, 138, 151, fig. 135.

Il foglio è un tipico esempio di disegno da sottoporre all'approvazione
del committente di un dipinto, sug-
gellando così l'accordo tra le parti. I
disegni cinquecenteschi di questo tipo non sono affatto rari, tanto da
farci ritenere che quella di produrli
in occasione della stipula di un contratto fosse una consuetudine abbastanza diffusa. L'esempio che presentiamo è il modelletto di un trittico con l'*Assunzione della Vergine*
nello scomparto centrale, affiancato
da due coppie di santi identificabili
con Giovanni Battista e Antonio (a
destra) e un santo vescovo con (forse) San Nicola sulla sinistra. Sopra i
due scomparti laterali sono raffigurati l'arcangelo Gabriele e la Vergine
annunciata (quest'ultima rimasta allo stadio di traccia preliminare). La
scritta specifica che nella predella
dovevano essere illustrate tre scene
della vita di Cristo. La precisione
con la quale è stata disegnata la cornice ha giustamente indotto Peter
Humfrey (1993) a suggerire che il
foglio, dopo il *placet* del committente, dovesse essere passato al corni-
ciaio per servirgli da modello. A ben
guardare, scopriamo che il disegnatore ha proposto due soluzioni alternative per la cornice: il pannello di
destra è affiancato da due pilastri
con una decorazione presumibilmente a grottesche, e quello di sinistra da due colonne con ornati classicheggianti leggermente diversi l'u-
no dall'altro. Non sapremo mai su
quale delle due proposte fosse caduta la scelta, in quanto non risulta che
la pala – destinata, secondo la scritta, alla chiesa degli Eremitani a Padova – sia stata realizzata. L'unico
dipinto di questo tema esistente agli
Eremitani è l'affresco di Mantegna
nella cappella Ovetari, che segue peraltro una tipologia diversa da quella del disegno, (cfr. Lightbown 1986,
figg. 21, 22). L'attribuzione del foglio al veneziano Benedetto Diana,

forse allievo di Lazzaro Bastiani e
certamente influenzato soprattutto
da Giovanni Bellini, è stata suggerita
con la dovuta cautela da Popham
(1947). Pur non conoscendo alcun
disegno sicuro di questo artista, lo
studioso avvertiva qualche somiglianza tra il foglio e l'*Assunta* della
chiesa di Santa Maria della Croce a
Crema, commissionata al Diana nel
1501. Ma Giulio Bora (in La Basilica
di Santa Maria della Croce 1990) ha
giustamente respinto la proposta,
riaprendo così la questione della paternità del foglio. Da parte nostra
abbiamo mantenuto l'ascrizione ormai tradizionale perché, in fin dei
conti, il disegno risulta essere un lavoro veneziano del 1500 circa, oltre
al fatto che la sua somiglianza tipologica con l'*Assunta* di Bellini della
chiesa di San Pietro Martire a Murano (Robertson 1968, tav. CV) perlomeno non pare contraddire aprioristicamente un'attribuzione come
questa.
Proponiamo il foglio nella presente
mostra perché ci sembra che opere
grafiche di questo genere possano
avere avuto un qualche ruolo nella
disseminazione di schemi architettonici e decorativi padani nei paesi di
lingua tedesca, soprattutto nell'area
di Augusta, quella più esposta a influssi di questo tipo (si veda ad
esempio cat. 72).

BA

nella Chiesa di R. R. P. P. Eremitani in Padoa

la nascita M.ª        Gesu i sepulcro        el suo signor i ...

355

77
Albrecht Altdorfer (ca. 1480-1538)
*Altare della Schöne Maria*, ca. 1520

xilografia, 301 x 214 mm
Berlino, Staatliche Museen Preussischer Kulturbesitz, Kupferstichkabinett, inv. 53

LETTERATURA: Hollstein 1954-1998, I, cat. 53; Winzinger 1963, 85-86, cat. 90; Koch 1980b, 156, cat. 50; Berlin 1988, 220, cat. 114.

Il grandioso altare raffigurato da Albrecht Altdorfer in questa xilografia contiene un'immagine della Madonna con il Bambino, affiancata nelle nicchie laterali da due coppie di santi: Cristoforo e Maddalena (a sinistra) e Floriano e Caterina (a destra). Sopra la Vergine, di fronte all'architrave, appare lo Spirito Santo, mentre più in alto, sotto l'arco, troneggia l'Eterno (non il Redentore, come vorrebbe Winziger 1963, 85). L'esemplare del Kupferstichkabinett di Berlino è una bellissima prima impressione; della stampa, in totale, si conoscono tre stati.
La xilografia fa parte di una serie concepita in relazione con la cappella della cosidetta "Schöne Maria" (Bella Maria) di Ratisbona, popolarissima meta di pellegrinaggio. Il santuario venne eretto nel 1519 sulle fondamenta della sinagoga di Ratisbona, che era stata appena rasa al suolo dopo l'espulsione degli ebrei dalla città. In qualche modo, Altdorfer doveva essere direttamente coinvolto nella vicenda, visto che un

giorno prima della demolizione della sinagoga aveva eseguito due disegni dell'atrio e dell'ambiente principale del tempio, utilizzandoli in seguito per produrre due stampe. La scritta autografa su uno dei fogli, che definisce quella vandalica distruzione un gesto compiuto "su giusto decreto di Dio" (nach Gottes gerechtem Ratschluss), non lascia dubbi sulle opinioni personali dell'artista. Fra le stampe di Altdorfer legate al culto della "Schöne Maria" si distinguono in modo particolare la xilografia che riproduce l'icona bizantina (Winzinger 193, 84, cat. 89) e quella ora in esame, che dovrebbe rispecchiare il progetto originale dell'artista per l'altare della chiesa (Winzinger 1963, 85). Come si nota spesso nelle opere della Germania meridionale di questo periodo, la tipologia e i particolari dell'architettura riflettono la conoscenza di prototipi italiani e soprattutto veneziani. La struttura di base è quella dell'arco trionfale, desunta dai maestosi monumenti funerari del primo Rinascimento italiano, come le tombe degli Sforza di Andrea Sansovino nella chiesa romana di Santa Maria del Popolo o quelle nella chiesa dei Santi Giovanni e Paolo a Venezia. L'altare di Altdorfer sembra combinare insieme forme derivate dalle tombe dei dogi Pietro Mocenigo e Andrea Vendramin, progettate rispettivamente da Pietro e Tullio Lombardo. Il monumento Vendramin godeva di notevole popolarità presso gli artisti tedeschi (si vedano il saggio di Bruno Bushart e l'Introduzione a questa sezione): pur trasformandolo completamente, Altdorfer ne ha conservato il robusto sistema tripartito. Le nicchie laterali derivano invece dal monumento Mocenigo, mentre la sovrabbondante decorazione di gusto rinascimentale sembra ispirata alla scultura in bronzo di ambito veneto. Il successo di questa *aemulatio* del linguaggio architettonico lombardesco fu comunque grande, come dimostra il fatto che già nel 1521 la stampa venne imitata in una xilografia attribuita a Hans Weiditz e stampata ad Augusta da Jost de Negker (Geisberg 1974, IV, 1501, G. 1545).

BA

Pietro Lombardo
*Monumento a Pietro Mocenigo*
Venezia, Santi Giovanni e Paolo

78
Peter Flötner (1485/96 - 1546)
Disegno per una pala con la *Trasfigurazione*, ca. 1530-1535

penna e inchiostro nero acquerellato, 310 x 196 mm
Erlangen, Graphische Sammlung
der Universität, inv. B 357

LETTERATURA: Bock 1929, 102, cat.
357; Rasmussen 1974, 93-94, fig. 21;
Nürnberg 1986, 436-437, cat. 247.

Peter Flötner, scultore, medaglista,
intagliatore in legno e disegnatore,
maturò artisticamente nella cerchia
'italianeggiante' di Augusta nel secondo decennio del Cinquecento.
Le esperienze fatte con artisti come
Hans Daucher e Hans Burgkmair lo
indussero forse a intraprendere un
viaggio in Italia, che andrebbe situato verso il 1520-1521, come è stato
suggerito dalla critica. A partire dal
1522, comunque, si stabilì a Norimberga, diventando presto uno degli
artisti più ricercati della città.
Questo disegno – un prodotto del
periodo norimberghese – è il progetto per una pala d'altare con una
complicata cornice classicheggiante,
completamente finita sul lato sinistro, mentre a destra il disegnatore si
è limitato a tracciare i contorni, senza completare l'ornato e le altre rifiniture. Ignoriamo se l'ambizioso
progetto sia mai stato realizzato. Apparentemente Flötner si è ispirato al
cosiddetto altare Landauer di Albrecht Dürer, del 1508-1511, che costituisce il primo autorevole tentativo
di introdurre in Germania la tipologia della pala d'altare con un'elaborata cornice architettonica all'italiana (Anzelewski 1991, I, 231-233, cat.
118, II, tavv. 122, 123). La decorazione di sapore classico, disegnata con
grande maestria ed eleganza, tradisce una notevole familiarità con il
linguaggio rinascimentale nord-ita-
liano ed è paragonabile agli abbelli-

menti introdotti dallo stesso Flötner
in una spettacolare stampa con il disegno di un portale, che è databile
attorno al 1540 e potrebbe riecheggiare certi particolari di monumenti
di Verona e Ferrara (Hollstein 1954-
1998, VIII, [1968], 148, cat. 66; cfr.
anche Bange 1926, 34, cat. 49). Sembra però difficile ricondurre i vari
elementi ornamentali del nostro disegno ad architetture realmente esistenti in Valpadana, anche se esiste
qualche analogia con il linguaggio
decorativo degli scultori in bronzo
padovani, e in particolare con quello
di Andrea Riccio e della sua scuola
(si veda, per esempio, Planiscig
1927, 231, fig. 262). Per le sue invenzioni Flötner sembra avere utilizzato liberamente motivi tratti da
bronzi o da stampe italiane, come
quelle dei vari maestri lombardi o
della scuola di Mantegna. Come Daniel Hopfer ad Augusta (cat. 73), Peter Flötner è stato indubbiamente
uno dei più insigni divulgatori del-
l'ornato rinascimentale in terra tedesca, soprattutto tramite le sue numerose incisioni.
L'iconografia della pala è piuttosto
complessa e merita qualche osservazione. Gli scheletri e i mostri infernali raffigurati nella predella la identificano con il regno dei morti, scon-
fitto dal Cristo che domina l'immagine centrale ed è visto nel momento
della sua Trasfigurazione. Il trionfo
finale del Salvatore – la Resurrezione – è celebrato invece sulla cimasa.
Alla figura di Mosè, che simboleggia
il Vecchio Testamento sul lato sinistro, doveva corrispondere sulla destra l'immagine di San Giovanni
Evangelista, rimasta però allo stato
di abbozzo. Lo stile piuttosto rigido
della scena centrale ricorda la maniera degli artisti della scuola del Danubio. Proprio come faceva Altdorfer
in questi stessi anni (cat. 101), anche
Peter Flötner riesce a conciliare in
un'unica opera due tendenze apparentemente agli antipodi: l'"espres-
sionismo" danubiano e il classicismo
di origine italiana.

BA

Albrecht Dürer, *La Trinità* (altare
Landauer), ricostruzione della pala con
la cornice originale

79
Albrecht Altdorfer (ca. 1480-1538)
*Progetto di decorazione per il palazzo del vescovo di Ratisbona*
ca. 1530

penna e inchiostro bruno, pennello e acquerelli, quadrettato a sanguigna per il trasferimento, 262 x 404 mm
Firenze, Gabinetto Disegni e Stampe degli Uffizi, inv. 1698 Orn

LETTERATURA: Halm 1932; Winzinger 1952, 95, cat. 112; Rasmo 1955; Rasmo 1967, 125; Berlin 1988, 268-269, cat. 171; Firenze 1988, 29-30, cat. 30, fig. 31.

Come ha stabilito Peter Halm (1932), questo interessantissimo foglio, purtroppo in condizioni di conservazione non buone, è il modello per la decorazione a fresco della parete d'ingresso del cosiddetto "bagno imperiale" della corte vescovile di Ratisbona. Il nome ricorda il fatto che l'imperatore, quando veniva in visita a Ratisbona per il "Reichstag", soleva soggiornare nella residenza del vescovo. Gli affreschi furono riscoperti dopo un incendio nel 1887, ma solo alcuni frammenti sopravvissero alla successiva (vandalica) demolizione dell'edificio. Ventidue di questi sono ora conservati nello Städtisches Museum di Ratisbona, mentre un unico pezzo è finito nello Szépmüvészeti Múzeum di Budapest (Pigler 1936). Si tratta dell'unico progetto su carta per una decorazione ad affresco eseguita da Altdorfer giunto fino a noi, e quindi di un documento di eccezionale valore.
Alcune foto, riprese prima della demolizione, ci permettono, insieme con il disegno, di formarci un'idea dell'aspetto originale della decorazione. Domina la composizione un grande portale d'ingresso classicheggiante, affiancato da due grandi arcate. Due rampe di scale conducono alla balconata del secondo piano, dove alcuni spettatori elegantemente vestiti osservano gli uomini e le donne nudi che si stanno bagnando nelle grandi vasche del cortile. L'im-

pianto riflette bene l'interesse che Altdorfer aveva sempre dimostrato per l'architettura nelle sue imprese più ambiziose; basti pensare allo straordinario dipinto con la *Storia di Susanna* della Alte Pinakothek di Monaco. Come nella tavola di Monaco, anche qui l'artista tradisce l'influsso dell'elegante e decorativo linguaggio architettonico classicheggiante in voga nel primo Cinquecento nel Veneto e in Lombardia, che riscuoteva grande successo anche nella Germania meridionale. Nicolò Rasmo (1955, 1967) ha rilevato parallelismi davvero interessanti fra il sistema decorativo adottato nel disegno degli Uffizi e quello della scala d'accesso dalla loggia del cortile dei Leoni al piano superiore del Castello del Buonconsiglio di Trento, decorato con affreschi di Girolamo Romanino. Le somiglianze sono così stringenti, anche nei particolari, che è difficile sottrarsi alla conclusione che Altdorfer avesse visitato Trento verso il 1530. Il disegno è databile allo stesso periodo, secondo l'opinione concorde della critica.
L'iconografia del foglio si riallaccia a una tradizione fiamminga e tedesca di immagini di bagni che risale almeno al Trecento. Un esempio precoce di questo tipo di dipinti, già nella casa del conte Johann von Eberstein di Magonza, non ci è pervenuto ma è descritto in un trattato del 1383-1387. Attorno alla metà del Quattrocento l'umanista italiano Bartolomeo Fazio descrisse un dipinto – anch'esso perduto – di Jan van Eyck con alcune bagnanti, che apparteneva alla collezione del cardinale Ottaviano ed era molto ammirato in Italia. La xilografia di Albrecht Dürer con un *Bagno* (Strauss 1980, 79) sono, con la decorazione di Altdorfer, tardi esemplari di questa tradizione profana tardomedievale e del primo Rinascimento.

BA & AJM

Cortile dei Leoni
Castello del Buonconsiglio, Trento

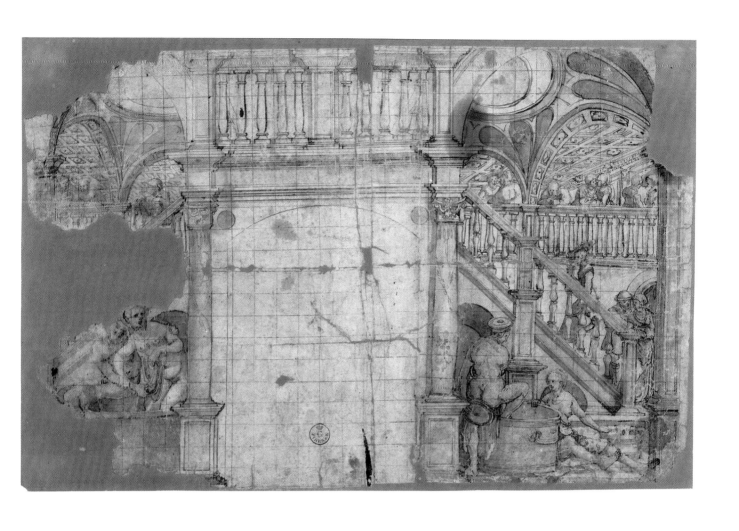

80

Copia d'epoca da Hans Holbein il Giovane (1497/98-1543)
*Studio per gli affreschi della casa "zum Tanz" (facciata sulla "Eisengasse"), ca. 1523*

penna e acquerello, 571 x 339 mm
Berlino, Staatliche Museen Preussischer Kulturbesitz, Kupferstichkabinett

BIBLIOGRAFIA: Klemm 1972; Müller 1988, 102-114, nr. 28-30; Becker 1994; Bätschmann & Griener 1997, 70-77 e 120-122.

L'artista, nato ad Augusta, figlio di Hans Holbein il Vecchio, è documentato per la prima volta nel 1515 a Basilea assieme a suo fratello Ambrosius (per la vita del pittore cfr. Reinhardt 1982; Rowlands 1985; Müller 1988). Nel 1516 ottenne nella città tedesca i suoi primi incarichi pubblici (ritratti, illustrazioni librarie, progetti per stemmi). Nel 1517-1518 Holbein affrescava a Lucerna la facciata della casa del borgomastro Jakob von Hertenstein (distrutta): nei Trionfi di Cesare che qui dipinse con altri soggetti il giovane pittore si mostrava chiaramente influenzato dal Mantegna le cui opere aveva conosciuto attraverso disegni o incisioni oppure durante un breve viaggio in Italia. Dal 1519 di nuovo a Basilea, palesa ora anche una forte influenza di Dürer e Baldung Grien. Nel 1521 Holbein ottenne l'incarico di affrescare il nuovo municipio, e ancora nella prima metà degli anni venti deve aver progettato e poi eseguito con aiuti la decorazione ad affresco della facciata della casa detta "zum Tanz" (al ballo). Nel 1524 si recava in Francia, poi negli anni 1526-1528, passando per Anversa, in Inghilterra (munito di una lettera di raccomandazione di Erasmo da Rotterdam), dove si trasferì definitivamente dopo un rinnovato soggiorno in una Basilea sempre più sconvolta dall'iconoclastia protestante nel 1532. Pittore di corte dal 1536, Holbein intraprese ancora vari viaggi sul continente per ordine di Enrico VIII. Al nome di Holbein, a parte la *Madonna di Darmstadt*, si associa-

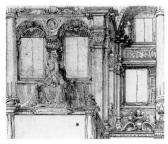

Hans Holbein il Giovane
*Progetto per la decorazione di una facciata con imperatore in trono*
Basilea, Öffentliche Kunstsammlung

no soprattutto ritratti, fra cui quello di Erasmo e di numerosi cortigiani inglesi. Ma all'inizio contribuiscono in misura determinante alla sua fama decorazioni monumentali, tra cui le facciate affrescate, tutte perdute. Dei pochi disegni conservati, eseguiti in vista di tali lavori, fa parte il *Progetto per una decorazione di facciata con imperatore in trono* (ca. 1524, Öffentliche Kunstsammlung, Basilea), forse per l'affrescatura della casa basilense 'zum Kaiserstuhl' (alla sedia dell'imperatore) o per quella detta 'zum Kaiser Sigismind' (all'imperatore Sigismondo) (Klemm 1972, 169-170). L'invenzione architettonica con la serie di pilastri scorciati verso il fondo potrebbe dipendere da un'incisione di Bernardo Prevedari, *Interno di un edificio sacro in rovina* (1481, da un disegno di Bramante), recepito anche da Holbein nei suoi progetti per la casa 'zum Tanz'. Per l'immobile, posseduto dall'orafo di Basilea Balthasar Angelrot, che si trovava all'angolo fra la Eisengasse (vicolo del ferro) ed il Tanzgässlein (piccolo vicolo del ballo), si è conservato un primo, autografo progetto per la facciata sulla Eisengasse (Öffentliche Kunstsammlung, Basilea). Il disegno da Holbein qui esposto mostra un sostanziale sviluppo dell'iter progettuale, e dovrebbe – secondo l'opinione corrente – documentare più da vicino lo stato effettivamnete eseguito delle pitture (un simile foglio a Basilea e una ricostruzione dell'insieme sotto forma di modello sono pubblicati in: Müller 1988, 111 e 102 con fig.). Sopra robuste e basse arcate al pianterreno, dietro le quali è finto un portico con parallele arcate cieche, però a sesto acuto, si trova la raffigurazione di un fregio con uno sfrenato ballo di contadini – probabilmente alludente al nome della casa. La sovrastante serie di vere finestre è interrotta a sinistra da un setto murario affrescato con un guerriero. Ancora sopra si sviluppa un finto balcone su mensole con balaustra, coperto da un'ariosa loggia con fuga prospettica di alte colonne corinzie, che copre in parte una retrostante architettura simile ad un arco trionfale antico (ciò non accade nel primo progetto), dalla complessa struttura, su cui troneggiano in alto mitiche creature marine. Nella zona più alta la casa sembra trovarsi ancora in costruzione, oppure già in rovina: qui sono deposti utensili, alcune murature sono incomplete, a sinistra in alto si vede un albero, accanto un

pavone. Sulla facciata sul Tanzgässlein (copia del disegno-progetto di Holbein nella Öffentliche Kunstsammlung, Basilea, fig. in Müller 1988, 114) le arcate su colonne del pianoterra proseguono per un tratto ma poi si interrompono bruscamente, sostituite da pilastri del tutto eterogenei, per di più posti su livelli diversi. Similmente, anche la danza rustica, interrotta da un'alta arcata asimmetrica, non viene proseguita dall'altra parte, dove accanto a una colonna sta isolato il solo Bacco col suo cataro. A parte la costruzione architettonica, anche qui caratterizzata da fughe prospettiche e squarci inaspettati verso l'interno, su questa facciata è degno di nota soprattutto un guerriero con mazza, posto più in alto, su un cavallo che si inalbera (obliquamente sotto di lui, un giovane soldato alza spaventatissimo la mano).

In queste due facciate Holbein ha confuso vari livelli di mimesi: le teste scolpite negli oculi, le figure della mitologia classica e quelle prese dalla vita quotidiana sembrano poste in corrispondenza reciproca, come facessero parte di uno stesso mondo. Inoltre ha deliberatamente infranto tutte le classiche regole dell'architettura, ottenendo un risultato anche più divertente e sconcertante di quello nel "Hertensteinhaus" di Lucerna, dove gli scomparti erano stati ordinati in maniera ancora chiara, così che sarebbe impossibile voler scoprire nell'insieme un concetto iconografico. Considerato che il foglio conservato è stato colorato solo in parte, dobbiamo ricostruire con l'immaginazione una vivacità esaltata dai colori. La situazione nella parte alta della facciata sulla Eisengasse ci fa venire in mente le architetture di fantasia che compaiono nei teleri realizzati attorno all'anno 1500 per l'arredo delle Scuole veneziane, per esempio la *Miracolosa guarigione della figlia di Benvegnudo da San Polo*, dipinta dopo il 1502 da Giovanni Mansueti (Gallerie dell'Accademia, Venezia). Il cavaliere che balza fuori dalla facciata Holbein lo aveva già proposto – ma non tanto strepitosamente – nella figura di Marco Curzio sulla facciata del Hertensteinhaus. Per la casa 'zum Tanz' il pittore potrebbe aver tratto lo spunto da un affresco dipinto nel 1516 da Thomas Schmid nell'ex convento Sankt Georgen a Stein am Rhein (posto a ca. 100 km. a est di Basilea; Bätschmann & Griener 1997, 120, fig. 163).

È da tener presente però anche la lunga tradizione di pitture di facciata nella città natale di Holbein, Augusta. Dalle fonti testuali ed iconografiche veniamo purtroppo a sapere ben poco degli affreschi sulle case dei Fugger presso il Mercato del Vino ([Fuggerhäuser] am Weinmarkt') del 1514-1515. Un'incisione su rame di Jakob Custos (1634) ci mostra però, in una struttura di finte architetture poco elaborate, almeno due rappresentazioni di cavalli che si inalberano. Questi ultimi potrebbero essere stati ispirati dagli affreschi di Giorgione sulla facciata sul canale del Fondaco dei Tedeschi, o da altri modelli veneziani ancora precedenti al 1500 (cfr. l'Introduzione a questa sezione e cat. 82; sull'affrescatura delle case dei Fugger nell'Ottocento cfr. Martin 1996b, 328-332). Non è perciò da escludere che il giovane Holbein possa aver recepito novità veneziane ad Augusta, prima ancora di trasferirsi a Basilea. Nel 1538 il maestro, ormai famoso, si espresse in modo assai critico sulle sue prime opere, trovando parole di elogio solo per gli affreschi di casa 'zum Tanz', che definiva con modestia "ein wenig gutt" (letteralmente "un po' buoni"; da Bätschmann & Griener 1997, 64).

AJM

81
Niccolò Boldrini (attivo 1530-1570)
*Cavaliere che salta*
da Pordenone, inizi settimo decennio del XVI secolo

xilografia a chiaroscuro, in tre blocchi, con due zone d'ombra color marrone-cioccolato e nero
408 x 294 mm
scritte: in basso a sinistra Pordo/ Inv; in basso al centro nic° bol / inci
New York, Metropolitan Museum of Art, Rogers Fund, inv. 1922 (22.73.3-67)

LETTERATURA: Dreyer 1971, 56, n. 30; Washington 1976, 246-247, n. 73; London 1983, 345, n. P50.

Il Palazzo Talenti-d'Anna, ubicato fra Rialto e la Volta del Canal, fu edificato attorno al 1530. Ne era committente Lodovico Talenti, che nel dicembre del 1538 già vendé l'insieme al mercante originario di Bruxelles Martino d'Anna (anche: Martin de Hana). Quindi deve essere stato già il Talenti, e non come generalmente si ritiene il d'Anna, ad aver incaricato il Pordenone, deceduto nel 1539, di decorare di affreschi il palazzo (Hochmann 1992, 201-204; ciò è in accordo con la consueta datazione attorno al 1535; per Cohen 1980, 84: invece gli affreschi risalirebbero a 1531-32). Gli affreschi, particolarmente lodati da Lodovico Dolce (Dolce 1557, 87) e nelle *Vite* (Vasari 1568, V, 115), venivano annoverati fra le attrazioni più significative della città. Come agli altri affreschi esterni veneziani, anche a quest'opera la salsedine e l'umidità dell'aria concessero solo una breve esistenza, cosa infatti deplorata dagli scrittori d'arte del Seicento (Carlo Ridolfi, Marco Boschini). Antonio Zanetti, alla cui pubblicazione "Della pittura veneziana" del 1771 dobbiamo molte incisioni che fissano il ricordo di pitture murali oggi perdute o conservate sotto forma di pallida larva, vide ancora "un'ombra solo del Curzo", cioè di quell'immagine di Marco Curzio sul suo cavallo che si inalbera, che aveva costituito il pezzo forte della facciata ed era stata spesso copiata e fatta oggetto di variazioni sul tema. Ma si tratta di stabilire fino a che punto le varie xilografie a noi note con rappresentazioni di cavalieri facciano riferimento all'affresco della facciata, richiamino disegni anonimi e grafiche già esistenti oppure siano state elaborate tramite disegni addirittura dal Pordenone stesso. Il *Marcus Curtius* della facciata viene riportato con piccole differenze in almeno tre variazioni, di cui la più recente viene attribuita a Niccolò Vicentino o Ugo da Carpi e una a Niccolò Boldrini (Dodgson 1920; David Landau in London 1983, 336, 36-37; Washington 1976, 248-249, n. 74). A differenza dell'*eques* romano con corazza pettorale, scudo e lancia, il cavaliere sul foglio qui esposto è quasi completamente nudo, senza armi e rivolge lo sguardo lateralmente nell'abisso; il cavallo invece, che si trova su un terreno roccioso, è molto simile. Anche quest'invenzione sarebbe stata adatta per una facciata sul Canal Grande, per cui si è creduto si trattasse di un primo disegno-studio. Secondo Peter Dreyer è addirittura probabile, che la xilografia fosse stata elaborata ancora dal Pordenone stesso (cioè prima del 1539). Per Michelangelo Muraro e David Rosand (Washington 1976) il foglio è databile allo stesso anno della *Venere e Cupido* del Boldrini, una xilografia che nel 1566 fu elaborata seguendo un modello di Tiziano.
Un disegno a penna attribuito al Pordenone al Victoria & Albert Museum in Londra rende l'idea di come appariva un tempo questa facciata. Anche se fra gli studiosi non si registra un consenso sull'autore del foglio, il suo valore documentario è indiscusso, anche perché ne confermano l'attendibilità tre disegni-progetto per singole figure e scene della facciata che si sono conservati (Duke of Devonshire Coll., Chatsworth e Cabinet des Dessins, Musée du Louvre, Paris; Foscari 1936, 55-58; Cohen 1980, 64-65, 84-85, 112 e 119; London 1983, 373, n. D43; Durlan 1900, 307-311, n. D73, D74, D77 e D78; Valcanover, Chiari, Dalla Pozza & Nogara 1991, 59, n. 143).
I grandi scomparti del pianoterra e del mezzanino raffiguravano a sinistra il *Ratto delle Sabine*, sopra l'ingresso d'acqua il *Ratto di Proserpina* e a destra *Marco Curzio*. Nel piano nobile si vedevano, a sinistra della polifora centrale che dà luce alla sala, *Mercurio in volo*, e a destra *Cibele sul carro volante (?)*, e sotto, nello stesso scomparto, due raffigurazioni di contenuto ancora non chiarito (per quella di sinistra si veda la proposta di Krischel 1994a, 50-51); sopra le finestre che fiancheggiano direttamente questi affreschi, comparivano le *Arti Liberali (?)*. Infine, fra le finestre del mezzanino superiore: *Putti, Satiri, Fama* e l'*Allegoria del Tempo*. Il Pordenone ci offre la visione di "storie" che avvengono all'aperto, nel paesaggio, perforando la parete attraverso un illusionistico uso della prospettiva; inoltre finge figure poste in nicchie come statue, e ai lati dell'ingresso d'acqua – come contrasto umoristico alle grandi raffigurazioni di eroi a cavallo – anche putti che sembrano entrare nel palazzo e uscirne. Qui sembra regnare un vero *horror vacui*: la pittura si impossessa di tutte le superfici che l'architetto ha lasciato libere e prive di finestre, il che ci fa comprendere la critica del Serlio, secondo il quale soluzioni di questo tipo offuscano la chiarezza della struttura architettonica del palazzo. Si aggiunga che il fascino della facciata stava in gran parte nel suo colore (al contrario di quanto avveniva a Roma, dove si prediligeva la tecnica del graffito). Scorci raffinati, figure in volo di sotto in su e cavalieri su destrieri in corsa che sembrano fuoriuscire dal quadro non sono una rarità nell'opera del Pordenone e costituiscono anche qui un ingrediente fondamentale per l'effetto dinamico dell'insieme. In particolare la raffigurazione illusionistica del cavallo che sembra protendersi dalla facciata (che fra l'altro nel disegno di Londra si inalbera più verticalmente che nella xilografia) deve aver fatto un'impressione strepitosa, visto dalla via d'acqua e dalle gondole, con le quali creava un curioso effetto di contrasto, indimenticabile per i visitatori di allora. È vero che affreschi tedeschi molto simili hanno preceduto il *Marco Curzio* veneziano, come per esempio il cavaliere di Holbein sulla "Haus zum Tanz" (Casa da ballo) a Basilea (cfr. cat. 80), ma non è necessario ammettere una dipendenza, che pur resta possibile. Rinviamo all'esistenza di filoni comuni nella storia degli affreschi delle facciate tanto a Nord quanto a Sud delle Alpi; i contatti potevano avvenire specialmente nel Trentino, nel Veneto e in Lombardia – ancor oggi si vedono molti affreschi esterni a Trento, Bergamo e Treviso, e fra questi anche scene con cavalli e cavalieri (sui frescanti tedeschi attivi già nel Quattrocento a Treviso cfr. Dematte 1982). I divieti della costosa incrostazione marmorea, emanati di tanto in tanto dalle autorità veneziane, giovarono alla diffusione di decorazioni policrome dipinte, spesso di soggetto mitologico, che ben presto avrebbero contribuito a determinare l'aspetto della città lagunare. Stando al Ridolfi, già Giorgione aveva dipinto cavalli sulla facciata verso il canale del Fondaco dei Tedeschi nel 1508, ma due documenti figurativi fino ad ora non considerati permettono di far risalire ancora più indietro questa tradizione. Riconosciamo infatti dei cavalli e cavalieri nel pianterreno di una (oggi distrutta) casa affrescata, visibile nel *Miracolo della Reliquia della Santa Croce al Ponte di San Lorenzo* di Gentile Bellini (1500, Gallerie dell'Accademia, Venezia). E la veduta della facciata del Palazzo Giustinian-Persico nella *Pianta prospettica di Venezia* (1500) mostra, oltre a tre figure entro nicchie o arcate a tutto sesto (menzionate dapprima da Valcanover, Chiari, Dalla Pozza & Nogara 1991, 62, n. 166), salvo errore, un uomo a cavallo di un destriero che si inalbera fra due finestre del secondo piano superiore. Inteso a quanto pare come *tableau* isolato, questo affresco era posto molto più in alto di quello del Pordenone,

Pordenone, *Studio per la facciata del Palazzo d'Anna*
Londra, Victoria & Albert Museum

ed era perciò certo visibile da lontano in tralice. Fra l'altro, questo palazzo non è lontano dal Palazzo d'Anna, dall'altro lato del Canal Grande. La rappresentazione, ripresa da Boldrini nella xilografia col *Marcus Curtius* e anche nella qui esposta variante dell'eroe romano che, secondo la leggenda, si sarebbe gettato col suo cavallo in un crepaccio apertosi nel Foro Romano per ottenere così il favore degli Dei, costituiva nella repubblica marinara un rimando al fortunato concetto di "Venetia altera Roma", ma avrebbe assunto quasi il ruolo di un marchio della stessa famiglia d'Anna. Nel 1553 Martino d'Anna, che nel 1545 aveva ottenuto la cittadinanza veneta, e che era consapevole della fama raggiunta dalla facciata del suo palazzo anche oltre i confini della città, impose nel suo testamento di non vendere né affittare il palazzo. Vorremmo perciò istituire qui un collegamento della xilografia con i "Prae-cipua aliquot Romanae Antiquitatis Ruinarum Monimenta" di Battista Pittoni, un libro pubblicato a Venezia nel 1561 con una dedica al figlio di Martino, Daniele d'Anna. In tal caso la xilografia di Boldrini, comunemente datata sul 1566, potrebbe essere anticipata ai primi anni sessanta.

AJM

## 82
## Lucas Cranach il Vecchio (1472-1553)
*Lucrezia*, ca. 1510-1513

olio su tavola, 60 x 47 cm
Collezione privata

PROVENIENZA: nel 1919 lascito di Siegfrid Weddell alla città di Amburgo; nel 1961 venduto a Londra.
LETTERATURA: Ehlers 1919, 85; Friedländer & Rosenberg 1932, 66, nr. 198c; Schade 1974, 69; Basel 1974, II, 660-670; Friedländer & Rosenberg 1978, 78, nr. 42.

La seminuda Lucrezia è qui colta proprio nell'istante in cui si infigge il pugnale nel pezzo (sulla storia dell'antica eroina, [cfr. cat. 200]). Poco si avverte comunque della drammaticità della situazione: il fare di Lucrezia sembra piuttosto improntato a una calma scrupolosità. Il suo sguardo è indirizzato verso lo spettatore, la bocca lievemente storta, ma non contratta in un'eccessiva smorfia di dolore, il pugnale è appena penetrato e già scorre un po' di sangue. Pur simboleggiando questo soggetto la virtù e la fedeltà coniugale, Cranach accentua inequivocabilmente certi elementi erotici, che sono combinati con la preziosità del vestiario e dei gioielli. Dalla rete che trattiene la capigliatura scendono riccioli di un biondo dorato, che incorniciano il volto. L'abito bianco ed il mantello rosa guarnito di pelliccia sono stati tirati indietro, lasciando libero alla vista il petto denudato. Il massiccio collare d'oro, incastonato di pietre preziose blu, rosse e verdi, e soprattutto la doppia catena, formata da grandi anelli, gettano ombra sulla delicata pelle. Definibile dal punto di vista dell'inquadratura una via di mezzo tra la figura di tre quarti (dalle ginocchia in su) e la mezzafigura (o busto), la Lucrezia di Cranach costituisce dal punto di vista della posa una variazione delle formule adottate dall'artista per le sue Madonne col Bambino. La raffigurazione del suicidio di Lucrezia fa parte dei soggetti prediletti dal pittore: nel loro catalogo delle opere di Cranach Max J. Friedländer e Jakob Rosenberg ne elencano ben 37 versioni. Cranach, che dal 1505 era pittore della corte elettorale sassone a Wittenberg, nel 1518 ottenne pagamenti per due quadri con il suicidio di Lucrezia; dipinti con soggetti di questo tipo venivano anche talvolta donati dalla corte (ciò è però attestato solo nel 1543). Quanto all'opera qui esposta, si tratta della più precoce versione – più volte copiata – del tema da parte di Cranach (una iscrizione col cronogramma "1534", che ancora nel

1906 veniva registrata nell'angolo superiore sinistro, si è dimostrata un'aggiunta successiva, e fu tolta nel 1919). A favore di una datazione prima del 1514 depone specialmente una replica del quadro, dipinta in quell'anno da Hans Döring (Ehlers 1919, 85; Basel 1974, II, 662, nr. 578 e fig. 322b). Ma è anche possibile che i due dipinti avessero un prototipo comune precedente, oggi scomparso, in un'altra opera di Cranach. Considerando due disegni nel Kupferstichkabinett di Berlino, si deve comunque collocare almeno attorno al 1509 l'inizio della sua plurima trattazione di questo tema (uno dei due fogli è infatti datato 1509; ripr. in Jahn 1972, 120 e 121; Basel 1974, II, 661-662, nr. 576). Contemporaneamente, intorno al 1509-1510, Cranach creava la prima delle sue *Giuditte* (Museo Nacional de Arte Antiga, Lisbona), confrontabile con questa *Lucrezia*. Dall'inizio della riforma protestante nei paesi tedeschi i soggetti non religiosi si diffondono sempre più in pittura. Proprio Cranach e la sua bottega hanno assecondato con particolare operosità la crescente domanda di nudi femminili. Accanto a Lucrezia e Giuditta (che Cranach spoglia sempre più provocatoriamente), incontriamo temi come Eva, Carità, Giustizia, le tre Grazie, Venere, Diana e ninfe fluviali dormienti (ispirate da un'illustrazione dell'*Hypnerotomachia Poliphili* pubblicata a Venezia nel 1499). Specialmente soggetti con più figure, come il Giudizio di Paride, l'Età dell'Oro, o La *Fontana della giovinezza* offrivano a Cranach molteplici ulteriori opportunità per esibire lubricamente nudità muliebri, con una giustificazione religiosa e mitologica, e talvolta forse con un sottofondo moraleggiante (Johannes Erichsen, in Kranach 1994, 345, parla di un "ondeggiare tra il monito morale e la tentazione erotica").
La *Lucrezia* di Cranach discussa qui evoca subito il ricordo di esemplari dell'Italia settentrionale della cerchia di Leonardo. Andrea Solario, che è già stato citato a questo proposito dagli studiosi, ci pare significativo specie per la sua *Cleopatra* (ca. 1514, Collezione Gilberto Algranati, Milano). Bartolomeo Veneto con le sue figure femminili dalla stilizzazione iperbolica sembra talvolta più tedesco dello stesso Cranach: esempi confrontabili, ma tutti successivi al 1520, sono oltre alla *Flora* (cat. 83) soprattutto il *Ritratto di donna ebrea con gli attributi di Giaele* (Collezione

privata, Milano) che dipende dalla *Suonatrice di liuto* (Pinacoteca di Brera, Milano). Quale anello di congiunzione più significativo tra Venezia e Wittenberg è però da valutare anche in questo contesto (come ci suggerisce Friedrich Kisters) Jacopo de' Barbari, il cui influsso su Cranach è stato già constatato in questo catalogo per le nature morte ed i ritratti (catt. 66; 93; 94). Per il dipinto esposto è il caso di rimandare specialmente alle *Santa Barbara e Santa Caterina* di Jacopo alla Gemäldegalerie di Dresda, che vengono collocate nella fase in cui l'artista operava a Wittenberg, cioè attorno al 1503, così come alla *Lucrezia* (ubicazione ignota, Berenson 1957, I, fig. 312) dipinta forse ancora a Venezia, quindi prima del 1500. Il tema di Lucrezia a mezza figura, ma ora con l'aggiunta di una seconda figura, lo rincontriamo in Tiziano (*Tarquinio e Lucrezia*, ca. 1510, Kunsthistorisches Museum, Vienna) e poi in Palma il Vecchio (*Lucrezia*, ca. 1525, Galleria Borghese, Roma). Tiziano lo riprese nel *Suicidio di Lucrezia* di Hampton Court (nel 1520), questa volta però a figura intera, così come fece poco tempo dopo Cranach nel suo quadro della Alte Pinakothek di Monaco (1524?). Rappresentazioni simultanee di vari episodi della storia di Lucrezia esistevano probabilmente solo in Germania: ne è un esempio famoso la *Storia di Lucrezia* di Jörg Breu (1528, Alte Pinakothek, Monaco). Nella seconda metà del secolo e fin nel Seicento il tema Lucrezia e Tarquinio divenne di nuovo assai popolare a Venezia, ed artisti tedeschi come Rottenhammer se ne mostrarono influenzati (catt. 200 e 201). Da ultimo si ricordino due inusuali rese del suicidio di Lucrezia nella pittura veneziana: nel *Ritratto di gentildonna nelle vesti di Lucrezia* di Lorenzo Lotto (ca. 1533 [?], The National Gallery, Londra) l'effigiata tiene un disegno che mostra una Lucrezia seminuda a figura intera; nel *Ritratto di un giovane nobile con statua di Lucrezia* di Jacopo Tintoretto (1555, Alte Pinakothek, Monaco) il ritrattato poggia la mano destra su un nudo femminile dipinto in vari toni di grigio, la cui procace vivacità quasi ci impedisce di riconoscere o del busto o del frammento di una scultura marmorea.

AJM

## 83
## Bartolomeo Veneto (attivo 1502-1531)
*Flora*, ca. 1507-1508

olio su tavola, 43,6 x 34,6 cm
Francoforte
Städelsches Kunstinstitut

PROVENIENZA: Galleria Schleissheim und Gsell, Vienna; Francoforte mercato antiquario, acquistato nel 1872.
LETTERATURA: Morelli 1886, 140; Thode 1891, 25-31; Huysmans 1905, 70-86; Panofsky 1969, 137; Pozzi 1979, 23-24; Lawner 1988, 80; Gentili 1995, 96; Pagnotta 1997, 39-45, 170-173.

Questo dipinto costituisce il capolavoro della prima fase di Bartolomeo Veneto, oscuro artista di origine cremonese attivo tra Venezia, Ferrara e Milano nei primi decenni del XVI secolo. Partito dai modelli di Giovanni Bellini, riprodotti in una serie di *Madonne col Bambino* sempre identiche nei gruppi figurali e con funzionali 'assemblaggi' nei fondali, egli dovette rimanere fortemente impressionato dalla produzione lagunare di Giorgione e Dürer: nella presente tavola al primo fa riferimento per lo schema adottato – che dipende dalla cosiddetta Laura al Kunsthistorisches Museum di Vienna del 1506 – e pure per un certo modo di costruire iconograficamente l'immagine, al secondo invece per la netta inflessione nordica che imprime alla sua matrice stilistica di stampo veneziano (nel segno non solo di Giovanni Bellini ma perfino, andando a ritroso, di Antonello da Messina, cui allude la ficcante intensità dello sguardo). Si tratta comunque di una parentesi nel suo percorso figurativo, situabile sicuramente un po' dopo il 1506 della *Circoncisione* del Louvre (in cui non si colgono i segni di tali contatti), ma non oltre la fine del decennio, appunto per il senso di fragrante stupore per gli esiti gior-

Giorgione, *Ritratto di donna*
Vienna, Kunsthistorisches Museum

gioneschi e düreriani espresso dalla tavoletta.
Vi si rappresenta una giovane singolarmente abbigliata, con una tunica bianca che scopre il seno sinistro e un copricapo, pure bianco, riportato sulla spalla e su cui è posta una coroncina di mirto: i capelli biondi sembrano maglie metalliche, e d'oro (con incastonate pietre preziose e perle) sono anche i monili di squisita fattura che porta sulla fronte e tra i seni. Con sguardo suadente e nel contempo quasi perentorio porge un mazzolino di fiori, tra cui si riconoscono tre margherite e un anemone. Si è molto discusso sul significato da dare a questa immagine, anzitutto se si tratti di un ritratto o di una rappresentazione allegorica. La forte caratterizzazione psicosomatica, unitamente all'indubbia carica erotica trasmessa, ha indotto i primi interpreti a interrogarsi sull'identità della donna, con ipotesi pesantemente condizionate dal clima letterario tardo-ottocentesco: ad esempio lo scrittore simbolista Joris-Karl Huysmans (1905) propose di riconoscere in questa creatura – che vedeva quasi come una sintesi di "toute la férocité de la luxure et tous les sacrilèges de la Renaissance" – Giulia Farnese, l'amante di papa Alessandro VI Borgia, mentre alla figlia di ques'ultimo, Lucrezia, pensarono Swarzensky (1922) e De Hevesy (1932). Altri ritennero trattarsi, più genericamente, di una cortigiana, per l'impossibilità che una gentildonna potesse essere effigiata seminuda (tra questi Berenson, Venturi, Justi, Chastel, Ost, Lawner); ma tale motivazione non fu accolta da Verheyen, Panofsky e Gentili, che viceversa vi riconobbero il ritratto di una giovane sposa (anzitutto per la presenza del mirto, simbolo tradizionalmente connesso alla sfera coniugale). Al secondo filone interpretativo appartengono invece quanti vi scorgono una rappresentazione ideale: della "donna poetica" per Pozzi (1979), della ninfa Flora cantata da Ovidio per Held (1961) e Pagnotta (1997). Quest'ultima – autrice di una monografia sul pittore a cui si rinvia per ulteriori approfondimenti – ritiene inoltre che dettagli come il pendente a forma a croce e l'anemone (talora simbolo della Crocifissione) connotino "un'immagine in cui si tenta di affiancare e fondere, secondo un ideale di ispirazione neoplatonica, il mondo pagano della mitologia classica con i principi della fede cristiana" (1997, 43).
In effetti l'ipotesi più convincente

sembra essere quella relativa a una rappresentazione allegorica, forse concepita sulla base della figura, appunto, di Flora. Che non si tratti di un ritratto viene indicato dalla ricorrenza di questa tipologia nelle rappresentazioni sacre dell'artista (in particolare nella *Madonna col Bambino* già in collezione Levinson a New York, peraltro già del primo periodo lombardo, dato il richiamo ad Andrea Solario nel Gesù), dall'improbabilissima acconciatura e dalla tunica "all'antica", così simile a quella delle ninfe dipinte da Giovanni Bellini nel *Baccanale* di National Gallery of Art, Washington. È del resto probabile che immagini di questo tipo, caratterizzate da una certa ambivalenza semantica, nascessero anche con il fine di stimolare la discussione esegetica, in un gusto per il gioco erudito di cui dà testimonianza, ad esempio, l'umanista Aurelio Augurello (in quei tempi dimorante tra Treviso e Venezia), che innanzi a un perduto dipinto fiorentino così si espresse: "Molti esprimono molte opinioni, nessuno si trova d'accordo con un altro: ebbene tutto ciò è ancor più bello delle immagini dipinte" (cfr. Settis 1978, 118).

EMDP

84
Jacopo de' Barbari (ca. 1460/70-*ante* 1516)
*Ritratto di Albrecht von Brandeburg*, 1508

tempera e olio su tavola
scritte: in alto a destra IMAGO ALBERTI MARCHIONIS BRADENB / CV XVIII ANU AGERET GRAPHICE / DEPICTA / QUOD OPUS IA DE BARBARIS FACIEB / M.DVIII; siglato con il caduceo
68,3 x 53,3 cm
Collezione privata

PROVENIENZA: duchi von Anhalt, Schloss Dessau; Goldschmidt, Berlino; Julius Bohler, Monaco.
BIBLIOGRAFIA: Schmidt 1900, 5; De Hevesy 1932, 208; Van Marle 1936, 473; Baldass 1938, 319, 321; Servolini 1944, 146-147; Pallucchini 1958, 268; Heinemann 1961, 47-48; Gilbert 1964, 44-45; Levenson 1978, 91-93, 113, 206-208; Szylin 1992, 645, 646.

Dopo la partenza da Venezia Jacopo de' Barbari, sul cavallo donatogli dall'imperatore Massimiliano (al cui servizio risultava dal 1500 quale ritrattista e miniatore), si spostava di corte in corte rivendicando il primato della pittura sulle arti liberali (nella lettera indirizzata al duca Federico di Sassonia, che dal 1503 al 1505 gli conferì uno stipendio) e distinguendosi per versatilità tecnica e tematica, con incisioni e dipinti sia allegorici (come quello del 1503 al Philadelphia Museum of Art) sia di oggettivante realismo (cat. 66). Per quest'ultima caratteristica era molto ambito quale ritrattista, e le poche testimonianze che di lui restano in questo campo consentono di integrare quel che i documenti dichiarano sui suoi rapporti di committenza. Del 1507 è l'effigie del duca Enrico il Pacifico di Meclemburgo al Mauritshuis dell'Aja, dell'anno seguente

Lorenzo Lotto
*Ritratto di frate domenicano*
The Bearsted Collection
Banbury, Upton House

questa di Alberto di Brandeburgo. L'iscrizione in alto a destra recita: "IMAGO ALBERTI MARCHIONIS BRADENB / CV XVIII ANU AGERET GRAPHICE / DEPICTA / QUOD OPUS IA DE BARBARIS FACIEB / M.DVIII"; segue il caduceo (antico simbolo di prosperità e pace, composto da una verga con due serpenti intrecciati e due ali aperte nella sommità) con cui era solito segnare le sue opere. Morto il padre Giovanni Cicero, dal 1499 Alberto guidò l'elettorato assieme al fratello Gioacchino I, prendendo gli ordini religiosi nel 1508.
Il ritratto di Jacopo – appunto del 1508 – viene a celebrarne il nuovo ruolo. Egli è infatti rappresentato in sontuose vesti ecclesiastiche, con una pianeta gialla dorata profilata di rosso cremisi con due grandi fiori di cardo (assai simile a quella eseguita a Venezia nell'ottavo decennio del XV secolo, forse su disegno di Jacopo da Montagnana, per la Basilica del Santo a Padova: in Davanzo Poli 1995, 62-64), chiusa da una grande giuntura polilobata con i santi Martino, Nicola e Caterina d'Alessandria in una nicchia architettonicamente definita, a cui è a sua volta appeso un clipeo con rubini e pietre bianche; più sotto indossa una stola con motivi ornamentali analoghi a quelli della pianeta (ma con profilature in verde smeraldo) e una tunica bianca. Sollevando la mano destra Alberto esibisce sul pollice l'anello nobiliare, al pari di Enrico il Pacifico, e nel contempo assume una postura con cui allude, verosimilmente, a un atteggiamento interiore: volgendosi verso la propria destra (il lato per antonomasia positivo) alza lievemente lo sguardo e si dispone come a ricevere la luce, che di lì proviene. Come messo in rilievo in una scheda interna alla collezione redatta da F. Kisters cortesemente messami a disposizione, la scelta dei santi pure svela un preciso intento semantico: Martino si congedò a diciotto anni (l'età di Alberto) dal servizio militare, facendosi battezzare e divenendo poi vescovo; Caterina, patrona delle Università, faceva riferimento a quella fondata dai due fratelli a Francoforte sull'Oder nel 1506, mentre il vescovo benefattore Nicola potrebbe aver costituito un modello per il giovane.
Nella visione di Jacopo il personaggio quasi si cristallizza in un gioco di preziosi incastri policromi che risaltano sul fondo scuro, e prende corpo grazie a un'accuratezza da miniaturista e alla vena astraente tipica del linguaggio maturo del maestro. Nel dipinto De Hevesy (1932) scorse un progresso rispetto a precedenti opere datate quali il Sant'Osvaldo di collezione privata ungherese (1500) e la *Natura morta* di Monaco (1504). In seguito si è per lo più discusso sul grado di 'italianità' espresso dal veneziano in quest'opera e in questa fase. Per Van Marle (1936), come nel ritratto all'Aja, "we can discover pratically nothing which betrays the Italian origin of the master", rilevando un'analogia con la produzione di Cranach; a Dürer pensarono invece Fiocco (1931-1932) e Servolini (1944). D'altro canto Pallucchini (1958) osservò come in questa prova, "pur nell'ambito del gusto nordico, Jacopo de' Barbari sa raggiungere una fluidità di colore trasparente e lucido, che ricorda i risultati contemporanei del Lotto", vale a dire i più toccati dall'influsso düreriano, tra il polittico di Recanati e la tavola della Galleria Borghese (cat. 54). Il discorso risulta in qualche misura ozioso. Infatti se è indubbio che dal punto di vista interpretativo un simile esito richiami direttamente alla coeva ritrattistica imperiale ufficiale (si pensi, ad esempio, al *Massimiliano I* di Bernhard Strigel di collezione privata: in Innsbruck 1969, cat. 550) – che per il suo essere intrinsecamente portata alla formula, all'emblema, nulla ha a che spartire con i profondi tagli psicologici del Lotto di questi tempi (cfr. il *Domenicano* di Banbury, pure su fondo scuro) – è altrettanto innegabile che di essa il de Barbari fu tra i principali elaboratori, prescelto per celebrare la "romanità" del potere anche in quanto riconosciuto antesignano della cultura classica italiana. Dopo l'esecuzione di quest'opera (l'ultima sua datata) egli si trasferì nelle Fiandre presso Filippo di Borgogna, lavorando nel 1510-1511 per Margherita d'Austria, cui lasciò un libro di disegni invano agognato da Dürer.

EMDP

371

85

Giovanni Cariani (ca. 1485-1547)
*Ritratto di vecchio norimberghese* (Anton Kolb ?), *post* 1536 ?

olio su tela, 98,5 x 89 cm
scritte: firmato in alto a sinistra sul parapetto JOANES CARIANI / P.; sulla lettera in mano all'effigiato INCLYTA NURIMBERGA PROTULIT 1470 MENSIS MARTIJ DIE 17 / USQ. DUM ATTULIT FORMAM HANC VENETIIS 1536 EODEM LUSTRO; e poi ancora, ma a parte: NATURA PRODUXIT TARDIUS / PICTOR FIGURAVIT EXTEMPLO; sul cartellino sopra il parapetto a destra MORS NATURAM / DESTRUIT / TEMPUS ARTEM.
Vienna, Kunsthistorisches Museum inv. 6434

PROVENIENZA: documentato per la prima volta nella raccolta nel 1772.
LETTERATURA: Troche 1934, 117 e 123; Pallucchini & Rossi 1983, 145, cat. 85.

Giovanni Cariani, che risulta attivo come pittore a partire dal 1509, fu influenzato dapprima da Sebastiano del Piombo e in seguito da Tiziano e Palma il Vecchio. I lunghi soggiorni a Bergamo (ca. 1517-1523 e 1528-1532) e la necessità di aggiornarsi dopo il rientro a Venezia lo indussero ad avvicinarsi ad altri pittori norditaliani, come Lotto, Romanino, Savoldo, Bonifazio Veronese e Bernardino Licinio. La sua produzione più tarda, alla quale va riferito il ritratto in esame, sembra essere stata piuttosto scarsa, pur comprendendo dipinti di soggetto religioso, allegorie (catt. 97 e 119) e ritratti di particolare interesse. Le sue figure assumono talora pose piuttosto rigide ed i tratti dei volti sono duri e spigolosi. Questo ritratto a mezza figura mostra un vecchio con i capelli radi e la barba bianca, che indossa un soprabito grigio scuro foderato di pelliccia e tiene in mano un foglio con una scritta. Leggermente girato di fianco, interrompe la lettura e volge il capo verso lo spettatore, fissando con gli occhi spalancati un punto al di fuori del dipinto. Con il braccio sinistro si appoggia a un parapetto, dove sono disposti un pezzetto di carta, un piccolo teschio e una clessidra. La tavolozza è composta prevalentemente di colori smorzati e la finestra lascia scorgere un cielo plumbeo, che contribuisce a diffondere nel dipinto un'atmosfera malinconica. La stesura pittorica e la gamma cromatica si rifanno alla produzione di Tiziano del quarto decennio del Cinquecento, mentre l'impianto compositivo riprende uno schema giorgionesco, quale fu rielaborato da Palma il Vecchio (cat. 86) e successivamente, negli anni quaranta, anche da Paris Bordone (cat. 89). Cariani aveva già sperimentato questa formula negli anni giovanili, quando però aveva preferito dare al busto dell'effigiato tutt'altra posizione, quasi a evitare ogni contatto con l'osservatore, anche solo tramite lo sguardo. Si possono citare a esempio il *Ritratto d'uomo* (1517-1519; Galleria Sabauda, Torino) o quelli di *Giovannni Antonio Caravaggi* (1521-1522; National Gallery of Canada, Ottawa), *Giovanni Benedetto Caravaggi* (1521-1522; Accademia Carrara, Bergamo) e *Francesco Albani* (ca. 1520; National Gallery, Londra), dove appare solo una porzione del parapetto. Da una delle scritte presenti sul ritratto in esame apprendiamo per prima cosa che l'effigiato era nato il 17 marzo 1470 a Norimberga, che il dipinto era stato eseguito a Venezia e aveva fissato le sembianze che il personaggio esibiva nel quinquennio 1536-1540 (secondo Pallucchini, malgrado questa precisa indicazione, l'opera sarebbe stata commissionata già nel 1536). La seconda scritta sul foglio lascerebbe intendere, secondo Troche (1934), che ciò che la natura aveva prodotto lentamente il pittore l'ha raffigurato in un istante, mentre Pallucchini ha obiettato che la parola *tardius* va tradotta "più tardi" e alluderebbe alla *vanitas* composta dal teschio e dalla clessidra. Comunque vada letta, la frase è certamente in rapporto con quella che figura sul cartellino posato sul parapetto, che si riferisce anch'essa alla natura, all'arte e al passare del tempo. Il dipinto può quindi venire interpretato come una "meditazione sulla vecchiaia" (Sgarbi 1982, 9) e al tempo stesso come una ripresa del dibattito, in corso fin dai tempi di Platone e Aristotele, sul ritratto come imitazione della natura o come immagine ideale. La controversia, tornata allora di attualità, era evidentemente di grande importanza, perché metteva in discussione la stessa appartenenza del ritratto al mondo dell'arte. Il nostro dipinto, d'altra parte, è tutt'altro che paludato o ufficiale, e non contiene alcuna scritta o stemma che ci consenta di risalire all'identità dell'effigiato. Possiamo quindi contare esclusivamente sulle date e sui luoghi indicati dalle scritte. Non era affatto raro che un tedesco si facesse ritrarre a Venezia (si veda l'Introduzione a questa sezione), ma di solito si trattava di mercanti piuttosto giovani, che alloggiavano al Fondaco dei Tedeschi per periodi brevi, generalmente di circa un anno. Ammettendo che il vecchio effigiato nel 1536 si fosse trasferito in laguna ormai da lungo tempo, si comprenderebbe perché le scritte, pur definendolo nativo di Norimberga, non gli avessero conferito anche l'appellativo di norimberghese (o "*germanus*"). In base a quanto detto vorremmo avanzare la proposta di identificare il personaggio con il mercante-editore Anton Kolb (cfr. Martin 1994 e Martin 1997, 233-237), che aveva pubblicato nell'anno 1500 la celebre veduta prospettica di Venezia a volo d'uccello. Il progetto e l'esecuzione della grande xilografia erano stati affidati a Jacopo de' Barbari, che in seguito sarebbe entrato insieme con Kolb al servizio dell'imperatore Massimiliano I (rimanendovi fino al 1504). Kolb morì nel 1541 a Venezia, dove si era stabilito fin dall'ultimo decennio del Quattrocento. Nel primo elenco dei residenti nel Fondaco redatto dopo la ricostruzione dell'edificio (1508) il suo nome figura al secondo posto dopo quello della ditta Fugger. Fino al 1536 le fonti lo citano ripetutamente come conoscitore e come intermediario nelle compravendite di oggetti di lusso e da collezione, ma anche come inventore di apparecchiature meccaniche ("inzegni"). Sappiamo che era figlio di un mercante di Norimberga, ma ignoriamo quando fosse nato. Ci risulta però che fosse attivo in Italia già nel 1493, il che rende plausibile che potesse essere venuto alla luce nel 1470, la data indicata nel dipinto che stiamo esaminando. Così sarebbe stato quasi coetaneo di Dürer (nato il 21 maggio 1471), che non è escluso conoscesse fin dalla prima giovinezza. È assai probabile, infatti, che i due si siano frequentati regolarmente quando il pittore si trovava a Venezia, visto che, nelle sole dieci lettere pervenuteci scritte da Dürer dalla città lagunare nel 1506, Anton Kolb è menzionato ben tre volte.

AJM

86
Jacopo Palma il Vecchio (1479/80 ?-1528)
*Ritratto di uomo* (Francesco Querini?), 1528

olio su tavola, 85 x 73,5 cm
Venezia, Fondazione Querini Stampalia, inv. 3/337

PROVENIENZA: lascito del conte Giovanni Querini Stampalia, 1869.
LETTERATURA: Morelli 1880, 61; Ludwig 1903, 77-79; Molmenti 1906, 220; Spahn 1932, 93; Gombosi 1937, 109; Ballarin 1965, 6, 7; Mariacher 1968, 78-79; 1975, 216, cat. 60; Dazzi & Merkel 1978, 15-16, 39, cat. 9; Pallucchini & Rossi 1983, 84; Davanzo Poli 1987, 245; Merkel 1987, 137-142; Rylands 1988, 37-38, 123, 245-246, 259; Dal Pozzolo 1994, 30; Lucco 1996-1998, I, 87.

Il dipinto appartenne al conte Giovanni Querini Stampalia che lo donò nel 1869 assieme al resto della sua raccolta, costituendo la Fondazione ancora oggi esistente; s'accompagna a un *Ritratto di giovane donna* più o meno delle stesse dimensioni, ma non finito. Fu Morelli nel 1880 a suggerire che andasse identificato in quel "retrato de m. Franco Querini" (antenato dell'ultimo proprietario) menzionato al n. 41 dell'inventario dei beni del pittore, steso un anno dopo la sua morte avvenuta nel 1528; in seguito Ludwig (1903) riconobbe nella *Giovane donna* della stessa Galleria il n. 20 del medesimo inventario. L'ipotesi che si trattasse di un *pendant* commissionato in occasione delle nozze tra Francesco Querini e Paola Priuli, celebrate il 30 aprile del 1528, fu formulata per primo da Molmenti (1906), con l'opportuna sottolineatura, da parte di Mariacher (1975), che "il pittore era già in contatto con la famiglia Querini, sua committente per la pala di Sant'Antonio di Castello, poi muti-

lata e dispersa, ed anche con i Priuli, secondo le testimonianze del Sansovino". Tali riconoscimenti non sono stati più messi in dubbio fino a quando Rylands (1988) ha obiettato che se nel caso della presunta Paola Priuli stupisce il mancato riconoscimento inventariale, in quello di Francesco Querini pare contraddetto dalle misure diverse (nell'inventario si indicano 3 quarte, per Rylands corrispondenti a una larghezza minore di una ventina di cm) e dall'età del personaggio, a suo avviso più vecchio dei 22 anni che il nobiluomo aveva nel 1528: proponeva quindi nel *Ritratto d'uomo* del Philadelphia Museum of Art "un candidato più appropriato". Sebbene con prudenza, la corrente identificazione sembra tuttavia da mantenersi, perché se è indubbio che ci si debba interrogare sulle misure non coincidenti (ma il computo delle quarte nel Veneto variava anche di molto: cfr. Trevisan 1992, 391-392), è noto che nei ritratti dell'epoca i personaggi spesso sembrano dimostrare più anni di quanti non ne avessero; così non si può non considerare la provenienza stessa delle opere, forse rimaste continuativamente presso i Querini dopo il ritiro conseguente alla stesura dell'inventario.
Come più volte rilevato, esse non sono finite, probabilmente per via della morte dell'artista. La donna è solo abbozzata, mancano tutte le velature finali, mentre l'uomo non è compiuto nella mano che tiene il guanto (e non si può escludere che in basso a sinistra nel gradino del parapetto fosse prevista una scritta con l'identità e l'età del ritrattato). Tra i due pezzi sussiste qualche discrepanza, nel fondale architettonico e nel parapetto entro il *Ritratto virile*, anche dal punto di vista compositivo. Si può credere, tuttavia, che la commissione si connetta proprio al fidanzamento e/o alle nozze dei due, come indicato da talune soluzioni iconografiche adottate: l'uomo infatti presenta all'esterno il guanto quale simbolo codificato di impegno matrimoniale (Dal Pozzolo 1994), mentre il modo in cui la giovane tiene la mano destra sul fianco, con il gomito ad angolo retto, potrebbe indicare la prudenza e la vigilanza richieste a una sposa (cfr. Spicer 1991; Dal Pozzolo 1996b, 149).
Dal punto di vista stilistico nel *pendant* (restaurato nel 1939 da Mauro Pelliccioli e nel 1992 da Ottorino Nonfarmale) s'è scorta un'inflessione lottesca "nella caratterizzazione

patetica e pungente" (Ballarin 1965) e in "un certo qual psicologismo" (Pignatti 1969). Come ricordato da Vasari (1568), i due artisti erano "compagni e amici", in particolare condividendo saldi legami con Bergamo (Palma ne era originario, mentre Lotto venne a operarvi per vari anni): il confronto con il *Ritratto di Andrea Odoni* ad Hampton Court, ad esempio, eseguito da Lotto nel 1527, consente di cogliere una tangenza, per quanto l'esito proposto da Palma risolva tale riferimento in termini piuttosto schematici e tendenzialmente di superficie. Piuttosto si potrebbe dire che il *Ritratto di Francesco Querini*, nel suo relativo rapprendersi – rispetto alla caratteristica opulenza cromatica e plastica del pittore – e pure nell'affiorare di una certa vena nordica, si pone a mezza via tra il Lotto e un altro bergamasco a Venezia: Giovanni Cariani, in quegli anni sempre teso e schematizzante, e che nel suo *Gentiluomo* al North Carolina Museum of Art di Raleigh adotta – come rilevato da Pallucchini (in Pallucchini & Rossi 1983) – un'analoga nicchia quale fondale su cui stagliare la figura, quasi trasponendo l'effigie pittorica nella dimensione propria della statuaria, e così rievocandone esplicitamente i valori peculiari. Il fatto poi che la medesima soluzione ritorni nel *Ritratto di Anton Welser* di Amberger (cat. 87), che fu a Venezia fra il 1525 e il 1528, conferma tali raccordi culturali, attestati in Amberger dall'evidente palmismo di tale ritratto e da una declinazione tizianesca affine a quella di Cariani nella *Madonna col Bambino* di Monaco (si veda Kultzen 1987, fig. 3).

EMDP

Jacopo Palma il Vecchio
*Ritratto di donna* (Paola Priuli?)
Venezia, Pinacoteca della
Fondazione Querini Stampalia

87
Christoph Amberger (ca. 1505-1561/62)
*Anton Welser il Giovane*, 1527

olio su tavola, 82 x 65 cm
scritte: sul foglio nella mano sinistra
dell'effigiato A 1527 / Sua etate /
Anor /XXXXI
Neunhof, Freiherrliche von Welser'-
sche Familien Stiftung

LETTERATURA: Augsburg 1950, 32,
cat. 12; Augsburg 1955, 104, cat.
619; Suida 1961; Augsburg 1980, II,
98, cat. 444; Löcher 1981, in part.
142; Memmingen 1998, 86-87, cat.
12; Madrid 1999.

Di Christoph Amberger non sono
noti né la data né il luogo di nascita
(sulla fortuna critica del pittore cfr.
Löcher 1981; sui singoli ritratti il recente studio di Kühnert 1999; è in
preparazione una monografia a cura
di Annette Kranz). Nel 1530 sposò
la figlia di Leonhard Beck – suo probabile maestro – ed entrò così a far
parte della gilda dei pittori di Augusta. Oltre a dipinti di soggetto religioso (nel 1554 firmò la pala dell'altare maggiore del duomo di Augusta), affreschi esterni e modelli per
xilografie, eseguì anche disegni preparatori per alcune delle statue in
bronzo della Hofkirche di Innn-
bruck, ma la sua fama di pittore è legata principalmente a tutta una serie
di ritratti a mezza figura molto fedeli. Tra i numerosi nobili augustani, in
gran parte cattolici, da lui effigiati vi
furono Christoph e Hans Jacob Fugger, ma posarono per lui anche l'u-
manista Konrad Peutinger e l'imperatore Carlo V. Il personaggio raffigurato qui è stato identificato con sicurezza tramite una medaglia-ritratto, ma anche grazie alle notizie contenute nel foglietto e alla provenienza del dipinto. Si tratta di Anton
Welser il Giovane (1486-1557), fratello del più noto Bartholomäus, il

Pittore veneziano
*Ritratto virile*
Paris, Musée des Beaux-Arts

cui nome è legato soprattutto alla
politica coloniale di Carlo V. Anton
rappresentò la ditta di famiglia nel
1510 a Lione e nel 1513 ad Anversa;
tra il 1548 e il 1552 fu sindaco di Augusta. Il quarantunenne personaggio
è ritratto in abito scuro davanti a una
nicchia. La critica concorda sull'attribuzione della tavola ad Amberger
e su una datazione piuttosto tarda,
analoga a quella, per esempio, del ritratto di *Ursula Ehinger* (*post* 1531;
Kunsthistorisches Museum, Vienna), la cui composizione è speculare
a quella dell'opera in esame. Sono
stati messi in luce, inoltre, legami
con la ritrattistica veneziana contemporanea, e in particolare con il *Francesco Querini* (?) di Palma il Vecchio
(ca. 1525-1528, cat. 86).
Suida (1961) fu il primo a richiamare l'attenzione, in una breve nota,
sulla sorprendente somiglianza tra il
dipinto Welser e un *Ritratto d'uomo*
(Musée des Beaux-Arts, Bordeaux)
abbastanza trascurato dalla critica.
Lo studioso era giunto alla conclusione che entrambe le opere andavano ascritte a Palma il Vecchio e raffiguravano Anton Welser. Esistono
vari motivi per non accogliere la proposta di Suida, ma il dipinto di Bordeaux merita comunque un esame
più accurato, in quanto costituisce, a
nostro avviso, la più importante testimonianza a favore del soggiorno
di Amberger a Venezia. Sulla paternità e sulla datazione di quel bellissimo ritratto non vi è ancora accordo.
Nell'Ottocento veniva ascritto a Paris Bordon, ma Berenson lo assegnava a Lotto (con una datazione intorno al 1525-1530; Berenson 1956,
98), mentre attualmente, nel catalogo del museo, l'attribuzione a Paris
Bordon si basa su osservazioni scritte e orali di vari esperti, fra cui Pierre Rosenberg, Mina Gregori e Federico Zeri (Habert 1987, 110-112, cat.
67; il quadro non è citato nella fondamentale monografia su Palma il
Vecchio di Rylands 1988, né in Rylands 1992). Il ritratto di Bordeaux,
riconducibile sotto il profilo stilistico alla cerchia più stretta di Palma e
di Lotto, potrebbe, a nostro avviso,
tramandare la memoria di una composizione perduta, di poco precedente alla tavola Welser, documen-
tando così una fase nella quale due
dei massimi protagonisti della pittura veneziana si stavano influenzando
reciprocamente. Dopo anni di peregrinazioni, Lotto si era ormai stabilito a Venezia, dove aveva modo di
studiare di prima mano le opere dipinte per un eletto pubblico di colle-

zionisti privati da Tiziano, Palma il
Vecchio e Savoldo, che erano a loro
volta interessati a quanto andava facendo quel loro inquieto collega. Fu
probabilmente intorno al 1527 che
Andrea Odoni commissionò a tutti e
quattro gli artisti i dipinti della sua
camera da letto (Martin 1995c, 30 e
64-65). È assai probabile, quindi,
che durante la sua sosta a Venezia
Amberger avesse guardato soprattutto alla produzione dei quattro artisti appena nominati, come pure a
quella di Paris Bordon e di altre personalità della medesima cerchia (si
veda, in particolare, Kultzen 1987).
Se si mettono a confronto il ritratto
Welser e quello di Bordeaux, tra l'altro quasi delle stesse dimensioni (la
tela francese misura 79 x 65 cm), si
osserva una composizione pressoc-
ché identica, con un parapetto in
primo piano e una nicchia a tutto sesto sullo sfondo. Le due mani destre
sono descritte in modo molto simile,
anche se nel dipinto italiano le dita si
dispongono meno rigidamente di
quelle del ritratto Welser. La mano
sinistra di quest'ultimo è più vicina
all'osservatore, che ne può quindi
ammirare gli anelli, leggendo facilmente la scritta tracciata sul foglio.
Qui le dita risultano molto più car-
nose e meno riuscite dal punto di vista prospettico, forse perché Amberger aveva dovuto sostituire il guanto
del dipinto di Bordeaux con un pezzo di carta ed era quindi ricorso a un
modello diverso. Il foglietto, comunque, risulta un po' fuori posto, né
sembra che le monete – un'allusione
alla professione di mercante dell'effigiato – vengano manipolate in modo convincente. Il busto di Welser
assume una posizione più frontale,
praticamente parallela al piano del
dipinto, e i lineamenti del volto risultano più realistici, mentre l'attacco della testa al resto del corpo è
tutt'altro che corretto dal punto di
vista anatomico. Tutti questi confronti ci inducono a pensare che
l'autore del dipinto Welser fosse un
pittore giovane ancora legato al tipo
di formazione ricevuta in Germania,
che veniva a contatto con la pittura
veneziana dell'epoca, derivandone
influssi avvertibili in questo ritratto
proprio per la prima volta.

AJM

88

Tiziano Vecellio (ca. 1488/90-1576)
*Ritratto di gentiluomo*, ca. 1520

olio su tela, 85 x 67 cm
scritte: DI THOMASO MOSTI IN ETÀ DI
ANNI XXV. L'ANNO MDXXVI E THITIA-
NO DA CADORO PITTORE
Firenze, Galleria Palatina di Palazzo
Pitti, inv. 1912, 495

PROVENIENZA: cardinale Leopoldo
de' Medici; dal 1675 nelle raccolte
medicee.
LETTERATURA: Lazzari 1952, 173-
175; Pallucchini 1969, 60-61, 259;
Wethey 1971, 119-120; Firenze
1978, 209-216; Valcanover 1978, 66;
Rossi 1979, 191; Hope 1980, 62-64,
72; London 1983, 222; Rearick
1984, 64; Boehm 1985, 194; Venezia
1990, 187-188; Paolucci 1990, 106;
Valcanover 1990, 14; Paris 1993,
423, 424; Agostini & Stanzani 1996,
45.

Il dipinto rappresenta un giovane
gentiluomo pesantemente vestito
con abiti invernali che appoggia la
mano destra, guantata, su un libro
chiuso di medie dimensioni. Sulla
sua identità si è molto discusso. Una
scritta a tergo della tela ne riconosce
il ritratto "DI THOMASO MOSTI IN ETÀ
DI ANNI XXV. L'ANNO M.D.XXVI.", e
l'artefice in "THITIANO DA CADORO
PITTORE". Con tale paternità il dipinto è descritto nell'inventario della raccolta fiorentina del cardinale
Leopoldo de' Medici redatto tra il
1663 e il 1667, allorché si presentava
con pesantissime ridipinture che
avevano modificato l'abito del personaggio e ricoperto il cappello (cfr.
Conti 1981, fig. 122). Fu solo nel
1909 che esse vennero rimosse ad
opera di Otto Vermeheren, ed emerse un testo di qualità tale da ricon-
fermare appieno l'autografia tizianesca, attestata dal primo inventario

ma poi ripetutamente messa in dubbio. Come dimostrato da Zecchini
(in Venezia 1978, 209-216), tale intervento di cammuffamento fu certamente anteriore al 1740 (anno di
morte di fra' Antonio Lorenzini, che
ne trasse un'incisione in quello stato), ma molto probabilmente prima
dell'ingresso nella raccolta di Leopoldo, in concomitanza all'apposi-
zione dell'iscrizione sul verso, di evidenti caratteri grafici secenteschi.
Quest'ultima presenta aspetti fortemente problematici: l'identificazione nel modenese Tommaso Mosti
(arciprete della cattedrale di Ferrara
al tempo del duca Alfonso I, che nel
1524 lo nominò rettore della chiesa
di San Leonardo) si scontra con l'in-
congruità della veste, come sottolineato da Lazzari (1952), che pensava piuttosto a suo fratello Vincenzo
(pure molto vicino ad Alfonso, che
nel 1512 lo fece cavaliere), mentre
verso il terzo fratello, il poeta Agostino, si orientò invece Zecchini (in
Venezia 1978), anche in virtù della
presenza del libro. Invero nessuna di
queste identificazioni risulta del tutto convincente, ponendosi per
ognuna la necessità di supporre comunque un errore nell'iscrizione;
ipotesi, d'altro canto, già prospettata
da molti a riguardo della data 1526,
ritenuta inadeguata per ragioni stilistiche. In tale quadro di incertezze e
incongruenze pare dunque opportuno considerare la scritta con estremo
sospetto, se non altro in virtù del fatto che venne verosimilmente apposta – prima della vendita al cardinale
– nel corso di un intervento di cammuffamento in cui fu prodotta una
veste non incongrua a un ecclesiastico quale Tommaso Mosti.
Realizzata con ogni probabilità all'i-
nizio del terzo decennio, la tela si presenta come un capolavoro di equilibrio e finezza, intrisa del concetto di
"sprezzatura" che Baldassarre Castiglione nel *Cortegiano* indica come
prima virtù del perfetto gentiluono.
Per raggiungere questo risultato Tiziano accantonò le formule ritrattistiche adottate in precedenza (agli esordi oscillanti tra introspezioni giorgionesche e richiami alla statuaria, e nel
corso del secondo decennio sempre
più finalizzate alla resa del moto fisico e psicologico del personaggio),
perseguendo un deciso assestamento
compositivo, che viene rimarcato anche dall'adozione di una gamma cromatica molto abbassata e dall'atte-
nuazione della perentorietà psicofisi-
ca del ritrattato, che ci appare sovrano del suo mondo interiore, quasi in-

tangibile nella consapevolezza del
ruolo sociale e culturale che viene ad
occupare, esponente di quella "repubblica delle lettere" che univa gli
intellettuali d'Europa a prescindere
dai confini che li separavano. In tal
senso risulta significativo il fatto che
la soluzione compositiva si raccordi
in maniera esplicita – intenzionalmente emblematica, verrebbe da credere – a quella definita da Raffaello
nel ritrarre gli intellettuali del suo
tempo, *in primis* il Castiglione nella
tela del Louvre (cfr. Hope 1980).
Nell'incertezza sull'identità del personaggio e sulla precisa data di esecuzione risulta tuttavia difficile precisare eventuali modalità e contesti di
tale connessione. Non si può però
quanto meno non richiamare il fatto
che Pietro Bembo – di cui Tiziano in
questi anni aveva già realizzato due
effigi (Brown in Venezia 1990) – era
ben aggiornato su tali esiti del Sanzio,
possedendo il *Doppio ritratto di Andrea Navagero e Agostino Beazzano*
realizzato nel 1516 (segnalato nella
sua collezione padovana da Michiel,
e per lo più riconosciuto nell'esemplare Doria Pamphili a Roma: cfr.
Dal Pozzolo 1996, 203-204) e men-
zionando con ammirazione quello
del poeta ferrarese Antonio Tebaldeo
(perduto, ma che in questa trama di
raccordi è indubbio costituisse un
ineludibile parametro di riferimento;
per esso cfr. Crowe & Cavalcaselle
1882, II, 325-326). Comunque sia,
che il dipinto ora a Pitti sveli una meditazione di Tiziano sullo stile maturo dell'urbinate è indicato pure dal
parallelo che si coglie fra la testa del
nostro personaggio e quella dello
stesso Raffaello nel *Doppio ritratto*
del Louvre, del 1518 circa.

EMDP

Raffaello, *Doppio ritratto*
Parigi, Musée du Louvre
(particolare dell'autoritratto di Raffaello).

89
Paris Bordone (1500-1571)
*Thomas Stahel* (Stachel), 1540

olio su tela, 107 x 86 cm
Parigi, Musée du Louvre, Département des Peintures, inv. 126
scritte: sul pilastro [AE]TATIS SVAE ANN XXVII/ MDXXXX; in basso uno stemma con un grifo rampante e le iniziali T. S.; sulla lettera piegata: _SP. DOMINO IERONIMO CRA [_] FFT [_] / MAJOR SUO SEMPER OBSERVANS. / AUGSTA"; firmato sullo schienale della sedia: PAR [_].

PROVENIENZA: collezione Everhard Jabach; venduto nel 1662 a Luigi XVI.
LETTERATURA: Canova 1961, 77-88; 1964, 85; Béguin 1964, 1-6; Fossaluzza 1984, 131-132, cat. 30; Brejon de Lavergnée 1987, 158-159, cat. 93; Paris 1993, cat. 179; Martin 1996a.

Nella seconda edizione delle *Vite* Vasari ricorda le opere eseguite da Paris Bordon per vari committenti di Augusta: "In Augusta fece in casa de' Fuccheri molte opere nel loro palazzo di grandissima importanza, e per valuta di tremila scudi: e nella medesima città fece per i Prineri, grand'huomini di quel luogo, un quadrone grande; dove in prospettiva mise tutti i cinque ordini d'architettura, che fu opera molto bella; ed un altro quadro da camera, il quale è appresso il cardinale d'Augusta" (Vasari 1568, VII, 464). Oltre a fornire altre notizie interessanti, cui in questa sede possiamo accennare solo di sfuggita, il brano lascia intendere prima di tutto che l'artista potrebbe essersi recato di persona nella città tedesca. La quantità di opere

Stemma della famiglia Stahel (o Stachel) da Zimmermann 1970, cat. 6068

commissionategli e il lauto compenso pagatogli dai Fugger mettono poi in risalto la ricchezza e l'importanza della sua clientela augustana. Finora, sfortunatamente, è stato impossibile identificare i "Prineri", anche se è stata avanzata la convincente ipotesi (Gáras 1987, 71-74; 1993, 125) che la veduta con elementi architettonici sia in realtà la *Lotta dei gladiatori*, un dipinto probabilmente eseguito per i Fugger, il che fa pensare a un errore da parte di Vasari. Quanto al cardinale ricordato dall'autore toscano, si tratta di Otto Truchsess von Waldburg, amico dei Fugger e committente di Lambert Sustris. Nel tentativo di individuare quei dipinti e il momento preciso del presunto viaggio, gli studiosi hanno chiamato in causa altri due indizi di eventuali rapporti del pittore con Augusta. In una lettera scritta nel dicembre 1548 a Paris Bordon, Pietro Aretino si complimenta con lui per le pitture in possesso di un "Fuccari" di nome "Cristofano" (Aretino 1957-1960, II, 267). Il contenuto della missiva fa pensare che l'Aretino avesse visto i quadri a Venezia, dal che si deduce che il Fugger in questione, che non poteva essere che Christoph, il figlio allora ventottenne di Raymund, doveva avere soggiornato per qualche tempo nella città lagunare, acquistandovi le tele di Bordon prima del 1548 o comunque entro quell'anno. (Nella sua ricostruzione di un ciclo allegorico presumibilmente di proprietà dei Fugger, Gáras 1987, 74-76, lo ha situato "intorno al 1550", identificandolo con le opere ricordate da Vasari, ma non con quelle citate dall'Aretino). La seconda testimonianza, che necessita anch'essa di ulteriori indagini, è quella fornitaci dal ritratto a mezzo busto ora in esame. Un giovane barbato, con un giacchetto bordato di pelliccia e un berretto scuro, siede a un tavolo dove sono disposti – come in una piccola natura morta – tutti gli strumenti per scrivere e un paio di forbici, che sporgono oltre lo spigolo del tavolo con grande effetto sullo spettatore. Il ritrattato, in posizione quasi frontale, sembra fissarci, come se volesse porgerci la lettera che ha in mano. Nel dipinto, complessivamente piuttosto scuro, risalta quasi soltanto il volto fortemente illuminato; sullo sfondo si intravedono appena una tenda verde e un elemento architettonico. L'indirizzo che si legge sulla lettera reca il nome del mercante Hieronymus Kraffter, documentato ad Augusta tra il 1525 e il 1568. Ma

la scritta, come è già stato suggerito (per prima da Béguin 1964, 39, cat. 2; la proposta non è accolta da Brejon de Lavergnée 1987), dovrebbe riferirsi al mittente della missiva, e non all'effigiato, che dobbiamo quindi cercare di identificare tramite lo stemma e le iniziali T.S. Nemmeno per questo dipinto, quindi, è indispensabile pensare a un viaggio di Bordon ad Augusta, che la critica è talora propensa a collocare verso il 1540 (Canova 1964). È vero che oltre a rispecchiare la tradizione veneziana (si vedano gli esempi, presenti alla mostra, di Palma il Vecchio e di Giovanni Cariani: catt. 85 e 86), quest'opera tradisce certamente anche la conoscenza della ritrattistica transalpina. Ma Bordon avrebbe avuto modo di studiarne qualche esempio – come le opere di Christoph Amberger, un pittore di Augusta molto influenzato dall'arte veneziana, che si era recato a Venezia alla fine del terzo decennio (Löcher 1981; Kultzen 1987) – anche solo frequentando l'ambiente del Fondaco dei Tedeschi. Inoltre, sulla base delle nuove ricerche di carattere storico-economico, che hanno dimostrato che Kraffter aveva contatti d'affari con Venezia (Kellenbenz 1989, 393-395; Häberlein 1994, 48), si dovrebbe concludere che l'effigiato era un mercante attivo, almeno per qualche tempo, nella città lagunare. Dopo ripetuti infruttuosi tentativi di individuare uomini d'affari veneziani con le iniziali T. S., siamo arrivati ai nomi di Thomas Stahel (o Stachel) e Thomas Strigel, entrambi residenti ad Augusta attorno al 1540 (cfr. Reinhard 1996, 785, 825; indicazione di Mark Häberlein). Ma lo stemma che figura sul dipinto non può che condurci alla famiglia Stahel, il cui emblema, suddiviso in bande diagonali, reca anch'esso un grifo rampante, che tiene stretto tra gli artigli una spina (in tedesco *Stachel*). Di Thomas Stahel si sa poco: nel 1548, grazie al matrimonio con Veronika Schellenberg (nata Herwart), gli riuscì di elevarsi fino ai vertici della società augustana; nel 1566 commissionò un dipinto-epitaffio per la chiesa di Sant'Anna (Hahn 1997, 80). Resta da vedere se le future ricerche d'archivio consentiranno di scoprire uno stretto rapporto fra gli Stahel e qualche membro della famiglia Fugger, come per esempio il Christoph menzionato dall'Aretino. Se si accetta l'identificazione dell'effigiato proposta in questa sede, la figura di Kraffter – quale finora particolarmente discusso anello di collegamento fra Bordon e la città sveva – perde la sua importanza.

Concludendo, va tenuto presente ancora una volta che, pur avendo operato sull'altro versante delle Alpi (nel 1559 a Fontainebleau), l'artista potrebbe non avere mai soggiornato ad Augusta, malgrado i suoi precedenti contatti con committenti tedeschi particolarmente interessati a un genere pittorico come il ritratto. Uno di questi, Nikolaus Kobler (Fürst Liechtensteische Gemäldegalerie, Vaduz), aveva posato per Bordon già nel 1532 (Martin 1995a, 52-53). E le fonti d'archivio documentano la presenza, nella seconda metà del Cinquecento, di opere del pittore veneto anche nelle raccolte di personaggi come Willibald Imhoff, Hans Jakob König e un parente di quest'ultimo, appartenente alla famiglia Ott e attivo a Venezia come agente dei Fugger (Martin 1995b, 537; 1996a). Nonostante eventuali errori ed esagerazioni, il passo di Vasari resta quindi una fonte preziosa. Tuttavia, perlomeno al momento, grazie alle informazioni che è in grado di fornirci, questo ritratto del Louvre rimane l'unico documento visivo a collegare Paris Bordon con Augusta.

AJM

381

90

Jakob Seisenegger (1505-1567)
*Ritratto di gentiluomo* (Christoph Pissinger?), 1540

olio su tela, 93 x 70 cm
scritte: in alto a sinistra 1540 / [?].
AD . 13 / NOVEMBER.; in basso il monogramma IS (lettere intrecciate; visibile solo in parte)
Norimberga, Germanisches Nationalmuseum, inv. Gm 1600

LETTERATURA: Löcher 1962, 11, 42-43, 93, cat. 63; Augsburg 1980, II, 128-129, cat. 476; Löcher 1997, 478-479.

Nominato nel 1531 pittore di corte di Ferdinando d'Asburgo (nell'ordine arciduca del Tirolo, re d'Ungheria, re dei Romani e imperatore alla morte del fratello maggiore, Carlo V), che risiedeva allora a Innsbruck, Jakob Seisenegger fu un eminente ritrattista, che si distinse soprattutto in occasione delle diete di Augusta (1530,1550), Ratisbona (1532) e Norimberga (1543). Nel 1532, recatosi a Bologna per assistere all'incoronazione di Carlo V, ne eseguì il famoso ritratto a figura intera con il cane (Kunsthistorisches Museum, Vienna). Nel 1538-1539 visitò i Paesi Bassi e la Spagna, mentre in seguito soggiornò ad Augusta (1540-1541), a Vienna (1549-1559) e a Linz (dal 1561 alla morte). Nel 1558 venne insignito di un titolo nobiliare. Questo ritratto di piccolo formato, a tre quarti di figura (*Kniestück*), ci presenta un gentiluomo barbato seduto ad un tavolo, che indossa un giacchetto foderato di pelliccia e un berretto nero. La mano sinistra inanellata, che stringe un paio di guanti, è appoggiata sul tavolo, la destra sulla coscia. La soffice guarnizione di pelliccia, che contrasta con il rigido collare d'oro, sottolinea la lieve torsione del busto verso sinistra; anche la testa è quasi impercettibilmente girata nella stessa direzione, come per evi-

Moretto, *Ritratto di gentiluomo*
Brescia, Pinacoteca Tosio Martinengo

tare ogni contatto con l'osservatore e una presentazione troppo frontale. Le fitte pieghe e i riflessi di luce fanno risaltare il motivo aulico della tenda di taffettà verde, che spicca sullo sfondo neutro bruno, dove è tracciata la scritta. In base a un documento del 1541, conservato nell'archivio della corporazione dei pittori all'Archivio di Stato di Augusta, Löcher (1962, 62, doc. I) ha proposto di identificare nell'effigiato Christoph Pissinger (nato nel 1495 ca.): un cliente del pittore che – a detta di quest'ultimo – avrebbe espresso grandissima soddisfazione ("ain sonnder groß gefallen") per il ritratto. Ma alla sua morte, avvenuta d'improvviso, gli eredi e gli amici si rifiutarono di pagare il prezzo pattuito e Seisenegger fu obbligato a rivolgersi alle autorità. Sfortunatamente non si sa nulla dell'esito dell'istanza. Qui l'artista ritrae per la prima volta un personaggio seduto e visto dalle ginocchia in su, secondo una formula tradizionalmente riservata ai sovrani e di origine classica. Lo stesso Raffaello l'aveva sperimentata nel 1512, inaugurando con il *Giulio II* (Galleria degli Uffizi, Firenze) una tipologia di "ritratto di corte" che sarebbe stata seguita per secoli. Tra i contemporanei di Seisenegger se ne era servito anche il pittore norimberghese Georg Pencz, autore di tutta una serie di ritratti di personaggi seduti (cat. 92) eseguiti a partire dal 1544. Pencz, tuttavia, si era ispirato alle composizioni di Lorenzo Lotto della seconda metà degli anni venti, e quindi tendeva a includere nello sfondo molto più spazio di quanto si vede in questo caso. Risulta perciò più interessante confrontare, come già proposto in passato, Seisenegger e Moretto. Un esempio calzante, come ben vide Löcher, è quello offertoci dal *Ritratto di gentiluomo* del 1535-40 ca. (Pinacoteca Tosio-Martinengo, Brescia) del pittore bresciano, che aveva però già un precedente nel *Ritratto d'uomo* (Musée Jacquemart André, Parigi) del 1530 circa, dove, in un'atmosfera soffusa di malinconia, lo sguardo dell'effigiato evita di incrociarsi con quello dello spettatore. Anche negli anni successivi il Moretto continuò ad adottare, seppure con varianti, questo stesso modulo compositivo, spesso arricchito dalla presenza di un tendaggio sullo sfondo, messo in grande risalto dagli effetti di luce. Si vedano, ad esempio, la *Giovane donna nelle vesti di Sant'Agnese* (ca. 1540; collezione

privata svizzera) e il *Giovane gentiluomo con il berretto piumato* (1542; National Gallery, Londra). Non si può escludere che, per il ritratto a figura intera di *Carlo V (con il cane)* del 1532 – preso quasi immediatamente a modello da Tiziano – Seisenegger avesse cercato ispirazione non solo nella pittura tedesca, ma anche in quella del Settentrione d'Italia, e più in particolare in un prototipo dello stesso Moretto (si veda l'Introduzione a questa sezione).
È improbabile, comunque, che un pittore che aveva tanto viaggiato, e al quale non era mancata l'occasione di visitare più di una collezione principesca, si fosse rifatto in ultima analisi, per questo *Ritratto di gentiluomo*, a un unico dipinto o alla produzione di un solo artista. Si ha l'impressione, invece, che il grande successo di questa particolare tipologia fosse legato al fatto che tanto nell'alta Italia quanto nella Germania meridionale stava prendendo piede la tendenza ad adottare le medesime soluzioni formali. Ciò non significa che le intenzioni degli artisti italiani, o dei loro committenti, fossero identiche a quelle dei tedeschi. Così i ritratti di Moretto assumevano un significato allegorizzante, mentre il dipinto di Seisenegger è tutto imperniato sul rango e sul potere che l'effigiato intendeva esibire

AJM

383

91
Lorenzo Lotto (ca. 1480-1556)
*Ritratto di gentiluomo*, 1535?

olio su tela, 108,2 x 100,5 cm
firmato L. Lottus 15(?)
Cleveland, The Cleveland Museum of Art, Gift of the Hanna Fund 1950.250

PROVENIENZA: collezione imperiale, Vienna; Kunsthistorisches Museum, Vienna; Moritz Lindesmann, Vienna, 1923; Wilhelm von Ofenheim, Vienna; Rosenberg & Stiebel, New York; entrato al museo nel 1950.
BIBLIOGRAFIA: Banti & Boschetto 1953, 39, 82; Coletti 1953, 45; Pignatti 1953, 120; Berenson 1955, 126; Bianconi 1955, 58; Mariani Canova 1975, 108; Mascherpa 1980, 113; Coe Wixom 1982, 366-368; Cleveland 1982, 366-368; Stedman Sheard 1998, 45-46.

In una sorta di terrazza, un gentiluomo in piedi si appoggia a un tavolino su cui sono disposti una lettera aperta, che ferma con la destra, e due rametti, uno di gelsomino (con qualche fiore sparso), l'altro meno facilmente identificabile. Come con un moto improvviso si volge sollevando il braccio sinistro con la mano aperta. Sullo sfondo, oltre alla balaustra dietro la quale si scorge una grata con delle rose, si distingue un panorama collinare sotto a un cielo rannuvolato. Firmato "L. Lottus 15(?)" in basso a destra, il dipinto è stato poco considerato dalla critica, nonostante l'estrema singolarità compositiva. Ciò dipende verosimilmente dall'incertezza sulla lettura della data e dal mediocre stato di conservazione in cui versa la tela, ridotta ai margini e piuttosto restaurata.
La collocazione cronologica è stata quasi concordemente fissata tra il 1525 e il 1527. Il primo termine era sostenuto da Pignatti (1953), Berenson (1955), Mariani Canova (1975) e Stedman Sheard (1998); intorno al 1527 sarebbe da situarsi invece per Banti e Boschetto (1953), Coletti (1953), Bianconi (1955) e Mascherpa (1980), anzitutto sul paragone con l'*Andrea Odoni* di Hampton Court, appunto di quell'anno. Coe Wixom (1982) riporta inoltre che, in alcune lettere alla direzione del Museo (1979), Freedberg e Pallucchini si dissero favorevoli al 1525, mentre Zeri propendeva per una data entro la prima metà degli anni quaranta. È necessario riverificare – con esami di laboratorio e macrofotografie – se l'abrasione nella scritta riguardi le ultime due cifre o solo la terza, come sembrò a Pignatti (che ritenne l'opera datata 1545, ma definì "insolito il

problema della data, forse aggiunta più tardi dallo stesso pittore, per ragioni che ci restano ignote"), e a Berenson, che lesse "15(?)5" e pensò al 1525. La questione è delicata poiché, se davvero si trattasse del 1525, si sarebbe innanzi al primo esemplare in cui Lotto svolge un ritratto in pieno movimento (e per di più all'aperto), prima dell'*Odoni* e del *Giovane* dell'Accademia di Venezia. Tuttavia varie ragioni consigliano di collocarlo più avanti, verso la metà degli anni trenta. Un confronto stringente si ha col *Ritratto virile* della Galleria Borghese di Roma, sia per il tono interpretativo – quel modo pacato e vagamente umbratile di rendere le emozioni del personaggio – sia per i dati di costume: la berretta e lo sbuffo dei polsini dalle maniche risultano identici; simili sono la camicia e il robone scuro. Ma se pure la datazione dell'esemplare romano è controversa (per quanto si sia recentemente appuntata sul 1535: Humfrey, in Bergamo 1998, 197-199), di certo del 1535 è il personaggio con un abito non difforme effigiato da Bernardino Licinio in un quadro della raccolta Cini a Venezia (si veda in Vertova 1975, 436, cat. 128). In attesa delle auspicate indagini di laboratorio, si può dunque suggerire di leggere la data come 1535, collocandone l'esecuzione entro uno dei periodi meno documentati del pittore (trascorso per lo più nelle Marche) e in significativa prossimità cronologica con le opere di Pencz e Seisenegger qui presentate (catt. 92 e 90).
Altri essenziali quesiti rimangono tuttavia irrisolti. Chi sarà mai l'elegante personaggio che intese farsi ritrarre in maniera così atipica: un veneziano (Cleveland 1982), un bergamasco (Stedman Sheard 1998) o un marchigiano? La proposta di Douglas Lewis – formulata in una lettera del 1979 riportata da Coe Wixom (1982) – che si tratti di un ritratto di Marcantonio Giustinian di cui Lotto fa menzione nel *Libro di spese diverse* alla data 1541 non risulta difendibile, per la dissomiglianza col ritratto scultoreo al Louvre già ascritto a Jacopo Sansovino (cfr. Boucher 1991, II). E ancora: quale significato attribuire al gesto, che sembra di saluto o di addio (Stedman Sheard 1998) e che per Berenson (1955) "farebbe supporre l'esistenza di un altro ritratto, forse femminile, che risponda all'appello di questo"? Se è indubbio che l'impostazione espliciti la necessità di una "chiusura" del

discorso visivo (con altra figurazione, o anche solo con la conoscenza di eventi esterni cui potrebbe far riferimento magari la lettera), non sussistono le condizioni per fornire risposte soddisfacenti. Quel che è certo è che la costruzione dell'immagine avviene mediante un serrato sistema di riferimenti simbolici (a una stagione fredda allude la veste, a una calda i fiori) analogo a quello già adottato dal pittore in altre celebri prove ritrattistiche, *in primis* quelle già citate a Venezia e a Roma. L'impressione è che qui Lotto fissi un qualche impegno solenne, mediante un gesto enfatico che rievoca quello di Marco nel *Ritrovamento del corpo di San Marco* di Tintoretto a Brera (per il quale cfr. Dal Pozzolo 1996b, 149) e una scelta di simboli vegetali (i mughetti in primo piano e le rose sul fondo) che, intrecciati ad un cartiglio con la citazione biblica "iustus ex fide vivit", furono adottati da Moretto per raffigurare la Fede in un dipinto all'Ermitage (Begni Redona 1988, 167-170).

EMDP

92
Georg Pencz (ca. 1500-1550)
*Jakob Hofmann*, 1544

olio su tela, 134 x 105 cm
scritte: sul cartiglio scolpito sul pilastro, sotto lo stemma con un cavallo
rampante, ALT / XXXIII; sul cartellino
in basso a destra 15 GP 44
Darmstadt, Hessisches Landesmuseum, inv. GK 66

PROVENIENZA: entrato nel museo nel
1843.
LETTERATURA: Gmelin 1966, 70, 92,
cat. 36; Beeh 1990, 234, cat. 67; Timann 1990, 104; Ebert-Schiffer
1996, 66.

Attivo a Norimberga – come risulta
dai documenti – a partire dal 1523,
Georg Pencz venne temporaneamente esiliato due anni dopo, perché accusato di diffondere idee religiose difformi dall'insegnamento lu-
terano (sulle sue vicende biografiche
e artistiche si vedano Gmelin 1966;
Timann 1990). Dopo il suo rientro,
venne nominato nel 1532 pittore ufficiale della città e nel 1550 si mise in
viaggio per assumere la carica di pittore di corte del duca Alberto di
Prussia, ma morì agli inizi di ottobre
a Breslavia. È probabile che avesse
appreso il mestiere nella bottega di
Dürer, per poi specializzarsi nell'arte del ritratto e nelle composizioni di
carattere mitologico, dove tuttavia,
malgrado l'innegabile qualità, si avverte spesso una certa durezza della
resa anatomica. La sua impresa più
importante e originale è costituita
dal grandioso telero con la *Caduta di
Fetonte* (5,60 x 12,20 m), dipinto a
olio nel 1534 per il soffitto del padiglione del giardino norimberghese
degli Hirschvogel, dove gli audaci
scorci prospettici tradiscono l'influsso di Mantegna e di Giulio Romano (i venti frammenti sopravvissuti alla seconda guerra mondiale,
attualmente in restauro, verranno
esposti al pubblico nel 2000 in una
moderna ricostruzione della Garten-
saal di casa Hirschvogel).
Altri riflessi dell'arte dell'Italia settentrionale, e in particolare di quella

veneziana, si avvertono in questo ritratto dell'orefice Jakob Hofmann
(1512-1564), attivo a Norimberga
dal 1530 e dal 1560 alla corte sassone, genero di un altro orafo di vaglia,
Hans Seidelmann. L'effigiato, con i
capelli corti e una lunga barba ros-
siccia, è raffigurato di tre quarti su
uno sfondo architettonico. La testa si
volge nella direzione opposta a quella del busto, il braccio sinistro si appoggia su un basamento marmoreo e
la mano destra mette in mostra uno
degli strumenti della professione (un
punzone?). Lo specchio dalla sontuosa cornice a edicola, sulla sinistra,
riflette il profilo del personaggio. La
profonda nicchia parzialmente in
ombra e il voluminoso soprabito
contribuiscono ad accentuare la spa-
ziosità della composizione, resa con
una gamma di toni bruni e grigio-
violacei, dove l'unica nota di colore
più acceso è data dal farsetto rosso.
Nella produzione di Pencz, il dipinto in esame precede l'inizio di una
lunga serie di ritratti più ufficiali di
personaggi dignitosamente seduti,
come quelli del 1545 di *Sebald Schir-
mer* (Germanisches Nationalmuseum, Norimberga), *Jörg Herz* (Staatliche Kunsthalle, Karlsruhe) e *Sigismund von Baldinger* (Treuhand-
verwaltung, München), o il *Mercante* (collezione Kisters, Kreuzlingen)
del 1547. In questi ritratti di carattere ufficiale è evidenziata soprattutto
la "gravità", che si materializza nella
corporatura massiccia degli effigiati,
mentre passano in subordine l'animazione e la tridimensionalità della
composizione. Il vivace movimento,
la dilatazione dello spazio e il tentativo di dialogo con l'osservatore che
caratterizzano quest'effigie di *Jakob
Hofmann* certamente sembravano
troppo moderni a certi committenti
di Norimberga ancora legati alle
vecchie tradizioni, e sono chiaramente desunti da modelli italiani, riconducibili soprattutto alla pittura
di Lorenzo Lotto. Il confronto più
puntuale è quello che si può istituire
con l'*Andrea Odoni* del 1527 (Collezioni Reali inglesi, Hampton Court),
ma Lotto aveva sviluppato questa tipologia anche in altre opere, come il
*Ritratto di giovane gentiluomo nello
studio* (Gallerie dell'Accademia, Venezia) o il *Gentiluomo* di Cleveland
(cat. 91). E un'altra fonte di ispirazione potrebbe essere rappresentata
dall'*Uomo in armatura* – tradizionalmente identificato con Gastone di
Foix – di Savoldo (Musée du Louvre, Parigi; cfr. Martin 1995c) o da
una sua copia. Resta ancora da chia-

rire se lo specchio presente nel ritratto di *Jakob Hoffmann* possa essere un riferimento all'allora dibattu-
tissimo tema del "paragone" tra pittura e scultura; non siamo neppure
in grado di stabilire dove di preciso
Georg Pencz – autore già nel 1534 di
un *Ritratto di giovane con berretto*
(Staatliche Museen, Gemäldegalerie, Berlino) dalla forte impronta
norditaliana – fosse venuto a contatto con prototipi di origine veneziana.
Dei due viaggi nella penisola ipo-
tizzati da Gmelin, che li situava rispettivamente *ante* 1532 e nel 1542,
non è emersa traccia alcuna dalle ricerche archivistiche effettuate da Timann, né ci sembra di coglierne
chiari segni nell'evoluzione stilistica
del pittore norimberghese. Non si
può escludere, comunque, che
Pencz avesse intrapreso in precedenza un viaggio di studio in Italia,
facendo tappa a Venezia e con tutta
probabilità anche a Mantova. Anche
senza muoversi da Norimberga, tuttavia, l'artista avrebbe potuto attingere facilmente ai tanti ritratti di varie scuole italiane presenti nelle collezioni dei suoi concittadini. Benché
nei suoi dipinti prevalgano di solito
elementi di gusto veneto-lombardo,
il suo *Ritratto di diciottenne* (Galleria degli Uffizi, Firenze) – esattamente contemporaneo a quello in
esame – denota chiaramente la conoscenza di opere di Bronzino.

AJM

Lorenzo Lotto, *Andrea Odoni*
Hampton Court, Royal Collection

## 93
Jacopo de' Barbari (1460/70-1515)
*Pernice morta*, 1504

penna, o punta di pennello, inchiostro e acquerello, 257 x 153 mm
Londra, The British Museum, Department of Prints and Drawings

PROVENIENZA: Sloane Bequest, 1753.
LETTERATURA: Popham 1928, 5; Tietze & Tietze Conrat 1944, 40, 41, cat. 64; Popham & Pouncey 1950, 4, cat. 5; Keller 1960, 282; London 1971, 51, cat. 324; Levenson 1978, 101, 132, 210-212, cat. 13.

Questo disegno acquerellato porta nell'angolo superiore sinistro un falso monogramma düreriano AD con la data 1511; fu considerato a lungo opera dell'ornitologo George Edwards (autore di *A National History of Uncommon Birds*, London 1743-1751), fino a quando Popham nel 1928 ne propose l'accostamento alla tavoletta raffigurante *Una pernice con pezzi d'armatura* all'Alte Pinakothek di Monaco, firmata e datata da Jacopo de' Barbari nel 1504. Lo studioso notava, al di là della comune impostazione dell'animale appeso al muro, lo stesso modo di portare le ombre e il "delicate, meticulous, but slightly wavering drawing". La proposta è stata accolta dal resto della critica, con il dubbio se si debba supporre uno stretto rapporto progettuale con il dipinto tedesco: in tal senso si è pronunciato Keller (1960), mentre Levenson (1978), pur mantenendo ferma una data sul 1504, afferma che "there is certanly no reason to suppose that this is the only still life Jacopo produced", dal momento che deve averne eseguiti molti del genere in occasione della sua residenza a Wittenberg, corte presso la quale era popolare la deco-

razione con motivi di caccia a *trompe-l'oeil*. Questi, in generale, nascevano con lo scopo di ingannare l'occhio e stupire l'osservatore con le capacità tecniche dell'artista; ma nel caso del de' Barbari va rilevato che la tavola di Monaco e il foglio di Londra possono essere visti come una sorta di "manifesto programmatico" di certe sue convinzioni teoriche, aderendo perfettamente alla definizione che egli – in una lettera a Federico di Sassonia (1500-1501) – fa della "exellentia della pittura", che paragona a "una natura examinata, la quale crea visibile quello che la natura crea palpabile e visibile" (in Barocchi 1971, 1977, I, 69). La suggestione che simili opere produssero in ambito tedesco – anche dopo la morte del pittore – è esemplificata da pezzi come il *Fagiano morto* di Dresda, qui esposto (cat. 94); ma più in generale a Jacopo va riconosciuta un'indubbia rilevanza quale diffusore della cultura veneziana, sia come pittore che come incisore (su di lui cfr., inoltre, Gilbert 1964 e Szylin 1992)

Con il foglio ora presentato si propone il problema del ruolo che l'artista ebbe nella definizione della natura morta come genere indipendente, sebbene sia difficile precisare i tempi e i modi in cui venne a elaborare questo tipo di immagini.

Infatti prima del 1504 nulla ci rimane di suo in tal campo, e si viene a porre un rapporto di successione rispetto ai paragonabili studi naturalistici che Albrecht Dürer aveva condotto ritraendo ad acquerello, con analoga inclinazione illusionistica, animali e parti di essi: in particolare il raccordo più preciso si ha con l'*Anatra* ad acquarello su pergamena del Museo della Fondazione Gulbenkian di Lisbona, di datazione peraltro incerta (oscillante tra il 1502 e il 1512-1515, ma con una recente prevalenza per la prima: cfr. Strieder 1992, 204; Piel 1992). Come noto, i due furono in contatto: è lo stesso Dürer a informarci che Jacopo gli mostrò delle figure costruite con moduli geometrici, mentre più tardi, in una lettera del 1506 da Venezia al comune amico Anton Kolb, venne a ridimensionarne alquanto il livello artistico e la fama lagunare. In ogni modo si può credere che essi – nell'ambito di un rapporto personale che fu senza dubbio stretto (altrimenti non si spiegherebbe la trasmissione da parte del de' Barbari di veri e propri segreti di bottega) e di molti interessi artistici comuni (dalla pratica incisoria, alle in-

dagini geometriche, alla riflessione teorica ecc.) – attesero in concomitanza a prodotti di tal genere, che nascevano come studi dal vero e che solo in un secondo momento godettero della fortuna critica e commerciale che determinò la nascita del "genere". Certo è che a Venezia entro il XV secolo non si conoscono testimonianze pittoriche in qualche modo paragonabili a questi, se si eccettua il caso delle *Lettere* dipinte a *trompe-l'oeil* a tergo della *Caccia in valle* di Vittore Carpaccio (cat. 27; che peraltro non nascevano come figurazione in sé autonoma). Tuttavia si tratta di una correlazione di qualche significato, giacché anche a Carpaccio allude lo stile giovanile del de' Barbari nel *Ritratto di Luca Pacioli* a Capodimonte del 1495: un pezzo su cui, a dispetto della firma "Jaco. Bar.", si sono addensate fin troppe perplessità (cfr., da ultimo, Ciardi Dupré Dal Poggetto 1992: da integrarsi però, almeno, con Guarino 1981; Steer 1982, e Lucco 1983), che dichiara visivamente aree e rapporti culturali che paiono decisivi nelle scelte del maestro (la cui posizione fu a Venezia del tutto atipica), e in cui si riconosce una propensione a quell'indagine sulla concretezza delle cose che poi lo condurrà verso la cosiddetta – solo in seguito codificata – natura morta.

EMDP

Jacopo de' Barbari
*Una pernice con pezzi d'armatura*
Monaco, Alte Pinakothek

J. Tetras

Gray Partridg

94
(da) Lucas Cranach il Vecchio (1472-1553)
*Fagiano morto*, ca. 1530

acquerello e tempera su carta
292 x 177 mm
Dresda, Kupferstich-kabinett, Staatliche Kunstsammlungen, inv C 1192

LETTERATURA: Schade 1961-62, 39;
Kronach 1994, 360, n. 187.

Il foglio raffigura un fagiano morto appeso per il becco ad un chiodo, davanti a un fondo di color sabbia che verosimilmente rappresenta una struttura muraria. Il piumaggio dell'uccello, dal tono prevalentemente bruno-grigio e arruffato intorno alla gola, mostra sul morbido petto una colorazione vistosamente rossa e una una piccola macchia azzurra in azzurro. La luce cade da sinistra sul volatile, la cui ombra – indicata sommariamente – si profila di conseguenza sulla chiara superficie muraria.
Un tempo erroneamente riferito a Jan Weenix, questo studio è stato inquadrato dapprima da Schade in un gruppo di disegni con cacciagione della bottega di Cranach, che si conserva a Dresda (cfr. Levenson 1978, 141-143; Johannes Erichsen, in Kronach 1994, 358-361) ed è stato variamente attribuito a Lucas o al figlio o alla loro bottega. Le tracce di fori d'ago al margine superiore del foglio e le macchie di acquerello, colore a olio e gessetto grasso su alcuni di questi disegni dimostrano che essi furono usati come modelli nella bottega. Confrontabili nature morte si trovano soprattutto in una serie di dipinti di soggetto licenzioso (ted. "Buhlschaftsbild"). Si tratta in particolare di diverse varianti dei temi di *Ercole e Onfale* e della *Coppia ineguale*, dipinte nella bottega di Cranach negli anni trenta del Cinquecento (se ne sono conservati esemplari datati 1532, 1535 e 1537). Troviamo il nostro *Fagiano morto* ripetuto fra l'altro con due ulteriori rappresentazioni di volatile morto nell'angolo destro superiore dell'*Ercole e Onfale*, conservato nell'università di Gottinga (Friedländer & Rosenberg 1978, 123, n. 273). Certamente a causa della scala ridotta del disegno, della carta diversa, del carattere suontoso del colore e del *ductus* sicuro, che distingue questo foglio dai modelli conservati a Dresda, Schade propone che qui si trattasse semplicemente di una copia del dipinto del Cranach, disegnata al di fuori della bottega. Ciò è però contraddetto dalle pieghe e dai fori d'ago del foglio, che ugualmente rimandano al suo utilizzo come modello di bottega, per cui noi vorremmo proporre – in accordo Erichsen (Kronach 1994) ed altri studiosi – una datazione attorno al 1530.
Il foglio, con i suoi caratteri da *trompe-l'oeil*, si colloca nella tradizione delle nature morte con trofei di caccia, un genere che affonda le proprie radici nelle raffigurazioni di animali del Pisanello, e che era stato introdotto alla corte di Wittenberg al principio del Cinquecento da Jacopo de' Barbari, tramite il quale si sarebbe diffuso nei paesi tedeschi (cat. 93). Koreny (1985, 40-45) ha indicato, come prima di lui Schade e Levenson, i paralleli fra queste nature morte con uccelli, dipinte da Jacopo per l'elettore di Sassonia, Federico il Savio, e analoghe rappresentazioni tardo-antiche, in mosaici pavimentali romani, o già nella pittura murale pompeiana, certamente indicativi del ruolo di Jacopo quale intermediario e divulgatore di tali antiche tradizioni nella pittura rinascimentale tedesca. Quindi non sarebbe impossibile giudicare gli studi düreriani di uccelli uccisi da cacciatori, come la *Ghiandaia morta (coracias garrulus)* (Graphische Sammlung Albertina, Vienna) o il *Germano reale morto* (Museu Calouste Gulbenkian, Lisbona), come prodotti di un'influenza esercitata su di lui dalle prime nature morte venatorie di Jacopo, mentre gli studiosi precedenti avevano ipotizzato una dipendenza in senso opposto. Lucas Cranach, che avrebbe sostituito Jacopo come pittore di corte a Wittenberg, dove costui risiedeva dal 1503, e che sembra avervi operato già insieme a Jacopo de' Barbari fra la primavera del 1505 e la partenza del veneziano nel 1506, – stando a una dedica redatta nel 1509 dall'allora rettore dell'università di Wittenberg, Christoph Scheurl – aveva già affrescato soggetti venatori e volatili appesi al muro nel castello di Torgau. La ripresa di questi motivi potrebbe essere avvenuta, nei dipinti di soggetto lascivo degli anni trenta del Cinquecento, secondo l'ipotesi di Levenson, per speciale desiderio di Federico il Savio, memore dell'attività di Jacopo a Wittenberg.

SCM

## 95

Peter Vischer il Giovane (1487-1528)
*Scilla* (recto)
*Orfeo ed Euridice agli Inferi* (verso), 1514

penna e inchiostro bruno
295 x 213 mm
scritte: A. Mantegna f. 1514 (recto); 1514 (verso). Su recto e verso sono indicati anche i nomi dei protagonisti
Norimberga, Germanisches National-museum, inv. Hz 5551, Kapsel 1534

LETTERATURA: Steingräber 1964, 153; Zink 1968, 128-129, cat. 102; Nürnberg 1986, 393-394, cat. 192; Nürnberg 1992, 84-87, cat. 29.

Peter Vischer il Giovane, figlio dell'omonimo scultore di Norimberga, è fra gli artisti che – naturalmente dopo Dürer – più hanno contribuito a introdurre nella città tedesca il linguaggio figurativo del Rinascimento italiano. In età ancora giovanile – probabilmente nel 1507-1508 – si era recato a Venezia, ricavandone impressioni artistiche davvero decisive per la sua futura carriera di medaglista e di scultore in bronzo, svoltasi tutta nella città natale. In occasione di un ipotetico secondo viaggio al Sud, verso il 1512-1514, avrebbe visitato anche Padova, il che potrebbe spiegare il nuovo indirizzo preso dal suo stile, chiaramente orientato verso i modi adottati in quel periodo dallo scultore Andrea Riccio. Il disegno che presentiamo viene unanimemente attribuito a Peter Vischer il Giovane, con una datazione al 1514. Questa collocazione cronologica si basa sul fatto che la figura di Scilla, sul recto, tradisce una somiglianza davvero sorprendente con l'effigie in bronzo della medesima ninfa eseguita da Vischer, proprio in quello stesso anno, per ornare la tomba del santo protettore della Sebalduskirche di Norimberga: il capolavoro della dinastia dei Vischer, incominciato da Peter il Vecchio e condotto a termi-

ne dal figlio. Questo foglio, tutto imbevuto di concetti e di forme rinascimentali italiane, è il più antico esempio pervenutoci della grafica disegnativa dell'artista. La scritta autografa identifica la figura sul recto con Scilla, uno dei personaggi delle *Metamorfosi* di Ovidio (13, 900-914). La bella ninfa era insidiata da Glauco, il demone marino che aveva rifiutato l'amore di Circe. Scilla chiese aiuto alla maga e questa, per vendicarsi della rivale, avvelenò la fonte dove ella era solita bagnarsi, trasformandola così nel mostro minaccioso appostato sullo stretto di Messina per divorare i marinai. Vischer ha scelto di rappresentare proprio il momento della metamorfosi: Scilla rimira la propria bellezza nello specchio, ma ha già zampe da rana e coda da serpente. In questo senso l'immagine va vista come un'allegoria della vanità, il che consente all'artista di arricchire il racconto di Ovidio con una nota di tipo moraleggiante. Sul verso, a destra della porta dell'Ade, custodita da Cerbero, sono raffigurati Orfeo ed Euridice. Sulla muraglia in rovina stanno appollaiate le Eumenidi – Aletto, Megera e Tesifone – mentre all'estrema sinistra troneggiano le figurette di Plutone e Proserpina, i signori del regno dei morti. Più in alto scorgiamo i tre grandi peccatori: Tizio, Sisifo e Issione. Tutti questi personaggi sono inclusi nel mito di Orfeo come lo narra Ovidio (*Metamorfosi*, 10, 1-85), il che conferma quanto sostenevano le fonti antiche, secondo le quali Vischer amava leggere i testi classici e preparava i propri disegni con l'aiuto degli umanisti. Il disegno sul recto dimostra quanto fosse profondo l'interesse di Vischer per l'arte veneta contemporanea. I grandi alberi paio-

no ricordare non tanto le opere di Albrecht Altdorfer – come qualcuno ha suggerito –, quanto piuttosto i disegni e le stampe di Tiziano e della sua cerchia (cfr. Wethey 1987, figg. 69, 95, 98, 100). La figura accovacciata di Scilla, invece, è evidentemente ispirata ai bronzetti di Andrea Riccio e dei suoi colleghi padovani (come le "satiresse" riprodotte in Planiscig 1927, 358-361, figg. 441-445). In termini più generali la messinscena ricorda quella delle mitologie dipinte a Venezia nei primi decenni del Cinquecento, spesso ambientate anch'esse in lussureggianti paesaggi. La composizione sul verso, dalla spazialità piuttosto ambigua, si rivela meno venezianeggiante. Le figure dei due protagonisti si rifanno in ultima istanza a quelle di Adamo ed Eva nell'omonima stampa di Dürer (Strauss 1980, 9, cat. 1) e sono riprese in modo molto simile in due placchette di Peter Vischer il Giovane, che appartengono rispettivamente alla National Gallery of Art di Washington, e agli Staatliche Museen di Berlino (Nürnberg 1986, 394-396, catt. 193-194). Il foglio fa capo ad una serie di disegni dove l'artista utilizza deliberatamente motivi rinascimentali, perlopiù padani (per altri esempi si veda Bock 1929, figg. 218-222). Pochi artisti tedeschi dei primi decenni del Cinquecento erano in grado di trasmettere il senso della rinascita dell'antico con altrettanta convinzione e maestria.

BA

## 96
Giorgione (ca. 1477/78-1510)
*Figura in un paesaggio con un fiume e un castello*, ca. 1506

sanguigna, 203 x 290 mm
Rotterdam, Museum Boijmans-van Beuningen, inv. I 485
scritta: K44 (di mano di padre Resta)

PROVENIENZA: padre Sebastiano Resta (L.2992); G.M. Marchetti, vescovo d'Arezzo, acquistato nel 1704; John Lord Somers, Worcester e Londra, acquistato nel 1720; J.W. Böhler, Lucerna; F. Koenigs, Haarlem (L.1023a), acquistato nel 1929; D.G. van Beuningen, Rotterdam, acquistato nel 1940 e donato al museo.
LETTERATURA: Becker 1922, 12, cat. 36; Tietze & Tietze-Conrat 1944, 173, cat. 709, tav. LI, 1; Pignatti 1971, 102-103, cat. 14, tav. 53; Centro Studi Castelli 1978; Meijer 1979; Venezia 1985, 33-35, cat. 15 ; Luijten & Meij 1990, 156-158, cat. 56; Lucco 1995, 16 (fig.), 145, cat. 7; Anderson 1996, 107, fig. 62, 301-302.

Fra i grandi artisti veneti del primo Cinquecento Giorgione è indubbiamente il più enigmatico. Nonostante la sua fama quasi mitica, possediamo di lui solo pochissimi dati biografici sicuri e il dibattito sull'estensione del catalogo delle opere dura ormai da più di un secolo, con risultati perennemente contrastanti. I dipinti universalmente riconosciuti autografi non sono più di cinque o sei, e gli studiosi sono ancora più discordi per quanto riguarda i disegni. In genere gli viene attribuito un unico foglio: quello discusso in questa scheda.
L'ascrizione a Giorgione è di antica data: lo riteneva sua opera il noto collezionista padre Sebastiano Resta, cui apparteneva il disegno nel Seicento. Malgrado questa venerabile tradizione, bisogna ammettere che l'attribuzione non ha basi molto solide. A suggerire il nome di Giorgione è quasi esclusivamente la delicatissima resa del paesaggio, che rivela significative analogie con quello della *Tempesta*: il più "sicuro" tra i dipinti pervenutici dell'artista. Va detto subito, tuttavia, che lo stato di conservazione del foglio è precario e non doveva essere buono nemmeno ai tempi di padre Resta, che lo lavò con l'acqua calda non migliorandone la leggibilità. Pur non possedendo la certezza che il disegno sia stato eseguito da Giorgione, non vi sono dubbi sulla sua provenienza dalla cerchia più vicina al pittore. Vi si notano infatti evidenti somiglianze con i disegni e le stampe di Giulio Campagnola, che mostrano talora anch'essi figure sedute in ameni paesaggi, spesso con elementi architettonici sullo sfondo (cfr. Washington 1973, 410-413, cat. 150). Di solito le opere di Campagnola non possiedono la sottigliezza atmosferica che caratterizza il disegno di Rotterdam, ma è stato rilevato che la finissima tecnica a puntinato, utilizzata da Giulio in alcune incisioni, mirava forse a imitare proprio l'atmosfericità dei disegni a sanguigna del tipo di quello ora in esame. L'iconografia del foglio è ancora in gran parte da chiarire, anche se, grazie a un'importante scoperta del Centro Studi Castelli di Montagnana, sappiamo che le fortificazioni sullo sfondo non sono quelle di Castelfranco, come si era sempre supposto, bensì le mura di Castel San Zeno a Montagnana. Non convince invece nessuna delle ipotesi avanzate sull'identità della figuretta seduta, né è chiaro il significato dell'aquila, appena visibile nella parte alta del disegno. Tutte queste incertezze rendono impossibile determinare la funzione del foglio. Non è raro scoprire edifici realmente esistenti sullo sfondo dei dipinti di soggetto sacro di Giovanni Bellini, ma il foglio non sembra preparare il particolare di una pittura di quel genere. Potrebbe forse essere il modello – o il "ricordo" – di un quadro dal soggetto enigmatico come *La tempesta*, ma va comunque osservato che le descrizioni delle opere pittoriche perdute di Giorgione non sembrano offrire alcun termine di confronto con la tematica del nostro disegno (cfr. l'elenco in Pignatti 1971, 155-163). Se l'uso raffinato della sanguigna può riflettere un'eco dei disegni di questa tecnica di Leonardo da Vinci – Vasari scrive appunto che Giorgione era affascinato dal famoso sfumato leonardesco (cfr. Venezia 1992, *passim*) –, l'impianto della scena sembra tradire altre fonti d'ispirazione. Intorno all'anno 1500, come molti altri pittori veneti, anche Giorgione si mostrava sensibile alle invenzioni paesistiche degli incisori e dei pittori tedeschi suoi contemporanei. Certe stampe di Dürer (come, ad esempio, il *Mostro marino* del 1498 circa) mostrano figure in un paesaggio non troppo dissimili da quelle dei dipinti di Giorgione (Pignatti 1973, 260-261). Altre convergenze si ravvisano con opere giovanili di artisti della cosiddetta Scuola danubiana, in particolare di Cranach e di Altdorfer. Il *San Giovanni Battista* del primo (Lille, Musée Wicar; Rosenberg 1960, 15, cat.4) e il *Paesaggio con coppia di amanti* del secondo (Kupferstichkabinett, Berlino; Berlin 1988, 26-27, cat. 1) – due disegni del 1504 circa – presentano qualche analogia compositiva con la produzione di Giorgione, ivi compreso il nostro disegno. E le invenzioni di Giorgione, di Campagnola e di Tiziano giovane ebbero a loro volta un certo impatto sulla cultura visiva della Germania meridionale (si veda cat. 103).

BA

97

Giovanni Busi, detto Cariani (ca. 1485-1547)
*Donna distesa in un paesaggio*, ca. 1520-1522

olio su tela, 75 x 95 cm
Berlino, Staatliche Museen zu Berlin Preussischer Kulturbesitz, Gemäldegalerie, inv. 185

PROVENIENZA: Berlino, Castelli Reali (nominato per la prima volta nel 1786); Berlino, Kaiser Friedrich-Museum.
LETTERATURA: Troche 1934, 110, fig. 9; Verzeichnis Dahlem 1966, 27; Gemäldegalerie Berlin 1975, 89, cat. 185; Lucco 1980, 90, cat. 1; Mariacher 1980, 297, cat. 97; Pallucchini & Rossi 1983, 115, cat. 26, tav. XXX, figg. 74, 75; Hale 1988, 415; Gemäldegalerie Berlin 1996, 27, fig. 1841.

Il bellissimo ed enigmatico dipinto di Berlino è fra i maggiori esempi del gusto pittorico che viene di solito definito "giorgionesco". La tela raffigura una giovane donna discinta e semidistesa a terra, che volge il capo per guardare lo spettatore, mentre un cagnolino bianco in primo piano ci sta fissando attonito. Oltre la figura si dilata uno splendido panorama riccamente articolato e presentato come una specie di microcosmo, che i due grandi alberi a metà campo sembrano voler trasformare in un trittico paesistico. Sulla sinistra si riconosce la massa compatta di una città cinta di mura merlate, con al centro una grande cupola sulla quale si sta scatenando un nubifragio. Sul lato destro si apre invece una vallata con un torrente alimentato da una cascata, mentre all'orizzonte si scorgono edifici in fiamme, forse incendiati dal drappello di cavalieri che sta avanzando da destra. L'atmosfera è strana: apparentemente di una tranquillità bucolica, ma con un sottotono inquietante e persino minaccioso.
Tra i vari quesiti che l'opera ci pone vi è quello della sua paternità. In origine, nelle collezioni berlinesi, il dipinto era assegnato a Giovanni Cariani, pittore bergamasco maturato artisticamente nell'ambito veneziano di Giovanni Bellini e di Giorgione. L'attribuzione venne ribadita da Troche (1934) che, nel saggio monografico su Cariani, sottolineava giustamente i rapporti della tela con l'incisione di Giulio Campagnola del medesimo soggetto (cat. 138). Nel *Viatico per cinque secoli di pittura veneziana* del 1946, Roberto Longhi l'ascrisse invece al periodo giovanile di Sebastiano del Piombo (Longhi 1978, 59, cat. 116): un'opinione non condivisa da Michael Hirst, che escluse l'opera dalla monografia su

Sebastiano del 1981. Mauro Lucco, per parte sua, avanzava l'ipotesi – forse un poco forzata – che si trattasse di un'opera di Cariani eseguita sulla base di un prototipo "giorgionesco", forse di mano dello stesso Sebastiano del Piombo (Lucco 1980, 90, cat. 1). Nel 1983, infine, Rodolfo Pallucchini e Francesco Rossi hanno ribadito l'autografia carianesca dell'opera, collocandola nei primi anni venti, quando il pittore, nella natia Bergamo, metteva a frutto la lezione appresa a Venezia. Ci sentiamo di condividere questo punto di vista, anche se dobbiamo riconoscere che le pitture a noi note di questo artista raggiungono molto di rado la poetica raffinatezza della tela berlinese.
Come succede spesso con i dipinti "pastorali" della cerchia giorgionesca, anche qui l'iconografia risulta poco chiara, benché si sia tentato di individuare il soggetto dell'opera nell'ambito dei poemi cavallereschi italiani, come l'*Orlando furioso* (Gemäldegalerie Berlin 1975), oppure nei romanzi tardomedioevali del tipo del *Roman de la Rose* (Verzeichnis Dahlem 1966). Ma le proposte avanzate in questo senso sono tutt'altro che convincenti, se non altro perché non conosciamo nessun dipinto di un'ignuda in un paesaggio del primo Cinquecento veneziano inequivocabilmente interpretabile come un'illustrazione di un testo epico o romanzesco. Forse è possibile avanzare un'altra ipotesi di lettura. È evidente che la tipologia del dipinto deriva da quella della *Venere* di Dresda di Giorgione, divulgata tramite le stampe e i disegni di Giulio e di Domenico Campagnola. In queste immagini di assoluta quiete le protagoniste riposano nei paesaggi paradisiaci senza nemmeno avvertire la presenza del riguardante, o al massimo guardandolo con olimpico distacco (cat. 140); la loro tranquillità, talora, è giocosamente minacciata da satiri attratti dalla loro bellezza sensuale ("Sleep in Venice: Ancient Myths and Renaissance Proclivities", in Meiss 1976, 212-239). Ma a turbare la quiete, nel quadro di Cariani, sembra essere intervenuto qualcosa di più serio. La bella donna ha appena scoperto che la stiamo guardando e si volta per fissarci, come se ci invitasse con lo sguardo a penetrare nel suo mondo. La pace agreste è compromessa dai fenomeni metereologici (il nubifragio) e da interventi umani poco rassicuranti (l'incendio e la banda di armigeri a

cavallo: forse un richiamo all'attualissima minaccia turca). In termini concettuali, in sintonia con il platonismo allora in voga negli ambienti intellettuali, saremmo tentati di suggerire che l'immagine segni il conflitto fra l'armonia "senza tempo" del mondo (intesa come sublimazione dell'armonia celeste) e il tempo storico. Come ha cercato di dimostrare Augusto Gentili, tracce di questo divario, in senso filosofico, sono ravvisabili in vari dipinti veneti dell'epoca che trattano dell'armonia musicale, e più in particolare in certe opere giovanili di Tiziano (Gentili 1980, 9-90). Prescindendo dalla correttezza o meno di questa proposta di lettura, che andrebbe comunque approfondita, va segnalato che Cariani, nel concepire il paesaggio, ha tenuto anche conto di esempi nordici. La suggestiva resa degli effetti atmosferici evidenzia chiaramente il debito dell'artista nei riguardi di Giorgione (forse con un'eco lontana della pittura alpino-danubiana), ma il motivo dell'incendio sembra desunto dal repertorio fiammingo così popolare nelle regioni settentrionali italiane (si veda la IV sezione della mostra). E l'ampia prospettiva riflette senza dubbio la conoscenza, da parte di Cariani, dei cosiddetti "panorami universali" (*Weltlandschaften*) alla Joachim Patinir. In questo dipinto il pittore bergamasco ha rielaborato la concezione paesistica fiamminga in un linguaggio pittorico squisitamente veneziano, emulando così, sul loro stesso terreno, i più rinomati specialisti nordici.

BA

98
Albrecht Dürer (1471-1528)
*Laghetto in un bosco al tramonto*, 1495-1497

acquerello, 262 x 365 mm
monogrammata AD (apocrifa)
Londra, The British Museum, inv.
5218-167

PROVENIENZA: Arundel; Sloane; entrato al museo nel 1763.
LETTERATURA: Winkler 1936-1939, I, 86-87, cat. 114; Strauss 1974, 400, 1496/4; Koschatkzky 1971, I, 26; Rowlands 1993, 63, cat. 128; Piel 1996, 137.

Questo freschissimo acquerello, dai colori brillanti, è una delle più spettacolari opere su carta di Albrecht Dürer giunte fino a noi. A un osservatore della fine del XX secolo il foglio, quasi giapponese nella sua delicatezza e nell'economia dei mezzi artistici, può sembrare incredibilmente moderno. Ma questo giudizio anacronistico va del tutto sfatato, perché il disegno, in realtà, non è finito e provoca quindi una falsa impressione di "spontaneità", che non era affatto, perlomeno in questi termini, nelle intenzioni dall'artista. Sotto un cielo tinto di giallo, con qualche tocco rosso e alte nuvole turchine, l'azzurro intenso dello specchio d'acqua si va trasformando in arancione verso l'orizzonte. Secondo vari studiosi, Dürer avrebbe cominciato a riprendere questo scorcio di paesaggio verso il tramonto e il buio gli avrebbe impedito di terminare il lavoro. L'idea parrebbe trovare una conferma nel rapidissimo schizzo ad acquerello sul verso, che raffigura un frammento di cielo sempre al calare della notte. Se l'opinione corrispondesse al vero, ci troveremmo di fronte a un precocissimo esempio di paesaggio eseguito *en plein air*.
Non è stato possibile determinare l'esatta località descritta da Dürer, ma essa va senza dubbio cercata nei dintorni boschivi di Norimberga, dove esistono numerosi laghetti come questo. Non crea problemi nemmeno la datazione del foglio, che va fissata entro il 1495-1497. Il paesaggio in esame ricorda infatti molto da vicino un altro acquerello con una *Casetta sul bordo di un lago* (British Museum, Londra; Koschatzky 1971, cat. 25), che va situato subito dopo il ritorno dell'artista dall'Italia, nella primavera del 1495. Un *terminus ante quem* per quest'ultima opera – e, di conseguenza, anche per il nostro acquerello – si ricava dal fatto che il motivo della casetta è stato ripreso da Dürer nella *Madonna della scimmia*, una stampa eseguita nel 1497 (Strauss 1980, 39, cat. 42). Un dato, sia detto per inciso, che potrebbe forse aiutarci a chiarire la funzione di questi magnifici paesaggi ad acquerello, che l'artista potrebbe avere utilizzato come semplici serbatoi di motivi, ai quali attingere per gli sfondi paesistici dei dipinti o delle incisioni.
Ad ogni modo, questa "romantica" visione crepuscolare costituisce quasi una novità assoluta. Dürer potrebbe forse essersi ispirato ai tramonti di certe miniature fiamminghe della fine del Quattrocento, che in qualche caso raggiungono effetti non dissimili da quelli ottenuti qui dal maestro norimberghese. Quello che più colpisce nell'acquerello, tuttavia, è il sapiente connubio – del tutto assente nelle miniature, per quanto spettacolari possano essere – tra l'assoluta naturalezza dell'osservazione e l'incredibile intensità del colore. Analoghi risultati si osservano talora nella produzione di Albrecht Altdorfer (cat. 100) e di certi artisti veneziani del primo Cinquecento. In termini puramente coloristici, esiste qualche punto di contatto tra l'acquerello ora in esame e l'*Allegoria* lottesca presente alla mostra (cat. 99). È difficile sottrarsi alla tentazione di immaginare che Lorenzo Lotto possa essersi ispirato a opere di Dürer come quest'acquerello; e lo stesso si potrebbe dire di alcuni dei suoi coetanei, come Giorgione, Tiziano o Sebastiano del Piombo.

BA

Albrecht Dürer
*Casetta sul bordo di un lago*
Londra, The British Museum

399

99
Lorenzo Lotto (ca. 1480-1556)
*Allegoria della Virtù e del Vizio*, 1505

olio su tavola, 56,5 x 42,2 cm
Washington, National Gallery of
Art, Samuel H. Kress Collection,
inv. 1939.1.217

Provenienza: Bernardo de' Rossi,
Treviso e Parma; Antonio Bertioli,
Parma, prima del 1791; Giacomo
Gritti, Bergamo, 1880-1891 circa;
Contini Bonacossi, Firenze; acquistato dalla Kress Foundation, 1935,
e donato al museo nel 1938.
Letteratura: Shapley 1968, 157-
158, k 303, fig. 385; Mariani Canova
1975, 87-88, cat. 9; Gandolfo 1978,
32-33; Albani Liberali 1981, 429;
Gentili 1985, 84-87; Cortesi Bosco
1987, 178, 346-348; Dülberg 1990,
238-239, cat. 187; Bergamo 1998,
76-80, cat. 3; Heimbürger 1999, 202-
205, fig. 109.

Durante i primi anni del Cinquecento, nella pittura veneta, si andò affer-
mando una nuova interpretazione
del paesaggio, decisamente più atmosferica. Tra gli esempi più significativi del nuovo orientamento figura
certamente questo paesaggio allegorico di Lorenzo Lotto, commissionato – secondo un'antica scritta sul retro (oggi non più leggibile) – nel
1505 da Bernardo de' Rossi, vescovo
di Treviso. La tavola è leggermente
più grande di quella che contiene
l'effigie del vescovo, ora a Napoli, dipinta anch'essa da Lorenzo Lotto
(cat. 4). L'*Allegoria*, in origine, fun-
geva da sovraccoperta protettiva per
il ritratto, secondo una consuetudine
diffusa nel Quattrocento e nel primo
Cinquecento su entrambi i versanti
delle Alpi (Dülberg 1990, 36-40).
L'iconografia del dipinto è inconsueta, piuttosto elaborata e, perlomeno a

Albrecht Dürer, *Ercole al bivio*
incisione

grandi linee, facilmente interpretabile. Uno sguardo ravvicinato ai tanti
particolari mette però in luce sfumature erudite che fanno di quest'immagine uno dei prodotti più interessanti del brillante circolo culturale
trevigiano che si riuniva sotto l'egida
del vescovo de' Rossi. È chiaro che
l'idea di base è quella della contrapposizione tra la virtù e il vizio, alla
quale corrispondono due diverse vedute: un'alta cima montuosa illuminata dal sole, sulla sinistra, accessibile soltanto attraverso un ripido sentiero, mentre sul lato opposto si scatena una tempesta di mare. Dal tronco spezzato al centro della scena
spunta, quasi a indicare la via della
virtù, un unico ramo verdeggiante.
Schemi come questo ricorrono con
una certa frequenza nella pittura
neerlandese del primo Cinquecento,
per esempio nelle opere di Joachim
Patinir, in qualche caso presenti anche in collezioni del Veneto. Questi
dipinti illustravano talora il concetto
delle due strade della vita: quella più
facile, che conduce alle pene dell'inferno, e l'altra, assai più ardua, che
porta alla vita eterna in paradiso
(Falkenburg 1988b). Le origini della
metafora, molto popolare alla fine
del Medioevo, vanno cercate nella
Bibbia (*Matteo* 7, 13-14) e in vari testi classici (la lettera Y: la cosiddetta
*Littera Pythagorae*, simbolo della vita umana; il tema di Ercole al bivio;
ecc.). Già nel Quattrocento il contrasto fra la *civitas* terrena e la Gerusalemme celeste (un'altra variante del
dualismo dell'esperienza umana) veniva illustrato dai pittori nei fondali
paesistici di certe immagini devozionali (per qualche esempio veneto si
veda Aikema 1994). Nelle pitture di
Patinir gli episodi figurativi assumono un ruolo secondario rispetto a
quello preponderante del paesaggio,
proprio come avviene in questa tavola di Lorenzo Lotto. Con questo non
intendiamo suggerire che l'artista
possa essersi ispirato direttamente ai
dipinti del collega d'Oltralpe, davvero troppo diversi, sotto il profilo formale, da quest'*Allegoria* lottesca. Albrecht Dürer, invece, costituiva certamente una delle fonti di ispirazione dell'artista veneziano e la sua incisione con *Ercole al bivio*, del 1498
(b.73), di grande rilevanza iconografica, ha un impianto compositivo
non dissimile da quello della tavola
lottesca, anche se il complesso del-
l'immagine è dominato dalle figure
in primo piano. Un rapporto fra figure e paesaggio più in sintonia con
il dipinto ora in esame va cercato

piuttosto nelle opere di Giorgione
– in particolare nella *Tempesta* e nel
disegno di *Castel San Zeno* (cat. 96)
– e in tutta una serie di disegni e dipinti degli artisti della Scuola danubiana. Potremmo citare, ad esempio, alcuni fogli a penna giovanili di
Albrecht Altdorfer (Berlin 1988, 26-
29, catt. 1, 2) o, più precisamente
ancora, la tavoletta con la *Famiglia
del satiro* (Gemäldegalerie, Berlino):
tutte opere eseguite entro il primo
decennio del Cinquecento. *La tempesta* e quest'*Allegoria* sono contemporanee.
Nel saggio introduttivo a questa sezione abbiamo ipotizzato che la nuova concezione paesaggistica dei pittori veneziani sia stata influenzata
dalle prime opere degli artisti danubiani. Lotto subì senza alcun dubbio il fascino degli "allucinanti" tramonti di questi suoi colleghi nordici.
L'inverosimile luce sulfurea che
inonda la montagna sulla sinistra, facendo risaltare la densa nuvolaglia
sul lato opposto, non può non sug-
gerirci un confronto con il cielo giallo dell'acquerello di Dürer (cat. 98).
Nel dipinto lottesco questi contrasti
atmosferici sottolineano la contrapposizione dialettica tra i due concetti che stanno alla base della composizione. L'*Allegoria* va letta come
un'esortazione al vescovo de' Rossi –
il suo stemma è in bell'evidenza sullo scudo appoggiato al tronco – a seguire la via della virtù. Sul preciso significato dei particolari esistono opinioni divergenti. È chiaro, comunque, che la posizione preminente assunta dal putto accanto allo stemma,
intento a esaminare gli strumenti tipici dello studioso, costituisce un'allusione agli interessi culturali (per la
musica, la geometria ecc.) della piccola corte umanistica del vescovo di
Treviso. Al putto si contrappone, sul
lato opposto, un satiro ubriaco circondato da recipienti rovesciati, che
simboleggiano il fallimento che può
seguire a un buon inizio. In termini
più specifici, il dipinto sembra esprimere l'idea che le virtù intellettuali
sono un requisito indispensabile a
chi intenda affrontare la difficile
ascesa verso la perfezione morale, al-
legoricamente situata sulla vetta del
monte.

BA

100
Albrecht Altdorfer (ca. 1480-1538)
*Paesaggio al tramonto*, ca. 1522

penna e acquerello, 202 x 133 mm
scritta: AA
Erlangen, Graphische Sammlung der Universität, inv. B 812

LETTERATURA: Bock 1929, I, 198, cat. 812; Becker 1938, 110-111, cat. 35; Winzinger 1952, 84, cat. 68; Berlin 1988, 239-240, cat. 126; Wood 1993, 138, 140, fig. 102, 141, fig. 103.

Gli artisti della *Donauschule* avevano una spiccata predilezione per i tramonti resi in maniera spettacolare, come quello fissato nel drammatico acquerello che presentiamo. Sotto un cielo di fuoco si distende un paesaggio roccioso, con un lago che riflette gli ultimi bagliori d'oro e di porpora. A differenza del *Tramonto* di Dürer (cat. 98), colto dal vero nei dintorni di Norimberga, questo paesaggio di Albrecht Altdorfer sembra piuttosto una fantasia creata dall'artista nello studio, anche se non possiamo escludere che certi motivi – come la chiesetta sulla montagna – siano esistiti davvero. Gli studiosi sono tutti concordi nel situare il foglio in prossimità di un altro acquerello, già nella collezione Koenigs di Haarlem, che raffigura uno scorcio di paesaggio molto simile e reca la data 1522.
Altdorfer aveva avuto altre occasioni di dipingere magnifici tramonti, come, ad esempio, quello stupefacente della tavola di Vienna con la *Resurrezione* (cat. 101), ma l'acquerello di Erlangen è un caso a parte, non solo perché si tratta di un'opera su carta, ma anche perché il suo vero tema è proprio l'incredibile gamma di rossi e di gialli che fiammeggia nel cielo, finendo per pervadere tutta l'immagine. Questo spettacolo naturale, tanto grandioso quanto fugace, assume così una drammaticità ancora più spiccata di quella che avvertiamo nell'acquerello di Londra di Dürer (cat. 98).
Si è giustamente fatto notare che qui Altdorfer si è rifatto a prototipi miniati, confermando così la fittissima rete di rapporti intercorsa per tutto il Quattrocento e agli inizi del Cinquecento tra la pittura su tavola e l'arte della miniatura (Wood 1994, 141-145). I manoscritti miniati fiamminghi e francesi del XV secolo contengono talora immagini di tramonti infocati, che si riflettono sull'acqua, molto simili a quella proposta dall'acquerello in esame (si veda, per esempio, la miniatura attribuita a Jean Colombe e a un seguace di Jean Fouquet, del 1470-1480 circa, che raffigura la *Battaglia delle Amazzoni*, Oesterrei-chische Nationalbibliothek, Vienna; ben riprodotta a colori in Mazal 1986, fig. 45).
La pittura veneziana non può certo esibire albe o tramonti che diventano il vero soggetto dell'opera. Fin dai tempi di Giovanni Bellini, tuttavia, sullo sfondo di certi dipinti lagunari di tema sacro (in particolare nelle Resurrezioni) cominciano ad apparire straordinari squarci di cielo. Dagli inizi del Cinquecento in poi, l'intensificarsi della ricerca degli effetti atmosferici darà frutti clamorosi in certe pitture di Lorenzo Lotto (cat. 99), Tiziano e altri artisti. Il *San Girolamo* di Paris Bordone (cat. 102), esattamente contemporaneo all'acquerello di Altdorfer, è un esempio che ci consente di valutare le analogie, ma soprattutto le differenze, tra i due modi di affrontare un tramonto spettacolare.
Sul *verso* del foglio troviamo un rapido schizzo a penna di alcune costruzioni sul bordo di un lago.

BA

101
Albrecht Altdorfer (ca. 1480-1538)
*Deposizione*, ca. 1518

olio su tavola, 70,5 x 37,3 cm
Vienna, Kunsthistorisches Museum

PROVENIENZA: Stift Sankt Florian, Abbazia di Sankt Florian; trasferito al museo nel 1923.
LETTERATURA: Ruhmer 1965, 58-61, cat. 18, fig. 101; Winzinger 1975, 15-24, 78-82, cat. 21, figg. 21, 22: Seidel 1983, 92, 94 (fig.).

Il dipinto faceva parte della predella del grande polittico eseguito da Albrecht Altdorfer per la chiesa di Sankt Florian, che raffigura, in una sequenza di ventiquattro immagini, la Passione di Cristo e il martirio di San Sebastiano. Tutte le tavole che costituivano il polittico sono tuttora *in situ*, fatta eccezione per il dipinto in esame e per un altro con la *Risurrezione*, entrambi conservati al Kunsthistorisches Museum di Vienna. L'esecuzione dell'opera, senza dubbio la più impegnativa mai affrontata dall'artista, dovette protrarsi molto a lungo, probabilmente dal 1509 al 1518, la data scritta sulla Risurrezione di Vienna. Generalmente si ritiene che le due tavole viennesi siano tra quelle dipinte per ultime.
L'impianto di questa Deposizione è sorprendente. In primo piano svettano le due figure contorte della Vergine e di San Giovanni, che paiono quasi fare da base al grande arco del sepolcro, ove è racchiusa l'intera composizione. Sotto l'arco, in secondo piano, si scorge il sarcofago, che è visto di scorcio. Una folta schiera di personaggi sta deponendo il corpo di Cristo nella tomba, accanto alla quale si erge la figura monumentale della Maddalena, che fa da contrappunto al gruppo formato dalla Madonna e da Giovanni. Sullo sfondo il maestoso paesaggio, incornicia-

Lorenzo Lotto
*Allegoria*
Washington, National Gallery of Art

to dall'arco della roccia, sembra assumere un ruolo del tutto indipendente dalla scena di afflizione che si sta svolgendo sotto i nostri occhi; a malapena riusciamo a intravedere le tre croci, seminascoste da una fitta macchia alberata.
Questa complessa costruzione spaziale, a nostro avviso, prende lo spunto da due stampe di Andrea Mantegna che raffigurano entrambe la *Deposizione* (London 1992, 183-184, cat. 29, 201-202, cat. 39). Dalla prima incisione derivano il motivo del sarcofago di scorcio e quello delle mani di San Giovanni, levate al cielo in segno di disperazione. Questo secondo motivo è stato utilizzato da Altdorfer, con grande efficacia, per la figura della Vergine. Lo stesso tipo di *pathos* contraddistingue anche la seconda versione mantegnesca del tema, dove la figura di Giovanni racchiude la composizione in maniera molto simile a quella adottata dal maestro tedesco. Esasperando le formule espressive di Mantegna e servendosi di un sistema prospettico che sembra quasi avvalersi di una lente grandangolare, Altdorfer è riuscito a creare un'immagine di *passio* e *compassio* di straordinaria potenza.
La macchia d'alberi, la valle e l'alta montagna sullo sfondo – un vero e proprio quadro nel quadro – sono un ottimo esempio di quel paesaggio atmosferico che ha reso giustamente famosa la cosiddetta *Donauschule*. È suggestivo confrontarli con gli altrettanto celebri paesaggi veneziani dell'epoca, e in particolare con quelli giovanili di Lorenzo Lotto (si veda, per esempio, l'*Allegoria* della National Gallery di Washington), dove si scoprono cieli nuvolosi che incombono drammaticamente su una vallata ombrosa, con effetti, per certi versi, molto simili. Come si è già osservato (cfr. l'Introduzione a questa sezione), abbiamo l'impressione che Lotto, ai suoi esordi, abbia approfittato della lezione dei pittori austriaci e tedeschi. È più che probabile che, in seguito, qualche dipinto o disegno veneziano sia finito nelle raccolte della Germania meridionale, stimolando l'immaginazione degli artisti locali. Come avremo modo di vedere, i disegni panoramici di Domenico Campagnola costituirono una fonte di ispirazione di una certa importanza per le incisioni dello stesso Altdorfer (cat. 107). Nel dipinto ora in esame, tuttavia, non ci sembra di avvertire alcuna influenza diretta dei paesaggi veneziani. La concezione

atmosferica e tonale è profondamente radicata nella tradizione della scuola alpino-danubiana, che costituisce un fenomeno parallelo a quello della pittura di paesaggio nel Veneto dei primi due decenni del Cinquecento. Gli spettacolari scenari "danubiani", d'altra parte, esercitarono sui pittori italiani un fascino notevole, non certo limitato agli esempi appena citati. Lo dimostrano chiaramente i dipinti giovanili di Dosso Dossi (cfr. Introduzione) e di Paris Bordone (cat. 102).

BA

102
Paris Bordone (1500-1571)
*San Girolamo in un paesaggio*, ca. 1520-1522

olio su tela, 70 x 87 cm
Filadelfia, Philadelphia Museum of
Art, John G. Johnson Collection,
inv. 206

PROVENIENZA: collezione Leuchten-
berg, Monaco; collezione Leuchten-
berg, San Pietroburgo, dal 1896;
collezione Johnson, dal 1909.
LETTERATURA: Canova 1964, 58,
figg. 31-33; Sweeny 1966, 14; London 1983, 155-156, cat. 16.

Il trevigiano Paris Bordone fu uno dei
giovani talenti della provincia veneta
che, nei primi decenni del Cinquecento, furono attirati a Venezia dalla
fama di Tiziano e in genere dalla rinnovata pittura della città lagunare.
Secondo Vasari (1568, VII, 461-462),
l'alunnato di Paris presso il cadorino,
forse situabile nel 1518, si sarebbe
presto interrotto per via di certe in-
temperanze del maestro, ma l'impronta del suo stile aveva segnato per
sempre l'arte del giovane trevigiano.
Il dipinto di Filadelfia è una delle testimonianze più palesi dell'effetto fol-
gorante prodotto sull'artista dall'incontro con Tiziano. La composizione, dominata da un magnifico paesaggio collinare con dense boscaglie
investite da una luce calda, si rifà a invenzioni tizianesche come i panorami
del *Concerto campestre* (Musée du
Louvre, Parigi) o del *Noli me tangere*
(National Gallery, Londra). In primo
piano a destra San Girolamo interrompe la lettura per volgersi verso il
leone, che si sta arrampicando su una
roccia. La posa complicata del santo
è stata messa in rapporto con le figure tizianesche delle allegorie dipinte
per Alfonso d'Este, e più in particolare con quelle del *Baccanale* del Museo
del Prado, del 1518-1519, confermando così la datazione al 1520-1522
circa proposta dalla critica.
Più in là, nella vallata, si svolge una
scena curiosa: dal fiume emerge un
drago a minacciare una piccola figura
maschile, che si ritrae dalla riva in
preda al panico. A quanto ci risulta, il
motivo non fa parte della tradizione
iconografica di San Girolamo nel deserto, né siamo stati in grado di individuare l'episodio nelle varie leggende relative all'eremita. I draghi possono essere presenti in certe immagini
delle tentazioni del santo, ma questo
non è ovviamente il tema raffigurato
da Bordone. Bisogna forse concludere che non si tratta dell'illustrazione
di un testo, ma di un'invenzione tesa
ad accentuare il contrasto fra la vita
virtuosa del santo nell'eremo roccioso, in primo piano, e la corruzione
della *vita terrestre*, gradevole solo in
apparenza, ma in realtà apportatrice
di terrore e causa ultima della dannazione. La stessa posizione del leone
potrebbe essere letta in senso simbolico: l'animale impersonifica forse il
buon cristiano che sfugge alle insidie
del mondo cercando rifugio accanto a
Girolamo, autentico esempio di perfezione in questa vita e quasi "nuovo
Cristo" (Russo 1987, 238-244; sul leone come emblema di conversione si
veda Rice 1988, 39-41). Questo tipo
di messaggio morale trova un parallelo nelle raffigurazioni neerlandesi
coeve di San Girolamo, specie in
quelle di Joachim Patinir. Come ha
chiarito Reindert Falkenburg (1988b,
83-96; si veda anche cat. 123), in alcune immagini dell'anacoreta nel deserto dipinte da Patinir il santo è presentato in primo piano nel sacro recinto, mentre più in là si estende un
vasto paesaggio panoramico che simboleggia la *civitas terrena*: il regno del
peccato in senso agostiniano. La disposizione degli elementi di questi dipinti punta su una netta separazione
fra lo spazio ristretto occupato dal
santo e l'ampia veduta del mondo.
Paris Bordone adotta uno schema
compositivo molto simile a quello utilizzato dall'artista fiammingo, traducendolo in un linguaggio pittorico tipicamente veneziano; resta da chiedersi se queste analogie compositive e
contenutistiche siano da imputare a
una concreta dipendenza da modelli
d'oltralpe. L'antitesi tra la vita cristiana e quella del peccato era un concetto molto attuale sui due versanti delle
Alpi. Non si può escludere che all'inizio, in Italia, l'idea avesse preso forma
anche adottando motivi della tradizione fiamminga, ma in seguito sembra essersi sviluppata in modo autonomo e più in sintonia con le esigenze locali. A parte l'iconografia del
paesaggio, nel dipinto vi è un ulteriore elemento che potrebbe rimandare a
prototipi nordici. Alludiamo allo
splendido tramonto, che rappresenta
senz'alcun dubbio uno degli aspetti
più suggestivi della tela. È logico ri-
condurlo ai grandi esempi della pittura giorgionesca e soprattutto tizianesca, ma lo straordinario rosso fiamma
del cielo dipinto da Bordone è forse
ancora più prossimo alle intense immagini del calar del sole di certa pittura dell'area alpino-danubiana, come l'acquerello di Albrecht Altdorfer
(cat. 100). E non c'è da stupirsene, visto che Treviso, la città natale di Paris
Bordone, era tradizionalmente aperta, in campo artistico, agli influssi tedeschi.       BA

103
Seguace di Albrecht Altdorfer
*Fogliame e alberi*, ca. 1510

pennello e acquerello verde, bruno e
azzurro su carta cerulea
214 x 153 mm
Budapest, Szépmüvészeti Múzeum,
inv. 359

LETTERATURA: Linz 1965; Berlin
1983, 272, cat. D 56, 274; Wood
1993, 121, 125, fig. 87.

Il foglio raffigura una folta macchia
alberata, resa con una tecnica molto
pittorica, che suggerisce con efficacia il carattere quasi impenetrabile
della vegetazione e il gioco della luce
sui rami, sulle foglie e sull'erba.
L'immagine è in evidente rapporto
con lo sfondo boscoso della tavoletta di Albrecht Altdorfer con la *Famiglia del satiro* (Berlino, Gemäldegalerie) del 1507. In confronto con
l'accentuato chiaroscuro del dipinto, le lumeggiature dell'acquerello
creano effetti più morbidamente atmosferici, e nemmeno le singole forme vegetali paiono combaciare alla
perfezione con quelle della tavola.
Se ne potrebbe legittimamente concludere che il foglio è preparatorio
per il dipinto. Ma, a un esame più attento, l'ipotesi non convince. I disegni di paesaggio giovanili di Altdorfer si distinguono per il loro minuzioso carattere grafico, enfatizzato
da tocchi di biacca, mentre il foglio
che presentiamo ha tutto un altro tipo di stesura ed è diverso anche dai
mirabili panorami evocati all'acquerello dall'artista tedesco intorno al
1522. Più che uno studio preliminare,
il foglio sembra essere una derivazione dal dipinto di Berlino, eseguita non dal maestro stesso, ma da
un suo stretto seguace. L'anonimo
disegnatore ha lievemente modificato i particolari del fogliame e, soprattutto, ha evitato accuratamente
di riprendere le piccole figure del dipinto. Forse stava semplicemente

Tiziano
*Gruppo di alberi*
New York, collezione privata

esercitando la mano, ma non è nemmeno escluso che il foglio sia stato
concepito come un'opera d'arte a se
stante. Esiste infatti tutta una serie di
disegni finiti, di vari artisti attivi nelle regioni meridionali della Germania e di un periodo grosso modo circoscritto tra il 1500 e il 1530, che raffigurano alberi e cespugli senz'alcuna presenza umana, e quindi apparentemente senza soggetto. È legittimo ipotizzare che esistesse un vero e
proprio mercato per le opere di questo genere: un fenomeno non dissimile da quanto stava accadendo anche nel Veneto, dove i collezionisti
cominciavano ad apprezzare i paesaggi a penna di Domenico Campagnola. Nel 1537 Michiel ricordava di
aver visto disegni di paesaggio di
questo artista nella collezione padovana Mantova Benavides (Anonimo
Morelliano 1888, 30). Il tema della
foresta, come immagine di una natura selvaggia e incontaminata, caro a
tanti disegnatori tedeschi, non sarebbe altro – secondo alcuni autori –
che un tentativo di rivalutare il paesaggio nordico, proponendolo come
un'alternativa autoctona all'Arcadia
classico-mediterranea dell'arte italiana di quell'epoca (Silver 1983,:
Wood 1983, 128-202). A prescindere dai fondamenti ideologici che di-
versificano il concetto di paesaggio
sui due versanti delle Alpi, non si
possono non sottolineare i parallelismi formali tra la macchia impenetrabile descritta in quest'acquerello
e la fitta vegetazione presente in tante immagini veneziane dei primissimi anni del Cinquecento. E ci sembra particolarmente suggestivo anche il confronto con lo studio di Tiziano di un *Gruppo di alberi* (collezione privata), oppure – come viene
proposto in questa stessa sede – con
un *Paesaggio* di Domenico Campagnola (cat. 104). Al di là delle diverse funzioni dei due fogli – quello che
presentiamo è probabilmente un'o-
pera autonoma, mentre l'altro è quasi sicuramente uno schizzo preparatorio – non si può negare che siano
stati concepiti in modo analogo. Come abbiamo anticipato nell'Introduzione a questa sezione, i paesaggi di
Giorgione, del giovane Tiziano e di
Giulio Campagnola potrebbero rispecchiare, in un modo o nell'altro,
certe tendenze che si erano andate
sviluppando, tra la Germania del
sud e l'Austria, intorno al 1500, ad
opera di pittori come Roland
Frueauf il Giovane o Lucas Cranach
(cfr., per una sintesi, Benesch 1972).
In termini più concreti, la sorpren-

dente sintonia che si avverte tra la
*Tempesta* di Giorgione e l'*Allegoria*
di Lorenzo Lotto (cat. 99), da un
lato, e le piccole tavole di Altdorfer,
in particolare la *Famiglia del satiro*
di Berlino, fa effettivamente pensare a un possibile influsso dei pittori tedeschi sui loro colleghi veneziani. Non si può davvero escludere
che disegni o acquerelli del tipo esaminato in questa scheda circolassero
nelle botteghe veneziane del primo
Cinquecento.

BA

104
Domenico Campagnola (1500-1564)
*Paesaggio roccioso con un fitto bosco*, ca. 1516

penna e inchiostro bruno
238 x 362 mm
scritta: 35
Parigi, Collection Frits Lugt, Institut
Néerlandais, inv. 1973-T. 10

PROVENIENZA: Pierre-Jean Mariette
(vendita Parigi, 15 novembre 1775);
acquistato il 25 febbraio 1924 da
Frits Lugt.
LETTERATURA: Tietze & Tietze-Conrat 1944, 328-329, cat. 1990; Saccomani 1982, 85, 90, fig. 10; Byam
Shaw 1983, 237, cat. 232, tav. 265.

Il segno grafico di questo disegno è
tipico di Domenico Campagnola,
come hanno segnalato per primi
Hans Tietze ed Erika Tietze-Conrat.
Il tratteggio nitido e la composizione
un poco schematica, scandita come
da un susseguirsi di quinte teatrali,
sono tutti elementi caratteristici della produzione grafica dell'artista veneziano. Elisabetta Saccomani ha
giustamente collocato il foglio nel
gruppo delle opere giovanili (si veda
anche cat. 105). Tutti questi paesaggi di tipo arcadico si ispirano chiaramente a prototipi di Tiziano e di
Giulio Campagnola; il foglio in esame, secondo la Saccomani, andrebbe datato al 1516 circa. Senza entrare nel merito di un discorso sull'e-
satta datazione della produzione
giovanile di Campagnola, già articolato con grande precisione filologica
da più studiosi, ci limitiamo a osservare che il foglio rivela una padronanza del mezzo grafico che è difficile attribuire a un ragazzo di soli sedici anni. D'altra parte, alcune stampe dell'artista di innegabile qualità
recano la data 1517. Forse la data di
nascita di Domenico, fissata al 1500
esclusivamente sulla base di un'an-
notazione su un documento padovano del 1564 (Colpi 1942-1954),
andrebbe arretrata almeno di qualche anno.
L'impianto compositivo del disegno,
davvero sorprendente, si avvale di
una fitta boscaglia che si erge sullo
sfondo come un muro impenetrabile, bloccando la vista del paesaggio
retrostante, del quale è possibile
scorgere soltanto un piccolo scorcio
all'estrema destra. Come abbiamo
indicato nella scheda cat. 103, si rilevano chiare analogie tra la stesura
della densa vegetazione di questo foglio parigino e quella che caratterizza alcuni disegni di artisti della cosidetta *Donauschule*. Fin dai primissimi anni del Cinquecento, sia nell'arte veneta che in quella danubiana, è
facile imbattersi in fitte macchie al-
berate di questo genere, che contribuiscono a esaltare i suggestivi effetti atmosferici che caratterizzano i
paesaggi di entrambe le scuole. È
molto difficile, se non addirittura
impossibile, ricostruire con esattezza i complicati rapporti artistici intercorsi tra Venezia e la regione alpino-danubiana. Nel caso specifico si
può presumere che Campagnola si
sia ispirato a esempi di Giorgione o
Tiziano, ma non vanno sottovalutate
le somiglianze strutturali con disegni
e incisioni di Albrecht Dürer (come
ad esempio cat. 106), Albrecht Altdorfer e Wolf Huber. In questo senso il disegno si presenta quasi come
una sintesi dei più vari aspetti del-
l'arte del paesaggio in voga su entrambi i versanti delle Alpi durante i
primi due decenni del XVI secolo.

BA

105

Domenico Campagnola (1500-1564)
*Paesaggio con una coppia di alberi e un villaggio in lontananza su uno sfondo di montagne*, ca. 1517-1520

penna e inchiostro bruno
222 x 368 mm
Firenze, Gabinetto Disegni e Stampe degli Uffizi, inv. 1404 E

LETTERATURA: Tietze & Tietze-Conrat 1944, 328, cat. 1987; Firenze 1976b, 93, cat. 54, fig. 53; Saccomani 1982, 86.

Figlio di un ciabattino tedesco, Domenico Campagnola nacque a Venezia intorno al 1500. In giovanissima età entrò nella bottega del pittore, disegnatore e incisore padovano Giulio Campagnola, noto soprattutto per le raffinate incisioni e i disegni di paesaggio, con tutta probabilità eseguiti come opere d'arte indipendenti per una clientela di collezionisti. Una parte importante della vasta produzione grafica di Domenico si rifà appunto ai temi paesistici cari a Giulio, con una forte propensione per la poetica di Giorgione e del giovane Tiziano.

Le sue prime prove risalgono al 1515 o agli anni immediatamente successivi: una lunga serie di stampe, quasi tutte datate 1517, denota uno stile che si potrebbe definire a metà strada fra Giulio Campagnola e Tiziano (Washington 1973, 418-436, catt. 151-158; cfr. Santagiustina Poniz 1997-1980, 310-315, catt. 1-19). La critica assegna a questi stessi anni anche un gruppo di disegni a penna di vasti paesagi collinari con villaggi e macchie boscose, dove non vi è quasi mai traccia di presenze umane. Il segno a penna, nitido e preciso, è evidentemente quello di un artista addestrato nella tecnica incisoria. Malgrado qualche deficienza nella resa dei particolari o della prospettiva, il giovanissimo disegnatore è già in grado di produrre, con incredibile maestria, infinite variazioni degli splendidi paesaggi creati da Giulio Campagnola e soprattutto da Tiziano.

Il panorama che presentiamo in questa scheda costituisce un ottimo esempio di questa fase precoce della produzione di Domenico. Il disegno fa parte di un gruppo di quattro fogli con caratteristiche assai simili, tutti conservati al Gabinetto dei Disegni degli Uffizi. Si contraddistinguono da un impianto compositivo che si avvale di un susseguirsi di quinte prospettiche che scandiscono la lontananza da un primo piano fortemente accentuato alle cime montuose sullo sfondo. La critica è concorde nel situare il foglio verso il 1517.

Oltre alla metodicità tipica dell'arte incisoria, il foglio mette in luce il debito di Domenico nei confronti dei paesaggi dipinti da Giorgione e dal giovane Tiziano, come quelli della *Venere* di Dresda o del *Noli me tangere* della National Gallery di Londra. I suoi disegni di questo tema riscossero un grandissimo successo sia in Italia, sia nei paesi di lingua tedesca. Se ne avvertono infatti riflessi non solo nel *Paesaggio col cannone* di Albrecht Dürer del 1518 (cat. 106), ma anche in alcuni fogli di Wolf Huber (cat. 108) e nelle incisioni di paesaggio di Albrecht Altdorfer (cat. 107). È appunto con le stampe e i disegni di Domenico Campagnola che il gusto arcadico veneziano diventa un fenomeno europeo, destinato a svolgere un ruolo di primo piano nell'evoluzione dell'arte del paesaggio fino alla fine del XVI secolo.

BA

413

## 106
### Albrecht Dürer (1471-1528)
*Paesaggio col cannone*, 1518

acquaforte su ferro, 217 x 323 mm
scritte: AD (monogramma); 1518
Vienna, Graphische Sammlung Albertina

LETTERATURA: Bechtold 1928; Hollstein 1954-1998, VII, 87, cat. 96; Strauss 1980, 10. 86, cat. 99 (Commentary, 220-221); Nürnberg 1978, 170, cat. 210; Landau & Parshall 1994, 329, fig. 356; Fara 1999, 62-63.

Il *Paesaggio col cannone* è la più grande delle acqueforti incise da Dürer. Per quei tempi, la tecnica era relativamente nuova, e l'artista norimberghese l'aveva utilizzata fin dal 1515 in una serie di stampe. Queste opere si contraddistinguono per il virtuosismo calligrafico e i forti contrasti di luce e ombra: tutti aspetti destinati a diventare tipici dell'arte incisoria tedesca. Nel *Paesaggio col cannone* del 1518 Dürer ha saputo sfruttare con grande maestria le possibilità offertegli dalla tecnica acquafortistica. La contrapposizione fra il primo piano drammaticamente elaborato e la catena di montagne è di grande effetto e ricorda i disegni di paesaggio di artisti come Altdorfer, Huber e Domenico Campagnola. È chiaro che a interessare Dürer dovevano essere stati soprattutto i fogli di Tiziano e del giovane Campagnola, con la loro intensa luminosità e il brusco passaggio dagli elementi fortemente accentuati in primo piano e i lontani sfondi panoramici (cfr. il *Paesaggio con Sant'Eustachio* di Tiziano del British Museum di Londra: Chiari Moretto Wiel 1988, 46-47, cat. 18, fig. 43; e il disegno di Campagnola del Gabinetto dei Disegni degli Uffizi: Firenze 1976, 93, cat. 54, fig. 53). La città sullo sfondo è derivata da una veduta di Reuth, nei pressi di Bamberga, che l'artista aveva disegnato un anno prima (Winkler 1936-1939, II, 139-140, cat. 479). Anche la figura del turco di profilo, in primo piano, è basata su un foglio precedente: corrisponde infatti a uno dei tre personaggi – in questo caso quello centrale – che Dürer aveva copiato da un dipinto di Gentile Bellini (cat. 38). L'artista, stranamente, ha deciso di conferire al turco i propri lineamenti.

Sul significato della stampa sono state avanzate proposte poco convincenti. Il personaggio dietro al cannone sembra spronare un cavallo, non compreso nell'immagine, a muovere il pesante pezzo ornato dallo stemma di Norimberga. Dürer avrebbe ritratto un tipo di cannone ormai obsoleto, poiché nel secondo decennio del Cinquecento le fonderie dell'imperatore Massimiliano, nei pressi di Innsbruck, avevano prodotto nuovi modelli. La presenza dei turchi, sulla destra, è stata messa in rapporto con la minaccia ottomana, argomento di grande attualità in quegli anni. Infatti, nel 1518, l'imperatore Massimiliano aveva tentato di promuovere alla dieta di Augusta una nuova crociata. Sembra improbabile che quest'incontro apparentemente tranquillo e casuale, tra un gruppo di orientali e qualche lanzichenecco impegnato a spostare un vecchio cannone norimberghese, volesse essere un manifesto destinato a incitare i cristiani alla guerra santa. Non pretendiamo di negare che la presenza turca alluda alla lotta contro il nemico ottomano, ma ci sembra lo faccia solo in maniera indiretta, così come quel pezzo d'artiglieria ormai quasi fuori uso non può certo costituire un riferimento plateale alla forza militare della città di Norimberga. Il grande panorama, pare voler offrire l'immagine di una *Germania felix*, dove il nemico per antonomasia può persino convivere pacificamente con il potere cristiano: una Germania che intende presentarsi come un'*altera Italia*, l'erede legittima dell'ormai screditata potenza di Roma. Gli studi più recenti hanno chiarito che agli inizi del Cinquecento queste idee circolavano largamente nei territori asburgici (Kaufmann 1995, 68), e sappiamo inoltre che la diffusione del genere paesaggistico nell'arte tedesca dell'epoca può essere legata a quella concezione letteraria, secondo la quale la foresta teutonica andava esaltata come una valida alternativa all'Arcadia mediterranea. Pensiamo quindi sia questo il messaggio della virtuosistica stampa di Dürer, destinata a rimanere un *unicum*: dopo il 1518 l'artista non avrebbe mai più inciso paesaggi.

Tiziano
*Paesaggio con Sant'Eustachio*
Londra, The British Museum

BA

107
Albrecht Altdorfer (1480-1538)
*Paesaggio con mulino*, ca. 1520

acquaforte, 175 x 233 mm
scritte: AA (monogramma)
Monaco
Staatliche Graphische Sammlung

LETTERATURA: Hollstein 1954-1998, I, 222, cat. 92; Winzinger 1963, 116-117, cat. 183; Berlin 1988, 234-235, cat. 124; Wood 1993, 240, fig. 179, 255; London 1995, 192, 196, cat. 202.

L'acquaforte ci presenta un paesaggio estremamente ampio e vario, disposto in modo piuttosto complesso. Un basso *repoussoir*, sulla sinistra, sottolinea la distanza da una seconda sporgenza, più elevata e rocciosa che pare enucleata dal resto del paesaggio. In lontananza si dispiega l'ampia veduta di una vallata con una città ai piedi di un castello, costruito sulla sommità di una roccia che incombe minacciosa sugli edifici sottostanti. L'opera appartiene a un gruppo di nove stampe di soggetto paesistico – tutte con le medesime caratteristiche tecniche e forme – che Altdorfer ha inciso in breve tempo, intorno al 1520. Sotto il profilo formale queste incisioni si rifanno ai panorami linearmente essenziali che Wolf Huber disegnava già nel primo decennio del Cinquecento (cat. 108). I rivoluzionari disegni di quest'ultimo, tuttavia, sono del tutto privi di quei raffinati valori compositivi e spaziali che contraddistinguono le stampe di Altdorfer, in particolare l'acquaforte che stiamo esaminando, caratterizzata da un *ductus* nervoso, a rapidi trattini, diverso da quello tipico di Huber. Altdorfer, inoltre, articola le proprie composizioni in modo molto più vario di quanto non facesse il collega in quei disegni a penna, riuscendo a inserire in un unico panorama gli elementi più disparati: una ridente vallata, rocce, basse praterie, alberi giganteschi, edifici rustici, un mulino e architetture urbane, una chiesa e un castello. La disposizione degli elementi regolare e misurata è in aperto contrasto con la spazialità disordinata dei paesaggi a penna di Huber, e con la selvaggia impenetrabilità che caratterizza altri scenari boscosi della produzione grafica di Cranach e dello stesso Altdorfer. Non a caso l'impianto di questa stampa ricorda quello del *Paesaggio col cannone* (1518) di Dürer (cat. 106): il più "italiano" di tutti gli artisti tedeschi di quel tempo. Più puntuale si rivela invece il confronto con i bei panorami disegnati a penna da Campagnola nel secondo decennio del Cinquecento, che Altdorfer aveva probabilmente visto (cat. 105), anche se esistono notevoli differenze nel modo di interpretare il paesaggio. Le visioni di Campagnola hanno un carattere essenzialmente arcadico e sono spesso popolate da figurine tipiche del repertorio bucolico classicheggiante. In quest'incisione, invece, Altdorfer traduce i concetti pastorali del collega veneto in un idioma più "germanico", interpretando i *loci amœni* della tradizione virgiliana in chiave più rustica, in sintonia con quell'idea di rivalutazione del paesaggio forestale tedesco piuttosto diffusa in Germania nel primo Cinquecento (Wood 1993, 128-202). Alla luce di tutto ciò, risulta davvero sorprendente il rapido diffondersi dei disegni di Campagnola nelle regioni meridonali alemanne.

Rispetto ai disegni giovanili di Campagnola, comunque, l'acquaforte di Altdorfer colpisce per l'ampiezza del panorama e per la complessità del sistema compositivo. Proprio per queste caratteristiche la stampa era destinata a esercitare un influsso notevole non solo in Germania – si vedano alcuni disegni di Wolf Huber (cat. 108) o le incisioni di soggetto paesistico di Augustin Hirschvogel (1503-1553) e di Hans Lautensack (?-1566) –, ma anche in Veneto. Alcuni dei vasti panorami della maturità di Domenico Campagnola (cat. 109) denotano infatti un chiaro riflesso del *Paesaggio con mulino* di Altdorfer.

BA

Augustin Hirschvogel, *Paesaggio*, incisione

417

108
Wolf Huber (1485-1553)
*Paesaggio con un grande albero su uno sfondo roccioso*

penna e inchiostro nero
220 x 310 mm
scritte: 1528; DAS IST DAS ERST
Braunschweig, Herzog Anton Ulrich-Museum, inv. Z 41

LETTERATURA: Winzinger 1979, I, 105, cat. 80, II, fig. 80.

Wolf Huber, attivo principalmente a Passau, figura tra i grandi maestri della cosiddetta *Donauschule*. La maggior parte delle sue pitture è andata perduta durante l'iconoclasmo, ma possediamo ancora un numero cospicuo di disegni, che costituiscono uno dei momenti più alti della produzione grafica danubiana.
I paesaggi disegnati da Huber sono particolarmente interessanti per la varietà delle composizioni e delle tecniche impiegate. Il foglio che presentiamo qui appartiene alla maturità dell'artista ed era forse il primo di una serie di disegni, come sembra indicare la scritta ("questo è il primo"). Il grande albero che domina il panorama è descritto con una tecnica molto incisiva, mentre le irregolari forme rocciose e la bassa pianura, sulla destra, con un'altra montagna all'orizzonte, sono rese con una penna più fine. Nell'impianto compositivo si osserva una netta separazione fra il primo piano con l'albero, il piano intermedio chiuso sul lato sinistro da uno sperone roccioso e l'ampia veduta sulla destra. In passato, questa brusca sequenza spaziale ha indotto alcuni studiosi ad assegnare il foglio alla mano di un allievo, ma Winzinger lo ha giustamente restituito a Huber. La data 1518 è indiscutibilmente di suo pugno ed è tracciata con lo stesso inchiostro del resto del disegno. Anche la qualità del segno grafico è palesemente quella del maestro: l'artificiosità della composizione potrebbe indicare che il foglio è servito da modello per un'incisione, probabilmente analoga al *Paesaggio con mulino* di Albrecht Altdorfer (cat. 107).
Si è già detto che l'incisione di Altdorfer denota la conoscenza dei disegni a penna giovanili di Domenico Campagnola, ma un analogo influsso è avvertibile anche nel foglio in esame. La composizione e il singolare impianto spaziale corrispondono puntualmente a quelli del disegno di Campagnola degli Uffizi (cat. 105). È una conferma del notevole interesse che la produzione grafica del giovane artista veneto suscitava nei suoi più anziani colleghi d'oltralpe. Ed è evidente che vi era grande richiesta di disegni di paesaggio da parte dei collezionisti non solo delle grandi città del Veneto, ma anche dei vari centri della Germania meridionale.

BA

419

109
Domenico Campagnola (1500-1564)
*Paesaggio con figurine e alberi su uno sfondo montuoso*, ca. 1540

penna e inchiostro bruno
377 x 605 mm
Parigi, Musée du Louvre, Département des Arts Graphiques, inv. 5550

PROVENIENZA: Jabach; entrato nel Cabinet du Roi nel 1671.
LETTERATURA: Washington 1988b, 170, fig. 161; Paris 1993, 201, fig. 213, e 621, cat. 213.

Fin dall'inizio della carriera, Domenico Campagnola si specializzò nel disegno di paesaggio eseguito a penna, alla maniera di Tiziano (cat. 105). Questi fogli ebbero grande successo e l'artista ne produsse una notevole quantità. Come era forse inevitabile, con il passare degli anni i suoi paesaggi divennero leggermente ripetitivi, anche se andarono acquistando una più spiccata monumentalità grazie all'utilizzo di fogli di grandi dimensioni.

Il disegno che presentiamo qui, databile al 1540 circa, è un tipico esempio di quest'evoluzione. Alcuni gruppi di figurine si disperdono in un idilliaco paesaggio collinare, dominato all'orizzonte da un'alta cima montuosa incoronata dagli ultimi raggi del sole al tramonto. Si tratta, con tutta evidenza, di una rivisitazione dell'Arcadia, dove la presenza umana ha il solo scopo di esaltare l'atmosfera bucolica: i piccoli personaggi, a quanto sembra, non stanno affatto mettendo in scena una "storia".

Il panorama forse non possiede l'incisività dei paesaggi giovanili, ma in compenso esibisce una raffinata eleganza ornamentale, dovuta anche alla sottigliezza quasi nervosa della condotta grafica. Questi elementi non derivano di certo dai disegni di Tiziano: a noi sembra, invece, che Campagnola abbia cercato di ispirarsi alla produzione incisoria di Albrecht Altdorfer. Il *Paesaggio con mulino* del maestro tedesco (cat. 107), inciso all'acquaforte intorno al 1520, presenta infatti un *ductus* molto simile e una concezione paesistica assai prossima a quella del disegno ora in esame. Il rapporto instauratosi tra i due artisti è un fenomeno certamente complesso, ma di grande fascino, visto che non si tratta di un semplice scambio di motivi, bensì piuttosto di un dialogo a distanza sul concetto stesso di paesaggio. Nell'acquaforte Altdorfer aveva tradotto il vocabolario arcadico del primo Campagnola in termini più rustici e "teutonici", mentre Domenico, circa vent'anni dopo, dava al proprio paesaggio "alla maniera di Altdorfer" un'impronta più dolce e più "mediterranea".

Molto più tardi i disegni panoramici di Campagnola sarebbero tornati un'altra volta in voga a nord delle Alpi. Nel Settecento Jean Antoine Watteau (1684-1721) e altri artisti francesi cercarono più volte ispirazione nelle visioni arcadiche del disegnatore veneziano. Del disegno che presentiamo, che si trovava allora nelle collezioni reali di Francia, esiste nelle raccolte del Louvre una copia puntuale: un bel foglio a sanguigna che la critica attribuisce a Watteau (Washington 1988b, 169, fig. 160).

BA

110
Pieter Bruegel il Vecchio (ca. 1525-1569)
*Paesaggio con San Girolamo*, 1553

penna e inchiostro bruno
232 x 336 mm
scritte: [1]553; BRVEGHEL
Washington, National Gallery of
Art, Ailsa Mellon Bruce Fund, inv.
1972. 47. I

LETTERATURA: Lugt 1927, 116, fig. 4;
Berlin 1975, 59, cat. 35, fig. 66; Wa-
shington 1986, 97-98, cat. 27;
Mielke 1996, 13, 40, cat. 17.

Di Pieter Bruegel il Vecchio ci sono
pervenuti circa quaranta disegni,
quasi tutti situabili nel sesto decennio del Cinquecento. In questi fogli
si avvertono riflessi del viaggio in
Italia compiuto dall'artista intorno
al 1552-1555. Con poche eccezioni,
si tratta di paesaggi a penna, che
sembrano essere esercitazioni autonome, oppure studi preparatori per
stampe. Stranamente, nessuno dei
dipinti noti dell'artista – quasi tutti
eseguiti dopo il 1560 – sembra recare alcuna traccia di queste opere su
carta.
Complessivamente, i paesaggi disegnati da Bruegel paiono illustrare il
noto adagio delle botteghe fiamminghe, secondo il quale la natura poteva essere colta dal vivo (*naer het leven*) o con la fantasia (*uyt den ghee-
st*). Alcuni di questi fogli, infatti, raffigurano luoghi bene identificabili,
come Ripa Grande a Roma (Washington 1986, 95-96, cat. 26), mentre altri scenari, compreso quello in
esame, sono chiaramente d'invenzione. La data 1553 è sicuramente
autografa e lo stesso si può dire con
ogni probabilità anche della firma;
presumibilmente si tratta di un disegno che l'artista intendeva vendere o
regalare. Davanti a un vasto panorama collinare, con una piccola città
cinta di mura, scorgiamo la minuscola figura di San Girolamo, inginocchiato in penitenza accanto a un
albero maestoso. Il sapiente digradare dei toni e l'andamento della composizione lungo più diagonali creano una grande impressione di spa-
ziosità, ulteriormente accentuata
dalla presenza, sul lato sinistro, del
tronco gigantesco, reso con una tecnica particolarmente incisiva. Il segno largo e ritmico contrasta con i
brevi tratti di penna, più minuziosi,
che caratterizzano i disegni di qualche anno prima (cfr., ad esempio,
Washington 1986, 93-94, cat. 25).
Risulta evidente che Bruegel, in questo foglio, ha assimilato la lezione
paesistica di Tiziano e di Domenico
Campagnola. E questo non è l'unico
caso. Già nel 1927 Frits Lugt aveva

individuato in un disegno di Campagnola il prototipo di un altro foglio
di Bruegel (Kupferstichkabinett,
Berlino; Berlin 1975, 42-43, cat. 40,
fig. 71). Il nostro disegno è particolarmente vicino al *Paesaggio con città
fortificata* di Tiziano del Musée Bonnat di Bayonne (Wethey 1987, 154-
155, cat. 37, fig. 98) e a certi disegni
di Domenico Campagnola (cat.
105). Il motivo del grande albero
contorto non è estraneo alla tradizione paesistica delle regioni nordiche: lo ritroviamo infatti in tutta una
serie di disegni e stampe di Dürer,
Altdorfer ecc. La resa grafica dell'albero di Bruegel, tuttavia, ricorda più
da vicino quella di analoghi motivi
dei due artisti veneziani; basti ricordare il disegno a penna attribuito a
Tiziano già in collezione privata pa-
rigina (Wethey 1987, 165, cat. 51,
fig. 100) e alcune silografie di Domenico Campagnola o a lui attribuite (Venezia 1976b, 104-108, catt. 32,
33, 35, 37, figg. 71, 72, 74, 76).
Non sappiamo se Pieter Bruegel sia
mai stato a Venezia, ma sembra certo che avesse visitato Roma. Nella
città eterna l'artista fiammingo potrebbe avere incontrato un giovane
ex allievo di Domenico Campagnola, Girolamo Muziano, autore di
paesaggi a penna che ne tradiscono
chiaramente il tirocinio svoltosi a
Venezia e a Padova. Non è affatto sicuro che Bruegel sia venuto a contatto per questa via con il disegno veneto, ma va comunque osservato che
Muziano inseriva non di rado figurine solitarie di santi nei propri paesaggi, proprio come ha fatto il maestro neerlandese nel foglio ora in
esame.
I paesi a penna di Pieter Brueghel
esercitarono un'influenza notevole
sull'arte dei Paesi Bassi della seconda metà del Cinquecento. Osserviamo per inciso che gli evidenti riflessi
tizianeschi di certi disegni di paesaggio di Hendrick Goltzius sembrano
appunto riconducibili all'esempio
del collega più anziano, più che a
una conoscenza di prima mano di
opere del pittore cadorino.

BA

Joachim Patinir
*San Girolamo nel deserto*
Madrid, Museo del Prado

[1] La letteratura sull'argomento è molto estesa, ma sull'evoluzione complessiva della pittura di paesaggio nel Veneto e il suo rapporto con l'arte nordica si vedano Clark 1949; Gombrich 1966; Turner 1966; Zinke 1977; Washington 1988; Romano 1991. Per un elenco delle fonti documentarie si veda Busch 1997.

[2] Rupprich 1956, I, 169.

[3] Anonimo Morelliano 1888, 102. Michiel segnala inoltre che i Grimani possedevano altri otto "paesi [che] per la maggior parte sono de mano de Alberto de Holanda". Quest'ultimo viene identificato con Albert van Ouwater, che però non era noto come paesaggista.

[4] Anonimo Morelliano 1888, 106.

[5] Vasari 1568, VII, 429: "nel qual quadro è dipinta la boscaglia e certi paesi molto ben fatti, per avere dato Tiziano molti mesi opera a fare simili cose, e tenuto per ciò in casa alcuni Tedeschi, eccellenti pittori di paesi e verzure". Oggi la critica concorda nel ritenere il dipinto un'opera di Tiziano del 1509 circa: si vedano Fomichova 1992, 331; Freedberg 1994, 54-56. Il paesaggio non sembra particolarmente nordico ed è probabilmente stato eseguito esclusivamente da Tiziano.

[6] Lotto 1969, 221.

[7] Ridolfi 1648, I, 225: "Ma Lamberto si trattenne per qualche tempo in Venetia, seruendo medesimamente alcuna volta à Titiano & al Tintoretto nel far paesi." Charles Hope ha confermato che il nome di Lambert Sustris non compare mai nei documenti relativi a Tiziano.

[8] Barocchi 1960-1962, I, 133-134; si veda anche Busch 1997, 91-93.

[9] Klein & Zerner 1966, 34. Francisco de Holanda 1984, 29: "O seu pintar é trapos, maçonerias, verduras de campos, sombras de árvores, e rios e pontes, a que chamam paisagens, e muitas figuras para cá e muitas para acolá. E tudo isto, ainda que pareça bem a alguns olhos, na verdade é feito sem razão nem arte, sem simetria nem proporção, sem advertência do escolher nem despejo, e finalmente sem nenhuma substância nem nevo." Si veda anche Busch 1997, 81-84.

Si può affermare che in pittura, dall'antichità classica fino ai giorni nostri, lo scenario naturalistico ha sempre ricoperto un ruolo capitale, tuttavia fu soltanto intorno al 1520 che cominciò a svilupparsi il concetto di "paesaggio" come genere pittorico indipendente[1]. Ciò che sorprende è che questo sembra essere avvenuto simultaneamente su entrambi i versanti delle Alpi. Il primo pittore, in assoluto, a essere definito paesaggista fu Joachim Patinir, che Dürer conobbe durante il suo viaggio nei Paesi Bassi del 1520-1521 e subito classificò come "der gut landschafft mahler"[2]. Più o meno negli stessi anni, a Venezia, Marcantonio Michiel utilizzò il termine "paese" per descrivere tre dipinti di Patinir della raccolta del cardinale Domenico Grimani: uno raffigurava San Girolamo nel deserto, un altro Santa Caterina "sopra la rota nel paese" e il terzo la torre di Babele "cun tanta varietà de cose et figure in un paese"[3]. Sebbene Michiel avesse descritto anche l'enigmatica *Tempesta* di Giorgione (Gallerie dell'Accademia, Venezia) come "el paesetto in tela cun la tempesta, cun la cingana et soldato"[4], in generale la pittura di paesaggio era considerata una prerogativa degli artisti del Nord: quasi una specializzazione nella quale erano praticamente insuperabili. Quando Vasari vide in casa di Andrea Loredan a Venezia, vicino a San Marcuola, una *Fuga in Egitto* giovanile di Tiziano (Ermitage, San Pietroburgo), rimase colpito dal grande scenario boschivo, a metà campo, con figure e animali "simili al vivo", che sarebbe stato troppo lungo da dipingere se il pittore non avesse potuto contare sui suoi aiuti tedeschi[5].

La tendenza ad associare la pittura di paesaggio con gli artisti neerlandesi o tedeschi ebbe nel Veneto un triplice effetto. Nelle botteghe venete, per prima cosa, vennero assunti sporadicamente pittori transalpini cui affidare il compito specifico di dipingere le porzioni paesistiche dei quadri. L'asserita presenza di tedeschi in casa di Tiziano, agli inizi della sua attività, non è che un esempio: anche Lorenzo Lotto, a quanto sembra, era ricorso in un numero limitato di casi alla collaborazione di colleghi nordici. Nel 1541, infatti, pagò un pittore fiammingo, di nome Gasparo, per "alcuni paesi fati de color a olio in carte"[6]. Più tardi Ridolfi sostenne che Tiziano e Tintoretto avrebbero affidato entrambi a Lambert Sustris l'esecuzione di qualche brano paesistico: un'ipotesi accolta forse con troppa leggerezza, vista l'assenza di qualsiasi prova documentaria[7]. La seconda conseguenza fu l'assimilazione di elementi paesistici nordeuropei da parte dei pittori italiani, specialmente quando il soggetto sembrava richiedere un approccio stilistico più esotico. Come si vedrà più avanti, questo fu senza dubbio il caso delle scene notturne e di incendio. In terzo luogo, infine, il collezionismo di paesaggi nordici non si diffuse soltanto per motivi estetici, ma anche perché il loro contenuto narrativo si era rivelato in sintonia con il tipo di fervore religioso che caratterizzava l'Italia di allora.

Malgrado il loro entusiasmo per questo tipo di pittura – "non è casa di ciavattino che paesi todeschi non siano" scriveva Vasari a Benedetto Varchi nel 1567[8] – nella gerarchia dei generi gli italiani assegnavano già al paesaggio quel posto inferiore che la teoria accademica avrebbe in seguito sancito. Rientra in questo tipo di atteggiamento anche il ben noto disprezzo di Michelangelo per i "paesi" oltramontani, più graditi ai devoti di tanta pittura italiana, ma privi, a suo dire, dell'autentica armonia della grande arte. "[I fiamminghi] dipingono minuzie e case, la vegetazione dei campi e l'ombra degli alberi, fiumi e ponti, il che essi chiamano paesaggi, con molte figure di qua e di là. E tutto ciò, pur piacendo ad alcuni, è fatto in realtà senza ragione né arte, senza simmetria né proporzione, senza capacità di scelta e senza audacia, e infine senza nessuna sostanza o vigore."[9]

Qualche anno prima, nel suo *Dialogo di pittura*, Paolo Pino aveva cercato di giustificare la propensione dei pittori del Nord per il paesaggio spiegando che dalle loro parti lo scenario naturale era diverso: "e dietro a ciò ami grandemente il farsi pratico e valente nei lontani, dil che ne sono molto dotati gli oltramontani, e quest'avviene perché fingono i paesi abitati da loro, i quali per quella lor selvatichezza si rendono gratissimi. Ma noi Italiani siamo nel giardin del mondo, cosa più dilettevole da vedere che da fignere"[10].

Pino non era il solo a credere che l'altro versante delle Alpi fosse un luogo selvaggio e inospitale. Michiel alludeva senza distinzione agli artisti nordici come ai "ponentini", con una sfumatura dispregiativa non troppo dissimile da quella insita nell'espressione americana "selvaggio West": una terra in preda all'anarchia, con tanto di montagne rocciose e orsi grigi. Per un italiano che non aveva mai attraversato le Alpi era facile immaginare che gli scenari fantastici della pittura nordica fornissero un ritratto autentico e verificabile di quei paesi così re-

Albrecht Dürer
*La caduta degli angeli ribelli*
incisione

Hieronymus Bosch
*Le tentazioni di Sant'Antonio*
Lisbona, Museu Nacional de Arte Antiga

moti. Quando equiparava la pittura di paesaggio ad "altre bizzarie", Pino doveva pensare che le strane formazioni rupestri di certi dipinti di Patinir, come il *Paesaggio con il martirio di Santa Caterina* (cat. 118) o il *San Girolamo nel deserto* (cat. 123), fossero rappresentazioni fedeli del paese natale dell'artista[11].

Le invenzioni fantastiche di Patinir possono effettivamente essere ricondotte al paesaggio nei dintorni di Dinant, la cittadina sulle rive della Mosa che gli aveva dato i natali. Un poco più a monte, un gruppo isolato di strani blocchi calcarei spunta direttamente dalle acque del fiume: la loro forma curiosamente frastagliata e asimmetrica ha certamente fornito a Patinir un modello per le sue rupi vertiginose. Ma le sue tele non sono vere "vedute" della Mosa e dei suoi affioramenti rocciosi, bensì piuttosto un affastellamento di motivi vari, esasperati per simboleggiare quell'archetipo cristiano che è la montagna sacra. La descrizione di un crociato del mitico monte Eden (in gran parte fondata sul *Liber locorum* di San Girolamo, un manuale delle distanze tra vari luoghi) parla di una vetta "difficile da scalare e incredibilmente elevata, con forme naturali simili a un'alta torre e uno strapiombo che sembra tagliato da mano umana"[12]. A inerpicarsi sulle sue ripide pendici è il pellegrino solitario in cerca del paradiso e dell'eterna salvezza. Quel percorso desolato e quasi impraticabile vuole essere una metafora del "pellegrinaggio" della vita: l'arduo sentiero che i fedeli devono percorrere fino in fondo per raggiungere quella che Sant'Agostino definiva la "Città di Dio"[13]. L'esatto significato iconografico degli insoliti scenari di Patinir non sfuggiva sicuramente agli italiani: basterà ricordare il *San Girolamo nel deserto* di Bartolomeo Montagna (cat. 122) o la versione lottesca del soggetto, ora a Parigi (cat. 41), dove alle spalle del santo si ergono cime forse meno minacciose, ma altrettanto inaccessibili. Anche Jacopo Bassano attribuiva ai paesaggi dei propri dipinti una funzione moraleggiante[14]; il picco montuoso che figura nello sfondo della sua *Fuga in Egitto* (cat. 134) e di altri dipinti si ispira allo scenario naturale che circonda Bassano del Grappa, ma il pittore drammatizza la veduta panoramica a lui più familiare per darle un significato non dissimile da quello della vallata della Mosa immortalata da Patinir.

Secondo Gombrich, la simultanea fioritura della pittura di paesaggio nei Paesi Bassi e nella regione danubiana era dovuta alla crescente richiesta di queste opere sul mercato artistico italiano: "l'omaggio del Meridione rinascimentale al Settentrione gotico"[15]. La tesi implica un interesse intrinseco per i valori estetici delle opere, più che per il loro contenuto tematico. Ma i dipinti nordici non erano affatto paesaggi "puri" e, malgrado la preponderanza degli elementi naturalistici, avevano tutti indistintamente un soggetto ben preciso e identificabile, nella maggior parte dei casi religioso. Anche se gli episodi narrativi erano relegati in una posizione secondaria, sullo sfondo di un grande panorama, è impensabile che in Italia i collezionisti e i pittori non ne cogliessero il carattere sacro. Sui due i versanti delle Alpi il successo della pittura di paesaggio era intimamente legato a un crescente interesse per la rappresentazione realistica delle forme naturali, stimolato però, a quanto sembra, non soltanto da scelte di tipo esclusivamente estetico o dagli sbocchi offerti dal mercato, ma anche dal desiderio di inserire un messaggio morale in un contesto facilmente riconoscibile. Nella regione del Danubio, per esempio, i paesaggi boschivi di Altdorfer e Dürer erano una delle espressioni del nazionalismo germanico che stava risorgendo per volontà di Massimiliano I[16].

Saltuariamente gli artisti veneti si appropriavano di certi aspetti puramente visivi dei paesaggi nordici, ma anche dei loro contenuti di tipo religioso. Si ha l'impressione che subissero soprattutto il fascino dei cosiddetti *Weltlandschaften*: immense visioni capaci di abbracciare la topografia del mondo intero. La veduta panoramica a volo d'uccello, che sta alla base della pala di Lorenzo Lotto con *San Nicola in gloria con i Santi Giovanni Battista e Lucia* (cat. 127), nella chiesa veneziana di Santa Maria dei Carmini, presenta chiare analogie con i paesaggi tedeschi e neerlandesi[17]. La netta separazione tra cielo e terra operata da Lotto potrebbe basarsi sulle composizioni bipartite adottate da Dürer per illustrare l'edizione del 1498 dell'*Apocalisse*, come, per esempio, quella della *Caduta degli angeli ribelli*, dove un feroce combattimento si scatena al di sopra di un tranquillo scenario di montagne e spiagge. Anche i tre maestosi santi di Lorenzo Lotto si librano nell'aria sormontando l'insenatura di un porto pieno di navi e circondato da un terreno roccioso punteggiato da grandi alberi. È assai probabile che Lotto conoscesse la silografia di Dürer, ma non è nemmeno escluso che avesse visto qualche opera

[10] Barocchi 1960-1962, I, 133-134.
[11] Barocchi 1960-1962, I, 133.
[12] Wilkinson 1988, 186-187. Cfr. anche Gibson 1989, 12; Schama 1995, 414-415.
[13] Per lo sviluppo di questi temi nell'opera di Patinir si veda Falkenburg 1988b; sui limiti di queste interpretazioni moralistiche cfr. Buijsen 1989.
[14] Su questo argomento in generale si veda Aikema 1996.
[15] Gombrich 1996, 110. Per un'ampia discussione della tesi sostenuta da Gombrich cfr. Mitchell 1995.
[16] Silver 1983.
[17] Washington 1997, 165-167.

Joachim Patinir
*La distruzione di Sodoma e Gomorra*
Rotterdam
Museo Boymans-van Beuningen

di Jan van Scorel, un pittore dei Paesi Bassi che aveva soggiornato a Venezia agli inizi del terzo decennio del Cinquecento. Michiel aveva segnalato la presenza, in casa del banchiere veneziano Francesco Zio, di un dipinto con la "summersion de Faraon de man de Zuan Scorel de Holanda"[18], di recente identificato con il *Passaggio del Mar Rosso* (cat. 125). Oltre a emulare la veduta a volo d'uccello di Scorel, le sue figurine e il motivo dell'improvvisa burrasca che si scatena sul porto, nella pala di Santa Maria dei Carmini Lotto ha anche adottato la progressione tipicamente neerlandese di toni di azzurro, verde e bruno spento, che si dilata fino al lontano orizzonte. Prendendo a modello il collega neerlandese, Lotto operava probabilmente una scelta di tipo estetico, ma anche appropriata a quello specifico contesto. Il *San Nicola in gloria* era stato commissionato da una scuola di mercanti abituati ad andare per mare, ai quali non poteva non risultare gradita quella visione di acque già calme dopo un fugace temporale.

È presumibile che il *Passaggio del Mar Rosso* sia stato commissionato direttamente a Scorel durante il suo soggiorno veneziano, ma in Italia si importavano quadri dal Nordeuropa – soprattutto paesaggi – anche a fini speculativi[19]. Commerciare in quadri stranieri non era illegale, ma – come scoprì nel 1553 un certo Matteo Fiammingo – la tassa di importazione era piuttosto alta e chi introduceva clandestinamente opere d'arte rischiava una denuncia[20]. Qualche anno più tardi Willem van Santvoort spedì a Venezia un gruppo di quadri che aveva acquistato da Hieronymus Cock; tutti i paesaggi furono venduti, ma le cose non dovettero andare altrettanto bene con i dipinti di figura, che non sembra avessero incontrato davvero i gusti degli italiani[21]. Secondo Vasari, nel 1525, quando l'intagliatore di gemme veronese Matteo del Nassaro rientrò in patria dopo aver soggiornato alla corte di Fontainebleau, portò con sé "alcune tele di paesi fatte in Fiandra a oglio ed a guazzo, e lavorati da bonissime mani", che entrarono poi nella raccolta di due noti collezionisti di Verona, Giovanni e Luigi Stoppi[22]. Del Nassaro si era dovuto recare nelle Fiandre per controllare l'esecuzione di certi arazzi e aveva ovviamente colto l'occasione per trasformarsi in una specie di mercante d'arte, specializzato in paesaggi[23]. Riuscì a vendere qualche pittura anche a Francesco I di Francia e nel 1535 Isabella d'Este veniva informata dal conte Nicola Maffei del suo recente arrivo a Mantova. Matteo aveva con sé circa trecento quadri fiamminghi, che aveva offerto in vendita al figlio della marchesa, Federico II[24]. Il duca scelse centoventi dipinti, venti dei quali contenevano tra l'altro immagini di incendi, così realistici che – a detta di Maffei – "pare che brusino le mani approssimandosi per toccargli". Le opere, di varie dimensioni, dovevano essere inserite nelle "spalliere" dei nuovi ambienti del Castello allora in corso di allestimento a opera di Giulio Romano. Il progetto non venne mai realizzato, ma si ha l'impressione che l'acquisto fosse stato deciso d'impulso per risolvere un problema di arredamento, non per soddisfare una particolare predilezione di Federico per i soggetti o per la provenienza nordica di quei dipinti.
Dei paesaggi fiamminghi importati da Matteo del Nassaro e del loro destino si sa ben poco, né siamo in grado di ricostruire le vicende dei dipinti della Collezione Stoppi[25]. La maggior parte dei quadri neerlandesi che risultano presenti a Verona negli anni successivi sono attribuiti al Civetta (Herri met de Bles): una specie di etichetta invariabilmente applicata a ogni dipinto nordico ritenuto fantastico, bizzarro o vagamente "alla Bosch"[26]. Le opere finite a Mantova presero presto altre strade: già nel 1538 ventidue paesaggi fiamminghi – tra cui l'*Incendio di Troia*, la *Torre di Babele* e la *Morte di Assalonne* – risultano risistemati da Giulio Romano nell'appartamento di Isabella in corte Vecchia, insieme con una serie di santi raffigurati in uno scenario paesistico[27].
È probabile che l'*Incendio di Troia* fosse uno dei venti "paesaggi con incendi" citati da Maffei: un tipo di dipinto destinato a lasciare il segno su vari pittori veneti, compresi Giorgione, Tiziano, Savoldo e Cariani. Michiel cita un elevato numero di scene nordiche raffiguranti incendi e presenti nelle raccolte veneziane, come "la tela delli monstri et inferno alla Ponentina" che apparteneva ad Andrea Odoni[28]. "Il fuoco – sintetizza Kenneth Clark – si era appiccato molto presto anche all'Italia."[29] Era probabilmente il realismo di queste conflagrazioni nordiche a colpire ogni volta gli italiani. Lodovico Guicciardini definì il pittore di Bruges Lanceloot Blondeel "mirabile nel far'apparire un fuoco vivo, & naturale, come l'incendio di Troia"[30]. Anche Vasari lodò Blondeel

[18] Anonimo Morelliano 1888, 94.
[19] In generale si vedano Campbell 1981; Gibson 1989, 37-47.
[20] Favaro 1975, 74-77.
[21] Fehl & Perry 1984, 373-374.
[22] Vasari 1568, V, 378.
[23] Sulzberger 1960, 149.
[24] Luzio 1913, 30; Brown 1981, 53-54, nota 5.
[25] Rossi 1997, 170, 196, nota 11.
[26] Sui Civetta di Verona si veda Dal Pozzo 1718, II, 30; altre notizie sulla presenza a Verona di dipinti nordici sono fornite da Rossi 1997. Boschini 1664, 23-24, ricorda di aver visto a Venezia, in Palazzo Ducale, quindici tavole del Civetta, ma Zanetti 1733, 109-110, pur avanzando a sua volta attribuzioni inesatte, specifica che solo quattro tavole erano davvero di quell'artista.
[27] Brown 1981, 55-56; 1997, 310.
[28] Anonimo Morelliano 1888, 86.
[29] Clark 1949, 41. La disamina più completa di questo argomento si deve a Corwin 1976.
[30] Guicciardini 1567, 98. Faggin 1968, 50, identifica questo *Incendio di Troia* con un dipinto venduto a Dordrecht il 22 agosto 1785, che lo studioso mette in rapporto con un disegno di edifici in fiamme (The Metropolitan Museum of Art, New York).

Savoldo
*La visione di San Girolamo*
Mosca, Museo Puškin

Tiziano
*Orfeo ed Euridice*
Bergamo, Accademia Carrara

come "eccellente in far fuochi, notti, splendori, diavoli e cose somiglianti", ma la produzione di questo artista non doveva essergli così familiare e, comunque, è assai probabile che facesse confusione tra Bosch e Bruegel[31]. La diffusione nel Nordeuropa di questi "paesaggi con incendi" si può riallacciare al mondo fantastico di immagini grottesche evocato da Hieronymus Bosch in dipinti come l'*Inferno* (cat. 111) e le *Le tentazioni di Sant'Antonio* (Museu Nacional de Arte Antiga, Lisbona), dove il cielo intero sembra sul punto di esplodere per il calore pulsante del riverbero scarlatto delle fiamme, trapassato qua e là da guizzi gialli e argentei. Gli edifici e le figure si stagliano in controluce su quel fondale accecante, mentre piccole lingue di fuoco eruttano con subitanea violenza dalle finestre e dietro ai muri. Bosch non ci mostra mai le viscere della Terra comunemente associate in letteratura con l'inferno: il suo luogo di tormenti si identifica tragicamente con il nostro mondo ormai in preda a una conflagrazione che lo sta riducendo in cenere. I suoi spettacolari effetti pirotecnici furono largamente imitati in dipinti nordici come la *Distruzione di Sodoma e Gomorra* di Patinir (Museum Boymans-Van Beuningen, Rotterdam)[32], e il realismo di queste immagini costituì un'autentica novità per l'Italia, dove persino il celebre *Giudizio Universale* di Giotto della cappella degli Scrovegni si limitava a presentare le fiamme dell'inferno come una cascata di nastri rossi. La luce, in Italia, era concepita come un mezzo per illuminare, chiarire o definire la materia, mentre al Nord le fiamme assumevano una funzione visiva molto diversa, con effetti abbaglianti e stupefacenti che parevano quasi consumare ogni sostanza. E non è certo una coincidenza che all'inizio del Cinquecento fossero presenti nelle collezioni veneziane varie scene d'incendio di Hieronymus Bosch. Oltre ai tre paesaggi di Patinir, il cardinale Grimani possedeva almeno cinque dipinti attribuiti a Bosch. Uno di questi, secondo Michiel, raffigurava la storia di Giona e due – ora identificati dalla critica con due delle tavole che compongono la *Visione dell'aldilà* (cat. 111) – venivano descritti come "la tela delinferno cun la gran diversità de monstri" e "la tela delli sogni"[33]. Gli altri, infine, erano due Tentazioni di Sant'Antonio: un soggetto che la tradizione nordica arricchiva spesso con immagini di edifici in fiamme[34].
Stranamente, il pittore veneto più frequentemente chiamato in causa per aver subìto l'influsso di Bosch era Giorgione, cui le fonti antiche attribuivano tra l'altro bellissimi notturni ed eccellenti scene di incendio[35]. Ma le opere di questo artista giunte fino a noi sono talmente rare da impedirci di verificarne la presunta fedeltà a prototipi nordici. Michiel segnalò la presenza, nella collezione veneziana di Taddeo Contarini, di un grande dipinto di Giorgione con "linferno cun Enea e Anchise"[36], che raffigurava probabilmente l'incendio di Troia. Lo si ritrova nell'inventario del 1556 della raccolta del figlio di Contarini, Dario, dove è menzionato "un quadro grande di tela soazado sopra il qual e depento l'inferno"[37]. E non è escluso che vada identificato con quella "pictura de una notte" ricordata nel 1510 da Isabella d'Este come in possesso dei Contarini[38]. L'opera è perduta, ma si può presumere che presentasse qualche analogia con la *Visione di San Girolamo* di Savoldo (Museo Puškin, Mosca), dove dinnanzi al santo si materializza una visione allucinatoria basata su una stampa con Enea e Anchise in fuga dall'incendio di Troia[39]. Anche le fiamme che divampano sullo sfondo del *Sogno* di Marcantonio Raimondi (cat. 114) sono state messe in rapporto con un Giorgione perduto, che si ispirava presumibilmente all'*Inferno* di Bosch della raccolta Grimani. Forse per via delle limitazioni imposte dalla tecnica incisoria, le volute di fuoco ben circoscritte di Marcantonio hanno poco a che vedere con il bagliore incandescente che pervade l'intero scenario infernale evocato da Bosch. Più prossimo ai drammatici effetti di luce di quest'ultimo risulta invece, perlomeno nello spirito, la tavoletta malamente abrasa con *Orfeo ed Euridice* (Accademia Carrara, Bergamo), già attribuita a Giorgione, ma oggi generalmente ritenuta un lavoro giovanile di Tiziano. La porta dell'Ade lampeggia con un'intensità che sembra confermare l'idea che i dipinti di casa Grimani possano avere influenzato, se non lo stesso Giorgione, almeno i pittori della cerchia a lui più vicina.
Non bisogna dimenticare, tuttavia, che non esiste alcun documento che confermi la presenza dei dipinti di Bosch nella Collezione Grimani già nel 1507-1508, gli anni in cui Tiziano aveva dipinto l'*Orfeo ed Euridice*. Si è detto spesso che il carattere "boschiano" delle quattro creature demoniache del *Sogno* di Marcantonio Raimondi e del drago dell'*Astrologo* di Giulio Campagnola (cat. 115) dimostrerebbe senz'ombra di dubbio che i quadri erano già a Venezia a quella data. Quegli esseri mostruosi fanno effettivamente pensare alla pro-

[31] Vasari 1568, VII, 584. Su Vasari e l'arte neerlandese in generale cfr. Bonsanti 1976.
[32] Van Eyck to Bruegel 1994, 220-225.
[33] Anonimo Morelliano 1888, 102.
[34] Paschini 1926-1927, 182.
[35] Si vedano, per esempio, Suida 1954, 156-160; Slatkes 1975; Martin 1993.
[36] Anonimo Morelliano 1888, 88.
[37] Anderson 1996, 370. Una replica del dipinto risulta presente nel 1670 nella collezione di Franz e Bernhard von Imstenraedt, a Colonia. L'opera andò distrutta in un incendio nel 1753: Anderson 1996, 228, 357, nota 71.
[38] Tsuij 1978; Anderson 1996, 364; Nova 1998, 51-52.
[39] Si veda più avanti e Nova 1998, 48-54.

Geertgen tot Sint Jans
*Natività notturna*
Londra, National Gallery

Lorenzo Lotto
*Natività*
Siena, Pinacoteca Nazionale

[40] Si veda il brano del *De recta latini Graecique sermonis pronuntiatione* di Erasmo citato da Panofsky 1948, I, 44.
[41] Klein & Zerner 1966, 16-22; Martin 1993c.
[42] Holberton 1995 analizza i rapporti tra il dipinto di Giorgione e l'arte tedesca sotto il profilo iconografico. Rader 1977 esamina i legami stilistici tra Giorgione e l'arte dei Paesi Bassi.
[43] Michiel vide una copia di questo dipinto perduto in casa di Andrea Odoni: si veda Anonimo Morelliano 1888, 86. Ne tramanda forse un'eco lontana il *San Girolamo* di Lorenzo Lotto (Museo del Prado, Madrid), dove il penitente ignudo è raffigurato in un deserto roccioso alla luce del crepuscolo: si veda Aikema 1984 e Aikema 1993.
[44] Cornell 1924, 12.
[45] Winkler 1964, 141-154. Si veda anche Penny 1990.
[46] Dunkerton, Foister, Gordon & Penny 1991, 197-204, 340.
[47] Anonimo Morelliano 1888, 68. In genere si ritiene che il dipinto delle Gallerie dell'Accademia di Venezia sia una copia di quell'originale lottesco, si vedano Massi 1991; Humfrey 1997, 56-58. Il dipinto veneziano ha molto sofferto, soprattutto nelle parti scure. Alcuni brani, tuttavia, come la figura di Giuseppe, sembrano di mano dello stesso Lotto e appare probabile che l'opera avesse subito danni e qualche ridipintura già nel XVII secolo.
[48] Arasse 1981, 367-370; Humfrey 1997, 58-59.

duzione di Bosch, se la si considera in termini complessivi, ma non hanno assolutamente nulla di specifico in comune con la *Caduta dei dannati* o con l'*Inferno* del cardinale Grimani. Le quattro chimere di Marcantonio sono piuttosto versioni fantasiose degli insetti ritenuti a quel tempo apportatori di epidemie, mentre il drago di Giulio – un altro fosco presagio di pestilenza – è vagamente ispirato alle mitiche fiere delle illustrazioni dell'*Apocalisse* di Dürer. Soltanto di rado gli influssi nordici si traducevano nelle citazioni letterali di questo o quel motivo che quasi tutti pretendono di ricondurre alle inevitabili invenzioni di Bosch (qualche derivazione più precisa si riscontra eccezionalmente in due dipinti di Savoldo, cfr. cat. 116). Le novità d'Oltralpe penetravano in Italia in modo assai meno appariscente e banale, permeando solo con il passare del tempo le tematiche e lo stesso modo di vedere degli artisti del Sud.

La passione per il fuoco dei pittori veneti, per esempio, era soltanto un sintomo del nuovo interesse – anche questo, forse, importato dal Nordeuropa – per la resa degli effetti atmosferici, a seconda del variare delle condizioni metereologiche e delle ore del giorno. Erasmo aveva lodato la bravura di Dürer nel riprodurre l'irriproducibile: il fuoco, un raggio di luce, il tuono e i fulmini[40]. Questo non era altro che un *topos* di origine classica derivato da Filostrato e da Plinio il Vecchio, ma utilizzato anche da Castiglione in un passo del *Cortegiano*, dove si allude indirettamente all'abilità con la quale Giorgione sapeva rendere il luccichio delle armi, l'oscurità della notte, una burrasca sul mare, i tuoni e i lampi o una città in fiamme[41]. Castiglione probabilmente intendeva dire che il virtuosismo tecnico del maestro veneto rivaleggiava con quello degli antichi, ma il cielo gonfio di pioggia e lacerato dalle saette della *Tempesta* trova i termini di confronto più puntuali nella pittura tedesca e neerlandese contemporanea, non nelle fonti classiche[42]. Ed è probabile che quanto detto fosse vero anche dell'insolito dipinto di Giorgione che raffigurava un San Girolamo ignudo, seduto nel deserto e illuminato solo dal "lume della luna"[43].

Ma la resa naturalistica del chiardiluna era destinata a trovare la sua massima espressione nelle scene della Natività. Qualche immagine di Gesù Bambino in un alone di luce aveva cominciato ad apparire nella pittura neerlandese e italiana fin dagli inizi del XV secolo. Le origini di quest'iconografia si ricollegavano alle ben note *Rivelazioni* di una mistica del XIV secolo, Santa Brigida di Svezia, che aveva avuto la visione della nascita di Gesù. Il Bambino "irradiava uno splendore talmente ineffabile da superare di gran lunga quello del sole, e la candela accesa da San Giuseppe non riusciva a far luce, perché il lume divino annullava completamente quello materiale"[44]. Ma soltanto alla fine del secolo gli artisti cominciarono a cimentarsi con contrasti chiaroscurali estremamente accentuati, capaci di dare alla visione di Brigida una forma al tempo stesso naturalistica e simbolica. Fu quasi certamente il grande maestro fiammingo Hugo van der Goes a dipingere per primo una Natività notturna, dove la fiamma della candela di Giuseppe era eclissata dalla luce soprannaturale che emanava dal Bambino. Quel dipinto non ci è pervenuto, ma se ne conoscono varie derivazioni, eseguite da artisti come, per esempio, Jan Joest van Kalkar e Michel Sittow (cat. 128)[45]. Una delle varianti più belle è rappresentata dalla *Natività notturna* di Geertgen tot Sint Jans (National Gallery, Londra), dove il gioco chiaroscurale è reso ancora più brillante dalle sottigliezze consentite dalla pittura a olio, una tecnica della quale gli artisti italiani del XVI secolo avevano ormai acquisito piena consapevolezza[46].

Qualche immagine ispirata alla *Natività notturna* di Van der Goes risulta presente a Venezia già nei primi decenni del XVI secolo. Il *Trittico dell'adorazione dei Magi* di Jan de Beer (cat. 130) si trovava probabilmente nella chiesa di Santa Maria dei Servi, mentre il famoso Breviario del cardinale Grimani, che contiene una *Natività notturna* di Gerard Horenbout (cat. 129), era stato acquistato poco prima del 1520. Questi esempi neerlandesi esercitarono un influsso notevole su Lorenzo Lotto e su Savoldo, entrambi autori di più di un dipinto caratterizzato da uno spiccato interesse, di impronta decisamente nordica, per le drammatiche potenzialità dell'illuminazione artificiale. Nel 1521 Lotto aveva già dipinto due diverse Natività notturne, una delle quali – vista in casa di Domenico Tassi, a Bergamo – è descritta da Michiel come "el quadro della natività, nel qual el puttino da' lume a tutta la pittura"[47]. Nel secondo dipinto figura anche il motivo – piuttosto raro – della levatrice che ebbe le mani anchilosate per non aver creduto alla verginità della Madonna (Pinacoteca Nazionale, Siena)[48]. Vasari ricorda un

Savoldo, *Natività*
Milano, Collezione privata

altro dipinto in casa di Tomaso da Empoli e lo stesso Lotto, nel suo "libro di spese", cita non meno di tre Natività notturne[49]. Avrebbe continuato a dipingerne anche in seguito, in una fase più avanzata della sua attività (si veda la *Natività* a noi nota tramite l'incisione di Jeremias Falck), dimostrando così quanto profondo fosse il suo interesse per i prototipi fiamminghi. La stampa appena ricordata mostra come il pittore – analogamente a quanto si vede nelle tre pale di Savoldo rispettivamente a Brescia (cat. 131), Venezia e Terlizzi – avesse inserito l'episodio dei due pastori che osservano la scena da una breccia del muro, oltre a ripetere ovviamente il motivo dell'alone di luce soprannaturale che emana dal Bambino[50].

Se si confronta la tavola senese di Lorenzo Lotto con un notturno neerlandese come quello della *Natività* di Geertgen tot Sint Jans, non si può non rimanere colpiti da come l'artista italiano sia riuscito a rispettare il colore "locale". Nel dipinto di Siena il fondo scuro fa risaltare ogni passaggio cromatico, invece di assorbirlo nell'oscurità della notte. Benché la cura per i particolari risulti abbastanza minuziosa, il tipo di illuminazione rimane fondamentalmente simbolico. Il colore così assorbente dell'*Adorazione dei Magi* di Savoldo (Collezione privata, Milano) è altrettanto innaturale, ma ha la funzione di unificare la composizione in modo più efficace, tanto che il vero soggetto del dipinto diventa proprio la luce[51]. Ma sarà soltanto verso la fine del XVI secolo, con la produzione quasi di serie di notturni della famiglia dei Bassano, che si realizzerà un'autentica armonia tra la luce artificiale e il colore, da un lato, e l'osservazione naturalistica dei particolari dall'altro[52].

L'*ethos* cristiano si fonda su un sistema dualistico, basato sull'equilibrio tra due visioni diametralmente opposte. Se inferno significa oscurità, tormento, paura dell'ignoto e impotenza, il paradiso non può che essere luce, serenità, conoscenza e forza. Se gli inferi sono il caos o il fragore assordante di certa musica odierna, il cielo è ordine oppure la celestiale armonia dei cori angelici[53]. Bosch aveva tenuto conto di questo dualismo, quando aveva rappresentato gli opposti destini delle anime nella sua *Visione dell'aldilà*. Per sfuggire alle pene dell'inferno e meritarsi la gloria dei cieli, il credente doveva uniformare la propria vita terrena a un modello come quello fornito dai santi eremiti, che trascorrevano l'esistenza nel più totale isolamento e in luoghi aspri e minacciosi, dove la penitenza e la rinuncia erano rituali quotidiani. Nella silografia di Jan Wellens de Cock (cat. 113) Sant'Antonio Abate è invischiato in una fitta rete di presenze maligne, eppure continua imperterrito a pregare: verrà premiato con la pace eterna soltanto quando riuscirà a scambiare l'inferno in terra con il giardino celestiale del paradiso dopo la morte. Patinir (cat. 123) e Lotto (cat. 41) hanno operato entrambi una netta separazione tra gli anfratti tenebrosi dove si svolge la vita ascetica di San Girolamo e i tranquilli paesaggi dominati da montagne illuminate dal sole, che simboleggiano la salvezza nell'altro mondo. La stessa fede che ha consentito ad Antonio e a Girolamo di trasformare in un paradiso l'ambiente selvaggio e irto di pericoli che li circonda permetterà anche all'uomo di convertire il paesaggio terrestre in quello che lo attende in cielo alla fine dei tempi[54].

Su entrambi i versanti delle Alpi la Fuga in Egitto forniva un perfetto paradigma di questa trasformazione. Pur assumendo dimensioni così minute da renderla quasi invisibile, la Sacra Famiglia veniva collocata spesso sugli sfondi dei dipinti con lo scopo di segnalare il percorso che conduce da questo mondo a quello ultraterreno. Nel *Paesaggio con miniera* di Herri met de Bles (cat. 132), un dipinto che a una prima occhiata potrebbe sembrare poco più di una dimostrazione tecnica dei metodi di estrazione dell'epoca, la Sacra Famiglia sta attraversando un sentiero sul lato destro della scena. Il gruppetto dei fuggiaschi segna il confine tra il territorio brutalmente tormentato delle miniere e la regione bagnata dal sole in lontananza, dove in cima al monte Sion la città di Dio attende i credenti per l'eternità[55]. La Sacra Famiglia compare anche sullo sfondo della *Visione di San Girolamo* di Savoldo, che ci presenta il santo in preda alla tremenda premonizione del Giudizio universale[56]. Chi si è abbandonato ai piaceri terreni è irrimediabilmente condannato alle fiamme dell'inferno, mentre coloro che hanno condotto una vita di ascetismo e di mortificazione saranno pronti per la salvezza eterna. Nel dipinto sta infuriando un terribile incendio, che diffonde nel cielo particelle di cenere incandescente come un vulcano in eruzione. Centinaia di figure si precipitano lungo i fianchi della montagna per sfuggire al pericolo e due di esse assumono il ben noto atteggiamento di Enea e Anchise in fuga da Troia. L'allucinante

[49] Vasari 1568, V, 249-250; Lotto 1969, 96, 124, 132.

[50] Per la *Natività* di Lotto si veda Humphrey 1997, 98-101; per quelle di Savoldo cfr. Brescia 1990, 106-115.

[51] Brescia 1990, 144-145, Frangi 1992, 136-137.

[52] Sui notturni dei Bassano si veda Berdini 1997, 103-120.

[53] Il tema, in generale, è stato trattato da Camporesi 1990.

[54] Jolly 1991, 167; Jolly 1998, 393, ha fatto notare come i cristalli di rocca e i coralli, che appaiono in opere come la pala d'altare di Gand di Jan van Eyck, segnino proprio la trasformazione del paesaggio da terrestre in celeste. Materiali preziosi di questo stesso tipo figurano anche nell'*Ecce agnus dei* di Dieric Bouts (Alte Pinakotek, Monaco), si veda Eikemeier 1990, 13-14.

[55] Bruyn 1988, 100.

[56] Il soggetto del dipinto viene di solito identificato con le Tentazioni di Sant'Antonio Abate. Recentemente, tuttavia, è stato fatto notare che il santo indossa una veste rossa e reca un calamaio legato alla cintura, il che lo identifica invece con Girolamo, si vedano Lucco 1990, 91; Frangi 1992, 37. Chi scrive addurrà altri elementi a sostegno di quest'interpretazione, cfr. Brown 1999.

Giorgione
*Venere dormiente*
Dresda, Gemäldegalerie

[57] Le figure ricordano l'analogo gruppo di un affresco di Raffaello in Vaticano, l'*Incendio di Borgo*, ma è probabile che Savoldo si sia ispirato all'incisione trattane da Jacopo Caraglio nel 1525. La stampa, in controparte, è stata erroneamente etichettata come un *Incendio di Troia*, con Enea che reca in salvo il vecchio padre. Si vedano Boorsch & Spike 1985, 199; Archer 1995, 195-196.

[58] Jerome 1980, 28-52; Augustine 1957-1972, III, 342-347. Si veda anche Clark 1984-1986, 105.

[59] London 1983, 161; Kaplan 1986, 413.

[60] Cfr. Howard 1985; Kaplan 1986, 413.

[61] Roma 1995, 369-385.

[62] La figura incisa su un topazio romano (Staatliche Museen, Berlino), identificata con una Venere dormiente da Anderson 1980; Anderson 1996, 223, era già stata studiata da Furtwängler 1896, 72, 1101, che l'aveva chiamata "Afrodite (?)". Si tratta più probabilmente dell'immagine di un Ermafrodito addormentato, si veda Howard 1997.

[63] Vollenweider 1966, 35; Howard 1997, 57.

[64] Meiss 1966; MacDougall 1955.

[65] Colonna 1499, I, 71-73

visione di morte terrorizza San Girolamo più ancora degli attacchi fisici dei demoni[57], perché è chiaro che ben pochi di quei disperati raggiungeranno il mare calmo e le fertili pianure del paradiso, che il tramonto sulla sinistra del dipinto bagna di una dolce luce dorata. Savoldo può aver deciso di citare la figura di Enea con Anchise sulle spalle perché sia San Girolamo sia Sant'Agostino avevano additato ai fedeli il viaggio dell'eroe troiano come un modello da seguire nel pellegrinaggio della vita[58]. La storia di Enea non era troppo diversa da quella dell'eroe cristiano, che inizia il suo cammino come peccatore, ma poi finisce per trovare la giusta strada. Che è indicata qui dalla Sacra Famiglia, che attraversa il paesaggio bucolico per avviarsi verso le cime maestose del regno dei cieli. Il suo viaggio disagevole assume ancora una volta la funzione di metafora visiva della scelta morale tra una facile vita di peccato e l'arduo percorso che conduce alla salvezza. Il cammino da seguire – spiegava San Girolamo nella lettera a Eliodoro – era quello già intrapreso attraverso l'Egitto da Gesù nelle braccia della madre.

A Venezia, la metamorfosi di un paesaggio da infernale a paradisiaco poteva anche assumere un significato politico. L'*Allegoria di una vittoria veneziana* di Cariani (Collezione Mario Lanfranchi, Parma) adotta la formula antitetica desunta dalle pitture neerlandesi, dove il fuoco che infuria su un lato della scena è controbilanciato, dall'altra parte, da un paesaggio calmo e sereno[59]. Per celebrare le vittorie veneziane ai tempi della lega di Cambrai si intrecciano le immagini della fortuna, della guerra e della furia degli elementi. Alla tragica devastazione della terraferma si contrappone l'armoniosa veduta della capitale lagunare, mentre il nudo femminile semisdraiato al centro impersonifica al tempo stesso *fortuna* e *caritas*. I primi due decenni del XVI secolo furono i più tumultuosi e irti di pericoli di tutta la storia della Serenissima. Tra il 1509 e il 1517 gli eventi bellici misero in ombra ogni altro aspetto della vita veneziana, finendo per influire persino sulla scelta dei soggetti delle opere d'arte[60]. La grandiosa silografia di Tiziano con il *Passaggio del Mar Rosso* (cat. 124) allude senz'alcun dubbio al "miracolo" della sopravvivenza di Venezia e anche ai successi riportati nelle ostilità indotte dalla lega di Cambrai. La madre che allatta simboleggia la carità e la pace restituita alla città dopo la guerra. Anche l'analogo motivo inserito nel dipinto di Jan van Scorel dallo stesso soggetto (cat. 125) allude probabilmente al ritorno della tranquillità.

Anche la terraferma fu pacificata e questo, nell'ambito delle arti visive, finì per dare una nuova dimensione al gusto del paesaggio naturalistico e della poetica legata alla tradizione pastorale, già affermatasi agli inizi del XVI secolo grazie all'*Arcadia* di Jacopo Sannazaro e agli *Asolani* di Pietro Bembo. In gran parte per via dell'autorità di Giorgione e dei suoi seguaci più immediati, il nudo femminile disteso in un paesaggio silvano divenne uno dei grandi doni di Venezia alla storia dell'arte. L'esempio certamente più famoso – e forse anche il primo in assoluto – fu la *Venere dormiente* di Giorgione (Gemäldegalerie, Dresda), alla quale Tiziano aggiunse la figura di Cupido, oggi cancellata[61]. Sebbene la tipologia derivasse, in ultima analisi, da fonti classiche, la Venere degli antichi non si era mai esposta in un atteggiamento così supino e vulnerabile[62]. La posa era riservata ai semidei e ai personaggi mitologici secondari, oppure ai loro surrogati più vivaci, come le ninfe, i satiri o le menadi. Le immagini classiche di Ermafrodito (un nome che è la fusione tra quelli di Ermes e di Afrodite) erano spesso accompagnate da Cupido, il frutto di quell'unione. In epoca rinascimentale si conoscevano certamente intagli come quello dell'*Ermafrodito dormiente* (Museo Nazionale Archeologico, Napoli) e Giorgione potrebbe avere desunto più di un motivo da gemme di questo tipo, compresi l'idilliaco sfondo paesistico, la figura giacente e il piccolo Cupido alato[63]. L'artista avrebbe poi combinato liberamente questa tipologia con altre immagini a essa imparentate, come quelle delle ninfe, dei satiri o della prima madre latina, Rea Silvia, che ornavano le antiche fontane[64].

L'enigmatico sogno della *Venere* di Giorgione è stato spesso messo in rapporto con una delle silografie che illustrano l'*Hypnerotomachia Poliphili* di Francesco Colonna, una specie di romanzo erotico pubblicato a Venezia nel 1499. La ninfa che vi è raffigurata fa parte di una fontana ed è descritta nel testo come più bella della statua di Venere scolpita da Prassitele[65]. L'acqua che le sgorga dal seno irrora tutta la fertile vallata circostante, che simboleggia il *locus amoenus* dei poeti antichi, dove l'umanità vive in dolce armonia con la natura,

Gemma antica
*Ermafrodito dormiente e Cupido*
Napoli, Museo Nazionale Archeologico

Lucas Cranach il Vecchio
*Ninfa di primavera*
Besançon, Musée des Beaux-Arts

in un vero paradiso in Terra. La forma astratta del nudo di Giorgione è in perfetta sintonia con la natura, le sue curve armoniose assecondano le dolci ondulazioni delle colline. Ma l'ignuda non è un'abitatrice di quell'eden verdeggiante: se ne sta in disparte a riposare su un pianoro roccioso, isolata dal resto del paesaggio come una Madonna col Bambino o una Crocifissione di Giovanni Bellini. Giorgione ha fatto di questa sua Venere un'immagine senza tempo, quasi un'icona. Come il Gesù Bambino appoggiato su un parapetto davanti all'osservatore, anch'essa è diventata un oggetto di venerazione, perennemente immerso in un sogno.

Nel secondo decennio del XVI secolo l'immagine ieratica creata da Giorgione si era ormai arricchita di tutto un vocabolario figurativo più mondano, ottenendo una rapida diffusione sui due versanti delle Alpi e presso un pubblico più vasto, tramite i libri illustrati pubblicati a Venezia e la produzione grafica di artisti come Giulio e Domenico Campagnola (catt. 138, 139). Con non meno di diciotto versioni della *Ninfa della sorgente* (cat. 142), Lucas Cranach il Vecchio trasformò l'incarnazione dei sogni voluta da Giorgione in un racconto a sfondo moraleggiante di seduzione sensuale. Benché la scritta ingiunga allo spettatore di non turbare il sonno della ninfa, essa tiene gli occhi semiaperti e ben vigili per assicurarsi che nessuno osi resistere al suo fascino. Tuttavia, una volta scatenate le brame di chi la osserva, difenderà a ogni costo la propria castità, proprio come sta già proteggendo la purezza della fonte. Vi è una deliberata ingenuità e una goffaggine quasi infantile nel modo in cui il pittore infarcisce l'immagine di particolari minuziosi e del tutto estranei all'ideale astratto di Giorgione. Ma la formula fondamentale di Cranach rimane comunque veneziana, anche se nel suo caso tra la figura e il paesaggio non si avverte più quella stretta connessione di forma e di significato che caratterizza i prototipi veneti. In Giorgione il paesaggio diventa un riflesso della figura umana, l'ideale poetico di un mondo di sogni. Se i fondali fantastici, con le loro fiammeggianti visioni dell'inferno, erano un'invenzione introdotta in Italia da Bosch, Patinir e Herri met de Bles, il paesaggio pastorale idealizzato non era che una rappresentazione del paradiso esportata nel Nord da Giorgione e dai suoi seguaci.

111
Hieronymus Bosch (ca. 1450-1516)
*Visione dell'aldilà*, ca. 1500-1503
a. *Paradiso terrestre* e *Ascesa dei beati all'empireo*
b. *Caduta dei dannati* e *Inferno*

a. olio su tavola
ciascuno 88,5 x 41,5 cm
b. olio su tavola
ciascuno 88 x 44 cm
Venezia, Musei Civici Veneziani -
Palazzo Ducale, inv. 184

PROVENIENZA: cardinale Domenico
Grimani, Venezia 1521; forse pervenuti alla Serenissima Repubblica per
legato testamentario, 1523; notati a
Palazzo Ducale nel 1664; trasferiti
alla Kaiserliche Galerie di Vienna
nel 1838; restituiti a Venezia nel
1919.
LETTERATURA: Châtelet 1965; Tolnay
1965, II, 353-354; Gibson 1973, 62-
68; Slatkes 1975; Gandolfo 1978, 83-
90; Bax 1979, 329; Snyder 1985, 216-
217; Marijnissen & Ruyffelaere 1989,
300-309; Collobi Ragghianti 1990,
54-56; Gibson 1992; Venezia 1992,
79-85, 179-180; Larsen 1998, 121.

Questa doppia coppia di tavole di
Bosch formava i laterali di un polittico raffigurante il Giudizio universale. Il pannello centrale, ora perduto,
doveva mostrare il Cristo giudice, affiancato a sinistra dalle due scene ce-
lesti e a destra da quelle infernali.
Come nel *Giudizio universale* di
Vienna (Gemäldegalerie der
bildenden Künste), possiamo
immaginare che anche qui Bosch
avesse arricchito l'immagine con tutta una serie di figure chimeriche, intese a rappresentare le pene, le tribolazioni e le torture che attendono
i trasgressori della legge divina.
Queste raffigurazioni aggrovigliate
venivano collegate automaticamente
con il nome di Bosch, considerato
anche dalle più antiche fonti italiane
"inventore nobilissimo, & maravi-
glioso di cose fantastiche e bizzarre"
(Guicciardini 1567, 98). Ma di quest'iconografia inquietante non vi è
quasi traccia nelle quattro tavole di
Palazzo Ducale, il che le rende un
*unicum* nella produzione dell'artista
e ci induce a dubitare che il perduto
*Giudizio* fosse sovraccarico dei soliti simboli del peccato e dell'umana
follia (per una lettura alternativa cfr.
Gibson 1973, 62). Nei quattro dipinti di Palazzo Ducale non vi è alcuna promessa di redenzione: il paradiso e l'inferno sono presentati come le sole alternative del destino
umano. La discesa agli inferi delle
anime dannate è una caduta vertiginosa in una notte d'inchiostro, verso
una palude di cenere incandescente
e di lava rosso fuoco. Diavoli simili a
insetti, con braccia scheletriche e
zanne acuminate, fanno precipitare i

peccatori nell'abisso inesorabile del-
l'oltretomba, cui fa da contraltare il
tranquillo cammino dei beati nel
giardino rigoglioso del paradiso terrestre. Gli angeli guidano gli eletti
verso la fontana della vita, dove verranno mondati da ogni macchia prima di ascendere alla gloria dei cieli.
Nella tavola successiva i beati flut-
tuano verso un tunnel di luce accecante, dove – una volta liberati dal
loro involucro corporeo – divente-
ranno tutt'uno con Dio. L'esame ai
raggi X ha rivelato che, al centro del
tunnel, Bosch aveva inserito in un
primo tempo la figura dell'Eterno,
poi trasformato in una visione più
spirituale di pura luce (Venezia
1992, 191). L'immagine di Bosch rivela strette analogie con i testi mistici del XVI secolo: Heinrich Suso ha
descritto il percorso estatico dell'a-
nima attraverso nove gironi di luce,
fino allo splendore abbagliante del
*coelum empyreum*, mentre gli scritti
del fiammingo Jan van Ruysbroeck
ci presentano l'elevazione dei beati
in un'immensa effusione di luce essenziale. Al gigantesco alone bianco-
azzurro dell'*Empireo* si contrappon-
gono – nell'ultimo pannello – le
fiamme dell'inferno. La scena è tutta
soffusa di radiazioni scarlatte, con
un'improvvisa eruzione di scintille
giallo-arancio dietro una montagna
carbonizzata, ai piedi della quale i
dannati lottano per rimanere a galla
nell'acquitrino incandescente. Un
mostro verdastro, in primo piano,
sembra intimare a un peccatore di
aprire gli occhi sulla realtà che lo circonda, sottomessa al dominio di Satana. Non vi è più speranza di salvezza; all'anima dannata è ormai ne-
gata per sempre la vista di Dio: il più
tremendo dei castighi che attendono
il genere umano, l'avverarsi del peg-
giore degli incubi. Queste due doppie tavole vengono quasi universalmente identificate con due dei tre dipinti di Bosch visti nel 1521 da Marcantonio Michiel in casa del cardinale Grimani: "La tela delinferno cun
la gran diversità di monstri fo de
mano de Hieronimo Bosch," e "La
tela delli sogni fo de man de linstesso" (Anonimo Morelliano 1888,
102; il terzo dipinto, ora perduto,
raffigurava Giona e la balena). Anche senza tener conto del fatto che
Michiel parla di tele e non di tavole,
è difficile conciliare la sua descrizione con i quattro soggetti giunti fino a
noi. La *Caduta dei dannati* e l'*Inferno* sono forse compatibili con le varie specie di "monstri" ricordate dal
nobiluomo veneziano, ma i "sogni"

ci lasciano decisamente più perples-
si. Si è detto che, agli inizi del XVI secolo, le immagini del paradiso terrestre o dell'empireo potevano essere
interpretate come visioni oniriche di
tipo dantesco, o come sogni simbolici analoghi a quelli dell'*Hypnerotomachia Poliphili* (Gandolfo 1978, 84-
85), ma a noi sembra molto più probabile che venissero immediatamente riconosciute come temi religiosi,
perché – malgrado il mistico tunnel
di Bosch – l'iconografia dell'ascesa
al cielo dei beati era ben nota a
Venezia come a 's-Hertogenbosch.
È evidente che, se avesse visto le due
tavole, Michiel le avrebbe definite
un "paradiso". Durante tutto il XVI
secolo i sogni erano intesi come un
riflesso dell'anima, indicativo di
quanto di buono o di malvagio poteva scaturirne (Artemidoro 1547,
I. 2). Quindi Michiel potrebbe aver
pensato che l'anima oppressa dai rimorsi nell'*Inferno* fosse in realtà addormentata, e stesse solo sognando
l'orrenda scena circostante: un incubo di dannazione eterna. Non è
nemmeno escluso che Michiel avesse visto o descritto soltanto due delle scene di Bosch, riconoscendo nella prima la cacciata all'inferno dei
dannati ad opera di demoni mostruosi, e interpretando la seconda
come una premonizione terrificante,
anche se la figura di Bosch rappresenta un dannato oppresso dal senso
di colpa e non un sognatore (Gibson
1992, 205). Non sono chiare nemmeno le vicende successive delle
quattro tavole. È assai probabile che
facessero parte del legato testamentario alla Repubblica del 1523, che,
oltre a un importante gruppo di
sculture classiche, comprendeva un
certo numero di dipinti nordici su
tavola (Perry 1978, 241-242; Campbell 1981, 472-473). Nel 1528 una
parte del lascito venne restituita agli
eredi Grimani, e il nipote del cardinale, Marino, inviò a Roma ventuno
dipinti, ma ne lasciò altri a Venezia,
ivi compresi "uno quadro con due
sportelli fiandrese iudecio di christo" e "uno quadro fiandrese io inferno a oglio" (Paschini 1926-1927,
182). E non vennero spedite nella
città eterna nemmeno due tele di misura diversa che raffiguravano entrambe le *Tentazioni di Sant'Antonio*
ed erano ascritte a Bosch. Resta da
stabilire se l'"inferno a oglio" fosse
lo stesso quadro citato da Michiel
nel 1521, o se sia invece il trittico "fiandrese iudecio di christo" a
corrispondere alle quattro scene di
Bosch ora in esame e al loro pannel-

lo centrale scomparso. Marino Grimani morì nel 1546 indebitato fino al collo, e la sua preziosa raccolta venne acquistata dal fratello Giovanni. Scomparso anche quest'ultimo nel 1592, una parte delle sculture più importanti entrò nelle collezioni pubbliche veneziane, ma i quadri furono vincolati dal testamento a rimanere nel palazzo di famiglia (Perry 1978, 219; Hochmann 1992, 179). In seguito, forse, alcune di queste opere passarono effettivamente nelle raccolte della Serenissima e quindi a Palazzo Ducale.

Ma è anche possibile che i dipinti descritti da Michiel siano rimasti a Palazzo Ducale fin dal principio. Dopo l'accordo del 1528 con gli eredi di Grimani, erano restate nei depositi del Palazzo altre otto casse piene di quadri, che nel 1615 il Consiglio dei Dieci decise finalmente di far restaurare per poterli esporre (Gallo 1952, 40-42). Mezzo secolo dopo Boschini (1664, 24) scriveva di aver visto in un corridoio quindici tavole del Civetta (Herri met de Bles) "con varie Chimere, sogni, visioni, e bizzarrie, che insegnano al capriccio nuove invenzioni". Zanetti (1733, 110) specificò poi che erano davvero del Civetta soltanto quattro pitture bislunghe "con chimere e stregozzi... con bizzarre invenzioni", in seguito identificate con la doppia coppia di tavole di Bosch, anche se nell'inferno di quest'ultimo vi è ben poco di chimerico o bizzarro. Se queste fossero davvero le pitture ricordate da Michiel, si tratterebbe di uno dei primissimi esempi di arte nordica documentati continuativamente in una raccolta veneziana. Ma i dipinti rimasero invisibili per buona parte del XVI secolo, senza poter esercitare alcun influsso sull'arte veneziana di quegli anni. È quasi altrettanto improbabile che avessero avuto un certo peso sull'evoluzione della pittura veneta agli inizi del secolo. Si è ipotizzato, senza addurre alcuna prova, che tra il 1499 e il 1503 Bosch fosse giunto di persona a Venezia, recando con sé le tavole o dipingendole *in loco* (Slatkes 1975). Ignoriamo la data dell'arrivo delle pitture in casa Grimani, ma è più probabile che il cardinale le avesse acquistate sul florido mercato dell'arte anversese. Secondo alcuni, dovevano essere in città fin dal 1505, in quanto la tavola con l'*Inferno* avrebbe esercitato un influsso diretto sull'*Astrologo* di Giulio Campagnola (cat. 115) e sul *Sogno di Marcantonio Raimondi* (cat. 114). Si sono voluti rilevare paralle-

lismi tra le figure dormienti del *Sogno* e il peccatore in primo piano nell'*Inferno*, mettendo a confronto anche l'impianto diagonale di entrambe le opere, dove un analogo specchio d'acqua separa il primo piano dallo sfondo fiammeggiante, e dove si insinuano in ambedue i casi piccole figure demoniache. È vero che le creature del *Sogno* – come quelle dell'*Astrologo* – possono apparire "boschiane" a chi abbia in mente la produzione complessiva del maestro fiammingo, ma va anche detto che non hanno nulla a che vedere con l'*Inferno* del cardinale Grimani. E lo stesso si può dire dei dirupi rocciosi, della palude e dello strano rinoceronte che sonnecchia nel *Tramonto* di Giorgione (National Gallery, Londra).

Tutti questi motivi sono stati descritti come elementi soprannaturali desunti da Bosch e inseriti in un contesto pastorale squisitamente veneziano (Hoffman 1984; Anderson 1996, 182-184), ma è bene ricordare che l'isola – erroneamente interpretata come un animale mostruoso – non è altro che un rifacimento moderno (Baker & Henry 1995, 262). Anche se non siamo in grado di scoprire corrispondenze precise con il resto della produzione di Bosch, la presenza di un numero così cospicuo di opere del pittore di 's-Hertogenbosch nella raccolta Grimani è una testimonianza di quel gusto per il "bizzarro" che i collezionisti veneziani andranno coltivando sempre di più con il passare del tempo. Ed è chiaro che – come dirà in seguito Lomazzo (1584, II, 305) – nessuno poteva soddisfarli meglio di "Girolamo Boschi fiammingo, che nel rappresentare strane apparenze, e spaventevoli ed orridi sogni, fu singolare e veramente divino".

BLB

435

112
Lucas Cranach il Vecchio (1472-1553)
*Tribolazioni di Sant'Antonio abate*, 1506

xilografia, secondo stato
410 x 278 mm
firmata e datata in basso a sinistra
Monaco, Staatliche Graphische
Sammlung, B56

LETTERATURA: Castelli 1952, 90-91;
Cuttler 1956; Basel 1974, II, 542-
543; Jacobsen 1974; Providence
1974, 38-39; Brescia 1990, 224; Bartrum 1995, 167.

La xilografia raffigura un episodio
della vita di Sant'Antonio abate, l'eremita vissuto nel III secolo in una caverna della Tebaide, la cui esistenza
dedita allo studio e alla preghiera,
era turbata dalle tentazioni fisiche e morali escogitate dal demonio. La scena
raffigura una brusca interruzione della levitazione estatica di Antonio. Secondo quanto scrive Sant'Atanasio
nel cap. LXV della *Vita Antonii*, il santo vide "se stesso al di fuori di sé, e come condotto per aria...", dove alcuni
"esseri acerbi e malvagi... volevano
impedirgli di passare". I diavoli lo ac-
cusavano di colpe che non erano in
grado di provare, e così Antonio vide
finalmente i cieli spalancarglisi davanti (Atanasio 1974, 126-127).
Le ambiguità e gli aspetti visionari del
testo spiegano perché siano così rare
le raffigurazioni pittoriche di questo
particolare brano (Massing 1984,
225; Massing 1994b, 113). Gli artisti
preferivano seguire la variante più
prosaica del racconto, fornita da Jacopo da Voragine nella *Leggenda aurea*, dove l'esperienza mistica del santo viene razionalizzata, spiegando che
gli angeli lo avevano sollevato nell'e-
tere, ma si erano visti sbarrare il passaggio dai demoni (Voragine 1993, I,
94). Cranach si è ispirato all'unico
prototipo autorevole che rispetta la
versione di Sant'Atanasio, vale a dire
l'incisione dello stesso tema di Martin
Schongauer del 1470 circa. In entrambe le xilografie i diavoli tentano
di riportare Antonio sulla terra, mentre altri lo percuotono senza pietà.
Cranach ha reso l'immagine più immediata collocandola sopra un paesaggio, che ne fa meglio risaltare le
proporzioni e la proiezione nello spazio. È possibile che gli edifici a metà
campo rappresentino il monastero
antoniano che sorgeva un tempo a Li-
chtenburg, nei pressi di Wittenberg,
dove la stampa venne forse prodotta
per Goswin von Orsoy, cancelliere
dell'università wittenberghese e *præ-
ceptor* della comunità monastica
(London 1995b, 167).
Si è ipotizzato che Cranach conoscesse le xilografie di Michael Wolgemut

e Wilhelm Pleydenwurff inserite nel
*Liber Chronicarum* del 1493, dove la
scena della predica al popolo del-
l'Anticristo comprende un'analoga
battaglia contro mostri zoomorfici librati nell'aria (Basel 1974, II, 543).
Né vanno dimenticate le creature demoniache di una serie di stampe, leggermente precedenti, dei medesimi
autori, intagliate per illustrare lo
*Schatzbehalter* (Detroit 1981, 350).
Cranach tradisce qui la rivalità con
Dürer, ispirandosi alle illustrazioni a
piena pagina preparate da quest'ultimo per l'*Apocalisse* del 1498. Nella
*Caduta degli angeli ribelli* Dürer ha
diviso la composizione in due zone,
concentrando nella metà superiore il
combattimento soprannaturale, reso
ancora più caotico dal contrasto con
il tranquillo scenario campestre sottostante (Strauss 1980, 167). Anche
Cranach introduce un'analoga separazione tra l'attacco demoniaco e il
paesaggio, ma la sua massa vorticosa
di forme composite e minuziosamente individuate tende a confondere la
struttura narrativa, invece di chiarir-
la. Tutte queste immagini nordiche di
feroci scontri ultraterreni circolavano
ampiamente anche in Italia. Persino
Michelangelo, da giovane, aveva copiato le *Tribolazioni di Sant'Antonio*
di Schongauer, prima a penna e inchiostro, e poi anche in una versione
a colori (Condivi 1553, 9-10; Vasari
1568, VII, 140-141). Secondo il racconto di Vasari, volto a sottolineare
l'attenzione che l'artista dedicava allo
studio delle forme naturali, "per con-
trafare alcune strane forme di diavoli, andava a comperare pesci che avevano scaglie bizzarre di colori". Non
è da escludere che la policromia con-
sentisse a Michelangelo di chiarire
meglio il complicato intreccio di forme demoniache, che nella stampa si
distinguono a malapena. Gli artisti
italiani, di solito, erano attratti dai
particolari delle stampe nordiche più
che dalle loro composizioni complessive. Savoldo, per esempio, nella *Visione di San Girolamo* (Museo Puškin,
kin, Mosca), ha desunto direttamente dalla xilografia in esame i due demoni pennuti che cercano di strappa-
re la tonaca del santo (Jacobsen
1974). Isolando questi due aguzzini
dal folto gruppo di diavoli ideato da
Cranach, il pittore bresciano ha finito per modificarne sostanzialmente
la natura. Ma a suscitare il terrore di
Girolamo non sono queste creature
dispettose e simpatiche, bensì la visione allucinante di due figure in lotta in un paesaggio carbonizzato.

BLB

113
Jan Wellens de Cock (ca. 1490-1527)
*Paesaggio con le tentazioni di Sant'Antonio*, 1522

xilografia, 267 x 384 mm
datata sulla porta del castello: 1522
Amburgo, Hamburger Kunsthalle

LETTERATURA: Gelder 1927; Koch 1968, 40; Friedländer 1974, 38; Providence 1974, 43-45; Unverfehrt 1980, 268-269; Washington 1983, 260-261; Brescia 1990, 225-228.

In questa xilografia, catalogata in origine sotto il nome di Hieronymus Bosch, si riconosce ora l'unica opera datata di Jan Wellens de Cock. La stampa rivela qualche affinità con il celebre trittico delle *Tentazioni di Sant'Antonio* del maestro più anziano (Museu Nacional de Arte Antiga, Lisbona), ma la sua iconografia fa minore assegnamento sul sapere astrologico o alchemico, e l'impianto complessivo risulta più chiaro. L'artista sfrutta il paesaggio per inscenare in modo coerente e unitario sei diversi episodi della vita di Sant'Antonio abate, ricorrendo a una tecnica narrativa simultanea, che ricorda quella delle *Tentazioni di Sant'Antonio* (Museo del Prado, Madrid), attribuite alla collaborazione di Joachim Patinir e Quentin Massys. Ma l'abilità con la quale il nostro artista articola le varie scene in un ambiente plausibile ottiene qui risultati più felici di quelli rilevabili nel fondale di Patinir. Ripresa da una prospettiva a volo d'uccello relativamente bassa, la composizione è bilanciata da un lato da un grande albero contorto, i cui rami lambiscono il margine superiore del dipinto, e dall'altro dall'immagine di Antonio in lotta con un gruppo di mostri librati nell'etere. Il resto del paesaggio fluttua attorno al castello diroccato al centro della scena, aprendosi più in là su un vastissimo pianoro.

I sei episodi illustrati nella xilografia sono desunti dai racconti sulla vita del santo rispettivamente di Atanasio e di Jacopo da Voragine, ma anche da una raccolta di leggende arabe tradotte in latino nel 1349 dal monaco domenicano Alphonsus Bonihominis (Bergman 1979, 15-19).

Vi si narra, con lievi differenze, che Antonio aveva rinunciato a una ricca eredità per dedicarsi a un'esistenza umile e solitaria nel deserto egiziano. La sua virtù esemplare incollerì il demonio, che decise di adescare il giovane con i piaceri della carne. Fallito il tentativo, Satana fece ricorso alle torture fisiche, inviando fantastici animali a strappargli le membra, lasciandolo a terra come morto. Guarito dalle ferite, Antonio chiese a Gesù, improvvisamente apparsogli, perché

non lo avesse soccorso fin dall'inizio, e il Signore rispose di essergli stato sempre accanto. Malgrado la presenza divina, il Maligno continuò a perseguitare l'eremita, assumendo l'aspetto di una falsa regina, che pretendeva di predicare la carità, o facendolo attaccare dai demoni in cielo, dove il santo era levitato nell'estasi mistica. Un giorno Antonio vide un'ignuda che si bagnava in un fiume e la rimproverò di essersi esposta alla vista di un anacoreta: la donna gli rispose che, se davvero desiderava la solitudine, doveva cercare luoghi disabitati. Così l'asceta si inoltrò nel deserto e prese dimora in una fortezza in rovina, dove venne di nuovo assediato dai diavoli. Dopo essere stato raggiunto, verso la fine della sua esistenza terrena, dal vecchio eremita San Paolo, Antonio spirò vittorioso nella fede che lo aveva sempre sorretto nei tormenti e nelle tentazioni inflittegli dal demonio.

Nella xilografia vediamo Antonio in preghiera dinnanzi a un crocifisso. Benché irriso dall'alto da una iena e circondato da presenze inquietanti, il santo trova conforto nell'incrollabilità della sua fede. Dagli alberi circostanti lo stanno spiando una scimmia e un gufo, simboli dell'oscurità e del male, mentre un esercito di fiere, guidate dal Maligno travestito da eremita, si avvicina da destra. Una seduttrice riccamente abbigliata, sull'altro lato, porge ad Antonio un calice: gli artigli che sbucano dalla lunga veste e il mendicante storpio che accompagna la donna ne rivelano la vera natura. Persino il cielo pullula di demoni, che ingaggiano un'aspra battaglia con il santo. Queste scene sono un concentrato della vita di Antonio, allusivo delle tribolazioni da lui subite; non ci vengono presentate in ordine cronologico, ma si dispiegano in forma circolare attorno al protagonista. Le figure in primo piano, viste da tergo, puntano su di lui, mentre lo spazio che lo separa dal castello e dalla caverna più in basso è un brulichio di piccole creature. Incurante della rete minacciosa che lo sta rinserrando, Antonio si concentra nella preghiera. Le scenette ai due lati del gruppo centrale evocano momenti più sereni dell'esistenza di Antonio, come l'incontro con San Paolo – a metà campo, sul lato sinistro – che vede i due eremiti conversare quasi ignari della presenza del corvo che depone il pane ai loro piedi. Più in là è raffigurato l'episodio dell'apparizione di Cristo, mentre sulla destra Antonio sale su una collina, superando un gruppo

di ignude immerse nelle acque di un fiume. Invece di sedurlo con la loro bellezza voluttuosa, esse paiono disturbare la sua ricerca di solitudine. Molti dei motivi che compongono il gruppo centrale riecheggiano le opere di altri artisti, pur non risultando mai letteralmente copiati da una fonte specifica. La tentatrice ricorda la sua consorella della stampa del medesimo soggetto di Luca di Leida del 1509 (Washington 1983, 74-75), e lo scontro nell'etere è composto da una serie di elementi desunti dalle *Tribolazioni di Sant'Antonio* incise da Martin Schongauer e Lucas Cranach il Vecchio (cat. 112). Anche la figura di Antonio, in ginocchio davanti alla croce, sembra ispirata a un prototipo di Dürer: l'incisione con il *San Girolamo* del 1496 (cat. 40). Più numerosi sono invece i rimandi all'iconografia di Bosch. L'esercito di Satana, per esempio, è solo genericamente "boschiano", ma il castello si ispira in modo più specifico al trittico di Lisbona, e lo stesso si può dire dello storpio e dei demoni a cavallo di pesci volanti. Una bestia da soma dalle orecchie pendenti è presente anche nel *Giudizio universale* (Groeningemuseum, Bruges), un dipinto generalmente attribuito a un imitatore di Hieronymus Bosch. Varianti di quest'animale figurano anche in altre opere, comprese le *Tribolazioni di Sant'Antonio* di Savoldo ora a San Diego (cat. 116), il che ci fa presumere l'esistenza di un prototipo comune, ora perduto (Jacobsen 1974). Benché l'immagine pulluli di citazioni da altri artisti, l'ampio respiro del suo paesaggio panoramico è del tutto eccezionale per l'epoca. La prima fonte d'ispirazione cui è logico pensare sono i vasti *Weltlandschaft* dipinti da Patinir, mentre nell'arte grafica si possono istituire confronti precisi solo con il *Paesaggio col cannone* di Dürer (cat. 106), il *Paesaggio con mulino* di Altdorfer (cat. 107) o il *Sacrificio di Abramo* di Tiziano (Washington 1976, 55-69). Ma il carattere composto e incoerente di quest'ultima silografia la rende decisamente inferiore al raffinato e armonioso connubio tra storia e natura qui realizzato da Wellens de Cock. Sarà soltanto qualche anno più tardi che in stampe come il *Paesaggio con mungitrice* (cat. 136), che Tiziano si riuscirà a integrare perfettamente le figure in uno scenario naturale. E non è escluso che su quest'evoluzione abbiano pesato proprio opere come la xilografia in esame.

BLB

## 114
## Marcantonio Raimondi (*post* 1475-*ante* 1534)
### *Il sogno*, ca. 1508

incisione a bulino, 240 x 335 mm
Vienna, Graphische Sammlung Albertina, B359

LETTERATURA: Wickhoff 1895, 37-38; Richter 1937, 159; Tervarent 1944; Hartlaub 1953, 76; Hartlaub 1960, 78-80; Calvesi 1970, 185-188; Gandolfo 1978, 77-112; Oberhuber 1979; Lawrence 1981, 74-76; London 1983, 318-319; Bologna 1988, 156-158; Amsterdam 1991, 18-19; Emison 1992; Martin 1993; Paris 1993, 521; Roma 1995, 290-291; Köln 1996, 213-214; Guidoni 1996; Nova 1998.

Questa stampa, la più enigmatica tra quelle incise da Marcantonio Raimondi sotto il profilo del soggetto e delle fonti ispirative, è nota comunemente come il *Sogno di Raffaello*, anche se quasi tutti concordano nel riferirla al periodo del breve soggiorno veneziano dell'incisore, situandola entro i primi mesi del 1508. Una delle figure che si calano dal muro dell'edificio in fiamme, tuttavia, è desunta direttamente dal cartone di Michelangelo per la *Battaglia di Cascina* ed è quindi possibile che il *Sogno* sia stato eseguito da Marcantonio poco dopo avere lasciato Venezia ed essere giunto a Roma via Firenze (Bologna 1988, 156). I grandi nudi inseriti con tanta naturalezza nelle ritmiche ondulazioni del paesaggio sono però squisitamente veneziani e denotano senza dubbio una conoscenza di prima mano delle opere di Giorgione. Si è spesso suggerito, infatti, che il *Sogno* sia una copia di un dipinto perduto del pittore di Castelfranco, forse lo stesso di cui si avverte un riflesso nella *Ninfa in un paesaggio* di Giulio Campagnola (cat. 138).
La maggior parte della critica ha cercato di localizzare la fonte di ispirazione della stampa in un punto intermedio tra il "Giorgione perduto" e le quattro tavole di Hieronymus Bosch note come la *Visione dell'aldilà* (cat. 111), viste con ogni probabilità da Michiel nel 1521 in casa del cardinale Domenico Grimani, a Venezia (Anonimo Morelliano 1888, 102). La proposta avanzata è che, visto l'aspetto "boschiano" delle quattro creature chimeriche in primo piano, se davvero l'incisione è tratta da Giorgione, quest'ultimo sia stato influenzato da Bosch. Ma si è anche obiettato che Marcantonio potrebbe non aver copiato affatto un prototipo del maestro veneto, ma semplicemente esibito la propria bravura

inserendo figure giorgionesche in un paesaggio "alla Bosch" (London 1983, 319; Roma 1995, 290).
Alcuni elementi della stampa – i due nudi femminili in primo piano, il fondale architettonico e la tensione drammatica acuita dal cielo tempestoso – sono effettivamente giorgioneschi ed è altrettanto vero che altri motivi – come la città in fiamme, la progressione in diagonale dal primo piano allo sfondo, e i "mostri" – possono essere messi genericamente in rapporto con la *Visione dell'aldilà* e più in particolare con la tavola con l'*Inferno*. È però impossibile stabilire se i pannelli di Bosch si trovassero nella raccolta Grimani già nel 1508, né va sottaciuto il fatto che i mostri di Marcantonio, così spesso addotti a prova di un possibile influsso del pittore neerlandese, non assomigliano per nulla ai demoni delle tavole di Palazzo Ducale, ma ricordano veri e propri insetti (Calvi 1987, 9) e le forme grottesche che decorano i calamai e le lampade a olio dell'epoca (Nova, 1998, 44).
Il problema della fonte di ispirazione si intreccia inestricabilmente con quello del soggetto della stampa. Il titolo si riferisce alle due figure addormentate, ma si continua a discutere sulla loro identità e su cosa stiano sognando. Wickhoff (1895) aveva chiamato in causa il *Commentario* di Servio a Virgilio (III, 12), dove si narra di due fanciulle costrette a passare la notte in un tempio perché sorprese da un temporale: solo una delle due era casta e quindi si salvò, mentre l'altra perì. Ma nella stampa non vi è alcun tempio, né si fanno distinzioni tra le due donne, che sembrano entrambe addormentate e non morte. È forse un poco più plausibile la soluzione prospettata da Hartlaub (1960), che collegava l'incisione alla leggenda dell'incendio di Troia. Poco prima di partorire Paride, Ecuba aveva sognato di dare alla luce una torcia che avrebbe appiccato il fuoco alla città. Così una delle donne sarebbe Ecuba che vede se stessa sognare. Le due piccole figure all'ingresso della torre cilindrica – che corrispondono alla tradizionale iconografia di Enea con il padre Anchise sulle spalle – hanno invece indotto Calvesi (1970) a suggerire che la stampa fosse basata sul dipinto perduto di Giorgione visto da Michiel nel 1525 nella casa veneziana di Taddeo Contarini: "La tela grande a oglio de linferno cun Enea et Anchise fo de mano de Zorzo da Castelfranco" (Anonimo Morelliano 1888,

88). Lo studioso ha identificato la scena in primo piano con l'incubo di Didone che, mentre dormiva accanto alla sorella Anna, aveva avuto il terribile presentimento della partenza di Enea da Cartagine. Precedentemente Richter (1937, 159) aveva ipotizzato una connessione tra la stampa e una copia del dipinto di Giorgione citato da Michiel, documentata nel 1705 nella collezione Gambatto di Venezia: "Incendio, con diverse figure".
Altre interpretazioni, invece di prendere lo spunto dalle fiamme che divampano sullo sfondo, si sono concentrate sulle figure dormienti in primo piano. La composizione della stampa presenta analogie davvero sorprendenti con quella della *Notte* di Battista Dossi (Gemäldegalerie, Dresda), un dipinto dove una donna assopita è circondata dalle sue visioni oniriche e dove le acque di un fiume, in lontananza, riflettono i bagliori di uno spettacolare incendio (Ferrara 1998, 261-263). Il vecchio alle spalle della donna è il Sonno, dispensatore di sogni: un motivo che non figura nell'incisione. Ma la combinazione degli altri elementi fa ritenere assai probabile che Battista conoscesse l'incisione di Marcantonio, in quanto il tema del sonno e dei sogni è affrontato in modo molto simile in entrambe le opere (Paris 1993, 521). Per Gandolfo (1970), che accoglie l'identificazione del soggetto con l'incubo di Didone, vi sarebbe un rapporto con il concetto cinquecentesco secondo il quale i sogni – belli o brutti – rappresenterebbero una condizione dell'anima. Così il sovrapporsi di elementi irrazionali – la montagna che lampeggia, l'illogico miscuglio di elementi architettonici e le creature repellenti – indicherebbero uno stato primordiale.
Durante il Rinascimento i sogni venivano interpretati anche come un presagio del bene o del male che il destino teneva in serbo per l'uomo, ed è chiaro che i mostri ripugnanti di Marcantonio non potevano preannunciare nulla di buono. Sul dualismo delle visioni oniriche insistono anche le fonti classiche (Tervarent 1944): Luciano distingue nelle *Verae Historiae* (2: 33-35) tra sogni "lunghi, belli e piacevoli, e altri piccoli e informi", mentre nella *Tebaide* di Stazio (10: 112-113) si parla di "vaghi sogni con innumerevoli volti tutt'intorno, quelli veri mischiati con i falsi e i fiumi con le fiamme". Così le due ignude della stampa di Marcantonio, l'una vista di fronte e

l'altra da tergo, potrebbero rappresentare il dualismo verità-menzogna o fortuna-sfortuna. Con il loro deliberato contrasto – quasi due facce della medesima medaglia – esse alludono alla duplice natura delle visioni oniriche.
In questo caso il sogno predice sventura, incendi, fughe disperate e pestilenze: un incubo ancora vivo nella memoria dei veneziani, che nel gennaio 1505 avevano visto bruciare il Fondaco dei Tedeschi. Quella sciagura era considerata direttamente responsabile della diffusione del contagio nell'estate successiva, quando emersero dall'acqua insetti mostruosi. Fuggire per salvarsi era la regola in quelle circostanze e nel 1508 la peste era esplosa di nuovo, questa volta a Padova. E tutti credevano che le epidemie e la loro propagazione andassero ricondotte all'incendio di Troia (Guidoni 1996, 7, 21). Qui, nei lugubri bagliori della mitica catastrofe, due donne sognano orripilanti piccoli esseri affiorati dalle acque: infausto indizio della diffusione del morbo, se non addirittura presagio di morte.

BLB

115
Giulio Campagnola (ca. 1482-*post* 1515)
*L'astrologo*, 1509 (?)

incisione a bulino e a puntinato, secondo stato, 98 x 155 mm
scritte sul globo: 1509 e 3, 21, 40, 43, 50
Francoforte, Städelsches Kunstinstitut, B8

LETTERATURA: Hartlaub 1953; Wind 1963, 27-28, nota 31; Washington 1973, 393-395; Oberhuber 1979; London 1983, 312-313; Zucker 1984, 482-485; Chiari 1988; Amsterdam 1991, 12-13; D'Amicone 1992; Paris 1993, 523-524; Anderson 1996, 154-155; Guidoni 1996, 20; Holberton 1996, 399-400.

Giulio Campagnola occupa un posto fondamentale nell'evoluzione dell'arte veneziana dei primi due decenni del XVI secolo. Delle quindici incisioni attribuitegli l'*Astrologo* del 1509 è l'unica a recare una data ed è quindi diventata un parametro indispensabile per stabilire la cronologia del *corpus* grafico dell'artista: una questione tuttora irrisolta (Chiari 1988; Holberton 1996). In genere la critica concorda nel ritenere le sue prime opere ancora concepite nello spirito delle incisioni al tratto di Mantegna, mentre in seguito Giulio avrebbe cominciato a subire l'influsso di Dürer, limitandosi in un primo tempo a copiare motivi dell'artista tedesco, per poi passare a imitarne lo stile. Nel *Ratto di Ganimede* del 1500 circa, per esempio, la sponda lontana del fiume e l'edificio rustico sono citazioni dirette dalla *Madonna della scimmia* di Dürer, mentre nell'*Astrologo* Giulio adotta, per definire il paesaggio e il ceppo d'albero sulla destra, il tratteggio parallelo ondulato del collega d'oltralpe, pur ricorrendo anche al metodo della puntinatura per modellare le figure. La tecnica a punteggiato sembra essere stata una sua scoperta, che consentiva una resa grafica incredibilmente sottile dei passaggi chiaroscurali, particolarmente adatta a simulare gli effetti atmosferici delle pitture

Giorgione, *I tre filosofi*
Vienna, Kunsthistorisches Museum

di Giorgione.
Il carattere giorgionesco dell'*Astrologo*, ammesso ormai da lungo tempo, ha indotto persino ad ascriverne l'invenzione al pittore di Castelfranco. È più probabile che essa si debba a Giulio, benché certi particolari, come la macchia d'alberi alle spalle del protagonista e il brusco passaggio dal primo piano allo sfondo, rivelino strette analogie con i *Tre filosofi* di Giorgione (Kunsthistorisches Museum, Vienna). Come in quel dipinto, dominato a sinistra da un'oscura caverna e bagnato dal sole sul lato destro, anche l'incisione di Giulio è costruita tramite un'alternanza di zone di luce e d'ombra. Qui, tuttavia, esse assumono un andamento a fasce orizzontali di tipo puramente decorativo, che crea una fitta trama di effetti chiaroscurali ignorando le potenzialità spaziali dello scenario, che pure è in grado di fornirci – grazie al palazzo con il portico terreno, alle cupole torreggianti, ai ponti e alle barche – un'immagine del tutto credibile della laguna di Venezia. La striscia di terra scura, in primo piano, è controbilanciata dal profilo in ombra della città lontana: il breve intervallo tra le due zone è scandito da un lucente specchio d'acqua. Le dense ombreggiature del proscenio fanno risaltare la sagoma iridescente del drago appena emerso dalla laguna, che domina tutta la metà inferiore della composizione.
Insieme con i quattro mostriciattoli del *Sogno* di Marcantonio Raimondi (cat. 114), il drago dell'*Astrologo* è spesso citato come una prova inconfutabile dell'influsso esercitato sull'arte veneziana da Hieronymus Bosch. Senza dilungarci sull'argomento, vorremmo segnalare che nessuno di questi esseri ha molto a che vedere con l'iconografia fantastica di Bosch, e specialmente con la sua *Visione dell'aldilà* (cat. 111), che nel 1509 poteva forse trovarsi già a Venezia. Il drago di Giulio, in complesso abbastanza bonario e ben poco "boschiano", ricorda stranamente le teste animalesche delle illustrazioni dell'*Apocalisse* di Dürer, e in particolare quelle della *Meretrice di Babilonia* e della *Bestia con due corna simile a un agnello* (Strauss 1980, 168-169). Lo stesso drago, copiato senza dubbio direttamente dalla stampa di Giulio, ricomparirà in seguito in un dipinto giorgionesco con *San Teodoro* (Washington 1988b, 35).
Tempo fa, Wind (1960, 27-28, nota 31) aveva istituito un confronto tra il soggetto dell'Astrologo e quello

della celebre incisione di Dürer con *Il Cavaliere, la Morte e il Diavolo* (Strauss 1980, 85), datata 1513, proponendo di conseguenza di intitolare la stampa di Giulio "Il Saggio, la Morte e il Diavolo". Nell'invenzione di Dürer la morte ricorda al cavaliere la transitorietà dell'esistenza umana, simboleggiata nell'immagine di Giulio dalla presenza del teschio e delle ossa. Qui il diavolo è il drago e l'astrologo il saggio, così assorto nei suoi pensieri – secondo l'interpretazione di Wind – da non accorgersi dell'approssimarsi della morte. Ma l'astrologo non è sprofondato nella meditazione, bensì intento a misurare il futuro con precisi calcoli matematici, come dimostrano la serie di numeri, il sole e la luna, la bilancia e la data 1509 incisi su quel simbolo cosmologico che è la sfera. Consultando le tabelle che illustrano i movimenti dei pianeti in rapporto con il sole e le fasi lunari, è possibile stabilire che la data indicata dalla sfera corrisponde al 13 settembre 1509, quando era prevista una congiunzione tra il sole e la luna (D'Amicone 1992, 75-81), considerata un funesto presagio di gravi calamità. Si riteneva infatti che, prima di infettare i corpi, i demoni attendessero certe fasi lunari particolarmente favorevoli (Thorndike 1934, V, 161, 242). La città deserta e le acque immobili della laguna, oltre alla presenza del drago e del teschio, dimostrano chiaramente che quello dell'astrologo sarà un verdetto di disperazione e di morte. E il cupo pronostico dell'incisione è confermato dalle fonti a stampa, come il *Judicio sopra la dispositione de l'anno 1505* dell'astrologo bolognese Jacopo da Pietramellara, che preannunciava per il 1509 grandi guerre e spargimento di sangue in tutta Europa; le vittime sarebbero state numerose e "allora serà peste grande. Allora fame grandissima, mutitudie de male" (D'Amicone 1992, 82). Il 1509 fu effettivamente un anno disastroso per Venezia, che il 14 maggio, nella battaglia di Agnadello contro le truppe francesi della lega di Cambrai, perse praticamente tutto il suo entroterra. Ma a settembre l'esercito veneziano si era già ricostituito e alla fine del mese Massimiliano si era dovuto ritirare. Né ci risulta che si sia verificata alcuna catastrofe durante la congiunzione astrologica del 13 settembre. È difficile stabilire se quella data rievocava un evento ben preciso, anche se, in senso più generale, la stampa va forse letta come un grido di dolore per

le distruzioni causate dalle guerre del 1509 (Holberton 1996, 400).
Giulio Campagnola potrebbe invece avere insinuato nell'incisione un messaggio profetico in diretto rapporto – come il *Sogno* di Marcantonio Raimondi (cat. 114) – con la pestilenza scoppiata a Padova nel 1508, che si temeva potesse coinvolgere anche Venezia (Guidoni 1996, 20). Ma la paura risultò in un certo senso infondata: fino al 1575 la città lagunare non avrebbe conosciuto un altro attacco di peste davvero devastante. Ciò non toglie che vi si diffondessero di continuo – almeno quattordici volte tra il 1456 e il 1528 – epidemie più circoscritte di tifo petecchiale o di influenza, come quella che avrebbe condotto Giorgione alla tomba nel 1510 (Chambers & Pullan 1992, 113). Mentre l'astrologo predice l'imminente sciagura, un drago mostruoso esce dalle acque per spargere il contagio; accanto all'animale si scorgono le ossa delle vittime e il troncone di un albero morto. Ma da un dosso alle spalle dell'astrologo spunta vigorosa una macchia di vegetazione. Un decreto del 1464 del Senato veneziano stabiliva che il rimedio principale contro la peste era invocare la grazia e la misericordia del Signore (Venezia 1979, 365), e gli alberi posti così in alto e difficili da raggiungere sono la risposta a quelle preghiere: una nota di speranza, un augurio di rigenerazione e di rinascita. In entrambi i casi, comunque, è probabile che la data 1509 sia in rapporto con il significato della stampa e non necessariamente con la sua esecuzione.

BLB

116
Giovanni Girolamo Savoldo (attivo 1506-1548)
*Tribolazioni di Sant'Antonio*, ca. 1527

olio su tavola, 69,6 x 119,7 cm
San Diego, The Putnam Foundation, Timken Museum of Art

PROVENIENZA: Dr. William Dean, Inghilterra, vendita Sotheby's Londra, 27 aprile 1960, lotto 91; acquistato per il museo dalla Putnam Foundation, 1965.
LETTERATURA: Boschetto 1963, tavv. 13-18; Waltham 1963, 23-24; Jacobsen 1974; Gilbert 1986, 521; Brescia 1990, 30, 71; Lucco 1990, 91; Penny 1990, 32; Frangi 1992, 38-39; Timken 1996, 53-57.

Nel *Dialogo di pittura* del 1548, Paolo Pino lodava la valentia del suo maestro, Giovanni Savoldo, nel dipingere paesaggi con effetti luministici molto particolari. Le sue albe scintillanti e i notturni, dove persino nell'oscurità più profonda si discernevano migliaia di particolari, gli sembravano possedere più veridicità di quelli dipinti dai fiamminghi (Barocchi 1960-1962, I, 134). Ma ciò che Pino non diceva era che quei giochi di luce erano in gran parte il frutto di un attento studio della pittura neerlandese, il che risulta particolarmente evidente in queste *Tribolazioni di Sant'Antonio*, dove l'esplosivo spettacolo pirotecnico rivela chiaramente l'impronta dei cosiddetti "paesaggi con incendi" di Hieronymus Bosch e dei suoi imitatori. Inoltre, gli inaccessibili affioramenti rocciosi, il cui profilo sembra ritagliato sull'orizzonte fiammeggiante, sarebbero impensabili senza un prototipo come la *Distruzione di Sodoma e Gomorra* di Patinir (Museum Boymans-van Beuningen, Rotterdam). Anche Savoldo utilizza uno schema dialettico per suggerire la difficile scelta morale imposta a Sant'Antonio, che fugge dall'incubo infernale degli edifici in fiamme e della terra bruciata per emergere nella quiete assolata dei campi verdeggianti. Le mani giunte in preghiera sembrano indicare il monastero in lontananza, come per mostrare qual è il tipo di vita che può condurre all'eterna salvezza.
Ben più interessanti di queste generiche analogie sono le citazioni testuali che Savoldo fa di una fonte neerlandese ben precisa. Come ha indicato Jacobsen (1974), una parte dei demoni inviati a tormentare il santo è desunta direttamente dagli ibridi mostruosi del trittico del *Giudizio universale* (Grœningenmuseum, Bruges), di solito attribuito a un imitatore di Bosch (Janssens de Bisthoven 1981, 68-84).

La bestia da soma con le orecchie pendenti, che spunta dietro la caverna, riappare in controparte nella tavola centrale del trittico di Bruges, dove riscopriamo anche la grande ruota a pale con il volto da donna e il ventre da uccello, che sta inghiottendo un uomo a cominciare dalla testa. La creatura scimmiesca in piedi, che sta leggendo un libro alle spalle di Sant'Antonio, e il grottesco pennuto che divora un paio di gambe trovano precise corrispondenze nella scena dell'*Inferno* sullo scomparto laterale destro del trittico. Anche la gamma cromatica scelta da Savoldo per queste figure "rubate" ricorda da vicino quella del *Giudizio universale*.
Si è detto che il colorito sarebbe tipicamente veneziano (Waltham 1963; Timken 1996), ma il drappo rosa intenso della bestia da soma, le vesti dei suoi due passeggeri issati sulle sacche grigie da sella, la tunica rossa profilata di bianco della scimmia, e la frangia di penne bianche che fa da bordura alle ali nere dello strano pollo non sono in contrasto con le tinte del trittico di Bruges.
Altre coincidenze più generiche si possono rilevare tra la scena dell'*Inferno* e certi particolari della tavola di Savoldo, come l'improbabile torre circolare e la città che brucia in una cornice di fiamme giallastre. Tutta la tavolozza di Savoldo, non solo i precisi rimandi all'incendio o ad altri specifici motivi, è in realtà quintessenzialmente neerlandese nella triplice scansione della lontananza tramite fasce di colore che sfumano dal bruno al verde e all'azzurro. Quest'uso particolare del colore lascia supporre che Savoldo conoscesse il *Giudizio universale* di Bruges o una sua variante, e non semplicemente una fonte grafica come l'incisione di Jan Wellens de Cock con le *Tentazioni di Sant'Antonio* (cat. 113).
Quando e dove potesse avere visto un dipinto del genere resta un mistero, anche perché del trittico di Bruges conosciamo esclusivamente le vicende relative al XX secolo.
È possibile che motivi come questi figurassero in uno dei due dipinti attribuiti a Bosch della raccolta del cardinale Domenico Grimani, che ci risulta avessero come tema le Tentazioni di Sant'Antonio (Paschini 1926-1927, 182). Del destino di quelle due opere, comunque, non sappiamo nulla. Savoldo si era sposato con una vedova fiamminga, Maria di Tijlandrija, originaria con tutta probabilità di Tiel, una città a circa

venticinque chilometri da quella dove abitava e lavorava Bosch (Meijer 1990, 78).
È possibile, quindi, che si fosse recato con la moglie a visitarne il paese natale, ma di un viaggio del genere non esiste la pur minima prova, né ci risulta che Bosch sia mai venuto in Italia, dove qualcuno ha ipotizzato che potesse avere eseguito il dipinto perduto visto a suo tempo dal pittore bresciano (Slatkes 1975, 343-344). Benché più di un particolare del dipinto di San Diego sembri tradire una conoscenza di prima mano di un'opera perduta di Bosch, il modo in cui Savoldo incorpora questi elementi ricorda piuttosto la maniera di procedere degli imitatori del maestro neerlandese.
Come nelle *Tentazioni di Sant'Antonio* del Museo Correr (cat. 117), anche qui il paesaggio ostenta tutto un assortimento di demoni fantastici

che sembrano essere lì semplicemente per pavoneggiarsi, invece di contribuire a chiarire il senso del racconto. La netta distinzione, operata da Savoldo, tra il regno della notte e quello del giorno (quindi tra il bene e il male) caratterizza le immagini di Sant'Antonio prodotte ad Anversa nella prima metà del XVI secolo ben più di quelle eseguite dal maestro in persona.
Le pitture della scuola anversese – e in particolare quelle che mettono in scena incendi – sono di solito in rapporto con le congregazioni dei monaci antoniani, che prestavano soccorso a chi soffriva di ergotismo: una malattia nota al volgo anche come fuoco di Sant'Antonio (Bauer 1973). Savoldo ha adottato la struttura complessiva di quelle immagini, ma il suo Antonio, tutt'altro che inconsapevole, fugge disperatamente dai suoi aguzzini e dalla città in fiamme, vol-

gendo dolorosamente lo sguardo a ritroso verso l'orizzonte.

Il tema della fuga compare anche in altre opere italiane, dove il santo si sottrae scappando alla tentazione rappresentata da un gran mucchio d'oro (Wilson 1996, 130-145), e richiama alla mente la corsa precipitosa del monaco domenicano nella *Morte di San Pietro martire* di Giovanni Bellini (National Gallery, Londra) o nel dipinto dello stesso tema, leggermente più tardi, di Palma il Vecchio (San Martino, Alzano Lombardo).

Nella sua tavoletta Savoldo riesce a fondere insieme l'esasperata drammaticità dei suoi contemporanei veneziani e la lezione morale dei prototipi neerlandesi. Si è fatto notare che il santo di Savoldo non indossa il solito saio bruno degli eremiti, bensì la veste bianca e nera dei carmelitani (Lucco 1990, 91; Frangi 1992, 39). Questa particolarità, benché insoli-

ta, non costituisce un *unicum*, né preclude la possibilità – come qualcuno ha suggerito – di identificare con Antonio il protagonista del dipinto del Savoldo.

I carmelitani sostenevano che il loro ordine era stato fondato da Eliseo e pretendevano di discendere direttamente dalle principali figure dell'ascetismo orientale (Gilbert 1990, 162-163), che si sforzavano di far rientrare tutte nella loro tradizione religiosa e monastica, a partire proprio da Sant'Antonio abate.

Anche nel polittico dipinto da Francesco Squarcione, nel 1449-1452, per la cappella di Leone de Lazzara nella chiesa padovana dei Carmini (Padova 1974, cat. 80), Antonio indossa la tonaca dei carmelitani. Benché il particolare sembri essere sfuggito agli studiosi, se ne può forse dedurre che la scelta di Squarcione fosse in rapporto con la destinazione dell'opera, e si

può avanzare la medesima ipotesi anche per la tavola di Savoldo.

Conosciamo altri casi di immagini di San Giovanni Battista e di San Girolamo "adottate" dal monastero carmelitano di Brescia (Gilbert 1986, 407-418) e non è quindi escluso che fosse stata proprio quella congregazione a commissionare a Savoldo le *Tribolazioni di Sant'Antonio abate*.

BLB

**117**
Imitatore di Hieronymus Bosch
*Tentazione di Sant'Antonio*, ca. 1560

olio su tavola, 77 x 96,5 cm
Venezia, Musei Civici Veneziani -
Museo Correr, cl. I, 160

PROVENIENZA: Teodoro Correr, legato al museo nel 1830.
LETTERATURA: Castelli 1952, 85; Corwin 1976, 252-253; Unverfehrt 1980, 283; Brescia 1990, 264-266; Collobi Ragghianti 1990, 56-57; Venezia 1992, 118-121; Venezia 1993, 94-97 e 206-209.

Entrato nella collezione Correr con un'attribuzione al Civetta (Herri met de Bles), il dipinto ha ben poco a che vedere, sotto il profilo stilistico, con questo artista, noto soprattutto come pittore di paesaggi alla maniera di Joachim Patinir. Ma nel XVII secolo, perlomeno a Venezia, la sua produzione veniva confusa con quella di Bosch e si finiva per ascrivergli tutti i dipinti nordici considerati "fantastici" o "bizzarri". Come osserva Zanetti (1733, 109-110), persino il trittico di *Santa Liberata* di Palazzo Ducale, che è firmato da Bosch, era stato assegnato a Girolamo Bassi da Boschini (1664, 24), che aveva ascritto a Civetta altre quindici tavolette conservate a quel tempo a Palazzo Ducale e piene di bizzarri sogni, fantasie e nuove invenzioni. Di quei "Civetta" oggi se ne può identificare soltanto uno (Venezia 1992, 175). Molto più numerose delle vere e proprie copie da Bosch risultano essere i dipinti eseguiti alla sua maniera da artisti che, definiti genericamente "imitatori", mettevano insieme varie combinazioni di motivi desunti dalla produzione del maestro, creando così nuove versioni dei temi da lui prediletti. Rientrano in questa categoria anche alcune opere di Pieter Bruegel il Vecchio, ma in genere il talento di questi imitatori era piuttosto modesto. I nomi più noti sono quelli di Jan Mandijn e di Pieter Huys, ma non è stato possibile assegnare a nessuno dei due la tavola Correr, che viene quindi ragionevolmente collegata con tutta una serie di dipinti "problematici" dei loro seguaci (Unverfehrt 1980, 282). Bosch illustrò più volte il tema delle Tentazioni di Sant'Antonio, ma la versione del soggetto in assoluto più matura è quella da lui fornita nel trittico di Lisbona (Museu Nacional de Arte Antiga), dove l'esistenza di Antonio viene presentata come una lotta snervante contro le tentazioni più peccaminose e gli avversari più agguerriti. Ma, nelle mani degli imita-

tori, la natura profondamente religiosa di quest'iconografia finisce per svanire, riducendo la terrificante visione dell'inferno in terra a una sorta di Disneyland della tortura e della tentazione, dove si esibiscono demoni compiaciuti e cortigiane nude, molto più voluttuose di tutti i personaggi femminili immaginati da Bosch. Il dipinto del Museo Correr è appunto uno di questi *pastiches*, che raggruppa più o meno a caso figure desunte dalle fonti più varie. Ad Anversa queste opere venivano prodotte per l'esportazione quasi industrialmente e non è difficile imbattersi in esatti duplicati, come nel caso di un dipinto messo all'asta a Colonia nel 1952, che era la copia di quello ora in esame (Corwin 1976, 251-252).
La scena è basata su un episodio narrato da Alphonsus Bonihominis, che tratta dell'incontro di Antonio con una finta regina e delle conseguenze della falsa carità (Bergman 1979, 17-18). Secondo la leggenda, dopo sessantacinque anni passati nel deserto, Antonio avrebbe incontrato il demonio travestito da regina, che lo avrebbe trasportato in una splendida città, mostrandogli di saper guarire gli ammalati e risvegliare i morti per dono di Dio. Sentendosi chiedere di sposarla per condividerne la missione umanitaria, Antonio si sarebbe fatto il segno della croce, svelando così la vera natura della sovrana e del suo regno, trasformatosi in un inferno di fuoco, pieno di diavoli decisi a vendicarsi. Sullo sfondo del dipinto Correr si scorgono le fiamme e le spirali di fumo della città infernale, mentre in primo piano il santo, inginocchiato davanti a un crocifisso, è del tutto ignaro dell'attacco che stanno per sferrargli i demoni alati, le strane creature lillipuziane e i mostri giganteschi. Proprio al centro della scena, una ruffiana tiene per mano una bellissima ignuda – forse la stessa regina-diavolo – e tira il santo per la tonaca per fargliene notare le grazie, mentre una seconda seduttrice, immersa fino alle ginocchia nell'acqua limacciosa, gli porge un calice tutto d'oro. L'albero spoglio alle loro spalle, che ospita una serpe e altri strani inquilini, divide lo sfondo in due zone ben distinte: la prima dominata dalle rovine della città del demonio e la seconda da un paesaggio assolato con alte cime montuose. Da questa contrapposizione risulta chiaro che Antonio deve scegliere tra una vita virtuosa che lo condurrà in paradiso e un'esi-

stenza dedita al peccato che si concluderà nelle fiamme dell'inferno. La scena pullula di simboli di dissolutezza: le figure dello sfondo sono una specie di riepilogo visivo dei sette peccati capitali, con una speciale insistenza sulla ghiottoneria e sulla lussuria. Gli arti deformi di alcune delle figure, la città che brucia e il falò sulla destra alludono tutti all'*ignis sacer*, o fuoco di Sant'Antonio, l'intossicazione da segale cornuta (ergotismo) che provocava la cancrena e atroci bruciori. La coppa offerta ad Antonio contiene senza dubbio il *saint vinage*, una pozione preparata annualmente versando vino sulle reliquie del santo, che veniva data a chi soffriva di questo "male ardente". Poiché a porgerlo qui è una tentarice, il calice contiene forse un surrogato preparato dal demone-regina per dare false speranze ai miscredenti (Massing 1994b, 112). Quest'adattamento della leggenda, con la sua particolare enfasi sul fuoco di Sant'Antonio, era estremamente diffuso intorno alla metà del XVI secolo (Unverfehrt 1980, 151-186). Sotto il profilo della composizione, il dipinto del Museo Correr ricorda da vicino una versione dei Fine Arts Museums di San Francisco, che viene attribuita a un seguace di Jan Wellens de Cock con una datazione attorno al 1530 (Wright 1980, 99-100; Unverfehrt 1980, 270). È stato anche proposto che le due opere possano essere della stessa mano (Brescia 1990, 266), il che ci sembra improbabile, in quanto la buffa iconografia è in gran parte basata sulle invenzioni di Pieter Bruegel il Vecchio. L'enorme testa, completamente cava, di un cieco, è desunta dall'incisione del 1556 con la *Tentazione di Sant'Antonio*, mentre l'albero-casa, con l'asta della bandiera ondeggiante, è una variazione del motivo al centro della *Pazienza* pubblicata un anno dopo (Los Angeles 1961, 31-33). Entrambe le stampe sono popolate dalle strane forme umanoidi che gremiscono lo sfondo della tavola Correr, che è probabilmente un poco più tardo. Bosch e Bruegel sono entrambi elencati da Vasari tra i pittori fiamminghi specializzatisi in "fuochi, notti, splendori, diavoli e cose somiglianti" (Vasari 1568, VII, 468). I diavoli e i fuochi rientrano di norma nelle rappresentazioni delle tentazioni di Sant'Antonio, ed è quindi probabile che lo scrittore toscano associasse i nomi di quegli artisti con dipinti del tipo di quello del Museo Correr. Queste opere non esercita-

rono un influsso importante sulla pittura italiana, ma furono avidamente ricercate dai collezionisti. Nell'inventario del 1627 della raccolta dei Gonzaga a Mantova, per esempio, figurano due dipinti di Bruegel di questo soggetto (Luzio 1913, 127, 129). È ragionevole supporre che verso la fine del XVI secolo fosse entrato nelle collezioni italiane un numero considerevole di opere dipinte alla maniera di Bosch, ma mascherate sotto nomi come Civetta e Bruegel.

BLB

118
Joachim Patinir (ca. 1480-1524)
*Paesaggio con il martirio di Santa Caterina*, ca. 1515

olio su tavola, 27 x 44 cm
Vienna, Kunsthistorisches Museum, inv. 1002

PROVENIENZA: cardinale Domenico Grimani, Venezia, verso il 1521 (?); arciduca Leopoldo Guglielmo, Bruxelles, 1659 (attr. al Civetta).
LETTERATURA: Friedländer 1973, 124; Koch 1968, 19, 25, 72; Cuttler & Dunbar 1969, 431; Flämische Malerei 1981, 265-266; Falkenburg 1988b, 54-55; Flämische Malerei 1989, 34-35; Gibson 1989, 6-7.

Dagli elenchi di Marcantonio Michiel risulta che nella raccolta del cardinale Domenico Grimani, a Venezia, vi erano nel 1521 tre dipinti di Joachim Patinir. Il primo era un San Girolamo, il secondo raffigurava la torre di Babele e il terzo era descritto come "la tela grande della S. Caterina sopra la rota nel paese fu de mano del detto Joachin" (Anonimo Morelliano 1888, 102). L'opera potrebbe corrispondere a quella di Vienna presentata in questa scheda, oppure alla sua replica della collezione belga Simon (Cuttler & Dunbar 1969, 431; Friedländer 1973, 124), anche se – come avviene spesso con le descrizioni di Michiel – la coincidenza è tutt'altro che perfetta. I due dipinti appena ricordati, infatti, non sono né grandi né su tela, e inoltre la santa non sta affatto "sopra" la ruota, ma le è inginocchiata davanti. Si è comunque tentati di identificare il dipinto Grimani con questa *Santa Caterina* viennese per via dell'ampia veduta portuale sullo sfondo, che è chiaramente riecheggiata dal panorama a volo d'uccello nella fascia inferiore della pala dei Carmini di Lorenzo Lotto (cat. 127) del 1527-1529. Nel suo grande dipinto Lotto ha inserito sulla destra, in primissimo piano, un analogo pendio montuoso che digrada diagonalmente verso il centro, animando – come Patinir – il proprio paesaggio con figurine minuziosamente individualizzate e adottando il metodo tipicamente neerlandese di scandire la progressione spaziale con fasce di colore che virano gradualmente dal bruno al verde-azzurro e a un gelido celeste quasi bianco. Come per i dipinti di Bosch della collezione Grimani (cat. 111), tuttavia, nulla sappiamo di preciso delle vicende della *Santa Caterina* di Patinir successive alla morte del cardinale nel 1523. E quindi il fatto che Lotto conoscesse effettivamente il dipinto rimane confinato nel campo delle mere congetture.

Gli elementi narrativi dell'opera si basano sulla vita della santa come è narrata nella *Leggenda aurea* (Voragine 1993, II, 334-341). Un particolare risalto è dato alla scena in alto a destra, dove vediamo la santa in ginocchio dinnanzi all'orrendo strumento di tortura irto di denti a sega e di chiodi acuminati. L'imperatore aveva sperato di terrorizzare la plebe cristiana con la visione del corpo dilaniato della casta principessa, ma Caterina pregò perché la macchina andasse distrutta nel nome del Signore e per il bene spirituale degli astanti, ed ecco che un angelo colpì la ruota facendola a pezzi. Seguendo la tradizione iconografica a lui nota tramite l'incisione di Dürer del 1498 (Strauss 1980, 215), Patinir ha dipinto una martire serena al centro di un gruppo di armigeri presi dal panico. Che conoscesse la xilografia risulta chiaramente dal fatto che ha copiato persino i calzoni a righe del soldato in primo piano.

Anche se la *Leggenda aurea* non parla di fuochi, uno degli effetti più straordinari della tavola di Patinir è l'intenso bagliore fiammeggiante che emana dalla ruota, mettendo in fuga verso il porto, lungo i fianchi rocciosi dell'altura, gli armigeri, i mercanti orientali e gli innocenti spettatori. Il drappello di cavalli, cammelli e soldati in evidenza al centro del dipinto non appartiene – come potrebbe sembrare a una prima occhiata – a un diverso brano del racconto, ma costituisce il primo contingente dell'orda di fuggitivi, le cui teste sbucano in parte dietro le cime degli alberi. Anche il contadino sullo sfondo ha fermato l'aratro per fissare con terrore l'improvvisa conflagrazione. Il motivo del fuoco come strumento di martirio è ribadito nell'episodio che si svolge sulla spiaggia, dove una folla di curiosi si è assiepata attorno a un rogo per assistere all'autodafé dei cinquanta filosofi convertiti al cristianesimo da Caterina. Anche se nella leggenda quest'evento è narrato a parte e precede il supplizio della santa, Patinir lo ha interpolato nel paesaggio facendolo diventare parte integrante della visione complessiva. Tutta la grande veduta panoramica è intessuta di azioni indipendenti e cristallizzate, che si sovrappongono l'una all'altra; qui non esiste un *Andachtsbild*, ma solo una serie di piccole scene disseminate in un più ampio contesto: un fenomeno visto da Ringbom (1984) come il passaggio dall'icona al racconto.

Agli occhi dei collezionisti e dei pittori veneti del primo Cinquecento i dipinti del tipo di questa *Santa Caterina* di Patinir evocavano l'esotico mondo "oltramontano". Secondo Paolo Pino, gli artisti nordici dipingevano scenari selvaggi, perché quello era l'aspetto dei loro paesi (Barocchi 1960-1962, I, 133), e in effetti le fantastiche formazioni rocciose del dipinto di Patinir corrispondono, perlomeno in parte, a quelle che costellano la valle della Mosa, dove il pittore era nato. Ma egli ne ha esagerato le frastagliature e l'altezza per ottenere effetti più impressionanti e drammatici, che hanno ben poco a che vedere con la realtà o con le vicende di Santa Caterina. L'orizzonte rialzato e la prospettiva a volo d'uccello dilatano la scena consentendoci di percorrere con lo sguardo un immenso spaccato della terra. Il porto sembra ripreso con un obiettivo grandangolare, ma all'interno di questo grande *Weltandschaft* ogni singolo edificio, ogni roccia, pianta o figura è fissata con la stessa precisione. Patinir ha trasformato Alessandria in un'animata città portuale neerlandese, dove si costruiscono e si riparano le navi, i mercanti scaricano le merci sulle banchine e grandi velieri a tre alberi prendono il largo. Ma il maestoso "tempio di Salomone" a pianta circolare sta a indicare che non ci troviamo né nei Paesi Bassi né in Egitto, bensì nella Gerusalemme terrena, simbolo della città di Dio e promessa di eterna sal-

vezza. Così il messaggio trasmessoci dal dipinto è che il cristiano disposto a sperimentare il fuoco della fede verrà premiato nell'altra vita.

Su questo aspetto del dipinto di Patinir va fatta un'ultima considerazione. Sappiamo che le pitture neerlandesi che contenevano immagini di incendi erano molto ricercate dai collezionisti italiani della prima metà del XVI secolo. Dei centoventi dipinti nordici acquistati nel 1535 dal duca Federico II Gonzaga ben venti erano descritti come "paesaggi con incendi", così veristici che chi si avvicinava troppo aveva l'impressione di scottarsi le mani (Luzio 1913, 30). Gli artisti neerlandesi riuscivano ad armonizzare insieme tanto bene la natura reale e quella simbolica del

fuoco, da indurre i loro colleghi tedeschi e italiani a cercare di emularli. È interessante osservare come in Germania il tentativo rimanesse circoscritto al tema di Lot e le figlie (Corwin 1976, 71), un soggetto che ebbe una certa risonanza anche nell'Italia settentrionale (si vedano ad esempio i dipinti di Cariani e Bonifazio de' Pitati, catt. 119 e 120). A Venezia, invece, Giorgione e i suoi seguaci cercarono di catturare i fremiti pirotecnici di queste conflagrazioni nordiche per inserirli in una grande varietà di scene vetero-testamentarie, storiche e mitologiche.

BLB

## 119
Giovanni Busi, detto Cariani (ca. 1485-1547)
*Lot e le figlie*, ca. 1540

olio su tavola, 41 x 33 cm
Comune di Milano, Civiche Raccolte d'Arte, Castello Sforzesco, inv. 27

PROVENIENZA: lascito di Felice Boschetti, 1866.
LETTERATURA: Gallini 1954, 66, 113; Pallucchini & Rossi 1983, 84, 126-127; Fiorio & Garberi 1987, 56; Castello Sforzesco 1997, 280-283.

Su entrambi i versanti delle Alpi, a partire dal 1520 circa, si cominciarono a dipingere sempre più spesso storie di eroine dell'Antico Testamento. Le vicende di Giuditta, Susanna, Lot e le figlie di Giuda e Tamar, che fino a quel momento avevano ricevuto scarsa attenzione come soggetti indipendenti, divennero un pretesto per produrre dipinti esplicitamente licenziosi sotto il paravento di un loro presunto messaggio morale, teso a mettere in guardia il riguardante dalle insidie della lussuria e del contagio venereo (Strumwasser 1979, 104-134; Smith 1995). Prima di allora, il tema di Lot e le figlie (*Genesi* 19, 1-38) era stato affrontato solo di rado proprio per via del suo carattere apertamente erotico, come risulta dalle annotazioni a margine di varie Bibbie quattrocentesche dei Paesi Bassi, dove era proibita la lettura di questa storia archetipale di lussuria, ubriachezza e perversione (Hindman 1977, 102).
Il Signore aveva inviato due angeli a punire Sodoma e Gomorra, e un ricco pastore di nome Lot, che era l'unico abitante virtuoso delle due città gemelle, li accolse in casa credendoli viaggiatori. Ma i sodomiti, intenzionati a usare loro violenza, gli chiesero di consegnare gli ospiti e Lot offerse in cambio le due figlie vergini. Dopo avere accecato i loro assalitori, gli angeli ordinarono a Lot di lasciare Sodoma senza guardarsi indietro, e l'uomo fuggì sulle montagne con la famiglia, mentre il Signore faceva piovere dal cielo zolfo e fuoco sulle due viziose città, distruggendole insieme con tutti gli abitanti. Ma la moglie di Lot si volse a guardare e venne trasformata in una statua di sale. Credendolo l'unico uomo rimasto al mondo, le figlie fecero bere del vino al vecchio padre per indurlo a congiungersi carnalmente con loro, in modo da perpetuare la razza umana. Dall'unione incestuosa presero origine le stirpi dei Moabiti e degli Ammoniti, tradizionali nemici del popolo di Israele.
Dal momento del suo ingresso al museo come opera di Lorenzo Lot-

to, la tavoletta è stata oggetto di un intenso dibattito attributivo. In genere, oggi, la critica concorda nell'assegnarla a Giovanni Cariani, situandola nell'ultima fase della carriera di questo artista attivo tra Venezia e Bergamo (Castello Sforzesco 1997, 280). Il soggetto del dipinto, invece, non è mai stato posto in discussione, dato che vi figurano tutti gli elementi principali della storia di Lot: l'incendio di Sodoma e Gomorra, la donna trasformata in statua di sale e le figlie che inebriano il padre con il vino. Il fatto che queste ultime siano tre e non due potrebbe essere dovuto a una svista del pittore, che forse non aveva mai letto il brano biblico, a meno che non stesse semplicemente rielaborando un precedente visivo, per dilatare la sequenza delle figure sull'intera superficie del dipinto. È persino possibile che il cliente avesse richiesto espressamente l'aggiunta di una terza figura, perché aveva tre figlie: la scena poteva avere infatti una valenza positiva, in quanto le donne del racconto biblico avevano dato vita a una lunga progenie, ma di solito erano viste come seduttrici capaci di indurre gli uomini al peccato (Mellinkoff 1998, 831). Sembra quindi improbabile che un padre potesse correre il rischio di compromettere l'onore delle figlie commissionando un'opera del genere, il che ci induce a dare maggiore credito all'ipotesi che Cariani avesse introdotto una terza "figlia" per pure esigenze compositive. Benché la maggior parte dei dipinti di questo tema degli inizi del XVI secolo sia in realtà neerlandese o tedesca, la fonte diretta di Cariani va forse individuata nella tarsia ideata da Lorenzo Lotto per il coro di Santa Maria Maggiore a Bergamo tra il 1526 e il 1531 (Cortesi Bosco 1987, 267, 440-441). In entrambe le opere le figure principali siedono al riparo di una macchia alberata, con il cesto delle provviste sul lato sinistro. Nella tarsia una delle figlie porge la coppa, mentre l'altra sta già adescando il padre con tenere effusioni. In questa scena di seduzione la terza giovane introdotta da Cariani aiuta semplicemente a passare il vino.
La composizione di Lotto riflette la conoscenza di prototipi nordici come la xilografia di Hans Schäufelein intitolata *Il Cicerone tedesco* (Falk 1980, 259), la *Distruzione di Sodoma e Gomorra* di Joachim Patinir oppure un dipinto anonimo dei Paesi Bassi meridionali già attribuito a Luca di Leida (entrambi al Museum Boy-

mans Van Beuningen di Rotterdam; cfr. Van Eyck to Bruegel 1994, 220-225, 244-247). È senza dubbio tramite Lotto che Cariani era venuto a contatto con gli elementi fondamentali delle raffigurazioni nordiche del tema di Lot e le figlie. Il suo suggestivo paesaggio è stato spesso definito "neo-giorgionesco", mentre la conflagrazione sullo sfondo è stata messa a confronto con l'*Orfeo ed Euridice* giovanile di Tiziano (Accademia Carrara, Bergamo). Ma la sfavillante tavolozza di Cariani, che sembra pulsare per l'intenso calore emanato dagli edifici in fiamme, tradisce anche una conoscenza di prima mano della pittura fiamminga. Non è affatto escluso che l'artista avesse avuto modo di ammirare i dipinti visti nel 1521 da Marcantonio Michiel nella raccolta del cardinale Domenico Grimani (Anonimo Morelliano 1888, 102), almeno due dei quali si contraddistinguevano appunto per gli stupefacenti effetti pirotecnici: la *Visione dell'aldilà* di Hieronymus Bosch (cat. 111) e il *Martirio di Santa Caterina* di Patinir (cat. 118).

BLB

120
Bonifazio de' Pitati (1487-1553)
*Lot e le figlie*, ca. 1545

olio su tela, 125,5 x 165,5 cm
Norfolk, The Chrysler Museum of
Art, dono di Walter P. Chrysler Jr.,
inv. 71.622

Provenienza: Sir Coutts Lindsey,
Londra; Arthur Ruch, Albemarle
Agency, Ltd., Londra; Giuseppe
Bellesi, Firenze; Julius Witzner, New
York, 1954; Walter P. Chrysler Jr.,
New York; donato al museo nel
1971.
Letteratura: Suida 1954, 159-160;
Norfolk 1968, 12; London 1983,
152-153; Simonetti 1986, 116-117;
Harrison 1991, 12; Mellinkoff 1998,
841-842.

Come il dipinto di Cariani dello stesso soggetto (cat. 119), ma leggermente precedente, anche questo *Lot
e le figlie* di Bonifazio de' Pitati fonde insieme un tipo di iconografia derivante dalla tradizione nordica con
una sensibilità atmosferica che defi-
niremo "neo-giorgionesca". All'o-
rizzonte si vedono bruciare Sodoma
e Gomorra, le due città del vizio col-
pite dall'ira del Signore, mentre a
metà campo Lot sfugge al cataclisma
insieme con le due figlie, lasciandosi
alle spalle la moglie già irrigidita in
una colonna di sale, per avere trasgredito all'ordine divino di non gi-
rarsi a guardare. Questa parte del dipinto rivela sorprendenti analogie
con la scena sul retro della *Madonna
con il Bambino* di Albrecht Dürer
(National Gallery of Art, Washington; Hand 1993, 51-60), dove l'episodio biblico prefigura la redenzione dell'umanità realizzatasi con la
venuta di Cristo.
Ma Bonifazio mette anche in risalto
le implicazioni morali del brano vetero-testamentario collocando in
bell'evidenza, in primo piano, la scena della seduzione di Lot ad opera di
una delle figlie, che sta provocando
il padre porgendogli una coppa di
vino. L'esplicito erotismo del dipinto sembra rifarsi a fonti grafiche nordiche, come ad esempio l'incisione
di Luca di Leida del 1530, dove le figure di Lot, qui praticamente nudo,
e della figlia assumono atteggiamenti molto simili (Marrow, Strauss, Jacobowitz & Stepanek 1981, 147).
Come ha osservato Steinberg (1968,
243), il motivo della gamba sovrapposta a quelle dell'uomo era invariabilmente un simbolo di aggressione
sessuale, che nel caso di Lot e le figlie diventava un'esplicita manife-
stazione di lussuria. Come nella
stampa appena ricordata, di solito la
seconda figlia veniva raffigurata nel-

l'atto di versare il vino, ma nel dipinto, davanti a due putti intenti a tra-
stullarsi con una maschera, la donna
siede tranquillamente in disparte a
rimirarsi in uno specchio, come per
evitare di essere coinvolta nella scena di ubriachezza e di seduzione.
Queste innovazioni introdotte da
Bonifazio sono state spiegate in vari
modi. Le due figlie sono state viste
come allegorie dell'eterno conflitto

tra la sincerità e l'inganno (Simonetti 1986, 117; Harrison 1991, 12): lo
specchio è infatti un attributo della
Prudenza e della Saggezza – inter-
pretabili in senso lato come le componenti della conoscenza intellettuale –, mentre l'ingannatrice offre
sfrontatamente il proprio corpo e il
vino. La contrapposizione è reiterata
dai due putti, uno dei quali indossa
la maschera, chiara allusione alla di-

cotomia tra verità e menzogna. Così
la prima delle due sorelle dovrebbe
impersonificare la *virtus* e la seconda
la *voluptas*. Più di recente, tuttavia,
la Mellinkoff (1998, 842) ha sostenuto che lo specchio non sarebbe affatto un simbolo di prudenza, bensì di
vanità e lussuria. La studiosa ha fatto notare come le vesti della seconda
figlia ne mettano in risalto la sedu-
cente spalla nuda, sostenendo che

E non è nemmeno escluso che quella maschera intenda parodiare la follia delle sue azioni.

La raffigurazione delle due città che bruciano sullo sfondo è probabilmente ispirata alla tradizione dei cosiddetti "paesaggi con incendi" diffusasi tramite le opere di Bosch e dei suoi seguaci. Verso la metà del XVI secolo queste opere erano ben note anche nel Veneto e nella vicina Mantova, dove sembra che nel 1535 il duca Federico II Gonzaga avesse acquistato non meno di venti dipinti neerlandesi di questo soggetto (Luzio 1913, 30). Nel quadro di Bonifazio le fiamme che si sprigionano dalle finestre e dai tetti semidistrutti ricordano straordinariamente da vicino certi prototipi nordici (Corwin 1976), ma non va dimenticato che l'artista potrebbe essere stato influenzato da qualche incendio al quale aveva assistito di persona. Il pittore Cristoforo Sorte aveva descritto una conflagrazione verificatasi nel 1541 a Verona, la città di Bonifazio (Barocchi 1960-1962, I, 290-292), spiegando di avere visto da lontano il bagliore rossastro delle fiamme, il riflesso della scena sulle acque dell'Adige e l'effetto della luce lunare sulle spirali di fumo che si mescolavano con le nubi. Sorte ci informa anche che il fatto di essere pittore gli aveva consentito di fissare tutto questo sulla tela. La descrizione delle acque che si tingono di rosso e del cielo notturno denso di fumo e nuvole coincide stranamente con l'immagine creata da Bonifazio sullo sfondo di questo *Lot e le figlie*, tanto da farci ipotizzare che l'artista potesse avere assistito a sua volta all'incendio veronese del 1541, cercando di riprodurne gli insoliti effetti cromatici.

BLB

anche i due putti alludano all'amore carnale "in particolare quello con la maschera, che potrebbe essere la personificazione di Jocus: una delle varie forme della follia". Quest'ultima spiegazione riconduce più correttamente il significato dell'episodio all'interpretazione tradizionale, secondo la quale entrambe le sorelle sarebbero altrettanto colpevoli di avere inebriato e sedotto il padre.

Un'analoga chiave di lettura è stata adottata anche per il dipinto contemporaneo di Agnolo Bronzino che raffigura *Venere, Cupido e la Gelosia* (Szépmüvészeti Múzeum, Budapest), dove le maschere dovrebbero alludere ai vizi connessi con le "passioni d'amore", mentre il putto che le spinge via col piede sta a dimostrare che il potere del Vizio e dell'Inganno – generati dall'Amore –

può essere sopraffatto (Hope 1982, 242-243; Healy 1997, 9). La maschera dipinta da Bonifazio ha i lineamenti di un vecchio rugoso, segno che il putto attribuisce i vizi della lussuria e del sottefugio specificatamente a Lot, che ha ceduto troppo facilmente alle profferte delle figlie e quindi non è un giusto vittima del fato, ma un vecchio lascivo pienamente responsabile dell'atto incestuoso.

121
Giovanni Bellini (ca. 1431/36-1516)
*San Girolamo leggente*, ca. 1490

olio su tavola, 48,9 x 39,4 cm
scritta in basso a sinistra "...S. MCCCCCV" (?)
Washington, National Gallery of Art, Samuel H. Kress Collection, inv. 1939.I.217

PROVENIENZA: Frederick John, Lord Monson, Surrey, vendita Christie's Londra, 12 maggio 1988, lotto 12, acquistato da Murray; Charles Butler, Londra; Robert H. e Evelyn Benson, Londra, venduto nel 1917 a Duveen, New York; Clarence H. Mackay, Roslyn, New York; collezione Samuel H. Kress, 1936; donato al museo nel 1939.
LETTERATURA: Robertson 1968, 77-78, 115; Shapley 1979, I, 35-36; Roma 1983, 86-93; Gentili 1985, 162-166; Wiebel 1988, 102-104; Tempestini 1992, 256-257; Echols 1994; Tempestini 1997, 226-227.

La piccola immagine devozionale ci presenta San Girolamo come un dotto studioso, che sfugge le tentazioni del mondo per seguire con impegno eroico il duro cammino della virtù cristiana. Vissuto nel IV secolo, traduttore della Bibbia in latino e ritenuto uno dei fondatori del monachesimo occidentale, il santo viene tradizionalmente raffigurato nello studio (come nel dipinto di Antonello da Messina, cat. 16), oppure inginocchiato in preghiera nel deserto (si veda il Cima da Conegliano, cat. 39). Qui Bellini ha combinato il motivo dell'erudizione con quello della penitenza, doti esemplari – secondo papa Pio II – per chi sia intenzionato a vivere santamente innalzandosi fino alle vette del sapere e dell'eloquenza (Piccolomini 1969, 56). In precedenza i due motivi erano già stati fusi insieme da altri artisti – per esempio da Jacopo Bellini in un delicato disegno a punta d'argento dell'album del Louvre (c. 19v; Wiebel 1988, 99; Eisler 1989, 423) –, ma il soggetto si era largamente diffuso proprio grazie alle opere di Giovanni Bellini, alle quali doveva senza dubbio essersi ispirato Lorenzo Lotto per il *San Girolamo nella selva* del 1506 (cat. 41) e per la variante un poco più tarda di Castel Sant'Angelo (Roma 1983; Washington 1997, 94-96).
Una delle più antiche versioni di questo tema dipinte da Giovanni Bellini è il dipinto di dimensioni relativamente grandi, della seconda metà degli anni ottanta, già Contini Bonacossi (Galleria degli Uffizi, Firenze; Tempestini 1992, 140-143),

che riflette con tutta probabilità la pala perduta di Santa Maria dei Miracoli a Venezia, ricordata da Francesco Sansovino (1581, 179). Nel dipinto fiorentino il santo sta leggendo sul proscenio con accanto il fedele leone, sotto una sporgenza rocciosa che gli fa da riparo naturale. Le figure sono circondate dai richiami alla penosa esistenza nel deserto: piante spinose, rami secchi, sassi taglienti e un'allarmante lucertola. In contrasto con quest'ambiente inospitale, lo sfondo è tutto un dolce susseguirsi di colline inondate dal sole, con un invitante sentiero che conduce a una città fortificata, per poi inoltrarsi serpeggiando fino alle cime montuose nella lontananza. Le due zone antitetiche del paesaggio corrispondono ai percorsi alternativi che l'uomo può decidere di seguire nella vita. Girolamo ha scelto di sfuggire alle lusinghe mondane – evidenziate anche dal contrasto tra il deserto e l'insediamento urbano – per dedicarsi alle pratiche ascetiche e allo studio: il premio che lo attende è la città celeste che Dio ha approntato per i fedeli sul monte Sion (simboleggiata dal monastero sulla vetta della montagna più lontana). Il messaggio è rafforzato dalla presenza delle piante e degli animali in primo piano: la lucertola è chiaramente indizio della selvatichezza dei luoghi, ma è anche un simbolo di rinascita (Gentili 1985, 162), mentre lo scoiattolo ci mette in guardia contro il peccato d'orgoglio intellettuale (Roma 1983, 91). Come in un altro capolavoro pressoché contemporaneo di Bellini, il *San Francesco che riceve le stimmate* (Frick Collection, New York; Tempestini 1992, 120-124), anche qui a fornirci il significato del dipinto è il microcosmo della flora e della fauna. Questo magico realismo denota chiaramente il tentativo dell'artista di misurarsi con lo stile della pittura neerlandese del XV secolo, della quale subiva prepotentemente il fascino.
Quest'estetica di gusto nordico, con la sua minuziosa insistenza sui particolari realistici, era destinata a caratterizzare tutte le successive varianti belliniane del tema di San Girolamo che, nel deserto, è intento alla lettura, ivi compresa la tavoletta della National Gallery di Londra, situabile intorno al 1490 (Tempestini 1992, 140-143). Anche il dipinto di Washington ripete molti dei motivi della versione fiorentina, ma la figura del santo è ora in controparte, mentre il paesaggio, visto attraverso

un'apertura ad arco nella roccia, è stato modificato introducendo sullo sfondo, oltre il poggio erboso, un pittoresco gruppo di rovine classiche e una veduta lagunare. A metà campo sono stati inseriti una coppia di conigli e un uccello da preda appollaiato sul ramo secco sopra la testa del santo: immagini emblematiche – come lo scoiattolo – dei peccati che Girolamo deve vincere. Il falco è infatti simbolo di orgoglio smisurato e i conigli di smodata lascivia (Gentili 1985, 164). Lo stesso Girolamo, in una lettera a Eustachio, raccontava che persino nella solitudine del deserto, sotto un sole cocente, era stato tormentato dal ricordo dei piaceri provati a Roma in gioventù (Jerome 1980, 67). Bellini ha dipinto un sereno vegliardo che ha ormai trionfato sulle tentazioni peccaminose del soggiorno romano, collocando sullo sfondo un monastero costruito sulle ultime vestigia dell'antichità classica.
La scena è ambientata in uno di quei paesaggi moralizzati che sarebbero divenuti, agli inizi del XVI secolo, una specialità di certi artisti neerlandesi come Joachim Patinir, che nel suo *San Girolamo* (cat. 123) introduce a sua volta una netta divisione tra il ripido percorso che conduce all'eterna salvezza e la pianura malsana che ospita chi vive nel peccato. Ed è possibile che a inaugurare la tradizione siano state proprio opere italiane come questo *San Girolamo leggente* di Bellini.
Il dipinto di Washington è datato 1505, ma la scritta – molto consunta – potrebbe non essere autografa (Shapley 1979, I, 35). Il modellato della figura del santo è effettivamente meno secco e rigido di quello delle opere belliniane situabili nel nono decennio del Quattrocento, ma il dettagliatissimo paesaggio e la ripresa di motivi della versione fiorentina rendono improbabile che il dipinto sia stato eseguito a così grande distanza di tempo. È forse possibile che alcune parti del paesaggio siano state rielaborate da un aiuto intorno al 1505 (Robertson 1968, 115). Complessivamente, tuttavia, l'impianto strettamente orizzontale e la miniaturizzazione dei particolari sembrano piuttosto suggerire una datazione ai primi anni novanta.

BLB

122

Bartolomeo Montagna (ca. 1450-1523)
*San Girolamo nel deserto*, ca. 1500-1502

olio su tavola, 51 x 58 cm
Milano, Pinacoteca di Brera, inv. 2188

PROVENIENZA: Giovanni Tomasi, Verona; Giovanni Albarelli, Verona; conte Bertolazzone d'Arache, Torino; Giovanni Morelli, Milano; Gustavo Frizzoni, Milano, donato al museo nel 1925.
LETTERATURA: Puppi 1962, 59, 109-110; Roma 1983, 100-102; Gentili 1985, 166-170; Russo 1987, 230-233; Brera 1990, 324-326, Humfrey 1990, 67-69.

Alla fine del Quattrocento le immagini di San Girolamo nella solitudine erano diventate estremamente comuni su entrambi i versanti delle Alpi. Di solito il santo era rappresentato in meditazione davanti al crocifisso con addosso un semplice saio, oppure con il petto scoperto nell'atto di percuotersi con la pietra della mortificazione. Nel dipinto di Bartolomeo Montagna, invece, Girolamo troneggia su una desolata formazione rocciosa e indossa l'abito dei Girolamini, l'ordine monastico fondato a Fiesole nella seconda metà del XIII secolo (Russo 1987, 231). È scalzo e tiene in mano un libro chiuso e la corona del rosario; ai suoi piedi giacciono il cappello cardinalizio e l'immancabile leone. Malgrado i libri che lo circondano e il crocifisso addossato alla parete rocciosa alle sue spalle, non legge né fa penitenza, ma fissa lo sguardo nel vuoto, assorto in profonda meditazione. Sul lato opposto due monaci si inerpicano sulla ripida scalinata che conduce a un complesso conventuale, costruito su un altopiano che si affaccia su una stupenda veduta a volo d'uccello della valle sottostante. Il paesaggio è disseminato di rovine classiche, fattorie ed edifici fortificati, mentre sullo sfondo – dietro una città lontana – si intravede il mare.
Il dipinto è una perfetta esaltazione dell'ideale monastico: grazie al cristianesimo, al mondo pagano si è sostituita una vita attiva di tutt'altro genere. Come spiegava Girolamo nella lettera a Elidoro, nel nuovo mondo cristiano non può esservi vocazione più alta di quella di condurre un'esistenza contemplativa: con le pietre della solitudine è possibile costruire la città dei re promessa dall'Apocalisse (Roma 1983, 100-101). Il monastero, per San Girolamo, è la città di Dio, e infatti nel dipinto il convento e il piedistallo roccioso dove siede il santo sono situati effetti-

vamente molto più in alto del territorio abitato. Il ramo di pungitopo, che spunta da un crepaccio sopra la testa del santo, indica che egli sta meditando sulla Passione (Levi d'Ancona 1977, 173), e anche il cardo potrebbe alludere alle sofferenze di Cristo (Gentili 1985, 168). Ma queste piante spinose e gli altri rovi potrebbero non avere un significato simbolico preciso come quello del pungitopo: Russo (1987, 231-233) ha ipotizzato che alludano più genericamente all'austerità del santo e alla purità di spirito che precede immediatamente la morte e l'ascesa al cielo.
Secondo l'umanista Guarino da Verona, Pisanello aveva dipinto per lui un San Girolamo in contemplazione dell'Eterno e del regno dei cieli (Ridderbos 1984, 30-31). Il dipinto non ci è pervenuto, ma si ritiene che ne rifletta la composizione il *San Girolamo nel deserto* di Bono da Ferrara (National Gallery, Londra), un'opera che rivela strette analogie iconografiche con il Montagna di Brera e con un altro San Girolamo in abito da Geronimita eseguito dal medesimo artista una quindicina d'anni dopo (Accademia Carrara, Bergamo; Roma 1983, 103). Le vesti indossate dal santo nella tavola di Brera hanno indotto a pensare che fosse stata dipinta per una comunità di Girolamini (Humfrey 1990, 67), come ad esempio il monastero vicentino di Santa Maria delle Grazie, fondato nel 1495 da un gruppo di frati provenienti da Fiesole. Un candidato più probabile, vista la provenienza veronese del dipinto, è il convento di Santa Maria delle Grazie a Verona, detto anche di Santa Maria della Vittoria Nuova. Comunque, le esplicite allusioni alla vita contemplativa che caratterizzano tutte queste opere lasciano intendere che si trattava di quadri devozionali tesi a evocare la spiritualità geronimita nelle pratiche penitenziali, che comprendevano il richiamo a "tutte le cose che Gesù ha fatto per noi, la sua passione e le agonie che ha sofferto per la nostra salvezza... [che ci devono indurre all'] odio più feroce per i nostri desideri e per le delizie dei sensi" (Rice 1985, 72).
Secondo Puppi (1962, 109), il *San Girolamo nel deserto* di Montagna sarebbe in rapporto con un disegno del medesimo soggetto della collezione Lehman (The Metropolitan Museum of Art, New York), dove la composizione è divisa in due parti come nel dipinto, in modo da sepa-

rare il promontorio dove è seduto il santo (che in questo caso scrive) da una veduta a volo d'uccello di una vallata popolosa, disseminata di edifici descritti come molto "nordici". Malgrado l'analogia dell'impianto, il disegno non sembra collegabile in modo convincente con la produzione grafica montagnesca. Il foglio ha avuto tutta una serie di altre attribuzioni, da Bellini a Basaiti e ad Alvise Vivarini, ed è indicato ora semplicemente come un'opera veneta del primo Cinquecento (Forlani Tempesti 1991, 58-60). Benché il disegno non sia in rapporto diretto con la tavola, va comunque osservato come esso rappresenti un incrocio tra i cosiddetti "paesaggi del mondo" alla Patinir (cat. 123) e certe tematiche o intelaiature compositive assai diffuse nel Veneto già alla fine del XV secolo. E non vi è dubbio che furono proprio opere italiane come il dipinto di Montagna o il disegno Lehman a fornire lo spunto tematico alla xilografia di Dürer del 1512 che raffigura *San Girolamo nel deserto* (Strauss 1980, 208), dove il santo sta scrivendo in una caverna che domina dall'alto la veduta di un'insenatura portuale con un monastero, in modo da sottolineare una volta di più gli ideali monastici della meditazione e dell'isolamento dalle tentazioni del mondo.

BLB

## 123
### Attribuito a Joachim Patinir (ca. 1480-1524)
*Paesaggio con San Girolamo*, ca. 1520

olio su tavola, 25,5 x 35 cm
Zurigo, Kunsthaus, inv. R 23

PROVENIENZA: Achillito Chiesa, Milano; A.S. Drey, Monaco, 1930; collezione Duening, Boisenberg; collezione Ruzicka.
LETTERATURA: Hoogewerff 1928; Zürich 1949, 8, 18; Koch 1968, 33-34, 62, 88; Friedländer 1973, 104, 123; Gibson 1989, 11-13, 16; Köln 1996, 212-213.

Joachim Patinir ha dipinto più di una volta paesaggi con San Girolamo. Questa tavola zurighese è molto simile al dipinto firmato del Museo del Prado di Madrid (Koch 1968, 75) e a una variante della National Gallery di Londra, che riprende soltanto la parte sinistra della composizione (Koch 1968, 76; Smith 1985, 60-61). L'opera in esame era considerata autografa fino a quando Koch (1968, 88) non propose di riconoscervi un lavoro giovanile di un pittore noto come il Maestro delle mezze figure femminili, che secondo lo studioso avrebbe copiato un originale perduto di Patinir. Quest'opinione è condivisa da Gibson (1989, 88), che ha anche osservato come l'agitazione frenetica, le chiome debordanti degli alberi e le morbide masse rocciose non siano affatto tipiche della maniera del grande paesaggista fiammingo, al quale, tuttavia, il dipinto è stato recentemente restituito da Nina Schneider (in Köln 1997, 213). Benché nei suoi paesaggi il Maestro delle mezze figure adotti di solito una formula derivata da Patinir, non ci risulta che ne abbia mai copiato composizioni intere. Ci sembra quindi più prudente non seguire la Schneider, attenendoci invece all'attribuzione precedente.
Si è spesso detto che Patinir sarebbe l'inventore dei cosiddetti *Weltlandschaft*, o vedute dell'intero mondo, che ci presentano uno spaccato dell'orbe terracqueo descritto fin nei minimi particolari (Zinke 1977). Molto spesso, infatti, sono proprio i panorami a perdita d'occhio a dare l'impronta ai suoi dipinti, ma questi contengono invariabilmente anche un tema religioso, i cui protagonisti assumono però una funzione accessoria rispetto agli elementi del paesaggio. In questo caso gli episodi della vita di San Girolamo sono stati disseminati un po' dovunque in mezzo ai campi, ai monti e alle vallate di una magnifica prospettiva a volo d'uccello. La progressione spaziale verso la linea dell'orizzonte, situa-

ta molto in alto, è scandita dal trascolorare dei toni, lievemente diversi sui due lati del dipinto. Le calde sfumature di bruno, in primo piano a sinistra, cedono gradualmente il passo al celeste pallido delle inaccessibili cime montuose a metà campo e al grigio, scuro e minaccioso, delle nuvole. A destra, invece, il giallo carico tendente al verde della pianura si fonde nella lontananza – sotto un cielo praticamente bianco – con le acque azzurre di un estuario e del mare. Tutte queste fasce digradanti di colore sono altrettanto ricche di particolari minuziosi, ma le cose non sono sempre viste nello stesso modo. Gli specchi d'acqua, i campi e le strade sono ripresi dall'alto, mentre gli elementi verticali, come gli alberi, le rocce e gli edifici, ci vengono presentati frontalmente, ed è proprio quest'ambiguità spaziale a consentirci di leggere più facilmente i minuscoli aneddoti.
La storia è tratta dalla *Legenda aurea*, dove si narra come Girolamo avesse ammansito un leone togliendogli una spina dalla zampa (Voragine 1993, II, 213-214): l'episodio, immerso in una luce sovrannaturale, è illustrato al centro del dipinto. Dopo questo gesto di bontà, l'animale restò nel monastero, dove gli fu affidato il compito di pascolare l'asino dei frati. Un giorno – come si vede nello spiazzo erboso sulla sinistra – il leone si addormentò e l'asino gli venne rubato, ma quando i ladri passarono davanti al convento con la loro carovana di cammelli, il felino li riconobbe e li mise in fuga recuperando il maltolto. Sull'altro lato del dipinto due viandanti scendono agevolmente lungo un comodo sentiero, a differenza della figura solitaria che deve salire i ripidi gradini che conducono all'improbabile complesso conventuale che sovrasta la grotta.
Questo particolare brano e la stessa divisione del paesaggio in due zone antitetiche sono stati interpretati come metafore correlate ben note agli abitanti dei Paesi Bassi verso la fine del IX secolo. La prima contrappone il facile cammino del peccato a quello difficile della virtù, mentre la seconda è quella del pellegrinaggio della vita, descritto nella *Città di Dio* da Sant'Agostino (Falkenburg 1988b, 61-94). Così Patinir visualizza il contrasto tra la *civitas terrena e la civitas Dei* spaccando praticamente in due il bellissimo paesaggio. La dolce e prospera campagna può sembrare invitante, ma è il regno del peccato: è qui che avvengono le ruberie e che si sca-

tenerà l'imminente temporale. Le montagne scoscese e quasi irraggiungibili sul lato opposto sono invece chiaramente legate a Girolamo e al monastero sulla vetta. L'ascesa può non essere facile, ma è l'unica via che conduce alla Chiesa e quindi all'eterna salvezza. È questo il percorso che il riguardante è invitato a seguire. I due viaggiatori sul sentiero pianeggiante in primo piano hanno scelto la strada sbagliata, visto che hanno letteralmente voltato le spalle a San Girolamo e al messaggio di redenzione.
Questi paesaggi simbolici trovano qualche precedente nelle immagini di San Girolamo dipinte da Giovanni Bellini, Cima da Conegliano, Bartolomeo Montagna e Lorenzo Lotto (catt. 121, 39, 122 e 41). Si ha l'impressione che questo tipo di tematiche si fosse sviluppato inizialmente sul versante

meridionale delle Alpi, tanto da indurre più di uno studioso a ipotizzare che Patinir avesse attinto largamente a prototipi italiani, riprendendone i messaggi morali o derivandone motivi come la bipartizione dei paesaggi e gli archi naturali delle rocce (Falkenburg 1988b, 91; Gibson 1989, 11). C'è da chiedersi se queste analogie siano dovute a semplici coincidenze o a una conoscenza diretta di modelli italiani. Hoogewerff (1928) aveva pensato a un viaggio dell'artista nella penisola situabile tra il 1511 e il 1515, ma nella sua produzione è difficile trovare conferme a un'ipotesi del genere, né si può escludere che Patinir avesse visto immagini di San Girolamo importate nei Paesi Bassi dall'Italia. Sappiamo invece per certo che a Venezia i suoi dipinti erano divenuti ben presto molto celebri, tanto che

dagli elenchi di Michiel risulta che nel 1521 ve ne erano tre soltanto nella collezione del cardinale Domenico Grimani, uno dei quali era un "S. Jeronimo nel deserto" (Anonimo Morelliano 1888, 102). Alla fine degli anni venti Lotto (cat. 127) e Savoldo (cat. 116) stavano già dipingendo gli orizzonti rialzati, le aspre montagne e gli elementi naturalistici simbolicamente contrapposti che caratterizzano i grandi panorami creati da Patinir.

BLB

**124**
Tiziano (ca. 1485/90-1576)
*Passaggio del Mar Rosso*
ca. 1514-1515

xilografia in dodici blocchi
1205 x 2220 mm
scritta: La crudel persecutione del ostinato Re, contro il populo tanto da Dio/ amato, Con la sommersione di esso Pharaone goloso dil inocente/ sangue. Disegnata per mano del grande, et immortal Titian./ In venetia p[er] domenico dalle greche depentore Venitiano./ m.dxlix
Venezia, collezione privata

Letteratura: Dreyer 1972, 292-294; Karpinski 1976, 268-274; Venezia 1976b, 17-20, 81-83; Washington 1976, 17-22, 70-87; Karpinski 1977, 638; Olivato 1980; Chiari 1982, 37-39; Venezia 1990, 166-169; Paris 1993, 526-527.

Questa è probabilmente la più grande delle xilografie di Tiziano, e non soltanto sotto il profilo delle dimensioni. Concepita su scala gigantesca, da decorazione murale, e caratterizzata da un segno particolarmente marcato ed energico, era chiaramente pensata per essere vista da una certa distanza. Benché il privilegio di stampa di una "submersione di pharaone" fosse stato concesso nel 1515 dal Senato veneziano a Bernardino Benalio (Washington 1976, 35, nota 5), la xilografia è nota soltanto tramite un'edizione più tarda, stampata da Domenico dalle Greche nel 1549. È ora opinione generale che quest'ultimo avesse acquistato i dodici blocchi qualche anno dopo la morte di Benalio e vi avesse inserito il tassello quadrangolare con il proprio nome e la data. Si è molto discusso sulla possibilità che Benalio ne avesse effettivamente stampato un primo stato dopo avere ottenuto il privilegio: Rosand e Muraro (Washington 1976, 70) hanno identificato un'impressione frammentaria, di metà del foglio mediano all'estrema destra, completamente priva di fori di tarli (Museo Civico Correr, Venezia, st. A 15/39), il che, secondo i due studiosi, proverebbe che le matrici erano state utilizzate poco dopo il 1515. Ma ci risulta che Benalio finisse spesso per non stampare le opere per le quali si era fatto rilasciare un privilegio e, senza prove ulteriori, è difficile stabilire la data della tiratura del frammento Correr, e persino quella dell'inta-

glio dei blocchi (Karpinski 1977, 638). La proposta di attribuire la preparazione delle matrici a Ugo da Carpi (Dreyer 1972, 292-294) o ad Andrea Schiavone è stata giustamente respinta, mentre è indubitabile che questo *Passaggio del Mar Rosso* vada situato, per motivi stilistici e iconografici, nella fase iniziale della carriera di Tiziano. Le enormi dimensioni della xilografia sono direttamente in rapporto con il fatto che il maestro stava lavorando contemporaneamente anche alla *Battaglia di Spoleto*, il grande telero per la sala del Maggior Consiglio di Palazzo Ducale, sfortunatamente perito nell'incendio del 1577. Tiziano si dedicò sporadicamente alla *Battaglia* dal 1513 al 1537, ma aveva probabilmente formulato ben prima le proprie idee. Quando il lavoro conobbe una fase di stallo, le energie creative dell'artista dovettero trovare libero sfogo

nel *Passaggio del Mar Rosso*. Se il caotico tumulto della ritirata dell'esercito del faraone riflette i primi pensieri di Tiziano per il telero, le figure trionfanti degli Israeliti sul lato destro anticipano quelle degli apostoli dell'*Assunta* dei Frari, la pala d'altare condotta a termine nel 1518. Il gesto impetuoso di Mosè e il suo rapporto con il personaggio immediatamente alle sue spalle hanno subìto soltanto lievi modifiche nella grande tavola. In linea con l'evoluzione artistica di Tiziano in quel particolare momento è anche la citazione diretta, dalla *Battaglia di Cascina* di Michelangelo, del motivo dell'uomo con la corona di alloro che si sta infilando i calzoni sulle gambe bagnate. La stessa figura, cautamente seminascosta, è visibile anche nel *Passaggio del Mar Rosso*, dietro alla donna che allatta. In seguito, comunque, Tiziano citerà altri artisti con

un piglio decisamente più plateale e sicuro (Ioannides 1990, 29). Tiziano ha seguito da vicino l'episodio biblico narrato nell'Esodo (14, 15-31). Gli Israeliti hanno attraversato il Mar Rosso, le cui acque si sono miracolosamente divise, ma l'esercito del faraone li incalza. "Da una colonna di fuoco e di nube" il Signore dice a Mosè di stendere la mano sul mare, in modo che le acque ritornino e sommergano gli Egiziani con tutti i carri e i cavalieri. Il soggetto ha fornito a Tiziano una scusa per mettere in scena una grandiosa battaglia con una moltitudine di figure naturalistiche, ma il vero protagonista è il maestoso tratto di mare, allusivo, in questo contesto storico, alla laguna di Venezia, come sembra indicare, oltre lo specchio d'acqua ove si ingrossano le onde, l'imponente sfilata di torri e campanili che si erge sul lontano orizzonte. L'accostamen-

to visivo tra l'episodio veterotestamentario e la Serenissima non poteva non avere un preciso significato politico.

Con tutta probabilità la stampa era un'allusione al "miracoloso" salvataggio di Venezia dalle forze scatenatele contro da Giulio II e alla vittoria sulla lega di Cambrai (Venezia 1976b, 7-12; Olivato 1980). Nel 1513 le truppe nemiche stavano ancora saccheggiando la terraferma e bombardando la città con i cannoni dalle sponde della laguna. Così, tra la popolazione veneziana, serpeggiava l'idea di una persecuzione divina analoga a quella che aveva colpito gli Israeliti, esiliati in Egitto per i peccati commessi. Ma, come il popolo ebraico, anche i veneziani avrebbero finito per ottenere il perdono e la salvezza. L'incombente minaccia di guerra venne infatti allontanata dalla firma, nel 1513, della pace di Blois, e la xilografia di Tiziano poteva quindi

essere intesa come una celebrazione di quell'importante trattato anti-imperiale, proprio come la *Burrasca* dipinta da Palma il Vecchio per la Scuola di San Marco (Sohm 1979-1980). Non va però dimenticato che la storia del Mar Rosso aveva sempre rivestito uno speciale interesse per i veneziani, che dovevano contare sulle acque della laguna come sul loro più immediato mezzo di difesa contro le invasioni. Gentile Bellini aveva già dipinto per la Scuola di San Marco un'altra immagine del Mar Rosso, distrutta da un incendio nel 1485 (Moschini Marconi 1962, 180), e nel 1506 Isabella d'Este aveva cercato di acquistare una tela di questo soggetto dall'asse ereditario di Michele Vianello (Brown 1982, 169). Durante lo stesso decennio al quale appartiene la xilografia di Tiziano, altre scene del Mar Rosso furono commissionate ad Andrea Previtali (Meyer zur Capellen 1972,

182-183) e al pittore neerlandese Jan van Scorel (cat. 125).

La gigantesca stampa di Tiziano appartiene a una tradizione sviluppatasi su entrambi i versanti delle Alpi agli inizi del XVI secolo. L'idea di queste grandi xilografie in più blocchi, spesso con funzione decorativa, era stata introdotta nel 1500 con la *Veduta di Venezia* di Jacopo de' Barbari. Ma, a parte il caso specifico della pianta, il primo esempio a stimolare l'interesse del pubblico doveva essere stato il *Trionfo di Cesare* (cat. 30), frutto della collaborazione tra Jacopo da Strasburgo e il miniaturista italiano Benedetto Bordon. Nella richiesta di privilegio, presentata al Senato veneziano nel 1504, Bordon affermava di avere eseguito il disegno, con grande fatica, direttamente sulle matrici, provvedendo poi a farle intagliare. Questa procedura, che doveva essere quella di *routine* nei paesi nordici, venne presto adottata anche in

Italia (Landau & Parshall 1994, 147-150). Nel caso del *Passaggio del Mar Rosso* la straordinaria qualità del segno dimostra inequivocabilmente che era stato Tiziano a eseguire il disegno sui blocchi e probabilmente anche a supervisionare il lavoro dell'ignoto intagliatore. Lo dimostrano i tratti larghi e decisi, che paiono voler evocare la "colonna di fuoco e nube", e le ritmiche linee curve che descrivono l'accavallarsi delle onde. Nelle altre xilografie giovanili di Tiziano, come il *Trionfo di Cristo* (cat. 31) o il *Sacrificio di Abramo* (Paris 1993, 525-526), è stata usata una procedura meno unitaria, che potremmo definire "a mosaico", componendo la scena complessiva tramite l'assemblaggio di singoli disegni.

Lo stile di queste primissime xilografie è strettamente imparentato con il linguaggio grafico di Dürer, che modella le forme avvalendosi di brevi tratti paralleli, tutti della medesima larghezza. Ma nel *Passaggio del Mar Rosso* Tiziano e il suo intagliatore hanno adottato una maniera nuova, più libera e impulsiva, che è stata definita quintessenzialmente veneziana (Paris 1993, 527). Lo schema lineare risulta più vario e organico, e il profondo lavoro di coltello dello xilografo assume un ruolo determinante nel creare effetti di luce subitanei e lampeggianti. La spontaneità del segno, la forza viscerale, quasi primitiva, dell'intaglio, con la sua connaturata tendenza all'astrazione, conferiscono a quest'immagine tizianesca una modernità così spiccata, da far pensare che la sua concezione andasse intesa come una risposta diretta alla tecnica – più controllata e calcolata – di Dürer. Forse un atto di ribellione, da parte di Tiziano, all'estetica nordica del collega tedesco e una deliberata ostentazione delle sue radici venete. In questo *Passaggio del Mar Rosso* ci sembra di toccare con mano l'accanita rivalità esplosa tra i due artisti da un versante all'altro delle Alpi.

BLB

461

125
Jan van Scorel (1495-1562)
*Passaggio del Mar Rosso*, ca. 1520

olio su tavola, 54 x 134 cm
Milano, Collezione privata

PROVENIENZA: Francesco Zio, Venezia, verso il 1521; Gabriele Vendramin (?), 1569; Jan Reynst (?), *ante* 1646.
LETTERATURA: Meijer 1992, 1-6; Van Mander 1994-1998, III, 278; Bruxelles 1995, 319-321; Faries & Wolff 1996, 727-729; Washington 1997, 167.

Questo *Passaggio del Mar Rosso* di Jan van Scorel è con tutta probabilità il dipinto visto da Marcantonio Michiel nella raccolta del banchiere veneziano Francesco Zio: "La tela della summersion de Faraon fo de man de Zuan Scorel de Holanda" (Anonimo Morelliano 1888, 94). Il fatto sembra certo anche se Michiel, notoriamente poco affidabile quando si tratta di indicare le tecniche, parla di una tela, mentre il dipinto di Scorel è su tavola. Michiel scrive di avere visitato la casa di Zio nel 1512, ma deve trattarsi di un *lapsus calami*, in quanto la data generalmente accolta è il 1521, che verrebbe a coincidere con il soggiorno veneziano del pittore neerlandese (Fletcher 1981, 602). Nel 1523 il nucleo principale della collezione di Zio passò in eredità al nipote Andrea Odoni, ma tra gli oggetti di proprietà di quest'ultimo non figura mai elencato il quadro di Scorel, e non ne fa cenno nemmeno Michiel nella sua descrizione del contenuto della casa di Odoni, che risale al 1532.
Secondo Meijer (1992, 6), il dipinto di Francesco Zio sarebbe da identificare con una *Morte del Faraone nel Mar Rosso* attribuita a Lambert Sustris, che apparteneva al mercante olandese Jan Reynst, morto a Venezia nel 1646. Il dipinto di Reynst è menzionato da Ridolfi (1648, I, 226) nella biografia di Sustris, ma senza fornire alcun dato sulle sue vicende precedenti. L'opera, comunque, sembra essere quella che figura nell'inventario del 1569 di Gabriele Vendramin come "un quadro de una sumercion de Faraon con un adornamento negro dorado col suo timpano soazado et dorado" (Ravà 1920, 179). Jan Reynst e il fratello Gerard, infatti, avevano acquistato la maggior parte della loro raccolta dagli eredi Vendramin, ed è quindi molto probabile che il dipinto provenisse da quella fonte (Logan 1979, 87, 166). Poiché una parte dei dipinti appartenuti a Jan Reynst riappare nella vendita del 1666 della collezione veneziana di Nicolò Renieri, Meijer (1992, 6) ha suggerito anche

che il Sustris-Scorel potrebbe essere identificato con un'opera, compresa in quella vendita, attribuita a Luca di Leida. Il lotto 55 consisteva infatti in "Un quadro di mano di Luca d'Olanda ove è dipinto Moisè con il Popolo Ebreo, che hà passato il Mar Rosso, e nel detto Mare si vede sommergere Faraone con tutta l'Armata, con quantità di figure fatto in tela à quazzo, largo braccie 3 alto due in circa con Cornice nera à filo d'oro" (Savini Branca 1964, 104). Malgrado l'analogo soggetto e l'attribuzione a una mano nordica, non poteva però trattarsi del dipinto di Jan van Scorel, perché, oltre a essere "fatto in tela", aveva dimensioni (136,64 x 207,96 cm) che non corrispondono per nulla a quelle della tavoletta di formato orizzontale che stiamo esaminando. Se il dipinto della raccolta Renieri fosse stato davvero quello appartenuto a Reynst, allora dovremmo rimettere in questione anche la provenienza del quadro di Scorel.

Questo *Passaggio del Mar Rosso* e una tavola oblunga abbastanza simile, che raffigura un *Paesaggio con torneo e cacciatori* (Art Institute of Chicago), sono esempi fondamentali della fertile dialettica instauratasi tra la formazione neerlandese di Scorel e il "nuovo" stile italiano da lui incontrato all'arrivo a Venezia nel 1520. Quel suo combinare insieme montagne, acqua e cielo, articolandoli in bande digradanti di colore, appartiene al classico repertorio della pittura dei Paesi Bassi dell'epoca, così come l'uso di un orizzonte rialzato e della prospettiva a volo d'uccello. Gli elementi più decisamente germanici dei due dipinti, come l'abbigliamento delle figure e le loro piccole proporzioni piuttosto massicce, derivano dalla xilografia di Lucas Cranach il Vecchio con *Il primo torneo con le lance*, utilizzata da Scorel come fonte primaria della tavola di Chicago (Faries & Wolff 1996, 726). Ma il formato oblungo – l'altezza è

circa un terzo della lunghezza – è più strettamente imparentato con le dimensioni delle pitture italiane destinate a decorare le spalliere e i cassoni, il che fa pensare che entrambe le tavole possano essere state commissionate da clienti veneziani per l'arredo domestico. E anche i soggetti prescelti – in particolare il *Passaggio del Mar Rosso* – sembrano indicare una provenienza veneziana.
Il capitolo dell'Esodo (14, 15-31) con la storia di Mosè che mette in salvo il suo popolo sull'altra sponda del Mar Rosso aveva sempre avuto una forte risonanza per gli abitanti di Venezia, costretti a contare sulla protezione offerta loro dalle acque della laguna. L'interesse per l'episodio biblico si era improvvisamente risvegliato subito dopo il "miracoloso" successo veneziano nelle guerre della lega di Cambrai, tanto che nel secondo decennio del Cinquecento erano state prodotte numerose opere di questo tema, la più importante

delle quali era la monumentale xilografia di Tiziano (cat. 124). Certi aspetti della tavola di Scorel fanno capire che l'artista conosceva la composizione tizianesca; se non aveva visto la presunta prima edizione del 1515 circa, poteva forse avere avuto accesso al disegno originale, tracciato dal maestro direttamente sulle matrici. La vasta distesa d'acqua che domina la scena, le figure accoppiate di Mosè ed Aronne sulla destra, e la madre che allatta il figlioletto sotto l'albero al centro della tavola di Scorel riflettono tutti motivi della xilografia di Tiziano (Meijer 1992, 5-6). A differenza di Tiziano, tuttavia, che ha diviso la composizione più o meno equamente tra gli Egiziani sul lato destro e gli Israeliti sulla sinistra, Scorel ha dato molto più spazio al popolo ebraico, che occupa quasi tutto il primo piano. L'armata del faraone, invece, è completamente sommersa sulla destra e la moltitudine delle figure soltanto suggerita

dai riflessi di luce che rimbalzano sugli elmi, provocando una scia scintillante come di bollicine che galleggiano sul mare. Questo specifico motivo, come anche quello del gruppetto di figure che si arrampica sulla collina, ricorda la versione del tema dipinta da Andrea Previtali, che risale anch'essa al 1520 circa (Moschini Marconi 1962, 179-180; Meyer zur Capellen 1972, 182-183).

Se il *Passaggio del Mar Rosso* testimonia della rapidità con la quale Jan van Scorel aveva reagito all'incontro con l'arte veneziana, i collezionisti e gli artisti della città lagunare furono a loro volta colpiti dagli aspetti più tipicamente neerlandesi della sua pittura. Oltre al dipinto della collezione Zio, Michiel elenca due dipinti di Scorel che appartenevano rispettivamente a Giovanni Ram e a Gabriele Vendramin e raffiguravano probabilmente entrambi la *Fuga in Egitto* (Anonimo Morelliano 1888, 106). Nessuno dei due ci è pervenu-

to, ed è quindi difficile valutarne l'influsso. È del tutto evidente, invece, che Lorenzo Lotto aveva tratto ispirazione da questo *Passaggio del Mar Rosso*: la fascia inferiore del suo *San Nicola in gloria* (cat. 127), dipinto nel 1527-1529 per la chiesa veneziana di Santa Maria dei Carmini, contiene un'ampia veduta a volo d'uccello di un porto di mare nella tempesta, che ricorda in maniera sorprendente la composizione di Scorel.

BLB

126
Jan van Scorel (1495-1562)
*Tobiolo e l'angelo*, 1521

olio su tavola, 45,6 x 88,3 cm
Düsseldorf, Kuunstmuseum im Ehzenhof
scritta: JOANNES SCORELL DE HOLANDIA 1521

PROVENIENZA: collezione Bode, Colonia, 1848; Dr. M.J. Binder, Berlino, 1924; collezione privata.
LETTERATURA: Winkler 1924-1925; David 1925-1926; Hoogewerff 1954, 61-62; Franz 1969, I, 60-62; Friedländer 1975b, 74, 121; De Meyere 1981, 11-12; Faries 1983, 8-10; Faries 1987, 92-94; Gibson 1989, 42; Meijer 1990, 80-81; Meijer 1992, 4; Van Mander 1994-1998, III, 269; Faries & Wolff 1996.

Secondo Karel van Mander (1994-1998, I, 234r), Jan van Scorel fu il primo artista dei Paesi Bassi ad apprendere in Italia la "giusta" maniera di dipingere, trasmettendone poi i segreti ai colleghi nordici. A illuminarlo, sempre a detta di van Mander, sarebbe stata "la bellissima Roma", ma la prima tappa del pittore nella penisola fu in realtà Venezia, dove la sua arte subì una radicale trasformazione.

Lasciata Utrecht nel 1518, si era diretto a Sud attraverso la Germania e l'Austria, fermandosi lungo la strada in varie città, compresa Norimberga, dove sembra che avesse studiato con Dürer. Durante una sosta in Carinzia firmò e datò 1519 la sua prima pala d'altare nota, che raffigura la *Parentela di Gesù* (Obervellach, Sankt Martin; Friedländer 1975b, tav. 160). L'anno successivo arrivò a Venezia, da dove partì subito per un pellegrinaggio in Terra Santa, prendendo con sé un taccuino per fissarvi i ricordi del viaggio. Alcuni di quei disegni – per esempio una veduta di Betlemme (Bruxelles 1995, 323) – sono giunti fino a noi, ed è ancora Van Mander (1994-1998, I, 235v) a informarci che nel 1524, al suo rientro nei Paesi Bassi, il pittore li aveva utilizzati per la composizione di "un bel dipinto a olio" di Giosuè che guida gli Israeliti oltre il Giordano. Il quadro è perduto, ma questo suo *Tobiolo e l'angelo*, datato 1521 e quindi con tutta probabilità eseguito a Venezia dopo il rientro dalla Palestina – ma prima di partire per Roma – comprende a sua volta elementi topografici certamente desunti dagli schizzi eseguiti in Oriente. E anche la scelta del soggetto potrebbe essergli stata dettata dal felice ritorno da quella perigliosa esperienza. Secondo la tradizione, infatti, la storia di Tobiolo andava vista come un viaggio agli estremi confini del mondo, che rispecchiava il percorso spirituale all'interno dell'anima, che conduce il cristiano all'eterna salvezza.

Il libro di Tobia, considerato canonico soltanto dalla Chiesa cattolica, narra che suo figlio Tobiolo era partito per la Media per recuperare un credito per conto del padre, insieme con una guida di nome Azaria e in compagnia del cane di casa. Fermatisi a passare la notte sul fiume Tigri, Azaria ordinò a Tobiolo di catturare un grosso pesce e di conservarne il fiele, il cuore e il fegato, che potevano servire come medicamenti. Solo al ritorno Tobiolo apprese di avere viaggiato sotto la guida dell'arcangelo Raffaele, inviato da Dio per proteggere la famiglia. In pittura, di solito, l'identità dell'arcangelo veniva immediatamente svelata dalla presenza delle ali, come avviene anche nel presente dipinto, dove Raffaele e Tobiolo (con un pesce enorme) sono raffigurati nell'angolo inferiore sinistro, vicino alla riva di un fiume.

Sul lato destro, a metà campo, è illustrato molto più in piccolo un secondo episodio, relativo al fatale combattimento fra il demonio e il settimo sposo della bella e infelice Sara. Tutti i suoi mariti erano stati uccisi durante la prima notte di nozze ma, con l'aiuto dell'arcangelo, Tobiolo riuscì a esorcizzare il diavolo e a unirsi in matrimonio con Sara, facendo ritorno a casa sano e salvo.

I grandi velieri, la città adagiata all'orizzonte, e le montagne in distanza sono con tutta probabilità motivi che rispecchiano quanto visto da Scorel durante le peregrinazioni in Oriente, ma nel dipinto si avvertono anche riflessi altrettanto suggestivi dell'arte veneziana.

La rapidità con la quale il pittore aveva saputo assimilare la lezione della cerchia giorgionesca, amalgamandola con il linguaggio nordico che gli era proprio, emerge chiaramente dal confronto tra questo *Tobiolo e l'angelo* e la *Parentela di Gesù*. La pala dipinta da Scorel durante il lungo viaggio verso l'Italia è caratterizzata da figure minuziose e un poco "imbambolate", che indossano elaborati costumi dal sinuoso panneggio tipico dell'arte neerlandese del periodo. Anche il paesaggio, con i suoi nitidi promontori rocciosi, appartiene senz'alcun dubbio alla tradizione fiamminga di Joachim Patinir.

Nelle primissime opere eseguite a Venezia, come il *Passaggio del Mar Rosso* (cat. 125), Scorel aveva già desunto timidamente qualche raro spunto figurativo da Tiziano e da Previtali. Ma solo un anno dopo, in questo *Tobiolo e l'angelo*, lo scopriamo ormai perfettamente in grado di padroneggiare il linguaggio veneto

Il meccanismo narrativo, che si avvale di piccole vignette disseminate sullo sfondo panoramico, è ancora simile a quello di Patinir. Ma del grande paesaggista neerlandese Scorel ha già abbandonato il ritmo staccato degli affioramenti rocciosi e la minuziosa definizione dei particolari, in modo da ottenere una più armoniosa fusione tra le grandi figure in primo piano e il paesaggio sullo sfondo, fattosi ora più vaporoso e mutevole.

Nella sua prima fase artistica Scorel faceva spesso ricorso alle stampe, e il motivo del cane, visibile nel *Tobiolo e l'angelo* accanto al cartellino con la firma, è certamente desunto dal *Sant'Eustachio* inciso da Dürer nel 1501 (Strauss 1980, 51). E dalla grafica düreriana derivano forse anche altri piccoli particolari, come quello dei cigni sull'acqua immediatamente dietro la figura di Tobiolo. Il rapporto è stato segnalato per la prima volta da David (1925-1926), che riteneva anche che la posa dello stesso Tobiolo fosse ispirata a quella della figura inginocchiata di Sant'Eustachio. Faries (1983, 9) ha invece suggerito un possibile legame tra la figura dell'arcangelo Raffaele e il *Torso* del Belvedere.

Ma Scorel, nel 1521, poteva conoscere quel celebre pezzo archeologico solo tramite qualche incisione, perché non aveva ancora visitato Roma. D'altra parte, se le sue fonti erano davvero grafiche, è più probabile che si trattasse di esempi veneziani: basti pensare alle tante figure sedute nei paesaggi di Giorgione e dei suoi immediati seguaci. La posa dell'arcangelo ricorda quella della figura della *Veduta di Castel San Zeno* di Giorgione (Museum Boymans-van Beuningen: cat. 96), oppure il disegno di un giovane seduto che suona la viola da braccio, che deve somigliare alle perdute figure di Giorgione del Fondaco dei Tedeschi (Paris 1993, 505-506).

Entrambi i protagonisti del dipinto di Scorel, inoltre, richiamano alla mente i personaggi dell'incisione di Giulio e di Domenico Campagnola con *Pastori e musici in un paesaggio* (Roma 1995, 296). Ma Scorel poteva forse avere guardato più precisamente a un'opera di Tiziano che, secondo Vasari (1568, VII, 430), aveva dipinto un Tobiolo con l'angelo per la chiesa di San Marziale a Venezia, oggi non più identificabile con sicurezza (Hope 1993, 180-182). Di quel dipinto tizianesco serba forse il ricordo un piccolo *Tobiolo e l'angelo* (collezione privata, Genova; Brescia 1990, 294-295) attribuito a Moretto da Brescia e databile intorno al 1518, dove le figure sono simili a quelle di Scorel, ma in controparte.

Un altro riflesso di quel prototipo perduto va forse cercato nel dipinto leggermente più tardo – e di ben maggiore effetto – di Savoldo (Galleria Borghese, Roma; Brescia 1990, 160-161), che mostra anch'esso Tobiolo inginocchiato davanti alla figura seduta di Raffaele.

Scorel sembra avere assorbito soprattutto il tipo di intelaiatura spaziale introdotto da Giorgione e poi diffuso tramite le stampe dei due Campagnola. Come nei *Tre filosofi* di Giorgione (Kunsthistorisches Museum, Vienna), le sue figure sono ancorate a un lato del proscenio da una fitta macchia di vegetazione, oltre alla quale si allarga una veduta panoramica costruita alternando zone di luce e d'ombra.

In certe incisioni, come l'*Astrologo* di Giulio Campagnola (cat. 115), queste fasce contrastanti si inoltrano nello spazio in senso orizzontale, mentre in altre stampe, come quella con i *Pastori e musici in un paesaggio*, regrediscono verso lo sfondo lungo una diagonale.

Scorel si avvale di un punto di vista leggermente più alto ma, come nella stampa appena ricorda-

ta, il suo paesaggio impostato orizzontalmente segue un andamento trasversale rispetto al piano del dipinto, inoltrandosi, al di là di un fiume serpeggiante e di gruppi di edifici separati da filari d'alberi, fino alle cime montuose velate di bruma sul lontano orizzonte. Questo sviluppo diagonale, nel *Tobiolo e l'angelo*, è sottolineato dal digradare della gamma cromatica, che passa dalla macchia scura del fogliame all'ocra più chiaro delle architetture e al pallido grigio-azzurro delle montagne in distanza.

Le analisi di laboratorio hanno confermato che il pigmento azzurro usato da Scorel in quest'opera – una delle poche sicuramente dipinte in Italia – era l'oltremare naturale (Faries 1987, 94), che risulta venisse importato dal Medio Oriente principalmente tramite Venezia.

Il tipo di paesaggio appena descritto e l'utilizzo dell'oltremare sarebbero diventate caratteristiche tipiche della produzione di Scorel successiva al suo rientro in patria, a cominciare dal *Battesimo di Cristo* (Frans Halsmuseum, Haarlem; Faries 1983, 8-9). Come aveva affermato van Mander, il pittore aveva effettivamente contribuito a introdurre nei Paesi Bassi la "giusta" maniera di dipingere.

BLB

127
Lorenzo Lotto (ca. 1480-1556)
*San Nicola in gloria con i Santi Giovanni Battista e Lucia*
1527-1529

olio su tela, 335 x 188 cm
iscrizione sulla cornice: TEMPORE
DE IH. BAPTISTA DONATI GUAR-
DIAN ET GEORGII DE MUNDIS VI-
CARII ET SOTIOR[UM] MDXXVII
Venezia, Santa Maria dei Carmini

PROVENIENZA: terzo altare a sinistra di Santa Maria dei Carmini,
Venezia.
LETTERATURA: Galis 1977, 230-
231; Matthew 1988, 418-422; Paris 1993, 495-496; Bonnet 1996,
114-116; Humfrey 1997, 96-97;
Washington 1997, 165-167.

La grandiosa pala d'altare con la
gloria di San Nicola, dipinta per
la chiesa veneziana di Santa Maria dei Carmini, è indubbiamente
uno dei capolavori di Lorenzo
Lotto. Si trova ancora nella cornice originale in pietra d'Istria, dove un'iscrizione informa che era
stata commissionata nel 1527 dalla Scuola dei Mercanti, una confraternita dedicata a San Nicola
(Gramigna & Perissa 1981, 70).
Sulla cornice si leggono anche i
nomi dei due rappresentanti della Scuola che avevano commissionato l'opera: Giovanni Battista
Donati e Giorgio de Mundis. I loro rispettivi patroni sono entrambi presenti nel dipinto: San Giovanni Battista è seduto tra le nubi,
mentre San Giorgio sta ucciden-
do il drago nel paesaggio in basso. Ridolfi (1648, I, 145) riferisce
che si potevano leggere su un cartellino la firma del pittore e la data 1529, ma oggi non ne rimane
più traccia. In genere si ritiene
che la data sulla cornice si riferisca alla commissione e quella riportata da Ridolfi alla consegna
dell'opera finita.
La pala dei Carmini è stata la prima commissione pubblica assegnata a Lotto dopo il suo ritorno
da Bergamo, e l'artista vi mostra
deliberatamente di volersi adeguare ai gusti locali emulando lo
stile classico di Tiziano. La posizione assolutamente frontale del
San Nicola è forse un ricordo del
bassorilievo ligneo con l'immagine del santo che la pala aveva sostituito sull'altare. Ma la divisione
della composizione in due parti
ben distinte si rifà all'*Assunta* di
Tiziano a Santa Maria Gloriosa
dei Frari, condotta a termine nel
1518. La calda gamma di rosa,
arancione e albicocca ricorda anch'essa Tiziano, ma non era piaciuta per nulla a Lodovico Dolce,

che la adduceva a esempio di cattivo uso del colore (Barocchi
1960-1962, I, 184). Ciò che è davvero originale nel contesto della
pittura veneziana è la metà inferiore della composizione, con il
suo paesaggio panoramico visto
da una prospettiva a volo d'uccello. Mentre tutta la parte alta della
pala è dedicata all'apoteosi di San
Nicola, il paesaggio in basso allude specificamente all'intercessione del santo in tempi di pestilenza e di penuria di cibo, oltreché alla protezione da lui offerta
ai naviganti. Le ceste di grano che
vengono caricate sulle navi all'ancora ricordano che egli aveva miracolosamente sfamato tutta la
sua diocesi in occasione di una
carestia (Voragine 1993, I, 22-23).
Quasi al centro del paesaggio tor-
reggiano due alberi, uno secco e
l'altro verdeggiante, simboli del
potere del santo di risuscitare i
morti, e specialmente quelli peri-
ti nei naufragi.
Vasari (1568, V, 250) fornisce
un'ampia descrizione della pala
dei Carmini, segnalandone in
particolare le piccole vignette inserite nel paesaggio: "a basso un
paese bellissimo con molte figurette ed animali in vari luoghi: da
un lato è San Giorgio a cavallo,
che amazza il serpente; e poco
lontana la donzella con una città
appresso ed un pezzo di mare".
Ma ciò che Vasari ha omesso di
dire è che, nella concezione d'insieme come nei singoli particolari, quel poetico paesaggio è essenzialmente nordico. Longhi (1952,
19), che lo aveva notato, lo definiva addirittura "ruysdaeliano",
suggerendo che avesse molto più
in comune con il pittore olandese
del Seicento Salomon van Ruy-
sdael che non con la tradizione
paesaggistica della pittura italiana. Scendendo più sul concreto,
Galis (1977, 230-231) e Humfrey
(in Washington 1997, 167) hanno
messo il paesaggio lottesco a confronto con opere tedesche e neerlandesi contemporanee di Albrecht Dürer, Joachim Patinir e Jan
van Scorel. La separazione tra
cielo e terra della pala di Lotto ricorda le composizioni bipartite
dell'edizione del 1498 dell'Apocalisse di Dürer, come ad esempio
quella della *Caduta degli angeli ribelli*, dove il caos della battaglia
infuria sopra una tranquilla visione di montagne e di mare. I tre
maestosi santi di Lotto si librano

su un'analoga insenatura portuale con le navi alla fonda, circondata da un terreno roccioso punteggiato da qualche grande albero. È assai probabile che Lotto
conoscesse le xilografie di Dürer,
ma è anche possibile che avesse
avuto accesso alle opere dei pittori neerlandesi presenti nelle collezioni veneziane. Secondo Marcantonio Michiel, il cardinale Domenico Grimani possedeva un
*Martirio di Santa Caterina* di Patinir (Anonimo Morelliano 1888,
102), che potrebbe essere quello
ora a Vienna (cat. 118), dove i vari episodi della vita della santa si
snodano proprio davanti a un
porto in piena attività. Le figurette e gli animali disseminati sul terreno accidentato del paesaggio
lottesco ricordano effettivamente
le macchiette della piccola tavola
di Patinir.
Sorprendentemente vicina al paesaggio di Lotto è anche la rada
tempestosa del *Passaggio del Mar
Rosso* di Jan van Scorel (cat. 125),
identificato di recente con il dipinto visto da Michiel in casa del
banchiere veneziano Francesco
Zio (Anonimo Morelliano 1888,
94). Il paesaggio lottesco sembra
quasi una predella e uno dei pregi principali del quadro di Scorel
potrebbe essere stato proprio il
suo formato orizzontale. Ma Lotto sembra averne mutuato anche
l'innalzamento della linea dell'o-
rizzonte, gli alberi imponenti che
si stagliano sul lato sinistro, la
moltitudine di minuscole figurine
e persino il trascolorare del cielo,
oltre lo specchio d'acqua, dal
bruno al verde e all'azzurro. Scorel ha posto l'accento sul salvataggio del popolo ebraico dipingendo la figura del Padreterno in
cielo come se stesse procedendo
da sinistra a destra, per spingere
in avanti il minaccioso banco di
nubi che sta scatenando una terribile burrasca addosso agli Egiziani. Sulla scia del Creatore, invece,
si apre un glorioso paesaggio
inondato dal sole. Lotto ha deliberatamente ripetuto il cielo di
Scorel rasserenato dopo il rapido
passaggio delle nuvole tempesto-
se, ma lo ha fatto in un contesto di
tutt'altro genere. La confraternita
che aveva commissionato la pala
era composta da mercanti attivi
nella zona di Rialto, che dovevano poter contare su un regolare
rifornimento di merci da un porto all'altro. Così il paesaggio sem-

bra visualizzare la preghiera reci-
tata dai confratelli davanti all'altare: "... et che Dio et Misser San
Nicolò guarda et salva in mar tutti i navili et nave di questa cittade,
cum suoi naviganti, et conduca
quelli a porto di salute" (Washington 1997, 163).

BLB

128
Michel Sittow (ca. 1468-1525/26)
*Natività* notturna, ca. 1510

olio su tavola, 25 x 16 cm
Annaberg-Bucholz, Kirchengemeinde Sankt Annen

PROVENIENZA: chiesa di Sankt-Annen, Annaberg, almeno dal quinto decennio del XIX secolo.
LETTERATURA: Baldass 1919, 34; Winkler 1964, 144-147; Trizna 1976, 103; Sutton 1990, 294-297; München 1998b, 182-183.

Artista che definiremmo autenticamente internazionale, Michel Sittow fu attivo in tutto il Nordeuropa, in Spagna, in Inghilterra e in Danimarca. Era figlio di un pittore di Reval (oggi Tallinn), in Estonia, ma esistono le prove che nel 1484 si trovava a Bruges da almeno due anni in qualità di apprendista, forse nella bottega di Hans Memling (Trizna 1976, 7-11). Dal 1492 al 1504 fu al servizio di Isabella di Castiglia e León, producendo per la sovrana ritratti e piccoli dipinti devozionali. Poiché disponiamo soltanto di due opere documentate, la ricostruzione del suo *corpus* pittorico si è rivelata problematica; non gli si può quindi attribuire con assoluta certezza nemmeno il piccolo gruppo omogeneo formato dalle Natività notturne del Kunsthistorisches Museum di Vienna (Flämische Malerei 1989, 30-31) e del Philadelphia Museum of Art (Sutton 1990, 294-297), oltreché da questa tavoletta della chiesa di Sankt-Annen ad Annaberg (unita in seguito a due quadretti dell'Annunciazione in modo da formare un trittico; Trizna 1976, 103).
Tutte queste opere ci presentano la Vergine e quattro angeli inginocchiati davanti alla mangiatoia e con i volti accesi dal caldo riverbero della luce che emana dal corpicino nudo del Bambino Gesù. San Giuseppe, in piedi alle spalle della Madonna, ripara con la mano la fiamma di una candela, mentre altri angeli si librano in volo sopra la mangiatoia. Dalla finestra della stalla si scorge, in cima a una collina, una piccola immagine dell'Annuncio ai pastori. La versione di Filadelfia è l'unica delle tre a comprendere – ai lati della finestra – altre due figure di pastori che osservano la scena. Baldass (1919) è stato il primo ad avanzare l'ipotesi che il prototipo di questa Natività fosse un capolavoro perduto di Hugo van der Goes: una teoria ulteriormente sviluppata da Winkler (1964, 141-154), convinto che la variante di Annaberg sia una delle copie più fedeli dell'originale di van der Goes e

che vada ascritta a Michel Sittow insieme con la Natività di Vienna. Malgrado l'opinione contraria di Trizna (1976, 103), queste attribuzioni hanno ottenuto il consenso della maggior parte degli studiosi. Le forme allungate e la resa delicatissima della luce notturna sono infatti in perfetta sintonia con quanto ci si potrebbe aspettare da un pittore di corte come Sittow, anche se l'articolazione dello spazio architettonico risulta meno complessa di quella di altre opere che gli vengono assegnate (New York 1998, 328-329).
L'episodio dell'Annuncio ai pastori è narrato nel vangelo di Luca (2, 1-20), ma i pittori neerlandesi lo arricchivano spesso di particolari desunti dalle *Rivelazioni* di Santa Brigida di Svezia, dove è descritta dettagliatamente una visione apparsa alla santa durante il suo pellegrinaggio a Betlemme dell'agosto 1372, quando la Vergine le aveva consentito di essere testimone di ogni singolo momento della nascita di Cristo (Cornell 1924, 9-13). Anche se gli artisti non ne seguivano il testo alla lettera, alcuni elementi di quel racconto entrarono a far parte della tradizione visiva, come i capelli sciolti della Madonna, il Bambino ignudo che sprigiona una luce così ineffabile da oscurare quella della candela di Giuseppe, o il coro angelico che intona una soave melodia. E l'immagine risplendente del piccolo Gesù conobbe immediatamente una grande diffusione su entrambi i versanti delle Alpi, anche se Hugo van der Goes era stato probabilmente il primo pittore a elaborare i più estremi contrasti chiaroscurali per poter dare forma simbolica, oltreché naturalistica, alla visione di Brigida.
A interessare Sittow sembra siano stati soprattutto gli aspetti notturni del dipinto di Van der Goes, resi con un'efficacia tutta particolare nella tavoletta di Annaberg grazie alle sottigliezze consentite dalla tecnica a olio. L'oscurità vellutata è squarciata da brani di colore intenso: il rosso lacca della veste di Giuseppe, gli incarnati teneramente soffusi di luce dei volti degli angeli, il morbido panneggio azzurro della Vergine e, in particolare, il candido lenzuolo sul quale è posato il Bambino. I notturni nordici di questo tipo erano certamente noti ad artisti veneti come Savoldo o Lorenzo Lotto, ma quest'ultimo fu l'unico a cercare di emularne gli effetti chiaroscurali nella *Natività* (Pinacoteca Nazionale, Siena) degli

inizi del terzo decennio del Cinquecento, dove l'oscurità della notte, che penetra all'interno della stalla, contrasta vivacemente con il mistico bagliore emanato dal divino infante (Humfrey 1997, 58-59). D'altro canto, i colori profondamente assorbenti dell'*Adorazione di Gesù Bambino* di Savoldo (collezione privata, Milano, pur accordandosi con il tema notturno, hanno la funzione – tipicamente veneziana – di elemento unificatore dell'intera composizione. Ma il messaggio insito in tutti questi dipinti è sempre lo stesso: Cristo è la vera luce del mondo.

BLB

129
Gerard Horenbout (*ante* 1465-1541)
*Natività notturna*, ca. 1510-1520

*Breviarium Grimani*, MS. lat. I, 99, c. 43v
miniatura su pergamena
275 x 215 mm
Venezia, Biblioteca Nazionale Marciana

PROVENIENZA: Margherita d'Austria, Malines (?); Antonio Siciliano; cardinale Domenico Grimani, Venezia, verso il 1520; legato a Marino Grimani nel 1523; legato a Giovanni Grimani nel 1546; alla morte di quest'ultimo, avvenuta nel 1592, legato alla Serenissima; Biblioteca Marciana dal 1604.
LETTERATURA: Anonimo Morelliano 1888, 104; Ongania 1903; Gallo 1952, 42-49; Winkler 1964, 149; Breviario Grimani 1970; Meijer 1980; Limentani Virdis 1981, 87-92; Dogaer 1987, 161-168; Biaostocki 1995, 425.

Una delle più famose opere d'arte dei Paesi Bassi presenti a Venezia all'inizio del XVI secolo era un Breviario della scuola ganto-bruggese di proprietà del cardinale Domenico Grimani, che lo lasciò in eredità alla Serenissima nel 1523. Il Breviario Grimani segue l'Officio francescano del 1477 e consiste di 831 fogli di pergamena ornati di miniature, su un totale di 1280 pagine. La maggior parte dei fogli reca bordure miniate lungo i margini esterni, mentre altri 110 presentano una decorazione pittorica che va dalle piccole scene, della stessa larghezza delle colonne del testo, alle miniature a piena pagina.
Il Breviario è ricordato per la prima volta nel testamento del cardinale Grimani, datato 2 ottobre 1520, che lo lasciava al fratello Vincenzo, specificando che, dopo la morte di quest'ultimo, dovesse rimanere in famiglia, a condizione che venisse mostrato alle persone di riguardo: "*ostendere debeat personis honorificis, quandocunque oportunum fuerit*". Ma il testamento definitivo, del 1523, stabilì invece che il libro andasse al nipote Marino, patriarca di Aquileia, che non se ne sarebbe dovuto separare per nessun motivo, e, alla morte di costui, alla Signoria veneziana (Breviario Grimani 1970, 289). Nel 1546, quando Marino morì, il Breviario venne recuperato nella sua residenza romana, ma la Signoria decise di restituirlo, vita natural durante, al nuovo patriarca di Aquileia – il

cardinale Giovanni Grimani – e quindi dovette attendere fino al 1592 prima di entrarne definitivamente in possesso (Gallo 1952, 42-49).
Chi ci fornisce le maggiori informazioni sul volume è Marcantonio Michiel, che nel 1521 elencava tra gli oggetti più preziosi di proprietà del cardinale Domenico: "L'officio celebre, che Messer Antonio Siciliano vendè al cardinal per ducati 500, fu inminiato da molti maestri in molti anni. Ivi vi sono inminiature de man [de] Zuan Memelin, carta... de man de Girardo da Guant, carta 125, de Livieno de Anversa carta 125. Lodansi in esso soprattutto li 12 mesi, e tralli altri il febbraro, ove uno fanciullo orinando nella neve, la fa gialla et il paese ivi è tutto nevoso et giacciato" (Anonimo Morelliano 1888, 104). Dalla descrizione non si comprende se Michiel avesse esaminato con cura l'intero Breviario, ma risulta chiaro che era stato colpito dal naturalismo delle pagine iniziali, quelle del calendario. E in effetti le scene di genere, che illustrano la caccia, le attività agricole e gli svaghi delle classi più elevate, si distinguono da tutto ciò che era possibile vedere nella pittura veneziana dell'epoca, pur appartenendo a una tradizione – quella dei lavori dei mesi – ormai ben radicata nei paesi nordici. Alcune delle miniature, compresa quella del Febbraio tanto ammirata da Michiel, sono desunte direttamente dalle *Très Riches Heures* del duca di Berry (Musée Condé, Chantilly), che nei primissimi anni del XVI secolo appartenevano a Margherita d'Austria, che potrebbe quindi avere commissionato di persona il Breviario, mettendo l'altro manoscritto a disposizione dei copisti. E la stessa Margherita potrebbe poi avere donato l'opera ad Antonio Siciliano – il suo stemma appare a c. 81r – il personaggio che, a detta di Michiel, l'avrebbe venduta in seguito al cardinale Grimani. A meno che il Breviario, in origine, non fosse destinato a Massimiliano Sforza, duca di Milano, per conto del quale Antonio Siciliano si era recato nei Paesi Bassi nel 1513.
Michiel si era già reso conto del fatto che gli autori delle miniature erano più d'uno, tanto che aveva suggerito i nomi di tre artisti

neerlandesi. Le sue attribuzioni, tuttavia, sono tutt'altro che affidabili: Zuan Memelin (Hans Memling) era morto nel 1494 e non vi è nulla, nel Breviario, che possa ragionevolmente venirgli ascritto, mentre finora non si è nemmeno stati in grado di scoprire chi fosse Livieno di Anversa. Girardo da Guant, invece, va indubbiamente identificato con Gerard Horenbout, artista di corte di Margherita d'Austria e in seguito anche di Enrico VIII d'Inghilterra (Dogaer 1987, 161-168). In genere, oggi, si ritiene che sia l'autore, tra l'altro, della *Crocifissione* e del *Serpente di bronzo* (cc. 138v-139r), del *Sansone con le porte di Gaza* (c. 163r), della *Torre di Babele* (c. 206r), di *Adamo ed Eva* (ca. 286v), dell'*Officio dei defunti* (c. 449r), del *Giudizio universale* (c. 469r) e della *Natività notturna* ora in esame.
Le miniature di Horenbout ci stupiscono per la poeticità dei paesaggi, l'attenta osservazione dei particolari naturalistici e la sottigliezza degli effetti luministici. Quest'ultima caratteristica è evidente soprattutto nella *Natività notturna*, dove l'artista ha fatto ricorso alle più varie fonti di luce per evocare le miracolose circostanze della nascita di Gesù. La pagina è dominata dalla visione dell'interno fortemente illuminato della stalla, che si riempie di una pioggia meteoritica di raggi dorati, emanati dall'aurea figura del Padreterno, dall'aureola della Vergine e dal corpo stesso del Bambino. Una schiera di angeli, dalle preziose vesti variopinte, volteggia tra quei sottili filamenti in una sinfonia caleidoscopica di luce e di colori, che eclissa completamente il gruppo dei pastori, timidamente emersi dall'oscurità che circonda il perimetro della stalla.
Molti degli elementi che caratterizzano questa *Natività* possono essere messi in relazione con un gruppo di dipinti che si ritiene siano tutti ispirati a un'opera perduta di Hugo van der Goes (Winkler 1964, 141-154). Tra i motivi in comune va segnalato non solo quello dell'ambientazione notturna, con l'annuncio ai pastori in lontananza, ma anche il san Giuseppe con la lanterna, i due pastori che sbirciano dalla finestra della stalla, la schiera angelica e la Madonna inginocchiata

dinnanzi al Bambino ignudo. A differenza delle altre immagini legate a quel prototipo perduto, come quelle di Jan Joest van Kalkar e Michel Sittow (cat. 128), qui il piccolo Gesù non è deposto nella mangiatoia, ma su un lembo del manto della madre steso al suolo davanti a lei. La mistica oscurità che avvolge le figure in queste opere crea una sensazione di intimità, mentre i più spettacolari effetti di luce della miniatura del Breviario Grimani sembrano celebrare l'evento in una vena più gioiosa.
Malgrado l'esplicito desiderio del cardinale Grimani di rendere largamente accessibile il Breviario, è estremamente difficile valutarne in maniera precisa l'influsso sulla pittura veneziana, tanto più che – come sappiamo – il libro era rimasto a Roma dal 1523 al 1547. Sono stati comunque segnalati vari possibili collegamenti tra le scene di genere del calendario e certe opere di artisti veneziani. Si è detto, in particolare, che il motivo principale del *Paesaggio con mungitrice* di Tiziano (cat. 136) potrebbe derivare dalla miniatura relativa al mese di Maggio, e che Jacopo Bassano avrebbe desunto il suo *Pastore addormentato* (Szépművészeti Múzeum, Budapest; Fort Worth 1993, 126-127) dal contadino che sonnecchia nell'Agosto. In entrambi i casi, tuttavia, le figure del calendario rivelano una somiglianza soltanto generica con quelle delle opere veneziane appena citate. Si può dire lo stesso anche dell'*Adorazione del Bambino Gesù* di Savoldo (collezione privata, Milano), che ricorda questa *Natività notturna* solo sotto il profilo del soggetto, non in termini di derivazione di specifici motivi. Nondimeno, l'importanza chiaramente attribuita al Breviario durante tutto il corso del XVI secolo testimonia della grandissima stima nella quale erano tenute a Venezia queste opere neerlandesi.

BLB

471

130
Jan de Beer (ca. 1475-1528)
*Trittico dell'Adorazione dei Magi*, ca. 1515-1517

*Natività notturna*, *Adorazione dei magi* e *Riposo durante la fuga in Egitto*
olio su tavola, 159 x 58; 156 x 123; 157 x 57 cm
Milano, Pinacoteca di Brera, inv. 353

PROVENIENZA: Santa Maria dei Servi, Venezia, 1581 (?); entrato al museo nel settembre 1808 come di "Alberto Duro".
LETTERATURA: Friedländer 1974, 16; Ewing 1978, 56-60, 107-112, 237-246; Campbell 1981, 468; Brescia 1990, 267-268; Massi 1991, 109-110; Boon 1992, I, 441-442; Brera 1995, 21-27.

Il trittico è l'opera fondamentale di Jan de Beer, figura centrale di un gruppo di artisti, attivi agli inizi del XVI secolo, noti come i "manieristi" di Anversa. Quando Jan lo portò a termine, era ormai un pittore maturo con una florida bottega, ed è probabile che avesse affidato a uno dei suoi aiuti, presumibilmente il Maestro di Amiens, parte dell'esecuzione dei due scomparti laterali (Ewing 1978, 244). Le dimensioni, la complessità e i sontuosi particolari del trittico indicano che si trattava di una commissione fuori dall'ordinario. Delle sue vicende iniziali non si sa nulla, ma in genere si pensa che sia giunto a Venezia appena uscito dalla bottega. La maggior parte dei dipinti neerlandesi ricordati nelle collezioni veneziane erano piccole opere destinate alla devozione privata o alla decorazione dei palazzi, e quindi una pala d'altare di quest'imponenza costituiva quasi una rarità. Una pala di "M° piero de fiandra" era stata consegnata nel 1451 a Santa Maria della Carità, ma in seguito non se ne ha più alcuna notizia, malgrado i tentativi di identificarla con un dipinto di Petrus Christus (Humfrey 1993, 159). Nel 1581 Francesco Sansovino registrò la presenza di un'altra opera fiamminga nella chiesa veneziana di Santa Maria dei Servi: "Giovanni di Bruggia vi fece la palla col Presepio, & co i tre Magi" (Sansovino 1581, 160). Tradizionalmente, a essere chiamato Giovanni di Bruggia era Jan van Eyck ma, come ha osservato Weiss (1957), in assenza di altre prove è difficile dare grande credito all'attribuzione di Sansovino. Si deve a Campbell (1981, 468) la ragionevole proposta di identificare la pala dei Servi con il trittico di de Beer, pervenuto a Brera nel 1808, con un'attribuzione a Dürer, insieme con altri dipinti provenienti dalle chiese veneziane soppresse. Si è sempre affermato che

la pala era appartenuta al convento di Santa Maria delle Convertite, utilizzato come deposito in epoca napoleonica (Brera 1995, 21). Nulla sembra indicare, infatti, che in quel luogo fosse mai stato esposto un Van Eyck, un Dürer o un qualsiasi altro dipinto di origine nordica. Né ci risulta che la pala neerlandese di Santa Maria dei Servi sia stata ricordata dopo la breve descrizione di Sansovino del 1581.
Pur insistendo sulla grande importanza che la pala avrebbe rivestito, tra il 1510 e il 1520, per i pittori veneziani, la critica non ha mai addotto alcuna prova specifica di questo possibile influsso (Firenze 1947, 51). In realtà, come sembra suggerire la stessa datazione del dipinto, le analogie più inoppugnabili sembrano risalire agli anni immediatamente successivi e si avvertono in particolare nelle opere di Lorenzo Lotto e di Savoldo. Lotto ha inserito nelle sue due *Natività* notturne (Pinacoteca Nazionale, Siena; la seconda è nota tramite una copia delle Gallerie dell'Accademia, Venezia) molti degli effetti di luce sovrannaturale che caratterizzano il laterale sinistro del trittico (Massi 1991). Dalla stessa tavola Savoldo ha desunto il motivo del gruppo dei pastori radunati attorno a un falò sullo sfondo della sua *Adorazione del Bambino Gesù* (collezione privata, Milano). Altri elementi dello sportello di sinistra, come i due pastori intenti a guardare da una breccia del muro, appartengono alla normale iconografia delle Natività tedesche e neerlandesi (Hull 1993, 80-81). Savoldo ha dipinto figure molto simili almeno tre volte, nelle sue pale con la Natività di Venezia, Terlizzi e Brescia (cat. 131); e non è escluso che il San Giuseppe che attinge acqua nel suo *Riposo durante la fuga in Egitto* (collezione privata; Brescia 1990, 126-127) sia stato tratto dall'analogo motivo dello scomparto di destra. Tuttavia, a parte questi pochi casi isolati, si ha l'impressione che i veneziani abbiano dimostrato ben poco interesse per un'opera d'arte così maestosa, il che è strano, specialmente se si pensa a com'era stata accolta a Firenze, sia dai critici che dagli artisti del tempo, la *Pala Portinari* di Hugo van der Goes. Forse lo stile stravagante e un poco sovraccarico del trittico di Jan era semplicemente meno gradito ai veneziani: tutto quell'assieparsi di figure leziose e quell'eccessivo sfoggio di tessuti svolazzanti rendono lo sviluppo narrativo difficile da decifrare. Malgrado gli aspetti apparentemente

italianeggianti dell'ornato architettonico (Vervaet 1977), quel miscuglio eterogeneo di superfici riccamente decorate e di particolari naturalistici sembra stridere con il gusto per la semplicità e l'armonia che domina l'arte veneziana.
Il trittico con le ali mobili era il formato tipico delle pale d'altare dei Paesi Bassi. A differenza dei polittici italiani, dove le cornici erano fisse e gli scomparti laterali contenevano di norma singole immagini di santi, i trittici neerlandesi erano spesso composti da più scene narrative. La combinazione dei soggetti poteva essere la più varia, ma a Bruges e ad Anversa, agli inizi del XVI secolo, si optava di solito per una sequenza di scene della vita della Vergine. Lo schema adottato da Jan de Beer – *Natività*, *Adorazione dei magi* e *Fuga in Egitto* – è stato ripetuto, per esempio, da Adriaen Ysenbrant (Frieländer 1974, tav. 103) e dall'anonimo pittore noto come il Maestro dell'Epifania di Bruxelles (Bruxelles 1994, 22-23). Secondo i dettami della *devotio moderna*, la contemplazione di queste immagini doveva indurre i fedeli a uniformarsi allo stile di vita della Sacra Famiglia come a un modello di salvezza. Le due facce esterne dei laterali del trittico di Jan, dipinte a grisaille, componevano un'*Annunciazione* (ora in larga parte distrutta), che serviva da prologo alle scene raffigurate all'interno. Forse uno dei motivi della scarsa attenzione dedicata alla grande pala era proprio il fatto che gli sportelli venivano tenuti quasi sempre chiusi, lasciando in vista solo l'*Annunciazione*.
Le tre scene interne sono collegate tra loro dal punto di vista tematico, ma in questo caso non da quello visivo. Non vi è continuità tra i paesaggi delle singole tavole e gli effetti di luce mutano radicalmente da un'immagine all'altra. Il tipo di illuminazione più spettacolare è quello della mistica *Natività notturna*, forse in rapporto con le *Rivelazioni* di Brigida di Svezia, dove la santa narra una visione occorsale durante il pellegrinaggio a Betlemme del 1372. La Vergine le consentì di "assistere" alla nascita di Gesù e Brigida vide il Bambino, adagiato sulla nuda terra, emanare una luce ineffabile più forte di quella della lanterna di Giuseppe e perfino del sole. E nello stesso tempo si udirono gli angeli cantare melodie di miracolosa dolcezza (Cornell 1924, 9-13). Jan ha accentuato la spiritualità del soggetto enfatizzando gli aspetti notturni della scena. Sullo sfondo l'artista ha inse-

rito tutta una serie di personaggi secondari – donne con lanterne, soldati con le torce, pastori che danzano davanti a un falò crepitante – illuminati da piccole vampate di luce, che fanno da contrappunto all'intenso bagliore dorato che emana dal Bambino. Assorte nelle loro modeste occupazioni, queste figure sembrano ignorare che la luce di Cristo è la sola che può illuminare il loro cammino verso la salvezza.
Il concetto è reiterato nella tavola di destra, dove è rappresentato il *Riposo durante la fuga in Egitto*. Il periglioso viaggio della Sacra Famiglia era visto dai fedeli come una metafora del pellegrinaggio dell'esistenza umana. La Vergine allatta il Bambino accanto a una modesta piantaggine in fiore, che simboleggia l'umiltà della Madonna e il percorso obbligato dei credenti che cercano la salvezza eterna. Giuseppe attinge acqua alla sorgente miracolosa sgorgata per dissetare i fuggitivi. La statua pagana che precipita dall'alto piedestallo, a metà campo, allude agli idoli crollati a terra al momento

dell'arrivo a Heliopolis della Sacra Famiglia, mentre il campo di grano, un po' più in là, vuole essere quello fatto maturare in una sola notte da Gesù per confondere ogni traccia del suo passaggio (Wentzel 1957). La Gerusalemme terrena, al centro del paesaggio, rappresenta simbolicamente quella celeste: la meta finale del pellegrino in questo mondo. La città è ben riconoscibile grazie al grande tempio a pianta circolare, basato su un disegno della collezione Lugt (Institut Néerlandais, Fondation Custodia, Parigi; Boon 1992, I, 441-442), apparentemente utilizzato come fonte di ispirazione anche da altri manieristi anversesi.

Sotto vari aspetti, il trittico dell'*Adorazione* è un tipico esempio dei dipinti che questi pittori di Anversa producevano per il mercato estero. Le velature cristalline, il virtuosismo della pennellata e la ricchezza degli ornati miravano ovviamente a sbalordire i potenziali clienti. Rintracciare i nomi di costoro è di solito impossibile, ma la scritta che si legge su un'altra *Adorazione dei Magi* di Jan de Beer

(Sotheby's, Londra, 17 maggio 1989, lotto 15) sembra indicare che anche quella tavola era un'importante commissione italiana. La parola "lampone", leggibile sul cappello di uno dei Magi, è stata interpretata come un gioco di parole con il termine tedesco *beere* (bacca), e quindi come un'allusione al nome del pittore. È chiaro che si tratta soltanto di una congettura, tanto più che in fiammingo *beere* significa "orso". Agli inizi del XVI secolo dovevano essere presenti in Italia anche altri dipinti di de Beer, come il *Trittico della Pietà* (Gemäldegalerie, Berlino), certamente noto al di qua delle Alpi, visto che Andrea del Sarto ne ha desunto le pose delle figure del suo *Sacrificio di Abramo* (Cleveland Museum of Art). Con tutta probabilità, Lotto e Savoldo conoscevano il trittico veneziano, ma non si può nemmeno escludere che, girando per l'Italia, si fossero imbattuti in opere dello stesso genere eseguite da Jan o da altri manieristi di Anversa.

BLB

473

131
Giovanni Girolamo Savoldo (attivo 1506-1548)
*Adorazione dei pastori*, ca. 1538

olio su tavola, 192 x 180 cm
Brescia, Musei Civici, Pinacoteca Tosio Martinengo, inv. 75

PROVENIENZA: cappella Bargnani, San Barnaba, Brescia; trasferito al museo tra il 1868 e il 1875.
LETTERATURA: Boselli 1977, I, 67, II, 32-34; Passamani 1985; Gilbert 1986, 166, 326-327, 383-387, 553-556; Brescia 1990, 106-109; Frangi 1992, 127-129; Martin 1995e, 79-82.

Del persistente interesse di Savoldo per l'arte nordica testimoniano tre pale d'altare tutte raffiguranti l'*Adorazione dei pastori* (Brescia 1990, 106-115; Frangi 1992, 127-132): la prima è quella di Brescia ora in esame, mentre le altre due si trovano ancora nelle chiese per le quali erano state dipinte, rispettivamente San Giobbe a Venezia e Santa Maria la Nova a Terlizzi. Nel dipinto bresciano, in primo piano, la Madonna e San Giuseppe adorano in ginocchio il radioso Bambino appena nato in uno spazio piuttosto ristretto, delimitato dalla muratura sconnessa e dalla tettoia di fortuna di una stalla in rovina. Due pastori osservano la scena dalla finestra aperta sulla parete di fondo e un terzo si sporge attonito dal muretto alle spalle di Giuseppe. Nell'angolo superiore sinistro un angelo annuncia la nascita di Cristo in un alone di luce così accecante da accendere il cielo e l'erba di riflessi splendenti come gemme.
Il soggetto è tratto da un brano del Vangelo di Luca (2, 1-20), che fornisce una descrizione generica della nascita di Gesù e dell'annuncio angelico ai pastori, poi confluiti ad adorare il nuovo nato. Ma il motivo delle figure che scrutano l'interno della stalla da una finestra dovrebbe essere un'invenzione neerlandese, forse riconducibile a una *Natività* di Rogier van der Weyden ora perduta (Hand & Wolff 1986, 47, cat. 29). La ritroviamo in opere di Petrus Christus (National Gallery of Art, Washington), Gerard David (Metropolitan Museum of Art, New York) e Dieric Bouts (Museo del Prado, Madrid). Oltre che dal racconto evangelico, questi pittori neerlandesi hanno desunto elementi – come quello del Bambino che irradia una luce divina – anche dalle *Rivelazioni* di Santa Brigida di Svezia, un testo devozionale del tardo Trecento molto diffuso in tutta Europa. Brigida aveva avuto la visione del parto privo di sofferenze della Madonna, che si era miracolosamente trovata dinnanzi,

adagiato al suolo, il corpo luminosissimo del Bambino. La santa descrive anche il momento in cui la Vergine solleva il panno per svelare ai pastori il sesso del nuovo nato, visto che l'angelo aveva predetto soltanto la nascita di un messia, senza specificare se fosse uomo o donna (Hull 1993, 78). La pala di Savoldo, pur non illustrando letteralmente il testo di Brigida, attinge chiaramente all'iconografia popolare ad esso ispirata. All'inizio del XV secolo queste rappresentazioni erano diventate molto comuni in tutta l'Europa settentrionale e avevano avuto un autentico impatto anche sulla pittura italiana. L'*Adorazione dei pastori* di Mantegna (The Metropolitan Museum of Art, New York), per esempio, sembra direttamente ispirata all'incisione con la *Natività di Cristo* del Maestro E.S., dove una Vergine "brigidina" inginocchiata prega dinnanzi a un Bambino disteso a terra e circondato da angeli (Ames-Lewis 1992). In un'edizione tedesca delle *Rivelazioni* di Brigida, del 1492, Maria e Giuseppe vengono presentati in ginocchio davanti al Bambino, che è deposto – come nel dipinto di Savoldo – in una mangiatoia a forma di scatola, mentre i pastori assistono alla scena dalla porta e dalla finestra della stalla. L'episodio dell'annuncio ai pastori è collocato sullo sfondo, in alto a sinistra, come un quadro nel quadro. Le fantastiche formazioni rocciose richiamano alla mente i paesaggi panoramici delle composizioni di Joachim Patinir, come il *Martirio di Santa Caterina* (cat. 118). Anche se lo spazio dedicato a questa vignetta è modesto, l'esplosione di luce che illumina lo spiazzo erboso dà alla scena un senso di vastità. Nel suo breve accenno all'opera di Savoldo il Vasari (1578, VI, 507) elogia in particolare i notturni e gli incendi dipinti dall'artista. Benché la *pala di San Barnaba* non sia un "notturno" vero e proprio, come è invece l'*Adorazione del Bambino Gesù* di Savoldo (collezione privata, Milano), i singolari effetti di luce sullo sfondo e il bagliore sulla mangiatoia le conferiscono grande forza drammatica. Nel 1513 Bartolomeo Bargnani inserì nel testamento una clausola che impegnava gli eredi a erigere una cappella nella chiesa di San Barnaba per una spesa complessiva di 100 ducati, sborsandone altri 12 per una pala d'altare raffigurante la Natività con la Vergine Maria e San Giuseppe (Boselli 1977, I, 67). Ma Bargnani visse ancora a lungo, tanto che l'8 giugno 1536 ordinò di

persona la costruzione della cappella dedicata a San Giuseppe, condotta a termine il 31 dicembre 1538 (Boselli 1977, II, 32-34). Sembra probabile che il dipinto di Savoldo sia stato commissionato intorno a quest'ultima data o poco dopo. Ma nello strato di colore sottostante la figura del pastore in verde, appoggiato alla parete, le radiografie hanno rivelato la presenza della data "1540" (Passamani 1985, 98), stranamente tracciata a ritroso e sottosopra, come se si trattasse di un'iscrizione incorporata nel muro. Questa scoperta suscita più di un interrogativo. Se Savoldo avesse datato il dipinto in questa maniera enigmatica, se ne dovrebbe dedurre che il pastore costituisce un ripensamento aggiunto in un secondo momento, il che non trova conferme negli altri dati tecnici emersi dalle indagini (Brescia 1990, 108). Gilbert (1986, 555) ha ipotizzato che il pittore avesse fatto uno scarabocchio destinato a non essere mai visto da nessuno, mentre altri hanno preso la data più sul serio, ritenendola quella del completamento dell'opera. La si è anche messa in rapporto con la notizia che nell'Ottocento, sulla *Pala di San Giobbe*, a Venezia, era ancora leggibile la data 1540 (Frangi 1992, 127; Martin 1995c, 79-82).
Di qui emerge anche il problema della cronologia delle tre *Adorazioni dei pastori* di Savoldo. La critica concorda nel ritenere il dipinto di Terlizzi una copia tarda della composizione di Brescia, ma il rapporto tra le altre due pale non è ancora stato spiegato in modo convincente. In genere si sostiene, su basi stilistiche, che la versione di San Barnaba preceda quella di San Giobbe, ma recentemente qualcuno ha suggerito il contrario (Martin 1995c, 79-82). L'impianto compositivo generale della pala bresciana è più frammentato di quello del quadro veneziano, mentre il paesaggio sembra impostato in modo più unitario, e la posa del Bambino che sembra scalciare nell'aria è una ripetizione dell'analogo motivo dell'*Adorazione di Gesù Bambino con due donatori* (collezioni reali inglesi, Hampton Court; Frangi 1992, 64-65), un'opera di Savoldo situabile intorno al 1526. Alla luce della data del completamento della cappella e di quanto emerge da un esame diretto delle due pale, ci sembra più probabile che l'*Adorazione dei pastori* di Brescia sia stata dipinta qualche anno prima di quella veneziana.

BLB

132
Herri met de Bles, detto il Civetta (ca. 1510-*post* 1550)
*Paesaggio con miniera*, ca. 1535

olio su tavola, 39,5 x 73 cm
Graz, Alte Galerie des Steiermärkischen Landesmuseums Joanneum, inv. 55

PROVENIENZA: collezione privata, Vienna; lascito al museo di Julie von Benedek, 1895.
LETTERATURA: Faggin 1968b, 40, nota 30; Franz 1969, I, 79; Friedländer 1975, 107; Genaille 1987, 175-177; Calmotti 1989, 23-29; Gibson 1989, 30; Biedermann, Gmeiner-Hübel & Rabensteiner 1996, 46-49.

Nel XVI secolo, in Italia, le opere di Herri met de Bles erano talmente note e ricercate, che l'artista era stato soprannominato "il Civetta", per via dei piccoli rapaci che compaiono spesso nei suoi dipinti ed erano erroneamente ritenuti una specie di firma. Delle sue origini, del tipo di formazione che aveva ricevuto o del suo percorso artistico si sa ben poco e non è nemmeno provato che fosse parente di Joachim Patinir, come si è spesso sostenuto. È innegabile, tuttavia, che i suoi paesaggi panoramici dalla struttura bipartita, con quegli affioramenti rocciosi che ricordano gli scenari naturali della valle della Mosa e l'abbondanza di minute figure, siano basati proprio su prototipi di Patinir (Falkenburg 1988b, 110). Di un suo ipotetico viaggio in Italia – si è anche detto che sarebbe sepolto a Ferrara – non si è scoperta alcuna testimonianza, anche se di recente sono state segnalate notevoli affinità tra certe figure di levantini nei suoi dipinti e quelle che compaiono nella produzione di pittori veneziani, come Vittore Carpaccio, Giovanni Mansueti e Gentile Bellini (Serck 1998, 58). Vi è poi un disegno della *Pesca miracolosa* con una veduta di Venezia nello sfondo: il foglio appartiene a un taccuino di schizzi (Staatliche Museen, Kupferstichkabinett, Berlino, 79 C 2, c. 28r) che è stato attribuito alla bottega del Civetta, ma è molto improbabile che l'opera sia stata effettivamente eseguita a Venezia (Bevers 1998).
Una delle tematiche più interessanti affrontate dall'artista è quella delle attività minerarie della valle della Mosa dov'era nato. Il dipinto di Graz è appunto un'illustrazione precisa del metodo indiretto di fusione del ferro in uso all'epoca, e della successiva produzione dell'acciaio per cementazione. Sul lato destro della scena si vedono le imboccature di due pozzi, dai quali si sta estraendo con gli argani il minerale grezzo, che

la donna e il ragazzo seduti lì accanto hanno l'incarico di frantumare, prima che venga trasportato al forno fusorio. L'altoforno, con la sua grande ruota a pale per azionare i mantici, è visibile al centro del proscenio: dalla ciminiera si sprigionano fiamme purpuree, mentre il materiale fuso confluisce in una depressione del terreno, dove si raffredda trasformandosi in una barra di ghisa. Le sbarre, su cui si fa scorrere l'acqua, vengono pesate sulla bascula a destra del forno, e trasportate poi su carri fino alla fucina sul lato sinistro, dove verranno di nuovo scaldate e i fabbri provvederanno alla loro forgiatura, fino a trasformarle in acciaio. Guardando sotto la tettoia, si può vedere l'assale a forma di cannone usato per azionare il maglio.
Bles sembra essere stato uno dei primi artisti a trattare questo tema di carattere industriale; di lui ci sono pervenute almeno quattro scene di soggetto minerario analoghe a questa: un dipinto degli Uffizi che risulta esposto nella Tribuna già nel 1589 (Firenze 1997, 186-187; Bertelà 1997, 40-41); una replica della composizione degli Uffizi oggi conservata a Praga (Kotalik 1988, 116-117); una tavola della collezione Liechtenstein di Vaduz (New York 1985, 279-280) e un'altra ancora ora a Budapest (Urbach 1971, 48). Queste sue immagini precedono di quasi un quarto di secolo le xilografie prodotte da Hans Rudolf Manuel Deutsch per illustrare il *De re metallica* di Georgius Agricola (1556), anche se le procedure raffigurate nel dipinto coincidono con quelle descritte nel trattato (libro IX; Calmotti 1989). Ma, a differenza di quest'ultimo, che è di natura esclusivamente scientifica, le scene di Bles contengono anche un messaggio cristiano. Sul lato destro del dipinto di Graz, a metà campo, si può individuare una minuscola immagine della Fuga in Egitto, mentre a sinistra appare inequivocabilmente una visione della Gerusalemme terrestre, con il suo caratteristico tempio a pianta circolare. La stessa iconografia è presente anche nel dipinto Liechtenstein, mentre in quelli di Firenze e di Praga appare la Sacra Famiglia, collocata in bell'evidenza in primo piano, accanto alla fucina. Ciò che può apparire, a un'occhiata superficiale, una semplice scena di genere o di documentazione tecnico-scientifica, vuole essere in realtà una metafora del "pellegrinaggio della vita".
Come nelle opere di Patinir, anche

Herri met de Bles ha suddiviso la composizione in due distinte aree, che corrispondono a due mondi diversi. Il proscenio della tavola di Graz brulica di minatori intenti al loro lavoro, che consiste nel martoriare la terra per depredarla dei suoi tesori. Scavare e fondere – estrarre il minerale grezzo dalle viscere della terra e forgiarlo con il fuoco di Satana – erano attività non solo materialmente sudice, ma anche destinate a derubare il mondo delle ricchezze naturali che erano un dono di Dio (Camporesi 1992, 40-57). Fare incetta di minerali e raffinarli assumeva così una valenza negativa, analoga a quella dei piaceri terreni e dell'eccessivo consumo, che caratterizzavano, secondo Sant'Agostino, il mondo del peccato ossia la *civitas terre-*

*na*. Tutta una gamma di tinte sul bruciato, il bruno e l'ocra, oltre al bagliore delle fiamme, differenzia il mondo intensamente coltivato, ma comunque barbaro, delle miniere dalla remota regione delle montagne che svaporano nella lontananza. È questa la *civitas dei*, il regno del Signore, dove si sta dirigendo la Sacra Famiglia dopo il difficile cammino nel mondo del male. Il paesaggio sullo sfondo, intriso di una fredda luce, è chiaramente più ospitale, ma le sue città appollaiate sugli speroni rocciosi sono certamente meno accessibili. Per il pellegrino che segue la giusta strada, tuttavia, quel mondo quasi irraggiungibile rappresenta una promessa di salvezza. La fortezza bagnata dal sole, sulla destra, è la "città futura" – come la descrive San

Paolo nella *Lettera agli Ebrei* (13, 14; Bruyn 1988, 100) –, preparata da Dio per i credenti sulla vetta del monte Sion.

Va però ricordato che le attività minerarie non erano sempre viste sotto una luce sfavorevole. La xilografia del 1528 di Hans Sebald Beham, che mostra una miniera di metallo prezioso in Sassonia, è accompagnata da alcuni versi di encomio per l'intelligenza e la fatica di chi sa estrarre i minerali dal sottosuolo (Geisberg 1974, I, 245). Così la visione della Gerusalemme celeste nel dipinto del Civetta potrebbe ricordare al riguardante che il duro lavoro svolto in questa vita verrà premiato nella prossima. È difficile stabilire se i collezionisti italiani fossero in grado di cogliere e di apprezzare il significato religioso di queste scene di miniera. Non sappiamo quando sia entrato nelle collezioni medicee il dipinto degli Uffizi, ma è probabile che si sia trattato di un acquisto di Francesco I, notoriamente interessato alla tecnologia scientifica e alla metallurgia. Altri erano forse affascinati più semplicemente dai paesaggi fantastici, dalla frenetica attività svolta in quelle scene, dagli spettacolari effetti pirotecnici. Il tema, meno ovvio, del pellegrinaggio della vita trova comunque analogie nella produzione di artisti come Jacopo Bassano, né si può escludere che – a nord come a sud delle Alpi – gli osservatori più avveduti potessero discernere con facilità i sottintesi religiosi delle opere del Civetta.

BLB

477

133
Maestro del Figliol prodigo (attivo ca. 1530-1560)
*Fuga in Egitto*, ca. 1540

olio su tavola, 89 x 115 cm
Padova, Museo d'Arte Medievale e Moderna, inv. 286

PROVENIENZA: collezione Emo Capodilista; legato al museo dal conte
Leonardo Emo Capodilista, 1864.
LETTERATURA: Ring 1923, 196; Marlier 1961, 109; Díaz Padrón 1981; Padova 1988, 178-179; Gibson 1989,
104, nota 160; Collobi Ragghianti
1990, 250-251; Banzato 1997, 105,
109.

Lo sfondo della *Fuga in Egitto*, con i
tetti di paglia e le scenette di vita di
paese, è stato additato come un importante esempio di descrizione della cultura contadina (Banzato 1997,
105). Come per il paesaggio idilliaco
che fa da sfondo alla *Fuga in Egitto*
di Toledo di Jacopo Bassano (cat.
134), l'osservazione è giusta fino a un
certo punto, in quanto, se considerate nel contesto dell'episodio evangelico, anche l'ambientazione bucolica
e la presenza dei villici possono essere lette in chiave moralistica.
Almeno fin dal XIII secolo, la Fuga in
Egitto veniva associata al tema del
pellegrinaggio (Hahn 1984, 521), perché il vero cristiano, nel cammino
della vita, imparasse a imitare la pazienza della quale aveva dato prova
la Sacra Famiglia nell'affrontare le
avversità di un viaggio irto di pericoli. E non era affatto raro, nella pittura degli esordi del XVI secolo, imbattersi in Fughe in Egitto usate come
metafore visive della scelta morale
tra la via dei piaceri terreni, pianeggiante ma peccaminosa, e il ripido
sentiero culminante nella salvezza
eterna. Già Agostino, nella *Città di
Dio*, aveva contrapposto il mondo
virtuoso della *civitas dei* a quello cor-
rotto della *civitas terrena*. Nel dipinto padovano, sul proscenio, la Sacra
Famiglia sta scendendo da una collina lungo uno stretto viottolo sassoso, cui fa da contraltare, alle spalle
dei fuggitivi, la bella strada larga che
si snoda dolcemente nell'ondulata
campagna. È chiaro che il viaggio
non seguirà quel facile percorso attraverso l'apparente tranquillità del
villaggio campestre, bensì un sentiero impervio che conduce in tutt'altra
direzione. Malgrado il suo fascino
rustico, il paese coincide in realtà
con il mondo malvagio della *civitas
terrena*.
Il regno del peccato non è caratterizzato qui da edifici diroccati o da ruderi imponenti, ma dai campi colti-
vati e dai beni terreni accumulati dai
suoi abitanti, che si preoccupano del
bestiame, dei mulini e delle botteghe
più che della salvezza dell'anima. Il
piacere materiale che essi perseguo-
no assume la forma della grande locanda a destra della strada, la cui
funzione di bordello è chiaramente
indicata dalla colombaia che le sorge
accanto (Falkenburg 1988b, 66). E
nessuno sembra dedicare la minima
attenzione al passaggio della Sacra
Famiglia. Al centro della scena, un
viandante solitario con le calze rosse,
un sacco sulle spalle e un lungo bastone in mano si sta dirigendo esattamente dall'altra parte: è il "falso
pellegrino", che ha scelto il percorso
sbagliato, ancorché più facile.
Il villaggio rappresenta l'umanità
che verrà redenta dal sacrificio di
Gesù e l'albero torreggiante, che offre riparo alla Sacra Famiglia e al
bue, non è un semplice artificio visivo, ma una chiara allusione alla croce di Cristo, il *lignum vitae*, e alla
promessa di salvezza contenuta nel
Nuovo Testamento. E anche il bove,
che aveva protetto il Bambino al momento della nascita, era interpretato
come un simbolo della "nuova alleanza" (Brand Philip 1953, 270).
Benché lo si incontri di rado nelle
raffigurazioni della Fuga in Egitto, è
comunque presente in alcune versioni xilografiche del soggetto di
Dürer e di Altdorfer, nel dipinto di
Wolf Huber di Berlino (Gemäldegalerie) e nella tela di Toledo di Jacopo Bassano.
L'autore del dipinto di Padova prende il nome dalla *Parabola del figliol
prodigo* (Kunsthistorisches Museum,
Vienna; Flämische Malerei 1989,
56). Le sue prime opere sembrano
vicine a Pieter Coecke van Aelst e a
Pieter Aertsen, la cui iconografia
moraleggiante, impostata sulla contrapposizione tra ipocrisia e vera fede, ha una stretta affinità con il tema
sottinteso nella *Fuga in Egitto* di Padova (Falkenburg 1988). L'esistenza
di numerose versioni di questo stesso soggetto lascia intendere che il
Maestro del Figliol prodigo era a capo di una numerosa bottega. Una replica della *Fuga in Egitto* padovana è
conservata a Tournai (Le Bailly de
Tilleghem 1989, 26) e un'altra ancora, con personaggi secondari leggermente diversi, è stata messa in vendita da Sotheby's nel 1978 (Díaz Padrón 1981, 372).
I due dipinti di Vienna e di Padova,
molto simili sotto il profilo stilistico,
vanno probabilmente situati entrambi nel periodo giovanile dell'artista. Sono caratterizzati da figure
slanciate, che procedono con un
passo elastico, quasi saltellante. Benché il paesaggio li aggreghi, vi è una
considerevole differenza di scala tra
un gruppo e l'altro, il che finisce per
isolare completamente la Sacra Famiglia dalle attività quotidiane del
villaggio, sottolineando così il significato morale della scena. I grandi
paesaggi panoramici dalla funzione
unificante hanno indotto qualcuno a
ipotizzare che il pittore avesse visitato l'Italia, venendo a contatto con
l'arte di Jacopo Bassano e di altre
personalità del nord della penisola
(Marlier 1961, 108). Questa ci sembra però una forzatura per un artista
della cui evoluzione si sa così poco e
di cui ignoriamo persino il nome,
tanto più che esistono paesaggi del
genere anche nelle opere di Bosch e
di Bruegel. La *Fuga in Egitto* del
Maestro del Figliol prodigo ci sembra invece proprio il tipo di dipinto
neerlandese che poteva essere noto a
Jacopo Bassano, le cui pitture moraleggianti sullo stesso soggetto tradiscono un fervore religioso di analogo stampo.

BLB

479

## 134
Jacopo da Ponte, detto Bassano
(ca. 1510-1592)
*Fuga in Egitto*, ca. 1542

olio su tela, 157,5 x 203,2 cm
Toledo, The Toledo Museum of Art
acquisizione con i fondi del Libbey
Endowment, dono di Edward
Drummond Libbey, inv. 1977.41

PROVENIENZA: chiesa della Santissima Annunziata, Ancona, 1777; Antonio Collamarini, 1801; John Donnithorne Taylor, Grovelands, Southgate, 1821; pervenuto in eredità a A.D. Taylor, North Aston Manor; venduto a Sotheby's Londra, 24 giugno 1970, lotto 9; dono di Edward Drummond Libbey, 1979.
LETTERATURA: Herrmann 1961; Ballarin 1967; Rearick 1978, 166; Costanzi 1990, 35-43; 1991; Fort Worth 1993, 63, 275-277; Aikema 1996, 14-26; Ballarin 1996, I, figg. 333-346, III, figg. 116, 121-126; Goffen 1998, 184-185.

Questa *Fuga in Egitto* si svolge in primo piano davanti a un vasto scenario di un naturalismo stupefacente, che è stato messo a confronto con la veridicità dei paesaggi neerlandesi (Ballarin 1967, 83), ma si fonda essenzialmente su un'attenta osservazione della campagna che circonda Bassano del Grappa, la città natale del pittore. Jacopo si è servito del panorama a lui familiare per rendere più vivace il contrasto tra il territorio ove si svolge il viaggio della Sacra Famiglia e quello frequentato dagli abitanti del villaggetto rustico. Dalle dimensioni delle figure, alla spontaneità dei loro movimenti e alla scioltezza della pennellata, tutto contribuisce a fare di questo borgo campestre un piccolo mondo a parte. I veri protagonisti, invece, dominano il proscenio come le figure monumentali e atemporali di un frontone classico. Bloccando le figure nel tempo e nello spazio, Bassano è riuscito a collocare l'immagine canonica delle pale d'altare all'interno di un episodio narrativo. Il soggetto, benché molto diffuso, era di quelli che comparivano solo di rado, a quell'epoca, sulle pale d'altare o sui dipinti destinati alla devozione privata. Jacopo aveva certamente potuto contare sulla conoscenza di fonti grafiche nordiche, come ad esempio la piccola xilografia con la *Fuga in Egitto* di Albrecht Altdorfer del 1513 circa, la cui composizione presenta notevoli analogie con il grande dipinto in esame (Detroit 1981, 180-187). La *Sacra Famiglia* di Altdorfer, con il bue che muggisce, è saldamente iscritta nel piano dell'immagine da una specie di sipario teatrale, formato dal vasto paesaggio montuoso definito sulla destra da un grande albero. Oltre al bue, Jacopo ha incluso nel corteo anche tre giovani figurati a piedi nudi, già comparsi, circa dieci anni prima, nel dipinto del medesimo soggetto da lui eseguito per la chiesa di San Girolamo a Bassano (Museo Civico, Bassano del Grappa; Fort Worth 1993, 253-256). Ma il motivo era presente anche nei mosaici di San Marco, a Venezia, nella *Fuga in Egitto* giovanile di Tiziano (Ermitage, San Pietroburgo; Fomichova 1992, 331) e specialmente nell'affresco di Giotto della Cappella degli Scrovegni, dove le figure accessorie erano ancora più numerose.
Il breve passo del Vangelo (*Matt. 2*, 13-18) si limita a dire che, durante la notte, Giuseppe aveva preso con sé la famiglia e se ne era fuggito in Egitto. Ma lo stringato racconto era stato ampiamente rielaborato nel Vangelo apocrifo dello Pseudo-Matteo, nei Vangeli arabi dell'infanzia e in tutta una serie di esegesi medievali (Mostafawy 1998, 19-49). Così la storia si era arricchita di particolari sugli angeli che accompagnavano il divino trio, sulla presenza del bue e dell'asino, sui tre figli di Giuseppe, nati da un precedente matrimonio, che sarebbero partiti anch'essi per l'Egitto e vanno probabilmente identificati con i ragazzi che figurano nelle pitture di Giotto e di Bassano. Nella tela di Toledo i "figli" sono raffigurati come devoti pellegrini in veste di pastori, la cui presenza accanto alla Sacra Famiglia deve servire da guida al riguardante nel suo pellegrinaggio della vita (Aikema 1996, 14-26). Il viaggio che intraprendono è tutt'altro che agevole, poiché il cammino che devono percorrere a piedi scalzi è tutto coperto di pietre taglienti, ma il giovane al centro sta indicando al compagno la figura di Giuseppe, come per dire che è necessario porsi sotto la sua egida, seguendo la direzione che egli sceglierà. La mano si staglia sull'erba secca del prato sottolineando letteralmente con l'indice e quindi mettendo in grande evidenza la coppia di contadini diretti al mercato con le oche e gli altri prodotti da vendere. Le due figure, copiate testualmente da una delle illustrazioni xilografiche di Hans Schäufelein del poemetto di Hans Sachs intitolato *Der Waldbruder mit dem Esel* (Hollstein 1954-1998, XLII, 157-160), sono così intente a conversare che non prestano la minima attenzione alla Sacra Famiglia, totalmente ignorata anche dalla seconda coppia – anch'essa desunta da una delle xilografie di Schäufelein – che procede lungo il sentiero sullo sfondo. In un diffusissimo manuale di *Meditazioni sulla Vita di Cristo* di epoca medievale, nel capitolo dedicato alla Fuga in Egitto, il fedele viene invitato a compatire la Sacra Famiglia, "perché il loro era un impegno molto grande, lungo e gravoso... accompagnali e aiutali a portare in braccio il Bambino e servili in ogni modo possibile" (*Meditations* 1961, 68). Quindi il gesto del giovane sottolinea esplicitamente il fatto che le figure sullo sfondo sono proprio l'opposto dei veri pellegrini in viaggio accanto alla Sacra Famiglia, in quanto si concentrano egoisticamente soltanto sulle loro faccende personali. Quei contadini si sono messi sulla strada sbagliata, quella che conduce alla *civitas terrena* di Sant'Agostino, e quindi non raggiungeranno mai il traguardo del cristiano: la *civitas Dei* o Gerusalemme celeste. Ci si è domandati se il disinteresse dei personaggi secondari ne sottintenda l'inferiorità spirituale, o se non possa essere invece un meccanismo messo in atto per situare nel tempo e nello spazio l'evento sacro (Goffen 1998, 184-185). Negli sfondi dei suoi dipinti Bassano ripeteva spesso questi motivi, il che ci fa pensare – a meno che non si trattasse di pigrizia o di mancanza di fantasia – che rivestissero ai suoi occhi un

significato tutto speciale. La coppia che si reca al mercato nella tela in questione riappare identica nel fondale della *Trinità* dipinta da Jacopo nel 1546-1547 per l'omonima chiesa di Angarano (Ballarin 1996, III, fig. 172), così come il casolare con il bucato messo ad asciugare sotto la tesa, o l'uomo che assiste impotente all'incendio che ha già parzialmente distrutto la tettoia di un altro edificio rustico. La disposizione dei cascinali e delle macchiette è stata modificata per rispettare la simmetria richiesta dal soggetto, ma anche qui gli abitanti della *civitas terrena*, assorti nelle loro incombenze, non si accorgono della presenza della Triade divina (Aikema 1996, 31-34). Il

lessico visivo utilizzato da Bassano non serviva soltanto a creare un'ambientazione al tempo stesso naturalistica e religiosa, bensì a trasmettere un messaggio morale molto preciso. Temi moralistici di questo genere erano stati illustrati, nella pittura dei Paesi Bassi, da artisti come Bosch, Bruegel e Patinir, che usavano assegnare a queste immagini particolareggiate della vita di campagna la funzione di esempi "negativi". Nella sua *Fuga in Egitto* anche il Maestro del Figliol prodigo (cat. 133) ha operato una netta distinzione visiva tra la cittadina corrotta, dove gli abitanti pensano solo al loro tornaconto, e il terreno impervio ove si svolge il sacro pellegrinaggio. Come nella pala

di Toledo, al fedele viene chiesto di scegliere tra una vita nel regno del male – il villaggio con la sua quiete ingannevole – e il difficile percorso, indicato dalla Sacra Famiglia, che conduce all'eterna salvezza. È impossibile stabilire se Bassano avesse visto dipinti neerlandesi di questo soggetto, ma è chiaro che la sua tela ha lo scopo di impartire lo stesso insegnamento morale. Ciò che legava la sua pittura a quella dei Paesi Bassi non era tanto il realismo dei paesaggi o l'eventuale adozione di motivi tratti dalle stampe nordiche, quanto il profondo senso di spiritualità che permeava entrambi i versanti delle Alpi agli inizi del XVI secolo.

BLB

135
Luca di Leida (ca. 1494-1533)
*La lattaia*, 1510

incisione a bulino, 115 x 155 mm
scritte sul cartellino: L / 1510
Amsterdam, Rijksmuseum, B158

LETTERATURA: Wuyts 1974-1975; Firenze 1976, 31-32; Amsterdam 1978, 31-32, 161; Washington 1983, 88-89; Snyder 1985, 485; Amsterdam 1991, 26-27.

Luca di Leida fu il primo incisore dei Paesi Bassi a guadagnarsi fama internazionale già da vivo. Artista prolifico, produsse più di duecento stampe, spesso assai ricercate anche in Italia. La diffusione all'estero delle sue opere fu estremamente rapida: a meno di due anni dalla pubblicazione di *Maometto e il monaco Sergio*, Marcantonio Raimondi ne copiò lo sfondo per inserirlo nella propria incisione da Michelangelo con i *Soldati al bagno* (Cornelis & Filedt Kok 1998, 18-19). Il riutilizzo degli alberi, delle colline e del casolare di Luca di Leida è una precoce testimonianza del vivissimo interesse che gli artisti italiani nutrivano per il paesaggio neerlandese. Anche Tiziano, una quindicina di anni dopo, incluse motivi paesistici tratti dalla produzione grafica dell'incisore di Leida nella xilografia che raffigura un *Paesaggio con mungitrice* (cat. 136). Una delle opere citate da Tiziano era il *Golgota*: una grande Crocifissione in seguito descritta da Vasari (1568, V, 410) come una delle tre stampe di soggetto sacro che più avevano reso celebre Luca di Leida.

I suoi soggetti profani erano meno numerosi, ma altrettanto apprezzati. Karel van Mander, nella biografia di Luca, cita "una bella incisione minuziosa di una coppia di contadini con tre mucche: la donna, che ha appena finito di mungerle, è stanca e ancora irrigidita dalla lunga seduta; questa è una stampa eccellente e molto ricercata" (Vos 1978, 467-469). Tra il 1509 e il 1510 Luca incise anche altri soggetti apparentemente privi di implicazioni religiose o mitologiche, spesso legati alla tradizione tedesca delle coppie di innamorati, dei soldati e dei mendicanti. Una di queste stampe raffigura un'*Ignuda che spulcia un cane*, un tema che è stato visto come una possibile allegoria della pigrizia: uno dei sette peccati capitali (Vos 1978, 488). Anche *La lattaia*, di norma ritenuta una semplice scena pastorale, intendeva probabilmente alludere alla lussuria e alla scostumatezza (Wuyts 1974-1975), come suggeriscono i sottintesi salaci che hanno forse contribuito al grande successo della stampa presso i collezionisti.

La mucca al centro della scena è incorniciata simmetricamente dall'edificio rustico, dagli alberi e dalla coppia di giovani scalzi. Il ragazzo fissa sfacciatamente il seno della fanciulla, generosamente messo in mostra dalla camicia scollata. Dietro al gruppo centrale un toro si ferma di colpo per scrutare la vacca: gli esseri umani e gli animali mirano alla stessa cosa. Nel neerlandese dell'epoca la parola *melken* (mungere) poteva essere l'equivalente di *lokken* (adescare), tanto che oggi si dice ancora *duivemelker* di chi alleva piccioni viaggiatori. Il ceppo d'albero falliforme, i rami spogli e il corno spezzato suggeriscono ulteriori allusioni satiriche e interpretazioni moraleggianti. L'erotismo dichiarato della scena tendeva forse a censurare i costumi licenziosi della gente di campagna.

Si è spesso detto che *La lattaia* avrebbe ispirato il *Paesaggio con mungitrice* di Tiziano, ma c'è da chiedersi fino a che punto il maestro cadorino avesse coscienza delle implicazioni satiriche e lascive della stampa di Luca di Leida. Ed è stata avanzata l'ipotesi che Tiziano avesse scelto proprio quest'incisione perché i contadini vi apparivano in cattiva luce: anche la sua *Mungitrice* andrebbe interpretata in senso peggiorativo (Aikema 1996, 75-76). Una lettura del genere non ci convince affatto, specialmente perché nella xilografia tizianesca non vi è nulla che possa convalidare queste presunte connotazioni negative. Le due opere, d'altra parte, tradiscono piuttosto il medesimo interesse per le umili occupazioni della vita agreste di ogni giorno. *La lattaia* viene frequentemente presentata come una delle prime vere scene di genere di tutta l'arte neerlandese. La sua freschezza e l'unicità del soggetto dovevano avere colpito la fantasia di Tiziano proprio nel momento in cui l'artista si accingeva a elaborare la sua personale visione della vita dei campi, e tutto questo indipendentemente dal messaggio moralistico implicito nell'invenzione del collega neerlandese.

BLB

136
Giovanni Britto (attivo 1520-1550)
*Paesaggio con mungitrice,*
da Tiziano, ca. 1525

xilografia, 375 x 530 mm
Venezia, Musei Civici Veneziani
Museo Correr
vol. st. E 53/49

LETTERATURA: Firenze 1976, 22-24; Venezia 1976b, 101-102; Washington 1976, 140-145; Dreyer 1979, 370-371; Meijer 1980, 181; Oberhuber 1980; Chiari 1982, 31-32; Washington 1988b, 67-69; Amsterdam 1991, 35-37; Rearick 1992, 153-154; Paris 1993, 619-620; Aikema 1996, 75-76.

Questo movimentato paesaggio, di grande forza espressiva, era di certo uno dei "molti paesi" elencati da Vasari (1568, V, 433) tra le xilografie di Tiziano, o uno dei fogli con "alcuni pastorelli e animali" menzionati in seguito da Ridolfi (1648, I, 203). Tradizionalmente era ritenuto frutto della collaborazione di Tiziano con Nicolò Boldrini, ma ora, in genere, si preferisce assegnare la produzione xilografica scaturita da quel rapporto all'intagliatore tedesco Giovanni Britto, attivo a Venezia dal 1520 al 1550, del quale si sa ben poco. Vi sono buoni motivi per ritenere, comunque, che Tiziano gli fornisse disegni a penna dei singoli motivi delle composizioni, supervisionandone anche l'assemblaggio prima che venissero scavate le matrici.
Il castello sullo sfondo riproduce in controparte un particolare delle architetture di due diversi disegni di Tiziano: il *Paesaggio con città fortificata* (Musée Bonnat, Bayonne; Wethey 1987, 154-155) e il *Paesaggio con grande albero e castello* (già collezione privata, Parigi; Wethey 1987, 165), mentre il rapace appollaiato al di sopra della mungitrice corrisponde allo studio di un'*Aquila* (collezione privata, Washington; Wethey 1987, 148). Tuttavia, come è stato segnalato per la prima volta da Dreyer (1979, 370-371), il disegno dell'intera composizione (Musée du Louvre, Parigi) è un falso realizzato da altra mano rielaborando, con tutta probabilità, la controprova di un disegno originale (Paris 1993, 618-619). Il grandioso scenario agreste della xilografia è senza dubbio una creazione di Tiziano, ma il tratteggio rado e vagamente meccanico, alternativamente parallelo e incrociato, che sembra riflettere una tradizione nordica, è probabilmente il risultato dello stile grafico di Britto.
Vasari aveva definito la xilografia un semplice paesaggio e la si è spesso considerata come una tappa fondamentale dello sviluppo di questo genere artistico. La sua spontanea naturalezza e la candida descrizione delle attività agricole hanno indotto a negare la possibilità che vi si celino riferimenti di carattere narrativo o letterario: un'opinione contraddetta dalla presenza di due elementi di alto valore simbolico, come l'aquila araldica e il cavallo al galoppo a metà campo (dei quali non vi è traccia nella controprova). Ma ogni tentativo di sciogliere questo rebus iconografico ha finito per dare risultati insoddisfacenti.
Per spiegare la presenza dell'aquila si è tirato in ballo il rapace che volteggia nella veduta con castel San Zeno di Giorgione (Museum Boymans-van Beuningen, Rotterdam; cat. 96), un disegno che potrebbe illustrare la storia di Elia nutrito da un corvo, o quella di Eschilo ucciso dalla tartaruga caduta dal becco di un uccello da preda (Meijer 1979), oppure ancora l'episodio mitologico di Ganimede spiato dall'alto da Giove (Rearick 1992, 138). Queste interpretazioni, poco convincenti per il foglio di Rotterdam, lo sono ancora meno per la xilografia in esame, dove la mungitrice con il suo bestiame occupa tutto il proscenio e non sembra esservi alcuna connessione tra il giovinetto in primo piano e il minaccioso predatore. È altrettanto improbabile che la scena vada letta come un'allegoria a sfondo politico, dove l'aquila rappresenterebbe Carlo V che scaccia i francesi dalla terraferma veneta (Rearick 1992, 153; Paris 1993, 619). Né vi è motivo di credere che la stampa possa essere ricondotta allo schema dialettico delle due *civitates* di Sant'Agostino, identificando l'aquila con Cristo, che fa rinascere il genere umano nella luce di Dio, e la mungitrice con l'anima del peccatore in cerca di riscatto (Aikema 1996, 76). Non vi è nulla che possa alludere nemmeno lontanamente al pellegrinaggio sulla via della salvezza ed è davvero necessario un grande sforzo di immaginazione per vedere questi contadini al lavoro come dei "perfidi villani" o addirittura dei falsi pellegrini. Si potrebbe pensare proprio l'opposto, vale a dire che il duro lavoro – il compito assegnato alla gente dei campi da Dio stesso (Alexander 1990) – sia destinato a trovare la giusta ricompensa nell'altra vita.
La mungitrice e il ragazzo attendono alle loro faccende con una semplicità che assume la stessa dimensione eroica che caratterizza le *Georgiche* (Washington 1988b, 67; Paris 1993, 619). A differenza delle ninfe e dei pastori che frequentano i luoghi idilliaci della poesia arcadica, i contadini di Virgilio non possono abbandonarsi ai piaceri dell'ozio, ma devono faticare per raccogliere i frutti della terra. Pur non essendo affatto un'illustrazione puntuale del trattato virgiliano, l'invenzione di Tiziano ne sintetizza più di un aspetto, soprattutto per quanto riguarda il contenuto del terzo libro, interamente dedicato all'allevamento del bestiame, alle malattie che minacciano le varie razze, compresa quella equina, alla preparazione dei prodotti caseari. E la visione tizianesca ricorda sorprendentemente da vicino il frontespizio creato da Apollonio di Giovanni per una copia della metà del Quattrocento del testo di Virgilio, dove i vari lavori agricoli descritti nel primo libro sono rappresentati simultaneamente in un paesaggio panoramico (Saltini & Sframeli 1995, 67).
Mentre gli umanisti veneti studiavano la faccia meno idilliaca delle *Georgiche*, anche gli artisti esploravano la realtà più prosaica della vita rustica come veniva presentata dall'arte nordica (Rearick 1992, 154), attingendo soprattutto alle immagini contenute nei calendari neerlandesi (Hansen 1984). Si è detto che Tiziano avrebbe avuto accesso al *Breviarium Grimani* (cat. 129) e si sarebbe ispirato, per il *Paesaggio con mungitrice*, alle miniature dei mesi di Aprile e Maggio (Meijer 1980; Amsterdam 1991, 35-36). Ma il rapporto sembra essere abbastanza generico ed è altrettanto probabile che il maestro conoscesse gli affreschi della torre dell'Aquila del castello del Buonconsiglio, a Trento, dove la mungitrice del mese di giugno ricorda ancora più da vicino quella della xilografia (Saltini & Sframeli 1995, 54).
Descrizioni dei risvolti più umili della vita contadina si potevano reperire anche nelle stampe nordiche del tipo della *Lattaia* di Luca di Leida (cat. 135), spesso ritenuta una delle fonti specifiche della xilografia in esame. Il rapporto visivo e tematico tra le due opere non ci sembra così diretto nemmeno in questo caso, ma non è escluso che Tiziano vi avesse attinto l'idea che la vita rustica forse di per sé un soggetto degno di attenzione. Con questo non intendiamo sostenere che il pittore veneziano si appropriasse esclusivamente di elementi di tipo concettuale, poiché è chiaro che la montagna sullo sfondo del *Paesaggio con mungitrice* è stata copiata dall'analogo motivo che figura in più di una stampa dell'incisore di Leida, tra cui il *Golgota* e la *Danza di Santa Maria Maddalena* (Firenze 1976, 32-33). La xilografia di Tiziano appartiene al mondo dell'arte più che a quello dell'osservazione dei fenomeni naturali, ma ha senza dubbio costituito il preludio di un nuovo modo di affrontare i vari aspetti del mondo rurale. Trentacinque anni dopo la stampa costituirà una delle principali fonti di ispirazione della *Parabola del seminatore* di Jacopo Bassano (cat. 137).

BLB

## 137
### Jacopo da Ponte, detto Bassano
(ca. 1510-1592)
*Parabola del seminatore*, ca. 1564

olio su tela, 139 x 129 cm
Madrid, Museo Thyssen-Bornemisza
inv. 1934.42

PROVENIENZA: Sir Thomas Baring, 1839; venduto a William Conningham nel 1843; vendita Christie's Londra, 9 maggio 1849, lotto 33; vendita Christie's Londra, 12 aprile 1851, lotto 58, aggiudicato al duca di Northbrook; vendita Christie's Londra, 12 dicembre 1919, lotto 110, aggiudicato al conte di Harewood; acquistato dal barone Thyssen-Bornemisza nel 1934.
LETTERATURA: Rearick 1992, 155-156; Fort Worth 1993, 111-112; Paris 1993, 596-597; Ballarin 1995, II, 369-372; Aikema 1996, 74-80; Ballarin 1996, III, figg. 378-383; Berdini 1997, 60-80; Roskill 1997, 68-69.

L'arte di Jacopo Bassano rimase sempre legata a una trascrizione diretta del mondo circostante, e più in particolare dei dintorni campestri di Bassano del Grappa, la sua città natale. Va detto tuttavia che, anche quando elevava la vita agreste a dimensioni eroiche, l'artista non subordinava mai le tematiche religiose a effetti puramente pastorali. Lo si comprende anche osservando questo dipinto madrileno che, a una prima occhiata, con la sua atmosfera poetica e quel cielo così azzurro, potrebbe apparire un semplice *déjeuner sur l'herbe* cinquecentesco, mentre in realtà intende raffigurare un brano neotestamentario. La parabola del seminatore, una delle poche a essere riportate in tutti e tre i Vangeli sinottici (*Matt.* 13, 3-23; *Marco* 4, 3-20; *Luca* 8, 5-15), costituisce un soggetto solo di rado affrontato in pittura. A differenza delle allegorie, dove ogni particolare ha un suo significato, e degli *exempla* che mirano a impartire una lezione morale, le parabole sono similitudini dotate di un profondo significato spirituale, tutt'altro che facile da illustrare.
In questo caso Gesù racconta di un seminatore che sparge i semi in vari luoghi. Alcuni cadono lungo la strada e gli uccelli li divorano; altri su un terreno sassoso e non mettono radici; altri ancora tra le spine che, crescendo insieme a loro, li soffocano; ma quelli caduti sulla terra buona germogliano e danno un raccolto abbondante. Il significato della parabola non verte sulla disattenzione del seminatore, ma su come il terreno accoglie la semente. Perché quest'ultima è come la parola del Signore: quando l'uomo l'ascolta, può ve-

nire il maligno a rubargliela dal cuore, oppure l'incostanza umana può impedirle di attecchire, oppure ancora l'inganno della ricchezza e le preoccupazioni del mondo possono soffocarla. Ma coloro che, dopo avere udito la parola, sanno custodirla, saranno premiati con una vita fruttuosa (Wailes 1987, 96-103).
Il seminatore di Jacopo Bassano è raffigurato a metà campo, mentre sparge la semente che le rondini in volo faranno presto sparire. La figura risulta scarsamente visibile anche per via dello scurimento dei pigmenti, ma è chiaro che l'artista l'ha deliberatamente relegata in una posizione secondaria. L'attenzione dello spettatore è catturata, infatti, dalle due maestose figure femminili, dai bambini, dal gregge di pecore e dagli altri animali che gremiscono tutto il primo piano, dedicandosi apparentemente alle loro semplici attività quotidiane. L'interesse del pittore veneto per la grafica tedesca induce a credere che avesse una certa familiarità con le xilografie di Dürer, di Georg Pencz o di Hans Schäufelein che illustravano a loro volta la parabola (cfr. Strauss 1981, 457; Koch 1980, 97; Hollstein 1954-1998, XLIII, 14), ma limitandosi sempre a mostrare soltanto la figura del seminatore. L'aggiunta degli armenti e della famiglia intenta alla preparazione del desinare costituisce un'assoluta novità sia rispetto ai prototipi precedenti, sia nei confronti del testo evangelico. E il ruolo preponderante assegnato a questi elementi è stato spiegato in vari modi.
Dopo la metà del XVI secolo il lavoro dei campi aveva cominciato ad assumere una valenza positiva, in quanto espressione di una scelta morale tra una condotta virtuosa e le tentazioni della città. Secondo la tradizione stoica divulgata dagli scritti di Orazio e dalle *Georgiche* di Virgilio, la vita agreste veniva celebrata non per la sua innocente tranquillità, ma per la pace dello spirito indotta dalla fatica fisica di arare e seminare. È probabile che sentimenti siano alla base anche del *Paesaggio con mungitrice* (cat. 136) e del dipinto in esame (Rearick 1992, 155-156), ma né l'uno né l'altro mirano a tradurre in immagini il testo di Virgilio. L'iconografia di Jacopo, puramente neotestamentaria, potrebbe essere interpretata in senso virgiliano solo sotto il profilo della lotta dell'uomo contro la natura, vista qui come una forma di redenzione cristiana tramite il duro lavoro. La punizione di Adamo

consisteva nel coltivare la terra della quale era fatto, ma il suo era uno sforzo meritorio perché additava all'intero genere umano il modello da seguire (Camille 1987, 432-433). Ecco perché è difficile liquidare i contadini del dipinto Thyssen definendoli "nient'altro che 'perfidi villani'", in quanto rappresentanti dello stato coniugale, uno dei livelli più infimi della condizione umana, secondo quanto affermato da San Girolamo nell'esegesi della parabola in questione (Aikema 1996, 78). Già durante il Medioevo si era cominciato a dare molto più credito all'opinione di Sant'Agostino, secondo il quale la parola di Dio era intesa allo stesso modo dai martiri, dai casti e dagli sposati: tre diversi stadi del progresso individuale verso la perfezione (Wailes 1987, 100). Se una lettura più negativa fosse stata davvero la regola nel Veneto, non si capisce proprio perché le opere di Bassano vi riscuotessero tanto successo.
Se accogliessimo un'interpretazione del genere, d'altra parte, finiremmo per lasciarci sfuggire gli indizi visivi disseminati da Jacopo nel dipinto. Tutt'altro che assorte nei loro pensieri, le due donne e la bambina concentrano i loro sguardi sulla pagnotta appoggiata in bell'evidenza sulla tovaglia bianca al centro della scena. Persino il piede della donna seduta sembra puntare verso quello che è probabilmente al tempo stesso il risultato del lavoro dei campi e il pane eucaristico. Jacopo attira quindi l'attenzione del riguardante sull'interazione tra i semi caduti sulla buona terra, a metà campo, e il prodotto della mietitura in primo piano, proprio come la parabola sottolinea il rapporto tra le parole di Gesù recepite da chi sa ascoltarle e la vita vissuta cristianamente che ne è il frutto (Berdini 1997, 65-69).
Jacopo Bassano continuò per tutta la vita a collezionare stampe nordiche e veneziane riutilizzandole in vari modi. Nel caso in esame si era ispirato al *Paesaggio con mungitrice* (cat. 136), senza però copiarne alla lettera questo o quel motivo. Ma si scoprono comunque sorprendenti analogie nel modo in cui i paesaggi recedono entrambi diagonalmente verso le cime montuose e nelle modeste occupazioni quotidiane dei personaggi. La donna inginocchiata della xilografia tizianesca riappare in controparte nel dipinto di Jacopo, che l'ha forse studiata dal vero tenendo in mente la posa della stampa (Staatliche Museen, Kupferstichkabinett,

Berlino; Ballarin 1996, III, fig. 382). Ma negli anni sessanta del Cinquecento circolavano ormai largamente anche incisioni nordiche che illustravano le stesse attività agrarie descritte da Jacopo, contribuendo così alla già vasta diffusione in Italia dei temi bucolici, le cui origini risalivano fino ai manoscritti miniati medievali o ai lavori dei campi relativi ai mesi dei calendari dei libri d'ore (cfr. la miniatura del *Breviarium Grimani*, cat. 129). Anche Pieter Bruegel il Vecchio, nel 1567, dipinse una *Parabola del seminatore* (Timken Museum of Art, San Diego; Timken 1966), ma quest'opera ha ben poco in comune con quella di Bassano ed è assai improbabile che i due artisti fossero venuti in qualche modo a diretto contatto. Tuttavia, l'illustrazione delle parabole aveva ormai una lunga tradizione nei Paesi Bassi ed è quindi possibile che avesse fornito qualche spunto, perlomeno tematico, al pittore veneto. Nell'ultima fase della carriera Bassano divenne un vero specialista di queste immagini pastorali a sfondo religioso e Ridolfi (1648, I, 395) enumera vari dipinti che avevano per soggetto una parabola, come quello di proprietà di Bernardo Giunta, che lo scrittore descrive con le parole "seminar del grano". Si trattava forse dell'"invenzion di quel che semina cavato dall'Evangelio" rimasta nella bottega dei Bassano alla morte del caposcuola (Verci 1775, 91). Ma Jacopo e i suoi figli replicarono più volte il soggetto ed è quindi impossibile stabilire se queste fonti antiche si riferissero davvero al dipinto Thyssen.

BLB

138
Giulio Campagnola (ca. 1482-*post* 1515)
*Ninfa in un paesaggio*, ca. 1509-1510

incisione a puntinato, 120 x 183 mm

LETTERATURA: Washington 1973, 339-401; Oberhuber 1979; London 1983, 315-316; Zucker 1984, 473-476; Chiari 1988; Washington 1988b, 74-76; Amsterdam 1991, 14-15; Emison 1992; Paris 1993, 523; Roma 1995, 294.

I nudi femminili languidamente sdraiati in un paesaggio alberato sono un ben noto *leitmotiv* dell'arte veneziana, le cui origini sono ricollegabili alla *Venere* di Dresda di Giorgione e quella di Tiziano. I nudi da tergo, invece, sono molto più rari e uno degli esempi più antichi è appunto questa *Ninfa in un paesaggio* incisa da Giulio Campagnola, che riflette con tutta probabilità un'altra invenzione di Giorgione. Marcantonio Michiel aveva visto due miniature di Giulio, su pergamena, in casa di Pietro Bembo, a Padova: la prima era una copia da Benedetto Diana di un'ignuda "che dà acqua a un albero" e la seconda "una nuda tratta da Zorzi, stesa e volta" (Anonimo Morelliano 1888, 22). È presumibile che la presente incisione si ispiri al medesimo prototipo giorgionesco, ora perduto, del quale Giulio avrebbe eseguito una versione miniata. Un altro riflesso di quel dipinto è forse avvertibile nel *Sogno* di Marcantonio Raimondi (cat. 114), dove una delle fanciulle addormentate è anch'essa vista di spalle.

Questa è l'unica stampa di Giulio esclusivamente eseguita con il metodo della puntinatura, che l'artista combinava di solito con quello al tratto, come nell'*Astrologo* (cat. 115). Poteva avere sperimentato l'incisione a puntinato per catturare gli effetti atmosferici dei dipinti di Giorgione, ma si è osservato che anche i miniaturisti avevano l'abitudine di modellare le figure ricorrendo al *pointillé*, ed è quindi possibile che Campagnola avesse semplicemente trasferito il procedimento da una tecnica all'altra (Washington 1973, 391; Christiansen 1994, 344). Il risultato, comunque, è di una raffinatezza non rilevabile in altre opere grafiche. Il delicato gioco della luce sul morbido corpo femminile è fatto risaltare dalle ricche trame della densa vegetazione retrostante. La macchia di alberi screziati dal sole crea una specie di schermo protettivo, che separa dal resto del mondo l'ignuda assopita.

Ignoriamo chi sia davvero questa giovane placidamente addormenta-ta; di solito la si identifica con Venere, malgrado l'assenza di Cupido e degli altri elementi simbolici che le spettano. Nell'*Arcadia*, il poema scritto nel nono decennio del Quattrocento, ma pubblicato ufficialmente solo nel 1504, Jacopo Sannazaro (1961, 20) descrive un dipinto con il giudizio di Paride, dove Venere era "volta di spalle", perché la sua squisita bellezza era troppo difficile da esprimere. Ma nell'incisione di Giulio l'ignuda è tutta sola, e non vi è nulla che possa metterla in rapporto con un preciso racconto mitologico. Recentemente vi si è voluta vedere l'immagine di una donna comune, che respinge il maschio che la osserva voltandogli le spalle (Emison 1992). Il ceppo su cui posa la testa sarebbe un simbolo di castrazione, mirato a sottolineare la minaccia che la donna costituisce per l'uomo. Altri hanno visto invece nel tronco tagliato, dal quale fuoriesce un ramo nuovo, un segno di fecondità: la donna addormentata sarebbe una vergine, che solo il matrimonio può risvegliare (Roma 1995, 294). La città sullo sfondo rappresenta quindi la sua futura condizione di maritata, la macchia d'alberi la sua fertilità, e il ramo la prole.

Le vere abitatrici dei boschi, tuttavia, erano le ninfe, creature silvestri che Sannazaro (1961, 18) descrive seminascoste nel fogliame per sfuggire alle voglie dei satiri, spesso rappresentati in pittura mentre spiano di soppiatto le nudità delle belle addormentate (Meiss 1966). Presentandoci il suo nudo da tergo, Giulio ha forse inteso trasformare l'osservatore in un satiro voglioso. Tiziano aveva certamente collegato la stampa di Campagnola con le ninfe, tanto che in un dipinto tardo, raffigurante una *Ninfa con pastore* (Kunsthistorisches Museum, Vienna), ne rese più monumentale la prosa.

Ignoriamo per quali vie la soluzione di Giulio sia giunta fin sull'altro versante delle Alpi. Sta di fatto che l'incisione di Barthel Beham con la *Penitenza di San Giovanni Crisostomo* mostra un nudo femminile reclino dinnanzi a un vasto panorama, dove si trascina a carponi l'eremita, punito per aver generato un figlio con la donna (Lawrence 1988, 148-149). Il nudo di Beham non si ispira direttamente alla stampa in esame, bensì all'incisione di Agostino Veneziano di un'*Ignuda con pelliccia* (Roma 1995, 298-299), dove la posizione delle gambe ricorda da vicino quella di una delle figure del *Sogno* di Mar-cantonio. Il che conferma una volta di più che tutte queste opere grafiche hanno una fonte comune nel dipinto perduto di Giorgione. Anche il paesaggio della stampa di Beham, seppure concepito indipendentemente da quelli di Giulio o di Agostino, rivela comunque un carattere decisamente veneziano.

BLB

139
Domenico Campagnola (1500-1564)
*Ninfa in un paesaggio*, ca. 1516-1517

penna e inchiostro con tocchi di grigio, 122 x 174 mm
scritta sul verso: TITIANO O PALMA VECHIO
Londra, The British Museum
inv. 1896.6.2.1

PROVENIENZA: Sir Peter Lely (1618-1680) marchio PL; marchio non identificato HL, Joshua Gilbert; dono al museo di Mrs. Gilbert, 1896.
LETTERATURA: Tietze & Tietze-Conrat 1939, 332; Tietze & Tietze-Conrat 1944, I, 128; Washington 1973, 418; Venezia 1976, 113-114; Zucker 1984, 506-507; Wethey 1987, 184-185; Paris 1993, 528; Roma 1995, 282.

Domenico era di origini tedesche e aveva poi sposato una ragazza di Monaco (Coppi 1942-1954, 107), ma non ci risulta di preciso che abbia mai avuto rapporti con altri artisti d'oltralpe. Verso il 1507 entrò come apprendista nella bottega di Giulio Campagnola, che lo adottò e gli diede il proprio nome. Le sue prime opere sono ancora legate all'esempio del padre, ma rivelano anche una notevole familiarità con la produzione di Giorgione, Tiziano e Palma il Vecchio. Il disegno del British Museum è in diretto rapporto con un'incisione dell'artista, che è datata 1517 e mostra la figura in controparte. Tra il disegno e la stampa, tuttavia, vi sono differenze notevoli: nell'incisione lo spazio viene drasticamente compresso e la qualità morbidamente atmosferica del disegno compromessa dal fitto tratteggio e dalla secchezza dell'esecuzione. Le divergenze sono così vistose da avere indotto Tietze e Tietze-Conrat (1944, I, 128) a dubitare che il disegno fosse preliminare per la stampa, ma in genere tutti gli autori successivi lo hanno accettato come tale.
Il disegno è più fedele alla tradizione giorgionesca associata al nome di Giulio Campagnola, ed è probabile che Domenico lo avesse eseguito quand'era ancora sotto l'influsso del padre adottivo da poco scomparso. Si è detto, ma si tratta solo di una congettura, che la composizione si ispirerebbe a un disegno perduto di Giorgione, che Domenico avrebbe ereditato da Giulio (Roma 1995, 282). In realtà, ogni nudo femminile adagiato a terra viene inevitabilmente collegato con il nome di Giorgione, autore di un celeberrimo prototipo degli inizi del XVI secolo: la *Venere giacente* (Gemäldegalerie, Dresda) condotta a termine da Tiziano. In quella tela, in origine, ai piedi del-

l'ignuda era seduto Cupido, il che ha consentito di identificarla con Venere (Roma 1995, 369-385). Nel disegno di Domenico non sono presenti né Amore né gli altri elementi simbolici della dea, ma in genere lo si considera ugualmente un'immagine di Venere, probabilmente per via della nudità e della posa. Tuttavia, come per l'ignuda di spalle incisa da Giulio qualche tempo prima (cat. 138), sarebbe forse più giusto pensare a una semplice ninfa.
La scritta sul verso attribuisce il disegno a Tiziano o a Palma il Vecchio, e in realtà la posa della donna è assai più vicina alla produzione di quest'ultimo. L'ignuda non è sdraiata, ma siede ben desta su una specie di sedile roccioso. Come la *Venere con Cupido* di Palma il Vecchio (Fitzwilliam Museum, Cambridge; Rylands 1988, 233) del 1522 circa, o la sua *Ninfa in un paesaggio* di Dresda (cat. 140) di qualche anno prima – dove Cupido è assente – anche la figura del nostro disegno ha i piedi incrociati, un braccio piegato che le fa da sostegno e l'altro abbandonato lungo il fianco, con la mano che sfiora il ginocchio, invece di coprire il pube come vorrebbe la tradizione.
Si è molto discusso sull'esatto rapporto tra il disegno, l'incisione e le due tele di Palma. L'ipotesi che Domenico si sia ispirato a queste ultime (Tietze & Tietze-Conrat 1939, 332) è contraddetta dal fatto che entrambi quei dipinti vanno situati, su basi stilistiche, dopo il 1517. Secondo l'opinione avanzata per la prima volta da Boehm (1908, 68), i due artisti potrebbero invece avere guardato entrambi a un modello di Giorgione ora perduto. Questa eventualità sembra trovare una conferma nel fatto che la posa "giorgionesca" delle ignude di Campagnola e Palma è identica a quella della *Cleopatra* attribuita a Jan van Scorel (cat. 141), un dipinto che, pur presentando notevoli affinità con la produzione dei due veneti, non sembra influenzato dall'uno più che dall'altro. Si è pensato che Scorel avesse visto la *Ninfa* di Palma ora a Dresda, ma è altrettanto legittimo presumere che conoscesse la stampa di Domenico.
Fu senza dubbio l'incisione, più che il disegno preliminare relativo, a contribuire alla diffusione in tutta Europa dell'invenzione giorgionesca. La stampa di Barthel Beham del 1525, che reca la legenda "Der Welt Lauf" (così va il mondo), non è che una variazione sul tema del nudo semidisteso in un paesaggio (Lawren-

ce 1988, 82-83). Forse la posa era desunta dalla statua di Arianna del Vaticano, che veniva allora identificata con Cleopatra ed era stata incisa da più autori, compreso Agostino Veneziano. Ma l'idea di Beham di collocare la figura di fronte a un boschetto, oltre il quale si intravede un "paese" rigoglioso con una città in lontananza, è squisitamente veneziana. Anche l'alternanza di luci e ombre è più prossima alle misurate armonie ideate da Campagnola che non al crudo sfondo architettonico della prima incisione di Agostino, o al paesaggio desolato e alla città minacciosa della seconda. Una xilografia a chiaroscuro tedesca del 1530 circa imprime a questo schema compositivo veneziano una macabra svolta (Basel 1974, I, 429, II, 640-641), aggiungendo accanto alla ninfa, semisdraiata con il solito putto, un teschio sormontato da una targa con l'iscrizione "Hodie michi cras tibi". E quindi la vita, come la natura, non è che un avvicendarsi di fasi di crescita e di decadimento. Scopriamo un'altra eco, meno moraleggiante, di questa tipologia in una *Venere e Cupido* dipinta da Martin van Heemskerck nel 1545 (Wallraf-Richartz-Museum, Colonia), che si vorrebbe ispirata alla *Cleopatra* ascritta a Scorel o alla *Ninfa* di Cambridge (Amsterdam 1986, II, 250-251, dove i due Palma vengono confusi). Ma è più probabile che anche Heemskerck avesse avuto accesso all'incisione di Domenico.

BLB

140
Jacopo Palma il Vecchio (1479/1480?-1528)
*Ninfa in un paesaggio*, ca. 1518-1520

olio su tela, 112,5 x 186 cm
Dresda, Gemäldegalerie, inv. 190

PROVENIENZA: acquistato in Italia, presso i mercanti d'arte Lorenzo Rossi e Kindermann, nel 1728 per le collezioni dell'elettore di Sassonia.
LETTERATURA: Mariacher 1968, 76; London 1983, 196; Rylands 1988, 31-34, 120, 216; Steele 1988, 218-224, 326-328; Heimbürger 1999, 182-183.

È stata avanzata l'ipotesi che questo sia il dipinto visto da Marcantonio Michiel in un primo tempo in casa del banchiere veneziano Francesco Zio: "La Nympha nella porta della camera fo de mano de linstesso Jacomo [Palma]", e poi ritrovato nella raccolta del nipote, Andrea Odoni: "La Cerere nella porta a meza scala fu de mano de Jacopo Palma, ed è quella hauea Francesco Zio nella porta della sua camera" (Anonimo Morelliano 1888, 86). A sostegno di quest'idea, Rylands (1988, 32) ha affermato che Jan van Scorel – autore di una *Cleopatra* (cat. 141) dipinta nella stessa posa – poteva avere visto la tela di Palma in casa di Zio, poiché il banchiere possedeva anche un quadro dell'artista neerlandese, *Passaggio del Mar Rosso* (cat. 125). Malgrado l'ovvio rapporto visivo tra i due nudi, la tesi è difficile da accettare, in quanto Michiel parla di un dipinto montato su una porta in entrambe le case. Il che fa pensare piuttosto – per questa ninfa ribattezzata *Cerere* – a una mezza figura più o meno dello stesso formato e dimensioni della *Flora* di Tiziano (cat. 148), non a un grande dipinto orizzontale come questo di Dresda. Sappiamo bene che Michiel non va sempre preso alla lettera, ma egli ci sembra molto esplicito quando identifica un nudo. Definisce infatti "La nuda grande" il presunto Savoldo della collezione Odoni e descrive il famoso dipinto di Giorgione e Tiziano (Gemäldegalerie, Dresda) come una "Venere nuda, che dorme in uno paese cun Cupidine" (Anonimo Morelliano 1888, 84 e 88). Se la *Ninfa* di Zio fosse davvero il quadro che stiamo esaminando, è logico pensare che Michiel ne avrebbe registrato la vistosa nudità e forse anche la presenza del paesaggio.
Recentemente si è sostenuto che il nudo giacente di Palma si baserebbe sulla figura femminile rapita dal *Mostro marino* di Dürer (Heimbürger 1999, 182-183). È chiaro che Palma poteva benissimo conoscere la stampa del collega tedesco, ma le analogie tra le due donne ci sembrano quanto meno superficiali. L'ignuda di Dürer non è per nulla distesa, anzi si avvita freneticamente per sfuggire all'abbraccio dell'essere mostruoso, mentre quella di Palma giace languidamente abbandonata e protetta dalla macchia alberata. Si è affermato più volte che il rapporto tra la figura e lo scenario agreste che l'accoglie ricorderebbe da vicino l'impianto della *Venere* di Dresda iniziata da Giorgione e finita da Tiziano. Quella figura dormiente è stata identificata con la dea dell'amore grazie alla presenza di un Cupido ora non più visibile, ma dal nudo di Palma – del tutto privo di elementi emblematici (Roma 1995, 369-385) – sono stati espunti i simboli epitalamici che ci consentirebbero di riconoscere la divinità che presiede ai matrimoni e alla rigenerazione della natura (Anderson 1996, 217-233; Howard 1997). Inoltre, l'atmosfera sognante del dipinto di Giorgione è qui percorsa apertamente da un fremito di erotismo. Invece di dormire, la giovane di Palma siede ben sveglia fissando lo spettatore, e ruota intenzionalmente il corpo verso il piano del dipinto, senza più coprirsi con il gesto pudico della mano. A ben guardare, la tela bianca sulla quale giace non è affatto un semplice lenzuolo, bensì una camicia forse sfilata in tutta fretta, il che potrebbe far pensare a una cortigiana. Agli inizi del XVI secolo, tuttavia, il candido indumento era piuttosto una prerogativa delle ninfe nelle rappresentazioni teatrali (Mellencamp 1969).
La nudità della ninfa di Palma, comunque, ovviamente inammissibile su un palcoscenico dell'epoca, ci riporta direttamente agli scenari silvani letterari dell'*Arcadia* di Jacopo Sannazaro o degli *Asolani* di Pietro Bembo. Nel suo dialogo sull'amore, scritto nel 1505, quest'ultimo spiega che in antico gli uomini consideravano le donne come ninfe dei boschi, capaci di incantarli con un semplice sguardo. La loro bellezza trascinava l'amante in un altro mondo, dove però alla gioia si contrapponevano le pene d'amore (Bembo 1505, 29). La ninfa non invia necessariamente un messaggio lascivo, ma impone piuttosto una scelta morale. Optare per lei significa precludersi in futuro il ripido cammino della virtù (Steele 1988, 218-221), perché – come per la montagna che si erge sullo sfondo del dipinto di Palma – è molto più facile lasciarsi andare lungo un pendio che raggiungere la vetta. Anche se il paesaggio può essere stato ritoccato nel XVI secolo, le figurine che si arrampicano sul sentiero tortuoso, tra quelle architetture dalla geometria quasi astratta, sono simili a quelle che troviamo nello sfondo della *Venere e Cupido* (Fitzwilliam Museum, Cambridge; Rylands 1988, 233), un dipinto di Palma solo lievemente più tardo del nostro, dove è legittimo presumere che né il paesaggio, né il suo significato morale abbiano subito radicali cambiamenti.
Quanto all'ipotesi che la tela in esame possa avere influenzato la *Cleopatra* attribuita a Scorel, un pittore che aveva certamente soggiornato a Venezia agli inizi del terzo decennio del XVI secolo, va detto che è assai improbabile che il dipinto di Dresda provenga dalla collezione Zio, il che non preclude l'eventualità che il neerlandese lo avesse visto. L'atmosfera e la posa del nudo di Palma e della *Cleopatra* denotano uno stretto rapporto con la *Ninfa in un paesaggio* di Domenico Campagnola (cat. 137) e con l'incisione relativa del 1517. La ninfa di Domenico siede in posizione più eretta, ma al riparo di una macchia d'alberi come nei due dipinti, ai quali l'accomuna anche il brusco passaggio in diagonale dal primo piano alla città lontana. Boehm (1908, 68) pensava che la composizione di Domenico derivasse da un perduto prototipo di Giorgione; in realtà, molti dei suoi aspetti più significativi figurano anche in altre opere – come il *Sogno* di Marcantonio Raimondi (cat. 114) e l'*Astrologo* di Giulio Campagnola (cat. 115) – ritenute in rapporto con un

modello giorgionesco non più esistente. Si possono indicare precise analogie tra la ninfa di Domenico e uno dei due nudi del *Sogno*, come pure con il boschetto che al tempo stesso isola e protegge il protagonista dell'*Astrologo*. Questi motivi sono presenti anche nel dipinto di Palma il Vecchio e nella *Cleopatra*, inducendoci a concludere che tutte queste opere potrebbero derivare da un'unica fonte comune. Il legame tra la *Ninfa in un paesaggio* di Palma il Vecchio e la *Cleopatra* non è così diretto come si è cercato di dimostrare, ma il fatto che i due artisti si siano basati su un prototipo giorgionesco è indicativo del profondo influsso esercitato dal maestro veneziano sui pittori di entrambi i versanti delle Alpi.

BLB

## 141
### Attribuito a Jan van Scorel (1495-1562)
*Morte di Cleopatra*, ca. 1524

olio su tavola, 36 x 61 cm
Amsterdam, Rijksmuseum, inv. A 2843

PROVENIENZA: legato di A.L.E. Ridder de Stuers, Parigi 1920.
LETTERATURA: Baldass 1929-1930; Kennedy 1951, 148; Brummer 1970, 180-182; Faries 1972, 64-68; Friedländer 1975b, 125; Van Thiel 1976, 511; De Meyere 1981, 11-12; Snyder 1985, 469; Harrison 1987, 604-607; Rylands 1988, 31-34; Meijer 1990, 81; Amsterdam 1991, 32-33; Van Thiel 1992, 84.

Questa *Morte di Cleopatra* era considerata da sempre un'opera del periodo veneziano (1521-1522) di Jan van Scorel, ma gli studi più recenti ne hanno messo in discussione l'attribuzione per motivi stilistici, mentre i dati tecnici da poco emersi dal restauro hanno finito per suscitare interrogativi ancora più imbarazzanti. L'ignuda semisdraiata davanti a un paesaggio dolcemente ondulato si ispira chiaramente al prototipo veneziano introdotto da Giorgione e filtrato attraverso la produzione dei suoi seguaci. Il soggetto, tuttavia, deriva dalla famosa statua di *Arianna* dei Musei Vaticani, che agli inizi del XVI secolo si credeva raffigurasse Cleopatra per via del bracciale a forma di serpente all'avambraccio sinistro. Scorel doveva conoscere molto bene quella scultura classica, perché nel 1522-1523 era stato al servizio di Adriano VI, il papa neerlandese, in qualità di responsabile della raccolta di pezzi archeologici esposta nel cortile del Belvedere, in Vaticano (Dacos 1995, 21-32). Ora però sappiamo che la *Cleopatra* è dipinta su una tavola di faggio, il che rende improbabile che Scorel l'avesse eseguita in Italia – dove il legno più usato per le opere pittoriche era il pioppo – oppure dopo il 1524, data del suo rientro nei Paesi Bassi, quando risulta che si servisse esclusivamente di tavole di quercia (Faries & Wolff 1996, 730).
La posa di questa Cleopatra e il paesaggio che la circonda ricordano sotto più di un aspetto la *Ninfa in un paesaggio* di Palma il Vecchio a Dresda (cat. 140), identificabile solo in via ipotetica con il dipinto visto da Marcantonio Michiel nel 1521 nella collezione veneziana di Francesco Zio (Anonimo Morelliano 1888, 86, 94). Con una logica un poco forzata si è sostenuto che, visto che Zio possedeva il *Passaggio del Mar Rosso* di Scorel (cat. 125), quest'ultimo avrebbe avuto modo di vedere il dipinto di Palma in quella medesima raccolta, e

quindi il quadro descritto da Michiel doveva essere quello ora a Dresda (Rylands 1988, 32). Ma è chiaro che Scorel avrebbe potuto venire a contatto con il dipinto di Palma anche in altri contesti, ed è più probabile che entrambi gli artisti conoscessero un dipinto di Giorgione ora perduto. Come nei *Tre filosofi* di quest'ultimo (Kunsthistorisches Museum, Vienna), i paesaggi dei dipinti di Scorel e Palma sono divisi da una diagonale in due zone ben distinte: un primo piano in ombra e una campagna inondata di luce, dove un sentiero tortuoso conduce a un gruppetto di case, per poi inoltrarsi fino alla catena montuosa in lontananza. Entrambi i nudi giacciono al riparo di una collinetta coperta da una macchia alberata, che li protegge, perlomeno psicologicamente, dalla realtà circostante. Sebbene Scorel, nel *Tobiolo e l'angelo* (cat. 126), si fosse già misurato con questo tipo di paesaggio veneziano, nella *Cleopatra* le qualità giorgionesche appaiono ancora più accentuate. Se l'autore del dipinto è davvero Scorel, se ne evince che l'artista ha completamente abbandonato l'abitudine neerlandese di ricorrere a un orizzonte molto rialzato, ritmato dall'emergere di creste rocciose, optando per un più morbido susseguirsi di colline tondeggianti, che riecheggiano le curve voluttuose del corpo abbandonato. Anche la pennellata si è fatta più duttile e pastosa e i passaggi chiaroscurali sono resi con maggiore efficacia. Mentre la *Ninfa* di Palma conserva ancora l'eleganza affusolata della *Venere dormiente* di Giorgione e Tiziano (Gemäldegalerie, Dresda), la *Cleopatra* sembra piuttosto condividere la muscolatura accentuata e le proporzioni massicce della *Ninfa in un paesaggio* di Domenico Campagnola (cat. 139), un'incisione – in controparte – che l'artista molto probabilmente conosceva. Se si accetta l'ipotesi che Scorel abbia dipinto l'opera dopo il breve soggiorno romano, ne deriva che aveva visto la statua di *Cleopatra* nel cortile del Belvedere, dove era collocata a guisa di fontana in una finta grotta ornata di giunchi e di canne palustri (Brummer 1970, 154-184; MacDougall 1975). Ma non si può nemmeno escludere che l'artista avesse scoperto quella tipologia tramite le stampe. Si è già detto che nel periodo veneziano Scorel aveva fatto largo uso di fonti grafiche (Faries & Wolff 1996, 726-727) ed esiste più di un'incisione italiana che presenta la morte di Cleopatra in uno scenario campestre. La più antica

sembra essere quella di Nicoletto da Modena del 1500-1505 circa, dove la figura ignuda si appoggia a un tronco d'albero, con l'aspide che le si attorciglia al braccio per morderla sul seno (Zucker 1984, 222; Amsterdam 1991, 24). Ma vi sono anche due nielli molto simili del maestro del 1515, uno dei quali mostra un'erma da giardino che potrebbe essere indizio di un'ambientazione di tipo bucolico (Zucker 1984, 578-579).
Come ha osservato Brummer (1970, 171-177), queste stampe erano chiaramente intese come immagini di ninfe. Le fonti letterarie collocavano la morte di Cleopatra in un interno, su un giaciglio dorato, ma l'errata interpretazione del soggetto della statua del Vaticano aveva offerto una nuova alternativa alla rappresentazione del suicidio della regina egiziana. Il tema si era così fuso con quello, molto comune al Nord, delle "ninfe delle fonti", illustrato ad esempio da Dürer e da Lucas Cranach il Vecchio (cat. 142), arricchendosi poi – soprattutto a Venezia – anche di richiami a Venere nella sua funzione di genitrice. Il fascino esercitato dalla dea dell'amore era più o meno intercambiabile con quello delle ninfe, e anche Cleopatra era ovviamente una famosa seduttrice. Il legame tra la *Morte di Cleopatra* e l'iconografia giorgionesca delle veneri/ninfe è già stato notato, ma esso si fa ancora più esplicito nella stampa di Agostino Veneziano del 1528, dove la regina del Nilo subisce il suo tragico destino alla presenza di un addolorato Cupido.
In genere si ritiene che la *Cleopatra* di Agostino si ispiri a un disegno di Raffaello basato sulla fontana del Belvedere (Oberhuber 1978, XXVI, 194). La posizione delle gambe è simile a quella della statua, ma il braccio è stato abbassato e la mano appoggiata tra le cosce, il che coincide proprio con l'atteggiamento della *Cleopatra* di Amsterdam. Dopo il ritorno nei Paesi Bassi, Scorel continuò a utilizzare elementi delle opere viste in Italia, in particolare di Raffaello e della sua cerchia, ma è tutt'altro che facile distinguere tra i motivi che poteva aver copiato direttamente dagli originali, mentre era all'estero, e quelli che aveva invece desunto principalmente dal proliferare dell'attività incisoria.
Questo ci riporta al problema di stabilire come, quando e da chi sia stata dipinta la *Morte di Cleopatra*. Molly Faries (1972, 65, 111, nota 22) è stata la prima a osservare che la tecnica e lo

stile del dipinto non sono quelli tipici di Scorel, sottolineando l'assenza di un disegno preparatorio sottostante – presente invece in gran parte della produzione dell'artista – e suggerendo che l'autore possa essere Marten van Heemskerck oppure Jan Swart. Harrison ha ulteriormente elaborato la proposta, ipotizzando che Swart avesse eseguito il dipinto durante il suo soggiorno a Venezia del 1535. Esiste un certo numero di opere su tavola che sono state ascritte a Swart su basi stilistiche, ma l'attribuzione non ha trovato conferme definitive nemmeno in un caso (Amsterdam 1986, II, 175-177, 245-250). Risulta molto difficile, quindi, assegnare la *Cleopatra* a questa mano. Anche Meijer ne ha messo in dubbio l'attribuzione a Scorel, osservando che il dipinto appare inconciliabile con il *Tobiolo e l'angelo*, che è firmato e datato 1521 (Amsterdam 1991, 32). L'attribuzione ufficiale del Rijksmuseum è ora all'"ambiente di Jan van Scorel" (van Thiel 1992, 84), ma il recente restauro ha messo in luce l'alta qualità dell'opera, il che ne rende improbabile l'assegnazione a uno degli allievi neerlandesi del pittore. La stesura è effettivamente un poco diversa da quella degli altri dipinti veneziani di Scorel, ma la *Morte di Cleopatra* è comunque intrisa di una sensibilità squisitamente veneziana. Bisogna considerare che gli anni di lui passati in Italia appartenevano ancora alla sua fase formativa, e quindi una certa diversità da un'opera all'altra costituisce un fatto del tutto prevedibile. Resta da risolvere la spinosa questione dell'utilizzo di una tavola di faggio: un legname largamente in uso per la pittura, ma soltanto in Germania (Hand 1993, 195-197). Scorel, di solito, adoperava le materie prime più facilmente reperibili nei luoghi dove si trovava, e si può quindi avanzare l'ipotesi che l'opera gli fosse stata commissionata in terra tedesca, durante il viaggio di ritorno in patria del 1524. Il soggetto costituisce un *unicum* nella produzione di Scorel e risulta forse un tantino fuori luogo per un artista destinato a ricoprire, al suo rientro a Utrecht, la carica di canonico. Questo potrebbe avvalorare l'idea che il committente dell'opera non facesse parte della sua normale clientela, oppure fornire un'ulteriore conferma all'ipotesi che l'autore del dipinto fosse un pittore tedesco fortemente influenzato dall'arte veneziana più che da quella specifica di Scorel.

BLB

## 142
### Lucas Cranach il Vecchio (1472-1553)
*La ninfa della sorgente*, ca. 1515

olio su tavola, 58,1 x 86,7 cm
scritta: FONTIS NYMPHA SACRI
SOMNVM NE RVMPE QVIESCO
firmato con il serpente alato con l'anello in bocca
Berlino-Brandenburg, Stiftung Preussische Schlösser und Gärten, inv. GK I 1926

PROVENIENZA: collezione di Joachim I o Joachim III, ricordato per la prima volta nel Potsdamer Schloss nel 1698.
LETTERATURA: Basel 1974, I, 423 e II, 636; Schade 1974, 69; Börsch-Supan 1975, 38-41; Friedländer & Rosenberg 1978, 93; Berlin 1977, 137; Börsch-Supan 1977; Hand 1993, 38.

Il titolo del dipinto deriva dall'iscrizione in alto a sinistra ("sono la ninfa della sorgente sacra, non disturbate il mio sonno: sto riposando"), che è la forma abbreviata di una poesia pseudo-classica della fine del XV secolo, che si diceva rinvenuta sulla statua di una ninfa dormiente in un'imprecisata località lungo le rive del Danubio (Kurz 1953; MacDougall 1975). I versi erano ben noti in Italia, dove avevano ispirato la costruzione di più fontane ornate di nudi femminili giacenti, compresa la cosiddetta "fontana di Cleopatra" del cortile del Belvedere in Vaticano (Brummer 1970, 154-184). Ma erano celebri anche negli ambienti letterari tedeschi, come dimostra l'acquerello di Dürer del 1514 circa (Kunsthistorisches Museum, Vienna), che raffigura una ninfa addormentata accanto a una fonte, dove è trascritta l'intera poesia (Wien 1994, 89-95).
Cranach ha ripetuto il soggetto per tutto il corso della sua attività, tanto che se ne conoscono circa diciotto versioni, nessuna delle quali è identica all'altra (Hand 1993, 38-39). Le più antiche sono questa tavola di Berlino, probabilmente eseguita intorno al 1515, e il dipinto di Lipsia (Museum der Bildenden Künste) firmato e datato 1518. In queste due opere Cranach ha fissato lo schema

Albrecht Dürer
*La ninfa della sorgente*
Vienna, Kunsthistorisches Museum

dei suoi nudi femminili sdraiati davanti a una fonte, con un vasto paesaggio in lontananza, cominciando anche a elaborare una formula figurativa al tempo stesso ingenua e raffinata. Benché imparentate con i nudi veneziani, come la *Venere giacente* di Giorgione e Tiziano (Gemäldegalerie, Dresda, le ninfe tradiscono anche un deliberato ritorno allo stile cortese dell'arte tardo-gotica tedesca. In realtà, l'aria sognante e le proporzioni allungate della ninfa di Berlino la rendono più prossima ai nudi veneziani di tutte le sue consorelle ideate da Cranach, e lo stesso si può dire del paesaggio, atmosferico e scarsamente circostanziato. Nelle versioni più tarde del tema, invece, l'artista ha dato ai nudi una grazia più acerba e quasi infantile, introducendo nello sfondo panoramico una miriade di particolari minuziosi, fino al punto di individuare ogni singola foglia o filo d'erba. Nei primi dipinti è ancora difficile stabilire se l'innocenza dell'ignuda sia velata da un pizzico di provocazione erotica: all'osservatore viene ingiunto di non turbarne il sonno, ma gli occhi della ninfa non sono del tutto chiusi, quasi ella desiderasse assicurarsi di esercitare un fascino irresistibile. L'ambiguità si farà più marcata nelle opere dipinte dopo il 1525, come la tavola oggi a Besançon; Talbot 1967, 81; Pinette & Soulier-François 1992, 44-45), dove Cranach aggiungerà tutta una serie di attributi secondari, che accentuano e chiariscono gli aspetti moraleggianti del soggetto (Börsch-Supan 1977).
Nell'aprile del 1505 Cranach lavorava a Wittenberg, alla corte dell'elettore di Sassonia Federico il Saggio, dove tra il 1503 e il 1505 era stato attivo anche il veneziano Jacopo de' Barbari. Quest'ultimo potrebbe avere incontrato il suo successore, ma pare fosse restio a condividere con gli altri artisti i quaderni di schizzi che si era portato dall'Italia. Così Cranach poteva conoscere l'arte di de' Barbari solo tramite le stampe già pubblicate e i dipinti eseguiti per l'elettore. Si ispirò certamente all'incisione di Jacopo con *Apollo e Diana* (cat. 63) per la figura del dio di un suo dipinto del medesimo soggetto (Musées Royaux des Beaux-Arts de Belgique, Bruxelles), ma in generale fu ben poco influenzato dallo stile del collega veneziano, preferendogli quello – decisamente più germanico – di Dürer. Così la sua *Ninfa della sorgente* ha ben poco a che vedere con i nudi

delle incisioni di Jacopo, mentre ricorda da vicino l'acquerello di Dürer già citato.
La *Ninfa* di Dürer e il dipinto di Cranach potrebbero essere direttamente in rapporto l'una con l'altro, oppure semplicemente derivare entrambi da un medesimo prototipo come la *Venere* di Dresda di Giorgione, che risale alla fine del primo decennio del XVI secolo. Non si può escludere che una sua variante sia giunta in Germania a breve distanza di tempo, ma è più logico pensare che Cranach e Dürer fossero tutti e due al corrente della ricca tradizione grafica italiana delle ninfe dormienti

spiate da satiri lascivi (Meiss 1966). Si è spesso pensato all'*Amimone* di Girolamo Mocetto, o alla *Ninfa addormentata con due satiri* di Benedetto Montagna (Meiss 1966; Bonicatti & Cieri 1974), ma la fonte più probabile sembra essere l'edizione del 1499 dell'*Hypnerotomachia Poliphili*, che contiene una xilografia di una fontana con una ninfa dormiente molto simile (Colonna 1499, I, 73), più volte indicata come il possibile modello della *Venere* di Giorgione e di altri nudi veneziani. Ma è chiaro che il libro doveva essere ben noto anche negli ambienti umanistici transalpini. La ninfa è sdraiata

sotto un albero, con la testa appoggiata sul braccio, le gambe accavallate dalle ginocchia in giù e l'altra mano che le sfiora la coscia. Nella xilografia si celano accenni a Venere, come le due tortore sul timpano, o l'iscrizione greca che inneggia alla "madre universale" (Liebmann 1968). Come si vede anche nel nudo di Dresda di Palma il Vecchio (cat. 140), la *Venus Genytrix* assumeva di frequente l'aspetto di una ninfa, ed è solo l'assenza degli elementi simbolici caratteristici che ci impedisce di riconoscerne l'identità. Queste raffigurazioni non venivano affatto ripetute senza capirne a fondo il conte-

nuto: l'ambiguo intreccio tra le immagini di Venere, Diana, Cleopatra o la ninfa della sorgente era ben compreso su entrambi i versanti delle Alpi, e la molteplicità dei significati del tutto intenzionale.

BLB

[1] Per Michiel e le sue opere olandesi cfr. Michiel 1884; Fletcher 1981, 602-608; Campbell 1981, 467-473.

[2] Come informa la Fletcher (1981, 605), il dipinto è stato di proprietà della famiglia Michiel.

[3] Wethey 1975, 16, 167, ripr. Per Gentili (in Roma 1995, 85) non è di Tiziano. L'autore potrebbe avere ragione, ma soltanto parzialmente.

[4] Meijer 1981, 284-285.

[5] Cfr. Venezia 1976b, 52-53 e *passim*. Tra i dipinti di Tiziano che risentirono della grafica düreriana citiamo la *Presentazione di Maria nel tempio* (1534-1538), della Scuola della Carità, oggi Gallerie dell'Accademia, che riprende elementi dalla xilografia dello stesso soggetto che fa parte della serie di episodi della *Vita di Maria*, copiati da Marcantonio Raimondi nel 1506 (Panofsky 1969, 38). Per altri prestiti dalle stampe di Dürer nei dipinti di Tiziano si vedano Hetzer 1929, *passim*; Tietze 1959, 15; Pilo in Bassano 1960, *passim*; Gould 1970, 103-116; Pignatti 1971, 61-69; Heimbürger 1999, V, 92-169.

[6] Ferrari, Salmi & Mellini 1972, 263. Benché divenuto proprietà della Repubblica dopo la morte del cardinale Marino Grimani, il *Breviarium Grimani* rimase per circa mezzo secolo, e circa ininterrottamente, in casa degli eredi Grimani. Marino aveva portato il libro con sé a Roma nel 1540, ma dopo la sua morte esso ritornò presso i Grimani a Venezia fino alla morte del patriarca Giovanni nel 1592 (Gallo 1952, 43-49).

[7] Meijer 1979, 106-107; Meijer 1992b, 38-39, ripr., anche per altre citazioni fiamminghe in questi dipinti e la xilografia relativa ad essa.

[8] La montagna a destra in lontananza è stata copiata dalla *Danza della Maddalena* incisa da Luca nel 1519. L'idea per la mungitrice deriva da un'altra incisione di Luca e dalla figura simile nel "Calendario", relativo a Maggio del *Breviarium Grimani*. Meijer 1976, nn. 14, 20, 21, ripr.; 1980, 181, Meijer 1993b, 35-38. n. 12., ripr.

[9] Cfr. per queste opere e le derivazioni tizianesche dal *Breviarium Grimani* Meijer 1980, 181-182, figg. 3-10. Una tela di mano nordica con "alcuni pescatori che hanno preso una lontra con due figurette che stanno a vedere", attribuita dal Michiel a Jan van Eyck (Michiel 1884, 32), si trovava a Padova presso il filosofo Leoncino Tolmei, deceduto nel 1531 (cfr. per la sua collezione, Fletcher 1981b, 461). Per altri dati su Van Eyck a Padova, Campbell 1981, 468. Domenico Campagnola disegnò un pescatore in un paesaggio, foglio databile poco prima del 1520 (National Gallery of Art, Washington; Oberhuber in Washingtom 1973, 415, figg. 20-23; Saccomani 1982, 81, 86-87.

[10] Vasari 1568, VII, 435.

[11] Fischer 1977, XV-XVI.

[12] Ridolfi 1648 [1914-24], I, 225.

[13] Van Mander 1604, 235r e v.

Nelle più importanti collezioni veneziane del periodo che coincide con la giovinezza di Tiziano tre erano i filoni principali che appassionavano gli amatori d'arte: la pittura veneziana, la scultura classica e l'arte "ponentina". A cominciare dal secondo decennio del Cinquecento la tradizione dell'Europa settentrionale lasciò traccia di sé in non pochi lavori del maestro. Delle opere nordiche – dipinti, miniature o stampe – cui Tiziano poté attingere a Venezia soltanto una piccola parte è rintracciabile e a noi è prevalentemente nota grazie alla relazione sulle raccolte veneziane nel secondo quarto del secolo lasciata dal patrizio Marcantonio Michiel (1484-1554). Tra i nomi di artisti che vi figurano, compaiono Hans Memling (ca. 1440-1494) e, della generazione successiva, Hieronymus Bosch (ca. 1450-1516), Albrecht Dürer (1471-1528), Joachim Patinir (ca. 1480-1524), Jan Gossaert (ca.1478-ca. 1536), Jan Scorel (1495-1562) e Herri met de Bles (ca. 1510-dopo il 1550). Spesso si trattava di paesaggi, databili all'incirca al primo quarto del Cinquecento[1], che non solo facevano da cornice a una scena religiosa, ma la sovrastavano.

A partire dall'inizio del secolo i mostri, le chimere e le fiamme infernali di Bosch cominciarono a segnare la pittura veneziana. Da lui Tiziano derivò probabilmente gli animali nel *Tramonto* (National Gallery, Londra)[2] e lo sfondo con l'incendio dell'*Orfeo ed Euridice* (Accademia Carrara, Bergamo)[3]; alcuni schizzi sul tergo della pala raffigurante la *Madonna e il Bambino in gloria con santi e donatore* (Museo Civico, Ancona), eseguita nel 1520, rimandano alle teste grottesche di Bosch, che il Vecellio certamente aveva conosciuto, studiato e assimilato[4]. Nelle xilografie, dal *Trionfo della fede* degli anni giovanili a quelle di epoca successiva e in vari dipinti[5], sono rintracciabili alcuni motivi tratti dalla *Pala del Rosario* del Dürer (già nella chiesa veneziana di San Bartolomeo e ora a Praga) e dalle sue stampe.

Oltre al Dürer e al Bosch, in quegli anni, Tiziano studiò le incisioni di Luca di Leida e le illustrazioni, particolarmente apprezzate da Marcantonio Michiel, del "Calendarium" nel *Breviarium Grimani* (cat. 129), che il cardinale Domenico per testamento volle accessibile a persone di riguardo[6]. In particolare i "Mesi" del Breviarium e certe stampe di Luca di Leida ispirarono al Vecellio opere di tematica campestre, che mettono in rilievo il mondo rustico dei pastori e dei contadini fino ad allora poco presente nell'arte veneziana: si vedano le varie versioni dipinte dell'*Adorazione dei pastori* (oggi a Firenze e a Oxford)[7], la xilografia del *Paesaggio con mungitrice* (cat. 136)[8], il disegno raffigurante un *Paesaggio con pastore e gregge* dell'Albertina e il *Paesaggio con un giovane pescatore* noto soltanto da un'incisione nella *Recueil de Jabach*[9].

Nella sua lunga carriera, accanto ai familiari e ad altri aiuti italiani, Tiziano tenne a bottega vari collaboratori d'Oltralpe. Pochi, tuttavia, furono i discepoli secondo il Vasari, ragione per cui "ha imparato ciascuno più o meno, secondo che ha saputo pigliare dall'opere fatte da Tiziano"[10]. L'esame critico dimostra una partecipazione attiva e sempre più estesa della bottega all'esecuzione dei dipinti, almeno a partire dalla metà del secolo[11]. Come osserva il Ridolfi, interventi così frequenti permisero al maestro, se non altro, di terminare un numero di lavori altrimenti impensabile[12].

È comunque arduo stabilire la portata del contributo dei singoli assistenti nei dipinti che uscirono dalla bottega di Tiziano, o vi rimasero. Per numerosi pittori del Nordeuropa, un'indicazione cronologica della loro presenza presso il Vecellio proviene, almeno in parte, dai dipinti che realizzarono autonomamente in seguito e che portano, vive, le tracce di opere databili del maestro. D'altro canto Tiziano, che probabilmente sceglieva i suoi aiuti secondo le specifiche competenze di ciascuno nell'eseguire questo o quell'elemento dell'insieme affinché intervenisse nel momento opportuno durante la realizzazione del dipinto, si valse di pittori nordici in particolare per i paesaggi, come già in antico fu notato, perché in tale campo la scuola pittorica dei Paesi Bassi vantava una lunga supremazia.

Secondo il Van Mander, Jan Scorel, che intorno al 1520 fu a Venezia per due volte – nel viaggio di andata in Terrasanta e in quello di ritorno – vi incontrò alcuni pittori anversesi[13]. Di questi artisti non si conosce l'identità. C'è però da chiedersi se uno o più di loro fossero tra quei "Tedeschi, eccellenti pittori di paesi e verzure" che, secondo il Vasari, Tiziano aveva tenuto in casa e che avevano contribuito alla riuscita della "gran boscaglia e certi paesi" della *Fuga in Egitto* di proprietà di Andrea Loredan, ora nell'Ermitage di San Pietroburgo[14].

[14] Vasari 1568, VII, 429. Per il dipinto, Fomichova 1992, 331, nota 253, ripr.

[15] Per questo rapporto Meijer 1992, 5-6, e la scheda nel presente volume.

[16] Per il dipinto, databile intorno al 1530, si veda Faries in Amsterdam 1986, 184-85, n. 63, ripr.

[17] Per questo dipinto Roma 1995, n. 1 e *passim*.

[18] Per il dipinto dello Scorel: Utrecht 1977, 25 ripr.; Faries in Amsterdam 1986, 191, fig. 69a. Per la *Flora*: Wethey 1975, 26, 154-55, n. 17, tav. 35; e cat. 148.

[19] Vasari 1568; V, 435; VII, 460-461, 582.

[20] Nella sua *Epistula docens* sulla flebotomia (1539), Vesalio elogia Johannes Stephanus, e dice di volere la sua assistenza per le illustrazioni della *Fabrica*, che contiene un ritratto xilografico del Vesalio, chiaramente basato su un ritratto eseguito dal Calcar (Cushing 1943, XXXIII e ripr. del frontespizio). Secondo una tradizione che risale almeno fino ad Annibal Caro negli anni quaranta del Cinquecento, i disegni delle illustrazioni, tizianesche e di alta qualità, di questo importantissimo trattato anatomico risalirebbero allo stesso Tiziano. Secondo il Vasari (1568, V, 435: "gli undici pezzi di carte grandi di notomia, che furono fatte da Andrea Vessalio e disegnate da Giovanni di Calcare fiammingo"), il Lomazzo e il Van Mander l'autore dei disegni fu Van Calcar. Cfr Meijer 1996, 415-416. Mancini 1993, 85 vede anche un intervento di Lambert Sustris nelle tavole del *De humani corporis fabrica*. Tuttavia, nella *Secundum Musculorium Tabula*, per esempio, dal Mancini attribuita al Sustris, il paesaggio anticheggiante dimostra chiari residui dell'influenza di Scorel che, almeno in questa forma, nel frattempo Sustris aveva già superato (Mancini 1993, figg. 76, 77), ma che sono ancora presenti nel paesaggio della copia del *Melchior Brauweiler* del 1540 (si veda per questo ritratto la scheda, *infra*, nel presente catalogo).

[21] Cfr. Van Mander (1994-1998), I, 128-131; II, 68-69.

[22] Cfr. cat. 163.

[23] Secondo l'iscrizione il ritratto (Kunsthistorisches Museum, Vienna) è stato dipinto a Napoli, dove il Van Calcar si recò successivamente alla sosta veneziana. Gemäldegalerie Wien 1991, 36, tav. 28; Habert 1994, 357-373 anche per la ritrattistica del Van Calcar in generale.

[24] Per il Sustris si vedano Peltzer 1913, 219-46; Ballarin 1962, 61-81 e 1962-1963, 335-366. Per i rapporti con l'opera dei due Salviati anche dopo gli anni romani, Meijer 1993, 3, 5, 9-10; Mancini 1993, *passim*; Meijer in corso di stampa.

[25] Si veda nota 82, *infra*. In un momento non precisato del periodo 1530-1582 figura nella fraglia de' pittori a Venezia un certo Alberto Fiamengo (cfr. Favaro 1975, 137), forse identificabile con Lambert Sustris. Quest'ultimo non soltanto firmò alcuni dipinti come Alberto, ma come Alberto (de Hollanda) figura anche in alcuni documenti. Cfr. Peltzer 1950, 119-120; Ballarin 1968, 117.

pagina a lato
Tiziano
*Fuga in Egitto*
San Pietroburgo, Ermitage

Jan van Scorel
*Madonna delle Rose*
Utrecht, Centraal Museum

Indubbiamente Scorel fu il primo, o uno dei primi artisti, che nei Paesi Bassi introdusse spunti della lezione di Tiziano. È presumibile che nel dipingere *Il passaggio del Mar Rosso* (cat. 125), con ogni probabilità proveniente dalla collezione di Francesco Zio ed eseguito a Venezia, Scorel abbia subito il fascino dell'immensa distesa d'acqua visibile nella xilografia tizianesca sullo stesso tema (cat. 124)[15]. Contengono elementi derivati da Tiziano anche certi dipinti eseguiti dopo il ritorno nei Paesi Bassi (1524), con santi a mezza figura inseriti in ampi paesaggi. La *Maria Maddalena entro un paesaggio* (Amsterdam, Rijksmuseum), per esempio, contiene elementi compositivi già adottati dal Vecellio intorno al 1510, come la figura femminile collocata di lato, sotto un albero[16]. Il lessico figurativo monumentale che Tiziano sviluppò negli anni in cui Scorel fu a Venezia o poco prima, e soprattutto il relativo dilatarsi dei volumi dal 1515 in poi, in opere come l'*Amore sacro e profano* della Galleria Borghese, Roma[17], sono un imprescindibile precedente. Scorel cita Tiziano anche nella *Madonna delle rose*, che nello scorcio della mano colma di fiori rimanda direttamente alla *Flora* degli Uffizi (cat. 148)[18].

Probabilmente uscito dalla cerchia di Scorel, approdò a Venezia anche Giovanni Fiammingo, ovvero Giovanni di Calker o Jan Stephan van Calcar (Calcar 1499?-Napoli 1546?). Il Vasari, che strinse amicizia con lui a Napoli nel 1545, riferisce sulla presenza presso Tiziano di questo pittore, "che di figure così piccole come grandi, è stato assai lodato maestro, e nei ritratti meraviglioso" e "tanto pratico nella maniera d'Italia che le sue opere non erano conosciute per mano di fiammingo"[19]. Non del tutto chiarito è il ruolo di Van Calcar nella produzione delle xilografie del *De humani corporis fabrica* (Basilea, 1543), che illustrano l'importante opera d'anatomia del fiammingo Andrea Vesalio, titolare della cattedra di chirurgia all'università di Padova dal 1537; mentre è documentata la collaborazione tra i due (il Calcar disegnò gli scheletri e il Vesalio illustrò il sistema vascolare)[20] per le *Tabulae anatomicae sex*, pubblicate a Venezia nel 1538. Ma sulla scia di Tiziano, il Calcar si guadagnò anche fama di ritrattista, tanto che alcuni suoi lavori furono ritenuti opere originali del grande veneziano perfino dal Goltzius[21]. È molto probabile che il ritratto di *Melchior von Brauweiler* (1540, cat. 163), ancora relativamente legato alla maniera nordica, sia stato eseguito a Venezia[22]. Il più tizianesco o italianeggiante ritratto di Vienna, unica opera firmata, risale invece al periodo napoletano[23].

Allievo di Scorel fu anche Lambert Sustris (Amsterdam 1510/15 circa-Venezia? dopo il 1560?), pittore di notevoli doti e di spiccato interesse, che in un certo senso ripercorse le orme del suo maestro verso l'Italia. Il Sustris, tuttavia, prima di proseguire per Venezia, si fermò a Roma, dove entrò in contatto con altri due discepoli di Scorel, Maarten van Heemskerck e Herman Postma, e forse anche con Battista Franco, Francesco e Giuseppe Salviati, e si entusiasmò per l'opera di Raffaello e della sua scuola[24]. Verso il 1535, cioè quasi contemporaneamente al Calcar, il pittore giunse a Venezia, dove secondo il Ridolfi fu tra gli oltremontani che andarono a "erudirsi sotto la disciplina di Tiziano", e gli fornì assistenza come paesaggista[25]. Si è ipotizzato che sia stato il Sustris a dipingere il paesaggio nella grande tela con la *Presentazione della Vergine* eseguita da Tiziano negli anni 1534-1538, per l'ostello della Scuola della Carità, e affine ad alcuni paesaggi nei dipinti dell'olandese[26]. Nel decennio seguente il Sustris si stabilì a Padova dove, tra l'altro, si affermò come pittore "valente nel disegno, ma tale in colorito che non haveva pari"[27], e dove lavorò per personaggi di spicco del mondo umanistico locale, quali il governatore generale del vescovado padovano, Alvise Cornaro, e il grande giureconsulto, Marco Mantova Benavides, che, come Giovanni Grimani a Venezia, erano fautori di un'architettura e di una pittura memori della Roma antica[28].

Il rapporto con Tiziano è confermato da molte opere eseguite autonomamente dal Sustris. Di sapore tizianesco sono alcune delle quasi cinquanta xilografie con scene e figure allegoriche – per la maggior parte inventate dal Sustris – che illustrano *Le sorti di Francesco Marcolini da Forlì intitolato "Giardino dei pensieri"*, autorevole pubblicazione uscita nel 1540, nonché alcune xilografie sciolte, per le quali il Sustris fornì i disegni in questo periodo[29]. Di Tiziano risentono a tratti anche le decorazioni a fresco con temi classici e paesaggi ampi e montuosi, in bilico tra l'antico, Padova e il Nord, che il Sustris eseguì con Gualterio Padovano nel quinto decennio del secolo (e dunque ancora prima del Veronese a Maser), nella villa dei Vescovi a Luvigliano[30] e nella

[26] Fisher 1977, 115-135, in particolare 119-121. Un paesaggio con montagne affini si trova in *Cristo che porta la croce*, Pinacoteca di Brera, Milano. Per questo dipinto Brera 1990, 216-218, n. 124, ripr.

[27] Procacci 1954, in particolare 249. Si tratta di un passo della biografia del Muziano scritta nel 1584, quando l'artista era ancora in vita. Sustris fu fonte d'ispirazione del giovane Muziano e di altri pittori.

[28] Cfr. Meijer 1993, 3-15, in particolare 5; Mancini 1993, 100 e *passim.*

[29] Mancini 1987, 65, 66; Meijer 1993b, 50-53, nn. 20, 21, ripr.; Mancini 1993, 86-87, fig. 78 e *passim*.

[30] Ballarin 1966, 244-249; Ballarin 1968b, 115-126; Mancini 1993, *passim*. Contrariamente a quello che disse Ballarin, la villa di Luvigliano non è interamente affrescata dal Sustris, ma vi sono anche tracce dell'operare di Gualterio Padovano.

[31] Cfr. Meijer 1993, 6, 7; Meijer in corso di stampa, con bibl. Tuttavia, a Lonedo l'intervento esecutivo del Sustris non sembra molto esteso. Probabilmente fu più importante la sua parte nella concezione degli affreschi.

[32] Per questo dipinto già menzionato dal Ridolfi (1648, I, 225-226) come opera del Sustris si veda Olivato in Padova 1976, 88, n. 59, ripr.

[33] Per questo dipinto all'Ermitage, Meijer 1993b, 8-19 e cat. 157.

[34] Pino 1548, 133-134. Cfr per alcuni commenti Meijer 1993b, 6-7.

[35] Krämer in Augsburg 1980, II, 29; Schweickhart 1997, 24 e altri autori prima di loro. Tiziano fu anche accompagnato dal figlio Orazio Vecellio e dal cugino Cesare Vecellio. Per quanto riguarda il Sustris è stato suggerito anche che fosse giunto ad Augusta autonomamente su raccomandazione di Marco Mantova Benavides a Otto von Truchsess-Waldburg, già studente allo Studium di Padova e in seguito vescovo di Augusta. Cfr. Mancini 1993, 100-102, anche per il testo della lettera di raccomandazione.

[36] Per la documentazione delle attività tizianesche in questo periodo e per le ope-

villa Godi Valmarana a Lonedo[31]. La *Pala di Santa Maria* in Vanzo è una versione ridotta della *Pala Pesaro* ai Frari dipinta da Tiziano negli anni 1516-1518[32]. Lo spirito di Tiziano è presente anche nei bei dipinti da cavalletto dell'olandese, con paesaggi che incorniciano soggetti religiosi e mitologici, popolati da figure medie e piccole, non di rado contraddistinte da un'eleganza poetica e sensuale. Alcuni di questi, tra cui il *Giove e Io* (San Pietroburgo, Museo dell'Ermitage, cat. 157), pur risalendo al periodo post-padovano, tradiscono lo stretto contatto con opere eseguite dal Tiziano a partire dal 1535[33].

Nel suo *Dialogo di pittura*, pubblicato nel 1548, Paolo Pino, allievo del Savoldo, enunciò il paragone ben noto tra la paesaggistica d'Oltralpe e quella veneziana, preferendo la maggiore "grazia" e la "più vera immagine" del Tiziano e del Savoldo agli specialisti fiamminghi[34]. Ma sembra che il Pino avesse in mente soprattutto le visioni cosmiche con strane e capricciose formazioni di rocce caratteristiche della pittura olandese dei primi decenni del Cinquecento, ed evidentemente non conosceva l'opera di Lambert Sustris, così italiana per grazia e sentimento della natura. È innegabile che il Sustris abbia saputo fondere la tradizione nordica con quella veneziana come nessun altro pittore prima di lui aprendo, insieme con Tiziano, nuovi orizzonti alla pittura paesaggistica fiammingo-veneziana, che si sarebbe arricchita, nella seconda metà del secolo, di artisti quali Lodovico Pozzoserrato e Paolo Fiammingo. È da chiarire comunque fino a che punto l'arte del Sustris abbia inciso sulla stessa tradizione del paesaggio di Tiziano.

Probabilmente nel 1548 l'olandese si trasferì nella Germania meridionale sulla scia di Tiziano che, dal gennaio fino ai primi di settembre di quell'anno e dall'inizio di novembre del 1550 almeno fino a maggio dell'anno seguente, soggiornò ad Augusta, dove risiedeva l'imperatore Carlo V, che lì convocò per due volte la dieta[35].

Nel 1548 Tiziano eseguì ad Augusta un certo numero di opere, in particolare i ritratti non soltanto di vari principi Asburgo, ma anche delle loro controparti politico-religiose, fissando un canone nuovo e duraturo per la ritrattistica di corte, cui in precedenza avevano contribuito numerosi pittori tedeschi e alcuni olandesi[36].

Tra le opere eseguite da Tiziano ad Augusta, di cui poche conservate in originale, vanno segnalati due importanti ritratti. Il primo – il monumentale *Carlo V a Mühlberg* (documentato nel 1548; Museo del Prado, Madrid), che mostra l'imperatore trionfante nella vittoria sui protestanti tedeschi – riprende, in generale, la statuaria equestre italiana, e in particolare alcune incisioni tedesche, quali la xilografia a chiaroscuro dell'*Imperatore Massimiliano I a cavallo* realizzata nel 1508 da Hans Burgkmair (cat. 32), il *Cavaliere cristiano* del Dürer del 1513 (cat. 33) e probabilmente altri precedenti. A sua volta, il *Carlo V* fu determinante per il genere del ritratto equestre ufficiale di Van Dyck e Velázquez[37]. All'altro ritratto, il meno formale e cerimoniale Carlo V seduto a figura intera (Alte Pinakothek, Monaco di Baviera), avrebbe lavorato lo stesso Lambert Sustris, secondo alcuni critici limitatamente al paesaggio, ma secondo altri, nonostante la firma, nella fase esecutiva dell'opera[38]. In verità né l'insieme né forse il paesaggio sembrano del Sustris[39], e il suo ruolo accanto a Tiziano nell'eseguire i ritratti degli Asburgo presenti alle due diete è tutto da chiarire. Invano l'imperatore tentò, durante le sedute di posa per il ritratto, di convincere Tiziano a stabilirsi nelle Fiandre[40].

Dal 1548 al 1553, il Sustris eseguì in proprio vari ritratti del patriziato svevo di orientamento cattolico e imperiale, improntati almeno in parte sui modelli che Tiziano aveva inventato per gli Asburgo. Sono datati rispettivamente 1548 e 1552 il *Wilhelm I von Waldburg-Trachburg* e *Erhart Vöhlin von Frickenhausen* (cat. 165), ispirati a quello dell'imperatore seduto, ma di impostazione meno equilibrata e meno monumentale[41]. Per lo stesso patriziato di Augusta, cioè per Jacob Fugger e in particolare per il vescovo della città, in seguito cardinale, Otto von Truchsess-Waldburg, che possedeva anche *Le tre età* di Tiziano ora a Edimburgo, il Sustris eseguì alcuni dei suoi più riusciti dipinti di soggetto mitologico-profano e religioso[42]. Non è chiaro fino a quando si sia protratto il soggiorno tedesco dell'artista[43].

Alla partenza da Augusta, sul finire dell'agosto o ai primi di settembre del 1548, Tiziano aveva terminato non soltanto i due ritratti imperiali, ma almeno quattro altre opere, che lasciò presso i Fugger dove era stato ospitato[44]: tra queste, il ritratto dell'*Imperatrice Isabella* deceduta nove anni prima (Museo del Prado, Madrid)[45], il *Doppio ritratto di Carlo e Isabella*, pervenutoci nella copia di Rubens, e *L'imperatore Ferdinando in armatura*, re delle due visite augustane di Tiziano, sia quelle della parte imperiale sia quelle degli avversari protestanti si vedano Wethey 1971, 35-38 e *passim*; Augsburg 1980, *passim*; Schweickhart 1997, 21-42; Mancini 1998, 37-41 e *passim*. Per la ritrattistica europea e quella tizianesca, Campbell 1990, 234 ss., inclusa la copia tizianesca del *Ritratto di Carlo V* a figura intera con cane dipinto da Jacob Seisenegger nel 1532.

[37] Braunfels 1956, figg. 8, 9, anche per altri precedenti nordici; inoltre, Wethey 1971, 35-36, 87-90, n. 21, tavv. 141-144; Panofsky 1969, 84-87, fig. 97; Schweickhart 1997, 31-33, figg. 6-8, anche per alcuni possibili modelli; Checa Cremades in Madrid 1998, 282-285, n. 2, ripr. Dopo essere rimasto per qualche tempo a Bruxelles, nel 1556 il dipinto fu inviato in Spagna insieme con altri custoditi da Maria d'Ungheria (Pinchart 1856, 139, n. 2; Beer 1891, CLXIII, n. 55). Per la xilografia del Burgkmair, Campbell 1990, 236, fig. 257. Cfr. per Dürer e il dipinto anche Heimbürger 1999, 146-48.

[38] Firmato e datato TITIANUS F MDXLVIII. Wethey 1971, II, 36-37, 90-91, n. 22, tav. 145; Kultzen in Augsburg 1980, II, 140, n. 486, ripr.; Ost 1985, 47, fig. 19; Checa 1994, 50, ripr.; Schweickhart 1997, 40, fig. 40, per il quale si tratta di una commissione per uno dei potenti tedeschi locali.

[39] Come ha visto giustamente anche Mancini 1993, 102, nota 21.

[40] Campana 1908, 387.

[41] Si veda, per il primo dipinto, la scheda nel presente volume. Per altri ritratti datati si veda Krämer in Augsburg 1980, II, nn. 480, 482, 483, e I, n. 143.

[42] Per la committenza di Otto von Truchsess-Waldburg si veda Mancini 1993, 104; Overbeke 1994, 173-174; Schweickhart 1997, 25. Il rapporto del Sustris con i Fugger risulta dallo stemma della famiglia presente in *Noli me tangere* del Musée des Beaux-Arts di Lille (Krämer in Augsburg 1980, II, 138-39, n. 485, ripr.

[43] Il 2 giugno 1552 il governo comunale di Augusta decise di dare al Sustris il permesso di rimanere nella città "eine Zeitlanng". Cfr. Lieb 1958, 471.

[44] Per la lettera di Tiziano a Granvelle del 1 settembre 1548 si veda Mancini 1998, 171-172, n. 50. Per le opere eseguite da Tiziano ad Augusta anche Wethey 1969, 31-32; 1971, 35-38; Schweickhart 1997, 30 ss. Per i Fugger e l'arte veneziana cfr. Garas 1993, 123-29.

[45] Wethey 1971, 37, 111-112, n. 53, tavv. 147, 149; Checa 1994, 271-272, n. 48, ripr.; Schweickhart 1997, 33-34; Falomir Faus in Madrid 1998, 203; Checa Cremades in Madrid 1998, 286, n. 2, ripr.

[46] Wethey 1971, 37, 38, 194-195, 198, tavv. 151, 248; Schweickhart 1997, 34-37, anche per ritratti che rimasero in Germania. Per il ritratto di Ferdinando cfr. anche Van den Boogert in 's-Hertogenbosch 1993, 330, n. 228, ripr. Per la copia del doppio ritratto eseguita dal Rubens si veda Falomir Faus in Madrid 1998, 203, ripr. a 205.

pagina a lato

Lambert Sustris
*Medoro e Angelica (?)*
Londra, The British Museum

Lambert Sustris
*Paesaggi, stanza del Putto*
Villa dei Vescovi, Luvigliano

Tiziano e collaboratore
*L'Imperatore Carlo V seduto*
Monaco, Alte Pinakothek

del quale ci rimangono alcune copie[46]. Ancora prima dell'invio di queste opere alla corte di Bruxelles, il *Carlo V a Mühlberg* si rivelò danneggiato e, con il consenso dell'autore, fu restaurato da Christoph Amberger (Augusta 1505 ca.-Augusta 1561/1562), che fino all'arrivo del Vecellio era stato il ritrattista più in voga ad Augusta, e che probabilmente tra il 1525 e il 1527 aveva soggiornato a Venezia[47].

Con l'eccezione degli intermezzi delle diete, dal 1548 al 1556 Carlo V risiedette più o meno permanentemente a Bruxelles, nel complesso palatino del Coudenbergh dove si era stabilita anche la sorella Maria d'Ungheria (1505-1558), governatrice generale dei Paesi Bassi dal 1531. Durante i sei, sette anni che l'imperatore trascorse qui, nella residenza di Bruxelles e nel castello di Binche giunsero e trovarono posto i dipinti di Tiziano eseguiti ad Augusta per gli Asburgo e parecchi altri: prevalentemente ritratti di vari membri della famiglia, ma anche dipinti religiosi e mitologici eseguiti per l'imperatore e per la sorella, tra cui le quattro grandi tele con le "pene infernali" di cui ci sono rimasti *Tizio* (o *Prometeo*) e *Sisifo*, arrivati a Binche nel 1549 (oggi al Prado) e tolti dalla *grande salle* nel 1554, poco prima dell'arrivo dell'esercito francese che distrusse il castello. Eseguiti per essere collocati in alto, sulla parete sudorientale del salone, i dipinti del ciclo con le loro figure dalla muscolatura possente, collocate in primo piano, hanno un tono monumentale. All'impressione di eroica drammaticità contribuiscono anche il carattere anticheggiante e la gamma cromatica dei rossi, degli ocra e dei bruciati. La sala rispecchiava un programma decorativo encomiastico, ricco di richiami al ruolo e alla politica di Carlo V, e le "pene infernali", che costituiscono soltanto una parte, rappresentavano gli *exempla in malo* da non seguire e avevano funzione di monito agli avversari e ai nemici dell'imperatore e della Chiesa cattolica da lui difesa[48].

Altre opere di Tiziano arrivarono a Bruxelles per il grande mecenate, ministro e consigliere della corte, cardinal Antoine Perrenot de Granvelle (1517-1586)[49], ma la maggior parte dei dipinti consegnati in quegli anni all'imperatore e alla sorella Maria, partì nel 1556 dalle Fiandre per la Spagna dopo l'abdicazione di Carlo V[50].

Alcuni dei più rinomati pittori fiamminghi, in particolare quelli al servizio dei committenti principeschi e dei loro cortigiani, ebbero certamente accesso ai quadri di Tiziano nelle residenze asburgiche delle Fiandre: tra loro, Jan Cornelisz Vermeyen (1500-1559), il "romanista" Michiel Coxcie (1499-1592), Frans Floris (1519/1520-1570) e il suo allievo Maarten de Vos (1532-1603), nonché i ritrattisti Anton Mor[51] e Willem Key (Breda 1520 ca.-1568), il quale lasciò anche una non trascurabile produzione di opere a tema religioso e mitologico[52].

Dopo la seconda visita di Tiziano ad Augusta nel 1550-1551, i contatti con i committenti asburgici si allentarono e il pittore non eseguì altri ritratti per loro. Filippo non era rimasto molto contento del ritratto che lo raffigurava con l'armatura (forse quello oggi di proprietà del Museo del Prado, Madrid), e in tal senso scrisse nel 1551 da Augusta alla zia Maria d'Ungheria[53], a sua volta convinta che i ritratti di Tiziano non andassero guardati da vicino[54]. L'imperatore e i suoi familiari si orientarono verso l'olandese Anton Mor, che era stato introdotto presso gli Asburgo dal suo patrono Granvelle poco prima del 1550.

Nella ritrattistica ufficiale Mor ripropone spesso la cifra dei ritratti che Tiziano aveva eseguito per gli Asburgo e i loro cortigiani, con la figura in profilo a tre quarti, visibile fino al ginocchio, o a figura intera di grandezza naturale, uniformandosi per i modi e le forme probabilmente alle richieste della corte o ai modelli già esistenti. Il *Ritratto di Antoine Perrenot de Granvelle*, datato 1549, oggi a Vienna, segue strettamente quello (ora a Kansas City, cat. 164) dello stesso personaggio che Tiziano aveva eseguito probabilmente solo un anno prima ad Augusta[55]. I vari ritratti del giovane Filippo II in piedi, da Tiziano inviati nelle Fiandre[56], fornirono al Mor il modello per l'*Imperatore Massimilano II* del 1550 (Museo del Prado, Madrid)[57], per il giovane *Alessandro Farnese* (cat. 168) eseguito a Bruxelles, databile al 1557[58] e il *Filippo II in armatura*, che lo raffigura vittorioso nella battaglia di San Quintino del 1557 (Monastero di San Lorenzo, El Escorial)[59]. Le opere del Mor, che pur guardano alle qualità pittorico-coloristiche di Tiziano, si distinguono per le superfici lisce, per la resa nitida e particolareggiata, per la maniera meno naturale, ovvero più "artificiosa", di trattare la personalità del soggetto. I tratti fisici reali vengono integrati da elementi fisionomici, atteggiamenti e abbellimenti che definiscono il carattere, la posizione sociale, il rango, per raggiungere l'effetto più convincente possibile[60].

[47] Mancini 1998, 39, 172-173, n. 51; Löcher in Augsburg 1980, II, 97-110. Sono state attribuite ipoteticamente all'artista alcune copie da ritratti a mezza figura di Carlo V e suo fratello Ferdinando dipinti da Tiziano, di proprietà Fugger in Banenhausen (Augusta) (Braunfels 1956: 197, 199, fig. 4), ma manca un fondamento per queste attribuzioni, come osserva Löcher in Augsburg 1980, 29. Per Amberger, inoltre, Löcher 1992, 122-125.

[48] Per i dipinti di Tiziano presenti a Bruxelles, Pinchart 1856, 127-146; 1856b, 226-239; Beer 1891, XCI-CCIV (in part. CLXXIII); Martin Gonzalez 1950, 235-251. Oltre alle opere nominate nel testo, si trattava della *Gloria della Trinità* (Wethey 1971, I, 165-167, ripr.); per vari ritratti di Carlo, Maria, loro familiari ed altri, cfr. Wethey 1971, 193-95, in particolare 202-203, nn. L 4, L 5, L 6, L 24; Wethey 1975, nn. L 5, L 6, L 20, L 25. Si veda anche Van den Boogert in 's-Hertogenbosch 1993, 281-285, 225-340; Checa 1994. Per le "pene infernali", Van den Boogert in 's-Hertogenbosch 1993, 284-285; Checa 1994, Tischer 1994; Cavalli-Björkman in Madrid 1998, 231-232; Checa Cremades in Madrid 1998-99, 338-339, 357-358, nn. 49, 62-63, ripr. Cfr. anche, *infra*, la scheda sull'incisione di Cornelis Cort che riproduce il *Tizio* (o *Prometeo*) di Tiziano.

[49] I ritratti dei genitori, del gran cancelliere e primo ministro Nicolas Perrenot de Granvelle e della moglie Nicole Bonvalot e del figlio Antoine Perrenot de Granvelle, tutti e tre eseguiti ad Augusta, arrivarono a Bruxelles il 4 novembre del 1548 o poco prima. Per il ritratto di Antoine, di proprietà di The Nelson-Atkins Museum of Art di Kansas City, si veda cat. 164. Un *Ecce Homo* di Tiziano, destinato al Granvelle e consegnato per l'invio alle poste di Venezia poco prima del 21 giugno 1549, è smarrito o non identificabile (cfr. Mancini 1998, app. I, le lettere nn. 52, 54, 55, 56, 59, 63, 64, 68), il che vale anche per il *Ritratto di Filippo II* ordinato dal Granvelle che arrivò a Bruxelles nell'aprile del 1550 (Mancini 1998, app. I, nn. 64, 68, 69, 72, 73, 78, 79) insieme con un ritratto di Carlo V destinato a Maria d'Ungheria (Mancini 1998: app. I, n. 79). Una *Maria Maddalena* di formato medio per Granvelle, e probabilmente delle stesse tipologie di altri dipinti tizianeschi sul tema (Wethey 1971, 145-46, nn. 122-123), arrivò prima del 5 gennaio 1555, insieme con *La Gloria della Trinità* e la seconda *Addolorata*, destinate a Carlo V (cfr. Mancini 1998, app. I, nn. 109, 111, 112). Per le opere di Tiziano, appartenute ai Granvelle, si veda anche Schweickhart 1997, 37-38. Nell'inventario dei beni degli eredi di Granvelle nel Palazzo Granvelle a Besançon figurano oltre a ritratti di "Mr. et de Mme de Granvelle" una *Danae* e altri dipinti di Tiziano, ma non quelli citati sopra (Castan 1856).

[50] Cfr. per queste opere la nota 48; Van den Boogert in 's-Hertogenbosch 1993, 134-138.

[51] Da testimonianze del 1553 del Mor, del

Tiziano
*Tizio* (o *Prometeo*)
Madrid, Museo Nacional del Prado

pagina a lato
Maarten de Vos
*Ecce Homo*
Anversa, St. Jacobskert

Dirck Barendsz
*Trittico della Vergine* (tavola centrale)
Gouda, Stedelijk Museum Catharina
Gasthuis

Lasciarono una loro notevole impronta nel Nord anche i dipinti di soggetto religioso di Tiziano presenti a Bruxelles, quali l'*Ecce Homo* e la *Mater Dolorosa*, tutti e due a mezza figura singola. L'artista inviò a Carlo V a Bruxelles almeno due versioni dell'*Addolorata*, realizzate negli anni 1553 e 1554[61], e vi giunse anche l'*Ecce Homo* su lavagna, visto di tre quarti e con un manto rosso, che l'artista aveva portato ad Augusta per il suo altissimo mecenate nel 1548. Tutte e tre le opere sono oggi conservate al Museo del Prado[62], mentre non è più identificabile, oppure è disperso, l'*Ecce Homo* ordinato dal Granvelle e pronto per l'invio nel giugno del 1551[63]. Il Cristo sofferente a mezza figura che vediamo nell'*Ecce Homo* è un'immagine di tipo nordico, benché, ancora prima di Tiziano e in forma sostanzialmente diversa, la si trovi anche in Italia, per esempio in un'invenzione di Andrea Solario, a sua volta ben conosciuta, fin dal suo apparire, nelle Fiandre[64].
Per la cappella palatina sul Coudenbergh a Bruxelles Jan Vermeyen (Beverwijk 1500 ca.-Bruxelles 1559), già al servizio di Carlo V ai tempi della spedizione di Tunisia, eseguì nel 1555 un *Ecce Homo* oggi disperso, copiato da Tiziano ma di formato quadrato, secondo la volonta dell'imperatore[65]. A Willem Key sono stati attribuiti due dipinti *à pendant*, con il *Cristo* e l'*Addolorata*, già nella collezione Wetzlar[66]. Il *Cristo* (che è un Ecce Homo) ricalca quello tizianesco su lavagna del Prado, ma nella parte inferiore le mani sono interamente visibili, mentre nella versione assai più potente di Tiziano lo sono solo parzialmente. In particolare l'*Addolorata* già Wetzlar, con le mani incrociate sul petto, differisce dalle versioni date dal Tiziano, sia da quella con le mani giunte sia dall'altra su marmo con le mani aperte, inviata a Carlo V nell'ottobre del 1554[67] e destinata ad abbinarsi all'*Ecce Homo* su lavagna[68]. Non sappiamo se l'*Addolorata* Wetzlar rispecchi una versione dispersa del Tiziano, o se le mani incrociate siano un'idea del pittore fiammingo. Va notato comunque che alla partenza da Bruxelles e all'arrivo in Spagna l'*Ecce Homo* su lavagna era accoppiato come dittico a una *Mater Dolorosa* eseguita da Michiel Coxcie, oggi smarrita[69], forse a sua volta modello per la versione già Wetzlar. Lo stesso Coxcie eseguì anche un *Cristo che porta la croce* che a Bruxelles e a Yuste, secondo gli inventari del 1556 e 1558, era affiancato, come in un dittico, all'*Addolorata* a mani aperte di Tiziano[70].
Il Coxcie fu pittore stimato, al servizio di Carlo V, Maria d'Ungheria e Filippo II, e varie sue opere furono portate dalla famiglia imperiale da Bruxelles in Spagna[71]. Prima dell'arrivo dei dipinti di Tiziano nelle Fiandre, le opere del Coxcie ne citavano esempi derivati quasi esclusivamente da stampe. In seguito, il pittore quasi sessantenne, che si era formato a Roma su Raffaello e Michelangelo, si apre alle tipologie, alle prose, alle composizioni e alla tavolozza del Tiziano sotto il diretto influsso dei dipinti presenti nelle Fiandre, tra questi il *Noli me tangere*, grande tela nel 1553-1554 eseguita per Maria d'Ungheria, della quale oggi rimangono soltanto un piccolo frammento e alcune copie[72].
Anche un altro importante pittore fiammingo, Maarten de Vos, eseguì un *Ecce Homo* modellato su Tiziano (Chiesa di San Jacopo, Anversa) e datato 1562, cioè pochi anni dopo il ritorno in patria da Roma e la sosta veneziana presso il Tintoretto. In questa versione del tema, che risale forse a un'opera perduta, inviata da Tiziano a Bruxelles, Cristo con un manto rosso-bruno sulle spalle è visto quasi frontalmente[73].
È molto difficile capire quanto sia stato affascinato da Tiziano un altro maestro della pittura fiamminga della metà del secolo, Frans Floris, che tornò dall'Italia verso la fine del quinto decennio del Cinquecento. L'*Allegoria dell'estate* (o *dell'autunno?*) di Stoccolma, raffigurante una donna e un satiro presso un solido tronco di albero e una ricca natura morta di frutta, ha una vaga aura tizianesca, che forse dipende dalla pennellata pastosa oltre che dalle figure[74].
La presenza di un certo numero di dipinti di Tiziano a Bruxelles, e naturalmente il soggiorno a Venezia dei pittori fiamminghi, portano verso la metà del secolo nei Paesi Bassi meridionali a una conoscenza diretta e sempre più approfondita delle opere del maestro e di conseguenza a un impatto più profondo del suo stile sulle concezioni di artisti appartenenti a generazioni diverse e attivi nel quinto e sesto decennio del Cinquecento.
Anche nei Paesi Bassi settentrionali si manifesta, in questi anni o poco dopo, una penetrazione più spiccata del fare pittorico di Tiziano, ma non tanto per la presenza fisica di opere del maestro quanto per il bagaglio arti-

suo allievo Conraet Schot e dello stesso
Mor risulta che in quegli anni visitavano
regolarmente le sale di Carlo V, del principe Filippo e di Granvelle (Hymans
1910, 40-41, 43).

[52] Su Key si veda Friedlander 1967-1976,
XIII, 94-106; Van Mander 1994-1998, III,
246-51.

[53] Lettera del 16 maggio 1551 (Mancini
1998, app. I, n. 90), citato nella scheda
del ritratto di Filippo II.

[54] Maria d'Ungheria a Renard (da Bruxelles, 19 novembre 1553): "Elle verra assez
par icelle sa ressemblance, la voyant à son
jour et de loing, comme sont toutes poinc-
tures dudict Titian que de près ne se re-
coignoissent". Weiss 1841-1852, IV, 150,
citato da Campbell 1990, 272, nota 129.

[55] Campbell 1990, 86, 99, 124, 183, 236-
239, figg. 247, 259, 260.

[56] Si vedano per questi dipinti le note 49
e 53 e la scheda sul dipinto madrileno.
Cfr. inoltre la scheda sull'*Alessandro Farnese* dipinto da Anton Mor.

[57] Campbell 1990, 239, fig. 262; Sáenz de
Mira in Madrid 1998, 408, n. 99, ripr.
Cfr. anche la scheda sull'*Alessandro Far-
nese* del Mor.

[58] Per il ritratto di Alessandro Farnese, si
veda la scheda relativa. In Spagna dove
nel 1550-1552 e nel 1559-1561 si recò come pittore di corte di Filippo II, il Mor
eseguì per il re anche una copia della *Danae* di Tiziano e copie di altri dipinti. Van
Mander 1604, 231v; [1994-1998], III,
227, 229, 230, 233.

[59] Campbell 1990, 239-243, fig. 140.

[60] Cfr. Campbell 1990, 236-246.

[61] Per la versione con le mani giunte si vedano Wethey 1969, 115, n. 76, tav. 101;
Checa 1994, 250, n. 10, ripr.; Checa Cremades in Madrid 1998, 445, n. 124, ripr.
Per l'altra, a mani aperte, si veda Wethey
1971, 115-116, n. 77, tav. 97; Checa 1994,
249-250, n. 9, ripr.; Checa Cremades in
Madrid 1998, 444, n. 123, ripr.

[62] Wethey 1969, 86-87, n. 32, tav. 96;
Checa 1994, 247, n. 4, ripr. Schweickhart
1997, 25-26; Checa Cremades in Madrid
1998, 443, n. 122, ripr. Per la *Venere* portata all'imperatore e inviata nelle Fiandre
ma oggi dispersa si veda la scheda sulla
*Venere* della Galleria degli Uffizi.

[63] Per la corrispondenza tra Tiziano e
Granvelle, il quale nella sua lettera del 4
novembre 1548 comunicò al pittore alcune sue esigenze: cfr. nota 49 e Mancini
1998, 177, n. 54. Non è chiaro quale sia
l'esemplare messo a confronto dal Granvelle con quello nuovo da lui voluto. Nel-
l'esemplare precedente su lavagna, ora al
Prado, Cristo ha una veste rossa. Nel
1566-1567 Christian de Perre stava ese-
guendo delle copie di un *Ecce Homo* e
*Noistre Dame* di Tiziano della collezione
Granvelle. Piquard 1947-1948, 144-146.

[64] Zweite 1980, 39, 40; Keaveny in London 1985, 8 menziona in questo contesto
il dipinto del Solario di questo soggetto
nel Museo Poldi Pezzoli, a seguito di un
suggerimento di Armstrong 1898; cfr. la
scheda sull'*Ecce Homo* di Dublino.

[65] Saintenoy 1932-1935, II, 266; Horn
1989, I, 38.

stico riportato da Venezia in Olanda da Dirck Barendsz (1534-1594), pittore di Amsterdam. Come ci informa
il Van Mander, il Barendsz fu ospite, allievo e probabilmente aiutante di Tiziano sul finire del decennio 1550-
1560. Dopo sette anni in Italia, nel 1562, tornò ad Amsterdam "con un'ottima maniera tizianesca ed italiana".
Prima di lui, continua la stessa fonte, "non vi era stato altro pittore che aveva portato in Olanda la corretta maniera italiana in modo così puro e incontaminato"[75]. Benché non si conoscano le opere degli anni trascorsi nella penisola[76], nel capolavoro di Barendsz, il *Trittico della Vergine*, (Stedelijk Museum Catharina Gasthuis di
Gouda) eseguito poco dopo il ritorno in Olanda e nei dipinti successivi, sono rintracciabili molti prestiti puntuali da Tiziano, che largamente prevalgono sui pochi richiami ad altri artisti italiani. Si tratta di elementi tec-
nico-coloristici – contorni meno rigidi e più sfumati, velature, una tavolozza intonata sui colori tipici di Tiziano – e spunti per la resa più naturale e realistica dei gruppi di figure, nonché motivi individuali desunti da opere di Tiziano databili intorno al 1560, quali la *Venere e Cupido bendato* di Roma, la *Venere* di Washington, la
*Diana e Callisto* di Edimburgo, *Venere e Adone* e la *Deposizione* del Prado, l'*Allegoria della Fede* di Palazzo Ducale a Venezia, iniziata intorno al 1555 ma rimasta nella bottega per molti anni dopo la partenza di Barendsz[77].
Nel *Ballo nuziale veneziano* vi è perfino la rappresentazione della veduta lagunare dalla casa di Tiziano, o da
qualche punto nei pressi[78]. Rimane tuttavia poco chiaro se, e come, il Barendsz a Venezia abbia contribuito alla fase preparatoria o esecutiva dei dipinti del maestro. Sorge spontanea la domanda se questo sia avvenuto
proprio per quei dipinti dai quali più attinse: per esempio, alcuni volti della *Diana e Callisto* di Edimburgo sono vicini al canone fisionomico utilizzato da Barendsz nel suo trittico[79].
Durante l'ultimo decennio della sua vita Tiziano ebbe altri due allievi nordici provenienti dalla Germania meridionale. Il poco conosciuto Emmanuel Amberger, forse figlio di Christoph, lavorò vari anni nella bottega a
Venezia. Nel 1565 fu con Tiziano a Pieve di Cadore; dal 1567 al 1573 è documentata la sua presenza a Venezia[80]. In una lettera del 29 febbraio 1568 a Hans Jacob Fugger, l'agente e mercante d'arte Niccolò Stoppio scrisse che presso Tiziano il pittore olandese dipingeva molte cose che Tiziano "con due botte di pennello" tra-
sformava in sue e vendeva come tali.[81]
Christoph Schwarz (Ingolstadt ca. 1548-Monaco 1592), pur essendo attivo per la maggior parte della vita a Monaco di Baviera, ricevette secondo il Ridolfi una parte essenziale della sua educazione professionale a Venezia.
Il pittore-biografo vicentino afferma che lo Schwarz fu per qualche tempo con Tiziano, prima di ritornare in
patria con una maniera assai migliorata che gli servì a conquistarsi grande fama[82]. Con ogni probabilità lo
Schwarz partì per Venezia nell'autunno del 1570, dopo essersi iscritto come pittore indipendente nella corporazione di Monaco e ritornò in patria nel 1573, anno nel quale divenne pittore ufficiale della città, per passare
l'anno dopo alla corte del duca Albrecht, guadagnandosi in seguito[83], nelle parole del Van Mander, la reputazione di "perla della pittura di tutta la Germania"[84].
Il suo ruolo e lavoro nella bottega di Tiziano non sono stati identificati.[85] Tuttavia, nei pochi dipinti di tono veneziano tradizionalmente attribuitigli, quali la *Venere che piange la morte di Adone*[86] e la *Deposizione*[87],
entrambi a Vienna, non mancano gli spunti tizianeschi. Nella *Deposizione* la posizione della testa del Cristo
morto, la presenza di un arco sullo sfondo e la tipologia di Nicodemo o del vecchio Giuseppe di Arimatea
risalgono ai dipinti sullo stesso tema del tardo Tiziano e della sua bottega[88]. Altri elementi, quali la fisionomia di San Giovanni che regge i piedi del Cristo, la posa e le caratteristiche fisiche della Maddalena aderi-
scono di più a Paolo Veronese, affini come sono alle figure di due capolavori veronesiani quali il *Martirio
di San Sebastiano* e *I Santi Marco e Marcelliano condotti al martirio* (Chiesa di San Sebastiano, Venezia)[89].
Nei suoi dipinti di sapore veneziano lo Schwarz è più lontano da Tiziano di quanto non sia Lambert Sustris,
le cui opere peraltro sono spesso confuse con quelle del tedesco. Ciò è avvenuto, per esempio, con il *Ratto
di Proserpina* (Fitzwilliam Museum, Cambridge), un dipinto che, pur memore della tradizione delle "poesie" eseguite da Tiziano per Filippo II dal 1553 in poi, ha quel respiro paesaggistico che torna anche in certi dipinti mitologici del Sustris[90]. Il principale gruppo di figure è forse modellato su un quadro di soggetto
affine, una *Coppia abbracciata* di mano di Tiziano, oggi conosciuto soltanto da versioni della bottega o da

Christoph Schwarz
*Decorazione murale con temi di storia romana*
Magnola di Cessalto, Villa Giunti, ora Giacomini

[66] Tutti e due su tavola, 65 x 52 cm. Faggin 1964, 50, figg. 56-57; Zweite 1980, 41.

[67] Per i due dipinti si veda la nota 61.

[68] Lettera del 30 giugno 1553 scritta a Venezia dall'ambasciatore Francisco Vargas e indirizzata a Carlo V: "El otro quadro [in preparazione] dize ques una tabla de Nuestra Senora, igual del Ecce Homo que Vuestra Magestad tiene y que, por no haversele enviado el tamaño como se le dixó, no está hecho, que en veniendo, luego le porná por obra" (Mancini 1998, 223, n. 102). L'autore suggerisce senza convincere che qui si parla dell'*Addolorata* con le mani giunte. Cfr. per la versione con mani alzate e aperte la nota 61.

[69] Wethey 1969, 86, n. 32; Zweite 1980, 41-42; Checa 1994, 247, n. 4.

[70] Wethey 1969, 116 al n. 77; Checa 1994, 250, al n. 9; Checa Cremades in Madrid 1998, 445, al n. 123, ripr. Il *Cristo che porta la croce* del Coxcie è forse identificabile con la tavola al Prado, inv. 2641, che è tuttavia oltre dieci cm più alta della *Mater Dolorosa* su marmo. Van den Boogert in 's-Hertogenbosch 1993, 327, n. 225, ripr. Checa Cremades in Madrid 1998, 350, n. 57, ripr.

[71] Si veda Van den Boogert in 's-Hertogenbosch 1993, 124 ss., per le attività del Coxcie per la corte a Bruxelles e Binche. Per le opere eseguite per gli Asburgo e ora in Spagna, si veda Madrid 1998, *passim*.

[72] Van den Boogert in 's-Hertogenbosch 1993, 338, n. 234, ripr. (la copia di Sánchez Coello); per il frammento Checa 1994, 249, n. 8, ripr., De Antonio in Madrid 1998, 138, 139. Per alcuni motivi dal Coxcie presi in prestito da stampe e da dipinti di Tiziano, Laurenza 1993, 108-112.

[73] Tavola; 76 x 64 cm. Faggin 1964, 52, fig. 58; Zweite 1980, 38-42, 262, n. 1, fig. 2, vede un rapporto con l'*Ecce Homo* di Tiziano a Dublino (cfr. la scheda). Negli anni novanta Raphael Sadeler incise in base a dipinti o disegni di Maarten de Vos un *Ecce Homo* e una *Mater Dolorosa* come opere *à pendant*, che hanno lontani riferimenti tizianeschi. Si vedano Zweite 1980, 40 fig. 171; Hollstein 1949-1997, XXI, 223,

copie[91]. Benché non sia comprovato, è del tutto possibile che i dipinti da cavalletto dello Schwarz siano stati eseguiti a Venezia. L'unica opera, tuttavia, certamente dipinta dall'artista nella Serenissima è la decorazione a fresco della villa dell'editore Lucantonio II Giunti (ora Giacomini) a Magnadola di Cessalto nella provincia di Treviso, attribuita dal Ridolfi e da autori posteriori a Paolo Veronese e/o ad assistenti o allievi suoi[92]. Accanto agli stretti seguaci di Paolo, Christoph Schwarz collaborò in misura sostanziale alla realizzazione delle storie tratte dall'antichità[93]. Più che i dipinti già ricordati sono i suoi affreschi a evidenziare l'impronta del vocabolario di Paolo Veronese e della relativa scuola, così significativa nella decorazione residenziale, nella seconda metà del Cinquecento. Indubbiamente le prime opere eseguite dallo Schwarz dopo il ritorno a Monaco, in particolare nella decorazione delle facciate che oggi si conoscono soltanto tramite qualche disegno preparatorio e alcune stampe, confermano quelle tendenze di gusto veneziano.

Per quanto riguarda invece la pittura di paesaggio, da sempre considerata il campo specialistico dei pittori olandesi – si veda, tra tanti esempi, l'opinione di un committente padovano di Lambert Sustris, il giureconsulto Marco Benavides[94] –, dopo Paolo Pino anche nel Nord cominciò a levarsi qualche voce sul primato di Tiziano in questo settore.

Domenico Lampsonio, umanista, letterato, pittore e segretario del principe-vescovo di Liegi, in corrispondenza con l'antiquario Niccolò Stoppio e con Dirck Barendsz a Venezia, in una sua lettera a Tiziano del 1567 elogiò i paesaggi da lui eseguiti, che avevano "di gran lungha tolto il vanto a tutti i nostri Fiaminghi in paesaggi, nella quale parte di pittura (poiché in quanto alle figure restevamo vinti da voi altri Signori Italiani) credevamo tener il campo" e conferma l'eccellenza "nel saper veramente imitar et esprimer il vivo et le sue bellezze, a tale che i vostri colori pareno non già solamente naturali, ma anco non so che di più di divino, augusto et immortale"[95]. A quali paesaggi il Lampsonio si riferisse non è detto, ma forse si trattava dei quadri per gli Asburgo a Bruxelles, quali il summenzionato *Noli me tangere* dipinto nel 1553-1554 per Maria d'Ungheria, le cui copie ci tramandano figure inserite in un ampio paesaggio, o dipinti a lui noti soltanto attraverso le stampe[96].

Probabilmente molto prima che nelle Fiandre acquistassero fama i paesaggi di Tiziano, e comunque intorno al 1550, erano lì conosciute anche le sue xilografie paesaggistiche, come confermano i disegni e le incisioni del grande editore Hieronymus Cock (1507/1510-1570), quale la *Tentazione di Cristo*, e certi disegni di Pieter Bruegel il Vecchio (ca. 1525-1569), influenzati dai modi del maestro negli elementi compositivi, nella costruzione degli alberi e della vegetazione[97].

Circa mezzo secolo più tardi il Van Mander riferisce che le xilografie paesaggistiche del Tiziano avevano fatto scuola tra gli artisti dei Paesi Bassi. Ciò è confermato tra l'altro dai disegni e dalle xilografie del grande Hendrick Goltzius (1550?-1616), eseguite nel decennio successivo ai suoi due soggiorni veneziani nel 1590-1591. Nella serie dei quattro piccoli paesaggi, il Goltzius rappresenta nuvole, tronchi e fogliame alla maniera delle xilografie di Tiziano e Domenico Campagnola[98].

Tiziano ricorse agli incisori in vari momenti per dare maggiore diffusione alle sue opere attraverso la riproduzione a stampa. Tra questi il più brillante e versatile fu indubbiamente l'olandese Cornelis Cort (1533-1578). Dopo un periodo di attività presso il grande editore anversese Hieronymus Cock, il Cort si trasferì nel 1565 in Italia, dove fino alla morte si impose per essere il più importante incisore di riproduzioni dei dipinti e disegni dei maggiori maestri italiani del passato e dei contemporanei più richiesti. Fu al servizio di Tiziano a Venezia per due periodi: nel 1565-1566 e successivamente dal 1569/1570 al 1571, dopo un soggiorno a Roma e nella Firenze medicea[99]. Per Tiziano incise una decina di stampe, che raggiunsero le collezioni di amatori e artisti un po' dovunque. Probabilmente alcune di queste stampe con invenzioni tizianesche, quali il *Prometeo*, *Diana e Callisto* e altre influenzarono per alcuni aspetti il manierismo invalso a Haarlem sul finire del secolo[100].

In quanto pittore al servizio dei papi, dell'imperatore, di vari re e tanti altri personagi altolocati, Tiziano fu al centro degli scambi con il mondo degli artisti e dei committenti del Nord. Consapevole dell'eccellenza di molti artisti nordeuropei, rappresentò un punto di convergenza di tecniche, composizioni, temi e motivi icono-

Hendrick Goltzius
*Paesaggio con coppia seduta sotto un'albero*
Rotterdam, Museum Boymans-van Beuningen

grafici che, attinti dalle opere nordiche, venivano da lui assorbiti, metabolizzati e tradotti nel suo lessico artistico. Per tutta la vita, nella sua bottega, si servì di aiutanti provenienti d'Oltralpe, che lavoravano per lui in uno scambio che portò a un reciproco arricchimento del linguaggio artistico. E questi stessi artisti ampliarono in vario modo la sfera d'influenza delle opere del veneziano. Mentre ovviamente molti scambi tra Tiziano e il Nord si svolsero a sud delle Alpi, i viaggi dell'artista ad Augusta e le committenze di varie corti, oltre a quelle francese e asburgica, permisero la diffusione delle sue opere in molti paesi. Attraverso la spedizione e la vendita delle stampe, almeno in parte realizzate dagli incisori nordici, il veneziano riuscì a diffondere la conoscenza delle sue composizioni. In seguito queste stampe furono copiate e utilizzate dagli artisti di molti paesi europei, anche delle successive generazioni.

nn. 44, 45; XXII, ripr. a p. 189. Per De Vos si veda anche il saggio sui fiamminghi e olandesi presso Tintoretto in questo volume.
[74] Van de Velde 1975, 294-95, n. S154, fig. 77. Il dipinto è stato di proprietà dell'imperatore Rodolfo II. Per l'eventuale sosta veneziana del Floris si veda il saggio su Tintoretto e i nordici in questo volume.
[75] Van Mander 1604, 259r e v; Van Mander 1994-1998, IV, 192-201. Per il rapporto con l'arte veneziana e quella di Tiziano in particolare, Meijer 1988, 141-154.
[76] Tuttavia, parecchi anni fa, Giorgio Faggin mi ha segnalato come possibile opera di Barendsz una piccola tavola di formato tondo e di carattere nordico e veneziano (diametro 31 cm) con *San Giuseppe falegname con la Vergine e il Bambino in un paesaggio*, già presso Schapiro a Londra (1948; come Pozzoserrato) e nel 1983 esposto alla Mostra Mercato Internazionale dell'Antiquariato di Firenze come di proprietà di un antiquario di Aquisgrana. A giudicare dalla fotografia, le figure non sono di grande qualità. Se la tavoletta non è di mano del Barendsz, come sembra più probabile, risale comunque a una sua opera dispersa, che potrebbe avere una data relativamente precoce.
[77] Per il prestito dei motivi individuali cfr. Meijer 1988, 141-142; per gli elementi tecnici Miedema & Meijer 1979, 79-98.
[78] Meijer in Amsterdam 1991, 59-60, n. 23, ripr.; cfr. anche la relativa scheda nel presente catalogo. Rimane troppo problematica la recente attribuzione al Goltzius del disegno del *Ballo veneziano* del Rijksprentenkabinet di Amsterdam, inciso dal Goltzius in base a un'invenzione del Barendsz, come dice l'iscrizione della stampa. Tutto sommato, il disegno di Amsterdam, che porta la scritta, forse firma, THEODORUS BERNARDUS AMSTERODAMUS IN[VENTOR] fu certamente utilizzato per la stampa, considerati i contorni ripassati con lo stilo. Il disegno mi sembra più vicino ai modi del Barendsz che non a quelli del Goltzius.
[79] Meijer 1988, 142.

[80] Nell'unica opera attribuita all'artista con qualche certezza, un disegno a penna con figure allegoriche della Pittura e della Scultura (Augusta, Städtische Kunstsammlungen), non vi sono tracce veneziane; c'è soltanto una certa somiglianza con opere rodolfine. Cfr. Biedermeijer in Augsburg 1980, II, 28, n. 591, ripr. Per Amberger cfr. anche Fisher 1977, 116; Heyder 1992, 225.
[81] Zimmerman 1901, 849. Insieme con il pittore bavarese lo stesso Stoppio fece una visita allo studio di Tiziano negli anni 1552-1554, quando quest'ultimo stava dipingendo *Venere e Adone*, oggi al Prado (Hope 1998, 260-261).
[82] Ridolfi 1648, I, 225.
[83] Peltzer 1936, 358-61; Geissler 1961, 30.
[84] Van Mander 1604, 258r.
[85] Su Schwarz a Venezia si vedano Geissler 1961, 30-31, 44-50; Meijer 1999, 1-28.
[86] Si veda la scheda nel presente catalogo.
[87] Per la *Deposizione* di Vienna, attribuita a Schwarz nel tardo Ottocento si vedano Geissler 1961, 48-50, 178, n. G I 11; Meijer 1999, 1-2, fig. 2.
[88] Per le due *Deposizioni* di Tiziano al Museo del Prado, Madrid, cfr. Wethey 1969, 90-91, nn. 37, 38, tavv. 76-78, 80 e le versioni alquanto diverse a opera della bottega, come quella della Pinacoteca Ambrosiana di Milano (Wethey 1969, 90, tav. 84).
[89] La posizione della *Maddalena* è alquanto simile a quella della donna vista di spalle nei *Santi Marco e Marcelliano condotti al martirio* e tipologicamente ha

corrispondenze con la donna più anziana a sinistra; San Giovanni, invece, dimostra affinità col giovane visto da dietro nel *Martirio di San Sebastiano* dall'altra parte del coro della stessa chiesa (Pignatti 1976, nn. 134, 135, figg. 383, 385, per queste opere del Veronese). Entrambi i dipinti sono stati eseguiti intorno al 1565.
[90] Inv. 1778; tela; 66 x 96 cm. Cfr. Meijer 1999, 3, fig. 5, per le oscillazioni tra Sustris e Schwarz nella storia delle attribuzioni del dipinto. Secondo Cavalcaselle, & Crowe 1878: I, 376, il dipinto di Cambridge è una copia dal *Ratto di Proserpina* commissionato al Tiziano nel 1534 dal duca Federico Gonzaga tramite il fratello Ferrante Gonzaga. Gli autori videro il dipinto alla mostra *Art Treasures* di Manchester nel 1857, dove era stato esposto come Tiziano e messo in rapporto con artisti quali Paolo Fiammingo e Christoph Schwarz.
[91] Tietze - Conrat 1956, 86-89; Wethey 1975, 217, 234, nn. X-29 e L 9, ripr. per questo dipinto e le copie.
[92] Ridolfi 1648, I, 324. Von Hadeln considerava la decorazione pittorica opera di allievi del Veronese. Per ulteriore bibliografia si vedano Crosato 1962, 132-35, tavv. 118-125, in particolare tavv. 121; Meijer 1999, 7-28, figg. 15-23, 25, con l'attribuzione allo Schwarz di una parte degli affreschi.
[93] Si vedano per questa problematica i due disegni con il *Ratto delle Sabine*, preparatori per un fregio distrutto (Meijer

1999, 10, fig. 24).
[94] Benavides 1561 fol. 3v, citato dalla Fletcher 1981, 606.
[95] Gaye 1839-40, III, 242-244.
[96] Per il frammento e per la copia di Sànchez Coello al Escorial, si vedano i testi citati nella nota 72, *infra*. Per le stampe del Cort, *infra*.
[97] Fagghin 1964, 48-49, figg. 53, 54.
[98] Giustamente Van Mander nel suo *Schilder-boeck* del 1604 osserva che tutto sommato erano pochi gli artisti italiani paesaggisti. Tuttavia, era dell'opinione che i paesaggi da loro dipinti fossero meno duri e più leggiadri, tra l'altro, perché contrariamente agli olandesi, gli italiani non rendevano con la stessa intensità la luce e le rialzature in primo piano e quelle dello sfondo. Un altro elemento apprezzato dal Van Mander presso gli italiani era la costruzione spaziale bilanciata grazie a una buona coerenza tra i vari piani tra loro e tra il terreno e gli edifici. Van Mander 1604: 36, strofa 24, 49r e v, strofa 35; Van Mander 1973: I, 210-11, 262-65; II, 550-51, 603. Per le stampe paesaggistiche del Goltzius, influenzate da Tiziano e Domenico Campagnola, e per Goltzius a/e Venezia, Meijer in Amsterdam 1991, 76-89.
[99] Cfr. la lettera del 9.12.1570 di Lanpsonio a G. Clovio in Da Como 1930, 180.
[100] Cfr. le schede sulle stampe di Cort e sul disegno di *Prometeo* di mano di Cornelis Cornelisz van Haarlem, *infra*. Per i riflessi delle stampe del Cort al Nord, anche Meijer in Amsterdam 1991, 62-69.

143
Tiziano Vecellio (ca. 1485/90-1576)
*Madonna col Bambino in un paesaggio*, ca. 1511

olio su tavola, 38 x 47 cm
Bergamo, Accademia Carrara
inv. n. 644

PROVENIENZA: Conte Guglielmo Lochis (almeno dal 1833); da lui legato al comune di Bergamo, 1855; nel museo dal 1866.
LETTERATURA: Facchinetti 1833, 17; Lochis 1858, 56-58; Cavalcaselle & Crowe 1877, II, 459; Berenson 1932, 127; Berenson 1936, 489; Suida 1935, 55, 155, tav LXXXVIb; Phillips 1937, 44, 59; Richter 1937, 230; Longhi 1945, 58; Zürich 1948, 266, cat. 728; Pallucchini 1948, 170; Belluno 1951, 11, XVIII; Bologna 1951, 28; Fiocco 1955, 79, fig. 88; Milano 1952, 53; Ottino della Chiesa 1955, 126-127; Berenson 1957, 193; Russoli 1962, s.p.; Fiocco 1964, 30; Pallucchini 1969, 237; Valcanover 1969, 89, cat. 6; Wethey 1975, 174, cat. X-18; Bergamo 1976, n. 5; Pallucchini & Rossi 1983, 347; Rossi 1988, 300, cat. 644; Paris 1993, 308, fig. 8. a p. 360; Rossi 1998, 9.

Durante la sua presenza in casa Lochis questa piccola tela fu considerata opera di Tiziano, ma già nell'Ottocento non vi fu più unanimità sulla sua attribuzione. Considerata opera di Sante Zago da Cavalcaselle e Crowe, forse copia dal Cariani da Tiziano per il Berenson (1932, 1936), del Cariani per il Phillips, di Giorgione per il Richter e di Francesco Vecellio per Fiocco e Berenson (1957), che la indicò come copia da Giorgione, è stata ritenuta opera giovanile di Tiziano dal Suida, dalla Ottino della Chiesa, dal Pallucchini (1969), che nel 1948 non ancora si sentì di considerarla autografa, dal Valcanover e dal Ballarin (in Paris 1993), il quale lo crede databile al 1507, mentre il Wethey lo giudica opera di pittore giorgionesco del 1510 circa e il Valcanover lo pensa autografo tizianesco vicino a *Susanna e Daniele*, già considerato un *Cri-*

*sto e l'adultera*, al Glasgow Art Gallery and Museum (identificazione tematica proposta dalla Tietze 1945, 189-190; cfr. per il dipinto Ballarin in Paris 1993, 357, 359, 379-391, cat. 42a, che lo considera databile al 1507). Effettivamente, la fisionomia della *Madonna* di Bergamo è affine a quella di Susanna.
Le divergenze attributive sono almeno parzialmente spiegabili dalla condizione tutt'altro che eccelsa del dipinto. In varie zone cadute di colore sono state stuccate e reintegrate, e a causa di aggiunte e restauri, che in questo secolo sono stati effettuati nel 1914 da Luigi Cavenaghi e nel 1932 da Mauro Pellicioli, la fattura del terreno, del fogliame, degli arbusti, degli alberi e dell'incarnato è in vari luoghi diventata più opaca, ma pur sempre affine a quella un po' minuta tipica di altre primizie dell'artista, quale il dipinto di Glasgow.
La composizione con la Madonna asimmetricamente collocata davanti ad un albero può far pensare alla *Madonna della pera* incisa dal Dürer nel 1511 (cat. 144), ma la stampa del Dürer può essere di qualche anno posteriore al dipinto di Bergamo. Per analoghi motivi cronologici l'incisione forse non offrì a Tiziano un appoggio neanche per la *Madonna e Bambino* del Metropolitan Museum of Art in New York, con quell'albero biforcato con due tronchi "tagliati" dal bordo superiore che ha invece convinto del rapporto la Heimbürger (1999, 112-113, fig. 63), per quanto l'ispirazione possa comunque risalire ad un'opera düreriana. Il dipinto newyorkese è spesso datato al 1510-1511, ma non è da escludere che sia stato eseguito qualche anno prima, come pensano Longhi (1945) e Ballarin che data al 1506-1507 (in Paris 1993, 306, fig. 4 a p. 358), ovvero poco prima della partenza del Dürer da Venezia, avvenuta nel gennaio del 1507, o subito dopo. Va comunque sottolineato il rischio di una datazione ad *annum* di un'opera dell'ambito giorgionesco-tizianesco fino al 1511 circa, povero com'è nel suo complesso di punti di riferimento certi, documentati ed inconfutabili. Contrariamente al Dürer nella *Madonna della pera*, nel dipinto bergamasco (come d'altronde nel dipinto newyorkese) Tiziano inserisce la Madonna col Bambino e l'albero, che come abbiamo detto sono collocati di fianco, in una composizione di formato orizzontale e davanti ad un parapetto, integrando così forse idee düreriane con altre

desunte dal Bellini, per esempio dalla sua *Madonna del prato* del 1500-1505, alla National Gallery di Londra (Tempestini 1997, 162-164, cat. 102), dove la Madonna col Bambino si collocano in un paesaggio di formato orizzontale e la testa della Madonna si staglia davanti al cielo, o anche dalla *Madonna col Bambino che tiene un uccello*, già della collezione Schrafl di Zurigo (Pignatti 1969, 106, cat. 178), dove la Madonna col Bambino è seduta, ma separata dal paesaggio retrostante da un parapetto. Quest'ultimo dipinto è probabilmente attribuibile a Pietro Ingannati, databile ai primi anni del secolo e derivato da un prototipo belliniano disperso, come pensa Anchise Tempestini (comunicazione orale).
Con i suoi colori più saturi ed elementi paesaggistici un po' più avanzati, il dipinto di Bergamo potrebbe essere posteriore alla *Madonna* del Metropolitan Museum, che nei suoi colori più chiari probabilmente segue ancora parametri coloristici più vicini a quelli belliniani. Perfino se si tiene conto della mutilazione della summenzionata tela di Glasgow, nel confronto con quest'ultima il dipinto bergamasco si distingue per un suo maggiore equilibrio compositivo, probabilmente indicativo di una data d'esecuzione alquanto posteriore.
Negli anni trenta questo tipo di composizione ebbe una certa importanza al Nord, per esempio per Jan van Scorel, che fu due volte a Venezia tra il 1519 e 1522 (ed anche per il suo allievo Maarten van Heemskerck), come risulta tra l'altro dall'impianto compositivo di *Maria Maddalena in un paesaggio* dipinto dallo Scorel poco dopo il 1530. (Per quest'opera, di proprietà del Rijksmuseum di Amsterdam, Faries in Amsterdam 1986, 184-185, cat. 63; l'introduzione a questa sezione del presente catalogo, *supra*).

BWM

Jan van Scorel
*Maria Maddalena in un paesaggio*
Amsterdam, Rijksmuseum

144
Albrecht Dürer (1471-1528)
*Madonna della pera*, 1511

incisione, 157 x 107 mm
in alto datato 1511; in basso monogramma AD
Amsterdam, Rijksmuseum, inv. B 41

LETTERATURA: Tietze & Tietze-Conrat 1937, II, 70, 471; Panofsky 1945,
cat. 148; Boston 1971, 136, cat. 109;
Washington 1971, 136-137, cat. 37;
Strauss 1977, 160, cat. 54; Schweinfurt 1995, 42, cat. 10; Strauss 1981,
97-99, cat. 41; Paris 1996, 184;
Heimbürger 1999, 112-113, fig. D74.

È la prima volta, dopo la *Madonna
col Bambino* incisa nel 1503 (Strauss
1981, 31, cat. 34 [Commentary 83-
86]), che il Dürer ritorna a questo
soggetto. Nell'incisione in esame la
Madonna seduta sotto un albero offre una pera al Bambino benedicente. Questo frutto appare in almeno
cinque *Madonne* di Dürer, tra le
quali due dipinti, uno datato 1512 al
Kunsthistorisches Museum di Vienna, l'altro del 1526 alla Galleria degli
Uffizi, ambedue senza paesaggio
(Talbot in Boston 1971). Il disegno
monogrammato dal Dürer al Kupferstichkabinett di Berlino, che presenta la *Madonna e Bambino sotto un
albero*, eseguito in controparte a
penna e inchiostro bruno di due tipi
diversi e in due tempi diversi, è preparatorio per l'incisione: la parte inferiore è uno studio particolareggiato per il drappeggio della Madonna,
mentre la parte superiore è uno
schizzo di composizione (Winkler
1936-1939, cat. 516, fig. 61). Nella
composizione il frutto non appare.
Contrariamente al pomo, che evoca
discordia e tentazione, la pera è forse un riferimento alla pace, e come
tale appare come attributo della Vergine nella scultura della cattedrale di
Chartres (Talbot in Boston); o, con il
suo gusto più dolce e più ricco della
mela, forse allude al peccato originale ripagato con l'incarnazione (Renouard de Bussierre in Paris 1996).
Il tronco con i suoi nuovi getti potrebbe alludere alla "nuova alleanza" iniziata con la nascità di Cristo e
sancita dal Suo sangue. Alla strada
dolorosa della Passione forse si riferisce quella che porta sulla collina
verso l'alto (Spall in Schweinfurt
1995). Secondo Tietze gli edifici sullo sfondo sono ricordi di luoghi visti
durante del viaggio nell'Italia settentrionale, quali la Porta Maggiore di
Bologna o il Palazzo Ducale di Ferrara. A sua volta il Dürer avrebbe inventato l'albero che si sviluppa a due
tronchi senza chioma e "tagliati" dal
bordo superiore, da lui già usato nel-

l'incisione *Offerta all'amore* del 1495
circa (Strauss 1981, 80, cat. 93
[Commentary 207-209]), ma che si
presenta in quella del 1511 a fare da
sfondo per la prima volta a una *Madonna*. Il motivo ritorna in alcune
opere di formato orizzontale del giovane Tiziano come la *Madonna con il
Bambino* del Metropolitan Museum
of Art, New York (Heimbürger
1999 e fig. 63), dipinto in genere datato intorno al 1510-1511, ma probabilmente eseguito qualche anno
prima (come suggerisce anche Ballarin in Paris 1993, 387, ripr. a p. 358,
fig. 4). Nella xilografia della *Madonna e Bambino seduti sotto gli alberi*,
Tiziano inventò una variante con più
fogliame, sempre in formato orizzontale (Muraro e Rosand in Venezia 1976b, cat. 75, ripr.), dove la posa della Madonna sembra più vicina
alla *Madonna e Bambino con una pera sotto l'albero*, pure di formato
orizzontale, incisa da Luca di Leida
nel 1514, a sua volta influenzata per
il motivo centrale dalla presente incisione di Dürer (Stepanek 1981,
216, cat. 83; Filedt Kok in Amsterdam 1978, 123, 155, ripr.). In alcune
altre xilografie quali il *Sacrificio d'A-
bramo, La conversione di Saulo, La
mungitrice, e San Girolamo nella solitudine* (Muraro e Rosand in Venezia 1976b, catt. 7, 16, 28 e 29, ripr.),
il Cadorino è in debito con il Dürer
per la maniera disegnativa di rendere la superficie dei tronchi, come si
vede anche nell'incisione della *Madonna della pera*: quello più grosso
con linee variegate e movimentate e
quelli più piccoli con un tratteggio
pressoché parallello e leggermente
curvato.

BWM

145
Hans Baldung Grien (1484/1485-1545)
*Sacra Famiglia in un paesaggio* (*Riposo nella Fuga in Egitto?*)
ca. 1514

olio su tavola, 47 x 37 cm
Vienna, Gemäldegalerie Akademie der bildenden Künste, inv. n. 545

PROVENIENZA: Anton Graf Lamberg-Sprinzenstein (1740-1822); da lui legato all'Akademie.
LETTERATURA: Van der Osten 1983, 21, 74-76, n. 14

Nel passato il soggetto è stato spesso considerato come un Riposo nella Fuga in Egitto, tema che, secondo l'opinione anche troppo drastica del Van der Osten, non trova alcun riferimento in questa scena suggestiva. La Madonna col Bambino in braccio è seduta contro il robusto tronco e all'ombra di una grande conifera, con un ramo morto e foglie pendenti alla maniera della Scuola del Danubio, mentre a sinistra il vecchio San Giuseppe pare addormentato o rivolto verso un angioletto che beve acqua da una fonte.

Le figure principali sono circondate da elementi simbolici. Il cardellino sul ramo dell'albero allude al Sacrificio, alla Morte e alla Resurrezione (Friedmann 1964, cap. II, citato dal Van der Osten). Le fragole ai piedi di Maria venivano considerate cibo dei beati, mentre i fiori in bianco sono simbolo dell'Innocenza, e inoltre, a causa delle sue foglie tripartite, indica la Santa Trinità, simbolo della perfezione. La lumaca che porta la sua casa può significare nascita, rinascita e verginità. La farfalla simboleggia la Resurrezione. La mela rossa accanto al piatto di terracotta con i ribes rimanda al Peccato Originale, all'Incarnazione di Cristo e al Suo sacrificio di morte (Behling 1957, 19s, 39, 42, 45, 120, 154, e *passim*, citato dal Van der Osten).

Una seconda versione con poche varianti e leggermente più matura si trova nel Germanisches National-museum di Norimberga (inv. n. 101, tavola 48,5 x 38,6 cm; di antica proprietà municipale. Cfr. Van der Osten 1983, cat. 15, ripr.). Stilisticamente e cronologicamente il quadretto si colloca tra il *San Giovanni a Patmo* del 1511 circa, in prestito al Wallraff-Richartz Museum di Colonia, e la grande pala della cattedrale di Friburgo del 1513-16 (Van der Osten 1983, catt. 12a, 26, ripr.). Una datazione logica è pertanto quella al 1511 o 1512 circa, che implica un'esecuzione o alla fine del periodo strasburghese o nei primissimi anni di Friburgo.

Nonostante alcune ingenuità, tra le quali il ripetersi nel manto di Maria del rosso del manto di San Giuseppe, peraltro corretto nella redazione di Norimberga, e la qualità alquanto cartacea delle montagne, l'artista fornisce un'interpretazione personale e idillica della *Sacra Famiglia in un paesaggio*. L'idea della Madonna sotto l'albero forse risale alla *Vergine con la pera* del Dürer del 1511 (cat. 144). Anche Luca di Leida, nelle sue incisioni *Riposo nella Fuga* (circa 1506) e *Sacra Famiglia* (circa 1508), rappresenta la Madonna col Bambino ai piedi di un grande albero in una scena di taglio verticale (Stepanek 1981, 170, cat. 38, fig. XXX, e id. 218, cat. 85; Filedt Kok 1978, 151, 155, ripr.).

BWM

Lucas van Leiden
*Riposo nella fuga in Egitto*, incisione

146
Jacopo Palma il Vecchio (1479/80?-1528)
*Riposo durante la fuga in Egitto*, ca. 1514

penna e inchiostro bruno su traccia
di matita nera, 214 x 310 mm
sul verso, a penna e inchiostro bruno: 4343
Cambridge, England per concessione dei Syndics del Fitzwilliam Museum, inv. n. 954

PROVENIENZA: Sir Joshua Reynolds
(Lugt 2364); Joseph Prior; da lui legato nel 1919.
LETTERATURA: Cambridge 1960, 39;
Mariacher 1968, 116; Firenze 1976b,
71; Cambridge 1980, 8; Rylands 1988
132, 133, 135, 146, 260, 262, cat. D. 5,
288, ripr., con bibl. prec.; Venezia
1992b, 36, cat. 9, ripr., con bibl. prec.

L'attribuzione al Palma, indicata da
Otto Benesch (1939), viene accettata
dal Popham e dal Pouncey, mentre il
Seilern pensò al Moretto e il Pignatti
a una copia da Palma il Vecchio disegnata da Palma il Giovane. Il Mariacher considera il foglio una derivazione. Nel *corpus* dei disegni del Palma il
foglio di Cambridge è vicino ad altri
due, la *Sacra Famiglia con San Giovannino e una Santa* del British Museum, forse firmato, e *La Madonna
con sante e donatrici* del Teylersmu-
seum di Haarlem (Rylands 1988, 260,
cat. D2, ripr., e 263, cat. D8, ripr.). I tre
disegni sono stati eseguiti con la stessa tecnica e, con una maniera disegnativa simile, costituita da una linea
di contorno singola, ma poco robusta
e non molto continua, a tratti un po' e-
sitante, e dal tratteggio a incrocio parallelo non molto fitto, che lascia varie
zone bianche. Nel disegno le figure
sono state definite con maggiore precisione che negli altri due e, come nel
foglio di Londra, il paesaggio occupa
un posto maggiore che in quello di
Haarlem. Oltre al tizianismo delle figure, la loro monumentalità equilibrata e il rapporto spazio-figurazione
– non lontano dal dipinto con *Venere,
Marte e Cupido* del museo di Cardiff,
eseguito dal Palma negli anni venti
(Rylands 1988, 213, cat. 40, ripr.) –
suggeriscono che dei tre fogli quello
di Cambridge è il più evoluto e tardo,
della metà del terzo decennio. Il Rearick (in Firenze 1976b, 71) indica
un'analogia compositiva con un dipinto dello stesso soggetto della cerchia del Palma, già a Parigi, collezione Gentili di Giuseppe (per il dipinto,
Rylands 1988, 288, cat. A 553, ripr.).
L'asino che bruca rammenta quello
che si trova sulla destra nell'incisione
dello stesso soggetto di Luca di Leida,
databile al 1506 circa (Stepanek 1981,
170, cat. 38).

BWM

147
Tiziano Vecellio (1485/1490 ca.-1576)
*Madonna con il Bambino, Santa Caterina e un pastore*
*(La Vierge au lapin)*, ca. 1530

olio su tela, 71 x 87 cm
in basso a sinistra, sulla ruota di Santa Caterina, firmato: *Ticiano/ F.*
Parigi, Musée du Louvre, Département des Peintures, inv. n. 743

PROVENIENZA: Federigo II Gonzaga, Mantova; collez. Gonzaga; (nel 1624-1627 forse donato da Vincenzo Gonzaga al Cardinale Richelieu); il suo erede Duc de Richelieu, fino al 1642; acquistato da Louis XIV (inv. Lebrun 1683); dal 1785 al Louvre (inv. Duplessis, 1785, n. 48)
LETTERATURA: Cavacaselle & Crowe 1877-1878, I, 305-308; Wethey 1969-75, I, 17, 105-106, n. 60, tav. 34; Béguin 1980, 480-484; London 1981, 75, 186-187, cat. 155; Bréjon de Lavargnée 1987, 37, 54, 67, 3211, cat. 357; Paris 1993, 514-515, cat. 160, ripr. con bibl. prec.; Heimbürger 1999, 133-134, fig. 77.

Con ogni probabilità il dipinto, da identificarsi con quello commissionato da Federico II Gonzaga, duca di Mantova, è menzionato come "Nostra Donna con Santa Catherina" dall'incaricato del principe a Venezia, Giambattista Malatesta, in una lettera del 5 febbraio 1530 scritta al suo datore di lavoro. Tiziano stava lavorando al dipinto per poterlo terminare "al principio di Quaresima" (per la lettera Cavalcaselle & Crowe 1877-1876). L'artista ricevette un pagamento nel 1530 (ASMAG, b. 1464, fol. 387; cfr. Hope in London 1981, 75). Un restauro recente ha confermato l'idea del Wethey che la tela sia stata alquanto ritagliata ai lati. Questa modesta riduzione delle misure ebbe luogo prima della registrazione del dipinto nell'inventario della collezione di Luigi XIV, steso dal Le Brun nel 1683. Le radiografie del dipinto dimostrano che, durante l'esecuzione, Tiziano apportò varie modifiche (Béguin 1980; Habert, in Paris 1993). Nel risultato finale la Madonna seduta sul prato mostra al Bambino un coniglio che Santa Caterina, inginocchiata sulla sua ruota, gli porge. Un secondo coniglio venne ritagliato dal bordo destro del dipinto.
È stato suggerito ipoteticamente un possibile rapporto con la xilografia di Albrecht Dürer *Sacra Famiglia con le tre lepri* del 1496-1497 (Strauss 1980, 197, cat. 102 (Commentary 378-379)), ma conigli o lepri non mancano come simboli in quadri veneziani di soggetto religioso, siano essi un'Annunciazione, una Visitazione o una Natività. Si po-

trebbe pertanto anche pensare a un modello locale (cfr. Béguin 1980, 483). La posizione della Madonna seduta per terra, con il piede sinistro posato diagonalmente in avanti e quello destro in dietro sembra risalire a soluzioni raffaellesche, come la *Madonna Alba* di Washington del 1505 circa (per questo dipinto Ferino Pagden Zancon 1989, 111, n. 66, ripr.). Con Raffaello l'artista veneziano sembra voler gareggiare anche per la pienezza e l'ampiezza delle forme, il dolce ritmo degli sguardi e dei gesti, e le tenerezze espressivo-sentimentali, mentre ha portato ben oltre Raffaello le ricerche per un colorismo ricco e variegato, restando se stesso anche nella quasi insuperabile resa naturale delle cose per cui andava giustamente famoso.
Il cestino dal coperchio semiaperto in primo piano a sinistra lascia intravedere al suo interno una mela e l'uva (secondo Béguin 1980, 480, 482, si tratta piuttosto di una pera), allusione alla redenzione attraverso l'eucaristia o alla passione, mentre il coniglio può aver un significato mariano di purezza e maternità e pertanto riguardare i misteri dell'incarnazione, come *mutatis mutandis* avviene nella xilografia del Dürer con *Sacra Famiglia con le tre lepri* e anche in varie opere veneziane (Béguin 1980, 482, con bibl. prec.), tra le quali il *Riposo nella fuga in Egitto* di Tiziano e bottega, ora all'Escorial (per questo dipinto Wethey 1969, cat. 191, fig. 40). Ai piedi di Santa Caterina spunta una fragola, pianta del paradiso (Béguin 1980, 483 cat. 31, che fa riferimento a Behling 1957, 19, 26).
È stato suggerito, che Cecilia, la compianta sposa di Tiziano, deceduta nel periodo dell'esecuzione del dipinto, abbia fatto da modella per il volto di Santa Caterina, mentre il pastore è stato interpretato o visto come San Giuseppe, San Giovanni Battista e un ritratto di Federico II Gonzaga (Béguin 1980, 482; Habert in Paris 1993, 514-515). Di tutte queste pur suggestive idee si può sostenere solo un possibile, ma non necessario intento ritrattistico nel viso del giovane pastore.
Il pastore con il gregge in secondo piano è un elemento tradizionalmente incluso nei paesaggi che fanno da sfondo a scene della Natività, come parte dell'Annuncio dei pastori (cfr. la tizianesca *Natività* di Palazzo Pitti e la xilografia a essa relativa, forse incisa da Giovanni Britto [Meijer in Amsterdam 1991, 38-39, n. 13, ripr.]). In Tiziano (e anche in

altri artisti veneziani) troviamo l'Annuncio ai Pastori anche in altre scene dell'infanzia di Cristo, quale il *Paesaggio con la Sacra Famiglia e un pastore* (1510 ca.) e il *Paesaggio con Madonna col Bambino, San Giovannino, e Santa Caterina* (1530 ca.), ambedue della National Gallery di Londra (cfr. Rosand 1992, 164-165, figg. 3-6). In un dipinto come quello in esame è assente l'angelo annunciante in cielo, che invece appare esplicitamente nei due dipinti tizianeschi appena menzionati, ma la presenza del pastore e del suo gregge potrebbe comunque essere un riferimento al messaggio celeste della nascita del Re e Salvatore, e pertanto riguardare un riferimento storico, una sfera e un luogo diversi e distinti dal primo piano e dalle sue figure principali, ma ad esse unificati dal paesaggio e dal significato religioso.
La pianura, chiusa sul fondo dalle montagne e dal cielo crepuscolare o mattutino, con una fila d'alberi in diagonale a sinistra e in lontananza un castello e il campanile di una chiesa nordica, rammenta la xilografia del *Paesaggio con mungitrice* incisa da Niccolò Boldrini su un disegno di Tiziano, che a sua volta utilizzò per alcuni particolari incisioni di Luca di Leida (Meijer in Amsterdam 1991, 35-36, n. 12, ripr.; cat. 136). Tenendo conto dei fiori in primo piano a destra e a sinistra e del fogliame di colore ancora incerto negli alberi a destra (ammesso che questo sia il colore originale), la stagione rappresentata nel dipinto può essere l'inizio della primavera o piuttosto il tardo inverno. Il primo piano con il ricco tappeto di vegetazione evoca i modi di certi pittori fiamminghi, a partire dal tardo Quattrocento. A Venezia Tiziano ebbe opportunità di vedere "tappeti fioriti" di questo genere in opere quali la parte sinistra del piccolo dittico di Jan Gossaert *Sant'Antonio con il donatore Antonio Siciliano in un paesaggio*, oggi di proprietà della Galleria Doria Pamphilj, nel 1530 registrato da Marcantonio Michiel nella collezione veneziana di Gabriele Vendramin come opera di "Ruggiero da Bruxelles", cioè van der Weyden, per la parte sinistra e come "maestro ponentino" per la parte destra. (Michiel, ed. Frizzoni 1884, 219. Il Michiel fu probabilmente indotto ad attribuire a mani diverse le due parti del dittico a causa della loro effettiva diversità, che dipende dal fatto che la parte sinistra è una copia da un esempio più antico di quasi un

secolo, ovvero la *Madonna col Bambino nell'interno di una chiesa* di Jan van Eyck, oggi a Berlino. L'opera fu eseguita intorno al 1517, quando il committente si trovò come ambasciatore di Massimiliano Sforza alle corte di Margherita d'Austria. Cfr. Campbell 1981, 470-471, Meijer in Brescia 1990, 84, nota 32. Per il dipinto anche M. Fontana Amoretti in Genova 1996, 46-47, ripr.). Si intuisce pertanto che nella stesura e particolarizzazione del paesaggio giochino elementi nordici, quasi a conferma di quanto sottolineò il Vasari circa il ruolo svolto dai paesaggisti nordici all'interno della bottega di Tiziano (Vasari 1568, VII, 429). Ciò non toglie che il Vecellio mise questi elementi a servizio della sua personale maestria nel rendere i paesaggi al naturale, grazie, tra l'altro, all'efficace illusione di luce atmosferica e ai colori freschi e convincenti. Ne risulta una visione unificante e di largo respiro, nonostante le dimensioni relativamente modeste della tela, anche alla sua origine.

BWM

148
Tiziano Vecellio (1485/1490 ca. - 1576)
*Flora*, ca. 1514-1516

olio su tela, 79,7 x 63.5 cm
Firenze, Galleria degli Uffizi
inv. 1980, n. 1462

PROVENIENZA: A. López nel XVII secolo; Galleria Imperiale, Vienna; scambio fra Vienna e Galleria degli Uffizi nel 1793.
LETTERATURA: Burckhardt 1859, 366 cat. 3; Mayer 1938, 308; Bloch 1946, 183-184; Mellencamp 1969, 174-177; Wethey, 1975, 26, 154-155. cat. 17, tav. 35.; Firenze 1978, 342-346, cat. 100; Paris 1993, 363-365, cat. 49; Roma 1995, 249, cat. 13; Goffen 1997, 72-79.

La più antica documentazione conosciuta sul dipinto è l'acquaforte che lo riproduce in controparte, incisa e pubblicata da Joachim von Sandrart nel periodo trascorso ad Amsterdam (1637-1645), dove anche il quadro si trovava per qualche anno. Le iscrizioni rivelano che a quel momento la *Flora* era di proprietà di Alfonso López. Nella dedica della stampa all'incisore, mercante d'arte e diplomatico Michel Le Blon, il Sandrart la descrive come "imaginem florae", mentre nei versi presenti sulla stessa si parla anche di Flora quale amante di Tiziano, indicato come l'autore del quadro (per l'acquaforte e le sue iscrizioni M. A. Chiari Moretto Wiel in Roma 1993, 319-320, cat. 142, ripr. a p. 239). Il López, "maître d'hotel du roy", agente del cardinale Richelieu e uomo d'affari, ebbe casa sul Singel negli anni 1636-1640. La vendita della sua collezione "dove ce n'è di Tiziano", secondo il pittore Claude Vignon che ne fece la stima, ebbe luogo a Parigi nel dicembre del 1641 (Strauss & Van der Meulen 1979, 212). Più tardi il dipinto è documentato nella Galleria imperiale a Vienna, dove nel 1728 figura come opera del Palma (La stampa nel *Theatrum Artis Pictoriae quo tabulae depictae quae in Caesarea Vindobonensis Pinacotheca servantur, laeviori coelatura exhibentur ab Antonio Joseph de Prenner*, Vienna 1728-1733, porta la scritta *Palma pinxit. v. Prenner inc*). Arrivò attraverso uno scambio agli Uffizi nel 1793 con l'attribuzione a Tiziano (G. Incerpi in Firenze 1978, 344). Come ha notato il Mayer, il formato della stampa del Sandrart fa supporre che la tela sia stata ridotta ai lati e in basso.
I raffinati movimenti e contromovimenti di volumi, tinte, ombre e i pochi colori splendidamente orchestrati, l'espressione e il viso di grande bellezza, nonché il carattere sottilmente erotico e classicheggiante sono le componenti principali di questa felice immagine dell'antica dea. Per il suo equilibrio più complesso e monumentale la Flora si colloca cronologicamente oltre l'*Amor sacro e Profano* del 1514-1516 della Galleria Borghese, databile alla seconda metà del decennio (per i vari punti di vista sulla data si veda la rassegna della Romani in Paris 1993, 363-365, per l'*Amor Sacro e Profano*, Roma 1995). Per il seno sottilmente scoperto e l'offerta dei fiori dalla mano divina – rose, gelsomine e viole – e a causa del tradizionale rapporto tra Flora e l'amore indicato non soltanto dalla scritta dell'acquaforte sandrartiana, ma dalla tradizione letteraria, a partire dal Boccaccio e tramandata a molti altri autori, si è sempre letto nel dipinto un significato d'amore, mercenario o no, partendo dal duplice aspetto di Flora come dea e meretrice. Dal Burckhardt in poi la Flora è anche spesso collegata con il matrimonio (Burckhardt parla di "Verlobung"). Secondo lo studioso si tratterebbe di una giovane sposa, a Venezia tradizionalmente vestita di bianco e con i capelli sciolti. Ma la Mellencamp ha indicato giustamente che il vestito non è quello cinquecentesco della sposa veneziana, e che la camicia bianca e il drappeggio di broccato rosso non sono neanche vestiti antichi, ma all'antica: essi evocano l'epoca classica attraverso il costume teatrale da ninfa. Nonostante le molteplici proposte di interpretazione, il significato e molte connotazioni ci sfuggono (cfr. Romani in Paris 1993, 363-365, per varie opinioni).
Insieme con la *Salomè* della Galleria Doria, la *Vanitas* di Monaco di Baviera e *La ragazza allo specchio* del Louvre la *Flora* è tra i dipinti con i quali nel secondo decennio Tiziano sviluppa in direzione monumentale il tema giorgionesco della mezza figura (allegorica) femminile, imprimendovi un carattere originale e nuovo, che segna profondamente e autorevolmente altre derivazioni all'interno della pittura veneziana, realizzate da Palma il Vecchio e Paris Bordone. Il dipinto lasciò le sue tracce non soltanto in pittori veneziani ma probabilmente anche in un dipinto dell'olandese Jan van Scorel quale la *Madonna delle Rose* di Utrecht (cfr. l'Introduzione, *supra*; per il dipinto, Faries in Amsterdam 1986, 191, fig. 69a). Lo Scorel fu a Venezia poco tempo dopo l'esecuzione della *Flora*. Inoltre, durante la permanenza della *Flora* tizianesca ad Amsterdam, essa fu probabilmente vista da Rembrandt nella casa del López, il quale comprò un dipinto dal pittore olandese (Strauss Van der Meulen 1979, 212). Nel suo *Saskia nelle vesti di Flora* a Londra, National Gallery, Rembrandt prese a prestito dal dipinto tizianesco, la mano che impugna il mazzo di fiori e, nel ritratto di *Saskia ridente* di Dresda, la mano sinistra posata sul seno (Clark 1966, 132-134; Van Thiel in Berlin 1991, cat. 23; Kelch in Berlin 1992, 252, al cat. 41). Poiché la Saskia londinese è datata 1635, la *Flora* di Tiziano fu conservata ad Amsterdam probabilmente almeno a partire da quella data.

BWM

149
Quinten Massys (1466-1530)
*Ecce Homo*, 1520

olio su tavola, 95 x 74 cm
Venezia, Musei Civici Veneziani -
Palazzo Ducale, inv. n. 376

PROVENIENZA: dal 1664 documentato nel Palazzo Ducale.
LETTERATURA: Boschini 1664, sestier di San Marco, 29; Zanetti 1771, 490-491; Brising 1908, 30; Friedländer 1924-1937, VII, 51-52, cat. 11; Baldass 1933, 148, 173; Boon 1942, 30; Mallé 1955, 95; Friedländer 1967-1976, VII, 28, 61, cat. 11, tav. 17; Volker 1968, 11ff; De Bosque 1975, 211; Campbell 1981, 473; Silver 1984, 24, 82, 95, 121, 169, 184, 228-229, cat. 46, fig. 87; Collobi Ragghianti 1990, 93; Osano 1991, 16-17; Meijer 1990, 79; Venezia 1992, 112, 128, cat. 11.

La presenza a Venezia del dipinto, almeno dalla fine del Cinquecento, è provata dalla copia a mosaico, realizzata da Arminio Zuccato del 1587 (Campbell 1981). Il Boschini (1664) informa che il dipinto stava sull'altare della cappella del Doge in Palazzo Ducale, mentre al tempo dello Zanetti era nella "stanza dell'eccelso Tribunale". Non è da escludere che il dipinto fosse pervenuto al Palazzo Ducale con l'eredità di Domenico Grimani, come suggerisce il Campbell. Al Museo Correr si trova una copia dipinta (Meijer 1972c, 185, cat. 2), mentre un'altra, a Budapest, fu di proprietà di un canonico di Treviso che lo legò all'arcivescovo Janos Làslzo Pyrker quando quest'ultimo fu patriarca di Venezia (1820-1827), (cfr. Urbach in Venezia 1992, 128). A Venezia per molto tempo il dipinto fu creduto opera di Albrecht Dürer, come risulta dal Boschini e dallo Zanetti. La stessa attribuzione torna nelle iscrizioni di un'incisione settecentesca di Giovanni Depian su disegno di Pietro Merlo, pubblicata a Venezia da

Teodoro Viero e da lui dedicata a Ferdinando I, (un esemplare è al Museo Correr), nonché in una lettera scritta nel 1837 dallo stesso alto prelato ungherese Pyrker di cui si è parlato (Urbach in Venezia 1992, 128). Il riferimento al Massys risale almeno al Brising. Dovrebbe trattarsi di un'opera tarda del pittore, databile alla metà del terzo decennio. Come sovente nei suoi dipinti, in questa scena il Massys crea un contrasto morale di leonardesca memoria tra i visi deformi e caricaturali dei tormentatori di Cristo e la rassegnata ma anche serena fisionomia della figura divina centrale, utilizzando alcuni disegni grotteschi di Leonardo, o forse delle copie, come aveva fatto Albrecht Dürer nella sua *Opera Quinque Dierum*. Contemporaneamente a Venezia anche Giorgione si servì di questo genere di disegni (Meijer 1988d, 407-408). Tuttavia, figure quali il manigoldo alla sinistra di Pilato, presente anche nella versione di Massys al Prado (Silver 1984, 220, cat. 31, tav. 86), e quello calvo a destra si riferiscono alle teste grottesche disegnate da Leonardo. Il gesto della mano di Pilato indica invece il suo distacco dall'evento, mentre l'immediatezza e vicinanza allo spettatore delle figure principali, rappresentate a tre quarti di altezza, coinvolgono quest'ultimo direttamente, come appartenente al popolo di peccatori al quale Cristo viene mostrato. Non è da escludere che Tiziano si ricordasse del dipinto del Palazzo Ducale per alcune delle sue versioni dell'*Ecce Homo*, come quella assai tarda (1575 ca.), del City Art Museum di St. Louis (per il dipinto Wethey 1969, 83, cat. 28, tav. 102; F. Valcanover in Paris 1993, 620-621). Nonostante le differenze, l'impianto compositivo con le figure a tre quarti davanti alla colonna del palazzo pretorio, il raggruppamento delle due figure principali, le posizioni delle loro mani e la foggia dei vestiti e del copricapo di Erode, sembrano indicare che Tiziano conoscesse il dipinto di Massys, che forse ha offerto anche qualche spunto per la tipologia di Cristo delle versioni a figura singola del grande maestro veneziano, alcune delle quali destinate alla corte asburgica di Bruxelles (si veda l'Introduzione a questa sezione del catalogo e la scheda sull'*Ecce Homo* di Dublino). Sarebbe inoltre interessante sapere se già ai tempi di Tiziano il nome del vero autore fosse stato dimenticato e sostituito da quello del Dürer, assai più noto in Italia di quello di Massys.

Tiziano, *Ecce homo*
St. Louis, City Art Museum

BWM

## 150
### Tiziano Vecellio (1585/1590 ca. - Venezia 1576)
*Ecce Homo*, ca. 1560

olio su tela, 73,4 x 56 cm
Dublino, National Gallery of Ireland, inv. n. 75

PROVENIENZA: Sir William Knighton (vendita Londra, Christie's, 21 maggio 1885, Lotto 520); acquistato nel 1885.
LETTERATURA: Duncan 1906-1907, 7; Armstrong 1914; Gore 1955, 218, fig. 1; Berenson 1957, I, 190; Wethey 1969, 87-88. cat. 34, tav. 100, con bibl. prec.; Zweite 1980, 40, 42, fig. 170; London 1985, 7-8, cat. 2; Keaveny 1992, 126, cat. 38, ripr.

In questa immagine devozionale il Salvatore è rappresentato con lo scettro di canna, la corona di spine e le tracce del sangue della flagellazione sul corpo. La sua espressione e il suo atteggiamento esprimono patimento sia nel corpo che nell'anima, e benché la figura si riferisca all'episodio della Passione in cui invano Gesù flagellato venne mostrato da Pilato al popolo, per suscitare pietà (fonti bibliche: Giov. 19: 4-6; Matteo 27: 27-29; Marco 15: 17-19), ogni altro accenno alla vicenda esterna viene eliminato. Questa immagine si colloca in una tradizione figurativa risalente all'inizio del Cinquecento. Ma, accanto al sentimento religioso, Tiziano non ha rinunciato alle reminiscenze anticheggianti nella pur emaciata robustezza della figura. È un'immagine sobria, realizzata con colori essenziali e con pennellate variegate ed efficaci. I contorni a tratti confusi, ripetuti o troppo trasparenti fanno supporre che le braccia non siano state finite, al contrario, il raddoppiamento della canna dipende da un pentimento che la precedente versione ha mostrato più chiaramente durante il restauro nel 1955 (Gore 1955, 218; Keaveny in London 1985, 88). Con l'eccezione di un periodo tra il 1914 e 1955, il dipinto è stato sempre attribuito a Tiziano, cui venne poi restituito dal St. John Gore, Wilde, Lionello Venturi e Berenson (per la storia attributiva del dipinto Keaveny in London 1985). Eseguito intorno al 1560, il dipinto è uno di vari esemplari autografi sul tema dell'Ecce Homo a mezza figura singola. All'origine di questa iconografia ha contribuito il ricordo della tipologia di Cristo in un dipinto di Quentin Massys che in epoca precoce si trovava a Venezia (cat. 149). Dal dipinto di Tiziano sembra invece assai distante quello, diverso e meno evoluto, dello stesso tema di Andrea Solario (Milano, Museo Poldi Pezzoli) che da alcuni è stato citato come fonte per il pittore veneziano (Armstrong 1914; per il dipinto del Solario anche Brown 1987, cat. 9, fig. 35). Nel 1545-1546 e nel 1547 Tiziano eseguì le versioni disperse di questo soggetto dipinte per papa Paolo III e per Pietro Aretino, rispettivamente. L'anno dopo l'artista portò un Ecce Homo a mezza figura singola, su lavagna, all'Imperatore Carlo V ad Augusta, versione che l'imperatore volle nei palazzi asburgici a Bruxelles e che, dopo l'abdicazione di Carlo V nel 1556, con altri dipinti di sua proprietà fu trasferito a Yuste per poi confluire nel Museo Nacional del Prado (Schweickhartt 1997, 25-26; Checa Cremades in Madrid 1998, 443, cat. 122, ripr.). Nel 1549 Tiziano inviò anche un esemplare al cardinal Granvelle, oggi smarrito (Mancini 1998, nn. 52, 54, 55, 56, 59, 63, 64, 68). Benché nulla si sappia della destinazione originale della versione in esame, essa è rappresentativa di un soggetto tizianesco che ebbe notevole fortuna presso i pittori dei Paesi Bassi nel quinto e sesto decennio (cfr. l'Introduzione a questa sezione del catalogo). Nonostante le differenze nel taglio, nei rapporti spaziali, nella barba, nel vestito e nella posizione della canna e delle braccia, lo Zweite ha suggerito che il dipinto debba essere stato il punto di partenza per l'Ecce Homo di Maarten de Vos, firmato e datato 1562, nella quale la posizione della testa è effettivmente simile (Zweite 1980, 38-42, 262, cat. 1, fig. 2; riprodotta anche nell'introduzione a questa sezione del catalogo). La convinzione che una stampa di un *Ecce Homo* eseguita da Lucas Vorsterman II (Hollstein 1949-1997, XLII, 92, cat. 13) sia basata sul dipinto di Dublino ha portato all'ipotesi che quest'ultimo facesse parte del cosidetto "Cabinet de Titien", di Antonie van Dyck, cioè la collezione di opere tizianesche di proprietà del pittore anversese (Wethey 1969, 88). Dopo aver acquistato il suo esemplare in Italia, van Dyck lo trasferì ad Anversa e in seguito, nel 1635, in Inghilterra. L'opera riprodotta nella stampa del Vorsterman dimostra il *pallium* sulle due spalle di Cristo, non su una sola come nel dipinto di Dublino e pertanto non c'è un rapporto immediato tra le due opere. Con ogni probabilità l'esemplare di van Dyck aveva accanto a Cristo la figura di un manigoldo, mentre lo stesso Cristo era vicino a quello che si trova oggi al Muzeul Brukenthal di Sibiu (Wood 1960, 681, 694, 695, cat. 17, fig. 23).

BWM

151
Jacopo da Ponte, detto Bassano (ca. 1510-1592)
*Cristo deriso, past* 1590

olio su tela, 107 x 138,5 cm
Oxford, The Governing Body
Christ Church

PROVENIENZA: Generale John Guise, Londra (probabilmente acquistato da lui alla vendita della collezione Stephen Rougent, 1755, terza giornata, cat. 49); da lui legato, 1765.
LETTERATURA: Dodsley 1761, III, 21; Borenius 1916, 82, cat. 209; Arslan 1931, 347, Arslan 1960, I, 359; Ballarin 1966b, 124-131, Byam Shaw 1967, 74, cat. 92, tav. 77; Pallucchini 1982, 51, 54; Bassano 1992, 204-206, cat. 78, ripr.; Paris 1993, 635-636, cat. 279.

Almeno dai tempi del Dodsley questo suggestivo e bel dipinto era attribuito a Jacopo da Ponte, detto Bassano, finché il Borenius (1916, 82) non propose il nome di Francesco Bassano, non accettato dall'Arslan. Il Ballarin (1966b) colloca il dipinto verso il 1590, tra gli ultimi dipinti di Jacopo influenzati dalle opere tarde di Tiziano, a lume di notte, che raffigurano la Passione e altre storie. Per il Byam Shaw è opera di bottega, mentre Pallucchini, Aliberti Gaudioso (in Bassano 1992) e Habert (in Paris 1993) accettano la tesi del Ballarin. Effettivamente sembra trattarsi di una delle tipiche opere tarde, dove Jacopo, partendo da un fondo scuro, tende a sciogliere le forme nel colore e nel contrasto ombra-luce, rendendole a colpi di macchia e a larghe pennellate di grande effetto. Tra i dipinti presenti nella casa di Jacopo, e inventariati il 27 aprile 1592, figurano anche alcuni esemplari di un "Cristo sbeffato di notte", soggetto del dipinto qui in esame, ma tutti apparentemente di dimensioni diverse da esso (Verci 1775, 95, 97). Un *Cristo deriso* assegnato agli anni settanta, firmato da Jacopo e Francesco Bassano, si trova nella Galleria Palatina di Firenze (Ballarin 1966b, 130). La composizione di questa scena, con il personaggio principale in profilo rivolto verso destra, ha una lunga tradizione nella pittura veneziana, dall'*Ecce Homo* tizianesco di Vienna, datato 1543, in poi (per questo dipinto, Wethey, 1969, 79-80, cat. 21. tavv. 90, 91). Non sembra probabile che la composizione a mezze figure possa in qualche modo risalire al dipinto dell'*Ecce Homo* del Massys al Palazzo Ducale (cat. 149). Ciononostante, in un altro *Ecce Homo* del pittore fiammingo, ora a Madrid, Museo Nacional del Prado, i personaggi principali si dispongono sulla diagonale che va dal lato sinistro verso destra (Silver 1984, 220-221, cat. 31, pl. 84). Nella sua vita Karel van Mander afferma di aver visto a Roma, nella seconda metà degli anni settanta, alcune piccole scene della Passione a lume di notte con fiaccole e torce, dipinte dal Bassano su lavagna, lumeggiate a penna e colore dorato (Meijer 1972, 7; Meijer 1972b, 77-78). Un esempio bassanesco eseguito con questa tecnica è l'*Incoronazione di Spine* di Leandro Bassano al Museo Nacional del Prado (M. Falomir Faus in Madrid 1998, 506-507, cat. 157).

BWM

152
Cornelis Cort (1533-1578)
*Prometeo* da Tiziano, 1566

incisione, 385 x 314 mm
in basso a destra: *Titianus/1566/Cum privilegio*
Amsterdam, Rijksmuseum
inv. RPP-A 9992

LETTERATURA: Ridolfi 1648, I, 202; Von Sandrart 1675, 135; Mariette post 1720, V, 322; Bierens de Haan 1948, 174, cat. 192; Wethey 1975, 159, cat. 19, tav. 103; Chiari 1982, 53, cat. 8; 's-Hertogenbosch 1993, 285, 337; Tischer 1994, 58, 59, 64, fig. 14; Amsterdam 1994, 334 cat. 4.

Questa incisione imponente, esposta in quello che Bierens de Haan considera il primo stato, riproduce in controparte una delle due tele – l'altra rappresenta Sisifo – della serie delle "Pene infernali", che giunsero nelle Fiandre prima del 21 giugno 1549, come risulta da una lettera di Antoine Perrenot de Granvelle a Tiziano (Mancini 1998, 192, app. cat. 68). Esse erano destinate alla regina Maria d'Ungheria, governatrice dei Paesi Bassi e sorella dell'Imperatore Carlo V, per il suo palazzo di Binche. All'arrivo dell'esercito francese nel 1554 i dipinti furono tolti dal loro posto nel salone del castello, distrutto poco dopo. Si tratta della prima o una delle prime commissioni asburgiche a Tiziano di quadri a soggetto mitologico. Questa serie, che illustrava le pene riservate ai crimini più celebri della mitologia classica, affronta una tematica inedita nella storia della pittura. L'*Issione* e il *Tantalo* andarono distrutti nell'incendio del 1734 dell'Alcázar di Madrid; gli altri due dipinti subirono danni, ma furono salvati. Dell'*Issione* tizianesco rimane forse qualche ricordo visivo nei dipinti che su questo soggetto eseguirono il Ribera e Luca Giordano (Tischer 1994, 51-53). La composizione del *Tantalo* è conosciuta da un'incisione del 1565 circa di Giulio Sanuto, uno degli incisori operanti per Tiziano in quegli anni (Wethey 1975, 159, fig. 104; Tischer 1994, 53-54 fig. 1, anche per la documentazione esistente sui dipinti).
Vi sono alcune piccole differenze tra il dipinto di Tiziano del Prado, che nel passato fu identificato sia con un *Tizio* che con un *Prometeo*, e la sua traduzione incisoria: la posizione della mano in basso, le pieghe del panno disteso sulla pietra sulla quale è posata una delle gambe, e anche la fiaccola, che nel dipinto, almeno come oggi si presenta, non c'è. Come risulta dalla data apposta su questo stato, l'incisione risale al primo pe-

riodo di attività del Cort per Tiziano negli anni 1565-1566, quando la tela ora al Prado era ormai uscita dalla bottega da più di quindici anni. Il Cort pertanto dovette eseguire l'incisione partendo da un altro modello. Nella sua richiesta del 4 febbraio del 1566 (*m.v.*) al Consiglio dei Dieci del privilegio per incisioni di varie sue invenzioni, che probabilmente riguardava la presente, Tiziano scrive di voler far "ritagliar li detti disegni."(Bierens de Haan 1948, 9). Con ogni probabilità il punto di partenza del Cort fu dunque un disegno del maestro veneziano.
Un foglio a penna e inchiostro bruno, conservato al Département des Arts Graphiques del Louvre, di misure più piccole della stampa del Cort e proveniente dalla collezione Mariette, era catalogato dal collezionista francese come un originale di Tiziano, ma venne in seguito troppo spesso giudicato negativamente. Esso non può comunque essere considerato preparatorio per la stampa, a causa delle differenze da essa, ma potrebbe appartenere alla prima fase della progettazione del dipinto (per il disegno Wethey 1987, 240-241, cat. X-37). Nel suo *Abecedario* il Mariette esprime l'opinione che il disegno sia "aussi savemment dessiné que l'aurait put faire Michel Ange". Ma con Michelangelo l'opera tizianesca sembra prevalentemente condividere solo l'ispirazione della posa e la forza drammatica e monumentale della figura ripresa dal *Giudizio* michelangiolesco, che il Vecellio poté vedere in Vaticano nel 1545-1546.
Nella letteratura le opinioni sul soggetto rappresentato nel dipinto non sono univoche: Tizio o Prometeo? La raffigurazione dei due temi dimostra strette affinità in casi come il dipinto del Prado, le incisioni ad esso relative e il celebre disegno con *Tizio* donato da Michelangelo nel 1532 a Tommaso de' Cavalieri, che Tiziano può aver conosciuto (cfr. Tischer 1994, 100, fig. 51). Come ha osservato il Panofsky, Ovidio descrive in un singolo paragrafo i supplizi infernali dei quattro dannati Tizio, Sisifo, Tantalo e Issione (Ovidio *Metamorfosi*. IV, 451-461, fonte indicata dal Panofsky 1969, 148). Prometeo invece non va al Tartaro, e alla fine viene anche salvato.
Nell'ottica dell'espressione "pene infernali", usata dal Granvelle nella sua lettera menzionata e considerati i soggetti degli altri tre dipinti, la presenza nella serie di un dipinto

con *Tizio* sarebbe pertanto più logica, ragione per cui secondo il Panofsky sarebbe quello il soggetto del dipinto.
Tuttavia molte fonti antiche, anche se non tutte, indicano il dipinto come un *Prometeo*. Nella sua descrizione della *grande salle* del castello di Binche da lui visitata nel 1549 in occasione delle grande festività ivi organizzate per Filippo II, Calvete d'Estrella identificò i due dipinti di Tiziano ivi presenti quale *Sisifo* e *Prometeo* (Calvete d'Estrella 1552). Un documento del 1558 testimonia il trasferimento di due grandi tele con Prometeo e Tantalo dalla proprietà di Maria d'Ungheria, deceduta nel 1558, a Filippo II (Wethey 1971, 158, cat. 6).
Mentre è ancora aperta la discussione sul preciso soggetto della tela del Prado, il soggetto della stampa è più ovvio. Che si tratti di un *Prometeo* risulta in primo luogo dalla fiaccola accesa con il fuoco rubato dal mitico personaggio, visibile nell'angolo in basso, nello stesso luogo in cui nel dipinto, forse ritagliato, si vede un fuoco che potrebbe essere però anche quello infernale. Inoltre sulla copia in controparte della stampa del Cort, datata 1570 e incisa dall'incisore Martin Rota che collaborò con Tiziano negli anni tra le due soste veneziane del Cort nel 1565/1566 e 1569(/1570)/1571, si trova un'iscrizione che menziona esplicitamente Prometeo ("Immortale jecur tondens avis ecce Promethei/Mortalis miseros miser arguit aeris avaros". Chiari 1982, cat. 31, ripr.; Tischer 1994, 64). Nel 1580 Thomas de Leu incise una sua copia in controparte (Robert-Dumesnil 1835-1871, 71).
Nell'incisione il Cort dimostra la sua bravura tecnica, insuperata a quel momento nella riproduzione convincente di un dipinto di figura, con tutte le sue sfumature luministiche. Per questo motivo Domenico Lampsonio scrisse a Tiziano il 13 marzo del 1567 che le qualità incisorie del Cort lasciavano immaginare i colori dei dipinti tizianeschi da lui riprodotti (per la lettera Gaye 1839-1840, III, 242, cat. CCXVIII). L'incisione del Cort (o la copia del Rota) fu il modello per gli esercizi su questo tema di alcuni tardi manieristi olandesi, quali Cornelis Cornelisz van Haarlem (cat. 153) e Hendrick Goltzius nel suo *Tizio* del 1613 a Haarlem (Biesboer 1983, fig 24, per questo dipinto).

BWM

153
Cornelis Cornelisz van Haarlem (1562 - 1638)
*Prometeo*, 1588

penna e inchiostro bruno, acquerellatura in rosso-bruno e grigio, rialzato a biacca; 360 x 268 mm
in basso a destra a penna e inchiostro bruno firmato *Cor Cornelis/ van/ Haerlem/ fecit/* e, più in basso, datato *A 1588*
Vienna, Graphische Sammlung der Albertina, inv. n. 8101

PROVENIENZA: Albert von Sachsen-Teschen.
LETTERATURA: Schönbrunner & Meder 1896-1908, X, cat. 1102; Benesch 1928, 367; Reznicek 1956, al cat. 14; Van Thiel 1965, 127-128, 137, cat. 19, tav.1; Washington 1986, 121, cat. 39; Amsterdam 1994, 333-334, cat. 4.

Con il van Mander e il Goltzius, Cornelis van Haarlem fu uno dei principali rappresentanti e il migliore pittore del manierismo haarlemese tardo cinquecentesco. Dopo essersi procurato fama quale ritrattista, verso il 1585 Cornelis cominciò a sviluppare il suo stile di figure dal corpo robusto, scultoreo e muscoloso, rappresentate in pose contorte, che risalgono alle invenzioni sprangeriane arrivate ad Haarlem, e incise dal Goltzius. Già durante la vita dell'artista le sue opere erano note fuori dall'Olanda, e anche in Italia, come testimonia la menzione che ne fa il Marino già nelle sue *Rime* del 1602. Il poeta elogia tre opere di "Cornelio Fiamingo", indubbiamente Cornelis van Haarlem, una *Caduta di Fetonte*, un *Giudizio di Paride* e un *Banchetto in un giardino*, tutti e tre nel 1602 a Napoli, nella collezione di Matteo di Capua, principe di Conca. È da verificare che la *Caduta di Fetonte* sia da identificare con il dipinto oggi sconosciuto della serie di *Peccatori* dell'artista (Marino 1618, I, 45-46. II, 25, 26; cfr. Meijer 1993c, 23 nota 87. Per la serie Loewenthal 1983, 148-153; Kloek in Amsterdam 1994, 17, fig 4 e Cornelis in Amsterdam 1994, 331-332, cat. 3). Il disegno qui esposto è uno tra i rari fogli – poco più di quindici – conosciuti di Cornelis van Haarlem di cui le fonti menzionano invece un gran numero di studi di figure o parti di esse (Van Thiel 1965, 123-124). Come indicano la firma e la data, si tratta di un disegno inteso come opera d'arte a sé stante (Van Thiel, in Amsterdam 1994). Per questa scena suggestiva e ben bilanciata, realizzata con linee di penna ben individuate, poco tratteggio parallelo e senza tratteggio incrociato, ma con aquerellature efficaci per rendere le ombre e il fumo – o le nuvole dei vapori infernali – da cui la figura principale è circondata, Cornelis van Haarlem parte con ogni probabilità dal Prometeo inciso quasi venticinque anni prima a Venezia da Cornelis Cort sulla base di un'invenzione di Tiziano. Non è da escludere che il punto di partenza del disegnatore sia stato una delle copie dalla stampa del Cort, quale quella in senso inverso di Martin Rota (si veda la relativa scheda della stampa del Cort nel presente catalogo; inoltre Robinson in Washington 1986, 21). Nell'inventario dei beni del pittore di Haarlem sono elencati stampe da Tiziano (Van Thiel 1965, 128). Il linguaggio classico-mitologico di Tiziano della fine degli anni quaranta e degli anni cinquanta conosciuto nell'Olanda tardocinquecentesca attraverso le stampe del Cort e forse di altri, quali il *Prometeo* e *Diana e Callisto* (per quest'ultima incisione Bierens de Haan 1948, 159-160, cat. 157) ha contribuito al linguaggio pur più esasperato e agitato dei manieristi haarlemesi degli anni ottanta e primi anni novanta.
Oltre a elementi compositivi l'incisione di Cort-Tiziano del *Prometeo* e il disegno di Cornelis van Haarlem condividono anche l'atletismo e la robustezza anatomica della figura principale. Come nel caso del dipinto del Tiziano al Museo Nacional del Prado (cat. 152) è di difficile soluzione il dilemma del soggetto del disegno: Tizio incatenato su una roccia del Tartaro o Prometeo incatenato su Monte Caucaso, l'uno tra il vapore o fuoco infernale con uno o due avvoltoi e serpenti che gli mangiano eternamente il fegato, o l'altro con l'aquila che gli viene giornalmente mangiare il fegato cresciuto durante la notte. Né dalle fonti citate dall'amico van Mander nella sua esegesi delle metamorfosi ovidiane né altrove si trovano elementi probanti per l'una o per l'altra soluzione (Van Mander, *Uytlegginghe op den Metamorfosis Pub.Ovid.Nasonis* in Van Mander 1604, 2r.-3r., 33r-34r.).
Una copia del disegno di mano di Jan Harmensz Müller si trova nel Musée Royaux des Beaux-Arts di Bruxelles (Reznicek 1956, 67, cat. 14, ripr; van Thiel 1994, 334, fig. 4b. Per opere di Jan Müller, Abraham Bloemaert e Hendrick Goltzius derivate dal disegno dell'Albertina e/o le incisioni dall'invenzione tizianesca di *Prometeo*, Robinson in Washington 1986).

BWM

## 154
Tiziano Vecellio (1485/1490 ca.-1576) e bottega
*Venere con amorino, un cagnolino e una pernice*, 1550

olio su tela, 119 x 195 cm
Firenze, Galleria degli Uffizi
inv. 1890, n. 1431

PROVENIENZA: Paolo Giordano Orsini, Roma; da lui donato a Cosimo II alla fine del gennaio 1618-1619; collezioni medicee (si veda Squellati in Firenze 1978 per le varie collocazioni).
LETTERATURA: Supino 1904, 6-7; Reff 1963, 359-361; Panofsky 1969, 121-122, fig. 134; Wethey 1975, 65-66, 199, cat. 49, tav. 107; Firenze 1978, 58, 60-65, cat. 9; Hope 1980, 88; Hope 1980b, 120; Herzner 1993, 87-88, 101-102, fig. 6; Goffen 1997, 157-159, fig. 90; Schweickhart 1997, 27-28, fig. 3.

Il dipinto è ricordato – è la prima menzione certa – dal diarista di corte medicea Cesare Tinghi quando l'opera giunse con Paolo Giordano Orsini, cugino in secondo grado di Cosimo II, a Firenze il 25 gennaio del 1618 (st.fior.) come "Venere con l'Amorino di Tiziano" e "un quadro di pittura di Tiziano di una femmina nuda con un Cupido" (Supino, 1904, 6-7).
In genere giudicata inferiore alla *Venere di Urbino* conservata nello stesso museo, l'autografia tizianesca dell'opera non è però mai stata messa in dubbio fino alla seconda metà del nostro secolo che, almeno in parte, la ritiene eseguita con l'aiuto della bottega. Poiché il dipinto è difficilmente leggibile a causa dei molteplici interventi di rifoderatura, restauro e ritocchi (cfr. Squellati in Firenze 1978) è arduo giudicare se il giudizio alquanto negativo degli ultimi tempi dipenda dalla condizione non perfetta del dipinto, dall'esecuzione soltanto parzialmente autografa o, forse più probabilmente, da ambedue queste ragioni.
In una lettera scritta a Roma l'8 dicembre 1545 all'Imperatore Carlo V, Tiziano scrisse di voler "venire a presentarle una figura di Venere da me fatta a nome suo..." (Mancini 1998, 164, cat. 43). Nella lettera successiva del 1° settembre 1548 ad Antoine Perrenot de Granvelle, il pittore menziona una Venere da lui portata ad Augusta per l'Imperatore, che insieme con altri dipinti del Cadorino sarebbe stata inviata nelle Fiandre (Mancini 1998, 170, 171, cat. 50). Si tratta dell'unico dipinto mitologico realizzato dal Tiziano per l'Imperatore. Vari autori tra i quali il Panofsky ritennero che la *Venere* degli Uffizi potesse essere quella eseguita per

Carlo V. Contro questa tesi sono stati addotti due argomenti: la parziale autografia del dipinto e la data d'esecuzione successiva, probabilmente dopo il 1550 (cfr. Herzner 1993). Secondo lo Herzner la versione degli Uffizi risale comunque a quella dispersa di proprietà di Carlo V. Sarebbe pertanto questo tipo di Venere nuda, sdraiata sul letto davanti a una tenda e a un ampio paesaggio, con la testa rivolta a destra, verso Cupido che abbraccia la spalla della madre, la prima delle variazioni tizianesche sul tema, che conteranno poi la *Venere con organista* e le versioni più tarde di *Venere con liutista*. Comunque nella pittura veneziana Tiziano rappresenta per la prima volta la Venere nuda maestosamente adagiata sul letto, con la testa al lato destro e con il corpo rivolto verso lo spettatore, forse ispirandosi al michelangiolesco cartone di *Venere e Amore* eseguito nel 1532-1533 per Bartolomeo Bettini (Panofsky 1969, 121, cat. 34) per la posizione del corpo della dea e per il motivo di Amore che abbraccia la madre, benché vi siano delle differenze. Indubbiamente di quelle tizianesche la *Venere con Amore e un organista* del Museo del Prado (Herzner 1993, fig. 2), dove il paesaggio montagnoso del dipinto fiorentino è sostituito da un giardino o un parco, è la versione più vicina a quella degli Uffizi, anche nel drappeggio steso sul letto (che compare anche nella *Venere con Amore e un liutista* del Fitzwilliam Museum di Cambridge [Hope 1980b]). La contiguità di elementi compositivi in queste tre opere ha suggerito a Hope di raggrupparle come la prima generazione di derivazioni dal prototipo disperso. Forse non ingiustamente il Wethey vide nella *Venere* degli Uffizi una ripetizione di quella madrilena, mentre per lo Herzner è più stretto il rapporto tra la versione berlinese e quella delle collezioni fiorentine.
Nel dipinto degli Uffizi sta, al posto dell'organista, un piccolo spaniel che abbaia a una pernice sul bordo della finestra. Nelle versioni in cui Venere appare affiancata da un musicista, la voce del cagnolino è stata sostituita dal suono più gradevole della musica. Mentre le rose nel vaso di cristallo o di vetro trasparente, e quelle nella mano di Venere, sottilmente dipinte, sono tra gli attributi della dea per il loro dolce profumo (Reff 1963, 359, che cita Leone Ebreo, *Dialoghi d'Amore*), la pernice è simbolo di lussuria ma an-

che di fecondità, e forse sotto quest'ultimo significato appare anche in dipinti sacri di Tiziano, come l'*Annunciazione* della Scuola di San Rocco (Panofsky 1969, 30; Goffen 1997, 157). Ciononostante, non si riesce bene a capire il suo rapporto con il cane, in genere visto come espressione della fedeltà, mentre, forse con poca giustificazione, il leone del piede del tavolo è stato letto come simbolo della forza della natura, qui conquistata dall'amore

(Reff 1963, 361, sempre in base di Leone Ebreo). È suggestivo tener presente, come hanno fatto Brendel (1946, 1947) e Panofsky, che nella gerarchia rinascimentale dei sensi la vista tiene il posto primario ed è il più elevato dei sensi per percepire la bellezza. Tuttavia c'è da chiedersi quanto una lettura del dipinto come allegoria della supremazia della vista nell'apprezzare la bellezza, incarnata dalla dea nuda, ci porti a intendere il significato originario di

questo dipinto e a interpretarne i principali connotati, tra i quali indubbiamente l'erotismo dell'immagine ha il suo posto.

Oltre alla perduta Venere per Carlo V, per qualche tempo si trovò nelle Fiandre con ogni probabilità anche la versione di *Venere e Amore con un organista*, ora al Museo Nacional del Prado (Checa 1994, 96-97, 262, cat. 32). Essa appartenne al Granvelle e nel 1600 venne acquistata presso il suo erede il Conte de Cantecroy dal-

l'Imperatore Rodolfo II ("Un quadro di une Venere in sul letto con un organista di Titian") e da quest'ultimo donato a Filippo III di Spagna (Panofsky 1969, 123 cat. 37; Wethey 1975, 175).

Le composizioni delle Veneri tizianesche sorelle di quella degli Uffizi, che lasciarono presto l'Italia, ebbero una certa fortuna presso gli artisti dei Paesi Bassi. Gillis Coignet (Antwerpen 1535ca. – Hamburg 1599), per esempio, fu l'autore di

alcune varianti della *Venere con organista*.

Nei dipinti di Coignet, uno dei quali è datato 1590, il tema diventa *Venere con Amore e un suonatore di spinetta* (Faggin 1964, 53, fig. 61; Briels 1987, 73, fig. 67).

BWM

529

## 155
Andrea Meldolla detto Schiavone (1510/15-1563)
*Danae*, ca. 1560

olio su tela, 118 x 147 cm
Napoli, Museo Nazionale
di Capodimonte, inv. n. 863

PROVENIENZA: Domenico Ruzzini
(?); Marchese Torlonia, Roma; venduto nel 1802; Napoli, Palazzo Reale, fino al 1832.
LETTERATURA: De Rinaldis 1911, 161, cat. 85; Molajoli 1958, 45, cat. 863; Richardson 1980 61-62, 64, 167-168, cat. 278, fig. 209; Rossi 1980, 86, fig. 18.

Acquistato nel 1802 come Schiavone, il dipinto fu a Palazzo Reale come opera della Scuola del Tintoretto. Come tale figura anche in De Rinaldis, prima della restituzione al suo vero autore.
Nelle *Meraviglie dell'arte* il Ridolfi menziona due *Danae* dello Schiavone, uno per un soffitto con Giove che "diffonde un nembo d'oro, e un Amorino, che lo saetta", chiaramente non il nostro, e l'altro nella Galleria del senatore Domenico Ruzzini, "Danae, quanto il naturale, che si rallegra della pioggia d'oro, che la cade in seno..." (Ridolfi 1648, I, 252, 256), quest'ultimo forse identificabile con il dipinto di Napoli. Si tratta di uno dei dipinti dello Schiavone ispirati da prototipi tizianeschi, che nel caso presente, come ha notato il Richardson (1980, 61-62), sono almeno due.
Colpisce in primo luogo la presenza del paesaggio, incongrua in un dipinto di questo soggetto. Per contrastare l'oracolo della sua morte per mano del futuro nipote, il re Acrisio rinchiuse preventivamente la figlia Danae in una camera o torre di ferro, dove tuttavia Giove le apparve sotto forma di pioggia d'oro che la fecondò (per le fonti letterarie antiche Panofsky 1933, 203; Panofsky 1969, 144-145; Wethey 1975, 134). Di questo ambiente chiuso, camera o torre, nel dipinto non c'è nessuna traccia.
La posa della figura principale riprende quella delle Danae tizianesche, forse la versione di Madrid o quella di Vienna, databili rispettivamente 1553-1554 e 1555-1560, dove come nella figura dello Schiavone non vi è traccia del lenzuolo che copre parzialmente la gamba della giovane, come si vede invece nella versione di Tiziano a Napoli (F. Valcanover in Paris 1993, cat. 177, ripr.; Wethey 1975, catt. 5-7, fig. 81-83, per questi dipinti; Checa Cremades in Madrid 1998, 376-377, cat. 77).
Contrariamente che nelle *Danae* di Tiziano, la protagonista del dipinto dello Schiavone ha la testa a destra e il corpo rivolto verso sinistra; una mano stringe dei fiori, un "amorino" dietro alle spalle; la scena è inoltre collocata in un paesaggio, a rendere la tela di Napoli ancor più affine alle *Veneri* di Tiziano, come quella della Galleria degli Uffizi (cat. 154). C'è pertanto da chiedersi se il dipinto dello Schiavone sia nato come Venere e sia stato modificato in seguito in una Danae, con l'aggiunta della pioggia d'oro.
Cronologiamente e pittoricamente la *Danae* non è molto lontana dalla *Diana e Atteone* (Kunsthistorisches Museum, Vienna), variante di mano dello Schiavone dello splendido dipinto di Tiziano alla National Gallery di Edimburgo. Il Richardson (1980, 61, cat. 327, fig. 202) data il dipinto viennese intorno al 1559, cioè negli ultimi anni della vita dello Schiavone. I due quadri condividono la tendenza a un monocromo tonale, accordato sui bruno-rossastri e a un'esecuzione con pennellate variegate e pastose, nel caso della *Danae* a tratti non dissimili al fare largo di Jacopo Tintoretto.
Nella stesura del paesaggio di sfondo si intuisce, invece, un'affinità sia con Tiziano che con Lambert Sustris. Insieme il Sustris e lo Schiavone, forse intorno alla metà degli anni quaranta, lavoravano alla decorazione della villa Pellegrini tra Chioggia e Monselice, probabilmente distrutta (Vasari 1568, VII, 96; Mancini 1991, 173-196). Mentre le opere dello Schiavone, come anche il dipinto in esame, si distinguono spesso dalla pennellata sciolta e dall'esecuzione corsiva, cosa che interessa al Sustris soltanto in qualche caso, esse non manifestano né un interesse particolare per il paesaggio, che in Sustris è quasi costante, né le straordinarie doti del neerlandese a rendere la natura in maniera suggestiva e convincente. Probabilmente lo Schiavone subì il fascino dei paesaggi nei dipinti del Sustris, eseguiti prima della partenza di quest'ultimo per la Germania, sul genere della *Giove e Io* dell'Ermitage (cat. 157), per certi versi affine alla schiavonesca *Danae* di Napoli nell'impostazione spaziale e nella definizione della vegetazione, pur essendo probabilmente dipinta a distanza di tempo, durante il soggiorno svevo.

BWM

156
Lambert Sustris (ca. 1510/15-dopo 1560?)
*Venere*, ca. 1550

olio su tela, 116 x 186 cm
Amsterdam, Rijksmuseum
inv. n. A 3479

PROVENIENZA: Villa Borghese, Roma (Manilli 1650, 110; *Inventario* 1693, St VI, n. 28, e.a.; cfr. Della Pergola 1955, 139) fino all'inizio dell'Ottocento; Rundell; W. Young Ottley (Vendita London, Christie's, 16 maggio 1801?); W. Willet (prima del 1824); W. Buchanan; L.W. Neeld, dopo 1829; vendita L. Neeld, Grittleton House, London, Christie's, 13 luglio 1945, n. 42, venduto al Fenouil; acquistato dal Rijksmuseum presso Thomas Harris, Garden Lodge Studio, London, nel 1946.
LETTERATURA: Buchanan 1824, I, 123-124; Hume 1829, 67-68; Waagen 1854, II, 244; Wilde 1934, 170-172; Peltzer 1950, 121; Della Pergola, 1955, I, 138, al cat. 248; Berenson 1957, I, 173, fig. 1242; Ballarin 1962, 64, 79 cat. 14, fig. 70; Ballarin 1962-1963, 364; De Mirimonde 1966, 273, fig. 12; Ballarin 1967, 86; Ballarin 1968b, 122; Crosato Larcher 1974, 241-242; Wethey 1975, 204; van Thiel 1976, 529-30, A 3479; Venezia 1981, 139, cat. 36; London 1983, 211, cat. 58; Rearick 1984, 64-65; Lucco 1984, 164; Mancini 1987, 63, 70 nota 15; Lucco 1988, 165, 170, fig. 231; Jackson Reist 1988, 265-267, fig. 1; Venezia 1990, 86; Paris 1993, 541-542, cat. 186; Boschloo & Van der Sman 1993, 81-82, ripr.

Almeno dall'inizio dell'Ottocento, ma probabilmente anche prima, il dipinto fu riferito a Tiziano, e così ancora fu definito alla vendita londinese del 1945, benché il Wilde già avesse riconosciuto, nell'esemplare della Galleria Borghese che tuttavia è una copia del presente quadro, la mano del suo allievo e assistente Lambert Sustris. Precedentemente il Waagen aveva espresso dubbi sull'autografia tizianesca del dipinto ora ad Amsterdam, considerandolo di un allievo. Contrariamente a quello scritto nel passato recente, il Buchanan non di-

Tiziano, *Venere di Urbino*
Firenze, Galleria degli Uffizi

chiarò di aver comprato il dipinto dalla Villa Borghese ma da W. Willett. ("The Venus of the Villa Borghese formerly in the possession of W. Willett Esq. may also be cited as one of his admirable performances. Mr. Buchanan paid £ 1500 for this last mentioned picture"). La provenienza da Villa Borghese è stata indicata anche nel catalogo della vendita londinese del 1945 ("The Venus of the Villa Borghese"). Alla Galleria Borghese si trova oggi una copia (Wethey 1975), considerata originale del Sustris dal Wilde, ma anche dal Peltzer e Della Pergola (1955, 138-139, cat. 248, ripr.). Se, come è stato suggerito dal Fantelli (in Venezia 1981), questa copia fu eseguita poco prima che l'originale lasciasse la Villa Borghese di Roma all'inizio dell'Ottocento, i dati dei vari inventari Borghese dal 1650 in poi (un quadro con Venere "... quello dove una giovane sta suonando una Spinetta, è di Tiziano" [1650] e "un quadro bislungo grande Una Donna Nuda sopra un letto con fiori sopra il letto con cinque altre figurine una che sona il Cembalo e l'altra che guarda dentro una Cassa del N 726 con cornice dorata in tela di Titiano" [1693]), resi noti dalla Della Pergola, si riferiscono non alla copia della Galleria Borghese, ma all'originale oggi ad Amsterdam. Quest'ultimo è uno dei dipinti del Sustris di tematica "mitologica" che prendono spunto da opere celebri di Tiziano. Il modello è qui la *Venere di Urbino* della Galleria degli Uffizi (Wethey, 1975, 203-204, cat. 54, ripr.), di cui l'artista interpreta in gran parte la composizione e anche fino a un certo punto la tecnica e lo stile. Probabilmente il Sustris vide la tizianesca *Venere*, eseguita nella seconda metà degli anni trenta per il Duca Guidobaldo II della Rovere, poco prima che fosse inviata da Venezia a Urbino nel 1538. C'è chi pensa che l'olandese possa essere intervenuto nello stesso capolavoro tizianesco, dipingendo lo sfondo, con la sala in secondo piano (Merkel in Paris 1993, 541-542). Comunque sia, il Sustris adottò una composizione analoga, con la dea nuda distesa nella posa dell'antica *Venus pudica*; dietro a lei si apre l'interno di una casa patrizia, dove in fondo alla stanza alcune ancelle sono chine su una cassapanca nuziale. Rispetto al modello, il Sustris aggiunse una suonatrice di clavicembalo assistita da una bambina e una coppia in piedi alla finestra, intenta ad ammirare il cielo crepuscolare. Non si può escludere che la

giovane rappresentata come Venere sia il ritratto di una persona realmente esistita. Come per il dipinto di Tiziano (cfr. Reff 1963, 359-366), l'accostamento dei tipici attributi floreali di Venere (le rose sparse sul cuscino e sulle lenzuola, che alludono all'amore e alla coppia) al tema dell'armonia che nasce dalla musica simboleggia anche nel quadro del Sustris probabilmente l'amore coniugale e non quello carnale, come pensa invece il Pedrocco (in Venezia 1990) che vede nella figura principale una cortigiana. Anche se la concezione, l'esecuzione e la scala cromatica – i rossi color vino, i verdi e le gradazioni dell'incarnato – devono molto a Tiziano, il Sustris applica i colori in

modo diverso, meno variegato, ravvivando la sua fine gamma tonale con riflessi argentei. Pur essendo un dipinto gradevole, nella *Venere* del Sustris manca l'armonia poetica del capolavoro tizianesco e l'espressione dei sentimenti è meno convincente e più prosaica. Ciò non toglie che alcuni secoli dopo, nell'*Olimpia* Eduard Manet sembra aver preso in prestito la posizione più eretta della *Venere* del Sustris, il rapporto primo piano-sfondo ed elementi del suppellettile del letto. Lo stesso artista francese tenne presente anche la *Venere di Urbino*, tra l'altro attraverso lo schizzo-copia di mano propria del 1857, come ha osservato la Reist-Jackson. Nel 1853 a Roma Manet poté vedere la

versione Sustris (in copia) alla Galleria Borghese, che come il quadro di Amsterdam per parecchio tempo è stata considerata opera di Tiziano. La proposta del Peltzer di datare il dipinto, cioè la copia, al 1550 venne seguito, per l'originale, dal Ballarin, dal Rearick e dalla Mason Rinaldi (in London 1983). Fantelli data prima del 1543, Merkel al 1540 circa e il Lucco anticipa verso il 1538, quando la *Venere di Urbino* di Tiziano lasciò la stessa bottega in cui il Sustris ebbe il suo periodo formativo. In quei tempi l'olandese fissò nella memoria l'immagine di questo e di altri dipinti del suo maestro, che avrebbe messo a frutto in seguito: in questo caso egli riconsiderò probabilmente la *Ve-*

*nere di Urbino* dopo il 1548, quando si trovava nella Svevia, dove dipinse anche il *Noli me tangere* del Musée des Beaux-Arts de Lille (Krämer in Augsburg 1980, II, 138-139, cat. 485, ripr.), opera in senso stilistico-cronologico vicina alla *Venere* come ha visto giustamente il Ballarin. Esistono alcune altre copie del dipinto: una pubblicata su *The Connoisseur*, 34/134 (settembre 1912), ripr. a p. 112; altre già ad Amsterdam (vendita De Zon, 9 aprile 1963, ripr.); a Stoccolma Natiomalmuseum, inv n. NM 95; e già nella collezione Campi, Firenze (foto al RKD, l'Aja).

BWM

157
Lambert Sustris
(1510/15 - dopo 1560)
*Giove e Io*, ca. 1555

olio su tela, 205, 5 x 275 cm
San Pietroburgo, Museo di Stato
dell'Ermitage, inv. n. 60

PROVENIENZA: Pierre Crozat (1740);
ereditato dal cugino Louis François
Crozat (1750) il suo cugino Louis-
Antoine Crozat, baron de Thiers
(1770); dai suoi eredi venduto nel
1770 all'Imperatrice Caterina II di
Russia.
LETTERATURA: Mariette 1763, II,
Ecole vénitienne, cat. XI; Lacroix
1861, 255; Waagen 1864, 68; Somof
1909, I, n. 121; Harck 1896, 426;
Peltzer 1913, 240-241, 245; Venturi,
1929, 700 (Schiavone); Berenson
1957, I, 168; Ballarin 1962, 63, 68-
69, fig. 73; Ballarin 1962-1963, 356,
364; Stuffman 1968, 74, cat. 140;
Heinemann 1980, 436; Fomichova
1992, 303, cat. 232; Meijer 1993b.

In primo piano Giove e la sua amante sono abbracciati sotto l'ombra di
un albero monumentale. In particolare Io sembra intimorita dall'apparizione improvvisa di Giunone da
dietro le nuvole, sollevate dal re degli Dei per nascondere l'adulterio
agli occhi della moglie. Ingannando
nuovamente Giunone un istante prima che essa intervenga, Giove trasforma Io in una mucca bianca. In
secondo piano Giunone, che ha capito tutto, affida la custodia della
mucca al pastore Argo con i cento
occhi (fonte: Ovidio, *Metamorfosi*, I,
582ss.).
Il dipinto arrivò a San Pietroburgo
col nome di Andrea Schiavone, che
Pierre-Jean Mariette aveva preferito
a quello di Tiziano che il dipinto recava in precedenza, quando era di
proprietà del celebre collezionista e
banchiere Pierre Crozat (1665-
1740). L'autore del catalogo steso
nel 1774, poco dopo l'arrivo del dipinto a Pietroburgo (1771), e altri in
seguito, tra i quali Waagen, pur accettando il nome dello Schiavone
per le figure, consideravano il paesaggio opera di Domenico Campagnola. L'attribuzione schiavonesca è
sopravvissuta per parecchio tempo
dopo che il Peltzer riconobbe il Sustris come l'autore del dipinto. Oggi
questa attribuzione è generalmente
accettata, sulla base del confronto
con una delle poche opere firmate
dall'olandese, il *Battesimo* di Caen
(cat. 158). Fino a un certo punto l'attribuzione allo Schiavone è comprensibile, per gli evidenti rapporti
del dipinto con Tiziano e per le figure principali, e in particolare Io, im-
prontate sul canone figurale longili-

neo ed elegante del Parmigianino,
elementi presenti anche in opere del
neerlandese. A molti altri dipinti del
Sustris è stato conferito nel passato a
torto il nome dello Schiavone. Tra i
due pittori vi furono punti di contatto immediati (cat. 155). Lo Heinemann considera l'opera di San Pietroburgo concepita e abbozzata da
Tiziano e terminata dal Sustris. A
mio avviso il dipinto, di datazione
non del tutto pacifica nella letteratura, non fu eseguito prima della fine
degli anni quaranta.
Per formato, stile e contenuto il dipinto di Sustris si accosta ai primi
esempi delle "poesie" dipinte da Tiziano tra il 1552-1553 e il 1562 per
Filippo II di Spagna, che pure rappresentano momenti drammatici

delle avventure amorose degli dei
antichi, interpretate con un'appros-
simazione visiva non soltanto al testo
antico ma probabilmente, almeno
nell'intenzione dell'artista, anche alla pittura dell'antichità classica
(Wethey 1975, 73, per il termine
"poesie", usato da Tiziano in una
lettera del 23 marzo 1553. Meijer
1993b, nota 39, per la Letteratura
sui dipinti indicati come tale).
Come Tiziano, il Sustris si servì di
traduzioni recenti del testo ovidiano
delle *Metamorfosi*, che offre la materia letteraria per queste storie, derivandone non soltanto il soggetto ma
anche particolari di ambientazione.
Nel testo di Ovidio troviamo la menzione dei prati di Lerna e delle albe-
rate pianure Lycree, che nella tradu-

zione di Lodovico Dolce, amico di
Tiziano, diventano "alti abeti e robusti faggi", un "folto bosco". La ge-
losa Giunone guarda giù verso la terra, non percepibile a causa dalle fitte nuvole interposte dal marito, che
formano quasi il "celeste balcon"
della traduzione di Lodovico Dolce
(1553, 24).
Nelle illustrazioni incluse nelle edizioni a stampa delle *Metamorfosi*,
quali quelle del Dolce e Bernard Salomon (Lione 1557), pur più banali
e meno sottili del testo e dei dipinti
monumentali di Sustris e Tiziano
basati sul testo di queste favole, le
storie sono pure inserite in boschivi
di formato orizzontale, mentre nella
tradizione di dipinti autonomi del
tema il paesaggio spesso manca (cfr.

Meijer 1993b, 13-15, per alcuni esempi]). Colpisce inoltre che nel quadro del Sustris il paesaggio abbia uno spazio maggiore che nelle "poesie" di Tiziano, quasi tutte di formato leggermente più piccolo della tela del Sustris. Soltanto nella *Venere del Pardo* del Musée du Louvre, che, pur iniziato negli anni trenta, rimase a lungo nella bottega di Tiziano prima dell'invio a Filippo II negli anni sessanta e che pertanto il Sustris poté vedere, troviamo un paesaggio mitologico paragonabile e abbastanza vicino nell'impostazione e nei particolari (per il dipinto Habert in Paris 1993, 520-522, n. 165, ripr.). In ambedue i dipinti incontriamo una grande varietà di specie vegetali in primo piano, un

ruscello con una piccola cascata nel piano mediano, alberi dal fogliame di forma abbastanza simile, e, inoltre, come voleva Tiziano, "gl'albori principali alti, sì che le figure che gli sono appresso paiono giuste sì come hanno da stare", e inoltre nel rapporto tra alberi e le zone retrostanti il fogliame spicca contro uno sfondo più chiaro (Lomazzo nel *Trattato della Pittura* [1584], 1973-1974, II, 409-410). Esistono inoltre evidenti affinità tra il paesaggio di *Giove e Io* e il *Paesaggio con Madonna col Bambino, Santa Caterina e San Giovannino* di Londra, – l'uno pastorale e mitologico, l'altro pastorale e religioso, come suggeriscono anche le scenette dello sfondo di Argo come pastore e dell'Annuncio

ai pastori – che Tiziano eseguì poco prima dell'arrivo del Sustris a Venezia (Wethey 1969, 104-105, n. 59, tav. 35; Van Os in Amsterdam 1992, 19-29). In ambedue i dipinti la diagonale compositiva di montagne e di boschi verso lo sfondo incontra un'altra diagonale di montagne, quest'ultima raddoppiata da una catena di montagne più alte, che rievocano il paesaggio veneto, in cui la pianura viene chiusa dalle Prealpi e più in là dalle Dolomiti.

La luce solare che filtra da dietro le nuvole ne illumina nei due casi lo strato inferiore e le montagne. L'applicazione pastosa dei colori alla veneziana crea in ambedue i dipinti non soltanto un'analoga atmosfera di calma e serenità, ma anche forme di terreno e fogliame assai affini nella loro accuratezza, benché nel Sustris il fogliame risulti più robusto e in Tiziano la tecnica, anche nella *Venere* del Prado, sia più diversificata nell'uso molteplice delle velature. Per quanto concerne *Giove e Io,* la sua maniera attenta ai particolari è più vicina al dipinto londinese di Tiziano che non alle sue "poesie" mitologiche più tarde degli anni cinquanta, che sono eseguite in maniera sempre più sciolta e "macchiata". Scegliendo un modello del suo maestro ormai non più aggiornato sulle nuove ricerche cui questi era ormai interessato, il Sustris implicitamete dichiara su quali opere di Tiziano (sostanzialmente degli anni trenta) egli si fosse formato. Ciò non toglie che è molto difficile captare il preciso contributo del Sustris come assistente all'interno della bottega alla paesaggistica tizianesca e alla pittura di paesaggio veneziana in generale, in particolare anche rispetto al ruolo dello stesso Tiziano.

È certo tuttavia, che, rapportandosi alle "poesie" del Tiziano, il Sustris lasciò spazio più ampio al paesaggio nel suo dipinto, sposando la visione panoramica della paesaggistica neerlandese con quella più "terrestre" del paesaggio veneziano. In altre parole, con opere di notevole qualità come questa, il Sustris contribuì a fondare, insieme con Tiziano, quella che il Peltzer ha chiamato la tradizione della pittura paesaggistica veneto-neerlandese, destinata a ulteriori sviluppi nella seconda metà del secolo.

BWM

## 158
### Lambert Sustris (1510/15 - dopo 1560)
*Battesimo di Cristo*, ca. 1552

olio su tela, 129,4 x 236,1 cm
firmato sulla pietra sotto il Battista:
LAMBERTUS DE AMSTERDAM
sulla tavoletta in basso a destra:
SIC HIS QUI DILIGUNT
Caen, Musée des Beaux-Arts
inv. n. 142

PROVENIENZA: Otto Truchsess von Waldburg, Augsburg; Fugger, Augsburg ? (secondo Ballarin, 1962); Duc de Richelieu; venduto al re Louis XIV nel 1665; menzionato nell'inventario Le Brun, 1683, cat. 156 (ed. Brejon de Lavargnée, 1987, 210-211); Versailles, l'appartement de Monsieur, 1695; Versailles, Cabinet des tableaux; depositato nel Museo di Caen nel 1802.
LETTERATURA: Lépicié, 1752-54, II, 82-83; Gonse 1900, I, 93-94; Peltzer 1913, 227-230, 242, 244, tav. XXVIII; Liphart 1915, 9-11; Berenson 1957, I, 168; Ballarin 1962, 67-68, fig. 76 ; Ballarin 1962-1963, 344-345, 350-351, 354, 356; Paris 1965, cat. 272; Ausgburg 1980, II, 134-135, cat. 481; Brejon de Lavargnée, 1987, 210-211; Paris 1993, 542, cat. 187; Lucco 1994, 42; Tapié 1994, 22, 61.

Con il ritratto di *Erhart Vohlin von Frickenhausen* (cat. 165) il *Battesimo* di Caen è tra le poche opere firmate dal Sustris. Con altri quattro suoi dipinti, oggi distribuiti tra Lille e Parigi, esso si trovava con la corretta attribuzione nella collezione di Louis XIV, come risulta dall'inventario nel 1683 steso dal Lebrun. Sulla tavoletta di pietra nell'angolo destro l'immagine a finto rilievo del pellicano che si squarcia il petto per nutrire con il suo sangue la prole – antica immagine che si riferisce al salvataggio dell'umanità grazie al sacrificio di Gesù Cristo – con la scritta soprastante *Sic His qui Diligunt* costituisce l'impresa di Otto Truchsess von Waldburg, vescovo di Augusta, committente e patrono del Sustris durante la permanenza augustana a cavallo del 1550. Per lui il nostro eseguì anche un ritratto datato 1553 (Schlosz Zeil, Georg Fürst von Waldburg-Zeil; per Truchsess, le sue commissioni al Sustris e la permanenza di questi in Augusta si veda l'Introduzione, *infra*; per il ritratto dipinto dal Sustris, Krämer in Ausgburg 1980, II, 209-210, cat. 144, ripr.).
Prima del Sustris, nella pittura italiana sono rari gli esempi del *Battesimo* con una struttura compositiva in senso orizzontale, con eccezione degli esempi inseriti in cicli pittorici murali di maestri quali il Ghirlan-

daio in Santa Maria Novella a Firenze e il Perugino, assistito dal Pinturicchio, nella Cappella Sistina nel 1500 (Berenson 1963, 74, fig. 97). Manca in questi affreschi col Battesimo, la veduta paesaggistica panoramica o a volo d'uccello che è frequente nell'arte fiamminga-olandese dei primi decenni del Cinquecento. Un esempio che Sustris poté conoscere è il *Battesimo* del suo maestro Jan van Scorel ad Haarlem del 1530 circa (Meijer 1992, 8, fig. 14), mentre quello di Lucas van Gassel in 1935 una collezione privata viennese mostra un paesaggio diviso in due dalle curve del fiume Giordano comparabilie al dipinto del Sustris (per il dipinto di Van Gassel [tavola 36 x 52 cm.] si veda la Rijksbureau

Kunsthistorische Dokumentatie, foto L.7618). Per il tema del *Battesimo* il Sustris fu, se non il primo, almeno tra i primi artisti a sposare la veduta a volo d'uccello alla fiamminga, in cui le figure sono piccole, con un'esecuzione tecnica e formale quasi completamente venezianeggiante-tizianésca, grazie alla quale il paesaggio risulta più omogeneo e meno particolareggiato nello sfondo di quanto non avvenga nella pittura neerlandese. La formula creata dal Sustris nel dipinto di Caen è nuova anche rispetto a quella conosciuta dal Tiziano. Ciò non toglie che nel dipinto di Caen, come osserva il Peltzer, il paesaggio ideale sia costruito in base a motivi offerti da quello reale dei domini veneti di ter-

raferma, dal quale attinse lo stesso Tiziano. Esso ricorda il paesaggio dell'arte padovana del secondo quarto del Cinquecento, che ebbe a protagonista, oltre allo stesso Sustris, anche Domenico Campagnola. Sul piano intermedio, l'acqua del fiume Giordano divide in due la scena: da una parte la città fluviale con l'arco di trionfo, il tempio, gli obelischi – elementi di sapore classicheggiante usuali nell'opera del Sustris, che fu a Roma verso la metà degli anni trenta, e qui inseriti per suggerire l'epoca dell'evento biblico – e il piccolo porto con un mulino ad acqua; dall'altra un secondo mulino dietro il quale si estende un fitto bosco. La scena del Battesimo si sviluppa nella metà inferiore dell'immagine, un

po'decentrata. Dietro il nucleo principale costituito da San Giovanni che battezza il Cristo mentre lo Spirito Santo discende dal cielo e il Padre Eterno proclama la Messianicità di Gesù, le figure sono ordinate in maniera non del tutto bilanciata, raggruppate come sono prevalentemente a coppia: i due angeli che reggono le vesti di Cristo; le due donne in piedi, di impronta classicheggiante, i due astanti in arrivo più a sinistra e così via. La posa dell'uomo con turbante, seduto in un angolo di spalle, con la mano appoggiata dietro di sé, divenne dal 1540-1545 circa una figura tipica delle composizioni pittoriche veneziane. Davanti agli angeli un giovane si asciuga il piede nella posa ispirata dall'antico

bronzo dello *Spinario*, popolare anche presso altri artisti neerlandesi che avevano visto Roma, quale il Gossaert, ma non lontana da quella del Cristo del Sustris alla Galleria dell'Accademia (Moschini Marconi 1962, 214-215, cat. 378). A destra della figura di Gesù, invece, isolata su una grande pietra rocciosa in mezzo al fiume, in attesa del battesimo o dopo, sta seduta una bella giovane nuda, con una posa che ricorda quelle delle *Danae* tizianesche (Peltzer 1913, 229), offrendo un accento quasi profano all'evento religioso, come già aveva notato il Lépicié. Gli uomini in costume orientale che si trovano dall'altra parte del fiume invece sono forse un riferimento all'antica Alleanza (Peltzer). L'esecu-

zione tecnica del disegno o del primo abbozzo dei nudi e comunque delle figure più grandi, il cui incarnato si intona sul rosso, deriva almeno parzialmente dalla maniera di Tiziano. I colori chiari dell'insieme per i quali per primo Lépicié usò il termine "argentati" – Gonse chiamò il Sustris "maître argentin" – sembrano indicare un distacco dalla pittura veneziana, forse cagionato dalla distanza fisica che ormai da qualche tempo separava Sustris dalla Serenissima e dai più recenti sviluppi pittorici ivi avvenuti. Il *Battesimo* di Caen è preceduto da un'altra, più piccola versione del tema dipinto dal Sustris, presso J. Böhler a Monaco di Baviera, che in base al linguaggio tipologico delle figure e del paesag-

gio, più collegabile alle opere padovane del Sustris degli anni quaranta (si veda per questo dipinto Crosato Larcher 1974, 240-244). Rispetto a questa redazione, il dipinto di Caen è ulteriormente sviluppato. Una copia secentesca del dipinto qui in esame si trova a Dillingen presso il Seminario vescovile fondato nel 1549 da Otto Truchsess von Waldburg dove è attribuita al Sustris, il che forse indica che il dipinto di Caen fosse fatta per codesta sede (Meyer, Schädler 1964 citato dalla Crosato Larcher 1974, 242).

BW

## 159
### Christoph Schwarz (1548 ca. - 1592)
*Venere piange la morte di Adone*, ca. 1570-1573

olio su tela, 114 x 149 cm
Vienna, Kunsthistorisches Museum, inv. n. 3827

PROVENIENZA: inventario Praga, 1685, n. 297 (Praga, Archivio di Stato; fotocopia Kunsthistorisches Museum, Bibliothek); Guardaroba Praga, 8 aprile 1718, inventario, n. 297 (Köpl 1889, CXXXVI); Guardaroba Praga, 5 ottore 1737, inventario n. 375 (Köpl 1889, CLVI); trasferito a Vienna nel 1876.
LETTERATURA: Von Engerth 1886, n. 1689; Kat. Wien 1928, cat. 1541; Frimmel 1899, I, 614, cat. 1541; Peltzer 1936, 359; Geissler 1961, 47-48, 182, cat. G I 24, con bibl. prec.; Faggin 1968, 11, fig. 29; Pallucchini 1969, 215, 218, 347, fig. 664; Padova 1991, 186; *Die Gemäldegalerie Wien* 1991, 112, tav. 615; Meijer 1999, I, fig. 1

Il nome dello Schwarz, che fu a Venezia per un periodo tra l'autunno del 1570 e il 1573, è collegato a questo dipinto almeno dal 1718 in poi (Geissler). Le figure sono chiaramente imparentate con altre opere dello Schwarz come La *Madonna Immaculata in Gloria, con Bambino Jesu e angeli*, già nella chiesa dei Gesuiti di Augusta, ora a Monaco di Baviera, Bayerische Staatsgemäldesammlungen, databile alle metà degli anni ottanta (Geissler 1961, cat. G I 19), mentre una simile resa degli arbusti, del fogliame e della vegetazione in genere è altrettanto tipica dello Schwartz, come risulta da dipinti quali il *Ratto di Proserpina* di Cambridge, la *Deposizione* di Vienna e altri in cui il paesaggio ha un ampio respiro (Meijer 1999, 1-2, figg. 2, 5). Nel racconto ovidiano (*Metamorfosi* X, 708-728) non vi è alcun riferimento alla donna che conforta Venere nel suo dolore e dell'altra che regge Adone morto. Il ragruppamento delle grandi figure principali in primo piano sembra essere derivato, invece, da una *Deposizione* o *Lamentazione sotto la croce*, con le Marie che compiangono Cristo e Nicodemo che lo sorregge, come spesso appare in esempi veneziani del periodo (si vedano per esempio la *Deposizione* di Paolo Veronese e/o bottega nella Galleria Doria Pamhilij [Pignatti 1976, cat. A 275, fig. 975] o quella di Honolulu [Pignatti & Pedrocco 1995, cat A 32]). Va ricordato che il medioevale *Ovide Moralisé* mette in rapporto la morte di Adone e il sacrificio di Cristo (Ackerman 1961, 333; Chenault 1971, 74). Il significato allegorico, morale e pio delle favole ovidiane è sottolineato anche nelle traduzioni degli anni cinquanta e sessanta del Cinquecento a opera di Lodovico Dolce (Seznec 1953, 269-270). Esisteva, inoltre, una tradizione figurativa precedente allo Schwartz della Morte o del Compianto di Adone che prevede un certo numero di accompagnatrici di Venere, della quale fanno parte la versione dipinta da Sebastiano del Piombo alla Galleria degli Uffizi (Tempestini 1991, 45-54) e un dipinto di sapore tintorettesco con alcuni spunti veronesiani del Louvre, probabilmente eseguito da una mano fiamminga cui si deve certamente il paesaggio. In esso una giovane donna sostiene Venere svenuta e altre due si occupano del corpo di Adone. Il dipinto potrebbe risalire a poco prima del 1560. Recentemente è stato attribuito senza fondamento allo Schwarz (inv. n. 1759; tela, 155 x 199 cm. cfr. Romani in Padova 1991, 183-187, nn. 109-110, ripr.; e, *supra*, il mio saggio introduttivo sui neerlandesi presso Tintoretto, fig. 9, nota 85).
Il tirocinio dello Schwarz presso Tiziano, per la prima volta menzionato dal Ridolfi (1648, I, 225), è confermato tra l'altro dal dipinto in esame. Tra gli elementi tizianeschi presenti nel dipinto sono i rossi-ocra tendenti al monocromo delle opere tarde e relativamente tarde di Tiziano, oltre alle tipologie e fisionomie delle donne e di Adone stesso, paragonabili a opere di Tiziano quali la *Venere* del Prado e *Venere e Adone* della National Gallery di Londra (Wethey 1975, 199-200, cat. 50, tav. 113 e 190-191, cat. 41, tavv. 93, 94). È proprio a causa di questa vicinanza ai modi del Cadorino e ad altri dipinti dello Schwarz, databili al suo periodo veneziano che anche il dipinto di Vienna si può far risalire ai primi anni dell'ottavo decennio.

BWM

Tiziano, *Venere e Adone*
Londra, The National Gallery

160
Andrea Meldolla detto Schiavone (1510/15-1563)
*Adorazione dei pastori*, cat. 1560

pennello, acquerello bruno, rialzato
a biacca, su traccia di matita nera,
carta bigia, contrafondato
301 x 210 mm
in basso a sinistra, a penna e inchiostro bruno, in grafia del tardo Settecento ANDRE SCHIVAN e, in basso
sulla montatura, in grafia ottocentesca ANDRE MELOTTA DIT LE SCHIA-
VON e, a destra, 116
Rennes, Musée des Beaux-Arts
inv. 794.1. 2518

PROVENIENZA: Christophe-Paul de
Robien (1756); Paul-Cristophe de
Robien; confiscato nel 1792 per il
Département d'Ille-et-Vilaine; lasciato alla Bibliotèque de la Ville,
Rennes, 1805; trasferito al Musée
des Beaux-Arts nel primo terzo
dell'Ottocento.
LETTERATURA: Tietze & Tietze-Conrat 1944, 253, cat. 1450; Paris 1993,
584, cat. 236.

Lo Schiavone raffigurò varie volte il
tema della Natività o dell'Adorazione dei pastori, in pittura, in disegno
e in acquaforte. Tuttavia, come ha
osservato il Rearick (in Paris 1993),
il foglio di Rennes non dimostra un
rapporto stretto e funzionale con le
altre composizioni schiavionesche
del tema oggi conosciute (per le quali si veda Richardson 1980, *passim*).
Come il disegno in esame, è di formato verticale anche la versione notturna del tema al Kunsthistorisches
Museum di Vienna dipinto intorno
al 1560 (Berenson 1957, cat. 1173,
ripr.; Richardson 1980, 184-185, cat.
314), più tizianesca sia nell'impostazione compositiva d'insieme che in
alcune singole figure, quali la Madonna e il Bambino. Ma potrebbe
essere stato pensato come scena di
notte anche il suggestivo disegno di
Rennes, nel quale le figure di Maria
e Giuseppe alla sinistra del Bambino
e dei cinque pastori sulla sua destra
e dietro di Lui, emergono dall'oscurità tramite dei rialzi a biacca che
contrastano nettamente con le acquerellature a inchiostro bruno e
meno con il nero della matita (forse
carboncino). Il canone figurativo a
tratti un po'ruvido dei personaggi si
riallaccia bene a un dipinto quale la
*Presentazione nel Tempio* di collezione privata newyorkese, assegnato alla prima metà degli anni cinquanta
(Richardson 1980, 169, cat. 281, fig.
160). D'altra parte, per rimanere nel
campo dei disegni, il raggruppamento relativamente serrato delle figure
e l'uso largo e veloce dei mezzi grafici per arrivare a un risultato di carat-

tere estremamente pittorico, sono
vicini alla *Lamentazione*, foglio del-
l'Albertina di Vienna firmato e datato 1550 (Richardson 1980, 134, cat.
205) e neanche troppo lontani dal-
l'*Apparizione miracolosa di San Marco* di Windsor Castle, databile al
1562 (Richardson 1980, 116-117,
cat. 145, fig. 223). L'origine del disegno di Rennes va collocata tra questi
estremi, probabilmente nel sesto decennio.
Per certi versi la scioltezza tecnica
mostra analogie con quella dei dipinti tardi di Tiziano, che lasciarono
traccia anche in opere grafiche di
suoi allievi di quegli anni, quali l'o-
landese Dirck Barendsz (cat. 161).

BWM

andre metotta det te Schiavon

118

161
Dirck Barendsz (1532-1594)
*Deposizione*, ca. 1570

penna e inchiostro bruno, rialzato a biacca. Il verso è stato arrossato a sanguigna per la riproduzione sulla lastra. Vi sono delle tracce di una firma e data sul bordo inferiore della tomba, ambedue cancellate. Sul verso, in alto, in inchiostro bruno: *No. 205*, 223 x 193 mm
Amsterdam, Rijksmuseum
inv. RPT-1968-35

PROVENIENZA: P. Huart(?) prima del 1857 (L. 2083): P & D Colnaghi, Londra, 1968.
LETTERATURA: Judson 1970, 159, fig. 26a; Firenze 1976, 24-25, cat. 15; Boon 1978, 13-15, cat. 25; Meijer 1988, 142, fig. 8; Royalton Kisch 1989, 17, fig. 8.; Amsterdam 1991, 56-58, cat. 22.

In varie opere eseguite dopo il suo ritorno dall'Italia ad Amsterdam, il Barendsz deriva elementi da dipinti del suo maestro e patrono veneziano, Tiziano (per derivazioni di questo tipo si veda Meijer 1988, 141-142). Ciò vale anche per il disegno qui esposto, attribuito all'artista dal Boon. Esso fu usato da Johannes Sadeler ad Anversa come punto di partenza per una sua incisione in controparte (244 x 197mm), l'iscrizione della quale indica Barendsz come *inventor* (Hollstein 1949-1997, XXI, 120, n. 251; Judson 1970, 133, cat. 75, fig. 33). La stampa è la terza di una serie di tre incise dal Sadeler su disegno del Barendsz. Il disegno a Vienna rappresentante *Giona salvato dalla balena*, che servì da modello per la seconda incisione, è datato 1582 (Hollstein 1949-1997, vol. XXI, 101, nn. 128, 129; Judson 1970, 122-123, cat. 64, fig. 48. Per il disegno Judson 1970, 118, cat. 56, fig. 28).
Il gruppo centrale del disegno di Amsterdam risale direttamente alla *Deposizione*, ora al Museo Nacional del Prado, dipinta da Tiziano per Filippo II nel 1558-1559, cioè quando il Barendsz probabilmente si trovava nella sua bottega (per questo dipinto Wethey 1969, 90, cat. 37; Valcanover in Paris 1993, 614, cat. 259). La pennellata fluida di Tiziano e il colorito nella gamma dell'ocra-bruno si traduce nel disegno in una stesura grafica di natura fortemente pittorica: le acquerellature e i rialzi a biacca non soltanto creano un contrasto chiaroscurale movimentato, ma tendono pure a dissolvere certe componenti della forma, come avviene nella pittura tarda di Tiziano, o anche in dipinti e disegni da lui influenzati di Andrea Schiavone. Le anatomie al-

quanto allungate del disegno di Barendsz rammentano le soluzioni formali del Parmigianino, che fu modello importante anche per lo Schiavone.
Una copia del disegno al Bowdoin College Museum of Fine Arts, Brunswick, deriva dall'incisione, poiché la composizione appare nella stessa direzione (Royalton Kisch 1988, 17, fig. 9).

BWM

162
Cornelis Cort (1533-1578)
*Tarquinio minaccia Lucrezia*, da Tiziano, 1571

incisione, 371 x 266 mm
iscrizioni: sulla pantofola, in basso a
sinistra: CORNELIO CORT FE/1571; in
basso a sinistra: CUM PRIVILEGIO; in
basso a destra TITIANUS INVEN
Rotterdam, Museum Boymans Van
Beuningen, inv. BDEH 19259

LETTERATURA: Mariette 1720, V, 325;
Bierens de Haan 1948, 175-176, cat.
193, fig. 48; Chiari 1982, 55-56, cat.
10; London 1983, 230 al cat. 130;
Jaffé, Groen 1987, 164, fig. 17.

La stampa del Cort, di cui è esposto
un esemplare che si trovava nel 1668
a Parigi presso Pierre-Jean Mariette
e che fu considerato dal Bierens de
Haan il primo stato, riproduce in
controparte il dipínto eseguito tra il
1568 e il 1571 per il re Filippo II, ora
a Cambridge, Fitzwilliam Museum
(per il dipinto Jaffé & Groen 1987,
162-172). Come rivela una lettera
del 2 agosto 1571 dell'ambasciatore
spagnolo a Venezia, Guzmán da Sil-
va, quest'ultimo aveva affidato il dipinto all'ambasciatore veneziano
Antonio Tiepolo perché lo portasse
in Spagna (Jaffé & Groen 1987, 162-
164. In una lettera del 1° agosto
1571, Tiziano si dice convinto che
Filippo II avesse già ricevuto il dipinto). Anche la data della stampa del
Cort, eseguita durante il secondo soggiorno dell'incisore olandese presso
Tiziano a Venezia (1569/70-1571),
può servire da *terminus ante quem*
per il quadro. Lucrezia, moglie di
Tarquinio Collatino, si uccise dopo
aver raccontato al marito e al padre
di aver dovuto subire la violenza di
Sesto Tarquinio Superbo il giorno
precedente (Livio, *Ab Urbe condita*,
I, 58; Ovidio, *Fasti*, II, 752-852). Nel
dipinto Tiziano rappresenta il momento in cui Tarquinio minaccia di

morte la virtuosa Lucrezia per co-
stringerla a subire il suo desiderio.
L'idea di rendere la scena in maniera
brutale, nella camera da letto, e particolari quali la nudità di Lucrezia, il
braccio alzato di Tarquinio e le pan-
tofole in primo piano, sono tra gli
elementi che Tiziano poteva vedere
in due incisioni dello stesso soggetto
di Heinrich Aldegrever, la prima basata su un disegno disperso di Georg
Pencz, datata 1539, e una seconda di
invenzione propria del 1553 (Jaffé in
London 1983; Mielke 1998, catt. 63,
64, ripr.). Ancora più alla lettera il
veneziano sembra aver seguito l'acquaforte tratta da un'invenzione del
Primaticcio e realizzata dal Maestro
L. D., attivo a Fontainebleau almeno
fino al 1547, data delle sue ultime
stampe (Jaffé in London 1983, 229-
230, cat. 130, fig. 24; Jaffé & Groen
1987, 163-164, figg. 14-16). La stampa del Maestro L. D. fu modello per
l'impostazione compositiva generale
e molti particolari, tra cui la posizione e l'atteggiamento delle figure, la
cui espressività drammatica risulta
però in Tiziano potenziata. Dalla
stessa stampa deriva inoltre la piat-
taforma rialzata sulla quale è posato
il letto di Lucrezia, presente anche
nel Cort, che però nel dipinto di Tiziano a Cambridge è stata ritagliata.
Dopo un periodo presso Tiziano
(1565-1566) e dopo aver lavorato
come incisore a Roma e Firenze, il
Cort tornò tra la fine del 1569 e il dicembre 1570 a Venezia (si veda lettera del Lampsonio a Giulio Clovio,
da Como 1930, 180), dove continuò
a incidere composizioni del maestro
veneziano, che furono così ancor più
conosciute e apprezzate in tutta Europa. Tra il dipinto e l'incisione esistono solo differenze di minor momento, quali nel vestito di Tarquinio
e nell'acconciatura di Lucrezia.
Secondo la Chiari (1982, 55-56), tra
le stampe di Cort che riproducono
opere di Tiziano la presente è tra
quelle che seguono in maniera più
fedele il modello, cioè il dipinto, che
tenendo conto delle date il Cort
avrebbe potuto vedere nella bottega
a Venezia. Tuttavia il Jaffé ed il
Groen credono che il Cort si sia riferito ad un modelletto ora disperso,
autorizzato dal maestro veneziano.
Non è però da escludere che, oltre al
dipinto di Cambridge, il modello
immediato del Cort possa essere stato un disegno.
Il Cort eseguì una seconda incisione
del dipinto, anch'essa in controparte. Il primo stato di questa incisione
non ha iscrizioni e potrebbe seguire,

ma anche precedere, la versione qui
esposta (per questa incisione, Bierens de Haan 1948, 176-177, cat.
194, che dà come dimensioni 425 x
290 mm e considera la stampa una
ripetizione dell'altra).

BWM

Tiziano, *Tarquinio e Lucrezia*
Cambridge, Fitzwilliam Museum

545

## 163
Jan Stephan van Calcar (1499 ca. - Napoli ? 1546 ca.)
*Melchior von Brauweiler*, 1540

olio su tela; 109 x 88 cm
(misure originali: 88 x 78 cm).
scritte: in basso a sinistra sul piedestallo della colonna, ANNO 1.5.4.°/
Aetatis. 26; sull'anello all'indice destro le iniziali del personaggio: MVB
Parigi, Musée du Louvre, inv. n. 134

PROVENIENZA: Everhard von Jabach; da lui venduto nel 1662 a Luigi
XIV; collezioni reali, imperiali e re-
pubblicane francesi.
LETTERATURA: Inventaire Lebrun
1683, cat. 48 (Brejon de Lavargnée
1987, 126); Villot 1849, I, 32-33, cat.
88; Ludwig 1902, 52; Ausserhofer
1992, 1-91; Paris 1993, 589-590, cat.
181; Habert 1994, 357-368; Meijer
1996, 416; Habert 1999, 70-82.

Il ritratto fu acquistato per conto di
Luigi XIV, probabilmente nel 1662,
dal banchiere, mercante e collezionista Everhard von Jabach con l'attribuzione originale, la più antica testimoniata per un'opera ben identificabile non firmata da questo artista.
Ciò non toglie che in seguito, per
quasi un secolo e mezzo, esso sia stato assegnato a Paris Bordone e al
Tintoretto, finché nel 1849 il Villot
tornò all'attribuzione corretta (Habert 1994, 1999 per la storia attributiva del dipinto). Lo stemma con tre
capsule dorate di rosolaccio sul fondo d'azzurro, presente sulla colonna
a sinistra, sull'anello dell'indice sinistro e, in bianco, sul sigillo di cera
della lettera tenuta in mano dal personaggio ritratto, nonché le iniziali
MVB sull'anello (Habert 1999, figg.
10-12), hanno consentito al Ludwig
di identificare il personaggio come
Melchior von Brauweiler (1514 ca.-
1569), giurista, consigliere municipale, presidente del tribunale di Colonia e membro di una delle grandi

Tiziano, *Benedetto Varchi*
Vienna, Kunsthistorisches Museum

famiglie della città renana, della quale il padre era stato sindaco (cfr. sulla carriera del personaggio anche
Ausserhofer 1992, 35-37, note 105-
122).
Il ritratto, originalmente di formato
tendente al quadrato (Habert 1994 e
1999, 72-74, per le varie modifiche),
s'ispira per questa forma a modelli di
Tiziano, del quale il Calcar fu allievo,
come per primo notò il Vasari, che
ne fu amico (Vasari 1568, V, 435; VII,
460-461, 582). Punti di riferimento
per il dipinto del Calcar sono i ritratti tizianeschi sul genere dell'*Uomo
con il guanto* del Louvre (Habert
1999, 73, 78, fig. 5) e del *Benedetto
Varchi* di Vienna, realizzato intorno
al 1540 (Wethey 1969, 146, cat. 83;
Habert 1994). Tuttavia, l'esecuzione
è più liscia e interessata a rendere
con precisione le qualità materiche
del vestito. La posa con la testa leggermente in avanti e il gesto della
mano sinistra appoggiata sull'anca è,
secondo lo Habert (1994, 73, fig.
364; 1999, 78, fig. 8), quella della ritrattistica fiorentina degli anni trenta
di quel secolo, come si vede nel *Giovane con un libro* del Bronzino, al
Metropolitan Museum di New York,
ripresa ben presto dai veneziani nello stesso decennio. Con il recente restauro è riapparso in alto a destra,
sotto il fondo scuro ridipinto, e in ottimo stato, anche il paesaggio costie-
ro con un porto e delle montagne, la
cui presenza è stata ipotizzata sulla
base di dati tecnici e della copia del
ritratto Brauweiler in una collezione
privata, Kreuzlingen (Habert 1994,
361-362, figg. 383, 386, anche altre
copie; Habert 1999, 76, figg. 1, 13-
15). È un espediente tipico della pittura fiamminga per creare una maggiore profondità spaziale nei ritratti
ma anche in composizioni di altro tipo. La fila d'alberi dietro alla spalla
del personaggio, nelle forme minute
e tondeggianti delle corone e nei tocchi di luce che le illuminano, rammenta Jan van Scorel, come anche
l'architettura portuale in bianco, tutto sommato non molto divesa da
quella della veduta di Gerusalemme
nel *Trittico Lokhorst* dipinto dallo
Scorel nella seconda metà degli anni
venti del Cinquecento (Faries in
BRUXELLES 1995, 321-322, cat. 180).
Allo stesso tempo la catena di montagne in lontananza, tendente verso
l'azzurro, è stata resa in maniera più
liscia e più italianeggiante, secondo
una formula che in qualche modo rimanda a Lambert Sustris, altro allievo nordico dello Scorel presente nella Serenissima poco dopo il 1535, del

quale si ricorda l'esempio fornito dal
maestro con la Città Santa dell'*Andata al Calvario* alla Pinacoteca di
Brera, eseguita negli anni quaranta
del Cinquecento (cfr. Meijer 1992,
11-12, fig. 18). Andrebbe ulteriormente approfondito un possibile
ruolo del Calcar nell'ambito della
bottega dello Scorel e il suo eventuale rapporto con allievi del maestro,
quali Sustris, Postma e Heemskerck,
prima della partenza del Calcar per
l'Italia o forse anche dopo.
Il formato originario, l'impostazione
compositiva e spaziale che prevalentemente dipendono dall'esempio di
Tiziano, nonché l'esecuzione pittorica del ritratto sembrano indicare
una sua origine veneziana e inducono a ipotizzare che il dipinto sia stato realizzato durante una sosta del
Brauweiler in città.

BWM

ANNO . 1.5.4.º
ÆTATIS . Z 6 .

164
Tiziano Vecellio (1485/1490 ca.-1576)
*Antoine Perrenot de Granvelle*, 1548

olio su tela, 111,8 x 88 cm
firma (apocrifa?) in basso a destra, sulla lettera: TITIANUS/ D CADOR[E]
Kansas City, The Nelson-Atkins Museum of Art, Purchase: Nelson Trust 30-15

PROVENIENZA: Claudius Tarral (vendita Londra, Christie's 11 giugno 1847, lotto 45); C. R. Beauclerk, Londra; Robert Townley Parker, Londra; Captain T. A. Tatton, Cuerdon Hall, Preston (vendita Londra, Christie's, 14 Dicembre 1928, cat. 58); Frank T. Sabin, London 1928; nel 1930 acquistato dal Kansas City Art Gallery.
LETTERATURA: Cuerden Hall 1913, 48, n. 77; Gronau 1930, tav. 23; Wilde 1934, 166-167, fig. 83; Wethey 1971, II, 126, cat. 77, tav. 153; Hope 1980, 113, ripr.; Campbell 1990, 124, 236, 239, fig. 260; Curie 1996, 162-163; Rowlands 1996, 167-178; Schweickhart 1997, 37-38, fig.15; Checa Cremades in Madrid 1998, 328-329, cat. 38.

La tela è stata ritagliata lungo i quattro lati, fino a 106,7 x 78,7 cm e in seguito nuovamente allargata. Sulla copia in controparte, già a Londra, si vede una porzione più ampia della mano che tiene una carta, che può rispecchiare la condizione originale del dipinto in esame (Rowlands 1996, 167-168, fig. 21b). Insieme con i ritratti dei genitori, il gran cancelliere e primo ministro Nicolas Perrenot de Granvelle e la moglie Nicole Bonvalot, quello del figlio Antoine (1517-1586) fu eseguito ad Augusta, dove nel 1548 i tre si erano recati per la dieta. In quel momento Antoine era vescovo di Arras e consigliere di Carlo V. I ritratti dei due Granvelle furono inviati da Tiziano verso la seconda metà di settembre del 1548, come risulta da una lettera dell'artista al Granvelle giovane scritta a Füssen il 26 di quel mese, poco dopo la sua partenza da Augusta ("Io consegnai li tre quadri secondo che la Signoria Vostra me comese al suo ospito"; Mancini 1998, app. I, 174, cat. 52). Il terzo dipinto menzionato nella lettera è probabilmente un ritratto dell'Imperatore Carlo V, come si può dedurre da una lettera del 29 agosto 1548, nota da una copia già di proprietà di Celso Fabbro (indicata dal Hope al Rowlands [1996, 172]). I tre ritratti arrivarono a Bruxelles prima del 4 novembre 1548, se la lettera scritta in quella data dal Granvelle a Tiziano riguarda le stesse opere, come è molto probabile: "Sono comparsi li quadri. Pare che manchino un pocheto del vivo colore, il quale io credo gli sia smarrito per l'umidità del tempo. E ben si potea dubitare di monsignor di Granvela che per essere egli più vecchio degli altri, non potesse forse tanto bene e sanamente durar il caminar sì lungo viaggio... E mi sono rallegrato in estremo vedendomelo sì eccellentemente ritratto..."(Mancini 1998, app.I, 176-177, n. 54; cfr. anche 178, cat. 55). Secondo il Mancini il riferimento al "monsignor di Granvela" riguarderebbe il ritratto del Granvelle figlio qui sotto esame, ma in verità riguarda il ritratto del vecchio padre, come pensano anche Hope e Rowlands, probabilmente identico a quello ora a Besançon. La lettera spiega forse anche il motivo – il restauro dopo i danni subiti – per il quale il quadro oggi, almeno in parte, non sembra autografo (Merkel in Paris 1993, 530-531, cat. 174, ripr. per il ritratto del padre; Ballarin 1962, 62, lo attribuisce a Lambert Sustris, il quale forse prestò la sua collaborazione al ritratto. Per il ritratto smarrito della signora Granvelle, Wethey 1971, II, 199, cat. L.18). Nel dipinto di Kansas City si notano cadute di colore, in particolare nel viso del personaggio e nella parte sinistra superiore, mentre altrove la materia pittorica è consumata (cfr. Rowlands per un resoconto dettagliato della condizione del dipinto, dei pentimenti ecc.).
Per il Wethey, il ritratto del Granvelle figlio sarebbe soltanto in parte di Tiziano, il cui nome scritto in corsivo sulla carta non sarebbe una firma perché diverso dalle firme autentiche del maestro. Collaborazione a parte, quanto il Granvelle scrisse nella sua lettera citata rende probabile che anche questo dipinto sia stato ritoccato al suo arrivo a Bruxelles da un pittore locale. Ciò non toglie che, sostanzialmente, sembri trattarsi di un originale. Gli interventi di altre mani riguardano apparentemente soprattutto le zone restaurate. La firma, che nella sua forma attuale appare scritta da mano poco sicura, oltre da Wethey non viene accettata come originale nemmeno dallo Hope e dal Rowlands. È tuttavia possibile che in origine il foglio con il nome dell'artista potesse essere un riferimento autografo al carteggio tra l'artista e Granvelle.
Una base sicura per l'identificazione del personaggio con il trentunenne Antoine Perrenot de Granvelle, riconosciuto come tale per primo dal Gronau, è il ritratto alquanto posteriore inciso da Lambert Suavius (1510 ca.-1574/1576) che porta il nome del grande mecenate, ministro e consigliere di Carlo V e dei suoi familiari, ammiratore di Tiziano e intermediario tra il pittore e gli Asburgo (Curie 1996, fig. 4). Il bel ritratto del Granvelle eseguito da Anton Mor nel 1549, quando l'olandese fu al suo servizio a Bruxelles (Vienna, Kunsthistorisches Museum) parte da quello di Tiziano, simile come è nell'impostazione compositiva, con la figura a tre quarti di altezza e disposta di tre quarti, nell'illuminazione di lato e perfino negli oggetti aggiunti, anelli inclusi. Tuttavia, come era l'abitudine del Mor, la sua versione è più precisa nella resa delle forme e della pelle, degli oggetti e dei vestiti, il che conferisce al ritratto una componente insieme di acutezza e distanza (per il ritratto del Mor: Campbell 1990, 86, 99-100. 124, 183, 236-239, fig. 247; Curie 1996, 163, fig. 8; Woodall 1996, 64). Come ha notato il Wilde, è inimitabile d'altra parte l'impressione d'importanza e di signorilità alquanto altera del personaggio che emana dal ritratto tizianesco.
Il Gronau ha indicato l'origine augustana dell'orologio a pendolo, mentre il Rowlands pensa che possa anche essere norimberghese. L'orologio può avere vari significati politici e altri ancora, che riguardano il tempo, la regolarità, la misura, la prudenza e il ruolo del principe, del consigliere o dell'ecclesiastico. Poiché la foggia della legatura del libro nelle mani del Granvelle è veneziana, il libro stesso potrebbe essere uno dei libri da lui commissionati o acquistati a Venezia o ivi a lui dedicati, alcuni dei quali sono oggi nella Biblioteca di Bruxelles (Rowlands 1996, 176).
Non è chiaro se il ritratto possa essere identificato con il ritratto menzionato nel 1607 nel Palazzo Granvelle di Besançon, ereditato dal cugino di Granvelle, François de Cantecroix (Castan 1857, 58).

BWM

165
Lambert Sustris (ca. 1510/15 - dopo 1560)
*Erhart Vöhlin von Frickenhausen*, 1552

olio su tela; 229 x 107 cm
in basso a destra: ANNO DOMINI
M.D.LII/ ABCONTRAFECTVR DES ED:/
LEN VND VESTEN HERN/ERHARTTEN
VEHLINS VON / FRIGENAVSEN ZV IL-
LERT=/ISSEN VND NEWBVRG N /SEI-
NES ALTERS AVF DEN . XIII ./ OTOBRIS.
LXIIII. IAR DVRH/ MAISTER L_PREHT
V STER/ D BESECHEN VD VOLENDET
Colonia, Wallraff Richartz Museum
inv. 843

PROVENIENZA: Schlosz Neuburg an
der Kammel; Dr. Heinrich Freiherr
von Aretin, Monaco; acquistato nel
1929.
LETTERATURA: Feuchtmayr 1938,
pp. 315; Hoogewerff 1943, 109, 117;
Peltzer 1950, 119; Ballarin, 1962, 63,
64; Ballarin 1962-63, 347, 356, 364
(Sustris); Vey & Kesting 1967, 123-
124, cat. 843; Wethey 1971, 36, 90,
tav. 245; Ausgburg 1980 II, 136 cat.
482; Ost 1985, 18, 60, 65-66, figg. 8,
20: Echols 1996, 99, fig. 3.

Erhart Vöhlin von Frickenhausen
(1487/1488-1557) nacque da Leonard Vöhlin von Frickenhausen e
Margarethe, nata Hüther. Mercante,
di religione cattolica e filoimperiale,
egli si sposò nel 1510 e abitò nella
città natale di Memmingen fino al
1520, quando acquistò il castello e
mercato di Illertissen, vendendo il
possedimento di Frickenhausen am
Memmingen, ereditato dal padre.
Poi nel 1524 acquistò il castello e
mercato di Neuburg nella vallata del
Kammel e nel 1536 venne ammesso
alla nobiltà (Reichsadel). Nel 1550

Lambert Sustris, *Wilhelm I von
Waldburg-Trachburg*, Monaco, Bayerische
Staatsgemäldesammlungen

dettò il suo testamento a Memmingen come cavaliere, consigliere della
Corona d'Austria e dell'impero. Nel
1552, durante la guerra, le sue proprietà subirono danni. Dopo l'estin-
zione dei Vöhlin nel 1816, i baroni
von Aretin ottennero Neuburg dal
re di Baviera. Il dipinto è stato acquistato dal museo nel 1929 presso il
barone Heinrich von Aretin.
Sustris eseguì il ritratto o una sua
parte durante la sosta nella Svevia,
dove nel 1552 il consiglio comunale
di Augusta gli concedette "di rima-
nervi parecchio tempo perché è artista e pittore" (Lieb 1958, 471). Nello stesso 1552, data del dipinto in
esame, il Sustris dipinse i due ritratti
in piedi del figlio di Erhart, Hans
Christoph e della moglie Veronika,
ora a Monaco di Baviera, Alte Pinakothek, ambedue di qualità più alta del ritratto del padre (anche su
tela, il primo 225 x 118 cm, il secondo 224 x 116 cm; si veda Krämer in
Ausgurg 1980, 135-137, nn. 482,
483, ripr.).
La composizione, con la figura seduta in diagonale davanti a una colonna, mentre dall'altra parte si apre un
paesaggio alberato, segue in controparte il ritratto dell'*Imperatore Carlo
V* dipinto ad Augusta durante le riu-
nioni del Reichstag e firmato e datato "TITIANUS F 1548" (Alte Pinakothek, Monaco di Baviera). Tuttavia il nostro quadro è assai meno tizianesco, privo com'è della sicurezza
e dell'equilibrio compositivo del ritratto imperiale, che pure alcuni ri-
tengono interamente eseguito dal
Sustris, mentre altri, più ragionevolmente ma forse nemmeno correttamente, ne vedono un intervento in
alcune parti o solo nel paesaggio. Per
quanto sappiamo oggi il dipinto di
Monaco è menzionato per la prima
volta nell'inventario della Galleria di
Schleissheim del 1748 (per una rassegna delle opinioni attributive Kultzen 1975, 122 ss.; Kultzen in Ausgburg 1980, II, 140-141.) In ba-se alle
radiografie il Kultzen conclude che
l'invenzione e l'impostazione sulla
tela del ritratto imperiale spettano a
Tiziano, mentre il compimento pittorico sarebbe l'opera di un assistente, forse del Sustris. Secondo Ost
(1985, 73-74), la firma è un'aggiunta
del Sette o Ottocento. A mio avviso
non è da escludere che il piccolo *Ritratto di Carlo V* a Vienna, Kunsthistorisches Museum, simile nell'impostazione a quello di Monaco di
Baviera, attribuito a Lambert Sustris
stesso da Ost (1985, 47 ss. fig. 19),
sia una copia da un originale scono-

sciuto del pittore olandese. Secondo
Schweickhartt (1997, 40, fig. 19), il
dipinto imperiale di Monaco sarebbe stato commissionato da un principe o da un'autorità tedesca locale.
Già nel ritratto di *Wilhelm I von
Waldburg-Trachburg* (1469-1557) datato 1548 (Bayerische Kunstgemäldesammlungen in deposito presso
l'Alte Pinakothek), il Sustris riprese
la posizione del tizianesco *Ritratto di
Carlo V seduto*, dello stesso anno,
per raffigurare un altro patrizio svevo filoimperiale e di fede cattolica,
come indicano sia nel ritratto *von
Waldburg* che in quello Von
Frickenhausen il rosario che i due
personaggi tengono in mano, e la
stessa derivazione dal ritratto imperiale (per il ritratto *von Waldburg-
Trachburg*, Krämer in Ausgburg
1980, II, 133-134, cat. 480; Ost 1985,
18, 25, fig. 7).
Non è univoca l'interpretazione del-
l'iscrizione e in particolare della parola "besechen" che secondo Vey e
Kesting significa che Sustris prese in
visione e giudicò il ritratto iniziato
da un altro artista ed in seguito dallo
stesso Sustris terminato ("volendet"). L'idea può essere valida.
Esiste una copia moderna nello Schlosz Neuburg, da cui proviene l'originale (Vey & Kesting, 1967).

BWM

ANNO DOMINI · M·D·LII·
ABCONTRAFECTVR DES ED·
LEN VND VESTEN HERN
ERHARTTEN VEHLINS VON
FRIGENHAVSEN ZV ILLERT·
ISSEN VND NEWBVRG N
SEINES ALTERS AVF DEN·X·III·
OTOBRIS·LXIIII·IAR·DVRH
MAISTER LAPREHT VO ASTER
DA BESEHE VD VOLEDET

166
Tiziano Vecellio (1485/90 ca. - 1576)
*Filippo II*, 1551

olio su tela, 193 x 111 cm
Madrid, Museo del Prado
Inv. n. 411

PROVENIENZA: Alcázar, Madrid, in Guardajoyas, inventario 1600; Palacio Real, Madrid, 1776; probabilmente portato al Museo del Prado nel 1827.
LETTERATURA: Froning 1973, 31-32; Wethey 1971, 29, 42-44, 126-128, cat. 78; Campbell, 1990, 99, 120, 124, 142, 239, 241, fig. 263; Paris 1993, 595, fig. 3; Checa 1994; Schweickhartt 1997, 41, fig. 20; Madrid 1998, 365, cat. 50.

Un primo incontro tra il giovane Filippo (1527-1598) e Tiziano ebbe luogo a Milano nel dicembre-gennaio del 1548-1549. Il ritratto del principe che il pittore eseguì in quest'occasione gli fu inviato nelle Fiandre durante l'estate del 1549 (Wethey 1971, 41-42). In quel momento Tiziano stava lavorando a due altri ritratti del principe (varianti di quel primo esemplare o nuove ideazioni), uno per il consigliere degli Asburgo e grande mecenate Antoine Perrenot, cardinal di Granvelle e l'altro per Maria d'Ungheria, sorella dell'imperatore Carlo V e governatrice dei Paesi Bassi (Mancini 1998, app. I, 195, cat. 71). Quello per il Granvelle arrivò a Bruxelles nell'aprile del 1550 [Mancini 1998, app. I, catt. 64, 68, 69, 72, 73, 78, 79]. Nel luglio e settembre del 1550 il futuro Filippo II fece invitare Tiziano a raggiungerlo ad Augusta, dove si era riunita la dieta per mettere fine alle guerre di religione (Mancini 1998, app. I, 203-204, catt. 80, 81). Questo secondo soggiorno augustano di Tiziano si protrasse dal novembre 1550 fino al maggio 1551. Il 16 maggio di quell'anno Filippo scrisse alla zia Maria d'Ungheria nei Paesi Bassi per inviarle un suo ritratto in armatura eseguito da Tiziano ("...Con esta van los retratos de Ticiano, que Vuestra Alteza me mandò que le enviase, y otros dos qu'él me diò para Vuestra Alteza al myo armado; se le parece bien, la priesa con que le ha hecho y si hubiero m·s tiempo; yo, se le hiziera, tornar hazer..."; Mancini 1998, app, I, 211, cat. 90). Questo dipinto figura tra quelli nel 1556 da lei inviati da Bruxelles in Spagna. Le lettere nelle quali si menzionano i ritratti di Filippo non chiariscono veramente se il dipinto oggi conservato al Prado sia quello fatto a Milano o quello eseguito per Maria d'Ungheria, ma non escludono nessuna delle due ipotesi. In genere tuttavia l'elegante ritratto del Prado viene identificato con quello appartenuto alla governatrice.

L'armatura indossata da Filippo nel dipinto è anch'essa conservata al Prado. Una recente radiografia dimostra che il ritratto fu eseguito sopra ad uno di Carlo V (Checa Cremades in Madrid 1998). Indubbiamente, il ritratto del gracile Filippo in armatura è il più riuscito tra i ritratti tizianeschi del principe. Giustamente, per la *gravitas* o dignità signorile e per la nuova concezione spaziale la tela del Prado viene considerata uno dei più alti e più influenti contributi tizianeschi alla ritrattistica di corte internazionale. Tuttavia non pare che lo stesso Filippo fosse molto contento del suo ritratto in armatura inviato alla zia, come indicano le parole sopra riportate della sua lettera del maggio 1551. Degli altri due ritratti tizianeschi di Filippo in piedi, ambedue eseguiti con l'aiuto della bottega, quello della Galleria Palatina di Firenze, ambientato in un interno architettonico precisamente definito, era nella collezione del Granduca Cosimo I già nel 1560 (A. Cecchi in Firenze 1976, 42-46, cat. 3), mentre l'altro a Napoli, firmato ma di destinazione originaria sconosciuta, faceva parte della collezione farnesiana, ma non vi è rintracciabile prima della metà del Seicento. (Utili 1995, 67-68). Se la versione del Prado è quella del 1550/1551, né quella fiorentina né quella di Napoli, nelle quali Filippo appare già di qualche anno più anziano, possono essere identificate con il ritratto, inviato nel 1550 al Granvelle, a meno che quello del Prado ricalca la versione milanese del 1548-1549, che se così fosse sarebbe oggi smarrita. Dobbiamo comunque tenere conto dal fatto che probabilmente Anton Mor, prima della sua partenza da Bruxelles nel 1550, ebbe occasione di vedere il ritratto del Prado, dato che il suo ritratto di *Massimiliano II*, firmato e datato 1550, e quello della consorte Maria d'Austria, ambedue eseguiti dall'olandese in Spagna (ed ora anch'essi al Museo Nacional del Prado), chiaramente, nel motivo della colonna – che è un emblema asburgico – e del tavolo, risentono del ritratto di Filippo che fino al 1556 fu conservato a Bruxelles (Cfr. Froning 1973, 30, fig. 23; Campbell 1990, 239, 244, figg. 261-262).
Secondo il Campbell (1990) nel *Filippo II* Tiziano può essersi ispirato alle piccole colonne che incorniciano le finestre di certi ritratti di Hans Memling, trasformandole sperimentalmente nel monumentale simbolo degli Asburgo. Tiziano adopera una colonna monumentale più o meno simile anche nei ritratti di Carlo V seduto, ora a Monaco di Baviera, e in quello di Maria d'Ungheria, soltanto noto da copie, ambedue dipinti al 1548. (Per questi dipinti rispettivamente Ost 1985, *passim*; Van den Boogert in 's-Hertogenbosch 1993, 329, cat. 227; Checa Cremadas in Madrid 1998, 343, cat. 52).

BWM

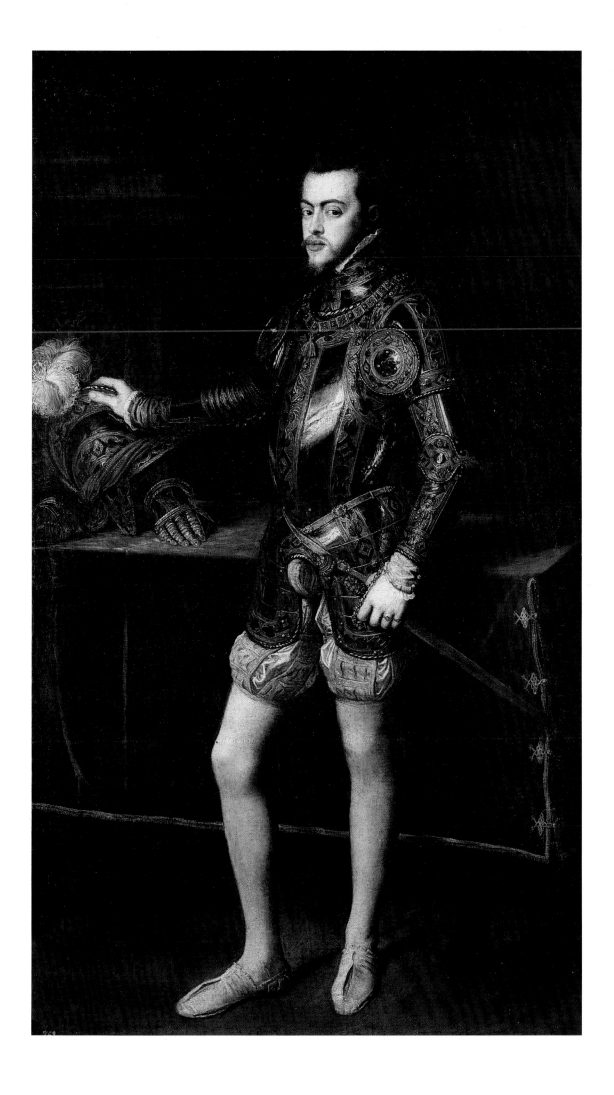

## 167
### Jakob Seisenegger (1505-1567)
*Georg Fugger*, 1541

olio su tela, 211 x 97,5 cm
scritte: in alto a sinistra ".1.5.4.1./
GEORGIVS.FVGGERVS. / .ETATIS.SVAE.
[completato durante l'ultimo
restauro: AN XXIII.]"; in basso
il monogramma "IS" (legato).
Collezione privata

LETTERATURA: Löcher 1962, 44-45,
87-88, cat. 32; Augsburg 1980, II,
129, cat. 477; Froning 1973, 22; Kusche 1991, 22.

I presupposti della cultura umanistica di Georg Fugger (1517-1569) si
colgono già negli interessi del padre
Raymund, che possedeva ad Augusta una collezione dove, accanto a
numerose opere antiche, venivano
ricordati nel 1530 anche dipinti di
Lucas Cranach il Vecchio ed "exqui-
sitissimas picturas ex Italia", tra le
quali era compreso certamente il ritratto eseguito alcuni anni prima da
Vincenzo Catena (cfr. testo introduttivo alla sezione III). Anche fra i fratelli di Georg vi erano grandi amatori d'arte, come Hans Jakob, che aveva dato vita, con l'aiuto di Jacopo
Strada, a una consistente raccolta di
opere antiche e di libri, venduta dopo il 1565 al duca Alberto V di Baviera, mentre risulta che Christoph
collezionasse opere di Paris Bordone, (cfr. cat. 89). Ulrich – l'unico
protestante della famiglia – era un
appassionato bibliofilo come Georg.
I rapporti di quest'ultimo con l'Italia
settentrionale erano molteplici. Nel
1533 aveva studiato a Padova e nel
1534-1536 a Bologna insieme con
Hans Jakob. Nel 1542 sposò a Trento la contessa Ursula di Lichtenstein,
nipote del cardinale Cristoforo Ma-
druzzo, ritratto da Tiziano a figura
intera nel 1552 (San Paolo del Brasile, Museu de Arte). Tramite David
Ott (cfr. il testo introduttivo alla sezione VII), Georg Fugger acquistava
a Venezia manoscritti preziosi e libri
a stampa. Anton Francesco Doni,
l'autore de *Il disegno* (1549), dedicò
al mercante augustano il trattato inedito *I numeri* (1562).
Il ritratto mostra il giovane Fugger a
figura intera e nell'atto di incedere
spostando in avanti la gamba destra.
Il torso è volto a sinistra, la mano destra stringe l'elsa del pugnale e l'altra
poggia energicamente sul fianco.
L'elaborato abito nero bordato di
pelliccia spicca sul pavimento a riquadri di marmo rosso e bianco e
sulla tenda di seta giallo oro, le cui
pieghe danno luogo a un ricco gioco
di luci e ombre. Oltre all'abbigliamento ricercato e all'ambiente son-

tuoso colpiscono la pesante doppia
catena d'oro sul petto dell'effigiato e
la placchetta sul berretto, che mostra una una figura in armatura con
lancia e scudo (forse una Minerva:
un riferimento alla vasta erudizione
di Georg?). Collegato in passato con
Tiziano e Christoph Amberger, il ritratto è stato per la prima volta assegnato a Seisenegger da August L.
Mayer (come si apprende da Habich
1929, 116, cat. 789, che pubblica a
tav. XCVIII, 4 anche una medaglia di
Hans Kels il Giovane tratta dal dipinto nel 1541). Quest'attribuzione
– energicamente sostenuta da Löcher (1962), che ha anche richiamato l'attenzione sul fatto che nel 1540-
1541 Seisenegger si trovava ad Augusta in occasione del matrimonio di
Hans Jakob Fugger – è confermata
dal monogramma dell'artista, tornato alla luce con il recente restauro.
Confrontando quest'opera con i ritratti di *Hans Jacob Fugger* (Los Angeles County Museum of Art) e di
*Christoph Fugger* (Monaco di Baviera, Alte Pinakothek), eseguiti nel
1541 da Christoph Amberger, la
scelta del formato appare a prima vista insolita, sebbene essa segua uno
schema sviluppato dallo stesso Seisenegger e applicato per la prima
volta in un ritratto di Carlo V eseguito nel 1530 durante la Dieta di
Augusta. Purtroppo quest'immagine dell'imperatore, insieme con altri
due suoi ritratti dipinti da Seisenegger a Praga nel 1531, è ora perduta,
e quindi il solo dipinto a documentare il ruolo svolto dal pittore nella
messa a punto della tipologia a figura intera per i ritratti ufficiali è il *Carlo V con il cane* (Kunsthistorisches
Museum, Vienna), eseguito a Bologna nel 1532. Nel quadro di Vienna,
infatti, accanto a motivi legati alla
tradizione tedesca, o più precisamente augustana (simili o identici
nei ritratti scomparsi), si avvertono
già influssi della ritrattistica dell'Italia del Nord, per esempio di Moretto (sullo sviluppo del ritratto a figura intera nel Cinquecento cfr. il testo
introduttivo della sezione III). Tra il
1532 e il 1534 Seisenegger eseguì altri due ritratti, non pervenutici nel-
l'originale, di personaggi della dinastia asburgica, per poi ricorrere di
nuovo, nel dipinto in esame, alla tipologia del ritratto principesco da
lui elaborata. Perché allora non credere che questa scelta fosse stata
dettata da un desiderio di Georg
Fugger che, pur non essendo nobile
di nascita, portava il titolo di conte
dell'impero e apparteneva a una fa-

miglia che sosteneva in maniera determinante – grazie al suo immenso
potere economico – la politica imperiale? L'artista, inoltre, ormai maturo e dalla vasta cultura formale, doveva essersi sentito stimolato a rime-
ditare sugli influssi e le suggestioni
recepite ad Augusta nel 1530, repli-
cando così a Tiziano, che già nella
primavera del 1533 aveva prodotto
un'interpretazione (non una replica!) del ritratto bolognese a figura
intera dell'imperatore (Madrid, Museo del Prado). Come ha giustamente osservato Löcher (in Augsburg
1980), nel ritratto di Georg Fugger il
colorito e la resa del profilo e delle
superfici riflettono i modi della
scuola pittorica augustana, mentre la
profondità dell'ambiente, la ricercata eleganza e la descrizione delle diverse qualità dei tessuti (velluto, seta
o panno) si ricollegano all'Italia settentrionale. Seisenegger, in seguito,
avrebbe adottato ancora questa formula nei ritratti (più rigidi) dell'Ar-
ciduchessa Anna (1544; Schloss Ambras, presso Innsbruck) e dell'*Arciduca Ferdinando* (1548; Kunsthistorisches Museum, Vienna).

AJM

168
Anton Mor (1516/20-1576?)
*Alessandro Farnese*, 1557

olio su tela, 1.56, 5 x 100 cm
in basso a destra firmato: ANTONIUS
MOR PINX / AN M.V.CLVII
Parma, Galleria Nazionale
inv. n. 300

PROVENIENZA: Margherita d'Austria; Ranuccio Farnese, Palazzo del Giardino, Parma; Palazzo Farnese, Roma (inventari del 1644 e del 1658); nel 1865 ceduto alla Pinacoteca di Parma dal Demanio.
LETTERATURA: Sorrentino 1931-1932, 405-407; Quintavalle 1939, 222-224, tav. 300; Fornari s.a. 112; Bruxelles 1985, II, 412-414, B12; Ghirardi 1985, 235; Bertini 1987, 207; Meijer 1988b, 120-122, 227, fig. 98; Campbell 1990, 99, 120, 143, 243, fig.140; De Grazia 1991, 50-51; Colorno 1995, 264-265, cat. 67; Madrid 1998, 326-328, cat. 37.

Anton Mor, ritrattista presso varie corti europee e uno dei primi artisti neerlandesi a dedicarsi quasi esclusivamente al ritratto, fu introdotto presso gli Asburgo dal grande conoscitore Antoine Perrenot, cardinal di Granvelle, suo mecenate per vari anni, divenendo in seguito pittore dell'imperatore Carlo V, di sua sorella Maria d'Ungheria e di suo figlio Filippo II (Su Mor Friedländer 1967-1976, XIII); Groenveld 1981, 97-117; Woodall 1996, 63-66).
Nel 1556, Alessandro Farnese (1545-1592) arrivò insieme con la madre Margherita di Parma alla corte asburgica di Bruxelles come garanzia e pegno per la restituzione del ducato di Parma e Piacenza ad Ottavio Farnese, padre di Alessandro, dopo l'occupazione della cittadella di Piacenza da parte dell'esercito spagnolo. Nel 1559 Alessandro seguì in Spagna Filippo II.
La duchessa Margherita, figlia naturale dell'imperatore Carlo V e sorellastra di Filippo II, tornò a Parma nel luglio del 1557. Il ritratto del dodicenne Alessandro fu eseguito in quell'anno a Bruxelles e spedito a Parma alla madre, forse come ricordo visivo da lei voluto, dato che era in esecuzione già nel febbraio del 1557, prima della sua partenza (De Grazia, 1991). Il pagamento al Mor "pittor di Sua Maesta" (Filippo II) fu effettuato a Bruxelles in data 19 novembre 1557 dal tesoriere del giovane Alessandro, Pietro Silvio, su commissione del consigliere Granvelle (Si veda per i dati storici e il documento relativo al pagamento, Meijer).
Il 10 luglio 1557 la corte parmense pagò al maestro Pasquale Testa una

somma "per ornamento a un quadro d'un ritratto dell' S.A. Principe S. Alessandro Farnese" (Parma, Archivio di Stato, *Mastro Farnesiano 1557-1570*, c. 61), forse il dipinto stesso del Mor, ammettendo che in quel momento fosse già arrivato. Lo stesso ritratto figura probabilmente nell'inventario di beni di Ranuccio Farnese, figlio di Alessandro, steso a Parma nel 1587 ("ritratto del Ser.mo Sig.r. Duca Alessandro quando era giovane con l'ornemento"), l'anno successivo alla morte dei nonni Margherita e Ottavio, quando Ranuccio divenne reggente a nome del padre che si trovava ancora una volta nelle Fiandre, come governatore generale dei Paesi Bassi. In quel momento, il ritratto si trovava nel Palazzo del Giardino (Campori 1870, 54). Come in altri casi anche in questo splendido ritratto del giovane Farnese, elegantemente vestito e con la spada portata dai reggenti e dai nobili quale *status symbol* della loro condizione sociale, è chiaro che il modello fondamentale per il pittore neerlandese fu la ritrattistica di Tiziano, di cui presso la corte di Bruxelles egli poteva vedere vari esempi, ed in particolare i ritratti di Filippo II a figura intera, che fornirono non pochi suggerimenti di impostazione e di esecuzione. Con ogni probabilità il Mor, prima della sua partenza per il Portogallo e la Spagna nel 1550, poté considerare a Bruxelles la versione di *Filippo II* ora al Museo Nacional del Prado [cfr. cat. 166], che influì sull'impostazione dei ritratti di *Massimiliano II*, firmato e datato 1550, e della consorte *Maria d'Austria*, dipinti dal Mor nella penisola iberica, ora ambedue al Prado (Froning 1973, 30, fig. 23; Campbell 1990, 239, 240, figg. 261, 262). Tuttavia, nello sfondo neutro, nella mancanza del motivo della colonna e di arredo, e nella posa della figura il ritratto del Mor è più vicino al ritratto di Filippo a figura intera, già di proprietà farnesiana, eseguito intorno al 1554, ora a Napoli (Il dipinto è rintracciabile non precedentemente alla prima metà del Seicento, Utili 1995, 67-68) che non alla versione del Prado, in cui il principe veste l'armatura, con la quale condivide a sua volta una maggiore eleganza. Va notato inoltre che con lo sfondo dei due muri che fanno angolo retto il Mor ha creato, dietro alla figura, un vero spazio architettonico, fino ad un certo punto paragonabile a quello del ritratto di Filippo a Napoli. Tipici del Mor sono la grande

attenzione alla resa delle stoffe ricche e preziose e più in generale la sua capacità di conferire ai suoi personaggi una certa freschezza che dà loro vita, senza rinunciare ad esprimere l'ufficialità e la distanza che separa l'esistenza del principe da quasi tutti gli altri esseri umani.

BWM

Jacopo e Francesco Bassano
*Cristo in casa di Marta e Maria*
particolare
Houston, Sarah Campbell Blaffer
Foundation

[1] Vasari 1568, VII, 455: "... siccome anco sono molte altre opere di esso Bassano, che sono sparse per Vinezia, e tenute in buon pregio, e massimamente per cose piccole, ed animali di tutte le sorti." Borghini 1584, IV, 563: "Nella medesima Città è tenuto rarissimo nel colorire Iacopo Ponte da Bassano, il quale distende i colori con tanta vivezza, e gratia, che le cose da lui dipinte paiono naturali, e spezialmente gli animali, e le varie masserizie della casa."

[2] Documentato nel 1566 è il soggiorno veneziano di Giorgio Vasari, per un aggiornamento prima della andata in stampa delle sue *Vite*; quanto al *Riposo* di Borghini, Schulz (1968,109) ha dimostrato che le notizie da Venezia non sono più tarde dell'estate 1582.

[3] Le due versioni note si trovano negli Uffizi e al Louvre, quest'ultima realizzata tra il 1548 e il 1550 per il veneziano Antonio Zentani. Un terzo ritratto di levriero di Jacopo, più tardo, è conservato in una collezione privata torinese. Cfr. Ballarin 1995, II, 379-408 e Paris 1998, 68-69.

[4] Van Mander 1604, f. 180. *La vita di Giacomo Bassano, pittore* è stata ristampata nella versione originale da Noë 1954, 242-243. Si veda in proposito Ballarin 1966-1967, 177-179. Secondo Noë 1955 (1956), 299-306, Van Mander deve aver dedotto da Hendrick Goltzius, che invece visitò Venezia tra il 1589 e il 1591, molte notizie sulla pittura veneziana.

[5] Borghini 1584, I, 78.

[6] Marucini 1577, 59-60.

[7] Rearick 1986, 186 e Rearich 1992b, CLVI-CLXIII: i temi sono il Viaggio di Abramo, la Visione di Gioacchino, Cristo in casa di Marta e Maria, la Cena in Emmaus, il Ritorno del figliol prodigo.

[8] Rearick 1968, 241-249 e 1992b, CLX-CLXI.

[9] Ballarin 1968 (139-143).

[10] Ridolfi 1648, I, 398.

[11] Si veda l'iconografia di Paolo Veronese nelle *Stagioni* della Sala dell'Olimpo nella villa Barbaro a Maser (1560-1561), interpretate da divinità e quella di Jacopo Tintoretto nei dipinti del Carnegie Institute di Pittsburgh (1551-1552), raffigurate in vesti di allegorie, come pure la *Primavera* e l'*Estate*, rispettivamente nella collezione Chrysler, Norfolk e nella National Gallery, Washington (1555-1558).

[12] Ballarin 1968 (ed. 1995, I/1, 139-143) e Rearick 1992b, CLX-CLXI.

[13] Secondo Aikema (1996, 134, 201), il fatto che l'inventario di Andrea de Fuschis, steso a Venezia nel 1582, includa una serie di stampe architettoniche di Cock lascia

"Animali di tutte le sorte" "e spezialmente gli animali, e le varie masserizie della casa"[1]: nella elencazione, spesso arida, dei dipinti "notabili" degli artisti veneziani attivi nella seconda metà del Cinquecento, catalogabili come di consueto nelle categorie del devozionale o dello storico o dell'allegorico, il dato nuovo, che è anche il diverso, messo in luce dalla letteratura artistica coeva, si incontra a proposito di Jacopo Bassano per quelle particolari presenze. Il fatto curioso è che le opere di Bassano visibili a Giorgio Vasari e più ampiamente all'informatore di Raffaello Borghini, nel 1566 e nel 1582[2], non potevano essere di soli animali, a parte i dipinti con *Due cani da caccia*[3], ma soggetti evangelici, quali le parabole del seminatore e del ricco epulone, *Cristo in casa di Marta e Maria*, oppure storie bibliche, quali Adamo ed Eva nel paradiso terrestre o la serie delle Stagioni, tutte rientranti nelle categorie canoniche.

Un particolare aggiuntivo per un giudizio sul delicato e complesso problema della pittura di genere a Venezia è offerto all'inizio del Seicento da Carel van Mander, quando parla della libertà con cui l'artista bassanese virava dalla storia commissionata a una scena differente, nel caso non gli andasse a genio il tema suggerito, in modo da poter inserire le cose che più gli piacevano[4]. In proposito viene in mente ancora Borghini, allorché, scrivendo delle invenzioni in cui si può "allargare il pittore, senza tema d'esser ripreso di non haver l'historia, o la favola osservata", cita come esempio "il figurare le quattro stagioni dell'anno, non con figure degli Dei, come fecero gli antichi, ma secondo gli accidenti che ciascuna stagione porta seco; perciocché il pittore potrebbe a suo piacimento nell'inverno fingere ghiacci, nevi, cacce, fuochi, ed altre cose simili, e così ne l'altre stagioni, facendole di figure più o meno copiose"[5]. Forse lo storiografo toscano pensava ai cicli fiamminghi e a quelli di Bassano?

In un ambiente culturale sensibile da sempre al ruolo del paesaggio nella pittura, aperto agli apporti culturali d'Oltralpe, in una situazione di mercato favorevole, intorno alla metà dell'ottavo decennio Jacopo Bassano, "in Paesi divino"[6], sviluppa ciò che era già *in fieri* nella *Parabola del seminatore* Thyssen (cat. 137) producendo una serie di episodi evangelici, di formato orizzontale[7], che gli permettono di mettere in scena, per l'appunto, animali e masserizie della casa e che incontrarono tale successo sul mercato da essere replicati dalla bottega innumerevoli volte e raggiungere tutta Europa fino al nuovo secolo inoltrato. È merito di Rearick[8] e di Ballarin[9] aver chiarito che spetta al capofamiglia, e non al figlio Francesco, il passo definitivo dal dipinto biblico con particolari di genere al puro quadro di genere, vale a dire al quadro campestre. Ma è corretto parlare di pittura di puro genere nel caso di Jacopo Bassano?

Carlo Ridolfi, quando descrive le *Stagioni* in casa di Nicolò Renieri[10], ne mette in evidenza i paesaggi fioriti o innevati, il giovinetto con la lepre in collo, la giovane donna che raccoglie fiori, i contadini che mietono il grano, il pastore che tosa le pecore, un fanciullo che beve il mosto, donne che filano e, naturalmente, vivaci cani e altri animali. Mentre si attarda nella descrizione di ciò che colpisce in quei dipinti, cioè la vita e i lavori campestri collegati con il variare del ciclo stagionale, omette, invece, di segnalare i piccoli episodi biblici che pure compaiono in ognuna delle tele, sebbene defilati in secondo piano.

Con straordinaria novità rispetto alla tradizionale iconografia rinascimentale italiana delle Stagioni, raffigurate come personificazioni allegoriche o come divinità olimpiche[11], o forse con uno straordinario senso del compromesso, Jacopo dipinge vasti paesaggi popolati di numerose figure impegnate nei lavori agricoli, ma in ciascuna tela inserisce, proprio nel punto più alto che coincide con il luogo dal quale idealmente l'artista ha ripreso la scena, un episodio biblico (catt. 169-170). In mancanza di una fonte letteraria precisa, si è ipotizzato[12] che il ciclo avesse un parallelo nella sequenza della caduta dell'uomo dallo stato di grazia, con le fasi successive in cui si avvera la promessa della redenzione. La necessità avvertita dall'artista, o dall'ignoto primo committente del ciclo, di ancorare ogni Stagione, oltre che al Monte Grappa nello sfondo, anche a un messaggio religioso nel piano intermedio, segnala il mancato, o non voluto, completo distacco dalla tradizione e dalle convenzioni iconografiche legate al tema. Soltanto più tardi si assiste all'eliminazione dell'episodio religioso, con la produzione seriale della bottega e di artisti nordici, come Paolo Fiammingo da una parte, e dall'altra con le incisioni che i fratelli Jan e Raphael Sadeler (tra il 1598 e il 1600) trassero da uno dei cicli o con

Horrida squalés hiems, tolerata sed igne leuatur.
Sol ubi flammiuomas suffulit orbi faces.

Jacopo Bassano
*Adamo ed Eva nel paradiso terrestre*
particolare
Roma, Galleria Doria Pamphjli

Jan Sadeler, *Inverno*
Bassano del Grappa, Museo Civico

supporre che anche la serie con le *Stagioni* fosse nota nella città lagunare e che possa essere stata alla base delle invenzioni sul medesimo soggetto da parte di Jacopo Bassano. La serie delle *Stagioni* stampata da Hieronymus nel 1568, e forse da lui stesso eseguita, risulta peraltro piuttosto tradizionale nell'iconografia, mostrandole con divinità pagane.

[14] Baldass 1955, 154-155.

[15] Si veda tesi Dei Rossi, Udine, a.a. 1997-1998. Oltre ai due nomi citati, tra i proprietari si annoverano Baldissera Vidaria (1585), Giulia Lionini, moglie di un merciaio (1588), Giovanni Antonio Caderio (1589), Nicolò Bragadin (1591). Negli inventari dell'Annunciazione compare otto volte e la Pietà quattro.

[16] Si veda Versolato, Udine, a.a. 1997-1998. Sessantaquattro gli inventari esaminati: le *Quattro Stagioni* erano anche in casa di Sebastiano Pampagnini (1602), del ricco mercante Sebastiano Gatta (1606), di Paolo Spelgati (1608), del sensale Barnaba di Rizzi che possedeva anche un "fiol prodigo" (1609), di Marco Rubbi, mercante di seta (1610), di Camillo Savioni che ne aveva due serie e pure un ciclo con Quattro Pianeti (1611), dello speziale Pietro Amadio (1612), di Giacomo Codanin, mercante di lana (1612), di Antonio Locatelli (1613), di Elena Zamberti (1613), di Valeria Bragadin (1615), di Gerolamo Triffon, capitano dell'ufficio sopra i monasteri (1617), di Zuan Antonio Scarpaza (1618), di Alvise Corso, mercante di lana (1618), del mercante Giambattista Sandrelli (1618).

[17] Hollstein 1949-1997, XXI, 113.

[18] Rearick 1978b, Rearick 331-343.

[19] Emmens 1973, 93-101; Aikema 1996, 106-109.

quelle di Hendrik Hondius (1601), che aggiunge i segni zodiacali nel cielo e probabilmente in coincidenza con il mutare del gusto della clientela che perse interesse per le implicazioni sacre.

L'idea di presentare le Stagioni attraverso vasti paesaggi popolati da numerose figure deriva indubbiamente dalla pittura nordica: le prime grandi immagini di questo tipo sono offerte dal ciclo di dipinti sui *Mesi* di Pieter Bruegel (1565), ora diviso tra i musei di Vienna, New York e Praga, non più paesaggi fantastici o cartografici, ma ampie distese naturali sotto cieli atmosferici, senza allusioni astrologiche, quasi un "calendario rustico" scandito dal lavoro faticoso dell'uomo sulla Terra. L'evoluzione del tema in Bruegel segue tutt'altra direzione rispetto a quella dei Bassano, poiché per il fiammingo l'illustrazione del soggetto costituisce l'elemento principale e l'idea compositiva l'elemento secondario. Se anche si può supporre che le stampe con le *Stagioni* (cat. 171) pubblicate da Cock circolassero in area veneta[13], non sussiste un parallelo evidente tra le composizioni del bassanese e quelle del fiammingo, ma soltanto la coincidenza di alcuni motivi, come quello dei contadini che raccolgono il grano nell'*Estate*. Come ha notato Baldass, Bassano mostra la vita dei campi da un'angolatura diversa da quella di Bruegel, Aertsen o Beuckelaer, non più dal punto di vista del cittadino, ma di quello del proprietario terriero[14].

Di ascendenza nordica è in ogni modo l'idea, presente in Bassano, del duplice binario di lettura, come dimostra la presenza di piccoli brani biblici all'interno di alcuni cicli allegorici, per esempio nelle incisioni di Maarten de Vos su disegno di Adriaen Collaert, del 1575, in cui i cinque *Sensi* sono raffigurati attraverso personificazioni femminili in vasti paesaggi; in secondo piano, episodi del Vecchio e Nuovo Testamento hanno la funzione di dotare l'allegoria di un messaggio religioso, sottolineato da una didascalia latina posta in calce a ogni scena, che richiama esplicitamente l'importanza della fede, imprescindibile in tutte le esperienze umane.

Il successo della serie delle Stagioni, e più in generale dei "paesi con animali", trova un preciso e tempestivo riscontro negli inventari stesi dalla magistratura veneziana dei Giudici di petizion: tra il 1580 e il 1600[15] si incontrano, accanto a trentacinque "paesi e animali", cinque serie di Stagioni, che non è poco se le si paragona con la parallela fortuna di temi religiosi quali l'Annunciazione e la Pietà. I proprietari appartengono tutti alla classe dei cittadini, trattandosi di mercanti, come Francesco Bonaldi (1582), o di segretari del Consiglio dei Dieci, come Nicolò Padavini (1594), che possedeva anche un'Arca di Noè e una Torre di Herbiot. La fortuna del tema sembra crescere nei successivi vent'anni, quando si riscontrano ben sedici cicli di Stagioni[16], anche in tale periodo per la massima parte in casa di cittadini, specialmente mercanti. Purtroppo tali inventari non recano l'attribuzione ma, se non abbiamo la certezza che le serie siano da riferirsi alla bottega o all'ambito bassanesco, è legittimo supporre che in buona parte avessero tale provenienza, come anche il "quadro grando cioè un pastoral" in casa di Giuseppe Carminati (1602). Si deve anche notare la particolare destinazione di un "san Lazaro e rico Pulon da metter davanti al fogher" di proprietà di Gerolamo Morosini, morto nel 1617, che introduce per lo specifico tema a un altro caso da affrontare per la genesi della scena di genere, vale a dire quello delle "cucine dei Bassano", parafrasando la felice definizione di Hollstein[17].

Nelle composizioni con *Lazzaro e il ricco Epulone, Cristo in casa di Marta e Maria, il Ritorno del figliol prodigo* e la *Cena in Emmaus*, siano giunte attraverso il prototipo pittorico o la stampa di riproduzione, a prima vista il racconto evangelico sembra giocare un ruolo subordinato nella composizione, quasi un pretesto per la "scena di genere" che costituisce la parte più rilevante del quadro, tanto che vi è una evidente "sproporzione" di messaggio tra le clamorose alzate con il vasellame, la cacciagione, i pesci e i vegetali sciorinati in primo piano e gli episodi che danno il titolo all'opera. A tale proposito Rearick[18], il primo a sottoporre ad analisi iconologica questo tipo di dipinti, che negli ultimi decenni del Cinquecento valsero come "marchio di fabbrica" della bottega dalpontiana, sostiene che il racconto biblico non può essere visto come irrilevante aggiunta in una composizione concepita come "di genere". È sua opinione che i brani realistici in primo piano avessero la funzione di presentare i temi biblici nel loro ambiente quotidiano, rendendoli così più accessibili al pubblico. Il confronto con una serie di opere fiamminghe coeve, in particolare di Pieter Aertsen e Joachim Beuckelaer, vicine per tematica e impostazione, ha suggerito un'altra proposta di lettura per que-

Adriaen Collaert da Marten de Vos
*L'Udito*
Vienna, Graphische Sammlung
Albertina

Ludovico Pozzoserrato
*Convito del ricco Epulone*
Kassel, Gemäldegalerie

[20] Verci 1775, 97.
[21] Nel 1582 Carlo Emanuele di Savoia si era rivolto a Venezia per la commissione di un quadro a Palma il Giovane e contemporaneamente si era dato il via a trattative con Francesco Bassano (ma è ipotizzabile che già nel 1579 fosse stato interpellato un membro della famiglia). Il 6 maggio 1585 i quadri si trovavano ancora a Venezia. Nell'inventario del 1631 sono registrati di Bassano il *Mercato*, il *Ratto delle Sabine* e la *Fucina di Vulcano*, attualmente presso la Galleria Sabauda di Torino. Nel successivo inventario del 1635 per la prima volta "il mercato, quadro grande con moltissime figure e paesaggio" figurava come opera di Francesco Bassano, al quale era riferita anche la *Fucina di Vulcano*, mentre il compilatore attribuiva il *Ratto delle Sabine* a Leandro (Bava 1995, 212-219).

sti dipinti, interpretando la natura morta non come "genere" autonomo, né intesa per rendere più accessibile, confezionato nelle forme della quotidianità, il contenuto religioso del quadro. Essenziale è apparsa, invece, la contrapposizione tra lo sfarzo mondano della cucina e il messaggio racchiuso nell'episodio biblico in secondo piano. I dipinti sarebbero intesi come ammonizioni rigorose, rappresentando in maniera suggestiva il contrasto tra *voluptas* e vita cristiana[19]. In definitiva, però, è da chiedersi se l'opzione per i soggetti evangelici raffigurati sia motivata dalla loro valenza didascalica o se piuttosto non siano stati scelti perché permettevano un'ambientazione in interni di cucina con il *leit-motiv* dell'alzata con i piatti allineati. Al di là di qualsiasi significato morale o religioso, però, quel che emerge in opere di Bassano come la *Cena in Emmaus* o *Cristo in casa di Marta e Maria* o *Lazzaro e il ricco Epulone* sono queste cucine campagnole, le cuoche affaccendate al focolare, le tavole imbandite, i polli spennati appesi a un gancio, le pentole di rame e le stoviglie di ceramica, i brani di natura morta di pesci e selvaggina in primo piano. Manca sempre, tuttavia, il senso di un interno, perché le cucine dei Bassano vivono in uno spazio ambiguo tra interno ed esterno, in cui almeno una parete sembra essere stata abbattuta per lasciar vedere il paesaggio e far entrare la luce del tramonto.

Ben diversa è la trattazione di simili soggetti nel mondo artistico veneziano contemporaneo, nei pochi casi in cui si incontrano: nel *Cristo in casa di Marta e Maria* di Jacopo Tintoretto (Alte Pinakothek, Monaco), databile intorno al 1566, l'intero primo piano è imperniato sulle battute serrate del colloquio tra Cristo e un'attenta Maria, mentre Marta cerca invano di catturare l'attenzione della sorella; in secondo piano si vedono gli apostoli e una servente che lavora in cucina, in una lucida resa della storia che rende ogni dettaglio immediatamente intelligibile, senza le dicotomie presenti nella tela di Bassano. I *Conviti di epulone* di Ludovico Pozzoserrato, intesi piuttosto come grandi banchetti all'aperto, si svolgono entro gli aerei confini di loggiati aperti su ampi giardini all'italiana con siepi e fontane, dove si aggirano lussuosamente abbigliati non i "villani" di Bassano, ma i ricchi proprietari di villa con i loro ospiti (Gemäldegalerie, Kassel); oppure al riparo di pergolati fioriti sul bordo della laguna, come nel ciclo del Monte di Pietà di Treviso, dove l'abbraccio del figliol prodigo con il padre ha luogo similmente in una villa veneta. La cucina con i rami allineati sopra il focolare ricomparirà in un raro interno di Paolo Veronese che ospita la sua *Lavanda dei piedi* (Galleria del Castello, Praga), del 1584-1586, ma non sappiamo decidere se l'omaggio è reso a Jacopo Bassano o piuttosto al Tintoretto dell'*Ultima cena* (1578-1581) nella Scuola Grande di San Rocco.

Perché la cucina assurga a vero e proprio soggetto dell'opera bisognerà aspettare, a fine secolo, la produzione di un nordico, Dirck de Vries, sul cui ruolo torneremo più avanti. Nel suo *Interno con figure* (Walters Art Gallery, Baltimora), completamente svincolato da pretesti religiosi, nella vasta cucina di un palazzo veneziano la padrona di casa sta controllando gli acquisti della cuoca, cui un venditore offre polli, aragoste, pesci, frutta e verdura. L'ambiente è raffigurato nei suoi innumerevoli dettagli, dai paioli sopra l'acquaio ai piatti appesi sulle pareti, solleticando nell'osservatore i piaceri del tatto, del gusto e della vista.

Oltre ai particolari temi ora elencati, sembra discendere per inclinazione naturale nel repertorio della produzione bassanesca, orientata verso un tipo di committenza più disinvolto rispetto alle gerarchie tradizionali, un altro soggetto in cui paesaggio e natura morta, rappresentazione degli umili e scena di genere potevano coesistere motivatamente sulla tela: nell'inventario del 1592 delle opere rimaste nello studio di Jacopo da Ponte alla sua morte[20], compare un dipinto descritto semplicemente come un "mercato", lasciando supporre che fosse ritenuto privo di qualsiasi significato allegorico. Almeno una decina d'anni prima un "mercato, quadro grande con moltissime figure e paesaggio" era stato ritenuto degno di figurare in una quadreria principesca come quella di Carlo Emanuele di Savoia, accanto a un *Ratto delle Sabine* e a una *Fucina di Vulcano*[21]. In entrambi i casi gli inventari non forniscono elementi per assegnare l'invenzione a Jacopo o a uno dei figli, ma importante è proprio la presenza di quel particolare soggetto a quelle date.

Con la produzione dei cicli delle Stagioni, delle Cucine e degli Elementi, la pittura di Jacopo si rivolgeva alle nuove esigenze del gusto di conoscitori e gentiluomini, specialmente veneziani, che guardavano con interesse

Jacopo Tintoretto
*Ultima cena*, particolare
Venezia, Scuola Grande di San Rocco

Dirck de Vries
*Interno di cucina con figure*
Baltimora, Walters Art Gallery

alla voga d'Oltralpe per i soggetti rustici "travestiti da temi biblici"[22]. Non sono chiare le fonti di ispirazione nordiche che Bassano poteva conoscere, direttamente o attraverso le stampe, per affrontare nel suo personalissimo modo la scena di genere. L'insinuarsi sempre più prepotente dell'elemento quotidiano nella pittura italiana, sotto la spinta determinante di modelli d'Oltralpe, non è un accadimento subitaneo, ma un traguardo preparato da molteplici fatti, che più o meno indirettamente predispongono il terreno, propagandosi attraverso canali di cui spesso ci sfuggono le diramazioni.

Un nodo fondamentale da esaminare, ma difficilmente risolvibile allo stato delle nostre conoscenze sul collezionismo del secondo Cinquecento, risulta essere proprio quello dei veicoli di diffusione della pittura fiamminga in Veneto e delle opere realmente visibili degli artisti maggiormente evocati come fonti di ispirazione. Non è casuale che il pittore anversese Joachim de Beuckelaer sia indicato negli inventari con il soprannome di "Gioacchino Bassano Fiammingo", chiaramente suggerito dal confronto con opere della produzione bassanesca. Nell'inventario del guardaroba dei Farnese, in "camera de' paesi" erano presenti undici quadri che rappresentavano mercati e cucine con rilevanza di nature morte, di cui almeno sette erano segnati come opere di Beuckelaer, ed è probabile che la maggior parte di questi dipinti sia giunta alla corte di Parma già nella seconda metà degli anni settanta[23]. In un elenco di artisti specializzati in "composizione d'animali", nel 1584, Gian Paolo Lomazzo giudica "Joachim Boccalero" uno degli eccellenti in questa materia tra i forestieri e i Bassano tra "i nostri"[24].

Generiche peraltro risultano le affinità tra i cosiddetti "mercati" di Beuckelaer, conservati ora nel Museo di Capodimonte, e le tematiche della produzione tarda del maestro veneto; fino ai primi del Seicento, inoltre, non sono note stampe fiamminghe di mercato e cucina: le prime confrontabili risalgono alla serie incisa da Jacob Matham nel 1603 su soggetti di Pieter Aertsen, fonte dunque già tarda rispetto alla produzione bassanesca[25].

È evidente però che una certa circolazione di idee e di motivi esisteva, soprattutto attraverso il mercato e il collezionismo privato, di grandi casate come di più modeste famiglie: una versione del *Bue squartato* (Vienna, Kunsthistorisches Museum, cat. 170) di Maarten van Cleve, artista che si caratterizza per un realismo integrale, quasi disgustoso, nelle scene di genere, può essere stata di modello per *Il ritorno del figliol prodigo* di Jacopo e Francesco Bassano della Galleria Doria Pamphilj (cat. 175), del 1576-1577, in cui compaiono al centro il motivo dello squartamento del bue, e, sempre in primo piano, il dettaglio del bambino seduto che gonfia la vescica, mentre un gatto è colto nell'analogo atteggiamento di attacco del cane nel dipinto viennese[26]. Il motivo particolare suscitò un certo apprezzamento anche al di fuori della pittura di genere, come dimostra la sua rilevanza nella stampa di Philipp Galle da Maarten van Heemskerck sul tema del *Figliol prodigo*, datata 1562, che potrebbe essere giunta anche alla conoscenza di Jacopo Bassano. È da aggiungere, peraltro, che i due motivi si trovano già abbinati nell'*Autunno*, inciso da Hieronymus Cock da un disegno di Hans Bol, della nota serie delle *Stagioni*. Quale differenza però con le cucine dalpontiane! In van Cleve l'ambiente è talmente dominato dall'enorme carcassa sanguinolenta, che poco spazio resta per un uomo che beve da un boccale e una donna china su un cesto, un cane attratto dall'odore della carne e due bambini che giocano sulla soglia.

Una delle fiere "con quantità di botteghe, figure con cani e gente che ballano fra le case" di Gillis Mostaert[27], il cui repertorio è costituito essenzialmente da vedute panoramiche, villaggi, fiere, feste e mercati, potrebbe essere alla base dell'invenzione bassanese del *Mercato*, e i paralleli instaurabili, nel taglio della composizione e nell'invenzione, tra la sua *Fiera di paese* (cat. 176) e certa produzione di Francesco Bassano (cat. 177) hanno fatto pensare a una influenza diretta del fiammingo sull'italiano[28]. Il dipinto di Mostaert, caratterizzato da un impianto panoramico con molte piccole figure, natura morta in primo piano e architetture in diagonale per aumentare il senso della profondità, raffigura una tipica cittadina fiamminga, adagiata in un ampio paesaggio, nella vivacità del giorno di mercato, animato da una grande folla occupata nel commercio o impegnata a discutere con i passanti. Nel grande formato orizzontale, nel vivace brulicare di vita, nell'abbondante natura morta in primo piano e nel sistema prospettico a imbuto che continua nello sfondo, le scene di mercato di

[22] Rearick 1992b, CLIII.
[23] Meijer 1988b, 97. La citazione è anche in questo caso nell'inventario farnesiano del 1680 ca.
[24] Lomazzo 1584, 401.
[25] Hollstein 1949-1997, XI, 232, nn. 319-323.
[26] Rossi 1994, 59-60.
[27] Meijer 1988b, 89, 91, fig. 72.
[28] Aikema 1996, 144-147.

Hieronymus Cock da Hans Bol
*Autunno*
Vienna, Graphische Sammlung
Albertina

Joachim Beuckelaer
*Mercato con la vocazione di Matteo*
particolare
Napoli, Museo Nazionale
di Capodimonte

Francesco trovano un certo riscontro nella produzione di artisti fiamminghi della seconda metà del Cinquecento, come Joachim Beuckelaer, con il *Mercato con la vocazione di Matteo* (Museo Nazionale di Capodimonte, Napoli) e Gillis Mostaert con le sue *Kermesse*. Diversamente che in Aertsen e Beuckelaer, che privilegiano l'ambientazione metropolitana, in Bassano e Mostaert le fiere sono situate in villaggi di campagna entro sfondi vasti e suggestivi.

Il mercato è un genere introdotto nella pittura europea da Pieter Aertsen, maestro di Joachim Beuckelaer, che riscosse grande successo in Spagna e in Italia, influenzando tra l'altro le scene di mercato di Vincenzo Campi e le composizioni con macellai e pollivendoli di Bartolomeo Passerotti. Mentre non è stata ancora fatta luce sul veicolo di trasmissione del motivo nel Veneto in generale, e nei dal Ponte in particolare, viceversa il ruolo di una dinastia di incisori nordici nella diffusione di temi bassaneschi è emerso con chiarezza.

I fratelli Jan e Raphael Sadeler, nativi di Bruxelles, dopo numerosi spostamenti in Germania, verso il 1595 giungono a Verona e di qui a Venezia, dove il primo risiederà fino alla morte, che lo colse nel 1600, e il secondo fino al 1604, guidando un'avviatissima bottega di stampe, forte anche dei privilegi rudolfino e papale ottenuti nel 1581 e nel 1598[29]. L'organizzazione commerciale di prim'ordine e l'indiscutibile valentia nel restituire, attraverso le diverse tonalità dei grigi in contrasto con il bianco della carta, variamente dosato mediante la graduazione dei reticoli, le qualità cromatiche e luministiche degli originali fecero dell'impresa dei Sadeler, continuata poi da figli e nipoti, la più affermata nel settore a Venezia. Oltre, dunque, a copisti e imitatori i quali cavalcarono il filone delle allegorie astrologiche e stagionali e di certi temi biblici, che offrivano la possibilità di poter riunire le diverse specialità, del paesaggio, degli animali e della natura morta, con notevole successo presso una nuova clientela privata nel Veneto e oltre confine, i Sadeler, che con le loro stampe di traduzione ripropongono precocemente dettagli e opere intere da Jacopo e Francesco, contribuiscono in maniera decisiva al successo della pittura dei Bassano sul finire del Cinquecento e nel primo Seicento. Tra i grandi protagonisti della pittura veneziana del Cinquecento, i due fratelli predilessero proprio i Bassano e, all'interno del catalogo della bottega, scelsero soprattutto opere quali le Cucine, le Adorazioni dei pastori e le Stagioni, che contenevano aspetti della realtà domestica e campagnola. Significativamente, come si è già notato, scompaiono dalle loro incisioni del ciclo delle *Stagioni* i piccoli episodi biblici, sostituiti da un commento moralizzatore in versi apposto in calce.

L'importanza delle stampe dei Sadeler viene anche dal loro restituirci con il bulino il ricordo di opere perdute o disperse, oltre che dell'originale proprietario. Gli "in gratiam" apposti come incipit delle iscrizioni sulle loro stampe tramandano, tra gli altri, i nomi di Agostino e Gerolamo Giusti, conti veronesi, del cittadino Pietro Corneretto, del cavalier Alfonso Morandi, di Paolo Caggioli, priore del convento dei Santi Giovanni e Paolo, di Carlo Helmann, mercante fiammingo a Venezia[30].

Il ruolo dei Sadeler è fondamentale anche per l'importazione a Venezia di motivi e stilemi nordici, di Anversa in particolare: a determinare la fama di Maarten de Vos tra le lagune, probabilmente, più che il suo soggiorno tra il 1552 e il 1558, furono le stampe tratte da sue opere di contenuto religioso dai Sadeler, che diffusero anche modelli di Hans Bol, di Peter II Stevens e dei fratelli Bril. Non va sottovalutato, inoltre, per i suoi futuri sviluppi, l'interesse della serie di sei incisioni pubblicate sia a Venezia sia ad Amsterdam da Jan Sadeler con *Vasi di fiori*[31], che, nonostante il risvolto moraleggiante (sottolineato dalle iscrizioni latine) e intellettuale (per le calcolate simmetrie in cui sono disposti i fiori), mostrano una precisa aderenza naturalistica.

Avendo come protagonisti i mazzi di fiori disposti in un vaso e alcuni insetti, per rappresentare la transitorietà e la fragilità della vita umana – e non è sorprendente se, almeno nella fase iniziale, la natura morta e altre manifestazioni del genere racchiudono implicazioni simboliche e letterarie – le stampe attestano la presenza nell'ultimo decennio del Cinquecento di "tracce di natura morta nascente, o meglio manifestamente nata"[32], in un inaspettato ambiente artistico italiano.

Accanto a quella di Sadeler, l'attività di Joris Hoefnagel segna un'importante tappa nel percorso della natura morta, con le cinquanta stampe degli *Archetypa studiaque patris Georgii Hoefnagelii*, incise dal figlio Jacob

[29] Hollstein 1949-1997, XXI, *ad vocem*. Cfr. inoltre Bassano 1992b e Padova 1992, *passim*.
[30] Mi riprometto di tornare su questo argomento in altra sede.
[31] Hollstein 1949-1997, XXI, 285, nn. 13-24: la serie deriva da quella di Jan Theodor de Bry da originali di Jacobus Kempener.
[32] Meijer 1989, 595.

Jan Sadeler
*Vaso di fiori*
Vienna, Graphische Sammlung
Albertina

[33] Meijer 1989.

[34] Gaio Plinio Secondo, *Storia naturale*, traduzione e note di Antonio Corso, Rossana Mugellesi e Gianpiero Rosati, Torino, V, 1988, 35, 112. L'espressione "minor pictura" compare soltanto in Plinio, tra tutti gli autori della latinità, come mi comunica Gianpiero Rosati che vivamente ringrazio, a indicare i generi di pittura minori. Di questi vengono segnalati i rappresentanti più importanti e illustrate le caratteristiche. Si veda anche Gregori 1995, 15-25.

[35] Jordan 1995, 2-3.

[36] Nuti 1988, 545-570; Meijer 1989, 597.

[37] Turner 1966, 205-212.

[38] Pino 1548, 145.

[39] Il dipinto è oggetto di discussione per la sua cronologia: Rearick (in Venezia 1988, 15, 92, 94) lo data intorno al 1546-1547; Marinelli (in Verona 1988, 254-256) verso il nono decennio del secolo.

[40] Anche in questo caso la collocazione cronologica oscilla tra il 1548-1549 di Rearick (in Venezia 1988, 95) e il periodo di Maser per Pallucchini (1984, 171).

[41] Aikema 1990, 191-203: notando la frequenza delle rovine classiche in Paolo Veronese, quasi sempre in dipinti di soggetti religiosi, tranne che in villa Barbaro e nel ritratto di Budapest, lo studioso propone di mettere in relazione il motivo con alcune idee moralistiche strettamente interconnesse e molto diffuse alla fine del Medioevo e nel Rinascimento, come metafora delle due "civitates".

Hoefnagel nel 1592, con fiori, insetti, conchiglie, classificati quasi scientificamente e resi in un modo analitico-naturalistico paragonabile a quello che succede nella fase "arcaica" della natura morta italiana in pittura[33]. La "minor pictura", secondo la definizione pliniana[34], è in ogni modo debitrice sia a questa specifica produzione di stampe sia alla "natura morta invertita"[35], in quadri, cioè, che vedono il rovesciamento tra il tema religioso, collocato nello sfondo, e l'esposizione in primo piano di animali e vegetali, come quelli citati sopra di Beuckelaer o di Bassano, che attirano l'attenzione dell'osservatore per l'evidenza mimetica del dato naturale. Ancora con il nome di Joris Hoefnagel, presente a Venezia nel 1577 insieme al celebre cartografo Abraham Ortelius, come risulta tra l'altro dall'iscrizione delle due vedute, incise nel 1578, di *Piazza San Marco* e della *Piazzetta con il Palazzo Ducale in fiamme* su pagine consecutive delle *Civitates Orbis Terrarum* di Braun e Hogenberg, si entra in pieno nel processo di sviluppo dell'immagine urbana e della campagna, che "si svincola definitivamente da posizioni subordinate in altri generi figurativi e si pone essa stessa come genere"[36].

Soggiorni di artisti forestieri, tracce di natura morta, poetica del paesaggio: la nascita e l'evoluzione della pittura "di genere" a Venezia alla fine del Cinquecento hanno confini labili e si intrecciano strettamente e particolarmente alla circolazione di stampe e di incisori.

Emblematico era stato il caso, intorno al 1560, degli affreschi con *Paesaggi* nella villa Barbaro a Maser, di grande importanza sia per il significato della decorazione sia per lo sviluppo nel Veneto della pittura di paesaggio. I paesaggi nelle Sale di Bacco e del Tribunale d'Amore accolgono antiche rovine, non fantastiche ma archeologicamente accurate. Paolo Veronese, che pure aveva appena visitato Roma in compagnia di Gerolamo Grimani, utilizzò le incisioni dei *Praecipua Aliquot Romanae Antiquitatis Ruinarum Monimenta vivis prospectibus ad veri imitationem designata* (cat. 178) di un incisore ed editore di Anversa, Hieronymus Cock, come fonte ispirativa per i suoi ruderi, pur prendendosi la libertà di alcune trasformazioni nell'effetto spaziale più forte, nel maggiore senso atmosferico, nella semplificazione dei modelli. Non è sorprendente, secondo Turner[37], che una parte importante della grande commissione di un artista affermato derivi da una fonte umile come la stampa, nel contesto storico che vede il genere del paesaggio dominio degli stranieri, o anche dei disegnatori e incisori, degli specialisti, insomma. Lo aveva chiarito poco più di una decina d'anni prima anche Paolo Pino: il pittore deve avere come fondamento il "far le figure a imitazione del naturale" e solo in subordine si faccia "pratico nei lontani, d'il che ne sono molto dotati gli oltramontani"[38].

I paesaggi di Veronese che si aprono sulle pareti, sfondando l'architettura palladiana, con grande effetto scenografico, non intendono essere vedute realistiche, ma libere evocazioni di una natura amena in cui gli edifici classici servono a ricordare una gloriosa antica civiltà.

L'esperienza paesaggistica dell'inizio degli anni sessanta, nella decorazione di villa Barbaro, che vede Paolo Veronese debitore di un fiammingo per le vestigia classiche dei suoi paesaggi, sembra piuttosto circoscritta, e se altre tracce di rovine, alcune di derivazione cockiana, si ravvisano nei suoi sfondi paesaggistici, per esempio nel *Mosè e il roveto ardente* (Galleria Palatina, Palazzo Pitti, Firenze)[39] o nell'affascinante *Ritratto di gentiluomo in pelliccia di lince* (Szépművészeti Muzeum, Budapest)[40], o nella *Cena in Emmaus* del Louvre, esse paiono assumere impatto e significato diversi[41].

Negli anni ottanta il paesaggio acquista in Veronese una concezione più ampia, in cui sembra emergere una nuova sensibilità per la resa di una natura meno "civilizzata", più intatta. Le figure sono spesso collocate in forme aperte di paesaggio, di una configurazione più alta e drammatica che nell'affine esperienza bassanesca, come nell'*Agar e Ismaele* o nella *Famiglia di Adamo* (Kunsthistorisches Museum, Vienna) o nel *Buon samaritano* (Dresda, Gemäldegalerie, cat. 180) in cui, spostando tutto a sinistra il gruppo figurale e creando un andamento in diagonale della composizione verso l'angolo superiore destro, il pittore conferisce enorme importanza allo scenario boschivo, modulato nei verdi e nei bruni anche per l'abbassamento della linea dell'orizzonte verso la lontananza. "Benché il maestro dovesse conoscere le opere dei Bassano del tipo dell'*Adamo ed Eva nel paradiso terrestre* (Galleria Doria Pamphili, Roma) o di quei cicli delle Stagioni con cui essi avevano inondato il mercato veneziano, egli evita accuratamente di imitarne la forma o la stesura, ricorrendo invece ai

Paolo Veronese
*Mosè e il roveto ardente*
Firenze, Galleria Palatina, Palazzo Pitti

temi pastorali solo per formulare la sua personale visione di un'armoniosa natura primordiale, dove la gentile dignità dei protagonisti attenua la tristezza della loro nuova condizione"[42].

Secondo Pallucchini[43], è probabile che Veronese si fosse accorto delle novità che, nel campo della pittura di paesaggio, alla fine dell'ottavo decennio, Paolo Fiammingo stava introducendo nell'ambiente pittorico lagunare: che comprendesse cioè il nuovo favoloso rapporto tra elemento figurale e sfondo paesaggistico, che il neerlandese conferiva alle sue composizioni aperte su uno spazio in contatto diretto con la vita misteriosa della natura.

Si ritorna allora al discorso degli specialisti, perché è la crescente specializzazione artistica che facilita la separazione dei "generi" e la cristallizzazione a crearli. Scriveva Carlo Ridolfi: "Lunga fatica farebbe, chi ricercar volesse i nomi di tutti coloro, che studiarono dalle opere del famoso Tintoretto, poiché non capitava Italiano ed oltramontano à Venetia, che non ritraesse le pitture sue, e non procurasse erudirsi sotto di lui. Non tolerava quegli però il veder la casa ripiena di scolari, mà solo tratteneva quelli, da' quali poteva ricevere alcuna servitù. Tra quali furono Paolo Fiamingo e Martin de Vos, che gli servirono tal'hora del far de' paesi nelle opere sue"[44]. Identificare uno o molti di questi "paesi" può essere, in un certo senso, meno rilevante del riuscire a stabilire se il subappalto del paesaggio corrispondesse a un riconoscimento di merito o non piuttosto a un "demerito", in rapporto alla minore importanza conferita dal capo bottega a quella parte della composizione pittorica.

La veridicità dell'affermazione di Ridolfi, comunque, sembra dimostrabile almeno in un caso, attraverso l'esame di una tela attribuita a Jacopo Tintoretto, il *San Rocco nel deserto* nella omonima chiesa veneziana, del 1580 circa, che nella zona centrale presenta, oltre a un "ritratto" di cane in primo piano, un paesaggio nitidamente e oggettivamente descritto nella casupola dal tetto nordico a spiovente, nel ponticello sul fiume che con le sue acque tranquille scorre verso il primo piano, nella costruzione minuta e precisa degli alberi, assolutamente diverso dagli scenari misteriosi e lirici dei coevi dipinti tintorettiani per la Scuola Grande di San Rocco[45].

L'interesse di Jacopo Tintoretto verso il paesaggio sembra crescere in questi stessi anni, ma l'ambiente naturale, pur acquistando spazi più ampi nell'economia della tela, dà l'impressione di avere un ruolo subordinato, non tanto alle figure, quanto alla proiezione dei loro sentimenti e al decisivo fattore luministico.

Paolo Fiammingo non era destinato, in ogni caso, a rimanere per molto tempo collaboratore del Robusti, se in rapida sequenza si colloca la prima grande commissione veneziana, a evidenza da artista indipendente, per un complesso di opere nella chiesa di San Nicolò della Lattuga, e precisamente la pala con la *Pietà e i santi Andrea e Nicolò*, le quattro portelle dell'organo con *Adamo, Eva, Caino* e *Abele* e una seconda pala con la *Predica del Battista*[46], a proposito della quale può essere interessante riportare il commento di Ridolfi: "S. Giovanni Battista, che predica alle turbe, di bel colorito, ove appaiono alberi, ne' quali pare per à punto, che spirandovi il vento, si muovino le frondi, e poco lungi corre un fiume, per dove passano alcuni in piccole barchette"[47], da cui traspare l'ammirazione per la resa del paesaggio più che del soggetto religioso in sé.

Si riscontrano, infatti, in queste opere per San Nicolò della Lattuga, tutte le premesse perché Paolo Fiammingo diventasse il maggiore paesaggista del suo tempo a Venezia e il biografo stesso insiste continuamente sull'eccellenza del neerlandese nel "far de' paesi, quali toccò con sì gratiosa maniera e modo così naturale, che giamai vi gionse Pittor Fiamingo"[48]. Il rapporto con Paolo Veronese, che si inserisce proprio in questo momento nella concomitanza di lavori per la medesima chiesa, va probabilmente formulato in termini di reciprocità, nel parallelo interesse del Caliari per il paesaggio e per la sua funzione, avvertita in modo nuovo in relazione alle figure che vi sono immerse, nella resa del bosco e del sottobosco che acquistano una risonanza particolare[49]. Nel Fiammingo il paesaggio è anticipatore dei futuri sviluppi della poetica dell'artista, negli alberi picchiettati di luce, nelle esili figurine che, avulse dalla scena sacra, agiscono autonomamente.

Il dialogo che si instaura tra Veronese e Fiammingo trova eco nel *Battesimo di Cristo* dell'Ateneo Veneto[50], in cui il brano naturalistico ha ormai totalmente perso la sua funzione di sfondo e gioca un ruolo primario, come nei dipinti di soggetto profano che il Fiammingo inizia a ideare per committenti e amatori privati: pur es-

[42] Rearick in Venezia 1988, 106-107.
[43] Pallucchini 1984, 149.
[44] Ridolfi 1648, II, 81.
[45] Mason Rinaldi 1965, 96-97. Altre proposte di individuazione di sfondi di mano del Fiammingo in tele di Tintoretto sono venute da Meijer (1975, 2) per l'*Ultima Cena* di San Paolo e dal medesimo studioso (1983, 20-32) per i *Tre santi che presentano un donatore alla Madonna con il Bambino*, di Tintoretto e bottega, Narbonne, Musée de la Ville, secondo Paola Rossi (1982, 248-249, n. A72) da ritenersi opera giovanile di Domenico sotto la direzione del padre. Limentani Virdis (1996, 139-143) propone di identificare la collaborazione con Tintoretto, forse Domenico, in *Tamar e Giuda* della collezione Thyssen per la chiarità cristallina dello sfondo.
[46] La pala si trova ora in deposito presso le Gallerie dell'Accademia, mentre le portelle sono state date dalla Soprintendenza ai Beni artistici e storici alla Prefettura di Venezia. Cfr. Mason Rinaldi 1978b, 50-51. La *Predica del Battista*, considerata perduta, è stata identificata da Meijer (1990, 198-199) nei depositi della Pinacoteca di Brera.
[47] Ridolfi 1648, II, 81-82.
[48] *Ibidem*.
[49] Sul contributo di Veronese per San Nicolò della Lattuga si veda Pallucchini 1984, 146-149, che lo colloca nel 1582 circa.
[50] Mason Rinaldi 1978, 52, 67-68. Anche quest'opera è del 1582 circa.

Jacopo Tintoretto e Paolo Fiammingo
*San Rocco nel deserto*, particolare
Venezia, chiesa di San Rocco

Jacopo Tintoretto
*Fuga in Egitto*, particolare
Venezia, Scuola Grande di San Rocco

sendo ancora preponderanti le figure, il paesaggio acquista un'importanza nuova, nella tripartizione dello sviluppo orizzontale data dai gruppi di alberi, attraverso i quali si apre la veduta che, nella lontananza, si alza in montagne azzurrine. Si rivela già in queste opere il gusto dell'artista di inserire il tema religioso, mitologico o allegorico nella piacevolezza della natura, nella fluidità dei diversi passaggi, fatti di alberi rocce e monti, attraverso piani a luci smorzate, in modo da rendere la fusione tra soggetto e ambiente.

Nel nono decennio il Fiammingo sviluppa anche particolari tematiche quali le Quattro parti e le Quattro età del mondo, gli Elementi, i Sette pianeti, i Cinque sensi, attraverso cicli complessi, sia per un illustre committente straniero, Hans Fugger di Kirchheim, sia per il mercato veneziano. Se a retaggio della sua origine nordica permangono in primo piano i brani di natura morta o animali, resi con sensibilità tattile, il modo di riprodurre pittoricamente la natura in forma decorativa e immaginaria distingue già il Fiammingo dagli esiti paralleli nei Paesi Bassi, in cui si mirava piuttosto alla rappresentazione più fedele possibile dei dati naturali.

L'evoluzione matura dell'artista sarà improntata all'approfondimento sempre maggiore del rapporto figura-paesaggio, sia in composizioni di soggetto biblico sia nelle *Stagioni* (Prado, Madrid), in cui la riproduzione delle attività umane nella campagna si colloca all'interno dell'evoluzione del dipinto biblico-pastorale-allegorico destinato a incidere sulla produzione di Leandro Bassano[51].

Il Paolo Fiammingo più nuovo per la sua epoca si rivela, peraltro, nell'ultima fase della sua attività: se è da ritenersi valida la distinzione di Gombrich[52], in base alla quale non è da intendersi come paesaggio qualsiasi raffigurazione di una scena all'aperto, ma un particolare genere artistico stabilito e riconosciuto, che non nasce dall'atrofia dell'arte sacra e che, se pure ha i suoi temi tradizionali, non li indichi come l'unica sua *raison d'être*, è solo nell'ultimo decennio circa della sua vita che Paolo si specializza nella pittura di paesaggio. La *Scena pastorale* (collezione Fugger, Kirchheim) o il *Paesaggio* (Museo Civico, Vicenza) risultano veri e propri interni boschivi che non hanno pari nella pittura del tempo.

La colonia oltramontana a Venezia nell'ultimo trentennio del Cinquecento si era arricchita di numerosi membri, alcuni destinati a restare per sempre, magari spostandosi in terraferma, come Lodovico Pozzoserrato, altri per brevi periodi, ma non per questo ininfluenti. Si creano così congiunture stimolanti come quella provocata dalla presenza, insieme al celebre cartografo Abraham Ortelius, del disegnatore-incisore Joris Hoefnagel, nel 1577, cui si è già fatto riferimento. A far da tramite con l'ambiente artistico veneziano potrebbe essere stato quel "Todaro fiamengo", che compare come testimone al testamento di Jan Sadeler, da identificarsi con Dirck de Vries, pittore neerlandese di origine frisona, attivo a Venezia tra il 1590 e il 1609[53], ben introdotto tra le lagune e sempre in contatto con i compatrioti di passaggio o residenti.

Probabilmente fu proprio Hoefnagel a promuovere in Pozzoserrato l'interesse per la topografia[54]: dalla collaborazione al grande progetto delle *Civitates* nasce la *Veduta di Treviso* (catt. 190 e 191), una delle prime immagini della città dopo la costruzione delle nuove mura, che l'avevano trasformata in fortezza, una specie di "isola" in mezzo al territorio per effetto della vasta spianata tutt'intorno[55].

La pittura secentesca di paesaggio e di vedute "senza soggetto" vede nella sua fase aurorale, alla fine del Cinquecento, anche le stampe con illustrazioni di vedute urbane ed extraurbane, scorci interni della città e visioni esterne dell'agglomerato con il territorio circostante, come per l'appunto nel grande progetto delle *Civitates*, iniziato nel 1572, che offriva centinaia di vedute di città nelle quali sono in primo piano cittadini nei loro abiti caratteristici, intenti nelle specifiche attività agricole e artigianali con l'esibizione dei prodotti tipici.

È interessante notare, in proposito, come anche le vedute interne di Venezia migrino di significato grazie all'apporto di alcuni rappresentanti della colonia nordica. L'inconsueta immagine di una Venezia in fase di avvicinamento è tramandata dal foglio di Leida (Prentenkabinet) (cat. 189) di Pozzoserrato, che coglie l'imbarco dei viaggiatori, nella terraferma lagunare, per raggiungere la capitale profilata all'orizzonte, lontano dallo spirito più agiografico delle raffigurazioni del centro religioso e politico della capitale, su cui Pozzoserrato stesso si era cimentato, come testimonia la stampa con la *Piazzetta* tratta da Pieter de Jode da una sua invenzione (Rijksprentenkabinet, Amsterdam)[56]. Un'altra invenzione di Pozzoserrato incisa dall'anversese De Jode,

[51] Ballarin 1965, 67-69: "Quel carattere puntigliosamente illustrativo di un calendario di gran lusso, che improntai Mesi di Leandro di un accento profondamente cortigiano, così estraneo alla tradizione bassanesca fino a Francesco, può ben spiegarsi con il riflesso che Paolo Fiammingo porta a Venezia e stempera nella favola veneta tintorettesca e bassanesca di una sensibilità maturata a Firenze verso il 1570 nella cerchia dello Stradano".
[52] Gombrich 1973, 156-157.
[53] Limentani Virdis 1978, 141-146.
[54] Meijer 1988c, 114-115.
[55] Manzato 1988, 25-26.
[56] Meijer 1988c, 116.

Paolo Fiammingo
*Battesimo di Cristo*
Venezia, Ateneo Veneto

Jacopo Bassano e Ludovico Pozzoserrato
*Santi Fabiano, Sebastiano e Rocco*
Treviso, Museo Civico

[57] Rijksprentenkabinet, Amsterdam. Cfr. Meijer 1988c, 115-116, fig.12.

[58] Meijer 1988c, 117-119, figg. 19 e 20.

[59] Si vedano su tale stampa Hollstein 1949-1997, XXI, 175, n. 558 e Padova 1992, 41-42, n. 34.

[60] La sua fisionomia non è ancora stata completamente chiarita, anche se vi sono stati recentemente contributi alla sua conoscenza (Faggin 1963, 54-64; Meijer 1988c, 117-119). La storiografia secentesca veneziana, da Ridolfi a Boschini, non ne parla, nonostante la sua attività si sia svolta praticamente tutta nella città lagunare, nella cui Fraglia risulta iscritto dal 1587 al 1617 sotto il nome di "Todaro Fiamengo" (Favaro 1975, 143, 152; Limentani Virdis 1978, 146). Scarse sono, peraltro, le notizie sulla sua vita e sulle sue opere: Faggin (1963) ritiene che l'artista, provenisse dalla Frisia in cui probabilmente nacque intorno al 1550, si sia formato a Haarlem. Nella città lagunare, dunque, sicuramente dal 1587, quando è già maestro indipendente, De Vries probabilmente giunse qualche anno prima, frequentando, come suppone Meijer (1988a, 119), la bottega di Paolo Fiammingo, con cui condivide una certa interpretazione del dato naturale e alcuni stilemi.

[61] Van Mander 1604, f. 298v; Liebaert 1919, 15; Meijer 1991, 109-111.

[62] Van Mander 1604, f. 296v.

[63] Faggin 1963, 55-56, fig. 55; Meijer 1991, 90-91.

[64] Meijer 1988c, 117, fig. 16.

[65] Boschini 1660, 269-270.

[66] Menegazzi 1958, 34, fig. 44.

a Venezia nel 1585, mostra una *Festa di maschere* che scendono da una gondola, con musicisti e ciarlatani, e sullo sfondo uno scorcio del Canal Grande[57]. Come in molti altri casi fin qui esaminati, la scena non ha del tutto valore in sé, di genere, poiché i versi moraleggianti che la corredano si premurano di denunciare la ricchezza come alimento della lussuria.

Contro l'amore venale mettono in guardia alcune composizioni di Dirck de Vries, che anticipano simili scene del Seicento olandese, quali la *Festa di mascherati* e la *Scena di danza con donna alla spinetta*, di ubicazione ignota[58]. Il loro modello potrebbe essere stata l'incisione raffigurante la *Crapula et Lascivia* di Jan Sadeler da Maarten de Vos, in cui coppie strettamente abbracciate siedono attorno a una tavola imbandita, le donne a seno scoperto, gli uomini ebbri. Di fronte a loro avanzano due uomini e una donna, in maschera. Banchetti e maschere compaiono insieme nella pittura fiamminga con Joos van Winghe, nel suo *Banchetto notturno con una mascherata* (*Nachtbancket met een Mascarade*), e la loro tradizione nasce dalle raffigurazioni della lotta tra Carnevale e Quaresima[59].

Si è visto in precedenza il ruolo di De Vries nell'emancipazione del tema delle "cucine", ma i settori perlustrati da questa interessante figura d'artista[60] si ampliano anche a mercati di tutti i generi, di frutta, carne, selvaggina, pani e pesci, ambientati a Venezia, e ad alcuni interni veneziani con scene di ballo e festini carnevaleschi notevoli per la loro novità, in quanto preludio, anche per il loro carattere realistico, a esempi di *conversatiestuck* che in Olanda nasceranno un poco più tardi. In questo senso le composizioni di de Vries si staccano dal filone bassanesco contemporaneo, ancora legato al tema religioso e allegorico, aprendo verso le novità del nuovo secolo.

Allo stesso gusto per gli interni di De Vries si accosta negli stessi anni Pieter Cornelisz van Rick, un pittore di Delft che, secondo Van Mander, svolse una fortunata attività a Venezia per quindici anni e ritornò ad Haarlem nel 1604; con lui avrebbe viaggiato il suo maestro Hubrecht Jacobsz detto Grimani dal nome della famiglia della quale divenne ritrattista[61].

Dell'amicizia tra De Vries e Pozzoserrato danno testimonianza sia Van Mander[62] sia una scritta scherzosa che compare in un disegno, di cui si ignora l'attuale ubicazione, firmato e datato a Venezia da De Vries "6 ottobrij anno 1590"[63], dove l'autore presenta il quadro della propria situazione familiare, ritraendo la moglie Eugenia e i due figli.

Tra le numerose presenze in laguna di oltremontani, fortemente collegate nel comune ricordo della madre patria, va ricordata anche quella di Hendrick Goltzius che ritrae De Vries, in occasione della sua prima sosta nel 1590 a Venezia, durante il viaggio in Italia, in un foglio ora ad Haarlem (Teylers Museum) e nel 1588-1589 quella dell'incisore Gijspert van Veen che, assieme a Pozzoserrato, tramanda l'effigie di Jacopo Tintoretto attraverso un'elaborata incisione[64].

Da parte di Pozzoserrato tale gesto potrebbe essere interpretato come un tardivo omaggio per un suo alunnato presso il maestro veneziano, peraltro non documentato, anche se la sua pittura religiosa della maturità segnala influenze tintorettiane, come chiaramente tintorettiana è la desunzione per l'arguto racconto sotto una pergola del suo *Studio per Susanna e i vecchioni* (Dresda, Kupferstich-Kabinet, cat. 188).

Forse è frutto della fantasia talora incontrollabile di Boschini[65] l'esistenza di un dipinto singolare: un *Paradiso* in casa del procuratore di San Marco, Giambattista Morosini, ideato da Tiziano e portato a compimento da Tintoretto, nel quale Jacopo Bassano avrebbe eseguito gli animali e Pozzoserrato il paesaggio; sicuro è invece l'intervento del Toeput su una pala di Jacopo Bassano con i *Santi Fabiano, Sebastiano e Rocco* per la chiesa trevigiana di Ognissanti (ora Museo Civico, Treviso), di cui ampliò lo sfondo naturalistico[66]. Se in questo caso il risultato è discutibile, va precisato però che anche Pozzoserrato trova la sua identità d'artista nei dipinti e disegni di paesaggio.

Aiutato dalle inclinazioni veronesiane del paesaggio decorativo di villa, come attestano le *Allegorie dei Mesi* nella villa Chiericati Mugna di Schiavon (Vicenza) e gli affreschi nella villa Soranzo sul Brenta con paesaggi e figure inquadrati da motivi architettonici, nella produzione di tele da collezione Pozzoserrato sviluppa verso

Ludovico Pozzoserrato
*Paesaggio con eremita*
Monaco, Bayerische
Staatsgemäldesammlungen
Alte Pinakothek

[67] Ridolfi 1648, II, 85.
[68] Reca una data tradizionalmente letta 1599, ma da intendersi 1589 (Meijer 1988c, 123-124).
[69] Ridolfi 1648, II, 83

Sono grata a Rosella Lauber e a Lucia Sartor per il prezioso aiuto nel controllo della bibliografia di saggio e schede.

la fine del secolo la sua vocazione per il paesaggio come genere a sé, parallelamente a Paolo Fiammingo, seppure con una diversità di interesse verso il dato naturale, cui Lodovico sembra avvicinarsi come attraverso un cannocchiale rovesciato, perché "più dilettava nelle lontane"[67]. Nel suo *Paesaggio con la caduta di Fetonte* (Landesgalerie, Hannover)[68], il tema reale non è la caduta di Fetonte, che a malapena si legge nei bagliori sulfurei della nuvolaglia tempestosa, ma il paesaggio in cui il dramma avviene: il vero soggetto diventa la reazione della natura, dell'atmosfera e della vegetazione stessa colta nell'attimo finale della tragedia. Il *Paesaggio con eremita* (Bayerische Staatsgemäldesammlungen, Alte Pinakothek, Monaco), datato 1601, si configura come trasfigurazione fantastica di una natura sempre più evanescente verso l'infinito, dove l'uomo non domina ma è inglobato nel fenomeno atmosferico.

Attraverso la sequenza delle opere sia di Fiammingo sia di Pozzoserrato, si ha l'impressione che la conquista del paesaggio puro, o quasi, avvenga proprio a Venezia, dove, superato l'innamoramento per la "figura", gli artisti nordici riescono a liberarsi degli impacci del tema obbligato per raffigurare la natura nei suoi più diversi aspetti.

L'affermazione di Ridolfi riguardo a Paolo Fiammingo, ma estendibile anche a Lodovico Pozzoserrato, che "coll'acquisto della maniera appresa a Venezia onorò la sua nazione"[69], coglieva in pieno come la strumentazione pittorica veneziana li avesse stimolati verso una nuova dimensione della natura, destinata ad avere poi grande influenza sullo sviluppo della pittura di paesaggio in Italia, come pure sulla generazione più giovane del Nord.

169-170
Jacopo e Francesco Bassano (ca. 1510-1592; 1549-1592)
*Primavera*
*Estate*
intorno alla metà dell'ottavo decennio

entrambi olio su tela, 78,5 x 110,5 cm
Vienna, Kunsthistorisches Museum
inv. 4302 e 4303

PROVENIENZA: collezione dell'arciduca Leopoldo Guglielmo, Bruxelles prima del 1659; Castello, Praga 1660-1894; Kunsthistorisches Museum, Vienna dal 1894.
LETTERATURA: Baldass 1949, 214; 1955, 154-155; Arslan 1960, I, 187, 38; Smirnova 1971, 131; Rearick 1986, 186; Ballarin 1988, 2, 12; 1991, 26; Bassano 1992a, CLX-CLXI, 139-140, cat. 50; Ballarin 1995, I/2, 354-355; Ballarin 1995, I/1, 139-143; Aikema 1996, 131-138; Brescia 1998, 290-291.

Una puntuale descrizione dell'opera e delle altre tre appartenenti alla serie delle *Stagioni* viene da Carlo Ridolfi (1648, I, 398) che così le ricorda: "In quella della Primavera appare il paese fiorito, un giovinetto con lepre in collo e cani levrieri à mano; Contadinella, che ammassa fiori, altra munge la capretta tenuta da un Contadino, e un pastorello tiene la conca del latte; alcuni vanno alla caccia, e vi sono ancora sparsi vivaci cani e altri animali.
Nella seconda dell'Estate Contadini mietono il grano; altri lo assettano sopra de carri; più da lungi il battono; femine raccolgon le cadute spiche; un vecchio Pastore tosa le pecore; una vecchia allestisce la mensa; e una fanciulla leva la minestra dalla pentola. Nell'Autunno vi è, chi spica le uve dalle viti; una donna le ripone ne' cesti; un Contadino le preme nelle tine; un fanciullo beve il mosto; altra donna stà in atto di assettarsi i cesti in ispalla; e lungi è un servo in camino con lepre in collo. Nel Verno finalmente vedesi la campagna e il monte coperto di neve; un Rustico, che fà legne; una donna ne riporta un fascio sopra le spalle; e sotto tugurij di paglia di lontano evvi un Villano, che hà ucciso il porco; donne, che filano e che accendono il fuoco e che preparano le rustiche mense".

Francesco Bassano, *Autunno*
Vienna, Kunsthistorisches Museum

La serie che vide Ridolfi si trovava in casa del pittore Nicolò Renieri, ma, come aggiunge ancora il biografo, "molte delle quali stagioni faceva il Bassano, per mandarle à Venetia à vendere, e stavano per molto tempo appese al cantone di San Mosè; e una serie delle medesime si vede nella Chiesa di Santa Maria Maggiore, che ne' tempi nostri ne sono state rivendute migliaia di scudi, havendo questo degno Artefice dato materia à molti con le fatiche sue d'arricchire".
Già alcuni spunti di riflessione sono proposti da tali notizie: che il ciclo in sé non era destinato a un committente preciso ma a un generico mercato, che non sembra avere goduto di immediata fortuna e che, però, il soggetto trattato poteva essere sentito come consono a un ambiente religioso. Sul secondo elemento una conferma viene da una lettera di del Sera al cardinale Leopoldo del 1° novembre 1657 (Barocchi 1987, 12): "Il signor Niccolò Renieri ha quattro stagioni di mano del Bassan Vecchio realissime, ma perché sono uscite di una villa, e sono conservate così bene come fatte adesso, non ha mai trovato di farne esito al prezzo che veramente vagliono."
Se non è possibile attestare con sicurezza che nel brano sopra citato si alluda proprio alla serie ora nel Kunsthistorisches Museum, cui manca solo l'*Inverno* (presente con una variante attribuita a Francesco, n. 2869), certamente a una simile si fa riferimento nelle parole del biografo che, con accuratezza, si attarda nella descrizione di ciò che colpisce in quei dipinti: la vita e i lavori campestri collegati con il variare del ciclo stagionale. Non si accenna minimamente, invece, ai piccoli episodi biblici che pure compaiono in ognuna delle tele, sebbene defilati in secondo piano, e che segnalano il mancato, o non voluto, completo distacco dalla tradizione e dalle convenzioni iconografiche legate al tema.
Lo stesso procedimento di eliminazione si riscontra nelle incisioni tratte da uno dei cicli dai fratelli Jan e Raphael Sadeler (tra il 1598 e il 1600) o in quelle di Hendrik Hondius (1601), che vi aggiunge i segni zodiacali nel cielo, come anche nelle serie più tarde di Francesco o di altri della bottega, probabilmente quando la clientela perse interesse nelle implicazioni religiose degli episodi biblici.

Mentre per le peregrinazioni e per la discussione critica della serie delle *Stagioni* viennese si rimanda alla puntuale scheda di Alberton Vinco da Sesso (Bassano 1992, 139-140, cat. 50), va però ribadito come, rispetto alla convinzione degli studiosi dei Bassano della prima metà del Novecento che spettasse a Francesco l'invenzione del quadro campestre, si debba a Rearick (1986, 186) e a Ballarin (1988, 12) la restituzione a Jacopo delle Stagioni viennesi come appartenenti alla serie originale inventata nella bottega nell'ottavo decennio, seppure con alcune divergenze: Rearick, infatti, nel saggio della mostra (Rearick 1992b, CLX-CLXI) le colloca nel 1577 e le ritiene opera di collaborazione tra Jacopo e Francesco (riconosce alla sola mano di Jacopo l'*Estate* e l'*Autunno*), Ballarin, invece, le assegna interamente a Jacopo e le situa nel 1573 circa.

Il formato orizzontale della presente tela consente un'impaginazione ampia dei lavori propri soprattutto dei mesi estivi, dalla mietitura e battitura del grano alla tosatura delle pecore, e della pausa per il rustico ristoro. La straordinaria vastità del panorama, come nelle altre *Stagioni*, è ottenuta dal pittore ponendosi da un punto di vista rialzato e lontano e adottando l'impianto prospettico di una quinta paesaggistica in diagonale verso la lontananza del monte Grappa, che àncora ogni singola veduta alla campagna intorno a Bassano.

Da un punto di vista iconografico si tratta di un gruppo inconsueto, in quanto in ciascuna tela, proprio nel punto più alto che coincide con il luogo in cui si è idealmente collocato l'artista per riprendere la scena, viene raffigurato un episodio biblico. Già Ballarin (1995) li aveva letti come significanti la caduta dell'umanità dalla primavera della creazione all'inverno del Calvario. In mancanza di una fonte letteraria precisa, Rearick (1992b, CLX-CLXI) ha postulato che "il ciclo avesse un parallelo nella sequenza della caduta dell'uomo dallo stato di grazia, con le fasi successive in cui si avvera la promessa della redenzione. Così la *Primavera* mostra la cacciata di Adamo ed Eva dal paradiso terrestre; l'*Estate* il sacrificio di Isacco come prefigurazione vetero-testamentaria della crocifissione di Cristo per i peccati dell'uomo; l'*Autunno* Mosè che riceve i comandamenti, cioè la strada della salvezza attraverso la Legge; infine l'*Inverno* il Cristo portacroce, in quanto promessa di redenzione dell'intera umanità. A questi episodi biblici non è consentito interferire con lo scopo principale della serie, cioè la raffigurazione diretta delle attività agrarie a Bassano connesse con il variare delle stagioni". E con il variare delle attività agricole in primo piano, muta anche il registro della luce e del colore di ogni scena, evocando suggestivamente il succedersi ciclico dell'anno.

Aikema (1996, 131-138), che colloca

Francesco Bassano, *Inverno*
Vienna, Kunsthistorisches Museum

le *Stagioni* di Vienna intorno al 1575 e le assegna a un assistente del capofamiglia, possibilmente Francesco, pur ritenendole una delle più notevoli invenzioni di Jacopo e di maggiore successo, osserva come si tratti del primo ciclo sul tema, in Italia, slegato da una specifica collocazione. In precedenza, nel Cinquecento veneziano, le *Stagioni* erano raffigurate in forma allegorica. L'idea di presentarle attraverso vasti paesaggi popolati da numerose piccole figure indubbiamente deriva dalla pittura nordica: le prime monumentali immagini di questo tipo sono offerte dal ciclo di dipinti sui *Mesi* di Pieter Bruegel (1565), ora diviso tra i musei di Vienna, Praga, New York: non più paesaggi fantastici o cartografici, ma ampie distese naturali sotto cieli atmosferici, senza più allusioni astrologiche, quasi un "calendario rustico" scandito dal lavoro faticoso dell'uomo sulla terra. Nell'arte grafica l'esempio più antico sta nella serie delle *Quattro stagioni* pubblicate da Hieronymus Cock su disegni di Pieter Bruegel e Hans Bol.

Nel pensiero cristiano il simbolismo delle stagioni era stato utilizzato, sin dal tempo dei padri della Chiesa, generalmente per denotare la transitorietà dell'esistenza sulla terra, che molti autori collegavano alla storia della vita e delle sofferenze di Cristo. Aikema (1996) individua nella rappresentazione delle *Stagioni* di Jacopo il simbolo della confusione che regna nel mondo terreno, attraverso cui è però possibile trovare la via di una silenziosa comunicazione con Dio, discretamente visualizzata dall'episodio sacro, in segno di un pensiero cristiano che deve essere costante nella vita quotidiana. Lo studioso pone, inoltre, l'accento sul fatto che la presentazione della vita rurale non è del tutto innocente e portatrice di un messaggio positivo. Il fatto che i contadini siano presi dalle loro attività, senza prestare alcuna attenzione all'episodio sacro, entrerebbe in uno schema dialettico in cui alla condotta umana negativa si contrappone l'edificante messaggio cristiano. Il ciclo della vita di Jacopo Bassano confronterebbe il credente con due forme estreme di condotta: l'una riprovevole, l'altra ideale, riservata a pochi e potrebbe anche essere letto come una reificazione dell'*ars moriendi*, la dottrina tardo-medievale per cui solo coloro che muoiono in Cristo si salveranno. Sulla presenza di piccoli brani biblici all'interno di un ciclo allegorico,

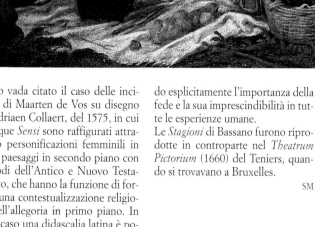

credo vada citato il caso delle incisioni di Maarten de Vos su disegno di Adriaen Collaert, del 1575, in cui i cinque *Sensi* sono raffigurati attraverso personificazioni femminili in vasti paesaggi in secondo piano con episodi dell'Antico e Nuovo Testamento, che hanno la funzione di fornire una contestualizzazione religiosa dell'allegoria in primo piano. In quel caso una didascalia latina è posta in calce a ogni scena, richiaman-

do esplicitamente l'importanza della fede e la sua imprescindibilità in tutte le esperienze umane.
Le *Stagioni* di Bassano furono riprodotte in controparte nel *Theatrum Pictorium* (1660) del Teniers, quando si trovavano a Bruxelles.

SM

171
Pieter van der Heyden (ca. 1530-*post* 1572)
*Primavera*, da Pieter Bruegel il Vecchio, 1570

incisione a bulino, 225 x 290 mm
scritte: MARTIUS, APRILIS, MAIUS,
SUNT TEMPORA VERIS / VER
PUERITIAE COMPAR/ VERE VENUS
GAUDET FLORENTIBUS AUREA SERTIS;
BRUEGEL INVENT. - H. COCK EXCUD.
1570; di seguito il monogramma
"PAME" (Petrus a Merica)
Vienna, Graphische Sammlung
Albertina

LETTERATURA: Hollstein 1949-1997,
III, 297; 1949-1997, IV, 188; Baldass
1955, 143-160; Lebeer 1967, LX;
Bruxelles 1969, 171-175; Veldman
1980, 159-160; Pittsburgh 1986, 8-9;
Washington 1990, 44-45; Firenze
1990, 60, cat. 6; Brown 1998, 44-50,
81-82.

Incisa da Pieter van der Heyden e
pubblicata nel 1570 ad Anversa da
Hieronymus Cock, la stampa è tratta dal disegno di Pieter Bruegel, firmato e datato 1565, conservato al-
l'Albertina di Vienna. Dopo la morte di Bruegel, autore anche del disegno per l'*Estate*, la serie delle quattro stagioni fu poi completata da
Hans Bol con l'*Autunno* e l'*Inverno*.
Il giardino, tradizionalmente associato alla rappresentazione della *Primavera*, in questa stampa è rappresentato scompartito in aiuole geometriche, intorno alle quali si muo-
vono vivaci figure intente in quelle
operazioni orticole che generalmente si compiono nei mesi di marzo,
aprile e maggio: dalla vangatura alla
rifinitura del terreno con il rastrello,
alla semina, al trapianto, alla messa a
dimora delle piante da vivaio, fino
all'irrigazione (Firenze 1990, 60). Al
di là di un rivo d'acqua, in secondo
piano, alcune coppie si dilettano con
il vino e la musica.
Spettano a Baldass (1955) l'osservazione che, nel disegno di Bruegel per
la *Primavera*, la successione dei mesi
di marzo, aprile e maggio è resa su
tre piani separati da siepi, attraverso
altrettanti tipi di lavori e svaghi all'a-
ria aperta, secondo l'ordine naturale
e l'istituzione di un rapporto tra la
serie delle stampe di Cock e i *Mesi di
maggio e giugno* di Francesco Bassano (Kunsthistorisches Museum,
Vienna), dove peraltro è sparito il
motivo delle siepi e cresce l'accento
sul paesaggio rispetto alle figure
umane. L'evoluzione di Bruegel segue tutt'altra direzione rispetto a
quella dei Bassano, in quanto per lui
l'illustrazione del soggetto costituisce l'elemento primario. Secondo
Aikema (1996, 134, 201), il fatto che
l'inventario di Andrea de Fuschis,

steso a Venezia nel 1582, includa una
serie di stampe architettoniche di
Cock, di cui l'incisore veneziano ne-
cessitava per le sue opere, lascia supporre che anche la serie di stampe
con le *Stagioni* fosse nota nella città
lagunare e che possa essere stata alla
base delle invenzioni del medesimo
soggetto da parte di Jacopo Bassano,
anche se non c'è un parallelo evidente tra le composizioni, ma solo la
coincidenza di alcuni motivi, come
quello dei contadini che raccolgono
il grano nell'*Estate* (cat. 169).
In un recente studio sulla *Primavera*
in esame, Brown (1998, 44-50) ha
messo in luce come in aggiunta alla
leggenda in latino, che descrive il
particolare dono di ciascuna stagione, ogni stampa rechi un'altra iscrizione che fa riferimento alla corrispondenza della stessa con un'età
dell'uomo, nel caso specifico con
l'infanzia. È sempre l'iscrizione a le-
gare, a livello quantomeno testuale,
le stampe alla tradizione di usare divinità classiche per la personificazione delle stagioni. Così in primavera è
Venere a presiedere al rinnovamento
dei campi e del Giardino d'Amore.
La studiosa analizza anche le due erme, maschile e femminile, che reggono la pergola sulla destra. A suo
giudizio tale elemento, frequente
nelle stampe, nei disegni, nei dipinti
del Rinascimento del Nord e del Sud
si combina con quello altrettanto
diffuso della pergola solo a partire
dal Cinquecento, come si può vedere nelle *Scenographiae* di Hans Vredeman de Vries, del 1560. Leggendo
lo stile dei giardini rinascimentali e il
simbolismo della statuaria da giardino come suggerimento di modi per
recuperare il paradiso perduto,
Brown propone di identificare le erme nude maschile e femminile nella
*Primavera* di Bruegel come i guar-
diani dei beni del paradiso, Adamo
ed Eva nel Giardino d'Amore. L'i-
scrizione della stampa può segnalare
che Venere gioisce nell'abbondanza
floreale della stagione, ma che sono
le erme – Adamo ed Eva – con la loro attenta sorveglianza a tenere lontano il male e a permettere alle piante di fiorire e ai vini di maturare.
Adamo ed Eva sovrintenderebbero
alla cura di un giardino contemporaneo, a ricordo silente che il miracolo
della primavera avverrà ancora. Il
nuovo Eden sarebbe così sintetizza-
to con il regno di Venere, mescolando leggiadramente il concetto dei lavori dei mesi con quello del ringio-
vanimento dell'amore terreno.

SM

Bruegel · invet.                                        H · Cock · excud · 1570 ·

Martius, Aprilis, Maius, sunt tempora ueris ·   ( VER  Pueritiæ  compar )   Vere Venus gaudet florentibus aurea sertis ·

172
Jan Sadeler (1550-ca. 1600)
da Jacopo da Ponte, detto Bassano
*Lazzaro e il ricco Epulone*, ca. 1593

incisione a bulino, 238 x 300 mm
scritte: dentro l'impressione in basso
BASSAN INVENIT IOAN SADELER. SC.
CUM PRIVIL. S. CAES. M. EX S. LUC.
XVI. CAP.; nel margine inferiore PRO
ILLUSTRI ET GENEROSO DOMINO, D.
IOANNI ALBERTO LIBRO. BARNI. A
SPRINZENSTAIN ET NEUHAUS; SAE.
CAE. MTI./ ET SERENISS. FERDINAN-
DO ARCHIDUCI AUSTRIAE ET C. À
CONSILIJS, PINXIT JACOPUS DE PONTE
BASSAN: ET SERENISS. BAVARIE DUCIS.
CHALCOGRAPH: IOAN SADELER SCAL-
PS. ET D.D
Bassano del Grappa, Museo Civico,
MBAB, inc. Bass. 542

LETTERATURA: Wurzbach 1910, II,
539; Hollstein 1949-1997, XXI, 113;
Ballarin 1988, 4; Bassano 1992b, 24-
26, cat. 4; Padova 1992, 17, cat. 3.

Assieme all'incisione con *Cristo in
casa di Marta e Maria* (cat. 173), dello stesso autore, e alla *Cena in Emmaus* del fratello Raphael, appartiene a una serie che Hollstein (1980)
definì felicemente "le cucine dei Sadeler", ma che si potrebbe propriamente chiamare "le cucine dei Bassano", in quanto almeno due dipinti
attribuiti a Leandro (Kunsthistorisches Museum, Vienna, inv. 1547;
Prado, Madrid, inv. 620) presentano
tale soggetto con una simile struttura
compositiva. Nel mercato antiquario, inoltre, è passata una versione,
che Pallucchini ha attribuito a Francesco Bassano (Londra 1986, 14-17,
cat. 4), molto vicina alla stampa di
Sadeler, anche se non coincidente.
D'altra parte le fonti secentesche,
come Ridolfi (1648, I, 384-402), e
settecentesche, come Verci (1775,
98, 100), menzionano dipinti di tale
soggetto presenti in case veneziane
(casa Contarini a San Felice; casa
Contarini a San Samuele; casa di Jacopo Pighetti) e in quella dello stesso Jacopo alla sua morte. Ballarin
(1988, 4), nel citare una replica di
bottega conservata nella Galleria
Nazionale di Praga (n. 02952), scrive

Raffaello Sadeler
*La cucina in Emmaus*
Bassano del Grappa, Museo Civico

che "del Lazzaro alla mensa dell'E-
pulone ci manca un dipinto firmato,
ma potrebbe essere esistito: la versione che era del console Smith ci è
nota dall'intaglio su due blocchi dello Jackson, una seconda più appe-
santita da elementi di genere dall'incisione di Jan Sadeler e da repliche
di bottega come quella di Praga".
Nella riedizione dei suoi scritti su
Bassano (1995, 258, figg. 152 e 256)
aggiunge di aver scoperto l'originale
e ne pubblica due dettagli, che si
rincontrano nella stampa in esame
nello stesso verso.
Jan Sadeler, nativo di Bruxelles, dal
1572 al 1580 è iscritto alla gilda di
Anversa, nel 1580 è documentato assieme al fratello Raphael a Colonia,
dal 1586 abita a Francoforte, dove
svolge anche l'attività di mercante di
stampe; dal 1588 viaggia al seguito
di Massimiliano di Baviera; verso il
1595 si sposta a Verona e di qui a
Venezia dove risiede fino alla morte
(Hollstein 1949-1997, XXI). Alla data del trasferimento a Colonia risale
la sua richiesta di privilegio all'imperatore Rodolfo II, concesso nel 1581
e rinnovato nel 1593 anche a favore
del fratello Raphael.
L'incisione mostra in primo piano la
figura di spalle di Lazzaro, mendicante lacero e piagato, dinnanzi alla
mensa del ricco Epulone, seduto a un
tavolo imbandito e circondato da
suonatori; nel paesaggio di sfondo si
scorge un piccolo brano, ispirato al
*Vangelo secondo Luca* (16, 19-31),
con Epulone, avvolto dalle fiamme,
mentre implora il perdono di Abramo e Lazzaro. La dedica a due personalità dell'impero austriaco, il barone
Giovanni Alberto di Sprinzenstain e
l'arciduca Ferdinando II d'Austria, il
cui nome appare anche nell'iscrizione della *Cena in Emmaus* incisa da
Raphael Sadeler nel 1593, induce a
supporre una contemporaneità delle
due stampe e una loro derivazione da
dipinti bassaneschi, forse presenti in
collezioni austriache o bavaresi (Bassano 1992b; Padova 1992).
Aikema (1989, 72-74), nella sua analisi dello sviluppo del tema, legato al
concetto di carità, ha messo in luce
una coincidenza compositiva e figurativa tra due incisioni di Jörg Breu il
Giovane, del 1535 e del 1545, e il dipinto con il ricco Epulone di Bonifacio de' Pitati (Gallerie dell'Accademia, Venezia), eseguito in un periodo
in cui nella Serenissima il problema
dell'assistenza ai poveri era più che
mai al centro dell'attenzione, in seguito alla carestia del quinto decennio.
Diversa appare l'impaginazione delle

più tarde parabole di Bassano: la scena del pranzo non è posta al centro
della rappresentazione ma lievemente
arretrata lungo la diagonale di destra,
mentre quella di sinistra è in gran parte occupata da una cucina, in cui cuoche e serve sono impegnate nella preparazione dei cibi in uno spiegamen-
to di pentole, ortaggi, selvaggina e pesci che invadono il primo piano.
A prima vista il racconto biblico sembra giocare un ruolo subordinato
nella composizione, quasi un pretesto per la "scena di genere" che costituisce la parte più rilevante del
quadro, tanto che vi è una evidente
"sproporzione" di messaggio tra la
clamorosa alzata con il vasellame e
l'episodio della punizione di Epulone nel lontano paesaggio. A tale proposito Rearick (1978b, 331-343), il
primo a sottoporre ad analisi iconologica questo tipo di dipinti, che negli ultimi decenni del Cinquecento
valsero come "marchio di fabbrica"
della bottega dalpontiana, sostiene
che il racconto biblico non può essere visto come irrilevante aggiunta in
una composizione concepita come
"di genere". È sua opinione che i
brani realistici in primo piano avessero la funzione di presentare i temi biblici nel loro ambiente quotidiano,
rendendoli così più accessibili al
pubblico. Secondo Aikema (1996,
106-109) il confronto con una serie
di opere fiamminghe coeve, in particolare di Aertsen e Beuckelaer, vicine
per tematica e impostazione, suggerisce un'altra proposta interpretativa
per questi dipinti e rimanda al tentativo di ricostruzione della "modalità
di lettura" di tale opere da parte di
Emmens (1973, 93-101), in cui si
conclude che la natura morta non è
intesa come "genere" autonomo, né
serve a rendere più accessibile, confezionato nelle forme della quotidianità, il contenuto religioso del quadro. È essenziale invece la contrapposizione fra lo sfarzo mondano della cucina e il messaggio racchiuso
nell'episodio biblico in secondo piano. I dipinti sarebbero intesi come
ammonizioni rigorose, rappresentando in maniera suggestiva il contrasto tra *voluptas* e vita cristiana. A
giudizio di Aikema, il tipo di lettura
proposto per i dipinti fiamminghi si
potrebbe applicare anche alle scene
di genere con episodi biblici sullo
sfondo di Bassano, in un rimando enfatico al dualismo dell'esistenza, alla
prudenza che si deve osservare nel
non dissipare i beni terreni, utilizzandoli invece in maniera cristiana.

SM

PRO ILLVSTRI ET GENEROSO DOMINO, D. IOANNI ALBERTO LIB.° BAR.° À SPRINZENSTAî ET NEVHAVS; S.C.M.
et Sereniss. Ferdinando Archiduci Austriæ &c. à Consilijs, pinxit Iacobus de Po ˜e Bassan: et Sereniss. Bavariæ Ducis chalcograph: Ioan. Sadeler scalps. et dd.

173

Jan Sadeler (1550-ca 1600)
*Cristo in casa di Marta e Maria* da Jacopo Bassano, 1598

incisione a bulino, 225 x 292 mm
scritte: in alto MARTHA MARTHA
SOLLICITA ES, & TURBARIS ERGA
PLURIMA. PORRO UNUM EST NECES-
SARIUM. MARIA OPTIMAM PARTEM
ELEGIT, QUE NON AUFERETUR AB
EA. *Lc.* 10; in basso dentro l'impres-
sione I.P. BASSAN PINXIT. CUM PRI-
VIL: SUMMI PONTIFICIS ET S. CAES:
MAIES.; nel margine inferiore IN
GRATIAM ADMODUM MAGNIFICI
ATQ. ECCELLENTIS VIRI DOMINI PE-
TRI CORNERETTI VENETI/ IOAN. SA-
DELER SCALPSIT. M.D.XCVIII.
Bassano del Grappa, Museo Civico,
inv. MBAB, Inc. Bass. 541

LETTERATURA: Wurzbach 1910, II,
539; Arslan 1931, 209; Hollstein
1949-1997, XXI, 112; Bassano 1992b,
26, cat. 5; Padova 1992, 15-16, cat. 2.

Assieme alle incisioni con *Lazzaro e il
ricco Epulone* (cat. 172), e con la *Cena
in Emmaus* del fratello Raphael, questa, datata 1598, che illustra l'episodio evangelico tratto dal *Vangelo di
Luca* (10, 38-42) con la visita di Cristo
a Betania, in casa di Marta e Maria,
sorelle di Lazzaro, appartiene alla serie denominata da Hollstein (1949-
1997, XXI, 112) "le cucine dei Sadeler". Anche se l'iscrizione sembra attestare la derivazione da un autografo
di Jacopo Bassano, non è noto un dipinto da lui firmato con tale soggetto,
mentre evidenti sono le coincidenze
con la tela della Sarah Campbell Blaffer Foundation di Houston, sotto-
scritta dai nomi di Jacopo e Francesco, in sequenza, sul basamento di
una colonna spezzata. Del particolare
tema sono giunte (Rearick 1968, 245-
246; Ballarin 1988, 4) anche la replica
firmata da Francesco (Gemäldegalerie, Kassel, n. 514) e una variante (Alte Pinakothek, Monaco), copiata
spesso dalla bottega (Pitti, n. 236; Uffizi, Firenze, n. 542; San Pietroburgo,
Ermitage; Galleria Strossmayer, Za-
gabria).
La stampa fu sicuramente realizzata

Jacopo Bassano
*Cristo in casa di Maria, Marta e Lazzaro*
Houston, Sarah Campbell Blaffer
Foundation

durante il soggiorno veneziano di
Jan, che morì nella città lagunare nel
1600, al ritorno da un viaggio a Roma. Vi appaiono il privilegio papale,
concesso nel 1598, e quello imperiale ricevuto nel 1581 e rinnovato nel
1593, ed è dedicata a "Pietro Corneretto". La particolare formula usata
nell'iscrizione, "in gratiam", che si
ritrova nelle incisioni dei Sadeler
tratte da opere di appartenenza del
conte Agostino Giusti di Verona,
potrebbe per analogia indicare il
proprietario del dipinto originale,
proprio Pietro Corneretto, non un
nobile, come generalmente si legge,
ma appartenente a un ramo di una
"prosapia della casa Cornara cogno-
minata dall'episcopia" passata "dal-
l'ordine patrizio nell'ordine de gen-
tilhomeni popolari" con Almorò, figlio naturale del patrizio Francesco
Corner della Piscopia e di Samarita-
na Ziliol (BNMV, ms. it. Cl. VII, 90
[8029], c.33r).
L'abilità incisoria di Jan si evidenzia
nella capacità di tradurre, in bianco e
nero, la calda intonazione coloristica
di Bassano degli anni intorno al
1577, come quasi concordemente si
data la versione di Houston, realizzando con molta cura i dettagli naturalistici, in particolare i pesci e la cacciagione in primo piano, ma anche i
paioli di rame appesi. Il diradarsi e
l'infittirsi dei tratti riescono parimenti a evocare il forte accento luministico che contraddistingue questa fase della produzione bassanesca.
Mentre Arslan (1931), citando l'incisione di Jan Sadeler, riferiva a Francesco l'invenzione destinata a incontrare il favore dei collezionisti, Rearick (1968, 245-246) e Ballarin (1988,
4), pur con sfumature cronologiche –
il primo ritiene l'esemplare di Houston versione originale del 1577 circa
portata a compimento da Francesco,
il secondo, collocandolo nel 1576, lo
considera replica con larga partecipazione di bottega – concordano che
sia stato Jacopo, in un momento di
ancora stretta collaborazione con
Francesco, a inventare questo tipo di
composizioni di medio formato, destinate al collezionismo, nelle quali il
soggetto biblico è elaborato come un
quadro di genere. Anche in questo
caso è da chiedersi se la scelta dei
soggetti evangelici raffigurati nelle
tre incisioni dei Sadeler sia motivata
dalla loro valenza didascalica o se
piuttosto non siano stati scelti in
quanto permettevano un'ambientazione in interni di cucina.
Come nelle altre "cucine dei Bassano" la scena evangelica è calata non

in un vero e proprio interno, ma in
uno spazio ambiguo, delimitato da
una diagonale a destra, che è la tipica parete di una cucina campagnola,
con il focolare e il *leit-motiv* dell'alzata con i piatti allineati, e da un'altra diagonale a sinistra formata da
un grande portale, da cui fa il suo ingresso Cristo. Aperta è anche la terza parete di questa incredibile cucina su un'aia con il pozzo e nella lontananza sul paesaggio colto nelle luci dell'imbrunire.
Aikema (1996, 105-109) giudica la
tela di Houston versione originale e
tipico esempio del nuovo approccio
del maestro a soggetti biblici piuttosto rari. Nella pittura veneziana contemporanea si può instaurare il confronto con l'interpretazione che ne
diede Jacopo Tintoretto (Monaco,
Alte Pinakothek) intorno al 1566:
l'intero primo piano è dedicato a
Cristo, che parla a un'attenta Maria,
mentre Marta cerca invano di catturare l'attenzione della sorella; in secondo piano si vedono gli apostoli e
una servente che lavora in cucina.
Nessuno di questi elementi si incontra nel brano evangelico. Paragonata
alla lucida resa della storia nella tela
di Tintoretto, in cui ogni dettaglio è
immediatamente intelligibile, quella
di Bassano si incentra sulla dicoto-
mia tra la vera pietà e il crasso mate-
rialismo, personificato dall'uomo a
tavola che trasuda lussuria e ingordi-
gia. Non è semplicemente la "vanità
del mondo", osserva però Aikema
(1996, 105-107), a essere in questo
dipinto condannata nei peccati di
gola e concupiscenza. Secondo la
tradizionale interpretazione allegorica, è qui esemplificato il dibattito tra
la vita attiva, rappresentata da Marta, e la vita contemplativa, nella persona di Maria, tradizionalmente poste a confronto e usualmente a vantaggio della seconda: sebbene apprezzate, le attività della prima erano
riportate al mondo e perciò considerate effimere. Tali idee circolavano
anche nel secondo Cinquecento,
conclude Aikema, specialmente tra i
Gesuiti, la cui partecipazione alle attività caritatevoli traeva origine dalla
loro fiducia nel valore della vita mista. Su questo sfondo le "idiosincra-
sie" presenti nella tela di Bassano,
come nell'incisione di Sadeler, ac-
quisterebbero un preciso significato:
Marta invita Cristo non a un ricco
pasto, ma a una tavola imbandita
semplicemente con un piatto vuoto,
una pagnotta, un grappolo d'uva,
una brocca e un bicchiere di vino.
L'evidente allusione all'Eucarestia è

sottolineata dalla somiglianza dei
due tovaglioli bianchi che segnano il
posto di Cristo con i simboli liturgi-
ci. Assai eloquente è il comportamento dell'uomo che si sta affattan-
do una salsiccia direttamente di
fronte alla mensa del Signore. Questa composizione dovrebbe, perciò,
configurarsi come condanna dell'uomo carnale e allo stesso tempo un invito alla vita mista per i cristiani.
Nell'area nordica si può instaurare
un parallelo con gli esiti di Pieter
Aertsen, che dai primi anni cinquanta del Cinquecento trattò lo stesso tema diverse volte. L'esemplare di Rotterdam (Museum Boymans-Van Beuningen), del 1553, mostra un'ampia
cucina sul primo piano e un altro
spazio sullo sfondo chiuso da un'arcata classica. Lo spettatore è indotto
dall'artista a essere attratto dall'inva-
dente natura morta e solo in seconda
istanza a rendersi conto che le figure
nello sfondo rappresentano Cristo,
le due ospiti e altri seguaci. Anche se
non tutta la critica è concorde sul significato del dipinto di Aertsen, è
difficile non leggerlo in senso moraleggiante: la predominante natura
morta segnala il pericolo della *voluptas carnis*, a scapito della ricerca della chiave della salvezza, suggerita
dalla scena biblica nello sfondo. Se
le scene dipinte da Jacopo Bassano e
da Pieter Aertsen sono accomunate
dalla struttura chiaramente antitetica e dal linguaggio formale naturalistico, più che una influenza diretta
del fiammingo sul pittore veneto, è
ipotizzabile un indipendente rag-
giungimento di simili soluzioni al-
l'interno della rispettiva tradizione
culturale.

SM

I. P. Bazzan pinxit.

Cū priuil. Sſmi Dominus et J. Cæs. Maiest.

IN GRATIAM ADMODVM MAGNIFICI ATQ ECCELLENTIS VIRI DÑI PETRI CORNERETTI VENETI HO
IOAN. SADELER SCALPSIT · M·D·XCVIII·

174
Marten van Cleve (1527-1581)
*Bue squartato*, 1566

olio su tavola, 68 x 53,5 cm
firmato con il monogramma CM
F.I.V. e datato sull'erta della porta
Vienna, Kunsthistorisches Museum
inv. 1970

PROVENIENZA: deposito della Galleria.
LETTERATURA: Faggin 1965, 36; Faggin 1968b, 69-70; Flämische Malerei 1981, 153-156; 1989, 228; Die Gemäldegalerie Wien 1991, 44; Rossi 1994, 59-60; Rossi 1997, 191-192.

Il dipinto raffigura un interno dominato da un enorme bue squartato, in misura tale che poco spazio resta per un uomo che beve da un boccale e una donna china su un cesto, un cane attratto dall'odore della carne, e due bambini che giocano sulla soglia gonfiando una vescica di budello. Marten van Cleve, che ha lasciato il suo monogramma sull'opera, nato e attivo ad Anversa, da cui non si allontanò mai dal 1551 al 1581, come ha messo in luce Faggin (1965, 34-46), è un pittore della vita popolare schietta e irruenta, colta non con l'occhio severo del fenomenologo, ma con quello compartecipe del narratore. Attento all'arte di Pieter Aertsen, di Gillis Mostaert ed anche di Jan van Amstel, si differenzia subito da Pieter Bruegel per la sua concezione dello spazio come ambiente reale, entro il quale le immagini si inseriscono con giustezza di rapporti. Un realismo integrale, quasi disgustoso, contraddistingue le scene di genere, di piccolo formato, della sua produzione matura, come questo "capolavoro di modernità" (Faggin 1965) che preannuncia analoghe composizioni olandesi del Seicento. Nel suo saggio, Rossi (1994, 59-60) ha instaurato un interessante rapporto con il *Ritorno del figliol prodigo* di Jacopo e Francesco Bassano della Galleria Doria Pamphilj (cat. 175), del 1576-1577, in cui compaiono al centro il motivo dello squartamento del bue e, a chiudere l'angolo sinistro, sempre in primo piano, il dettaglio del bambino seduto che gonfia la vescica, mentre un gatto è colto nell'analogo atteggiamento di attacco del cane nel dipinto viennese. Nella sua indagine sul motivo del bue squartato, il cui immediato precedente anversese sta nel *Maiale squartato* (Wallraf-Richartz-Museum, Colonia) di Joachim Beuckelaer, datato 1563, la studiosa identifica il modello nella *Prudenza* di Pieter Bruegel il Vecchio, del 1559, di cui conosciamo una versione a disegno

(Musées Royaux, Bruxelles) e una a stampa (Padova 1994, 42-43, cat. 2.III).
Il motivo particolare suscitò un certo apprezzamento anche al di fuori della pittura di genere, come dimostra la sua rilevanza nella stampa di Philipp Galle da Maarten van Heemskerck sul tema del Figliol prodigo, datata 1562, che potrebbe essere giunta anche alla conoscenza di Jacopo Bassano, tenendo conto però che la presenza congiunta della figura del bambino che gonfia la vescica orienta a definire in modo univoco il campo su van Cleve. A lui spetterebbe con ogni probabilità l'invenzione del motivo, maturata attraverso la stessa *Prudenza* di Bruegel, in cui compare anche in primissimo piano la figura di un bambino seduto, che sta maneggiando un coccio salvadanaio, in una posa vicinissima a quella del bambino che gonfia la vescica.
È da aggiungere, peraltro, che i due motivi si trovano abbinati già nell'*Autunno*, inciso da Hieronymus Cock da un disegno di Hans Bol, della nota serie delle *Stagioni*.
Presso il Museo di Castelvecchio (Verona) si conserva un *Interno con cucina*, tra i rarissimi dipinti di van Cleve che si conoscano in Italia, firmato e datato sul retro 1565, affollata composizione di figure distribuite su piani paralleli, talune affaccendate nelle mansioni culinarie, altre che stanno vivacemente riunite ai tavoli, altre che suonano, secondo uno schema scenografico bruegeliano (Rossi 1997, 191-192). Se anche non si può attestare con sicurezza la presenza di tale opera in Italia nel Cinquecento, la circolazione di modelli vancleefiani fu veramente ampia, secondo Francesca Rossi, che giudica la sua fisionomia a tutti gli effetti di primo piano nell'affermazione italiana della moda delle cucine e di una cultura figurativa nordica di più ampio respiro, come quella della rappresentazione dei mesi e del mondo contadino.

SM

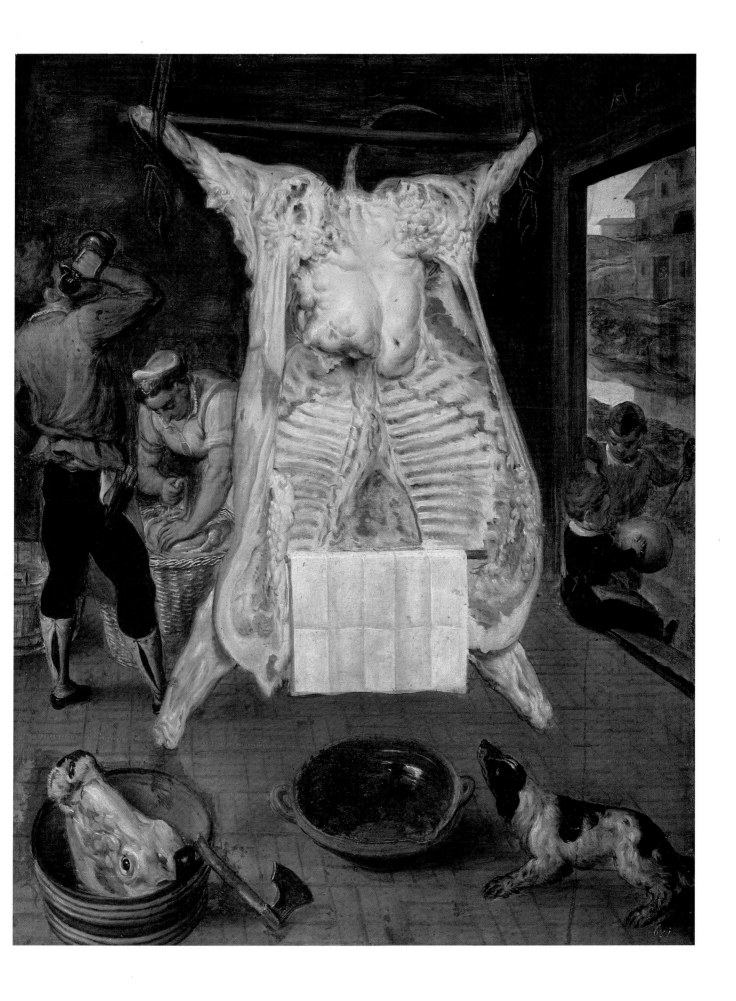

175
Jacopo e Francesco da Ponte, detti Bassano (ca. 1510-1592; 1549-1592)
*Il ritorno del figliol prodigo*, 1576-1577 ·

olio su tela, 100 x 124 cm
firmato: JAC.S ET/ FRANC.S/ FILIUS P.
Roma, Galleria Doria Pamphilj,
inv. 103

LETTERATURA: Arslan 1938, 469; Sestieri 1942, 103; Rearick 1968, 245; Ballarin 1988, 4; Aikema 1989, 75, 95; Rearick 1992b, CLVI; Rossi 1994, 57-64; Aikema 1996, 113-115.

La tela illustra una parabola evangelica (*Luca* 15,11-32), molto diffusa in termini figurativi attraverso la scelta del momento in cui il giovane, pieno di rimorsi per la sua vita dissoluta, ritorna dal vecchio padre e chiede perdono.
Fu probabilmente tra il 1576 e il 1577, secondo Rearick (1992b, CLVI), che nella bottega bassanesca si misero a punto nuove formule per diversi sei soggetti biblici destinati al mercato, alcuni già familiari tramite precedenti versioni, altri invece aggiunti *ex novo* al repertorio, con dimensioni molto simili, adatte a una stanza di media grandezza: il *Viaggio di Abramo*, la *Cena in Emmaus*, *Cristo in casa di Marta e Maria*, la *Visione di Gioacchino* e il *Ritorno del figliol prodigo*.
Anche se la presente versione è firmata da Bassano padre e figlio, la tendenza critica più diffusa è che sia stata eseguita in gran parte (Arslan 1938, 469), o completamente, da Francesco (Sestieri 1942, 103; Ballarin 1988, 4) nella seconda metà dell'ottavo decennio.
Rearick (1968, 245), a differenza di Arslan che tende a limitare la partecipazione di Jacopo al gruppo sui gradini a sinistra, puntualizza in proposito che in realtà questo brano è da lui solo corretto, mentre tutte le figure e la maggior parte della natura morta in primo piano sono sostanzialmente sue, secondo l'usuale

pratica della bottega bassanesca che prevedeva il progetto della composizione da parte di Jacopo, forse con uno studio grafico generale o più probabilmente schizzando la forma di alcune figure nella imprimitura della tela. A questo punto subentrava Francesco con la stesura di ampie aree di colore e il completamento di parti sussidiarie. Jacopo ritornava infine per correggere errori e portare la superficie rimanente al suo stato finale, concentrandosi specialmente sulla finitura delle maggiori figure.
Come nei casi di *Cristo in casa di Marta e Maria* e di *Lazzaro e il ricco Epulone* (catt. 173, 172), il particolare della cucina in primo piano ha una grande rilevanza nell'economia dell'opera, articolata spazialmente con due quinte laterali in un ambiguo effetto di interno/esterno, mentre il momento biblico dell'abbraccio tra padre e figlio è trasferito a metà campo, per concludersi con un profondo paesaggio movimentato in lontananza da due minuscole figure umane. Il dipinto Doria Pamphilj è già partecipe in questo senso di tipici espedienti spaziali dell'iconografia nordica, particolarmente della scuola di Anversa e di Aertsen, secondo Francesca Rossi (1994) che individua nei motivi dello squartamento del bue, in primo piano al centro, e del bambino seduto che gonfia la vescica, una citazione scoperta della pittura anversese, in particolare del *Bue squartato* di Marten van Cleve (cat. 174).
In occasione della mostra (Bassano 1992a, 200, cat. 76) è stata resa nota una versione di dimensioni minori e con alcune varianti.
Nella sua indagine sul tema, Aikema (1996, 113-115) osserva come nella maggior parte delle composizioni aventi come soggetto il figliol prodi-

go il protagonista stia in primo piano, inginocchiato davanti al padre, mentre il vitello è ucciso nello sfondo e il figlio maggiore lavora la terra, ignaro della novità. Nella tela firmata dai due Bassano, invece, la struttura usuale è invertita: l'azione principale viene spostata nello sfondo a sinistra, mentre il primo piano è preso per tutta l'ampiezza dalle preparazioni del banchetto. Nel luogo dove normalmente apparirebbe il figliol prodigo, un servo scuoia il vitello appena squartato, mentre una donna cucina a destra. Due bambini sono occupati in faccende domestiche a sinistra, mentre un terzo furtivamente fa uno spuntino. Anche qui le figure sono così distratte, distraendo a loro volta l'osservatore, che non notano ciò che è essenziale, cioè il felice ritorno.
Jacopo Bassano avrebbe scelto, dunque, ancora una volta una presentazione antitetica per scopi didattici, manipolando la storia biblica allo stesso fine. Il messaggio del dipinto sarebbe duplice: da una parte – letto dal punto di vista del figlio – l'osservatore è incitato a volgersi a Cristo, dall'altra – dal punto di vista del padre – l'opera ammonisce il credente ad aver cura del suo prossimo nelle necessità materiali e/o spirituali, tenendo a mente che la carità va sempre amministrata con modestia. L'osservatore non doveva dimenticare che, per quanto importante sia la filantropia, è sempre subordinata al conforto spirituale, come mostrano esempi figurativi quasi coevi in istituzioni caritatevoli fondate nel Veneto nel tardo Cinquecento, quali il ciclo nella Cappella dei Rettori del Monte di Pietà a Treviso, decorata da Ludovico Pozzoserrato anche con i due temi del Figliol prodigo e di Lazzaro e il ricco Epulone.

SM

Ludovico Pozzoserrato, *Il ritorno del figliol prodigo*
Treviso, Monte di Pietà

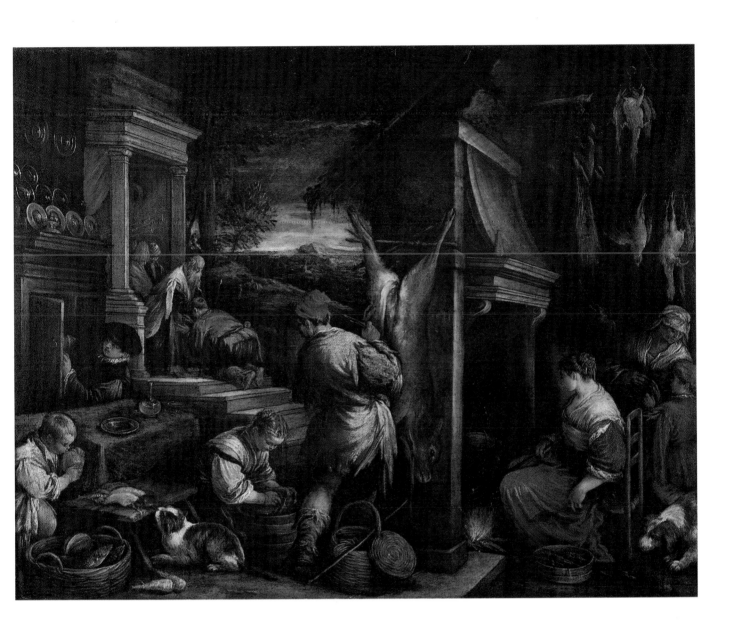

176
Gillis Mostaert (1534-1598)
*Fiera di paese*, 1579

olio su tavola, 41 x 68,5 cm
Praga, Národní Galerie
inv. DO 4237

PROVENIENZA: acquistato nel 1945
dalla collezione Nostitz, dove l'ope-
ra è menzionata dal 1765.
LETTERATURA: Pierron 1912, 126;
Faggin 1968b, 73-75; Tokyo 1990, 74;
Galerie Prague 1992, 80-81.

Il dipinto raffigura una cittadina fiamminga, adagiata in un paesaggio panoramico, nel giorno di mercato, animato da una grande folla occupata nel
commercio o impegnata a discutere
con i passanti. L'insieme ricorda i *Giochi di fanciulli* (Kunsthistorisches Museum, Vienna) di Pieter Bruegel il
Vecchio, cui si ispira anche per il motivo dell'ampia strada aperta che si
stringe nella lontananza ma, diversamente che nell'opera di Bruegel, i personaggi dipinti da Mostaert sono di
una maggiore eleganza nelle loro pose
alla "maniera italiana", allora alla moda ad Anversa sull'esempio di Frans
Floris (Praga 1992). Si deve a Faggin
(1968) l'attenzione su Gillis Mostaert,
allievo di Frans Floris e di Jan Mandijn nel 1550, quattro anni più tardi
maestro ad Anversa, che come pittore
di genere mostra di aver studiato tanto Pieter Aertsen quanto Martin van
Cleve. Il repertorio delle sue opere è
costituito da vedute panoramiche, villaggi, fiere, feste e mercati. Nel rendere nota una nuova versione di un
"Jaarmarkt" di Mostaert, similmente
caratterizzata da un impianto panoramico con molte piccole figure, natura
morta in primo piano e architetture in
diagonale per aumentare il senso della profondità, Aikema (1996, 147) segnala come nella ancora oscura carriera di Mostaert esista almeno un'indicazione che situa alcune delle sue opere in Italia nel Cinquecento. Meijer
(1988b, 89, 91, fig. 72) illustra, infatti,
una *Festa di paese* di Gillis Mostaert
conservata nella Galleria Nazionale di
Capodimonte di quasi certa provenienza Farnese. I paralleli instaurabili,
per taglio della composizione e invenzione, tra le fiere di paese di Mostaert
e certa produzione di Francesco Bassano (cat. 177) sono, a giudizio di
Aikema, tali da indurlo a supporre
una diretta influenza del fiammingo
sull'italiano. Ciò solleva la questione
più generale di quanto il padre Jacopo
sia stato ispirato da modelli neerlandesi, quando, attorno alla metà degli
anni settanta, mercati e nature morte
di cucina divennero parte vitale delle
sue costruzioni.

SM

**177**
Francesco da Ponte, detto Bassano
(ca. 1549-1592)
*Mercato*, ca. 1582

olio su tela, 125 x 280 cm
firmato a sinistra, sul tavolo del
macellaio: FRANC.US BASS.IS /FAC
Vienna, Kunsthistorisches Museum
inv. 4319

PROVENIENZA: York House, collezione del duca di Buckingham 1635-
1648(?); Praga, in collezione nel
1685 e 1737; Kunsthistorisches Museum, Vienna, 1894.
LETTERATURA: Gerola 1905-1906,
956; Arslan 1931, 234; Baldass 1949,
215; Arslan 1960, I, 226; *Demus*
*1973*, 15; Alberton Vinco da Sesso
1986, 173; Pattanaro 1990-1991, 89;
Die Gemäldegalerie 1991, 26; Aikema 1996, 144-147.

Nel grande formato orizzontale della tela, firmata da Francesco Bassano, il pittore ha reso il vivace brulicare di vita di un affollatissimo mercato di paese: davanti alle casupole
di un villaggio della campagna veneta, gli ambulanti hanno eretto barac-
chini di legno in cui ogni specie di
mercanzia è offerta in vendita dalla
più varia umanità. Vi appare una
commistione di tutti i "generi" in un
contesto unitario, anche se molto articolato, nella coesistenza di natura
morta, di scena di genere, di rappresentazione degli umili, di paesaggio.
Il dipinto è stato studiato da Baldass
(1949) con la conclusione, condivisa
da Arslan (1960), che, mancando la
composizione del ritmo omogeneo di
Jacopo, la firma di Francesco potrebbe segnalare un'opera di sua invenzione, più importante dell'analoga
conservata nella Galleria Sabauda di
Torino, registrata nell'inventario del
1635 come "il mercato, quadro grande con moltissime figure e paesaggio" di Francesco Bassano (Bava
1995, 212-219). In Ballarin (1995, I,
figg. 161-162) compaiono due dettagli, non discussi nel testo, del *Merca-*
*to* della Sabauda sotto il nome di Jacopo Bassano, con una proposta di
datazione all'inizio degli anni ottanta.
Il mercato è un genere introdotto
nella pittura europea da Pieter Aertsen, maestro di Joachim Beuckelaer,
che riscosse grande successo in Spagna e in Italia, influenzando, tra l'altro, le scene di cucina e di mercato di
Vincenzo Campi e le figurazioni di
macellai e pollivendoli del Passerotti.
Non è stata ancora fatta luce sul veicolo di trasmissione del motivo nel
Veneto: fino a oggi gli unici esemplari fiamminghi di tale genere documentati in Italia al tempo di Bassano
restano i cosiddetti "mercati" di
Beuckelaer, datati 1566 e 1570 (Na-

poli, Museo Nazionale di Capodimonte), sicuramente nelle collezioni
farnesiane *ab antiquo*, ma senza che
siano state chiarite le circostanze
esatte in cui tali dipinti giunsero a
Parma. È interessante notare come
negli inventari seicenteschi Beuckelaer compaia come "Gioachino Bassano fiamengo"(Meijer 1988b, 111-
115), a testimonianza del perdurante
avvicinamento del pittore anversese
ai veneti Bassano.
In ogni caso, rispetto al gruppo farnesiano, la critica ha potuto solamente prendere atto di una generica affinità con le tematiche della produzione tarda del maestro bassanese.
A complicare le cose, fino all'inizio
del Seicento non sono note stampe
fiamminghe di mercato e cucina, le
prime confrontabili risalgono alla
serie incisa da Jacob Matham nel
1603 su soggetti di Aertsen (Hollstein 1949-1997, XI, 232), fonte dunque già tarda rispetto alla produzione bassanesca.
Aikema (1996) nota come nell'inventario della bottega di Jacopo
(Verci 1775, 97) compaia un dipinto
descritto semplicemente come un
"Mercato", lasciando supporre che
fosse ritenuto privo di qualsiasi significato allegorico e come non si
abbia la possibilità di sapere se l'invenzione fosse di Jacopo o di uno
dei figli. Nessuna delle opere note
del maestro, infatti, mostra solamente un mercato, mentre Francesco
firmò alcuni dipinti con tale soggetto, tra cui, appunto, gli esemplari di
Vienna e Torino.
La più forte caratteristica di queste
opere, osserva Aikema, è la loro
composizione superaffollata, come
se l'artista fosse stato colpito da *hor-*
*ror vacui*, per il brulicare di persone,
animali e merci. Nonostante la visibile confusione, la struttura è piuttosto semplice: un numero di figure alquanto grandi e un'elaborata natura
morta sono collocate in primo piano,
mentre due corridoi di venditori ambulanti servono da *repoussoirs*.
I mercati godevano in quel tempo di
una dubbia reputazione e le vendi-
trici stesse erano considerate "mini-
strae voluptatum". La tela viennese
di Francesco Bassano sembra confermare il giudizio tradizionale: sebbene il mendicante giacente in primo piano a sinistra sia circondato
dai più appetitosi cibi, deve accon-
tentarsi di una crosta di pane e nessuno si cura di lui. Una scimmia,
simbolo di qualità negative, accovacciata vicino a lui, guarda significativamente fuori dell'immagine,

stringendo un grappolo d'uva.
Quanto alla donna seduta a destra,
gli elementi di natura morta che la
circondano hanno una connotazione piuttosto dubbia: carte da gioco,
frutta e dolci. Al centro della composizione una scimmia tiene un ventaglio vicino ai cosmetici esibiti da
un mercante, sottolineando la vanità
di tali cose. In lontananza si può vedere una tenda in fiamme, altro motivo familiare. Questa popolare invenzione sembra offrire lo stesso
messaggio delle Stagioni e dei Mesi,
ma in forma più concentrata, conclude Aikema: la vanità è opposta alla virtù cristiana.
Le scene di mercato di Francesco nel
disordinato numero di figure, nel-
l'abbondante natura morta in primo

piano e nel sistema prospettico a imbuto che continua nello sfondo trovano un parallelo nella produzione
di artisti fiamminghi della seconda
metà del Cinquecento, come Joachim Beuckelaer, con il *Mercato con*
*la vocazione di Matteo* (Museo Nazionale di Capodimonte, Napoli) e
Gillis Mostaert con i suoi *Mercati an-*
*nuali*.

SM

178

Hieronymus Cock (ca. 1510-1570)
*Il Foro di Nerva o Transitorio, con il Tempio di Minerva,*
*l'arco dei Pantani e le "Colonnacce",* 1551

acquaforte, 185 x 300 mm
scritte: in alto a destra EX INCERTIS
QUIBUSDAM. RO. ANTIQUITATIS
RUINIS, PROSPECTUS .I., a sinistra la
lettera di sequenza .V.
Vienna, Graphische Sammlung
Albertina

LETTERATURA: Hollstein, 1949-1997,
IV, 180-183; Turner 1966, 205-212;
Roma 1987, 32-34; Bruxelles 1995,
128-131.

La presenza di rovine e di edifici
classici in alcuni dei paesaggi affrescati nel 1560-1561 da Paolo Veronese nella villa Barbaro a Maser, in
particolare nella stanza del Tribunale dell'Amore e nella stanza di Bacco, è stata a suo tempo spiegata da
Turner (1966, 205-208) e Oberhuber (1968, 207-223) attraverso la conoscenza da parte del pittore veneto
della celebre opera di Hieronymus
Cock, *Praecipua Aliquot Romanae
Antiquitatis Ruinarum Monimenta
vivis prospectibus ad veri imitationem designata,* costituita da 25 tavole, stampata ad Anversa nel 1551. Figlio del pittore Jan Wellens de Cock,
originario di Leida, e fratello del noto paesaggista Matthijs, Hieronymus

Paolo Veronese
*Paesaggio con rovine,* particolare
Maser (Treviso), Villa Barbaro

Cock risulta iscritto nel 1545 alla gilda di San Luca ad Anversa, esercitando per breve tempo la pittura, ma
dovette la sua fama all'incisione, diventando ben presto il più importante editore di stampe della sua
epoca nei Paesi Bassi, non solo per la
qualità delle sue opere ma soprattutto per la notevole influenza che attraverso di esse egli esercitò su molti
incisori sia fiamminghi che italiani.
Con le innumerevoli incisioni e acqueforti pubblicate dalla sua prospera ditta "De Vier Winden" di Anversa, contribuì largamente alla conoscenza delle composizioni di artisti italiani quali Raffaello e Bronzino
e di artisti dei Paesi Bassi, fra cui Pieter Bruegel, Frans Floris, Matthijs
Cock e Hans Bol. Pubblicò fra l'altro mappe delle regioni italiane e incisioni di rovine romane, che si diffusero rapidamente a livello internazionale (Bruxelles 1995).
Alla serie *Praecipua Aliquot Romanae Antiquitatis Ruinarum Monimenta designata,* edita come si è detto nel 1551, seguì dieci anni più tardi una nuova, senza titolo, di dodici
tavole di altre rovine, quasi tutte dello stesso formato della precedente, e
nel 1562 l'*Operum antiquorum romanorum hinc inde per diversas Eu-
ropae regiones exstructorum reliquiis
ac ruinas libellus,* composto di ventuno tavole di formato più ridotto.
Dieci stampe della serie del 1551
mostrano vedute diverse del Colosseo, in quattro compare il Palatino,
mentre le rimanenti sono dedicate
ad altre rovine, fra le quali le terme
di Diocleziano e di Caracalla.
Osserva Meijer (Bruxelles 1995,
128-131) come già la prima serie abbia esercitato una grande influenza
anche al di fuori dei Paesi Bassi, in
quanto primo grande ciclo grafico
dedicato soprattutto alle rovine di
edifici antichi, più o meno archeologicamente esatti, e per la straordinaria qualità delle incisioni, rese con
sensibilità pittorica. Di tre delle acqueforti della serie del 1551 sono
giunti i disegni preparatori di mano
dello stesso Cock, mentre per le altre
non si sa se si basino sulla sua esperienza diretta, durante quel viaggio
in Italia, tra il 1546 e il 1548, con
lunga sosta a Roma, cui sembra alludere il Vasari (1568, VII, 582) e sul
quale però non manca qualche dubbio, o su altri modelli.
Una caratteristica molto apprezzata
di Hieronymus Cock consiste nel-
l'inserimento delle sue architetture e
rovine classiche in un ambiente paesaggistico, mirando egli non a offrire

delle vedute romane conformi alla
realtà, quanto piuttosto una mescolanza fantastica di rovine, obelischi
ed edifici ricostruiti.
Nel 1561 l'incisore vicentino Battista Pittoni pubblicò con il medesimo
titolo una sua serie di copie in controparte rispetto al modello originale, che furono utilizzate come illustrazioni per il *Discorso sopra le antichità di Roma* di Vincenzo Scamozzi,
edito a Venezia nel 1582, con lo scopo di "servire a quei pittori che di
fingere paesi nelle loro opere si dilettano".
Paolo Veronese, che pure aveva visitato personalmente Roma nel 1560
in compagnia di Gerolamo Grimani,
legato veneto presso il papa, usò la
presente incisione come fonte ispirativa per i ruderi che compaiono nel
paesaggio a destra della porta d'ingresso nella Stanza di Bacco; nella
Sala del Tribunale d'Amore il pittore utilizzò nell'ordine le tavole Y (*Veduta con rovine non identificate*) e Z
(*Ponte Fabricio e Isola Tiberina*), L
(*Settizonio e rovine del Palatino*), K
(*Settizonio e rovine del Palatino*), X
(*Tempio di Minerva*). Va osservato
come l'artista veneto, pur adottando
lo stesso punto di vista dell'incisore,
si sia preso la libertà di operare alcune trasformazioni, ingrandendo lo
spazio circostante e collocando più
all'interno del paesaggio il rudere,
che ugualmente subisce alcune alte-
razioni nell'altezza, nella leggerezza
e grazia dei colonnati e delle arcate.
Letti nel contesto del gusto dei committenti, i fratelli Barbaro, e dell'architetto della villa, Andrea Palladio,
gli edifici classici ispirati dalle stampe di Cock, presenti nei *Paesaggi* di
Veronese, offrono all'osservatore la
consapevolezza di ammirare le rovine di una civiltà sulla cui eredità l'e-
dificio stesso è stato costruito (Turner 1966, 208). Tali affreschi, inoltre, assumono grande importanza sia
per il significato della decorazione
sia per lo sviluppo nel Veneto della
pittura di paesaggio intorno al 1560.

SM

V EX INCERTIS QVIBVSDAM ·RO· ANTIQVITATIS RVINIS, PROSPECTVS·I·

## 179
### Battista d'Angolo detto del Moro (ca. 1515-1573)
*Riposo durante la fuga in Egitto*, ca. 1560-1565

acquaforte e bulino, I o II stato
233 x 335 mm
scritte: in basso a sinistra la firma
BATT. A DITTO DEL MORO E APUD
CAMOCIUM
Milano, Civica Raccolta delle Stampe A. Bertarelli – Castello Sforzesco, inv. Art. prez. m. 68

LETTERATURA: Bartsch 1803-1821, XVI, 178, cat. 3; Wilhelm Schmidt in Meyer 1872-1885, II, 36, cat. 6; Pittaluga 1930, 294, fig. 235; Mauroner 1941, 58, cat. 1; Roma 1976, 45, cat. 41; Zerner 1979, 277, cat. 3; Verona 1980, 265-266, cat. XI, 17; Venezia 1981, 321, cat. 162; Aikema 1990, 194, fig. 152.

Per gli artisti del Rinascimento il tema del *Riposo durante la fuga in Egitto* spesso divenne un pretesto per sperimentare la propria vocazione paesaggistica, inserendo il soggetto sacro in suggestivi scenari naturalistici. In questa stampa realizzata dal pittore-incisore veronese Battista del Moro, la scena sacra rimane confinata nell'angolo sinistro inferiore, mentre particolare importanza è accordata all'ampio paesaggio, elaborato secondo schemi cinquecenteschi. Dell'incisione qui esposta Adam Bartsch riporta solo il nome dell'incisore, ma tutti gli esemplari resi noti in tempi più recenti (Bassano, Musei Civici; Milano, Civica Raccolta delle Stampe A. Bertarelli; Roma, Gabinetto Nazionale delle Stampe; Vienna, Albertina) recano pure l'indirizzo di Giovanni Francesco Camocio. Non è da escludere che il *Riposo durante la fuga in Egitto* fosse realizzato appositamente per questo editore veneziano, le cui attività calcografiche ebbero inizio intorno al 1558. Lo stesso Camocio lavorava in prevalenza con incisori di scuola veronese, pubblicando anche rami di Paolo Furlan, Étienne Duperac, Marco del Moro e Giovanni Battista Fontana. Stilisticamente quest'acquaforte è completamente aggiornata sugli sviluppi in campo paesaggistico in atto nel Veneto intorno al 1560. Del foglio Gianvittorio Dillon ha dato un'analisi stilistica puntuale ed esauriente, rilevando l'influenza dei disegni rifiniti di Domenico Campagnola, come anche l'adozione del repertorio di immagini di rovine offerto dal fiammingo Hieronymus Cock (Verona 1980, 265-266). In particolare, in questa circostanza Battista del Moro usò lo stesso modello inciso che Paolo Veronese utilizzò e rielaborò per uno dei paesaggi nella stanza di Bacco in villa Barbaro a Maser. Analogamente, un'altra stampa dell'incisore fiammingo, che mostra personaggi che attraversano il ponte dei Quattro Capi a Roma, offrì il motivo sia al Caliari in villa Barbaro che a Battista del Moro in un'acquaforte raffigurante un *Paesaggio con Venere e Cupido* del 1562 (Verona 1980, 19, cat. XI). D'altronde non è un caso che l'interesse dei due artisti di Verona a volte collimassero puntualmente, tanto più se si considera che i loro momenti di più stretta interazione coincisero con incursioni significative nel genere del paesaggio. Ciò vale non solo per gli affreschi di palazzo Canossa a Verona (databili intorno al 1546), ma probabilmente anche per le decorazioni di Palazzo Trevisan a Murano (databili intorno al 1557-1558). La critica è sempre più propensa ad assegnare a Battista del Moro i piccoli paesaggi nella sala ovata al piano terreno nel palazzo di Murano (Ericani 1988, 29). Tale ipotesi attributiva appare suffragata dal confronto con una raffinata stampa di Del Moro, siglata B. M. (Verona 1980, 12, cat. XI). Il *Riposo durante la fuga in Egitto* è caratterizzato da una tale ricchezza di elementi iconografici, che non poteva mancare qualche riflessione sull'insieme delle associazioni di idee che l'immagine poteva evocare. In un suo saggio di lettura iconografica di ampio respiro, Bernard Aikema mette in evidenza i contrasti che esistono all'interno della raffigurazione: tra il gruppo della Sacra Famiglia e le rovine romane, ma anche tra la coppia devota in primo piano e il pescatore, che sembra ignorare invece la presenza di Maria e Gesù Bambino: una riprova dell'antitesi tra l'ambito sacro e l'ambito profano, di cui i ruderi classici indicano la transitorietà e limitatezza. Va sottolineato, tuttavia, che la profusione di elementi iconografici in questo caso è certo frutto anche della ricerca di ricchezza formale, del desiderio proprio dell'artista di una "messa a fuoco di un'immagine fantastica..." (Dillon in Verona 1980, 266). Sul metodo di lavoro di Battista del Moro ci illumina ora un disegno conservato all'École des Beaux-Arts di Parigi, riconosciuto da Emmanuelle Brugerolles come studio preparatorio per la già ricordata incisione del *Paesaggio con Venere e Cupido* (Paris 1990, 44-45, cat. 22, ripr.). È significativo che nel disegno, elaborato a penna e inchiostro in maniera vicinissima allo stile disegnativo di Domenico Campagnola, manchino le figure principali, che diventano una specie di *afterthought* nell'acquaforte realizzata poco dopo. Ulteriori differenze riguardano le piccole figure secondarie sotto il ponte, e tra esse quella del pescatore, strettamente legata all'iconografia più divulgata del paesaggio tizianesco e campagnolesco.

GJVDS

589

180
Paolo Veronese (1528-1588)
*Il buon samaritano*
ca. 1582-1586

olio su tela, 167 x 253 cm
Dresda, Gemäldegalerie Alte
Meister Staatliche
Kunstsammlungen, inv. 230

PROVENIENZA: Galleria ducale di
Modena; venduto nel 1746 alla Galleria reale di Dresda.
LETTERATURA: Venturi 1882, 310,
312, 358; Posse 1929, 125-126; Fiocco 1934, 120; Marini 1968, 132, cat.
137; Pignatti 1976, 164, cat. 327;
Pallucchini 1984, 186; Walther
1992, 402; Pignatti & Pedrocco
1995, 485, cat. 385; Mantova 1996,
75, cat. 1; Modena 1998, 328.

Desunto, per l'iconografia, dal Vangelo di Luca (10,31-32,34), il dipinto
coglie il momento in cui il samaritano presta soccorso a un viandante, in
viaggio tra Gerusalemme e Gerico,
derubato e ferito dai ladroni, che un
sacerdote e un levita si erano rifiutati di assistere. La proposta di Von
Hadeln di identificarlo con il quadro
descritto da Ridolfi (1648, I, 340),
nella collezione di Giovanni Reynst a
Venezia, come la "parabola del Samaritano tipo della Christiana pietà
che sceso dal poledro nel mezzo d'una boscaglia gli medica le ferite,
infondendogli l'oglio e il vino", non
è percorribile, poiché la raccolta dei
fratelli Reynst fu imbarcata per Amsterdam intorno al 1639, dove fu
venduta alla morte di Gerard nel
1670 (Mason in Modena 1998, 328).
L'opera, invece, figura nell'inventario del 1663 delle collezioni estensi,
dove un "quadro grande bislongo
cornice dorata in tela depinto da Pavolo Veronese. Rappresenta la Parabola del Samaritano" nell'Appartamento "de Camerini di S.A.S. Prima
Camera dell'Audienza"; mentre è di
Safarik l'ipotesi (Mantova 1996) che
dovesse trovarsi a Modena già alla fine del secondo decennio del secolo,
"visto che l'inquadratura paesaggistica di quella composizione viene ripresa assai puntualmente nella *Parabola dei ciechi* del Fetti, che certamente visitò la Galleria modenese in
quell'arco di tempo, copiandovi non
soltanto il *Cristo e il tributo della moneta* di Tiziano, ma anche altre opere". Lavoro di bottega per Fiocco
(1934), è autografo per la maggior
parte della critica successiva che, notandone l'invenzione drammatica e
risentita delle luci e la toccante mimica delle figure, lo riferisce negli
anni ottanta, tra il 1582 e il 1586,
quando gli sfondi paesaggistici vanno acquistando per Paolo un'importanza tutta nuova. Mentre all'inizio

degli anni sessanta, nella decorazione di Villa Barbaro, Paolo Veronese
era stato debitore di un fiammingo,
Hieronymus Cock, per le vestigia
classiche dei suoi paesaggi dal valore
decorativo, in cui grandi alberi facevano da quinta prospettica alla veduta naturale, tenuta bassa all'orizzonte per lasciar dominare il cielo, ora,
nella fase tarda della sua attività,
sembra emergere in lui una nuova
sensibilità per la resa di una natura
meno "civilizzata", più intatta. Nel
dipinto di Dresda, spostato tutto a
sinistra il gruppo figurale, il pittore
conferisce enorme importanza allo
scenario boschivo, modulato nei ver-

di e nei bruni, sulle cui intonazioni
risalta ancor più la grande macchia
arancione della veste del samaritano.
La linea dell'orizzonte si abbassa in
lontananza attraverso un percorso a
zig-zag di rupi e fronde che schermano la luce, seguendo il quale si riescono a individuare i due personaggi
negativi della parabola, uno dei quali è immerso nella lettura, come nella
tela dal medesimo soggetto di Jacopo Bassano (Royal Collections,
Hampton Court). Tale particolare,
non presente nel Vangelo, fu probabilmente introdotto da Bassano per
accentuare il contrasto tra una religiosità ostentata ma superficiale e un

esemplare amore per il prossimo
(Aikema 1996, 48-49). Paolo Veronese ammirava nei Bassano i pittori
di scene campestri e di animali, ma la
sua interpretazione del paesaggio si
colloca in una chiave più alta, sublimata, che nell'affine esperienza bassanesca. Non è da escludere, invece,
(Pallucchini 1984, 149) una sua comprensione delle novità che nel decennio, stava introducendo nell'ambiente pittorico lagunare: il nuovo
favoloso rapporto tra elemento figurale e sfondo naturale.

SM

181
Domenico Tintoretto (1560-1635)
*Il ritrovamento di Mosè*, ca. 1590

olio su tela, 77,5 x 134 cm
New York, Metropolitan Museum
of Art, inv. 39.55

PROVENIENZA: collezione di R. We-
stall, Londra; acquistato a Londra
nel 1856 da G. D. Leslie; K. M. Hir-
schland, Essen, dal 1933 al 1939; nel
1939 entra al Metropolitan Museum.
LETTERATURA: Pallucchini 1950,
152; Berenson 1957, I, 176; De Vecchi 1970, 112, cat. 188; Zeri & Gardner 1973, 72; Pallucchini & Rossi
1982, 249, cat. A74; Baetjer 1995,
82.

La tela descrive il momento in cui la
figlia del faraone, che si era recata al
fiume con le serventi, raccoglie il
piccolo Mosè dalla cesta affidata alle
acque dalla madre per salvarlo dal-
l'ordine, impartito dal faraone, di
uccidere tutti i bambini maschi ebrei
(*Es* 2,1-10).
L'opera è stata concordemente attribuita a Jacopo Tintoretto, anche se
con variazioni quanto alla cronologia, oscillante tra il 1550 e il 1570
(Pallucchini 1950; De Vecchi 1970 e
Zeri 1973). Paola Rossi (1982), a nostro parere giustamente, ha invece
espresso molte perplessità nel leg-
gerla all'interno del catalogo di Jacopo, sia nel sesto che nell'ottavo decennio. Pur notando il vasto respiro
dell'impostazione compositiva con
cui l'episodio è articolato e la scioltezza di movenze nelle due figure in
primo piano; la studiosa vi individua
una resa pittorica diversa da quella
di Jacopo, più sommaria nelle vesti e
negli effetti luministici, più descrittiva nello sfondo naturalistico e nelle
figurine che lo animano. Sua opinione è che sussistano termini di confronto con la produzione giovanile
di Domenico al quale spetta il dipinto, eseguito forse sulla falsariga di
qualche suggerimento paterno. "Si
rilevano infatti analogie stilistiche e
tipologiche con la *Santa Caterina in*

Paolo Fiammingo, *Paesaggio di bosco*
Vicenza, Museo Civico

*carcere visitata dall'imperatrice* già
nella chiesa di Santa Caterina, con il
*Martirio di San Sebastiano* già Koet-
ser di Londra nel quale le figurine
del fondo e gli arcieri in particolare
si apparentano a quelli in secondo
piano del dipinto in questione e anche il tocco del pennello che definisce le fronde degli alberi è molto simile; con *Venere che piange la morte
di Adone* di Tucson e *Venere, Marte
e le tre Grazie* di Chicago, con questi
ultimi l'affinità è stretta soprattutto
nella resa degli sfondi paesaggistici.
L'esecuzione del *Ritrovamento di
Mosè* può collocarsi tra la seconda
metà del nono decennio e i primi anni del successivo".

L'ambientazione naturalistica in cui
viene collocato l'episodio biblico assume qui certamente un valore piuttosto inconsueto per Domenico per
ampiezza di impostazione e ricchezza di elementi, dalla movimentata
scena di caccia a destra alla quiete
del casolare sulla sinistra. Nell'insieme però si avverte la lontananza dal
sentimento paesaggistico visionario
di Jacopo e la vicinanza invece a
esempi nordici, alla Paolo Fiammingo, che aveva frequentato la bottega
negli anni settanta e che viveva allora a Venezia. Nella "traduzione a
passo ridotto, non priva di arguzia
figurativa, ma in chiave villereccia"
(Pallucchini 1981, 25), che caratte-

rizza la produzione di Domenico, la
tela di New York mostra nel valore
scenografico conferito al paesaggio,
non disgiunto dalla cura dei dettagli,
l'influsso degli artisti nordici sulla
pittura veneziana.

SM

182
Pauwels Franck, detto Paolo Fiammingo (ca. 1540-1596)
*Caduta di Fetonte*, ca. 1580

penna e inchiostro bruno, gesso rosso, 204 x 301 mm
Firenze, Gabinetto Disegni e Stampe degli Uffizi, inv. 2401F
scritte: P. MERA in alto a sinistra sul recto; scritta settecentesca DI MANO DI CARLO CALIARI FIGLIO DI PAOLO VERONESE sul verso

LETTERATURA: Ferri 1890, 344; Firenze 1953, 14, cat. 12; Meijer 1975, 120-121; Mason Rinaldi 1978, 72, cat. 47.

Esposto alla Mostra degli Uffizi (1953), sotto il nome di Pietro Mera, da Muraro che accettava l'antica attribuzione, in quanto gli sembrava confermata dal confronto con dipinti dell'artista quali il *Battesimo di Cristo* nella basilica dei Santi Giovanni e Paolo di Venezia, il disegno è stato correttamente assegnato al Fiammingo dal Meijer (1975) che, pur non conoscendo alcun dipinto con lo stesso soggetto, ha messo in evidenza la somiglianza delle pose scultoree con quelle che compaiono nel *Paesaggio con divinità* della collezione Acton di Firenze, dove le due figure in piedi ai limiti della tela sono desunte da statue di Giambologna. La conferma di una cronologia all'inizio degli anni ottanta viene anche, su basi formali, dalla stretta vicinanza con lo studio della Christ Church Library di Oxford per un *Trionfo del mare*, non solo per l'impostazione generale della scena, ma anche per l'uso del lungo tratteggio e la maniera di rendere la vegetazione. L'artista, iscritto nel 1561 nella gilda di San Luca ad Anversa, città natale, con il nome di Pauwels Franck, doveva all'epoca dell'esecuzione del foglio essere giunto da circa sette anni in Italia, come prova la preziosa incisione con la *Maddalena penitente*, tratta nel 1573 a Venezia da una invenzione di "Paulus francisci Antwerpis" da Gaspare Osello Padovano (Meijer 1975). Sul periodo che va dal 1561 al 1573 e sugli anni imme-

diatamente seguenti fino all'inizio del nono decennio del secolo si è suggerita l'ipotesi di un soggiorno fiorentino, forse nella cerchia dello Stradano, sulla base, oltre che di tutta una serie di desunzioni precise di quel mondo artistico tra settimo e ottavo decennio del Cinquecento, della temperie culturale che sottende a una parte rilevante della produzione del Fiammingo (Antal 1928-29, 220; Arslan 1960, 165; Ballarin 1965, 68-70).
Verso la fine degli anni settanta il neerlandese doveva essere ben ambientato a Venezia, allorché lo si ritrova a collaborare con Tintoretto per lo scenario paesaggistico nel dipinto con *San Rocco nel deserto* della chiesa di San Rocco a Venezia (Mason Rinaldi 1965, 96-97), a conferma dell'affermazione del Ridolfi (1648, II, 81) secondo cui, tra tutti coloro che volevano andare alla sua scuola, Tintoretto tratteneva solo "quelli, da' quali poteva ricevere alcuna servitù. Tra quali furono Paolo Fiamingo e Martin de Vos, che gli servirono tal'hora del far de' paesi nelle opere sue". Nel foglio degli Uffizi, che pur si rivela di grande interesse nel segnalare un momento particolare nella genesi del genere paesaggio, si nota come l'interesse preponderante vada ancora all'indagine della forma umana: l'innamoramento per l'arte italiana che coglie tutti i nordici al loro impatto in Italia è dimostrato in questo caso, oltre che dalla ripresa di sculture di Giambologna, dall'omaggio a Michelangelo nella libera rielaborazione delle sue invenzioni grafiche sul medesimo tema per Tommaso de' Cavalieri (Gallerie dell'Accademia, Venezia; The British Museum, Londra; Royal Library, Windsor).
Non è chiaro quale sia stata la fonte diretta di Fiammingo, se addirittura uno dei disegni originali, una copia oppure la stampa di Beatricetto che ripropone la *Caduta di Fetonte*, vicina soprattutto alla versione di Windsor, del 1542 ca., e che appare nell'*Indice delle stampe in vendita nella bottega di Antonio Lafrey* del 1572. Paolo, in ogni caso, rielabora lo spunto per giungere a esiti profondamente diversi. Ovidio (*Metamorfosi* II, 304 e ss.) narra della terribile punizione del gesto folle di Fetonte, il quale, avendo osato guidare il carro del sole, viene fulminato da Giove cadendo senza vita nel fiume Eridano (il Po), mentre le sorelle Eliadi, che hanno bardato i cavalli, sono trasformate in alberi. Rispetto

alla fonte testuale scompaiono la *causa efficiens*, cioè Giove, e il cigno, in cui si è mutato l'amico Cycnus, mentre il fiume viene rappresentato come un dio barbuto. L'artista sviluppa il tema in un formato orizzontale, che gli permette di costruire le due quinte rialzate, conferendo ampio respiro all'apertura centrale con una vasta veduta di un paesaggio ribassato e attraversato da un fiume.
È interessante notare come il soggetto ovidiano sia più tardi affrontato anche dal conterraneo Lodovico Pozzoserrato nel *Paesaggio con la caduta di Fetonte* (Landesgalerie, Hannover), che reca una data tradizionalmente letta 1599, ma da intendere 1589 (Meijer 1988, 123-124). Nella tela si compie un passo ulteriore, per cui il tema reale non è più la caduta di Fetonte, che a malapena si legge nei bagliori sulfurei della nuvolaglia tempestosa, ma il paesaggio in cui il dramma ha luogo: il vero soggetto diventa la reazione della natura, dell'atmosfera e della vegetazione stessa colta nell'attimo finale della tragedia, tra la disperazione delle Eliadi e l'immobilità del fiume Eridano in primo piano.

SM

Lodovico Pozzoserrato
*Caduta di Fetonte*
Hannover, Landesgalerie

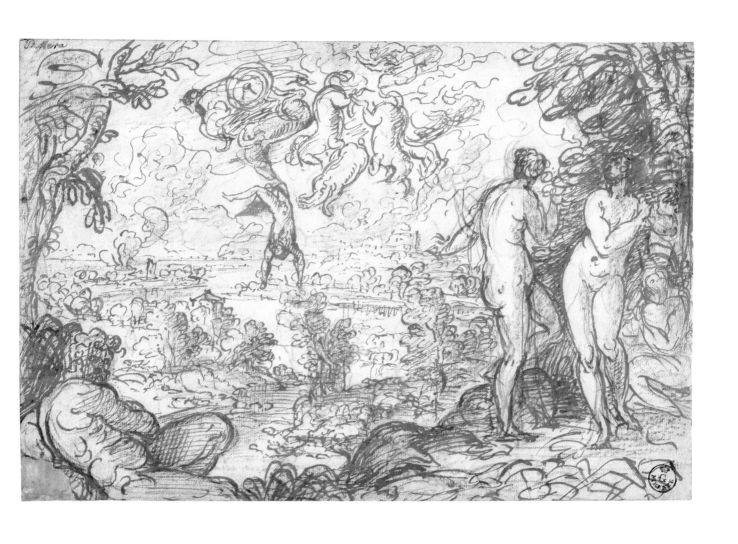

183
Pauwels Franck, detto Paolo
Fiammingo (ca. 1540-1596)
*Divinità in un paesaggio*
(*I cinque Sensi*), ca. 1582-1585

olio su tela, 125 x 196 cm
Vienna, Kunsthistorisches Museum,
inv. 66 8026
(in deposito nel Castello di Ambras)

LETTERATURA: Mason Rinaldi 1970,
224-226; Mason Rinaldi 1978, 60,
cat. 8; Limentani Virdis 1979, 49-50;
Meijer 1988c, 110-111; Konecny
1996-1997, 33-34.

La tela è stata resa nota dalla scrivente
(1970) e datata agli inizi degli anni ottanta, quando ancora si avvertono nel-
l'artista neerlandese gli stimoli del manierismo toscano che fa capo ai lavori
per lo Studiolo di Francesco I: Venere, alla destra del dipinto, è fedelmente desunta da quella di Giambologna
per il Giardino di Boboli, la dea Flora
è molto vicina alla Ninfa Doris che orna la fontana di Nettuno di Bartolomeo Ammannati e il vaso in primo
piano è simile a quelli disegnati da
Bernardo Buontalenti per la "fonde-
ria" dello Studiolo, come pure lo scri-
gno e i gioielli.
La struttura compositiva ha però in
*nuce* quelle caratteristiche che distin-
gueranno il Fiammingo nel panorama
della pittura veneziana di fine Cinquecento, per cui, pur nella preponderanza delle figure, il paesaggio acquista
un'importanza nuova, nella tripartizione dello sviluppo orizzontale data
dai gruppi di alberi, quasi un motivo
firma nei tronchi nodosi e nella vegetazione lussureggiante ottenuta pic-
chiettando il grigio sul verde, attraverso i quali si apre la veduta che, nella
lontananza, si alza in montagne azzurrine. Si rivela già in quest'opera il gusto dell'artista di inserire il tema mitologico o allegorico nella piacevolezza
della natura, nella fluidità dei diversi
passaggi, fatti di alberi rocce e monti,
attraverso piani a luci smorzate, in
modo da rendere la fusione tra soggetto e ambiente. Spetta a Meijer
(1988) l'esatta identificazione delle
divinità presenti nella composizione
e di conseguenza, attraverso i loro
attributi, del significato della loro
combinazione: Giove = *Visus*; Venere = *Tactus*; Apollo = *Auditus*; Flora
= *Olefactus*; Cerere = *Gustus*. Lo
studioso ha inoltre segnalato per confronto la serie delle incisioni, conservata nel Rijksmuseum di Amsterdam,
di Pieter de Jode, che sappiamo presente a Venezia nel 1585, in cui le divinità hanno le medesime caratteristiche tipologiche.
Nel suo periodo veneziano Paolo
Fiammingo sviluppò, a partire dall'i-
nizio degli anni ottanta, particolari tematiche quali le Quattro parti e le

Quattro età del mondo, gli Elementi, i
Sette Pianeti, i Cinque sensi, attraverso cicli complessi, sia per un illustre
committente straniero, Hans Fugger
di Kirchheim, sia per il mercato veneziano: per il giureconsulto veneziano
Pietro Gradenigo egli produsse infatti
"Cinque pensieri", descritti dettagliatamente da Ridolfi (1648, II, 82), che
similmente potrebbero corrispondere
per iconografia al tema dei Sensi e di
cui probabilmente faceva parte l'*Allegoria della vista* ora nella villa di Leni-
ce nella Moravia del Sud (Fucíková &
Konecny 1983, 67-76).
Il dipinto di Vienna segna un ulteriore
passo in direzione della affermazione
dei Cinque sensi come tema figurativo

(Konecny 1996, 23-48), a partire dalle
cinque incisioni eseguite negli anni
quaranta del Cinquecento da Georg
Pencz di Norimberga, che mostrano
nudi femminili assimilati alle virtù e ad
altri concetti, assieme ad animali. Erano seguite, nel 1561, la serie incisa da
Cornelis Cort e stampata da Hieronymus Cock su disegno di Frans Floris,
che aveva dato una chiara svolta all'i-
conografia del particolare soggetto
con l'uso di personificazioni femminili abbigliate all'antica, sedute per terra
all'aperto, accompagnate da animali
in qualità di attributi e, nel 1575, quella di Marten de Vos su disegno di
Adriaen Collaert, in cui si ritrova la
medesima iconografia, ma integrata

con episodi del Vecchio e Nuovo Testamento, lasciati comunque nello
sfondo. La novità di Paolo Fiammingo sta soprattutto nell'unificazione in
uno spazio naturale delle singole divinità personificanti i Sensi, secondo i
criteri di collegamento che si incontre-
ranno una decina di anni dopo nell'*I-
conologia* di Cesare Ripa, in uno spirito di pura classicità, senza risvolti "virtuosi", e tale aspetto viene ancor più
sottolineato dall'abbondanza e varietà
della natura morta, quasi a voler ricordare e ribadire la propria origine fiamminga.

SM

184
Dirck Barendsz (1534-1592) o Hendrik Goltzius (1558-1617)
*Nozze veneziane*, 1583 o 1584

penna e inchiostro bruno, acquerello celeste. Le linee di contorno sono incise per il trasferimento. La figura del pifferaio in una delle quattro finestre a destra è stata disegnata a matita nera, 402 x 747 mm
scritta sui gradini in primo piano, a penna e inchiostro bruno: THEODORUS BERNARDUS (A)MSTERODANUS INV...
Amsterdam, Rijksmuseum
inv. 37: 14

LETTERATURA: Judson 1970, 39-40, 119-121, cat. 61, fig. 29; Boon 1978, I, 14-15, cat. 26, II, fig. 26; Amsterdam 1986, 415-416, cat. 308; Meijer 1988, 142-151, fig. 11; Royalton-Kisch 1989, 14-26, figg. 4-6; Amsterdam 1991, 59-61, cat. 23, 167; Filedt Kok 1991-1992, 165; Reznicek 1991-1992, 131-132; Reznicek 1993, 50, cat. K 113b, fig. 30

Nell'ampio "portego" di un palazzo veneziano uomini e donne di nobile discendenza si sono riuniti per festeggiare le nozze di una giovane sposa, riconoscibile dall'acconciatura con le chiome sparse cadenti sulle spalle. Piuttosto che riferirsi a un momento specifico della cerimonia nuziale, il disegno ne illustra aspetti salienti quali la presentazione della sposa allo sposo e ai suoi amici nel giorno fissato per la stesura dei contratti (Meijer 1988) e la festa vera e propria "con apparecchi di squisite vivande e diverse." (Sansovino 1663, 401). Nell'ideare e arricchire questa scena l'artista ha inoltre attinto a raffigurazioni simili di area nordica. Dalla famosa xilografia con la *Festa veneziana* di Jörg Breu il Giovane potrebbe derivare il particolare del recipiente che tiene in fresco le bevande, mentre per la presenza dei commedianti vi è un precedente nell'opera pittorica di Hieronymus Francken (*Carnevale veneziano*, Aachen, Suermondt-Museum; Judson 1970, 40, fig. 102). Puntualissimi i riferimenti alla città di Venezia, dalla veduta sulla Laguna con l'isola di San Cristoforo, allo stemma scolpito con il Leone di San Marco, alla cornice architettonica, esemplata su modelli del Sansovino e dello Scamozzi (Meijer 1988).
Chiaramente tra gli artisti neerlandesi di fine Cinquecento solo Dirck Barendsz – attivo in Italia tra il 1556 e il 1562 circa – poteva mettere insieme una composizione così ricca di elementi di immediata discendenza veneziana. Non a caso il disegno in esame reca, in posizione prominen-

te, la scritta *Theodorus Bernardus (A)msterodanus inv(entor)*. La stessa scritta riappare sull'incisione a bulino che fu tratta dal nostro disegno a opera di Hendrick Goltzius (cat. 185). Ciò non toglie che in tempi recenti si sia aperto un dibattito sulla paternità del foglio qui esposto, e precisamente sulla sua esecuzione materiale. Come ha rilevato Martin Royalton-Kisch (1989), nella fattura stessa il disegno presenta scarsa affinità con i disegni a noi noti dello stesso Barendsz. Con raffronti stilistici specifici, lo studioso sostiene un'attribuzione alternativa ad Hendrik Goltzius, che, nell'avviarsi alla riproduzione in stampa di questa complessa composizione, avrebbe copiato o ripreso un modello ora perduto del Barendsz. Questa ricostruzione è stata accolta favorevolmente da Filedt Kok. Mantengono invece un margine di riserva Emile Reznicek (1993, 50) e Meijer (in Amsterdam 1991, 59: "Barendsz o Goltzius"). Il dibattito sull'attribuzione non sembra dunque ancora concluso in modo definitivo, e se sussiste tuttora una certa resistenza ad archiviare la tradizionale attribuzione a Dirck Barendsz, ciò potrebbe derivare da considerazioni quali la stretta aderenza delle tipologie facciali delle figure femminile ai modi del pittore di Amsterdam.
Valutata secondo i criteri dell'"ordinanty" e dell'"overvloet" (cfr. Van Mander 1604, c. 15r sgg.; Miedema 1973, II, 459 sgg.), la presente composizione è tra i raggiungimenti più significativi dell'arte olandese del nono decennio del Cinquecento. Particolarmente felice è la distribuzione delle figure nell'ambiente, che nel centro godono di maggiore spazio e sui lati si concentrano in raggruppamenti dalla struttura sempre diversa. Un graduale passaggio dal primo piano al luminoso sfondo è ottenuto tramite l'intelaiatura architettonico-prospettica di gusto rinascimentale. Infine vi è una non comune profusione di particolari dovuta in primo luogo alla varietà dei costumi. Mentre gli uomini sono vestiti in modo ora più, ora meno ufficiale, le dame sono abbigliate senza eccezione secondo il criterio dell'eleganza, ovvero secondo la moda dell'epoca, che ne mette in risalto la femminilità grazie all'ampia scollatura e alla veste che, aderente al busto fino alla vita, si allarga maestosamente sui fianchi. Osserviamo come alcune figure femminili assumano l'atteggiamento tipico di chi ama

ostentare la propria bellezza, in particolare la donna che guarda indietro con sguardo civettuolo e la dama al centro che viene accompagnata dal gentiluomo con il berretto. A destra, vicino alla ringhiera, una fanciulla attira l'attenzione di due uomini più vecchi di lei, quasi una trasposizione in chiave veneziana del tema biblico di Susanna e i vecchioni.
Quanto all'iconografia e ai possibili connotati moraleggianti del disegno, a più riprese il foglio del Rijksmuseum e la stampa del Goltzius che da questo deriva sono stati messi in rapporto con altre raffigurazioni nordiche che hanno come soggetto i piaceri della gioventù veneziana, in particolare la già citata xilografia di Jörg Breu il Giovane, conosciuta nei Paesi Bassi sin dal 1541 (Dodgson 1903-1911, II, 431; Amsterdam 1986, 272). Tuttavia un'importante differenza tra l'opera di Breu e la stampa di Goltzius riguarda le didascalie: apertamente ammonitorie nel primo caso, descrittive nel secondo. In effetti, è probabile che la posizione che Dirck Barendsz ha voluto assumere nei confronti della vita lussuosa dei patrizi veneziani fosse alquanto sfumata. Nel ricostruire la genesi della presente composizione difficilmente si può prescindere dal dato biografico. Sta di fatto che Barendsz, sin dal ritorno in patria, godette di uno status sociale particolare anche per il fatto di avere trascorso un periodo consistente della carriera a Venezia, nella bottega del grande Tiziano (Van Mander 1604, c. 259r). Certi riferimenti visivi e/o stilistici alla città lagunare, come ad esempio la veduta dell'isola di San Cristoforo (visibile dalla stessa casa del Cadorino, come puntualizza Judson 1970, 120), dovevano avere connotazioni autobiografiche positive. Né possiamo escludere che l'effigie del secondo personaggio da sinistra sia intesa come un autoritratto, inserito nella storia rappresentata per farsene partecipe, secondo una tradizione che risale all'antichità classica. Tale identificazione è ipotizzabile sia in base all'impostazione stessa della raffigurazione che dalla somiglianza con il ritratto inciso da Hendrik Hondius dopo la morte del pittore (Judson 1970, fig. 166; Orenstein 1994, 95, cat. 107, fig. 107).

GJVDS

185
Hendrik Goltzius (1558-1617)
*Nozze veneziane*, da Dirck Barendsz, 1584

incisione a bulino, 433 x 740 mm
scritte: Theodorus Bernardus Amsterodanus inventor/Henricus Goltzius sculptor Ao 1584";
didascalia: "Hic Antenorei Connubia magna Senatus,/Patriciosque vides coetus, Venetosque Hymenaeos:/Et celebres thalami ritus taedasque iugales/Sollenésque urbis pompas, clarosque triumphos:/Tum matronarum cultus, habitusque superbos,/Squalentésque auro vestes, gemmisque nitentes:/Quae non visa prius, multisque incognita terris,/Nunc evulgantur totum spectanda per orbem
Amsterdam, Rijksmuseum

Letteratura: Bartsch 1803-1821, III, 76, cat. 247; Hollstein 1949-1997, VIII, 99, cat. 292; Judson 1970, 153-154, cat. 107, fig. 67; Strauss 1977, I, 310-313, cat. 182; Meijer 1988b, 150-151; Royalton Kisch 1989, 15, fig. 7; Amsterdam 1991, 59-61, cat. 24; Filedt Kok 1991-1992, 165, 207, cat. 10

Quest'opera, datata 1584, rappresenta una tappa significativa nella carriera di Hendrik Goltzius sia come incisore che come editore di stampe.
Per la prima volta il Goltzius – attivo come bulinista sin dal 1576 – realizza una stampa di simili dimensioni, servendosi di due lastre per ottenere una riproduzione precisa e regolare di tutte le parti della composizione. Contrariamente alla norma, le due lastre hanno misure diverse, cosa che può dipendere dalla disponibilità di materiali all'interno della bottega. La complessa composizione delle *Nozze Veneziane*, la cui genesi viene discussa nella scheda 184, offre all'artista la possibilità di dispiegare molte delle capacità tecniche da lui già sperimentate in occasioni precedenti. Oltre all'equilibrata distribuzione della luce e dell'ombra nell'ambiente, si nota la raffinatezza nella resa dei costumi e delle stoffe, che – giova ricordarlo – fu ritenuta uno dei punti costanti di forza dell'incisore (cfr. Van Mander 1604, c. 284r). La sua abilità tecnica si intravede anche nella veduta sulla Laguna, dove con un impiego parsimonioso del bulino riesce a suggerire efficacemente i riflessi della luce sulla superficie dell'acqua.
All'epoca in cui questa stampa vide la luce, Hendrik Goltzius aveva da pochi anni incominciato la sua attività di editore. Tra il 1582 e il 1584, operando dalla sua bottega nella Barteljorisstraat di Haarlem, Goltzius pubblicò prevalentemente incisioni a bulino di propria invenzione, molte delle quali di modeste dimensioni, come anche stampe tratte da disegni di due "vecchi" maestri olandesi dalla fama consolidata: Anthonie Blocklandt e Dirck Barendsz (Filedt Kok 1991-1992, 163-165, 207). Per quel che sappiamo, la collaborazione tra Barendsz e Goltzius si limitò alla realizzazione della stampa in esame.

GJVDS

Hic Antenorei Connubia magna Senatus,
Patriciosq; vides coetus, Venetosq; Hymeneus.

Et celebres thalami ritus, tedasq; iugales
Solennesq; vrbis pompas, clarosq; triumphos:

Tum matronarum cultus, habitusq; superbos,
Squalentesq; auro vestes, gemmisq; nitentes:

Quę non visa prius, multisq; incognita terris,
Nunc euulgantur totum spectanda per orbem.

186
Pieter De Jode il Vecchio (1572/1573-1635)
*Festa in maschera*, da Lodewijk Toeput, ca. 1595 o 1598

incisione a bulino, 374 x 502 mm
scritte: in basso a sinistra LODOVI-
CUS POZZOSARATUS FLAND./TARVISIJ
INVENT; in basso a destra Vidua Ge-
rardi de Iode/excudebat; didascalie:
LARVATAE INCEDUNT VENETAE, CUR
LUCE PUELLAE?/AN FUGITANT LU-
CEM, SI BENE QUID FACIUNT?/ LUXU-
RIANT ANIMI REBUS PLERUMQUE SE-
CUNDIS./DIVITIIS ALITUR LUXURIOSUS
AMOR.
Amsterdam, Rijksmuseum

LETTERATURA: Poensgen 1925-1926,
328 (ripr.); Peltzer 1933, 278; Hollstein 1949-1997, IX, 205, cat. 110 (ripr.); Menegazzi 1958, 23, fig. 23; Ka-
tritzky 1987, 85, 88-89, 93, fig. 28;
Mason Rinaldi 1988, 93; Meijer
1988c, 115-116, fig. 12; Du Crocq
1991, 19, 85-86.

La stampa incisa da Pieter de Jode
su disegno di Lodewijk Toeput,
"fiammingo di Treviso", fornisce un
caratteristico esempio dei modi
compositivi di quest'ultimo, con figure in costumi contemporanei inserite in un'ampia cornice paesaggistica e/o vedutistica. Sullo sfondo di
una loggetta che accoglie uomini e
donne intenti a far musica insieme e
di un immaginario Canal Grande,
un gruppo di personaggi mascherati
si dirige da destra a sinistra. Essi
sembrano intenzionati a raggiungere
l'allegra compagnia di musicanti, anche se i primi ad accoglierli sono
Pantalone e due Zanni, i celebri personaggi della commedia dell'arte.
Colpisce lo sfarzo dei costumi carnevaleschi, come anche la ricercatezza
delle acconciature femminili, di gusto prettamente manieristico. Questi
particolari sono resi dal De Jode con
tratto preciso. Per lo sfondo l'incisore adotta invece un tratto più leggero, che valorizza gli effetti di profondità. Nessuna delle incisioni veneziane di Pieter de Jode è datata. Tuttavia, è probabile che almeno una di
queste stampe, la ben nota *Veduta
della Piazzetta* (Hollstein 1949-1997,
IX, 205, n. 111), fosse realizzata entro l'estate del 1598, dal momento
che essa reca una dedica al Procuratore *de Ultra* Battista Morosini, che
morì il 14 luglio di quell'anno (M.
Barbaro, *Discendenze patrizie*, Venezia, Biblioteca Correr, Cod. Cons.
XI-E-2, vol. 5, c. 210v). Ciò rende
probabile che l'incisore soggiornas-
se a Venezia subito prima e/o subito
dopo la sua permanenza a Siena, documentata tra il 1596-1597. Anche
per l'opera in esame si possono dunque proporre due date indicative: il

1595 oppure il 1598. Come evidenzia la scritta nell'angolo destro inferiore, Pieter fece pervenire la lastra
della Festa in maschera a sua madre
ad Anversa, affinchè ne potesse curare l'edizione. Paschijnken van
Gelre, vedova di Gerard de Jode, da
alcuni anni aveva assunto la gestione
della bottega del marito (Amsterdam 1997, 77).
Sebbene questa scena carnevalesca
sia ambientata a Venezia, molteplici
sono gli elementi stilistici e iconografici che rimandano al mondo artistico d'Oltralpe. Stefania Mason Rinaldi osserva che "nell'arbitrarietà
della costruzione dello spazio e delle
proporzioni e nel cifrario stilistico"
la presente opera rivela il contatto
con una cultura come "poteva essere
quella di Hendrik Goltzius e di
Hans von Aachen." Inoltre, la loggetta e le edicole contenenti statue
sembrano ispirate alle invenzioni architettoniche di Hans Vredeman de
Vries, alle quali Toeput si rivolse in
più di una occasione. Ma l'elemento
che maggiormente contribuisce a
conferire a questa raffigurazione
un'aria nordica è l'intento moraleggiante, che meglio traspare dalle didascalie. Il fatto che le gentildonne
veneziane rifuggano la luce del giorno le rende moralmente sospette
("an fugitant lucem, si bene quid faciunt?"), e nell'ultimo verso viene ribadito il binomio tra ricchezza e lussuria ("divitiis alitur luxuriosus
amor.") Come ha puntualizzato Bert
Meijer, il particolare iconografico
della gabbia di uccelli, sospesa nella
loggia che offre riparo ai musicanti,
potrebbe esser inteso inoltre come
un'allusione all'amore e ai suoi pericoli (Meijer 1988c, 116).
Nell'arte fiamminga di fine Cinquecento, e in particolare nella grafica,
numerose sono le raffigurazioni di
allegre compagnie di giovani uomini
e donne ai cui piaceri fa riscontro
qualche riflessione moraleggiante.
Rientra in questa logica la presenza
dei personaggi della commedia del-
l'arte, che sottolineano il carattere
mondano della situazione, come attestano stampe tratte da disegni di
Jodocus van Winghe e Marten de
Vos (si veda Amsterdam 1997, 67-
70; Antwerpen 1994, 92-93). Tra la
stampa in esame e la stampa incisa
da Johannes I Sadeler da De Vos
sussiste, forse, un rapporto di dipendenza diretta, ma non possiamo sapere quale delle due sia stata eseguita per prima per la mancanza di dati
cronologici esatti.

GJVDS

187
Lodewijck Toeput detto Lodovico Pozzoserrato (ca. 1550-1604/1605)
*Concerto in villa*, ca. 1596

olio su tela, 171,5 x 129,5 cm
Treviso, Museo Civico, "L. Bailo"
inv. P. 373

PROVENIENZA: acquistato dalla collezione Böhler di Monaco nel 1956.
LETTERATURA: Firenze 1931, 232; Peltzer 1934, 277; Menegazzi 1958, 25; Menegazzi, 1964, 261-262; Venezia 1981, 244, cat. 94; Larcher Crosato 1988, 75-78; Manzato, 1997, 89; Fossaluzza 1998, 694-695.

Quasi un manifesto delle delizie della vita di villa, il dipinto viene concordemente riferito alla maturità dell'artista, nel periodo trevigiano, allorché le varie componenti della sua arte, dalla lontana formazione ad Anversa e i continui contatti con incisioni e incisori del suo paese di origine ai modelli dei grandi maestri veneziani, in particolare Tintoretto e Veronese, sembrano fondersi in un ultimo canto felice, che si esprime essenzialmente attraverso due filoni molto differenziati: da una parte il tema della riunione all'aperto, sia intorno a una tavola imbandita, come nelle versioni del *Convito del ricco epulone* del Monte di Pietà di Treviso o della Gemäldegalerie di Kassel (Menegazzi 1958, 18, 23), sia a una spinetta, nel contesto di una natura ordinata dall'uomo e in cui l'uomo ha un ruolo importante; dall'altra, dipinti di modeste dimensioni in cui la parte dominante è riservata invece al paesaggio.
L'interesse della tela in esame viene non solo dalla piacevolezza del narrato, ma anche dalle informazioni

che essa offre sull'artista, in una fase in cui tenta di innestare nella tradizione veneta il naturalismo di gusto neerlandese di fine secolo, orientandosi verso la poetica veronesiana della decorazione di villa.
Tipica dell'artista è l'arbitrarietà di effetto spaziale, nel brusco stacco tra il gruppo dei suonatori compresso in primo piano e il giardino i cui pergolati e viali creano delle linee asimmetriche verso la lontananza, accentuato dal chiasmo tra la dolce luce che bagna le grandi figure e il variare della sua intensità che si esprime in modulazioni grigie, argentee e rosate nel mondo della natura. Complessa è la decifrazione del tema, all'apparenza fin troppo evidente, di un concerto all'aperto. Più che all'aperto, l'elegantissimo gruppo di suonatori, composto di quattro uomini e due donne, si situa in uno spazio rialzato non ben definito, al limite di un ambiente architettonico che appena si intravede, probabilmente una villa, dietro alla quale un giardino all'italiana si estende in profondità con gallerie vegetali, viali ornati da statue, obelischi e ninfei. Quasi per contrasto con la vitalità della natura regolata dalla mano dell'uomo e percorsa da coppie di amanti, chiude a sinistra lo sfondo un monte deserto e brullo.
Una prima osservazione è che, nel tema musicale così amato nel Cinquecento veneto, i nudi dei concerti campestri degli inizi del secolo indossano ora i ricchi costumi dell'epoca e la natura non è più rappresentata libera ma costruita dall'uomo, tipico rappresentante ormai della "civiltà di villa".
Il piano di lettura dell'opera non si limita, in ogni caso, alla descrizione dei passatempi in villa. È stato infatti proposto (Larcher Crosato 1988, 75-78) un rapporto del dipinto con stampe nordiche, quali l'*Adolescentia Amoris*, inventata da Marten de Vos e incisa da Crispin de Passe de Oude nel 1596. Tuttavia, scrive la studiosa, sempre per quell'incrociarsi nel Toeput di modelli grafici e realtà vissute, l'impostazione della scena rammenta la "cappelletta ben dipinta" che Agostino Gallo, nelle sue *Dieci giornate della vera agricoltura e piaceri della villa* (edite a Brescia nel 1564 e ristampate, ampliate, a Venezia negli anni settanta), descrive nella sesta giornata della sua opera, posta al centro delle mura di cinta dei giardini, ornati da "siepi bellissime" e da "folte pergole, di gelsomino, rose, mirto e lauro" ed

ancora completati da "più rivoli correnti, dalla limpida peschiera e dalla magnifica fontana" "per starvi il signore, oltre agli altri diletti, a suonare con gli amici."
Meno condivisibile appare la proposta di identificare l'opera come una "allegoria dell'Estate" (Larcher Crosato 1988; Fossaluzza 1998) sulla base del fatto che, nella sua decorazione ad affresco di villa Chiericati alla Longa (Menegazzi 1961, 119-126), Pozzoserrato ha espresso i mesi di tale stagione con la veduta di una villa, preceduta da un giardino, in cui dame e cavalieri passeggiano e che la statua sulla parete a destra del *Concerto* sarebbe incoronata di spighe. A mio parere si tratta invece di una figura di Bacco, con in mano un grappolo d'uva e un calice, che ben si colloca rispetto al fare musica rappresentato subito sotto, in quanto "capo e guida delle Muse come Apollo" (Cartari 1571, 369). In questo senso la figura del *Concerto* trevigiano è paragonabile a quella che compare, affrescata da Veronese, nella Stanza di Bacco a villa Barbaro a Maser, poiché il vino desta nell'anima quelle facoltà che erano poste sotto la protezione del dio di Delfi: l'equilibrio sereno, immune da ogni preoccupazione, e l'ispirazione poetica e spirituale.

SM

Lodovico Pozzoserrato
*Estate*
Longa di Schiavon, Villa Chiericati

188
Lodewijck Toeput detto Lodovico Pozzoserrato (ca. 1550-1604/1605)
*Studio per Susanna e i vecchioni*, ca. 1590

penna, inchiostro e acquerello bruno su traccia di gesso nero e rosso, 186 x 286 mm
Dresda, Kupferstich-Kabinett Staatliche Kunstsammlungen
inv. C 1035-36

LETTERATURA: Wegner 1969, 90-92; Mason Rinaldi 1988, 94-95.

Il tema di Susanna, tratto da un'aggiunta apocrifa del *Libro di Daniele*, come ha osservato Rearick (1978b, 340-341) si incontra piuttosto raramente prima degli anni successivi al Concilio di Trento, allorché fu considerato un'allegoria della purezza, ossia dell'*Ecclesia*, minacciata dall'empietà degli anziani, cioè degli eretici. Secondo lo studioso, il risveglio dell'interesse per tale soggetto a partire dagli anni sessanta del XVI secolo potrebbe derivare dai suggerimenti dei teologi che spinsero mecenati e collezionisti alla cautela nei riguardi di dipinti sensuali, sul tipo delle "poesie" di Tiziano, e i pittori a ricollocare il repertorio edonistico nel contesto accettabile di temi moralistico-biblici. Il soggetto sembra godere, così, di grande popolarità nella pittura veneta del secondo Cinquecento, come dimostrano i numerosi esempi che ci sono pervenuti da parte di artisti come Tintoretto, Veronese e Bassano, seppure con intenti ed esiti profondamente diversi. Se nella *Susanna e i vecchioni* di Paolo Veronese (Cassa di Risparmio, Genova) del 1558 circa, il "significato teologico è sottolineato dall'aver situato l'eroina all'interno di un padiglione con fontana lungo uno dei lati di un chiostro monumentale e lo stesso pesante mantello che la ricopre comunica alla scena un senso solenne di decoro" (Rearick in Venezia 1988, 97), ribadito dall'atteggiamento dignitoso dei due anziani, nella sua opera più tarda eseguita in collaborazione con la bottega (Gemäldegalerie, Dresda) la lieve "mondanizzazione" della scena, per la posa più

audace della donna e più subdola dei vecchi, trova una controparte nel messaggio religioso implicito nella porta chiusa del giardino e nell'inclusione del cespuglio di rose.
Quanto al *corpus* pittorico di Jacopo Bassano, Aikema (1996, 127-131) ha messo in evidenza come la nuda Susanna personifichi nella versione di Ottawa (National Gallery of Canada, ca. 1555-1556) purezza e verità anche per la presenza del giglio, del cardellino e del giardino murato con le porte chiuse che si assomiglia a un *hortus conclusus*, per divenire poi metafora dell'anima cristiana casta che deve conservare la forza contro le tentazioni terrene nell'esemplare di Nimes del 1585.
Ben diversa è l'elaborazione del tema in Tintoretto: nella tela del Kunsthistorisches Museum di Vienna (ca. 1557) Susanna, come una Venere seduttrice, circondata da gioielli e oggetti da toeletta, si guarda compiaciuta allo specchio, assolutamente inconsapevole sia degli sguardi furtivi dei vecchi, sia di quelli dello spettatore. Nonostante le presenze simboliche del cerbiatto e del cespuglio di rose, l'enfasi in questo dipinto va soprattutto all'aspetto della *vanitas*, forse per indurre l'osservatore a un sentimento di disapprovazione verso il turpe comportamento dei due anziani.
Anche il nordico Lodovico Pozzoserrato, trapiantato a Treviso, si cimenta in diversi momenti della sua carriera sul tema di Susanna. In un dipinto di collezione privata (Mason Rinaldi 1988, 89-95), ispirato da una stampa di Heinrich Aldegrever, la donna volge la testa verso lo spettatore, conscia della propria nudità, accentuando in tal senso la valenza profana dell'opera anche per i monili intrecciati ai capelli, la perla all'orecchio e il raffinato vaso da unguenti in primo piano, mentre in lontananza i due vecchi discutono fermi lungo il sentiero che conduce ad una ben riconoscibile Treviso.
Successivamente, quando cioè il pittore risulta inserito nella tradizione della decorazione veronesiana di villa dell'ultimo decennio del secolo, sono due i pensieri grafici sul tema, uno già nella collezione Janos Scholz (Pierpont Morgan Library, New York), prima idea per il momento più drammatico della storia, quello del repentino e aggressivo manifestarsi dei malvagi giudici. L'artista usa una particolare prospettiva a cannocchiale, simile a quella che compare nella pala con l'*Annuncia-*

*zione* ora al Museo Civico di Treviso, scandita nei vari piani dal pergolato al portico, attraverso un lungo viale, fino al ninfeo sullo sfondo.
La compenetrazione tra evento e impaginazione si fa più felice e organica nel secondo disegno, dalla tecnica maggiormente rifinita, conservato a Dresda. Pozzoserrato, la cui narrazione si tempera nel tono, in accordo con il dilatarsi della cornice ambientale, svolge un arguto racconto sotto una pergola dove i tre personaggi sembrano giocare a nascondino, nella stessa disposizione presente nella tela sopracitata di Tintoretto, non immemore però, nella posa della sua Susanna, della versione veronesiana di Dresda. Il rigore e la simmetria dello spazio retrostante, con viali e fontane, chiuso da alti edifici, ricorda, più che una villa veneta, le soluzioni proposte dalle tavole nell'*Hortorum Viridariorumque delineatae* di Hans Vredeman de Vries, pubblicato nel 1583.
I modi grafici così acquerellati del presente foglio sono quelli consueti dell'artista e la pergola, il giardino all'italiana, in fondo al quale sorgono gli edifici, quasi un *leitmotif* nelle sue opere di questo periodo, ci introducono alle soluzioni peculiari del Pozzoserrato frescante in villa, che si avvia ora, negli ultimi anni della sua vita, partecipe delle inclinazioni del paesaggio neerlandese di fine Cinquecento, alla sua fase più feconda e positiva, che si esprimerà in quel "far paesi" che aveva così impressionato il Ridolfi (1648, II, 93-94).

SM

Tintoretto
*Susanna e i vecchioni*
Vienna, Kunsthistorisches Museum

## 189
Lodewijck Toeput detto Lodovico Pozzoserrato (ca. 1550-1604/1605)
*Veduta di un luogo di imbarco al bordo della laguna* nono decennio del Cinquecento

acquerelli bruno e azzurro
200 x 300 mm
Leida, Prentenkabinet von de
Universiteit, inv. 1254

LETTERATURA: Wegner 1961, 113;
Meijer 1988c, 116.

Il foglio di Leida tramanda un'immagine piuttosto rara di una Venezia in fase di avvicinamento, in quanto viene colto l'imbarco dei viaggiatori, nella terraferma lagunare, per raggiungere la città, che si intravede sullo sfondo, per mezzo delle gondole protette dal felze. Lontano dallo spirito più agiografico delle raffigurazioni del cuore religioso e politico della capitale, su cui Pozzoserrato stesso si era cimentato, come testimonia la stampa con la *Piazzetta* tratta da Pieter de Jode da una sua invenzione (Amsterdam, Rijksprentenkabinet in Meijer 1988, 116), il disegno coglie con straordinaria freschezza il vivace traffico in entrata e uscita di passeggeri e merci.
Il punto di vista ribassato per il primo piano, con lo scorcio di una locanda da cui si sta allontanando la medesima carrozza che compare nella *Veduta di Treviso* del 1582, conferisce grande risalto alla componente caratteristica del sito, vale a dire la vasta distesa d'acqua immobile. L'uso sapiente dell'acquerello azzurro restituisce i riflessi di luce sulla laguna, mentre i tratti molto sottili della penna segnalano l'ampiezza dello spazio; un grande arcobaleno corona questo luogo particolare, dove mare e cielo si confondono. In tal senso il foglio di Leida si colloca nella produzione grafica del Pozzoserrato tra la giovanile *Veduta di Treviso* e i disegni più tardi, come *Il ritorno del Bucintoro* (ubicazione ignota, in Meijer 1988c, fig. 24) e i *Paesaggi* dell'Accademia Carrara (Menegazzi 1988, figg. 12, 13) dove l'orizzonte si abbassa e il segno si fa più libero e pittorico.
Come per Wegner, che ha per primo reso noto il disegno (1961), con simili opere il Toeput si configura non come un semplice seguace di Tintoretto quale creatore di un genere nuovo, anticipando in tal senso il fenomeno del vedutismo veneziano del Settecento. Anche per Meijer (1988c) il contributo del Pozzoserrato alla veduta veneziana, da una parte con la *Piazzetta*, non più scenario di episodi storici o religiosi, ma soggetto principale dell'opera, dall'altra con la presente veduta della laguna, è da considerarsi di fondamentale importanza.

La sua maniera sensibile e nuova nella resa del paesaggio non poteva non incontrare il favore di committenti e collezionisti di fine Cinquecento a Treviso e non solo, come attestano i suoi lavori in questo settore menzionati dalle fonti nelle ville Priuli e Barbaro nel territorio di Castelfranco, ora perduti, e ancor più quelli giunti sino a noi nelle decorazioni paesaggistiche dell'appartamento dell'Abate a Praglia e nella ville Chiericati Longa a Schiavon (Vicenza) e Soranzo sul Brenta.

SM

190
Lodewijck Teoput detto Lodovico Pozzoserrato (ca. 1550-1604/1605)
*Veduta di Treviso*, 1582

penna e inchiostro bruno,
acquerelli bruno e azzurro, tracce
di gesso nero, 281 x 433 mm
scritte: 1582 IL 31 IVLIV (in alto);
LODOVICO POZZO FIAMINGO
ABITANTE IN TREVISO
Parigi, Collection Frits Lugt
Institut Néerlandais
inv. 1973-T.10

PROVENIENZA: Jacques Petit Horry,
Parigi, acquistato il 16 marzo 1973.
LETTERATURA: Firenze 1980-81, 206-
207, cat. 141; Meijer 1988c, 114-115;
Menegazzi 1988, 65-66.

Datata 1582, la *Veduta di Treviso* con
il profilo della città, quale si presentava allora a chi vi giungesse da Venezia, rappresenta, dopo il disegno
con l'*Interno del Colosseo* (Albertina, Vienna) del 1581, il secondo
punto fermo nella cronologia di Lodovico Pozzoserrato, quando l'artista fiammingo Lodewijck Toeput,
ormai italianizzato anche nel nome,
risiedeva nella città veneta sicuramente da alcuni mesi, come attesta il
documento notarile del 19 febbraio
1582 in cui si parla di "Dominus Lu-
dovicus Pozzo Flandrensis Pictor et
habitator in presentiarum Tarvisii"
(Bampo 1907-1926, ms.1411, alla
voce Pozzoserrato Lodovico).
A Treviso la sua presenza è accertata
fino al 1604 (mentre risulta defunto
il 9 settembre 1605), godendo evidentemente di una buona fama, se si
considerano i diversi aspetti della
sua produzione: pale per chiese della città e del territorio, dipinti per il
collezionismo privato e affreschi per
ville e palazzi.
Su quanto precede il 1582 restano
ancora margini di dubbio: è probabile che sia nato ad Anversa – "D.

Lodovico Pozzoserrato
*Interno del Colosseo*
Vienna, Graphische Sammlung Albertina

Ludovico Puteoserato pictore Tarvi-
sij q. D. Laurentij de Anversa" è detto in un documento del 1583 (Menegazzi 1957, 216) – o a Malines, secondo van Mander (1604, c. 296v),
intorno alla metà del secolo, ma nulla si sa della sua formazione.
Giunge a Venezia intorno al 1575, se
il 23 giugno 1576 viene citato come
gioielliere a Rialto e abitante nella
parrocchia di Santa Maria Maddalena (Meijer 1988), ma nel 1582 è
"pictor" a Treviso: i motivi di questa
svolta nella carriera di Pozzoserrato
possono essere solo oggetto di congetture, sulla base degli scarni elementi in nostro possesso.
Se non si può escludere che vi sia
stata una frequentazione della bottega di Tintoretto, dal momento che la
sua pittura di figura negli anni della
maturità mostra un debito verso
quel maestro, quel che appare indiscutibile sono i rapporti costanti del
Pozzoserrato con pittori e soprattutto incisori della sua terra d'origine.
Insieme al celebre cartografo Abraham Ortelius soggiornò a Venezia nel
1577 il disegnatore-incisore Joris
Hoefnagel, come risulta tra l'altro
dall'iscrizione delle due vedute, incise nel 1578, di *Piazza San Marco* e
della *Piazzetta con il Palazzo Ducale
in fiamme* su due pagine consecutive
delle *Civitates Orbis Terrarum* di
Braun e Hogenberg.
Meijer (1988c, 114-115), che ipotizza un contatto diretto fin da questo
momento tra i due artisti, ritiene che
"sia stato proprio Hoefnagel a promuovere in Pozzoserrato l'interesse
per la topografia". Di qui il viaggio a
Roma, nel 1581, di cui resta un ricordo nell'*Interno del Colosseo* prima citato, non certo fredda desunzione da un'incisione di Cock, ma testimonianza viva del fascino che l'antichità poteva esercitare su un nordico. La stessa sensibilità che spinge il
Pozzoserrato a restituire sulla carta
la luce che vibra nel corridoio del
monumento romano e la pozza d'acqua piovuta dal soffitto sfondato si
avverte nella *Veduta di Treviso*, in cui
accurata è la descrizione della città
entro le mura, "tanto che vi si possono individuare con chiarezza edifici
pubblici e chiese, alcuni in seguito
distrutti, altri ancor oggi esistenti"
(Menegazzi 1988), mentre la campagna circostante è resa in modo più libero e istintivo, con grandi macchie
di acquerello dal valore coloristico e
atmosferico e pochi segni rapidi che
costruiscono la carrozza in corsa e le
figurine in primo piano.
Forse proprio questa prevalenza del-

l'interesse del pittore sul topografo,
qui avvertibile, non dovette soddisfare Joris Hoefnagel: come ha messo in luce Meijer (1988c), il "13 luglio del 1592 il giovane archeologo
Philips Van Winghe scrive da Roma
all'amico Abraham Ortelius e, co-
municandogli di aver ricevuto da
Joannes Pinadelli una esatta rappresentazione di Treviso, non ancora inclusa nell'opera, chiede se Ortelius
intenda inserirla sotto la sua pianta
della città o se preferisca che egli
stesso la invii all'Hogenberg, incisore ed editore, nonché uno dei padri
del progetto delle *Civitates*." Sembrerebbe, dunque, che per questa
particolare veduta di Treviso Hoefnagel abbia elaborato la sua incisione collezionando più disegni, tra cui
quello del Pozzoserrato.

SM

Lodouico pozzo fiamingo abitance in treuiso

191
Joris Hoefnagel (1542-1600)
*Veduta di Treviso*, da Lodovico Pozzoserrato, *post* 1582

acquaforte, 396 x 501 mm
scritte: "ORIENS; ACQUAPENDENTE; EX ARCHETYPO LODOVICI TOEPUT, DELINEAVIT ET COMMUNICAVIT GEORGIUS HOEFNAGLIUS; TARVISII; MERIDIES"; 11 toponimi entro cartiglio
Treviso, Biblioteca Comunale

LETTERATURA: Popham 1936, 183-201; Hollstein 1949-1997, IX, 205; Menegazzi 1957, 183-184; Meijer 1988, 114-115; Fossaluzza 1998, 691.

La *Veduta di Treviso* compare con quella di *Acquapendente* nella stessa pagina del quinto volume di un grandioso progetto, le *Civitates Orbis Terrarum*, nato dalla collaborazione di due editori, Georg Braun o Bruin, nativo di Colonia, e Franz Hogenberg incisore della maggior parte delle vedute. Come le consorelle, essa poteva anche essere venduta sciolta. Popham (1936) ha messo bene in luce il fascino delle *Civitates*, che deriva dal tramandare le vedute di importanti città dell'Europa alla fine del Cinquecento, seminate sulle colline o proiettate sul mare o percorse da un fiume, dominate dalla loro cattedrale gotica e dai castelli, chiuse nelle mura turrite, prima che svanisse il loro compatto carattere medievale. Città in miniatura, in cui ogni piccola casa, ogni torre, ogni albero sono meticolosamente delineati, mentre una microscopica umanità è impegnata nei lavori dei campi o nei traffici del mercato e le greggi pascolano fuori le mura.
L'aspirazione degli editori era insieme scientifica e utilitaristica: fornire una guida ai viaggiatori, mercanti o pellegrini che fossero, in un'epoca in cui i grandi spostamenti erano pieni di incognite e di pericoli, e dare informazioni anche a coloro che preferivano viaggiare a tavolino. Il primo volume dell'opera, una forma di supplemento al *Theatrum Orbis Terrarum* del cartografo Abraham Ortelius, pubblicato nel 1570, apparve a Colonia e Anversa nell'agosto 1572. Molte delle vedute del terzo e quinto volume, pubblicato quest'ultimo nel 1598, sono di Joris Hoefnagel, figlio di un ricco mercante di diamanti, formatosi nel disegno forse presso Hans Bol a Malines, che passò gli anni dal 1561 al 1567 viaggiando in Francia e Spagna – soprattutto in Andalusia – e nel 1568-1569 in Inghilterra, nel 1576 abbandonò la città natale per Monaco, impiegato come miniatore di Guglielmo V di Baviera, e poi soggiornò a Vienna e Praga al servizio dell'imperatore Ro-

dolfo II. Morì a Vienna il 9 settembre 1600. Come si è visto, un soggiorno a Venezia nel 1577 di Joris Hoefnagel, assieme al cartografo Abraham Ortelius, è attestato tra l'altro dalla scritta che compare nelle due vedute, incise nel 1578, di *Piazza San Marco* e della *Piazzetta con il Palazzo Ducale in fiamme* su due pagine consecutive delle *Civitates*. È assai probabile che risalgano a questo momento la conoscenza e il conseguente coinvolgimento di Pozzoserrato nell'impresa editoriale, provato, oltre che dal disegno con la *Veduta di Treviso* del 1582, da due fogli con le raffigurazioni di Firenze (Meijer 1988c, 114) e Feltre (National Gallery, Ottawa).
A differenza della maggior parte delle vedute urbane presenti nel primo volume, quelle di Hoefnagel non sono semplici piante rese con una prospettiva a volo d'uccello, ma composizioni in cui la città, vista da un punto elevato, viene inserita in un paesaggio di vasto respiro attraverso l'elaborazione di più schizzi, con una formula che appartiene essenzialmente alla tradizione fiamminga, da Patinir a Pieter Bruegel. Anche nel caso in esame, è assai probabile che il disegno fornito da Pozzoserrato per la veduta urbana di Treviso dalla prospettiva del Terraglio non sia stato sufficiente all'incisore, che lo elaborò sulla base di altri elementi topografici (Meijer 1988c, 114-115).
Confrontando il disegno della Collection Frits Lugt (cat. 190) con l'incisione di Hoefnagel, si nota come il primo sia stato pensato con l'intento di fornire una veduta più ravvicinata della città, circondata dalle mura e dai bastioni, in cui spiccano le forti emergenze delle torri e dei campanili e si offrono pienamente alla vista in particolare la "casa di Bressa" e la chiesa di San Nicolò: i due poli del potere, laico e religioso. La casa della famiglia Bettignoli, proveniente da Brescia, è l'unico manufatto laico presente nelle varie vedute di Treviso: oltre all'indubbia fama che il palazzo, opera probabile dei Lombardo, godeva per la sua imponenza architettonica, esso è il simbolo di uno dei più potenti casati locali, uno dei fulcri privilegiati dei rapporti sociali ed economici. Nell'incisione i dettagli si fanno più limpidi, si ingrandisce la chiesa di Santa Margherita e si accentua il senso del traffico in entrata e uscita, a uso del viaggiatore, anche per la presenza delle grandi figure dal ricercato abbigliamento che escono dallo spazio a sinistra.

SM

AQVAPENDENTE

*Ex archetypo Lodouici Toeput , delineauit et communicauit Georgius Houfnaglius*

TARVISI

1. Il domo         7. Sanct Paolo
2. Sanct Nicolo    8. Il nostro
3. Sancta Margarita 9. Casa di Bressa
4. Il Iesus       10. Sanct Stephano
5. Sanct Martino  11. Alpes
6. La terre della cica

Hans von Aachen
*Tarquinio e Lucrezia*
Stoccarda, Graphische Sammlung
Staatsgalerie

Già entro la prima metà del Cinquecento si può rilevare un nuovo corso nei rapporti economico-culturali tra Venezia e la Germania. I figli dei ricchi mercanti – si pensi ai Fugger, ritratti tanto da Giovanni Bellini quanto da Giorgione – ora non vengono più mandati a imparare il mestiere al Fondaco dei Tedeschi, ma frequentano prima per un paio d'anni l'università, in patria o all'estero, per sperimentare solo successivamente la prassi dell'attività commerciale in un centro importante, generalmente Anversa. Durante lo studio universitario in Italia potevano conoscere Venezia solo di passaggio o capitandovi dalle vicine Padova o Bologna[1]. Gli affari delle grandi ditte mercantili tedesche quindi non vengono più condotti sul posto dai figli dei titolari, da altri membri della famiglia o da dipendenti inviati a Venezia *pro tempore*, ma da mercanti tedeschi che vi immigrano stabilmente, che si occupano anche del trasporto e dell'assicurazione delle merci, che si adoperano per ottenere finanziamenti alle attività dell'impresa, raggiungendo in parte una considerevole ricchezza personale. I titolari dell'impresa familiare Ott, prima il padre David (morto nel 1579) e poi i figli Christoph e Hieronymus, che nutrivano un interesse particolare per la storia dell'arte, oltre a svolgere le loro consuete attività di mercatura e cambio erano soliti venire incontro alle richieste più disparate dei loro clienti, fra i quali vi erano duchi come Alberto V di Baviera e grandi mercanti, ormai notevolmente acculturati, che avevano ereditato opere d'arte e se ne circondavano, facendo di tutto per curare la propria immagine[2]. Così gli Ott da un canto procuravano alla loro scelta clientela beni di consumo e di lusso, come perle, stoffe damascate, vetri di Murano, frutti dei paesi mediterranei o esotici, parmigiano e frutti di mare freschi – tutte merci assai costose e rare in Germania e il cui trasporto rapido e sicuro al di là delle Alpi costituiva una vera e propria sfida alle capacità organizzative dei fornitori –, dall'altro collaboravano con conoscitori e mercanti d'arte come Nicolò Stoppio e Jacopo Strada[3], tenevano sott'occhio il mercato artistico veneziano, e spedivano antichità, dipinti nonché libri e manoscritti rari in Germania. Là, nelle libere città dell'Impero, scarseggiavano o erano venuti del tutto a mancare gli artisti di qualità, malgrado la pressante richiesta di opere d'arte. A Norimberga, dopo la fase degli immediati seguaci di Dürer come Georg Pencz (cat. 92), artisticamente si respirava aria di decadenza; la collezione del nipote di Pirckheimer, Willibald Imhoff, venne in parte acquistata da Rodolfo II, che prese al suo servizio anche il pittore specialista di animali e piante Hans Hoffmann, uno dei rappresentanti principali del rinascimento düreriano[4]. Dal 1568 al 1573 Emanuel Amberger, figlio del più noto Christoph (cat. 87), è documentato come aiuto di bottega di Tiziano[5]; Hans Fugger attorno al 1580 non fu in grado di trovare un ritrattista degno di questo nome ad Augusta, la sua città natale, un tempo fiorente, né in altre città della Germania meridionale, e dovette contentarsi di pittori fiamminghi di seconda scelta, come Abraham de Hel e Nicolaus Juvenel, che si trasferirono per tutta la durata dei loro incarichi ad Augusta e Norimberga[6]. Monaco, dopo la morte di Hans Mielich (1573), poteva reputarsi fortunata per l'arrivo del figlio di Lambert Sustris, che era stato collaboratore di Tiziano. Friedrich Sustris, accompagnato da un'équipe di altri artisti che avevano fatto esperienze in Italia, giunse nella capitale bavarese passando per Augusta e Landshut – tramite la mediazione di Hans Fugger – e si occupò dapprima, a partire dal 1581, della decorazione della Residenz elettorale[7].

Malgrado la deviazione dei principali percorsi del commercio da Venezia, e i conseguenti contraccolpi sull'economia della città lagunare, nel Cinquecento questa poteva contare più che mai sulla sua prossimità geografica all'*Oberdeutschland*, che favoriva contatti di ogni genere, inclusi lo scambio e l'incontro fra artisti e l'esportazione di oggetti d'arte. È comunque da considerare un fattore decisivo l'impareggiabile livello delle opere d'arte lanciate sul mercato da Venezia, oltre all'ottima fama di cui continuavano a godere dovunque gli artisti veneziani. La molteplicità dei temi iconografici a disposizione offriva, specie ai pittori, infinite occasioni e una clientela assai vivace e variegata, anche se alla vigilia del Seicento Roma prendeva piede come centro artistico rivale a livello europeo.

All'incirca contemporaneamente, alla fine del Cinquecento, sui paesi di lingua tedesca si impone l'astro nascente di una nuova e fiorente capitale artistica: Praga. Che si interpreti l'arte aulica praghese come la

[1] Nel caso dei Fugger i soggiorni a Venezia sono concretamente documentati per Marx nel 1557, e per Philipp Eduard nel 1560 (Lehmann 1956, 117; Bastl 1987, 67, 69 e 301). Nel 1587 fu spedito da Venezia ad Octavian Secundus Fugger il ritratto del cognato Christoph Fugger, che là era stato dipinto (Lieb 1980, 78). L'omonimo nipote di quel Georg Fugger che era stato ritratto da Giovanni Bellini si trovava a Venezia dal 1602, svolgendovi il ruolo di portavoce (oratore) dell'imperatore dal 1608 al 1610 (Martin 1998, 180-181).

[2] Per gli Ott come agenti d'arte cfr. Martin 1995b.

[3] Stockbauer 1874; Busch 1973; Jansen 1982 e 1987; Van der Boom 1988; Lietzmann 1998.

[4] Per i collezionisti di Norimberga, specie per Imhoff, cfr. Schwemmer 1949; Jante 1985; Pohl 1992. Per Hoffmann si veda Koreny & Segal 1989-1990.

[5] Augsburg 1981, II, 217-218.

[6] Lill 1908, 132-135.

[7] Lill 1908, 76-80; Geissler 1978; Meijer 1994.

Joseph Heintz il Vecchio
*Ecce Homo*
Dresda, Gemäldegalerie

Jacopo Tintoretto
*San Sebastiano*
Venezia, Scuola Grande di San Rocco

Joseph Heintz il Vecchio
*Diana e Atteone*
Vienna, Kunsthistorisches Museum

[8] Cfr. da ultimo i saggi in Praga 1997 e Konecny 1998. Quanto ai termini – ormai ricorrenti nella letteratura storico-artistica – "scuola di Praga" e "arte rodolfina" e per la valutazione degli esiti del tardo Manierismo italiano e fiammingo a Praga da un punto di vista stilistico, cfr. soprattutto: Biaostocki 1965; Zimmer 1970; Larsson 1988; Zimmer 1988.

[9] Sui dipinti di Tiziano che si trovavano nelle collezioni di Rodolfo II, cfr. Wethey 1969 e Wethey 1975; per Veronese e Tintoretto cfr. catt. 192 e 195.

[10] Per una panoramica della pittura alla corte di Praga si veda Fucikova 1988. Nei casi in cui non saranno fornite ulteriori indicazioni bibliografiche sui singoli artisti, ci si riferisce principalmente alle brevi indicazioni di Kaufmann 1988 sulla vita e sulle opere dei pittori.

[11] Lill 1908, 48, note 2 e 3; Gode Krämer in Grüber 1994, 100-101.

[12] Kropacek 1998.

[13] Sronek 1988.

[14] Per Joris Hoefnagel, che si era specializzato in paesaggi e studi della natura, e che dopo il suo soggiorno italiano era stato convocato a Praga, che raggiunse facendo tappa ad Augusta e Monaco, cfr. Vignau-Wilbery 1969; Vignau-Wilbery 1985. Cfr. inoltre catt. 191 e 187.

[15] Vignau-Wilberg 1988; per i ritratti: Van der Heiden 1970.

fase declinante oppure come l'apice del manierismo, come un fenomeno di conservatorismo (quasi di edonistico *l'art pour l'art* visto in confronto alla rivoluzione caravaggesca) – qualunque cosa se ne voglia dire, la metropoli boema allora raccoglieva quanto di più significativo nel campo delle arti e della scienza producesse l'intero Impero[8]. Rodolfo II, che dal 1576 era imperatore tedesco, rese nota la sua scelta di Praga come capitale residenziale solo nel 1583, ma la fervida attività edilizia promossavi dal sovrano fin dalla fine degli anni Settanta depone a favore di una sua precoce decisione di trasferirvi la corte, e della volontà di dedicarvisi a una consistente attività collezionistica. In pittura le sue preferenze andavano, oltre che a Dürer (il che può aver avuto motivazioni anche politiche, per lo stretto legame dell'artista coll'imperatore Massimiliano I), soprattutto a Venezia, con Tiziano, Veronese e Tintoretto[9], al manierismo all'italiana e al realismo alla fiamminga. Accanto ad acquisti e commissioni, Rodolfo II si adoperò per attirare alla corte praghese artisti che corrispondevano alle sue personali preferenze o che gli sembravano assicurare prestigio alla sua splendida corte, anche se non gli importava che essi vi si trasferissero permanentemente. Specie nel caso di Hans von Aachen, che aveva il curioso titolo di "Kammermaler von Haus aus" (pittore di camera a casa propria), quindi senza obbligo di presenza alla corte, si ricava l'impressione che l'imperatore lo impiegasse volentieri come agente incaricato di svolgere delicate missioni relative tanto all'arte quanto alla diplomazia, situazione che permise all'artista di confrontarsi in località diverse, e spesso anche a Venezia, con le ultime novità in campo pittorico. La pittura alla corte rudolfina era inizialmente di impronta nettamente padana e veneta[10]. Del resto già per il padre di Rodolfo, Massimiliano II, avevano lavorato Giuseppe Arcimboldo, l'incisore delle opere di Tiziano, Martino Rota, originario dalla Dalmazia, e Giulio Licinio, nato a Venezia nel 1527. Giulio, allievo dello zio Bernardino, era stato influenzato dal Veronese e da certe correnti della "maniera" dell'Italia centrale, che avevano raggiunto Venezia già nei primi anni quaranta, con Francesco Salviati, Giuseppe Porta e Giorgio Vasari. Nel 1563 fu nominato pittore e ritrattista imperiale. Come frescante partecipò alla decorazione dell'ala nuova della Hofburg viennese e nel 1560-1561 dipinse la facciata di casa Rehlinger ad Augusta: un'opera che impressionò tanto Hans Fugger, che questi cercò invano, nel 1568, di convincere Licinio a tornare nella città sveva[11]. Fino alla sua morte, avvenuta nel 1591, Licinio intraprese ancora numerosi viaggi a Venezia, dove continuava a recepire nuovi impulsi. Per ora non è stato possibile fare chiarezza sull'attività di Licinio, e ancor meno sappiamo del miniaturista (e pittore di ritratti di piccole dimensioni) Fabrizio Martinengo, o di un artista vagamente venezianeggiante come Francesco Terzio[12]. Oltre al veneziano Giovanni Contarini – nemmeno di costui gli studiosi hanno saputo tracciare un profilo nitido (cat. 196) – è da menzionare infine Paolo Piazza, di Castelfranco Veneto, attivo ad Augusta e a Praga[13].

Malgrado tutte le perdite di opere d'arte e di documentazione scritta su questa fase iniziale della pittura a Praga, si osserva con sufficiente chiarezza come alla corte asburgica i pittori italiani siano stati sostituiti da una più giovane generazione di artisti "di camera" di lingua neerlandese e tedesca, a loro volta però fortemente impregnati di cultura italiana. In particolare, caso per caso, si constata come all'inizio rivestissero un ruolo fondamentale i soggiorni veneziani degli artisti o comunque una loro recezione di influssi da parte di colleghi veneziani, anche se poi finirono col prevalere gli stimoli provenienti da altri centri, come Parma, Bologna e soprattutto Roma, dove per esempio Hans Speckaert apriva gli occhi ai connazionali più giovani sulle novità di maggior rilievo. In questa sede soffermeremo brevemente la nostra attenzione sui "pittori di figura" Hans von Aachen, Bartholomeus Spranger e Joseph Heintz il Vecchio, che a Praga si sarebbero poi profondamente influenzati a vicenda[14].

Hans von Aachen, nato a Colonia (e non ad Aachen [Aquisgrana]) nel 1552, dal 1574 soggiornò più volte a Venezia, dove all'inizio eseguiva copie per il pittore anversese Gaspar Rem, che vi risiedeva. Replicava probabilmente opere di Jacopo Bassano, Veronese e soprattutto Tintoretto, visto che più tardi avrebbe mostrato di dipendere talvolta dai ritratti di quest'ultimo, ma anche dai suoi soggetti sacri[15].

Cesare Vecellio
*Dama veneziana che fa la toletta*
da *Habiti antichi et moderni*
Venezia 1590

Joseph Heintz il Vecchio
*Giovanni Battista con i Santi Andrea
e Girolamo*
collezione privata

Alessandro Vittoria
*San Girolamo*
Venezia, Santi Giovanni e Paolo

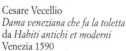

[16] Martin 1995, 52, cat. 13, 14 e 53, cat.
48. Il ritratto del Giambologna, inciso
nel 1589 da Gijsbert van Veen, potrebbe
anch'esso risalire al 1585. In questa stessa epoca Hans von Aachen dipingeva a
Firenze il ritratto dell'orafo Jakob Byli-
velt, tramite la mediazione del quale König aveva venduto nel 1584 vari smeraldi
a Francesco I. Entrambi i dipinti sono
andati perduti.
[17] Martin 1995, 51. I ritratti da parata dei
Fugger di Hans von Aachen hanno costituito i modelli per la serie di incisioni delle *Fuggerorum et Fuggerarum... Imagines*,
avviata nel 1588 da Dominicus Custos.
Hans si sarebbe nuovamente soffermato
più a lungo ad Augusta nel 1594.
[18] Fucikova, in Essen 1988, 151, cat. 615,
menziona oltre a Tiziano "opere veneziane di cultura figurativa simile".
[19] Oberhuber 1958; Henning 1987.
[20] Katalan 1997 ha pubblicato disegni di
Spranger tratti da dipinti del Tintoretto a
Venezia, senza però approfondire questo
punto. Certo anche Spranger avrà avuto
contatti con König, che in ogni caso ne
possedeva l'*Autoritratto*, oggi al Kunsthistorisches Museum di Vienna (Martin
1995, 53, cat. 12).
[21] Zimmer 1971, 76, cat. A3.
[22] Per Palma cfr. Rylands 1992, 228, cat.
85.

Nella città lagunare il maestro detto di Aquisgrana dipinse nel 1585 anche il proprio *Autoritratto*, ora a
Firenze, realizzato in un'epoca in cui doveva già essere in contatto col gioielliere e mercante d'arte d'origine tedesca Hans Jakob König (cat. 192), che possedeva nella sua collezione due autoritratti dell'artista
e un ritratto del Giambologna[16]. Dopo un soggiorno a Roma, che avrebbe lasciato in lui tracce particolarmente evidenti, dal 1587 Hans von Aachen fu attivo in Baviera. La raccomandazione alla corte monacense, e poi (1592) a quella praghese, potrebbe essergli venuta – oltre che dai Fugger – anche dall'in-
fluente Hans Jakob König, che era imparentato con gli Ott e vantava ottimi rapporti con Rodolfo II[17].
Probabilmente durante uno dei successivi viaggi a Venezia, Hans disegnò il foglio con *Lucrezia e Tarquinio* (Graphische Sammlung, Staatsgalerie, Stoccarda), forse preparatorio per un dipinto, documentato
nel 1621 nella collezione imperiale di Praga e oggi al Kunsthistorisches Museum di Vienna. Secondo noi
vi è un palese riferimento alla versione dello stesso tema dipinta da Palma il Giovane, come si può vedere sia nel disegno di quest'ultimo (cat. 200), sia nel dipinto ora a Kassel[18]. Le variazioni appaiono comunque immotivate: la mano sinistra di Tarquinio afferra il lenzuolo a fianco di Lucrezia, che tenta di di-
vincolarsi reggendosi al drappeggio del baldacchino, atteggiando la testa e il busto in una posa molto simile a quella della ninfa, in primo piano a destra su uno scoglio, del disegno di Spranger con *Diana e Atteone* di Spranger (cat. 198).
Bartholomeus Spranger, nato nel 1546 ad Anversa, si trasferì in Italia nel 1565. Passando per Milano e
Parma, giunse a Roma, dove lavorò per Alessandro Farnese e Pio V, talvolta anche insieme con Federico
Zuccari[19]. Nell'autunno del 1575 si recò, assieme allo scultore Hans Mont, alla corte di Vienna, convo-
catovi da Massimiliano II, mentre nel 1580 andò a Praga, dove l'anno dopo divenne pittore di corte (*Kammermaler*). A Roma Spranger aveva guardato specialmente a Raffaello, Michelangelo e ai manieristi romani; si ritiene che abbia avuto tutto l'agio di studiare dipinti veneziani a Vienna e Praga, ma un suo viaggio a Venezia non è del tutto escluso[20]. Spranger fu soprattutto pittore di soggetti erotici, un genere che
aveva già avuto un grande successo di pubblico a Fontainebleau, ma ovviamente anche in Italia e nelle
Fiandre. Al disegno di *Diana e Atteone*, ispirato alla tradizione veneziana e forse preliminare per una tela, si è già accennato, e anche la sua *Diana dopo la caccia* (cat. 194) ricorda le Veneri e le ninfe in un paesaggio dei seguaci di Giorgione, e in particolare il dipinto di Dresda di Palma il Vecchio (cat. 140), o quelli di Paris Bordon.
Joseph Heintz, infine, nacque nel 1564 a Basilea e vi ricevette la sua prima formazione. Si recò a Roma
nel 1584 e nel 1587, passando per Firenze, a Venezia. Nominato pittore di corte nel 1591, tornò di nuovo in Italia nel 1592-1595, fermandosi soprattutto a Roma. Fu poi attivo a Praga e specialmente ad Augusta, dove disegnò anche progetti per prestigiosi edifici pubblici (si veda "Venezia e Augusta" di Bruno
Bushart in questo catalogo). Fra gli artisti della corte di Praga Heintz è quello più italianizzante e decisamente più aggiornato sulle ultime tendenze della pittura peninsulare: gli Zuccari, i Carracci e i seguaci
del Correggio ebbero infatti su di lui un influsso più duraturo di quello dei "classici" veneziani. Nel presente contesto sarà interessante esaminare da vicino qualcuna delle sue opere. Così l'*Ecce Homo* del 1590
circa (Gemäldegalerie Alte Meister, Dresda) non fa che citare – in controparte e con piccole variazioni
dovute alla diversa iconografia – il *San Sebastiano* del Tintoretto, del 1578 circa, della Scuola Grande di
San Rocco a Venezia[21]. I nudi femminili, dalle pose ricercate, del suo *Diana e Atteone*, un dipinto spesso
replicato dei primi anni novanta o della metà di quel decennio (Kunsthistorisches Museum, Vienna, palesano la loro dipendenza da modelli veneziani, come – a parte il dipinto di uguale soggetto eseguito per
Filippo II – ad esempio il *Bagno di ninfe* di Palma il Vecchio, del 1525-1528 circa (Kunsthistorisches Museum, Vienna), che Heintz ebbe occasione di vedere a Venezia nella collezione di Bartolomeo della Nave (cat. 198)[22]. La giovane in primo piano, che si guarda allo specchio mentre scioglie la chioma sulla fal-
da di un cappello di paglia, dipende concretamente da raffigurazioni di dame alla toletta della tradizione
di Giovanni Bellini e Tiziano. La procedura con cui a Venezia le dame si imbiondivano i capelli è illu-

Hans Rottenhammer
*Ratto delle Sabine*
collezione privata

Hans Rottenhammer
*Giudizio Finale*
Monaco, Alte Pinakothek

Hans Rottenhammer
*Dio Padre in gloria*
mercato antiquario

23 Identificazione di Luca Baroni; cfr. ill. 99 in Zimmer 1971 e 135, cat. B7.
24 Roettgen 1995.
25 Martin 1998b, 236-241, cat. 18 e 253-256, cat. 21.
26 Per uno sguardo d'insieme sulla sua produzione si veda Martin 1993, 28-30. Heintz il Giovane si era formato presso Matthäus Gundelach. Questo pittore originario dell'Assia aveva sposato nel 1605 la vedova di Heintz il Vecchio, succedendogli anche nella carica di pittore di corte; nel 1615 si trasferì con la famiglia ad Augusta (Bender 1981).
27 Sulla sua biografia cfr. Peltzer 1916; Schlichtenmaier 1988.
28 Pijl 1998. L'ultimo disegno noto di Rottenhammer fra quelli eseguiti a Roma, con *Due putti in volo* (The British Museum, Londra), reca la scritta: "In Romen desen 18 Augusto, 1595"; le prime opere veneziane documentate risalgono al 1596 (catt. 203 e 210).
29 Nel 1611 Philipp Hainhofer riferisce di Rottenhammer: "alss wie er dem Kaiser vil dergleichen Stück in Venedig kauft, aussgebessert und mit frischem fürneiss ubergangen habe" (avendo acquistato a Venezia molti pezzi di quel tipo per l'imperatore, li ha restaurati e riverniciati) citato da Peltzer 1916, 299. Cfr. anche Martin 1998, 181-183.
30 Per il sospetto che gli Ott e i Fugger possano aver organizzato il trasferimento di Rottenhammer e della sua famiglia, favorendo poi l'artista con le sue prime commissioni, cfr. da ultimo Martin 1998, 182.

strata del resto in *Habiti antichi e moderni* di Cesare Vecellio, una pubblicazione del 1589, apparsa poco prima della realizzazione del quadro di Heintz. La donna qui raffigurata si protegge invece dal sole e da sguardi indiscreti con un'ampia veste da camera, che la copre fino alle caviglie. Come terzo esempio presentiamo qui un disegno, ancora poco noto. Si tratta di uno schizzo eseguito a gessetto con *San Giovanni Battista e i Santi Andrea e Girolamo* del 1605 circa (collezione privata), che mostra pentimenti molto spontanei. Inizialmente Girolamo doveva incedere e avere il braccio destro piegato, mentre con la destra Giovanni reggeva il bastone con la croce: così Heintz ha sperimentato due diverse soluzioni per la mano sinistra, libera, della figura. Questo disegno quadrettato è servito da modello per una pala d'altare, perduta ma a noi nota tramite un'incisione[23]. Se nella composizione si avverte l'eco della tradizione veneziana della sacra conversazione, nello stile delle figure sono stati avvertiti a ragione influssi romani[24]. Soprattutto la figura di Girolamo, però, evoca certi personaggi del Tintoretto, come il Pietro dell'*Apparizione della croce a San Pietro* del 1556 alla Madonna dell'Orto, Venezia. Inoltre, l'insolita posizione in ginocchio su un leone è un "capriccio" inventato a Venezia da Alessandro Vittoria: lo ritroviamo nella statua di *Daniele* a San Zulian (*ante* 1584) e in quella molto simile di *San Girolamo* ai Santi Giovanni e Paolo (dei primi anni ottanta)[25].

Per finire con Heintz, va ricordato che il suo omonimo figlio, Joseph Heintz il Giovane, sarebbe stato attivo con successo a Venezia dal 1625 fino alla morte avvenuta nel 1678[26].

Intorno all'anno 1600 il pittore più significativo, per quanto concerne i rapporti fra Venezia e la Germania, era Hans Rottenhammer[27], qui presentato per la prima volta a una mostra con varie opere, che sarà così possibile mettere a confronto con dipinti e disegni dei maestri veneziani ai quali si ispirava, ma anche con il più giovane Elsheimer (catt. 201, 203, 204, 205 e 210). Nato nel 1564 a Monaco, Rottenhammer compì già nel 1589 un breve viaggio di studio a Venezia. A Monaco subì l'influsso di Friedrich Sustris e di altri pittori che avevano alle spalle esperienze italiane, come Pietro Candido, Hans von Aachen e Christoph Schwarz (su quest'ultimo si veda l'Introduzione alla sezione V); anche il suo maestro, Hans Donauer il Vecchio, aveva probabilmente frequentato con profitto i centri artistici dell'Italia settentrionale. Dopo un soggiorno a Roma, dove ebbe occasione di collaborare con Jan Bruegel e Paul Bril, Rottenhammer passò a Venezia, dove visse dieci anni, dal 1595 al 1596[28] ottenendovi, a quanto pare, ben poche commissioni di tele. Tra le poche eccezioni vanno segnalati la *Visitazione con dama veneziana* (cat. 210), del 1596, e un *Ratto delle sabine* di formato quasi doppio (collezione privata), rivelatosi ispirato alla *Strage degli innocenti* di Jacopo Tintoretto (ca. 1585; Scuola Grande di San Rocco, Venezia). L'artista si specializzò quindi in dipinti su rame di piccolo formato, agendo inoltre da intermediario nell'acquisto di quadri per conto di Rodolfo II e da restauratore[29]. Che risentisse l'influsso della scuola veneziana nel colorismo, nella tipologia delle figure e nello stile disegnativo risulterà evidente osservandone le opere esposte accanto a quelle di Palma il Giovane, Paolo Fiammingo, Paolo Veronese e soprattutto Jacopo Tintoretto. In un'opera come il *Giudizio universale* (firmato e datato 1598; Alte Pinakothek, Monaco) tutti questi influssi si mescolano, senza riuscire a fondersi efficacemente. Rottenhammer ha incluso qui anche un palese omaggio alla *Gloria* di Tiziano (Museo del Prado, Madrid), ma appare chiaro come in questa composizione – per quanto possa apparire eterogenea per l'affastellamento delle tante citazioni da altri maestri – l'artista abbia proposto una nuova interpretazione del soggetto, che sembra anticipare Rubens. Non sappiamo cosa lo abbia spinto a tornare in Germania, pur avendo sposato – poco dopo l'arrivo – una veneziana e messo su famiglia nella città lagunare. Ma possiamo supporre che non avesse riscosso, sul mercato artistico veneziano, il successo che si aspettava: un esplicito indizio che punta in questa direzione è la sua decisione di non tornare nella città natale, dove lavoravano allora numerosi artisti di corte, ma di trasferirsi nel 1606 ad Augusta, che quanto a commissioni gli offriva più interessanti prospettive[30]. Il *Dio Padre in gloria* (Germania, mercato dell'arte), un bozzetto forse eseguito per un soffitto o per una pala d'altare per ora non identificata, può essere assegnato agli ultimi anni veneziani o agli esor-

Adam Elsheimer
*Battesimo di Cristo*
Londra, National Gallery

[31] Su Elsheimer vedi lo studio fondamentale di Andrews 1985; sulla sua vita cfr. i dati in cat. 204.

[32] Schleier 1985, 348-350, ritiene possibile che gli ultimi due dipinti siano stati eseguiti già a Roma. Rapp 1989, 132, nota 93, accetta come opere veneziane di Elsheimer solo l'*Adorazione dei Magi* (Hampton Court), rifiutatagli da Andrews, e il *Sogno di Giacobbe* (Städelsches Kunstinstitut, Francoforte).

[33] Andrews 1985, 18, rinvia precisamente a Giovanni Paolo Lomazzo, *Trattato dell'arte della pittura, scultura ed architettura*, Milano 1584; Cristoforo Sorte, *Osservationi nella pittura*, Venezia 1580, riedito nel 1594.

[34] Sugli interessi artistici della prima generazione dei Fugger cfr. i fondamentali Lieb 1952 e 1958. Sulle singole personalità di collezionisti cfr. Lill 1908 (Hans Fugger) e Lieb 1980 (Octavian Secundus Fugger). Cfr. anche il saggio introduttivo nonché catt. 90 e 167.

[35] Delle sale di rappresentanza di un tempo si sono conservate solo - ma non senza danni - quelle dette "Badstuben" (bagni o 'stufe'). Diemer 1993.

[36] Lill 1908, 151-152, ha attirato l'attenzione su un busto con ritratto di imperatore, attribuibile al Campagna, non noto alla letteratura specialistica.

[37] Dapprima Hans Fugger si fece spedire, tramite gli Ott, cinque nature morte del pittore cremonese Vincenzo Campi (Lutz 1993). Pure nel 1580 si mostrò interessato all'acquisto dei quadri appartenuti al defunto Parrhasio Michiel e dette l'incarico per un'*Annunciazione* ("Pala Fugger"), che poi i suoi referenti a Venezia fecero avere ad Alessandro Vittoria (l'opera si trova all'Art Institute di Chicago; cfr. Martin 1995b, 535). Sul Pozzoserrato cfr. cat. 208; su Paolo Fiammingo catt. 207 e 209 e quanto segue del testo.

[38] Lill 1908, 113-124; Diemer 1988.

di dell'attività del nostro ad Augusta. Non solo l'opera appare molto veneziana nel colorito, ma i putti ricordano in modo assai preciso il Veronese.

Elsheimer, che accanto ai Carracci e al Caravaggio viene indicato come uno dei padri fondatori del Barocco, visse per circa un anno a Venezia (al più tardi dalla fine del 1598 al principio del 1600)[31], dove ebbe stretti contatti di lavoro con Rottenhammer, pur non essendo documentata una sua presenza nella bottega di quest'ultimo. I dipinti su rame di Elsheimer illustranti il *Diluvio universale* (Städelsches Kunstinstitut, Francoforte), il *Battesimo di Gesù* (National Gallery, Londra) e la *Sacra Famiglia con San Giovannino* (cat. 204) – per elencarli nell'ordine cronologico proposto da Andrews – tutti a Venezia, rispecchiano specialmente l'influsso dei Bassano, di Tintoretto, di Veronese e di Rottenhammer[32]. Inoltre essi documentano che il pittore continuava a subire il fascino dei maestri tedeschi del passato, come Grünewald e Altdorfer, ma soprattutto Dürer, del quale aveva certamente studiato con grande attenzione la *Pala del Rosario* (cat. 57), che all'epoca si trovava ancora a San Bartolomeo di Rialto. Il modo in cui è distribuita la luce, creando atmosfere dense di suggestione, che si osserva in Elsheimer solo a partire dalla fase veneziana, e che crea quell'intima fusione fra figure e paesaggio che diverrà sempre più caratteristica del pittore di Francoforte, si deve – secondo Keith Andrews – anche alle sue frequentazioni italiane e alla conoscenza di trattati artistici coevi, forse consigliatigli dallo stesso Rottenhammer[33].

In pittura, attorno al 1600, Hans von Aachen, Heintz e Rottenhammer esemplificano in modo significativo i molteplici legami tra Venezia, Monaco, Augusta e Praga. Accanto ai viaggi e ai soggiorni prolungati degli artisti, il cui avvio era stato marcato un secolo prima da Dürer e Jacopo de' Barbari, rimasero – malgrado la nuova situazione economica cui si è accennato in apertura – di fondamentale importanza, per la penetrazione dell'arte italiana oltre le Alpi, i tradizionali rapporti commerciali fra Venezia e alcune città della Germania meridionale.

Furono soprattutto i membri di casa Fugger, accanto e in collaborazione con i soci d'affari e con i loro rappresentanti a Venezia – gli Ott – a dare un notevole impulso alla produzione ed esportazione dell'arte veneziana (trattando di committenti di tal fatta usiamo consapevolmente il vocabolario dell'economia)[34]. Quanto segue sarà perciò dedicato a Hans Fugger (1531-1598), un committente di importanza fondamentale in questo contesto, la cui attività è ben documentata e che possedeva almeno tre dei dipinti esposti alla mostra.

Insieme con il fratello Marx, Hans succedette nel 1560 nella direzione dell'impresa di famiglia al padre, il celebre Anton, l'ultimo grande capo della ditta Fugger ancora indivisa, che aveva ospitato Carlo V e Tiziano durante le diete di Augusta del 1548 e 1550. A partire dal 1567 Hans fece ristrutturare il tratto occidentale della casa di famiglia e decorare lussuosamente gli interni da Friedrich Sustris e da altri artisti ingaggiati in Italia[35]. A quest'epoca Hans Fugger si faceva spedire antichità da Venezia, come il famoso *Sarcofago delle amazzoni* (Kunsthistorisches Museum, Vienna), e imitazioni di pezzi archeologici; nel 1574 fece venire il giovane Girolamo Campagna ad Augusta, per restaurare le sculture danneggiate durante il trasporto oltre le Alpi[36]. Anche per l'arredo del castello dei Fugger (dal 1580) il committente si orientò sulle più aggiornate mode del momento, rivolgendosi di nuovo in Italia, a Venezia[37]. A questo riguardo è interessante osservare che, come Rodolfo II, egli apprezzava molto i pittori fiamminghi: oltre al già citato Friedrich Sustris è da ricordare Hubert Gerhard, il progettista del monumento funebre di Hans nella chiesa del castello, ideatore inoltre di sculture per la facciata, per la Cedernsaal e per la monumentale fontana del cortile (smembrata nell'Ottocento, ne sopravvive il gruppo centrale in bronzo con *Venere e Marte*, oggi al Bayerisches Nationalmuseum di Monaco)[38].

La formazione culturale italiana di Hans Fugger fu decisiva anche per la scelta del pittore del quale può essere considerato il maggior mecenate, Paolo Fiammingo. Dalle lettere di Hans Fugger agli Ott (pervenuteci in trascrizioni ampie ma purtroppo non integrali), dalle notizie di una visita al castello nell'anno di morte del Fugger (1598), dai primi inventari, da un elenco di opere stilato in occasione di una vendi-

Paolo Fiammingo
*L'età dell'oro*
Collezione privata

ta, da vecchie foto, nonché dai diciotto dipinti dell'artista si può desumere che tra il 1580 e il 1594 (o 1596) vennero commissionate a Paolo Fiammingo ben trentasette tele, aventi quasi tutte il formato tipico delle opere del castello dei Fugger: circa 170 x 260 cm[39].

Nato nel 1540 circa ad Anversa, Pauwels Franck vi aveva raggiunto il grado di maestro già nel 1561. Le sue radici artistiche trapelano dalla predilezione per il paesaggio e la natura morta, cui dava spazio anche nei primi piani delle composizioni. Stabilitosi fin dal 1573 a Venezia, dove rimase fino alla morte, avvenuta nel 1596, il "Fiammingo" – che dal 1584 risulta iscritto alla fraglia dei pittori veneziani – fu influenzato profondamente dalla pittura del Tintoretto[40]. Grazie agli scambi epistolari siamo in grado di datare le seguenti serie di dipinti: *Il trionfo dei quattro elementi* (1580-1581, perduta); *Le quattro età del mondo* e *I cinque sensi* (1581-1582 e 1582-1584, entrambi i cicli – come vedremo – si trovano ancora al castello); *Il trionfo dei continenti* (1584-1586/1587, tuttora in situ) e i dieci dipinti connessi con un ciclo sui pianeti (ca. 1591-1592; otto di questi, oggi di proprietà delle Bayerischen Staatsgemäldesammlungen, sono in parte esposti nella Residenz di Monaco). La ricostruzione dell'originario patrimonio pittorico dello Schloss dei Fugger è resa ardua non solo dalla perdita di una parte della documentazione (le copie delle lettere scritte da Hans Fugger fra il 1587 e il 1591 sono andate completamente perdute), ma anche perché già nel Seicento molti dipinti avevano lasciato il castello. Nel Settecento, poi, quando vennero ordinate nuove cornici e si modificò la disposizione dei quadri, il loro significato iconografico era stato ormai dimenticato e con esso si era perso anche il ricordo dell'unità delle serie. Nei primi inventari del castello (1604-1618, Archivio Fugger a Dillingen), dove però non compaiono nomi di artisti, sono citati fra l'altro quattro paesaggi[41] tuttora sul posto, ma anche una perduta *Diana e Atteone* ( cat. 198) e quattro quadri con figure ignude ("Nackhenden bilder"), le cui cornici erano munite di tende scorrevoli. Queste raffigurazioni erotiche, che rimanevano pudicamente celate alla vista dei minori sotto quella specie di sipario, invitavano certamente a un raffinato voyeurismo, cui la teatralità della presentazione conferiva il gusto del proibito. Le vorremmo identificare con i quadri di Paolo Fiammingo del ciclo oggi al Kunsthistorisches Museum di Vienna, che presentano il consueto formato delle tele dipinte da questo artista per lo Schloss dei Fugger (per *Amore nell'età dell'oro*, si veda illustrazione di confronto al cat. 193). Ma – riletti gli inventari – non riteniamo di seguire Lill nella ricostruzione di due serie non documentate nella corrispondenza: *Le attività dell'uomo* e *Le quattro stagioni*[42]. Quegli otto dipinti appartengono, a nostro avviso, ai cicli dei *Cinque sensi* e delle *Quattro età del mondo*. Già nel 1924 Rudolph Arthur Peltzer aveva constatato che la menzione da parte di Ridolfi di una serie di cinque dipinti nella collezione Gradenigo, a Venezia, è sovrapponibile a cinque degli otto dipinti del castello dei Fugger[43]. Bert W. Meijer ha perciò ipotizzato a ragione che questi ultimi siano da identificare con *I cinque sensi* citati nelle lettere[44]. Dopo aver risarcito il ciclo dei *Cinque sensi*, rimangono ancora tre degli otto dipinti: quelli che Lill aveva chiamato *Commercio*, *Agricoltura* e *Primavera*. Quest'ultima è stata intitolato da Meijer *Età dell'oro*, ma lo studioso non si è curato della sorte degli altri tre dipinti della serie delle *Età del mondo* menzionati nella corrispondenza[45]. Prendendo in considerazione un quarto quadro d'uguale formato, finora ignoto agli studiosi di Paolo Fiammingo (cat. 207), vogliamo avanzare qui l'ipotesi che tutte e quattro i componenti della serie delle *Età del mondo* si trovino ancora nel castello della celebre famiglia di banchieri. *L'età dell'oro* mostra un paradisiaco paesaggio fiorito, dove fra gli alberi si apre la vista su un'ampia vallata con un fiume e sulle montagne all'orizzonte. Alcuni nudi colgono frutta e fiori per farne serti e ghirlande, riposano tranquilli o si divertono bagnandosi nel fiume e cantando intorno alla tavola imbandita sullo sfondo. Il quadro noto come *Agricoltura* mostra l'umanità dopo la cacciata dall'Eden e rappresenta dunque *L'età dell'argento*, dove gli uomini – ora vestiti – tagliano faticosamente la legna, costruiscono capanne, coltivano i campi e filano la lana. Mantenendo nelle due scene pressoché lo stesso sfondo paesistico, Paolo Fiammingo rende evidente il passaggio dall'età dell'oro a quella dell'argento. Alcuni degli alberi paradisiaci sono già stati abbattuti, al posto del fiume è subentrato un fertile campo arato, irrorato dalla pioggia, e l'uomo dai capelli corti e scuri, con il perizoma azzurro, che nel primo dipinto dormiva in

[39] È in corso di preparazione l'edizione dei regesti delle trascrizioni della corrispondenza Fugger ("Kopierbücher"), cfr. Karnem 1996. L'autore sta per pubblicare uno studio monografico esauriente sui dipinti di Paolo Fiammingo relativi alla famiglia Fugger, considerando tutte le fonti d'archivio e iconografiche disponibili.

[40] Su vita e opere di Paolo Fiammingo: Mason Rinaldi 1978.

[41] Lill 1908, 145-146, menziona solo tre quadri, che collega a Paolo Fiammingo ma non a questa voce dell'inventario. Tutti e quattro i quadri sono citati dapprima da Meijer 1975, 128, nota 47; Mason Rinaldi 1978, 61-62 e ill. 58-61.

[42] Lill 1908, 146-147.

[43] Peltzer 1924, 132.

[44] Quindi, i dipinti resi noti come originali dal Ridolfi sarebbero stati in realtà delle repliche. Meijer 1975, 121; Mason Rinaldi 1978, 60-61 e ill. 23-24.

[45] Meijer 1975, 121.

Paolo Fiammingo
*L'età dell'argento*
Collezione privata

Paolo Fiammingo
*L'età del bronzo*
Collezione privata

primo piano, è ora intento alla costruzione degli attrezzi. *L'età del bronzo* è quella delle civiltà, nei suoi aspetti più o meno piacevoli. Ci troviamo in un cortile cinto di mura, con due strutture architettoniche simili a palcoscenici, dove varie figure maschili stanno sotterrando preziosi vasi d'oro e d'argento sotto gli occhi di un sorvegliante. A destra un uomo e una donna maneggiano una bilancia accanto a balle di lana, cesti e botti. Più in là, sotto un baldacchino eretto su un loggiato, è assiso in trono un re che concede udienza ai sudditi, assistito da uno scrivano e da un personaggio che gli porge libri e rotoli di pergamena. Il quadro descrive dunque un ordine sociale progredito, già caratterizzato dalla manifattura artistica, dal commercio e dalla cultura libraria e giuridica, con un sistema gerarchico che si manifesta sia nella presenza del monarca e dei suoi sudditi, sia in quella del sorvegliante dei lavoratori. Nell'*Età del ferro* (cat. 207) l'ordine pacifico della vita sociale viene distrutto: la legge e la giustizia sono sovvertite (la figura femminile scaraventata giù dal balcone ricorda la donna con la bilancia dell'*Età del bronzo*) e le fonti di sostentamento dell'umanità annientate. L'involuzione dall'età dell'oro a quella del ferro, che vede la natura sempre più relegata sullo sfondo, è efficacemente scandita anche dal variare dell'illuminazione. Il paesaggio del paradiso è bagnato da una luce chiara e serena, che si attutisce sui campi arati dell'età dell'argento, dove scroscia la pioggia; i monumenti e le frenetiche attività dell'età del bronzo sono illuminati dagli ultimi raggi del sole al tramonto, mentre nell'ultima scena del ciclo il cielo, offuscato da cupe volute di fumo, è ravvivato solo dal sinistro bagliore dei fulmini.

Hans Fugger apprezzava evidentemente molto il versatile talento di Paolo Fiammingo, senza dare troppa importanza ai dislivelli qualitativi – che pure avvertiva – fra le singole opere, o alle gravi trascuratezze nelle spedizioni, come quella di avere imballato tele non ancora asciutte[46]. A indurlo a commissionargli tante opere poteva essere il modo in cui l'artista sapeva combinare insieme la tradizione veneziana e quella fiamminga, o l'ambiziosa spettacolarità delle sue tele. Ma forse pittore e committente erano in sintonia anche perché si interessavano agli stessi argomenti: un'ipotesi che si affaccia considerando alcuni altri aspetti del collezionismo di Hans Fugger. Temi come quelli degli elementi, dei continenti, delle età del mondo, dei cinque sensi e dei sette pianeti rientrano perfettamente nella cultura a sfondo enciclopedico dell'epoca, che presiedeva contemporaneamente anche alla formazione della Kunst-und Wunderkammer del castello dei Fugger[47].

Si può quindi presumere, da un lato, che per l'agente e il pittore fosse più conveniente spedire serie intere di quadri invece di opere singole; e dall'altro che Hans Fugger si vedesse così recapitare oggetti artistici che avevano non solo un valore ornamentale, ma fornivano al tempo stesso una sorta di immagine del mondo di stampo marcatamente didattico, che veniva a costituire quasi il *pendant* della sua raccolta di curiosità naturali e scientifiche. Per concludere, esamineremo a titolo di esempio uno di questi dipinti, in modo da dimostrare quanto essi siano carichi di allusioni sottintese. Un chiaro rinvio ad Alessandro Vittoria e Jacopo Tintoretto è contenuto nel *Pianeta Apollo* (Residenz, Monaco), dove la statua a grandezza naturale, che viene scolpita da un maestro scultore e dal suo aiutante, corrisponde molto da vicino (salvo che per la mancanza del perizoma) al *San Sebastiano* creato da Vittoria nel 1563-1564 per l'altare di Nicolò da Montefeltre a San Francesco della Vigna a Venezia[48].

Lo scultore è visto di spalle come il pittore seduto accanto a lui al cavalletto, che sta dando gli ultimi ritocchi a un ritratto virile, il cui modello – in posa sul lato destro – va identificato senza alcun dubbio con Jacopo Tintoretto, autorappresentatosi nella stessa posa *en face* nell'*Autoritratto* del 1585 circa (Musée du Louvre, Parigi). Prima di dipingere, nel 1586-1587, un *San Francesco che riceve le stimmate* per Octavian Secundus Fugger, Tintoretto era stato forse già incaricato attorno al 1567 dagli Ott – per conto del suocero di Octavian, Hans Fugger – di realizzare una pala d'altare per la chiesa di Sankt Moritz ad Augusta (entrambi i dipinti sono perduti). Intorno al 1580, inoltre, vedeva la luce un'altra opera di Tintoretto messa in rapporto dalla critica con la committenza dei Fugger: il *Cristo in casa di Marta e Maria* (Alte Pinakothek, Monaco) già nella chiesa dei domenicani di Augusta[49].

[46] Hans Fugger accettò i primi due dipinti della serie dei "Quattro continenti", sulla cui qualità aveva avuto da eccepire, e finì coll'acquistare anche le prime versioni di *Saturno* (disperso) e *Giove* (depositi delle Bayerische Staatsgemäldesammlungen, Monaco), che inizialmente aveva rifiutato per le dimensioni eccessive.

[47] Una descrizione coeva in Dussler 1968, 109.

[48] Il successo di questa figura è dimostrato dalla circostanza che il Vittoria la ripeté due volte (nel 1566 e 1575) in bronzetti (il cosiddetto *Marsia*), e che compare come statuetta di marmo in tele di Paolo Veronese e Palma il Giovane. Leithe-Jasper 1963, 116-118; Martin 1998, 213-219, cat. 10. Paolo Fiammingo l'avrà disegnata in San Francesco della Vigna oppure nella stessa bottega del Vittoria, che possedeva dieci paesaggi di questo pittore.

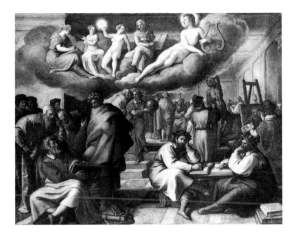

Paolo Fiammingo, *Il pianeta Apollo*
Monaco, Bayerische
Staatsgemäldesammlungen

Jacopo Tintoretto, *Autoritratto*
Parigi, Musée du Louvre

[49] Martin 1996, 99.
[50] Martin 1996, 97.

Non è quindi escluso che gli Ott avessero raccomandato Pauwels Franck in qualità di imitatore fiammingo del grande maestro veneziano, che aveva già ottenuto vari incarichi dal mercante di Augusta. L'autoritratto tardo di Tintoretto, cui alludono il quadro sul cavalletto e l'immagine dell'artista al margine destro della composizione, era stato dipinto per la collezione di Hans Jakob König, suocero di Hieronymus Ott (cat. 192). Il primo parente degli Ott a commissionare un'opera a Tintoretto risulta essere quel Marin Malipiero che, stando alla corrispondenza, ebbe un ruolo di rilievo nell'assegnazione a Vittoria della *Pala Fugger* e venne anche incaricato di stimare le prime opere di Paolo Fiammingo da spedire ad Augusta[50]. Perciò la scena d'atelier nell'allegoria del *Pianeta Apollo* non è da prendere solo come un omaggio al Vittoria e al Tintoretto, ma anche come una testimonianza dei rapporti di Paolo Fiammingo con questi celebri colleghi veneziani, che avevano a loro volta cercato con successo uno sbocco sul mercato dell'arte del Nord.

192
Paolo Veronese (1528-1588)
*Hans Jakob König*, ca. 1575

olio su tela, 83 x 73,5 cm
scritte: IACOBVS.KINIG.GERMANVS.-FIESSENSIS (sul margine superiore);
firmato a sinistra del busto PAVLUS. VERON. F.
Praga, Collezioni d'Arte del Castello di Praga, inv. O 105

PROVENIENZA: collezione König, Venezia; probabilmente Rodolfo II, ca. 1605; documentato nel castello di Praga fin dal 1685.
LETTERATURA: Neumann 1966, 326-331; Belluno 1994, 50; Martin 1995; Martin 1996b.

Il personaggio qui ritratto è Hans Jakob König (ante 1536-1603), il cui nome si trova scritto anche in altri modi, tra i quali Cyinich. Nato a Füssen ("Fiessensis"), fu attivo come mercante di preziosi, orafo ed editore di stampe; nell'ottavo decennio del secolo si trasferì a Venezia, da dove intraprese viaggi d'affari, recandosi tra l'altro a Roma, Norimberga, Praga e Vienna. A partire dal 1581 fu in corrispondenza con i Gonzaga, ai quali forniva gioielli, diamanti e oggetti di arte applicata, così come, a partire dal 1583, a Francesco I de' Medici. Gli scritti di Philipp Hainhofer, che lo chiama "König, Joyelliers di Venetia", testimoniano i suoi stretti rapporti d'affari e personali con l'imperatore Rodolfo II. I legami di parentela con la famiglia Ott, anch'essa residente a Venezia, giovavano notevolmente ai suoi scambi commerciali tra la Germania e l'Italia (si vedano l'Introduzione a questa sezione, e l'albero genealogico delle famiglie König/Otto/Malipiero in Martin 1995b, 539). Veronese ha ritratto König a mezza figu-

Jacopo Tintoretto (?)
*Hans Jokob König*
incisione

ra, seduto leggermente in tralice in una poltrona, con la mano sinistra appoggiata sul bracciolo e uno smeraldo nella destra, che mostra allo spettatore, verso il quale volge anche lo sguardo. La testa lievemente inclinata è messa in risalto dal candido colletto alla spagnola, che spicca sull'abito scuro guarnito di pelliccia e sullo sfondo neutro. La critica concorda nel datare il dipinto al 1575 circa. Per l'immediatezza della rappresentazione e la posa del porgere allo spettatore un oggetto esistevano a questa data numerosi modelli tanto nella pittura fiamminga e tedesca quanto in quella italiana, cui l'artista avrebbe potuto attingere, ma è probabile che Veronese e il suo committente si fossero orientati su una composizione di Lorenzo Lotto. Tra i possibili prototipi ci sembra vadano ricordati soprattutto l'*Andrea Odoni* (The Royal Collection, Hampton Court) del 1527, il *Gentiluomo con zampetto di lepre* (Kunsthistorisches Museum, Vienna) del 1527 circa, e la *Laura da Pola* (Pinacoteca di Brera, Milano) del 1543-1544. Il punto di riferimento più preciso è forse quello fornito dal primo dei tre dipinti lotteschi, anche se König, a differenza di Odoni, non ci viene presentato come un collezionista, bensì piuttosto come un conoscitore di gioielli e accorto mercante (sotto questo profilo si potrebbero cogliere affinità più precise col *Jacopo Strada* di Tiziano del 1567, oggi al Kunsthistorisches Museum di Vienna). Questa tela di Veronese costituì il primo pezzo di una raccolta di più di sessanta ritratti, messa insieme da König nell'ultimo quarto del Cinquecento e della quale esiste un inventario fatto redigere dagli eredi, dove il quadro in esame è indicato come "Jacomo Kinig fato de man d'paulo Veronese" (Martin 1995, 52, cat. 1). Le informazioni contenute nel documento e i dipinti che siamo stati in grado di identificare finora (Martin 1995, 53-54) ci hanno consentito di stabilire che la collezione era composta di ritratti di artisti a mezza figura, diciannove dei quali erano autoritratti. Poiché gli effigiati erano in gran parte contemporanei del gioielliere, che poteva averli conosciuti a Venezia o durante i suoi viaggi, egli aveva commissionato di persona una buona parte delle opere. Al loro ingresso nella raccolta, le tele venivano contrassegnate con il nome dell'effigiato lungo il margine superiore, mentre di fianco alla figura veniva scritto quello del pittore oppure, se

si trattava di un autoritratto, una delle due formule "IPSIVS.F." o "IPSE.F.". Quando König acquistava ritratti più antichi (per esempio di Georg Pencz, Paris Bordone o Tiziano), venivano lasciate le firme originali, aggiungendo soltanto il nome dell'effigiato. La collezione König comprendeva opere di varie scuole italiane, ma vi erano ben rappresentati soprattutto gli artisti veneziani e in particolare Jacopo Tintoretto, presente da solo con ben dieci ritratti (Martin 1996b, 98). Tra questi ultimi figuravano l'*Autoritratto* tardo (Musée du Louvre, Parigi; la scritta sul margine superiore è stata cancellata da una ridipintura durante un restauro del 1957: per lo stato originale si veda l'Introduzione a questa VII sezione), un'effigie postuma di Michelangelo e un'altra immagine di König, forse documentata da una stampa incisa in occasione del suo cinquantesimo compleanno (Hollstein, 1949-1997, XXI, 184, cat. 602; in questa immagine la scritta a penna sotto l'ovale si riferisce a una stampa con un'*Adorazione dei pastori* da Jacopo Bassano, dedicata a König e incisa nel 1599 da Jan Sadelar I), che è interessante confrontare con quella di Veronese che stiamo esaminando. Vanno ricordati anche i pittori fiamminghi e tedeschi attivi in Italia, come Hans von Aachen e Bartholomäus Spranger – entrambi presenti nella raccolta con i loro autoritratti –, oppure Gijsbert van Veen e Cornelius Cort, che avevano lavorato per König come incisori. La collezione fu smembrata intorno al 1605 e il nucleo più consistente, composto da una quindicina di ritratti, venne inviato da Venezia a Praga (Martin 1998, 186-187, cat. 54; nei primi inventari è impossibile identificare con certezza il ritratto di König di Veronese). L'idea di creare una galleria di ritratti di artisti – una novità per quei tempi – era forse venuta in mente a König in occasione di un viaggio a Firenze, dove poteva avere visto la raccolta medicea di effigi di uomini famosi, che si rifaceva a quella ideata da Paolo Giovio, o anche i ritratti di artisti inseriti dal Vasari nella seconda edizione delle *Vite*. La collezione di König va considerata come precorritrice della celeberrima "Galleria degli Autoritratti", che i Medici avrebbero cominciato a mettere insieme solo in seguito. Il personaggio ritratto qui dal Veronese va quindi visto non solo come un commerciante di oggetti d'arte e di lusso, ma anche come un mecena-

te illuminato e un collezionista di avanguardia, che negli ultimi decenni del XVI secolo aveva dato un impulso notevole allo sviluppo dei rapporti culturali e artistici tra Nord e Sud.

AJM

193
Paolo Veronese (1528-1588)
*Venere e Marte*, fine ottavo decennio del XVI secolo?

olio su tela, 48 x 48 cm
Torino, Soprintendenza per i Beni Artistici e Storici del Piemonte - Galleria Sabauda
inv. 461 - cat. 683

PROVENIENZA: collezione Cristoforo Orsetti, Venezia (1648); collezione Faustino Lechi, Brescia; Sir Thomas Lawrence, Londra; collezione Potter Palmer, Chicago (tramite Bernard Berenson); collezione Gualino, Torino (1924).
LETTERATURA: Pignatti 1976, I, 91 e 146, cat. 237; Washington 1988, 82-83, cat. 38; Pignatti & Pedrocco 1995, II, 364-365, cat. 252.

Quest'opera è identificabile con altissima probabilità col quadro che Ridolfi vide in casa di Cristoforo Orsetti e che descrisse come "una invenzione di Marte che si trastulla con Venere, et Amore gli tiene la briglia al cauallo" (Ridolfi 1648, I, 340). Marte, seduto sul bordo del letto, sta costringendo Venere a sdraiarsi sulle lenzuola, quando dall'esterno irrompe Amore conducendo per le briglie il cavallo da battaglia del dio della guerra. I due amanti guardano stupiti la testa dell'animale, che sembra spiare curioso nella camera da letto. La reazione all'inaspettata visita è leggibile soprattutto nella posizione dei corpi: il piede destro di Marte si blocca e l'intera figura sembra arrestarsi in una precaria posizione di sforzo muscolare e di torsione, lasciando Venere in una situazione di estrema instabilità.
Veronese riesce a trasmettere con maestria l'evidenza sessuale della storia di Omero, con senso umoristico e ricchezza di allusioni. Così il destriero, che dovrebbe simboleggiare il potere, la forza e la potenza sessuale di Marte, disturba sensibilmente il *tête à tête* e potrebbe anche alludere al fatto che Vulcano è già al corrente dell'adulterio. Contemporaneamente l'animale assume quasi il ruolo di un *voyeur*, il cui sguardo, sfiorando la coppia di amanti, fuoriesce dal quadro smascherando così anche l'osservatore. Ma sarebbe esagerato assegnare al dipinto una funzione moralizzante, a sfavore della quale intervengono elementi ludici come la gioia dell'esibizione dei corpi nudi nonché la briosità dei colori. D'altra parte l'invenzione compositiva di Veronese, pur suggeritagli forse da Correggio e da Giulio Romano, non ha nulla in comune con le raffigurazioni dagli espliciti connotati sessuali della tradizione dei *Modi* incisi da Marcantonio Raimondi su disegni di Giulio Romano (su questi cfr. Zerner 1980; Lawner 1984).
Con uno sguardo a Veronese, a Tintoretto e a Palma, a ravvivare questa tradizione sarà un artista immigrato a Venezia da Anversa, Paolo Fiammingo, che ben presto verrà stimato nella stessa misura sia nella città lagunare, sia a nord delle Alpi. E sono proprio le coppie di amanti dei suoi quattro dipinti di grande formato del ciclo degli "Amori" (ca. 1590; Kunsthistorisches Museum, Vienna) – forse eseguito per Hans Fugger – a offrire un preciso termine di paragone per l'opera esposta, soprattutto con la coppia di sinistra nell'*Amore nell'età dell'oro*, dove i due putti sembrano mimare il coito per richiamare l'attenzione sull'imminente atto sessuale. Tra le tante Veneri dipinte da Veronese ne esistono anche altre in coppia con Marte: al nono decennio del Cinquecento vengono riferiti la versione perduta già a Praga, nelle raccolte di Rodolfo II; il *Venere e Marte legati da Amore* (The Metropolitan Museum of Art, New York), dove compaiono anche i due putti e il cavallo; e il *Marte che spoglia Venere* della National Galleries of Scotland di Edimburgo. Vaghe possibilità di confronto con il quadro torinese vengono offerte solo dal *Venere e Marte* del Museum of Fine Arts di Boston, una tela di formato orizzontale che componeva, insieme con altre tre, un fregio dipinto verso la fine del settimo decennio.
Sulla datazione dell'opera esposta esistono pareri discordanti. Pignatti e Pedrocco vi vedono una stretta parentela con le quattro *Allegorie d'amore* di Veronese della National Gallery di Londra (sotto il profilo del soggetto e della resa delle figure il confronto più calzante è quello con l'*Infedeltà*) e pensano a un'esecuzione nei tardi anni settanta del Cinquecento (Pignatti & Pedrocco 1995). Rearick (in Washington 1988), invece, vi nota tangenze anche con gli affreschi di villa Barbaro a Maser, e situa quindi il dipinto nel 1561.
Questa tela di modeste dimensioni ornava forse in origine una camera da letto. Hans Rottenhammer ne ha desunto quasi alla lettera la figura di Cupido del suo disegno con *Venere e Amore* (cat. 203).

AJM

Paolo Fiammingo, *Amore nell'età dell'oro*. Vienna, Kunsthistorisches Museum

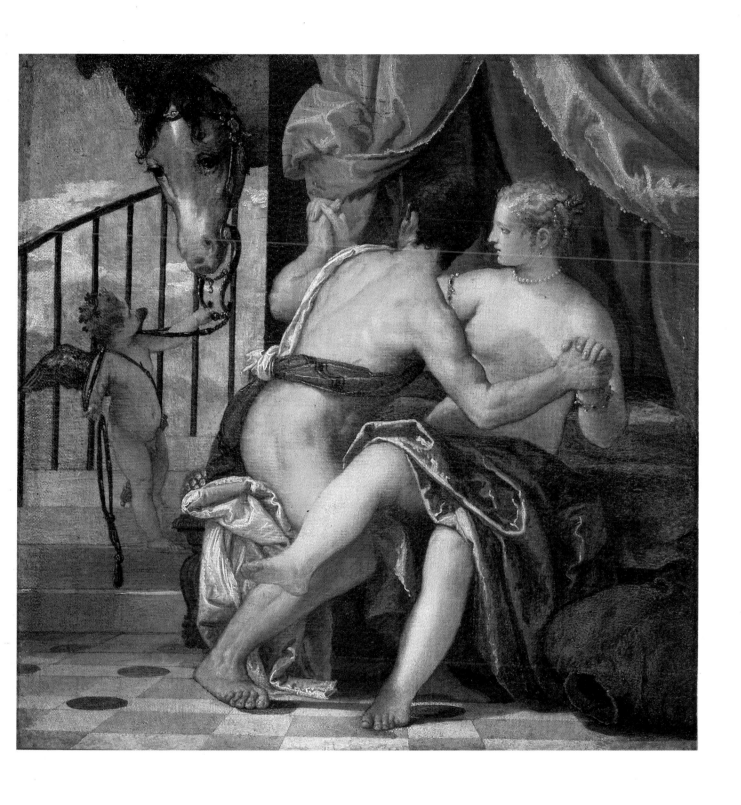

194
Bartholomäus Spranger (1546-1611)
*Diana dopo la caccia*, 1595

olio su tela, 129 x 199,5 cm
Budapest, Szépmüvészeti Múzeum,
inv. 351

PROVENIENZA: collezione Esterhazy
(attr. a Frans Floris).
LETTERATURA: Henning 1987, 192,
cat. 81 (di attr. incerta); Kaufmann
1988a, 269, cat. 20.60; Essen 1988, I,
281, cat. 160; Prac 1997, 407, cat.
I.91.

La grande tela fu dapprima riconosciuta come opera di Spranger da
Konrad Oberhuber (attribuzione
orale, cfr. Kaufmann 1988a). La
composizione, di impianto diagonale, è dominata dalla figura giacente
di Diana, che si rivolge con tutto il
corpo verso lo spettatore. Dopo aver
cacciato, la dea si è spogliata delle
vesti, su cui ora riposa. Ai suoi piedi
si vedono l'arco, la faretra e un corno da caccia, mentre a sinistra accanto a lei si affaccia nel quadro il
capo di un levriero. Dietro le spalle
della dea due accompagnatrici segnano il passaggio dal primo piano
alla vista sul paesaggio, che si estende in lontananza ed è concluso da un
massiccio montuoso. La compagna
di sinistra, armata di giavellotto, è
mostrata di spalle, anche se si volge,
fissando con lo sguardo lo spettatore. Essa copre parzialmente la seconda ninfa, visibile frontalmente col seno sinistro denudato. Da destra si
avvicina un cacciatore di carnagione
scura, ornato di piume, che reca una
preda da lui cacciata. Colpiscono
particolarmente l'attenzione gli abiti
alla moda e gli opulenti gioielli, indossati dai personaggi del quadro.
Qui sono da menzionare il fermaglio
sulla deposta veste di Diana, le collane di perle e d'oro delle sue compagne e soprattutto la falce lunare di
Diana. Non si tratta di un mero attributo della divinità, trattato astrattamente, ma di una "gioia da testa"
parte della complessa acconciatura,
che comprende anche delle perle.
Neanche la pelliccia, descritta fin nei
minimi dettagli, che Diana stringe a
sé accoccolandovisi morbidamente,
può certo passare per il vestiario di
un normale cacciatore; e lo stesso vale per l'arma e i requisiti venatori
preziosamente lavorati nell'angolo
inferiore destro.
Tanto la struttura della composizione, quanto il piacevole contrasto fra
le visioni ravvicinate e in lontananza,
nonché il paesaggio evocano la pittura veneziana. Pure il tema del nudo femminile sdraiato aveva a Venezia una solida tradizione, a partire
dalla *Venere dormiente* di Giorgione
(ca. 1509-1511, terminata da Tiziano; Gemäldegalerie Alte Meister
Staatliche Kunstsammlungen, Dresda). In questa linea tipologica, in
cui riveste un ruolo importante soprattutto Tiziano, si inserisce anche
la *Leda* di Tintoretto (prima metà
degli anni cinquanta del XVI sec., cat.
199), dove la raffigurazione del nudo è più strettamente confrontabile
– fra le opere esposte in questa sezione – con la *Diana* di Spranger.
Eliska Fučikova ha datato la *Diana
dopo la caccia* agli anni 1595-1605 (in
Essen 1988), e da ultimo, precisando, ai tardi anni novanta del Cinquecento (in Praga 1997). Noi però non
escludiamo, specie per gli evidenti
richiami veneziani del dipinto, una
sua collocazione un po' precedente.
A ragione la studiosa definisce l'opera un pastiche, rimandando per la
composizione alla *Ninfa nel paesaggio* di Palma il Vecchio (ca. 1520,
Dresda, Gemäldegalerie Alte Meister Staatliche Kunstsammlungen;
cat. 140). Una ripresa retrospettiva
di un motivo di Palma il Vecchio

non desta meraviglia in Spranger ed
è avvenuta probabilmente anche in
almeno un'altra sua Diana (cfr. cat.
198). La Fučikova vede inoltre nel
cacciatore di carnagione scura, che
sopraggiunge da destra, l'influsso di
Tiziano, mentre le compagne corrisponderebbero allo stile di Spranger; il nudo stesso le ricorda Paris
Bordone.
Se cerchiamo esempi concretamente
confrontabili fra le opere del Bordone, incontriamo le seguenti rappresentazioni di donne ignude, tutte
ambientate nel paesaggio in cui riposano, e tutte databili fra il 1550 e il
1560, nelle quali questo artista veneziano rende omaggio evidentemente

a Palma il Vecchio e a Tiziano, ma a
sua volta influisce probabilmente su
Spranger: *Venere addormentata nel
paesaggio con satiro e Cupido* (Galleria Borghese, Roma), *Venere e Cupido* (Varsavia, Nationalgalerie) e *Venere dormiente e Cupido* (Galleria G.
Franchetti alla Ca' d'Oro, Venezia).
In tale contesto vogliamo nominare
però anche la composizione, tematicamente affine di *Diana con due muse* (già Gemäldegalerie Alte Meister
Staatliche Kunstsammlungen, distrutta). Klara Garas ha addotto motivazioni assai plausibili sull'ipotesi
che il dipinto si trovasse in origine,
come elemento di un ciclo, nella residenza dei Fugger (Garas 1987). Se-

Paris Bordon, *Diana con due muse,* ante 1548
(già Dresda, Gemäldegalerie Alte Meister Staatliche Kunstsammlungen, distrutto)

condo noi concretamente apparteneva a Christoph Fugger e fu eseguito a Venezia prima del 1548. Anche
se qui Diana è mostrata assisa, ed ha
solo il petto denudato, la sua compagna a sinistra, che reca la testa del
cervo (Atteone?) può essere interpretata quale precedente del cacciatore nel quadro di Budapest. In
Spranger troviamo poi assai simile – 
ma a sua volta invertita specularmente – la compagna di Diana, che
nel quadro del Bordone si volta
guardandosi dietro le spalle. Anche
l'abbondanza di perle, che ingioiel-
lano le cacciatrici già in Bordone,
parla a favore di un influsso su
Spranger, dove questo elemento è

ancor più accentuato. Il fiammingo
potrebbe aver conosciuto personalmente Bordone, che morì nel 1571,
incontrandolo a Venezia o a Treviso
(i nudi sopra elencati furono dipinti
pochi anni prima del viaggio di
Spranger in Italia); è comunque certo che la *Diana e le due muse* di Bordone si trovava al più tardi nel 1643
ad Augusta.

AJM

195
Jacopo Tintoretto (1518/1519-1594)
*L'origine della Via Lattea*, ca. 1580

olio su tela, 148 x 165 cm
Londra, The National Gallery
inv. NQ 1313

PROVENIENZA: Collezione di Rodolfo II, castello di Praga (citato dapprima negli inventari del 1621 e 1637); probabilmente nel 1648 trafugato dalle truppe svedesi; Marchese de Seignelay, Parigi (fine Seicento); Duc d'Orléans (1727); dal 1798 in Inghilterra, dal 1890 nel museo.
LETTERATURA: Mandovsky 1938; Garas 1967; Gould 1978; Plesters 1980; Pallucchini & Rossi 1982, I, 92 e 212-213, cat. 390; Humfrey 1995, 234-236.

Dopo la morte di Tiziano, tanto apprezzato nelle corti principesche europee, per Paolo Veronese e Jacopo Tintoretto si aprivano nuove prospettive di ottenere remunerativi e prestigiosi incarichi da sovrani esteri. L'anno 1576 segna dunque, anche per l'inizio del regno dell'imperatore Rodolfo II, una svolta. Per il mecenate asburgico il Veronese creava, fra il 1576 e il 1580 composizioni di contenuto mitologico: *Ercole al bivio, Ercole e Onfale* (entrambi Frick Collection, New York), *Mercurio, Erse ed Aglauro* (Fitzwilliam Museum, Cambridge) e *Venere e Marte legati da Amore* (Metropolitan Museum of Art, New York). Anche il ciclo di *Allegorie d'amore*, dipinto dal Veronese probabilmente alla fine degli anni settanta, costituito da quattro tele (oggi The National Gallery, Londra, cfr. cat. 193; Veronese, Torino) sembra essere stato una commissione o almeno un acquisto di Rodolfo (le opere sono citate per

Da Jacopo Tintoretto
*L'origine della Via Lattea* (XVII sec.)
Collezione privata

la prima volta nelle collezioni imperiali a Praga nel 1637). Durante la sua lunga attività alla Scuola Grande di San Rocco, il Tintoretto aveva già ottenuto l'incarico di dipingere otto quadri con i *Fasti gonzagheschi* per Guglielmo Gonzaga (1579-1580; Alte Pinakothek, Monaco). Il dipinto qui esposto deve essere collocato stilisticamente nella stessa fase, cioè attorno al 1580. Faceva parte di una serie inviata a Praga, di cui Carlo Ridolfi riferisce come segue: "Per Rodolfo II Imperatore dipinse quattro quadri di favole per la sue stanze, con figure à par del vivo. Le Muse in uno, che ridotte in un giardino formano un concerto di Musica con vari stromenti. Giove nell'altro che arreca al seno di Giunone Bacco fanciullo, nato da Semele. Il terzo era di Sileno entrato al buio nel letto di Hercole, credendosi goder di Iole, et Hercole medesimo nel quarto, che si mira in ispecchio adornato di lascivie feminili dall'istessa Iole" (Ridolfi 1648, II, 50). Erroneamente l'autore definisce Bacco il bambino presente nel quadro; in realtà si tratta di Ercole, figlio di Giove e Alcmena. Il dio stesso pone il piccolo al seno della sua addormentata consorte Giunone, perché ne beva il latte che gli avrebbe assicurato l'immortalità. Ma Giunone si desta, e una parte del suo latte fuoriesce dai seni spruzzando verso il cielo, dove forma la "via lattea", mentre un'altra parte si sparge in terra, dove secondo il mito ne nasce il giglio. Tipici per il Tintoretto sono i nudi femminili sul letto e le figure in volo, rese arditamente di scorcio (ulteriori affinità sono osservabili ad esempio dal confronto con le quattro *Allegorie* del 1576 nella Sala dell'Anticollegio, Palazzo Ducale, Venezia). Come chiave per l'identificazione iconografica di Giove e Giunone servono gli uccelli loro attribuiti, i pavoni e l'aquila con il fascio di saette (quest'ultimo piuttosto disturbante nell'economia della composizione).
Impressiona l'inaudito colorismo del dipinto, in cui è accentuato specialmente il blu del cielo. Secondo Peter Humfrey l'eleganza e la cura nella resa dei materiali, insolita per il Tintoretto, sarebbero qui la spia di un suo avvicinamento a Tiziano e Veronese, per soddisfare le raffinate pretese del cesareo committente (Humfrey 1995, 235). In ogni modo il quadro ha un'aria gioiosa e di rappresentanza piuttosto che drammatica, e il pittore non sembra essersi curato troppo di eleborarne la complessa icono-

grafia. Un grave danno, subìto forse già prima del 1648, ha portato alla riduzione del formato della tela. Ma la "storia" completa è ricostruibile osservando due disegni che ne sono stati tratti, i quali documentano la situazione originale – l'uno di un autore anonimo (Gallerie dell'Accademia, Venezia), l'altro, un po' più libero, di Joris Hoefnagel, che dal 1590 operava a Praga (Staatliche Museen Preussischer Kulturbesitz, Kupferstichkabinett, Berlino). In ambedue i casi è riconoscibile molto bene la parte inferiore del putto in basso a sinistra e la personificazione della Terra, che gioca fra i gigli, originati dagli schizzi del latte. L'impressione coloristica dell'originale per la perduta zona inferiore della tela è risarcita inoltre da una copia di un pittore ignoto (per il rinvio a questo quadro ringraziamo Nicholas Penny, che ne sta preparando la pubblicazione). Determinante per il soggetto del dipinto potrebbe essere stato l'interesse che l'imperatore nutriva per l'astronomia – ma anche la coeva decorazione pittorica della Sala d'Estate del Fondaco dei Tedeschi, alla quale il Tintoretto ha collaborato, era imperniata su figure mitologiche e cosmologiche (Schweikhart 1993; l'ipotesi espressa da Mandowsky 1938 di un legame fra l'invenzione figurativa di Tintoretto e Tommaso Rangone, che Gould 1978 ritiene persino l'originale committente dell'opera, viene scartata a ragione da Pallucchini & Rossi 1982, che la dicono "abbastanza azzardata"). Rimane da chiedersi cosa sia avvenuto delle altre tre tele del ciclo, documentate dal Ridolfi. La Garas le ha identificate con il *Concerto*, o in alternativa col *Parnaso* (entrambi passati da Praga a Dresda, il primo ancora alla Gemäldegalerie Alte Meister, il secondo distrutto dalla guerra), inoltre con *Ercole caccia il fauno dal letto di Onfale* (Szémüvészeti Múzeum, Budapest) e *Ercole e Onfale* (già collezione Battistelli, Firenze), ma si tratta probabilmente in parte di copie. Un giudizio sicuro è reso difficoltoso dal fatto che solo due delle opere possono essere viste in originale (in ogni modo, secondo Pallucchini & Rossi la data del *Concerto* di Dresda non è vicina al 1580 ma piuttosto al 1555-1556). Per la mediazione della commissione e il trasporto a Praga dovrebbero in ogni caso essere presi in considerazione gli Ott e Hans Jakob König (Martin 1996, 98). Quanto al programma di base del ciclo la Garas

ipotizza in Ottavio Strada il più probabile consulente; e come fonte letteraria indica assai plausibilmente l'*Ercole*, pubblicato da Gregorio Girardi a Modena nel 1557. A questo proposito secondo la studiosa è possibile che le fatiche di Ercole fossero state proposte a Rodolfo II come tema in cui egli stesso avrebbe potuto identificarsi, alludendo il semidio greco alla forza e virtù del sovrano. Ma accanto a ciò è da rilevare particolarmente la presenza dei nudi femminili in tutti e quattro i dipinti, in accordo con la nota predilezione per i soggetti erotici nell'arte praghese di questo momento. Per la presenza del letto in tre dei quadri del ciclo non escludiamo che esso fosse destinato alla camera da letto dell'imperatore.

AJM

## 196
### Giovanni Contarini (ca. 1548/49-1604)
*Caduta del regno di Saturno*, fine nono decennio del Cinquecento

olio su tela, 225 x 155 cm
Praga, Collezioni d'Arte del Castello di Praga
inv. o 124

Provenienza: documentato per la prima volta nel 1685 nel castello di Praga
Letteratura: Zimmer 1988, 315; Belluno 1994, 82-83; Daniel 1996, 96-97, cat. 10; Praga 1997, 393, cat. I.23.

Secondo Ridolfi (1648, I, 96), Giovanni Contarini si recò all'età di trent'anni (quindi nel 1579 ca.) alla corte di Praga, e qui eseguì, accanto a ritratti, soprattutto "favole", cioè dipinti di soggetto mitologico come quello esposto. Un'assenza di Contarini da Venezia è documentata almeno per l'anno 1587, come lo è pure un suo soggiorno a Innsbruck nel 1591, al servizio dell'arciduca Ferdinando del Tirolo (cfr. Bristot 1980, 41-42). Che il Contarini abbia ricevuto l'investitura a cavaliere dall'imperatore è testimoniato dall'autoritratto eseguito tra il 1594 e il 1595, nel quale l'artista si è rappresentato con la croce (Galleria degli Autoritratti, Uffizi, Firenze).
I rapporti del Contarini con la Germania si verificarono però dapprima proprio a Venezia: assieme a Jacopo Tintoretto, Paolo Veronese e Palma il Giovane l'artista eseguì due teleri facenti parte di un ciclo per la sala d'Estate nel Fondaco dei Tedeschi (1579/1580, tutti i dipinti sono distrutti o dispersi; Schweikhart 1993). Nel 1579 uno dei due consoli del Fondaco era il mercante David Ott, che – nella sua veste di intermediario in questioni d'arte per i Fugger – potrebbe avere svolto un ruolo determinante nell'assegnazione delle commissioni (Martin 1996, 99). Il fi-

glio di David, Hieronymus, all'epoca doveva essere già sposato con Caterina König, la figlia di quel Hans Jakob König che era intimamente legato a Rodolfo II (cfr. cat. 192, e l'albero genealogico in Martin 1995b). Nella collezione di ritratti di König si trovava un autoritratto del Contarini – oggi perduto – forse finito a Praga nel 1606 circa (Martin 1995a, cat. 54 e Martin 1998, 168, cat. 54). Questo rafforza la nostra convinzione che il pittore sia entrato in contatto con l'imperatore tramite la mediazione del tedesco-veneziano Ott-König. È sicuro, comunque, che il Contarini fu raccomandato a Rodolfo II nel 1579-1580, il che rende plausibile quanto affermato da Ridolfi.
Il tema del dipinto è facilmente identificabile, e la sua fonte furono indubbiamente le *Metamorfosi* di Ovidio o una versione popolare delle stesse. Saturno viene scaraventato con il suo seguito nell'oscurità del Tartaro, mentre Giove si impossessa del dominio sul mondo. In primo piano a sinistra una figura seduta e munita di elmo (Daniel, 1996, la identifica con Nettuno) ci introduce nel quadro. Essa volge le spalle allo spettatore, ristabilendo comunque un contatto visivo volgendo il capo nella nostra direzione. Il brano più affascinante è quello delle tre figure che precipitano nelle acque impetuose dello Stige. Dapprima vediamo il vecchio Saturno, mezzo calvo e a torso nudo, che impugna una falce ed è travolto per un attimo dalla caduta di una donna, a malapena coperta da un manto: la tromba che tiene in mano permette di identificarla con la *Fama*. Davanti a queste due sprofonda la terza figura, vista da tergo, che è anch'essa seminuda e potrebbe rappresentare *Rea*. La fi-

gura maschile alla destra di questo gruppo – forse Plutone con la chiave del Tartaro? – rischia di finire risucchiata dal vortice. Con un'espressione di terrore sul volto, si lascia cadere all'indietro. Nella zona superiore si scorgono ancora due figure femminili in volo verso sinistra. L'una indossa un abito trasparente e un cerchio luminoso attorno alla mano sinistra (*Veritas*) mentre l'altra è rappresentata a seno scoperto e con una bilancia (*Justitia*). Secondo l'interpretazione di Jürgen Zimmer (in Praga 1997), le ultime due figure, che salutano l'arrivo della luce e del dominio di Giove, potrebbero alludere all'inizio del dominio diretto di Rodolfo II su Praga. Certamente non vogliamo escludere riferimenti alla figura del committente, sebbene egli avesse scelto Praga come luogo di residenza già nella seconda metà degli anni settanta.
Comunque sia, qui siamo messi a confronto con una delle prime opere di arte rudolfina, e dobbiamo perciò credere che il dipinto si trovasse già a Praga verso il 1590, se non si vuole addirittura sostenere che sia stato eseguito sul posto. Zimmer (1988) ha per primo riconosciuto nel Contarini l'autore della tela. Lo studioso propone confronti con le poche opere certe del pittore (cfr. l'indice delle opere in Bristot, 1980). Zimmer vede inoltre un collegamento con un disegno di Joseph Heintz, *Allegoria con Fama e Cronos* (Collezione privata, Londra; Zimmer 1988, 128, cat. A 38 e tavola a colori II), e data in base a ciò il dipinto di Praga attorno al 1587-1589. Nonostante la *Caduta del regno di Saturno* metta in mostra corpi contorti e d'effetto, dal punto di vista stilistico non corrisponde alle espressioni contemporanee del manierismo italiano. Il Contarini aveva iniziato la sua carriera artistica improntandola sullo studio di Tiziano da autodidatta. Ed è proprio questa origine veneziana dell'artista a rendersi chiaramente riconoscibile nell'opera in esame. Il dipinto ci ricorda maestri come il Tintoretto e il Veronese, ai quali Rodolfo II aveva in precedenza allogato commissioni, ma anche Palma il Giovane. Particolarmente stringente si rivela però il confronto con un'opera di Paolo Fiammingo, eseguita per Hans Fugger nel 1582 – quindi pochi anni prima del quadro esposto – *Il Tatto* (collezione privata). La figura di Nettuno è pure posta in primo piano e vista di schiena (anche se a destra e specularmente), ed ha la

stessa posizione delle gambe. Ulteriori confronti riguardano il tipo adottato per le figure femminili (nel quadro di Paolo Fiammingo particolarmente la Venere a destra), nonché le pose instabili di Plutone e di Vulcano. I voluminosi corpi del Contarini ci danno però testimonianza di una sensibilità già barocca, che anticipa Rubens e le sue numerose variazioni del tema della *Caduta nell'inferno*. Anche la descrizione atmosferica della scena, con la sua luce soffusa e i colori sommessi, possiede già certe qualità della pittura chiaroscurale del Seicento.

AJM

Paolo Fiammingo, *Il senso del tatto*
Collezione privata

197
Domenico Tintoretto (ca. 1560-1635)
*Studio di composizione* (Allegoria con le Muse), ca. 1600

pennello e olio in bianco, giallo e grigio su carta cerulea, 291 x 395 mm
scritta apocrifa TINTORETTO F.
Trieste, Civici Musei di Storia e Arte, Collezione Sartorio

LETTERATURA: Tietze & Tietze-Conrat 1944, 256-257 e 268, cat. 1551; Rossi 1984, 57-60.

In passato il foglio veniva avvicinato ad alcuni schizzi di Domenico contenuti in un album del British Museum di Londra (Tietze & Tietze-Conrat 1944, 264-265, cat. 1526, 28-29 e 33), ma Paola Rossi (1984) ha espresso fondati dubbi in proposito. Né può essere posto in relazione con un dipinto, descritto da Ridolfi, della "vita humana accompagnata dalle molte miserie": un soggetto basato su un passo di Lucrezio (*De rerum natura*) e sulle rime del cavalier Marino pubblicate a Venezia nel 1602 (Ridolfi 1648, II, 262; Tietze & Tietze-Conrat 1944).
Benché Domenico avesse lavorato a lungo come assistente del padre, producendo molte varianti delle figure e delle composizioni di Jacopo (vedi sotto), il suo stile disegnativo possiede comunque caratteri spiccatamente individuali. I suoi contorni molto marcati si differenziano sostanzialmente dal modo più spontaneo di condurre le linee, staccando di tanto in tanto il pennello, del padre. La tecnica di Domenico non facilita certo il riconoscimento del tema di questo foglio, ma un aiuto ci può venire da un dipinto dell'artista di grande formato (di ubicazione ignota), pubblicato da Paola Rossi, che – malgrado varie differenze su cui torneremo – è stato evidentemente preparato proprio dal disegno in esame. Chiare analogie si osservano in primo luogo nell'effetto d'insieme, determinato dal drammatico movimento che evoca il tumulto di una battaglia. Precise corrispondenze si scoprono poi anche in certi particolari, come quello dell'uomo al centro (che nel dipinto è vestito)

Domenico Tintoretto, *Allegoria con le Muse*
Ubicazione ignota

che afferra due figure femminili tirandole per gli abiti. Ritroviamo inoltre, anche se con varianti, le due figure in volo sullo sfondo, la donna inginocchiata in primo piano a sinistra e quella in fuga sulla destra (che nel dipinto è passata in seconda fila). La figura di spalle, che nel disegno si trova in alto a sinistra (con le ali?), nel dipinto ricompare in alto a destra e in controparte, il che accentua l'andamento diagonale della composizione.
Inizialmente Domenico doveva avere in mente di inquadrare la scena entro quinte architettoniche, ma poi ha collocato al centro una colonna su un alto basamento, che risulta poco motivata e compositivamente incongrua. Strumenti musicali, spartiti, apparecchiature scientifiche e una maschera teatrale ci rivelano l'identità delle figure femminili: si tratta delle Muse, che infatti sono nove nel disegno (ma dodici nel quadro). Un giovane barbato, che non reca nessuno degli attributi di Apollo, le sta denudando, e quindi l'invenzione compositiva potrebbe essere – secondo l'interessante proposta di Paola Rossi – un'allegoria dell'uomo che "scopre" le arti nel vero senso della parola. Se vogliamo credere a Ridolfi, da vecchio, Domenico pensò alla fondazione di un'Accademia (Ridolfi 1648, II, 262), e questo disegno con il relativo dipinto dimostra perlomeno il suo interesse per i temi letterari molto complessi, allora assai apprezzati a Venezia, ma ancor di più alla corte di Praga. È da osservare che questa scena differisce notevolmente da altre immagini più tranquille e armoniose del consesso degli dei e delle Muse, come ad esempio il *Parnaso* (ca. 1580; perduto) e il *Concerto di Dame* (ca. 1580?; Gemäldegalerie, Dresda), due opere di Jacopo Tintoretto (la prima con la collaborazione della bottega) di provenienza praghese (cfr. cat. 195), oppure come l'*Udito* di Paolo Fiammingo (1583-1584; collezione privata), parte di un ciclo dei "Cinque Sensi" dipinto per Hans Fugger (cfr. il testo introduttivo a questa sezione). L'azione drammaticamente movimentata e l'agitazione che pervade le ignude fa pensare piuttosto a opere come la *Caduta del regno di Saturno* di Giovanni Contarini (cat. 196) e la *Diana e Atteone* di Bartholomäus Spranger (cat. 198).
Per la figura virile al centro dell'*Allegoria con le Muse*, Paola Rossi ha proposto un confronto con lo studio a gessetto di un *Uomo barbato colto*

*in corsa* (National Galleries of Scotland, Edimburgo), che la studiosa attribuisce a Domenico non solo per questa affinità (Rossi 1984, 59, fig. 3). Una figura quasi identica, con le braccia aperte, è stata studiata da Domenico in un disegno preparatorio per il suo grande telero con la *Seconda presa di Costantinopoli* nella Sala del Maggior Consiglio di Palazzo Ducale. Confrontabile nella posa è comunque già la donna che guida il carro nella *Diana/Luna* dipinta da Jacopo nel 1579-1580 per la sala d'Estate del Fondaco dei Tedeschi (bruciata nel 1945 a Berlino). La figura di spalle, che nel disegno compare a sinistra e nel quadro a destra, ha il suo modello nelle *Nove Muse* (fine dell'ottavo decennio del Cinquecento; The Royal Collection, Hampton Court). Anche la musa con la maschera teatrale (Melpomene?), che appare solo nel dipinto – nell'angolo inferiore destro – segue un prototipo di Jacopo: la si confronti ad esempio con le due versioni della Leda di quest'ultimo agli Uffizi (cat. 199, con la relativa immagine di confronto).

AJM

## 198
Bartholomeus Spranger (1546-1611)
*Diana e Atteone*, primi anni ottanta del Cinquecento

penna e inchiostro bruno, pennello e inchiostro grigio-bruno, lumeggiature bianche su tracce di gesso nero
413 x 320 mm
New York
Metropolitan Museum of Art
Purchase Lila Acheson Wallace Gift
inv. 1997.93

PROVENIENZA: collezione Achille Ryhiner; collezione John Strange.

Questo disegno, mai pubblicato prima d'ora, illustra la tragica vicenda di Atteone, narrata dettagliatamente da Ovidio nelle *Metamorfosi* (III, 138-253). In accordo con la fonte letteraria – ma il dotto Spranger potrebbe avere conosciuto anche libere parafrasi poetiche e commenti al testo ovidiano, reperibili per esempio negli scritti di Lodovico Dolce, Giovanni Andrea dell'Anguillara e Giuseppe Orologgi – girovagando senza meta dopo la caccia, Atteone scopre Diana e le compagne intente a bagnarsi a una fonte nel recesso di una grotta sacra. Le ninfe coprono con un drappo le membra di Diana, che inonda di acqua la testa del giovane cacciatore, trasformandolo in un cervo che verrà dilaniato dai suoi stessi cani.
L'attribuzione (forse ottocentesca) a Spranger sul *passepartout* è stata confermata oralmente da Heinrich Geissler, Konrad Oberhuber e Thomas Da Costa Kaufmann (gentile comunicazione di George R. Goldner). Il *ductus* della penna (stando a Van Mander, fino al 1572 Spranger disegnava solo a carboncino o gessetto nero) rientra a pieno titolo nelle peculiarità grafiche del pittore individuate da Konrad Oberhuber: "l'artista accentua sicuramente i contorni, che seguono l'incurvarsi delle forme con crescente dinamismo, poi però evidenzia giunture e panneggi con taglienti tratti diritti o spezzati spigolosamente, dove il segno grafico si fa frammentario e lento; infine, nel disegno interno, enuclea con parsimonia le componenti principali del modellato, apponendo brevi accenti a forma di uncino, disposti con precisione". Anche le acquerellature e i tocchi di bianco concorrono a dare un'impressione di spontaneità alle controllatissime e raffinate invenzioni di Spranger (Oberhuber 1970, 213; cfr. anche Oberhuber 1958). Il foglio sarà da collocare nella prima fase praghese dell'artista. Nella descrizione dell'ambiente boschivo continua a trasparire il retaggio della sua prima formazione da paesaggi-

sta, e le figure non hanno ancora assunto le proporzioni estremamente allungate e gli arditi scorci prospettici tipici della maturità. Come termine di confronto indichiamo il foglio con *Venere e Amore sul carro di Nettuno* (Graphische Sammlung Albertina, Vienna), databile sul 1585. La figura e anche il volto caricaturale di quella Venere presentano affinità con la ninfa che qui giace sullo scoglio in primo piano, e che sollevando la veste si protegge dagli sguardi di Atteone. Anche il putto in volo sopra a Nettuno ricorda quello del disegno qui esaminato (il quale, detto per inciso, costituisce una curiosità iconografica).
La descrizione di donne al bagno in luoghi segreti e vietati agli uomini ha una lunga tradizione tanto nella letteratura quanto nelle arti figurative, si pensi solo al *Decameron* di Boccaccio o al perduto dipinto con *Donne al bagno* di Jan van Eyck, noto solo attraverso la descrizione di Bartolomeo Fazio (cfr. Martin 1995c, 36-37). In pittura, soggetti come *Susanna e i Vecchioni* e *Betsabea al bagno* offrivano di per sè l'opportunità – abbinando alle bagnanti indiscreti personaggi maschili – di combinare nudità e voyeurismo insieme con un sottofondo moralistico, considerato che allo spettatore colto non sfuggiva l'esito di quegli episodi biblici. Anche nella raffigurazione pittorica della leggenda di Atteone, che nella seconda metà del Cinquecento godette di un favore sempre crescente, il personaggio dell'eroe tragico e la sua metamorfosi finirono col passare in subordine ed essere relegati ai margini della composizione, mentre la scena delle bagnanti ignude – a lui vietata e fatale – costituisce il vero soggetto, ed è posta bene in vista al centro. Se il dipinto più citato a questo proposito, quello eseguito da Tiziano verso il 1556-1559 per Filippo II (National Gallery of Scotland, Edimburgo; Cieri Via 1995), dalla composizione iconograficamente raffinata, pone ancora Atteone in primo piano come protagonista, nella versione di Hans Rottenhammer della Alte Pinakothek di Monaco (dipinta nel 1602 a Venezia) si ha difficoltà addirittura a scoprirne la presenza nel quadro. Non meraviglia che quello di Diana e Atteone sia stato promosso a tema "rudolfino", d'obbligo per quasi tutti gli artisti della corte di Praga (cfr. Cavalli-Bjökman 1988, 65-66). Accanto all'acquerello di Joris Hoefnagel del 1597 (Kaufmann 1988, tav. a colori 5) è qui da

ricordare soprattutto il dipinto di Joseph Heintz il Vecchio, spesso copiato e inciso da Aegidius Sadeler, dove la figura in frenetico movimento di Atteone e le bagnanti in primo piano a destra ricordano vagamente la Diana del disegno in esame (inizio o metà dell'ultimo decennio del XVI secolo; Kunsthistorisches Museum, Vienna).
Sadeler è autore anche di un'altra incisione dello stesso tema, tratta da un originale perduto di Paolo Fiammingo. Poiché una delle piccole illustrazioni dell'inventario della collezione veneziana di Andrea Vendramin, redatto nel 1615, mostra una scena analoga, Bert W. Meijer ne deduce che l'incisione deve essere stata eseguita all'epoca del soggiorno veneziano di Sadeler del 1593 (Meijer 1983, 23-24).
La nota abitudine di Paolo Fiammingo di variare non solo le proprie composizioni ma di produrne repliche per più committenti, rende plausibile l'ipotesi che il pittore abbia proposto anche questo tema al suo principale mecenate: Hans Fugger. E infatti nei primi inventari del castello dei Fugger sono elencate due tavole con Atteone ("2 gemahlte Taflen von Acteon"). In tal caso l'incisione di Sadeler, che dal 1594 al 1597 lavorava a Monaco, avrebbe potuto riferirsi anche al quadro della medesima collezione (non è escluso – ma non lo possiamo dimostrare – che il *pendant* raffigurasse la morte di Atteone). In ogni modo gli artisti della corte praghese si mostrarono molto impressionati dallo sviluppo particolare che questo tema aveva preso a Venezia (neanche su Spranger, il Parmigianino esercitò a questo riguardo alcun influsso). Nei nudi di spalle e frontali che il disegno esibisce si potrebbe percepire la volontà del pittore di gareggiare con gli scultori (nel senso del "paragone"), un concetto che ci riconduce di nuovo a Jan van Eyck, all'Italia e a Venezia in particolare, con dipinti che mostravano i due lati di un corpo ignudo con l'ausilio dello specchio (cfr. catt. 64 e 114). Ci sembra che per tutte le raffigurazioni – peraltro simili in numerosi particolari – di Diana e Atteone prodotte a Venezia e a Praga nella seconda metà del Cinquecento, sia esistita una comune fonte di ispirazione, che identificheremmo con il *Bagno di ninfe* di Palma il Vecchio (1525-1528; Kunsthistorisches Museum, Vienna; cfr. il testo introduttivo alla sezione).

AJM

199
Jacopo Tintoretto (1519-1594)
*Leda e il cigno*, prima metà del sesto decennio del XVI secolo

olio su tela, 146 x 150 cm
Firenze, Galleria degli Uffizi
inv. 1890, n. 9946

PROVENIENZA: collezione Contini Bonacossi, Firenze (prima menzione 1926); 1941 venduto a Göring; 1948 riportato a Firenze da Rodolfo Siviero e temporaneamente esposto a Palazzo Vecchio, dal 1989 agli Uffizi.
LETTERATURA: Mayer 1926; Pallucchini & Rossi 1982, I, 164, cat. 158; Natali 1994; Dori & Dori 1994; Guazzoni 1994; Firenze 1994, 60-6l, cat. 12.

La *Leda* "Siviero" (così chiamata per distinguerla dalla *Leda* "De Noè Walker", che si trova agli Uffizi già dal 1893) mostra la moglie di Tindaro, re di Sparta, semisdraiata sul letto. Leda è nuda, a parte un lieve velo trasparente che le avvolge i fianchi, ma riccamente ingioiellata d'oro e di perle: oltre ai bracciali e a una collana ha un prezioso diadema elegantemente posato sull'acconciatura. Mentre si regge con la sinistra, con la destra trattiene debolmente Zeus, che le si avvicina sotto forma di cigno. A sinistra, accanto alla tenda che fa da fondale alla figura, si vede anche un tavolo coperto da un tappeto, su cui si trova una gabbia con un pappagallo. La figura di Leda, disposta diagonalmente, domina totalmente la composizione. Le dolci sfumature degli incarnati, parzialmente in ombra, risaltano grazie all'accostamento con la stoffa rossa, bianca e verde. La riflettografia a raggi infrarossi, effettuata nel 1994 in occasione del restauro della tela, ha dimostrato che la testa di Leda inizialmente avrebbe dovuto trovarsi un poco più a sinistra (il che, a un'osservazione attenta, è visibile anche a occhio nudo); inoltre il tipo di preparazione depone a favore dell'autografia di Jacopo Tintoretto (come del resto la maggioranza degli studiosi aveva già riconosciuto sulla base dei dati formali). Dopo il re-

Bottega di Jacopo Tintoretto
*Leda* "De Noè Walker"
Firenze, Galleria degli Uffizi

stauro è ritornato anche visibile un particolare che spiega il deciso volgersi a sinistra della testa di Leda. Al margine sinistro del quadro, davanti al tavolo e alla gabbia, resta una piccola porzione dell'abito rosso di una figura secondaria, andata perduta col decurtamento del quadro. Per sapere di chi si trattava possiamo guardare alla *Leda* "De Noè Walker" della bottega di Tintoretto, di datazione incerta (Pallucchini & Rossi 1982, I, 211, cat. 384; Marinelli in Firenze 1994, 62-63, cat. 13). In questo dipinto di formato orizzontale accanto a Leda, a differenza del dipinto "Siviero", compare a sinistra anche un'ancella, che trascina una voluminosa gabbia. Dietro a lei è visibile una più ampia sezione dello sfondo, mentre a sinistra in alto la vista si apre verso l'esterno. L'occhio dello spettatore è ora attratto da altri animali: non ci è dato di sapere se il gatto, che si avvicina minaccioso all'anatra chiusa in gabbia, fosse presente anche nell'originale, ma un'aggiunta è costituita dal cane che abbaia contro il cigno-Giove (da confrontare con quello che fiuta la presenza del dio della guerra, nascosto sotto il tavolo, nel *Vulcano sorprende Venere e Marte* (ca. 1551-1552; Alte Pinakothek, Monaco).
Il mito di Leda e il cigno fu discusso per la prima volta in modo esauriente nelle *Mithologiae* di Natale Conti. Questo testo, pubblicato a Venezia nel 1551, vide la luce subito prima della *Leda* "Siviero", ma non ne costituisce una premessa dal punto di vista iconografico. Tintoretto poteva basarsi su una lunga tradizione di immagini. A Venezia, nel Rinascimento, incontriamo il mito nel testo e nelle illustrazioni della *Hypnerotomachia Poliphili* di Francesco Colonna, pubblicata nel 1499.
Leonardo si era interessato profondamente a questo soggetto: un suo dipinto perduto mostrava Leda con i figli appena usciti dalle uova (ci sono pervenute varie libere copie e variazioni da disegni dell'artista, conservate fra l'altro alla Galleria degli Uffizi di Firenze e alla Galleria Borghese di Roma; cfr. anche il dipinto del Giampietrino della Gemäldegalerie di Kassel). Nel 1530 Michelangelo dipinse per Alfonso d'Este una sua interpretazione – decisamente audace – del tema, ora anch'essa perduta. Fedeli riprese da questa composizione, che fissava il rapporto sessuale di Leda col cigno, si trovano per esempio in un'incisione di Cornelis Bos e in una scultura di Barto-

lomeo Ammannati (Museo Nazionale del Bargello, Firenze). Anche la *Leda e il cigno* del Veronese, della prima metà del nono decennio del Cinquecento (Gemäldegalerie Alte Meister, Dresda), sembra dipendere da Michelangelo; e lo stesso pare valere anche per la composizione a più figure del Correggio, degli inizi del quarto decennio (Gemäldegalerie, Berlino).
La rappresentazione di Tintoretto si differenzia da quelle più esplicite del tema. Questo nudo, di sensuale morbidezza, corrisponde a un tipo di nudo femminile sdraiato su un giaciglio che è ricorrente nell'opera del maestro: si pensi al già citato *Vulcano sorprende Venere e Marte* o a *Giuseppe e la moglie di Putifarre* (1555; Museo del Prado, Madrid). Pittori del nord, come Hans Rottenhammer (cat. 201) e Paolo Fiammingo – cfr. ad esempio la figura della *Diana* o *Luna* nell'omonimo dipinto del 1581-1582, che apparteneva a un ciclo dedicato ai pianeti commissionato da Hans Fugger (Bayerische Staatsgemäldesammlungen, Monaco, esposto nella Residenz) – se ne mostrarono profondamente influenzati. La fortuna del tema del nudo femminile sensualmente sdraiato anche presso i collezionisti a nord delle Alpi può avere determinato la creazione della *Leda* "De Noè Walker", indubbiamente successiva, e forse di ulteriori repliche di bottega non pervenuteci.

AJM

200
Jacopo Palma il Giovane (ca. 1548.-1628)
*Tarquinio e Lucrezia*, ante 1595

penna e inchiostro bruno acquerellato, lumi di biacca, 285 x 225 mm
scritta (non autografa) in basso a destra "Palma"
Sarasota, John and Mable Ringling
Museum of Art

LETTERATURA: Mason Rinaldi 1972,
110, cat. 60; Lehmann 1980, 187;
Mason Rinaldi 1984, 87, cat. 117. 89,
cat. 126, 163, D 176; Schnackenburg
1996, I, 212-213, GK 501.

Secondo la leggenda tramandata da
Livio e da Ovidio, Sesto Tarquinio, figlio dell'ultimo re di Roma Tarquinio il Superbo, aveva abusato di Lucrezia dopo averla minacciata con la
spada nella sua camera da letto. Il
giorno seguente la donna riferì l'accaduto al marito e al padre, facendo
loro giurare vendetta, e si suicidò
con un pugnale. Dopo avere assistito alla sua fine, Bruto esortò il popolo alla rivolta contro l'odiato tiranno
e la sua stirpe. Così la storia di Lucrezia non rappresenta soltanto l'e-
roica difesa della *virtus* fino alle
estreme conseguenze, ma anche la
nascita della repubblica romana e in
generale il trionfo della libertà.
Invece di illustrare il tema – più frequente specie nel formato a mezza
figura – del suicidio di Lucrezia, Palma il Giovane ha scelto di raffigurare qui il momento della sua sopraffazione. La nudità dell'eroina e la spada facilmente interpretabile come
simbolo sessuale anticipano esplicitamente l'atto di violenza. Lucrezia
tenta invano di difendersi da Tarquinio, che con la mano sinistra la preme contro il letto e con la destra impugna la spada.
La complessa composizione è chiaramente impostata lungo più diagonali; il movimento si articola dall'alto a destra verso il basso a sinistra,
mentre un'ulteriore direttrice compositiva, idealmente tracciabile dal-
l'alto a sinistra verso il basso a destra, segue la tenda e la figura di
Tarquinio. Il segno rapido e nervoso
e i forti contrasti chiaroscurali contribuiscono a rendere ancora più

drammatica la scena.
Nel 1972 Stefania Mason ha collegato il disegno con i due dipinti di Palma di questo stesso soggetto conservati rispettivamente alla Gemäldegalerie Alte Meister di Kassel e all'Ermitage di San Pietroburgo, datando
dapprima tutte e tre le composizioni
al periodo veneziano giovanile del
pittore, vale a dire ai primi anni settanta del Cinquecento (Mason Rinaldi 1972). Nella sua successiva
monografia su Palma (Mason Rinaldi 1984) la studiosa ha modificato la
datazione del dipinto di Kassel al
"1595-1600 ca.", definendo il disegno "una prima idea per la composizione" e proponendo per la tela di
San Pietroburgo una collocazione al
"1610 ca.". A differenza del disegno,
i due dipinti sono di formato orizzontale e pongono l'accento soprattutto sul nudo femminile, che copre
quasi tutta la superficie delle tele. In
entrambi i casi Tarquinio è raffigurato di spalle. Nella versione di Kassel
un giovane servitore, che sta entran-
do da sinistra, illumina la scena con
una fiaccola. La variante di San Pietroburgo, sicuramente successiva,
omette la figura del giovane, ma presenta una natura morta in primo piano a destra, risultando sostanzialmente più decorativa. Malgrado i
chiari collegamenti con il disegno,
non possiamo quindi escludere che
il foglio fosse preliminare per un dipinto perduto, certamente ben più
spettacolare delle due versioni pervenuteci. Un altro disegno di Palma
il Giovane, datato 1621 (Nationalmuseum, Stoccolma) e tratto da un
dipinto con *Tarquinio e Lucrezia* di
Tiziano del 1571 (versione del Fitzwilliam Museum di Cambridge), testimonia del resto il persistere del-
l'interesse dell'artista per questo tema, per affrontare il quale ha sentito
il bisogno di confrontarsi ancora una
volta con il geniale maestro. Se il
Tarquinio del disegno, come figura
isolata, ricorda l'omicida del distrutto *Martirio di San Pietro* (1530-1532;
già ai Santi Giovanni e Paolo, Venezia) la composizione generale, nel
suo brutale dinamismo, è molto vicina alle tre tele con il *Sacrificio di Isacco, Caino e Abele, Davide e Golia* dipinte nel 1542-1544 da Tiziano per il
soffitto della chiesa veneziana di
Santo Spirito in Isola (oggi nella sagrestia di Santa Maria della Salute).
Per concludere, vorremmo ancora
indicare un collegamento concettuale che Palma avrebbe potuto proporre, quasi per gioco, a un osservatore colto. Crediamo infatti che il di-

segno rinvii alle immagini della de-
capitazione di Golia ad opera di Davide o a quella di Oloferne per mano
di Giuditta, due temi che già Donatello aveva saputo illustrare sapientemente e che avrebbero goduto di
grande fortuna nei secoli XVI e XVII.
Si ponga a confronto con il disegno
di Jacopo Palma la tavola a doppia
faccia di Daniele da Volterra con *Davide e Golia* (1555-1556; castello di
Fontainebleau; citata da Vasari 1568,
VII, 61) o con la *Giuditta e Oloferne*
(ca. 1601-1603; Wellington Museum,
Londra) di Elsheimer, eseguita dopo
il suo soggiorno veneziano. Poiché
Davide, Giuditta e Lucrezia vanno
tutti e tre visti come eroi in lotta per
la virtù e la libertà, l'ipotesi che qui
Palma abbia voluto alludere anche
agli altri due soggetti appare del tutto plausibile.

AJM

Jacopo Palma il Giovane
*Tarquinio e Lucrezia*
Kassel, Gemäldegalerie

201
Hans Rottenhammer (1564/65-1625)
*Tarquinio e Lucrezia, post* 1600

penna e inchiostro bruno acquerellato, 165 x 202 mm
scritta in basso a destra "hans Rottenhammer F. In Venetia"
Dresda, Kupferstich-Kabinett
Staatliche Kunstsammlungen
inv. c 1976-348

LETTERATURA: Peltzer 1916, 358, cat. 21; Jost 1963, 77-78; Schlichtenmaier 1988, 132 e 340, Z I 69.

Il foglio mostra, come il disegno di Palma che gli fa da *pendant* in questa esposizione, la sopraffazione e la minaccia di violenza sessuale subite da Lucrezia (si veda cat. 200 anche per le fonti letterarie). Tarquinio, qui quasi completamente denudatosi, è visto di fronte, già in ginocchio sul letto, mentre Lucrezia tenta inutilmente di sfuggirgli. L'uomo l'afferra aggrappandosi alla sua spalla destra, mentre con la mano sinistra impugna la spada. Messo a confronto con quello di Palma, il disegno intensifica il collegamento tra le figure in un sistema di diagonali, specie nella posa delle braccia e delle gambe di Lucrezia. Differenze si notano anche nel formato (qui lievemente oblungo) e nella scelta di una composizione meno serrata, che consente di inscenare l'atto di violenza come su un palcoscenico, grazie alla tenda ingegnosamente drappeggiata che avvolge il letto e gli fa da fondale. La tecnica del disegno è caratterizzata da un segno a penna leggero e brioso: si osservi in particolare il pentimento sull'avambraccio sinistro e sulla mano sinistra di Tarquinio, dove la spada è quasi irriconoscibile. D'altro canto, le acquerellature generose e libere creano drammatici accenti chiaroscurali: Tarquinio, con il volto in ombra, si lancia, come se emergesse dall'oscurità della notte, sulla moglie dell'uomo che gli aveva dato ospitalità. In altri disegni del periodo veneziano di Rottenhammer si notano caratteristiche molto simili nella resa delle figure (sulla biografia dell'artista cfr. il testo introduttivo a questa

Jacopo Tintoretto,
*Vulcano sorprende Venere e Marte*
Monaco, Alte Pinakothek

sezione). La *Venere giacente con Amore* (Hessisches Landesmuseum, Darmstadt) datata 1601, un nudo femminile adagiato anch'esso di traverso, ricorda vagamente la famosa *Venere* di Giorgione della Gemäldegalerie Alte Meister di Dresda, ma nella pienezza del corpo e nelle proporzioni richiama piuttosto le *Veneri* di Tiziano, continuamente variate a partire dagli anni attorno al 1548 (ad esempio la *Venere e Amore* del 1555 ca. della Galleria degli Uffizi di Firenze). La posizione della gamba di Lucrezia è ripetuta specularmente nel foglio di Rottenhammer con lo *Scorticamento di Marsia* (University of Manchester, Whitworth Gallery, Manchester) del 1600 circa.
Nella monografia su Rottenhammer Schlichtenmaier (1988) sottolinea a ragione la dipendenza da Tintoretto del disegno esposto e in particolare dal *Tarquinio e Lucrezia* del maestro veneziano (Art Institute of Chicago, datato 1585-1590 da Pallucchini & Rossi [1982, I, 229, cat. 450]). A prescindere dall'identità del tema e dal generico influsso esercitato su Rottenhammer da Tintoretto – evidente specie nel modo di concepire le figure – nel caso specifico le corrispondenze non sono puntuali, ma sono soprattutto le posizioni delle gambe a permettere un confronto preciso. Tuttavia, poiché Tintoretto ha sperimentato spesso pose raffinate di questo tipo, si possono fare collegamenti anche con numerosi altri dipinti, e in primo luogo con la *Leda e il cigno* (cat. 199), dove la donna giace tranquilla, a differenza di Lucrezia, sul bordo del letto, con il braccio destro (speculare a quello sinistro di Lucrezia) condotto in maniera simile davanti al petto. Per l'ambientazione del giaciglio e la posizione delle gambe in questo caso di Giunone – un altro termine di confronto ci è offerto soprattutto dall'*Origine della Via Lattea* (cat. 195), un dipinto che però Rottenhammer non dovrebbe avere conosciuto nell'originale. Perciò è più significativo un rimando a *Vulcano che sorprende Venere e Marte*, un'opera eseguita dal Tintoretto attorno al 1551-1552, che mostra sorprendenti analogie con il disegno in esame nella disposizione delle figure (su composizione e iconografia cfr. da ultimi Brown 1996 e Weddingen 1996). Partendo da quel capolavoro così allusivo, Rottenhammer avrebbe potuto facilmente sviluppare la composizione del proprio disegno con pochi cambiamenti. Resta da scoprire se l'artista tedesco abbia

tradotto in seguito il disegno anche in un dipinto.
Indipendentemente dagli evidenti rapporti con Tintoretto, Rottenhammer potrebbe avere visto anche il disegno, di poco precedente, di Palma, o forse un dipinto basato su quel foglio, anche se l'interpretazione del tema fornita da questo pittore veneziano fa pensare a una scena di omicidio più che di seduzione (cat. 200). Indipendentemente dal legame di amicizia tra i due artisti, attestato da Carlo Ridolfi (1648, II, 77), al quale non si deve dare per forza credito, il confronto diretto dei fogli, caratterizzati dalla vivace tecnica del disegno e dalla concezione pittorica, parla in favore del fatto che Rottenhammer abbia studiato intensamente l'opera grafica del collega veneziano, il quale allora determinava il mercato. Tra gli schizzi a penna acquerellati di Rottenhammer questo *Tarquinio e Lucrezia* segna un vertice qualitativo, mentre le opere grafiche e i dipinti eseguiti dopo il 1606 ad Augusta risultano più rigidi e meno ispirati.

AJM

## 202
Paolo Veronese (1528-1588)
*Ritrovamento di Mosè*, ca. 1580

penna e inchiostro bruno acquerellato, 171 x 186 mm
New York, The Pierpont Morgan Library, inv. IV, 81

PROVENIENZA: Thomas Hudson; Sir Joshua Reynolds; Heneage Finch, quinto conte di Aylesford; Charles Fairfax Murray.
LETTERATURA: Tietze & Tietze-Conrat 1944, 348, cat. 2121; Pignatti 1976, I, 146-147, cat. 240-242; Denison & Mules 1981, 52, cat. 26; Cocke 242-243, cat. 103; Washington 1988, 142-143; Pignatti & Pedrocco 1995, II, 394-398, cat. 282-285.

Il foglio, che gli esperti mettono in rapporto con il *Ritrovamento di Mosè* di Veronese del Museo del Prado, raccoglie studi di posizioni alternative per il gruppo formato dalla figlia del faraone con un'ancella china in avanti e un'altra che presenta alla padrona il piccolo Mosè appena ritrovato nel canneto del Nilo. Accanto alle tre figure che riempiono tutta la metà sinistra del foglio, Veronese si è cimentato con il panneggio del manto della principessa egiziana, questa volta in scala chiaramente maggiore. Lungo il margine superiore, inoltre, vi è uno schizzo di paesaggio fluviale, con alberi, un ponte e i particolari di una città. Il tratto impulsivo della penna e le acquerellature sommarie rendono l'idea della velocità con la quale Veronese ha sviluppato la sua idea. Ci si chiede se davvero questi studi siano stati utilizzati per un unico dipinto. Le tre figure a sinistra, messe in risalto dall'acquerello bruno, corrispondono molto da vicino a quelle della tela del Prado, datata da Pignatti (1976, I, 146, cat. 240) poco dopo il 1580. Ma è anche possibile che il disegno della

Paolo Veronese
*Ritrovamento di Mosè*
Washington, National Gallery of Art

Morgan Library sia in qualche modo connesso con la versione del *Ritrovamento di Mosè* della National Gallery of Art di Washington, talora ritenuta una replica autografa di Veronese. In quest'ultimo dipinto le vesti indossate dalla figlia del faraone sono rese in maniera diversa da quelle dell'opera del Prado, ma le radiografie hanno rivelato che in origine erano simili e sono state semplicemente ridipinte in un secondo momento (Brown 1989). Il dipinto di Washington ricorda il disegno in esame nel particolare della gamba sinistra, la cui forma si intravede sotto il tessuto, creando la stessa piccola piega arrotondata. Lo studio minuzioso del panneggio, al centro del foglio, ha effettivamente poco a che vedere con l'aspetto attuale del *Ritrovamento* di Washington, mentre presenta qualche analogia con la versione della Gemäldegalerie di Dresda. Quest'ultima, a differenza di quelle verticali di Madrid e di Washington, è di formato orizzontale, ma viene anch'essa datata agli inizi del nono decennio (Pignatti & Pedrocco 1995, II, 396-397, cat. 284). Anche se la figlia del faraone si trova sul margine sinistro della composizione ed è volta a destra, è semplicemente l'immagine speculare della medesima figura. L'abito, nella versione di Dresda, è molto più ampio sui fianchi e forma grandi pieghe movimentate da piccole arricciature irregolari, proprio come nello studio di panneggio al centro del foglio. In una ripresa – di nuovo di formato quasi verticale – del dipinto di Dresda, conservata al Musée des Beaux-Arts di Lione, quattro pieghe concave si sovrappongono l'una all'altra senz'alcuna transizione. Un altro *Ritrovamento di Mosè* – della Galleria Sabauda di Torino (Pignatti & Pedrocco, 1995, II, 439, cat. 332) – anch'esso datato al nono decennio e attribuito in passato alla bottega, ma ora a Veronese con un aiuto (Benedetto Caliari?), si differenzia sostanzialmente dalle composizioni fin qui discusse. Il dipinto è stato preparato da un disegno eseguito con la stessa tecnica di quello esposto, di proprietà del Fitzwilliam Museum di Cambridge (Rearick 1984, 240-241, cat. 102). L'esistenza di tante variazioni sul medesimo tema dimostra che Veronese, nell'ultima fase della carriera, dedicò grandissima attenzione a questo episodio della storia di Mosè. Nel nostro contesto va anche ricordato un dipinto su tale tema di Sebastiano Ricci delle collezioni reali

inglesi (già a Buckingham Palace, Londra), creduto a lungo un originale di Veronese. Molto simile alle versioni di Madrid e di Washington, la variante del Ricci dovrebbe risalire alla fine del terzo decennio del Settecento. Nel 1741 ne venne tratta un'incisione, quando si trovava ancora nella collezione del console Smith, venduta in blocco a Giorgio III d'Inghilterra nel 1762 (Vivian 1971, 183, cat. 209; Daniels 1976, 49-50, cat. 153). Richard Cocke (1984, 242) ha fatto notare che, nella tela di Sebastiano Ricci, il braccio e la mano destra della figlia del faraone, tesi a indicare il bambino, corrispondono alla posa sul foglio Morgan in alto a destra. Lo studioso sostiene quindi che la posizione, rappresentata nel disegno, che si riteneva già scartata durante la fase preparatoria era invece stata usata in un'altra composizione. Si trattava forse della prima versione di Veronese del *Ritrovamento di Mosè*, ora perduta, ma che Ricci aveva evidentemente avuto modo di vedere. È quindi possibile che i due studi tracciati sul foglio, che esplorano diverse soluzioni alternative, abbiano costituito il punto di partenza di un'intera serie di dipinti di questo soggetto, tutti probabilmente eseguiti durante i primi anni ottanta. Purtroppo non si sono conservati altri fogli in grado di documentare lo stadio intermedio tra questi primi schizzi spontanei a penna e i dipinti finiti. Veronese studiava spesso le singole figure a gessetto ed eseguiva disegni a chiaroscuro per elaborare le composizioni e gli effetti di luce, come pure bozzetti a olio su carta in vista della distribuzione dei colori. Ma non è affatto detto che ogni dipinto sia stato effettivamente preceduto da quest'esatta sequenza di fasi preparatorie.

AJM

203
Hans Rottenhammer (1564/65-1625)
*Venere e Amore*, 1596

gesso rosso e nero, 210 x 167 mm
scritta in basso al centro: GIO.VA
ROTNHAMER 1596 VENETIA
Francoforte
Städelsches Kunstinstitut, inv. 1895

LETTERATURA: Schilling 1973, I, 41,
cat. 163; Schlichtenmaier 1988, 38,
99-100 e 308, Z I 21; Frankfurt am
Main 1994, 118-119, Z 45.

Venere contempla la fiamma guiz-
zante del cuore ardente che tiene in
mano, mentre da sinistra avanza Cupido, che completa sotto il profilo
non solo iconografico, ma anche
compositivo la figura – tutta volta al-
l'indietro – della dea dell'amore. Comunque il passo quasi di danza di
Cupido e l'arco troppo sottile per of-
frirgli un appoggio stabile infondo-
no nella composizione un senso di
giocosa levità. Il velo che ricade sulle
spalle e sui fianchi di Venere ne sottolinea la nudità più di quanto non
voglia celarla. Anche i capelli sciolti,
che sembrano invitare a un confronto con la fiamma d'amore, dovevano
possedere una componente erotica
agli occhi dei contemporanei. La bi-
cromia conferisce al disegno un fascino particolare: il rosso è riservato
alle parti del corpo modellate molto
plasticamente, il nero al velo, mentre
i capelli e le ali di Amore sono resi
con entrambi i colori. Secondo Margret Stuffmann (in Frankfurt am
Main 1994), l'esecuzione accuratissima, rara nelle opere grafiche di Rottenhammer, fa presumere che il foglio fosse stato concepito come un
disegno-omaggio o il modello per
un'incisione. Lo si può confrontare
con certe opere di Palma il Giovane,
che disegnava prevalentemente – come Rottenhammer – a penna e pennello (cat. 200), ma occasionalmente
utilizzava anche la sanguigna e il gessetto nero, come ad esempio nello
studio di *Adriana Palma a mezza figura* (1588; Museo Correr, Venezia;
Mason Rinaldi 1990, 43, cat. 3b). A
ragione la Stuffmann ha sottolineato
che anche le forme prosperose di Venere dipendono da Palma e sono
confrontabili con quelle delle figure
femminili del *Marte e Venere* (ca.
1590; National Gallery, Londra) e
della *Venere nella fucina di Vulcano*
(ca. 1590-1595; collezione privata,
Padova). A questi due dipinti (per le
datazioni ci atteniamo a Mason Rinaldi 1984) sarebbero da aggiungere, a nostro avviso, altre opere di Palma come *Tarquinio e Lucrezia* (cat.
200), *Perseo e Andromeda* (ca. 1610;
Gemäldegalerie, Kassel) e *Venere allo specchio con amorino* (ca. 1605-
1610; già Gemäldegalerie, Kassel).
Schlichtenmaier (1988) avverte nel
portamento generale e nella fisionomia di questa Venere un riflesso, non
meglio specificato, del Veronese. L'e-
spressione del volto ricorda effettivamente da vicino soprattutto quella
della *Maddalena e un angelo* (collezione Doria, Genova) dipinta dal Veronese nella seconda metà dell'ottavo decennio del Cinquecento. Crediamo che questo disegno con *Venere e Amore* fornisca anche una prova
concreta del debito di Rottenhammer nei riguardi del Veronese, morto nel 1588. A parte qualche lievissi-
ma differenza, la figura di Cupido
risulta infatti identica a quella inclusa nella composizione di *Venere e
Marte* (cat. 193), un piccolo dipinto
– certamente destinato a un conoscitore – eseguito da Veronese alla fine
degli anni settanta e menzionato nel
1648 da Ridolfi, che lo aveva visto a
Venezia. Quindi Rottenhammer aveva certamente avuto modo di conoscerlo, probabilmente subito dopo il
suo arrivo da Roma nel 1595-1596
(si veda l'introduzione a questa sezione). Ciò starebbe a indicare che
il pittore tedesco si era saputo procurare molto presto e in maniera
sistematica i contatti con i collezionisti e gli intenditori d'arte veneziani.

AJM

204
Adam Elsheimer (1578-1610)
*Sacra Famiglia con San Giovannino*, ca. 1599

olio su rame, 37,5 x 24,3 cm (centinato in alto)
Berlino, Staatliche Museen Preussischer Kulturbesitz, Gemäldegalerie

PROVENIENZA: insieme con altre opere di Elsheimer di proprietà del pittore fiammingo Karel Oldrago (residente a Roma a partire dall'ultimo decennio del XVI secolo fino alla morte nel 1619); Stefano Landi (1620-1635); collezione Stroefer, Norimberga; entrato al museo nel 1928.
LETTERATURA: Drost 1933, 40-41; Weiszäcker 1936, I, 67-69, 1952, II, 18, cat. 14; Andrews 1977, 141-142, cat. 7; 1985, 176, cat. 7; Schleier 1985, 348-350.

Nato a Francoforte sul Meno, Elsheimer ricevette la prima formazione nella bottega di Philipp Uffenbach, un pittore che era stato allievo di un discepolo di Matthias Grünewald e che fu quindi probabilmente in grado di trasmettere al proprio giovane apprendista quell'amore per la pittura tedesca del primo Cinquecento che ne contraddistinguerà fin dall'inizio la produzione. Ma Elsheimer subì anche l'influsso dei fiamminghi Gillis van Coninxloo e Lucas van Valckenborch, attivi a Francoforte e a Frankenthal. Tra l'autunno del 1598 e la primavera del 1599 intraprese un viaggio a Venezia (passando per Ratisbona e forse con un prolungato soggiorno a Monaco di Baviera), per poi trasferirsi definitivamente a Roma, dove risulta presente fin dall'aprile del 1600. Qui ebbe modo di collaborare con Paul Bril e nel 1607 divenne membro dell'Accademia di San Luca e si convertì al cattolicesimo. A Roma prese

Albrecht Altdorfer
*Sacra Famiglia al pozzo*
Berlino, Gemäldegalerie

anche moglie; morì giovane e in povertà, probabilmente perché – come deplorava il suo amico Rubens – lavorava con estrema lentezza. Elsheimer, che seppe fondere insieme elementi della pittura tedesca, fiamminga e italiana, improntava le sue composizioni sull'esempio dei grandi maestri del passato, come Raffaello, Dürer, ma anche Veronese. Il colorito luminoso richiama prototipi tedeschi (Grünewald, Dürer), veneziani e bolognesi; dotato di vivo interesse per il paesaggio e i fenomeni naturali – si pensi in particolare ai suoi suggestivi notturni –, pur ispirandosi ad Altdorfer, Tintoretto e Caravaggio, eseguì anche intensi studi dal vero. Le opere di questo pittore tedesco per nascita, ma romano d'adozione (come i *Deutschrömer* dell'Ottocento), diffuse tramite le incisioni e le copie, lasciarono un segno indelebile su artisti come Rembrandt e Claude Lorrain. In termini strettamente iconografici, questa *Sacra Famiglia con San Giovannino* costituisce una sintesi tra il tema del riposo durante la fuga in Egitto e quello dell'incontro di Gesù Bambino con il Battista, dopo il ritorno della Sacra Famiglia. In un paesaggio privo di presenze umane vediamo al centro il gruppo formato dalla Vergine con il Bambino in grembo; da destra sopraggiunge il San Giovannino (si osservi il gustoso capriccio del bastone cruciforme con la pergamena arrotolata, posato sull'*agnus dei* al margine inferiore) e da sinistra un angelo in splendide vesti da diacono. L'assorto San Giuseppe, un po' in disparte, stringe stranamente l'accetta tra il polso della mano destra e l'avambraccio. Del paesaggio si percepisce, oltre ai cespugli e agli alberi a metà campo, una montagna che svetta sullo sfondo. L'albero nodoso alle spalle della Madonna indirizza lo sguardo dello spettatore verso la fonte di luce divina allo zenit della composizione. Altri angeli fanno corona tenendosi per mano: uno di essi, assiso su una nuvola, sparge fiori che planano dolcemente a terra lungo un raggio celeste. Il fogliame, che ricorda vagamente le opere della scuola alpino-danubiana, è descritto ancora più minuziosamente che nel *Diluvio universale* (Städelsches Kunstinstitut, Francoforte), un dipinto forse eseguito poco tempo prima, ma comunque anch'esso a Venezia. La preziosa dalmatica dell'angelo di sinistra verrà indossata in seguito, ad esempio, dalle figure dei protagonisti di altri due dipinti di Elsheimer: il

*San Lorenzo martire* (ca. 1600-1601; National Gallery, Londra) e la *Lapidazione di Santo Stefano* (ca. 1603-1604; National Gallery of Scotland, Edimburgo). L'accostamento dei colori, e in particolare la triade degli azzurri, dei rossi e dei gialli, rimanda a Venezia, dove Elsheimer aveva visto tra l'altro anche la *Pala del Rosario* di Dürer (cat. 57). Il possente scorcio dell'angelo che sparge fiori potrebbe tradire l'influsso di Tintoretto (Schleier 1985). Gli studiosi concordano nel ritenere la figura di San Giuseppe una citazione dalla *Sacra Famiglia al pozzo* di Albrecht Altdorfer (1510; Gemäldegalerie, Berlino). Non vediamo però nessun legame tra i putti coinvolti in un movimento spiraliforme e il girotondo di angioletti della *Nascita di Maria*, un altro dipinto di Altdorfer allora nel Duomo di Ratisbona (ca. 1520; Alte Pinakothek, Monaco). Forse qui si dovrebbe proporre piuttosto un confronto con l'*Annunciazione* eseguita intorno al 1585 da Jacopo Tintoretto per la sala terrena della Scuola Grande di San Rocco, dove i putti seguono lo Spirito Santo come la coda di una cometa. L'opera esposta, comunque, segna il punto di massima aderenza alla pittura di Rottenhammer, che, al momento dell'arrivo di Elsheimer a Venezia, era ormai da tempo impegnato in un intenso studio della tradizione pittorica lagunare. Oltre a dipendere dal collega di Monaco nella scelta dei particolari (come la tipologia dei volti) e del tema (nel periodo intorno al 1600 Rottenhammer aveva dipinto varie Madonne in un paesaggio, cat. 205), Elsheimer imparò da Rottenhammer anche la tecnica a olio su rame. Nelle rare opere, quasi sempre di piccole dimensioni, che avrebbe dipinto nei dieci anni che gli restavano da vivere, Elsheimer avrebbe creato una vastissima gamma di immagini ispirate in somma libertà ai tradizionali temi religiosi e mitologici.

AJM

205
Hans Rottenhammer (1564/65-1625)
*Madonna con il Bambino, San Giovannino e Santa Caterina*, 1604

olio su rame, 35,5 x 28 cm
scritta sul blocco di pietra, in basso a destra: 1604 / H. ROTT. F. / VENET[IA]
Amsterdam, Rijksmuseum, inv. 2062

LETTERATURA: Peltzer 1916, 344, cat. 2; Wagner 1970, 518; Schlichtenmaier 1988, 136-138, 246-247, G I 52.

La rappresentazione è suddivisa tra la sfera terrena e quella celeste. La Madonna siede tra le rovine con il Bambino in piedi sulle ginocchia; entrambi volgono lo sguardo verso il San Giovannino inginocchiato, che porge un piatto di frutta. Più indietro sono raffigurati Santa Caterina – con la corona, la palma del martirio e la ruota – e, tra due colonne spezzate, San Giuseppe con il braccio sinistro teso e gli occhi alzati verso la visione celeste. In alto si scorgono putti con fiori e ghirlande, librati in volo o adagiati sul cirro di nuvole, che guardano in basso o richiamano l'attenzione dei compagni su ciò che sta accadendo. Il corpo piegato della Vergine si compone con quello di Santa Caterina secondo uno schema triangolare che conferisce saldezza all'insieme, controbilanciato dal grande banco di nubi. L'armoniosa gamma cromatica è giocata soprattutto sull'accordo rosso-blu-giallo tanto caro a Tiziano. L'invadenza delle nuvole lascia spazio soltanto a uno scorcio di paesaggio con pochi alberi e una veduta di città nella lontananza. Infine sono da ricordare in primo piano il

bastone cruciforme con il cartiglio deposto da San Giovannino, l'agnello e il cestino di pane collocati in bell'evidenza su una roccia: particolari suggestivi che hanno anche la funzione di attirare lo sguardo dello spettatore sulla scritta-firma di Rottenhammer.
Già nella sua fase romana (si veda il testo introduttivo a questa sezione) Rottenhammer aveva cominciato a dipingere a olio su rame, la tecnica che sarebbe poi diventata la sua specialità. Poiché nemmeno a Venezia l'artista era riuscito a fronteggiare l'agguerritissima concorrenza dei maestri locali, in particolare di Palma il Giovane e di Domenico Tintoretto, e non gli venivano assegnate commissioni di rilievo di dipinti su tela, deviò su quest'originale e impegnativo metodo pittorico, che gli procurò in breve tempo su entrambi i versanti delle Alpi una clientela fissa, che apprezzava i suoi soggetti mitologici e religiosi di piccolo formato, spesso con rovine classiche e vedute paesaggistiche.
Il volto dolce – tipico di Rottenhammer – di questa Madonna dai grandi occhi rotondi e la piccola bocca, nonché la posizione inclinata del capo si ritrovano identici nella sua *Adorazione dei pastori* (Alte Pinakothek, Monaco di Baviera), forse immediatamente successiva all'opera esposta. Numerosi particolari sembrano desunti dalle opere dei suoi famosi colleghi veneziani, ma il pittore riesce ora ad adattarli con assoluta libertà. Non soltanto il volo dei putti, ma l'intera visione celeste, con le teste dei serafini che paiono svanire nella luce, richeggia molto da vicino l'esempio – peraltro impareggiabile – dell'*Assunta* di Tiziano (1516-18; Santa Maria Gloriosa dei Frari, Venezia). Per quanto riguarda la concezione delle figure, è da osservare piuttosto un orientamento verso Veronese, autore di varie *Sacre Famiglie* o di *Riposi durante la fuga in Egitto* che Rottenhammer forse aveva avuto modo di vedere. La posa della Madonna con il Bambino ritto sulle ginocchia è paragonabile a quella della *Sacra Famiglia con Santa Caterina e Sant'Antonio Abate* (ca. 1555; San Francesco della Vigna, Venezia), che potrebbe avere fornito al pittore tedesco anche il prototipo della sua santa Caterina, pur sembrandoci più prossima alla figura di una delle versioni del *Ratto d'Europa* di Veronese (ca. 1589; Sala dell'Anticollegio, Palazzo Ducale, Venezia). Né si può escludere che Adam El-

sheimer, che in precedenza aveva subito l'influsso di Rottenhammer, durante il soggiorno a Venezia del 1599, abbia a sua volta trasmesso qualche impulso al collega più anziano tramite le composizioni eseguite in quel periodo, e particolarmente tramite la *Sacra Famiglia con San Giovannino* (cat. 204). Accanto a vaghe corrispondenze generali (la Santa Caterina sembra aver preso il posto dell'angelo di Elsheimer, mentre il Bambino Gesù è ripreso specularmente), collima soprattutto l'effetto monumentale della composizione, più da pala d'altare che da quadretto votivo. Inoltre nessuno dei due artisti si è fatto scrupolo di infrangere certe regole iconografiche: così Rottenhammer, con l'introduzione di una Santa Caterina non orientata verso il Bambino – come nelle scene dello sposalizio mistico o nella pala di Veronese a San Francesco della Vigna – ha forse esaudito un desiderio espresso dal committente.

AJM

Paolo Veronese, *Sacra Famiglia con Santa Caterina e Sant'Antonio Abate*
Venezia, San Francesco della Vigna

206
Bottega di Lucas van Valckenborch (1535-1597)
*Scena di mercato invernale, post* 1592

olio su tela, 114,5 x 179,5 cm
Collezione privata

Mai pubblicato finora, il dipinto è un tipico esempio di pittura fiamminga "di genere" della fine del Cinquecento. In primo piano, a destra, un macellaio serve una cliente davanti a una varietà di carni che compongono una vera e propria natura morta; altri banchi con merci dello stesso tipo sono schierati dietro a loro. I pescivendoli, sulla sinistra, espongono quanto hanno pescato, mentre sullo sfondo si estende un lago ghiacciato con una città all'orizzonte. Come ha riconosciuto per primo Bert W. Meijer (comunicazione orale), la composizione e lo stile dell'opera rimandano alla dinastia dei Valckenborch, pittori fiamminghi di paesaggi, allegorie e ritratti, che si erano affermati in patria e negli altri territori asburgici fra la fine del XVI e l'inizio del XVII secolo. Il dipinto che presentiamo si rivela una variante di una tela di Lucas I, ora conservata nel Museum of Fine Arts di Montreal (Wied 1990, 175, cat. 80, tav. 22), servita da modello per un altro quadro ancora: un *Mercato* attribuito a Frederick van Valckenborch (1566-1623), nipote di Lucas I, di proprietà del Kunsthistorisches Museum di Vienna (Gent 1987, 150, fig. 1, cat. 24).
Evidentemente l'opera di Montreal era un'invenzione molto apprezzata e quindi spesso ripetuta, con variazioni, nell'ambito di questa famiglia di artisti. È comunque difficile stabilire con certezza se il dipinto esposto sia una variante di bottega, eseguita sotto la diretta sorveglianza del maestro, oppure il prodotto di un abile imitatore che lavorava per proprio conto. La buona qualità pittorica dell'opera ci fa optare per la prima delle due ipotesi.
Lucas I van Valckenborch era cresciuto artisticamente sotto l'influsso di Pieter Bruegel il Vecchio, derivandone il gusto per i grandi paesaggi pieni di figure intente alle più varie attività quotidiane. Qui l'artista si

riallaccia in modo specifico alla tradizione dei "mercati", giunta al culmine nella pittura fiamminga con le opere di Pieter Aertsen e Joachim Beuckelaer, ma tenuta in vita a lungo ad opera di tardi epigoni come Dirck de Vries, un artista delle Fiandre attivo a Venezia intorno al 1590. Le analogie fra certi dipinti di de Vries di questo particolare filone iconografico e la tela in esame sono davvero sorprendenti (Faggin 1963), e forse potrebbero aiutarci a capire perché l'opera provenga dalla collezione Fugger di Kirchheim, e molto probabilmente dal suo nucleo antico, anche se non sappiamo con certezza se fosse stato proprio Hans Fugger (morto nel 1598) ad acquistarla. Quest'importante mecenate, comunque, aveva una spiccata preferenza per due pittori fiamminghi venezianeggianti: Paolo Fiammingo e Lodovico Pozzoserrato. Nelle opere del primo dei due troviamo spesso grandi nature morte in primo piano, elementi che caratterizzano anche i cinque dipinti del pittore cremonese Vincenzo Campi, acquistati nel 1580 per il castello di Kirchheim (Lutz 1993). La nostra tela rientrerebbe dunque nel gusto di Hans Fugger, che potrebbe essere venuto a contatto con la produzione di Valckenborch a Linz, dove l'artista aveva lavorato per il futuro imperatore Mattia, fratello e successore di Rodolfo II.
Non sappiamo se il dipinto facesse parte di una serie dedicata alle quattro stagioni, secondo uno schema iconografico di origine neerlandese diffusosi anche in Italia, soprattutto grazie alle opere dei Bassano. La tela che pubblichiamo qui documenta con quanto favore queste scene di mercato fossero accolte su entrambi i versanti delle Alpi verso la fine del Cinquecento, e come corrispondessero ai gusti raffinati di grandi collezionisti come Hans Fugger.

BA AJM

Lucas van Valckenborch
*Mercato (Inverno)*
Montreal, Museum of Fine Arts

## 207
### Pauwels Franck, detto Paolo Fiammingo (ca. 1540-1596)
### *L'età del ferro*, 1581

olio su tela, 164 x 271 cm
Collezione privata

PROVENIENZA: pervenuto a Hans Fugger da Venezia nel 1581.
LETTERATURA: Lill 1908, 147; Augsburg 1980, I, 306-307, cat. 278.

Questo dipinto di grande formato raffigura l'assalto a una città portuale, le cui mura turrite sono sotto il tiro dell'artiglieria, mentre sullo sfondo due galere stracolme si allontanano velocemente dagli edifici dell'arsenale; un'esplosione oscura il cielo con nuvole di fumo. Il proscenio è dominato da un guerriero asiatico, che sguaina la scimitarra per colpire un contadino inginocchiato che implora pietà. Altri episodi di violenza contro la popolazione sono descritti minuziosamente: sulla sinistra viene uccisa una povera donna indifesa; sul bacino del porto, a metà campo, viene trafitto un uomo, mentre sul margine destro guerrieri in turbante (o con l'elmo) scaraventano giù da un balcone due malcapitati. Più in in là un gruppo di nemici ispeziona il bottino sparso sul terreno. La composizione a zigzag sottolinea il movimento convulso, il fragore e la brutalità della battaglia. La terra gamma di blu e di bruni fa risaltare il vistoso costume rosso, dal valore simbolico, dell'armigero in primo piano, vero protagonista del dipinto e al tempo stesso emblema degli orrori della guerra. Crediamo che il dipinto faccia parte della serie *Le quattro età del mondo* dipinta da Paolo Fiammingo per Hans Fugger (per la ricostruzione del ciclo e la decorazione pittorica del castello si veda l'introduzione a questa settima sezione, con le relative illustrazioni). In una lettera del 6 maggio 1581, indirizzata a Christoph Ott a Venezia, Hans Fugger conferma di avere ricevuto l'"età del ferro" (da Lill 1908, 140, n. 1), mentre gli altri tre quadri vennero probabilmente consegnati l'anno successivo. Da un inventario settecentesco risulta che all'epoca il significato iconografico del ciclo – ancora oggi conservato nella sua interezza – era ormai stato dimenticato. L'attuale allestimento, che risale ai secoli XIX e XX (quando venne demolita l'ala settentrionale aperta al pubblico, la celebre Cedernsaal, o "sala di legno di cedro"), decontestualizza con un nuovo raggruppamento i dipinti documentati nella corrispondenza di Hans Fugger e appartenuti a diverse serie eseguite da Paolo Fiammingo e dalla sua bottega, o li isola come nel caso della tela in esame. Lo storico Lill (1908), che non aveva riconosciuto la chiara parentela stilistica del dipinto con le altre opere di Paolo Fiammingo tuttora nel castello, lo aveva intitolato "combattimento navale", riferendolo alla "maniera tarda di Bassano" (alludendo sicuramente a Jacopo). Correttamente indicato come opera di Paolo Fiammingo (tuttavia sotto il titolo *Gli orrori della guerra*, con riferimento a Goya) il quadro è stato pubblicato in un saggio da Rolf Kultzen (Augsburg 1980, I, 306-309), accogliendo un'attribuzione espressa verbalmente da Bruno Bushart.

Le radici fiamminghe di Pauwels Franck ne determinano la predilezione per la natura, la pittura di genere e le nature morte (qui in una contrapposizione d'effetto tra prodotti dell'agricoltura e strumenti di guerra), mentre le sue figure, le composizioni, il gioco chiaroscurale e il cromatismo tradiscono l'influsso dei più rinomati maestri veneziani, e in particolare di Jacopo Tintoretto. Per i particolari Paolo Fiammingo attingeva ai prototipi più vari, ispirandosi spesso a stampe molto popolari all'epoca e certamente note anche a Hans Fugger. Per quest'*Età del ferro*, a nostro avviso, ha desunto motivi dalla veduta prospettica di Venezia di Jacopo de' Barbari, pubblicata nel 1500 da Anton Kolb (sulla grande xilografia e sui suoi rapporti con la Germania si veda Martin 1994), che deve avergli fornito lo spunto per gli edifici dell'arsenale, per la nave puntellata e per i due falegnami – effettivamente un poco spaesati in questo truce contesto bellico – che stanno segando un tronco su un ca-

*Veduta prospettica di Venezia* (1500)
(particolare)

valletto. Le due figure fatte precipitare da una finestra, invece, potrebbero essere in rapporto con le illustrazioni degli opuscoli messi in circolazione dopo la notte di San Bartolomeo (1572).

Sospettiamo che le scene di devastazione descritte nel quadro, che nell'ambito della serie inaugurano tristemente l'ultima era della storia dell'umanità, vadano viste anche come un concreto riferimento al pericolo rappresentato dall'Islam, e più in generale da tutti i miscredenti, che costituivano una perenne minaccia per il mondo cristiano e più precisamente per il cattolicesimo. Hans Fugger doveva essere ben consapevole di questi sottintesi di carattere storico. Benché dalle sue lettere trapeli una certa tolleranza, insolita per quei tempi, era di salda fede cattolica e un fiero oppositore del protestantesimo; come uomo d'affari (già il padre Anton aveva abbandonato l'attività mineraria in Ungheria a causa del pericolo turco) condivideva con i veneziani le preoccupazioni per la sicurezza delle rotte commerciali verso l'Oriente.

AJM

## 208
Lodewijk Toeput, detto Lodovico Pozzoserrato (ca. 1550-1604/05)
*La torre di Babele*, fine nono decennio del XVI secolo

olio su tela, 1620 x 272 cm
scritte: firmato in basso a destra con una sigla costruita dalle lettere LTOE (L[odewijk] Toe[put]) e datato 15[?]
Collezione privata

PROVENIENZA: acquistato probabilmente ancora da Hans Fugger (morto nel 1598); citato nel primo inventario conservato nel castello dei Fugger (1604) come "una grande tavola dipinta con la torre di Babilonia" ("I Gemahlte grosse tafel vom Babilonisch turm").
LETTERATURA: Lill 1908, 145; Peltzer 1924, 145-146; Menegazzi 1958, 16-18; Kultzen 1968, 215-216; Augsburg 1980, I, 318-319.

L'*œuvre* del pittore, nativo di Anversa ed emigrato verso il 1573 circa in Italia, riflette influssi fiamminghi ed italiani: concretamente egli guardò fra l'altro a Maarten de Vos, Jacopo Tintoretto e Paolo Fiammingo. Al più tardi al principio degli anni ottanta del XVI secolo il Pozzoserrato si stabilì a Treviso. Nella vicina Venezia già in precedenza aveva preso contatto con Hans Jakob König (cat. 192). Sotto al ritratto del pittore e incisore Cornelis Cort del 1578, inciso da Gijsbert van Veen, si legge oltre al nome del Pozzoserrato la dedica a König, con lo stemma di costui (da ultimo: Rotterdam 1994, 214 e 216; cfr. anche Falk 1976). È però dubbio se il nostro artista abbia davvero dipinto il ritratto che servì da prototipo all'incisore, considerato che König era in possesso – documentatamente – di un autoritratto di Cort (oggi perduto), che molto più probabilmente avrà assolto a questa funzione (cfr. Martin 1995a, 52, n. 19). Qui sarà avvenuto lo stesso come nel caso dell'incisione col ritratto del Tintoretto del 1589 ca. di Gijsbert van Veen, che si riferisce inequivocabilmente all'autoritratto del pittore al Louvre, di poco anteriore.

Anche in quel caso è nominato nella scritta il Pozzoserrato, ma la sua collaborazione si limita alla complessa incorniciatura – che là contiene anche delle figure umane, assenti invece nell'incisione Cort (Paola Rossi 1994, 164-165, n. 41). Ancora una volta il modello pittorico si trovava nella collezione König, là definito "Jac. Tentoretto ipsius" (Martin 1995, 53, n. 50). A nostro avviso l'esecuzione del dipinto in questione coincide proprio con quella dell'incisione dell'autoritratto del Tintoretto; il genero di König, Hieronymus Ott, avrà raccomandato il pittore a Hans Fugger, convincendolo a commissionargli qualche lavoro.
La torre di Babele si trova, è vero, al centro della composizione, ma non la domina. Distanziata dallo spettatore, pare – malgrado sia contornata a spirale da impalcature con capanne e gru – già una rovina più che un cantiere, ed evoca, con la cerchia di nuvole attorno, un vulcano spento (Kultzen 1968). Su una rampa a destra e un ponte in muratura a sinistra vanno e vengono bestie da soma, fra cui numerosi cammelli. Altre si riconoscono al centro, a metà campo, davanti a un palazzetto, che si potrebbe bene immaginare a Treviso. Oltre i bastimenti all'ancora, si scorgono il mare e una città portuale. In lontananza si ergono sulla foschia turchina alte montagne. Pozzoserrato ha curato il primo piano, che ci introduce alla scena principale. A sinistra un corso d'acqua, convogliato giù da una roccia, mette in azione vari mulini; in primo piano a destra il re Nemrut dà udienza all'architetto della torre. Sotto a una rovina di edificio antico, parzialmente invasa dalla vegetazione, con colonne corinzie scanalate, si notano uno scultore che lavora col mazzuolo e lo scalpello e un'altra figura virile che prende le misure di un cornicione col compasso. Immediatamente accanto giace aperto un manuale di architettura e qui si trova anche il piedistallo (in parte tagliato dalla cornice) che reca l'iscrizione col monogramma dell'artista e la data. Qui la cromaticità risulta fortemente caratterizzata dagli abiti vivacemente colorati dei personaggi, mentre altrove dominano toni più smorzati, grigio-bianchi e azzurri nella zona superiore, bruni e gialli in quella inferiore. Il dipinto si colloca in una tradizione iconografica fiamminga, come quelli di Pieter Bruegel il Vecchio (1563, Vienna, Kunsthistorisches Museum) e Lucas van Valckenborch (1568, Alte Pina-

Paul Brill
*Costruzione della Torre di Babele*
Amministrazione dei castelli, giardini e laghi di Baviera
Würzburg, Fortezza di Marienberg

kothek, Monaco). Non è peraltro escluso che una composizione di Paul Bril, eseguita sul 1600, di dimensioni quasi uguali (Fortezza Marienberg, Würzburg), sia stata influenzata a sua volta da questa (Kultzen 1968).
I danni provocati da una rintelaiatura lungo i margini della tela rendono impossibile una sicura lettura delle ultime due cifre della data. Georg Lill lesse "1583" o 1587", oggi solo con una certa fantasia si riesce a scorgere un "8". A nostro avviso il quadro fu realizzato sicuramente per Hans Fugger, visto che le sue dimensioni corrispondono alle misure canoniche dei dipinti della residenza Fugger, cioè 160 x 270 cm circa (cfr. il testo introduttivo a questa sezione). Commissione e spedizione devono essere collocati fra l'inizio del

1587 e la fine del 1591, poiché proprio per questo lasso di tempo sono perdute le trascrizioni della corrispondenza di Hans Fugger, che per gli altri anni è invece conservata in copia quasi senza lacune. Vorremmo perciò proporre una datazione fra 1587 e 1589.
Nel 1580 Hans Fugger fece sapere che per arredare artisticamente il suo castello non desiderava opere di contenuto religioso. La raffigurazione del Pozzoserrato, al di là del tema vetero-testamentario, forma una fantasia architettonica e paesaggistica del tutto priva di drammaticità, che – in accordo con le intenzioni del committente – certo non pretendeva di castigare la superbia umana o di ricordarci i limiti del nostro ardire.

AJM

209
Paolo Fiammingo (Pauwels Franck)
(ca. 1540-1596)
*Dame veneziane*, ca. 1590

olio su tela, 164 x 261 cm
Collezione privata

PROVENIENZA: menzionato per la prima volta nel 1598 nel castello dei Fugger sotto il titolo *Venetianische Trachtt* (costumi veneziani).
LETTERATURA: Lill 1908, 148 (anonimo).

Il dipinto mostra cinque figure femminili a grandezza quasi naturale su un ponte senza parapetto sopra ad un canale bordato di edifici. Nonostante i caratteri della città siano alquanto generici, una gondola con felze sullo sfondo e il costume di due delle dame permettono di identificarla senz'altro con Venezia. Il corteo, allineato quasi parallelamente al quadro, è guidato da una dama che indossa un abito di broccato dorato guarnito di pizzi con un alto colletto bianco, due collane di perle e una d'oro. Con la mano destra tiene alto un ventaglio di piume nere legato ad un cordoncino dorato; con la sinistra solleva leggermente la gonna. I suoi capelli biondi, acconciati in una pettinatura alla moda, con due punte sulla fronte, scendono oltre le spalle. È seguita da una dama un po' più anziana, vestita in maniera altrettanto preziosa con un abito scuro da vedova, dai pizzi meno vistosi, il colletto più piccolo e una collana di perle. I capelli biondo scuri sono disposti in una pettinatura simile ma meno alta. All'altezza della vita tiene un ventaglio di piume nere. Dietro di lei avanza una dama vestita di nero, chiaramente una giovane vedova, con un pesante velo che, scendendo ampiamente, avviluppa il capo e le braccia lasciando visibili solo il volto e una parte della scollatura. Direttamente dietro di lei segue una donna vestita più semplicemente che indossa un abito marrone, allacciato sopra ad una camicia bianca pieghettata e un grembiule bianco. I suoi capelli sono avvolti da un pesante velo che scende lungo la schiena. Nelle mani

Joris Hoefnagel, *Veduta di Treviso* (particolare)

incrociate in vita tiene un Rosario. La dama che guida il corteo – l'unica che giri leggermente il volto fissando l'osservatore al di fuori del quadro – incontra una figura femminile che si è appartata davanti alla sporgenza del primo gradino del ponte. Questa indossa un abito scuro scollato e privo di ornamenti. Il capo è avvolto in un pesante velo bianco che tiene con le mani davanti al viso. Benché questo tipo di rappresentazione con figure che riempiono tutto il quadro non sia usuale nella pittura veneziana, il trattamento dei volti, delle mani e dei costumi testimonia la paternità di Paolo Fiammingo.

A questo proposito si può ben paragonare la prima dama del corteo con la dama italiana in primo piano a destra del dipinto rappresentante l'Europa nel ciclo dei *Trionfi delle quattro parti del mondo* eseguito da Paolo Fiammingo (1586; Mason Rinaldi 1978, fig. 31). Non possedendo alcuna informazione sulle *Dame veneziane*, la più probabile datazione deve essere tra l'inizio del 1587 e la fine del 1591 (nelle trascrizioni delle lettere di Hans Fugger, altrimenti quasi prive di lacune, sono andate perdute proprio quelle riguardanti questo periodo). Singole figure mostrano analogie con le illustrazioni del popolarissimo libro di costumi *Habiti antichi et moderni* del veneziano Cesare Vecellio, pubblicato per la prima volta nel 1590 (suggerimento del conte Markus Fugger). Così per quanto riguarda la prima figura, che evita il corteo delle donne nobili, si potrebbe pensare a una cortigiana velata conformemente alle prescrizioni sull'abbigliamento per le "cortigiane fuor di casa". Specialmente la seconda dama è vestita come si conveniva a una "Gentildonna à feste publiche" o "Gentildonna Venetiana moderna". La donna vestita semplicemente, che avanza per ultima, ricorda la moda per le "Serue, & Fantesche, ò Massere di Venetia" e rappresenterebbe quindi, probabilmente, una domestica.

Rimane dubbio se a questa scena, raffigurante donne di diversa estrazione sociale, sia da attribuire un significato particolare. Paolo Fiammingo, attivo a Venezia, non deve per forza aver attinto dal libro di costumi del Vecellio, tuttavia Hans Fugger – che ne era a conoscenza – avrebbe potuto ispirarsi ad esso per commissionare il dipinto con il tema dei costumi veneziani. (In questo contesto si vuole ricordare che ad

Augusta con il libro di costumi di Mathias Schwarz, il principale contabile di Jacob Fugger il Ricco, si era avviata già all'inizio del Cinquecento una tradizione analoga.) Così la preferenza del committente per il soggetto elegante e per le figure a grandezza naturale sembra aver qui avuto un ruolo determinante. L'artista ha cercato di rappresentare le signore in azione davanti alle quinte della città lagunare. A nostro avviso un riflesso di questo quadro si riscontra nel corteo di quattro figure in primo piano nella veduta di Treviso nel quinto libro edito da Georg Braun e Franz Hogenberg *Civitates orbis Terrarum*, pubblicato per la prima volta nel 1598. L'incisore della veduta, Joris Hoefnagel nativo di Anversa, fece ricorso, secondo un'iscrizione, ad un modello del suo concittadino Lodewyk Toeput (Pozzoserrato), attivo a Treviso. Il disegno corrispondente, datato 1582, si è conservato. Esso mostra non solo la città ma riproduce anche il carro ripreso da Hoefnagel per l'incisione, mentre per le quattro figure si tratta di una sua aggiunta personale. Particolarmente l'abbigliamento e il portamento della dama ricordano molto quelli della dama che apre il corteo nel dipinto di Paolo Fiammingo. Anche se la figura avvolta nel velo fosse stata ripresa dal libro del Vecellio, appare però assai singolare la combinazione delle due figure. Dopo il suo soggiorno in Italia nel 1577-1578 Hoefnagel, partendo da Venezia, aveva viaggiato dapprima nella Germania meridionale (Skelton & Victor 1965, I, XI). Philipp Eduard Fugger raccomandò l'artista

alla corte elettorale di Monaco, dove fu attivo fino al 1590, quando venne chiamato da Rodolfo II. Se si ammette che Hoefnagel abbia avuto l'occasione di vedere il quadro di Paolo Fiammingo – forse poco dopo che questo era arrivato al castello – verrebbe ulteriormente consolidata la datazione sopra proposta attorno al 1590.

AJM

210
Hans Rottenhammer (1564/65-1625)
*Visitazione con dama veneziana*, 1596

olio su tela, 73,3 x 86,4 cm
scritte: a sinistra sul bastone GIOUA-
NI ROTENHAMER VENEZIA 1[5]96
Norimberga, Germanisches Nationalmuseum, inv. GM 1594

PROVENIENZA: acquistato nel 1956
LETTERATURA: Schlichtenmaier 1988,
38, 110 e 219-220, G I 21; Tacke
1995, 208-210.

La scena dell'incontro di Maria con
Elisabetta è posta al centro del quadro, dove compaiono in tutto cinque
figure. L'anziano Giuseppe, con il
capo scoperto, si appoggia a un bastone, a sinistra, direttamente dietro
a Maria e davanti al portone. Alla
scena assiste anche un altro personaggio barbuto – solo parzialmente
visibile – che indossa un copricapo
di velluto. L'appariscente giovane
dama che si avvicina da destra distrae il nostro sguardo dal gruppo
principale. A differenza dei personaggi biblici rappresentati in abiti
semplici, è ingioiellata con perle e
vestita in maniera stravagante secondo la moda veneziana del tempo.
L'abito dall'ampia scollatura, in
broccato, mostra un elaborato disegno che continua nei delicati merlet-
ti dei polsi e in quelli dell'ampio colletto alla spagnola a forma di ventaglio. I capelli sono acconciati in modo complesso: raccolti sulla nuca e
poi lasciati ricadere in tanti riccioli,
formano sulla fronte strane punte,
che fanno pensare a un diadema o a
una corona. La dama civettuola solleva appena l'abito con la sinistra,
inclina leggermente il capo verso destra e sembra rivolgere lo sguardo
fuori dal quadro, senza curarsi troppo della coppia di figure al centro.
Ottimo studio approfondito del dipinto si deve ad Andreas Tacke
(1995), che lo collega al trattato di
Cesare Vecellio dal titolo *Habiti antichi et moderni*, pubblicato a Vene-

Paolo Fiammingo, *Il Pianeta Venere*,
Monaco di Baviera, Residenz
(particolare)

zia nel 1589. Considerando in modo
particolare l'illustrazione del costume
delle "Spose nobili moderne", l'autore vede nel quadro un riferimento
autobiografico di Rottenhammer e
cioè un'allusione alle sue nozze.
Tacke vede nella dama veneziana un
ritratto di Elisabetta de' Fabris, presumibilmente presa in moglie dal-
l'artista tedesco subito dopo il suo
arrivo nella città lagunare, poiché
prima del 1600 gli aveva già dato
cinque figli. Di conseguenza Rottenhammer – probabilmente futuro
padre e ancora all'oscuro del sesso
del primogenito – avrebbe rappresentato la sposa incinta dietro alla
sua celeste patrona. Oltre al generale riferimento tematico, secondo
Tacke, nel quadro potrebbero già essere preannunciati i nomi dei futuri
figli: Marina, la primogenita (e qui lo
studioso erroneamente identifica
quel nome con Maria), e Giovanni, il
primo figlio maschio che prese il nome del nonno (ma anche di Giovanni Battista, figlio di Santa Elisabetta). Proponendo confronti tematici
con la *Presentazione di Gesù al Tempio* di Andrea Mantegna (Berlino),
Tacke cerca di rendere plausibile la
sua teoria che esistesse una certa tradizionale tipologia del quadro nuziale personalizzato.
Tuttavia questa allettante idea rimane una pura ipotesi, né mancano nel-
l'argomentazione dello studioso
equivoci, come la confusione tra i
nomi propri: quello della figlia di
Rottenhammer, Marina, non ha
niente a che vedere con Maria, ma è
quello di un'altra santa. Le sue reliquie, riportate dai veneziani dopo il
saccheggio di Costantinopoli, a partire dal 1509 ridivennero oggetto di
una particolare venerazione. Infatti
proprio nel giorno dedicato a Santa
Marina – il 17 luglio – era stata ri-
conquistata la città di Padova, ristabilendo così lo *status quo* del dominio dei veneziani sulla terraferma
(interessante è quindi il fatto che i
genitori abbiano dato alla primogenita un nome che ricordava un'importante vittoria ottenuta contro le
truppe tedesche). Nel trattato del
Vecellio vi sono anche altri costumi
– come ad esempio quello della
"Gentildonna Moderna" – che corrispondono all'abito rappresentato
nel quadro. Questo significa che nel
nostro caso non si deve per forza
trattare di un abito da sposa. Straordinaria rimane la combinazione di
avvenimenti biblici con quelli della
contemporaneità di Venezia. Assistiamo a una insolita commissione di

elementi diversi: il pio abbraccio intimo delle future madri ed il pro-
rompente fascino erotico emanato
dalla gentildonna. La donna inoltre
si distacca visivamente con l'oro e il
rosso cinabro del suo costume dal
trattamento coloristico smorzato dei
rimanenti abiti.
La *Visitazione con dama veneziana*
costituisce il primo dipinto datato e
firmato da Rottenhammer a esserci
pervenuto, e rappresenta, assieme al
disegno di *Venere e Amore* (cat.
203), la prima testimonianza del suo
soggiorno veneziano. Ci si può chiedere se Rottenhammer per le figure
bibliche abbia fatto riferimento a un
modello preciso. L'intensa espressione dei sentimenti fa pensare alla
*Visitazione* del Tintoretto, dipinta
solo alcuni anni prima (1588, Scuola Grande di San Rocco, Venezia),
dove però le figure sono rappresentate per intero e non – come avviene
qui – solo dalle ginocchia in su. Anche Palma il Giovane ha trattato più
volte lo stesso soggetto con figure
intere.
Vaghe affinità con il quadro di Rottenhammer presenta la sua versione
del tema dipinta nel 1581 per Santa
Maria del Giglio. Più vicina si dimostra invece quella per la Cappella
Grimani in San Nicolò dei Tolentini,
che però viene datata solo verso il
1615. A nostro avviso risulta comunque innegabile che Rottenhammer,
nel suo gruppo di figure bibliche,
non riprenda soltanto i volti e i diversi portamenti, ma in maniera
molto evidente anche lo stile pittorico del Palma. La veneziana invece,
con il suo abbigliamento alla moda,
rinvia chiaramente alle opere di Paolo Fiammingo. Come esempio più
evidente richiamiamo l'attenzione
sull'opera, anch'essa esposta, avente
per soggetto le *Dame veneziane* (cat.
209), e particolarmente su colei che
apre il corteo. Inoltre dev'essere ricordato un gruppo di nobildonne
nel *Pianeta Venere*, un dipinto eseguito per Hans Fugger, che non si
trova più nel castello della celebre
famiglia (1591-1592; Residenz, Monaco). Vi si riscontrano logicamente
piccole differenze nell'abbigliamento e nel-le acconciature. In genere in
Paolo Fiammingo la capigliatura
muliebre è caratterizzata da una sorta di coppia di corna particolarmente alte e appuntite, sebbene esista
anche la variante dove sono più piatte e arrotondate. Questo tipo di pettinatura caratterizzata da due protu-
beranze – come già detto – è stata
trasformata dal Rottenhammer in

una a forma di diadema. Il quadro di
Rottenhammer, che appartiene alla
sua prima fase veneziana, di cui è
forse uno dei primi risultati, appare
sia dal punto di vista tematico che
stilistico dissonante e contraddittorio. L'artista indossa qui due maschere teatrali diverse: quella di Palma, pittore "veneziano" a tutti gli effetti, che dominava il mercato con i
suoi quadri di soggetto religioso di
grande formato, e quella di Pauwels
Franck, nativo dei Paesi Bassi meridionali e divenuto poi "Paolo Fiammingo", che ottenne quasi altrettanto successo a Venezia come a nord
delle Alpi grazie alle sue delicate
composizioni. Arrivato a Venezia,
Rottenhammer deve aver presto iniziato a considerare questi suoi due
affermati colleghi non solo come valide fonti di ispirazione, ma anche
come figure-guida dalle quali imparare come affermarsi sul mercato
dell'arte. Considerato che Paolo
Fiammingo si spense nel 1596, si potrebbe vedere nell'appariscente dama veneziana un omaggio rivolto alla memoria di questo artista.

AJM

Apparati

Bibliografia
Indice dei nomi
Indice topografico
delle opere

# Bibliografia

ACKERMAN 1961
Gerald Ackerman. "Gian Battista Marino's contribution to Seicento Art Theory," in *The Art Bulletin* (1961), 326-335.

AGOSTINI & STANZANI 1996
Grazia Agostini & Anna Stanzani. "Pittori veneti e commissioni estensi a Ferrara." In *La pittura veneta negli stati estensi.* Ed. Jadranka Bentini, Sergio Marinelli & Angelo Mazza, Verona 1996, 21-56.

AGRICOLA 1556
Georgius Agricola. *De re metallica.* Basel 1556. Tr. Herbert Clark Hoover & Lou Henry Hoover, New York 1950.

AIKEMA 1984
Bernard Aikema. "Lorenzo Lotto and the *Ospitale de San Zuane Polo.*" In *Interpretazioni veneziane: Studi di storia dell'arte in onore di Michelangelo Muraro.* Ed. David Rosand, Venezia 1984, 343-350.

AIKEMA 1990
Bernard Aikema. "L'immagine devozionale nell'opera di Paolo Veronese." In *Nuovi studi su Paolo Veronese.* Ed. Massimo Gemin. Venezia 1990, 191-203.

AIKEMA 1993
Bernard Aikema. "Lorenzo Lotto: ancora San Girolamo." In *Studi per Pietro Zampetti.* Ed. Ranieri Varese, Ancona 1993, 303-305.

AIKEMA 1993b
Bernard Aikema. "Savoldo, la Città di Dio e il pellegrinaggio della vita." In *Venezia Cinquecento* 3, n. 6 (1993), 99-120.

AIKEMA 1994
Bernard Aikema. "Avampiano e sfondo nell'opera di Cima da Conegliano. La pala d'altare e lo spettatore tra la fine del Quattrocento e l'inizio del Cinquecento." *Venezia Cinquecento* 4, n° 8 (1994), 93-112.

AIKEMA 1996
Bernard Aikema. *Jacopo Bassano and His Public: Moralizing Pictures in an Age of Reform ca. 1535-1600.* Princeton 1996.

AIKEMA 1996b
Bernard Aikema. "'Santa povertà' e *pietas venetiana.* Osservazioni sul significato della decorazione della sala terrena della Scuola di San Rocco." In *Jacopo Tintoretto nel quarto centenario della morte: Atti del convegno internazionale di studi (Venezia, 24-26 novembre 1994).* Ed. Paola Rossi & Lionello Puppi, Padova 1996, 185-190.

AIKEMA & MEIJERS 1989
*Nel regno dei poveri. Arte e storia dei grandi ospedali veneziani in età moderna 1474-1797.* Ed. Bernard Aikema & Dulcia Meijers. Venezia 1989.

AINSWORTH 1998
Maryan W. Ainsworth. "The Business of Art: Patrons, Clients and Art Markets." In NEW YORK 1998, 22-37.

ALBANI LIBERALI 1981
Clara Albani Liberali. "Lorenzo Lotto e il *Nosce te ipsum* nelle tarsie di Bergamo: ipotesi di ricerca." In *Lorenzo Lotto. Atti del convegno internazionale di studi per il V centenario della nascita.* Ed. Pietro Zampetti & Vittorio Sgarbi, Treviso 1981, 425-432.

ALBERTI 1972
Leon Battista Alberti. *On Painting and on Sculpture: The Latin Texts of "De Pictura" and "De Statua"* Ed. & Tr. Cecil Grayson, London 1972.

ALBERTON VINCO DA SESSO 1986
Livia Alberton Vinco da Sesso. "Dal Ponte Gerolamo, detto Bassano." In *Dizionario biografico degli italiani.* Roma 1986, XXXII, 177-179.

ALEXANDER 1969
Jonathan Alexander. "Notes on Some Veneto-Paduan Illuminated Books of the Renaissance." In *Arte Veneta* 23 (1969), 9-20.

ALEXANDER 1990
Jonathan Alexander. "*Labeur* and *Paresse*: Ideological Representations of Medieval Peasant Labor." In *The Art Bulletin* 72 (1990), 436-452.

ALPERS 1972-1973
Svetlana Alpers. "Bruegel's Festive Peasants." In *Simiolus* 6 (1972-1973), 163-176.

ALPERS 1975-1976
Svetlana Alpers. "Realism as a Comic Mode: Low Life Painting Seen Through Bredero's Eyes." In *Simiolus* 8 (1975-1976), 115-144.

ALPERS 1978-1979
Svetlana Alpers. "Taking Pictures Serious-ly: A Reply to Hessel Miedema," In *Simiolus* 10 (1978-1979), 46-50.

AMAGLIO 1992
Maria-Serena Amaglio. "I ritratti di Antonio e Apollonia Cassotti in un dipinto di Lorenzo Lotto." In *La Rivista di Bergamo* 43 (1992), 17-19.

AMES-LEWIS 1992
Francis Ames-Lewis. "A Northern Source for Mantegna's *Adoration of the Shepherds.*" In *Print Quarterly* 9 (1992), 268-271.

AMES-LEWIS 1993
Francis Ames-Lewis. "Painters in Padua and Netherlandish Art, 1435-1455." In *Italienische Frührenaissance und nordeuropäisches Spätmittelalter. Kunst in der frühen Neuzeit im europäischen Zusammenhang.* Ed. Joachim Poeschke, München 1993, 179-202.

AN DER HEIDEN 1970
Rüdiger an der Heiden. "Die Porträtmalerei des Hans von Aachen." In *Jahrbuch der Kunsthistorischen Sammlungen in Wien,* n.s. 30 (1970), 135-226.

ANDERSON 1979
Jaynie Anderson. "A further Inventory of Gabriel Vendramin's Collection." In *The Burlington Magazine* 121 (1979), 639-648.

ANDERSON 1980
Jaynie Anderson. "Giorgione, Titian and the Sleeping Venus." In *Tiziano e Venezia: Convegno internazionale di studi Venezia, 1976.* Vicenza 1980, 337-342.

ANDERSON 1988
Jaynie Anderson. "Il collezionismo e la pittura del Cinquecento". In *La pittura in Italia. Il Cinquecento.* Venezia 1988, II, 559-568.

ANDERSON 1996
Jaynie Anderson. *Giorgione: Peintre de la "Briéveté Poétique".* Paris 1996.

ANDREWS 1977
Keith Andrews. *Adam Elsheimer. Paintings - Drawings - Prints.* Oxford 1977.

ANDREWS 1985
Keith Andrews. *Adam Elsheimer. Werkverzeichnis der Gemälde, Zeichnungen und Radierungen.* München 1985.

ANDROSSOV 1994
Sergey Androssov. "Two Drawings by Hoefnagel." In *The Burlington Magazine* 136 (1994), 269-372.

ANONIMO MORELLIANO 1888
"Der Anonimo Morelliano (Marcanton Michiel's notizia d'opere del disegno)." Ed. Theodor Frimmel. In *Quellenschriften für Kunstgeschichte und Kunsttechnik,* n.f. 1, Wien 1888.

ANTAL 1928-1929
Friedrich Antal. "Zum Problem des niederländischen Manierismus." In *Kritische Berichte zur Kunstgeschichtlichen Literatur* 1-2 (1928-1929), 207-256.

ANZELEWSKY 1971
Fedja Anzelewsky. *Albrecht Dürer: Das Malerische Werk.* Berlin 1971.

ANZELEWSKY 1988
Fedja Anzelewsky. *Dürer.* Erlangen 1988.

ANZELEWSKY 1991
Fedja Anzelewsky. *Albrecht Dürer: Das Malerische Werk.* Berlin 1991.

APPUHN & HEUSINGER 1979
Horst Appuhn & Christian von Heusinger. *Riesenholzschnitte und Papiertapeten der Renaissance.* Unterschneidheim 1979.

ARASSE & TÖNNESMANN 1997
Daniel Arasse & Andreas Tönnesmann. *Der europäische Manierismus.* München 1997.

ARASSE 1980
Daniel Arasse. "Lorenzo Lotto dans ses bizarreries: Le peintre et l'iconographie." In *Lorenzo Lotto: Atti del convegno internazionale di studi per il V centenario della nascita.* Ed. Pietro Zampetti & Vittorio Sgarbi, Venezia 1981, 365-382.

ARBACE 1993
Liliana Arbace. *Antonello da Messina. Catalogo completo dei dipinti.* Firenze 1993.

ARCHER 1995
Madeleine Cirillo Archer. *The Illustrated Bartsch: Italian Masters of the Sixteenth Century.* Vol. 28 (Commentary). New York 1995.

ARMSTRONG 1914
Walter Armstrong, *Catalogue of Pictures and other works of art in The National Gallery and National Portrait Gallery, Ireland.* Dublin 1914.

ARMSTRONG 1981
Lilian Armstrong. *Renaissance Miniature Painters and Classical Imagery. The Master of the Putti and his Venetian workshop.* London 1981.

ARNOLDS 1959
Günter Arnolds. "Opus quinque dierum." In *Festschrift Friedrich Winkler.* Berlin 1959, 187-190.

ARSLAN 1931
Wart Arslan. *I Bassano.* Bologna 1931.

ARSLAN 1938
Edoardo Arslan. "Nuovi dipinti dei Bassano." In *Bollettino d'Arte* 31 (1938), 462-474.

ARSLAN 1956
Edoardo Arslan. *Vicenza. I. Le chiese.* Roma 1956.

ARSLAN 1960
Edoardo Arslan. *I Bassano.* 2 vols., Milano 1960.

ARSLAN 1960
Wart Arslan. *I Bassano.* 2 vols. Milano 1960.

ARSLAN 1962
Edoardo Arslan. "Studi belliniani." In *Bollettino d'Arte* 47 (1962), 40-58.

ARTEMIDORO 1547
Artemidoro Daldiamo. *Dell'interpretatione de sogni.* Venezia 1547. Ed. Pietro Lauro Modonese, Roma 1970.

ATANASIO 1974
Atanasio. *Vita di Antonio.* Ed. G. J. M. Bartelink, Verona 1974.

AUGUSTIJN 1986
Cornelis Augustijn. *Erasmus.* Baarn 1986.

AUGUSTINE 1957-1972
Saint Augustine. *The City of God Against the Pagans.* (The Loeb Classical Library) 7 vols., London & Cambridge, Mass. 1957-1972.

AUSSERHOFER 1992
Marte Ausserhofer. "Johann Stephan von Calcar, Das Porträt von Melchior von Brauweiler von 1540." In *Kunst in Kalkar,* Kleve 1992.

BACCHI 1991
Andrea Bacchi. *Francesco del Cossa.* Soncino 1991.

BACH 1996
Friedrich Teja Bach. *Struktur und Erscheinung. Untersuchungen zu Dürers graphischer Kunst.* Berlin 1996.

BACKMANN 1997
Sibylle Backmann. "Kunstagenten oder Kaufleute? Die Firma Ott im Kunsthandel zwischen Oberdeutschland und Venedig (1550-1650)". In Klaus Bergdolt & Jochen Brüning, *Kunst und ihre Auftraggeber im 16. Jahrhundert. Augsburg und Venedig im Vergleich.* Berlin 1997, 175-197.

BAER 1993
Claudia Baer. *Die italienischen Bau- und Ornamentformen in der Augsburger Kunst zu Beginn des 16. Jahrhunderts.* Frankfurt-am-Main, Berlin, Bern, New York, Paris & Wien 1993.

BAETJER 1995
Katharine Baetjer. *European Paintings in The Metropolitan Museum of Art by Artists Born Before 1865.* New York 1995.

BAGLIONE 1642
Giovanni Baglione. *Le vite de' pittori, scultori et architetti. Dal pontificato di Gregorio XIII del 1572 in fino a'tempi di Papa Urbano VIII nel 1642.* Roma 1642.

BAKER & HENRY 1995
Christopher Baker & Tom Henry. *The National Gallery: Complete Illustrated Catalogue.* London 1995.

BALDASS 1919
Ludwig von Baldass. "Mubuses "Heilige Nacht", eine Freie Kopie nach Hugo van der Goes." In *Jahrbuch der Kunsthistorischen Sammlungen in Wien* 35 (1919), 32-48.

BALDASS 1929-1930
Ludwig Baldass. "Die 'Venezianische' Bilder des Jan van Scorel." In *Zeitschrift für bildende Kunst* 63 (1929-1930), 217-222.

BALDASS 1933
Ludwig Baldass "Gotik und Renaissance im Werke des Quinten Metsys." In *Jahrbuch der Kunsthistorischen Sammlungen Wien,* N.F.7 (1933), 137-182.

BALDASS 1938
Ludwig Baldass. "Die Bildnisse des Jacopo dei Barbari." In *Pantheon* 22 (1938), 319-325.

BALDASS 1949
Ludwig Baldass. "Some Remarks on Francesco Bassano and his Historical Function." In *The Art Quarterly* 12 (1949), 199-219.

BALDASS 1955
Ludwig Baldass. "Les tableaux champêtres des Bassano et la peinture réaliste des Pays-Bas au XVI siècle." In *Gazette des Beaux-Arts 1* (1955), 143-160.

BALDWIN 1986
Robert Baldwin. "Peasant Imagery and Bruegel's 'Fall of Icarus'." In *Konsthistorisk tidskrift* 55 (1986), 101-121.

BALLARIN 1962
Alessandro Ballarin. "Profilo di Lamberto d'Amsterdam (Lambert Sustris)". In *Arte Veneta* 16 (1962) 61-81.

BALLARIN 1962-1963
Alesaandro Ballarin. "Lamberto d'Amsterdam. Le fonti e la Critica." In *Atti dell'Istituto Veneto di Scienze, Lettere ed Arti* 121 (1962-1963), 335-366.

BALLARIN 1965
Alessandro Ballarin. "Osservazioni sui dipinti veneziani nella Galleria del Castello di Praga." In *Arte Veneta* 19 (1965), 59-82.

BALLARIN 1965
Alessandro Ballarin. *Palma il Vecchio* (I maestri del colore, 64). Milano 1965.

BALLARIN 1966
Alessandro Ballarin. "Chirurgia bassanesca (I)." In *Arte Veneta,* 20 (1966), 112-136.

BALLARIN 1966
Alessandro Ballarin. *Gerolamo Savoldo* (I maestri del colore, 116). Milano 1966.

BALLARIN 1966-1967
Alessandro Ballarin. "La vecchiaia di Jacopo Bassano: le fonti e la critica." In *Atti dell'Istituto Veneto di Scienze, Lettere e Arti* 125 (1966-1967), 151-193.

BALLARIN 1967
Alessandro Ballarin. "Jacopo Bassano e lo studio di Raffaello e dei Salviati." In *Arte Veneta* 21 (1967), 77-101.

BALLARIN 1968
Alessandro Ballarin. "Pittura veneziana nei Musei di Budapest, Dresda e Varsavia." In *Arte Veneta* 22 (1968), 237-255 (ed. 1995, I/1, 139-143).

BALLARIN 1968
Alessandro Ballarin. "La decorazione ad affresco della Villa Veneta nel quinto decennio del Cinquecento: la villa di Luvigliano." In *Bollettino del centro internazionale di studi di architettura Andrea Palladio* 10 (1968), 115-126.

BALLARIN 1995
Alessandro Ballarin. *Jacopo Bassano: Scritti 1964-1995.* Ed. Vittoria Romani. 2 vols., Cittadella 1995.

BALLARIN 1996
Alessandro Ballarin. *Jacopo Bassano: Tavole.* 3 vols., Cittadella 1996.

BALLARIN 1988
Alessandro Ballarin. "Jacopo Bassano. San Pietro risana lo storpio." In VICENZA 1988, 1-13.

BANGE 1926
E.F. Bange. *Peter Flötner (Meister der Graphik XIV)*. Leipzig 1926.

BANTI & BOSCHETTO 1953
Anna Banti & Antonio Boschetto. *Lorenzo Lotto*. Firenze 1953.

BANZATO 1997
Davide Banzato. "Pittori e dipinti tra ville e palazzi a Padova e Rovigo." In *La pittura fiamminga nel Veneto e nell'Emilia*. Ed. Caterina Limentani Virdis, Verona 1997, 95-132.

BARBERA 1998
Gioacchino Barbera. *Antonello da Messina*. Milano 1998.

BAROCCHI 1960-1962
*Trattati d'arte del Cinquecento fra manierismo e controriforma*. Ed. Paola Barocchi. 3 vols., Bari 1960-1962.

BAROCCHI 1971-1977
*Scritti d'arte del Cinquecento*. Ed. Paola Barocchi 3 vols., Milano & Napoli 1971-1977.

BAROCCHI 1987
*Il Cardinal Leopoldo. Rapporti con il mercato veneto*, I, Archivio elettronico del carteggio. Ed. Paola Barocchi, Milano & Napoli 1987.

BARONI VANNUCCI 1997
Alessandra Baroni Vannucci. *Jan van der Straet detto Giovanni Stradano, flandrus pictor et inventor*. Milano 1997.

BARTSCH 1802-1821
Adam Bartsch. *Le Peintre-Graveur*. 21 vols. Wien 1802-1821.

BASTL 1987
Beatrix Bastl. *Das Tagebuch des Philipp Eduard Fugger (1560-1569) als Quelle zur Fuggergeschichte*. (Schwäbische Forschungsgemeinschaft bei der Kommission für bayerische Landesgeschichte, ser. 4, vol.21 / Studien zur Fuggergeschichte, vol.30). Tübingen 1987.

BÄTSCHMANN & GRIENER 1997
Oskar Bätschmann & Pascal Griener. *Hans Holbein*. Köln 1997.

BATTISTI 1980
Eugenio Battisti. "Su alcuni aspetti non veneti di Tiziano." In *Tiziano e Venezia. Convegno internazionale di studi, Venezia, 1976*. Vicenza 1980, 213-225.

BATTISTI 1991
Eugenio Battisti. "Le origini religiose del paesaggio veneto." In *Venezia Cinquecento* I, n° 2 (1991), 9-25 (già pubblicato in *Archivio di filosofia* 1 [1980], 227-246).

BATTISTI 1993
Eugenio Battisti. *Antonello, il teatro sacro, gli spazi, la donna*. Palermo 1993.

BAUER 1973
Veit Harold Bauer. *Das Antonius-Feuer in Kunst und Medizin*. Berlin 1973.

BAVA 1995
Anna Maria Bava. "La collezione di pittura e i grandi progetti decorativi." In *Le collezioni di Carlo Emanuele I di Savoia*. Ed. Giovanni Romano, Torino 1995, 265-288.

BAX 1979
Dirk Bax. *Hieronymus Bosch: His Picture-Writing Deciphered*. Rotterdam 1979.

BAXANDALL 1964
Michael Baxandall. "Bartholomaeus Facius on Painting: A Fifteenth-Century Manuscript of *De Viris Illustribus*." In *Journal of the Warburg and Courtauld Institutes* 27 (1964), 90-107.

BAXANDALL 1971
Michael Baxandall. *Giotto and the Orators. Humanist Observers of Painting in Italy and the Discovery of Pictorial Composition 1350-1450*. Oxford 1971.

BAXANDALL 1972
Michael Baxandall. *Painting and Experience in Fifteenth-Century Italy. A Primer in the Social History of Pictorial Style*. Oxford, London & New York 1972.

BAXANDALL 1978
Michael Baxandall. *Pittura ed esperienza sociali nell'Italia del Quattrocento*. Torino 1978.

BAXANDALL 1984
Michael Baxandall. *Die Kunst der Bildschnitzer*. München 1984.

BAZIN 1952
Germain Bazin. "Petrus Christus et les rapports entre l'Italie et le Flandre au milieu du XVe siècle." In *La Revue des Arts* 2 (1952), 195-208.

BEAN 1964
Jacob Bean. *100 European Drawings in the Metropolitan Museum of Art*. New York 1964.

BEAN 1982
Jacob Bean. *15th-and 16th-Century Italian Drawings in the Metropolitan Museum of Art*. New York 1982.

BECHTOLD 1928
Arthur Bechtold. "Zu Dürers Radierung 'Die grosse Kanone'." In *Georg Habich zum 60. Geburtstag*. München 1928, 112-120.

BECKER 1922
Felix Becker. *Handzeichnungen alter Meister in Privatsammlungen*. Leipzig 1922.

BECKER 1938
Hanna Becker. *Die Handzeichnungen Albrecht Altdorfers*. München 1938.

BECKER 1994
Maria Becker. *Architektur und Malerei. Studien zu Fassadenmalereien des 16. Jahrhunderts in Basel*. (162. Neujahrsblatt. Gesellschaft für das Gute und Gemeinnützige). Basel 1994.

BEDAUX 1990
Jan Baptist Bedaux. *The reality of symbols: Studies in the iconology of Netherlandish art 1400-1800*. 's-Gravenhage 1990.

BEEH 1990
Wolfgang Beeh. *Deutsche Malerei um 1260 bis 1550 im Hessischen Landesmuseum Darmstadt*. Darmstadt 1990.

BEER 1891
Rudolf Beer."Acten, Regesten und Inventäre aus dem Archivo General zu Simancas". In *Jahrbuch der kunsthistorischen Sammlungen des allerhöchsten Kaiserhauses*, 12 (1891) XCI-CCIV.

BEFANI CAMPBELL 1995
Gabriella Befani Campbell. "The Reception of Flemish Art in Renaissance Florence and Naples." In *Petrus Christus in Renaissance Bruges. An Interdisciplinary Approach*. Ed. Maryan W. Ainsworth, New York & Turnhout 1995, 35-42.

BÉGUIN 1964
Sylvie Béguin. "A propos de quelques peintures attribuées à Paris Bordon au Musée du Louvre." In *Bulletin du laboratoire du Musée du Louvre* 8, fasc. 9 (1964), 31-47.

BÉGUIN 1981
Sylvie Béguin. "A propos des peintures de Lorenzo Lotto au Louvre." In *Lorenzo Lotto: Atti del convegno internazionale di studi per il centenario della nascita, Asolo 18-21 settembre 1980*. Ed. Pietro Zampetti & Vittorio Sgarbi. Treviso 1981, 99-105

BÉGUIN & FRIES
Sylvie Béguin, G. Fries." George Boba". In *Saur AKS* 1992-, 11(1995), 667-668.

BEHLING 1967
Lottlisa Behling. *Die Pflanze in der mittelalterliche Tafelmalerei*. Köln 1967.

BEHRINGER 1998
Wolfgang Behringer. "Südtirol à la carte. Reisehilfsmittel für Reisende zwischen Deutschland und Italien." In *Schloss Tirol* 1998, 27-46.

BELTING & EICHBERGER 1983
Hans Belting & Dagmar Eichberger. *Jan van Eyck als Erzähler. Frühe Tafelbilder im Umkreis der New Yorker Doppeltafel*. Worms 1983.

BELTING 1985
Hans Belting. *Giovanni Bellini. Ikone und Bildererzählung in der venezianischen Malerei*. Frankfurt-am-Main 1985.

BELTING 1988
Hans Belting. *Giovanni Bellini: Pietà*. Frankfurt am Main 1988.

BEMBO 1505
Pietro Bembo. *Asolani*. Venezia 1505. In *Opere del Cardinale Pietro Bembo: Ora per la prima volta tutte in un corpo unite*. 4 vols., Venezia 1729, II, 1-68.

BEMBO 1960
Pietro Bembo. *Prose e rime*. Ed. Carlo Dionisotti, Torino 1960.

BENAVIDES 1561
Marco Benavides, *Opinioni sopra i Dialoghi di M. Sperone Speroni*, Venezia 1561.

BENDER 1981
Elisabeth Bender. *Matthäus Gundelach. Leben und Werk*. Frankfurt am Main 181.

BENESCH 1928
Otto Benesch. *Beschreibender Katalog der Handzeichnungen in der Graphischen Sammlung Albertina. Die Zeichnungen der Niederländischen Schulen des XV und XVI Jahrhunderts*, Wien 1928.

BENESCH 1956
Otto Benesch. "Some unknown early works by Tintoretto". In *Arte Veneta* X (1956), 93-103.

BENESCH 1972
Otto Benesch. "The Rise of Landscape in the Austrian School of Painting at the Beginning of the Sixteenth Century." In *Collected Writings. Volume III. German and Austrian Art of the 15th and 16th Centuries*. Ed. Eva Benesch, London 1972, 338-352.

BERDINI 1997
Paolo Berdini. *The Religious Art of Jacopo Bassano: Painting as Visual Exegesis*. Cambridge, England 1997.

BERENSON 1895
Bernard Berenson. *Lorenzo Lotto: An Essay in Constructive Art Criticism*. New York & London 1895.

BERENSON 1901
Bernard Berenson. *The Study and Criticism of Italian Art*. London 1901.

BERENSON 1919
Bernard Berenson. *Dipinti veneziani in America*. Milano 1919.

BERENSON 1932
Bernard Berenson. *Italian Pictures of the Renaissance. A list of the principal artists and their works*. Oxford 1932.

BERENSON 1936
Bernard Berenson. *I Pittori italiani del Rinascimento*. Milano 1936.

BERENSON 1955
Bernard Berenson. *Lotto*. Milano 1955.

BERENSON 1956
Bernard Berenson. *Lorenzo Lotto*. London & New York 1956.

BERENSON 1957
Bernard Berenson. *Italian Pictures of the Renaissance: A List of the Principal Artists and Their Works with an Index of Places*. Venetian School. 2 vols., London 1957.

BERENSON 1957
Bernard Berenson. *Italian pictures of the Renaissance. A list of principal Artists and their Works with an Index of Places, Venetian School*, 2 vols., London 1957 (ediz. ital: *Pitture italiane del Rinascimento. Elenco dei principali artisti e delle loro opere con un indice dei luoghi. La Scuola Veneta*, 2 vols. London, Firenze 1957).

BERENSON 1968
Bernard Berenson. *Italian Pictures of the Renaissance: Central and North Italian Schools*. London 1968.

BERENSON 1990
Bernard Berenson. *Lorenzo Lotto*. Milano 1990.

BERGER 1994
Harry Berger, Jr. "Fictions of the Pose: Facing the Gaze in Early Modern Portraiture." In *Representations* 46 (1994), 87-120.

BERGH 1974
K. van den Bergh. "Totenkopf." In *Lexikon der Christlichen Ikonographie*. Ed. Engelbert Kirschbaum, Rom, Freiburg, Basel & Wien 1974, IV, 343.

BERGMAN 1979
Madeleine Bergman. *Hieronymus Bosch and Alchemy: A Study on the St. Anthony Triptych*. Västervik 1979.

BERGSTROEM 1957
Ingvar Bergstroem. *Revival of Antique Wall-Painting in Renaissance Art*, Goeteborg 1957.

BERTELÀ 1997
Giovanna Gaeta Bertelà. *La Tribuna di Ferdinando I de' Medici*. Modena 1997.

BERTELLI 1991
Carlo Bertelli. *Piero della Francesca. La forza divina della pittura*. Milano 1991.

BERTINI 1987
Giuseppe Bertini. *La Galleria del Duca di Parma. Storia di una collezione*. Bologna 1987.

BETTIOLO 1911
D. Bettiolo. *Come ebbero origine le "Oselle" (appunti di storia veneta)*. Venezia 1911.

BEVERS 1998
Holm Bevers. "The Antwerp Sketchbook of the Bles Workshop in the Berlin Kupferstichkabinett." In *Herri met de Bles: Studies and Explorations of the World Landscape Tradition*. Ed. Norman E. Muller, Betsy J. Rosasco & James H. Marrow, Princeton 1998, 39-50.

BIAGI 1942
Luigi Biagi. *Lorenzo Lotto*. Roma 1942.

BIALOSTOCKI 1959
Jan Bialostocki. "'Opus Quinque Dierum': Dürer's *Christ among the Doctors* and its Sources." In *Journal of the Warburg and Courtauld Institutes* 22 (1959), 17-34.

BIALOSTOCKI 1965
Jan Bialostocki. "Der Manierismus zwischen Triumph und Dämmerung." In *Stil und Ikonographie. Studien zur Kunstwissenschaft*. Dresden 1965, 57-75.

BIALOSTOCKI 1995
Jan Bialostocki. *L'arte del Quattrocento nell'Europa settentrionale*. Milan 1995.

BIALOSTOCKI & SKUBISZEWSKA 1979
Jan Bialostocki & Maria Skubiszewska. *Muzeum Narodowe w Warszawie, Galerie Malarstwo Obcego: Malarstwo francuskie, niderlandzkie, wtoskie do 1600, Katalog*. Warszawie 1979, 59-61.

BIANCONI 1955
Piero Bianconi. *Tutta la pittura di Lorenzo Lotto*. Milano 1955.

BIEDERMANN, GMEINER-HÜBEL & RABENSTEINER 1995
Gottfried Biedermann, Gabriele Gmeiner-Hübel & Christine Rabensteiner. *Bildwerke Renaissance-Manierismus-Barock: Gemälde und Skulpturen aus der Alten Galerie des Steiermärkischen Landesmuseums Joanneum in Graz. Kurt Woisetschläger zum 70. Geburtstag*. Klagenfurt 1995.

BIERENS DE HAAN 1948
J.C.J. Bierens de Haan. *L'œuvre gravé de Cornelis Cort graveur hollandais 1533-1578*. La Haye 1948.

BIESBOER 1983
Pieter Biesboer. *Schilderijen voor het stadhuis in Haarlem. 16e en 17e eeuw. Kunstopdrachten ter verfraaiing*. Haarlem 1983.

BLOCH 1946
E. Maurice Bloch. "Rembrandt and the López collection". In *Gazette des Beaux-Arts* 28 (1946), 175-186.

BLUM 1992
Shirley Neilsen Blum. "Hans Memling's Annunciation with Angelic Attendants." In *Metropolitan Museum Journal* 27 (1992), 43-58.

BLUNT 1968
Anthony Blunt. "I rapporti tra la decorazione degli edifici del Veneto e quella della scuola di Fontainebleau." In *Bollettino del Centro Internazionale di Studi d'Architettura Andrea Palladio* 10 (1968), 153-163.

BOBER 1964
Phyllis Pray Bober. "An Antique Sea-Thiasos in the Renaissance." In *Essays in Memory of Karl Lehmann*. New York 1964, 43-48.

BOCK 1929
Elfried Bock. *Die Zeichnungen in der Universitätsbibliothek Erlangen*. 2 vols., Frankfurt am Main 1929.

BOEHM 1908
Max von Boehm. *Giorgione und Palma Vecchio*. Bielefeld & Leipzig 1908.

BOEHM 1985
Gottfried Boehm. *Bildnis und Individuum. Über den Ursprung der Porträtmalerei in der italienischen Renaissance*. München 1985.

BOERNER 1988
C. G. Boerner (Firm). *Die schönsten Neuerwerbungen: Graphik und Zeichnungen von 1500 bis 1900* (Neue Lagerliste nr. 90). Düsseldorf 1988.

BOESTEN-STENGEL 1990
Albert Boesten-Stengel. "Albrecht Dürers *Zwölfjähriger Jesus unter den Schriftgelehrten* der Sammlung Thyssen-Bornemisza, Lugano: Bilderfindung und *prestezza*." In *Idea* 9 (1990), 43-66.

BOLOGNA 1951
Ferdinando Bologna. "La Sacra Conversazione di Monaco. Per la restituzione di un Tiziano". In *Paragone* 17 (1951) 23-29.

BOLOGNA 1977
Ferdinando Bologna. *Napoli e le rotte mediterranee della pittura*. Napoli 1977.

BOMFORD, DUNKERTON, GORDON & ROY 1989
David Bomford, Jill Dunkerton, Dillian Gordon & Ashok Roy. *Art in the Making: Italian Painting before 1400*. London 1989.

BONICATTI & CIERI 1974
Maurizio Bonicatti & Claudia Cieri. "Lucas Cranach alle soglie dell'Umanesimo italiano." In *The Journal of Medieval and Renaissance Studies* 4 (1974), 267-285.

BONNET 1996
Jacques Bonnet. *Lorenzo Lotto*. Paris 1996.

BONSANTI 1970
Giorgio Bonsanti. "Il 'Michele Pacher' del Rasmo." In *Arte Veneta* 24 (1970), 275-277.

BONSANTI 1976
Giorgio Bonsanti. "Gli artisti stranieri nelle *Vite* del Vasari." In *Il Vasari storiografo e artista: Atti del congresso internazionale nel IV centenario della morte*. Firenze 1976, 717-734.

BOON 1942
Karel G. Boon. *Quentin Massys*. Amsterdam 1942.

BOON 1978
Karel G. Boon. *Netherlandish Drawings of the Fifteenth and Sixteenth Centuries*, 2 vols. Den Haag 1978.

BOON 1992
Karel G. Boon. *The Netherlandish and German Drawings of the XVth and XVIth Centuries of the Frits Lugt Collection*. 3 vols. Paris 1992.

BOORSCH 1992
Suzanne Boorsch. "Mantegna and his Printmakers." In LONDON 1992, 56-66.

BOORSCH 1993
Suzanne Boorsch. "Letters: Mantegna and prints." In *The Burlington Magazine* 135 (1993), 826-827.

BOORSCH & SPIKE 1985
*The Illustrated Bartsch: Italian Masters of the Sixteenth Century*. Vol. 28. Ed. Suzanne Boorsch & John Spike, New York 1985.

BOREAN 1994
Linda Borean. "Nuove proposte e interpretazioni per le *Storie della Vergine* di Carpaccio nella Scuola degli Albanesi." In *Saggi e Memorie di Storia dell'Arte* 19 (1994), 21-72.

BORENIUS 1916
Tancred Borenius. *Pictures by the old Masters in the Library of Christ Church Oxford*. Oxford 1916.

BORENIUS 1923
Tancred Borenius. *The Picture Gallery of Andrea Vendramin*. London 1923.

BORGHINI 1584
Raffaello Borghini. *Il Riposo*. Firenze 1584.

BORNSCHLEGEL 1997
Franz A. Bornschlegel. "Etappen der Schriftentwicklung im Augsburger Buchdruck von Günther Zainer bis Johann Schönsperger d.Ä." In *Augsburger Buchdruck und Verlagswesen. Von den Anfängen bis zur Gegenwart*. Ed. Helmut Gier & Johannes Janota, Wiesbaden 1997, 153-172.

BORRONI SALVADORI 1980
Fabia Borroni Salvadori. *Carte, piante e stampe storiche delle raccolte lafreiane della Biblioteca Nazionale di Firenze*. Roma 1980.

BÖRSCH-SUPAN 1975
Helmut Börsch-Supan. *Jagdschloss Grunewald*. Berlin 1975.

BÖRSCH-SUPAN 1977
Helmut Börsch-Supan. "Cranachs Quellnymphen und sein Gestaltungsprinzip der Variation." In *Akten des Kolloquiums zur Basler Cranach-Ausstellung 1974*. Basel 1977, 21-22.

BOSCHETTO 1963
Antonio Boschetto. *Giovan Gerolamo Savoldo*. Milano 1963.

BOSCHINI 1660
Marco Boschini. *La carta del navegar pitoresco*. Venezia 1660.

BOSCHINI 1664
Marco Boschini. *Le minere della pittura*. Venezia 1664.

BOSCHINI 1674
Marco Boschini. *Le ricche minere della pittura veneziana*. Venezia 1674.

BORGHINI 1584
Raffaello Borghini. *Il Riposo*. Firenze 1584.

BOSELLI 1963
Camillo Boselli. "Nuovi documenti sull'arte veneta del secolo XVI nell'archivio della famiglia Averoldi di Brescia." In *Arte Veneta* 26 (1972), 234-236.

BOSELLI 1977
Camillo Boselli. *Regesto artistico dei notai rogati in Brescia dall'anno 1500 all'anno 1560.* (Supplemento ai *Commentari dell'Ateneo di Brescia* per il 1976). 2 vols., Brescia 1977.

BOSIO & COLAFRANCESCHI 1966
Guido Bosio & Caterina Colafranceschi. "Ignazio di Antiochia." In *Bibliotheca Sanctorum*, Roma 1966, VII, 653-665.

BOSSHARD 1993
Emil Bosshard. "'Ein Werk von fünf Tagen': Anmerkungen zu Dürers zweiter Italienreise." In *Restauro* 5 (1993), 325 - 328.

BOTTARI 1963
Stefano Bottari. *Tutta la pittura di Giovanni Bellini*. 2 vols., Milano 1963.

BOTTEON & ALIPRANDI 1893
Vincenzo Botteon & A. Aliprandi. *Intorno alla vita e alle opere di Giovanni Battista Cima*. Conegliano 1893.

BOUCHER 1991
Bruce Boucher. *The Sculpture of Jacopo Sansovino*. 2 vols., New Haven & London 1991.

BOWRON 1974
Edgar Peters Bowron. "Oil and Tempera Mediums in Early Italian Paintings: A Views from the Laboratory". In *Apollo*, 153 (1974), 380-387.

BRADLEY J. DELANEY
*Antonio Vivarini and the Florentine Tradition*. In *Commentarii*, XXIX, Roma 1978, 8182.

BRACCIOLINI 1978
Poggio Bracciolini. "De Nobilitate." 1400. In *Humanism and Liberty: Writings on Freedom from Fifteenth-Century Florence*. Ed. & Tr. Renée Neu Watkins, Columbia, S.C. 1978, 118-148.

BRADY 1975
T.A. Brady. "The Social Place of a German Renaissance Artist: Hans Baldung Grien (1484/85-1545) at Strasbourg." *Central European History* 8 (1975), 295-315.

BRAHAM, WYLD & PLESTERS 1978
Alan Braham, Martin Wyld & Joyce Plesters. "Bellini's 'Blood of the Redeemer'." In *National Gallery Technical Bulletin* 2 (1978), 11-24.

BRANCA 1963
(*Umanesimo europeo e umanesimo veneziano*. Ed. Vittore Branca. Firenze 1963.

BRAND PHILIP 1953
Lotte Brand Philip. "The Prado 'Epi-phany' by Jerome Bosch." In *The Art Bulletin* 35 (1953), 267-293.

BRANDT 1986
Rainer Brandt. "Art or Craft? Art and the Artist in Medieval Nuremberg." In NEW YORK 1986, 51-60.

BRAUER 1931
Elisabeth Brauer. *Jacopo de' Barbari's graphische Kunst mit einer Auseinandersetzung über das Barbari-Dürer Problem*. PhD Diss. Heidelberg, 1931.

BRAUNFELS 1956
Wolfgang Braunfels. "Tizians Ausgburger Kaiserbildnisse". In *Kunstgeschichtliche Studien für Hans Kaufmann*. Berlin 1956, 192-207.

BRAUNSTEIN 1977
Philippe Braunstein. "Remarques sur la population allemande de Venise à la fin du Moyen-age." In *Venezia centro di mediazione fra oriente ed occidente sec. XV-XIII*. Ed. H.G. Beck, M. Manoussacas & A. Pertusi, Firenze 1977, 233-43.

BREJON DE LAVARGNÉE, FOUCART & REYNAUD 1979
Arnaud Brejon de Lavargnée, Jean Foucart & Nicole Reynaud. *Catalogue sommaire Illustré des peintures au Musée du Louvre I: Ecoles flamande et hollandaise*. Paris 1979.

BRÉJON DE LAVARGNÉE 1984
Arnaud Bréjon de Lavargnée. *Inventaire Le Brun 1683: La collection des tableaux de Louis XIV*. Paris 1984.

BRENDEL 1946
Otto J. Brendel. "The Interpretation of the Holkham Hall Venus". In *The Art Bulletin* 28 (1946) 5-75.

BRENDEL 1947
Otto J. Brendel. "Letter to the editor". In *The Art Bulletin* 29 (1947) 67-69.

BRERA 1990
*Pinacoteca di Brera: Scuola veneta*. Milano 1990.

BRERA 1995
*Pinacoteca di Brera: Scuole straniere*. Milano 1995.

BRESCIANI 1968
Bruno Bresciani. *Figurazioni dei mesi nell'arte medioevale italiana*. Verona 1968.

BREVIARIO GRIMANI 1970
*Breviario Grimani: Riproduzioni in facsimile*. Introduzione di Mario Salmi, Milano 1970. (*Breviarium Grimani: Faksimileausgabe der Miniaturen und Kommentar*. Tr. Andreas Grote, Berlin 1973).

BRINKMAN 1993
Pim Brinkman. *Het geheim van Van Eyck. Aantekeningen bij de uitvinding van de olieverf*. Zwolle 1993.

BRIELS 1987
Jan Briels. *Vlaamse schilders in de Noordelijke Nederlaqnden in hte begin van de Gouden Eeuw 1585-1630*. Haarlem 1987.

BRISING 1908
Harald Brising. *Quinten Matsys und der Ursprung des Italianismus in der Kunst der Niederlände*. Leipzig 1908.

BROOS 1987
Ben Broos. *Meesterwerken in het Mauritshuis*. Den Haag 1987.

BROWN 1989
Beverly Louise Brown. "Replication and the Art of Veronese." In *Retaining the Original: Multiple Originals, Copies, and Reproductions. Studies in the History of Art* 20 (1989), 111-124.

BROWN 1996
Beverly Louise Brown. "Mars's Hot Minion or Tintoretto's Fractured Fable." In *Jacopo Tintoretto nel quarto centenario della morte: Atti del convegno internazionale di studi (Venezia, 24-26 novembre 1994)*. Ed. Paola Rossi & Lionello Puppi, Padova 1996, 199-205.

BROWN 1998
Beverly Louise Brown. "Adame And Eve in the Garden of Venus." In *Art On Paper* 3 (1998), 44-50, 81-82.

BROWN 1999
Beverly Louise Brown. "Two schede forSavoldo." In *Paragone* 23, no. 587 (1999).

BROWN 1973
Clifford M. Brown. "An Art Auction in Venice in 1506." In *L'Arte* 18-19/20 (1973), 121-136.

BROWN 1981
Clifford M. Brown. "Pictures in the Ducal Palace in Mantua, among them a Collection of 'Quadri de Fiandra'." In *Zeitschrift für Kunstgeschichte* 44 (1981), 53-56.

BROWN 1982
Clifford M. Brown. *Isabella d'Este and Lorenzo da Pavia: Documents for the History*

BRAUNFELS 1956
of Art and Culture in Renaissance Mantua. Genève 1982.

BROWN 1997
Clifford M. Brown. "'Fruste et strache nel fabricare': Isabella d'Este's Apartments in the Corte Vecchia of the Ducal Palace in Mantua." In *La Corte di Mantova nell'età di Andrea Mantegna: 1450-1550*. Ed. Cesare Mozzarelli, Robert Oresko, and Leandro Ventura, Roma 1997, 295-336.

BROWN 1988
Patricia Fortini Brown. *Venetian Narrative Painting in the Age of Carpaccio*. New Haven & London 1988.

BROWN 1994
Patricia Fortini Brown. "Sant'Agostino nello studio di Carpaccio: un ritratto nel ritratto?" In VENEZIA 1994, 303-318.

BROWN 1864
Rawdon Brown. *Calendar of Venetian State Papers*. London 1864.

BRULEZ 1965
W. Brulez. *Marchands Flamands à Venise* I (1568-1605). Bruxelles & Rome 1965.

BRUMMER 1970
Hans Henrik Brummer. *The Statue Court in the Vatican Belvedere*. Stockholm 1970.

BRÜNING & BERGDOLT 1997
Jochen Brüning & Klaus Bergdolt Eds. *Kunst und Auftraggeber in Augsburg und Venedig* (Institut für Europäische Kulturgeschichte der Universität von Augsburg. Colloquia Augustana Band 5), Berlin 1997.

BRUYN 1957
Josua Bruyn. *Van Eyck problemen. De Levensbron, het werk van een leerling van Jan van Eyck*, Utrecht 1957.

BRUYN 1982
Josua Bruyn. "Antonello en de Nederlanden. Een notitie naar aanleiding van een congres in Messina." In *Oud Holland* 96 (1982), 240-243.

BRUYN 1988
Josua Bruyn. "Old and new elements in 16th-century imagery." In *Oud Holland* 102 (1988), 90-113.

BUCHANAN 1824
William Buchanan, *Memoirs of Painting with a chronologcal history of the Importation of Pictures by the great masterd into England since the French Revolution*. 2 voll., London 1824.

BÜCHNER 1928
Ernst Büchner. "Der Ältere Breu als Maler." In *Beiträge zur Geschichte der Deutschen Kunst. II. Augsburger Kunst der Spätgotik und Renaissance*. Ed. Ernst Büchner & Karl Feuchtmayr, Augsburg 1928, 272-387.

BÜCHNER-SUCHLAND 1962
Irmgard Büchner-Suchland. *Hans Hiber: Ein Augsburger Baumeister der Renaissance*. München & Berlin 1962.

BUIJSEN 1989
Edwin Buijsen. "Review of Reindert L. Falkenburg, *Joachim Patinir: landscape as an image of the pilgrimage of life*." In *Simiolus* 19 (1989), 209-215.

BURCKHARDT 1855
Jacob Burckhardt. *Der Cicerone eine Anleitung zum Genuss der Kunstwerke Italiens*. Basel 1855.

BURKE 1999
Peter Burke. *Il Rinascimento europeo. Centri e periferie*. Roma & Bari 1999.

BURKHARDT 1905
Rudolf Burkhardt. *Cima da Conegliano: Ein venezianischer Maler des Übergangs vom Quattrocento zum Cinquecento*. Leipzig 1905.

BURMESTER & KREKEL 1998
Andrew Burmester & Christopher Krekel. "The Relationship between Albrecht Dürer's palette and fifteenth/sixteenth-century pharmacy price lists: The use of azurite and ultramarine." In *Painting Techniques: History, Materials and Studio Practice. Preprints of the Contributions to the Dublin Congress of the International Institute for Conservation, 7-11 September 1998*. London 1998, 101-105.

BURY 1989
Michael Bury. "The 'Triumph of Christ', after Titian." In *The Burlington Magazine* 131 (1989), 188-197.

BUSCH 1973
Renate von Busch. *Studien zu deutschen Antikensammlungen des 16. Jahrhunderts.* Tübingen 1973.

BUSCH 1997
*Landschaftsmalerei.* Ed. Werner Busch. Berlin 1997.

BUSCH 1999
Werner Busch. "Aretinos Evokation von Tizians Kunst." In *Zeitschrift für Kunstgeschichte* 67 (1999), 91-105.

BUSHART 1977
Bruno Bushart. "Der 'Lebensbrunnen' von Hans Holbein dem Älteren." In *Festschrift Wolfgang Bruanfels.* Tübingen 1977, 45-70.

BUSHART 1987
Bruno Bushart. *Hans Holbein der Ältere.* Augsburg 1987.

BUSHART 1993
Bruno Bushart. "Das Augsburger Rathaus und seine venezianische Vorbilder." In *Venedig und Oberdeutschland in der Renaissance: Beziehungen zwischen Kunst und Wirtschaft.* Ed. Bernd Roeck, Klaus Bergdolt & Andrew John Martin, Sigmaringen 1993, 223-230.

BUSHART 1994
Bruno Bushart. *Die Fuggerkapelle bei St. Anna in Augsburg.* München 1994.

BUSIRI VICI 1963
Andrea Busiri Vici. "Vicenda di un dipinto: la 'Caccia in valle' di Vittore Carpaccio." In *Arte antica e moderna* 24 (1963), 345-356.

BUTTERFIELD 1997
Andrew Butterfield. *The Sculptures of Andrea del Verrocchio.* New Haven & London 1997.

BÜTTNER 1998
Nils Büttner. "De verzamelaar Abraham Ortelius." In *Abraham Ortelius (1527-1598), cartograaf en humanist.* Brussel, Antwerpen & Turnhout 1998, 168-180.

BYAM SHAW 1967
James Byam Shaw. *Paintings by Old Masters at christ Church Oxford.* London 1967.

BYAM SHAW 1983
James Byam Shaw. *The Italian Drawings of the Frits Lugt Collection.* 3 vols., Paris 1983.

CALMOTTI 1989
Franca Calmotti. "La fusione del ferro nei dipinti fiamminghi del XVI secolo," In *Il coltello di Delfo* (1989), 23-29.

CALVESI 1970
Maurizio Calvesi. "La 'morte di bacio'. Saggi sull'ermetismo di Giorgione." In *Storia dell'arte* 7/8 (1970), 179-233.

CALVETE D'ESTRELLA 1552
J. C. Calvete d'Estrella, *El felicissimo viaje del... Principe Don Philippe... desde Espana,* Anversa 1552.

CALVI 1987
Guilia Calvi. *La peste.* Firenze 1987.

CAMILLE 1987
Michael Camille. "Labouring for the Lord: The Ploughman and the Social Order in the Luttrell Psalter." In *Art History* 10 (1987), 423-454.

CAMPANA
L.Campana, "Monsignor Giovanni della Casa e i suoi tempi" In *Studi Storici* 17 (1908).

CAMPBELL 1976
Lorne Campbell. "The Art Market in the Southern Netherlands in the Fifteenth Century." In *The Burlington Magazine* 118 (1976), 188-198.

CAMPBELL 1979
Lorne Campbell. "The Early Netherlandish Painters and Their Workshops." *Le Dessin sous-jacent dans la peinture: Colloque III, 6-8 septembre 1979: Le problème Maître de Flémalle-Van der Weyden.* Louvain-la-Neuve 1979, 43-61.

CAMPBELL 1981
Lorne Campbell. "Notes on Netherlandish pictures in the Veneto in the fifteenth and sixteenth centuries." In *The Burlington Magazine* 123 (1981), 467-473.

CAMPBELL 1990
Lorne Campbell. *Renaissance Portraits: European Portrait-Painting in the 14th, 15th and 16th Centuries.* New Haven & London 1990.

CAMPBELL 1995
Lorne Campbell. "Approaches to Petrus Christus." In *Petrus Christus in Renaissance Bruges. An Interdisciplinary approach.* Ed. M. Ainsworth, New York- Turnhout 1995, 1-10.

CAMPBELL 1996
Lorne Campbell. "Rogier van der Weyden." In *The Dictionary of Art*, London 1996, XXXIII, 117-128.

CAMPBELL, FOISTER & ROY 1997
"The Methods and Materials of Northern European Painting 1400-1550." Ed. Lorne Campbell, Susan Foister & Ashok Roy. In *National Gallery Technical Bulletin* 18 (1997), 6-55.

CAMPBELL HUTCHINSON 1990
Joan Campbell Hutchinson. *Albrecht Durer. A Biography.* New York 1990.

CAMPBELL 1997
Stephen J. Campbell. *Cosmè Tura of Ferrara. Style, Politics and the Renaissance City, 1450-1495.* New Haven & London 1997.

CAMPBELL 1998
Lorne Campbell. *National Gallery Catalogues: The Fifteenth Century Netherlandish Schools.* London 1998.

CAMPORESI 1990
Piero Camporesi. *The Fear of Hell: Images of Damnation and Salvation in Early Modern Europe.* Tr. Lucinda Byatt, London 1990.

CAMPORESI 1992
Piero Camporesi. *Le belle contrade: Nascita del paesaggio italiano.* Milano 1992.

CAMPORI 1870
Gaetano Campori. *Raccolte di cataloghi ed inventarii inediti,* Modena 1870.

CANOVA 1961
Giordana Canova. "I viaggi di Paris Bordon." In *Arte Veneta* 15 (1961), 77-88.

CANOVA 1964
Giordana Canova. *Paris Bordon.* Venezia 1964.

CANTIMORI 1992
Delio Cantimori. *Eretici italiani del Cinquecento.* Torino 1992.

CAPPI BENTIVEGNA 1962
Ferruccia Cappi Bentivegna. *Abbigliamento e costume nella pittura italiana: Rinascimento.* Roma 1962.

CAROLI 1980
Flavio Caroli. *Lorenzo Lotto e la nascita della psicologia moderna.* Milano 1980.

CAROSELLI 1983
Susan Lyons Caroselli. "A Portrait Bust of Caterina Cornaro by Tullio Lombardo." In *Bulletin of the Detroit Institute of Arts* 61 (1983), 46-57.

CARR 1997
Dawson W. Carr. *Andrea Mantegna: The Adoration of the Magi.* Los Angeles 1997.

CARROLL 1987
Margaret D. Carroll. "Peasant Festivity and Political Identity in the Sixteenth Century." In *Art History* 10 (1987), 289-314.

CARTARI 1571
Vincenzo Cartari. *Le imagini de i dei de gli antichi.* Venezia 1571. Ed. Ginetta Auzzas, Federica Martingnago, Manlio Pastore Stocchi & Paola Rigo, Vicenza 1996.

CARTER, HELLINGA & PARKER 1983
Victor Carter, Lotte Hellinga & Tony Parker. "Printing with Gold in the Fifteenth Century." In *The British Library Journal* 9, 1 (1983), 1-13.

CASTAN 1867
Auguste Castan, *Monographie du Palais Granvelle à Besançon* 1867.

CASTELFRANCHI VEGAS 1983
Liana Castelfranchi Vegas. *Italia e Fiandra nella pittura del Quattrocento,* Milano 1983.

CASTELFRANCHI VEGAS 1987
Liana Castelfranchi Vegas. "Il problema delle fonti fiamminghe di Antonello." In *Antonello da Messina. Atti del Convegno di studi tenuto a Messina dal 29 novembre al 2 dicembre 1981.* Messina 1987, 21-47.

CASTELLI 1952
Enrico Castelli. *Il demoniaco nell'arte: Il significato filosofico del demoniaco nell'arte.* Milano & Firenze 1952.

CASTELLO SFORZESCO 1997
*Museo d'Arte Antica del Castello Sforzesco: Pinacoteca.* Vol. 1. Milano 1997.

CASTELNUOVO 1986
Enrico Castelnuovo. *I mesi di Trento: Gli affreschi di torre Aquila e il gotico internazionale.* Trento 1986.

CASTELNUOVO 1987
Enrico Castelnuovo. "Presenze straniere: Viaggi di opere, itinerari di artisti." In *La pittura in Italia: Il Quattrocento.* Ed. Federico Zeri, Milano 1987, 514-523.

CATTANEO 1998
Maria Teresa Cattaneo. "Le emozioni e le loro espressioni facciali." In MILANO 1998, 633-637.

CAVALCASELLE & CROWE 1877-1878
G.B. Cavalcaselle & J.A. Crowe. *Tiziano. La sua vita e i suoi tempi,* 2 vols. Firenze 1877-78.

CAVALLI-BJÖRKMAN 1987
Görel Cavalli-Björkman. "Worship of Bacchus and Venus: Variations on a Theme." In *Bacchanals by Titian and Rubens.* Ed. Görel Cavalli-Björkman, Stockholm 1987, 93-106.

CAVALLI-BJÖRKMAN 1988
Görel Cavalli-Björkman. "Mythologische Themen am Hofe des Kaisers." In ESSEN 1988, I, 61-68.

CAVALLI-BJÖRKMAN 1998
Görel Cavalli-Björkman. "Temas mitologicas en la collección de Felipe II". In MADRID 1998, 229-235.

CECCHETTI 1885
Bartolomeo Cecchetti. *La vita dei veneziani nel 1300.* Venezia 1885.

CECCHETTI 1887
Bartolomeo Cecchetti. "Stampatori e libri stampati nel secolo XV: testamento di Nicolò Jenson e di altri tipografi in Venezia." *Archivio Veneto* 33 (1887), 456-458.

CENNINI 1971
Cennino Cennini. *Il libro dell'Arte.* Ed. Franco Brunello (prefazione di Licisco Magagnato). Vicenza 1972.

CENTRO STUDI CASTELLI 1978
Centro Studi Castelli. "Castel S. Zeno di Montagnana in un disegno attribuito a Giorgione." In *Antichità Viva* 17, 4-5 (1978), 40-52.

CHAMBERS 1970
David S. Chambers. *Patrons and Artists in the Italian Renaissance.* London 1970.

CHAMBERS 1997
David Chambers. "Merit and Money: the Procurators of St Mark and their Commissioni". *Journal of the Warburg and Courtauld Institutes,* 60 (1998), 23-88.

CHAMBERS & PULLAN 1992
*Venice: A Documentary History, 1450-1630.* Ed. David Chambers & Brian Pullan. Oxford 1992.

CHASTEL 1965
André Chastel. *I centri del Rinascimento italiano 1460-1500.* Milano 1965 .

CHASTEL 1973
André Chastel. "Zu vier Selbstbildnissen Albrecht Dürers aus den Jahren 1506 bis 1511." In *Albrecht Dürer, Kunst und Aufbruch.* Leipzig 1973, 37 - 46.

CHASTEL 1982
André Chastel. "Dürer in Venise en 1506." In *Giorgione e l'umanesimo veneziano.* Ed. Rodolfo Pallucchini. Firenze 1982, II, 459-463.

CHÂTELET 1965
Albert Châtelet. "Sur un jugement dernier de Dieric Bouts." In *Nederlands Kunst-historisch Jaarboek* 16 (1965), 17-42.

CHÂTELET 1980
Albert Châtelet. "Un collaborateur de Van Eyck en Italie." In *Relations artistiques entre les Pays-Bas et l'Italie à la Renaissance. Etudes dédiés à Suzanne Sulzberger.* Bruxelles & Rome 1980, 43-60.

CHÂTELET 1989
Albert Châtelet. "Roger van der Weyden et le lobby polinois." In *Revue de l'Art* 84 (1989), 9-21.

CHÂTELET 1993
Albert Châtelet. *Jean van Eyck enlumineur.* Strasbourg 1993.

CHÂTELET 1998
Albert Châtelet. "Pour en finir avec Barthélemy d'Eyck." In *Gazette des Beaux-Arts* 131 (1998), 199-220.

CHECA 1992
Fernando Checa, *Felippe II. Mecenas de las Artes.* Madrid 1992.

CHECA 1994
Fernando Checa, *Tiziano y la Monarquia Hispanica. Usos y funciones de la pintura veneciana en España.* Madrid 1994.

CHENAULT 1971
Jeanne Chenault."Ribera Ovid and Marino: Death of adonis'". In *Paragone* 259 (1971) 68-77.

CHEVALLEY 1995
Denis André Chevalley. *Der Dom zu Augsburg* (Die Kunstdenkmäler von Bayern. Neue Folge I). München 1995.

CHIARI 1982
Maria Agnese Chiari. *Incisioni da Tiziano: Catalogo del fondo grafico a stampa del Museo Correr.* Venezia 1982.

CHIARI MORETTO WIEL 1988
Maria Agnese Chiari Moretto Wiel. "Per un catalogo ragionato dei disegni di Tiziano." In *Saggi e Memorie di Storia dell'Arte* 16 (1988), 21-99.

CHIARI MORETTO WIEL 1988b
Maria Agnese Chiari Moretto Wiel. "Per una nuova cronologia di Giulio Campagnola incisore." In *Arte Veneta* 42 (1988), 41-57.

CHIARI MORETTO WIEL 1989
Maria Agnese Chiari Moretto Wiel. *Tiziano: Corpus dei disegni autografi.* Milano 1989.

CHIARI MORETTO WIEL 1995
Maria Agnese Chiari Moretto Wiel. "Tiziano giovane attraverso gli occhi dei suoi incisori dal XVI al XIX secolo." In ROMA 1995, 161-168.

CHRISTENSEN 1973
Carl C. Christensen. "The Reformation and the Decline of German Art." *Central European History* 8 (1975), 207-232.

CHRISTIANSEN 1993
Keith Christiansen. "The case for Mantegna as printmaker." In *The Burlington Magazine* 135 (1993), 604-612.

CHRISTIANSEN 1994
Keith Christiansen. "A Proposal for Giulio Campagnola pittore." In *Hommage à Michel Laclotte: Études sur la peinture du Moyen Age et de la Renaissance.* Milano & Paris 1994, 341-345.

CHRISTIANSEN 1998
Keith Christiansen. "The View from Italy". In NEW YORK 1998, 39-61.

CIARDI DUPRÉ DAL POGGETTO 1992
Maria Grazia Ciardi Dupré dal Poggetto. "Il ritratto di Luca Pacioli e Guidubaldo da Montefeltro." In URBINO 1992, 197-200.

CIERI VIA 1981
Claudia Cieri Via. "Allegorie morali dalla bottega belliniana." In *Giorgione e la cultura veneta tra '400 e '500. Mito, Allegoria, Analisi iconologica.* Roma 1981, 126-145.

CIERI VIA 1995
Claudia Cieri Via. "Diana e Atteone: continuità e variazione di un mito nell'interpretazione di Tiziano." In *Die Rezeption der "Metamorphosen" des Ovid in der Neuzeit.* Ed. Hermann Walter. Berlin 1995, 150-160.

CIPOLLATO 1961
Maria Teresa Cipollato. "L'eredità di Federico Contarini: Gli inventari della collezione e degli oggetti domestici." In *Bollettino dell'Istituto di Storia della Società e dello Stato Veneziano* 3 (1961), 221-257.

CIPRIANI 1962
Renata Cipriani. *Tutta la pittura del Mantegna.* Milano 1962.

CLARK 1949
Kenneth Clark. *Landscape into Art.* London 1949.

CLARK 1958
Kenneth Clark. *Leonardo da Vinci, überarbeitete Ausgabe*. Harmondsworth 1958.

CLARK 1966
Kenneth Clark. *Rembrandt and the Italian Renaissance*. London 1966.

CLARK 1984-1986
David L. Clark. "Vasari's *Temptation of St. Jerome* Paintings: Artifacts of His Camaldoli Crisis." In *Studies in Iconography* 10 (1984-1986), 97-118.

CLARK 1990
Nicholas Clark. *Melozzo da Forlì. Pictor Papalis*. London 1990.

COCKE 1984
Richard Cocke. *Veronese's Drawings. A Catalogue Raisonné*. London 1984.

COCO & MANZONETTO 1985
Carla Coco & Flora Manzonetto. *Baili Veneziani alla Sublima porta. Storia e caratteristiche dell'ambasciata veneta a Costantinopoli*. Venezia 1985.

COE WIXOM 1982
Nancy Coe Wixom. "Lorenzo Lotto: Portrait of a Nobleman." In *European Paintings of the 16th, 17th, and 18th Centuries. The Cleveland Museum of Art. Catalogue of Paintings. Part Three*. Cleveland 1982.

COHEN 1980
Charles E. Cohen. *The Drawings of Giovanni Antonio da Pordenone*. Firenze 1980.

COLETTI 1953
Luigi Coletti. *Lotto*. Bergamo 1953.

COLETTI 1959
Luigi Coletti. *Cima da Conegliano*. Venezia 1959.

COLLOBI RAGGHIANTI
Licia Collobi Ragghianti. *Dipinti fiamminghi in Italia*. Bologna 1990.

COLNAGHI 1954
*Exhibition of Old Master Drawings at P. & D. Colnaghi's London*. London 1954.

COLONNA 1499
Francesco Colonna. *Hypnerotomachia Poliphili*. Venezia 1499. Ed. Marco Ariani & Mino Gabriele. 2 vols., Milano 1998.

COLPI 1942-1954
Rosita Colpi. "Domenico Campagnola (Nuove notizie biografiche e artistiche)." In *Bollettino del Museo Civico di Padova* 31-43 (1942-1954), 81-110.

CONCINA 1988
Ennio Concina. *Pietre Parole Storia. Glossario della costruzione nelle fonti veneziane (secoli XV-XVIII)*. Venezia 1988.

CONDIVI 1553
Ascanio Condivi. *Vita di Michelangelo Buonarroti*. Rome 1553. Ed. Giovanni Nencioni, Firenze 1998.

CONSOLI 1967
Giuseppe Consoli. "Ancora sull'Antonello de Sicillia'. Precisazioni su alcuni documenti sforzeschi." In *Arte Lombarda* 12 (1967), 109-112.

CONTI 1988
Alessandro Conti. "Vicende e cultura del restauro." In *Storia dell'arte italiana*. Ed. Federico Zeri, Torino 1981, III/3, 39-112.

CONTI 1994
Alessandro Conti. "Giovanni nella bottega di Jacopo Bellini." In *Hommage à Michel Laclotte: Etudes sure la peinture du Moyen Age et de la Renaissance*. Ed. Pierre Rosenberg, Cécile Scaillérez, & Dominique Thiébaut, Milano & Paris, 1994, 260-271.

CONWAY 1889
William M. Conway. *Literary Remains of Albrecht Dürer*. Cambridge, England 1889.

CONWAY 1958
William Martin Conway. *The writings of Albrecht Dürer*. New York 1958.

CORNELIS & FILEDT KOK 1998
Bart Cornelis & Jan Piet Filedt Kok. "The Taste for Lucas van Leyden Prints." In *Simiolus* 26 (1998), 18-86.

CORNELL 1924
Henrik Cornell. *The Iconography of the Nativity of Christ*. Uppsala 1924.

CORTESI BOSCO 1980
Francesca Cortesi Bosco. *Gli affreschi dell'Oratorio Suardi: Lorenzo Lotto nella crisi della Riforma*. Bergamo 1980.

CORTESI BOSCO 1987
Francesca Cortesi Bosco. *Il coro intarsiato di Lotto e Capoferri per Santa Maria Maggiore in Bergamo*. Bergamo 1987.

CORTESI BOSCO 1993
Francesca Cortesi Bosco. "I coniugi del Lotto all'Ermitage e la loro 'impresa'." In *Studi per Pietro Zampetti*. Ed. Ranieri Varese, Ancona 1993, 336-349.

CORWIN 1976
Nancy Corwin. *The Fire Landscape: Its Sources and Its Development from Bosch Through Jan Brueghel I, with Special Emphasis on the Mid-Sixteenth Century Bosch Revival*. PhD Diss. University of Washington, 1976.

COSTANZI 1990
Costanza Costanzi. "Per un Tiziano in più." In ANCONA 1990, 35-43.

COSTANZI 1991
Costanza Costanzi. "Ipotesi e considerazioni sulla presenza di una 'Fuga in Egitto' di Jacopo Bassano ad Ancona." In *Notizie da Palazzo Albani* 20 (1991), 121-128.

COTTINO, FAGGIN & ZWEITE 1993
Alberto Cottino, Giorgio T. Faggin, Armand Zweite. *L'Incontro di Rebecca e Elezaro al pozzo*. Vicenza 1993.

COZZI 1961
Gaetano Cozzi. "Federico Contarini: Un antiquario veneziano tra Rinascimento e Controriforma." In *Bollettino dell'Istituto di Storia della Società e dello Stato Veneziano* 3 (1961), 190-220.

CROPPER & PANOFSKY-SOERGEL 1984
Elisabeth Cropper & Gerda Panofsky-Soergel. "New Elsheimer inventories from the seventeenth century." In *The Burlington Magazine* 126 (1984), 473-488.

CROSATO 1962
Luciana Crosato. *Gli affreschi nelle ville venete del Cinquecento*. Treviso 1962 .

CROSATO 1962
Luciana Crosato Larcher. "Un nuovo Battesimo di Cristo di Lambert Sustris." In *Arte Veneta* 28 (1974), 240-244.

CROWE & CAVALCASELLE 1864-1914
Joseph Archer Crowe & Giovanni Battista Cavalcaselle. *History of Painting in North Italy*. 6 vols., London 1864-1914.

CROWE & CAVALCASELLE 1871
J. A. Crowe & Giovanni Battista Cavalcaselle. *A History of Painting in North Italy, Venice, Padua, Vicenza, Verona, Ferrara, Milan, Friuli, Brescia, from the fourteenth to the sixteenth century*. 2 vols., London 1871.

CROWE & CAVALCASELLE 1882
Joseph Crowe & Giovanni Battista Cavalcaselle. *Raphael, His Life and Works: With Particular Reference to Recently Discovered Records and an Exhaustive Study of Extant Drawings and Pictures*. 2 vols., London 1882.

CROWE & CAVALCASELLE 1912
Joseph Crowe & Giovanni Battista Cavalcaselle. *A History of Painting in North Italy: Venice, Padua, Vicenza, Verona, Ferrara, Milan, Friuli, Brescia from the Fourteenth to the Sixteenth Century*. Ed. Tancred Borenius, 3 vols., London 1912.

CROZAT 1755
*Catalogue des tableaux du Cabinet de M. Crozat, baron de Thiers*, Paris 1755.

CUERDEN HALL 1913
*Catalogue Pictures at Cuerden Hall, Preston, The Property of Reginald A. Tatton*. Manchester 1913.

CUNEO 1998
Pia F. Cuneo. *Art and Politics in Early Modern Germany: Jörg Breu the Elder and the Fashioning of Political Identity, ca. 1475-1536*. Leiden 1998.

CURIE 1996
Pierre Curie. "Quelques portraits du cardinal Granvelle". In *Les Granvelle et l'Italie au XVIe siècle: le Mécénat d'une famille. Actes du Colloque international organisé par la Section d'Italien de l'Université de Franche-Comté, Besançon, 2-4 Octobre 1992, sous la direction scientifique de Jacqueline Brunet et Gennaro Toscano*. Besançon 1996, 159-174.

CUSHING 1943
Harvey Cushing. *A Bio-Bibliography of Andreas Vesalius*. New York 1943.

CUTTLER 1957
Charles Cuttler. "The Lisbon *Temptation of St. Anthony* by Jerome Bosch." In *The Art Bulletin* 39 (1957), 109-126.

CUTTLER & DUNBAR 1969
Charles Cuttler. "Some Grünewald Sources." In *The Art Quarterly* 19 (1956), 101-124.

DA COMO 1930
Ugo da Como. *Girolamo Muziano*. Bergamo 1930.

DACOS 1995
Nicole Dacos. *Roma quanta fuit: Tre pittori fiamminghi nella Domus Aurea*. Roma 1995.

DALHOFF 1997
Meinolf Dalhoff. *Giovanni Bellini. Die Verklärung Christi. Rhetorik, Erinnerung, Historie*. PhD Diss., Münster 1997.

DAL POZZO 1718
Bartolomeo Dal Pozzo. *Le vite de' pittori, degli scultori et architetti veronesi*. Ed. Licisco Magagnato. 2 vols., Verona 1967.

DAL POZZOLO 1993
Enrico Maria Dal Pozzolo. "Osservazioni sul catalogo di Lorenzo Lotto. 1503-1516." In *Arte Veneta* 45 (1993), 33-49.

DAL POZZOLO 1994
Enrico Maria Dal Pozzolo. "Sotto il guanto." In *Venezia Arti* 8 (1994), 29-36.

DAL POZZOLO 1995
Enrico Maria Dal Pozzolo. *Lorenzo Lotto ad Asolo. Una pala e i suoi segreti* (Ricerche. Collana della Facoltà di lettere e filosofia dell'Università di Venezia). Venezia 1995.

DAL POZZOLO 1996
Enrico Maria Dal Pozzolo. "Padova 1500-1540". In *La pittura nel Veneto. Il Cinquecento*. Ed. Mauro Lucco, Milano 1996-1998, I, 147-224.

DAL POZZOLO 1996b
Enrico Maria Dal Pozzolo. "Rilevanze gestuali nell'opera del pittore: problemi di metodo e legittimità interpretative." In *Jacopo Tintoretto nel quarto centenario della morte: Atti del convegno internazionale di studio (Venezia 24-26 novembre 1994)*. Ed. Paola Rossi & Lionello Puppi, Padova 1996, 145-154.

D'AMICONE 1992
Silvio D'Amicone. "Apocalysis cum mensuris. L'Astrologo di Giulio Campagnola." In *Venezia Cinquecento* 2, n° 3 (1992), 75-67.

DA MOSTO 1960
Andrea Da Mosto. *I Dogi di Venezia nella vita pubblica e privata*. Milano 1960.

DANIEL 1996
Ladislav Daniel. *Tesori di Praga. La pittura del '600 e del '700 dalle collezioni nella Repubblica Ceca*. Milano 1996.

DANIELS 1976
Jefferey Daniels. *Sebastiano Ricci*. Hove/Sussex 1976.

DAVANZO POLI 1987
Doretta Davanzo Poli. "Abbigliamento veneto attraverso un'iconografia datata: 1517-1571." In *Paris Bordon e il suo tempo: Atti del convegno internazionale di studi (Treviso 1985)*. Treviso 1987, 243-254.

DAVANZO POLI 1995
Doretta Davanzo Poli. *Basilica del Santo: I tessuti*. Padova & Roma 1995.

DAVID 1925-1926
Harry David. "Jan van Scorel und Dürer." In *Zeitschrift für bildende Kunst* 59 (1925-1926), 32.

DAVIES 1959
Martin Davies. *National Gallery Catalogues: The Earlier Italian Schools*. London 1959.

DAVIES 1968
Martin Davies. *National Gallery Catalogues. Early Netherlandish School*. London 1968.

DAVIES 1972
Martin Davies. *Rogier van der Weyden. An Essay, with a Critical Catalogue of Paintings Assigned to Him and to Robert Campin*. London 1972.

DAVIES 1986
Martin Davies. *National Gallery Catalogues. The Earlier Italian Schools*. London 1986.

DAZZI 1940
Manlio Dazzi. *Sull'architettura del Fondaco dei Tedeschi*. Venezia 1940.

DAZZI 1949
Manlio Dazzi. "La *Presentazione* della Querini-Stampalia." In *Arte Veneta* 3 (1949), 153-158.

DAZZI & MERKEL 1978
Manlio Dazzi & Ettore Merkel. *Catalogo della Pinacoteca della Fondazione Scientifica Querini-Stampalia*. Venezia 1978.

DAZZI & MERKEL 1979
Manlio Dazzi & Ettore Merkel. *Catalogo della Pinacoteca della Fondazione Scientifica Querini Stampalia*. Venezia 1979.

DE ANTONIO 1998
Trinidad de Antonio. "Collecionismo, Devoción y Contrarreforma." In MADRID 1998, 135-157.

DE BENEDICTIS 1995
Cristina De Benedictis. *Per la storia del collezionismo italiano. Fonti e documenti*. Firenze 1995.

DE BODT 1990
Saskia De Bodt. "Borduurwerkers te 's-Hertogenbosch. In *'s-Hertogenbosch 1990*, 482-486.

DE BOSQUE 1975
Andrée de Bosque. *Quentin Metsys*. Bruxelles 1975.

DEGENHARDT 1940
Bernhard Degenhardt. "Dürer oder Basaiti. Zu einer Handzeichnung der Uffizien." In *Mitteilungen des Kunsthistorischen Institutes in Florenz* 5 (1940), 423-428.

DEGENHART 1940
Bernhard Degenhart. "Ein Beitrag zu den Zeichnungen Gentile und Giovanni Bellinis und Dürers erstem Aufenthalt in Venedig." In *Jahrbuch der Preussischen Kunstsammlungen* 61 (1940), 37-42.

DEGENHART & SCHMITT 1984
Bernhard Degenhart & Annegrit Schmitt. *Jacopo Bellini. Die Zeichnungsband des Louvre*. München 1984.

DEGENHART & SCHMITT 1990
Bernhard Degenhart & Annegrit Schmitt. *Corpus der italienischen Zeichnungen 1300-1450. II. Venedig. Jacopo Bellini*. 4 vols. Berlin 1990.

DE GRUMMOND 1975
Nancy T. De Grummond. "VV and Related Inscriptions in Giorgione, Titian, and Dürer." In *The Art Bulletin 57* (1975), 346-356.

DE COMMYNES 1494
Philippe de Commynes. *Memoires* (1494). Ed. J. Calmette (Parigi 1924), Torino 1960.

DE GRAZIA 1991
Diane de Grazia. *Bertoia, Mirola, and the Farnese Court*. Bologna 1991.

DE HEVESY 1992
André de Hevesy. "An unknown portrait by Jacopo de Barbari." In *The Burlington Magazine 50* (1932), 208.

DE HOOP SCHEFFER
Dieuwke de Hoop Scheffer. "16de eeuwse houtsnede-portretten." In *Bulletin van het Rijksmuseum* 15 (1967), 20-31.

DE JONGH 1969
Eddy de Jongh. "The spur of wit: 'Rembrandt's response to an Italian challenge'." In *Relta* 12 (1969): 49-67.

DE MEYER S.D.
Maurits De Meyer. *Stampe popolari dei Paesi Bassi*. [Milano] s.d.

DE MEYERE 1981
J.A.L. De Meyere. *Jan van Scorel 1495-1562 schilder voor prinsen en prelaten*. Utrecht 1981.

DE MIRIMONDE 1966
Albert P. De Mirimonde, "La musique dans les allegories de l'amour (I)," in *Gazette des Beaux Arts* 68 (1966), 265-290.

DE NICOLÓ SALMAZO 1989
Alberta De Nicoló Salmazo. *Bernardino da Parenzo: un pittore "antiquario" di fine Quattrocento*. Padova 1989.

DE VOS 1994
Dirk De Vos. *Hans Memling: The Complete Works*. Antwerp & Ghent 1994.

DELLA PERGOLA 1955
Paola Della Pergola. *Galleria Borghese: I dipinti.* 2 vols., Roma 1955.

DELLE CAVE 1998
Ferruccio Delle Cave. "Über die höchsten Gebürge. Eine kurze Einführung zur Historie des Reisen durch Tirol." In *Schloss Tirol* 1998, 9-18.

DEMATTÈ 1982
Donata Demattè. "Giovanni Matteo Teutonico pittore in Treviso." In *Arte Veneta* 36 (1982), 45-54.

DEMUS 1973
Verzeichnis der Gemälde. Kunsthistorisches Museum, Wien. Ed. Klaus Demus, Wien 1973.

DEMUS, LAZZARINI, PIANA & TIGLER 1995
Otto Demus, Lorenzo Lazzarini, Mario Piana & Guido Tigler. *Le sculture esterne di San Marco.* Milano 1995.

DENHAENE 1990
Godelieve Denhaene. *Lambert Lombard: Renaissance et Humanisme à Liège.* Anvers 1990.

DENISON & MULES 1981
Cara D. Denison & Helen B. Mules (with the assistance of Jane V. Shoaf). *The Pierpont Morgan Library, New York. European Drawings, 1375-1825.* New York 1981.

DENNY 1977
Don Denny. *The Annunciation from the Right from Early Christian Times to the Sixteenth Century.* New York & London 1977.

DEPUYDT 1998
Joost Depuydt. "De brede kring van vrienden en correspondenten rond Abraham Ortelius." In *Abraham Ortelius (1527-1598), cartograaf en humanist.* Brussel, Antwerpen & Turnhout 1998, 117-140.

DE RINALDIS 1911
Aldo de Rinaldis. *Pinacoteca del Museo Nazionale di Napoli. Catalogo approvato dal Ministero delle P.I.* Napoli 1911.

DE VECCHI 1970
Pierluigi De Vecchi. *L'opera completa del Tintoretto.* Milano 1970.

DHAENENS 1980
Elizabeth Dhaenens. *Hubert und Jan van Eyck.* Königstein im Taunus 1980.

DÍAZ PADRÓN 1981
Martías Díaz Padrón. "Dos Nueras pinturas identificadas del Maestro del Hijo Pródigo." In *Archivo Español de Arte* 54 (1981), 369-373.

DIE GEMÄLDEGALERIE WIEN 1991
*Die Gemäldegalerie der Kunsthistorisches Museum in Wien. Verzeichnis der Gemälde.* Ed. Sylvia Ferino-Pagden, Wolfgang Prohaska & Karl Schutz. Wien 1991.

DIEMER 1980
Dorothea Diemer. "Hubert Gerhard und Carlo Pallago als Terrakottaplastiker." In *Jahrbuch des Zentralinstituts für Kunstgeschichte* 4 (1988), 19-141.

DIEMER 1993
Dorothea Diemer. "Hans Fuggers Sammlungskabinette." In AUGSBURG 1993 1993, 13-40.

DIGBY & HEFFORD 1971
George Wingfield Digby & Wendy Hefford. *The Devonshire Hunting Tapestries.* London 1971.

DILLON 1980
Gian Vittorio Dillon. "La grafica. Stampe e libri a Verona negli anni di Palladio." In VERONA 1980, 257-289.

DILLON BUSSI 1995
Angela Dillon Bussi. "Due ritratti di Raffaele Zovenzoni." In *Libri e documenti. Archivio Storico Civico e Biblioteca Trivulziana Castello Sforzesco* XXI (1995), 24-42.

DIONISOTTI 1966
Carlo Dionisotti. "Bembo, Pietro." In *Dizionario Biografico degli Italiani*, Roma 1966, VIII 133-151.

DODGSON 1903-1911
Campbell Dodgson. *Catalogue of Early German and Flemish Woodcuts Preserved in the Department of Prints and Drawings in the British Museum.* 2 vols., London 1903-1911.

DODGSON 1916
Campbell Dodgson. "*The Calumny of Apelles*, by Breu." In *The Burlington Magazine* 29 (1916), 183-189.

DODGSON 1920
Campbell Dodgson. "Marcus Curtius. A woodcut after Pordenone." In The Burlington Magazine 37 (1920), 61.

DODGSON 1921
Campbell Dodgson. "Rare woodcuts in the Ashmolean Museum, Oxford." In *The Burlington Magazin* 39 (1921), 68 - 75.

DODSLEY 1761
Dodsley *London and its Environs Described.* 3 vol. London 1761

DOGAER 1987
Georges Dogaer. *Flemish Miniature Painting in the 15th and 16th Centuries.* Amsterdam 1987.

DOLCE 1553
*Le trasformazioni di M. Lodovico Dolce di nuovo ristampate e da lui ricorrette e in diversi luoghi ampliate. Con la Tavola delle Favole,* Venezia 1553.

DOLCE 1557
Ludovico Dolce. *Dialogo della pittura… intitolato l'Aretino.* Venezia 1557.

DOLLMAYR 1898
Hans Dollmayr. "Hieronymus Bosch und die Darstellung der Vier letzten Dinge." *Jahrbuch der Kunsthistorischen Sammlungen des Allerhöchsten Kaiserhauses Wien* XIX (1898), 284-343.

DONI 1549
Anton Francesco Doni. *Il Disegno.* Venezia 1549.

DONI 1552
Anton Francesco Doni. *I marmi.* Vinegia 1552.

DONI 1970
Anton Francesco Doni. *Il Disegno.* (Venezia 1549). Ed. Mario Pepe, Milano 1970.

DORI & DORI 1994
Lucia Dori & Andrea Dori. "Le Lede restaurate." In *Tintoretto e la favola di Leda. Per il restauro di due dipinti degli Uffizi.* Soresina 1994, 67-78.

DREYER 1971
Peter Dreyer. *Tizian und sein Kreis. 50 venezianisch Holzschnitte aus dem Berliner Kupferstichkabinett Staatliche Museen Preußischer Kulturbesitz.* Berlin s.d. [1971].

DREYER 1972
Peter Dreyer. "Ugo da Carpis venezianische Zeit im Lichte neuer Zuschreibungen." In *Zeitschrift für Kunstgeschichte* 25 (1972), 282-301.

DREYER 1979
Peter Dreyer. "Tizianfälschungen des sechzehnten Jahrhunderts: Korrekturen zur Definition der Delineatio bei Tizian und Anmerkungen zur Datierung seiner Holzschnitte." In *Pantheon* 37 (1979), 365-375.

DROST 1933
Willi Drost. *Adam Elsheimer und sein Kreis.* Potsdam 1933.

DU CROCQ 1991
Paul du Crocq. *Pieter de Jode de Oude (1570-1634).* Masters thesis, Katholieke Universiteit Nijmegen, 1991.

DÜLBERG 1990
Angelica Dülberg. *Privatporträts: Geschichte und Ikonologie einer Gattung im 15. und 16. Jahrhundert.* Berlin 1990.

DÜLBERG 1999
Angelica Dülberg. "Die Verlobung der hl. Katharina von Hans Burgkmair d.é. in der Niedersächsischen Landesgalerie Hannover." In *Begegnungen mit Alten Meistern. Altdeutsche Malerei auf dem Prüfstand.* Ed. F. M. Kammel, Nürnberg 1999.

DUNCAN 1906-1907
E. Duncan. "The National Gallery of Ireland." In *The Burlington Magazine* 10 (1906-1907), 7.

DUNKERTON 1994
Jill Dunkerton. "Il colore nell'*Incredulità di San Tommaso* di Cima da Conegliano." In *Venezia Cinquecento* 7 (1994), 145-151.

DUNKERTON 1997
Jill Dunkerton. "Modifications to the traditional egg tempera techniques in fifteenth-century Italy." In *Early Italian Paintings, Techniques and Analysis.* Ed. Tonnie Bakkenist, René Hoppenbrouwers & Hélène Dubois. Maastricht 1997, 29-34.

DUNKERTON & ROY 1986
Jill Dunkerton & Ashok Roy. "The Technique and Restoration of Cima's 'The Incredulity of Saint Thomas'." In *National Gallery Technical Bulletin* 10 (1986), 4-27.

DUNKERTON & ROY 1998
Jill Dunkerton & Ashok Roy. "Uccello's 'Saint George and the Dragon': Technical Evidence Re-evaluated." In *National Gallery Technical Bulletin* 19 (1998), 26-30

DUNKERTON & SPRING 1998
Jill Dunkerton & Marika Spring. "The Development of Painting on Coloured Surfaces in Sixteenth-Century Italy." In *Painting Techniques: History, Materials and Studio Practice. Preprints of the Contributions to the Dublin Congress of the International Institute for Conservation, 7-11 September 1998.* London 1998, 120-130.

DUNKERTON, FOISTER & PENNY 1999
Jill Dunkerton, Susan Foister & Nicholas Penny. *Dürer to Veronese: Sixteenth-Century European Painting in the National Gallery.* New Haven & London 1999.

DUNKERTON, FOISTER, GORDON & PENNY 1991
Jill Dunkerton, Susan Foister, Dillian Gordon & Nicholas Penny. *Giotto to Dürer: Early Renaissance Painting in The National Gallery.* New Haven & London, 1991.

DUNKERTON, KIRBY & WHITE 1990
Jill Dunkerton, Jo Kirby & Raymond White. "Varnish and Early Italian Tempera Painting." In *Cleaning, Retouching and Coatings: Preprints of the Contributions to the Brussels Congress of the International Institute for Conservation, 3-7 September 1990.* London 1990, 63-69.

DUPONT 1955
Jacques Dupont. "Le portrait de Zaccaria Contarini, ambassadeur de Venise à la cour de Charles VIII." In *Bulletin Musées Royaux des Beaux-Arts Bruxelles. Miscellanea Erwin Panofsky* (1955), 121-127.

DUSSLER 1968
*Reisen und Reisende in Bayerisch-Schwaben und seinen Randgebieten in Oberbayern, Franken, Württemberg, Vorarlberg und Tirol.* Ed. Hildebrand Dussler. Weißenhorn 1980 (1968).

DUSSLER 1935
Leopold Dussler. *Giovanni Bellini.* Frankfurt am Main 1935.

DUVERGER 1955
Jozef Duverger. "Brugse schilders ten tijde van Jan van Eyck." In *Bulletin Musées Royaux des Beaux-Arts Bruxelles. Miscellanea Erwin Panofsky* (1955), 83-120.

DUWE 1994
Gert Duwe. *Die Verkündigung an Maria in der niederländischen Malerei des 15. und 16. Jahrhunderts.* Frankfurt am Main-Berlin, Bern, New York, Paris & Wien 1994.

EBERT-SCHIFFERER 1996
Sybille Ebert-Schifferer. *Hessisches Landesmuseum Darmstadt.* (Museen, Schlösser und Denkmäler in Deutschland. Ed. Thomas W. Gaethgens). Anvers 1996.

ECHOLS 1994
Robert Echols. "Cima and the Theme of Saint Jerome in the Wilderness." In *Venezia Cinquecento* 4, n° 8 (1994), 47-69.

ECHOLS 1995
Robert Echols. "Giovanni Galizzi and the problem of the young Tintoretto". In *Artibus et Historiae* 31, (XVI) (1995), 69-110

ECHOLS 1996
Robert Echols. "Tintoretto, Christ at the Sea of Galielee, and the Unknown Later Career of Lambert Sustris." In *Venezia Cinquecento. Studi di storia dell'arte e della cultura,* 6, 12, (1996) 93-149.

EDWARDS 1982
Mary D. Edwards. "The Tomb of Raimondino de' Lupi and Its Setting." In *Rutgers Art Review* 3 (1982), 36-49.

EHLERS 1919
Ernst Ehlers, *Ein hessischer Maler des 16.Jahrhunderts,* Frankfurt am Main 1919.

EIKEMEIER 1990
Peter Eikemeier. "Dieric Bouts Johannes der Täufer weist auf Jesus hin: "Siehe, das Lamm Gottes" (Ecce agnus dei)." In *Dieric Bouts Johannes weist auf Jesus hin: "Siehe, das Lamm Gottes" (Ecce agnus dei).* München 1990, 9-24.

EISLER 1989
Colin Eisler. *The Genius of Jacopo Bellini: The Complete Paintings and Drawings.* New York 1989.

EISLER 1991
Colin Eisler. *Dürers Animals.* Washington & London 1991.

ELEN 1989
Albert J. Elen. *Missing Old Drawings from the F. Koenigs Collection.* Den Haag 1989.

EMISON 1992
Patricia Emison. "Asleep in the Grass of Arcady: Giulio Campagnola's Dreamer." In *Renaissance Quarterly* 45 (1992), 271-292.

EMISON 1997
Patricia Emison. *Low Life and High Style in Italian Renaissance Art,* New York & London 1997.

EMMENS 1973
Jan A. Emmens "Eins aber ist nötig - Zu Inhalt und Bedeutung von Markt - und Küchenstücken des 16. Jahrhunderts." In *Album amicorum J.G. van Gelder.* Den Haag 1973, 93-101.

EPPERLEIN 1975
Siegfried Epperlein. *Der Bauer im Bild des Mittelalters.* Berlin 1975.

ERASMUS 1989
Erasmus. *Adages.* Tr. R.A.B. Mynors. *Collected Works of Erasmus.* Vol. 32. Toronto, Buffalo & London 1989.

ERICANI 1988
Giuliana Ericani. "La stagione preveroneziana e la pittura di paesaggio a Verona." In VERONA 1988, 7-29.

ERICANI 1994
Giuliana Ericani. "Problemi di conservazione e di tecnica della Madonna col Bambino di S. Maria delle Consolazioni in Este." In *Venezia Cinquecento* 4, n° 8 (1994), 175-181.

ERICHSEN 1998
Johannes Erichsen. "Ein Historienbild von 1544 und die Architektur der Landshuter Residenz." In *Die Landshuter Residenz. Architektur und Ausstattung.* Ed. Iris Lauterbach, Klaus Endemann & Christoph Luitpold Frommel, München 1998, 87-93.

ERMITAGE 1874
[E. Munich] *Catalogue des tableaux qui se trouvent dans les Galeries et dans les Cabinets du Palais Impérial de Saint-Pétershourg.* St. Petersburg 1874.

ERTZ 1986
Klaus Ertz. *Josse de Momper der Jüngere (1564-1634). Die Gemälde mit kritischem Oeuvrekatalog.* Freren 1986.

ESCH 1984
Arnold Esch. "Gemeinsames Erlebnis – individueller Bericht. Vier Parallelberichte einer Reisegruppe von Jerusalempilgern 1480." In *Zeitschrift für Historische Forschung* 11 (1984), 385-416.

ESCH 1994
Arnold Esch. *Zeitalter und Menschenalter. Der Historiker und die Erfahrung vergangener Gegenwart,* München 1994.

ESER 1996
Thomas Eser. *Hans Daucher: Augsburger Kleinplastik der Renaissance.* München & Berlin 1996.

ETTLINGER 1978
Leopold D. Ettlinger. *Antonio and Piero Pollaiuolo. Complete Edition with a Critical Catalogue.* Oxford 1978.

EUROPEAN PAINTINGS WORCESTER 1974
*European Paintings in the Collection of the Worcester Art Museum.* 2 vols., Worcester 1974.

EVANS 1985
Martin Evans. "Northern Artists in Italy during the Renaissance." In *Bulletin of the Society for Renaissance Studies* 3/2 (1985), 7-24.

667

EVANS 1990
Mark Evans. "Appropriation and application: the significance of the sources of Michael Pacher's altarpieces." In *The Altarpiece in the Renaissance*. Ed. Peter Humfrey & Martin Kemp, Cambridge, England 1990, 106-128.

EWING 1978
Dan Chalmer Ewing. *The Paintings and Drawings of Jan de Beer*. PhD Diss., The University of Michigan, Ann Arbor 1978.

EWING 1990
Dan Ewing. "Marketing Art in Antwerp, 1460-1560: Our Lady's *Pand*." In *The Art Bulletin* 72 (1990), 558-584.

EYSSEN 1904
*Daniel Hopfer von Kaufbeuren. Meister zu Augsburg 1493 bis 1536*. Ed. Eyssen. PhD Diss., Heidelberg 1904.

FACCHINETTI 1833
Carlo Facchinetti. "Delle Pitture in Bergamo". In *Bergamo o sia Notizie Patrizie. Aggiunta all'Almanacco di Bergamo*. Bergamo 1833.

FAGGIN 1963
Giorgio T. Faggin. "Sulla traccia di Dirck de Vries, pittore neerlandese a Venezia sullo sconico del Cinquecento." In *Paragone* 14, n° 165 (1963), 54-64.

FAGGIN 1964
Giorgio T. Faggin. "Aspetti dell'influsso di Tiziano nei Paesi Bassi." In *Arte Veneta* 18 (1964), 46-54.

FAGGIN 1965
Giorgio T. Faggin. "The genre painter Marten van Cleef." In *Oud Holland 1* (1965), 34-47.

FAGGIN 1965
Giorgio T. Faggin. "Un nuovo mercato di Dirck de Vries." In *Arte Veneta* 19 (1965), 156-157.

FAGGIN 1968
Giorgio Faggin. "Nuove opere di Lanceloot Blondeel." In *Critica d'arte* 15, n.s. fasc. 95 (1968), 37-54.

FAGGIN 1968
Giorgio T. Faggin. *Classicismo e realismo al Nord*. Milano 1968.

FAGGIN 1968
Giorgio T. Faggin. "Gillis van Coninxloo o G. D. Zapponi?" In *Arte Veneta* 22 (1968), 80-89.

FAGGIN 1968b
Giorgio Faggin. *La pittura ad Anversa nel Cinquecento*. Firenze 1968.

FAGGIN 1969
Giorgio T. Faggin. "Frans Badens (il Carracci d'Amsterdam)". In *Arte Veneta* 23 (1969), 131-144.

FALK 1968
Tilman Falk. *Hans Burgkmair. Studien zur Leben und Werk des Augsburger Malers*. München 1968.

FALK 1979
Tilman Falk. *Katalog der Zeichnungen des 15. und 16. Jahrhunderts im Kupferstichkabinett Basel. Teil I. Das 15. Jahrhundert. Hans Holbein der Ältere und Jörg Schweiger. Die Basler Goldschmiederisse*. Basel & Stuttgart 1979.

FALK 1980
*The Illustrated Bartsch: Sixteenth-Century German Artists, Hans Burgkmair the Elder, Hans Schäufelein, and Lucas Cranach the Elder*. Vol. 11. Ed. Tilman Falk, New York 1980.

FALKENBURG 1988
Reindert L. Falkenburg. "Iconographical connections between Antwerp landscapes, market scenes and kitchen pieces, 1500-1580." In *Oud Holland* 102 (1988), 114-126.

FALKENBURG 1988b
Reindert L. Falkenburg. *Joachim Patinir. Landscape as an Image of the Pilgrimage of Life*. Amsterdam & Philadelphia 1988.

FALKENBURG 1995
Reindert L. Falkenburg. "The Decorum of Grief: Notes on the Representation of Mary at the Cross in Late Medieval Netherlandish Literature and Painting." In

*Icon to Cartoon: A Tribute to Sixten Ringbom* (Studies in Art History 16). Helsinki 1995, 65-89.

FALKENBURG 1996
Reindert Falkenburg. "Matters of Taste: Pieter Aertsen's Market Scenes, Eating Habits, and Pictorial Rhetoric in the Sixteenth Century." In *The Object as Subject: Studies in the Interpretation of Still Life*. Ed. Anne W. Lowenthal, Princeton 1996, 13-27.

FALOMIR FAUS 1998
Miguel Falomir Faus. "Imágines de poder y evocaciones de la memoria. Usos y funciones del retrato en la corte de Felipe II." In MADRID 1998, 203-227.

FANTELLI 1989
Pier Luigi Fantelli. *Pittura murale esterna del Veneto. Padova e provincia*. Bassano del Grappa 1989.

FARA 1997
Giovanni Maria Fara. "Sul secondo soggiorno di Albrecht Dürer in Italia e sulla sua amicizia con Giovanni Bellini." In *Prospettiva* 85 (1997), 91-96.

FARA 1999
Giovanni Maria Fara. *Albrecht Dürer teorico dell'architettura. Una storia italiana*. Firenze 1999.

FARIES 1972
Molly Ann Faries. *Jan van Scorel: His Style and its Historical Context*. PhD Diss. Bryn Mawr College 1972.

FARIES 1983
Molly Ann Faries. "A Woodcut of the *Flood* re-attributed to Jan van Scorel." In *Oud Holland* 97 (1983), 5-12.

FARIES 1987
Molly Ann Faries. "Some Results of the Recent Scorel Research: Jan van Scorel's Definition of Landscape in Design & Color." In *Color and Technique in Renaissance Painting: Italy and the North*. Ed. Marcia B. Hall, Locust Valley, New York 1987, 89-103.

FARIES & WOLFF 1996
Molly Ann Faries & Martha Wolff. "Landscape in the early paintings of Jan van Scorel." In *The Burlington Magazine* 138 (1996), 724-733.

FAVARETTO 1972
Irene Favaretto. "Andrea Mantova Benavides. Inventario delle antichità in Casa Mantova Benavides - 1695." In *Bollettino del Museo Civico di Padova* 61 (1972), 35-164.

FAVARETTO 1980
Irene Favaretto. "Appunti sulla collezione rinascimentale di Niccolò Leonico Tomeo." In *Bollettino del Museo Civico di Padova* 68 (1980), 15-29.

FAVARETTO 1990
Irene Favaretto. *Arte antica e cultura antiquaria nelle collezioni venete al tempo della Serenissima*. Roma 1990.

FAVARO 1975
Elena Favaro. *L'arte dei pittori in Venezia e i suoi statuti*. Firenze 1975.

FEDALTO 1980
Giorgio Fedalto. "Stranieri a Venezia e a Padova." In *Storia della Cultura Veneta. Dal Primo Quattrocento al Concilio di Trento*. Vicenza 1980, III, pt. 1, 499-535.

FEDERICI 1805
Domenico M. Federici. *Memorie trevigiane sulla tipografia*. Treviso 1805.

FEHL & PERRY 1984
Philipp Fehl & Marilyn Perry. "Painting and the Inquisition at Venice: Three Forgotten Files". In *Interpretazioni veneziane: Studi di storia dell'arte in onore di Michelangelo Muraro*. Ed. David Rosand, Venezia 1984, 371-383.

FERINO PAGDEN & ZANCON 1989
Sylvia Ferino Pagden & Maria Antonetta Zancon, *Raffaello, Catalogo completo dei dipinti*. Firenze 1989.

FERRARI, SALMI & MELLINI 1972
Giorgio E. Ferrari, Mario Salmi & Gian Lorenzo Mellini. *The Grimani Breviary*. London 1972.

FERRI 1890
Pasquale Nerino Ferri. *Catalogo riassuntivo della Raccolta di Disegni antichi e moderni*

*posseduti dalla R. Galleria degli Uffizi di Firenze*. Firenze 1890.

FEUCHTMAYR 1928
Karl Feuchtmayr. "Apt Studien." In *Bei-träge zur Geschichte der Deutschen Kunst. II. Augsburger Kunst der Spätgotik und Renaissance*. Ed. Ernst Büchner & Karl Feuchtmayr, Augsburg 1928, 97-132.

FEUCHTMAYR 1938
Karl Feuchtmayr. "Lambert Sustris". In *Thieme & Becker* 1907-50, 32 (1938), 314-316.

FILARETE 1972
Antonio Averlino detto il Filarete. *Trattato di Architettura*. Ed. A.M. Finali & L. Grassi. Milano 1972.

FILEDT KOK 1991-1992
Jan Piet Filedt Kok. "Hendrick Goltzius - Engraver, Designer and Publisher 1582-1600." In *Nederlands Kunsthistorisch Jaarboek* 42-43 (1991-1992), 159-218.

FINALI & GRASSI 1972
A.M. Finali & L. Grassi. Introduzione e note di L. Grassi, II.

FINDLEN 1994
Paula Findlen. *Possessing Nature. Museums, Collecting, and Scientific Culture in Early Modern Italy*. Berkeley, Los Angeles & London 1994.

FIOCCO 1931-1932
Giuseppe Fiocco. "Austellung Venezianischer Kunst in München." In *Zeitschrift für bildende Kunst* (1931-1932), 155-160.

FIOCCO 1934
Giuseppe Fiocco. *Paolo Veronese*. Roma 1934.

FIOCCO 1955
Giuseppe Fiocco. "La 'Caccia in Valle' di Vittore Carpaccio." In *Bollettino del Museo Civico di Padova* 44 (1955), 62-70.

FIOCCO 1955
Giuseppe Fiocco. "Profilo di Francesco Vecellio II". In *Arte Veneta* 9 (1955), 71-79.

FIOCCO 1956
Giuseppe Fiocco. "The Flemish Influence in the Art of Gerolamo Savoldo." In *Connoisseur* 138 (1956), 166-167.

FIOCCO 1958
Giuseppe Fiocco. "Postille al mio Carpaccio." In *Arte Veneta* 12 (1958), 228-230.

FIOCCO 1959
Giuseppe Fiocco. *L'arte di Andrea Mantegna*. Arzignano 1959.

FIORIO & GARBERI 1987
Maria Teresa Fiorio & Mercedes Garberi. *La Pinacoteca del Castello Sforzesco*. Milano 1987.

FISHER 1977
M.Roy Fisher. *Titian's assistants during his later years* (PhD thesis, Harvard University 1958). New York, London 1977.

FISCHER & MONRAD 1997
*100 Masterpieces: Statens Museum for Kunst, Copenhagen*. Ed. Chris Fischer & Kasper Monrad, Copenhagen 1997.

FLÄMISCHE MALEREI 1981
*Flämische Malerei von Jan van Eyck bis Pieter Bruegel d. Ä.* Wien 1981.

FLÄMISCHE MALEREI 1989
*Flämische Malerei im Kunsthistorischen Museum Wien*. Zürich 1989.

FLEMING 1928
John V. Fleming. *From Bonaventure to Bellini. An Essay in Franciscan Exegesis*. Princeton 1982.

FLETCHER 1972
Jennifer M. Fletcher. "The Provenance of Bellini's Frick 'St. Francis'." In *The Burlington Magazine* 114 (1972), 206-214, 405.

FLETCHER 1973
Jennifer Fletcher. "Marcantonio Michiel's Collection." In *Journal of the Warburg and Courtauld Institutes* 36 (1973), 382-385.

FLETCHER 1981
Jennifer Fletcher. "Marcantonio Michiel: 'che ha veduto assai'." In *The Burlington Magazine* 123 (1981), 602-608.

FLETCHER 1981b
Jennifer Fletcher. "Marcantonio Michiel: his friends and his collection." In *The Burlington Magazine* 123 (1981), 453-467.

FLETCHER 1997
Shelley Fletcher. "A Re-evaluation of Two Mantegna Prints." In *Print Quarterly* 14 (1997), 67-77.

FLECHSIG 1900
Eduard Flechsig. *Cranachstudien*. Leipzig 1900.

FLECHSIG 1928
Eduard Flechsig. *Albrecht Dürer I*. Leipzig 1928.

FLIRI PICCIONI 1998
Alida Fliri Piccioni. "La via del Brennero nelle Kavaliersreisen. Note di viaggio." In SCHLOSS TIROL 1998, 99-110.

FLOERKE 1905
Hans Floerke. *Studien zur niederländischen Kunst - und Kulturgeschichte. Die Formen des Kunsthandels, das Atelier und die Sammler in den Niederlanden vom 15.-16. Jahrhundert*. München & Leipzig 1905.

FOGOLARI 1924
Gino Fogolari. *La Chiesa di Santa Maria della Carità di Venezia*. Venezia 1924.

FOGOLARI 1924
Gino Fogolari. "La chiesa di Santa Maria della Carità di Venezia." In *Archivio Veneto-Tridentino* 5 (1924), 57-119.

FOMICHOVA 1974
Tamara Fomichova. "Venetian painting of the Fifteenth to Eighteenth Centuries." In *Apollo* 100 (1974), 468-479.

FOMICHOVA 1978
Tamara Fomichova. "Nuove attribuzioni di quadri dell'Ermitage a Lambert Sustris". In *Arte Veneta* (XXXII) 1978, 182-186.

FOMICHOVA 1992
Tamara Fomichova. *The Hermitage Catalogue of Western European Painting, II: Venetian Painting Fourteenth to Eighteenth Centuries*. Moscow & Firenze 1992.

FONTANA AMORETTI & PLOMP 1998
Maria Fontana Amoretti & Michiel Plomp. *Repertory of Dutch and Flemish Paintings in Italian Public Collections. I. Liguria*. Ed. Bert W. Meijer, Firenze 1998.

FORLANI TEMPESTI 1991
Anna Forlani Tempesti. *The Robert Lehman Collection V: Italian Fifteenth- to Seventeenth-Century Drawings*. New York 1991.

FORNARI s.a.
Lucia Fornari. *La Galleria Nazionale di Parma*. Parma s.a.

FORSYTH 1995
William H. Forsyth. *The Pietà in French Late Gothic Sculpture. Regional Variations*. New York 1995.

FOSCARI 1936
Lodovico Foscari. *Affreschi esterni a Venezia*. Milano 1936.

FOSSALUZZA 1984
Giorgio Fossaluzza. "Codice diplomatico bordoniano." In TREVISO 1984, 115-140.

FOSSALUZZA 1988
Giorgio Fossaluzza. "Per il Pozzoserrato: opere sacre." In *Toeput a Treviso: Ludovico Pozzoserrato, Lodewijk Toeput, pittore neerlandese nella civiltà veneta del tardo Cinquecento*. Ed. Stefania Mason Rinaldi & Domenico Luciani. Treviso, 1988, 43-59.

FOSSALUZZA 1998
Giorgio Fossaluzza. "Treviso 1540-1600." In *La pittura nel Veneto. Il Cinquecento*. 2 vols. Ed. Mauro Lucco, Milano 1996-1998, II, 639-716.

FOSCARI & TAFURI 1983
Antonio Foscari & Manfredo Tafuri. *L'armonia e i conflitti. La chiesa di San Francesco della Vigna nella Venezia del '500*. Torino 1983.

FRANCIS 1951
Henry S. Francis. "Portrait of a Nobleman by Lorenzo Lotto." In *Cleveland Museum of Art Bulletin* 38 (1931), 22-23.

FRANCISCO DE HOLANDA 1984
Francisco de Holanda. *Diálogos em Roma*. Ed. José da Felicidade Alves, s.l. 1984.

FRANGI 1992
Francesco Frangi. *Savoldo: Catalogo completo di dipinti*. Firenze 1992.

FRANZ 1969
Heinrich Gerhard Franz. *Niederländische Landschaftsmalerei im Zeitalter des Manierismus*. 2 vols., Graz 1969.

FRANZONI 1981
Lanfranco Franzoni. "Antiquari e collezionisti nel Cinquecento." In *Storia della cultura veneta. 3/III. Dal primo Quattrocento al Concilio di Trento*. Vicenza 1981, 207-266.

FRANZONI 1984
Claudio Franzoni. "'Rimembranze d'infinite cose'. Le collezioni rinascimentali d'antichità." In *Memoria dell'antico nell'arte italiana. I. L'uso dei classici*. Ed. Salvatore Settis. Torino 1984, 299-360.

FREEDBERG 1994
S. J. Freedberg. "The Attribution of the Allendale Nativity." In *Titian 500*. Ed. Joseph Manca. *Studies in the History of Art* 45 (1994), 51-71.

FREMMER 1999
Anselm Fremmer. *Bücherbesitz und Lesegewohnheiten der Venezianer im 14. und 15. Jahrhundert*. PhD Diss. Bonn 1999.

FRENCH 1925
Walter French. *Medieval Civilization as Illustrated by the Fastnachtspiele of Hans Sachs*. Göttengen & Baltimore 1925.

FRERICHS 1966
L.C.J. Frerichs. "Een contracttekening van Girolamo da Santa Croce." In *Bulletin van het Rijksmuseum* 14, 1 (1966), 1-18.

FRIEDLÄNDER 1924-37
Max J. Friedländer. *Die altniederländische Malerei*. 14 vols. Berlin, Leyden 1924-37.

FRIEDLÄNDER 1949
Max J. Friedländer. "Der Meister der Katherinen-Legende und Rogier van der Weijden." In *Oud Holland* 64 (1949), 156-161.

FRIEDLÄNDER 1967
Max J. Friedländer. *Early Netherlandish Painting, I: The van Eycks-Petrus Christus*. Tr. Heinz Norden, Leyden 1967.

FRIEDLÄNDER 1967-76
Max J. Friedländer, *Early Netherlandish Painting*. 14 vols., Ed. N. Veronée-Verhagen, Leyden, Brussels 1967-76.

FRIEDLÄNDER 1969
Max J. Friedländer. *Early Netherlandish Painting. IV. Hugo van der Goes*. In Heinz Norden Leyden 1969.

FRIEDLÄNDER 1971
Max. J. Friedländer. *Early Netherlandish Painting, VI: Hans Memling and Gerard David*. Tr. Heinz Norden, Leyden 1971.

FRIEDLÄNDER 1973
Max J. Friedländer. *Early Netherlandish Painting, IXb: Joos van Cleve, Jan Provost, Joachim Patenier*. Tr. Heinz Norden, Leyden 1973.

FRIEDLÄNDER 1974
Max J. Friedländer. *Early Netherlandish Painting, XI: The Antwerp Mannerists, Adriaen Ysenbrant*. Tr. Heinz Norden, Leyden 1974.

FRIEDLÄNDER 1975b
Max J. Friedländer. *Early Netherlandish Painting, XII: Jan van Scorel and Pieter Coeck van Aelst*. Tr. Heinz Norden, Leyden 1975.

FRIEDLÄNDER & ROSENBERG 1932
Max J. Friedländer & Jakob Rosenberg. *Die Gemälde von Lucas Cranach*. Berlin 1932.

FRIEDLÄNDER & ROSENBERG 1978
Max J. Friedländer & Jakob Rosenberg. *The Paintings of Lucas Cranach*. London 1978.

FRIEDMANN 1964
Herbert Friedmann, *The symbolic goldfinch. Its history and significance in European devotianal art*. Washington 1964.

FRIEDMANN 1980
Herbert Friedmann. *A Bestiary for Saint Jerome. Animal Symbolism in European Religious Art*. Washington 1980.

FRÖHLICH BUM 1930
Lily Fröhlich Bum. "Andrea Meldolla gen. Schiavone." In *Thieme & Becker* 1907-50, 24 (1930), 357-359.

FRONEK 1995
Joe Fronek. "Painting Techniques: Their Effects and Changes in the Los Angeles Portrait of a Man by Christus." In *Petrus Christus in Renaissance Bruges: An Interdisciplinary Approach*. Ed. Maryan W. Ainsworth. New York 1995, 175-180.

FRONING 1973
Hubertus Froning. *Die Entstehung und Entwicklung des stehenden Ganzfigurporträts in der Tafelmalerei. Ein formalgeschichtligche Untersuchung*. Würzburg 1973.

FRONING 1973
Hubertus Froning. *Die Entstehung und Entwicklung des stehenden Ganzfigurenporträts in der Tafelmalerei des 16. Jahrhunderts. Eine formalgeschichtliche Untersuchung*. PhD Diss. Würzburg 1971.

FRUGONI 1980
Chiara Frugoni. "Chiesa e lavoro agricolo nei testi e nelle immagini dall'età romanica." In *Medioevo rurale: Sulle tracce della civiltà contadina*. Bologna 1980, 321-341.

FUCÍCOVA 1970
Eliska Fucícova. "Über die Tätigkeit Hans von Aachens in Bayern." In *Münchner Jahrbuch der bildenden Kunst* 21 (1970), 129-142.

FUCIKOVA· & KONECNY 1983
Eliska Fucikova· & Lubomir Konecny. "Eine Bemerkungen zur 'Gesichts-Allegorie' von Paolo Fiammingo und zu seinen Aufträgen für die Fugger." In *Arte Veneta* 37 (1983), 67-76.

FUCÍCOVA 1988
Eliska Fucícová. "Die Malerei am Hofe Rudolfs II." In ESSEN 1988, vol.1, 177-192.

FULIN 1882
Rinaldo Fulin. "Documenti per servire alla storia della tipografia veneziana." *Archivio Veneto* 23 (1882), 84-212.

FURKAB1988
Caterina Furlan. *Il Pordenone*. Milano 1988.

FURTWÄNGLER 1896
Adolfo Furtwängler. *Beschreibung der Geschnittenen Steine im Antiquarium*. Berlin 1896.

GABLER 1998
Neal Gabler. *Life the Movie: How Entertainment Conquered Reality*. New York, 1998.

GAETA 1964
Franco Gaeta. "Barbarigo, Marco". In *Dizionario Biografico degli Italiani*, Roma 1964, VI, 73.

GALERIE PRAGUE 1992
*Galerie nationale de Prague: L'art ancien européen, Palais Sternberk*. Praze 1992.

GALIS 1977
Diana Wronski Galis. *Lorenzo Lotto: A Study of His Career and Character, with Particular Emphasis on His Emblematic and Hieroglyphic Works*. PhD Diss. Bryn Mawr College 1977.

GALLICCIOLI 1795
Giambattista Gallicciolli. *Delle memorie venete antiche profane ed ecclesiastiche*. 3 vols., Venezia 1795.

GALLINA 1954
Luciano Gallina. *Giovanni Carinai: (Materiale per uno studio)*. Bergamo 1954.

GALLO 1564
Agostino Gallo. Le dieci giornate della vera agricoltura, e piaceri della villa. Brescia 1564 (Le tredici giornate della vera agricoltura, et dei piaceri della villa. Venezia 1566. Le vinti giornate dell'agricoltura, et dei piaceri della villa. Venezia 1572, 1573, 1575).

GALLO 1930
R. Gallo, "Gli incisori Sadeler a Venezia," *Rivista di Venezia* IX (1930), 35-56.

GALLO 1934
Rodolfo Gallo. "Reliquie e reliquiari veneziani." In *Rivista di Venezia* (Maggio 1934), 187-214.

GALLO 1952
Rodolfo Gallo. "Le donazioni alla Serenissima di Domenico e Giovanni Grimani." In *Archivio veneto* 82 (1952), 34-77.

GAMBA 1923-1924
Carlo Gamba. "La raccolta Crespi-Morbio." In *Dedalo* 4 (1923-1924), 534-554.

GAMBA 1937
Carlo Gamba. *Giovanni Bellini*. Milano 1937.

GANDOLFO 1978
Francesco Gandolfo. *Il 'Dolce Tempo': Mistica, ermetismo e sogno nel Cinquecento*. Roma 1978.

GARAS 1967
Klára Garas. "Le tableau du Tintoret du Musée de Budapest et le cycle peint pour l'empereur Rodolphe II." In *Bulletin du Musée Hongrois des Beaux-Arts* 30 (1967), 29-48.

GARAS 1972
Klara Garas. "Bildnisse der Renaissance II: Dürer und Giorgione." In *Acta Historia Artium* 18 (1972), 125 - 135.

GARAS 1985
Klára Garas. "Opere di Paris Bordone di Augusta." In *Paris Bordone e il suo tempo. Atti del convegno internazionale di studi*. Trevico 1985, 71 78.

GARAS 1993
Klára Garas. "Die Fugger und die venezianische Kunst." In *Venedig und Oberdeutschland in der Renaissance: Beziehungen zwischen Kunst und Wirtschaft*. Ed. Bernd Roeck, Klaus Bergdolt & Andrew John Martin, Sigmaringen 1993, 123-129.

GARAVAGLIA 1967
Niny Garavaglia. *L'opera completa del Mantegna*. Milano 1967

GAURICUS 1504
Pomponius Gauricus. *De Sculptura*. Firenze 1504. Ed. & Tr André Chastel & Robert Klein. Hautes Etudes Médiévales et Modernes, 5. Genève, 1969.

GAYE 1839-1840
Giovanni Gaye. *Carteggio inedito d'artisti dei secoli XIV, XV, XVI*. 3 vols., Firenze 1839-1840.

GEISBERG 1974
Max Geisberg. *The German Single-Leaf Woodcut: 1500-1550*. Ed. Walter L. Strauss. 4 vols., New York 1974.

GEISSLER 1960
Heinrich Geissler. *Christoph Schwarz ca.1548-1592*. Diss. Albert-Ludwig Universität Freiburg i. Br. 1960 (typescript).

GEISBER 1978
Heinrich Geißler. "Neues zu Friedrich Sustris." In *Münchner Jahrbuch der bildenden Kunst* 29 (1978), 65-91.

GELDER 1927
Jan G. van Gelder. "Some Unpublished Works by Jan Wellens de Cock." In *The Burlington Magazine* 51 (1927), 68-79.

GENAILLE 1956
Robert Genaille. *Van Mander, le livre de peinture*. Paris 1956.

GENAILLE 1987
R. Genaille. "Le paysage dans la peinture des anciens Pays-Bas de Patinier à Bruegel." In *Jaarboek van her Koninklijk Museum voor Schone Kunsten* (1987), 143-183.

GENTILI 1980
Augusto Gentili. *Da Tiziano a Tiziano. Mito e allegoria nella cultura veneziana del Cinquecento*. Milano 1980.

GENTILI 1985
Augusto Gentili. *I giardini di contemplazione. Lorenzo Lotto 1503/1512*. Roma 1985.

GENTILI 1989
Augusto Gentili. "Lorenzo Lotto e il ritratto cittadino: Leoncino e Lucina Brembati." In *Il ritratto e la memoria. Materiali 1*. Ed. Augusto Gentili, Roma 1989, 155-181.

GENTILI 1995
Augusto Gentili. "Amore e amorose persone: tra miti ovidiani, allegorie musicali, celebrazioni matrimoniali." In ROMA 1995, 82-105.

GENTILI 1996
Augusto Gentili. *Le storie di Carpaccio. Venezia, i Turchi, gli Ebrei*. Venezia 1996.

GENTILI 1998
Augusto Gentili. "Le storie, le metafore." In BERGAMO 1998, 37-41.

GENTILI & POLIGNANO 1993
Augusto Gentili & Flavia Polignano. "Vittore Carpaccio. Due Dame veneziane." In VENEZIA 1993, 74-81.

GEROLA 1905-1906
Giuseppe Gerola. "Per l'elenco delle opere dei pittori da Ponte." In *Atti del Reale Istituto Veneto di Scienze, Lettere ed Arti* 65 (1905-1906), 945-962.

GERHARDT 1984
Claus W. Gerhardt, "Wie haben Ratdolt und Callierges Ende des 15. Jahrhunderts ihre Drucke mit Blattgold hergestellt?." In *Gutenberg-Jahrbuch* 59 (1984), 145-150.

GERSZI 1971
Teréz Gerszi. *Netherlandish Drawings in the Budapest Museum, Sixteenth Century*, 2 vols. Amsterdam-New York 1971.

GERSZI 1990
Teréz Gerszi. "Neuere Aspekte der Kunst. Frederik van Valckenborchs". In *Jahrbuch der Berliner Museen* NF 32 (1990), 173-189.

GERULAITIS 1976
L.V. Gerulaitis. *Printing and Publishing in Fifteenth-Century Venice*. Chicago & London 1976.

GHIRARDI 1985
Angela Ghirardi. "L'aristocrazia neofeudale allo specchio: appunti sul ritratto d corte nei centri padani del secondo Cinquecento." In Ferrara 1985, 235-239.

GIBBONS 1977
Felton Gibbons. "Giovanni Bellini's Topographical Landscapes." In *Studies in Late Medieval and Renaissance Painting in Honor of Millard Meiss*. Ed. Irving Lavin & John Plummer, New York 1977, 174-184.

GIBSON 1973
Walter S. Gibson. *Hieronymus Bosch*. London 1973.

GIBSON 1989
Walter S. Gibson. *"Mirror of the Earth": The World Landscape in Sixteenth-Century Flemish Painting*. Princeton 1989.

GIBSON 1991
Walter S. Gibson. *Pieter Bruegel the Elder: Two Studies*. Lawrence 1991.

GIBSON 1992
Walter S. Gibson. "Bosch's Dreams: A Response to the Art of Bosch in the Sixteenth Century." In *The Art Bulletin* 74 (1992), 204-218.

GIER & JANOTA 1997
*Augsburger Buchdruck und Verlagswesen. Von den Anfängen bis zur Gegenwart*. Helmut Gier & Johannes Janota. Wiesbaden 1997.

GIFFORD 1986
E. Melanie Gifford. "Maerten van Heemskerck's 'Panoramic Landscape with the Rape of Helen': Preliminary Report on the Analysis and Treatment." In *The Museologist* 49 (1986), 2.

GILBERT 1952
Creighton Gilbert. "On Subject and Not-Subject in Italian Renaissance Pictures." In *The Art Bulletin* 34 (1952), 201-216.

GILBERT 1964
Creiyhton Gilbert. "Barbari, Iacopo de'." In *Dizionario Biografico degli Italiani* (1964), VI, 44-46.

GILBERT 1968
Creiyhton E. Gilbert. "The Renaissance Portrait." Review of John Pope-Hennessy, *The Portrait in the Renaissance*. *The Burlington Magazine* 110 (1968), 278-285.

GILBERT 1977
Creiyhton Gilbert. "Peintres et menusiers au début de la Renaisssance en Italie." In *Revue de l'Art* 37 (1977), 9-28.

GILBERT 1986
Creiyhton E. Gilbert. *The Works of Girolamo Savoldo: The 1955 Dissertation, with a Review of Research, 1955-1985*. New York & London 1986.

GILBERT 1990
Creiyhton E. Gilbert. "Some Special Images for Carmelites, Circa 1330-1430." In *Christianity and the Renaissance: Image and Religious Imagination in the Quattrocento*. Ed. Timothy Verdon & John Henderson, Syracuse 1990, 161-207.

GLÜCK 1924
Gustav Glück. "Dürers Bildnis einer Venezianerin aus dem Jahre 1505." In *Jahrbuch der kunsthistorischen Sammlungen in Wien* 36 (1924), 97 - 121.

GMELIN 1966
Hans Georg Gmelin. "Georg Pencz als Maler." In *Münchner Jahrbuch der Bildenden Kunst* 17 (1966), 49-126.

GOBIET 1984
Ronald Gobiet. *Der Briefwechsel zwischen Philipp Hainhofer und Herzog August d.J. von Braunschweig-Lüneburg*. München 1984.

GODDARD 1988
Stephen H. Goddard. "The Origin, Use, and Heritage of the Small Engraving in Renaissance Germany." In LAWRENCE 1988, 13-29.

GOFFEN 1975
Rona Goffen. "Icon and Vision: Giovanni Bellini's Half-Lenagth Madonnas." In *The Art Bulletin* 57 (1975), 487-518.

GOFFEN 1983
Rona Goffen. "Carpaccio's *Portrait of a Young Knight*: Identity and Meaning." In *Arte veneta* 37 (1983), 37-48.

GOFFEN 1986
Rona Goffen. *Piety and Patronage in Renaissance Venice: Bellini Titzan, and the Franciscans*. New Haven & London 1986. (Ed. ital.: *Devozione e committenza: Bellini, Tiziano e i Frari*. Tr. Marco Folin. Venezia 1991.)

GOFFEN 1989
Rona Goffen. *Giovanni Bellini*. New Haven & London 1989.

GOFFEN 1991
Rona Goffen. "Giovanni Bellini's *Nude with Mirror*." In *Venezia Cinquecento* 1, n° 2 (1991), 185-202.

GOFFEN 1997
Rona Goffen. *Titian's Women*. New Haven, London 1997.

GOFFEN 1998
Rona Goffen. "Review of Bernard Aikema, *Jacopo Bassano and His Public: Moralizing Pictures in an Age of Reform, ca. 1535-1600* and Charles E. Cohen, *The Art of Giovanni Antonio da Pordenone: Between Dialect and Language*." In *The Art Bulletin* 80 (1998), 180-187.

GOFFEN 1998b
Rona Goffen. *Masaccio's "Trinity"*. New York & Cambridge, England 1998.

GOFFEN 1999
Rona Goffen. "Lotto's *Lucretia*. In *Renaissance Quarterly* 52 (1999).

GOLDBERG 1983
Gisela Goldberg. *Die Alexanderschlacht und die Historienbilder des bayerischen Herzogs Wilhelm IV. und seiner Gemahlin Jacobea für die Münchner Residenz*. München 1983.

GOLDBERG 1988
Gisela Goldberg. *Albrecht Altdorfer: Meister von Landschaft, Raum, Licht*. München & Zürich 1988.

GOLDNER 1980
George R. Goldner. "A Late Fifteenth Century Venetian Painting of a Bird Hunt." In *The J. Paul Getty Museum Journal* 8 (1980), 23-32.

GOMBOSI 1937
Gyorgy Gombosi. *Palma Vecchio* (Klassiker der Kunst). Stoccarda & Berlin 1937.

GOMBRICH 1966
E. H. Gombrich. "The Renaissance Theory of Art and the Rise of Landscape." In *Norm and Form: Studies in the Art of the Renaissance*. London 1966, 107-121.

GONSE 1900-1904
Louis Gonse. *Les chefs-d'oeuvres des musées de France, Peintures, Scultpures, Dessins, Objets d'arts*. 2 vols. Paris 1900.

GORE 1955
St John Gore. "An 'Ecce Homo' in Dublin." In *The Burlington Magazine* 97 (1955) 218.

GOSSAERT 1907
M. G. Gossaert. *Jerôme Bosch. Le faizeur de Diables à Bois le Duc*. Lille 1907.

GOULD 1970
Cecil Gould. "On Dürer's graphic and Italian painting." In *Gazette des Beaux-Arts* 75 (1970), 103-116

GOULD 1978
Cecil Gould. "An x-ray of Tintoretto's 'Milky Way'." In *Arte Veneta* 32 (1978), 211-213.

GOULD 1987
Cecil Gould. *National Gallery Catalogues: The Sixteenth-Century It alian Schools*. London 1987.

GRAMIGNA & PERISSA 1981
Silvia Gramigna & Annalisa Perissa. *Scuole di arti mestieri e devozione a Venezia*. Venezia 1981.

GRAVE 1998
Johannes Grave. "Ein neuer Blick auf Giovanni Bellinis Darstellung des heiligen Franziskus." In *Pantheon* 56 (1998), 35-43.

GREENBLATT 1983
Stephen Greenblatt. "Murdering Peasants: Status, Genre, and The Representation of the Rebellion." In *Representations* 1 (1983), 1-29.

GREENBLATT 1991
Stephen Greenblatt. *Marvellous Possessions. The Wonder of the New World*. Chicago 1991.

GREGORI 1999
Mina Gregori. "Savoldo Ante 1521: Riflessioni per una inedita 'Crocifissione'." In Paragone 23, no. 587 (1999).

GREISELMAYER 1996
Volkmar Greiselmayer. *Kunst und Geschichte. Die Historienbilder Herzog Wilhelms IV von Bayern und seiner Gemahlin Jacobäa. Versuch einer Interpretation*. Berlin 1996.

GRENDLER 1977
Paul F. Grendler. *The Roman Inquisition and the Venetian Press. 1540-1605*. Princeton 1977.

GREVENBROCH 1981
Giovanni Grevenbroch. *Gli abiti de veneziani di quasi ogni età con diligenza raccolti e dipinti nel secolo XVIII*. 4 vols., Venezia 1981.

GRISERI 1971
Andreina Griseri. *Affreschi nel Castello di Issogne*. Milano [1971].

GRONAU 1904
Georg Gronau. "Die Kunstbestebungen der Herzöge von Urbino." *Jahrbuch der königlich preussischen Kunstsammlungen* 25 (1904) 1-33, Beiheft. (Ed. ital.: *Documenti artistici urbinati*. Raccolta di fondi per la storia dell'arte 1. Firenze 1936.)

GRONAU 1930
Georg Gronau. *Giovanni Bellini*. Stuttgart & Berlin 1930.

GRONAU 1930
Georg Gronau in Wilhelm R. Valentiner, *Das unbekannte Meisterwerk*, Berlin 1930.

GRÜBER 1994
'*Kurzweil viel ohn' Maß und Ziel'. Augsburger Patrizier und ihre Feste zwischen Mittelalter und Neuzeit*. Ed. Pia Maria Grüber. München 1994.

GUARINO 1981
Sergio Guarino. "La formazione veneziana di Jacopo de' Barbari." In *Giorgione e la cultura veneta tra '400 e '500. Mito, Allegoria, Analisi iconologica: Atti del Convegno (Roma 1978)*. Roma 1981, 186-198.

GUAZZONI 1994
Valerio Guazzoni. "Una reputazione controversa. Leda nell'arte del Cinquecento." In *Tintoretto e la favola di Leda. Per il restauro di due dipinti degli Uffizi*. Soresina 1994, 79-121.

GUICCIARDINI 1567
Lodovico Guicciardini. *Descrittione di tutti Paesi Bassi, altrimenti detti Germania inferiore*. Anversa 1567.

GUIDONI 1996
Enrico Guidoni. "Giorgione e la peste. La Venere di Dresda." In *Studi su Giorgione e sulla pittura del suo tempo*, III. Roma 1996, 3-27.

HÄBERLEIN 1994
Mark Häberlein. "Familiäre Beziehungen und geschäftliche Interessen: Die Augsburger Kaufmannsfamilie Böcklin zwischen Reformation und Dreißijährigem Krieg." In *Zeitschrift des Historischen Vereins für Schwaben* 87 (1994), 39-58.

HABERT 1987
Jean Habert. *Bordeaux. Musée des Beaux-Arts. Peinture italienne XVe-XIXe siécles*. Paris 1987.

HABERT 1994
Jean Habert. "Calcar au Louvre". *Hommage à Michel Laclotte, Etudes sur la peinture du Moyen Age et de la Renaissance*. Milano 1994, 357-373.

HABERT 1996
Jean Habert. *Véronèse: Une dame vénetienne dte la Belle Nani*. Paris 1996.

HABICH 1929
Georg Habich. *Die deutschen Schaumünzen des 16. Jahrhunderts*. 2 vols. München 1929.

HAENDCKE 1898
Bertold Haendcke. "Dürers Beziehungen zu Jacopo de' Barbari, Pollaiuolo und Bellini." In *Jahrbuch der Preussischen Kunstsammlungen* 119 (1898), 161-170.

HAHN 1984
Cynthia Hahn. "Joseph as Ambrose's 'Artisan of the Soul' in the Holy Family in Egypt by Albrecht Dürer." In *Zeitschrift für Kunstgeschichte* 47 (1984), 515-522.

HAHN 1997
Andreas Hahn. "Die St. Anna-Kirche in Augsburg." In AUSBURG 1997, 70-82.

HALE 1968
Edwin C. Hall. "Cardinal Albergati, St. Jerome and the Detroit Van Eyck." In *Art Quarterly* 31 (1968), 2-34.

HALE 1986
John R. Hale. "The Soldier in Germanic Graphic Art of the Renaissance." In *Journal of Interdisciplinary History* 17 (1986), 85-114.

HALE 1988
John Hale. "Michiel and the Tempesta: the Soldier in a Landscape in Venetian Painting." In *Florence and Italy. Renaissance Studies in Honour of Nicolai Rubinstein*. Ed. Peter Denley & Caroline Elam. London 1988, 405-418.

HALL 1971
Edwin Hall. "More about the Detroit Van Eyck: the Astrolabe, the Congress of Arras and Cardinal Albergati." In *Art Quarterly* 34 (1971), 180-201.

HALL 1994
Edwin Hall. *The Arnolfini Betrothal: Medieval Marriage and the Enigma of Van Eyck's Double Portrait*. Berkeley, Los Angeles & London 1994.

HALL 1998
Edwin Hall. "The Detroit *Saint Jerome* in Search of Its Painter." In *Bulletin of the Detroit Institute of Arts* 72, 1/2 (1998), 10-37.

HALM 1932
Peter Halm. "Ein Entwurf A. Altdorfers zu den Wandmalereien im Kaiserbad zu Regensburg." In *Jahrbuch der Preussischen Kunstsammlungen* 53 (1932), 207-230.

HALM 1962
Peter Halm. "Hans Burgkmair als Zeichner. Teil I: unbekanntes Material und neue Zuschreibungen." In *Münchner Jahrbuch der Bildenden Kunst* 13 (1962), 75-162.

HAMMERSCHMIED 1997
Ilse Hammerschmied. *Albrecht Dürers kunstheoretischen Schriften*. Egelsbach 1997.

HAMSIK 1992
Mojmir Hamsik. "Dürers Rosenkranzfest: Zustand und Technik. Mit einer Laboruntersuchung von Jindrich Tomek als Beilage." In *Bulletin of the National Gallery in Prague* 2 (1992), 128-131.

HAND 1993
John Oliver Hand. *German Paintings of the Fifteenth through Seventeenth Centuries*. Washington 1993.

HAND & WOLFF 1986
John Oliver Hand & Martha Wolff. *Early Netherlandish Painting*. Washington 1986.

HANSEN 1984
Wilhelm Hansen. *Kalenderminiaturen der Stundenbücher: Mittelalterliches Leben im Jahreslauf*. München 1984.

HANSEN 1991
Miriam Hansen. *Babel and Babylon: Spectatorship in American Silent Film*. Cambridge, Mass. & London 1991.

HARCK 1896
F. Harck. "Notizien über italienische Bilder in Petersburger Sammlungen." In *Repertorium für Kunstwissenschaft* 19 (1896), 413-434.

HARRIS 1985
John Harris. "Holl, Jones und das serlianische Zwischenspiel." In Augsburg 1985, 118-125.

HARRISON 1987
Jefferson Cabell Harrison, Jr. *The Paintings of Maerten van Heemskerck a catalogue raisonné*. PhD Diss. University of Virgin, 1987.

HARRISON 1991
Jefferson C. Harrison. *The Chrysler Museum Handbook of the European and American Collections: Selected Paintings, Sculpture and Drawings*. Norfolk 1991.

HARTLAUB 1953
G. F. Hartlaub. "Zu den Bildmotiven des Giorgione." In *Zeitschrift für Kunstwissenschaft* 7 (1953), 57-84.

HARTLAUB 1960
G. F. Hartlaub. "Giorgione im Graphischen Nachbild." In *Pantheon* 18 (1960), 76-85.

HASCHER 1996
Doris Hascher. *Fassadenmalerei in Augsburg vom 16. bis zum 18. Jahrhundert*. Augsburg 1996.

HASCHER 1997
Doris Hascher. "Die Auftragslage für Fassadenmalerei in Augsburg im 16. Jahrhundert." In *Kunst und ihre Auftraggeber im 16. Jahrhundert. Venedig und Augsburg im Vergleich*. Ed. Klaus Bergdolt & Jochen Brüning, Berlin 1997, 95-110.

HASE 1885
Oskar von Hase. *Die Koberger. Eine Darstellung des buchhändlerischen Geschäftsbetriebes in der Zeit des Übergangs vom Mittelalter zur Neuzeit*. Lepizig 1885 (reprint 1967).

HEALY 1997
Margaret Healy. "Bronzino's London *Allegory* and the Art of Syphilis." In *Oxford Art Journal* 20 (1997), 3-11.

HECKSCHER 1968
William S. Heckscher. "The Annunciation of the Mérode Altarpiece. An Iconographic Study." In *Miscellanea Jozef Duverger. Bijdragen tot de Kunstgeschiedenis der Nederlanden*. Gent 1968, I, 37-65.

HEGNER 1990
Kristina Hegner. *Kunst der Renaissance. Staatliches Museum Schwerin*. Schwerin 1990.

HEIL 1969
Walter Heil. "A Marble Putto by Verrocchio." In *Pantheon* 27 (1969), 271 - 282.

HEIMBÜRGER 1999
Minna Heimbürger. *Dürer e Venezia. Influssi di Albrecht Dürer sulla pittura veneta del primo Cinquecento*. Roma 1999.

HEINEMANN 1961
Fritz Heinemann. "Das Bildnis des Johannes Corvinus in der Alten Pinakothek und die Jugendwicklung des Jacopo de' Barbari." In *Arte Veneta* 15 (1961), 46-52.

HEINEMANN 1962
Fritz Heinemann. *Giovanni Bellini e i Belliniani*. 2 vols., Venezia 1962.

HEINEMANN 1980
Fritz Heinemann. "La bottega di Tiziano." *Tiziano e Venezia. Convegno internazionale di studi. Venezia 1976*. Vicenza 1980, 433-440

HEINEMANN 1991
Fritz Heinemann. *Giovanni Bellini e i Belliniani*. Volume III: Supplemento e ampliamenti. Hildesheim, Zürich & New York 1991.

HELD 1932
Julius Held. "Burgkmair and Lucas van Leyden." In *The Burlington Magazine* 60 (1932), 308-313.

HELD 1961
Julius S. Held. "Flora: Goddess and Courtesan." In *De Artibus Opuscula* XL: *Essays in Honor of Erwin Panofsky*. New York 1961, I, 201-218.

HELLER & STODULSKI 1998
Barbara Heller & Leon P. Stodulski. "Saint Jerome in the Laboratory: Scientific Evidence and the Enigmas of an Eyckian Panel." In *Bulletin of the Detroit Institute of Arts* 72, 1/2 (1998), 39-51.

HENNING 1987
Michael Henning. *Die Tafelbilder Bartholomäus Sprangers (1546-1611). Höfische Malerei zwischen "Manierismus" und "Barock"*. Essen 1987.

HERMITAGE 1916
*The Imperial Hermitage. A Short Catalogue of the Picture Gallery*. St. Petersburg 1916.

HERMITAGE 1958
*The State Hermitage. Department of Western European Art. Catalogue of Painting*. 2 vols. Leningrad, Moscow 1958.

HERMITAGE 1978
*The State Hermitage. Western European Painting*. 2 vols. Leningrad 1976.

HERRMANN 1961
Luke Herrmann. "A new Bassano 'Flight into Egypt'." In *The Burlington Magazine* 102 (1961), 465-466.

HERRMANN-FIORE 1972
Kristina Herrmann-Fiore. *Dürers Landschaftsaquarelle*. Frankfurt am Main 1972.

HERZNER 1993
Volker Hernzer." Tizians 'Venus mit dem Orgelspieler'". In *Begegnungen. Festschrift für Peter Anselm Riedl zum 60. Geburtstag*, herausgegeben von Klaus Güthlein & Franz Matsche. Worms 1993, 80-103.

HETZER 1987
Theodor Hetzer. "Das deutsche Element in der italienischen Malerei des 16. Jahrhunderts." In *Das Ornamentale und die Gestalt* (Schriften Theodor Hetzers ; Bd. 3). Stuttgart 1987, 17-286.

HETZER 1929
Theodor Hetzer. *Das deutsche Element in der italienischen Malerei des sechzehnten Jahrhunderts* (Kunstwissenschaftliche Studien III), Berlin 1929.

HEVESY 1932
André de Hevesy. "Quelques tableaux inconnus de Jean Scorel." In *Oud Holland* 49 (1932), 138-144.

HEYDENREICH 1998
Gunnar Heydenreich. "Artistic Exchange and Experimental Variation: Studies in the Workshop Practice of Lucas Cranach the Elder." In *Painting Techniques: History, Materials and Studio Practice: Preprints of the Contributions to the Dublin Congress of the International Institute for Conservation, 7-11 September 1998*. London 1998, 106-111.

HEYDER 1992
Michael Heyder."Emmanuel Amberger", Saur Akl 1992, 3 (1992), 125.

HILBICH 1968
Eberhard P. Hilbich. *Das Augsburger spätgotsche Rathaus und sine Stellung unter den Süddeutschen Rathausbauten*. PhD Diss. Technische Universität, München 1968.

HIND 1938-1948
Arthur M. Hind. *Early Italian Engraving: A Critical Catalogue with Complete Reproduction of all the Prints Described*. 7 vols. London 1938-1948.

HINDMAN 1977
Sandra Hindman. *Text and Image in Fifteenth-Century Illustrated Dutch Bibles*. Leiden 1977.

HIRDT 1997
Willi Hirdt. *Il San Francesco di Giovanni Bellini. Un tentativo di interpretazione del dipinto della Frick Collection*. Firenze 1997.

HIRSCH 1974
Rudolph Hirsch. *Printing, Selling and Reading 1450-1550*. Wiesbaden 1974.

HIRST 1981
Michael Hirst. *Sebastiano del Piombo*. Oxford 1981.

HITCHCOCK 1981
Henry-Russell Hitchcock. *German Renaissance Architecture*. Princeton 1981.

HOCHMANN 1987
Michel Hochmann. "La collection de Giacomo Contarini." In *Mélanges de l'Ecole française de Rome. Moyen Age. Temps modernes* 99 (1987), 447-489.

HOCHMANN 1992
Michel Hochmann. *Peintres et commanditaires à Venise (1540-1628)*. Roma 1992.

HOFFMAN 1984
Joseph Hoffman. "Giorgione's 'Three Ages of Man'." In *Pantheon* 42 (1984), 238-244.

HOLBERTON 1995
Paul Holberton. "Giorgione's *Tempest* or 'little landscape with the storm with the gypsy': more on the gypsy, and a reassessment." In *Art History* 18 (1995), 383-403.

HOLBERTON 1996
Paul Holberton. "Notes on Giulio Campagnola's Prints." In *Print Quarterly* 13 (1996), 397-400.

HOLLSTEIN 1954-1998
F.W.H. Hollstein, *German Engravings, Etchings and Woodcuts ca. 1400-1700*. Vols. 1-23, Amsterdam 1954-1979; vols. 24-36, Roosendaal 1986-1994; vols. 37-55, Rotterdam 1995-1998.

HOLLSTEIN 1949-1997
F.W.H. Hollstein, *Dutch & Flemish Etchings, Engravings and Woodcuts 1450-1700*. Vols. 1-31, Amsterdam 1949-1987; vols. 32-43, Roosendaal; vols. 44-51, Rotterdam 1996-1997.

HOOGEWERFF 1928
G. J. Hoogewerff. "Joachim Patinir en Italie." In *La Revue d' Art* 45 (1928), 117-134.

HOOGEWERFF 1943
Godefridus J. Hoogewerff. "Lambert Sustris, schilder van Amsterdam." In *Mededeelingen van het Nederlandsch Historisch Instituut te Rome*, 3e reeks, 2 (1943), 97-117.

HOOGEWERFF 1954
G. J. Hoogewerff. *Het Landschap van Bosch tot Rubens*. Antwerpen 1954.

HOPE 1980
Charles Hope. *Titian*. London 1980.

HOPE 1980b
Charles Hope."Problems of Interpretation in Titian's erotic paintings". In *Tiziano e Venezia. Convegno internazionale di studi. Venezia, 1976*. Vicenza 1980, 111-124.

HOPE 1982
Charles Hope. "Bronzino's Allegory in the National Gallery." In *Journal of the Warburg and Courtauld Institutes* 45 (1982), 239-243.

HOPE 1993
Charles Hope. "The Early Biographies of Titian." In *Titian 500*. Ed. Joseph Manca. *Studies in the History of Art* 45 (1993), 167-197.

HOPE 1997
Charles Hope. "The Attribution of Some Paduan Paintings of the Early Sixteenth Century." In *artibus et historiae* 35 (1997), 81-99.

HOPE 1998
Charles Hope. "Hans Mielich in Titian's Studio". In *Journal of the Warburg and Courtauld Institutes* 60 (1998), 260-261.

HORN 1989
Hendrik J. Horn. *Jan Cornelisz Vermeyen, Painter of Charles V and his Conquest of Tunis*. 2 vols. Doornspijk 1989.

HOSTER 1980
Marita Horster. *Andrea del Castagno*. Ithaca 1980.

HOWARD 1973
Deborah Howard. "Sebastiano Serlio's Venetian Copyrights." In *The Burlington Magazine* 115 (1973), 512-516.

HOWARD 1975
Deborah Howard. *Jacopo Sansovino: Architecture and Patronage in Renaissance Venice*. New Haven 1975.

HOWARD 1985
Deborah Howard. "Giorgione's *Tempesta* and Titian's *Assunta* in the Context of the Cambrai Wars." *Art History* 8 (1995), 271-289.

HOWARD 1997
Seymour Howard. "The Dresden Venus and its Kin: Mutation and Retrieval of Types." In *Art and Imago: Essays on Art as a Species of Autobiography*. London 1997, 56-86.

HUGHES 1986
Diane Owen Hughes. "Representing the Family: Portraits and Purposes in Early Modern Italy." In *Journal of Interdisciplinary History* 17 (1986), 7-38.

HÜHN 1970
Ellen Hühn. *Lambert Lombard als Zeichner* (Inaugural Diss.). Münster 1970.

HULL 1993
Vida J. Hull. "The Sex of the Savior in Renaissance Art: The *Revelations* of Saint Bridget and the Nude Christ Child in Renaissance Art." In *Studies in Iconography* 15 (1993), 77-112.

HULIN DE LOO 1941
Georges Hulin de Loo. "Un portraitiste de style eyckesque vers 1440." In *Apollo. Chronique des Beaux-Arts* 7 (décembre 1941), 8-10.

HUME 1829
Sir Abraham Hume. *Notices of the Life and Times of Titian*. London 1829.

HUMFREY 1983
Peter Humfrey. *Cima da Conegliano*. Cambridge, England 1983.

HUMFREY 1985
Peter Humfrey. "The life of St. Jerome cycle from the Scuola di San Gerolamo in Cannaregio." In *Arte Veneta* 39 (1985), 41-46.

HUMFREY 1986
Peter Humfrey. "The Venetian Altarpiece of the Early Renaissance in the light of contemporary business practice." In *Saggi e Memorie di Storia dell'Arte* 15 (1986), 63-82.

HUMFREY 1988
Peter Humfrey. "La Festa del Rosario di Albrecht Dürer." In *Eidos* 2 (1988), 4 - 15.

HUMFREY 1990
Peter Humfrey. *La pittura veneta del Rinascimento a Brera*. Firenze 1990.

HUMFREY 1991
Peter Humfrey. *Carpaccio: Catalogo completo dei dipinti* (I gigli dell'arte, 16). Firenze 1991.

HUMFREY 1991b
Peter Humfrey. "Dürer's *Feast of the Rosegarlands*: a Venetian Altarpiece." In *Bulletin of the National Gallery in Prague* 1 (1991), 21-33.

HUMFREY 1993
Peter Humfrey. *The Altarpiece in Renaissance Venice*. New Haven & London 1993.

HUMFREY 1995
Peter Humfrey. *Painting in Renaissance Venice*. New Haven & London 1995.

HUMFREY 1997
Peter Humfrey. *Lorenzo Lotto*. New Haven & London 1997.

HUSE 1972
Norbert Huse. *Studien zu Giovanni Bellini*. Berlin & New York 1972.

HUSE & WOLTERS 1986
Norbert Huse & Wolfgang Wolters. *Venedig: Die Kunst der Renaissance*. München 1986.

HUYSMANS 1905
Joris-Karl Huysmans. *Trois Primitifs. Les Grünewald du Musée de Colmar. Le Maître de Flémalle et la Florentine du Musée de Francfort-sur-le-Main*. Paris 1905.

HYMANS 1910
Henry Hymans. *Anton Mor. Son oeuvre et son temps*. Bruxelles 1910.

JACKSON REIST 1988
Inge Jackson Reist. "Olympia déjà vue." In *Gazette des Beaux Arts*, 111 (1988), 265-267.

JACOBS 1925
Emil Jacobs. "Das Museo Vendramin und die Sammlung Reynst." In *Repertorium für Kunstwissenschaft* 46 (1925), 15-38.

JACOBS 1989
L.F. Jacobs. "The Marketing and Standardization of South Netherlandish Carved Altarpieces: Limits on the Role of the Patron." *The Art Bulletin* 71 (1989), 208-229.

JACOBSEN 1974
Michael A. Jacobsen. "Savoldo and Northern Art." In *The Art Bulletin* 56 (1974), 530-534.

JAFFÉ, GROEN 1987
Michael Jaffé, Karin Groen. "Titian's' Tarquin and Lucretia' in the Fitzwilliam." In *The Burlington Magazine* 129 (1987), 162-172.

JAFFÉ 1994
Michael Jaffé. *The Devonshire Collection of Italian Drawings. Venetian and North Italian Schools*. London 1994.

JAKUPSKI 1984
Frank Jakupski. *Der Maler Hans Burgkmair d.Ä.* PhD Diss., Bochum 1984.

JANITSCH 1883
J. Janitsch. "Dürers Türkenzeichnung". In *Jahrbuch der königlich preussischen Kunstsammlungen* 4 (1883), 50 - 62.

JANSEN 1982
Dirk Jacob Jansen. "Jacopo Strada (1515-1588): Antiquario della Sacra Cesarea Maestà." In *Leids Kunsthistorisch Jaerboeck* 1 (1982), 57-69.

JANSEN 1987
Dirk Jacob Jansen. "Jacopo Strada et le commerce d'art." In *Revue de l'art* 77 (1987), 11-21.

JANSEN 1907
M. Jansen. *Die Anfängen der Fugger (bis 1494): Studien zur Fuggergeschichte, Heft 1*. Leipzig 1907.

JANSON 1984
Anthony F. Janson. "The Meaning of the Landscape in Bellini's Saint Francis in Ecstasy." In *artibus et historiae* 30 (1994), 41-54.

JANSSENS DE BISTHOVEN 1981
Aquilin Janssens de Bisthoven. *Stedelijk Museum voor Schone Kunsten (Groeningemuseum Brugge)*. Vol. 1, *De Vlaamse Primitieven*, Brussel 1981.

JANTE 1985
Peter Rudolf Jante. *Willibald Imhoff. Kunstfreund und Sammler*. Lüneburg 1985.

JANZEN 1980
Reinhild Janzen. *Albrecht Altdorfer. Four Centuries of Criticism*. Ann Arbor 1980.

JEDIN 1958
Hubert Jedin. "Gasparo Contarini e il contributo veneziano alla riforma cattolica." In *La civiltà veneziana del Rinascimento*. Firenze 1958, 105-124.

JEROME 1980
*Select Letters of St. Jerome* (The Loeb Classical Library). Tr. F. A. Wright, Cambridge, Mass. & London 1980.

JOANNIDES 1990
Paul Joannides. "On Some Borrowings and Non-borrowings from Central Italian and Antique Art in the Work of Titian." In *Paragone* 41, no. 487 (1990), 21-45.

JOHNSON & PACKARD 1971
Meryl Johnson & Elisabeth Packard. "Methods Used for the Identification of Binding Media in Italian Paintings of the Fifteenth and Sixteenth Centuries". In *Studies in Conservation* 16 (1971), 145-164.

JOLLY 1976
Penny Howell Jolly. *Jan van Eyck and St. Jerome: A Study of Eyckian Influence in Colantonio and Antonello da Messina in Quattrocento Naples*. PhD Diss., University of Pennsylvania 1976.

JOLLY 1983
Penny Howell Jolly. "Antonello da Messina's Saint Jerome in His Study: An Iconographical Analysis." In *The Art Bulletin* 65 (1983), 238-253.

JOLLY 1991
Penny Howell Jolly. "Crosscurrents in the Mid-Trecento French Medieval Ivories and the Camposanto, Pisa." In *Gazette des Beaux-Arts* 118 (1991), 161-170.

JOLLY 1998
Penny Howell Jolly. "Jan van Eyck's Italian Pilgrimage: A Miraculous Florentine *Annunciation* and the Ghent Altarpiece." In *Zeitschrift für Kunstgeschichte* 61 (1998), 369-394.

JONKANSKI 1993
Dirk Jonkanski. "Oberdeutsche Baumeister in Venedig. Reiserouten und Besichtigungsprogramme." In *Venedig und Oberdeutschland in der Renaissance. Beziehungen zwischen Kunst und Wirtschaft* (Centro Tedesco di Studi Veneziani, Studi 9). Ed. Bernd Roeck, Klaus Bergdolt & Andrew John Martin, Sigmaringen 1993, 31-39.

JOOST-GAUGIER 1975
Christiane L. Joost-Gaugier. "Jacopo Bellini's Interest in Perspective and its Iconographic Significance." In *Zeitschrift für Kunstgeschichte* 38 (1975), 1-28.

JOST 1963
Ingrid Jost. "Drei unbekannte Rottenhammerzeichnungen in den Uffizien." In *Album Discipulorum, aangeboden aan Professor Dr J.G. van Gelder*. Utrecht 1963, 67-78.

JUDSON 1970
J. Richard Judson. *Dirck Barendsz 1534-1592.* Amsterdam 1970

JUNG 1997
Christine Jung. "I paesaggi nella villa Badoer: Giallo Fiorentino e Augustin Hirschvogel." In *Arte Veneta* 51 (1997), 41-49.

JUNIUS 1588
Hadrianus Junius. *Batavia: in qua praeter gentis et insulae antiquitatem originem.* Leiden 1588.

KAPLAN 1986
Paul H.D. Kaplan. "The Storm of War: The Paduan Key to Giorgione's *Tempesta*." In *Art History* 9 (1986), 405-427.

KARNEHM 1996
Christl Karnehm. "Fuggerkorrespondenzen 1560-1600. Zu einem laufenden Editionsprojekt." In *Augsburger Handelshäuser im Wandel des historischen Urteils*. (Institut für Europäische Kulturgeschichte der Universität Augsburg. Colloquia Augustana, vol.3). Ed. Johannes Burkhardt, Berlin 1996, 249-257.

KARPINSKI 1976
Caroline Karpinski. "Some Woodcuts after Early Designs of Titian." In *Zeitschrift für Kunstgeschichte* 39 (1976), 258-274.

KARPINSKI 1977
Caroline Karpinski. "Review of David Rosand and Michelangelo Muraro, *Titian and the Venetian Woodcut* and *Tiziano e la silografia veneziana del cinquecento*." In *The Art Bulletin* 59 (1977), 637-641.

KARPINSKI 1983
*The Illustrated Bartsch: Italian Chiaroscuro Woodcuts.* Vol. 48. Ed. Caroline Karpinski, New York 1983.

KATALAN 1997
Jak Katalan. "Some drawings by Bartolomeus Spranger after Italian Masters." In *Dialoghi di Storia dell'Arte* 4/5 (1997), 192-195.

KATALOG BERLIN 1975
*Gemäldegalerie Staatliche Museen Preussischer Kulturbesitz Berlin. Katalog der ausgestellten Gemälde des 13. bis 18. Jahrhunderts.* Berlin 1975.

KAT. WIEN 1928.
*Katalog der Gemäldegalerie* (Führer durch die Kunsthistorischen Sammlungen in Wien nr. 8). Wien 1928

KAUFMANN 1988a
Thomas Da Costa Kaufmann. *The School of Prague. Painting at the Court of Rudolf II.* Chicago & London 1988a.

KAUFMANN 1993
Thomas Da Costa Kaufmann. *The Mastery of Nature. Aspects of Art, Science, and Humanism in the Renaissance.* Princeton 1993.

KAUFMANN 1995
Thomas DaCosta Kaufmann. *Court, Cloister & City. The Art and Culture of Central Europe 1450-1800.* London 1995.

KEAVENY 1992
Raymond Keaveny et al. *Master European Paintings from the National Gallery of Ireland. Mantegna to Goya.* Dublin 1992.

KECKS 1988
Roland Kecks. *Madonna und Kind: Das häusliche Andachtsbild im Florenz des 15. Jahrhunderts.* Berlin 1988.

KELLENBENZ 1989
Hermann Kellenbenz. "Der Konkurs der Kraffter in Augsburg." In *Die alte Stadt* 16 (1989), 392-402.

KELLER 1960
Harald Keller. *Die Kunstlandschaften Italiens.* München 1960.

KEMP 1976
Martin Kemp. "'Ogni dipintore dipinge se':

A Neoplatonic Echo in Leonardo's Art Theory?" In *Cultural Aspects of the Italian Renaissance: Essay in Honour of Paul Oskar Kristelleri.* Ed. Cecil H. Clough. Manchester 1976, 311-323.

KENNEDY 1951
Ruth Wedgwood Kennedy. "Review of Arthur M. Hind, *Early Italian Engraving: A Critical Catalogue with Complete Reproduction of all the Prints Described,* Part II: *Known Masters Other than Florentine, Monogrammists and Anonymous* and J.C.J. Bierens de Haan, *L'oeuvre gravé de Cornelis Cort, graveur hollandais, 1533-1578*." In *The Art Bulletin* 33 (1951), 143-148.

KERBER 1975
Ottmar Kerber. "Rogier van der Weyden." In *Giessener Beiträge zur Kunstgeschichte* 3 (1975), 11-62.

KING 1975
Margaret Leah King. "Personal, Domestic, and Republican Values in the Moral Philosophy of Giovanni Caldiera." In *Renaissance Quarterly* 28 (1975), 535-574.

KING 1976
Margaret Leah King. "Caldiera and the Barbaros on Marriage and the Family: Humanist Reflections of Venetian Realities." In *Journal of Medieval and Renaissance Studies* 6 (1976), 19-50.

KING 1986
Margaret L. King. *Venetian Humanism in an Age of Patrician Dominance.* Princeton 1986.

KLAUNER 1979
Friedrike Klauner. "Gedanken zu Dürers Allerheiligenbildern." In *Jahrbuch der kunsthistorischen Sammlungen in Wien* 75 (1979), 57 - 92.

KLEIN & ZERNER 1966
Robert Klein & Henri Zerner. *Italian Art 1500-1600: Sources and Documents.* Englewood Cliffs 1966.

KLEMM 1972
Christian Klemm. "Der Entwurf zur Fassadenmalerei am Haus ‚Zum Tanz' in Basel. Ein Beitrag zu Holbeins Zeichnungsoeuvre." In *Zeitschrift für Schweizerische Archäologie und Kunstgeschichte* 29 (1972), 165-175.

KLOEK, HALSEMA KUBES & BAARSEN 1986
Wouter Th. Kloek, Willie Halsema Kubes, W. J. Baarsen. *Kunst voor de beeldenstorm. Noord Nederlandse Kunst 1525-1580,* 's-Gravenhage 1986.

KLOEK 1994
Wouter Th. Kloek. "Northern Netherlandish Art 1580-1620". In Amsterdam 1994, 15-111.

KNÖPFEL 1984
Dagmar Knöpfel. "Sui dipinti di Tintoretto per il coro della Madonna dell'Orto". In *Arte Veneta* 38 (1984), 149-154.

KOCH 1965
Robert A. Koch. "La Sainte-Baume in Flemish Landscape Painting of the Sixteenth Century." In *Gazette des Beaux-Arts* 6ᵉ période-66 (1965), 273-282.

KOCH 1968
Robert Koch. *Joachim Patinir.* Princeton 1968.

KOCH 1978
*The Illustrated Bartsch: Early German Masters, Barthel Beham and Hans Sebald Beham.* Vol. 15. Ed. Robert A. Koch, New York 1978.

KOCH 1980
*The Illustrated Bartsch: Early German Masters, Albrecht Altdorfer, and Monogrammists.* Vol. 14. Ed. Robert A. Koch, New York 1980.

KOCH 1980b
*The Illustrated Bartsch: Early German Masters, Jacob Bink, Georg Pencz, and Heinrich Aldegrever.* Vol. 16. Ed. Robert A. Koch, New York 1980.

KOCH 1981
*The Illustrated Bartsch: Eartly German Masters, Hans Brosamer, The Hopfers.* Vol. 17. Ed. Robert A. Koch, New York 1981.

KOCH 1988
Robert Koch. "The Getty 'Annunciation' by

Dieric Bouts." In *The Burlington Magazine* 130 (1988), 509-516.

KOEPPLIN 1967
Dieter Koepplin. "Das Sonnengestirn der Donaumeister. Zur Herkunft und Bedeutung eines Leitmotivs." In *Werden und Wandlung. Studien zur Kunst der Donauschule.* Linz 1967, 78-114.

KOERNER 1993
Joseph Leo Koerner. *The Moment of Self-Portraiture in German Renaissance Art.* Chicago & London 1993.

KOMANECKY, HOROVITZ & EASTHAUGH 1998
Michael Komanecky, Isabel Horovitz & Nicholas Easthaugh. "Antwerp Artists and the Practice of Painting on Copper." In *Painting Techniques: History, Materials and Studio Practice. Preprints of the Contributions to the Dublin Congress of the International Institute for Conservation, 7-11 September 1998.* London 1998, 136-139.

KONECNY 1996
Lubomír Konecny. "I Cinque Sensi da Aristotele a Constantin Brancusi." In *Cremona 1996,* 23-48.

KONECNY 1998
*Rudolf II, Prague and the world.* Ed. Lubomír Konecny (with Beket Bukovinská & Ivan Muchka), Praha 1998.

KÖNIG 1982
Eberhard König. *Französische Buchmalerei um 1500. Der Jouvenel-Maler, der Maler des Genfer Boccaccio und die Anfänge Jean Fouquets.* Berlin 1982.

KÖPL 1889
Karl Köpl."Urkunden, Acten, Regesten aus dem k.k. In *Jahrbuch der Kunsthistorischen Sammlungen des Allerhochsten Kaiserhauses* 10 (1889), LXII-CC.

KORENY 1985
Fritz Koreny. *Albrecht Dürer und die Tier- und Pflanzenstudien der Renaissance.* München 1985.

KORENY & SEGAL 1989-90
Fritz Koreny & Sam Segal. "Hans Hoffmann - Entdeckungen und Zuschreibungen." In *Jahrbuch der kunsthistorischen Sammlungen in Wien* 85-86 (1989-90), 57-65.

KÖRTE 1937
Werner Körte. "Deutsche Vesperbilder in Italien." In *Kunstgeschichtliches Jahrbuch der Bibliotheca Hertziana* 1 (1937), 1-138.

KOSCHATZKY 1971
Walter Koschatzky. *Albrecht Dürer. Die Landschaftsaquarelle. Örtlichkeit, Datierung, Stilkritik.* München 1971.

KOSLOW 1975
Susan Koslow. "Frans Hals' *Fisherboys*: Exemplars of Idleness." In *The Art Bulletin* 57 (1975), 418-432.

KOTALÍK 1988
Jiri Kotalík. *Die Nationalgalerie in Prag I: Sammlung der Alten Europäischen Kunst. Sammlung der Alten Böhmischen Kunst.* Prague 1988.

KRICHBAUM 1978
Jörg Krichbaum. *Albrecht Altdorfer. Meister der Alexanderschlacht.* Köln 1978.

KRISCHEL 1994
Roland Krischel. *Jacopo Tintoretto. Das Sklavenwunder. Bildwelt und Weltbild.* Frankfurt am Main 1994.

KRISTELLER 1911
Paul Kristeller. "Tizians Beziehungen zum Kupferstiche." In *Mitteilungen der Gesellschaft für vervielfältigende Kunst* 1 (1911), 23-26.

KRISTELLER 1896
Paul Kristeller. *Engravings and Woodcuts by Jacopo de' Barbari.* Berlin 1896.

KRISTELLER 1901
Paul Kristeller. *Andrea Mantegna.* London 1901.

KRISTELLER 1921
Paul Kristeller. *Kupferstich und Holzschnitt in vier Jahrhunderten.* Dritte durchgesehene Auflage. Berlin 1921.

KROPÁCEK 1998
Jirí Kropácek. "Francesco Terzo: Notes on his stile and iconography." In *Rudolf II, Prague and the world.* Ed. Lubomír Ko-

necny (with Beket Bukovinská & Ivan Muchka). Praha 1998, 278-280.

KRUFT 1986
Hanno-Walter Kruft, *Geschichte der Architekturtheorie. Von der Antike bis zur Gegenwart.* München 1986.

KRUSE 1996
Christiane Kruse. "Gemalte Kunsttheorie im Johannes-Veronika-Diptychon von Hans Memling." In *Pantheon* 54 (1954), 37-49.

KÜHNERT 1998
Joachim Kühnert. "Bemerkungen zu einigen Patrizierbildnissen des Augsburger Renaissancemalers Christoph Amberger." In *Zeitschrift des Historischen Vereins für Schwaben* 91 (1998), 27-41.

KULTZEN 1968
Rolf Kultzen. "Ein Turmbau zu Babel von Paul Bril als jüngste Leihgabe in der Alten Pinakothek." In *Pantheon* 26 (1968), 208-219.

KULTZEN 1987
Rolf Kultzen. "Relazioni fra Paris Bordon e Christoph Amberger." In *Paris Bordon e il suo tempo. Atti del convegno internazionale di studi (Treviso 1985).* Treviso 1987, 79-82.

KULTZEN & EIKEMEIER 1971
Rolf Kultzen & Peter Eikemeier. *Venezianische Gemälde des 15. und 16. Jahrhunderts* (Bayerische Staatsgemäldesammlungen. Gemäldekataloge 9). München 1971.

KULTZEN 1975
Rolf Kultzen. *Italienische Malerei. Alte Pinakothek München. Katalog V.* München 1975.

KURZ 1953
Otto Kurz. "HUIUS NYMPHALOCI: A pseudo-classical inscription and a drawing by Dürer." In *Journal of the Warburg and Courtauld Institutes* 16 (1953), 171-177.

KUSCHE 1991
Maria Kusche. "Der christliche Ritter und seine Dame - das Repräsentationsbildnis in ganzer Figur. Zur Entstehung, Entwicklung und Bedeutung des weltlichen Bildnisses von der Karolinger Buchmalerei über die Augsburger Schule bis Seisenegger, Tizian, Anthonis Mor und der spanischen Hofmalerschule des 16. und 17. Jahrhunderts." In *Pantheon* 49 (1991), 4-35.

KUTSCHBACH 1995
Doris Kutschbach. *Albrecht Dürer: Die Altäre.* Stuttgart & Zürich 1995.

LACLOTTE & THIÉBAUT 1983
Michel Laclotte & Dominique Thiébaut. *L'école d'Avignon,* Tours 1983.

LANDAU 1992
David Landau. "Mantegna as Printmaker." In LONDON 1992, 44-54.

LANDAU 1993
David Landau. "Letters: Mantegna and prints." In *The Burlington Magazine* 135 (19), 827-828.

LANDAU & PARSHALL 1994
David Landau & Peter Parshall. *The Renaissance Print: 1470-1550.* New Haven & London 1994.

LADENDORF 1960
Heinrich Ladendorf. "Zur Frage der künstlerischen Phantasie." In *Studien aus Kunst und Geschichte für Otto H. Förster.* Köln 1960, 21 - 35.

LANZI 1809
Luigi Lanzi. *Storia pittorica della Italia.* 2 vols. Bassano 1809.

LARCHER CROSATO 1988
Luciana Larcher Crosato. "I piaceri della villa nel Pozzoserrato". In *Toeput a Treviso. Ludovico Pozzoserrato, Lodewijk Toeput, pittore neerlandese nella civiltà veneta del tardo Cinquecento. Atti del Seminario. Treviso 6-7 novembre 1987.* Ed. Stefania Mason Rinaldi & Domenico Luciani, Asolo 1988, 71-77.

LARSEN 1998
Erik Larsen. *Hieronymus Bosch.* Firenze 1998.

LARSSON 1988
Lars Olof Larsson. "Die Kunst am Hofe Rudolfs II. - Eine rudolfinische Kunst?" In ESSEN 1988, I, 39-43.

LAURENZA 1992
Domenico Laurenza. "Michel Coxcie à Rome et dans les Pays-Bas anciens. Nouvelles attributions." In *Michel Coxcie, pictor regis (1499-1592), Internationaal colloquium*, Mechelen 5 en 6 juni 1992 (Handelingen van de Koninklijke Kring voor Oudheidkunde, Letteren en Kunst van Mechelen, 96) 1992, 93-117.

LAUTS 1934
Jan Lauts. "Antonello da Messina." In *Jahrbuch der Kunsthistorischen Sammlungen in Wien* N.F. 7 (1933), 15-88.

LAUTS 1940
Jan Lauts. *Antonello da Messina*. Wien 1940.

LAUTS 1962
Jan Lauts. *Carpaccio: Gemälde und Zeichnungen*. Köln 1962.

LAUTS 1962
Jan Lauts. *Carpaccio: Paintings and Drawings*. London 1962.

LAVIN 1970
Irving Lavin. "On the Sources and Meaning of the Renaissance Portrait Bust." In *Art Quarterly* 33 (1970), 207-226.

LAVIN 1975
Irving Lavin. "On the Sources and Meaning of the Renaissance Portrait Bust." In *Proceedings of the American Phgilosophical Society* 119 (1975), 353-362.

LAWNER 1987
Lynne Lawner. *Lives of the Courtesans: Portraits of the Renaissance*. New York 1987.

LAWNER 1988
Lynne Lawner. *Le cortigiane: Ritratti del Rinascimento*. Milano 1988.

LAZARI 1859
Vincenzo Lazari. *Notizia delle opere d'arte e d'antichità della Raccolta Correr di Venezia*. Venezia 1859.

LAZZARI 1952
Alfonso Lazzari. "Il ritratto del Mosti di Tiziano nella Galleria Pitti." In *Arte Veneta* 6 (1952), 173-175.

LAZZARINI 1983
Lorenzo Lazzarini. "Le analisi di laboratorio in 'La Pala Barberigo di Giovanni Bellini'." In *Quaderni della Soprintendenza ai Beni Artistici e Storici di Venezia* 3 (1983), 23-25.

LAZZARINI 1983b
Lorenzo Lazzarini. "Il Colore nei Pittori Veneziani tra il 1480 e il 1580." In *Bollettino d'Arte*, Supplemento 5 (1983), 135-144.

LE BAILLY DE TILLEGHEM 1989
Serge Le Bailly de Tilleghem. *Museum voor Schone Kunsten, Doornik*. Brussel 1989.

LEBEER 1967
Louis Lebeer. *Bruegel. Le stampe*. Firenze 1967.

LEBEER 1991
Louis Lebeer. *Bruegel, les estampes: catalogue raisonné: Réédition révue et corrigée*. Bruxelles 1991.

LE GOFF 1982
Jacques Le Goff. *Nascita del Purgatorio*. Torino 1982.

LECCO 1998
Margherita Lecco. *La Visione di Tungdal*. Alessandria 1998.

LEHMANN 1956
Paul Lehmann. *Eine Geschichte der alten Fuggerbibliotheken*. (Schwäbische Forschungsgemeinschaft bei der Kommission für bayerische Landesgeschichte, ser. 4, vol.3 / Studien zur Fuggergeschichte, vol.12). Tübingen 1956.

LEHMANN 1980
Jürgen M. Lehmann. *Staatliche Kunstsammlungen Kassel. Gemäldegalerie Alte Meister, Schloß Wilhelmshöhe, Katalog I: Italienische, französische und spanische Gemälde des 16. bis 18. Jahrhunderts*. Fridingen 1980.

LEITHE-JASPER 1963
Manfred Leithe-Jasper. *Alessandro Vittoria. Beiträge zu einer Analyse des Stils seiner figürlichen Plastiken unter Berücksichtigung der Beziehungen zur gleichzeitigen Malerei in Venedig*. Ph. D. Diss. Wien 1963.

LÉPICIÉ 1752-1754
François Bernard Lépicié. *Catalogue raisonné des tableaux du Roy avec un abrégé de la vie des peintres*. 2 vols. Paris 1752-1754.

LEVENSON 1978
Jay Alan Levenson. *Jacopo de' Barbari and Northern Art of the Early Sixteenth Century*. PhD Diss. New York University, New York 1978.

LEVENSON 1996
Jay A. Levenson. "Barbari, Jacopo de'." In *The Dictionary of Art*. Ed. Jane Turner, London 1996, III, 200-201.

LEVENSON 1997
Jay A. Levenson. "Mantegna and the Emergence of Engraving in Italy." In *La Corte di Mantova nell'età di Andrea Mantegna: 1450-1550*. Ed. Cesare Mazzarelli, Robert Oresko & Leandro Ventura, Roma 1997, 191-205.

LEVEY 1961
Michael Levey. "Minor Aspects of Dürer's Interest in Venetian Art." In *The Burlington Magazine* 103 (1961), 511-513.

LEVI 1900
Carlo A. Levi. *Le Collezioni Veneziane d'Arte e d'Antichità dal sec. XIV ai nostri giorni*. 2 vols. Venezia 1900.

LEVI 1986
A. H. T. Levi. *The Collected Works of Erasmus*. Vol. 27. Toronto, Buffalo & London 1986.

LEVI D'ANCONA 1977
Mirella Levi D'Ancona. *The Garden of the Renaissance: Botanical Symbolism in Italian Painting*. Firenze 1977.

LIBERALI 1981
Giuseppe Liberali. "Gli inventari delle suppellettili del vescovo Bernardo de' Rossi, nell'episcopio di Treviso (1506-1524)." In *Lorenzo Lotto. Atti del convegno internazionale di studi per il centenario della nascita, Asolo 18-21 settembre 1980*. Ed. Pietro Zampetti & Vittorio Sgarbi, Treviso 1981, 73-92.

LIEB 1952
Norbert Lieb. *Die Fugger und die Kunst: Im Zeitalter der Spätgotic und frühen Renaissance*. Studien zur Fuggergeschichte 10. München 1952.

LIEB 1958
Norbert Lieb. *Die Fugger und die Kunst. Im Zeitalter der Hohen Renaissance*. (Schwäbische Forschungsgemeinschaft bei der Kommission für bayerische Landesgeschichte, ser. 4, vol. 4 / Studien zur Fuggergeschichte, vol.14.) München 1958.

LIEB 1980
Norbert Lieb. *Octavian Secundus Fugger (1549-1600) und die Kunst*. (Schwäbische Forschungsgemeinschaft bei der Kommission für bayerische Landesgeschichte, ser. 4, vol.18 / Studien zur Fuggergeschichte, vol.27). Tübingen 1980.

LIEBAERT 1919
Paul Liebaert. "Artistes flamands en Italie pendant la Renaissance." In *Bulletin de l'Institut historique Belge de Rome* 1 (1919), 1-103.

LIEBENWEIN 1988
Wolfgang Liebenwein. *Studiolo. Storia e tipologia di uno spazio culturale*. Ed. Claudia Cieri Via, Modena 1988.

LIEBERMAN 1982
Ralph Lieberman. *Renaissance Architecture in Venice: 1450-1540*. London 1982.

LIEBMANN 1968
Michael Liebmann. "On the Iconography of the Nymph of the Fountain by Lucas Cranach the Elder." In *Journal of the Warburg and Courtauld Institutes* 31 (1968), 434-437.

LIETZMANN 1998
Hilda Lietzmann. "War Jacopo Strada als Antiquar Rudolfs II. in Prag tätig?" In *Rudolf II, Prague and the world*. Ed. Lubomír Konecny (with Beket Bukovinská & Ivan Muchka), Praha 1998, 236-238.

LIGHTBOWN 1978
Ronald Lightbown. *Sandro Botticelli, Life and Work*. 2 vols. Berkeley & Los Angeles 1978.

LIGHTBOWN 1986
Ronald W. Lightbown. *Mantegna*. Oxford 1986.

LILL 1908
Georg Lill. *Hans Fugger (1531-1598) und die Kunst. Ein Beitrag zur Geschichte der Spät-*

trenaissance in Süddeutschland. (Studien zur Fuggergeschichte, vol.2). Leipzig 1908.

LIMENTANI VIRDIS 1975
Caterina Limentani Virdis."Make love, not war", nota in margine al tema tintorettesco in un dipinto di Maarten de Vos." In *Arte Veneta* 29 (1975), 183-186.

LIMENTANI VIRDIS 1977
Caterina Limentani Virdis."Maarten de Vos e la cultura veneziana". In *Antichità Viva* 16(1977), 2, 3-14.

LIMENTANI VIRDIS 1978
Caterina Limentani Virdis. "La fortuna dei fiamminghi a Venezia nel Cinquecento." In *Arte Veneta* 32 (1978), 141-146.

LIMENTANI VIRDIS 1979
Caterina Limentani Virdis. "Un catalogo per Paolo Fiammingo (rec.)." In *Antichità viva* 18 (1979), 49-50.

LIMENTANI VIRDIS 1981
*Codici miniati fiamminghi e olandesi nelle Biblioteche dell'Italia nord-orientale*. Ed. Caterina Limentani Virdis, Vicenza 1981.

LIMENTANI VIRDIS 1988
Caterina Limentani Virdis. "Tracce del gusto archeologico veneziano nella sensibilità del Nord". In *Venezia e l'Archeologia. Un importante capitolo nella storia del gusto dell'antico nella cultura artistica veneziana. Atti del convegno, Venezia (25-28 May 1988)*. Ed. Giorgio Traversari, Roma 1988,191-196.

LIMENTANI VIRDIS 1989
Caterina Limentani Virdis. "Una proposta per Chiaravalle: Quentin Metsys." In *Osservatorio delle Arti* 3 (1989), 52-58.

LIMENTANI VIRDIS 1992
Caterina Limentani Virdis. "Metsys a Chiaravalle." *FMR* 93 (1992), 31-33.

LIMENTANI VIRDIS 1993
Caterina Limentani Virdis. "Artisti della 'Nattion fiamenga'. Pittori e opere a Venezia." In *La pittura fiamminga nel Veneto e nell'Emilia*. Ed. Caterina Limentani Virdis, Verona 1997, 33-72.

LIMENTANI VIRDIS 1996
Caterina Limentani Virdis. "Jacopo Tintoretto e i pittori nordici: la dinamica figura-sfondo." In *Jacopo Tintoretto nel quarto centenario della morte. Atti del convegno internazionale di studi*. Ed. Paola Rossi & Lionello Puppi, Venezia & Padova 1996, 139-143.

LIMENTANI VIRDIS 1997
*La pittura fiamminga nel Veneto e nell'Emilia*. Ed. Caterina Limentani Virdis, Verona 1997.

LIPHART 1915
E. Liphart, "Italian paintings in the Gatchina Palace," *The Old Years* 1915, jan.-febr, 3-32.

LÖCHER 1962
Kurt Löcher. *Jakob Seisenegger. Hofmaler Kaiser Ferdinands I*. München 1962.

LÖCHER 1969
Kurt Löcher. "Amberger's Bildnisse Kaiser Karl V "Repliken und Kopien" In *Berliner Museen* NF 19 (1969), 11-15

LÖCHER 1980
Kurt Löcher. "Der Malerei in Augsburg 1530-1550". In Augsburg 1980, II, 23-30.

LÖCHER 1981
Kurt Löcher. "Christoph Amberger". In *Welt in Umbruch. Augsburg zwischen Renaisance und Barock*, Augsburg 1981, III, 134-149.

LÖCHER 1991
Kurt Löcher. "Christoph Amberger." In AUGSBURG 1981, 134-150.

LÖCHER 1992
Kurt Löcher. "Christoph Amberger." In Saur Akl 1992-, 3 (1992), 122-125.

LÖCHER 1995
Kurt Löcher. "Hans Schöpfer der Ältere. Ein Münchner Maler des 16. Jahrhunderts." In *Ars Bavarica* 73/74 (1995), 5-110.

LÖCHER 1997
Kurt Löcher. *Germanisches Nationalmuseum Nürnberg. Die Gemälde des 16. Jahrhunderts*. Stuttgart 1997.

LÖCHER 1999
Hubert Löcher. *Domenico Ghirlandaio. Hieronymus im Gehäuse. Malerkonkurrenz und Gelehrtenstreit*. Frankfurt am Main 1999.

LOCHIS 1855
Guglielmo Lochis. *La Pinacoteca e la Villa Lochis alla crocetta di Mozzo presso Bergamo*. Bergamo (reprint Bologna 1973).

LOEWENTHAL 1983
Anne W. Loewenthal. "The disgracers. Four sinners in one act". In *Essays in Northern European art presented to Egbert Haverkamp-Begemann on his sixtieth birthday*. Doornspijk 1983, 148-153.

LOGAN 1979
Anne-Marie S. Logan. *The 'Cabinet' of the Brothers Gerard and Jan Reynst*. Amsterdam, Oxford & New York 1979.

LOMAZZO 1584
Gian Paolo Lomazzo. *Trattato dell'arte della pittura, scultura et architettura*. Milano 1584. In *Gian Paolo Lomazzo. Scritti sul arti*. Ed. Roberto Paolo Ciardi. 2 vols., Firenze 1973-1974.

LOMAZZO 1587
Gian Paolo Lomazzo. *Le Rime*. Milano 1587.

LOMAZZO 1973-1974
Gian Paolo Lomazzo. *Scritti sulle arti*. Ed. Roberto Ciardi. 2 vols. Firenze 1973-1974.

LONGHI 1945
Roberto Longhi. *Viatico per cinque secoli di pittura veneziana*, Firenze 1945.

LONGHI 1946
Roberto Longhi. *Viatico per cinque secoli di pittura veneziana*. Firenze 1946.

LONGHI 1946b
Roberto Longhi. "The Giovanni Bellini Exhibition." *The Burlington Magazine* 91 (1946), 274-283.

LONGHI 1952
Roberto Longhi. *Viatico per cinque secoli di pittura veneziana*. Firenze 1952.

LONGHI 1956
Roberto Longhi. *Officina Ferrarese*. Firenze 1956.

LONGHI 1961
Roberto Longhi. "Una Madonna del Dürer a Bagnocavallo." In *Paragone* 12, no. 139 (1961), 3-9.

LONGHI 1962
Roberto Longhi. "Piero dei Franceschi e lo sviluppo della pittura veneziana." In *Roberto Longhi. Scritti Giovanili 1912-1922*. Firenze 1962, 61-106.

LONGHI 1978
Roberto Longhi. "Viatico per cinque secoli nella pittura veneta 1946-1969." In *Roberto Longhi. Ricerche sulla pittura veneta 1946-1969*. Firenze 1978, 3-64.

LOTTO 1969
Lorenzo Lotto. *Il "Libro di Spese Diverse" con aggiunta di lettere e d'altri documenti*. Ed. Pietro Zampetti, Venezia & Roma 1969.

LOWRY 1981
Martin Lowry. "The social world of Nicholas Jenson and John of Cologne." In *La Bibliofilia* 83 (1981), 193-218.

LÜBBEKE 1991
Isolde Lübbeke. *The Thyssen-Bornemisza Collection-Early German Painting 1350-1550*. London 1991.

LÜBBEKE 1999
Isolde Lübbeke. "'...des gleichen jch noch nie gemacht hab'." In *Aus Albrecht Dürers Welt: Zu Ehren Fedja Anzelewsky*. Ed. Bodo Brinkmann, Hartmut Krohm & Michael Roth. Turnhout 1999.

LUCCO 1980
Mauro Lucco. *L'opera completa di Sebastiano del Piombo*. Milano 1980.

LUCCO 1983
Mauro Lucco. "Venezia fra 400 e 500." In *Storia dell'arte italiana*. Ed. Federico Zeri, Torino 1983, II/1, 445-477.

LUCCO 1984
Mauro Lucco. "Il Cinquecento". In *Le Pitture del Santo a Padova* Ed. C. Semenzato, Vicenza 1984, 167-170.

LUCCO 1988
Mauro Lucco."La pittura a Venezia nel primo Cinquecento." In *La Pittura in Italia. Il Cinquecento*. Milano 1988, I, 149-170.

LUCCO 1989-1990
*La pittura nel Veneto: Il Quattrocento*. Ed. Mauro Lucco. 2 vols., Milano 1989-1990.

LUCCO 1990
Mauro Lucco. "Recensione *Giovanni Gerolamo Savoldo: tra Foppa Giorgione e Caravaggio.*" In *Osservatorio delle Arti* 5 (1990), 88-93.
LUCCO 1990
Mauro Lucco in *Pinacoteca di Brera. Scula veneta*, Milano 1990.
LUCCO 1994
Mauro Lucco. "Le siècle de Titien". In *Paragone* 535-537 (1994) 26-47.
LUCCO 1995
Mauro Lucco. *Giorgione*. Milano 1995.
LUCCO 1996-1998
*La pittura nel Veneto: Il Cinquecento.* Ed. Mauro Lucco. 2 vols., Milano 1996-1998.
LUCCO 1997
Mauro Lucco. "Un'eco fiamminga in Giovanni Bellini." In *Settanta studiosi italiani. Scritti per l'Istituto Germanico di Storia dell'Arte di Firenze.* Ed. Cristina Acidini Luchinat, Luciano Bellosi, Miklos Boskovitz, Pier Paolo Donati & Bruno Santi, Firenze 1997, 199-204.
LUCHS 1995
Alison Luchs. *Tullio Lombardo and Ideal Portrait Sculpture in Renaissance Venice, 1490-1530.* Cambridge, England 1995.
LÜDDECKE & HEILAND 1955
Heinz Lüddecke & Susanne Heiland. *Dürer und die Nachwelt*. Berlin 1955.
LÜDECKE 1952
Heinz Lüdecke. *Lucas Cranach der Ältere im Spiegel seiner Zeit*. Berlin 1952.
LUDWIG 1902
Gustav Ludwig. "Antonello da Messina und deutsche und niederländische Künstler in Venedig." In *Jahrbuch der Königlichen Preusssischen Kunstsammlungen* 32 (1902), 32-59.
LUDWIG 1903
Gustaw Ludwig. "Archivalische Beiträge zur geschichte der venezianischen Malerei." In *Jahrbuch der Königlich preussischen Kunstsammlungen* 24 (1903), 1-109.
LUDWIG 1906
Gustav Ludwig. "Restello, Spiegel und Toilettenutensilien in Venedig zur Zeit der Renaissance." In *Italiensche Forschungen* 1 (1906), 185-361.
LUDWIG & MOLMENTI 1906
Gustav Ludwig & Pompeo Molmenti. *Vittore Carpaccio. La vita e le opere.* Milano 1906.
LUGT 1927
Frits Lugt. "Pieter Bruegel und Italien." In *Festschrift für Max J. Friedländer zum 60. Geburtstage.* Leipzig 1927, 111-129.
LUGT 1936
Frans Lugt. *Inventaire general des Dessins des Ecoles du Nord*. Paris 1936.
LUIJTEN & MEIJ 1990
Ger Luijten & A.W.F.M. Meij. *From Pisanello to Cézanne. Master Drawings from the Museum Boijmans-van Beuningen, Rotterdam.* Rotterdam 1990.
LUTZ 1993
Georg Lutz. "Gegenreformation und Kunst in Schwaben und in Oberitalien: der Bilderzyklus des Vincenzo Campi im Fuggerschloß Kirchheim." In *Venedig und Oberdeutschland in der Renaissance. Beziehungen zwischen Kunst und Wirtschaft* (Centro Tedesco di Studi Veneziani, Studi 9). Ed. Bernd Roeck, Klaus Bergdolt & Andrew John Martin, Sigmaringen 1993, 131-154.
LUZIO 1913
Alessandro Luzio. *La Galleria dei Gonzaga venduta all'Inghilterra nel 1627-28.* Milano 1913.
LYMANT 1994
Brigitte Lymant. "Entflammen und Löschen. Zur Ikonographie des Liebeszaubers vom Meister des Bonner Diptychons." In *Zeitschrift für Kunstgeschichte* 48 (1994), 111-122.

MACDOUGALL 1975
Elisabeth B. MacDougall. "The Sleeping Nymph: Origins of a Humanist Fountain Type." *The Art Bulletin* 57 (1975), 357-365.
MACKENNEY 1987
Richard Mackenney. *Tradesmen and Traders. The World of the Guilds in Venice and Europe, ca. 1250-ca. 1650.* London & Sydney 1987.
MALACARNE 1998
Giancarlo Malacarne. *Le cacce del principe: l'ars venandi nella terra dei Gonzaga.* Modena 1998.
MALLÉ 1955
Luigi Mallé. "Quinten Metsys". In *Commentari* 6 (1955), 79-107.
MANCA 1992
Joseph Manca. *The Art of Ercole de' Roberti.* Cambridge, England 1992.
MANCINI 1987
Vincenzo Mancini. "Note sugli esordi di Lambert Sustris." In *Per ricordo di Sonia Tiso. Scritti di storia dell'arte fiamminga e olandese.* Ferrara 1987, 61-78.
MANCINI 1991
Vincenzo Mancini. "I Pellegrini e la loro villa a San Siro." In *Bollettino del Museo Civico di Padova*, 80 (1991), 173-196.
MANCINI 1993
Vincenco Mancini. *Lambert Sustris a Padova. La villa Bogolin a Selvazzano.* Padova 1993.
MANCINI 1995
Vincenzo Mancini. *Antiquari, "vertuosi" e artisti. Saggi sul collezionismo tra Padova e Venezia alla metà del Cinquecento.* Padova 1995.
MANCINI 1998
Matteo Mancini. *Tiziano e le corti d'Asburgo, nei documenti degli archivi spagnoli* (Istituto Veneto di scienze, Lettere ed Arti. Memorie classe di scienze morali, lettere ed arti, vol. LXXV). Venezia 1998.
MANDOWSKY 1938
Erna Mandowsky. "The Origin of the Milky Way in the National Gallery." In *The Burlington Magazine* 72 (1938), 88-93.
MANDRICH 1934
G. Mandrich. "Le privative industriali veneziane, 1450-1550." *Rivista del diritto commerciale* 34 (1934), 511-547.
MANGANI 1998
Giorgio Mangani. *Il "mondo" di Abramo Ortelio. Misticismo, geografia e collezionismo nel Rinascimento dei Paesi Bassi.* Modena 1998.
MANTOVA BENAVIDES 1561
[Marco Mantova Benavides]. *Discorsi sopra i dialoghi di M. Speron Speroni.* Venetia 1561.
MANZATO 1988
Eugenio Manzato. "L'ambiente artistico trevigiano nel tardo Cinquecento." In *Toeput a Treviso. Ludovico Pozzoserrato, Lodewijk Toeput, pittore neerlandese nella civiltà veneta del tardo Cinquecento.* Atti del Seminario (Treviso, 6-7 novembre 1987). Ed. Stefania Mason Rinaldi & Domenico Luciani, Asolo 1988, 25-41.
MANZATO 1997
Eugenio Manzato. "Lodovico Pozzoserrato abitante in Treviso". In *La pittura fiamminga nel Veneto e in Emilia.* Ed. C. Limentani Virdis, Verona 1997,73-94.
MARANINI 1931
Giuseppe Maranini. *La Costituzione di Venezia dopo la serrata del Maggior Consiglio.* 2 vols., 1931.
MARCHINI 1982
Giuseppe Marchini. *The Gallery of Palazzo degli Alberti. Works of Art from the Cassa di Risparmi e Depositi di Prato.* Milano 1982.
MARIACHER 1957
Giovanni Mariacher. *Il Museo Correr di Venezia. Dipinti dal XIV al XVI secolo.* Venezia 1957.
MARIACHER 1968
Giovanni Mariacher. *Palma il Vecchio.* Milano 1968.
MARIACHER 1975
Giovanni Mariacher. "Jacopo Negretti detto Palma il Vecchio." In *I pittori bergamaschi: Il Cinquecento*. Bergamo 1975, I, 171-243.
MARIACHER 1980
Giovanni Mariacher. "Giovanni Busi detto Cariani." In *I pittori bergamaschi dal XIII al XIX secolo. Il Cinquecento I.* Bergamo 1980, 245-297.
MARIANI CANOVA 1969
Giordana Mariani Canova. *La miniatura veneta del Rinascimento.* Venezia 1969.
MARIANI CANOVA 1975
Giordana Mariani Canova. *L'opera completa del Lotto* (Classici dell'Arte Rizzoli, 79). Milano 1975.
MARIANI CANOVA 1975
Giordana Mariani Canova. *L'opera completa del Lotto.* Milano 1975.
MARIANI CANOVA 1989
Giordana Mariani Canova. "*Miniatura e pittura in età tardogotica (1400-1440)*", 193, 220. In *La pittura nel Veneto. Il Quattrocento.* Ed. Mauro Lucco, Milan 1990.
MARIANI CANOVA 1995
Giordana Mariani Canova. "The Italian Renaissance Miniature." In LONDON 1995, 21-34.
MARIETTE *post* 1720
Pierre-Jean Mariette. *Abecedario et autres notes inédites de cet amateur sur les arts et les artistes. Ouvrage publié d'après les manuscrits autographes conservées au cabinet des estampes de la Bibliothèque impériale, et annoté par* A. De Chennevières, A. de Montaiglon (Archives de l'art français). 6 vols. Paris 1851-60.
MARIETTE 1751
Pierre-Jean Mariette, *Catalogue des tableaux et sculptures tant en bronze qu'en marbre du Cabinet de M. le Président de Tugny et de celui de M. Crozat*, Paris 1751.
MARIETTE 1763
Pierre-Jean Mariette. *Recueil d'Estampes d'après les tableaux et d'après les plus beaux dessins qui sont en France dans le cabinet du Roy, dans celui de Monsieur le Duc d'Orléans et d'autres Cabinets divisé suivant les differentes écoles avec un abrégé de la vie des Peintres et une Déscription historique de chaque tableau.* 2 vols. Paris 1763.
MARIETTE 1851-1860
*Abécédario de P.J. Mariette et autres notes inédites de cet amateur sur les arts et les artistes.* Ed. PhDe Chennevières & A. de Montaiglon, 6 vols., Paris 1851-1860.
MARIJNISSEN & RUYFFELAERE 1989
Roger H. Marijnissen & Peter Ruyffelaere. *Bosch.* Milano 1989.
MARINI 1962
Remigio Marini. "Paolo, una strana fonte e una strana data." In *Emporium* 2 (1962), 61-68.
MARINI 1968
Remigio Marini. *Tutta la pittura di Paolo Veronese.* Milano 1968.
MARINO 1618
Giovanni Battista Marino. *La Galeria* (1618). Ed. Marzio Pieri. 2 vols., Padova 1979.
MÄRKER & BERGSTRÄSSER 1998
Peter Märker & Gisela Bergsträsser. *Hundert Zeichnungen alter Meister aus dem Hessischen Landesmuseum Darmstadt.* Leipzig 1998.
MARKHAM SCHULZ 1983
Anne Markham Schulz. *Antonio Rizzo. Sculptor and Architect.* Princeton 1983.
MARLE 1923-1938
Raimond van Marle. *The Development of the Italian Schools of Painting*, 19 Vols. The Hague 1923-1938.
MARLIER 1961
Georges Marlier. "L'atelier du Maître du Fils Prodigue." In *Jaarboek van het Koninklijk Museum voor Schone Kunsten* (1961), 75-111.
MARROW, STRAUSS, JACOBOWITZ & STEPANEK 1981
James Marrow, Walter L. Strauss, Ellen D. Jacobowitz & Stephanie L. Stepanek. *The Illustrated Bartsch: Hans Baldung Grien, Hans Springinklee, and Lucas van Leyden.* Vol. 12. New York 1981.
MARTENS 1994
Maximiliaan P. J. Marteus. "Petrus Christus: A cultural Biography". In *New York* 1994, 15-23.
MARTENS 1995
Maximilian P.J. Martens. "Discussion." In *Petrus Christus in Renaissance Bruges. An Interdisciplinary Approach.* Ed. Maryan W. Ainsworth, New York 1995, 43-51.
MARTIN 1993
Andrew John Martin. "Motive für den Venedigaufenthalt oberdeutscher Maler: Von Albrecht Dürer bis Johann Carl Loth." In *Venedig und Oberdeutschland in der Renaissance. Beziehungen zwischen Kunst und Wirtschaft*, (Studi. Schriftenreihe des Deutschen Studienzentrums in Venedig, 9). Ed. Bernd Roeck , Klaus Bergdolt & Andrew John Martin, Sigmaringen 1993, 21-30.
MARTIN 1993b
Andrew John Martin. "Giorgione e Baldassar Castiglione. Proposte per l'interpretazione di un passo fondamentale del Cortegiano." In *Venezia Cinquecento* 3, n° 5 (1993), 57-66.
MARTIN 1994
Andrew John Martin. "Anton Kolb und Jacopo de' Barbari: Venedig im Jahre 1500: Das Stadtportrait als Dokument venezianisch-oberdeutscher Beziehungen." In *pinxit, sculpsit, fecit: Festschrift Bruno Bushart.* München 1994, 84-94.
MARTIN 1995a
Andrew John Martin. "Eine Sammlung unbekannter Portraits der Renaissance aus dem Besitz des Hans Jakob König." In Kunstchronik 48 (1995), 46-54.
MARTIN 1995C
Andrew John Martin. *Savoldos sogenanntes 'Bildnis des Gaston de Foix'. Zum Problem des Paragone in der Kunst und Kunsttheorie der Renaissance.* (Studi. Schriftenreihe des Deutschen Studienzentrums in Venedig, vol.12). Sigmaringen 1995.
MARTIN 1995c
Andrew John Martin. *Savoldos sogenanntes 'Bildnis des Gaston de Foix': Zum Problem des Paragone in der Kunst und Kunsttheorie der italienischen Renaissance.* Sigmaringen 1995.
MARTIN 1996
Andrew John Martin. "Bordone, Paris." In *Allgemeines Künstlerlexikon. Die Bildenden Künstler aller Zeiten und Völker*, vol.13. München & Leipzig 1996, 13-14.
MARTIN 1996b
Andrew John Martin. "Jacopo Tintoretto: Dipinti per collezionisti tedeschi." In *Jacopo Tintoretto nel quarto centenario della morte. Atti del convegno internazionale di studi.* (Quaderni di Venezia Arti, vol.3). Padova 1996, 97-100.
MARTIN 1996c
Andrew John Martin. "Die Fugger im Spiegel der Historienmalerei. 1850-1866." In *Augsburger Handelshäuser im Wandel des historischen Urteils.* (Institut für Europäische Kulturgeschichte der Universität Augsburg. Colloquia Augustana, vol.3). Ed. Johannes Burkhardt. Berlin 1996, 322-339.
MARTIN 1997
Andrew J. Martin. "Hans Fuggers venezianische Kunstankaufe. Zur Agententätigkeit der Ott". V. Brüning & Bergdolt 1997.
MARTIN 1997
Andrew John Martin. "Das Bild vom Fliegen, dokumentierte Flugversuche und das Aufkommen von Ansichten aus der Vogelschau zu Beginn der frühen Neuzeit." In *Fliegen und Schweben. Annäherung an eine menschliche Sensation.* Ed. Dieter R. Bauer & Wolfgang Behringer. München 1997, 223-240.
MARTIN 1998
Susanne Martin. *Venezianische Bildhaueraltäre und ihre Auftraggeber. 1530-1620.* (Tectum. Edition Wissenschaft. Reihe Kunstgeschichte, vol.14). Marburg 1998.
MARTIN 1998
Andrew John Martin, "'...dass er nicht nachgelassen, bis ihm solches Blat aus der Kirche verwilligt worden': Der Erwerb von Albrecht Dürers *Rosenkranzfest* durch Rudolf II." In *Umeni* 46 (1998), 175-188.
MARTIN 1995b
Andrew John Martin. "Quellen zum Kunsthandel um 1550-1600: Die Firma Ott in Venedig." In *Kunstchronik* 48 (1995), 535-539.

MARTIN 1998c
Thomas Martin. *Alessandro Vittoria and the Portrait Bust in Renaissance Venice: Remodelling Antiquity.* Oxford & New York 1998.

MARTIN GONZALEZ 1950
Juan José Martin Gonzalez." El Palacio de Carlo V en Yuste II." In *Archivio Español de Arte* 22 (1950), 235-252.

MARTINDALE 1979
Andrew Martindale. *The Triumphs of Caesar by Andrea Mantegna in the Collection of Her Majesty the Queen at Hampton Court.* London 1979.

MARUCINI 1577
Lorenzo Marucini. *Il Bassano.* Venezia 1577.

MASCHERPA 1980
Giorgio Mascherpa. *Invito a Lorenzo Lotto.* Milano 1980.

MASON RINALDI 1965
Stefania Mason Rinaldi. "Appunti per Paolo Fiammingo." In *Arte Veneta* 19 (1965), 95-107.

MASON RINALDI 1970
Stefania Mason Rinaldi. "Nuove opere di Paolo Fiammingo." In *Arte Veneta* 24 (1970), 224-230.

MASON RINALDI 1978
Stefania Mason Rinaldi. "Paolo Fiammingo." In *Saggi e memorie di Storia dell'Arte* 11 (1978), 47-188.

MASON RINALDI 1984
Stefania Mason Rinaldi. *Palma il Giovane.*
MASSA 1992. Eugenio Massa. *L'eremo, la Bibbia e il Medioevo in umanisti veneti del primo Cinquecento.* Napoli 1992.

MASON RINALDI 1988
Stefania Mason Rinaldi. "Variazioni sul tema della Susanna." In *Toeput a Treviso. Ludovico Pozzoserrato, Lodewijk Toeput, pittore neerlandese nella civiltà veneta del tardo Cinquecento.* Atti del Seminario (Treviso, 6-7 novembre 1987). Ed. Stefania Mason Rinaldi & Domenico Luciani, Asolo 1988, 89-95.

MASON RINALDI 1990
Stefania Mason Rinaldi. *Palma il Giovane. 1548-1628.* Disegni e dipinti. Milano 1990.

MASSI 1991
Norberto Massi. "Lorenzo Lotto's *Nativity* and *Christ Taking Leave of His Mother.* Pendant Devotional Paintings." In *artibus et historiae* 23 (1991), 103-119.

MASSING 1977
Jean Michel Massing. "Jacobus Argentoratensis: étude préliminaire." In *Arte Veneta* 31 (1977), 42-52.

MASSING 1984
Jean Michel Massing. "Schongauer's *Tribulation of St Anthony*: Its Iconography and Influence on German Art." In *Print Quarterly* 1 (1984), 220-236.

MASSING 1990
Jean Michel Massing. "The Triumph of Caesar by Benedetto Bordon and Jacobus Argentoratensis: its iconography and influence." In *Print Quarterly* 7 (1990) 2-21.

MASSING 1994
Ann Massing. "Technical examination of Lambert Sustris's 'Diana and Acteon'." *Hamilton Kerr Institute Bulletin* 2 (1994), 28-46.

MASSING 1994b
Jean Michel Massing. "Sicut erat in diebus Antonii: The devils under the bridge in the *Tribulations of St Antony* by Hieronymus Bosch in Lisbon." In *Sight and Insight: Essays on art and culture in honour of E. H. Gombrich at 85.* Ed. John Onians, London 1994, 109-127.

MATILE 1998
Michael Matile. *Frühe Italienische Druckgraphik 1460-1530: Bestandskatalog der Graphischen Sammlung der ETH Zürich.* Basel 1998.

MATSCHE 1994
Franz Matsche. "Lucas Cranachs mythologische Darstellungen." In CRANACH 1994, 74-88.

MATTHEW 1988
Louisa Chevalier Matthew. *Lorenzo Lotto and the Patronage and Production of Vene-tian Altarpieces in the Early Sixteenth Century.* PhD Diss. Princeton University, Princeton 1988.

MATTHEW 1998
Louisa C. Matthew. "The Painter's Presence: Signatures in Venetian Renaissance Pictures". In *The Art Bulletin* 80 (1998), 615-648.

MAURONER 1943
Fabio Mauroner. *Le incisioni di Tiziano.* Venezia 1943.

MAYER 1926
August L. Mayer. "An unknown Tintoretto." In *The Burlington Magazine* 49 (1926), 105.

MAYER 1938
August Mayer. "Quelques notes sur l'œuvre de Titien". In *Gazette des Beaux-Arts*, 20 (1938) 289-308.

MAZAL 1986
Otto Mazal. *Prinz Eugens schönste Bücher. Handschriften aus der Bibliothek des Prinzen Eugen von Savoyen.* Graz 1986.

MCANDREW 1983
John McAndrew. *L'architettura veneziana del primo rinascimento,* Venezia 1983.

MEDER 1911-1912
Joseph Meder. "Neue Beiträge zur Dürer-Forschung." In *Jahrbuch der Kunsthistorischen Sammlungen des Allerhöchsten Kaiserhauses* 30 (1911-1912), 183-227.

MEDER 1923
Joseph Meder. *Die Handzeichnung.* Wien 1923.

MEDER 1932
Joseph Meder. *Dürer-Katalog.* Wien 1932.

MEDITATIONS 1961
*Meditations on the Life of Christ: An Illustrated Manuscript of the Fourteenth Century, Paris, Bibliothèque Nationale, MS. Ital. 115.* Ed. Isa Ragusa & Rosalie B. Green, Princeton 1961.

MEIJER 1972
Bert W. Meijer. "Karel van Mander over Jacopo Bassano." In *Proef,* 2 (1972), 7.

MEIJER 1972b
Bert W. Meijer. "Een bassanesk Passietafereel op Toetsteen." In *Proef* 2 (1972), 77-78.

MEIJER 1972c
Bert W. Meijer. "Niccolò Frangipane". In *Saggi e Memorie di Storia dell'Arte* 8 (1972), 153-191, 255-278.

MEIJER 1975
Bert W. Meijer. "Paolo Fiammingo reconsidered." In *Mededelingen van het Nederlands Instituut te Rome* 37 (1975), 117-130.

MEIJER 1979
Bert Meijer. "Due proposte iconografiche per il "Pastorello" di Rotterdam." In *Giorgione: Atti del convegno internazionale di studio per il 5° centenario della nascita 29-31 Maggio 1978.* Castelfranco 1979, 53-56.

MEIJER 1979
Bert W. Meijer. "Tiziano nelle gallerie fiorentine". In *Prospettiva* 19 (1979) 104-109.

MEIJER 1980
Bert W. Meijer."Titiaan en het Breviarium Grimani." In *Rélations artistiques entre les Pays-Bas et l'Italie à la Renaissance, Etudes dédiées à Suzanne Sulzberger.* Bruxelles, Rome 1980, 179-183.

MEIJER 1981
Bert W. Meijer. "Titian Sketches on panel and canvas". In *Master Drawings* 19 (1981), 276-288.

MEIJER 1983
Bert W. Meijer. "Paolo Fiammingo tra indigeni e forestieri a Venezia." In *Prospettiva* 32 (1983), 20-32.

MEIJER 1987
Bert W. Meijer. "Frans Floris: een addendum." In *Nederlands Kunsthistorisch Jaarboek* 38 (1987), 226-232.

MEIJER 1988a
Bert W. Meijer."On Dirck Barendsz and Venice". In *Oud Holland* 52 (1988), 141-154.

MEIJER 1988b
Bert W. Meijer. *Parma e Bruxelles: Committenza e collezionismo farnesiani alle due corti.* Parma 1988.

MEIJER 1988b
Bert W. Meijer. *Parma e Bruxelles. Committenza e Collezionismo farnesiani alle due corti.* Milano 1988.

MEIJER 1988c
Bert W. Meijer. "A proposito della Vanità della ricchezza e di Ludovico Pozzoserrato." In *Toeput a Treviso: Ludovico Pozzoserrato, Lodewijk Toeput, pittore neerlandese nella civiltà veneta del tardo Cinquecento.* Ed. Stefania Mason Rinaldi & Domenico Luziani, Asolo 1988, 109-124.

MEIJER 1988d
Bert W. Meijer. "From Leonardo to Bruegel: comic art in sixteenth-century Europe". In *Word and Image* 4(1988), 405-411.

MEIJER 1989
Bert W. Meijer. "Sull'origine e mutamenti dei generi". In *La pittura in Italia. Il Seicento.* 2 vols. Ed. Mina Gregori & Erich Schleier, Milano 1989, II, 585-604.

MEIJER 1990
Bert W. Meijer. "Fiamminghi nella Serenissima nel primo Cinqecento". In BRESCIA, FRANKFURT 1990, 78-86.

MEIJER 1990b
Bert W. Meijer. "Paolo Fiammingo, Predica del Battista." In *Brera* 1990, 198-199.

MEIJER 1991
Bert W. Meijer. *Amsterdam en Venetië. Een Speurtocht tussen IJ en Canal Grande.* 's-Gravenhage 1991.

MEIJER 1992
Bert W. Meijer. "Over Jan van Scorel in Venetië en het vroege werk van Lambert Sustris." In *Oud Holland* 106 (1992), 1-19.

MEIJER 1993
Bert W. Meijer. "Lambert Sustris in Padua: fresco's en tekeningen". In *Oud Holland* 107 (1993), 3-16.

MEIJER 1993b
Bert W. Meijer. *Landschappen, mensen en antieke goden. Op de tweesprong van de Nederlandse en de Venetiaanse kunst.* Utrecht 1993.

MEIJER 1993c
Bert W. Meijer. "Over kunst en kunstgeschiedenis in Italië en de Nederlanden". In *Nederlands Kunsthistorisch Jaarboek* 44 (1993), 9-34.

MEIJER 1994
Bert W. Meijer. "Per gli anni italiani di Federico Sustris". In *Studi di storia dell'arte in onore di Mina Gregori.* Milano 1994, 139-144.

MEIJER 1995
Bert W. Meijer. "De Spranger à Rubens. Vers une nouvelle equivalence." In BRUXELLES, ROME 1995, 32-47.

MEIJER 1996
Bert W. Meijer. "Jan Steven van Calcar". In *Dictionary of art*, London 1996, 415-416.

MEIJER 1999
Bert W. Meijer. "New Light on Christoph Schwarz in Venice and the Veneto". In *Artibus et Historiae* 39 (XIX) (1999), 1-28.

MEIJER in corso di stampa (a)
Bert W. Meijer, "A propos de quelques dessins de Lambert Sustrie". In *Actes des colloques Francesco Salviati, Roma, Paris* 1998.

MEIJER in corso di stampa (b)
Bert W. Meijer. "Pieter Cornelisz van Ryck and Venice." In *Oud Holland.*

MEISS 1957
Millard Meiss. *Andrea Mantegna as Illuminator: An Episode in Renaissance Art, Humanism and Diplomacy.* New York 1957.

MEISS 1966
Millard Meiss. "Sleep in Venice: Ancient Myths and Renaissance Proclivities." In *Proceedings of the American Philosophical Society* 110 (1966), 348-382. Reprinted in Meiss 1976, 212-239.

MEISS 1976
Millard Meiss. *The Painter's Choice: Problems in the Interpretation of Renaissance Art.* New York 1976.

MELION 1993
Walter S. Melion. "Theory & Practice: Reproductive Engravings in the Sixteenth-Century Netherlands." In EVANSTON 1993, 47-69.

MELLENCAMP 1969
Emma H. Mellencamp. "A Note on the Costume of Titian's *Flora.*" In *The Art Bulletin* 51 (1969), 174-177.

MELLER 1925
Simon Meller. *Peter Vischer der Ältere und seine Welt.* Leipzig 1925.

MELLER 1963
Peter Meller. "Physiognomical Theory in Renaissance Heroic Portraits." In *The Renaissance and Mannerism: Studies in Western Art.* Acts of the Twentieth Internaltional Congress of the History of Art. Princeton 1963, II, 53-69.

MELLINKOFF 1998
Ruth Mellinkoff. "Titian's Pastoral Scene: A Unique Rendition of Lot and His Daughters." In *Renaissance Quarterly* 51 (1998), 829-863.

MENEGAZZI 1957
Luigi Menegazzi. "Ludovico Toeput (il Pozzoserrato)." In *Saggi e memorie di storia dell'arte* 1 (1957), 167-223.

MENEGAZZI 1958
Luigi Menegazzi. *Il Pozzoserrato.* Venezia 1958.

MENEGAZZI 1961
Luigi Menegazzi. "Giunte a Ludovico Pozzoserrato." In *Arte Veneta* 15 (1961), 119-126.

MENEGAZZI 1964
Il Museo Civico di Treviso. Dipinti e sculture dal XII al XIX secolo. Ed. Luigi Menegazzi. Venezia 1964.

MENEGAZZI 1981
Luigi Menegazzi. *Cima da Conegliano.* Treviso 1981.

MENEGAZZI 1988
Luigi Menegazzi. "Grafica del Pozzoserrato." In *Toeput a Treviso. Ludovico Pozzoserrato, Lodewijk Toeput, pittore neerlandese nella civiltà veneta del tardo Cinquecento.* Atti del Seminario (Treviso, 6-7 novembre 1987). Ed. Stefania Mason Rinaldi & Domenico Luciani. Asolo 1988, 65-69.

MENZ 1982
Cäsar Menz. *Das Frühwerk Jörg Breus d.Ä.* 1982 (Schwäbische Geschichtsquellen und Forschungen 13). Augsburg.

MERKEL 1987
Ettore Merkel. "Il mecenatismo ed il collezionismo artistico dei Querini Stampalia dalle origini al Settecento." In VENEZIA 1987, 133-153.

MERKEL 1988
Ettore Merkel. V. *Nepi Sciré* 1988, 12-13.

MERLINI 1894
Domenico Merlini. *Saggio di ricerche sulla satira contro il villano.* Torino 1894.

MÉSZÁROS 1983
Lásló Mészáros. *Italien sieht Dürer. Zur Wirkung der deutschen Druckgraphik auf die italienische Kunst des 16. Jahrhunderts.* Erlangen 1983.

MEYER 1872-1885
*Allgemeines Künstler-Lexicon.* Ed. Julius Meyer. 3 vols., Leipzig 1872-1885.

MEYER 1973
Charles Meyer. *Die Selbstbiographie des Elias Holl. Baumeisters der Stadt Augsburg (1573-1646).* Augsburg 1973.

MEYER & SCHÄDLER 1964
W. Meyer & A. Schädler. *Die Kunstdenkmäler der Stadt Dillingen,* München 1964. MEYER ZUR CAPELLEN 1985
Jürg Meyer zuer Capellen. *Gentile Bellini.* Stuttgart 1985.

MEYER ZUR CAPELLEN 1972
Jürg Meyer zur Capellen. *Andrea Previtali.* PhD Diss. Julius-Maximilians-Universität, Würzburg 1972.

MEYER ZUR CAPELLEN 1993
Jürg Meyer zur Capellen. "Nördische Einflüsse im Werk des Jacopo Bellini." In *Italienische Frührenaissance und nordeuropäischer Spätmittelalter. Kunst der frühen Neuzeit in europäischen Zusammenhang.* Ed. Joachim Poeschke, München 1993, 161-178.

MEZZETTI 1958
Amalia Mezzetti. "Un Ercole e Anteo del Mantegna." In *Bollettino d'Arte* 43 (1958), 232-244.

MICHIEL s.a.
Marcantonio Michiel, *Notizia di opere di disegno.* Ed. Gustavo Frizzoni, Bologna 1884.

MIDDELDORF 1947
Ulrich Middeldorf. "Letter to the editor about the Holkham Hall Venus". In *The Art Bulletin* 39 (1947), 65-67.

MIEDEMA 1977
Hessel Miedema. "Realism and the Comic Mode: The Peasant." In *Simiolus* 9 (1977), 205-219.

MIEDEMA 1991-1992
Hessel Miedema. "Karel van Mander. Het leven van Hendrick Goltzius, 1558-1617". In *Nederlandisch Kunsthistorisch Jaarboeck* 42-43 (1991-1992), 13-76.

MIEDEMA 1994
Hessel Miedema. *Karel van Mander. The Lives of the Illustrious Netherlandish and German Painters.* Ed. H. Miedema, Doornsprijk 1994.

MIEDEMA & MEIJER 1979
Hessel Miedema & Bert Meijer. "The Introduction of Colored Ground Painting and Its Influence on Stylistic Development with Particular Respect to Sixteenth-Century Netherlandish Art." In *Storia dell'arte* 35 (1979), 79-98.

MIEGROET 1989
Hans van Miegroet. *Gerard David.* Antwerpen 1989.

MIELKE 1996
Hans Mielke. *Pieter Bruegel. Die Zeichnungen.* Turnhout 1996.

MIELKE 1998
Ursula Mielke, *Heinrich Aldegrever. The New Hollstein. German Engravings Etchings and woodcuts ca. 1400-1700,* Amsterdam 1998.

MILIS 1979-1980
John Milis. "Analyses of Paint Media". In *National Gallery Technical Bulletin,* 3 (1979), 66; 4 (1980) 65-67.

MILLS & WHITE 1977
John Mills & Raymond White. "Analysis of Paint Media." In *National Gallery Technical Bulletin* 1 (1977), 57-59.

MINKENBERG 1986
Georg Minkenberg. *Die Plastische Marienklage. Ein Beitrag zu ihrer Entstehung und ihren geistesgeschichtlichen Grundlagen.* PhD Diss., Aachen 1986.

MITCHELL 1995
W. J. T. Mitchell. "Gombrich and the rise of landscape." In *The Consumption of Culture 1600-1800: Image, Object, Text.* Ed. Ann Bermingham & John Brewer, London & New York 1995, 103-118.

MOLAJOLI 1958
Bruno Molajoli. *Notizie di Capodimonte. Catalogo del Museo e Gallerie nazionali.* Napoli 1958.

MOLMENTI 1906
Pompeo Molmenti. *Storia di Venezia nella vita privata.* Venezia 1906.

MOMESSO 1997
Sergio Momesso. "Sezioni sottili per l'inizio di Marco Basaiti." In *Critica d'Arte* 87/88 (1997), 14-41.

MONGAN 1956
Agnes Mongan. "Venetian Drawings in America." In *Venezia e l'Europa: Atti del XVIII Congresso Internazionale di Storia dell'Arte (Venezia 1955).* Venezia 1956, 303-305.

MONTICOLO 1905
Giovanni Monticolo. *I capitolari delle arte veneziane sottoposte alla Giustizia e poi alla Giustizia Vecchia.* Roma 1905.

MORALL 1998
Andrew Morall. "The '*Deutsch*' and the '*Welsch*': Jörg Breu the Elder's sketch for the *Story of Lucretia* and the uses of classicism in sixteenth-century Germany." In *Drawing 1400-1600. Invention and Innovation.* Ed. Stuart Currie, Aldershot 1998, 109-131.

MORELLI 1880
Giovanni Morelli. *Die Werke italianische Meister in den Galerien von München, Dresden und Berlin.* Leipzig 1880.

MORELLI 1886
Giovanni Morelli. *Le opere dei maestri italiani nelle Gallerie di Monaco, Dresda e Berlino.* Bologna 1886.

MORELLI 1897
Giovanni Morelli. *Della pittura italiana: Le Gallerie Borghese e Doria Pamphili.* Milano 1897.

MORETTI 1994
Lino Moretti, Antonio Niero, Paola Rossi. *La chiesa del Tintoretto. Madonna dell'Orto.* Venezia 1994.

MORTIMER 1974
*Harvard College Library. Department of Printing and Graphic Arts. Catalogue of books and manuscripts. Part II: Italian 16th-century Books.* Ed. R. Mortimer, 2 vols., Cambridge Mass. 1974.

MOSCHINI MARCONI 1955
Sandra Moschini Marconi. *Gallerie dell'Accademia di Venezia. Opere d'arte dei secoli XIV e XV.* Roma 1955.

MOSCHINI MARCONI 1962
Sandra Moschini Marconi. *Gallerie dell'Accademia de Venezia: Opere d'Arte del Secolo XVI.* Roma 1962.

MÖSENEDER 1986
Karl Mösender. "Blickende Dinge. Anthropomorphisches bei Albrecht Dürer." In *Pantheon* 44 (1986), 15-23.

MOSTAFAWY 1998
Schoole Mostafawy. *Die Flucht nach Ägypten: Ein Beitrag zur Ikonographie des biblischen Reisegeschehens in der italienischen Kunst von den Anfängen bis ins Cinquecento.* Frankfurt am Main 1998.

MOXEY 1989
Keith Moxey. *Peasants, Warriors, and Wives: Popular Imagery in the Reformation.* Chicago & London 1989.

MOZZONI & PAOLETTI 1996
Loretta Mozzoni & Gloriano Paoletti. *Lorenzo Lotto "... mi è forza andar a far alcune opere in la Marcha ...".* Jesi 1996.

MULAZZANI 1990
Germano Mulazzani. *Un affresco fiammingo a Chiaravalle. Hieronymus Bosch?.* Vigevano 1990.

MÜLLER 1988
Christian Müller. *Hans Holbein d.J. Zeichnungen aus dem Kupferstichkabinett der Öffentlichen Kunstsammlung Basel.* Basel 1988.

MURARO 1966
Michelangelo Muraro. *Carpaccio.* Firenze 1966.

MURARO 1969
Michelangelo Muraro. *Paolo da Venezia.* Milano 1969.

MURARO 1977
Michelangelo Muraro. *I disegni di Vittore Carpaccio* (Corpus Graphicorum, 2). Firenze 1977.

MURARO 1978
Michelangelo Muraro. "Grafica tizianesca." In *Tiziano e il manierismo europeo.* Ed. Rodolfo Pallucchini, Firenze 1978, 127-149.

MURARO 1992
Michelangelo Muraro. *Il Libro Secondo di Francesco e Jacopo dal Ponte.* Ed. Michelangelo Muraro, Bassano del Grappa 1992.

MURUTES 1973
Harry Murutes. "Personifications of Laughter and Drunken Sleep in Titian's 'Andrians'." In *The Burlington Magazine* 115 (1973), 518-525.

MUSPER 1948
Theodor Musper. *Untersuchungen zu Rogier van der Weyden und Jan van Eyck.* Stuttgart 1948.

MUTINELLI 1831
Fabio Mutinelli. *Del costume veneziano sino al Secolo Decimosettimo.* Venezia 1831.

MYSLEVIC 1972
J.Myslevic. "Verklärung Christi." In *Lexikon der christlichen Kunst,* 4. Ed. Engelbert Kirschbaum, Roma, Freiburg, Basel & Wien 1972, 416-421.

NAGLER 1860-1920
G.K. Nagler. *Die Monogrammisten und diejenigen bekannten und unbekannten Künstler aller Schulen....* München 1860-1920.

NATALE 1991
Mauro Natale. "Lo studiolo di Belfiore: un cantiere aperto." In MILANO 1991, 17-44

NATALI 1994
Antonio Natali. "L'ancella sparita." In *Tintoretto e la favola di Leda. Per il restauro di due dipinti degli Uffizi.* Soresina 1994, 53-65.

NEPI SCIRÈ & VALCANOVER 1985
Giovanna Nepi Scirè & Francesco Valcanover. *Gallerie dell'Accademia di Venezia.* Milano 1985.

NEPI SCIRÈ 1983
Giovanna Nepi Scirè. "La Pittura su tela". In *Dal Museo alla Città,* Itinerari didattici, 4 (1983), 78-80.

NEPI SCIRÈ 1988
Giovanna Nepi Sciré e.a., *Galleria dell'Accademia. Nuove Acquisizioni.* (Quaderni della Sopraintenenza ai Beni Artistici e Storici di Venezia. Serie speciale n. 1), Venezia 1988.

NEPI SCIRÈ 1991
Giovanna Nepi Scirè. *I Capolavori dell'Arte Veneziana. Le Gallerie dell'Accademia.* Verona 1991.

NEPI SCIRÈ 1992
Giovanna Nepi Scirè. "Venezia e la pittura intorno al 1500". In VENEZIA 1992, 65-84.

NEUMANN 1966
Jaromir Neumann. *Die Gemäldegalerie der Prager Burg.* Praha 1966.

NEWTON 1988
Stella Mary Newton. *The Dress of the Venetians 1495-1525.* Aldershot 1988.

NICHOLS 1991-1992
Lawrence M. Nichols. "Hendrick Goltzius-Documents and Printed Literature Concerning his Life." *Nederlands Kunsthistorisch Jaarboek* 42-43 (1991-1992), 77-120.

NICOLINI 1925
Fausto Nicolini. *L'arte napoletana del Rinascimento e la lettera di Pietro Summonte a Marcantonio Michiel.* Napoli 1925.

NOË 1954
Helen Noë. *Carel van Mander en Italië.* 's-Gravenhage 1954.

NOË 1956
Helen Noë. "Annotazioni sui rapporti tra la pittura veneziana e olandese alla fine del Cinquecento." In *Venezia e l'Europa.* Atti del XVIII congresso internazionale di storia dell'arte (Venezia 12-18 settembre 1955). Venezia 1956, 299-303.

NOVA 1998
Alessandro Nova. "Giorgione's *Inferno with Aeneas and Anchises* for Taddeo Contarini." In *Dosso's Fate: Painting and Court Culture in Renaissance Italy.* Ed. Luisa Ciammitti, Steven F. Ostrow & Salvatore Settis, Los Angeles 1998, 41-62.

NUTI 1984
Lucia Nuti. "Alle origini del Grand Tour: immagini e cultura della città italiana negli atlanti e nelle cosmografie del secolo XVI." In *Storia urbana* 8 (1984), 3-33.

NUTI 1988
Lucia Nuti. "The Mapped Views by Georg Hoefnagel: The Merchant's Eye, the Humanist's Eye." In *Word & image* 4 (1988), 545-570.

NUTTALL 1992
Paula Nuttall. "Decorum, devotion and dramatic expression: Early Netherlandish painting in Renaissance Italy." In *Decorum in Renaissance Narrative Art.* Ed. Francis Ames-Lewis & Anka Bednarek, London 1992, 70-77.

OBERHUBER 1958
Konrad Oberhuber. *Die stilistische Entwicklung im Werk Bartholomäus Sprangers.* Ph. D. Diss. Wien 1958.

OBERHUBER 1968
Konrad Oberhuber. "Gli affreschi di Paolo Veronese nella Villa Barbaro." In *Bollettino del Centro Internazionale di Studi d'Architettura Andrea Palladio* 10 (1968), 188-202.

OBERHUBER 1968b
Konrad Oberhuber. "Hieronymus Cock, Battista Pittoni und Paolo Veronese in Maser." In *Munuscula Disciplinorum: Festchrift für Hans Kauffmann zum 70. Geburtstag 1966.* Ed. Tilmann Buddensieg & Matthias Winner, Berlin 1968, 207-224.

OBERHUBER 1970
Konrad Oberhuber. "Anmerkungen zu Bartholomäus Spranger als Zeichner." In *umeni / Art* 18 (1970), 213-222.

OBERHUBER 1978
*The Illustrated Bartsch: The Works of Marcantonio Raimondi and of his School.* Vols. 26 & 27. Ed. Konrad Oberhuber, New York 1978.

OBERHUBER 1979
Konrad Oberhuber. "Giorgione and the Graphic Arts of his Time." In *Giorgione: Atti del convegno internazionale di studio per il 5° centenario della nascita 29-31 Maggio 1979.* Castelfranco 1979, 313-320.

OBERHUBER 1980
Konrad Oberhuber. "Titian Woodcuts and Drawings: Some Problems." In *Tiziano e Venezia: Convegno internazionale di studi Venezia, 1976.* Vicenza 1980, 523-528.

OBERHUBER 1984
Konrad Oberhuber. "Raffaello l'incisione." In *Città del Vaticano* 1984, 333-342.

OBERHUBER 1999
Konrad Oberhuber. *Raphael: The Paintings.* München, London & New York 1999.

OETTINGER 1959
Karl Oettinger. *Altdorferstudien.* Nürnberg 1959.

OLIVATO PUPPI & PUPPI 1977
Loredana Olivato Puppi & Lionello Puppi. *Mauro Codussi,* Milano 1977.

OLIVATO 1980
Loredana Olivato. "La Submersione di Pharaone." In *Tiziano e Venezia: Convegno internazionale di studi Venezia, 1976.* Vicenza 1980, 529-537.

ONGANIA 1903
Ferd. Ongania. *A Glance at The Grimani Breviary Preserved in S. Mark's Library, Venice.* Venezia 1903.

OSANO 1991
Shigetoshi Osano. "A Flemish Mural Painting (Christ before Pilate) in the Monastery of Chiaravalle near Milan: its autorship considered". In *Spazio,* 22, n.1 (1991), 7-25.

OST 1985
Hans Ost. *Lambert Sustris. Die Bildnisse Kaiser Karls V in München und Wien.* Köln 1985.

OTTINO DELLA CHIESA 1955
Anna Ottino della Chiesa. *Accademia Carrara,* Bergamo 1955.

OTTINO DELLA CHIESA 1968
Angela Ottino della Chiesa. *L'opera completa di Dürer.* Milano 1968.

OVERBEKE 1994
Noes Overbeke. "Cardinal Otto von Truchsess von Waldburg and his role as art dealer for Albrecht von Bavaria (1568-73)". In *Journal of the History of Collections* 6 (1994) 173-179.

OVIDIO [1553]
V. Dolce 1553.

OVIDIO [1557]
*La metamorphose d'Ovide figurée,* Lyon par Ian de Tournes 1557 illustr. di Bernard Salomon.

OVIDIO ED. DELL'ANGUILLARA 1563.
*Le metamorfosi di Ovidio. Ridotte da Giovanni Andrea dell'Anguillara in ottava rima. Al Christianissimo Re di Francia Henrico Secondo di nuovo dal proprio autore rivedute e corrette. Con le annotazioni di M. Giuseppe Horologii.* In Venetia apresso Francisco de'Franceschi Senese 1563.

PACCAGNINI 1969
Giovanni Paccagnini. *Il palazzo ducale di Mantova.* Torino 1969.

PÄCHT 1941
Otto Pächt. "Jean Fouquet. A Study of His Style." In *Journal of the Warburg and Courtauld Institutes* 4 (1941), 85-102.

PÄCHT 1950
Otto Pächt. "Early Italian Nature Studies and the Early Calendar Landscape." In *Journal of the Warburg and Courtauld Institutes* 8 (1950), 13-47.

PACKARD 1970-1971
Elisabeth Packard. "A Bellini Painting from the Procuratia di Ultra, Venice: An Exploration of its History and Technique." In *The Journal of the Walters Art Gallery* 33-34 (1970-1971), 64-84.

PAGNOTTA 1997
Laura Pagnotta. *Bartolomeo Veneto. L'opera completa.* Firenze 1997.

PAINTINGS FROM EUROPE 1994
*Paintings from Europe and the Americans in the Philadelphia Museum of Art.* Philadelphia 1994.

PALLUCCHINI & ROSSI 1982
Rodolfo Pallucchini & Paola Rossi. *Jacopo Tintoretto. Le opere sacre e profane.* 2 vols. Milano 1982.

PALLUCCHINI & ROSSI 1983
Rodolfo Pallucchini & Francesco Rossi. *Giovanni Cariani.* Bergamo 1983.

PALLUCCHINI 1948
Rodolfo Pallucchini. "Veneti alla mostra svizzera". In *Arte Veneta* 2 (1948) 166-170.

PALLUCCHINI 1950
Rodolfo Pallucchini. *La giovinezza del Tintoretto.* Milano 1950.

PALLUCCHINI 1958
Rodolfo Pallucchini. "Veneti a Stoccarda." In *Arte Veneta* 12 (1958), 260.

PALLUCCHINI 1959
Rodolfo Pallucchini. *Giovanni Bellini.* Milano 1959

PALLUCCHINI 1962
Rodolfo Pallucchini. "Appunti alla mostra di Cima da Conegliano." In *Arte Veneta* 16 (1962), 221-227.

PALLUCCHINI 1962b
Rodolfo Pallucchini. *Giovanni Bellini.* Milano 1962.

PALLUCCHINI 1962c
Rodolfo Pallucchini. *I Vivarini.* Venezia 1962.

PALLUCCHINI 1963
Rodolfo Pallucchini. "Un libro su Giovanni Bellini e i belliniani." In *Paragone* 14, no. 167 (1963), 71-80.

PALLUCCHINI 1969
Rodolfo Pallucchini. *Tiziano.* 2 vols., Firenze 1969.

PALLUCCHINI 1981
Rodolfo Pallucchini. *La pittura veneziana del Seicento.* 2 vols., Milano 1981.

PALLUCCHINI 1982
Rodolfo Pallucchini. *Bassano.* Bologna 1982. *to. Le opere sacre et profane.* Milano 1982.

PALLUCCHINI 1984
Rodolfo Pallucchini. *Veronese.* Milano 1984.

PALUMBO FOSSATI 1984
Isabella Palumbo Fossati. "L'interno della casa dell'artigiano e dell'artista nella Venezia del Cinquecento." In *Studi Veneziani* 8 (1984), 109-153.

PANHANS-BÜHLER 1978
Ursula Panhans-Bühler. *Eklektizismus und Originalität im Werk des Petrus Christus.* Wien 1978.

PANOFSKY 1920
Erwin Pannofsky. "Dürers Darstellungen des Apollo und ihr Verhältnis zu Barbaris." In *Jahrbuch der preußischen kunstsammlungen* 41 (1920), 359-377.

PANOFSKY 1927
Erwin Panofsky. "Imago Pietatis. Ein Beitrag zur Typengeschichte des 'Schmerzensmannes' und der 'Maria Mediatrix'." In *Festschrift für Max J. Friedländer zum 60 Geburtstag.* Leipzig 1927, 261-208.

PANOFSKY 1933
Erwin Panofsky."Der gefesselte Eros (zur Genealogie von Rembrandts Danae)". In *Oud Holland* 50 (1936), 193-217.

PANOFSKY 1934
Erwin Panofsky. "Jan van Eyck's *Arnolfini* Portrait." In *The Burlington Magazine* 64 (1934), 117-127.

PANOFSKY 1943
Erwin Panofsky. *The Life and Art of Albrecht Dürer.* 2 vols., Princeton 1943.

PANOFSKY 1945
Erwin Panofsky. *Albrecht Dürer.* 2 vols., Princeton 1945.

PANOFSKY 1948
Erwin Panofsky. *Albrecht Dürer.* 2 vols., Princeton 1948.

PANOFSKY 1951
Erwin Panofsky. "Two Roger Problems: The Donor of the Hague Lamentation and the Date of the Altarpiece of the Seven Sacraments." In *The Art Bulletin* 33 (1951), 33-40.

PANOFSKY 1953
Erwin Panofsky. *Early Netherlandish Painting: Its Origins and Character.* 2 vols. Cambridge, Mass. 1953.

PANOFSKY 1954
Erwin Panofsky. "A Letter to Saint Jerome. A Note on the Relationship Between Petrus Christus and Jan van Eyck." In *Studies in Art and Literature for Belle da Costa Greene.* Ed. Dorothy Miner. Princeton 1954, 102-108.

PANOFSKY 1967
Erwin Panofsky. *La vita e le opere di Albrecht Dürer.* Milano 1967.

PANOFSKY 1969
Erwin Panofsky. *Problems in Titian: Mostly Iconographic.* London & New York 1969.

PANOFSKY 1971
Erwin Panofsky. *Early Netherlandish Painting. Its Origin and Character.* 2 vols., New York, Evanstown, San Francisco & London 1971.

PANOFSKY 1977
Erwin Panofsky. *Das Leben und die Kunst Albrecht Dürers.* Tr. L. Möller. München 1977.

PAOLETTI & LUDWIG 1899
Pietro Paoletti & Gustav Ludwig. "Neue archivalische Beiträge zur Geschichte der venezianischen malerie." *Repertorium für Kunstwissenschaft* 22 (1899), 252-278, 427-457.

PAOLINI 1980
Maria Grazia Paolini. "Problemi Antonelliani. Rapporti tra pittura fiamminga e italiana." In *Storia dell'Arte* 38-40 (1980), 151-166.

PAOLUCCI 1990
Antonio Paolucci, "Tiziano ritrattista." In VENEZIA 1990, 101-108.

PAOLUCCI 1990
Antonio Paolucci. *Piero della Francesca. Catalogo completo.* Firenze 1990.

PASCHINI 1926-1927
Pio Paschini. "Le collezioni archeologiche dei prelati Grimani del Cinquecento." In *Rendiconti: Atti della Pontificia Accademia Romana di Archeologia* 5 (1926-1927), 149-190.

PASCHINI 1943
Pio Paschini. *Domenico Grimani: Cardinale di S. Marco (†1523).* Roma 1943.

PASSAMANI 1985
Bruno Passamani. "La 'Natività' della Pinacoteca Tosio Martinengo di Brescia." In *Giovanni Gerolamo Savoldo pittore bresciano. Atti del convegno (Brescia 21 22 Maggio 1983).* Ed. Gaetano Panazza, Brescia 1985, 89-98.

PASTORELLO 1924
Ester Pastorello. *Tipografi, Editori, Librai a Venezia nel secolo XVI.* Florence 1924.

PATTANARO 1990-1991
Alessandra Pattanaro. *Francesco da Ponte detto Bassano: per un catalogo delle opere del periodo veneziano (1578-1592).* Tesi di perfezionamento in storia dell'arte medievale e moderna. Università degli studi di Bologna, 1990-1991.

PAUSCH 1972
Oskar Pausch. *Das älteste italienisch-deutsche Sprachbuch. Eine Überlieferung aus dem Jahre 1424 nach Georg von Nürnberg.* Wien, Böhlau 1972 (Österreichische Akademie der Wissenschaften, Veröffentlichungen der Historischen Kommission 1).

PAVIOT 1990
Jacques Paviot. "La vie de Jean van Eyck selon les documents écrits." *Revue des Archéologues et historiens d'art de Louvain* 23 (1990), 83-93.

PELLEGRINI 1992
Franca Pellegrini. "I Sadeler a Venezia." In PADOVA 1992, 5-10.

PENNY, ROY & SPRING 1996
Nicholas Penny, Ashok Roy & Marika Spring. "Veronese's Painting in the National Gallery: Technique and Materials, Part II." *National Gallery Technical Bulletin* 17 (1996), 32-55.

PENNY 1990
Nicholas Penny. "The Night in Venetian Painting between Bellini and Elsheimer." In OXFORD 1990, 21-47.

PELTZER 1913
Richard Peltzer. "Lambert Sustris von Amsterdam". In *Jahrbuch der kunshistorischen Sammlungen des allerhochsten Kaiserhauses* 31 (1913), 219-246.

PELTZER 1916
Rudolf Arhtur Peltzer. "Hans Rottenhammer." In *Jahrbuch der kunsthistorischen Sammlungen des Allerhöchsten Kaiserhauses* 33 (1916), 293-365.

PELTZER 1924
Rudolph Arthur Peltzer. "Niederländisch-venezianische Landschaftsmalerei." In *Münchner Jahrbuch der bildenden Kunst* n.s. 1 (1924), 126-153.

PELTZER 1936
Richard Arthur Peltzer."Christoph Schwarz." In THIEME & BECKER 1907-50, 21 (1936), 358-361.

PELTZER 1950
Arthur Peltzer. "Chi è il pittore Alberto de Ollanda?". In *Arte Veneta* 4 (1950), 118-122.

PÉREZ HIGUERA 1998
Teresa Pérez Higuera. *Medieval Calendars.* London 1998.

PEROCCO 1967
Guido Perocco. *L'opera completa del Carpaccio* (Classici dell'Arte, 13). Milano 1967.

PERRY 1972
Marylin Perry. "The Statuario Publico of the Venetian Republic." In *Saggi e Memorie di Storia dell'Arte* 8 (1972), 77-253.

PERRY 1978
Marilyn Perry. "Cardinal Domenico Grimani's Legacy of Ancient Art to Venice." In *Journal of the Warburg and Courtauld Institutes* 41 (1978), 215-244.

PFEIFFER 1971
Gerhard Pfeiffer. *Nürnberg – Geschichte einer europäischen Stadt.* München 1971.

PICCOLOMINI 1969
Aeneas Sylvius Piccolomini. *Selected Letters.* Tr. A. R. Baca, Northridge 1969.

PIEL 1992
Friedrich Piel. *Acquarelli e disegni di Dürer.* Novara 1992.

PIERRON 1912
Sander Pierron. Les Mostaert. Jean Mostaert dit le Maître d'Oultremont, Gilles et François Mostaert, Michel Mostaert. Brussels & Paris 1912.

PIGLER 1936
Andreas Pigler. "Ein Bruchstück der Regensburger Wandmalereien Albrecht Altdorfers." In *Jahrbuch der Preuszischen Kunstsammlungen* 57 (1936), 254-255.

PIGNATTI 1953
Terisio Pignatti. *Lorenzo Lotto.* Milano 1953.

PIGNATTI 1954
Terisio Pignatti. "La giovinezza di Lorenzo Lotto." In *Annali della Scuola Normale Superiore di Pisa* 23 (1954), 166-179.

PIGNATTI 1969
Terisio Pignatti. *L'opera completa di Giovanni Bellini.* Milano 1969.

PIGNATTI 1969
Terisio Pignatti. "Recenti studi su Palma il Vecchio." In *Arte Veneta* 22 (1969), 263-264.

PIGNATTI 1971
Terisio Pignatti. "Über die Beziehungen zwischen Dürer und den jungen Tizian". *Anzeiger des Germanischen National Museum Nürnberg* 1971-72, 61-69.

PIGNATTI 1971
Terisio Pignatti. *Giorgione.* London 1971.

PIGNATTI 1972
Terisio Pignatti. *Vittore Carpaccio* (Collana Disegnatori Italiani). Milano 1972.

PIGNATTI 1973
Terisio Pignatti. "The relationship between German and Venetian painting in the late Quattrocento and early Cinquecento." In *Renaissance Venice.* Ed. John Rigby Hale, London 1973, 244-273.

PIGNATTI 1976
Terisio Pignatti. *Veronese. L'opera completa.* 2 vols. Venezia 1976

PIGNATTI 1979
Terisio Pignatti. *Tiziano. Disegni.* Firenze 1979.

PIGNATTI 1981
Terisio Pignatti. "Dürer e Lotto." In *Lorenzo Lotto: Atti del convegno internazionale di studi per il 5° centenario della nascita.* Ed. Pietro Zampetti & Vittorio Sgarbi, Venezia 1981, 93-97.

PIGNATTI 1988
Terisio Pignatti. "Postilla alle 'Cortigiane' di Vittore Carpaccio." In *Arte Veneta* 42 (1988) 40.

PIGNATTI & PEDROCCO 1991
Terisio Pignatti & Filippo Pedrocco. *Veronese: Catalogo completo dei dipinti.* Firenze 1991.

PIGNATTI & PEDROCCO 1995
Terisio Pignatti & Filippo Pedrocco. *Veronese: Catalogo completo.* 2 vols., Firenze 1995.

PHILLIPS 1937
Duncan Phillips. *The Leadership of Giorgione.* Washington 1937.

PIJL 1998
Luk Pijl. "Paintings by Paul Bril in collaboration with Rottenhammer, Elsheimer and Rubens." In *The Burlington Magazine* 140 (1998), 660-667.

PILLSBURY 1987
Edmund Pillsbury. *In Pursuit of Quality.* New York 1987.

PILLSBURY & JORDAN 1987
Edmund Pillsbury & William Jordan. "Recent Painting Acquisitions, III: The Kimbell Art Museum." In *The Burlington Magazine* 129 (1987), 767-776.

PILO 1990
Giuseppe M. Pilo. "Paolo Veronese e il tema del battesimo di Gesù Cristo." In *Nuovi Studi su Paolo Veronese.* Ed. Massimo Gemin, Venezia 1990, 400-411.

PILO 1992
Giuseppe Maria Pilo. *Tesori d'arte di cinque secoli da Praga a San Pietroburgo.* Udine 1922.

PINCHART 1856a
Alexandre Pinchart."Tableaux et sculptures de Marie d'Autriche. reine douairière de Hongrie." In *Revue universelle des arts* 3 (1856), 127-146.

PINCHART 1856b
Alexandre Pinchart. "Tableaux et sculptures de Charles V". In *Revue universelle des arts* 3 (1856), 225-239.

PINETTE & SOULIER-FRANÇOIS 1992
Matthieu Pinette & Françoise Soulier-François. *De Bellini a Bonnard: chefs-d'oeuvre de la peinture du Musée des Beaux-Arts et d'Archéologie de Besançon.* Paris 1992.

PINO 1548
Paolo Pino. *Dialogo di pittura di Messer Paolo Pino nuovamente dato in luce.* Venezia 1548. Ed. Rodolfo & Anna Pallucchini, Venezia 1946.

PIQUARD 1947-1948
Maurice Piquard. "Le cardinal Granvelle et les artistes et les écrivains selons les documents de Besançon." In *Revue belge d'Archéologie et d'Histoire de l'art* 17 (1948-1949), 133-147.

PITTALUNGA 1930
Mary Pittalunga. *L'incisione italiana nel Cinquecento.* Milano 1930.

PIVA 1988
Paolo Piva. *L'"Altro" Giulio Romano: Il Duomo di Mantova, la Chiesa di Polirone e la dialettica col medioevo.* Quistello 1988.

PLANISCIG 1927
Leo Planiscig. *Andrea Riccio.* Wien 1927.

PLESTERS 1980
Joyce Plesters. "Tintoretto's paintings in the National Gallery. Part II: Materials and techniques." In *National Gallery Technical Bulletin* 4 (1980), 32-47.

PLINY 1958-1962
Pliny. *Natural History*. (The Loeb Classical Library) 10 vols., London & Cambridge, Mass. 1958-1962.

POGLAYEN-NEUWALL 1929
Stephan Poglayen-Neuwall. "Eine Meisterwerke italienischer Malerei der Sammlung Wilhelm von Ofenheim." In *Pantheon* 3 (1929), 267-271.

POHL 1992
Horst Pohl. *Willibald Imhoff. Enkel und Erbe Willibald Pirckheimers*. Nürnberg 1992.

POLACCO 1966
Luigi Polacco. "Il museo di Marco Mantova Benavides e la sua formazione." In *Arte in Europa. Scritti di storia dell'arte in onore di Edoardo Arslan*, Milano 1966, I, 665-673.

POLIGNANO 1992
Flavia Polignano. "Maliarde e cortigiane: titoli per una *damnatio*. Le *Dame* di Vittore Carpaccio." In *Venezia Cinquecento* 2, n° 3 (1992), 5-23.

POLIGNANO 1993
Flavia Polignano. "Ritratto e sistema simbolico nelle Dame di Vittore Carpaccio." In *Il ritratto e la memoria. Materiali 3*. Ed. Augusto Gentili, Philippe Morel & Claudia Cieri Via, Roma 1993, 229-251.

POESCHKE 1993
Joachim Poeschke. *Donatello and His World: Sculpture of the Italian Renaissance*. Tr. Russell Stockman. New York 1993.

POMIAN 1986
Krzysztof Pomian. "Collezionisti d'arte e di curiosità naturali." In *Storia della Cultura Veneta. 5/ II, Il Settecento*. Ed. Girolamo Arnaldi & Manlio Pastore Stocchi, Venezia 1986, 1-70.

POMIAN 1989
Krzysztof Pomian. *Collezionisti, amatori e curiosi. Parigi-Venezia XVI-XVIII secolo*. Milano 1989.

POPE-HENNESSY 1987
John Pope-Hennessy. *The Robert Lehman Collection, 1: Italian Paintings*. New York 1987.

POPHAM & POUNCEY 1950
Arthur E. Popham & Philip Pouncey. *Italian Drawings in the Department of Prints and Drawings in the British Museum: The Fourteenth and Fifteenth Centuries*. 2 vols., London 1950.

POPHAM 1928
Arthur E. Popham. "Jacopo de' Barbari: Study of a Dead Grey Partiridge." In *The Vasari Society for the Reproduction of Drawings by Old and Modern Masters* 2nd ser., 9 (1928), 5, No. 2.

POPHAM 1936
Arthur Ewart Popham. "Georg Hoefnagel and the Civitates Orbis Terrarum." In *Maso Finiguerra* 1, (1936), 183-201.

POPHAM 1947
Arthur E. Popham. "Disegni veneziani acquistati recentemente dal British Museum." In *Arte Veneta* 1 (1947), 226-230.

POSSE 1929
Hans Posse. Die Staatliche Gemäldegalerie zu Dresden. Dresden 1929.

POZZI 1979
Giovanni Pozzi. "Il ritratto della donna nella poesia d'inizio Cinquecento e la pittura di Giorgione." In *Lettere italiane* 31 (1979), 3-30.

PREIMESBERGER 1991
Rudolf Preimesberger. "Zu Jan van Eycks Diptychon der Sammlung Thyssen-Bornemisza." In *Zeitschrift für Kunstgeschichte* 54 (1991), 459-489.

PREVITALI 1980
Giovanni Previtali. "Da Antonello da Messina a Jacopo di Antonello." In *Prospettiva* 20 (1980), 27-34.

PRINZ 1962
Wolfram Prinz. "Die Darstellung Christi im Tempel und die Bildnisse des Andrea Mantegna." *Berliner Museen* 12 (1962) 50-54.

PROCACCI 1954
Ugo Procacci. "Una vita inedita del Muziano." In *Arte Veneta* 8 (1954), 242-264.

PUDELKO 1937
Georg Pudelko. "The Altarpiece by Antonio Vivarini and Giovanni d'Alemagna, once in San Moisé at Venice". In *The Burlington Magazine* 71 (1937), 130-133.

PUPPI 1961
Lionello Puppi. "Per Pasqualino Veneto." In *Critica d'arte* 8 (1961), 36-47.

PUPPI 1962
Lionello Puppi. *Bartolomeo Montagna*. Venezia 1962.

PUPPI 1983
Lionello Puppi. "Il viaggio e il soggiorno a Venezia di Antonello da Messina." In *Museum Patavinum* 1 (1983), 253-282.

PUPPI 1987
Lionello Puppi. "Un racconto di morte e di immortalità: 'San Girolamo nello studio' di Antonello da Messina." In *Modi del raccontare*. Ed. Giulio Ferroni, Palermo 1987, 34-45.

PUYVELDE 1956
Leo van Puyvelde. *De Bedoelingen van Bosch*, Amsterdam 1956.

QUELLER 1986
Donald E. Queller. *The Venetian Patriciate: Reality versus Myth*. Urbana & Chicago 1986.

QUINTAVALLE 1939
Arturo O. Quintavalle. *La Regia Galleria di Parma*. Roma 1939.

QUONDAM 1989
Amedeo Quondam. "Il naso di Laura." In *Il ritratto e la memoria. Materiali 1*. Ed. Augusto Gentili. Roma 1989, 9-44.

RADBRUCH & RADBRUCH 1961
Renate Maria Radbruch & Gustav Radbruch. *Der deutsche Bauernstand zwischen Mittelalter und Neuzeit*. Göttingen 1961.

RADER 1997
Edmond Rader. "L'invention du paysage chez Giorgione et Patenier." In *Arte/Documento* 11 (1997), 86-91.

RAGGHIANTI 1963
Carlo Ludovico Ragghianti. "Vittore Carpaccio." In *Selearte* 9 fasc. 64 (1963), 36-49.

RAPP 1985
Jürgen Rapp. "Ein Meisterstich der Florentiner Spätrenaissance entsteht: Bemerkungen zum Probedruck mit Vorzeichnungen für Melchior Meiers Kupferstich 'Apollo mit den geschundenen Marsyas und das Urteil des Midas' in den Uffizien." In *Pantheon* 43 (1985), 61-70.

RAPP 1989
Jürgen Rapp. "Adam Elsheimer: 'Aeneas rettet Anchises aus dem brennenden Troja.' Ein Stammbuchblatt in Deckfarbenmalerei." In *Pantheon* 47 (1989), 112-132.

RASMO 1955
Nicolò Rasmo. "Il pittore Altdorfer e la Residenza Clesiana di Trento." In *Cultura Atesina* 9 (1955), 33-35.

RASMO 1967
Nicolò Rasmo. "Donaustil und italienische Kunst der Renaissance". In *Werden und Wandlung. Studien zur Kunst der Donauschule*. Linz 1967, 115-136.

RASMO 1969
Nicolò Rasmo. *Michael Pacher*. Milano 1969.

RASMUSSEN 1974
Jörg Rasmussen. *Die Nürnberger Altarbaukunst der Dürerzeit*. PhD Diss., Hamburg 1974.

RAUPP 1986
Hans-Joachim Raupp. *Bauernsatiren: Entstehung und Entwicklung des bäuerlichen Genres in der deutschen und niederländischen Kunst ca. 1470-1570*. Niederzier 1986.

RAVÀ 1920
Aldo Ravà. "Il 'Camerino delle Anticaglie' di Gabriele Vendramin." In *Nuovo Archivio Veneto* 39 (1920), 155-181.

REARICK 1968
W. R. Rearick. "Jacopo Bassano's Later Genre Paintings." In *The Burlington Magazine* 110, fasc. 782 (1968), 241-249.

REARICK 1978
W. R. Rearick. "Early Drawings of Jacopo Bassano." In *Arte Veneta* 32 (1978), 161-168.

REARICK 1978b
W. R. Rearick. "Jacopo Bassano and Religious Imagery." In *Essays Presented to Myron P. Gilmore*. Ed. Sergio Bertelli & Gloria Ramakus, Firenze 1978, I, 331-343.

REARICK 1984
W. R. Rearick. "Observations on the Venetian Cinquecento in Light of the Royal Academy Exhibition." In *artibus et historiae* 5 (1984), 59-75.

REARICK 1984b
William Roger Rearick. "Jacopo Bassano and Mannerism." In *Cultura e società nel Rinascimento tra riforma e manierismi*. Eds. Vittore Branca e Carlo Ossola (Civiltà Veneziana. Saggi 32). Firenze 1984, 289-311.

REARICK 1986
W. R. Rearick. "Dal Ponte, Jacopo, detto Bassano." In *Dizionario biografico degli italiani*. Roma 1986, XXXII, 181-188.

REARICK 1988
W.R. Rearick. "Paolo Veronese: la vita e l'opera". In *Venezia* 1988, 15-22.

REARICK 1990
W.R. Rearick. "The Early Portraits of Paolo Veronese." In *Nuovi studi su Paolo Veronese*. Ed. M. Gemin. Venezia 1990, 347-358.

REARICK 1991
W.R.Rearick. "Titian Drawings: A Progress Report." In *artibus et historiae* 23 (1991), 9-37.

REARICK 1992
W. R. Rearick. "From Arcady to the Barnyard." In *The Pastoral Landscape*. Ed. John Dixon Hunt. *Studies in the History of Art* 36 (1992), 137-159.

REARICK 1992b
W. R. Rearick. "Vita ed opere di Jacopo dal Ponte, detto Bassano, c. 1510-1592." In *Bassano* 1992, LVII-CLXXXVIII.

REARICK 1995
William Roger Rearick. "Reflections on Tintoretto as a portraitist." In *Artibus et Historiae* 31 (XVI) (1995), 51-68.

REARICK 1998
W. R. Rearick. "Another Paolo Veronese drawing of the 'Baptism of Christ'." In *Gedenkschrift für Richard Harprath*. Ed. Wolfgang Liebenwein & Anchise Tempestini. München 1998, 386-392.

REFF 1963
Theodore Reff. "The Meaning of Titian's Venus of Urbino". In *Pantheon* 21 (1963) 359-366.

REICHEL 1926
Alfred Reichel. *Die Clair-Obscur-Schnitte des XVI., XVII. und XVII. Jahrhunderts*. Wien 1926.

REINHARDT 1982
Hans Reinhardt. "Nachrichten über das Leben Hans Holbeins des Jüngeren." In *Zeitschrift für Schweizerische Archäologie und Kunstgeschichte* 39 (1982), 253-276.

REINHARD 1996
Mark Häberlein, Ulrich Klinkert, Katarina Sieh-Burens & Reinhard Wendt. *Augsburger Eliten des 16. Jahrhunderts. Prosographie wirtschaftlicher und politischer Führungsgruppen. 1500-1620*. Ed. Wolfgang Reinhard. Berlin 1996.

REUTERSWÄRD 1992
Patrik Reutersward. "Three Cats in a Humanistic Context. To say nothing of the Peacock, the Partridge, and a Dog." In *Kunsthistorisk Tidskrift* 61 (1992), 137-144.

REYNAUD 1989
Nicole Reynaud. "Barthélemy d'Eyck avant 1450." In *Revue de l'Art* 84 (1989), 22-43.

REZNICEK 1956
Emil K.J. Reznicek. "Jan Harmensz Muller als tekenaar." *Nederlands Kunsthistorisch Jaarboek* 7 (1956), 65-120.

REZNICEK 1961
Emil K. J. Reznicek. *Die Zeichnungen von Hendrick Goltzius. Mit einem beschreibenden Katalog*. 2 vols., Utrecht 1961.

REZNICEK 1981
E.K.J. Reznicek. "Alcune osservazioni a proposito degli studi patognomici di Leonardo da Vinci." In *Ars Auro Prior*. Warszawa 1981, 245-249.

RICCI 1930
Corrado Ricci. *Accademia Carrara in Bergamo. Elenco dei quadri*. Bergamo 1930.

RICE 1985
Eugene F. Rice, Jr. *Saint Jerome in the Renaissance*. Baltimore & London 1985.

RICE 1988
Eugene F. Rice, Jr. *Saint Jerome in the Renaissance*. Baltimore & London 1988.

RICHARDSON 1980
Francis L. Richardson. *Andrea Schiavone*. Oxford 1980.

RICHTER 1937
George Martin Richter. *Giorgio da Castelfranco called Giorgione*. Chicago 1937.

RIDDERBOS 1984
Bernhard Ridderbos. *Saint and Symbol: Images of Saint Jerome in Early Italian Art*. Groningen 1984.

RIDDERBOS 1993
Bernhard Ridderbos. "In de suizende stilte van de binnenkamer. Interpretaties van het Arnolfini-portret." In *Nederland-Italië. Relaties in de beeldende kunst van de Nederlanden en Italië 1400-1750. Nederlands Kunsthistorisch Jaarboek* 44 (1993). 35-74.

RIDOLFI 1648
Carlo Ridolfi. *Le maraviglie dell'arte ovvero le vite degli illustri pittori veneti e dello stato*. Venezia 1648. Ed. Detlev von Hadeln. 2 vols., Berlin 1914-1924.

RIGGS 1971
Timothy A. Riggs. *Hieronymus Cock (1510-1570): Printmaker and Publisher in Antwerp at the Sign of the Four Winds*. PhD Diss. Yale University, New Haven 1971. (Garland Ed., New York & London 1977).

RIGOLI & AMITRANO SAVARESE 1995
*Fuoco Acqua Cielo Terra. Stampe popolari profane dalla "Civiva Raccolta Achille Bertarelli"*. Ed. Aurelio Rigoli & Annamaria Amitrano Savarese, Vigevano 1995.

RIGON, PIGNATTI & VALCANOVER 1994
Frenando Rigon, Terisio Pignatti & Francesco Valcanover. *La terra di Giorgione*. Cittadella 1994.

RING 1923
Gerte Ring. "Der Meister des Verlorenen Sohnes, Jan Mandyn und Lenaert Kroes." In *Jahrbuch für Kunstwissenschaft* (1923), 196-201.

RINGBOM 1984
Sixten Ringbom. *Icon to Narrative: The Rise of the Dramatic Close-Up in Fifteenth-Century Devotional Painting*. Doornspijk 1984.

ROBB 1936
David M. Robb, "The Iconography of the Annunciation in the Fourteenth and Fifteenth Centuries." In *The Art Bulletin* 18 (1936), 480-526.

ROBELS 1972
Hella Robels. "Cranachs Holzschnitt 'Venus und Amor'." In *Museen in Köln Bulletin*, 6 (1972), 1055-1056.

ROBERT-DUMESNIL 1835-71
A.P.F. Robert-Dumesnil. *Le peintre-graveur français, ou Catalogue raisonné des estampes gravées par les peintres et les dessinateurs de l'école française. Ouvrage faisant suite au "Peintre graveur" de M.Bartsch*. Paris 1835-1871 (ed. Paris 1967).

ROBERTS 1959
Helen I. Roberts. "St. Augustine in 'St. Jerome's Study': Carpaccio's Painting and its Legendary Source." In *The Art Bulletin* 41, (1959), 283-297.

ROBERTSON 1954
Giles Robertson. *Vincenzo Catena*. Edinburgh 1954.

ROBERTSON 1962
Gilles Robertson. "Jan Lauts, Carpaccio, Paintings and Drawings." In *The Art Bulletin* 45 (1962), 157-158.

ROBERTSON 1963
Gilles Robertson. "The Carpaccio Exhibition." In *The Burlington Magazine* 105, (1963), 385-390.

ROBERTSON 1968
Giles Robertson. *Giovanni Bellini*. Oxford 1968.

ROECK 1984
Bernd Roeck. "Wirtschaftliche und soziale Voraussetzungen der Augsburger Baukunst zur Zeit des Elias Holl." In *Architectura* 14 (1984), 119-138.

ROECK 1987
Bernd Roeck. "Reisende und Reisewege von Augsburg nach Venedig in der zweiten Hälfte des 16. und der ersten Hälfte des 17. Jahrhunderts." In *Alpenübergänge vor 1850. Landkarten – Straßen – Verkehr.* Ed. Uta Lindgren, Stuttgart 1987 (VSWG supplemento 83), 179-187.

ROECK 1990
Bernd Roeck. "Geschichte, Finsternis und Unkultur. Zu Leben und Werk des Marcus Welser (1558-1614)." In *Archiv für Kulturgeschichte* 72, 1 (1990), 115-141.

ROECK 1991
Bernd Roeck. *Arte per l'anima, arte per lo stato. Un doge del tardo Quattrocento ed i segni delle immagine.* (Centro Tedesco di Studi Veneziani. Quaderni, vol. 40). Venezia 1991.

ROECK 1992
Bernd Roeck. "Zu Kunstaufträgen des Dogen Agostino Barbarigo (1419-1501). Das Grabmonument in der Chiesa della Carità in Venedig und die 'Pala Barbarigo' Giovanni Bellinis." In *Zeitschrift für Kunstgeschichte* 55 (1992), 1-34.

ROECK 1995
Bernd Roeck. "Kulturelle Beziehungen zwischen Augsburg und Venedig in der Frühen Neuzeit." In *Augsburg in der Frühen Neuzeit. Beiträge zu einem Forschungsprogramm* (Colloquia Augustana vol. 1). Ed. Jochen Brüning & Friedrich Niewöhner, Berlin 1995, 421-434.

ROECK 1999
Bernd Roeck. *Kunstpatronage in der Frühen Neuzeit. Studien zu Kunstmarkt, Künstlern und ihren Auftraggebern in Italien und im Heiligen Römischen Reich (15.-17. Jahrhundert).* Göttingen 1999.

ROETTGEN 1995
Herwarth Roettgen. "Brussels. Fiamminghi a Roma." In *The Burlington Magazine* 137 (1995), 472-474.

ROGERS 1986
Mary Rogers. "Sonnets on Female Portraits from Renaissance North Italy." In *Word and Image* 2 (1986), 291-305.

ROHLMANN 1994
Michael Rohlmann. *Auftragskunst und Sammlerbild. Altniederländische Tafelmalerei im Florenz des Quattrocento.* PhD Diss., Köln 1994.

ROMANELLI 1994
Giandomenico Romanelli. *La Scuola Grande di San Rocco.* Milano 1994.

ROMANO 1987
Dennis Romano. *Patricians and Popolani: The Social Foundations of the Venetian Renaissance State.* Baltimore & London 1987.

ROMANO 1991
Giovanni Romano. *Studi sul paesaggio: Storia e immagini.* Torino 1991.

ROSAND 1992
David Rosand. "Pastoral Topoi: On the construction of Meaning in Landscape". In *The Pastoral Landscape. Studies in the History of Art.* Center for Advanced Study in the Visual Arts, Symposium Papers XX. Hanover & London 1992, 161-177.

ROSENAUER 1993
Artur Rosenauer. *Donatello.* Milano 1993.

ROSENBERG 1960
Jacob Rosenberg. *Die Zeichnungen Lucas Cranachs d.Ä.* Berlin 1960.

ROSKILL 1997
Mark Roskill. *The Languages of Landscapes.* University Park 1997.

ROSSETTI 1780
Giovan Battista Rossetti, *Descrizione delle pitture, sculture ed architetture di Padova.* Padova 1780.

ROSSI 1988
Francesco Rossi. *Accademia Carrara Bergamo. Catalogo dei dipinti sec. XV-XVI.* Milano 1988.

ROSSI 1994
Francesco Rossi. "Una cucina di Jacopo Bassano e il suo modello nordico." In *Verona Illustrata* 7 (1994), 57-64.

ROSSI 1997
Francesco Rossi. "'Il porto e la scala di Alemagna': artisti del Nord a Verona." In *La pittura fiamminga nel Veneto e nell'Emilia.* Ed. Caterina Limentani Virdis, Verona 1997, 167-201.

ROSSI 1998
Francesco Rossi. *Accademia Carrara. Itinerario didattico.* Bergamo 1998.

ROSSI 1979
Paola Rossi. "Tiziano nelle Gallerie fiorentine." In *Arte Veneta* 33 (1979), 190-193.

ROSSI 1980
Paola Rossi. "In margine a una nuova monografia su Andrea Schiavone e qualche aggiunta al catalogo dell'artista." In *Arte Veneta* 34 (1980), 78-95.

ROSSI 1984
Paola Rossi. "Per la grafica di Domenico Tintoretto. II." In *Arte Veneta* 38 (1984), 57-71.

ROSSI 1990
Paola Rossi. *Tintoretto: I ritratti.* Milano 1990.

ROWLANDS 1984
John Rowlands. *Master Drawings and Watercolours in the British Museum.* London 1984.

ROWLANDS 1985
John Rowlands. *Holbein. The Paintings of Hans Holbein the younger.* Oxford 1985.

ROWLANDS 1993
John Rowlands. *Drawings by German Artists and Artists from German-Speaking Regions of Europe in the Department of Prints and Drawings in the British Museum. 1. The Fifteenth Century, and the Sixteenth Century by Artists Born before 1530.* 2 vols., London 1993.

ROWLANDS 1996
Eliot Rowlands. *The Collections of The Nelson-Atkins Museum of Art: Italian Paintings 1300-1800.* Kansas City 1996.

ROYALTON KISCH 1989
Martin Royalton Kisch. "Dirck Barendsz and Hendrick Goltzius". In *Bulletin van het Rijksmuseum* 37 (1989), 14-26.

ROY & WHITE 1999
Ashok Roy & Raymond White. "Van Eyck's Technique: The Myth and the Reality." In *Investigating Jan van Eyck: National Gallery, London, 1998.* Ed. Susan Foister & Susan Jones. Turnhout 1999.

RUHMER 1965
Eberhard Ruhmer. *Albrecht Altdorfer.* München 1965.

RUPPRICH 1956
Hans Rupprich. *Dürer Schriftlicher Nachlass.* 3 vols., Berlin 1956.

RUSKIN 1884
John Ruskin. *St. Mark's Rest. The History of Venice Written for the Help of the Few Travellers Who Still Care for Her Monuments.* Kent 1884.

RUSSO 1987
Daniel Russo. *Saint Jérôme en Italie: Étude d'iconographie et de spiritualité (XIIIe-XVe siècle).* Paris 1987.

RUSSOLI 1962
Franco Russoli. *50 Capolavori dell'Accademia Carrara,* Bergamo 1962.

RYLANDS 1988
Philip Rylands. *Palma il Vecchio. L'opera completa.* Milano 1988.

RYLANDS 1988
Philip Rylands. *Palma il Vecchio: L'opera completa.* Milano 1988.

RYLANDS 1992
Philip Rylands. *Palma il Vecchio.* Cambridge, England & New York 1992.

SACCOMANI 1978
Elisabetta Saccomani. "Alcune proposte per il catalogo dei disegni di Domenico Campagnola." In *Arte Veneta* 32 (1978), 106-111.

SACCOMANI 1982
Elisabetta Saccomani. "Domenico Campagnola disegnatore di 'Paesi' dagli esordi alla prima maturità." In *Arte Veneta* 36 (1982), 81-99.

SACCOMANI 1984
Elisabetta Saccomani. "Domenico Campagnola disegnatore di 'paesi' dagli esordi alla maturità". In *Arte Veneta* 36 (1984), 81-99.

SACCONE 1983
Eduardo Saccone. "*Grazia, Spezzatura, Affettazione* in the *Courtier.*" In *Castiglione: The Ideal and the Real in Renaissance Culture.* Ed. Robert W. Hanning & David Rosand. New Haven & London 1983, 45-68.

SAFARIK 1989
Eduard A. Safarik. "La natura morta nel Veneto". In *La natura morta in Italia.* Ed. Federico Zeri & Francesco Porzio, Milano 1989, I, 318-325.

SAINTENOY 1932-1935
Paul Saintenoy. *Les Arts et les Artistes à la cour de Bruxelles.* 3 vols., Bruxelles 1932-1935.

SAFFREY 1990
Henri D. Saffrey. "Albrecht Dürer, Jean Cuno, O.P., et la confrerie du Rosaire Ö Venice." In *Festschrift für Martin Sicherl zum 75. Geburtstag.* Ed. Dieter Harlfinger.-Paderborn 1990, 263-291.

SALMI 1960
Mario Salmi. *Ercole de' Roberti.* Milano 1960.

SALTINI & SFRAMELI 1995
Antonio Saltini & Maria Sframeli. *L'agricoltura e il paesaggio italiano nella pittura da Trecento all'Ottocento.* Firenze 1995.

SALVINI 1973
Roberto Salvini. *Albrecht Dürer. Disegni.* Firenze 1973.

SALVINI 1978
Roberto Salvini. "Leonardo i Fiamminghi e la cronologia di Giorgione." In *Arte Veneta* 32 (1978), 92-99.

SANDER 1992
Jochen Sander. *Hugo van der Goes. Stilentwicklung und Chronologie.* Mainz 1992.

SANDSTRÖM 1963
Sven Sandström. *Leevels of Unreality: Studies in Structure and Construction in Italian Mural Painting During the Renaissance.* Uppsalar 1963.

SANNAZARO 1961
Jacobo Sannazaro. *Opere volgari.* Ed. Alfredo Mauro, Bari 1961.

SANSOVINO 1581
Francesco Sansovino. *Venetia città nobilissima et singolare.* Venezia 1581.

SANSOVINO & MARTINIONI 1663
Francesco Sansovino & Giustiniano Martinioni. *Venetia Città Nobilissima et Singolare. Con aggiunta,* Venezia 1663.

SANTAGIUSTINA PONIZ 1979-1980
Anna Santagiustina Poniz. "Le stampe di Domenico Campagnola." In *Atti dell'Istituto Veneto di Scienze, Lettere ed Arti* 138 (1979-1980), 303-319.

SANTORE 1988
Cathy Santore. "The Fruits of Venus: Carpaccio's 'Two Courtesans'." In *Arte Veneta* 42 (1988), 34-39.

SANUDO 1980
Marin Sanudo il Giovane. *De origine situ et magistratis urbis venetae ovvero la città di Venezia (1493-1530).* Ed. Angela Caracciolo Aricò. Milano 1980.

SANUTO 1879-1902
Marino Sanuto. *I diritti di Marino Sanuto.* Ed. Rinaldo Fulin et al. 58 vols. Venezia 1879-1902.

SAPORI in corso di stampa
Giovanna Sapori. "Flemish Forays in the Roman Hinterland". In *Atti del Convegno Fiamminghi a Roma 1995,* Utrecht, Museum Het Catharijneconvent. Firenze, in corso di stampa.

SAUR AKL 1992-
*Saur Allgemeines Künstler-Lexikon.* München & Leipzig 1992- (30 voll. pubbl.)

SAVELSBERG 1998
Wolfgang Savelsberg. "Flämische Druckgraphik in der zweiten Hälfte des 16. Jahrhunderts." In KÖLN 1992, 225-234.

SAVETTIERI 1998
Chiara Savettieri. *Antonello da Messina* (con un saggio di Antonino Caleca). Palermo 1998.

SAVINI-BRANCA 1964
Simona Savini-Branca. *Il collezionismo veneziano nel '600.* Padova 1964.

SCAMOZZI 1615
Vincenzo Scamozzi. *L'Idea della Architettura Universale.* Venetia 1615.

SCHABACKER 1974
Peter H. Schabacker. *Petrus Christus.* Utrecht 1974.

SCHADE 1961-1962
Werner Schade. "Zum Werk der Cranach." In *Jahrbuch Staatliche Kunstsammlungen Dresden* (1961-1962), 29-49.

SCHADE 1974
Werner Schade. *Die Malerfamilie Cranach.* Dresden 1974.

SCHADE 1996
Karl Schade. *Andachtsbild. Die Geschichte eines kunsthistorischen Begriffs.* Weimar 1996.

SCHAEFER 1994
Claude Schaefer. *Jean Fouquet an der Schwelle zur Renaissance.* Dresden 1994.

SCHAMA 1995
Simon Schama. *Landscape and Memory.* London 1995.

SCHAPIRO 1969
Meyer Schapiro. "On Some Problems in the Semiotics of Visual Art: Field and Vehicle in Image-Signs." In *Semiotica* 1 (1969); 223-242.

SCHAWE 1997
Martin Schawe. "'... VND LEST NACH DEM SIN...' Albrecht Dürers Darstellung des Zwölfjährigen Jesus im Tempel von 1506." In *Münchner Jahrbuch der bildenden Kunst* 48 (1997), 43-66.

SCHILLING 1956
Edmund Schilling. "Zwei Landschaftszeichnungen des Georg Hoefnagel." In *Kunstgeschichtliche Studien für Hans Kauffmann.* Berlin 1956, 233-239.

SCHILLING 1973
Edmung Schilling. *Städelsches Kunstinstitut, Frankfurt am Main. Katalog der deutschen Zeichnungen. Alte Meister.* vol.1, München 1973.

SCHILLING 1973
Edmund Schilling. *Katalog der Zeichnungen. Alte Meister.* Städelsches Kunstinstitut Frankfurt am Main. Frankfurt am Main 1973.

SCHLEIER 1985
Erich Schleier. "Italienische Malerei des 13. bis 18. Jahrhunderts. Deutsche, Französische und Spanische Malerei des 17. Jahrhunderts." In *Gemäldegalerie Berlin. Geschichte der Sammlung und ausgewählte Meisterwerke.* Berlin 1985, 267-392.

SCHLICHTENMAIER 1988
Harry Schlichtenmaier. *Studien zum Werk Hans Rottenhammers des Älteren (1564-1625) Maler und Zeichner mit Werkkatalog.* PhD Diss., Eberhard-Karls-Universität, Tübingen 1988.

SCHLINK 1985
Wilhelm Schlink. "Die Sockelskulpturen der beiden Säulen am Markusplatz von Venedig." In *Intuition und Darstellung: Erich Hubala zum 24. März 1985.* Ed. Frank Büttner & Christian Lenz, München 1985, 33-44.

SCHLOSS TIROL 1998
*Der Weg in den Süden. Reisen durch Tirol von Dürer bis Heine. Attraverso le Alpi. Appunti di viaggio da Dürer a Heine.* Landes Museum, Schloss Tirol 1998.

SCHMID 1991
Wolfgang Schmid. *Kölner Renaissancekultur im Spiegel der Aufzeichnungen des Hermann Weinsberg (1518-1597).* Köln 1991.

SCHMID 1993
Alois Schmid. "Maximilian I. von Bayern und Venedig. Zur Hofkultur des Frühabsolutismus." In *Venedig und Oberdeutschland in der Renaissance. Beziehungen zwischen Kunst und Wirtschaft* (Centro Tedesco di Studi Veneziani, Studi 9). Ed. Bernd Roeck, Klaus Bergdolt & Andrew John Martin, Sigmaringen 1993, 158-182.

SCHMIDBAUER 1963
Richard Schmidbauer. *Die Augsburger Stadt-bibliothekare durch vier Jahrhunderte: 1537-1952.* Augsburg 1963.

SCHMIDT 1900
Wilhelm Schmidt. "Ein Portrat des Kurfürsten Albrecht von Mainz." In *Beilage zur Allgemeinen Zeitung,* 94, München, 25 April 1900, 5.

SCHMIDT 1978
Hans Martin Schmidt. *Der Meister des Marienlebens und sein Kreis. Studien zur spätgotischen Malerei in Köln.* Düsseldorf 1978.

SCHMIDT 1990
Catarina Schmidt. "La sacra conversazione nella pittura veneta." In *La pittura nel Veneto: Il Quattrocento.* Ed. Mauro Lucco, Milano 1990, II, 703-726.

SCHMIDT s.d.
Margot Schmidt. *Der Basler Medeasarkophag. Ein Meisterwerk spätantoninischer Kunst.* Tübingen s.d. (ca.1969).

SCHNACKENBURG 1996
Bernhard Schnackenburg. *Staatliche Museen Kassel. Gemäldegalerie Alte Meister. Gesamtkatalog.* 2 vols. Mainz 1996.

SCHOLDERER 1966
Victor Scholderer. "A Fleming in Venetia: Gerardus de Lisa, Printer, Bookseller, Schoolmaster, and Musician." In *Fifty Essays in Fifteenth and Sixteenth-Century Bibliography.* Amsterdam 1966, 113-25; "Printers and Readers in Italy During the Fifteenth Century," 202-215.

SCHÖNBRUNNER & MEDER 1896
Joseph Schönbrunner & Joseph Meder. *Graphische Sammlung Albertina. Handzeichnungen alter Meister aus der Albertina und anderen Sammlungen.* 12 vols., Wien 1896-1908.

SCHOTTMÜLLER 1902
Frida Schottmüller. "Eine verschollene Kreuzigung von Jan van Eyck." In *Jahrbuch der Königlich Preussischen Kunstsammlungen.* 23 (1902), 33-35.

SCHULZ 1968
Juergen Schulz. *Venetian Painted Ceilings of the Renaissance.* Berkeley & Los Angeles 1968.

SCHUSTER 1921
I. Schuster O.S.B. *L'Imperiale Abbazia di Farfa. Contributo alla storia del ducato romano nel medioevo.* Roma 1921 [rist. anast. Roma 1987].

SCHUTTWOLF 1995
Allmut Schuttwolf. *Schlossmuseum Gotha. Sammlung der Plastik.* Gotha 1995.

SCHWEIKHART 1997
Gunter Schweikhart,. "Tizian in Augsburg." In Klaus Bergdolt & Jochen Brüning, *Kunst und ihre Auftraggeber im 16. Jahrhundert. Augsburg und Venedig im Vergleich.* Berlin 1997, 21-42.

SCHWEIKHART 1993
Gunter Schweikhart. "Der Fondaco dei Tedeschi: Bau und Ausstattung im 16. Jahrhundert." In *Venedig und Oberdeutschland in der Renaissance. Beziehungen zwischen Kunst und Wirtschaft.* (Studi. Schriftenreihe des Deutschen Studienzentrums in Venedig, vol. 9). Ed. Bernd Roeck, Klaus Bergdolt & Andrew John Martin. Sigmaringen 1993, 41-49.

SCHWEIKHART, COVA & SONA 1993
Günter Schweikhart, Mauro Cova & Giuliana Sona. *Pittura esterna murale nel Veneto. Verona e provincia.* Bassano del Grappa 1993.

SCHWEMMER 1949
Wilhelm Schwemmer. "Aus der Geschichte der Kunstsammlungen der Stadt Nürnberg." In *Mitteilungen des Vereins für Geschichte der Stadt Nürnberg* 40 (1949), 97-206.

SCHULZ 1978
Juergen Schulz. "Jacopo de' Barbari's View of Venice: Map Making, City Views, and Moralized Geography Before the Year 1500." In *The Art Bulletin* 60 (1978), 425-474.

SEGRE 1990
Cesare Segre. "Viaggi e Visioni d'oltretomba fino alla Commedia di Dante". In *Fuori dal mondo. I modelli nella follia e nelle immagini dell'aldilà.* Torino 1990, 25-48.

SEIDEL 1987
Max Seidel. *Altdorfer. Leidensweg. Heilsweg. Der Passionsaltar von St. Florian.* Zürich 1983.

SEIDEL 1993
Linda Seidel. *Jan van Eyck's Arnolfini Portrait: Stories of an Icon.* Cambridge, England 1993.

SELVATICO & LAZARI 1852
Pietro Selvatico & Vincenzo Lazari. *Guida di Venezia e delle isole circonvicine.* Venezia, Milano & Verona, s.d. [1852].

SENECHAL 1987
Philip Senechal. *Les Graveurs des Ecoles du Nord à Venise (1585-1620). Les Sadelers: Entremise et Entreprise.* 3 vols., Paris-Sorbonne 1987.

SERCK 1998
Luc Serck. "*Le Montée au Calvaire* dans l'oeuvre d'Henri Bles: Création et composition." In *Herri met de Bles: Studies and Exploration of the World Landscape Tradition.* Ed. Norman E. Muller, Betsy J. Rosasco & James H. Marrow, Princeton 1998, 51-72.

SERVOLINI 1944
Luigi Servolini. *Jacopo de' Barbari.* Padova 1944.

SESTIERI 1942
*Catalogo della Galleria ex Fidecommissaria Doria-Pamphilj.* Ed. Ettore Sestieri, Spoleto 1942.

SETTIS 1978
Salvatore Settis. *La "Tempesta" interpretata. Giorgione, i committenti, il soggetto.* Torino 1978.

SEZNEC 1961
Jean Seznec. *The Survival of the Pagan Gods.* New York 1953, ed. New York 1961.

SGARBI 1994
Vittorio Sgarbi. *Carpaccio.* Milano 1994.

SGARBI 1981
Vittorio Sgarbi. "Giovanni de Mio, Bonifacio de' Pitati, Lamberto Sustris. Indicazioni sul primo tempo del Manierismo nel Veneto." In *Arte Veneta* 35 (1981), 52-61.

SGARBI 1982
Vittorio Sgarbi. "1518: Cariani a Ferrara e Dosso." In *Paragone* 33, fasc. 389 (1982), 3-18.

SHAPLEY 1945
Fern Rusk Shapley. "Giovanni Bellini and Cornaro's Gazelle." In *Gazette des Beaux-Arts* 28 (1945), 27-30.

SHAPLEY
Fern Rusk Shapley. *Complete Catalogue of the Samuel H. Kress Collection. Italian Paintings XV-XVI Century.* London 1966-1973.

SHAPLEY 1979
Fern Rusk Shapley. *Catalogue of the Italian Paintings: National Gallery of Art.* 2 vols., Washington 1979.

SHEARD 1997
Wendy Stedman Sheard. "The Portraits." In WASHINGTON 1997, 43-51.

SHEARMAN 1965
John Shearman. *Mannerism.* Harmondsworth 1965.

SHEARMAN 1983
John Shearman. *The Early Italian Pictures in the Collection of Her Majesty the Queen.* Cambridge, England & London 1983.

SHELTON 1994
Anthony Alan Shelton. "Cabinets of Transgression: Renaissance Collections and the Incorporation of the New World." In *The Cultures of Collecting.* Ed. John Elsner & Roger Cardinal 1994, 177-203.

SILVER 1983
Larry Silver. "Forest primeval: Albrecht Altdorfer and the German wilderness landscape." In *Simiolus* 13 (1983), 4-43.

SILVER 1984
Larry Silver. *The paintings of Quintes Massys with Catalogue Raisonné.* Totowa/Montclair 1984.

SILVER 1986
Larry Silver. "*Figure nude, historie e poesie*: Jan Gossaert and the Renaissance Nude in the Netherlands." In *Nederlands Kunsthistorisch Jaarboek* 37 (1986), 1-40.

SILVER 1998
Larry Silver. "Germanic patriotism in the age of Dürer." In *Dürer and his Culture.* Ed. Dagmar Eichberger & Charles Zika, Cambridge 1998, 38-68.

SIMON 1971-1972
Erika Simon. "Dürer und Mantegna 1494." In *Anzeiger des Germanischen Nationalmuseums* (1971-1972), 21-40.

SIMONETTI 1986
Simonetta Simonetti. "Profilo di Bonifacio de' Pitati." In *Saggi e Memorie di Storia dell'Arte* 15 (1986), 83-134; 235-277.

SIMONS 1988
Patricia Simons. "Women in Frames: The Gaze, the Eye, the Profile in Renaissance Portraiture." In *History Workshop: A Journal of Socialist and Feminist Historians* 25 (1988), 4-30. Rpt. in *The Expanding Discourse: Feminism and Art History.* Ed. Norma Broude & Mary D. Garrard. New York 1992, 59-86.

SIMONS 1995
Patricia Simons. "Portraiture, Portrayal, and Idealization: Ambiguous Individualism in Representation of Renaissance Women." In *Language and Images of Renaissance in Italy.* Ed. Alison Brown. Oxford 1995, 263-312.

SIMONSFELD 1887
Henry Simonsfeld. *Der Fondaco dei Tedeschi in Venedig und die deutsch-venezianischen Handelsbeziehungen.* 2 vols., Stuttgart 1887 (reprint Aalen 1968).

SIMONSFELD 1890
Henry Simonsfeld. *Eine deutsche Colonie zu Treviso im späteren Mittelalter.* München 1890.

SKELTON & VIETOR 1965
*Braun & Hogenberg: Civitates Orbis Terrarum. 1572-1618.* (Das Bild der Welt. Eine Reihe früher Werke zur Kultur des Städtewesens. 1. ser., vol.1-3). vol.1. Ed. R.A. Skelton & A.O. Vietor. Kassel & Basel 1965.

SLATKES 1975
Leonard J. Slatkes. "Hieronymus Bosch and Italy." *The Art Bulletin* 57 (1975), 335-345.

SMEYERS 1988
Maurits Smeyers. "A Mid-Fifteeenth Century Book of Hours from Bruges in The Walters Art Gallery (MS.721) and Its Relation to the *Turin-Milan Hours.*" In *Journal of the Walters Art Gallery* 46 (1988), 55-76.

SMIRNOVA 1971
Irina Smirnova. "Due serie delle Stagioni bassanesche e alcune considerazioni sulla genesi del quadro di genere nella bottega di Jacopo da Ponte." In *Studi di storia dell'arte in onore di Antonio Morassi.* Venezia 1971, 129-137.

SMITH 1972
Alistair Smith. "Dürer and Bellini, Apelles and Protogenes." In *The Burlington Magazine* 114 (1972), 326-329.

SMITH 1979
Alistair Smith. "Germania and Italia: Albrecht Dürer and Venetian Art." In *Journal of the Royal Society of Arts* 127 (1979), 273-290.

SMITH 1985
Alistair Smith. *The National Gallery Schools of Painting: Early Netherlandish and German Paintings.* London 1985.

SMITH 1994
Jeffrey Chipps Smith. *German Sculpture of the Later Renaissance, c.1520-1580. Art in an Age of Uncertainty.* Princeton 1994.

SMITH 1995
Susan Smith. *The Power of Women.* Philadelphia 1995.

SNOEP 1967-1968
D.P. Snoep, "Van Atlas tot last: Aspecten van de betekenis van het Atlasmotief." In *Simiolus* 2 (1967-1968), 6-22.

SNYDER 1985
James Snyder. *Northern Renaissance Art: Paintings, Sculpture, The Graphic Arts from 1350 to 1575.* New York 1985.

SOFTRITER 1998
Kristian Soffriter. "Untweggs nach Arkadien, oder das Entsehen eines Bildes von Tirol". In *Schloss Tirol* 1998, 81-97.

SOHM 1979-1980
Philip L. Sohm. "Palma Vecchio's *Sea Storm:* A Political Allegory." In *Revue d'Art Canadienne/Canadian Art Review* 6, part 2 (1979-1980), 85-96.

SOMOF 1909
Andreae Somof. *Catalogue de la Galerie des tableaux.* St Petersburg 1909.

SONKES 1969
Micheline Sonkes. *Dessins du XVᵉ siècle. Groupe van der Weyden. Essai de catalogue des originaux du maître, des copies et des dessins anonymes inspirés par son style.* Bruxelles 1969.

SORRENTINO 1931-1932
Antonino Sorrentino. "Un ritratto di Alessandro Farnese". In *Bolletino d'arte* 25 (1931-1932), 405-407.

SPAHN 1932
Anna Maria Spahn. *Palma Vecchio.* Leipzig 1932.

SPALLANZANI & GAETA BERTELÀ 1992
Marco Spallanzani & Giovanna Gaeta Bertelà. *Libro d'inventario di Lorenzo il Magnifico.* Firenze 1992.

SPENCER 1991
John R. Spencer. *Andrea del Castagno and His Patrons.* Durham, NC & London 1991.

SPICER 1991
Joneath Spicer. "The Renaissance Elbow". In *A Cultural History of Gesture from Antiquity to the Present Day.* Ed. Jan Bremmer & Herman Roodemburg. Cambridge 1991, 84-128.

SPONZA 1994
Sandro Sponza. "Il restauro della pala di Costantino ed Elena ai piedi della Croce in San Giovanni Bragora: Osservazioni e appunti." In *Venezia Cinquecento* 7 (1994), 127-144.

SPRIGGS 1965
S. I. Spriggs. "Oriental Porcelain in Western Paintings: 1450-1700." In *Transactions of the Oriental Ceramic Society* 34 (1965), 73-74.

SRICCHIA SANTORO 1986
Fiorella Sricchia Santoro. *Antonello e l'Europa.* Milano 1986.

SRONEK 1988
Michal Sronek. "Paolo Piazza, ein malender Kapuziner im rudolfinischen Prag." In ESSEN 1988, III, 284-288.

STAFSKI 1962
Heinz Stafski. *Der jüngere Peter Vischer.* Nürnberg 1962.

STANGE 1964
Alfred Stange. *Malerei der Donauschule.* München 1964.

STANGE 1971
Alfred Stange. *Rueland Frueauf d.J. Ein Wegbereiter der Donauschule.* Ed. Kurt Rossacher. Salzburg 1971.

STECHOW & COMER 1975-1976
Wolfgang Stechow & Christopher Comer. "The History of the Term *Genre.*" In *Allen Memorial Art Museum Bulletin* 33 (1975-1976), 89-94.

STEELE 1988
Brian David Steele. *The Reclining Female Nude in Venetian Painting ca. 1500: Ideal Beauty, Designed for Interpretation.* PhD Diss. The University of Iowa, Iowa City 1988.

STEER 1982
John Steer. *Alvise Vivarini: His Art and Influence.* Cambridge 1982.

STEINBERG 1968
Leo Steinberg. "Michelangelo's Florentine *Pietà*: The Missing Leg." In *The Art Bulletin* 50 (1968), 243-353.

STEINGRÄBER 1964
Erich Steingräber."Peter Vischer d.J. Orpheus und Eurydice." In *Kunstwerke der Welt aus dem öffentlichen bayerischen Kunstbesitz.* IV. Ed. Remigius Netzer. München 1964.

STEINGRÄBER 1998
Erich Steingräber. "Zur 'Italienisierung' des deutschen Vesperbildes." In *Skulptur in Süddeutschland 1400-1770. Festschrift für Alfred Schädler.* Ed. Rainer Kashnitz & Peter Volk, München & Berlin 1998, 11-17.

STENNEK 1998
Antje Stennek. "Frauen Reisen in Tirol. Zur Geschlechtsspezifischen Mobilität und Berichterstattung." In *Schloss Tirol* 1998, 129-142.

STERLING 1983
Charles Sterling. *Enguerrand Quarton. Le peintre de la Pietà d'Avignon*. Paris 1983.

STOCKBAUER 1874
Jacob Stockbauer. *Die Kunstbestrebungen am bayerischen Hofe unter Herzog Albrecht V. und seinem Nachfolger Wilhelm V.* (Quellenschriften für Kunstgeschichte und Kunsttechnik des Mittelalters und der Renaissance, vol. 8). Wien 1874.

STOUT 1938
Charles L. Stout. "One Aspect of the So-Called 'Mixed Technique'". In *Technical Studies* 7 (1938), 59-72.

STRAUSS 1973
Walter L. Strauss. *Chiaroscuro: Clair-Obscur Woodcuts by the German and Netherlandish Masters of the XVIth and XVIIth Centuries*. Greenwich. Conn., 1973.

STRAUSS 1974
Walter L. Strauss. *The Complete Drawings of Albrecht Dürer* 6. Vols. New York 1974.

STRAUSS 1977
Walter L. Strauss. *The intaglio prints of Albrecht Dürer: engravings, etchings, drypoints*. New York 1977.

STRAUSS 1977
Walter L. Strauss, *Hendrik Goltzius 1558-1617. The Complete Engravings and Woodcuts*. 2 vols., New York 1977.

STRAUSS 1980
*The Illustrated Bartsch: Sixteenth Century German Artists, Albrecht Dürer*. Vol. 10. Ed. Walter L. Strauss, New York 1980.

STRAUSS 1980b
*The Illustrated Bartsch: Netherlandish Artists: Matham, Saenredam, Muller*. Vol. 4. Ed. Walter L. Strauss, New York 1980.

STRAUSS 1981
*The Illustrated Bartsch: Sixteenth Century German Artists, Albrecht Dürer*. Vol. 10 (Commentary). Ed. Walter L. Strauss, New York 1981.

STRAUSS 1984
*The Illustrated Bartsch: German Masters of the Sixteenth Century, Erhard Schoen and Miklas Stoer*. Vol. 13. Ed. Walter L. Strauss, New York 1984.

STRAUSS & VAN DER MEULEN 1979
Walter L. Strauss & Marjon van der Meulen. *The Rembrandt documents*. New York 1979.

STRENS 1968
Bianca Hatfield Strens. "L'arrivo del trittico Portinari a Firenze." In *Commentari* n.s. 19 (1968), 315-319.

STRIEDER 1981
Peter Strieder. *Dürer*. Königstein im Taunus 1981.

STRIEDER 1992
Peter Strieder. *Dürer*. Milano 1992.

STRIEDER 1993
Peter Strieder. *Tafelmalerei in Nürnberg 1350-1550*. Königstein im Taunus 1993.

STRIEDER 1996
Peter Strieder. *Dürer*. Augsburg 1996.

STRUMWASSER 1979
Gina Strumwasser. *Heroes, Heroines and Heroic Tales from the Old Testament: An Iconographic Analysis of the Most Frequently Represented Old Testament Subjects in Netherlandish Painting, ca. 1430-1570*. PhD Diss. University of California, Los Angeles 1979.

STUFFMANN 1968
Margaret Stuffmann. "Les tableaux de la collection de Pierre Crozat. Historique et destinée d'un ensemble célèbre, établis en partant d'un inventaire après décès inédit (1740). Preface by Daniel Wildenstein". In *Gazette des Beaux-Arts* 72 (1968) 6, 5-144.

SUIDA 1935
Wilhelm Suida. *Tiziano*. Roma 1935.

SUIDA 1954
William Suida. "Spigolature giorgionesche." In *Arte Veneta* 8 (1954), 153-166.

SUIDA 1961
Wilhelm Suida. "Un ritratto di Anton Welser." In *Arte Veneta* 15 (1961), 230-231.

SULZBERGER 1936
Susanne Sulzberger. "A propos de deux peintures de Martin de Vos. La déecoration de la salle à manger d'Egide Hooftman." In *Revue Belge d'archéologie et histoire de l'art* 6 (1938), 121-131.

SULZBERGER 1960
Suzanne Sulzberger. "Matteo del Nassaro et la transmission des oeuvres flamandes en France et en Italie." In *Gazette des Beaux-Arts* 55 (1960), 147-150.

SUTTON 1990
Peter C. Sutton. *Northern European Paintings in the Philadelphia Museum of Art: From the Sixteenth through the Nineteenth Century*. Philadelphia 1990.

SWARZENSKY 1922
G. Swarzensky. "Bartolomeo Veneto und Lucrezia Borgia." In *Städel-Jahrbuch* 2 (1922), 63-72.

SWEENY 1966
*John G. Johnson Collection: Catalogue of Italian Paintings*. Ed. Barbara Sweeny. Philadelphia 1966.

SZAFRAN 1995
Yvonne Szafran. "Carpaccio's 'Hunting on the lagoon': a new perspective." In *The Burlington Magazine* 137 (1995), 148-158.

SZYLIN 1992
Anna Maria Szylin. "Barbari, Jacopo de'." In *Allgemeines Künstler Lexikon*. München & Leipzig 1992, VI, 645-647.

TACKE 1995
Andreas Tacke. *Die Gemälde des 17. Jahrhunderts im Germanischen Nationalmuseum. Bestandskatalog*. Mainz 1995.

TAFURI 1985
Manfredo Tafuri. *Venezia e il Rinascimento. Religione, scienza, architettura*. Torino 1985.

TALBOT 1967
Charles W. Talbot, Jr. "An Interpretation of Two Paintings by Cranach in the Artist's Late Style." In *National Gallery of Art, Report and Studies in the History of Art* (1967), 67-88.

TALBOT 1996
Charles Talbot. "Danube School." In *The Dictionary of Art*. London 1996, VIII, 513-515.

TAPIÉ 1994
Alain Tapié. *Le Musée des Beaux-Arts de Caen*. Paris 1994.

TEMPESTINI 1991
Anchise Tempestini. "Sebastiano del Piombo tra Venezia e Roma: l'Adone morto degli Uffizi." In *Gli Uffizi. Studi e ricerche* 1991, 45-54.

TEMPESTINI 1992
Anchise Tempestini. *Giovanni Bellini. Catalogo completo*. (I gigli dell'arte, vols. 24), Firenze 1992.

TEMPESTINI 1992
Anchise Tempestini. *Giovanni Bellini: Catalogo completo*. Firenze 1992.

TEMPESTINI 1997
Anchise Tempestini. *Giovanni Bellini*. Milano 1997.

TERVARENT 1944
Guy de Tervarent. "Instances of Flemish Influence in Italian Art." In *The Burlington Magazine* 85 (1944), 290-294.

TERVARENT 1958
Guy de Tervarent. *Attributs et symboles dans l'art profane 1450-1600. Dictionnaire d'un langage perdu*. Genève 1958.

THAUSING 1876
Moritz Thausing. *Dürer*. Leipzig 1876.

TIETZE & TIETZE-CONRAT 1937
Hans Tietze & Erika Tietze-Conrat. *Kritisches Verzeichnis der Werke Albrecht Dürers*. 2 vols. Basel & Leipzig 1937.

THAUSING 1884
Moriz Thausing. *Dürer: Geschichte seines Lebens und seiner Kunst*. 2 vols. Leipzig 1884.

THEA 1998
Paolo Thea. *Gli artisti e gli "spregevoli". 1525: la creazione artistica e la guerra dei contadini in Germania*. Milano 1998.

THEOFILUS 1874
Theofilus. *Diversarum Artium Schedula*. Vienna 1874.

THIÉBAUT 1993
Dominique Thiébaut. *Le Christ à la colonne d'Antonello de Messine*. Paris 1993.

THIEME & BECKER 1907-50
Ulrich Thieme & Felix Becker. *Allgemeines Lexikon der bildenden Künstler von der Antike bis zur Gegenwart*. 37 vols., Leipzig 1907-50.

THODE 1891
Henry Thode. "Die Jugendgemalde Albrecht Dürers." In *Jahrbuch der Königlichen Preussischen Kunstsammlungen* 12 (1891), 25-31.

THODE 1897
Henry Thode. *Mantegna*. Bielefeld 1897.

THOMAS 1881
G.M. Thomas. *G.B. Milesio's Beschreibung des Deutschen Hauses in Venedig-Aus einer Handschift in Venedig*. 1881.

THORNDIKE1934
Lynn Thorndike. *A History of Magic and Experimental Science*. 8 vols., New York 1934.

THORNTON 1992
Peter Thornton. *Interni del Rinascimento italiano: 1400-1600*. Milano 1992.

THORNTON 1997
Dora Thornton. *The Scholar in His Study*. New Haven & London 1997.

TIETZE 1933
Hans Tietze. "Dürer in America." In *The Art Bulletin* 15 (1933), 250-272.

TIETZE 1934-1935
Hans Tietze. "Master and Workshop in the Venetian Renaissance." In *Parnassus* XI December (1934-1935), 45, (reprinted as "Meister und Werkstätte in der Renaissance Malerei Venedigs". In *Wiener Kunstwissenschaeftliche Blätter* 1 (1952), 89-

TIETZE 1959
Hans Tietze. *Titian*. London 1959.

TIETZE & TIETZE-CONRAT 1936
Hans Tietze & Erika Tietze-Conrat. "Albrecht Dürer (1471-1528)." In *Old Master Drawings* 11 (1936), 34-35.

TIETZE & TIETZE-CONRAT 1937
Hans Tietze & Erica Tietze-Conrat. *Kritische Verzeichnis der Werke Albrecht Dürers II: Der reife Dürer*. 2 vols. Basel & Leipzig 1937.

TIETZE & TIETZE-CONRAT 1939
Hans Tietze & Erika Tietze-Conrat. "Domenico Campagnola's Graphic Art." In *The Print Collector's Quarterly* 26 (1939), 311-333 & 445-465.

TIETZE & TIETZE-CONRAT 1944
Hans Tietze & Erika Tietze-Conrat. *The Drawings of the Venetian Painters in the 15th and 16th Centuries*. 2 vols., New York 1944.

TIETZE-CONRAT 1935
Erika Tietze-Conrat. "Die Vorbilder von Daniel Hopfers figuralem Werk." In *Jahrbuch der Kunsthistorischen Sammlungen in Wien*. N.F. 9 (1935), 97-110.

TIETZE-CONRAT 1945
Erica Tietze-Conrat. "The so-called "Aduleress" by Giorgione". In *Gazette des Beaux-Arts* 27 (1945) 189-190.

TIETZE-CONRAT 1947
Erica Tietze Conrat. "Titians's Late Workshop". In *The Art Bulletin* 28 (1946), 76-88.

TIETZE-CONRAT 1955
Erika Tietze-Conrat. *Mantegna: Paintings, Drawings, Engravings*. London 1955.

TIETZE-CONRAT 1956
Erica Tietze-Conrat. "Archeologia Tizianesca." In *Arte Veneta* 10 (1956) 82-89.

TIMANN 1990
Ursula Timann. "Zum Lebenslauf des Georg Pencz." In *Anzeiger des Germanischen Nationalmuseums* 1990, 97-112.

TIMKEN 1996
*Timken Museum of Art: European Works of Art, American Paintings, and Russian Icons in the Putnam Foundation Collection*. San Diego 1996.

TOFFOLO 1993
Stefano Toffolo. "Sui liutai tedeschi a Venezia nel cinque e seicento e sui rapporti tra liuteria tedesca e pittura veneziana." In *Venedig und Oberdeutschland in der Renaissance*. Ed. Bernd Roeck, Klauss Bergoolt & Andrew John Martin. Sigmaringen 1993, 197-205.

TOLNAY 1939
Charles de Tolnay. *Le Maitre de Flémalle et les Frères Van Eyck*. Bruxelles 1939.

TOLNAY 1965
Charles de Tolnay. *Hieronymus Bosch*. 2 vols., Baden-Baden 1965.

TORRESAN 1981
Paolo Torresan. *Il dipingere di Fiandra. La pittura neerlandese nella critica d'arte italiana del Cinquecento*. Modena 1981.

TORRESAN 1981
Paolo Torresan. *Il dipingere di Fiandra. La pittura neerlandese nella letteratura artistica italiana del Quattro e Cinquecento*. Modena 1981.

TREVISAN 1992
Antonio Trevisan. "Monete pesi e misure." In *Il Libro Secondo di Francesco e Jacopo dal Ponte*. Ed. Michelangelo Muraro, Bassano del Grappa 1992, 389-392.

TRISTAN 1981
Frédérick Tristan. *Les tentations*, Poitiers 1981.

TRIZNA 1976
Jazeps Trizna. *Les primitifs flamands: Michel Sittow peintre revalais de l'école brugeoise (1468-1525/1526)*. Bruxelles 1976.

TRNEK 1997
Renate Trnek. *Die Gemäldegalerie der Akademie der bildenden Künste in Wien*. Wien, Köln & Weimar 1997.

TROCHE 1934
Ernst Günter Troche. "Giovanni Cariani." In *Jahrbuch der Preuszischen Kunstsammlungen* 55 (1934), 97-125.

TISCHER 1994
Sabine Tischer. *Tizian und Maria von Ungarn. Der Zyklus der "pene infernali" auf Schlosz Binche (1549)* (Europäische Hochschulschriften Kunstgeschichte Bd. XXVIII). Frankfurt am Main 1994.

TSUJI 1979
Shigeru Tsuji. "La 'Nocte' di Giorgione." In *Giorgione: Atti del convegno internazionale di studio per il 5° centenario della nascita 29-31 Maggio 1978*. Castelfranco 1979, 293-297.

TUCCI 1981
Ugo Tucci. *Mercanti, navi, monete nel Cinquecento veneziano*. Bologna 1981.

TURNER 1966
A. Richard Turner. *The Vision of Landscape in Renaissance Italy*. Princeton 1966.

TROCHE 1932
Ernst Günter Troche. "Giovanni Cariani als Bildnismaler." In *Pantheon* 9 (1932), 1-7.

TRONCHIN 1772
François Tronchin. *Inventaire des Tableaux du baron Thiers*. Paris 1772 (Manoscritto presso la Bibliothèque de L'Université de Genève).

UNVERFEHRT 1980
Gerd Unverfehrt. *Hieronymus Bosch: Die Rezeption seiner Kunst im frühen 16. Jahrhundert*. Berlin 1980.

URBACH 1971
Suzanne Urbach. *Early Netherlandish Painting in Hungarian Museums*. Budapest 1971.

URBANI DE GHELTOF 1885
G.M. Urbani de Gheltof. *Les Arts Industriels à Venise au Moyen Age et à la Renaissance*. Venezia 1885.

UTILI 1995
Mariella Utili in *Museo e Galleria Nazionali di Capodimonte. La Collezione Farnese. I dipinti lombardi, liguri, veneti, toscani, umbri, romani, fiamminghi, altre scuole. Fasti Farnesiani*. Napoli 1995.

VALCANOVER, CHIARI MORETTO WIEL, DALLA POZZA & NOGARA 1991
Francesco Valcanover, Maria Agnese Chiari Moretto Wiel, Antonella Dalla Pozza & Bruno Nogara. *Pittura murale esterna nel Veneto. Venezia e provincia*. Bassano del Grappa 1991.

VALCANOVER 1969
Francesco Valcanover. *L'opera completa di Tiziano*. Presentazione di Corrado Cagli. Milano 1969.

VALCANOVER 1978
Francesco Valcanover. "Il classicismo cromatico di Tiziano. I Dagli affreschi del Santo all'Assunta". In *Tiziano e il Manierismo europeo*. Ed. Rodolfo Pallucchini, Firenze 1978, 43-69.

VALCANOVER 1990
Francesco Valcanover. "Introduzione a Tiziano." In VENEZIA 1990, 3-28.

VAN ASPEREN DE BOER, DIJKSTRA & VAN SCHOUTE 1992
J.R.J. van Asperen de Boer, J. Dijkstra & R. van Schoute, with the assistance of C.M.A. Dalderup & J.P. Filedt Kok. "Underdrawing in Paintings of the Rogier van der Weyden and Master of Flémalle Groups." In *Nederlands Kunsthistorisch Jaarboek* 41 (1992), 7-328.

VAN DE VELDE 1992
Carl van de Velde in ANTWERPEN 1992.

VAN DE VELDE 1975
Carl van de Velde. *Frans Floris (1519/20-1579), leven en werken*. 2 vols., Bruxelles 1975.

VAN DEN BOOGERT 1992
Bob C. van den Boogert. "Michiel Coxcie, hofschilder in dienst van het Habsburgse huis". In *Michiel Coxcie, pictor regis (1499-1592), Internationaal colloquium Mechelen 5 en 6 juni 1992* (Handelingen van de Koninklijke Kring voor Oudheidkunde, Letteren en Kunst van Mechelen, 96), 1992, 119-140.

VAN DEN BOOGERT 1993
Bob C. van den Boogert. "Macht en Pracht. Het mecenaat van Maria van Hongarije" In 'S-HERTOGENBOSCH, UTRECHT 1993, 269-353.

VAN DER BOOM 1988
Annemarie C. van der Boom. "Tra principi e imprese. The life and work of Ottavio Strada." In ESSEN 1988, vol.3, 19-23.

VAN DER OSTEN
Gert van der Osten. *Hans Baldung Grien. Gemälde und Dokumente*. Berlin 1983.

VAN DER SMAN 1993
Gerardus Johannes Jacobus van der Sman. *La decorazione ad affresco delle ville venete del Cinquecento. Saggi di lettura stilistica ed iconografica*. PhD. Diss., Rijksuniversiteit Leiden, Leiden 1993.

VAN DER SMAN 1995
Gert Jan van der Sman. "Il percorso stilistico di Battista Franco incisore: elementi per una ricostruzione." In *Arte Documento* 8 (1995), 101-114.

VAN DER SMAN 1999
Gert Jan van der Sman. "Alcune precisazioni su Nicolò Nelli e Gaspare Osello." In *Grafica d'arte* 37 (1999), 2-9.

VAN DER SMAN
Gert Jan van der Sman. "Printmaking in Venice during the Second Half of the Sixteenth Century: the Role of the Print Publishers." (in press).

VAN DER STOCK 1998
Jan van der Stock. *Printing Images in Antwerp. The Introduction of Printmaking in a City, Fifteenth Century to 1585*. Rotterdam 1998.

VAN EYCK TO BRUEGEL 1994
*Van Eyck to Bruegel 1400-1550: Dutch and Flemish Painting in the Collection of the Museum Boymans-van Beuningen*. Rotterdam 1994.

VAN KESSEL 1993
Peter J. van Kessel. "Van Fiandra tot Olanda. Veranderende visie in het vroegmoderne Italië op de Nederlandse identiteit." In *Mededelingen der Koninklijke Nederlandse Akademie van Wetenschappen* 56 (1993), 177-196.

VAN MARLE 1936
Raimond Van Marle. *The Development of the Italian Schools of Painting*. 18 vols., The Hague 1936.

VAN MANDER 1604
Carel van Mander. *Het Schilder-boeck*. Haarlem 1604.

VAN MANDER 1973
Hessel Miedema. *Karel van Mander: Den grondt der edel vry schilder-const. Uitgegeven en van commentaar voorzien door...* 2 vols., Utrecht 1973.

VAN MANDER 1994-1998
Karel van Mander. *The Lives of the Illustrious Netherlandish and German Painters from the first edition of the "Schilder-boeck" (1603-1604)*. Ed. Hessel Miedema. 5 vols., Doornspijk 1994-1998.

VAN OS 1978
Hendrik W. van Os, J.R.J. van Asperen de Boer, C.E. de Jong-Jansen & C. Wiethoff. *The Early Venetian Paintings in Holland*. Maarssen 1978.

VAN THIEL 1965
Pieter van Thiel. "Cornelis van Haerlem as a Draughtsman". In *Master Drawings* 3 (1965), 123-154.

VAN THIEL 1976
Pieter J. J. Van Thiel, C. J. De Bruyn Kops, Jola Cleveringa, Wouter Kloek & Annemarie Vels Heijn. *All the paintings of the Rijksmuseum in Amsterdam: A completely illustrated catalogue*. Amsterdam & Maarssen 1976.

VAN THIEL 1992
Pieter J. J. Van Thiel, C. J. De Bruijn Kops, Wim A. P. Hoeben, Fennelies E. Kiers, Wouter Th. Kloek & Wiepke F. Loos. *All the paintings of the Rijksmuseum in Amsterdam: A completely illustrated catalogue. First supplement: 1976-91*. Amsterdam & The Hague 1992.

VANDENBROECK 1984
Paul Vandenbroeck. "Verbeeck's peasant weddings: a study of iconography and social function." In *Simiolus* 14 (1984), 79-121.

VANDENBROECK 1985
Paul Vandenbroeck. *Catalogus schilderijen 14e en 15e eeuw. Koninklijk Museum voor Schone Kunsten Antwerpen*. Antwerpen 1985.

VANDENBROECK 1985b
Paul Vandenbroeck. "Bubo significans. Die Eule als Sinnbild von Schlechtigkeit und Torheit, vor allem in der niederländischen und deutschen Bilddarstellungen und bei Jheronimus Bosch. I." In *Jaarboek van het Koninklijk Museum voor Schone Kunsten Antwerpen* 1985, 19-135.

VANDENBROECK 1990
Paul Vandenbroeck. "Jeroen van Aken en 's-Hertogenbosch". In *'s-Hertogenbosch* 1990, 394-402.

VANDENBROECK 1988
Paul Vandenbroeck. "Review of Hans-Joachim Raupp, *Bauernsatiren: Entstehung und Entwicklung des bäuerlichen Genres in der deutschen und niederländischen Kunst ca. 1470-1570*." In *Simiolus* 18 (1988), 69-73.

VASARI 1568
Giorgio Vasari. *Le vite de' piu eccellenti pittori, scultori, et architettori*. Firenze 1568. Ed. Gaetano Milanesi. 9 vols., Firenze 1878-1885.

VASARI 1568
Giorgio Vasari. *Le vite de' più eccellenti pittori scultori e architettori*. Firenze 1568. Ed. Gaetano Milanesi. 9 vols., Firenze 1906.

VASARI 1964-1987
Giorgio Vasari. *Le vite de' più eccellenti pittori scultori e architettori nelle redazioni del 1550 e 1568*. Ed. Rosanna Bettarini. 6 vols., Firenze 1964-1987.

VEDOVELLO 1993
Sabina Vedovello. "Vittore Carpaccio. Due Dame veneziane." In VENEZIA 1993, 177-185.

VELDMAN 1980
Ilja MarkxVeldman. "Season, planets and temperaments in the work of Maarten van Heemskerc:. Cosmo-astrological allegory in sixteenth century Netherlandish print." In *Simiolus* 11 (1980), 149-176.

VENDITTI 1969
Arnaldo Venditti. "Urbanistica e architettura angioina." In *Storia di Napoli*. Napoli 1969, III, 665-829.

VENTURI 1882
Adolfo Venturi. *La regia Galleria Estense*. Modena 1882.

VENTURI 1901-1940
Adolfo Venturi. *Storia dell'arte italiana*. 11 vols., Milano 1901-1940.

VERCI 1775
Giambattista Verci. *Notizie intorno alla vita e alle opere de' Pittori Scultori e Intagliatori della Città di Bassano*. Venezia 1775.

VERZEICHNIS 1991
*Die Gemäldegalerie des Kunsthistorischen Museums in Wien. Verzeichnis der Gemälde*. Wien 1991.

VEROUGSTRAETE & SCHOUTE 1989
Hélène Verougstraete, Marc Schoute & Roger Schoute. *Cadres et supportes dans la peinture flamande aux 15 et 16 siècles*. Heure-le-Romain 1989.

VERTOVA 1975
Luisa Vertova. "Bernardino Licinio." In *I pittori bergamaschi dal XIII al XIX secolo. Il Cinquecento*. Bergamo 1975, I, 373-467.

VERVAET 1977
Julien Vervaet. "Mannerism and the Italian Influence in Sixteenth-Century Antwerp." In *Apollo* 105 (1977), 168-175.

VERZEICHNIS DAHLEM 1966
*Stiftung Preussischer Kulturbesitz Staatliche Museen. Gemäldegalerie. Verzeichnis der Gemälde im Museum Dahlem*. Berlin 1966.

VEY & KESTING 1967
Horst Vey & Annemarie Kesting. *Katalog der niederländischen Gemälde von 1550 bis 1800 im Wallraf-Richartz Museum und im öffentlichen Besitz der Stadt Köln, mit Ausnahme des Kölnischen Stadtmuseums*. Köln 1967.

VICKERS 1983
Michael Vickers. "The Felic Gem in Oxford and Mantegna's Triumphal Programme." In *Gazette des Beaux-Arts*, Ser.6, 101 (1983), 97-101.

VIGNAU-WILBERG 1969
Thea Wilberg Vignau-Schuurman. *Die emblematischen Elemente im Werke Joris Hoefnagels*. Leiden 1969.

VIGNAU-WILBERG 1985
Thea Vignau-Wilberg. "Joris Hoefnagels Tätigkeit in München." in *Jahrbuch der Kunsthistorischen Sammlungen in Wien* 81 (1985), 103-167.

VIGNAU-WILBERG 1988
Thea Vignau-Wilberg. "Künstlerische Beziehungen zwischen Prag und München zur Zeit Rudolfs II." In ESSEN 1988, III, 299-308.

VILLOT 1849
Fédéric Villot. *Notice des tableaux exposés dans les Galeries..., I. Écoles d'Italie*. Paris 1849 [14a ed. 1864].

VINCENT 1969-1971
M. B. Vincent. "Une copie de la Fête du Rosaire d'Albert Dürer." In *Bulletin des Musées et Monuments Lyonais* 4 1969-1971, 165-170.

VIRGIL 1974
Virgil. *Eclogues, Georgics, Aeneid* (The Loeb Classical Library). Tr. H. Rushton Fairclough. 2 vols., Cambridge, Mass. & London 1974.

VISCHER 1886
Robert Vischer. "Quellen zur Kunstgeschichte von Augsburg." In *Studien zur Kunstgeschichte*. Stuttgart 1886, 478-582.

VIVIAN 1971
Frances Vivian. *Il Console Smith, mercante e collezionista*. Vicenza 1971.

VOLLENWEIDER 1966
Marie-Louise Vollenweider. *Die Steinschneidekunst und ihre Künstler in Spätrepublikanischer und Augusteischer Zeit*. Baden-Baden 1966.

VOLLMAR 1983
Bernd Vollmar. *Die deutsche Palladio-Ausgabe des Georg Andreas Böckler, Nürnberg 1698. Ein Beitrag zur Architekturtheorie des 17.Jahrhunderts*. PhD Diss. Erlangen-Nürnberg 1983.

VOLPIN & LAZZARINI 1994
Stefano Volpin & Lorenzo Lazzarini. "Il colore e la tecnica pittorica della Pala di San Giobbe di Giovanni Bellini." In *Quaderni della Soprintendenza per i Beni Artistici e Storici di Venezia* 19 (1994), 29-37.

VÖLKER 1968
Brigitte Völker. *Die Entwicklung der erzählenden Halbfigurenbildes in der niederländischen Malerei des 15. und 16. Jahrhunderts*. Ph D. Diss., Göttingen 1968.

VOLPIN & STEVANATO 1994
Stefano Volpin & Roberto Stevanato. "Studio dei leganti pittorici della Pala di San Giobbe di Giovanni Bellini." In *Quaderni della Soprintendenza per i Beni Artistici e Storici di Venezia* 19 (1994), 39-42.

VON ENGERTH 1886
Eduard R. von Engerth. *Kunsthistorische Sammlungen des Allerhöchsten Kaiserhauses, Gemälde, Beschreibendes Verzeichnis, III Band: Deutsche Schulen*. Wien 1886.

VON FRIMMEL 1890-1909
Theodor von Frimmel. *Geschichte der Wiener Gemälde-Sammlungen*.

VON HADELN 1911b
D. von Hadeln. *Italienische Forschungen. Archivalische Beiträge zur Geschichte der venezianischen Kunst aus dem Nachlass von G.Ludwigs*. Berlin 1911.

VON HADELN 1911
Detlef von Hadeln. "Beiträge zur Tintoretto Forschung." In *Jahrbuch der preussischen Kunstsammlungen* 32 (1911), 25-58.

VON SANDRART 1675
Joachim von Sandrart. *Academie der Bau-, Bild- und Mahlerey-künste...* (1675). Ed. A.R. Peltzer, München 1925.

VORAGINE 1993
Jocobus de Voragine. *The Golden Legend: Readings on the Saints*. Tr. William Granger Ryan. 2 vols., Princeton 1993.

VOS 1978
Rik Vos. "The Life of Lucas van Leyden by Karel van Mander." In *Nederlands Kunsthistorisch Jaarboek* 29 (1978), 459-507.

VOSS 1907
Hermann Voss. *Der Ursprung des Donaustiles. Ein Stück Entwickelungsgeschichte Deutscher Malerei*. Leipzig 1907.

WAAGEN 1854
G.F. Waagen. *Treasures of Art in Great Britain*. 3 vols., London 1854.

WAAGEN 1864
G.F.Waagen. *Die Gemäldesammlung in der Kaiserlichen Ermitage zu St. Petersburg, nebst Bemerkungen über andere dortige Kunstsammlungen*. München 1864 (second ed. St. Petersburg 1870).

WAGNER 1970
Helga Wagner. "Zwei unbekannte Andachtsbilder von Johann Rottenhammer". In *Pantheon* 28 (1970), 516-520.

WAILES 1987
Stephen L. Wailes. *Medieval Allegories of Jesus' Parables*. Los Angeles 1987.

WALLEN 1983
Burt Wallen. *Jan van Hemessen. An Antwerp Painter between Reform and Counter-Reform*, Ann Arbor 1983.

WALTHER 1992
*Gemäldegalerie Dresden Alte Meister: Katalog der Ausgestellten Werke*. Ed. Angelo Walther, Leipzig 1992.

WAZBINSKI 1968
Zygmunt Wazbinski. "Portrait d'un amateur d'art de la Renaissance." *Arte Veneta* 22 (1968), 21-29.

WEALE 1903
W. H. James Weale. "The Early Painters of the Netherlands as Illustrated by the Bruges Exhibition of 1902, Article I." In *The Burlington Magazine* I (1903), 41-52.

WEBSTER 1938
James Carson Webster. *The Labors of the Months in Antique and Medieval Art to the End of the Twelfth Century*. Princeton 1938.

WEDDIGEN 1983
Erasmus Weddigen. "Zur Wiederkehr eines unbekannten: Jacopo Tintoretto." In *Artibus et historiae*, 7 (IV) (1983), 67-119.

WEDDIGEN 1984
Erasmus Weddigen. "Jacopo Tintoretto und die Musik." In *Artibus et historiae* 10 (V) (1984), 76-119.

WEDDIGEN 1996
Erasmus Weddigen. "Nuovi percorsi di avvicinamento a Jacopo Tintoretto. Venere, Vulcano e Marte: l'inquisizione dell'informatica." In *Jacopo Tintoretto nel quarto centenario della morte. Atti del convegno internazionale di studi.* (Quaderni di Venezia Arti, vol.3). Padova 1996,

WEGNER 1961
Wolfgang Wegner. "Neue Beiträge zur Kenntnis des Werkes von Lodewyck Toeput." In *Arte Veneta* 15 (1961), 107 118.

WEGNER 1969
Wolfgang Wegner. "Bemerkungen zu Zeichnungen niederländischer Künstler um 1600." In *Miscellanea I.Q. Regteren Altena.* Amsterdam 1969.

WEHLE & SALINGER 1947
Harry B. Wehle & Margaretta Salinger. *The Metropolitan Museum of Art: A Catalogue of Early Flemish, Dutch & German Paintings.* New York 1947.

WEHMER 1955
Carl Wehmer. "NE ITALO DEDERE VIDEAMUR: Augsburger Buchdrucker und Schreiber um 1500." In *Augusta 955-1955.* Augsburg 1955, 145-172.

WEIS-LIEBERSDORF 1901
Joh. Ev. Weis-Liebersdorf. *Das Jubeljahr 1500 in der Augsburger Kunst.* München 1901.

WEISBACH 1919
Werner Weisbach. *Trionfi.* Berlin 1919.

WEISS 1841-1852
Charles Weiss. *Papiers d'état du Cardinal Granvelle d'après les manuscrits de la bibliothèque de Besançon.* 9 vols., Paris 1841-1852.

WEISS 1957
Roberto Weiss. "Jan van Eyck and the Italians, Part II." In *Italian Studies* 12 (1957), 7-21.

WEIZSÄCKER 1936
Heinrich Weizsäcker. *Adam Elsheimer, der Maler von Frankfurt.* vol. 1. Berlin 1936.

WENTZEL 1957
Hans Wentzel. "Die Kornfeldlegende in Parchim, Lübeck, den Niederlanden, England, Frankreich und Skandinavien." In *Festschrift Kurt Bauch.* München 1957, 177-192.

WESTERMANN 1997
Mariët Westermann. *The Amusements of Jan Steen: Comic Painting in the Seventeenth Cenhury.* Zwolle 1997.

WESTERMANN 1999
Mariët Westermann. "Adriaen van de Venne, Jan Steen, and the Art of Serious Play."' In *De Zeventiende Eeuw* 15 (1999), 32-45.

WETHEY 1975
Harold E. Wethey *The Complete Paintings of Titian: The mythological and historical paintings.* London 1975.

WETHEY 1969
Harold E. Wethey. *The Paintings of Titian. I. The Religious paintings.* London 1969.

WETHEY 1971
Harold H. Wethey. *The Paintings of Titian, II: The Portraits.* London 1971.

WETHEY 1975
Harold H. Wethey. *The Paintings of Titiani III The Mythological and Historical Paintings.* London 1975.

WETHEY 1987
Harold E. Wethey. *Titian and His Drawings with Reference to Giorgione and Some Close Contemporaries.* Princeton 1987.

WICKHOFF 1880
Franz Wickhoff. "Dürers Studien nach der Antike. Ein Beitrag zu seinem ersten venezianischen Aufenthalt". In *Mitteilungen des Institutes für österreichische Geschichtsforschung* 1 (1880), 413-421.

WICKHOFF 1895
Franz Wickhoff. "Giorgiones Bilder zu römischen Heldengedichten." In *Jahrbuch der Königlich Preussischen Kunstsammlungen* 16 (1895), 34-43.

WIDERKEHR 1997
Léna Widerkehr. *Jacob Matham (1571-1631) graveur-éditeur à Haarlem: un maître du burin et son oeuvre dessiné.* 3 vols., PhD Diss. Université de Strasbourg III, Strasbourg 1997.

WIDERKEHR (in corso di stampa)
Léna Widerkehr. "Jacob Matham and the Diffusion of Recent Developments of Roman Art in Northern Europe." In *Netherlandish Artists in Late Renaissance Rome* (Utrecht, Museum Catharijneconvent, 13 March 1995).

WIEBEL 1988
Christiane Wiebel. *Askese und Endlichkeitsdemut in der italienischen Renaissance: Ikonologische Studien zum Bild des heiligen Hieronymus.* Weinheim 1988.

WIED 1990
Alexander Wied. *.Lucas und Marten van Valckenborch (1535-1597 und 1534-1612). Das Gesamtwerk mit kritischem Oeuvrekatalog..* Freren 1990.

WIESFLECKER 1977
Hermann Wiesflecker. *Kaiser Maximilian I.* 5 vols., Wien 1977.

WILBERG VIGNAU-SCHUURMAN 1969
Th.A.G. Wilberg Vignau-Schuurman. *Die emblematischen Elemente im Werke Joris Hoefnagels.* 2 vols., Leiden 1969.

WILDE 1929
Johannes Wilde. "Die 'Pala di San Cassiano' von Antonello da Messina. Ein Rekonstruktionsversuch." In *.Jahrbuch der Kunsthistorischen Sammlungen in Wien.* N.F. 3 (1929), 57-72.

WILDE 1934
Johannes Wilde. "Zwei Tizian Zuschreibungen des 17. Jahrhunderts." In *Jahrbuch der Kunsthistorischen Sammlungen Wien,* N.F. 8 (1934), 161-172.

WILDE 1950
Johannes Wilde. "The Date of Lotto's *Saint Jerome* in the Louvre." In *The Burlington Magazine* 92 (1950), 350-351.

WILHELM 1983
Johannes Wilhelm. *.Augsburger Wandmalerei 1368-1530. Künstler, Handwerker und Zunft (Abhandlungen zur Geschichte der Stadt Augsburg, 29).* Augsburg 1983.

WILKINSON 1988
*Jerusalem Pilgrimage, 1099-1185.* Ed. John Wilkinson, London 1988.

WILSON 1977
Carolyn C. Wilson. *Bellini's Pesaro Altarpiece: A Study in Context and Meaning.* PhD Diss. New York University 1977.

WILSON 1996
Carolyn C. Wilson. *Italian Paintings XIV-XVI Centuries in the Museum of Fine Arts Houston.* Houston 1996.

WINKLER 1960
Friedrich Winkler. "Eine Pergamentmalerei von Dürer." In *Pantheon* 18 (1960), 12-16.

WURZBACH 1906-1911
WIND 1969
Edgar Wind. *Giorgione's "Tempesta" with Comments on Giorgione's Poetic Allegories.* Oxford 1969.

WINKLER 1924-1925
Friedrich Winkler. "Zwei neue Bilder von Scorels Italienfahrt." In *Zeitschrift für bildende Kunst* 58 (1924-1925), 205-208.

WINKLER 1936-1939
Friedrich Winkler. *Die Zeichnungen Albrecht Dürers.* 4 vols., Berlin 1936-1939.

WINKLER 1948
Friedrich Winkler. *Augsburger Malerbildnisse der Dürerzeit.* Berlin 1948.

WINKLER 1964
Friedrich Winkler. *Das Werk des Hugo van der Goes.* Berlin 1964.

WINZINGER 1952
Franz Winzinger. *.Albrecht Altdorfer. Zeichnungen.* München 1952.

WINZINGER 1963
Franz Winzinger. *.Albrecht Altdorfer. Graphik. Holzschnitte, Kupferstiche, Radierungen.* München 1963.

WINZINGER 1975
Franz Winzinger. *.Albrecht Altdorfer. Die Gemälde. Tafelbilder, Miniaturen, Wandbilder, Bildhauerarbeiten. Werkstatt und Umkreis.* München 1975.WINZINGER 1979
Franz Winzinger. *.Wolf Huber. Das Gesamtwerk.* 2 vols., München-Zürich 1979.

WIRTZ 1999
Carolin Wirtz. *Köln und Venedig. Wirtschaftliche und kulturelle Beziehungen im 15. und 16. Jahrhundert.* PhD Diss. Köln 1999.

WÖLFFLIN 1905
Heinrich Wölfflin. *Die Kunst Albrecht Dürers.* Munchen 1905.

WÖLFFLIN 1926
Heinrich Wölfflin. *Die Kunst Albrecht Dürers.* München 1926.

WOLFTHAL 1989
Diane Wolfthal. *The Beginnings of Netherlandish Canvas Painting: 1400-1530.* Cambridge, England 1989.

WOLTERS 1976
Wolfgang Wolters. *.La scultura veneziana gotica (1300-1460).* 2 vols., Venezia 1976.

WOLTERS 1983
Wolfgang Wolters. *Der Bilderschmuck des Dogenpalastes.* Wiesbaden 1983,

WOOD 1960
Jeremy Wood. "Van Dyck's 'Cabinet de Titien': the contents and dispersal of his collection". In *The Burlington Magazine* 132 (1960) 680-695.

WOOD 1993
Christopher S. Wood. *.Albrecht Altdorfer and the Origins of Landscape.* London 1993.

WOODALL 1996
Joanne Woodall, "Antonis Mor van Dashorst". In *Dictionary of art,* London 22 (1996), 63-66.WOODS-MARSDEN 1988
Joanna Woods-Marsden. *The Gonzaga of Mantua and Pisanello's Arthurian Frescoes.* Princeton 1988.

WOODS-MARSDEN 1998
Joanna Woods-Marsden. *Renaissance Self-Portraiture: The Visual Construction of Identity and the Social Status of the Artist.* New Haven & London 1998.

WOODWARD 1983
John Woodward. *Foreign Paintings in Birmingham Museum and Art Gallery, A summary catalogue.* Birmingham 1983.

WRIGHT 1980
David H. Wright. "Autumn of the Middle Ages." In *Apollo* 111 (1980), 93-106.

WRIGHT 1980b
Joanne Wright. "Antonello da Messina: The origins of his style and technique." In *Art History* 3 (1980), 41-52.

WRIGHT 1987
Joanna Wright. "Antonello the Portraitist." In *Antonello da Messina. Atti del convegno di studi tenuto a Messina dal 29 novembre al 2 dicembre 1981.* Messina 1981.

WRIGHT 1993
Joanne Wright. "Antonello in formazione: Un riesame della 'Crocifissione' di Bucarest." In *Arte Veneta* 45 (1993), 20-31.

WUIJTS 1995
Leo Wuijts. "Die junge Frau und der Tod. Einige Betrachtungen zu einer spätgotischen Vanitasallegorie." In *Jaarboek van het Koninklijk Museum voor Schone Kunsten Antwerpen.* 1995, 57-64.

WUYTS 1974-1975
Leo Wuyts. "Lucas van Leyden's 'Melkmeid': Een Proeve tot Ikonogische Interpretatie." In *De Gulden Passer* 52-53 (1974-1975), 441-453.

YRIARTE 1901
Charles Yriarte. *Mantegna.* Paris 1901.

ZAMPETTI 1953
Pietro Zampetti. *Lorenzo Lotto nelle Marche.* Urbino 1953.

ZAMPETTI 1986
Pietro Zampetti..*Carlo Crivelli.* Firenze 1986.

ZAMPETTI 1997
Pietro Zampetti. "Carpaccio, Bellini e Ancona." In *Arte Documento.* 11 (1997), 76-85.

ZANETTI 1733
Anton Maria Zanetti. *Descrizione di tutte le pubbliche pitture della città di Venezia e isole circonvicine.* Venezia 1733.

ZANETTI 1771
Anton Maria Zanetti. *Della pittura veneziana e delle opere pubbliche de' veneziani maestri,* Venezia 1771 (rist. anast., Venezia 1972.

ZANETTI 1994
Michele Zanetti. "La caccia in laguna." In *La laguna di Venezia.* Ed. Giovanni Caniato, Eugenio Turri & Michele Zanetti, Verona 1994, 311-329.

ZANOTTO 1807
Francesco. Zanotto. *Storia della pittura veneziana.* Venice 1807.

ZECCHIN 1987, 1989, 1990
Luigi Zecchin. *Vetro e vetrai di Murano.* Venezia 1987 (vol. 1), 1989 (vol. 2), 1990 (vol. 3).

ZERI & GARDNER 1973
Federico Zeri & Elizabeth E. Gardner. *Italian Paintings: A Catalogue of the Collection of the Metropolitan Museum of Art, Venetian School.* Vicenza 1973.

ZERI & ROSSI
Federico Zeri & Francesco Rossi. *La raccolta Morelli nell'Accademia Carrara, Bergamo.* Bergamo1986.

ZIMMER 1970
Jürgen Zimmer. "Zum Stil in der Rudolfinischen Kunst." In *umeni / Art* 18 (1970), 110 127.

ZIMMER 1988B
Jürgen Zimmer. "Giovanni Contarini, ein 3rudolfinischer Künstler?" In ESSEN 1988, III, 314-325.

ZIMMERMANN 1970
Eduard Zimmermann. *Augsburger Zeichen und Wappen (Bildband).* Augsburg 1970.

ZIMMERMAN 1901
Heinrich Zimmerman. "Zur richtigen Datierng eines Porträts von Tizian". In *Mitteilungen des Instituts für Oesterreichische TE Geschichtsforschung,* Ergänzungsband VI (1901), 830-857.

ZERNER 1979
*The Illustrated Bartsch: Italian Artists of the Sixteenth Century. School of Fontainebleau.* Vol. 32. Ed. Henri Zerner, New York 1979.

ZIMMER 1988
Juergen Zimmer. *Joseph Heintz der Ältere: Zeichnungen und Dokumente.* München & Berlin 1988.

ZINK 1968
Fritz Zink. *.Kataloge des Germanischen Nationalmuseums Nürnberg. Die deutschen Handzeichnungen. Band 1. Die Handzeichnungen bis zur Mitte des 16. Jahrhunderts.* Nürnberg 1968.

ZINKE 1977
Detlef Zinke. *Patinirs "Weltlandschaft": Studien und Materialien zur Landschaftsmalerei im 16. Jahrhundert.* Frankfurt am Main 1977.

ZORZI 1986
Marino Zorzi. "Stampatori tedeschi a Venezia." In *Venezia e la Germania.* Milano 1986, 115- 140.

ZORZI 1988
Ludovico Zorzi. *Carpaccio e la rappresentazione di Sant'Orsola. Ricerche sulla visualità dello spettacolo nel Quattrocento.* Torino 1988.

ZSCHELLETZSCHKY 1975
Herbert Zschelletzschky. *Die "drei gottlosen Maler" von Nürnburg, Sebald Beham, Barthel Beham, und Georg Pencz: historische Grundlagen und ikonologische Probleme ihrer Graphik zu Reformations-und Bauernkriegszeit.* Leipzig 1975.

ZUCKER 1984
*The Illustrated Bartsch: Early Italian Masters.* Vol. 25 (Commentary). Ed. Mark J. Zucker, New York 1984.

ZWEITE 1980
Armin Zweite. *Marten de Vos als Maler. Ein Beitrag zur Geschichte der antwerpener Malerei in der zweiten Helfte des 16. Jahrhunderts.* Berlin 1980.

# Mostre

ANTWERPEN 1992
*Van Bruegel tot Rubens. De Antwerpse schilderschool 1550-1650*, Gent 1992. Museum van Schone Kunsten, Antwerpen 1992-1993.

AMSTERDAM 1972
*Vorstenportretten uit de eerste helft van der 16de eeuw: houtsneden als propaganda*. Ed. A. J. Klant-Vlielander Hein & Dieuwke de Hoop Scheffer. Rijksprentenkabinet, Rijksmuseum, Amsterdam 1972.

AMSTERDAM 1978
*Lucas van Leyden-grafiek (1489 of 1494-1533)*. Rijksprentenkabinet, Rijksmuseum, Amsterdam 1978.

AMSTERDAM 1985
*Livelier than Life: The Master of the Amsterdam Cabinet or the Housebook Master, ca. 1470-1500*. Ed. J. P. Filedt Kok. Rijksprentenkabinet, Rijksmuseum, Amsterdam 1985.

AMSTERDAM 1986
*Kunst voor de beeldenstorm: Noordnederlandse kunst 1525-1580*. Ed. Jan Piet Filedt Kok, Willy Halsema-Kubes & Wouter T. Kloek. 2 vols., Rijksmuseum, Amsterdam 1986.

AMSTERDAM 1991
*Rondom Rembrandt en Titiaan: Artistieke relaties tussen Amsterdam en Venetië in prent en tekening*. Ed. Bert W. Meijer. Museum het Rembrandthuis, Amsterdam 1991.

AMSTERDAM 1992
*Chiaroscuro Woodcuts. Hendrick Goltzius and his Time*. Ed. N. Bialler. Rijksmuseum, Amsterdam 1992.

AMSTERDAM 1992
*Meeting of masterpieces/Ontmoeting van Meesterwerken/Titian/Titiaan/Ludovico Carracci*, Eds. Anton W. A. Boschloo & Henk van Os, Rijksmuseum, Amsterdam 1992.

AMSTERDAM 1993
*Dawn of the Golden Age: Northern Netherlandish Art 1580-1620*. Eds. Ger Luijten, Ariane van Suchtelen, Reinier Baarsen, Wouter Kloek & Marijn Schapelhouman. Zwolle 1993. Rijksmuseum, Amsterdam 1993-1994.

AMSTERDAM 1997
*Mirror of Everyday Life. Genreprints in the Netherlands 1550-1700*. Ed. Eddy de Jongh & Ger Luijten. Rijksmuseum, Amsterdam 1997.

AMSTERDAM 1998
*From Tempera to Oil Paint: Changes in Venetian Painting, 1460-1560*. Ed. Arie Wallert & Carlo van Oosterhout. Rijksmuseum, Amsterdam 1998.

ANCONA 1981
*Lorenzo Lotto nelle Marche. Il suo tempo, il suo influsso*. Ed. Paolo Dal Poggetto & Pietro Zampetti. Chiesa del Gesù, Chiesa di San Francesco alle Scale, Loggia de' Mercanti, Ancona 1981.

ANCONA 1990
*Ancona e le Marche per Tiziano 1490-1990*. Atelier dell' Arco Amoroso, Ancona 1990.

AUGSBURG 1973
*Hans Burgkmair: Das graphische Werk*. Ed. I Hausberger & R. Biedermann. Städtische Kunstsammlungen, Augsburg 1973.

AUGSBURG 1980
*Welt im Umbruch: Augsburg zwischen Renaissance und Barock*. 3 vols. Zeughaus & Rathaus, Augsburg 1980.

AUGSBURG 1985
*Elias Holl und das Augsburger Rathaus*. Ed. Wolfram Baer. Stadtarchiv, Augsburg 1985.

AUGSBURG 1994
*Lucas Cranach: Ein Maler-Unternehmer aus Franken, (Veröffentlichungen zur Bayerischen Geschichte und Kultur, 26/94)*. Ed. Claus Grimm, Johannes Erichsen & Evamaria Brockhoff. Haus der Bayerischen Geschichte, Augsburg 1994.

BASEL 1960
*Die Malerfamilie Holbein in Basel*. Kunstmuseum, Basel 1960.

BASEL 1974
*Lukas Cranach: Gemälde, Zeichnungen, Druckgraphik*. Ed. Dieter Koepplin & Tilman Falk. 2 vols., Kunstmuseum, Basel 1974 (vol. II, Basel 1976).

BASEL 1997
*Dürer-Holbein-Grünewald. Meisterzeichnungen der deutschen Renaissance aus Berlin und Basel*. Öffentliche Kunstsammmlung, Basel 1997.

BASSANO DEL GRAPPA 1960
*Xilografie di A. Dürer*. Ed. Giuseppe Maria Pilo. Museo Civico, Bassano del Grappa 1960.

BASSANO DEL GRAPPA 1992
*Jacopo Bassano c. 1510-1592*. Ed. Beverly Louise Brown & Paola Marini. Museo Civico, Bassano del Grappa 1992.

BASSANO DEL GRAPPA 1992b
*Jacopo Bassano e l'incisione: La fortuna dell'arte bassanesca nella grafica di riproduzione dal XVI al XIX secolo*. Ed. Enrica Pan. Museo Civico, Bassano del Grappa 1992.

BERGAMO 1976
*Per Tiziano. Quadri, xilografie, e acqueforti dell'Accademia Carrara.*. Eds. Francesco Rossi & Luisa Tognoli, Accademia Carrara, Bergamo 1976.

BERGAMO 1989
*Codici e incunaboli miniati della Biblioteca Civica di Bergamo*. Ed. Maria Luisa Gatti Perer. Biblioteca Civica, Bergamo 1989.

BERGAMO 1998
*Lorenzo Lotto: Il genio inquieto del Rinascimento*. Ed. David Alan Brown, Peter Humfrey, & Mauro Lucco. Accademia Carrara di Belle Arti, Bergamo 1998.

BERLIN 1975
*Pieter Bruegel d.Ä. als Zeichner: Herkunft und Nachfolge*. Staatliche Museen Preussischer Kulturbesitz, Kupferstichkabinett, Berlin 1975.

BERLIN 1977
*Der Mensch um 1500: Werke aus Kirchen und Kunstkammern*. Staatliche Museen Preussischer Kulturbesitz, Berlin 1977.

BERLIN 1983
*Kunst der Reformationszeit*. Staatliche Museen Preussischer Kulturbesitz, Berlin 1983.

BERLIN 1983
*Kunst der Reformationszeit*. Staatliche Museen zu Berlin Hauptstadt der DDR. Altes Museum, Berlin 1983.

BERLIN 1988
*Albrecht Altdorfer. Zeichnungen, Deckfarbenmalerei, Druckgraphik*. Ed. Hans Mielke. Kupferstichkabinett Staatliche Museen Preussischer Kulturbesitz, Berlin 1988.

BERLIN 1991
*Rembrandt. Il maestro e la sua bottega. Dipinti*. Eds. Christpher Brown, Jan Kelch, Pieter van Thiel. Roma 1991, Gemäldegalerie SMPK, Altes Museum, Berlin; Rijksmuseum, Amsterdam; National Gallery, London.

BERLIN 1989
*Dasein und Vision: Bürger und Bauern um 1500*. Alten Museum, Berlin 1989.

BERLIN 1998
*Von Dürer bis Rauschenberg: Eine Quintessenz der Zeichnung. Meisterwerke aus der Albertina und dem Guggenheim*. Berlin 1998.

BOLOGNA 1988
*Bologna e l'umanesimo 1490-1510*. Ed. Marzia Faietti & Konrad Oberhuber. Pinacoteca Nazionale, Bologna 1988.

BOSTON 1971
*Albrecht Dürer: Master Printmaker*. Ed. Eleanor A. Sayer. Museum of Fine Arts, Boston 1971.

BOSTON 1989
*Italian Etchers of the Renaissance & Baroque*. Ed. Sue Welsh Reed & Richard Wallace. Museum of Fine Arts, Boston 1989.

BRAUNSCHWEIG 1973
*Burgkmair und die graphische Kunst der deutschen Rensaissance*. Ed. Christian von Heusinger. Herzog Anton Ulrich Museum, Braunschweig 1973.

BRESCIA 1988
*Alessandro Bonvicino: Il Moretto*. Monastero di Santa Giulia, Brescia 1988.

BRESCIA 1990
*Giovanni Gerolamo Savoldo tra Foppa, Giorgione e Caravaggio*. Monastero di Santa Giulia, Brescia 1990.

BRESCIA 1998-1999
*Da Caravaggio a Ceruti. La scena di genere e l'immagine dei pitocchi nella pittura italiana*. Ed. Francesco Porzio. Museo di Santa Giulia, Brescia 1998-1999. Milano 1998.

BRIXEN 1998
*Michael Pacher und sein Kreis. Ein Tiroler Künstler der Europäischen Spätgotik*. Ed. Artur Rosenauer. Augustiner Chorherrenstift Neustift, Brixen 1998.

BRUGES 1951
*I Fiamminghi in Italia. Chefs-d'œuvres de maîtres anciens italiens et flamands du XVᵉ au XVIᵉ siècle*. Stedelijk Museum, Bruges 1951.

BRUGES 1969
*Anonieme Vlaamse Primitieven. Zuidnederlandse meesters met noodnamen van de 15de en het begin van de 16de eeuw*. Groeningemuseum, Brugge 1969.

BRUGES 1983
*Adornes en Jeruzalem: Internationaal leven in het 15de en 16de-eeuws Brugge*. Jeruzalemkapel, Bruges 1983.

BRUGES 1994
*Hans Memling*. Ed. Dirk de Vos. Groeningemuseum, Bruges 1994.

BRUXELLES 1963
*Le siècle de Bruegel: La peinture en Belgique au XVIe siècle*. Musées royaux des Beaux-Arts de Belgique, Bruxelles 1963.

BRUXELLES 1969
*Louis Lebeer. Beredeneerde catalogus van den prenten naar Pieter Bruegel de Oude*. Koninklijke Bibliotheek Albert I, Brussel 1969.

BRUXELLES 1985
*Les Splendeurs d'Espagne et les villes belges 1500-1700 (Europalia 85 Espana)*. 2 vols. Palais des Beaux-arts, Bruxelles 1985.

BRUXELLES 1994
*Le Musée caché: Á la découverte des réserves (Het verborgen Museum: Ontdekkingstocht in de reserves)*. Musées royaux des Beaux-Arts de Belgique, Bruxelles 1994.

BRUXELLES-ROMA 1995
*Fiamminghi à Roma 1508/1608: Artistes des Pays-Bas et de la principauté de Liège à Rome à la Renaissance*. Palais des Beaux-Arts, Bruxelles 1995.

CAMBRIDGE (MASS.) 1960
*Exhibition of 15th- and 16th-century drawings Fitzwilliam Museum Cambridge*. Ed. Carlos van Hasselt. Fitzwilliam Museum, Cambridge (Mass.) 1960.

CAMBRIDGE (MASS.) 1980
*Venetian Drawings*. Fitzwilliam Museum Cambridge (Mass.) 1980. An exhibition held in the Graham Robertson Room 1980-81.

CITTÀ DEL VATICANO 1984
*Raffaello in Vaticano*. Braccio del Carlo Magno, Città del Vaticano 1984.

COBURG 1994
*Italienische Druckgraphik des 15. bis 18. Jahrhunderts; Kupferstiche und Radierungen aus eigenem Besitz*. Ed. Christiane Wiebel. Kunstsammlungen der Veste Coburg, Coburg 1994.

COLORNO 1995
*I Farnese: Arte e Collezionismo*. Eds. Lucia Fornari Schianchi, Nicola Spinosa. Palazzo Ducale, Colorno; Gallerie Nazionale di Capodimonte, Napoli; Haus der Kunst, München.

COPENHAGEN 1962
*Melchior Lorck: Drawings from the Evelyn Collection at Stonor Park, England and from the Department of Prints and Drawings, The Royal Museum of Fine Arts, Copenhagen*. Ed. Erik Fischer. The Royal Museum of Fine Arts, Copenhagen 1962.

CREMONA 1996-1997
*I cinque sensi nell'arte. Immagini del sentire*. Ed. Sylvia Ferino-Pagden. Centro culturale Città di Cremona, Santa Maria della Pietà, Cremona 1996-1997.

DETROIT 1981
*From a Mighty Fortress: Prints, Drawings, and Books in the Age of Luther 1483-1546*. Ed. Christiane Andersson & Charles Talbot. The Detroit Institute of Arts, Detroit 1981.

DRESDEN 1963
*Altdeutsche Zeichnungen*. Staatliche Kunstsammlungen Dresden, Dresden 1963.

DRESDEN 1971
*Deutsche Kunst der Dürerzeit*. Staatliche Kunstsammlungen Dresden, Dresden 1971.

EDINBURGH 1978
*Giambologna 1529-1608, Sculptor to the Medici*. Ed. Charles Avery & Anthony Radcliffe. Royal Scottish Museum, Edinburgh 1978.

EVANSTON 1993
*Graven Images. The Rise of Professional Printmakers in Antwerp and Haarlem, 1540-1640*. Ed. Timothy Riggs & Larry Silver. Mary and Leigh Block Gallery, Evanston 1993.

FERRARA 1985
*Bastianino. La pittura a Ferrara nel secondo Cinquecento*. Castello Estense, Ferrara 1985.

FERRARA 1998
*Dosso Dossi: Pittore di corte a Ferrara nel Rinascimento*. Ed. Peter Humfrey & Mauro Lucco. Civiche Gallerie d'Arte Moderna e Contemporanea, Ferrara 1998.

FIRENZE 1931
*Mostra del giardino italiano*. Palazzo Vecchio, Firenze 1931.

FIRENZE 1947
*Mostra d'arte fiamminga e olandese dei secoli XV e XVI*. Ed. Carlo Ragghianti & Licia Collobi Ragghianti. Palazzo Strozzi, Firenze 1947.

FIRENZE 1953
*Mostra di disegni veneziani del Sei e Settecento*. Ed. Michelangelo Muraro. Gabinetto Disegni e Stampe degli Uffizi, Firenze 1953.

FIRENZE 1964
*Mostra di disegni fiamminghi e olandesi*. Ed. E. K. J. Reznicek. Gabinetto disegni e stampe degli Uffizi, Firenze 1964.

FIRENZE 1965
*Mostra di stampe popolari venete del '500*. Ed. Anna Omodeo. Gabinetto Disegni e Stampe degli Uffizi, Firenze 1965.

FIRENZE 1976
*Omaggio a Tiziano: Mostra di disegni, lettere e stampe di Tiziano e artisti nordici*. Ed. Bert W. Meijer. Istituto Universitario Olandese, Firenze 1976.

FIRENZE 1976b
*Tiziano e il designo veneziano del suo tempo*. Ed. W. R. Rearick. Gabinetto Disegni e Stampe degli Uffizi, Firenze 1976.

FIRENZE 1978
*Tiziano nelle Gallerie fiorentine*. Palazzo Pitti, Firenze 1978.

FIRENZE 1980
*Palazzo Vecchio: Committenza e collezionismo medicei*. Palazzo Vecchio, Firenze 1980.

FIRENZE 1988
*Disegni tedeschi da Schongauer a Liebermann*. Ed. Keith Andrews. Gabinetto Disegni e Stampe degli Uffizi, Firenze 1988.

FIRENZE 1989
*Arti del Medio Evo e del Rinascimento. Omaggio ai Carrand 1889-1989*. Ed. Giovanna Gaeta Bertelà & Beatrice Paolozzi Strozzi. Museo Nazionale del Bargello, Firenze 1989.

FIRENZE 1990
*"Flora e Pomona". L'orticultura nei disegni e nelle incisioni dei secoli XVI-XIX*. Ed. Lucia Tongiorgi Tomasi & Alessandro Tosi. Gabinetto disegni degli Uffizi, Firenze 1990.

FIRENZE 1995
*Jacopo Tintoretto 1519-1594 il grande collezionismo mediceo*, Eds. Marco Chiarini, Sergio Marinelli, Angelo Tartuferi. Palazzo Pitti, Firenze 1995.

FIRENZE 1997
*Magnificenza all corte dei Medici: Arte a Firenze alla fine del Cinquecento.* Palazzo Pitti, Museo degli Argenti, Firenze 1997.

FIRENZE-PARIGI 1980-1981
*Attraverso il Cinquecento neerlandese. Disegni della collezione Frits Lugt, Institut Néerlandais Paris.* Ed. Karel G. Boon. Istituto universitario olandese di storia dell'arte, Institut Néederlandais, Firenze 1980.

FORT WORTH 1993
*Jacopo Bassano c. 1510 1590.* Ed. Beverly Louise Brown & Paola Marini. Kimbell Art Museum, Fort Worth, 1993.

FRANKFURT AM MAIN 1994
*"Von Kunst und Kennerschaft": Die Graphische Sammlung im Städelschen Kunstinstitut unter Johann David Passavant, 1840 bis 1861.* Städelsches Kunstinstitut, Frankfurt am Main 1994.

GENOVA 1996
*Dipinti fiamminghi e olandesi della Galleria Doria Pamphilj.* Eds. Piero Boccardo & Clario Di Fabio. Palazzo Ducale, Genova 1996.

GENT 1987
*Joachim Beuckelaer. Het markt- en keukenstuk in de Nederlanden 1550-1650.* Ed. Paul Verbraeken, Museum voor Schone Kunsten, Gent 1987.

GÖTTINGEN 1997
*Dürers Dinge: Einblattgraphik und Buchillustrationen Albrecht Dürers aus dem Besitz der Georg-August-Universität Göttingen 1997.* Ed. Gerd Unverfehrt. Kunssammlungen der Universität Göttingen, Göttingen 1997.

GRAZ 1953
*Dürer und seine Zeit.* Steiermärkischen Landesmuseum, Graz 1953.

'S-HERTEGENBOSCH 1967
*Jheronimus Bosch.* Noordbrabants Museum, 's-Hertegenbosch 1967.

'S-HERTEGENBOSCH 1990. In Buscoduis, 1450-1629, II, Bijdragen. Ed. Koldeureij. Noord brabants Museum, 's-Hertegenbosch 1990.

'S-HERTEGENBOSCH 1993
*Maria van Hongarije. Koningin tussen Keizers en Kunstenaars 1505-1558.* Ed. Bob van den Boogert & Jacqueline Kerckhoff, Noordbrabants Museum, 's-Hertegenbosch; Rijksmuseum Het Catharijneconvent, Utrecht.

INNSBRUCK 1969
*Austellung Maximilian I.* Innsbruck 1969.

KARLSRUHE 1994
*Albrecht Dürer: Druckgraphik aus den Beständen des Kupferstichkabinetts.* Ed. Anja Eichler & Monika Scholl. Staatliche Kunsthalle Karlsruhe, Karlsruhe 1995.

KÖLN 1975
*500 Jahre Rosenkranz 1475 Koln 1975.* Erzbischöfliches Diözesan-Museum, Köln 1975.

KÖLN 1992
*Von Brueghel bis Rubens. Das goldene Jahrhundert der flämischen Malerei.* Ed. Ekkehard Mai & Hans Vlieghe. Wallraf-Richartz-Museum, Köln 1992.

KÖLN 1996
*Das Capriccio als Kunstprinzip: Zur Vorgeschichte der Moderne von Arcimboldo und Callot bis Tiepolo und Goya. Malerie-Zeichunung-Graphik.* Ed. Ekkehard Mai. Wallraf-Richartz-Museum, Köln 1996.

KRONACH 1994
*Lucas Cranach. Ein Maler-Unternehmer aus Franken.* Festung Rosenberg, Kronach 1994.

LAWRENCE 1981
*The Engravings of Marcantonio Raimondi.* Ed. Innis H. Shoemaker & Elizabeth Broun. The Spencer Museum of Art, The University of Kansas, Lawrence 1981.

LAWRENCE 1988
*The World in Miniature: Engravings by the German Little Masters 1500-1550.* Ed. Stephen H. Goddard. The Spencer Museum of Art, The University of Kansas, Lawrence 1988.

LINZ 1965
*Die Kunst der Donauschule 1490-1540.* Stift St. Florian & Schlossmuseum, Linz 1965.

LONDON 1971
*The Graphic Work of Albrecht Dürer.* The British Museum, London 1971.

LONDON 1975
*Palladio: The Portico and the Farmyard,* Ed. Howard Burns. Arts Council, London 1975.

LONDON 1981
*Splendours of the Gonzaga.* Ed. David Chambers & Jane Martineau. Victoria & Albert Museum, London 1981.

LONDON 1983
*The Genius of Venice 1500-1600.* Ed. Jane Martineau & Charles Hope. Royal Academy of Arts, London 1983.

LONDON 1985
*Masterpieces from the National Gallery of Ireland.* National Gallery, London 1985.

LONDON 1986
*Colnaghi. Italian Paintings and Sculpture.* London 1986.

LONDON 1988
*The Age of Dürer and Holbein. German Drawings 1400 - 1550.* The British Museum, London 1988.

LONDON 1988
*Treasures from the Royal Collection.* Ed. Oliver Miller. Queen's Gallery, London 1988.

LONDON 1992
*Andrea Mantegna.* Ed. Jane Martineau. Royal Academy of Arts, London 1992.

LONDON 1995b
*German Renaissance Prints: 1490-1550.* Ed. Giulia Bartrum. The British Museum, London 1995.

LONDON 1995
*Spanish Still Life from Velázquez to Goya.* Ed. William B. Jordon & Peter Cherry. National Gallery, London 1995.

LONDON 1995
*The Painted Page. Italian Renaissance Book Illumination 1450-1550.* Ed. Jonathan J. G. Alexander. Royal Academy of Arts, London 1995.

LOS ANGELES 1961
*Prints and Drawings of Pieter Bruegel the Elder.* Los Angeles County Museum, Los Angeles 1961.

LOS ANGELES 1988
*Mannerist Prints: International Style in the Sixteenth Century.* Ed. Bruce Davis. Los Angeles County Museum of Art, Los Angeles 1988.

LUGANO 1998
*Rabisch. Il grottesco nell'arte del Cinquecento. L'Accademia della Val di Blenio Lomazzo e l'ambiente milanese.* Eds. Manuela Kahn-Rossi & Francesco Porzio. Museo Cantonale d'Arte, Lugano 1998.

MADRID 1998
*Felipe II. Un monarca y su época. Un príncipe del Renacimiento.* Museo Nacional del Prado, Madrid 1998-1999.

MANTOVA 1961
*Andrea Mantegna.* Ed. Giovanni Paccagnini, Amalia Mezzetti & Maria Figlioli. Palazzo Ducale, Mantova 1961.

MANTOVA 1996
*Domenico Fetti 1588/89-1623.* Ed. Eduard A. Safarik. Palazzo Te, Mantova 1996.

MANTOVA 1999
*Roma e lo stile classico di Raffaello, 1515-1527.* Ed. Konrad Oberhuber & Achim Gnann. Palazzo Te, Mantova 1999.

MESSINA 1981
*Antonello da Messina.* Ed. Alessandro Marabottini & Fiorella Sricchia Santoro. Museo Regionale, Messina 1981.

MESSINA 1983
*Antonello da Messina.* Palazzo Regionale della Sicilia, Messina 1983.

MILANO 1952
*Tesori d'arte in Lombardia.* Eds. Cesare Baroni, Gian Alberto Dell'Acqua. Milano 1952.

MILANO 1991
*Le Muse e il Principe: Arte di corte nel Rinascimento padano.* Ed. Alessandra Mottola Molfino & Mauro Natale. 2 vols. Museo Poldi-Pezzoli, Milano 1991.

MILANO 1998

*L'Anima e il volto: Ritratto di fisiognomica da Leonardo a Bacon.* Ed. Flavio Caroli. Palazzo Reale, Milano 1998.

MINNEAPOLIS 1995
*Treasures of Venice: Paintings from the Museum of Fine Arts, Budapest.* Ed. George Keyes, István Barkóczi & Jane Satkowski. Tr. Victor Mészáros & István Barkóczi. Minneapolis Institute of Arts, Minneapolis 1995.

MODENA 1998
*Sovrane Passioni. Le raccolte d'arte della Ducale Galleria Estense.* Ed. Jadranka Bentini. Galleria Estense, Palazzo dei Musei, Modena 1998.

MÜNCHEN 1967
*Zeichnungen der Dürerzeit.* Bearbeitet von Dieter Kuhrmann. Staatliche Graphische Sammlung München, München 1967.

MÜNCHEN 1972
*Das Aquarell 1400-1950.* Haus der Kunst, München 1972.

MÜNCHEN 1984
*Altdeutsche Zeichnungen aus der Universitätsbibliothek Erlangen.* Ed. Dieter Kuhrmann. Staatliche Graphische Sammlung München, München 1984.

MÜNCHEN 1988
*Egon Schiele und seine Zeit.* Ed. Klaus Albert Schröder. Leopold Collection, München 1988.

MÜNCHEN 1998
*Albrecht Dürer: Die Gemälde der Alten Pinakothek.* Ed. Gisela Goldberg, Bruno Heimberg & Marin Schawe. Alte Pinakothek, München, 1998.

MÜNCHEN 1998b
*Die Nacht.* Haus der Kunst, München 1998.

NEW YORK 1985
*Liechtenstein: The Princely Collections.* Metropolitan Museum of Art, New York 1985.

NEW YORK 1986
*Gothic and Renaissance Art in Nürnberg 1300-1500.* The Metropolitan Museum of Art, New York 1986.

NEW YORK 1993
*Facsimile in Early Netherlandish Painting: Dieric Bouts' "Virgin and Child".* Ed. Maryan Ainsworth. Metropolitan Museum of Art, New York 1993.

NEW YORK 1994
*Petrus Christus: Renaissance Master of Bruges.* Ed. Maryan Ainsworth. Metropolitan Museum of Art, New York 1994.

NEW YORK 1998
*From Van Eyck to Bruegel: Early Netherlandish Painting in the Metropolitan Museum of Art.* Ed. Maryan W. Ainsworth & Keith Christiansen. Metropolitan Museum of Art, New York 1998.

NÜRNBERG 1971
*Albrecht Dürer 1471 - 1971.* Germanisches Nationalmuseum, Nürnberg 1971.

NÜRNBERG 1976
*Die Welt des Hans Sachs: 400 Holzschnitte des 16 Jahrhunderts.* Stadtgeschichtlichen Museen, Nürnberg 1976.

NÜRNBERG 1978
*Kupferstiche und Holzschnitte Albrecht Dürers im Spiegel der europäischen Druckgraphik des 16. Jahrhunderts.* Germanisches Nationalmuseum, Nürnberg 1978.

NÜRNBERG 1986
*Nürnberg 1300-1550. Kunst der Gotik und Renaissance.* Germanisches Nationalmuseum, Nürnberg 1986.

NÜRNBERG 1992
*Meister der Zeichnung. Zeichnungen und Aquarelle aus der Graphischen Sammlung des Germanischen Nationalmuseums .* Ed. Rainer Schoch. Germanisches Nationalmuseum, Nürnberg 1992.

NORFOLK 1968
*Italian Renaissance and Baroque Paintings from the Collection of Walter P. Chrysler, Jr..* Norfolk Museum of Arts and Sciences, Norfolk 1968.

OXFORD 1990
*Italy by Moonlight: The Night in Italian Painting 1550-1850 (Italia al chiaro di luna: La notte nella pittura italiana 1550-1850).* Ashmolean Museum, Oxford 1990.

PADOVA 1974

*Da Giotto al Mantegna.* Ed. Lucio Grossato. Palazzo della Ragione, Padova 1974.

PADOVA 1976
*Dopo Mantegna. Arte a Padova e nel territorio nei secoli XV e XVI.* Palazzo della Ragione, Padova 1976.

PADOVA 1980
*I Benedettini a Padova e nel territorio padovano attraverso i secoli.* Eds. Alberta De Nicolò Salmazo. F.G. Trolese Abbazia di Santa Giustina, Padova 1980.

PADOVA 1980b
*Alvise Cornaro e il suo tempo.* Ed. Lionello Puppi. Loggia Cornaro e Palazzo della Ragione, Padova 1980.

PADOVA 1988
*La quadreria Emo Capodilista: 543 dipinti dal '400 al '700.* Ed. Davide Banzato. Palazzo della Ragione, Padova 1988.

PADOVA 1991
*Da Bellini a Tintoretto. Dipinti dei Musei Civici di Padova dalla metà del Quattrocento ai primi del Seicento.* Eds. Alessandro Ballarin & Davide Banzato. Museo Civico, Padova 1991.

PADOVA 1992
*Ponentini e Foresti.* Ed. Caterina Limentani Virdis & Davide Banzato. Museo Civico al Santo, Padova 1992.

PADOVA 1992b
*Una dinastia di incisori: i Sadeler. 120 stampe dei Musei Civici di Padova.* Ed. Caterina Limentani Virdis, Franca Pellegrini & Gemma Piccin. Musei Civici, Padova 1992.

PADOVA 1993
*Dürer e dintorni: Incisioni dei Musei Civici di Padova.* Ed. Franca Pellegrini. Museo Civico, Padova 1993.

PADOVA 1994
*Da Bruegel a Goltzius. Specchio dell'antico e del nuovo mondo. Incisioni fiamminghe e olandesi della seconda metà del Cinquecento dei Civici Musei di Padova.* Ed. Caterina Limentani Virdis, Davide Banzato & Cinzia Butelli. Museo Civico, Padova 1994.

PARIS 1956
*Da Giotto a Bellini.* Ed. Rodolfo Pallucchini, Paris 1956.

PARIS 1965
*Le XVIe Siècle Européen: Peintures et Dessins dans les Collections Publiques Françaises.* Petit Palais, Paris 1965.

PARIS 1991
*Dessin de Dürer et de la Renaissance germanique.* Musée du Louvre, Paris 1991.

PARIS 1993
*Le Siècle de Titien: L' âge d' or de la peinture à Venise.* Grand Palais, Paris 1993.

PARIS 1993
*Chefs-d'oeuvre du musée des Beaux-Arts de Leipzig.* Musée du Petit Palais, Paris 1993.

PARIS 1996
*Albrecht Dürer ocuvre gravé.* Ed. Sophie Renouard de Bussiere. Musée du Petit Palais, Paris 1996.

PESARO 1988
*La pala ricostituita: L'Incoronazione della Vergine e la cimasa vaticana di Giovanni Bellini. Indagini e restauri.* Ed. Maria Rosaria Valazzi. Museo Civico, Pesaro 1988.

PITTSBURG 1986
*Kahren Jones Hellerstedt. Gardens of Earthly Delight: Sixteenth and Seventeenth-Century Netherlandish Gardens.* Frick Art Museum, Pittsburgh 1986.

PRAGA & PARIGI 1992
Galerie Nationale de Prague. *L'art ancien européen.* Palais Sternberk. Prague & Paris 1992.

PROVIDENCE 1974
*Europe in Torment: 1450-1550.* Department of Art, Brown University at the Museum of Art, Rhode Island School of Design, Providence 1974.

REGGIO EMILIA 1984
*Fondazione Magnani Rocca. Capolavori della pittura antica.* Ed. Vittorio Sgarbi. Reggio Emilia 1984.

ROMA 1976
*Immagini da Tiziano: Stampe dal sec. XVI al sec. XIX dalle collezioni del Gabinetto Nazionale delle Stampe.* Ed. Maria Catelli Isola. Villa della Farnesina alla Lungara, Roma 1976.

ROMA 1982
*Immagini dal Tintoretto: Stampe dal XVI al XIX secolo nelle collezioni del Gabinetto delle Stampe.* Ed. Paolo Ticozzi. Villa alla Farnesina alla Lungara, Roma 1982.

ROMA 1983
*Il S. Girolamo di Lorenzo Lotto a Castel S. Angelo.* Ed. Bruno Contardi & Augusto Gentili. Castel Sant' Angelo, Roma 1983.

ROMA 1987
*Vestigia delle antichità di Roma e altri luoghi. Momenti dell'elaborazione di un'immagine.* Ed. Anna Grelle. Calcografia Nazionale, Roma 1987.

ROMA 1987
*Xilografie italiane del Quattrocento da Ravenna e da altri luoghi.* Gabinetto Nazionale dei Disegni e delle Stampe, Roma 1987.

ROMA 1995
*Tiziano: Amor Sacro e Amor Profano.* Palazzo delle Esposizioni, Roma 1995.

ROTTERDAM 1994
*Cornelis Cort, 'constich plaedt-snijder van Horne in Hollandt/Accomplished Plate-Cutter from Hoorn in Holland'.* Ed. Manfred Sellink. Museum Boymans-van Beuningen, Rotterdam 1994.

SCHWERFURT 1995
*Dürer als Erzähler. Holzschnitte, Kupferstiche und Radierungen aus der Sammlung Otto-Schäfer* - II. Eds. Erich Schneider & Anna Spall. Bibliothek Otto Schäfer, Schweinfurt 1995-1996.

STUTTGART 1958
*Meisterwerke aus baden-württembergischem Privatbesitz.* Staatsgalerie, Stuttgart 1958.

STUTTGART 1979
*Zeichnung in Deutschland. Deutsche Zeichner 1540-1640.* Ed. Heinrich Geissler. 2 vols. Staatsgalerie Stuttgart, Stuttgart 1979.

TOKIO & KYOTO 1990
*Bruegel and Netherlandish Landscape Painting from the National Gallery Prague.* Ed. Akira Kofuku & Toshiharu Nakamura. National Museum of Western Art, Tokyo; National Museum of Modern Art, Kyoto 1990.

TORINO 1997
*Jan van Eyck. Opere a confronto.* Galleria Sabauda, Torino 1997.

URBINO 1992
*Piero e Urbino: Piero e le corti rinascimentali.* Ed. Paolo Dal Poggetto. Palazzo Ducale & Oratorio di San Giovanni Battista, Urbino 1992.

UTRECHT 1977
*Utrecht. Jan van Scorel in Utrecht. Altaarstukken e schilderijen omstreeks 1540. Documenten - technisch onderzoek.* Centraal Museum, Utrecht 1977.

VENEZIA 1949
*Giovanni Bellini.* Ed. Rodolfo Pallucchini. Palazzo Ducale, Venezia 1949.

VENEZIA 1953
*Mostra di Lorenzo Lotto.* Ed. Pietro Zampetti. Palazzo Ducale, Venezia 1953.

VENEZIA 1963,
*Vittore Carpaccio.* Ed. Pietro Zampetti. Palazzo Ducale, Venezia 1963.

VENEZIA 1976
*Disegni di Tiziano e della sua cerchia.* Ed. Konrad Oberhuber. Fondazione Giorgio Cini, San Giorgio Maggiore, Venezia 1976.

VENEZIA 1976b
*Tiziano e la silografia veneziana del Cinquecento.* Ed. Michelangelo Muraro & David Rosand. Fondazione Giorgrio Cini, San Giorgio Maggiore, Venezia 1976.

VENEZIA 1978
*Giorgione a Venezia.* Galleria dell'Accademia, Venezia 1978.

VENEZIA 1979
*Venezia e la Peste 1348/1797.* Palazzo Ducale, Venezia 1979.

VENEZIA 1980
*Architettura e utopia nella Venezia del Cinquecento.* Palazzo Ducale, Venezia 1980.

VENEZIA 1981
*Da Tiziano a El Greco. Per la storia del manierismo a Venezia.* Palazzo Ducale, Venezia 1981.

VENEZIA 1985
*Disegni veneti di collezioni olandesi.* Ed. Bernard Aikema & Bert W. Meijer. Fondazione Giorgio Cini, Venezia 1985.

VENEZIA 1986
*Venezia e la Difesa del Levante. Da Lepanto a Candia 1570-1670,* Palazzo Ducale, Venezia 1986.

VENEZIA 1987
*I Querini Stampalia: Un ritratto di famiglia nel settecento veneziano.* Ed. Giorgio Busetto & Madile Gambier. Fondazione Querini Stampalia, Venezia 1987.

VENEZIA 1988
*Collezioni di antichità a Venezia nei secoli della Repubblica (dai libri e documenti della Biblioteca Marciana).* Ed. Marino Zorzi. Biblioteca Nazionale Marciana, Venezia 1988.

VENEZIA 1988
*Paolo Veronese. Disegni e dipinti.* Ed. Alessandro Bettagno. Fondazione Giorgio Cini, Venezia 1988.

VENEZIA 1990
*Tiziano.* Palazzo Ducale, Venezia 1990.

VENEZIA 1992
*Da Pisanello a Tiepolo. Disegni veneti dal Fitzwilliam Museum di Cambridge.* Ed. David Scrase. Fondazione Giorgio Cini, Venezia 1992.

VENEZIA 1992
*Le delizie dell' inferno: Dipinti di Hieronymus Bosch e altri fiamminghi restaurati.* Palazzo Ducale, Venezia 1992.

VENEZIA 1992
*Leonardo & Venezia.* Palazzo Grassi, Venezia 1992.

VENEZIA 1993
*Carpaccio, Bellini, Tura, Antonello e altri restauri quattrocenteschi dalla Pinacoteca del Museo Correr.* Ed. Attilia Dorigato. Museo Correr, Venezia 1993.

VENEZIA 1994
*Bessarione e l'Umanesimo.* Ed. Gianfranco Fiaccadori. Biblioteca Nazionale Marciana, Venezia 1994.

VENEZIA 1994b
*Jacopo Tintoretto e i suoi incisori.* Ed. Maria Agnese Chiari Moretto Wiel. Palazzo Ducale, Venezia 1994.

VENEZIA 1994c
*Jacopo Tintoretto Ritratti.* Ed. Paola Rossi, Sylvia Ferino Pagden, Giovanna Nepi Scirè & Giandomenico Romanelli. Gallerie dell'Accademia, Venezia

VERONA 1980
*Palladio e Verona.* Ed. Paolo Marini. Palazzo della Gran Guardia, Verona 1980.

VERONA 1988
*Veronese e Verona.* Ed. Sergio Marinetti. Museo di Castelvecchio, Verona 1988.

VERONA 1994
*Disegni veronesi al Louvre 1500-1630.* Museo di Castelvecchio, Verona 1994.

VERONA 1996
*Pisanello.* Ed. Paola Marini. Museo di Castelvecchio, Verona 1996.

VICENZA 1988
*Pittori padani e toscani tra Quattro e Cinquecento. Antichi Maestri Pittori,* Vicenza 1988.

WALTHAM 1963
*Major Masters of the Renaissance.* Ed. Creighton Gilbert. The Rose Art Museum, Brandeis University, Waltham 1963.

WASHINGTON 1967
*Fifteenth Century Engravings of Northern Europe.* Ed. Alan Shestack. National Gallery of Art, Washington 1967.

WASHINGTON 1971
*Dürer in America. His graphic Work.* Ed Charles. W. Talbot. Notes by Gaillard F. Ravenel & Jay A. Levenson. National Gallery of Art, Washington 1971.

WASHINGTON 1973
*Early Italian Engravings from the National Gallery of Art.* Ed. Jay A. Levenson, Konrad Oberhuber & Jacquelyn L. Sheehan. National Galley of Art, Washington 1973.

WASHINGTON 1976
*Titian and the Venetian Woodcut.* Ed. David Rosand & Michelangelo Muraro. National Gallery of Art, Washington 1976.

WASHINGTON 1981
*Hans Baldung Grien. Prints & Drawings.* Ed. James H. Marrow & Alan Shestack. National Gallery of Art, Washington 1981.

WASHINGTON 1983
*The Prints of Lucas van Leyden and His Contemporaries.* Ed. Ellen Jacobowitz & Stephanie Loeb Stepanek. National Gallery of Art, Washington 1983.

WASHINGTON 1986
*The Age of Bruegel: Netherlandish Drawings in the Sixteenth Century.* Ed. John Oliver Hand, J. Richard Judson, William W. Robinson & Martha Wolff. National Gallery of Art, Washington 1986.

WASHINGTON 1988
*The Art of Paolo Veronese 1528-1588.* Ed. W. R. Rearick. National Gallery of Art, Washington 1988.

WASHINGTON 1988b
*Places of Delight: The Pastoral Landscape.* Ed. Robert Cafritz, Lawrence Gowing & David Rosand. The Phillips Collection & National Gallery of Art, Washington 1988.

WASHINGTON 1990
*Gardens on Paper: Prints and Drawings, 1200-1900.* Ed. Virginia Tuttle Clayton. National Gallery of Art, Washington 1990.

WASHINGTON 1991
*Circa 1492: Art in the Age of Exploration.* Ed. Jay A. Levenson. National Gallery of Art, Washington 1991.

WASHINGTON 1997
*Lorenzo Lotto: Rediscovered Master of the Renaissance.* Ed. David Alan Brown, Peter Humfrey & Mauro Lucco. National Gallery of Art, Washington 1997.

WIEN 1963
*Die Kunst der Graphik. Das 15. Jahrhundert. Werke aus dem Besitz der Albertina.* Graphische Sammlung Albertina, Wien 1963.

WIEN 1971
*Dürer 1971.* Ed. Walter Koschatzky & A. Strobel. Graphische Sammlung Albertina, Wien 1971.

WIEN 1979
*Merkur und die Musen. Schätze der Weltkultur aus Leipzig.* Ed. Dieter Gleisberg. Künstlerhaus, Wien 1979.

WIEN 1985
*Albrecht Dürer und die Tier- und Pflanzstudien der Renaissance.* Ed. Fritz Koreny. Graphische Sammlung Albertina, Wien 1985.

WIEN 1994
*Albrecht Dürer im Kunsthistorischen Museum.* Ed. Karl Schütz. Kunsthistorisches Museum, Wien 1994.

WIEN 1994b
*La Prima Donna del Mondo: Isabella d' Este, Fürstin und Mäzenatin der Renaissance.* Ed. Sylvia Ferino-Pagden. Kunsthistorisches Museum, Wien 1994.

ZÜRICH 1949
*Gemälde der Ruzicka-Stiftung.* Zürcher Kunsthaus, Zürich 1949.

Indice dei nomi

Indice topografico
delle opere

# Indice dei nomi

# Indice topografico delle opere

Questo volume è stato realizzato con il contributo delle Cartiere Burgo
ed è stampato su carta R4 New Matt Satin 150g/m² delle Cartiere Burgo

Fotocomposizione Grande - Monza

Finito di stampare nel mese di agosto 1999
presso Arti Grafiche A. Pizzi - Cinisello Balsamo